Maison Rustique Du Xixe Siècle: Encyclopédie D'agriculture Pratique ... Cours Élémentaire, Complet Et Méthodique D'économie Rurale, Volume 4...

Charles François Bailly de Merlieux,
Alexandre Bixio, François Malepeyre

MAISON RUSTIQUE

DU XIXE SIÈCLE.

ENCYCLOPÉDIE D'AGRICULTURE PRATIQUE.

LISTE DÈS COLLABORATEURS.

ANTOINE (de Roville), professeur à l'institut agricole de Roville (Meurthe).
AUDOUIN, professeur au Muséum d'histoire naturelle, membre de la Société centrale d'agriculture.
BERLÈZE (l'abbé), des Soc. d'agriculture et d'horticulture.
BIERNAKI, propriét.-cultivat., ancien ministre de l'intérieur en Pologne.
BIXIO (Alexandre), docteur en médecine.
BONAFOUS, directeur du Jardin botanique de Turin, correspondant de l'Institut, de la Société d'agriculture.
CHAPELAIN (Octave de), propriét.-cultiv. dans la Lozère.
DAILLY, propriét.-cultiv. à Trappes (Seine-et-Oise), des Sociétés d'agriculture et d'horticulture de Paris et de Versailles.
DEBONNAIRE DE GIF, cons. d'état, de la Soc. d'agriculture.
DEBY, propriét.-cultiv. dans le Loir-et-Cher, de la Soc. d'agriculture.
DESJOBERTS, député, cultiv. à Rieux (Seine-Inférieure).
DUPIN (Charles), député, président de l'Académie des Sciences professeur au Conservatoire des arts et métiers, etc.
FEBURIER, des Soc. d'agriculture et d'horticulture de Paris et de Versailles.
GASPARIN (de), sous-secrétaire d'état de l'intérieur, de la Soc. d'agriculture, etc.
GIRARD, de l'Acad. des Sciences, de la Soc. d'agriculture.
GIRARDIN (Emile de), député, fondateur de l'institut gratuit de Coëtbo.
GOURLIER, architecte des Travaux-Publics de Paris, de la Soc. d'encouragement, etc.
GUYOT (Jules), docteur en médecine à Gyé-sur-Seine (Aube).
HERICART DE THURY (vicomte), de l'Acadmie des sciences, président des Soc. d'agriculture et d'horticulture.
HERPIN, propriét.-cultiv. dans l'Indre, de la Soc. d'agriculture.
HOMBRES-FIRMAS (le baron d'), correspondant de l'Institut et de la Soc. royale et centrale d'agriculture, propriétaire agronome dans le Gard, etc.
HUERNE DE POMMEUSE, des Soc. d'agriculture, d'horticulture et d'encouragement.
HUZARD père de l'Académie des Sciences, archiv. de la Soc. d'agriculture, inspecteur des écoles vétérinaires de France.
HUZARD fils, des Soc. d'agriculture, d'horticulture et d'encouragement.
JAUME-SAINT-HILAIRE, de la Soc. d'agriculture, auteur de la *Flore* et de la *Pomone Françaises*.
LABBÉ, des Soc. d'agriculture et d'horticulture.
LADOUCETTE, député, des Soc. d'agriculture, d'horticulture et d'encouragement.
LASSAIGNE, professeur à l'école vétérinaire d'Alfort.
LEBLANC, professeur au Conservatoire des arts et métiers.
LECLERC-THOUIN (Oscar), des Soc. d'agriculture et d'horticulture.
LOISELEUR DES LONGCHAMPS, des Soc. d'agriculture et d'horticulture.
MACAREL, conseiller d'état, professeur de droit administratif, des Soc. d'horticulture et d'encouragement.
MALEPEYRE (L.), avocat à la Cour royale de Paris.
MASSON FOUR, ex-professeur à l'école forestière de Nancy, directeur du *Journal d'agriculture pratique*.
MICHAUT, correspondant de l'Institut, de la Soc. d'agriculture.
MIRBEL, de l'Académie des Sciences, de la Soc. d'agriculture professeur au Muséum d'histoire naturelle.
MOLARD, de l'Acad. des Sciences et de la Soc. d'agriculture.
MOLL, professeur à l'institut agricole de Roville.
MORIN DE SAINTE-COLOMBE, des Soc. d'agriculture et d'horticulture.
NOIROT (de Dijon), auteur de plusieurs ouvrages d'agriculture forestière.
NOIROT-BONNET, géomètre forestier à Langres (Haute-Marne).
ODART (le comte), président de la section d'agriculture de la Soc. d'agriculture de Tours, propriétaire-agronome dans Indre-et-Loire.
ODOLANT DESNOS, auteur de plusieurs ouvrages sur les arts industriels et agricoles.
PAYEN, manufacturier-chimiste, des Soc. d'agriculture d'horticulture et d'encouragement.
POITEAU, des Soc. d'agriculture et d'horticulture, auteur du *Bon Jardinier*, etc.
POLONCEAU, inspecteur divisionnaire des ponts et chaussées, des Soc. d'agriculture, d'horticulture et d'encouragement.
POMMIER, directeur de l'*Echo des halles et marchés*.
PUVIS, président de la Soc. d'agriculture de l'Ain.
RAMBUTEAU (de), député, conseiller d'état, préfet de la Seine, président de la Soc. d'agriculture.
RIVIÈRE (baron de), propriét.-cultiv. dans la Camargue, correspondant de la Soc. d'agriculture.
SOULANGE-BODIN, des Soc. d'agriculture, d'horticulture et d'encouragement, fondateur de l'institut horticole de Fromont (Seine-et-Oise).
SYLVESTRE (baron de), de l'Académie des Sciences, secrétaire perpétuel de la Soc. d'agriculture.
TESSIER, de l'Acad. des Sciences et de la Soc. d'agriculture.
TURPIN, de l'Acad. des Sciences et de la Soc. d'horticulture.
VILMORIN, des Soc. d'agriculture et d'horticulture, propriét.-cultiv. aux Barres (Loiret), etc.
VIREY, député, de la Soc. d'agriculture, etc.
YVART, directeur de l'Ecole vétérinaire d'Alfort, de la Soc. d'agriculture.
YUNG, rédacteur du *Bulletin des sciences agricoles* et de l'*Agronome*.

Tous les articles de la *Maison Rustique* sont signés de l'un de ces noms.

PARIS, IMPRIMERIE DE E. DUVERGER, RUE DE VERNEUIL, 4.

MAISON RUSTIQUE

DU XIXe SIÈCLE.

Encyclopédie d'Agriculture pratique,

CONTENANT

LES MEILLEURES MÉTHODES DE CULTURE USITÉES PARTICULIÈREMENT EN FRANCE, EN ANGLETERRE, EN ALLEMAGNE ET EN FLANDRE; — TOUS LES BONS PROCÉDÉS PRATIQUES PROPRES A GUIDER LE PETIT CULTIVATEUR, LE FERMIER, LE RÉGISSEUR ET LE PROPRIÉTAIRE, DANS L'EXPLOITATION D'UN DOMAINE RURAL; — LES PRINCIPES GÉNÉRAUX D'AGRICULTURE, LA CULTURE DE TOUTES LES PLANTES UTILES; — L'ÉDUCATION DES ANIMAUX DOMESTIQUES, L'ART VÉTÉRINAIRE, — LA DESCRIPTION DE TOUS LES ARTS AGRICOLES; — LES INSTRUMENS ET BATIMENS RURAUX; — L'ENTRETIEN ET L'EXPLOITATION DES VIGNES, DES ARBRES FRUITIERS, DES BOIS ET FORÊTS, DES ÉTANGS, ETC.; — L'ÉCONOMIE, L'ORGANISATION ET LA DIRECTION D'UNE ADMINISTRATION RURALE; — ENFIN LA LÉGISLATION APPLIQUÉE A L'AGRICULTURE;

TERMINÉE

PAR DES TABLES MÉTHODIQUE ET ALPHABÉTIQUE,

PAR LA LISTE DES FIGURES ET CELLE DES ABRÉVIATIONS ET OUVRAGES CITÉS;

Cours élémentaire, complet et méthodique

D'ÉCONOMIE RURALE,

AVEC PLUS DE 2000 FIGURES REPRÉSENTANT TOUS LES INSTRUMENS, MACHINES, APPAREILS, RACES D'ANIMAUX, ARBRES, ARBUSTES ET PLANTES, BATIMENS RURAUX, ETC.,

Rédigé et professé

Par une réunion d'Agronomes et de Praticiens appartenant aux Sociétés agricoles de France,

SOUS LA DIRECTION

De M. Malepeyre aîné,

De la Société centrale d'Agriculture.

TOME QUATRIÈME.

AGRICULTURE FORESTIÈRE, LÉGISLATION ET ADMINISTRATION RURALE.

Paris

AU BUREAU, QUAI AUX FLEURS, N° 15.

M DCCC XXXVI.

TABLE DES MATIÈRES CONTENUES DANS CE VOLUME.

AGRICULTURE FORESTIÈRE.

AGRICULTURE FORESTIERE.

CHAPITRE Ier. — DES PÉPINIÈRES.

Une pépinière est un lieu destiné aux semis, et par extension aux divers modes de multiplication, sur une certaine échelle, de tous les végétaux ligneux dont la culture présente de l'avantage sous le rapport de l'utilité ou de l'agrément.

Le but de cet article est d'indiquer la manière de former et d'entretenir un tel établissement pour en obtenir les divers arbres utiles aux besoins de la grande culture.

SECTION Ire. — *Choix et préparation des terrains.*

§ Ier. — Nature, fertilité, profondeur, exposition et situation du sol.

Nature du sol. — Le terrain qui convient le mieux à l'établissement d'une pépinière, est celui que nous avons déjà désigné sous le nom de terre franche, ou sous celui de terre sablo-argileuse. Trop compact, il serait peu favorable à la végétation de la plupart des arbres; il rendrait les travaux de culture matériellement difficiles, exigerait des labours et des binages trop fréquens, et, chose également fâcheuse, en retenant outre mesure l'humidité et en se pénétrant difficilement de la chaleur, il retarderait les progrès de la végétation. — Trop léger, il aurait l'inconvénient non moins grave de nécessiter, dans plusieurs circonstances, des arrosemens trop abondans et trop multipliés.

Fertilité du sol. — Aux yeux du pépiniériste, *la richesse du sol* n'est jamais trop grande. Plus les arbres végètent avec vigueur, mieux et plus tôt il en trouve le débit; or, c'est en renouvelant le plus possible les productions de chaque parcelle de ses cultures qu'il cherche à en augmenter le revenu. — Les propriétaires ont le plus souvent des intérêts différens. A moins qu'ils ne puissent planter en des fonds excellens, ils trouvent, comme la théorie l'indique et comme la pratique le démontre tous les jours, du désavantage à acheter des arbres sortis d'un terrain trop fécond ; en effet, ces mêmes arbres, qui ont pris, pendant leurs premières années, un développement proportionné à la nourriture abondante qui leur était fournie, lorsqu'ils changent de position, surtout après une transplantation qui diminue nécessairement le nombre et l'action vitale de leurs racines, ne trouvent plus les alimens suffisans pour fournir, je ne dirai pas seulement à leur luxueux accroissement, mais au seul maintien de l'existence dans toutes leurs parties. — Il est donc désirable *que le sol d'une pépinière soit d'une fertilité moyenne.* — Mieux vaudrait certainement qu'il fût trop fertile que trop pauvre.

Profondeur du sol. — Il est indispensable, pour la culture des grands végétaux ligneux, que la couche de terre végétale ait une certaine profondeur. En général, plus cette profondeur est considérable, mieux ils réussissent. Cependant, 5 à 7 décimètres (de 18 po. à moins de 2 pi.) peuvent rigoureusement suffire.

Exposition et situation. — *Quoique l'exposition et la situation dussent à vrai dire varier* en raison de l'espèce et de l'état particulier de chaque culture, on doit préférer, en général, celles qui sont naturellement abritées contre les vents violens qui pourraient briser ou déraciner les arbres, les vents froids qui arrêteraient la marche de la végétation, et les vents desséchans qui pourraient l'entraver d'une manière fâcheuse au moment de son développement; — celles qui ont le moins à redouter, dans le midi, la sécheresse produite par une excessive évaporation, et, dans le nord, l'humidité froide qu'on ne peut éviter dans les localités trop couvertes; — celles enfin qui procurent les eaux les plus abondantes et de meilleure qualité dans le premier cas, et qui se prêtent le mieux à l'absorption et à l'écoulement des eaux surabondantes dans le second.

Quelles que soient les terres qu'on veut transformer en pépinières, la première chose à faire est de les défoncer convenablement au moyen de la pioche ou du pic et de la bêche. Ce que j'ai déjà dit de la profondeur du sol doit servir de guide dans cette opération. — S'il est de bonne nature, on se rappellera que les labours les plus profonds sont les meilleurs, et qu'une faible augmentation de dépense produira plus tard une notable augmentation dans les produits. — Si le soussol est de mauvaise qualité, il faudra, au contraire, éviter de l'entamer, ou, tout au moins, de le ramener en trop grande épaisseur à la surface, à moins de nécessité absolue. — Enfin, comme les meilleures terres, pour devenir productives, ont besoin d'être plus ou moins long-temps exposées au contact immédiat de l'air, et à l'action directe des divers météores atmosphériques, le défoncement devra être fait généralement le plus long-temps possible avant l'époque des semis ou des plantations.

Quoi qu'il en soit, le terrain ayant été ainsi remué, ameubli, débarrassé des pierres et des racines qui pourraient nuire à sa fertilité, ou gêner plus tard les travaux de labours, de plantations ou d'arrachages, il ne reste plus qu'à le diviser de manière à faciliter chaque sorte de culture et à éviter pour les ouvriers toute perte de temps.

Le professeur Thouin, dont le beau nom doit trouver si souvent place dans un ouvrage de pratique, proposait pour cela d'établir dans les pépinières six carrés principaux destinés : le premier aux semis, — le second aux repiquages, — le troisième aux transplantations, — le quatrième aux sauvageons et autres porte-greffes, — le cinquième aux marcottes, — et le sixième aux boutures.

Lorsque la qualité variée du sol ne conduit pas à adopter une division moins régulière, mais plus en harmonie avec les habitudes des différens végétaux, chacun de ces carrés peut encore être subdivisé en deux, trois ou quatre parties d'étendue calculée d'après les besoins de l'agriculture et de l'horticulture du pays, consacrées alternativement à la propagation particulière des *arbres forestiers à feuilles caduques*, des *arbres verts*, des *arbres fruitiers*, et des *arbres et arbrisseaux d'ornement*.

Nous n'aurons pas à nous occuper ici de ces derniers, et je ne devrai parler des autres qu'autant qu'ils font ou devraient faire partie de la culture des champs.

Section II. — *Des semis.*

§ Ier. — Avantages et inconvéniens.

Les semis ont sur les marcottes et les boutures l'avantage à peu près incontesté de produire des individus d'une plus belle croissance et d'une plus grande longévité; — ils servent à propager la plupart des espèces de nos arbres forestiers. — Les graines récoltées sur des variétés donnent naissance à de nouvelles variétés parfois préférables à celles dont elles proviennent. Une fois qu'elles se sont écartées des types, elles tendent à varier continuellement de nouveau. — C'est ainsi que nous avons obtenu et que nous obtenons encore divers fruits améliorés inconnus de nos ancêtres.

Les espèces présentent à la vérité moins souvent, mais elles présentent cependant de loin en loin la même singularité. Chacun sait que dans une pépinière forestière les semences d'un même arbre produisent souvent un certain nombre de plants assez différens des autres pour constituer de véritables variétés, et que, parmi ces variétés auxquelles on ne fait pas toujours assez attention, il en est qui se recommandent par des qualités particulières, telles que la précocité ou le retard de leur végétation, le développement plus rapide ou plus considérable de leurs diverses parties, la qualité même de leur bois, leur existence plus robuste, etc.

Les semis ne servent qu'à multiplier les espèces et les races, ou, comme nous venons de le voir, à créer des variétés. Celles qui existent déjà, moins nombreuses du reste et moins importantes parmi les arbres forestiers que parmi les arbres fruitiers, ne peuvent se transmettre qu'au moyen des marcottes, des boutures et des greffes. — Il est même de véritables espèces qu'on peut fort bien multiplier de graines et qu'on aime mieux cependant propager de marcottes, comme le tilleul, le platane, etc., ou de boutures, comme le saule, le peuplier, etc., parce que la grande facilité de ce mode de multiplication fait oublier les inconvéniens qu'il peut présenter, et parce que la rapidité plus grande des résultats l'emporte sur la meilleure qualité des produits.

§ II. — Disposition du terrain.

Le terrain destiné aux semis de la plupart des arbres forestiers est ordinairement divisé en planches de 1 mètre 1/2 à 2 mètres de large, séparées par des sentiers de 2/3 de mètre. — Dans les localités humides, il est bon d'élever ces planches et de les bomber légèrement au-dessus du sol des allées; — dans les lieux naturellement secs, de les abaisser au contraire un peu au-dessous.

Ces précautions prises, et le sol ayant été convenablement ameubli par les précédens labours, on unit la surface au moyen du râteau.

§ III. — Époque des semis.

Diverses graines perdent très-promptement leurs propriétés germinatives lorsqu'elles ne sont pas défendues du contact immédiat de l'air et de la lumière peu de temps après l'époque de la maturité. De ce nombre sont celles de l'orme, du bouleau, du charme, du hêtre, du châtaignier, du chêne, du frêne, de l'érable. — Il est donc nécessaire de les semer ou de les stratifier le plus tôt possible.

Quand on peut semer les graines dès qu'elles sont bien mûres, on évite les embarras de la stratification; mais les semis présentent d'un autre côté, dans ce cas, l'inconvénient assez grave, pour certaines semences, de les laisser exposées, long-temps avant la germination, à l'influence fâcheuse de l'humidité froide et excessive de l'hiver, et surtout, lorsqu'elles offrent un certain volume, à la voracité d'une foule d'animaux. La stratification d'ailleurs, pour les espèces et dans les cas où la suppression du pivot est nécessaire, permet, comme je le dirai tout-à-l'heure, de faire cette opération sur la radicule même à une époque où, selon moi, elle offre le moins d'inconvéniens.

Dans les pépinières forestières, on stratifie: — soit en plein air: on dispose alors les graines par lits alternatifs avec du sable fin, et on les recouvre ensuite d'une couche de terre assez épaisse pour prévenir les effets de la gelée (*fig.* 2); — *soit dans des pots, des*

Fig. 2.

terrines ou tous autres vases, en employant comme précédemment le sable, et en renfermant ces vases en un lieu protégé également contre l'excès de la chaleur et du froid, de la sécheresse et de l'humidité.

Le premier mode peut être utilisé pour de grandes quantités de graines, le second devra toujours être préféré pour de petites. Il procure seul les moyens de hâter la germination lorsque la température extérieure est assez froide pour l'empêcher au commencement du printemps, et d'avancer ainsi très-sensiblement le développement du plant pendant la première année.

Pour les graines qui ne conservent pas leurs propriétés germinatives, *le moment des semis ou de la stratification varie en raison de celui de la maturité:* — celles de l'orme, par exemple, tombent avant l'entier développement des feuilles. Dans le centre de la France, on peut les mettre en terre dès le mois de mai, et obtenir ainsi de jeunes arbres avant le retour de l'hiver. Divers autres végétaux sont dans un cas à peu près semblable. — Les graines des arbres forestiers de la famille des amentacées, tels que le bouleau, le charme, le hêtre, le châtaignier, le chêne, ne mûrissent qu'à la fin de l'été ou dans le courant de l'automne. — On sème le plus ordinairement les deux premières espèces; on sème ou on stratifie les trois autres avant le moment des gelées.

Mais, pour les graines qui se conservent bonnes plus long-temps, l'époque des semis doit être en général déterminée d'après la nature du sol et la disposition particulière du climat. — Ceux d'automne sont préférables dans toutes les terres qui ne pèchent pas par un excès d'humidité, parce que la plupart des semences des grands végétaux ligneux, si elles n'ont pas été long-temps humectées, rompent difficilement leurs enveloppes, et qu'un printemps sec peut retarder parfois d'un an leur germination. — Dans les sols saturés d'eau, surtout à des expositions plus que d'autres sujettes aux froids tardifs, il est nécessaire d'attendre le printemps.

§ IV. — Manière d'effectuer les semis.

La plupart des semis des pépinières se font *par planches* et *à la volée.* — C'est le moyen le plus expéditif. — On répand les graines à la main, le plus également possible, à des distances proportionnées au développement plus ou moins considérable que doivent prendre les jeunes plants.

Pour les graines volumineuses et pour celles d'une grosseur moindre, telles que les pépins, qui ont été stratifiées et qui doivent être répandues, en partie germées, avec le sable auquel elles sont mêlées, dans le but de les espacer plus convenablement, ou afin de ménager leurs radicules naissantes, on sème *en de petits rayons* creusés parallèlement entre eux, à la binette ou au plantoir.

Enfin pour certains végétaux délicats, pendant leur grande jeunesse, tels que divers arbres verts, on choisit *des pots ou des terrines*.

Les semences d'une certaine finesse veulent être peu recouvertes. Il en est, comme celles du bouleau, de l'orme, qu'on trouve de l'avantage à abriter seulement par de la mousse.

Celles de la grosseur des semences de l'érable, du frêne, etc., peuvent être enterrées au râteau ou à la pelle, à la profondeur d'un centimètre (3 à 4 lig.) environ.

Les châtaignes, les glands doivent l'être de 2 à 3 centimètres (1 pouce) et plus, selon la nature du sol.

En général, il ne faut pas perdre de vue que la profondeur nécessaire pour assurer le succès du semis est, toutes choses égales d'ailleurs, moins grande dans les terres compactes que dans les terres légères et dans celles qui sont humides et froides, que dans celles qui jouissent de la propriété contraire.

Le plombage, complément des semis, consiste à comprimer légèrement le sol sur les graines, de manière qu'elles se trouvent de toutes parts en contact avec l'humidité qu'il contient. Cette opération se fait dans les pépinières, soit avec le dos d'une pelle ou la batte, qui permet de ne fouler le sol qu'autant qu'on le juge à propos, soit avec les pieds.— Pour les semis en pot, on emploie simplement le revers de la main.

Presque tous les arbres forestiers de nos climats lèvent et réussissent de préférence, pendant leur première année, à une exposition fraîche, ombragée et dans un terrain maintenu constamment un peu humide à l'époque de la germination. Lorsqu'on ne trouve pas dans les pépinières une situation qui présente naturellement ce double avantage, on cherche à en approcher le plus possible en abritant la surface du sol par une couverture légère de terreau ou de fumier de vieilles couches, qui a le double avantage de diminuer les effets de l'évaporation, et d'empêcher les pluies de battre le sol; — en donnant quelques arrosemens, lorsque le besoin s'en fait impérieusement sentir, *cas, du reste, assez rare* au printemps.

Depuis le moment de la germination jusqu'à celui des repiquages, le principal soin à prendre est d'empêcher l'envahissement du terrain par les mauvaises herbes. — Quelquefois on *éclaircit* le plant.—On *arrose*, si faire se peut, après le coucher du soleil, pendant les sécheresses excessives. — On *couvre* de paille longue, aux approches de l'hiver, pour empêcher l'effet des premières gelées sur les tiges imparfaitement aoûtées, ou sur les racines des espèces délicates.

SECTION III. — *Des marcottes.*

§ Ier. — Avantages et inconvéniens.

Bien qu'on fasse un usage fréquent des marcottes dans les pépinières, on les emploie rarement en grand pour les arbres forestiers. Je viens de dire que presque tous se multiplient le plus souvent de graines, et nous verrons bientôt que, parmi ceux qui se prêtent le moins à ce mode de propagation, la plupart réussissent aussi sûrement et plus facilement de bouture. Enfin, pour les arbres fruitiers, on a recours à peu près exclusivement aux greffes.

Cependant, dans certains cas, les marcottes peuvent être utilisées concurremment avec l'un ou l'autre de ces moyens, et parfois à l'exclusion de tous les autres sur quelques arbres exotiques assez robustes pour supporter nos hivers, mais qui ne donnent pas, ou qui donnent encore rarement et en petite quantité de bonnes graines dans nos climats. — A ce double titre, nous devons nous en occuper ici.

Dans l'acception la plus étendue de ce mot, une marcotte est une tige à laquelle on fait pousser des racines; ou une racine à laquelle on fait pousser une tige avant de la séparer de l'individu dont elle fait partie, pour la planter ensuite comme on plante les végétaux venus de semis.

§ II. — Des divers marcottages.

D'après cette définition, les drageons et les rejetons sont de véritables *marcottes naturelles*. — Sans le secours de l'art, il est des arbres, tels que l'acacia, certains peupliers, des pruniers, le broussonétier, etc., etc., qui donnent successivement naissance à un si grand nombre de ces rejetons qu'ils envahissent bientôt à eux seuls tout un terrain. — Mais il en est d'autres qui n'en produisent ordinairement que lorsqu'ils y sont amenés par des moyens artificiels. — Leurs racines incisées, blessées sur divers points, à une petite profondeur dans le sol, se couvrent de nodosités qui donnent naissance à des bourgeons adventices, comme on le remarque fréquemment sur l'orme, le planera, l'alisier, l'aylanthe glanduleux et beaucoup d'autres.

Le marcottage simple, par butte ou en cépée (*fig.* 3), est, après celui-ci, le plus facile, et dans beaucoup de cas le plus avantageux de tous, pour les arbres robustes qui se prêtent facilement au recépage.—Il se borne à rabattre, avant le printemps, la tige principale tout près du collet, et à recouvrir de terre le tronc ainsi mutilé. Les nombreux bourgeons qui se développent par suite de cette opération s'enracinent presque aussitôt à

Fig. 3.

leur base, et peuvent être séparés et plantés, pour la plupart, dès l'année suivante. Beaucoup de pépiniéristes recourent de préférence à ce moyen pour obtenir les sujets de cognassier qu'ils destinent à recevoir les greffes de poiriers. — On peut l'employer avec succès pour les mûriers, et notamment le mûrier multicaule; pour le cyprès distique qui donne encore fort peu de bonnes graines en France, et qui reprend difficilement de bouture; pour le gincko, dont j'ai lieu de croire qu'on obtiendrait ainsi des individus mieux disposés à s'élever verticalement, et pour beaucoup d'autres arbres étrangers ou des variétés d'arbres indigènes qu'on est dans l'usage de multiplier de greffes, et dont il peut être préférable, dans certains cas, d'obtenir des individus francs de pied.

Le marcottage simple, par provins ou en archet (*fig.* 4), présente à peu près les mêmes

Fig. 4.

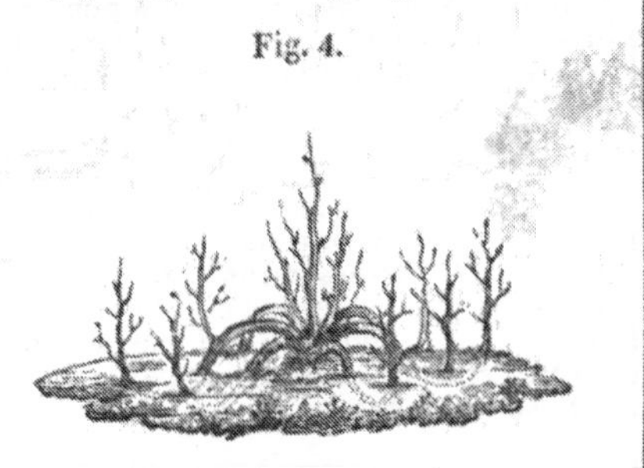

avantages. Cependant il demande plus de temps et occupe plus de place sur le terrain. On l'emploie communément pour la vigne, pour regarnir les clairières des bois, et, dans les pépinières, pour remplacer, sur les végétaux d'une reprise difficile, les marcottages par cépées.

Des branches de 1 ou 2 ans, ainsi disposées, manquent rarement de s'enraciner à l'époque de la sève descendante. — Cependant il arrive parfois qu'une seule année ne suffit pas, et parfois encore on est dans l'obligation de provoquer l'émission des racines en tordant, en comprimant par des liens ou en incisant de diverses manières les portions de tiges qui doivent les produire.

Ces opérations préparatoires, dont la fig. 5 donne une idée suffisante, constituent *le marcottage compliqué*. — Plus de détails me feraient passer du domaine de la grande dans celui de la petite culture, et ne se rattacheraient plus, par conséquent, qu'indirectement à mon sujet.

Fig. 5.

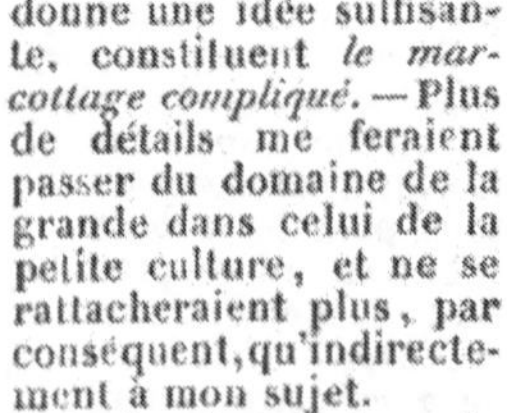

A plus forte raison, je ne ferai qu'indiquer le marcottage qui se fait en des paniers, des pots ou autres vases, parce que le temps, les appareils et les soins qu'il exige le rendent peu propre à la multiplication de toutes autres espèces que celles dont la rareté fait le prix.

SECTION IV. — *Des boutures*

§ Ier. — Avantages et inconvéniens.

Si les boutures ont ainsi que les marcottes l'inconvénient de diminuer progressivement la vigueur des individus et la fécondité des espèces, et si, à cet inconvénient, qui n'est pas toujours également appréciable, elles joignent celui de ne réussir que sur un certain nombre de végétaux, on doit reconnaître qu'elles ont d'un autre côté l'avantage incontestable d'offrir pour ces derniers un moyen de multiplication aussi prompt que facile et assuré.

D'après la définition la plus complète qu'on en ait donnée, la bouture est une partie de végétal qui, séparée de l'individu auquel elle appartenait, manque d'un des organes essentiels au maintien de la vie, de racines ou de bourgeons. La culture peut lui faire produire les unes et les autres.

On fait des boutures avec des tiges ou des fragmens de tiges, des feuilles et parfois même des pédoncules et des fruits; on en fait aussi avec des racines: mais les seules qui offrent de l'avantage pour la multiplication en grand des végétaux qui nous occupent ici, sont celles de la première et de la dernière sortes.

Les arbres qui réussissent le mieux par ce moyen sont ceux dont le bois est tendre, le tissu parenchimateux abondant, et l'écorce marquée plus ostensiblement de ces sortes de taches arrondies auxquelles M. De Candolle a donné le nom de lenticelles, et qu'il désigne comme autant de points marqués par la nature pour le développement des racines adventices.

On multiplie habituellement de bouture *divers arbres forestiers des terrains humides*, tels que les saules, les peupliers, etc., etc.

On a conseillé de bouturer aussi *les arbres fruitiers*, afin de les disposer à se mettre plus tôt à fruits, et de faire acquérir à la pulpe de ces derniers plus de volume et de saveur; mais, soit difficulté d'exécution, soit force d'habitude, aucune expérience concluante n'a été faite à cet égard.

Quant aux arbres résineux, je ne pense pas qu'il y ait jamais avantage à employer pour eux un pareil mode de multiplication: non qu'on ne puisse assez bien réussir, même en pleine terre; mais parce que, d'après la disposition particulière de leur tige, on obtiendrait rarement des individus d'une belle venue.

§ II. — Boutures des tiges.

Epoque la plus favorable. Deux conditions principales sont on peut dire indispensables au succès des boutures faites en plein air. La première, relative aux végétaux à feuilles caduques, c'est qu'ils aient achevé le cours de leur végétation annuelle; la seconde, relative au sol, c'est qu'il soit pénétré d'une humidité suffisante. — Aussi, sauf le cas où les gelées se font sentir et où des pluies excessives rendent la terre malsaine ou d'une culture difficile, on peut bouturer depuis le milieu de l'automne jusqu'aux approches du printemps. On préfère généralement cette dernière époque.

Dans le choix du terrain, il faut nécessairement avoir égard aux habitudes propres à chaque espèce de végétal. Toutefois, comme le but qu'on se propose avant tout, est, d'une part, de faciliter la formation et l'extension des jeunes racines, et de l'autre, tant qu'elles ne sont pas encore développées, de maintenir la vie dans la bouture en l'empêchant de se déssécher faute d'eau ou par suite d'une trop grande évaporation, on doit, dans tous les cas, choisir un sol léger, un peu humide, à une exposition ombragée et abritée des vents desséchans. — Une autre considération, moins générale peut-être, mais néanmoins d'un grand intérêt, c'est que, toutes choses égales d'ailleurs, beaucoup de boutures qui manqueraient dans les localités cultivées depuis long-temps en pépinières, réussissent fort bien dans une terre neuve et renouvelée par des cultures d'un autre genre.

Préparation des boutures. On fait des boutures avec des bourgeons, c'est-à-dire du bois d'une seule année de végétation; avec des rameaux ou du bois de deux ans; enfin avec des branches de différens âges et de différentes grosseurs. La seconde et la troisième méthode sont préférables pour les végétaux ligneux de nos contrées.

Les boutures de rameaux s'effectuent de trois manières principales. — Elles sont simples, — à talon, — ou en crossette.

Les boutures simples (*fig.* 6) sont des fragmens de rameaux de 2 à 3 décim. (8 à 10 p.) dépouillés de toutes les ramilles latérales et coupés obliquement par le gros bout.

Les boutures à talon (*fig.* 7) diffèrent de ces dernières, parce que, au lieu de couper le rameau sur lui-même, on laisse à sa base une partie de l'empatement qui l'unissait à la branche, en l'éclatant avec précaution.

Dans les boutures à crossette (*fig.* 8), le talon est remplacé par un crochet de vieux bois de quelques centimètres (1 ou 2 p.) de long.

Fig. 6.

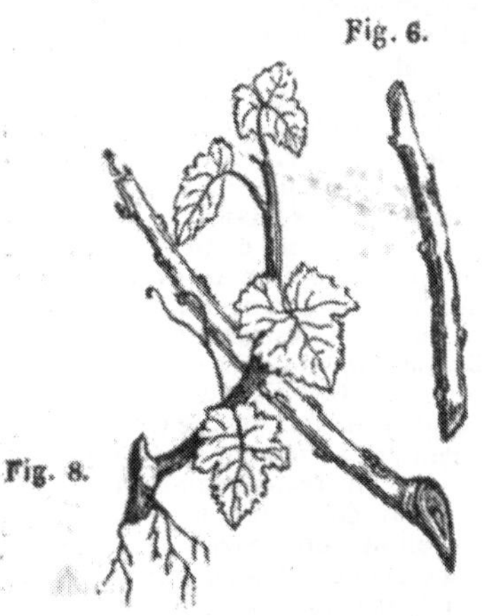

Fig. 8.

Fig. 7.

Les boutures simples et à talon sont le plus fréquemment employées par les pépiniéristes. — La seconde sorte offre plus de chances de succès que la première, mais elle peut avoir d'assez graves inconvéniens pour la vie des mères, en occasionant sur les branches principales une foule de plaies irrégulières qui deviennent souvent cancéreuses. — Dans plusieurs jardins, afin d'éviter cet inconvénient on recèpe des arbres d'un certain âge de manière à les transformer en cépées, qu'on rabat ensuite périodiquement comme les taillis et qui fournissent une immense quantité de rameaux. — Les boutures en crossette se pratiquent avantageusement non seulement sur la plupart des végétaux sarmenteux et notamment les vignes, mais encore, dans le midi, sur le figuier et l'olivier.

Parmi les boutures de branches, les plus employées à la multiplication des arbres utiles sont celles en ramées et en plançons.

Les boutures en ramées sont de jeunes branches (*fig.* 9) garnies de tous les rameaux

Fig. 9

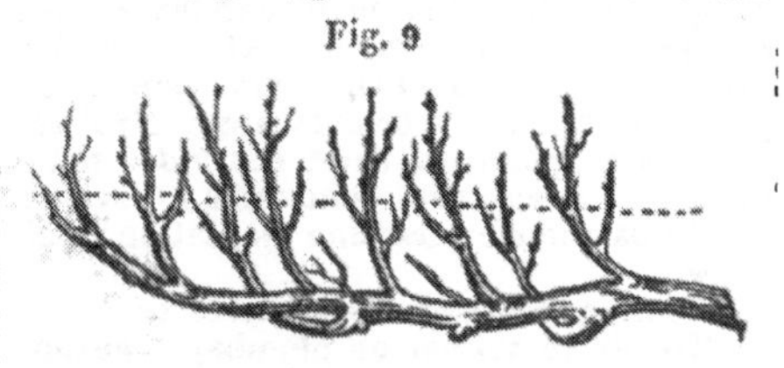

auxquels elles ont donné naissance. — Après les avoir couchées horizontalement dans une fosse peu profonde, on les recouvre de terre de manière que les sommités des tiges dépassent le niveau du sol de plusieurs yeux, et on les rabat sur les deux ou trois premiers. — On emploie ces sortes de ramées pour former des mères d'olivier qui donnent, pendant un grand nombre d'années, beaucoup de jeunes plants francs de pied et tout disposés à se mettre promptement à fruit. — On peut les utiliser sur le tilleul, le platane, l'osier et divers autres arbres.

Les boutures en plançons ne sont autre chose que des branches de 2 à 3 et 4 mètres (6 à 9 et 12 pieds) et plus, qui se façonnent de deux manières : — tantôt on les étête par le sommet et on supprime tous les rameaux latéraux; — tantôt on laisse ceux de la sommité pour former la tête du nouvel arbre. — Dans l'un ou l'autre cas on amincit triangulairement la partie qui doit être fixée en terre. — Il est des localités où l'on ne connaît pas d'autres moyens pour multiplier en place la plupart des peupliers et des saules.

Lorsque les arbres sont d'une reprise difficile, il est nécessaire de provoquer la formation d'un bourrelet par l'un des moyens que j'ai déjà indiqués pour les marcottes, *fig.* 5. — Le plus simple est de ligaturer la branche, vers le commencement de l'été, avec un fil de fer de manière à arrêter en partie la sève descendante au point où l'on désire obtenir des racines.

Plantation des boutures. Les boutures simples et à talon se mettent en terre au plantoir ou en des tranchées parallèles, dans lesquelles on les place à des distances et des profondeurs proportionnées à leur volume; puis on remplit ensuite successivement chacune de ces tranchées avec la terre extraite de la tranchée suivante, de manière à laisser aux boutures deux ou trois yeux au moins à l'air libre.

Les crossettes, ainsi que les ramées, se

plantent à peu près horizontalement. On relève seulement la partie supérieure sur l'un des bords de la rigole, et on laisse, comme précédemment, quelques yeux de bois bien aoûté au-dessus de la surface du sol.

Quant aux plançons, la méthode la plus usitée, quoique la moins bonne, est de faire, au moyen d'une barre métallique ou d'un avant-pieu, des trous de un demi à deux tiers de mètre (18 po. à 2 pieds) de profondeur, dans lesquels on les place. Si, en des terrains très-légers, une pareille pratique ne présente pas de graves inconvéniens, dans les terres fortes elle en a de deux sortes: d'abord elle comprime celles-ci de manière à les rendre peu perméables aux racines, et, ce qui est pis, quelques soins qu'on prenne pour remplir de terre des ouvertures aussi étroites, elle laisse autour du tronc des vides nombreux; — mieux vaut donc faire à l'avance des trous comme pour une plantation ordinaire.

La culture première des boutures se borne à affermir le sol par un plombage, autour de leurs parties enterrées, de manière à les mettre sur tous les points en communication immédiate avec l'humidité de la terre; — à arroser lorsque les circonstances atmosphériques l'exigent, et à *pailler*, si faire se peut, pour diminuer les effets du hâle. Du reste cette culture ne diffère pas de celle des autres plants des pépinières.

§ III. — Boutures de racines.

Les boutures de racines, quoique moins employées que celles dont je viens de parler, offrent cependant un moyen facile de multiplier rapidement une partie de nos grands végétaux ligneux.

Les plus naturelles sont celles qu'on obtient parfois à l'endroit même où un arbre d'un certain âge vient d'être arraché, sans autre soin que de laisser la fosse ouverte. — De toutes les extrémités des racines qui sont restées dans le sol on voit, le printemps suivant, naître des bourgeons, et lorsque ceux-ci ont été enlevés, il n'y a pas de raison pour qu'il ne s'en forme pas d'autres sur les mêmes racines de nouveau raccourcies.

Mais ce moyen est plus curieux qu'applicable aux besoins de la grande culture; il en est un autre dont il me semble qu'on méconnaît généralement les avantages: je veux parler *des boutures par tronçons.*

Lorsque comme dans le cas précédent, on arrache un arbre, ou lorsqu'en labourant dans son voisinage, on supprime celles de ses racines qui nuisent aux cultures voisines; lorsqu'enfin on peut lui en ôter un certain nombre sans nuire sensiblement à son développement, on divise ces racines par tronçons de 1 à 2 et 3 décimètres (4 à 8 et 10 po.), et on les plante en élevant leur gros bout de quelques millimètres seulement au-dessus du sol.

Généralement ces boutures donnent naissance, dès la première année, à des bourgeons vigoureux; — parfois cependant elles restent dans l'inaction plus long-temps; mais dans tous les cas, pour peu que les espèces qu'elles doivent reproduire n'éprouvent pas une difficulté particulière à développer des gemmes adventices, elles réussissent presque toujours.

Section v. — *Des greffes.*

§ Ier. — Avantages et inconvéniens.

Les greffes partagent avec les marcottes et les boutures la propriété de propager les variétés non transmissibles de semis. — Elles réussissent même dans beaucoup de cas où il serait difficile de recourir à l'un ou à l'autre de ces deux modes de reproduction.

En théorie, les greffes peuvent être assimilées à de véritables boutures qui, au lieu de puiser leur nourriture dans le sol, la reçoivent par l'intermédiaire de la tige des *sujets.* Cette nourriture est modifiée au point d'insertion, selon la disposition des organes de chaque végétal, comme elle l'est en passant de la terre dans les racines; de sorte qu'un nombre indéterminé d'espèces bien distinctes peut vivre sur le même tronc sans éprouver d'autres modifications que celles qui pourraient résulter de la différence du sol, de la quantité plus ou moins grande de sucs nourriciers qu'il contient. — Ce que j'ai dit de l'influence des boutures est donc à peu près applicable aux greffes quant à la longévité, à l'élévation et à la mise à fruit des individus qui en proviennent, et il en résulte nécessairement qu'elles sont utilisées bien moins fréquemment pour les arbres forestiers que pour les arbres fruitiers. — La greffe améliore en effet sensiblement les fruits en volume, souvent en saveur; elle contribue encore à hâter leur production, quoique cet effet soit rarement aussi marqué qu'on s'est plu à le dire; mais d'un autre côté, elle nuit au développement des organes conservateurs et elle abrége ordinairement le temps marqué par la nature pour l'existence des arbres. — On sait cependant que le choix d'un bon sujet influe parfois d'une manière favorable sur le port, et, chose plus importante, on a cru remarquer qu'il influait aussi sur la rusticité des végétaux au point qu'il ne serait pas impossible de profiter de cette disposition pour faciliter la naturalisation de certains arbres étrangers. — Afin d'atteindre un but aussi désirable; — pour hâter la fructification de quelques individus rebelles; — pour multiplier diverses variétés améliorées, ce qu'on ne fait pas, je trouve, assez généralement, relativement aux essences forestières; — pour transformer même des espèces de peu de valeur en arbres d'un meilleur produit, on devrait recourir aux greffes. — Le chêne robur, greffé sur le cerris, auquel la mauvaise qualité de son bois a fait donner, dans beaucoup de pays, le nom de *doucier*, pousse, dit-on, plus rapidement sans perdre sensiblement de sa dureté; — les chênes ballota et autres à glands doux pourraient se multiplier, se perfectionner peut-être, sur l'yeuse; — des ormeaux, des frênes, se couvrir de feuilles plus abondantes ou plus larges, et mieux du goût des bestiaux, etc., etc.

§ II. — Description des principales greffes.

Les greffes qu'on emploie le plus fréquemment dans les pépinières *pour les grands végétaux ligneux à feuilles caduques*, sont les suivantes :

La greffe en fente ordinaire. (Voy. un peu plus loin, *fig*. 17.)

La greffe anglaise (*fig*.10), que sa grande solidité et sa facile reprise rend très-utile pour les arbres à écorce mince et à bois dur.

La greffe Lee, ou par entaille triangulaire, (*fig*. 11), qui convient surtout aux végétaux dont la moëlle ne doit pas être attaquée, et aux grosses tiges dont l'écorce vieillie offre peu de sève.

La greffe Varin, à rameau posé entre l'aubier et l'écorce, comme une greffe en couronne (*fig*. 12), qui réunit les avantages des deux précédentes.

Fig. 12. Fig. 11. Fig. 10.

Fig. 13.

La greffe Cels (*fig*. 13), sur racines séparées des arbres et plantées par tronçons avant d'être opérées, qui permet de multiplier sur eux-mêmes des individus dont on ne possède pas de congénères.

Enfin rarement celle en écusson. (*Voy*. un peu plus bas les *fig*. 15 et 16.)

La greffe herbacée des arbres forestiers résineux, telle qu'on la pratique presque exclusivement depuis une douzaine d'années, est d'une exécution fort simple et d'un résultat assuré. — Elle a permis de transformer par milliers, dans la forêt de Fontainebleau, des pins sylvestres en Laricio d'une superbe venue. — On peut croire qu'elle présenterait le même avantage sur les terrains crétacés de la Champagne pouilleuse.

Selon que la greffe est de diamètre égal à celui du sujet ou un peu moindre, on la coupe triangulairement (*fig*. 14), ou en biseau prolongé, pour l'insérer dans une entaille correspondante à la sommité de la tige principale de l'arbre. — Dans tous les cas, on choisit, pour faire l'opération, le moment où cette tige encore herbacée a atteint les deux tiers environ de son développement, c'est-à-dire de 1 à 2 et 3 décim. environ (6 à 8 et 10 po.), selon la vigueur de la végétation;

Fig. 14.

— on la casse bien net au tiers inférieur ou à moitié de sa longueur; on ne laisse à la greffe également herbacée que 2 à 5 cent. (1 ou 2 po.); puis, après avoir incisé et réuni les parties comme il vient d'être dit, et les avoir consolidées par une ligature de laine, on les entoure d'un cornet de papier destiné à empêcher pendant les 10 à 15 premiers jours les effets de l'évaporation.

Les greffes herbacées ne sont pas seulement propres à la multiplication des conifères; la plupart des arbres à feuilles caduques, ceux même qui reprennent difficilement par tout autre moyen analogue réussissent généralement avec celui-là : je citerai seulement le chêne et le noyer.

Pour les arbres fruitiers, les greffes en écusson, en fente, en couronne et en flûte, sont presque exclusivement employées.

La greffe en écusson (*fig*. 15 et 16) convient également à presque tous; on la pratique à peu près exclusivement sur l'amandier, le pêcher, l'abricotier, presque toujours sur le prunier, le cerisier, l'olivier, et très-fréquemment sur le poirier, le pommier et même l'oranger.

La greffe en fente (*fig*. 17, 18, 19, 20 et 21) a, pour les arbres fruitiers à noyaux, le grave défaut de donner naissance à des extravasions de gomme; aussi ne l'emploie-t-on presque jamais sur le pêcher et l'abricotier. — Elle a moins d'inconvénient sur le prunier, quelques cerisiers, et même l'amandier; — elle n'en a aucun sur l'olivier, le pommier, le poirier, la vigne. — On s'en sert de préférence quand les sujets, arrivés à un certain âge, ont une écorce épaisse et rugueuse peu favorable à la pose des écussons.

Parmi les greffes en écusson, *la greffe Lenormand*, avec un léger fragment d'aubier sous l'œil (*fig*. 15), est la plus facile, la plus prompte et aussi la plus employée dans les pépinières. — Elle ne diffère de la *greffe Descemet* (*fig*. 16), que parce que cette dernière se compose de deux écussons au lieu d'un. — On peut ainsi, dès la première année, obtenir les branches-mères d'un espalier.

Fig. 15. Fig. 16.

Parmi les greffes en fente, *la greffe Atticus* (*fig*. 17) se trouve la première.

La greffe Palladius (*fig*.18) en fente, à deux rameaux, se pratique sur des sujets plus gros; elle offre une double chance de réussite.

La greffe Trochereau (*fig*. 19) présente cette particularité, qu'au lieu de fendre le

Fig. 18. Fig. 19. Fig. 17.

sujet au centre on fait en sorte de ne pas attaquer le canal médullaire.

La greffe en fente au milieu du bois (*fig.* 20) est recommandée spécialement pour les vignes.

Fig 20.

Les greffes en ramilles se distinguent des autres greffes en fente en ce qu'elles se font avec de petites branches garnies de leurs rameaux, souvent de leurs boutons à fleurs, et quelquefois même de leurs fruits naissans. — Elles sont employées assez fréquemment pour les orangers. — « En semant un pépin à une époque déterminée, on est parvenu à recueillir avant la fin de l'année du fruit mûr sur l'individu auquel il donna naissance (*fig.* 21). » V. A. THOUIN, *Cours de culture et de naturalisation.*

Fig. 21. Fig. 22.

Les greffes en couronne (*fig.* 22), qui font en quelque sorte le passage entre les greffes en écusson et les greffes en fente, n'étant employées avec un avantage particulier que pour de vieux troncs, ne sont pas utilisées dans les pépinières. — Elles peuvent l'être dans les champs pour transformer promptement en arbres à bon fruit des sauvageons de peu de valeur.

Les greffes en flûte conviennent de préférence à tous les arbres à écorce épaisse et à moëlle abondante.— On les emploie dans les pépinières et les campagnes pour le châtaignier, le noyer, les figuiers et les mûriers.

La greffe Jefferson (*fig.* 23), sans couper la tête du sujet et à œil dormant, consiste à remplacer un anneau d'écorce enlevé sur le sujet, par un autre anneau parfaitement d'égale dimension, pris sur l'arbre qu'on veut propager, et muni au moins d'un œil.

La greffe sifflet (*fig.* 24), avec suppression de la tête du sujet et à œil poussant, diffère principalement de la précédente en ce que l'anneau de remplacement n'est pas fendu longitudinalement.

La greffe de Faune (*fig.* 25), au moyen de

Fig. 25. Fig. 24. Fig. 23.

lanières d'écorce qu'on a laissées sur le sujet et qu'on relève après l'opération, de manière toutefois à ne pas couvrir les yeux de la greffe, offre quelques chances de succès de plus.

§ III. — Choix des sujets.

Le choix des sujets est d'une grande importance. Non seulement il doit exister entre eux et les greffes une analogie naturelle aussi complète que possible, et cette analogie, si l'on veut opérer sur des arbres forestiers surtout, doit s'étendre à l'élévation, à la grosseur, aux époques de la végétation, au mode de développement, à la durée même de l'existence; mais il faut encore avoir égard à la propriété particulière à chaque espèce de croître dans tel ou tel terrain, à telle ou telle latitude, telle ou telle position, etc., etc. Il faut rejeter rigoureusement tous les individus mal constitués, et ne faire usage que lorsqu'on y est forcé de ceux qui ne proviennent pas de semis.

Les greffes herbacées réussissent particulièrement sur les conifères, qui offrent entre eux, par le nombre de leurs feuilles, le plus de ressemblance : — Le laricio, le weymouth reprennent à merveille sur le pin sylvestre d'Écosse; — le pin à pignon, sur le pin maritime; — le cimbro, sur le pin du lord; — les sapinettes, sur l'épicéa, — les giléads, sur le sapin argenté, etc., etc.

L'amandier se greffe sur lui-même ; — le pêcher, sur amandier et sur prunier, particulièrement sur le damas noir et le saint-julien; — l'abricotier et le prunier, sur ces deux dernières espèces et sur la cerisette; — le cerisier, sur franc, c'est-à-dire sur des sujets venus de semence, quand on veut qu'il s'élève ; sur griottier pour obtenir des arbres d'une moyenne croissance, et sur mahaleb si l'on désire qu'il forme des basses tiges.

Le poirier se greffe aussi sur franc ou sur cognassier. Dans le premier cas il s'élève davantage, vit plus vieux, mais se met moins promptement à fruit; dans le second cas, c'est le contraire. — Le pommier sur franc est aussi plus vigoureux et moins précoce; sur doucin, il prend un développement moyen ; sur paradis, il reste nain.

Le figuier, l'olivier, l'oranger, ne réussissent que sur eux-mêmes.

§ IV. — Choix des greffes.

Les personnes qui greffent annuellement beaucoup d'arbres fruitiers ont dès longtemps fait la remarque que le choix de la greffe influe, généralement au moins, d'une manière bien positive sur son développement ultérieur; — elles savent que les scions ou les gemmes séparés de *branches faibles* donnent des pousses *moins belles* que ceux qu'on prend sur des branches *mieux développées;* — que certains arbres cultivés en espaliers forment difficilement une tige droite pour pyramide, si l'on choisit les greffes sur les *branches basses ou inclinées* de l'espalier, tandis que si on les détache de *rameaux qui s'élèvent perpendiculairement* au sol, à la sommité des plein-vents, on obtient presqu'à coup sûr un effet contraire ; — que des yeux separés de *vieilles branches* peu disposées à se mettre à fruit, se développeront, toutes choses égales d'ailleurs, avec *moins de vigueur que d'autres,* et produiront des arbres qui conserveront la même disposition à la stérilité.

De pareils faits ont une importance que d'habiles praticiens méconnaissent rarement, mais qui n'est pas assez généralement appréciée.

Comme il importe que les sujets soient plus en sève que les greffes lors de l'opération, on peut couper celles-ci quelque temps d'avance, les réunir en paquets, et les enterrer ainsi par le gros bout, au nord, dans un lieu frais sans excès d'humidité.

§ V. — Temps propre à effectuer les greffes.

Deux époques conviennent particulièrement à la reprise de la plupart des greffes : le printemps, au moment de l'ascension de la sève, lorsque l'écorce a cessé d'être adhérente au bois et que les gemmes sont sur le point de s'ouvrir ; — les approches de l'automne, pendant le cours de la seconde sève. — Les greffes herbacées et en ramilles se font seules entre ces deux époques.

Les greffes de printemps se développent immédiatement. Presque toujours celles en fente et en couronne sont de ce nombre. — Les greffes de la sève d'août doivent être exécutées à une époque telle que la reprise puisse encore avoir lieu convenablement, sans toutefois que les yeux trouvent le temps de se développer, parce que les bourgeons auxquels ils donneraient naissance seraient le plus souvent saisis par les gelées avant d'être *aoûtés*. — Ces sortes de greffes s'appellent *à œil dormant* par opposition à celles qui poussent dès qu'elles sont faites, et qu'on a en conséquence nommées *à œil poussant*. — On greffe de l'une et l'autre manière en flûte et en écusson.

§ VI. — Manière d'assurer le succès des greffes.

La végétation d'accroissement en diamètre des arbres se faisant entre l'aubier et l'écorce, et la soudure des greffes ne pouvant avoir lieu qu'au moyen des parties herbacées ou du liber, il en résulte qu'il faut faire coïncider le plus exactement possible le liber de la greffe avec celui du sujet, comme dans les greffes en fente, ou le mettre en contact direct avec l'aubier de ce même sujet, comme dans les greffes en écusson, en flûte et en couronne. — Pour les greffes herbacées, la vie active étant encore également répartie dans toute la jeune tige, elle jouit en entier de la propriété de s'unir à une autre tige dans le même état.

Dès que les greffes sont placées, on les consolide par une ligature de laine, et on les abrite du contact de l'air par de la cire à greffer ainsi composée : 1/2 cire jaune, 1/4 poix commune et 1/4 poix de Bourgogne, dans laquelle on ajoute souvent un peu de suif, et qu'on fait fondre toutes les fois qu'on veut l'employer. — Pour des tiges d'un certain âge, ce simple enduit peut suffire sans aucune ligature.

Section VI. — *De la taille des jeunes arbres.*

La taille des arbres de pépinières comprend quatre opérations principales : l'*habillage* ou la préparation des plants à l'époque du repiquage ou de la transplantation ; — *la taille vulgairement dite en crochets*, ou de première formation des tiges ; — *le recepage* et *l'élagage*.

§ Ier. — Habillage.

L'habillage du plant se subdivise en deux opérations ; l'une relative aux racines, l'autre aux jeunes troncs. Il ne s'opère pas dans tous les cas de la même manière.

Pour les arbres forestiers à racines pivotantes, particulièrement pour ceux qui doivent s'élever beaucoup, la plupart des théoriciens ont recommandé de laisser intact le pivot, et il est certain qu'on trouve de l'avantage à suivre un pareil conseil toutes les fois que cela se peut. — Le pivot n'est pas seulement destiné à maintenir la sommité des tiges contre les efforts du vent ; il va chercher à de grandes profondeurs l'humidité et les sucs nécessaires à la nutrition du végétal. — On a pu remarquer, dans bien des circonstances, que sa suppression arrête sensiblement le développement du tronc. — Malheureusement il est rarement possible de le conserver dans les pépinières, parce que généralement il y acquerrait en peu d'années une longueur si considérable qu'il deviendrait extrêmement difficile de l'arracher, et que si on le brisait, passé un certain âge, un pareil accident entraînerait souvent la perte de l'arbre.

Cet inconvénient est si bien reconnu, qu'il forcera toujours de recourir aux semis en place pour tous les arbres à racines pivotantes, tels que le chêne, par exemple, qu'on destine à former des futaies ou des plantations d'alignemens.

D'un autre côté, la suppression du pivot a des avantages incontestables. — Elle occasione le développement de plusieurs racines latérales qui se bifurquent, se couvrent d'abondans chevelus, et contribuent ainsi efficacement, non seulement à faciliter l'arrachage et à assurer le succès des transplantations futures, mais encore à en diminuer les frais.

Afin d'obtenir plus sûrement un tel résultat, les pépiniéristes ne se bornent pas à raccourcir le pivot, ils rognent les principales racines qui l'accompagnent ou le remplacent, et comme cette opération diminue pour quelque temps le nombre des bouches nourricières du végétal, ils sont dans l'oblig tion de supprimer aussi une partie des branches.

Lors du repiquage, ils taillent donc à un ou deux yeux toutes celles qui croissent latéralement sur la tige principale, et le plus fréquemment *ils l'arrêtent elle-même à une certaine hauteur,* quoique les avantages de cette dernière pratique aient été vivement contestés, et qu'ils l'aient été, ce me semble, avec raison dans les applications à la culture des arbres de haute croissance

La suppression de la tête peut occasioner chez eux des maladies qui abrégent leur existence et dont les effets se font sentir, même après la mort, sur la qualité du bois. — Elle est d'ailleurs le plus souvent inutile, car, pour peu que la diminution des branches soit proportionnée à celle des racines, il est du reste assez indifférent qu'elle porte sur telle ou telle partie du tronc, et le cultivateur a conséquemment toute latitude pour bien faire.

Les espèces dont les racines ont plus de tendance à se prolonger qu'à se multiplier, qui n'en produisent que difficilement de nouvelles et qui ont peu de chevelu, exigent à l'habillage plus de soins que celles qui poussent de nombreuses radicules, et qui reprennent avec facilité de marcottes ou de bouture. — On fera bien pour les premières de recourir à la serpette ou au sécateur, et d'opérer isolément sur chaque individu. — Quant aux autres, pour abréger, on a coutume dans les pépinières de les réunir par petits paquets; on les place sur un billot, et, au moyen d'une serpe bien tranchante, on taille d'un premier coup les racines, d'un second la sommité des tiges. Cette méthode, tout imparfaite qu'elle est, n'a pas pour les très-jeunes plants des inconvéniens aussi graves qu'on pourrait le croire.

Les arbres verts, comme les pins, les sapins, les mélèzes, etc., etc., ne veulent être privés ni de leur pivot ni de leur tige principale, parce que, sauf dans de rares circonstances, leurs racines ne se régénèrent pas plus que leurs branches aux endroits où elles ont été détruites ou blessées. Aussi la culture première de ces sortes de végétaux a-t-elle pour principal but de multiplier le plus possible leurs grêles et délicats chevelus, tout en empêchant l'extension démesurée de leur pivot.

Quant aux *arbres fruitiers*, la préparation de leur plant pour le repiquage ne diffère de celle du plant des arbres forestiers à feuilles caduques, qu'en ce que, pour tous ceux qui pivotent, la suppression partielle du pivot est plus profitable que nuisible, puisque, si, d'une part, elle diminue leur vigueur, de l'autre on a cru remarquer que, par cette même raison, elle les dispose à fructifier plus tôt. Le noyer seul, à cause de l'abondance remarquable de sa moëlle, redoute particulièrement la moindre atteinte de la serpette sur sa tige principale, et doit être *pincé* plutôt que taillé sur les branches latérales.

§ II. — Taille en crochet ou de première formation des tiges.

Depuis que le plant a quitté le carré des semis, surtout si on lui a coupé la tête, il a dû se garnir de beaucoup de branches latérales que leur position plus ou moins verticale, plus ou moins rapprochée de la sommité de la tige, et plus ou moins favorisée par le contact de l'air et de la lumière, a fait se développer avec une vigueur plus ou moins grande. — Souvent 2 ou 3 de ces branches, égales en force, se disputent la prééminence qu'une seule doit obtenir pour devenir la tige principale. — On doit supprimer rez tronc, non seulement celles qui sont le moins avantageusement disposées, mais en général toutes les branches qui menacent d'attirer par leur végétation vigoureuse une trop grande partie de la sève qu'on veut diriger vers la flèche.

Quant aux autres, si, outrant les conséquences de ce principe, on voulait les rabattre également, on parviendrait en effet à augmenter encore le développement en hauteur de l'arbre, mais on empêcherait sa croissance en diamètre; de sorte que bientôt il serait hors d'état de se maintenir sans tuteur. Il faut donc, à plus forte raison que lors de l'habillage, leur laisser quelques yeux pour appeler et maintenir la végétation à la circonférence.

Là se borne à peu près la taille première des *arbres forestiers*.

Du trop petit nombre *d'arbres fruitiers* qu'on cultive dans les champs, pour leurs fruits ou les produits qu'on peut en tirer, la plupart sont à *haute tige*; — quelques-uns en *quenouilles* ou *pyramides*; — quelques autres en *espaliers*. Selon ces destinations diverses, la taille doit varier dans les pépinières.

Pour les hautes tiges, comme le noyer, le châtaignier, l'amandier, les pruniers, les abricotiers, quelques pêchers, des pommiers et des poiriers, la taille de première formation ne diffère en rien de celle dont je viens de parler. — Mais lorsque les arbres ont atteint de 1 ½ à 2 mètres, au lieu de continuer à protéger la croissance de la tige mère au détriment des branches secondaires, on l'arrête au contraire si elle est disposée à s'élever en flèche pour la forcer à se ramifier, ce qui ne manque pas d'arriver dès le printemps.

Le but de cette opération étant moins encore de donner une forme agréable à la tête des arbres que de hâter la production et d'ajouter à la beauté des fruits, en entravant la marche de la sève, on doit la répéter l'année suivante sur celles des branches supérieures qu'on a jugé convenable de conserver. On choisit donc les 3 ou 4 plus belles (*fig.* 26), et on les taille de manière que les bourgeons qu'elles produisent s'écartent de plus en plus de l'axe du tronc; et comme au retour du 3e printemps ces bourgeons ont en effet poussé, on répète pour la dernière fois, sur eux, la même opération, après avoir préalablement supprimé entièrement ceux qui croissent dans des directions défavorables. (Voy. *fig.* 27.)

Fig. 26. Fig. 27.

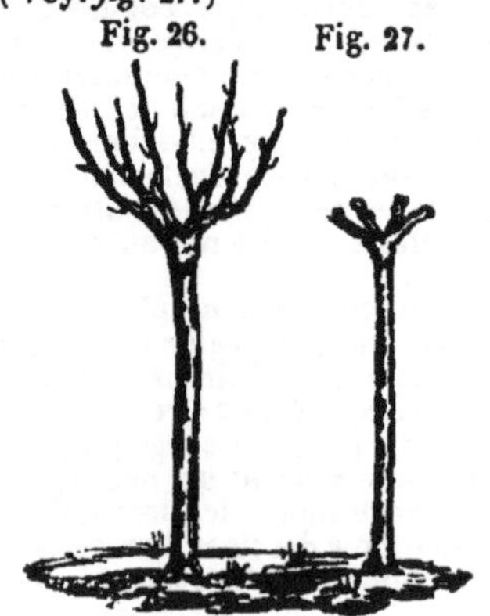

Le plus souvent les arbres à tiges, qu'on

nomme aussi plein-vents, sont sortis de la pépinière avant cette 3e taille.

Dans les jardins de ferme on ne *taille* guère *en pyramide* que le poirier, bien rarement le pommier. Plus compliquée que la précédente, cette taille est basée sur des principes différens. — Loin d'être dénudé de branches à sa partie inférieure; le tronc doit en être garni du bas en haut, sur toute sa circonférence, à des distances à peu près régulières, et calculées de manière que l'air et la lumière puissent circuler facilement dans toutes les directions.

Dès l'année du développement de la greffe, lorsque la végétation est très-vigoureuse, les pépiniéristes en arrêtent une ou même deux fois les sommités en les coupant avec les ongles, afin de transformer en bourgeons, dans le cours de la même saison, les yeux qui n'étaient destinés à en produire que le printemps suivant. — Ils gagnent ainsi un an. — Dans des circonstances moins favorables, s'ils ne peuvent pas pincer, ils taillent pendant l'hiver au-dessus d'un œil bien développé qui devra servir de prolongement à la tige mère, et à une hauteur qu'on peut fixer approximativement de 2 à 4 et 5 décimètres (6 à 18 po.), selon que le scion opéré est de la grosseur d'un fort tuyau de plume ou de celle du petit doigt (*fig.* 28).

L'année suivante on taille les branches latérales plus ou moins longues, selon qu'elles sont placées plus ou moins près du sol (*fig.* 29), et on arrête de nouveau la flèche, sans jamais perdre de vue les deux règles suivantes: 1° qu'il faut tailler long un individu vigoureux, pour éviter le développement d'un trop grand nombre de branches et la croissance de gourmands presque toujours nuisibles dans les arbres soumis à la taille; — 2° qu'on doit au contraire tailler court un individu peu vigoureux, pour empêcher la trop grande division de la sève ascendante, et la contraindre à développer convenablement le petit nombre de bourgeons qu'on lui laisse.

La *fig.* 30 représente la taille de la troisième année.

Fig. 28. Fig. 29. Fig. 30.

Les espèces *cultivées en espalier* sont, parmi les fruitiers à noyaux, le pêcher, l'abricotier, quelquefois le cerisier et le prunier; — parmi les fruitiers à pépins, le poirier et le pommier.

Si les pyramides donnent des fruits plus beaux que les plein-vents, les espaliers en donnent de plus beaux encore que les pyramides.

L'année qui suit celle du développement de la greffe, on rabat la tige de l'arbre sur le 3e ou 4e œil, afin d'obtenir à peu de distance l'une de l'autre deux branches latérales qui formeront *les ailes* (*fig.* 31). — Si les 4 bourgeons prennent vie, on pince les 2 moins bien placés pour donner plus de force aux 2 autres.

L'automne suivant, les arbres sont en état d'être plantés à demeure. — Si cependant on veut les conserver encore en pépinière, ce que je suis loin de conseiller, on devra tailler assez court les 2 bourgeons réservés sur 2 yeux, l'un supérieur, l'autre inférieur, pour obtenir seulement cette seconde année la prolongation de chaque branche mère et la naissance d'une première branche secondaire inférieure (*fig.* 32); — une troisième taille donnera la première branche secondaire supérieure (*fig.* 33). — C'est ainsi que se formera d'année en année la charpente de l'espalier. — Plus de détails sortiraient de mon sujet (1).

Fig. 31. Fig. 32.

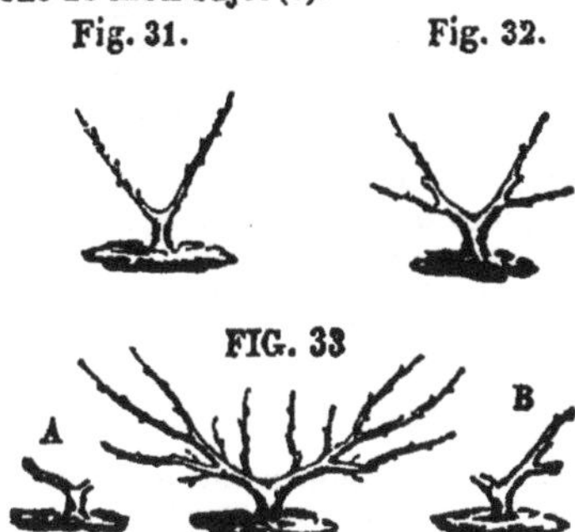

On trouvera aux lettres A et B les détails de la 2e et 3e taille pour une des ailes seulement.

§ III. — Du Recepage.

Si par une cause quelconque un jeune tronc entier était tortueux, grêle ou mal venant, il faudrait le *receper*, c'est-à-dire le couper très-près du sol, afin d'obtenir l'année suivante un bourgeon unique qui pût le remplacer. — Le recepage, dont d'habiles théoriciens ont voulu trop généraliser les inconvéniens, est à la vérité nuisible à certains arbres à bois très-dur, comme le chêne; à ceux dont les tiges uniques se régénèrent difficilement, comme les pins, et à un moindre degré les érables, les frênes, etc.; mais il est sans inconvénient pour beaucoup d'autres, et on a pu remarquer qu'il est le plus souvent utile pour les végétaux dont les premières pousses sont maigres et irrégulières, comme

(1) Les personnes qui voudraient se perfectionner dans l'art difficile et compliqué de la taille des arbres fruitiers en général devront consulter l'excellent ouvrage de M. Dalbret, jardinier-chef des écoles de culture au Jardin des plantes. — Prix : 6 fr. A Paris, chez Rousselon, libraire.

celles de l'orme, du châtaignier, du tilleul, de l'aubépine, etc.

J'ai vu rabattre au moment même de la transplantation; mais cette pratique, excepté peut-être dans quelques terrains particulièrement mauvais, ou pour des végétaux dont les racines ont été trop mutilées, me paraît avoir un double inconvénient.—D'une part, les chevelus ne peuvent puiser une 1re année dans le sol et envoyer au tronc mutilé qu'une très-faible quantité de sève. Le but qu'on se propose, d'obtenir une tige droite, vigoureuse, et dans laquelle les vaisseaux séveux puissent prendre une extension suffisante pour favoriser ultérieurement les progrès d'une riche végétation, est complètement manqué; — de l'autre, loin de fortifier les racines au moins cette 1re année, le recepage arrête au contraire, momentanément, leur développement en suspendant les effets de la sève descendante, de sorte qu'il peut nuire à la reprise.

Le recepage a fréquemment lieu dans les pépinières forestières. Il serait assez difficile de fixer d'une manière précise l'âge auquel les arbres en profitent le mieux. Je dirai seulement qu'elle doit être faite lorsque les racines ont pris assez de volume pour donner naissance à une pousse d'un beau développement, mais avant que les tiges aient acquis un diamètre trop considérable, afin de ne pas retarder les effets qu'on veut produire, et d'éviter que la sève ne se perde en une multitude de scions qu'il serait indispensable de supprimer, à la réserve d'un seul. — Selon les circonstances, on pourra donc receper, s'il y a lieu, quelques années après le repiquage ou après la transplantation. — Dans tous les cas, on choisira le moment où la sève est en apparence le plus complètement inactive, c'est-à-dire, pour notre climat, le mois de janvier.

§ IV. — De l'Élagage.

L'élagage, que nous ne devons considérer ici que dans ses rapports avec la culture forestière, est, en pareil cas, d'une application assez restreinte, car il ne s'opère, sur les arbres d'alignement, que lorsque ceux-ci ont atteint dans le carré des transplantations un âge qui permet généralement de les en faire sortir. — Cette opération n'est qu'une modification de la taille en crochet à laquelle elle fait suite; son but et sa théorie sont les mêmes, c'est-à-dire de donner au tronc une direction plus droite, et d'augmenter le plus possible son élévation sans nuire à son développement en diamètre.

Quand les arbres sont plantés à des distances convenables, ils *filent* suffisamment sans qu'on ait besoin de recourir à l'élagage, et cette circonstance est d'autant plus favorable que divers inconvéniens accompagnent souvent la suppression des grosses branches.

Dans une position différente, on peut encore rendre l'élagage inutile en pinçant une ou plusieurs fois, pendant le cours de la belle saison, les branches qui menacent de s'emporter au détriment de la tige principale. Une telle pratique a contre elle d'exiger une surveillance assez active, difficile dans un grand établissement; mais elle est excellente.

Au reste, s'il est parfois nécessaire de supprimer entièrement quelques branches, un élagage d'hiver fait avec réserve et discernement n'offre pas à beaucoup près, sur les jeunes arbres des pépinières, le danger qu'il aura plus tard sur ceux d'un âge plus avancé et d'un développement plus considérable.

SECTION VII. — *Des transplantations.*

Quelques végétaux ligneux d'une moyenne élévation qui doivent être plantés jeunes, comme ceux qu'on emploie d'ordinaire à la formation des haies, des brise-vents, des charmilles, etc., etc., ou qui ont été semés en rayons, à certaines distances les uns des autres, peuvent attendre dans le carré des semis le moment de la transplantation à demeure. Dans la plupart des cas, il est avantageux de les repiquer avant cette époque.

§ Ier. — Du repiquage.

Comme la transplantation, il comprend trois opérations principales d'un grand intérêt pour l'avenir des arbres, — *l'arrachage*, — *la préparation* ou *l'habillage du plant*, — *la plantation.*

L'arrachage doit se faire à jauge ouverte, c'est-à-dire en creusant sur l'un des côtés du semis une tranchée dont la profondeur dépasse quelque peu l'extrémité inférieure des racines, et en minant ensuite le terrain de proche en proche, de manière à soulever les jeunes plants sans effort et par conséquent sans détruire ou désorganiser les chevelus.

J'ai dû parler de *la préparation du plant* dans la section précédente.

Quant à *la plantation*, elle se fait *en rigole* ou *au plantoir*. — D'après le premier mode on creuse au cordeau, au moyen de la bêche ou du hoyau, une petite fosse d'une profondeur et d'une largeur proportionnées à la longueur et au volume des racines. On y met un à un les jeunes plants en les appuyant sur la terre d'un des côtés, et en ayant soin de les espacer également à une distance calculée d'après le temps qu'on veut leur laisser passer en ce lieu et l'accroissement qu'ils doivent y prendre. On ouvre ensuite parallèlement à la première une seconde rigole, dont la terre est rejetée sur les racines mises précédemment en place, et on continue ainsi dans toute la longueur de la planche ou du carré. Il ne reste plus après cette opération qu'à piétiner le sol pour l'affermir convenablement autour des jeunes arbres. — D'après la seconde méthode on trace sur le terrain, toujours au moyen du cordeau, des lignes équidistantes et parallèles coupées à angle droit par d'autres lignes semblables. A tous les points de section on fait, au plantoir, un trou à la fois plus large et plus profond que ne sont volumineuses et longues les racines qu'il doit recevoir, et après y avoir introduit ces racines, on les recouvre et on les comprime légèrement à l'aide du plantoir ou de la main, de manière à éviter, comme dans le cas précédent, qu'il ne se trouve quelque vide entre elles et la terre. — Un arrosement copieux achève de conduire à ce but et garantit le succès de l'opération.

C'est après la chute des feuilles, par un temps plus humide que sec, mais lorsque le sol n'est pas imbibé d'eau outre mesure et qu'il peut se diviser facilement, qu'on procède au repiquage. Dans les terres humides et froides on doit parfois le différer jusqu'au printemps. Dans tous les autres cas, il est bon de le faire de bonne heure en automne, parce que les racines ont le temps de former de nouveaux chevelus avant l'époque des gelées. — Ce principe, dont l'importance n'est pas toujours assez sentie, s'applique à toutes les plantations.

§ II. — De la transplantation.

Dans le sens que nous lui donnons ici, c'est la plantation des jeunes arbres tirés du carré des repiquages, au moment où, par suite de l'accroissement qu'ils ont pris, ils s'y trouvent trop gênés. — A cette époque les arbres forestiers destinés à former des bois ou des massifs ont ordinairement atteint l'âge et la grandeur convenables pour être mis définitivement en place, car il est toujours avantageux de les planter jeunes; mais ceux qu'on réserve pour la plantation des routes et des avenues doivent séjourner encore dans la pépinière.

On les arrache, comme la première fois, à jauge ouverte.

On prépare leurs racines et on taille leurs tiges d'après les mêmes principes que lors du repiquage. Toutefois, cette seconde opération exige, au moins accidentellement alors, quelques soins particuliers que je crois avoir indiqués avec des détails suffisans en parlant de la taille de formation et du recepage.

Enfin, *on plante en quinconce* à des distances proportionnées à chaque espèce de végétal, ni trop près, ni trop loin, afin que l'air et la lumière puissent pénétrer dans la plantation, mais que, d'un autre côté, les arbres d'alignement soient forcés de s'élever au lieu de s'étendre latéralement plus qu'il ne convient. — Dans un sol profondément et complètement ameubli, comme celui des pépinières, il y aurait peu d'avantages à ouvrir des tranchées continues; aussi fait-on de simples trous au moyen de la bêche, en ayant soin de les rendre assez larges pour recevoir les racines sans contrainte. — On place ensuite l'arbre de manière qu'il ne soit pas enterré plus profondément qu'il ne l'était précédemment, et tandis qu'un ouvrier rejette la terre en l'émiettant le plus possible, un second donne de temps en temps au tronc un mouvement de va et vient pour la faire encore mieux pénétrer entre les racines; puis, lorsque le trou est en partie comblé, il piétine le sol en appuyant d'autant plus ou d'autant moins fortement que ce même sol est plus ou moins léger.

Section viii. — *Des assolemens dans les pépinières.*

La grande loi des assolemens, qu'on trouvera ailleurs développée avec détail, s'étend aux arbres comme aux autres végétaux. Dans les pépinières, ainsi que dans les champs, elle est la base d'une bonne culture.

Il est des *arbres qui possèdent* particulièrement *la fâcheuse propriété* de rendre le sol impropre, pendant quelque temps, à la végétation, non seulement de leurs congénères, mais de tous autres végétaux ligneux. — Les cultivateurs, frappés depuis long-temps de la manifestation journalière de cette vérité, se sont efforcés de l'expliquer par les sécrétions des racines ou la décomposition, hors de la présence d'une suffisante quantité d'air, de fragmens de ces mêmes racines abandonnées dans la terre après la mort naturelle ou l'arrachage des vieux troncs. Soit qu'ils aient cru, avec plusieurs chimistes modernes, aux effets fâcheux d'une fermentation acide, analogue en quelque sorte à celle des tourbières, ou, dans d'autres cas, à ceux d'une réaction particulière de principes astringens; soit qu'ils aient supposé que diverses racines dépouillaient plus que d'autres le sol de l'air et des sucs nourriciers nécessaires à la belle végétation des arbres, toujours ont-ils reconnu que ceux-ci cessent à la longue de prospérer dans les lieux où on les cultive depuis trop long-temps, et surtout que les mêmes espèces languissent d'une manière plus ou moins apparente lorsqu'elles se succèdent plusieurs fois de suite sur le même terrain. La nature nous offre de loin à loin des preuves de la seconde partie de cette vérité; la pratique, qui devance, dans bien d'autres cas, la théorie, démontre fréquemment la seconde.

Lors de la destruction d'antiques forêts, on a vu le hêtre, le bouleau, le tremble, etc., etc., succéder spontanément aux chênes. — De vastes étendues de pins et de sapins, atteints pour la première fois par la cognée, se couvrent de semis naturels d'arbres feuillus, tandis que ceux-ci, au contraire, se transforment en semis de pins et de sapins. — Plusieurs écrivains français, anglais et allemands attestent qu'il serait facile de multiplier les exemples analogues.

D'un autre côté, on sait qu'*il est parfois impossible de faire reprendre un arbre* à la place d'un autre arbre mort de maladie, au moins sans de grandes précautions, quoique je puisse dire en passant, à ce sujet, que je me suis bien trouvé en pareil cas, dans les sols argilo-schisteux de l'Anjou, de l'emploi d'une certaine quantité de chaux mêlée à la terre du trou le plus long-temps possible avant le moment de la plantation. — On sait encore qu'on évite avec grand soin dans maintes localités de faire succéder immédiatement la vigne au défrichement de taillis de chêne; — dans d'autres, de planter des vergers dans d'anciens vignobles avant d'avoir préalablement *refait* la terre par quelques années de cultures herbacées; et j'ai vu constamment, dans le pays dont je viens déjà de parler, que, quand on veut transformer des vignes en pépinières, ce qui arrive fréquemment depuis quelques années aux environs d'Angers, on prend plus rigoureusement encore les mêmes précautions; on sème généralement des céréales, après avoir convenablement défoncé et labouré le sol. — Si l'on n'était pas trop pressé par le temps, il serait sans nul doute avantageux d'adopter un assolement de trois ou quatre ans analogue à ceux dont on fait usage sur les défrichemens et dans lesquels l'avoine et les blés alternent avec des racines alimentaires qui exigent de fréquens binages et des buttages.

Dans quelques parties de l'Angleterre, d'après Sang, lorsqu'on veut *améliorer le terrain appauvri d'une pépinière*, au lieu de le fumer pour lui confier directement des graines forestières, on profite de l'engrais répandu pour obtenir une première récolte de plantes potagères ou fourrageuses. On a remarqué que les féves, les pois, les ognons, les choux, les raves et particulièrement les laitues, sont en pareils cas les meilleures cultures intercalaires. — La conséquence nécessaire de cette excellente coutume est d'interrompre de loin à loin la succession des végétaux ligneux.

Le même auteur a, je crois, entièrement raison, lorsqu'après avoir recommandé de choisir pour l'emplacement d'une pépinière de petite étendue un terrain qui puisse être partiellement et alternativement occupé par des cultures de jeunes arbres et de légumes, il ajoute que c'est un moyen à la fois sûr et profitable de faire prospérer les unes et les autres.

Dans l'état actuel de nos connaissances, il serait difficile de dire précisément *quels arbres doivent se succéder* de préférence, quoiqu'il soit bien démontré que tous ne réussissent pas aussi bien les uns après les autres. — Il en est, comme le chêne, qui paraissent nuire assez généralement aux cultures qui leur succèdent; — d'autres, comme l'ormeau, qui semblent détériorer beaucoup moins le sol. — Quelques-uns réussissent assez bien, même dans les terres usées; — quelques autres ne prospèrent au contraire que dans des terres neuves ou renouvelées, et je connais tel pépiniériste, habile observateur, qui attribue surtout à l'application suivie d'une telle remarque le succès complet de ses boutures de cognassier.

La théorie et l'observation tendent également à faire croire que, pour l'assolement des pépinières, il est avantageux, comme pour celui des champs, d'*avoir égard aux rapports naturels des végétaux*; — d'éloigner le plus possible sur le même terrain le retour des mêmes espèces, des mêmes genres, des mêmes familles; — de faire succéder les petits aux grands arbres; — les essences à racines traçantes à d'autres essences à racines pivotantes; — de changer successivement la destination de chaque carré, de manière que les transplantations fassent place aux repiquages, et ces derniers aux semis, etc., etc.

Du reste, cette partie de la science du pépiniériste est encore peu avancée. Je craindrais de rencontrer trop d'exceptions si je cherchais à déduire de faits épars et particuliers des principes ou trop généraux ou trop précis. Un ouvrage de pratique doit finir là où commence le doute.

Oscar Leclerc-Thouin.

CHAPITRE II. — DES ARBRES ET ARBUSTES FORESTIERS.

La plupart des arbres qui entrent dans la composition des forêts de la France sont à peu près connus de tout le monde; aussi croyons-nous inutile de reproduire la figure de toutes les espèces. Ce qu'il importe surtout à l'agriculteur praticien, c'est d'apprendre quel est le terrain et l'exposition qui conviennent à chacune des essences, la manière de les multiplier, l'emploi qu'on peut faire de leur bois, de leurs feuilles, de leur écorce, etc.; ce qui sera traité tant dans ce chapitre que dans les suivans, et dans le livre consacré aux *Arts agricoles*.

Les arbres résineux, qui sont appelés peut-être à repeupler les forêts de la France et à couvrir de leur ombrage une foule de terrains vagues, en pente ou aujourd'hui sans valeur, seront l'objet de notre attention particulière.

Enfin, un certain nombre des plus beaux arbres forestiers de l'Amérique septentrionale et de quelques autres pays, qui pourraient être introduits si avantageusement dans notre économie forestière, seront décrits et figurés avec soin. F. M.

Section 1ʳᵉ. — *Arbres et arbustes forestiers indigènes.*

Art. 1ᵉʳ. — *Arbres à feuilles caduques.*

§ Iᵉʳ. — Arbres des terrains secs.

1. **ALIZIER** (en latin *Cratægus*). Arbre ayant beaucoup de rapport avec les sorbiers et les poiriers.

L'Alizier *commun* ou *Allouchier* (*C. aria*, Lin.; en anglais, *Whitebeam-tree*; en allemand, *Mehlbeerbaum*; en italien, *Bagolaro*) (*fig.* 34) s'élève dans nos parcs et nos jardins à

Fig. 34.

30 pieds environ; son tronc a 3 ou 4 pieds de tour; mais dans les Alpes et sur les hautes montagnes, il n'atteint pas à d'aussi fortes

dimensions. Son *bois* est très-dur, d'un grain fin et serré, susceptible d'un beau poli. Le pied cube *pèse* 55 livres. Il est employé à faire des alluchons et des fuseaux dans les moulins, des montures d'outils, des flûtes, des fifres, etc. Le charbon qu'il donne est très-estimé.

L'Alizier *de Fontainebleau* ou *à larges feuilles* (*C. latifolia*), diffère du précédent par ses feuilles en cœur, anguleuses et beaucoup plus grandes. Son bois est employé aux mêmes usages. La beauté de son feuillage et de son port lui mérite une place dans les parcs et les grands jardins.

L'Alizier *des bois* (*C. torminalis*, Lin.) s'élève à 30 pieds environ; ses feuilles sont grandes, découpées en plusieurs lobes inégalement dentés. Son *bois* est blanc, compacte, d'un grain fin, et conserve bien la couleur qu'on lui donne. On l'emploie au charronnage; il est fort recherché par les tourneurs et menuisiers. Lorsqu'il est vert, il a une odeur forte et peu agréable, qu'il conserve encore quelque temps après sa dessiccation.

On multiplie les aliziers de graines, ainsi que par la greffe et par les marcottes. La graine se récolte aussitôt qu'elle est mûre. Elle demande à être mise en terre sur-le-champ, ou au moins à être conservée dans du sable frais. Il faut lui laisser sa pulpe, par conséquent semer le fruit entier, en le recouvrant de 3 ou 4 lignes de terre. Les aliziers se plaisent en général dans les *terres* fortes et qui ont beaucoup de fond.

2. BOULEAU (lat. *Betula*; angl. *Birch*; all. *Birke*; ital. *Betulla*). — *Le* Bouleau *blanc* ou *commun* (*B. alba*, Lin.) (*fig.* 35) est un arbre

Fig. 35.

élevé de 40 à 50 pieds. Sa tige acquiert environ 4 pieds de tour; dans un bon terrain, il a souvent de plus fortes dimensions. Ce qui le distingue de tous nos arbres forestiers, c'est qu'il réussit dans les sols les plus arides, ainsi que dans les lieux humides et marécageux. Son *bois* est nuancé de rouge et d'un grain assez fin; il prend bien le poli et ne se brise pas facilement. Le pied cube sec *pèse* 48 livres. Il est recherché des menuisiers, des tourneurs, des ébénistes et des sabotiers. On assure que dans le Nord, où il a plus de solidité que dans nos climats, on l'emploie au charronnage. Il brûle rapidement en donnant une flamme claire; il est bon pour les usines et pour chauffer les fours. Son *charbon* sert à faire de la poudre à tirer.

L'*écorce* du bouleau sert à un grand nombre d'usages dans le nord de l'Europe, et remplace surtout l'écorce de chêne dans le tannage des peaux. On assure qu'au Kamtschatka, les habitans mangent cette écorce coupée par petits morceaux et mêlée avec des œufs de poissons. En Suède, on prépare avec la sève du bouleau un sirop qui peut remplacer le sucre pour plusieurs usages domestiques, et l'on fait avec cette même sève une liqueur spiritueuse dont le goût est agréable et que l'on boit dans le pays.

On multiplie le bouleau de semis ou de jeunes plants enlevés dans les forêts pour en former des pépinières. Lorsque les jeunes bouleaux ont atteint l'âge de 4 ou 5 ans, on peut les transplanter à demeure; il faut avoir soin en les plantant de presser fortement la terre sur les racines. La culture de cet arbre doit être recommandée à tous ceux qui s'occupent des forêts, parce qu'il brave les froids et les chaleurs, qu'il n'a pas besoin de l'ombrage des autres arbres, tandis que le sien leur est favorable, qu'il ne peut pas leur nuire par ses racines, car elles courent à la surface du sol et se contentent de peu de nourriture, qu'il réussit partout et améliore les mauvais *terrains*, et qu'enfin il donne des produits avantageux, et peu de temps après qu'on l'a planté. Jaume Saint-Hilaire.

3. BOURGÈNE. — La Bourgène ou *Bourdaine* (*Rhamnus frangula*, Lin.) est une espèce de nerprun, par conséquent de la famille des rhamnées, dont la tige, ligneuse, haute de 12 à 15 pieds ou un peu plus, se divise en rameaux garnis de feuilles alternes, ovales, glabres, un peu pointues. Ses fleurs sont petites, verdâtres, pédonculées, groupées plusieurs ensemble dans les aisselles des feuilles; il leur succède de petites baies noirâtres, à 2 ou 4 graines. Cet arbrisseau est assez commun dans les bois, surtout dans ceux qui sont humides; il fleurit en mai et juin, et ses fruits mûrissent en septembre.

Le bois de bourgène est blanc, tendre et cassant; refendu en brins menus, on l'emploie dans quelques cantons pour fabriquer des paniers légers; on en fait aussi des allumettes. Son feu ne dégage que peu de chaleur et n'est pas de durée; mais son *charbon* est très-léger et regardé comme le meilleur qu'on ait trouvé jusqu'à présent, parmi les bois indigènes, pour la fabrication de la poudre à canon, et, par cette raison, l'administration des poudres a le droit de le mettre en réquisition dans les bois des particuliers.

La bourgène se multiplie spontanément par ses graines dans les lieux qui lui sont favorables.

On peut retirer de son *écorce* une teinture jaune, et de ses *fruits* du vert de vessie. Cette écorce et ces fruits sont purgatifs comme ceux du nerprun commun, mais ils ne sont guère employés sous ce rapport, si ne n'est par les gens des campagnes.

Loiseleur-Deslongchamps.

4. BUIS (lat. *Buxus;* angl. *Box-tree;* allem. *Buchsbaum;* ital. *Bosso*). — Le Buis *commun* (*B. sempervirens,* Lin.) (*fig.* 36) est un arbrisseau toujours vert. Sa tige, ordinairement peu élevée, acquiert quelquefois un fort diamètre. Ses feuilles, ovales et entières, sont plus ou moins grandes suivant les variétés; on en connaît cinq ou six : 1° le buis de Minorque; 2° le buis arborescent, qui croît naturellement dans nos forêts; 3° le buis arbrisseau; 4° le buis hétérophylle; 5° le buis nain.

Fig. 36.

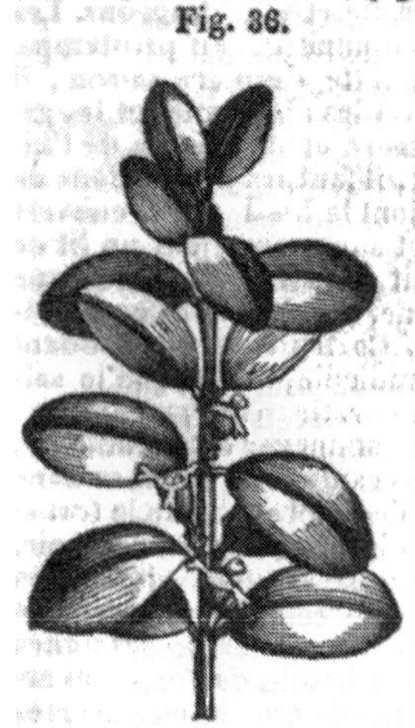

Le *bois* du buis est d'un jaune pâle, d'un tissu serré et compacte. Le pied cube sec *pèse* 68 livres. Lorsqu'on le met dans l'eau, il va au fond. On fait une grande consommation de ce bois à St.-Claude, département du Jura; on en fabrique des grains de chapelets, des sifflets, des boutons, des cannelles, des fourchettes, des cuillers, des peignes, des tabatières, etc., tellement que cet arbre est devenu très-rare aux environs de cette ville. Le bois de buis est excellent pour le chauffage, et ses cendres très-estimées pour les lessives. Pour le service des fours à chaux, il faut près de moitié moins de fagots de buis que de tout autre bois. On en fait aussi maintenant un grand usage pour la gravure sur bois. Ses *feuilles* servent à la litière des troupeaux et du bétail, et elles deviennent un très-bon engrais. Le buis de nos départemens méridionaux est plus estimé que celui du nord de la France, à cause de l'intensité de sa couleur et de sa capacité. Il parvient en même temps à une plus grande élévation. J'en ai vu dans la forêt de l'Esterel, près de Fréjus, qui avaient plus de 20 pieds d'élévation. Quoique cet arbre croisse lentement et qu'il ne donne des produits que fort tard, sa culture en forêt ne doit pas être négligée.

On le multiplie de graines, de marcottes et de boutures. Il aime les *terres* légères et un peu sèches.

5. CHARME (lat. *Carpinus;* angl. *Hornbeam;* all. *Weissbuche;* ital. *Carpino*). — Le Charme *commun* (*C. betulus,* Lin.) (*fig.* 37) a une tige haute de 40 à 50 pieds; dans les bons terrains elle parvient quelquefois à 70 pi., sur une circonférence de 5 à 6. Dans les forêts, cet arbre est d'un médiocre intérêt, car il croît lentement, produit moins de bois que le chêne, et on assure que sa présence est funeste aux bois blancs et même aux bois durs qui l'entourent; mais dans les jardins, il contribue à leur ornement, parce qu'il se prête à toutes les formes qu'on veut lui donner; il souffre la taille à toutes les époques de l'année, et conserve long-temps ses feuilles vertes.

Fig. 37.

Le bois du charme est blanc, dur, pesant, tenace et d'un grain serré; mais son poli est mat. On ne doit l'employer que lorsqu'il est très-sec, parce qu'il fait beaucoup de retrait à la dessiccation. Il est excellent pour les pièces de charronnage rustiques qui exigent de la force, quoique moins élastique que le frêne; le pied cube sec *pèse* 51 liv. 1/2. Mais il est au 1er rang comme bois de chauffage; il s'allume facilement et donne un feu très-vif. Son *charbon* est excellent pour les forges, la cuisine et la fabrication de la poudre à canon.

Les feuilles de charme, vertes ou sèches, sont un bon fourrage pour les chèvres, les brebis et les vaches; 3 ou 4 onces de son écorce verte, hachée et cuite pendant une heure et demie dans une pinte d'eau, m'ont donné, dit Dambourney, une couleur olive-foncé. Les insectes n'attaquent pas les feuilles du charme, mais les souris rongent et détruisent quelquefois des plantations entières.

On multiplie le charme de graines, ainsi que par la greffe, les drageons et les couchages. La graine est 1 an ou 18 mois à lever, de sorte qu'on le propage le plus souvent par les jeunes plants enlevés dans les bois. Pour former une charmille, on met le plant de 3 à 4 ans à une distance de 6 à 8 pouces, et même à 1 pied de distance, si la charmille doit être tenue haute. On tond les charmilles 2 fois par an. On a conseillé de ne les tondre qu'une fois, au milieu de l'été, entre les 2 sèves.

Le charme vient assez bien dans tous les *terrains,* pourvu qu'ils aient de la profondeur. Il préfère les sables un peu frais et les terres calcaires qui ont de la fraîcheur. Il s'accommode de toutes les expositions et résiste aux plus grands vents.

6. CHATAIGNIER (lat. *Fagus;* angl. *Spanish chesnut;* all. *Castanienbaum;* ital. *Castagno*). (*fig.* 38). — Le Chataignier *commun* (*F. castanea,* Lin.) est un des arbres les plus précieux de nos forêts par sa hauteur et son port, les qualités de son bois, l'abondance et la bonté de ses fruits, et la propriété qu'il a de croître dans des sables où beaucoup d'autres arbres ne donnent qu'une faible végétation, de sorte

Fig. 38.

qu'on ne saurait trop le multiplier, surtout dans les pays vignobles. Son *bois* a beaucoup d'analogie avec celui du chêne; sa couleur est un peu moins obscure, et le contact de l'air ne la rembrunit pas autant. Il est employé avec le plus grand succès à la charpente, dans la menuiserie, les ouvrages de fente, et il dure plusieurs siècles sans s'altérer. Le pied cube sec *pèse* 41 à 42 liv. En Italie, on plante le châtaignier en taillis qu'on coupe de bonne heure, et on en fait des soutiens pour les vignes; ces échalas durent le double de ceux qu'on fait avec tout autre bois. On en fabrique aussi des futailles et des tuyaux pour la conduite des eaux souterraines. DUHAMEL dit qu'il est préférable à tous les autres bois pour faire des cerceaux, surtout pour les tonneaux placés dans des caves très-humides. Le châtaignier est peu estimé pour le chauffage, il ne donne point de flamme, noircit, et jette des éclats; il se consume vite, de sorte qu'il est peu utile pour les usages domestiques. On assure néanmoins qu'il est fort estimé dans certaines forges, comme en Biscaye.

Les châtaignes forment un très-bon produit, surtout dans les provinces du midi et du centre de la France. On en cultive un grand nombre de variétés; les plus estimées, celles qu'on nomme *marrons*, à cause de leur grosseur et d'un ombilic moins grand que dans les châtaignes, viennent du Luc, petite ville du département du Var. On fait grand cas aussi de ceux du Limousin; mais en général les châtaignes les plus délicates au goût ne sont pas toujours les plus grosses. On récolte les châtaignes de différentes manières : la meilleure est celle qui permet de les conserver en bon état pendant plusieurs mois de l'année. Il paraît qu'on y parvient en les stratifiant avec de la paille ou avec du sable, aussitôt qu'elles ont été séparées de leur hérisson ou enveloppe extérieure. Dans le midi et en Corse, on sépare ce fruit de toutes ses enveloppes et on le fait sécher; on l'appelle alors châtaignes blanches. On les mange ensuite cuites dans l'eau. En Corse, on les réduit aussi en farine pour en faire des galettes nommées *la polenta*. Les châtaignes sont en général très-nourrissantes, et dans quelques départemens, les habitans vivent presqu'uniquement de ce fruit; les porcs et tous les animaux les recherchent dans les bois, parce qu'elles leur fournissent une excellente nourriture.

On *multiplie* le châtaignier par ses fruits, ainsi que par la greffe et par drageons. Les semis se font en automne ou au printemps. Lorsqu'on attend cette dernière saison, il faut savoir conserver les châtaignes et les garantir de la moisissure et des gelées de l'hiver; pour cet effet, il faut les placer dans de grandes caisses dont le fond a été couvert de paille, et on met successivement un lit de châtaignes et un lit de paille, jusqu'à ce que la caisse soit pleine, ou bien on les stratifie dans du sable. Ce fruit germe pendant l'hiver, pousse la radicule, et dès que la saison le permet, on le retire avec précaution, afin de ne point endommager cette radicule, et avec la même précaution on le place dans des paniers ou sur des claies, afin de le transporter sur le sol disposé pour le recevoir. Il est à propos de placer deux châtaignes dans chaque trou, et dans un moment où la terre n'est pas humectée, car les châtaignes moisissent promptement. Les châtaignes semées en automne doivent être recouvertes d'un à 3 pouces de terre; elles lèvent dès le commencement de mai. Lorsqu'on veut avoir des arbres de haute tige, il faut laisser croître les châtaigniers en massifs et ne pas les greffer. On ne doit greffer que ceux qu'on destine à produire de bonnes châtaignes.

7. CHÊNE (lat. *Quercus;* angl. *Oak;* all. *Eiche;* ital. *Quercia*). — *Les chênes* ont été dans la plus haute antiquité des objets de vénération pour les peuples qui vivaient sous leur ombrage et se nourrissaient de leurs fruits; plus tard ils ont mérité la préférence sur les autres arbres, à cause de la force et de l'excellence de leur bois et de la beauté de leur feuillage. Tellement qu'il y a environ cent ans, on ne plantait souvent que des chênes pour former ou renouveler les forêts.

On trouve en France *plusieurs espèces* de chênes, et comme elles varient beaucoup par leurs feuilles et la grosseur de leurs fruits, suivant la nature du terrain, on a confondu les espèces avec les variétés, ce qui n'est pas dangereux en agriculture, pourvu qu'on sache distinguer celles qui sont les plus rustiques et dont le bois est de meilleure qualité. On divise les chênes en 2 classes : 1° ceux à feuilles caduques ou qui perdent leurs feuilles en hiver; 2° ceux à feuilles persistantes.

I. *Chênes à feuilles caduques.*

Le CHÊNE *à glands sessiles*, ou *rouvre* (*Q. robur*, Lin.) (*fig* 39), arbre élevé, à écorce lisse dans sa jeunesse, grisâtre et raboteuse lorsqu'il est vieux. Ses feuilles sont oblongues, sinuées et à lobes obtus; ses *glands* sont sessiles ou sans pétiole. Le *chêne noir de Fontainebleau*, le *chêne à crochets* qui a les fruits ramassés en bouquet, le *chêne des collines*, ne sont que des variétés du chêne rouvre.

Le CHÊNE *à glands pédonculés* (*Q. pedunculata*, Hoff.) acquiert une plus grande élévation et en moins de temps que le chêne rouvre, mais demande un *terrain* plus profond et plus frais que lui. Il en diffère par ses

Fig. 39.

Fig. 40.

feuilles plus élargies à leur sommet, et surtout par ses *fruits* qui sont portés par un pédoncule plus ou moins long. Son bois *pèse* 48 à 50 liv. par pied cube, tandis que celui de l'autre en pèse environ 70. Les forestiers le nomment *gravelin*, *merrain*, *chêne femelle*. Son *bois* est moins noueux, il se fend plus aisément que celui de l'autre, de sorte qu'on le préfère pour les lattes, les parquets, les meubles et plusieurs autres ouvrages de menuiserie. Les constructeurs de vaisseaux ont observé que son bois n'éclate pas par le boulet de canon, et que les trous sont plus faciles à boucher; il est meilleur aussi pour le chauffage et son *charbon* est plus estimé. Ses bonnes qualités doivent le faire préférer dans la plantation des terrains qui ont de la profondeur, mais sans humidité, car, dans ce cas, il a beaucoup d'aubier, et cet aubier se pourrit promptement.

Le *fruit* de ces deux arbres a quelquefois servi d'aliment : on y eut recours pendant la disette de 1709; mais les historiens rapportent que cette nourriture produisit de graves accidens. On a essayé aussi de l'employer en médecine contre les fièvres intermittentes, mais il ne paraît pas que ses effets aient été satisfaisans.

Le CHÊNE *pyramidal* (*Q. fastigiata*, Lam.). Cette espèce se rapproche du chêne rouvre par ses feuilles lobées assez profondément, et de l'autre par ses *fruits* pédonculés; mais elle diffère de l'une et de l'autre par ses pétioles courts et presque nuls, par la disposition de ses rameaux qui forment un angle très-aigu avec la tige, et par son port élancé et pyramidal. Ce chêne, multiplié depuis quelques années aux environs de Paris, croît naturellement dans les Pyrénées et dans le département des Landes. Sa forme élancée, comme celle du peuplier d'Italie, le rend propre à l'ornement des grands parcs et des jardins paysagistes. On *l'élève* de graine dans nos pépinières, et la greffe réussit sur les deux autres espèces.

Le CHÊNE *cerris* (*Q. cerris*, Lin.) est un arbre de 8 à 10 mètres d'élévation. Son tronc est le plus souvent noueux et contourné. Ses feuilles sont blanchâtres et pubescentes en dessous. Ses *fruits* sont renfermés à moitié dans une cupule hérissée de filamens velus. Le chêne nommé *crinite* et le chêne de Bourgogne paraissent n'être que des variétés du cerris. Leur *bois* est très-estimé pour les constructions civiles et navales. On ne leur préfère que les bois des chênes crûs dans le midi de la France, qui, en raison de la chaleur du climat, acquièrent plus de dureté.

Le CHÊNE *angoumois ou tauzin* (*Q. tauza*, Bosc) s'élève à la hauteur de 20 à 24 mètres. Ses feuilles sont fermes, à lobes inégaux, cotonneux et blanchâtres en dessous. Ses *glands* sont portés par des pédoncules axillaires, et leur cupule n'est pas hérissée. Son *bois* est dur et noueux; il ne peut pas servir aux ouvrages de fente, mais il est estimé pour les constructions et pour le chauffage. Ses jeunes branches servent à faire des cercles de cuves et de tonneaux. On en connaît plusieurs variétés, savoir : 1° le *tauzin à glands pédonculés, axillaires et terminaux, à cupule un peu ciliée*; 2° le *tauzin à glands axillaires, pédonculés*; 3° le *tauzin à glands pédonculés, axillaires et terminaux, ovoïdes, en grappes et petits*.

On connaît, aux environs de Bordeaux, une espèce de chêne que M. SECONDAT nomme le CHÊNE *mâle*, et que Bosc a considéré comme le CHÊNE *esculus* des anciens. Son bois est de la plus grande dureté; il fournit d'excellentes courbes pour la marine : on assure qu'il est meilleur que celui des autres chênes. Le pied cube *pèse* 74 liv., c'est-à-dire qu'il descend au fond de l'eau. — Le CHÊNE *des Apennins*, que l'on trouve en Provence et aux environs de Lyon, s'élève à 30 pieds environ : il a le mérite de croître dans les terrains les plus arides.

II. *Chênes à feuilles persistantes, ou Chênes verts.*

Le CHÊNE *yeuse* (*Q. ilex*, Lin.) est un arbre de médiocre grandeur, tortueux et très-branchu. Ses feuilles sont ovales, dentées ou entières. Le *fruit* varie de grosseur et de longueur, il est âpre et amer. Cet arbre s'élève à 30 pieds environ; Le pied cube du *bois* pèse 70 l. Il prend un beau poli; mais il est sujet à se fendre et à se tourmenter en séchant. Il est employé à faire des essieux, des leviers, des poulies de vaisseaux, etc. L'accroissement de l'yeuse est très-lent; mais cet arbre vit plusieurs siècles. Son *écorce* sert à tanner les cuirs. Le bois du cœur est très-recherché en Languedoc pour les manches de mail, qui conservent leur souplesse lors même qu'ils sont secs. Dans le nord de la France, cet arbre est sensible aux froids. Lorsqu'on l'a *multiplié* de graine et qu'on veut le transplanter, il ne faut pas tarder, car il reprend difficilement lorsqu'il a plus de 3 ou 4 ans. Il aime en général un *terrain* sec et sablonneux.

Le CHÊNE *liège* (*Q. suber*, Lin.)(*fig.*41) s'élè-

Fig. 41.

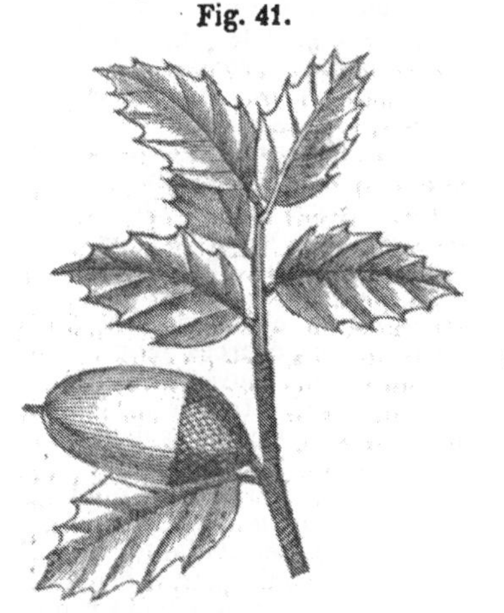

ve à 10 ou 12 mèt. Son tronc a quelquefois une grande circonférence. Son écorce est fort épaisse, spongieuse et crevassée; ses feuilles sont blanchâtres en dessous. Son *bois* est très-lourd et d'une grande force; le pied cube pèse 84 liv. Son *écorce* est employée à faire des bouchons, des semelles pour se préserver de l'humidité, des chapelets de pêcheurs, des bouées, etc., etc.; pour cet objet on écorche les chênes liéges tous les 8 ou 10 ans, lorsqu'ils ont atteint l'âge de 30 à 50 ans; malgré cela, ils peuvent encore vivre 150 ans. La *culture* de ces arbres est la même que celle de l'yeuse.

On connaît plusieurs autres chênes verts dont la culture devrait être encouragée en France, surtout dans le Midi, tels que : le CHÊNE *ballotte*, qui diffère peu de l'yeuse par les feuilles et par le bois, mais dont les *glands* sont doux et nourrissans : on les mange crus et grillés comme les châtaignes; *Le* CHÊNE *vert* ou *castillan* que l'on trouve dans la forêt de Broussan, département du Gard : les habitans des environs récoltent ses *glands* pour les manger crus et cuits; le CHÊNE *ægilops*, dont la *cupule* fait l'objet d'un commerce assez important pour les tanneries; le CHÊNE *à la galle*, qui croît dans l'Asie-Mineure, et qui produit la galle du commerce; le CHÊNE *kermès* (*fig.* 42), que j'ai trouvé en Provence, dans les haies, et sur lequel on récolte l'insecte précieux qui, avant la découverte du Nouveau-Monde, fournissait à la teinture la couleur écarlate.

Fig. 42.

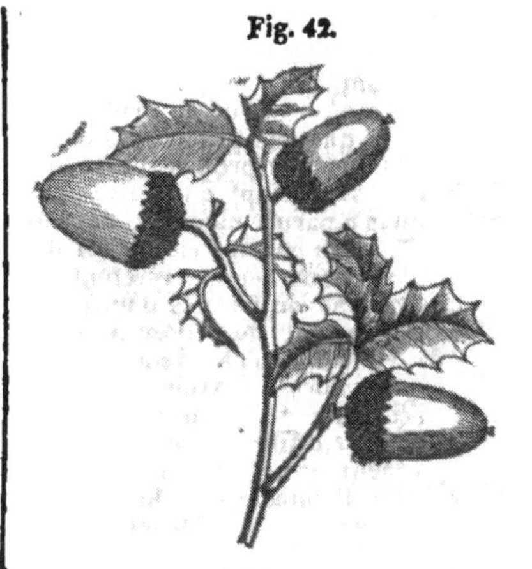

Culture du chêne. — On trouve des chênes dans presque tous les terrains; mais ceux qui n'ont pas de fond n'offrent que des arbres petits, rabougris, et lorsqu'ils s'élèvent à une certaine hauteur, ils sont vieux et couronnés de bonne heure. Les terrains frais et profonds, mêlés de sable et d'argile, sont ceux où le chêne prend tout son développement et vit au-delà de 200 ans. La racine du chêne est pivotante et s'enfonce profondément, de sorte que si les couches inférieures ne sont pas perméables à cette racine, l'arbre languit et n'acquiert pas de fortes dimensions; il lui faut 3 pieds au moins de bonne terre pour s'élever en futaie, et 2 pieds pour fournir de bons taillis. Lorsqu'on a des chênes dans un terrain médiocre ou mauvais, il faut renoncer à en obtenir du bois de service; et si l'on s'obstine à les laisser croître en futaie, leur bois ne pourra servir qu'à des ouvrages de fente, parce qu'il sera souvent rouge, échauffé et vergeté; dans ce cas, on ne pourra plus le débiter qu'en bois de chauffage. Quand même les arbres auraient atteint les dimensions nécessaires, il serait dangereux de les employer aux constructions, parce qu'elles seraient de peu de durée.

On a remarqué depuis quelques années que le chêne *n'aime pas à être planté seul*; il croît moins vite et dépérit plus promptement que lorsqu'il est mélangé avec d'autres essences, telles que le hêtre, le charme et surtout les bois blancs. On a cru autrefois, comme je l'ai dit, le favoriser en le plantant seul; il en est résulté des taillis mal venans et des plantations infructueuses.

Conservation et semis des glands. — Le plus sûr moyen, sans contredit, d'avoir de belles forêts de chênes, c'est de semer les glands. Par le couchage et par les marcottes, on peut bien repeupler un bois taillis de peu d'étendue; mais pour avoir de belles plantations, il faut semer, et pour semer avec succès, il est nécessaire d'avoir des glands choisis et bien conservés. On doit faire la récolte des glands vers le mois d'octobre, par un temps sec et lorsqu'ils commencent à tomber d'eux-mêmes. On les transporte dans des lieux aérés; on les étend de suite et très-clair. Il est à propos de les remuer 2 ou 3 fois par jour, jusqu'à ce qu'ils soient ressuyés à l'extérieur : alors on en formera des tas d'un pied d'épaisseur, qu'on laisse ainsi jusqu'au moment de les employer.

Quand on ne *veut semer* qu'au printemps, il faut employer quelque procédé pour les *conserver* intacts. On en propose plusieurs; aucun d'eux n'est exempt d'inconvéniens. Voici celui qui m'a paru le meilleur : dans un jardin ou tout autre endroit clos et à l'abri des porcs, on choisit un lieu sec; on étend sur la place une couche de feuilles d'un pouce d'épaisseur, sur laquelle on dépose en forme de pyramide, et jusqu'à la hauteur de 3 pi., un tas de glands après les avoir fait sécher un peu; on recouvre cette pyramide d'un pied de feuilles sèches, ensuite d'un demi-pied de mousse également sèche, puis encore d'un demi-pied de paille longue, et enfin on place sur ce cône un chapeau de paille semblable à celui dont on couvre les meules de grain dans les campagnes. Au commencement du printemps, ou trouve les glands parfaitement conservés. Alors il ne faut pas tarder à les employer, parce que la chaleur les ferait germer.

Pour conserver les glands qu'on destine à la nourriture des porcs et de la volaille, il suffit de les enterrer profondément dans un terrain sec et sablonneux, ou de les faire dessécher au four.

Au lieu de semer les glands à demeure, beaucoup de personnes les *sèment en pépinière* pour en repeupler les forêts, les planter en quinconce, en avenue, au lieu d'aller arracher dans les bois du plant qui est toujours mal conformé et peu garni de racines. Il faut alors les enlever de la pépinière, en conservant à leur pivot la plus grande longueur possible, et ne pas se laisser détourner de cette pratique par la dépense que doit occasioner cet enlèvement et la profondeur des trous destinés à la plantation.

Entretien des semis. — On doit éviter de remuer les terres ensemencées, avant que les jeunes plants se soient affermis par des racines assez fortes. C'est pourquoi on ne donne aucune culture la première année. Quant à la seconde, on fait un petit binage au printemps pour détruire les herbes. La troisième année, on donne un bon binage au mois de mars, et si on veut hâter la croissance du plant, on en donne un second au mois de septembre.

Dans certains terrains où le chêne ne pousse pas d'abord avec force, où il a été brouté par la dent des bestiaux ou gelé, le *recepage* est indispensable. On fait cette amputation la 3e ou la 4e année, obliquement et au nord, ce qui est facile à l'ouvrier qui tourne le dos au midi. Quelques forestiers allemands ne veulent pas cependant que l'on recèpe les arbres destinés à croître en futaie; ils croient qu'en ayant la précaution de supprimer les tiges secondaires pour réserver la plus belle, on aura des futaies très-élancées. BUFFON est d'un avis contraire à ces forestiers, et nous croyons très-bonnes et très-fondées les raisons qu'il en donne.

Exploitation des chênes.—On doit abattre les chênes lorsque leur accroissement ne fait plus que de faibles progrès, lorsqu'ils annoncent qu'ils sont sur le retour, lorsqu'ils sont atteints de maladies graves, telles que les gouttières les chancres, les ulcères, la gelivière, etc., et tout cela sans avoir égard à leur âge ou à leur grosseur. Tel chêne est vieux et caduc à 50 ans, tandis qu'un autre ne l'est pas encore à 160; cela dépend du climat, du terrain et de l'entretien des plantations. On a conseillé comme un bon moyen d'empêcher la destruction des vieilles souches, de les recouvrir de 2 ou 3 pouces de terre immédiatement après l'abattage. Ce moyen est préférable et surtout moins cher que celui de couper les tiges entre deux terres.

Ecorcement des chênes.—Toutes les parties du chêne contiennent un principe astringent nommé *tannin*, qui a la propriété de se combiner avec la fibre animale, et de rendre insoluble la gélatine qu'elle contient. L'écorce de l'arbre est la partie qui en contient le plus. On préfère celle des jeunes arbres; cependant quelques auteurs assurent que les vieilles écorces sont meilleures. La noix de galle, qui nous vient du Levant, est encore plus abondante en tannin, mais elle est d'un prix élevé, et jusqu'à ce qu'on ait naturalisé le chêne qui la porte, on se servira de nos écorces jeunes ou vieilles. Le tan le plus nouveau est le meilleur, et lorsqu'il a servi à tanner les cuirs, il est employé à faire des couches dans les serres chaudes et des mottes à brûler.

On *écorce les chênes* dans le mois de mai, lorsqu'ils sont en pleine sève. La bonne écorce doit être unie, vive et brillante. Il faut environ 6 à 8 cordes de bois pour un cent de bottes d'écorce. Les souches de chênes repoussent avant la fin de l'année, quand les bois sont abattus aussitôt après avoir été écorcés; mais si on les laisse sur pied, elles seront le plus souvent détruites lorsque les arbres auront été coupés. Le prix des écorces, comme celui des arbres écorcés, varie suivant les lieux et les pays. J'ai vu souvent, dit un forestier allemand, que l'on avait fait plus d'argent des écorces que du bois sur lequel on les avait enlevées.

A l'exception du *charbon* de hêtre, celui de chêne est le meilleur de tous, d'après les nombreuses expériences faites en Allemagne par le baron DE WARNECL. En résultat, la culture du chêne en taillis ou en futaie est sans contredit la plus avantageuse de toutes les cultures auxquelles on puisse se livrer, lorsque le terrain est favorable.

JAUME SAINT-HILAIRE.

8. CORNOUILLER (lat. *Cornus*) (*fig.* 43).—Nous ne parlerons pas ici des espèces exotiques de cornouiller qui ne sont cultivées que pour l'ornement des jardins; nous nous occuperons seulement de 2 espèces indigènes.

Le CORNOUILLER *mâle* ou *des bois*, ou C. *sauvage* (*C. mas*, Lin.), est un grand arbrisseau ou un petit arbre qui acquiert 20 à 25 pi. de hauteur, dont les rameaux sont opposés, qui, dès le mois de mars, et quelquefois même dès la fin de février, sont garnis de petites fleurs jaunes, disposées en ombelle. Les feuilles qui ne paraissent qu'après les fleurs sont ovales, opposées. Les *fruits* sont de petites drupes d'un beau rouge, à noyau divisé en deux loges monospermes. Cet arbrisseau croît naturellement dans les bois et les buissons, en

Fig. 43.

France et dans une grande partie de l'Europe. Le cornouiller mâle a produit par la culture plusieurs *variétés*, dont une à fruits jaunes, une autre à feuilles panachées. L'espèce se *multiplie* par les semis, les variétés par la greffe. Cet arbre croît très-lentement et est susceptible de vivre très-vieux. Bosc en cite un, de la forêt de Montmorency, qu'il croit avoir plus de mille ans d'existence. Dans les vieux cornouillers, le cœur est brun et l'aubier est blanc, avec une légère teinte rougeâtre. Ce *bois* est très-dur, fin, et susceptible de recevoir un beau poli; on en fait des rayons de roue, des échelons d'échelles, des coins, des chevilles; on en fabrique aussi des cerceaux, des échalas qui durent long-temps. L'*écorce* des branches et des rameaux est astringente; elle a été employée comme fébrifuge. Les *fruits*, qu'on nomme cornouilles, ont une saveur aigrelette et un peu acerbe; on ne les mange guère que dans les campagnes.

CORNOUILLER *sanguin*, vulgairement *femelle, Bois punais* (*C. sanguinea*, Lin.). Cette espèce est un arbrisseau de 12 à 15 pieds de hauteur, dont les rameaux sont d'un rouge brun, garnis de feuilles ovales, pointues, et se terminant par un bouquet de fleurs blanches disposées en corymbe, paraissant en juin et juillet, auxquelles succèdent des fruits arrondis, noirâtres, d'une saveur amère et astringente. Elle croît spontanément dans les bois et les buissons de tout le midi de l'Europe. On en connaît une *variété* à feuilles panachées. La disposition que cet arbrisseau a de pousser beaucoup de rejetons de son pied, et la facilité qu'il a de pouvoir réussir presque partout, le font employer pour former des haies; mais ses rameaux étant toujours droits et effilés, rendent ces clôtures de peu de defense. Ses jeunes *rameaux* peuvent servir à faire des liens et des ouvrages de vannerie commune; les plus longs et les plus droits sont bons dans les jardins pour faire des tuteurs aux jeunes arbrisseaux et aux plantes qui ont besoin d'être soutenues. Communément on fait, avec la coupe des tiges et des rameaux, des bourrées pour le chauffage. Les *fruits*, qui sont oléagineux, peuvent fournir une huile d'une odeur désagréable, mais propre à la fabrication du savon et à l'éclairage.

9. CYTISE (lat. *Cytisus*).—Les *cytises* sont de petits arbres, ou le plus souvent des arbrisseaux, de la famille des *Légumineuses*. Nous ne parlerons ici que des premiers.

? CYTISE *aubours, faux-ébénier* (*C. laburnum*, Lin.) (*fig.* 44). Cet arbre s'élève à 15 ou 20 pieds

Fig. 44.

sur un tronc de 2 à 3 pieds de circonférence. Ses rameaux, recouverts d'une écorce verdâtre, sont garnis de feuilles petiolées, composées de trois folioles ovales - oblongues, glabres en dessus et un peu soyeuses en dessous; ses fleurs sont jaunes, papilionacées, disposées en longues grappes pendantes, et à calice court et campanulé; les fruits sont des légumes alongés, légèrement velus. Ce cytise *croît* naturellement dans les bois des montagnes, en France et dans plusieurs parties de l'Europe. On le plante communément dans les jardins et les bosquets, comme arbre d'ornement.

CYTISE *des Alpes* (*C. Alpinus*, Wild.). Cette espèce a été long-temps confondue comme variété de la précédente; elle s'en distingue par le dessous de ses feuilles et ses légumes glabres, par un rebord particulier qui garnit le dos de ces derniers, et enfin parce qu'elle forme un arbre plus élevé, qui ne craint pas les froids les plus rigoureux, tandis que dans le nord de l'Europe la 1re périt souvent par suite des fortes gelées. Le cytise des Alpes se trouve dans les montagnes du Dauphiné, de la Savoie, de la Hongrie et de l'Ecosse. On le *plante*, comme le précédent, dans les jardins et les bosquets. Ces deux arbres fleurissent en mai et en juin.

Ils sont très-rustiques et viennent aisément partout, excepté dans les *terrains* marécageux et ceux de pure craie. MALESHERBES a fait planter la première espèce dans un sol de marne argileuse où aucun autre arbre n'avait pu réussir, et il a converti ce terrain, jusque là stérile, en un bois de bon rapport. On peut donc en faire des taillis qui seront bons à couper tous les 9 à 10 ans. Les cytises ne prennent point de boutures ; les marcottes sont très-longues à s'enraciner; il faut, pour les *multiplier*, en semer les graines, ce qui doit se faire à la fin de l'hiver, dans un terrain bien labouré.

Plusieurs animaux ruminans, et particulièrement les moutons et les chèvres, mangent sans inconvénient les *feuilles* des cytises; mais elles sont émétiques et purgatives pour l'homme. Le *bois* de ces arbres est très-dur, souple, élastique, et il résiste long-temps à la pourriture. Ce bois est brunâtre, et il devient noirâtre dans les arbres âgés; il prend facilement un beau poli : les ébénistes et les tourneurs l'emploient à différens ouvrages. Dans les pays où les cytises sont communs, on se sert des tiges de 6 à 10 ans pour faire des cercles, des échalas, des rames, etc.

LOISELEUR DESLONGCHAMPS.

10. ERABLE (lat. *Acer;* angl. *Maple;* all. *Ahorn;* ital. *Acero*).—Les *Erables* forment un genre assez nombreux. Plusieurs espèces croissent naturellement dans nos forêts; un plus grand nombre a été introduit dans nos parcs et nos grands jardins. Nous ne parlerons article que des arbres indigènes.

L'ERABLE *commun* ou *champêtre* (*A. campestre*, Lin.). Cet arbre s'élève à 25 ou 30 pieds, sur une tige dont l'écorce est dure et crevassée. Ses feuilles ont 5 lobes obtus à leur sommet et à leurs angles. Son *bois* est dur, d'un grain homogène, liant, blanc ou jaune, et susceptible d'un beau poli. Le pied cube sec *pèse* 51 à 52 livres; il fait très-peu de retraite en séchant. Les tourneurs, les ébénistes, les luthiers le recherchent pour en faire des ouvrages de tabletterie ou de lutherie. Il chauffe bien et produit un bon charbon. Ses jeunes tiges servent à faire des fouets pour les cochers. Ses *feuilles* sont très-recherchées par les bestiaux, surtout par les chèvres. Il peut être employé avec succès à former des haies vives, qui, par une taille répétée, deviendront très-épaisses et très-serrées. Il sera bien placé aussi dans les massifs des jardins français. Cet arbre se plaît dans les *terrains* frais, parmi la bonne terre végétale, les sables et les graviers. Il redoute l'humidité. On le *multiplie* de graines semées en automne et recouvertes de six lignes environ de terre; elles lèvent souvent au bout de six mois, mais quelquefois elles restent un an et 18 mois dans la terre. L'entretien des semis consiste à les biner et à les sarcler pendant les 2 ou 3 premières années. Ce n'est qu'à la 5e que les arbres mis en pépinière en doivent être tirés pour être plantés à demeure.

L'ERABLE *sycomore* (*A. pseudo-platanus*, Lin.) (*fig.* 45). C'est un arbre de la 1re grandeur, et remarquable par son port et son beau feuillage. Son bois est blanc, marbré, d'un tissu serré, et susceptible de recevoir un beau poli. Lorsqu'il est sec, le pied cube *pese* 50 livres environ. Son *bois* est employé par les charrons, les ébénistes, les tourneurs, les

Fig. 45.

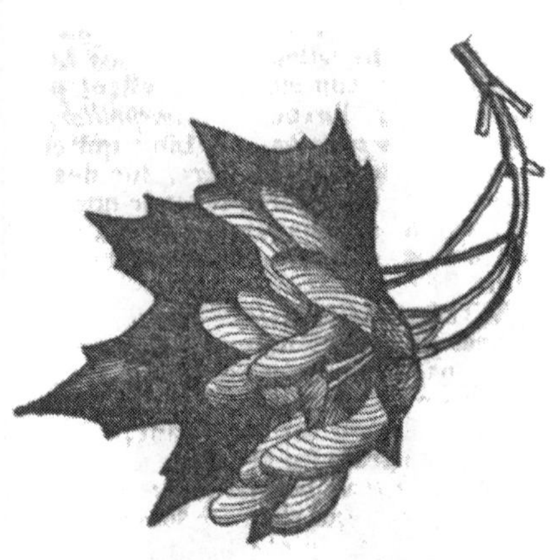

sculpteurs et les facteurs d'instrumens de musique et surtout de violons. On en fait aussi des montures de fusils. L'accroissement de cet arbre est très-prompt comparativement aux autres. Il aime un *terrain* formé de terre végétale, de sable et de gravier; il se plaît surtout dans les plaines et au revers septentrional des montagnes. Il vit 100 à 200 ans. Elevé en taillis, il s'exploite tous les 25 à 30 ans; en futaie, à l'âge de 100 et 120 ans. Sa *culture* est la même que celle de l'érable champêtre.

L'ERABLE *plane* (*A. platanoïdes*, Lin.) (*fig.* 46)

Fig. 46.

diffère du précédent par ses feuilles vertes des deux côtés, bordées de dents aiguës, inégales et écartées, et par ses fleurs disposées en corymbes. Il s'élève de 45 à 60 pieds, c'est-à-dire un peu moins que le sycomore. Son *bois*, dans la jeunesse de l'arbre, est blanc; moiré et d'une couleur tirant sur le gris, dans un âge plus avancé. Le pied cube sec *pèse* 43 à 44 livres. On l'emploie aux mêmes usages que celui du sycomore. Son accroissement est très-rapide; en taillis on peut l'exploiter à 25 ans, et en futaie à 70 ans. Il est à propos de le planter dans les lieux où l'on a des ruches à miel. Sa *culture* est la même que celle des deux précédentes.

On cultive encore avec succès l'Erable *duret,* qui vient naturellement dans nos Alpes et nos Pyrénées. Son *bois* est excellent pour le charronnage; l'Erable *de Montpellier,* ou *trilobé* (*A. Monspessulanum*, Lin.), qui croît dans les plus mauvais *terrains,* sur des rochers qui n'ont de la terre végétale que dans les fissures. Dans les pays montagneux et arides, on n'en saurait trop répandre et soigner la culture.

11. FÉVIER (lat. *Gleditzia*).—Les *féviers* sont des arbres étrangers naturalisés et très-répandus dans nos parcs et nos grands jardins. Il serait utile de les cultiver dans nos forêts, parce que leur *bois* est dur, liant, veiné de rouge, et d'un grain fin et serré.

Le Févier *à trois pointes* (*G. triacanthos,* Lin.) est un arbre qui s'élève à 30 ou 40 pieds. Ses feuilles sont ailées et d'un beau vert. Ses *fruits* ou gousses ont près d'un pied de longueur. On le *multiplie* de graines semées en terrines ou en pots sur couches, en plein air, au mois d'avril, pour accélérer leur croissance; on peut aussi les semer en pleine terre dans des rigoles et à la distance de 4 pouces. On les recouvre d'un demi-pouce de terre. Au printemps suivant, on les met en pépinière, et à un pied de distance les uns des autres. Pendant les 1res années, il faut les abriter jusqu'à ce qu'ils aient assez de force pour supporter les gelées. La transplantation doit avoir lieu au printemps; les plantations faites en automne sont endommagées par les gelées. On en connaît trois *variétés*.

Le Févier *monosperme,* assez semblable au précédent par ses feuilles et par ses épines. — Le Févier *de la Chine* (*G. Sinensis,* Lam.). Ses feuilles sont deux fois ailées. Sa tige est hérissée d'épines plus grosses et plus courtes que dans les autres; il est en même temps moins sensible à la gelée, et son *bois* est aussi estimé. Il donne de bonnes graines sous le climat de Paris. On pourrait employer utilement les féviers à former des clôtures des champs et des jardins; les épines dont ils sont armés rendraient ces haies impénétrables; mais il faudrait les tailler souvent et les empêcher de s'élever.

Jaume Saint-Hilaire.

12. FUSAIN (lat. *Evonymus*). — Le Fusain *d'Europe*, vulgairement *bonnet de prêtre, bois à lardoire* (*E. Europæus*, Lin.), est un arbrisseau de la famille des rhamnées, qui s'élève à 12 ou 15 pieds, en se divisant en rameaux quadrangulaires, garnis de feuilles opposées, lancéolées, brièvement pétiolées. Ses fleurs sont blanchâtres, petites, portées sur des pédoncules rameux, axillaires; il leur succède des capsules à 4 lobes obtus d'un rouge éclatant à l'époque de leur maturité. Cette espèce croît naturellement dans les bois et dans les haies, où elle se multiplie spontanément; elle vient bien partout, excepté dans les *terrains* trop arides ou trop marécageux; ses fleurs paraissent en mai et en juin; ses fruits, qui peuvent rester presque tout l'hiver sur les rameaux, font un assez joli effet par leur couleur éclatante.

Le *bois* du fusain est léger, d'un blanc jaunâtre; il a le grain fin et serré. Il est bon pour les ouvrages de tour et de marqueterie, mais il est assez rare d'en trouver des échantillons qui soient propres pour le travail; le plus souvent on n'en fait que des fuseaux et des lardoires. Ce dernier usage n'est peut-être pas sans inconvénient, car des ouvriers ont éprouvé des nausées en travaillant ce bois, surtout lorsqu'ils en sciaient une certaine quantité de suite; et cela est arrivé plusieurs fois, sans autre accident cependant, au Musée de la marine, où l'on en emploie beaucoup pour faire le doublage extérieur des petits modèles de toutes sortes de navires. Réduit en *charbon,* il peut servir dans la fabrication de la poudre à canon. Ce même charbon, préparé avec de jeunes rameaux, auxquels on laisse une certaine longueur, est employé par les dessinateurs pour tracer des esquisses, parce qu'il s'efface plus facilement que le crayon ordinaire. — Les *fruits* du fusain passent pour être purgatifs et même émétiques; séchés et réduits en poudre, ils s'emploient pour faire mourir la vermine. Leur infusion dans le vinaigre sert, dans quelques cantons, pour guérir la gale des animaux domestiques; on peut encore en retirer une couleur rougeâtre. Les *graines* donnent par expression une huile bonne pour l'éclairage. Les propriétés des *feuilles* ont été très-contestées; plusieurs agriculteurs ont prétendu que ces feuilles étaient nuisibles aux bêtes à laine; M. Girard en a nourri plusieurs moutons, et il les a tenus à cette unique nourriture pendant plusieurs jours sans que ces animaux en aient été incommodés.

Le Fusain *à larges feuilles* (*Evonymus latifolius,* Lin.) diffère du précédent par ses feuilles beaucoup plus grandes et plus larges, et par ses fleurs et ses fruits à 5 divisions. Il croît dans le midi. Ses propriétés sont à peu près les mêmes, et par conséquent assez suspectes quant à l'usage interne.

Loiseleur Deslongchamps.

13. HÊTRE (lat. *Fagus ;* angl. *Beech;* all. *Mastbuche ou Rothbuche;* ital. *Faggio*). — Le Hêtre *des bois* (*F. silvestris,* Lin.) (*fig.* 47)

Fig. 47.

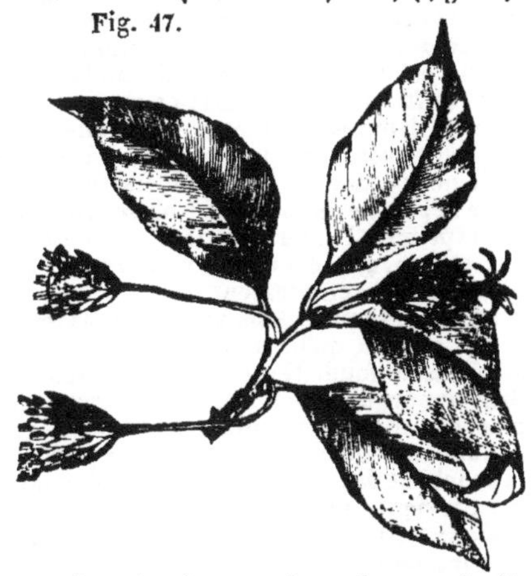

est un des plus beaux arbres de nos forêts.

Sa tige, revêtue d'une écorce grise et unie, présente quelquefois un fût de 60 pieds sans aucune branche ni nœud. J'en ai vu dans quelques parties de la Normandie et dans les lieux frais et montagneux de la Provence, qui avaient de 80 à 100 pieds d'élévation. Il se couronne d'une cime large et arrondie. En automne, ses feuilles prennent une teinte rouge et jaunâtre qui donne à cet arbre une physionomie particulière et très-pittoresque. Il forme quelquefois à lui seul, ou mêlé avec le chêne, des forêts d'une grande étendue. Son pivot étant moins long que celui du chêne et ses branches latérales étant très-nombreuses, il trouve sa nourriture dans les couches supérieures du terrain, que l'autre va chercher à une grande profondeur, de sorte que leur association est très-avantageuse.

Le *bois* de cet arbre est sujet à beaucoup de retrait par la dessiccation, et, comme il n'est pas d'une grande force et qu'il a peu d'élasticité, on ne l'emploie pas à la construction de la charpente. Nonobstant cela, c'est un des arbres les plus employés aux usages de la vie. On peut en faire des quilles de vaisseaux et tous les ouvrages sous l'eau. Il est propre à la monture des fusils de guerre; il sert à faire des bateaux d'une seule pièce pour les petites rivières et les étangs. Il est préférable à tous les autres pour les rames des bâtimens de mer. Il fournit de bons brancards pour les chaises de poste, des jantes de roues, des affûts de canon. On en construit les planches qui forment l'encaissement des pilotis. Les ébénistes, les menuisiers l'emploient journellement. Il est excellent pour le chauffage, quoiqu'il brûle un peu vite; il est même, sous ce rapport, meilleur que le chêne. Son *fruit*, nommé *faîne*, est bon pour engraisser les porcs et les dindons; il est très-recherché par les bêtes fauves: mais c'est surtout par l'huile qu'il donne que la culture du hêtre mérite d'être répandue. Cette huile est bonne à manger, à faire des fritures, et on la brûle dans les lampes. Elle a la propriété de se conserver pendant plusieurs années et même de s'améliorer, si, après l'avoir clarifiée, on la renferme dans des cruches bien lutées, que l'on enterre dans le sable à la cave. On prétend qu'elle occasione des pesanteurs de tête et d'estomac lorsqu'elle est fraîche. Pour avoir de la bonne huile de faîne, il faut ramasser ce fruit à mesure qu'il tombe, le mettre dans une chambre bien aérée, et ne pas l'entasser, de crainte qu'il ne s'échauffe. Lorsqu'il est bien sec, on le dépouille de sa peau et on le broie pour en exprimer l'huile. Les tourteaux donnés aux vaches, aux cochons, à la volaille, les engraissent promptement.

Le hêtre se plaît dans presque tous les *terrains*, pourvu qu'ils aient un pied et demi à 2 pieds de fond. Il est beaucoup plus beau dans une argile fraîche, mêlée de terre végétale. Les fonds très-humides et marécageux ne lui conviennent pas. Il aime les plaines et le penchant des montagnes exposées au nord; il y parvient à une grande élévation. On *multiplie* le hêtre par le semis des faînes en automne, lorsqu'elles tombent d'elles-mêmes. Si on ne veut les semer qu'au printemps, il faut avoir soin de les étendre dans une grange, parce qu'elles s'échauffent promptement, et les remuer au moins une fois par jour. Quand elles sont bien ressuyées, on en forme des tas de 2 ou 3 pieds de haut dans un grenier planchéyé, puis on les recouvre de paille de l'épaisseur d'un pied, pour les préserver de la gelée et d'une trop grande dessiccation.

14. HOUX (lat. *Ilex*; angl. *Holly*; all. *Stechpalme*; ital. *Agrifolio*).—Le Houx *commun* (*I. aquifolium*, Lin.) (*fig.* 48) forme souvent des

Fig. 48.

buissons dans nos haies; mais lorsqu'on le laisse croître en liberté dans les terrains qui lui conviennent et dans les clairières des forêts, il s'élève à 25 ou 30 pieds. On en cultive plusieurs variétés, les unes distinctes par la couleur de leurs fruits, les autres par celles de leurs feuilles. Son *bois* est dur, solide et pesant; il prend la couleur noire mieux qu'aucun autre, parce que le grain en est fin et serré. Les ébénistes en font de très-beaux meubles; on en fabrique des manches d'outils, des alluchons, des engrenages de roues, des verges de fléau à battre le blé, et plusieurs ouvrages de tour. Le pied cube sec *pèse* 47 à 48 livres.

Les jeunes branches sont très-souples; on en fait des houssines et des manches de fouet. C'est avec *l'écorce* de cet arbre qu'on fait la meilleure glu pour prendre les oiseaux.

Les *fruits* du houx sont purgatifs, on les regarde même comme vénéneux pris en grande quantité; les oiseaux néanmoins, surtout les grives, en font leur principale nourriture pendant l'hiver; c'est pourquoi il est à propos de planter des houx dans les remises. M. Rousseau a découvert que ses feuilles jouissent de propriétés fébrifuges très-marquées qu'elles doivent à un principe amer nommé *ilicine*. On le *multiplie* facilement par ses graines ou par les jeunes pieds qu'on arrache dans les bois. Il est peu délicat sur la nature du *terrain*, mais il préfère les coteaux et les fentes des rochers exposés au nord et à l'ombre des grands arbres. Quand on veut en former des haies, il est plus avantageux de le semer en place; ces haies, conduites avec soin, sont les plus durables qu'on puisse faire, car on en cite qui ont plus de 2 siècles et qui sont encore en bon état.

15. MARRONNIER (lat. *Esculus;* angl. *Horsechesnut;* all. *Rosskastanie;* ital. *Ippocastano*) fig. 49.—Le MARRONNIER *d'Inde* ou l'*Hippoca-*

Fig. 49.

stane (*E. hippocastanum*, Lin.) est un des plus beaux arbres de la nature, lorsqu'il est couvert de ses innombrables panaches de fleurs; mais on ne lui a encore reconnu aucune propriété capable de le faire rechercher pour les usages de la vie. Son *bois* est mou et de peu de valeur : on assure néanmoins qu'étant employé à faire des conduits d'eau souterrains, il dure plus long-temps que ceux de beaucoup d'autres bois plus durs. On en fait des voliges, des planches pour les caisses d'emballage. Ses *fruits* pelés, desséchés et réduits en farine, servent à faire une assez bonne colle; on assure qu'ils donnent une assez grande quantité de potasse. Le meilleur emploi qu'on puisse en faire, c'est de les donner aux chèvres et aux moutons, qui les mangent sans aucune répugnance. On peut les ramasser en quantité et les conserver pour le chauffage, ils donnent beaucoup de chaleur. On *multiplie* cet arbre en semant, au printemps, des marrons qu'on a eu la précaution de conserver dans du sable pendant l'hiver; il vient bien dans presque tous les *terrains* et toutes les situations, mais il préfère une terre un peu humide, mais non marécageuse, car il y périrait.

16. MERISIER (lat. *Prunus;* angl. *White cherry;* all. *Vogelkirschbaum;* ital. *Visciola,* ou *Ciriegio selvaggio*). —Le MERISIER (*P. avium,* Lin.) est un arbre élevé de 30 à 40 pieds. Sa tige est couverte d'une écorce lisse, blanchâtre, avec une teinte rougeâtre; elle est formée de plusieurs couches que l'on peut enlever séparément. Quelques personnes le considèrent comme le type de toutes les variétés de cerises cultivées. Autrefois on en réservait beaucoup dans les coupes des forêts, suivant l'ordonnance de 1669, trop même; dans ces derniers temps, on est tombé dans un excès contraire. Le *bois* du merisier est ferme, roussâtre, dur et serré. Le pied cube sec *pèse* 54 à 55 livres. Il est doux, facile à travailler, et prend un beau poli. Il est recherché par les tourneurs, les ébénistes et les menuisiers. En le mettant dans l'eau de chaux pendant 30 à 40 heures, on lui donne une belle couleur rouge brun, qu'il conserve long-temps; on le polit ensuite, et il peut rivaliser avec plusieurs bois exotiques. Le merisier élevé dans les forêts, et ayant acquis ses plus fortes dimensions, est employé comme bois de charpente; il sert à faire des planches, des douves de tonneaux, qui passent pour donner un goût agréable au vin qu'on y renferme; il sert aussi comme bois de chauffage, et produit un *charbon* estimé. Dans les chantiers de bois, il ne se conserve pas long-temps. Le *fruit* du merisier est fort estimé; il est céphalique, apéritif et agréable au goût. L'eau distillée des merises noires sert à faire différentes liqueurs.

Cet arbre se *multiplie* de graines, ainsi que par la greffe. On préfère le propager de plants, qu'on trouve en abondance dans les forêts. L'utilité de son bois et de ses fruits mérite qu'on le cultive dans nos forêts; il est alors convenable d'en semer les fruits; on aura des arbres toujours plus élevés et plus vigoureux. Il paraît que la variété à fruits rouges est préférable à celle dont les fruits sont noirs, parce que les arbres qui en proviennent sont plus élevés et deviennent plus gros. Dans tous les cas, on sème les fruits après la récolte, et si l'on est forcé de différer le semis, on les conserve pendant l'hiver, en les stratifiant avec du sable. On choisit pour faire les semis une terre légère et bien labourée, et on les recouvre d'un pouce de terre au plus. Les jeunes merisiers lèvent au printemps; il faut avoir soin de les débarrasser des mauvaises herbes. Au bout d'un an, ils sont en état d'être transplantés en pépinière. En janvier et février, on met les plants à 2 pieds de distance, en ayant soin de conserver les pivots, surtout pour ceux qu'on destine aux forêts. La plantation à demeure se fait au bout de 2 ou 3 ans et à 3 ou 4 pieds de distance en tous sens, ou entremêlés avec des chênes, des hêtres, etc.; ils n'en viendront alors que mieux. Cet arbre croît bien dans les forêts et à l'ombre des plus grands arbres, mais il est encore plus beau en plein air. Suivant DUHAMEL, il pourrait servir à faire de belles avenues dans les champs comme sur les grandes routes. Cet arbre se plaît dans les pays de montagnes, sur les coteaux élevés, dans les *terrains* calcaires, légers et même sablonneux; il ne craint que les terres trop humides ou argileuses.

17. MICOCOULIER (lat. *Celtis*).—Le MICOCOULIER *de Provence* (*C. australis*, Lin.) (*fig.* 50) est un arbre indigène à la France méridionale et à l'Italie. Sa tige, unie et grisâtre dans la jeunesse de l'arbre, noirâtre et raboteuse lorsqu'il est vieux, s'élève de 40 à 60 pieds. Son *bois* est compacte, liant, et tellement souple, qu'une branche de 5 à 6 pieds de long, sur un pouce de diamètre, peut former le cercle avant de se rompre; le pied cube *pèse* sec 70 livres. Il présente de grands avantages pour la menuiserie, pour la marqueterie et la fabrication des meubles. Coupé obliquement à ses fibres, il imite assez bien le bois satiné. A Sauve, département du Gard, sept arpens

de terrain, entrecoupés de rochers et plantés de micocouliers, fournissent, tous les ans, près de cinq mille douzaines de fourches, et produisent un revenu d'environ 25,000 fr. par an. Dans le nord de la France, ainsi que dans le centre, on ne cultive pourtant le micocoulier que comme arbre d'ornement; il serait du plus grand intérêt de le répandre dans les forêts. Il présente tant d'avantages, que peu d'arbres peuvent rivaliser avec lui; il a même le mérite d'être à l'abri des attaques de plusieurs insectes qui rongent l'orme, le chêne, etc.

Fig. 50.

Cet arbre croît dans presque tous les *terrains*; il préfère ceux qui sont légers, frais et de bonne qualité. Aux environs de Grasse, j'en ai vu un bois de la plus grande hauteur, au milieu de rochers et de 15 à 20 pieds d'élévation. On le *multiplie* de greffe, de drageons enracinés et de graines qui ne lèvent souvent que la seconde année. Au nord de la France, les jeunes arbres sont sensibles à la gelée; il faut les abriter en les entourant de paille jusqu'à ce qu'ils aient atteint une hauteur de 5 à 6 pieds: ils peuvent alors résister aux plus fortes gelées. Dambourney a obtenu une belle couleur jaune-chamois de deux onces de son écorce bouillie dans l'eau pendant une heure.

Les *feuilles* du micocoulier conviennent aux bestiaux, surtout aux chèvres. Ses *fruits* sont d'un goût agréable; quoique peu nourrissans, les enfans les recherchent. Soumis à la presse, ils donnent une huile dont la saveur rappelle celle de l'huile d'amandes douces: cette huile, brûlée dans les lampes, produit une flamme très-claire.

18. NOISETIER (lat. *Corylus*; angl. *Hazel*; all. *Haselstrauch*; ital. *Nocciuolo*.)—Le NOISETIER *commun* ou *Coudrier* (*C. avellana*, Lin.) (*fig.* 51) est un grand arbrisseau qui croît naturellement dans les taillis et dans les haies de l'Europe. Il est peu propre à être cultivé dans les forêts, mais on l'élève en pépinière et dans les jardins; il n'est jamais assez gros pour qu'on en puisse faire des ouvrages de quelque importance. Son *bois* est tendre, souple, d'un blanc-roux, d'un grain assez égal, mais il ne prend pas un assez beau poli; il *pèse* par pied cube 49 livres. On en fait des cerceaux, des claies, des harts, des échalas, des étuis, des pieux et différens ouvrages de vannerie. Son *charbon* est très-léger et propre à la fabrication de la poudre à canon. On coupe les taillis de coudrier tous les 10 à 15 ans; il ne dure guère que 40 à 50 ans, mais il repousse du pied avec une grande force. Les *noisettes* ont un goût généralement agréable, mais qui varie suivant les variétés que l'on cultive et dont on connaît un assez grand nombre: on en retire une huile douce, béchique, anodine et qui rancit difficilement.

Fig. 51.

Le noisetier est peu délicat sur la nature du *terrain*, il préfère cependant ceux qui sont légers et frais; il supporte également le froid et le chaud. On le *multiplie* de graines et surtout par marcottes et par ses drageons: il est à propos d'en mettre dans les remises, parce que le gibier recherche ses fruits. On le propage le plus souvent en le greffant par approche, c'est la seule greffe qui ne manque jamais; elle se fait au commencement du printemps, et il faut attendre la seconde année pour séparer le sujet de l'arbre qui est greffé, afin que la réussite soit complète et bien assurée.

19. ORME (lat. *Ulmus*; ang. *Elm*; all. *Ulme*, *Ruster*; ital. *Olmo*).—L'ORME *commun* (*U. campestris*, Lin.) a une tige haute de 60 à 70 pieds; elle acquiert quelquefois une circonférence de 12 à 15 pieds. Le *bois* en est jaune, marbré de couleurs brunes ou jaunâtres, dur, pesant, susceptible d'un beau poli. C'est le meilleur de nos bois indigènes pour le charronnage; il sert, de préférence à tout autre, pour les moyeux, les jantes, les entretoises et les essieux de l'artillerie. Le pied cube sec *pèse* 48 ½ livres; on en fait des tuyaux pour la conduite des eaux, des corps de pompes et autres ouvrages destinés à rester sous l'eau ou dans la terre, et qui durent très-long-temps. Après le chêne, c'est le bois de construction le plus durable. Dans le Nord, on fait des nattes avec la seconde écorce, qui est presque aussi souple que celle du tilleul, et on en fabrique des cordes à puits: les feuilles servent à la nourriture des vaches, des chèvres et des moutons. Cet arbre est souvent attaqué par

plusieurs insectes, qui le maltraitent et quelquefois causent sa mort.

L'Orme *tortillard*, que l'on considère comme une variété de l'orme commun, quoique ses caractères distinctifs se conservent par le semis de ses graines, est un des arbres les plus précieux de l'Europe pour le charronnage. Son bois se vend 3 ou 4 fois plus cher que celui de l'autre, de sorte que les propriétaires auraient le plus grand avantage à le cultiver en grand, comme à Varèdes, près de Meaux, et dans quelques autres parties de la France.

L'orme, *multiplié* par ses graines, a produit un grand nombre de variétés distinctes par la forme et la grandeur des feuilles, et elles ont reçu différentes destinations comme arbres d'ornement. On peut, dit Duhamel, faire de superbes avenues avec l'Orme *à larges feuilles*, des lisières admirables avec celui à petites feuilles ou Orme *pyramidal*, des belles palissades, des boules en forme d'orangers, et des tapis ou massifs sous les grands arbres, dans les quinconces, avec l'Orme *à très-petites feuilles*.

L'Orme *fongueux* (*U. suberosa*, Wild.) a été long-temps confondu avec l'orme commun. Il en diffère par les jeunes rameaux qui sont toujours couverts d'excroissances de la nature du liége. Ses fleurs n'ont que quatre étamines, et ses fruits sont glabres. Son *bois* est employé aux mêmes usages que celui de l'orme commun.

L'Orme *pédonculé* (*U. pedunculata*, Foug.) (*fig.* 52) est un bel arbre très-élevé qui mérite

Fig. 52.

d'être propagé dans nos forêts. On le croit originaire de Russie; il est actuellement très-commun sur les routes de Villers-Cotterets à Paris et Crépy. On le distingue des autres par ses fleurs pédonculées et ses fruits ciliés sur les bords. Ses premières feuilles paraissent 15 jours avant celles de l'orme commun.

L'orme se plaît assez dans tous les *terrains*; il préfère cependant un composé de terre végétale, de sable et de petites pierres, et un peu frais : il ne réussit pas dans les lieux aquatiques ou dans les sables mouvans et stériles. On le *multiplie* par le semis de ses graines, par rejetons, par marcottes, par boutures et par greffes; mais les semis donnent les arbres les plus vigoureux. La meilleure graine est celle qu'on recueille sous les plus beaux ormes, aussitôt qu'elle est tombée. Lorsqu'on la sème de suite, elle lève au bout de 15 jours ou 3 semaines; si on attend au printemps suivant, elle reste 8 jours de plus à lever. Il faut avoir soin de sarcler les semis et les débarrasser des mauvaises herbes. On les recèpe à la 4e ou 5e année.

Jaume Saint-Hilaire.

20. ROBINIER (lat. *Robinia*) (*fig.* 53).—Il y

Fig. 53.

a environ 230 ans que le Robinier *faux-acacia* (*R. pseudo-acacia*, Lin.) a été introduit en France, où il est parfaitement acclimaté. Il appartient à la famille des *Légumineuses*, et il est le type d'un genre nombreux en espèces, dont plusieurs sont cultivées dans les jardins d'agrément. Le robinier faux-acacia est lui-même un des plus beaux arbres qu'on puisse employer pour l'ornement des parcs et des jardins paysagers, et les bonnes qualités de son bois le rendent recommandable comme arbre forestier. Il s'élève à 60 ou 80 pi. de haut, sur un tronc qui peut en acquérir 8 à 12 de circonférence dans sa partie inférieure. Ses rameaux sont armés de fortes épines; ses feuilles sont alternes, ailées, composées de 15 à 25 folioles ovales, d'un vert très-agréable. Les fleurs, qui paraissent en juin, sont papilionacées, blanches, d'une odeur suave, et disposées en belles grappes pendantes; il leur succède des gousses aplaties, renfermant plusieurs graines en forme de rein, et un peu comprimées.

Le faux-acacia se *multiplie* de graines et de drageons qui poussent autour des arbres d'un certain âge; mais les semis donnant dès la 1re année des jets de 5 à 6 pieds de hauteur, ce dernier moyen de multiplication est presque le seul généralement employé, parce qu'il est plus prompt et plus facile. Les graines se sèment, à la fin de l'hiver ou au commencement du printemps, dans une terre légère et ombragée. On les arrose de temps en temps si la saison est sèche, et on les débarrasse des mauvaises herbes. A 2 ou 3 ans au plus, si on a laissé le semis en place, en ne faisant que l'éclaircir, les plus beaux sujets sont bons à être plantés à demeure. Cet arbre réussit bien dans les *terres* sableuses, plus sèches qu'humides : il n'est pas nécessaire que le sol ait beaucoup de fond ; il suffit seulement que la superficie soit de bonne terre, parce que les racines ne pivotent pas, mais s'étendent beaucoup en traçant.

Le robinier croît bien plus rapidement que tous les bois durs qu'on pourrait lui comparer ; il n'est pas rare d'en voir qui, ayant crû dans un terrain convenable, ont 2 pieds ½ de circonférence à hauteur d'homme à l'âge de 15 ans ; le plus souvent, cependant, il faut 20 années pour les voir de cette grosseur. Cet arbre a l'inconvénient d'être sujet à être assez souvent éclaté par les vents. On doit éviter, d'ailleurs, de le planter sur la lisière des champs cultivés, parce que ses racines traçantes nuisent aux récoltes.

Malgré la croissance rapide du robinier, son *bois* est fort dur et pesant ; il est jaune, avec des veines un peu plus foncées ; il a le grain fin, serré, se coupe bien au rabot, et est susceptible de prendre un beau poli, ce qui le rend propre à être employé par les menuisiers et les ébénistes. Il est aussi très-bon pour divers ouvrages de tour. Comme l'arbre devient gros, il pourrait aussi sans doute être employé comme bois de charpente. Dans les Etats-Unis, on s'en sert fréquemment pour diverses parties des constructions navales. Comme c'est un des bois qui résistent le plus à la pourriture, on l'emploie beaucoup dans ce pays à faire des pieux et des palissades de clôtures qui durent 30 à 40 ans, exposées à toutes les alternatives de la sécheresse et de l'humidité. On peut aussi en faire des pilotis. C'est un bon bois de chauffage.

Cultivé en taillis, il est bon à couper tous les 4 à 5 ans pour faire des échalas, des cercles, et il peut donner ainsi des produits abondans et avantageux ; seulement les épines qui garnissent ses tiges et ses rameaux le rendent plus difficile à exploiter. Il y a 20 et quelques années qu'on a obtenu de cette espèce une variété dépourvue d'aiguillons, qui fut nommée *R. spectabilis;* il serait à désirer qu'on pût la multiplier assez par marcottes pour la substituer dans les taillis à l'espèce épineuse.

Les haies et les clôtures qu'on peut faire avec cette dernière ont l'avantage d'être promptement de défense ; mais elles ne valent jamais celles d'aubépine. Comme on a beaucoup semé cette espèce, on en a obtenu un assez grand nombre de variétés qui sont cultivées dans les jardins d'agrément.

Les *fleurs* du faux-acacia sont, dit-on, antispasmodiques ; on en a préparé un sirop. On est parvenu, par une préparation particulière, à en retirer, ainsi que du bois luimême, une teinture jaune. L'*écorce* des tiges et des branches est émétique. Les bestiaux broutent volontiers les feuilles fraîches ; en les recueillant et en les faisant sécher, on peut les conserver, et les leur donner pendant l'hiver comme fourrage sec.

21. SORBIER (lat. *Sorbus*).—Les *sorbiers* sont des arbres de la famille des *Rosacées*, dont les fleurs ont un calice à 5 divisions, adhérant dans sa partie inférieure avec l'ovaire, 5 pétales arrondis, 20 étamines ou plus attachées sur le calice et un ovaire turbiné ou globuleux, qui devient une petite pomme globuleuse ou pyriforme à 5 loges, dans chacune desquelles se trouvent une ou deux graines. Ce genre ne renferme que 4 espèces, dont deux sont indigènes de nos forêts.

SORBIER *des oiseaux*, ou *Cochesne* (lat. *S. aucuparia*, Lin.; angl. *Mountain-ash;* all. *Eberesche;* ital. *Sorbo*).—Cette espèce ne s'élève qu'à 20 ou 30 pieds ; ses feuilles sont grandes, ailées, composées de 13 à 17 folioles oblongues, dentées, légèrement pubescentes dans leur jeunesse ; ses fleurs, qui se développent au mois de mai, sont blanches, nombreuses, légèrement odorantes, disposées au sommet des rameaux en un large corymbe ; il leur succède des fruits arrondis de la grosseur d'une petite cerise et presque de la même couleur. Cet arbre est plutôt d'agrément que de valeur ; on le plante communément dans les jardins paysagers, dont il fait l'ornement. Beaucoup d'oiseaux, comme les grives, les merles, les poules, etc., recherchent ses fruits pour s'en nourrir, et plusieurs bestiaux paraissent aussi les manger avec plaisir. Dans quelques contrées du nord on les récolte, on les met fermenter avec de l'eau, et on en compose une boisson qui n'est pas désagréable, et de laquelle on peut même retirer de l'eau-de-vie par la distillation.

Le *bois* du sorbier des oiseaux est assez dur, blanchâtre ; il a le grain fin, serré, se travaille facilement et se polit bien. Les tourneurs s'en servent pour divers ouvrages ; on en fait aussi des montures d'outils ; mais comme il est moins commun et qu'il ne devient jamais très-gros, on lui préfère le sorbier domestique, qui réunit ces deux avantages. Il se *multiplie* facilement de graines ; mais le plus ordinairement les pépiniéristes préfèrent le greffer sur l'alizier, l'aubépine ou le néflier. Il n'est d'ailleurs pas délicat, et il vient partout où le *terrain* n'est pas trop aride ou trop humide.

SORBIER *domestique,* vulgairement *Cormier* (*S. domestica*, Lin.) (*fig.* 54).—Cette espèce s'élève à 40 ou 50 pieds ; ses feuilles sont formées d'environ 15 folioles ovales-oblongues, vertes en-dessus, blanchâtres et velues en-dessous ; ses fleurs, petites, blanchâtres, paraissent en mai, et sont disposées, un grand nombre ensemble, sur des pédoncules rameux, et forment un corymbe terminal. Il leur succède des fruits d'abord verts, puis jaunâtres ou rougeâtres dans la parfaite maturité, ayant la forme d'une petite poire, et connus sous le nom de sorbes ou de cormes. Cet arbre croît naturellement, en France et dans plusieurs autres contrées de l'Europe, dans les forêts ; on le cultive dans les campagnes, mais pas aussi abondamment qu'il le mériterait.

On *multiplie* quelquefois le cormier en le greffant sur le poirier ou sur l'aubépine, mais les arbres venus de graines sont toujours plus beaux ; il faut semer celles-ci aussitôt la parfaite maturité des fruits, ou les stratifier dans le sable jusqu'au moment où l'on fait les semis, à la fin de l'hiver. Le cormier croît lentement; venu de pépin et élevé avec soin en pépinière, il ne sera pas propre à planter à demeure avant l'âge de 9 à 10 ans. Il n'est pas difficile sur la nature du *terrain*. Son *bois* est d'une couleur fauve ou rougeâtre, peu ou point veiné, très-dur, très-compacte et d'une grande solidité; son grain est fin, très-serré, et il peut recevoir un beau poli; il *pèse* sec, le pied cube, 63 livres 12 onces. Il est très-recherché des armuriers, des ébénistes, des menuisiers, des mécaniciens et des tourneurs, et est estimé pour tous les ouvrages qui supportent de grands frottemens : on en fait principalement des alluchons, des dents de roues pour les moulins, des montures de rabots et varlopes, des vis de pressoir, etc. A défaut du buis, c'est un des meilleurs bois indigènes dont on puisse se servir pour la gravure.

Fig. 54.

Avant leur parfaite maturité, les *fruits* du cormier sont d'une saveur âpre et acerbe insupportable, et ne sont bons à manger que lorsqu'ils ont passé quelque temps sur la paille et sont devenus blets; mais, en général, on n'en fait guère usage, si ce n'est dans les campagnes. En les mettant fermenter avec une certaine quantité d'eau, on en prépare une sorte de cidre qui possède à peu près les mêmes qualités que celui fait avec des poires. Dans plusieurs cantons de l'Allemagne, on distille ce cidre pour en retirer de l'eau-de-vie.

22. SUREAU (lat. *Sambucus*). — De toutes les espèces connues de ce genre, une seule doit trouver place ici, c'est le *Sureau noir* ou le *Sureau commun* (*S. nigra*, Lin.; angl. *Elder-tree*; all. *Schwarzer-hollunder*; ital. *Sambuco*) (*fig.* 55), grand arbrisseau de la famille des *Caprifoliacées*, dont les feuilles sont opposées, ailées, composées de 5 à 7 folioles lancéolées, dentées, d'un vert assez foncé, et dont les fleurs sont petites, très-nombreuses, blanches, disposées à l'extrémité des rameaux en un large corymbe ombelliforme, d'un aspect très-agréable. Le fruit est une baie noirâtre, globuleuse, à une seule loge contenant trois graines. Le sureau croît naturellement en France, dans une grande partie de l'Europe et plusieurs contrées de l'Asie. Il a produit par la culture plusieurs variétés qui sont le *sureau à feuilles découpées* ou *de persil*; le *sureau à feuilles panachées de blanc* ou *de jaune*; et le *sureau à fruits blancs* ou *verts*. Ces variétés sont seulement cultivées dans les jardins d'agrément.

Fig. 55.

Cet arbrisseau vient assez bien partout, pourvu que le *terrain* ne soit pas naturellement marécageux ou trop sec. La facilité avec laquelle il reprend de boutures fait qu'on néglige le plus souvent de le *multiplier* par les semis; la nature seule se charge de ce soin On le plante assez communément pour faire des haies qui ont l'avantage de venir rapidement et de craindre peu la dent des bestiaux, ses feuilles n'étant guère de leur goût. Ses baies donnent par la fermentation et la distillation une sorte d'eau-de-vie de qualité inférieure; par une préparation plus simple on en retire une couleur violette pour la teinture. Par l'infusion des fleurs de sureau dans le vin blanc ordinaire, on lui communique, dit-on, un goût de vin muscat.

On trouve rarement des sureaux ayant de grandes dimensions, parce qu'on ne les laisse guère croître qu'en buisson ou en haie; cependant quand on les élève en arbres, ils peuvent acquérir 4 à 6 pieds de circonférence à hauteur d'homme et s'élever à 20 ou 25 pieds. Le *bois* de sureau, quand il a un certain âge, devient assez dur, et il est bon pour le tour. Il a la couleur du buis, ce qui le fait employer à la place de ce bois pour de menus ouvrages qui n'ont pas besoin d'une grande solidité. Avec les tiges de 4 à 5 ans on fait des échalas qui durent assez longtemps. L'emploi le plus fréquent qu'on fass des branches de sureau dans les campagnes, c'est de les couper tous les 3 à 4 ans pour le chauffage des fours ou des foyers.

23. TILLEUL (lat. *Tilia;* angl. *Lime;* all. *Linde;* ital. *Tiglio*). — Les *Tilleuls* ont donné leur nom à la famille des *Tiliacées;* ce sont, en général, de grands arbres à feuilles alternes, simples, ayant leurs fleurs disposées en corymbe et portées sur un pédoncule commun, sortant lui-même du milieu d'une bractée alongée; ces fleurs sont composées d'un calice monophylle, à 5 découpures; d'une corolle à 5 pétales oblongs; d'étamines nombreuses, et d'un ovaire globuleux; il leur succède de petites noix arrondies, coriaces, ne contenant le plus souvent qu'une seule graine par l'avortement des 4 autres. On connait aujourd'hui 10 espèces appartenant à ce genre, parmi lesquelles nous citerons seulement les plus répandues.

TILLEUL *à feuilles larges*, ou *T. de Hollande* (*T. platyphyllos*. Vent.). Cet arbre s'élève à 60 pieds et plus; son tronc, revêtu d'une écorce épaisse, crevassée, acquiert avec les années des dimensions énormes; ses feuilles sont arrondies, un peu en cœur à leur base, acuminées à leur sommet, dentées en leurs bords, presque glabres et d'un beau vert en-dessus, un peu pubescentes en-dessous; ses fleurs sont d'un blanc jaunâtre; elles ont une odeur agréable, et elles paraissent en juin. Cette espèce croît en France et dans plusieurs parties de l'Europe, dans les forêts.

TILLEUL *à petites feuilles*, vulgairement *Tillet, Tillot* (*T. microphylla*, Vent.) (*fig.* 56). Cette espèce diffère de la précédente par ses feuilles moitié plus petites et glabres des deux côtés. Elle se trouve en France, en Bohême, en Danemark, en Russie, etc.

Fig. 56.

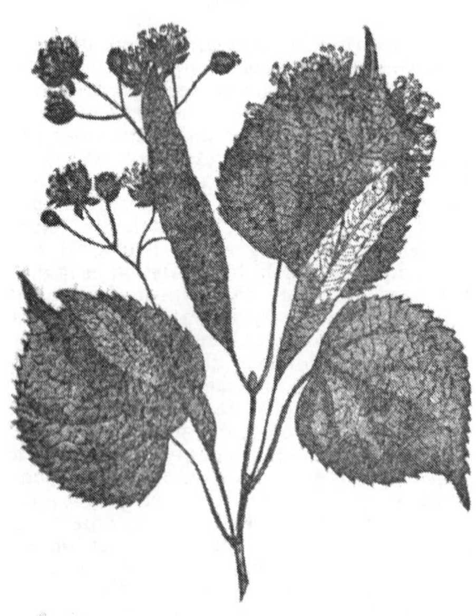

TILLEUL *argenté* (*T. argentea*, Hort. Par.). Cet arbre diffère du tilleul à feuilles larges par le duvet blanc et serré qui recouvre le dessous de ses feuilles, parce que la bractée qui supporte le pédoncule des fleurs est pubescente, et parce que chaque pétale est muni d'une petite écaille à sa base. Les fleurs ont une odeur suave, analogue à celle de la jonquille. Cette espèce croît naturellement dans les forêts de la Hongrie et aux environs de Constantinople.

Les tilleuls se *multiplient* naturellement de graines et de rejetons; on peut aussi les propager par marcottes et même par boutures. Le plus souvent on n'emploie que le moyen des semis, en répandant les graines aussitôt quelles sont mûres, et alors elles lèvent dès la 1re année; semées seulement au printemps, il est rare qu'elles sortent de terre avant la 2e année. Les tilleuls venus de graines et soignés convenablement en pépinière, ne sont bons à planter à demeure que de la 8e à la 10e année. Ceux qu'on élève de marcottes croissent plus rapidement. Ces arbres ne sont pas difficiles sur l'exposition; cependant ils réussissent mieux à celle du nord qu'à toute autre. Un *sol* léger, un peu substantiel et profond, est celui qui leur convient le mieux. On les plante le plus ordinairement en avenues dans les promenades publiques, au-devant des châteaux et des maisons de campagne; on en fait aussi des palissades, des berceaux qu'on taille au croissant, aux ciseaux. Par cette taille, on peut leur donner toutes les formes qu'on désire. L'espèce qu'on plante presque exclusivement dans les avenues, les promenades et les jardins publics, est le tilleul de Hollande. Cet arbre vit très-long-temps, et acquiert alors une grosseur colossale. La croissance du tilleul argenté est plus rapide que celle du tilleul de Hollande.

Le *bois* du tilleul de Hollande, celui qu'on rencontre le plus communément, est blanc, assez léger, peu dur, mais liant et peu sujet à être piqué des vers. Les menuisiers et les layetiers s'en servent pour faire divers ouvrages; les boisseliers et les tonneliers l'emploient pour fabriquer de petits barils et des tonneaux pour renfermer des marchandises sèches; les sculpteurs et les sabotiers en font aussi usage. On fait des perches, des échalas, avec les jeunes tilleuls dépouillés de leur écorce.

La seconde *écorce* ou le liber tiré des jeunes tiges ou des branches de tilleul, sert à faire des cordes, des nattes, des liens pour lier les gerbes des céréales, les bottes de foin, pour attacher les vignes, palisser les arbres fruitiers, etc.

Les *fleurs* de tilleul ont une odeur agréable; les abeilles font sur elles, dans la saison, d'abondantes récoltes de miel. L'infusion théiforme de ces fleurs est une boisson assez agréable, fréquemment employée en médecine. Les *fruits* de tilleul ont passé pour astringens, et comme bons pour arrêter les hémorrhagies. Les petites amandes qu'ils contiennent sont oléagineuses; mais la difficulté de les retirer de leur coque ligneuse empêche qu'on ne s'en serve. La *sève*, retirée par incision, au printemps, du tronc des tilleuls, donne une liqueur assez sucrée qui devient un peu vineuse par la fermentation, et qui n'est pas désagréable.

24. VIORNE (lat. *Viburnum*). — C'est à la famille des Caprifoliacées qu'appartient la VIORNE *mancienne*, nommée encore *Bour-*

daine blanche (*Viburnum lantana,* Lin.). Elle forme un arbrisseau de 10 à 12 pieds d'élévation, dont les rameaux, recouverts d'une poussière blanchâtre, sont garnis de feuilles opposées, ovales, dentées, glabres en-dessus, blanchâtres et cotonneuses en-dessous. Les fleurs, qui sont blanches, forment au sommet des rameaux des corymbes d'un assez joli aspect. Ses fruits sont de petites baies arrondies, noirâtres dans la maturité, et contenant une seule graine. Cet arbrisseau se trouve fréquemment en France et en Europe, dans les bois taillis, les haies et les buissons; il fleurit en avril et mai.

La viorme mancienne est une espèce sauvage qu'on ne soumet que rarement à la culture; on laisse à la nature le soin de la *multiplier* spontanément par ses graines qui tombent à terre lors de leur parfaite maturité, ou qui sont disséminées par les oiseaux; on peut d'ailleurs la multiplier de marcottes. Ses jeunes rameaux sont aussi souples et aussi lians que le meilleur osier, ce qui les fait employer, partout où ils sont communs, pour faire des corbeilles, des paniers, des liens, etc. Le *bois* qui a un certain âge est bon à faire du *charbon,* qu'on dit propre, à cause de sa légèreté, à entrer dans la fabrication de la poudre à canon. Les *racines* pilées et macérées convenablement peuvent servir, comme celles du houx, à préparer une sorte de glu. Les bestiaux mangent les feuilles de mancienne, et dans quelques cantons on les fait dessécher pour les donner aux chèvres pendant l'hiver. Les *baies* étaient autrefois recommandées comme astringentes. En Suisse, on les emploie pour faire une sorte d'encre.

Le genre Viorne renferme en tout une trentaine d'espèces, dont plusieurs sont cultivées; la plupart sont exotiques.

LOISELEUR DESLONGCHAMPS.

§ II. — Arbres des terrains aquatiques.

25. AUNE (lat. *Alnus;* angl. *Alder;* all. *Erle;* ital. *Ontano*). *Les aunes* sont des arbres à feuilles simples, alternes; leurs fleurs sont mâles et femelles sur le même individu, mais sur des chatons distincts et séparés, alongés dans les mâles et ovales dans les femelles; leurs fruits sont des espèces de cônes écailleux, renfermant des graines aplaties, non ailées, au nombre de 2 sous chaque écaille. Ils appartiennent à la famille des *Amentacées;* on connait une 12e d'espèces naturelles aux pays tempérés, soit de l'ancien, soit du nouveau continent. Nous parlerons surtout de l'aune commun, qui est l'espèce la plus répandue et qui se trouve dans les lieux humides des 4 parties du monde.

L'AUNE *commun* (*A. glutinosa,* Willd.—*Betula alnus,* Lin.) (*fig.* 57) est un arbre de 50 à 60 pieds de hauteur, dont les feuilles sont arrondies, dentées sur leurs bords, visqueuses dans leur jeunesse, ensuite d'un vert foncé. Ses fleurs s'épanouissent avant les feuilles, à la fin de mars ou au commencement d'avril; les mâles sont jaunâtres, disposées en chatons pendans, longs de 2 à 3 pouces; les femelles sont de petits chatons coniques, auxquels succèdent des fruits ayant à peu près la forme d'un petit cône de pin, et dont les graines mûrissent en automne.

Fig. 57.

L'aune est le plus aquatique de tous les arbres de l'Europe; il vient bien dans les *terrains* marécageux, qui sont trop humides pour que les peupliers et les saules puissent y croître.

Quant à sa *multiplication,* l'aune ne reprend que difficilement de boutures faites de petits rameaux isolés; pour les faire réussir, il faut y employer des branches de 10 à 12 pieds de longueur qu'on enterre à peu près horizontalement à 2 pieds de profondeur, en laissant seulement sortir toutes les extrémités des rameaux à 5 ou 6 pouces hors de terre. Ces branches, si le terrain est de la nature qui convient à l'aune, donnent au printemps suivant une grande quantité de rejetons qui sont bons à relever et à repiquer en pépinière l'hiver suivant. On peut également propager l'aune de marcottes; mais le meilleur moyen de le multiplier est de semer ses graines qu'il faut répandre un peu épais, en automne, aussitôt qu'elles sont récoltées, sur une planche de terre douce, légère, bien ameublie par un bon labour, et située dans un lieu frais et ombragé, en ayant soin de ne les recouvrir qu'à peine; on peut même laisser aux pluies le soin de les enterrer. Le jeune plant lève abondamment au printemps, surtout lorsque la saison est humide, et, après avoir reçu pendant l'été les soins convenables, il peut être planté en pépinière pendant l'automne ou l'hiver suivans; 3 ou 4 ans après, les jeunes aunes sont bons à mettre en place.

Les aunes se *plantent* ordinairement dans les parties des bois dont le sol est aquatique et marécageux, à l'entour des prairies et des pâturages, dont le fond est naturellement humide, et dans celles qui sont situées sur les bords des étangs, des rivières ou des fossés d'irrigation. Dans cette situation leurs racines nombreuses et entrelacées retiennent les terres des berges et bordages, et les empêchent d'être entraînées par les eaux des débordemens.

Les aunes ne croissent pas aussi rapidement que les peupliers et plusieurs espèces de saules; il est assez rare qu'un de ces arbres ait, à 30 ans, 4 pieds de tour à hauteur d'homme; mais le *bois* en est généralement plus estimé que celui des peupliers et des saules. A 10 et 20 lieues de Paris, un aune de la grosseur que nous venons de dire, peut valoir 15 à 20 francs.

La plus grande longévité de l'aune passe pour être de [illegible] ans; mais souvent, dit-on, il lui arrive à cet âge d'être gâté dans son intérieur; il y a donc de l'avantage à le couper plus tôt; cependant il ne faut pas non plus l'abattre trop jeune, car alors il n'a pas assez de valeur. Ainsi, lorsqu'un aune de 4 pieds de circonférence vaut 20 francs, un autre arbre de la même espèce qui n'aura que 3 pieds vaudra à peine 10 francs.

Les souches de l'aune repoussent, après que leur tronc a été abattu, un grand nombre de rejetons qui, dès la fin de la 1re année, s'élèvent à 5 ou 6 pieds. A la 2e ou à la 3e, il est bon de dégarnir ces souches de tous les menus brins qui n'ont pas assez de vigueur, et de ne laisser sur chacune que 6 à 8 des nouvelles tiges les mieux venant. Ces jeunes aunes seront bons, à 7 ou 8 ans, pour faire des gaules qui se vendent aux tourneurs quand elles ont 7 à 8 pouces de tour à hauteur d'homme, et 18 à 20 pieds d'élévation totale. Alors on ne laisse sur chaque souche que la tige la plus belle, ou tout au plus 2 lorsque l'espace le permet. Par la suite, ces arbres s'émondent tous les 4 ans et donnent de bonnes bourrées.

En taillis, les aunes peuvent être coupés régulièrement tous les 7 à 8 ans, et les perches ou gaules très-droites qu'ils fournissent servent aux tourneurs pour faire des échelles, des chaises et des bois de lits grossiers, des manches à balais, des échalas, des râteaux pour les foins. Ces perches servent encore à étendre le linge; un peu plus grosses et plus fortes, les maçons les emploient pour soutenir leurs échafaudages.

Le *bois* du corps des arbres sert à faire de la charpente légère dans l'intérieur des bâtimens, des corps de pompes, des conduits pour les eaux, des pilotis qui durent aussi long-temps que ceux de chêne, pourvu qu'ils soient toujours dans l'eau ou dans la glaise très-humide. Enfin, on en fait aussi des sabots, des semelles et des talons pour les chaussures. Quoique le grain de ce bois soit homogène et que ses pores soient peu apparens, comme il est mou, on s'en sert peu en menuiserie. Il est naturellement d'un rougeâtre clair, et il prend bien le noir, ce qui le fait employer pour des ouvrages d'ébénisterie commune.

Ce bois ne donne pas beaucoup de chaleur, mais comme il fait bien de la flamme, les boulangers, les pâtissiers, les fabricans de chaux, de plâtre et de tuile, s'en servent pour chauffer leurs fours.

L'*écorce* d'aune est astringente, et elle peut être employée pour le tannage des cuirs. Combinée avec des préparations ferrugineuses, elle donne, comme la noix de galle, une couleur noire dont les teinturiers, et principalement les chapeliers, font usage.

Les *feuilles* d'aune sont peu du goût des bestiaux qui ne les broutent guère que lorsqu'ils sont affamés.

On connaît une variété d'aune remarquable par la profondeur des dentelures de ses feuilles, qui font paraître ces dernières comme si elles étaient pinnatifides.

On trouve encore en France et dans le midi de l'Europe 3 *autres espèces d'aunes* connues des botanistes sous les noms d'*A. cordata*, *A. incana*, et *A. viridis*; mais ces espèces n'étant pas généralement répandues, il nous suffira de les avoir indiquées.

26. FRÊNE (lat. *Fraxinus*; angl. *Ash*; all. *Esche*; ital. *Frassino*).—Les *frênes* appartiennent à la famille des Jasminées, et sont pour la plupart de grands arbres à feuilles ailées avec impaire, à fleurs hermaphrodites ou polygames sur le même individu ou sur des individus différens. L'ovaire, dans les fleurs femelles, devient une capsule plane, ovale oblongue, surmontée d'une aile mince, à une loge qui ne s'ouvre point et ne renferme qu'une seule graine. Les botanistes comptent environ 40 espèces de frênes, dont plus des 3/4 croissent dans le Nouveau-Monde. Parmi les espèces de l'ancien continent nous citerons seulement l'espèce suivante.

Le FRÊNE *élevé* (*F. excelsior*, Lin.) (*fig.* 58)

Fig. 58.

est un arbre de haute futaie qui s'élève à 80 pieds et plus; ses rameaux sont lisses, d'un vert cendré, chargés de feuilles grandes, opposées, composées de 11 à 13 folioles ovales-oblongues. Ses fleurs, qui paraissent au commencement du printemps, un peu avant les feuilles, sont disposées en grappes lâches et opposées, vers l'extrémité des rameaux de l'année précédente. Cet arbre croît spontanément dans les forêts en France. C'est dans les *terres* légères et limoneuses, mêlées de sable et dont le fond est un peu humide, qu'il vient le mieux; cependant il s'accommode de toutes sortes de terrains et de toutes les expositions, depuis le fond des vallées jusqu'au sommet des montagnes, pourvu que le sol soit un peu frais; les terres crayeuses et trop argileuses sont les seules qui lui soient contraires.

Par suite d'une longue culture, le frêne a

produit beaucoup de *variétés*, parmi lesquelles nous indiquerons : le FRÊNE *argenté*, le *F. graveleux*, dont l'écorce est rude et raboteuse; le *F. à bois jaspé*, à écorce rayée de jaune; le *F. doré*, dans lequel elle est d'un jaune assez foncé; le *F. horizontal*, remarquable parce que ses branches s'étendent horizontalement; le *F. parasol* ou *pleureur*, dans lequel elles sont pendantes vers la terre; le *F. à feuilles déchirées*, le *F. à feuilles panachées de blanc;* et enfin, le *F. à feuilles simples*. Toutes ces variétés se greffent sur le frêne élevé ou commun, et elles se plantent comme arbres d'ornement dans les parcs et les jardins paysagers.

La voie des semis est le moyen qu'on emploie le plus souvent pour *multiplier* le frêne. Ses graines se sèment en automne ou à la fin de l'hiver, dans un terrain convenablement préparé et un peu ombragé. Le jeune plant est bon à être relevé à la fin de la 1re année et mieux de la 2e, pour être mis en pépinière à 2 ou 3 pieds de distance l'un de l'autre, et où il reste jusqu'à ce que chaque arbre soit assez fort pour être mis en place, ce qui arrive vers la 6e année du semis. En plantant les frênes à demeure, on ne doit jamais les étêter ainsi qu'on fait pour plusieurs arbres, parce qu'ils réparent difficilement la perte de leur bourgeon terminal. Le frêne ne reprend point de boutures, et les marcottes qu'on en fait ne s'enracinent que difficilement.

Le frêne croît assez lentement, un peu moins cependant que le chêne, et il est susceptible de prendre de grandes dimensions; DE PERTHUIS cite un de ces arbres, de l'âge d'environ 150 ans, qui avait 9 pieds de tour, 60 de tige et 95 de hauteur totale. Nous en avons vu un, l'an dernier, dans le parc de Saint Cloud, qui avait au moins les mêmes dimensions; un tel arbre, au prix où est le bois maintenant, doit valoir 250 à 300 francs.

On *plante* le frêne dans les haies et en avenues, mais rarement dans les lieux d'agrément, à cause de l'inconvénient qu'il a d'être souvent entièrement dépouillé de ses feuilles par les cantharides. Ces mêmes feuilles sont purgatives pour l'homme, ce qui n'empêche pas les bestiaux et les chevaux de les brouter avec avidité; aussi dans quelques cantons on les fait sécher pour les employer à la nourriture de ces animaux pendant l'hiver. Au printemps, ces mêmes feuilles, dans leur jeunesse, sont un aliment dangereux pour ces mêmes animaux; elles leur causent une maladie désignée dans les campagnes sous le nom de *mal de brout, mal de jet de bois, mal de bois chaud,* etc.; c'est une violente inflammation de l'appareil digestif et qui est souvent mortelle. Les jeunes bourgeons du chêne, et peut-être de plusieurs autres arbres, peuvent causer les mêmes accidens. En Angleterre, les gens du peuple font confire les jeunes *fruits* du frêne dans le vinaigre, et s'en servent comme assaisonnement. Son *écorce*, avant la découverte du quinquina, était employée comme fébrifuge. C'est des incisions pratiquées à l'écorce de deux frênes naturels à la Calabre. Le F. ORNUS ou *Frêne à fleurs*, et le *F. rotundifolia* ou à feuilles rondes, que découle la substance connue sous le nom de *manne*, et qui est fréquemment usitée en médecine comme doux purgatif.

Le *bois* de frêne est blanc, veiné longitudinalement, assez dur, liant et très-élastique. On l'emploie pour un grand nombre d'ouvrages; on en fait toutes les grandes pièces de charronnage qui ont besoin d'avoir beaucoup de ressort, comme les brancards et limons de voitures de toutes sortes. Les tourneurs en fabriquent des échelles, des chaises, des manches d'outils, des queues de billard. On en fait des cercles pour les cuves et les tonneaux. Les ébénistes recherchent les arbres chargés de nœuds, dont le bois offre des veines d'un effet agréable, et ils s'en servent pour fabriquer différentes sortes de meubles qui peuvent rivaliser avec les plus beaux bois étrangers. Le défaut du frêne est d'être sujet à la vermoulure; c'est ce qui empêche de le faire entrer dans les pièces de charpente. Employé pour le foyer, il chauffe bien et fournit de bon charbon; fraîchement coupé, il brûle mieux que beaucoup d'autres bois dans le même cas.

27. PEUPLIER (lat. *Populus;* ang. *Poplar;* all. *Pappel;* ital. *Pioppo*). — Les *Peupliers* appartiennent à la famille des *Amentacées :* ce sont de grands arbres à feuilles alternes, plus ou moins en cœur, ou presque triangulaires, ou ovales-oblongues, plus ou moins dentées sur leurs bords, portées par des pétioles assez longs, le plus souvent comprimés sur les côtés, principalement dans leur partie supérieure, ce qui fait que leur feuillage est agité par le moindre vent. Leurs fleurs, qui se développent toujours avant les feuilles, sont disposées en chatons alongés et ont les sexes séparés sur des individus différens. Le fruit est une capsule à 2 loges, renfermant chacune plusieurs graines surmontées d'une houpe cotonneuse.

On connaît une vingtaine d'espèces de ce genre, parmi lesquelles six sont indigènes de l'Europe; presque toutes les autres appartiennent à l'Amérique septentrionale, et la plupart sont cultivées depuis plus ou moins long-temps. Nous allons énumérer les plus connues.

PEUPLIER *blanc*, vulgairement *Blanc de Hollande, Ypréau* (*P. alba*, Lin.). Ses feuilles sont plus longues que larges, découpées en 3 ou 5 lobes peu profonds, inégalement dentées, glabres et d'un vert assez foncé en dessus, revêtues en dessous, ainsi que les jeunes rameaux, d'un duvet cotonneux et blanc. Ses fleurs, qui paraissent avant les feuilles, forment des chatons oblongs, qui sortent de bourgeons bruns, écailleux; les mâles sont à 8 étamines.

PEUPLIER *grisâtre*, vulgairement *Grisaille* (*P. canescens*, Smith) (*fig* 59). Cette espèce diffère de la précédente par ses feuilles plus petites, non distinctement lobées, seulement inégalement dentées, dont le duvet inférieur est plutôt grisâtre que blanc, et par ses chatons qui sont plus lâches, composés d'écailles très-velues. Ces 2 arbres croissent naturellement en France, et se trouvent surtout dans les *terrains* frais et un peu humides. Le premier s'élève à une grande hauteur, à 80 ou 100 pi.; le deuxième reste toujours plus bas.

Fig. 59.

Peuplier *tremble*, ou simplement *Tremble* (*P. tremula*, Lin.). Ses feuilles, sur les jeunes pousses, sont en cœur, finement dentées, pubescentes ainsi que les rameaux qui les portent; sur les branches plus âgées, au contraire, les feuilles sont arrondies, glabres et bordés de grosses dents. Cet arbre croît dans les *lieux* un peu humides des bois; il s'élève à 50 ou 60 pieds.

Peuplier *d'Athènes* (*P. græca*, Wild.). Ses feuilles sont en cœur, légèrement et finement dentées, glabres ainsi que les rameaux, d'un vert un peu glauque. Cette espèce croît naturellement en Grèce et dans les îles de l'Archipel; on la cultive plutôt comme arbre d'ornement que de rapport; elle ne s'élève guère à plus de 50 pi.; on la *multiplie* en la greffant sur une des espèces précédentes.

Peuplier *noir*, vulgairement *Peuplier franc* (*P. nigra*, Lin.). Cet arbre s'élève à 80 pieds d'élévation et plus; ses feuilles sont presque triangulaires, crénelées en leurs bords, glabres et d'un vert gai, portées sur des rameaux cylindriques, glabres, étalés; les chatons mâles sont grêles. Cette espèce croît dans les *terrains* humides et sur les bords des eaux.

Peuplier *pyramidal*, *d'Italie* ou de *Lombardie* (*P. fastigiata*, Poir.). Cette espèce ressemble à la précédente par son feuillage et sa floraison; mais elle s'en distingue facilement par son tronc toujours très-droit, et par ses branches et ses rameaux effilés, serrés contre les tiges, de manière à former une longue pyramide. Cet arbre s'élève à 100 pi. et plus; il nous est venu d'Italie, et paraît originaire du Levant.

Peuplier *du Canada* (*P. Canadensis*, Mich.). Ses feuilles sont grandes, en cœur, glabres, crénelées en leurs bords, portées sur des rameaux cannelés. Son tronc s'élève à 70 ou 80 pieds. Cet arbre est originaire du Canada et des parties septentrionales des Etats-Unis; depuis long-temps il est commun en Europe.

Peuplier *de Virginie* ou *Suisse* (*P. monilifera*, Mich.) (*fig.* 60). Cette espèce s'élève à la

Fig. 60.

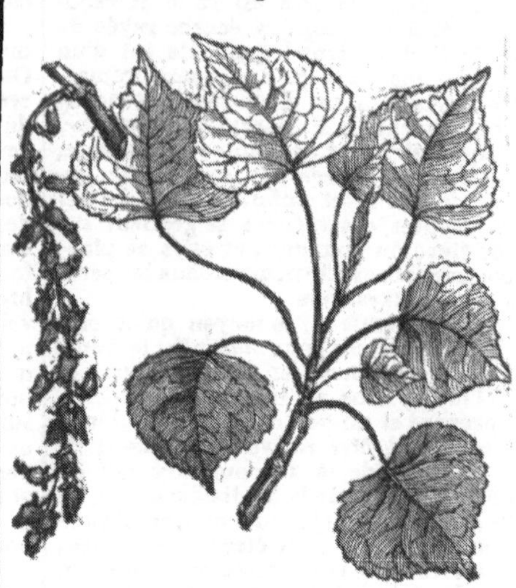

même hauteur que la précédente, et ses feuilles ont à peu près la même forme; mais elles sont en général moins grandes, et les chatons femelles sont plus longs que dans aucune des espèces précédentes. Depuis bien des années, on le cultive en Europe. C'est à tort que dans quelques cantons on l'appelle *Peuplier de Caroline* ou *Carolin*.

Peuplier *baumier* (*P. balsamifera*, Lin.) (*fig.* 61). Cette espèce est remarquable par ses bour-

Fig. 61.

geons enduits d'une sorte de résine jaunâtre, abondante et d'une odeur balsamique agréable. Ses feuilles, portées sur des pétioles arrondis dans toute leur longueur, sont ovales-lancéolées, dentées, d'un vert un peu foncé en dessus, réticulées et blanchâtres en dessous, mais non cotonneuses. Ce peuplier est originaire du Canada, où il s'élève à 80 pieds de hauteur; on le cultive en France depuis assez long-temps, mais plutôt comme arbre d'ornement que de grande culture.

Quant aux usages et propriétés des peupliers et à leur *culture*, le *Peuplier blanc* a l'avantage de croître rapidement et de venir presque également bien dans les *terrains* humides, comme dans ceux qui sont plus secs. Cependant c'est sur les bords des eaux et dans les fonds naturellement frais qu'il acquiert les plus belles proportions. Il n'est pas rare, dans ces circonstances favorables, de voir des arbres de cette espèce avoir, à 60 ou 70 ans, 10 pi. de tour à hauteur d'homme, sur 80 à 100 pi. d'élévation; et quand un de ces arbres a acquis de telles dimensions, sa valeur est de 100 à 150 fr. lorsque son tronc est parfaitement sain; mais rarement lui laisse-t-on acquérir une telle valeur; le plus souvent on l'abat quand il a seulement 5 à 6 pieds de circonférence, et il ne vaut guère alors que le quart du prix auquel nous l'avons évalué. Le peuplier blanc se *multiplie* de graines, de rejetons et de marcottes; il reprend très-difficilement de boutures; mais comme il produit d'ailleurs d'abondans rejetons, c'est presque toujours par ce dernier moyen qu'on le propage. De toutes les espèces de ce genre, c'est celle dont le *bois* est le plus estimé. Ce bois est blanc, léger, homogène; il se travaille bien et prend un beau poli; mais il est un peu mou et d'une médiocre solidité. Les charpentiers, dans les campagnes, emploient les plus grosses pièces pour poutres et solives; les sabotiers en fabriquent des sabots; les menuisiers le font refendre en planches pour en faire des armoires, des boiseries, des portes, des tables; à Paris les ébénistes en emploient beaucoup pour la carcasse des meubles qu'ils plaquent en acajou. Il y a quelques années, on faisait, à Paris, des chapeaux de femmes avec de fines lanières de ce bois artistement tissées, et qui avaient presque l'aspect des chapeaux de paille.

Les bestiaux, surtout les chèvres et les moutons, broutent volontiers les *feuilles* du peuplier blanc. On a essayé de faire du papier et même des toiles avec l'espèce de coton dont ses graines sont chargées; mais ces essais ont été assez promptement abandonnés.

Ce que nous venons de dire sur le peuplier blanc peut en grande partie s'appliquer au peuplier grisâtre et au tremble; seulement ces 2 derniers arbres sont sous tous les rapports inférieurs en qualité et de moindre valeur. Les menues branches de tous ces arbres servent dans les campagnes au chauffage des fours et des foyers.

Le *Peuplier noir* acquiert une grande élévation, lorsqu'il croît dans les lieux humides et sur les bords des rivières ou fossés aquatiques, et surtout lorsqu'on a soin de l'émonder tous les 3 à 4 ans, en en retranchant toutes les branches latérales, dont on fait, dans les campagnes, des bourrées qui servent à brûler. Il vient mal au contraire dans les *terrains* secs, et sa végétation y est presque toujours languissante. Dans les meilleures situations, il croît plus lentement que le peuplier d'Italie, le P. de Virginie et celui du Canada; aussi, à mesure que ces dernières espèces se répandent, le peuplier noir devient il plus rare. Cependant il vaut mieux qu'eux dirigé en têtards.

Son *bois* aussi est de meilleure qualité; on en fait communément des sabots, de la volige; les charpentiers des campagnes l'emploient quelquefois pour les pièces de l'intérieur des maisons, en place de celui de chêne. Les menuisiers s'en servent, par la même raison, pour faire des ouvrages de toutes sortes, comme portes, volets, boiseries, planchers, châssis, tablettes, etc.

On pourrait *multiplier* cet arbre de graines, mais l'extrême facilité avec laquelle il reprend de boutures fait qu'on néglige tous les autres moyens, et communément les boutures ne se font qu'avec des branches de 5 à 6 ans, ayant 9 à 10 pieds de hauteur, et 6 à 7 pouces de tour par le bas. On aiguise ces grosses boutures, appelées *plançons*, par le gros bout, à peu près en bec de flûte, et on les plante à demeure sur les bords des prés humides et le long des rivières ou fossés d'irrigation, dans des trous de 15 à 20 pouces de profondeur et préparés seulement avec un fort pieu de fer. Ces plançons doivent être solidement fixés en foulant la terre à leur pied, et encore en les butant, afin qu'ils ne soient ébranlés ni par les vents ni par les bestiaux : on peut les planter depuis le mois de novembre jusqu'en mars; il y en a ordinairement fort peu qui manquent de reprendre.

Le *Peuplier pyramidal* ou d'*Italie* vient mieux dans les *terrains* gras et humides que partout ailleurs; cependant il croît encore assez bien dans les terres légères et sablonneuses, pourvu qu'elles ne soient pas trop sèches. On en plante beaucoup comme arbre d'ornement; la forme pyramidale et régulière que prennent ses tiges le rend très-propre à former des rideaux de verdure, et à faire de belles avenues devant les châteaux et les maisons de campagne. On ne le multiplie que de boutures, parce que jusqu'à présent on n'en connaît que l'individu mâle. On en plante aujourd'hui beaucoup comme arbre de rapport, parce qu'il croît avec rapidité. Il est bon à abattre depuis 20 jusqu'à 30 ans. Son *bois* est moins solide et plus léger que celui du peuplier noir; on l'emploie à peu près aux mêmes usages; il est surtout propre, à cause de sa légèreté, pour faire des caisses d'emballage; aussi les layetiers de Paris en font-ils une grande consommation.

La manière de *multiplier* le *Peuplier de Canada*, celui de *Virginie* et le *baumier*, est la même que pour l'espèce précédente. Ce que nous pourrions dire aussi sur la croissance de ces trois arbres, surtout des deux premiers, ou sur les qualités de leur bois, aurait également beaucoup de rapport avec ce qui a été dit du Peuplier d'Italie.

Au reste, de tous les peupliers, celui qui croît le plus rapidement est le véritable Peuplier de Caroline, *Populus angulata*, Wild. dont nous n'avons point parlé, parce que cet arbre est très-sujet à geler dans le climat de Paris, et parce que son bois est si tendre qu'il ne saurait être employé utilement. Un de ces arbres, chez M. Audibert, de Tonelle, près Tarascon, avait 6 pieds de tour à l'âge de 12 ans.

28. PLATANE (lat. *Platanus*).—*Les platanes* sont de grands arbres, de la famille des *Amentacées*, à feuilles alternes, découpées en lobes plus ou moins profonds ; leurs fleurs, de peu d'apparence, sont unisexuelles, disposées sur le même individu en chatons arrondis, pendans; aux femelles succèdent des graines oblongues, réunies un grand nombre ensemble, en paquets globuleux, à peu près de la grosseur d'un marron ordinaire. Les fleurs paraissent à la fin d'avril ou au commencement de mai.

On trouve, dans les livres de botanique, quatre espèces indiquées dans ce genre; mais nous croyons qu'il n'en renferme réellement que deux, savoir : le PLATANE d'*Orient* (*P. Orientalis*, Lin.), espèce très-anciennement connue, que les Romains transplantèrent en Italie, et le PLATANE *d'Occident* (*P. Occidentalis*, Lin.) (*fig.* 62), apporté de l'Amérique septentrionale en Angleterre, vers 1640.

Fig. 62.

La 1re espèce se distingue de la 2e, par ses feuilles toujours découpées en lobes assez profonds, bordés de dents grandes et irrégulières. Elle ne paraît encore avoir produit aucune variété, parce que, jusqu'à présent, elle n'a jamais été propagée que par boutures. La 2e, au contraire, qui a été fréquemment multipliée par ses semences, a produit plusieurs variétés qu'on distingue de la première espèce, en ce que les lobes de leurs feuilles sont moins profonds et moins dentés, et que leur limbe se prolonge souvent sur le pétiole. Dans la variété dite *Platanus cuneata*, les feuilles n'ont que 3 lobes, et elles sont cunéiformes à leur base. Le *P. acerifolia*, autre variété, a toutes ses feuilles à 5 lobes qui pénètrent jusqu'à la moitié du limbe. En général, les feuilles du platane d'Occident paraissent être très-sujettes à varier dans leurs découpures; la plus belle variété est celle qui a été nommée *P. macrophylla*, dont les feuilles, larges de 10 à 12 pouces, sont seulement inégalement dentées, mais non découpées en lobes distincts.

Toutes ces espèces ou variétés sont susceptibles de s'élever à une grande hauteur, à 80 et 100 pieds, et leur tronc peut acquérir avec les années une grosseur colossale.

Le platane d'Orient est aujourd'hui assez rare en France, surtout dans le nord; la cause qui a fait disparaître dans cette partie de la France tous les platanes d'Orient, est une gelée tardive qui arriva il y a quelques années, et qui fit périr tous ces arbres. Depuis ce temps, on ne trouve plus à Paris et dans ses environs que le platane d'Occident et ses variétés *P. acerifolia* et *P. cuneata*. Dans le midi de la France même, le platane d'Orient est assez rare; celui d'Occident, au contraire, ne paraît pas craindre le froid, et nous engageons les propriétaires à planter ce bel arbre beaucoup plus qu'on ne l'a fait jusqu'à présent: sa croissance rapide et l'utilité de son bois ne peuvent que leur en rendre la plantation avantageuse.

Il faut aux platanes un *terrain* gras, un peu humide et qui ait beaucoup de fond; ils se plaisent surtout dans le voisinage des eaux et des rivières; c'est là qu'ils acquièrent les plus belles dimensions.

Les platanes se *multiplient* de graines, de marcottes et de boutures. C'est à la fin de l'hiver ou au plus tard au commencement du printemps qu'il faut en semer les graines, dans une bonne terre bien meuble et amendée avec du terreau très-consommé. Le jeune semis craint le froid, surtout pendant le 1er hiver, et l'on doit le préserver des fortes gelées en le couvrant avec de la paille ou des feuilles sèches. Le platane venu de graine n'a que 6 pouces à un pied de hauteur à l'automne de sa 1re année, et ce n'est, lorsqu'il a reçu les soins convenables en pépinière, qu'au bout de 6 à 7 ans qu'il est bon à être mis en place. La lenteur des semis fait qu'on préfère dans les pépinières multiplier les platanes par marcottes, lesquelles en moitié moins de temps font des arbres bons à être transplantés partout où l'on veut les placer. Les boutures faites de petits rameaux reprennent facilement si on a soin de leur donner des arrosemens; mais elles croissent plus lentement que les marcottes. Cependant la facilité avec laquelle reprennent les boutures ordinaires a fait essayer de planter des plançons ou plantards de platane de la grosseur dont on fait ordinairement ceux de saule et de peuplier, et ces plançons ont bien réussi toutes les fois qu'ils ont été placés sur le bord d'une rivière ou d'un fossé d'irrigation, et elles ont formé de beaux arbres en peu de temps.

L'usage le plus fréquent qu'on fasse des platanes, c'est de les planter en avenue, où ils doivent être espacés de 18 ou 20 pieds les uns des autres. Ces arbres produisent, par leur large et beau feuillage, un très-bon effet dans les promenades publiques, où ils donnent une ombre agréable. On peut les tailler au croissant, ainsi que l'on fait de l'orme et du tilleul. En bordures dans les prairies situées sur les bords des rivières, ils supportent d'être émondés tous les 4 à 5 ans, et ils donnent alors de bons fagots pour le chauffage.

On a proposé de planter les platanes pour faire des taillis, et quelques essais ont prouvé l'avantage qu'on en pourrait tirer. Ces taillis poussent avec beaucoup de rapidité, lorsqu'ils ont été coupés; ils donnent, à l'automne de la 1re année, des jets de 6 à 9 pieds de hauteur, et on peut en faire la coupe blanche tous les 5 à 6 ans.

La grosseur colossale que le tronc des platanes acquiert avec le temps l'a fait employer dans le Levant et dans l'Amérique septentrionale à faire des bateaux d'une seule pièce.

Le *bois* de platane est d'un tissu serré et il ressemble assez à celui du hêtre; il est comme lui d'une couleur rougeâtre claire, moucheté de petites taches plus foncées. Il passe pour être sujet à se fendre, et on lui reproche d'être facilement attaqué par les vers; mais il perd ces mauvaises qualités et acquiert une grande dureté lorsqu'avant de l'employer on a pris la précaution de le débiter en madriers et de le tenir submergé dans l'eau pendant quelque temps. Il est propre aux ouvrages de charronnage et de menuiserie. Les parties inférieures et renflées du tronc sont surtout bonnes à faire des meubles; débitées en planches, elles présentent souvent des marbrures et des ronces d'un effet fort agréable. Comme bois de chauffage, les platanes brûlent en faisant une flamme vive et en donnant beaucoup de chaleur. Leurs *cendres* sont riches en potasse.

Au reste, les espèces de ce genre n'étant pas encore très-répandues, leur bois n'est pas non plus très-commun dans le commerce; mais nous croyons que sous beaucoup de rapports il serait avantageux de multiplier davantage les plantations de ces arbres, en préférant le platane d'Orient dans le midi, et celui d'Occident dans le nord. Le 1er n'a pas besoin d'un terrain aussi humide que le second.

29. SAULE (lat. *Salix;* angl. *Willow;* all. *Weide;* ital. *Salice*).—Les botanistes comptent plus de cent espèces de *saules;* mais dans ce grand nombre nous ne devons nous occuper ici que de celles qui nous offrent de l'intérêt sous le rapport de leurs usages et de leurs propriétés. Il nous suffira de dire que ce genre comprend les extrêmes de la végétation, de grands arbres qui s'élèvent à 50 ou 60 pieds, et d'humbles arbustes dont les tiges basses et rampantes n'ont que quelques pouces de longueur; tels sont : le *Saule herbacé* (*S. herbacea*, Lin.); le *S. à feuilles de serpolet* (*S. serpyllifolia*, Willd.); le *S. émoussé* (*S. retusa*, Lin.), qui croissent sur les sommets des Alpes.

Les *saules* font partie de la grande famille des *Amentacées;* ce sont des arbres ou des arbustes, à feuilles alternes, entières, dont les fleurs, disposées sur des chatons axillaires, sont toutes mâles ou toutes femelles sur des individus différens. Ces chatons, plus ou moins alongés, sont composés de fleurs nombreuses. Leur fruit est une capsule ovale-oblongue, à une seule loge renfermant plusieurs graines entourées à leur base par une aigrette de poils. Les espèces de ce genre croissent en général sur les bords des eaux et dans les lieux humides des bois et des montagnes; le plus grand nombre appartient aux climats tempérés ou septentrionaux de l'Europe.

I. *Espèces dont les feuilles sont en général lancéolées, et les fleurs femelles à ovaires glabres.*

SAULE *blanc* (*S. alba*, Lin.). Cet arbre s'é-

Fig. 68.

lève à 30 et 40 pieds ou plus, et il acquiert 6 à 8 pieds de circonférence. Ses jeunes rameaux sont rougeâtres, garnis de feuilles lancéolées, soyeuses et blanchâtres des deux côtés, principalement dans leur jeunesse. Les fleurs se développent en même temps que les feuilles, le long des rameaux d'un an; les écailles des chatons sont pubescentes, et l'axe qui les porte est velu. Cette espèce se trouve le long des rivières et dans les prés humides.

SAULE *osier* ou *Osier jaune* (*S. vitellina*, Lin.). Cette espèce diffère de la précédente par ses rameaux d'un jaune plus ou moins foncé, et par ses feuilles plus étroites, glabres. On la trouve dans les mêmes lieux, mais elle forme un arbre moins élevé, et le plus souvent elle n'est cultivée que comme osier.

SAULE *fragile* (*S. fragilis*, Lin.). Quant au port et à la hauteur, cet arbre a beaucoup de rapports avec le saule blanc; ce qui lui est particulier, c'est que ses rameaux cassent en offrant très-peu de résistance à l'endroit de leur insertion sur les branches; ses feuilles sont d'ailleurs lancéolées, glabres et dentées. Il est en général plus commun que les deux 1res espèces.

SAULE *à feuilles d'amandier* (*S. amygdalina*, Lin.). Lorsqu'on laisse croître cet arbre en liberté, il s'élève au moins autant que le saule blanc; ses rameaux sont rougeâtres, garnis de feuilles oblongues-lancéolées, glabres et d'un beau vert en dessus, glauques en dessous, bordées de nombreuses dents. Cette espèce est moins répandue que les trois qui précèdent.

C'est principalement le saule blanc et le saule fragile qu'on *plante* sur le bord des prairies et des pâturages dont le fond est plus ou moins humide, ou qui sont situées sur les rives des eaux courantes. Ces arbres pourraient se *multiplier* de graines ; mais, comme ce moyen serait trop long, on n'en fait jamais usage ; on n'emploie que les grosses boutures, nommées plançons, que l'on fait avec des branches de 4 à 5 ans, et ayant 6 à 7 pouces de tour par le bas ; on taille cette partie inférieure en bec de flûte, et on l'enfonce de 15 à 20 pouces en terre, dans des trous faits seulement avec un gros pieu dont le bout est armé de fer. Avec le même pieu on presse assez la terre autour du plançon, en l'enfonçant à 2 ou 3 reprises et à quelques pouces à côté, de manière à l'empêcher de vaciller dans son trou ; enfin on le butte au pied, à la hauteur de 10 à 12 pouces, avec de la terre prise aux environs, et, sans autre précaution, la presque totalité de ces plançons s'enracine facilement et fait promptement de beaux arbres. Lorsqu'on veut élever les saules à haute tige, il faut avoir la précaution de planter les branches entières sans en retrancher le sommet : on les coupe, au contraire, à 6 ou 7 pieds quand on veut en faire des têtards.

Les émondes que l'on retire des saules sont d'un usage journalier dans les campagnes pour le chauffage, et ce sont principalement les menues branches qui y sont employées. Elles ne donnent en brûlant qu'une médiocre chaleur ; la braise qu'elles fournissent se couvre promptement de cendres, ce qui lui fait perdre promptement son ardeur. On fait avec les plus grosses des gaules qui servent pour palissades, échalas, etc. C'est des saules têtards qu'on retire les plus belles. Les arbres à haute tige ne fournissent guère que de menus brins bons à brûler ; mais quand ils ont une certaine grosseur, comme 3 à 4 pieds de circonférence à hauteur d'homme, on peut les abattre pour faire du bois de travail. Le tronc des têtards, au contraire, est presque toujours pourri dans le cœur, et n'est bon à rien, si ce n'est à brûler.

Le *bois* du saule blanc et du saule fragile est rougeâtre ou roussâtre ; il a le grain assez fin et uni ; il se travaille bien, soit à la varlope, soit au tour ; on en fait principalement des sabots ; les charpentiers des campagnes s'en servent quelquefois pour solives ; les menuisiers l'emploient rarement, si ce n'est pour des ouvrages communs. Ce bois est très-léger ; il ne *pèse* que 27 à 28 livres par pied cube. L'*écorce* de ces arbres est amère et astringente ; on l'a quelquefois employée comme fébrifuge, à défaut de quinquina. Les chimistes modernes y ont découvert un principe particulier auquel ils ont donné le nom de *salicine*. Dans quelques cantons on se sert de cette écorce pour le tannage des cuirs. Au printemps, les abeilles font une abondante moisson de cire et de miel sur les *fleurs* de ces arbres et des autres espèces congénères. Les vaches et les autres bestiaux aiment les feuilles des saules et les broutent avec avidité. On a essayé sans succès de fabriquer des étoffes avec le duvet qui est à la base des graines ; il est trop court pour pouvoir être filé.

SAULE *à feuilles aiguës* (*S. acutifolia*, Willd.). Cet arbre est originaire des environs de la mer Caspienne ; il s'élève à 20 ou 25 pieds de hauteur, et est remarquable par ses jeunes rameaux d'un violet noirâtre, à la surface desquels se trouve une poussière ou sorte de fleur à peu près comme sur certaines prunes. Ses feuilles sont étroites, lancéolées, aiguës, dentées et glanduleuses en leurs bords. Ce saule est encore très-peu répandu ; il mériterait d'être multiplié, surtout dans les oseraies, à cause de la flexibilité et de la ténacité de ses jeunes rameaux.

SAULE *précoce* (*S. præcox*, Willd.). Arbre de 30 à 40 pieds de haut, dont les jeunes rameaux, d'un rouge assez foncé, paraissent d'une couleur cendrée à cause de la poussière qui les recouvre, ainsi que dans l'espèce précédente. Ses feuilles sont lancéolées, dentées, munies d'une nervure très-prononcée ; elles ne viennent qu'après les fleurs, qui sont disposées en chatons serrés et très-velus. Ce saule croît sur le bord des eaux, dans plusieurs parties de la France, en Italie, en Allemagne, etc. Ses jeunes rameaux ont toutes les qualités propres à faire de bon osier ; le *bois* du tronc est blanchâtre, assez dur pour ce genre : il serait propre à la menuiserie.

SAULE *de Babylone* ou *pleureur* (*S. babylonica*, Lin.). Ce saule est facile à reconnaître ; ses branches horizontales, divisées en longs rameaux grêles et pendans, lui donnent un aspect tout particulier ; ses feuilles sont étroites-lancéolées, glabres, d'un vert tendre ; et ses fleurs sont disposées en chatons grêles et jaunâtres. Cette espèce est originaire du Levant ; on la cultive dans presque tous les jardins paysagers, à cause de l'effet pittoresque qu'elle produit.

II. *Espèces dont les feuilles sont ovales ou lancéolées, et les fleurs femelles à ovaires toujours velus.*

SAULE *marceau*, vulgairement *Marsault* ou *Malsault* (*S. capræa*, Lin.). Arbre de 25 à 40

Fig. 64.

pieds, dont les rameaux sont grisâtres, garnis de feuilles ovales ou arrondies, quelquefois ovales-oblongues, glabres en dessus, cotonneuses et blanchâtres en dessous. Ses fleurs, qui naissent avant les feuilles, ont les écailles de leurs chatons très-velues. Le marceau est commun dans les bois frais et humides de la France et de la plus grande partie de l'Europe.

Cet arbre croît avec beaucoup de rapidité, surtout quand il repousse sur sa souche; il n'est pas rare alors de le voir faire, dès la 1re année, des jets de 10 à 12 pieds de haut, ce qui le rend très-propre à former des taillis qu'on peut exploiter avec avantage tous les 6 à 7 ans.

Le *bois* qu'on retire du marceau cultivé en taillis est propre à faire des échalas, des cercles, des lattes pour les vaniers, des fourches, des perches, etc.; enfin les menus brins font des bourrées qui servent dans les campagnes pour chauffer les foyers, les fours, et pour cuire la brique, la chaux, le plâtre, etc. Ce bois produit un feu clair qui n'est pas de durée et ne donne pas beaucoup de chaleur, si on le compare aux bois durs, mais d'ailleurs préférable à celui de la plupart des autres bois blancs. Comme bois de travail, celui du marceau est d'un blanc tirant au rougeâtre; il a le grain fin, serré, et est facile à travailler; il est propre à faire des sabots, des planches pour la menuiserie; on peut aussi l'employer pour les pièces de charpente intérieure, quand on en rencontre d'assez gros pour ce genre de travaux. Taillé en têtard, comme le saule blanc et le saule fragile, il peut de même être émondé tous les 3 à 4 ans. Il *prend* facilement de boutures, quand on fait celles-ci dans un lieu frais et humide : nous l'avons même planté en gros plançons de 16 à 18 pieds de longueur et de 12 pouces de tour par le bas, et il a très-bien repris. Planté en petites boutures grosses comme le pouce, il est très-propre à regarnir avec économie les parties d'un taillis qui sont dépourvues de bois : il est encore bon à former des haies de clôture.

Tous les bestiaux, et surtout les chèvres, aiment les *feuilles* du marceau, et dans quelques cantons on le cultive exprès pour en donner la dépouille à ces animaux ; sous ce rapport, les haies de cette espèce peuvent être tondues 2 à 3 fois dans la belle saison. Enfin son *écorce*, amère et astringente, a été employée en médecine comme succédanée du quinquina, et dans quelques contrées on s'en sert pour le tannage des cuirs.

Le SAULE *à oreillettes* (*S. aurita*, Lin.), et le SAULE *acuminé* (*S. acuminata*, Smith), ont beaucoup de rapports avec le marceau; ils se trouvent comme lui dans les bois frais et humides; mais ils poussent avec moins de rapidité, et s'élèvent moins haut, ce qui les rend moins recommandables sous le rapport de leurs usages.

Le SAULE *à feuilles soyeuses* (*S. holosericea*, Willd.), qui se distingue du marceau par ses feuilles lancéolées, acuminées, revêtues en dessous d'un duvet très-soyeux, nous paraît pouvoir rivaliser pour les produits avec ce dernier. Cette espèce est d'ailleurs peu répandue.

SAULE *viminal*, vulgairement *Osier blanc* (*S. viminalis*, Lin.). A l'état d'arbre ce saule

Fig. 65.

s'élève rarement à plus de 20 pieds; ses jeunes rameaux sont effilés, très-droits, chargés, dans leur jeunesse, d'un duvet soyeux, garnis de feuilles linéaires-lancéolées, aiguës, légèrement ondulées en leurs bords, vertes et glabres en dessus, revêtues en dessous d'un duvet soyeux et argenté. Ses fleurs, plus précoces que les feuilles, sont disposées en chatons cylindriques et très-velus. Cette espèce est commune en France et dans une grande partie de l'Europe; on la trouve sur les bords des rivières.

SAULE *hélice* (*S. helix*, Lin.). Cette espèce n'est qu'un arbrisseau de 10 à 12 pieds d'élévation, dont les rameaux sont effilés, glabres, garnis de feuilles souvent opposées, rarement alternes, linéaires-lancéolées, d'un vert gai en dessus, glauques en dessous. Ce saule se trouve en France et dans plusieurs parties de l'Europe, dans les lieux humides et aquatiques.

SAULE *pourpre*, vulgairement *Osier rouge* (*S. purpurea*, Lin.). Cette espèce ressemble beaucoup à la précédente, et l'on ne peut guère l'en distinguer que par ses feuilles plus étroites. Elle croît dans les mêmes lieux.

Les 3 dernières espèces sont cultivées, à cause de la *flexibilité* fort grande *de leurs rameaux* qui les fait employer à des ouvrages particuliers; le saule osier, ou l'osier jaune de notre première section, se rencontre aussi fréquemment dans les cultures connues sous le nom d'oseraies; le saule précoce et le saule à feuilles aiguës, encore peu répandus, mériteraient aussi d'y trouver place.

III. *Formation d'une Oseraie.*

Pour former une *oseraie*, on fait choix d'un *terrain convenable ;* le meilleur est un sol profond, situé à peu de distance d'une rivière, ou qui soit naturellement gras et humide : on lui fait donner un bon labour à la charrue ou à la houe ; et dans le mois de février, si le temps le permet, on y plante, à 3 ou 4 pieds l'une de l'autre, des boutures de 15 à 16 pouces de longueur et de la grosseur du doigt, prises parmi les espèces dont on veut composer son oseraie. Ces boutures se mettent en terre, en s'aidant d'un plantoir, et en les enfonçant aux deux tiers de leur longueur. La coupe de la 1re année ne produit que des brindilles à peu près inutiles pour l'usage, mais qu'il faut cependant couper avec soin ; sans cela celle de la seconde année ne serait bonne qu'à brûler, parce que ses branches seraient trop rameuses pour être employées à autre chose. Lorsqu'au contraire on a pris le soin de faire couper au niveau du tronc toutes les petites brindilles de la première pousse, la seconde donne déjà un certain nombre de jets de 4 à 6 pieds de haut qui peuvent être utilisés. La coupe de la troisième année est plus productive, et d'année en année elle le devient davantage, de telle manière que pendant 25 à 30 ans, lorsqu'il est en bon état et dans un bon fonds, un arpent d'oseraie peut rapporter tous les ans 100 fr. et plus, et cela, sans aucune peine et sans aucun soin de la part du propriétaire, si ce n'est d'en écarter les bestiaux, et d'y faire pratiquer quelques binages pendant les 1res années.

C'est en février, ou au plus tard en mars, qu'il faut faire chaque année la *coupe des osiers ;* les belles pousses ont communément 8 à 10 pieds de longueur. On les coupe, avec une forte serpette, à quelques lignes du tronc, qui devient ainsi une sorte de têtard.

La plus grande partie de *l'osier jaune et de l'osier rouge* s'emploie avec son écorce qui lui donne plus de force. Ces deux osiers sont d'un usage si général dans l'économie domestique et l'agriculture, qu'on serait aujourd'hui fort embarrassé pour s'en passer : on en fait des liens pour toutes sortes de choses, des corbeilles et des paniers légers, des claies, des hottes et autres objets de vannerie commune. Refendu en 2 ou 3 brins, l'osier jaune est employé par les tonneliers pour lier les cercles des tonneaux, des cuves, etc., et sous ce rapport, il s'en fait une grande consommation. Les jardiniers et les vignerons font aussi un grand usage d'osier pour le palissage des arbres en espaliers, pour attacher les vignes aux échalas.

Les ouvrages de vannerie plus soignée se font en *osier blanc* ou osier sans écorce, pour lequel on emploie principalement le saule viminal, parce que ses jets sont beaucoup plus unis, ne se ramifiant jamais en brindilles secondaires.

LOISELEUR DESLONCHAMPS.

ART. II. — *Arbres résineux, Conifères.*

On désigne sous ces noms une famille naturelle de végétaux ligneux, composée de grands, de moyens et de petits arbres divisés en plusieurs genres, et dont le caractère commun est d'être résineux, et d'avoir les fleurs monoïques ou dioïques, disposées en épi serré que les botanistes appellent *cône*, d'où le nom de conifère. Presque tous conservent leurs feuilles pendant l'hiver, ce qui leur a valu aussi le nom d'*arbres verts* en horticulture. Cette famille, après celle des céréales et des arbres fruitiers, est certainement la plus intéressante pour les peuples de l'Europe dans leur état actuel de civilisation. Nos vaisseaux ne pourraient parcourir l'immensité des mers sans les hautes mâtures qu'elle leur fournit, sans le goudron qui préserve leur coque et leurs agrès de la pourriture. L'architecture civile et militaire en tirent des bois qui ne pourraient être remplacés par aucun autre ; enfin, elle offre à l'économie domestique, industrielle et à la médecine, des produits de première nécessité aussi nombreux que variés.

Un autre avantage que possède encore cette précieuse famille, c'est que tous les arbres qui la composent *croissent* dans les sols les plus maigres, parmi les rochers où aucune culture ne serait possible, et que la quantité de terreau qu'ils produisent par la décomposition de leurs feuilles, est beaucoup plus grande que celle que fournissent les feuilles des autres arbres ; de sorte qu'une forêt d'arbres résineux enrichit le propriétaire, et améliore en même temps la terre plus qu'aucune autre. C'est donc avec de bien bonnes raisons que les économistes conseillent les plantations d'arbres résineux, et d'en faire des forêts dans les départemens sablonneux et sur les montagnes rocheuses de la France.

Le nord de l'Europe et l'Amérique septentrionale sont les *contrées* du globe où il croît le plus d'arbres conifères, susceptibles d'être cultivés avec un grand profit sur le sol de la France. Nous allons signaler avec quelques détails, et indiquer la culture de ceux de ces arbres qui peuvent le plus contribuer à augmenter notre richesse territoriale, et ne ferons qu'énumérer ceux qui ne paraissent pas de nature à améliorer notre agriculture ni notre économie industrielle. Nous ne mentionnerons même pas les espèces étrangères qui, ne pouvant supporter les rigueurs de notre climat en pleine terre, sont entièrement du ressort de l'horticulture.

1. CÈDRE *du Liban* (*Cedrus Libani*, Bar. *Abies cedrus*, Lin. ; Angl. *Cedar larch ;* All. *Cedar ;* Ital. *Cedro*). — Cet arbre (*fig.* 66) est certainement le plus historique, le plus célèbre

Fig. 66.

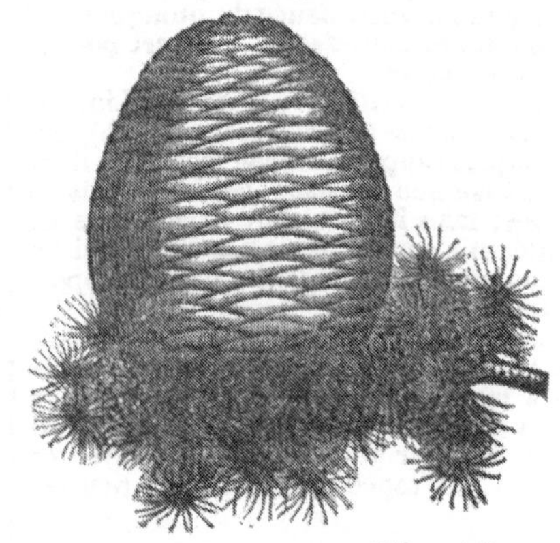

et le plus majestueux de tous ceux que nous connaissons. Le mont Liban (*fig.* 67) est sa pa-

Fig. 67.

trie, et jamais on ne l'a trouvé croissant spontanément sur aucun autre point du globe. Il y était autrefois si abondant que l'on s'en servait dans la construction des flottes et des édifices; mais, déjà depuis long-temps, le nombre en est tellement diminué, qu'en 1574 il n'en existait plus que 26 individus; que cent ans après, RAWOLF n'en trouva plus que 16, et qu'enfin LABILLARDIÈRE n'en a compté que 7 en 1798. Quoique le cèdre produise des graines en quantité, il n'en résulte aucun jeune arbre sur le mont Liban, parce que la terre y est couverte de gazon, et que ce lieu est un rendez-vous où le peuple s'assemble. Il est donc probable que bientôt il n'y aura plus aucun cèdre sur le mont Liban, et que la destinée de ce colosse du règne végétal sera entièrement entre les mains des cultivateurs. Heureusement que le degré de civilisation où les peuples de l'Europe sont parvenus, ne laisse aucune crainte de voir l'extinction de sa race, et qu'il est permis d'espérer qu'on en verra plutôt planter des forêts, que sa multiplication négligée.

Le tronc d'un cèdre mesuré sur le Liban même, avait 36 pi. et demi de circonférence, et ses branches couvraient une étendue de 111 pieds de diamètre. Des observations faites sur celui planté en 1754, au Jardin-du-Roi à Paris, établissent que cet arbre *croît* d'environ 5 lignes en diamètre chaque année, pendant les premiers siècles de son existence. Quant au nombre de siècles qu'il peut vivre, on ne sait rien de certain à cet égard. Au reste, le cèdre du Liban intéressera toujours par son port majestueux, sa taille colossale, son aspect étranger, sa verdure sévère et la disposition de ses vigoureux rameaux étendus par étages distincts. Ses feuilles sont courtes, subulées et disposées en faisceaux. A ses fleurs, peu éclatantes, succèdent des fruits (cônes) (*fig.* 66), ovales ou elliptiques, hauts d'environ 3 pouces, et dont les graines ne mûrissent que dans la troisième année. Le *bois* du cèdre semble, pour les qualités, tenir le milieu entre celui du pin sylvestre et celui du sapin.

Le cèdre du Liban n'étant encore chez nous qu'un arbre d'agrément, propre aux scènes des grands jardins paysagers, son éducation et sa multiplication sont entre les mains des pépiniéristes, qui l'élèvent de graines recueillies sur quelques anciens individus, qui commencent à fructifier assez abondamment en France, en Angleterre et en Allemagne, pour qu'on ne craigne plus d'en perdre l'espèce. Quoiqu'il soit assez difficile de tirer les graines de leur cône, je n'en dirai rien, puisque tous les pépiniéristes connaissent les différens moyens de les en faire sortir.

Semis. — Les *graines du Cèdre doivent être semées* au printemps, à une exposition chaude et ombragée, afin que le jeune plant puisse acquérir, dans le courant de l'été, assez de force pour résister aux dangers de l'hiver suivant. C'est donc un bon usage de les semer en terrine dans de la terre de bruyère, de placer la terrine sur une couche tiède, de la couvrir d'un panneau de châssis, de l'ombrer, et de tenir la terre de bruyère suffisamment chaude et humide pour que la germination s'effectue en 15 ou 25 jours. Quand les cotylédons sont sortis, il faut diminuer de beaucoup l'humidité de la terre en ménageant les arrosemens, éviter que le soleil ne vienne frapper le jeune plant, donner un peu d'air, mais bien prendre garde que le vent ne s'introduise sous le panneau, car la grande humidité, le soleil et le vent, sont trois ennemis dangereux pour beaucoup de graines en germination. Si le jeune plant n'est pas trop dru, on peut le laisser dans la terrine toute l'année pour le rentrer en orangerie aux approches de l'hiver, ou bien, s'il est pressé, repiquer séparément chaque individu en motte quand les cotylédons sont bien développés, dans autant de petits pots en terre de bruyère mélangée avec un quart de terre franche ou normale, arroser modérément, tenir à mi-ombre jusqu'à ce que la végétation se manifeste par l'alongement de la jeune tige; en novembre, on rassemble les pots dans un châssis, on les couvre de panneaux vitrés, et on prend bien garde que l'humidité ne s'introduise dans le coffre pendant l'hiver, autrement le jeune plant fondrait.

Pendant les deux et trois premières années, la prudence demande que l'on *abrite* les jeunes cèdres des intempéries de l'hiver; après ce temps révolu, ils sont moins sensibles et ne réclament plus d'abris, mais il faut chaque année leur donner un plus grand pot et de la terre de bruyère mélangée avec un tiers de terre normale. On pourrait les *planter* en place et à demeure à l'âge de 4 ans; cependant le plus souvent on les conserve en pot beaucoup plus long-temps, parce que l'occasion de les planter ne se présente pas encore fréquemment dans l'état actuel de nos cultures; pendant ce temps, leurs racines se contournent dans le pot, forment la boule, prennent une mauvaise direction, et lorsqu'on met l'arbre en place, elles ont de la peine à s'attacher au sol, et à s'étendre au loin pour aller chercher leur nourriture. C'est un inconvénient que partagent tous les arbres qui sont restés long-temps en pot, et qu'il n'est guère possible d'éviter dans le commerce des plantes. Si on les élevait en pleine terre, ils croîtraient plus vite et leurs racines seraient en meilleur état; mais les difficultés de les lever, de les faire voyager en motte, et le danger qu'ils courraient à la reprise, ont déterminé les pépiniéristes à les élever toujours en pot.

Les voyageurs ne nous ayant pas fait connaître la nature de la terre du Liban, nous sommes obligés d'examiner la croissance des cèdres plantés sur différens sols en France, pour reconnaître celui qui est le plus favorable à la végétation de ce bel arbre; et l'examen apprend qu'il *croît mieux en bonne terre siliceuse*, plus sèche qu'humide, que dans toute autre terre. C'est donc dans les sols de cette nature qu'il faut planter le cèdre si l'on veut le voir bien végéter et qu'il développe toute sa majesté au profit des races futures.

Pour *planter* un cèdre avec la plus grande chance de succès, il faut faire un trou carré de 6 pieds de diamètre et de 2 pieds ½ à 3 pieds de profondeur, l'emplir d'un mélange composé de 1/2 terre de bruyère, 1/4 sable siliceux et 1/4 terre franche ou normale, et l'affaisser modérément si l'on doit planter de suite. L'*époque* la moins dangereuse est la fin d'avril pour notre pays. La terre étant ainsi préparée, on choisit un jeune cèdre bien fait, dont la croissance n'a pas souffert, qui surtout n'a pas perdu sa flèche, car quoique les jeunes cèdres s'en reforment une autre assez facilement, il ne faut pas trop y compter; d'ailleurs ce n'est jamais qu'aux dépens de quelques années de croissance qu'une flèche se reforme. Si la tige du jeune cèdre convient, on le dépotera pour examiner l'état de ses racines, et pour peu qu'il s'en trouve d'avariées, il faut le refuser. Quand au contraire elles sont en bon état, on gratte la circonférence de la motte pour en faire tomber un peu de terre et mettre leurs extrémités à nu, sans les blesser ni les raccourcir; on plante de suite afin qu'elles ne se dessèchent pas, et on arrose légèrement et doucement pour les attacher à la terre. Le cèdre voulant croître en liberté, les seuls soins qu'il réclame pendant sa jeunesse, sont quelques arrosemens dans les saisons sèches, des sarclages au pied pour que les mauvaises herbes ne mangent pas la terre, de l'air et de la place pour qu'il puisse élever sa tête au-dessus des plus hauts arbres d'alentour, tandis que ses branches inférieures couvriront au loin le sol où il est planté.

Depuis long-temps on fait des vœux, sinon pour voir des forêts, du moins pour voir planter des masses imposantes de cèdres sur le sol de la France. Un seul mot du gouvernement suffirait pour que quelques grands propriétaires les réalisassent.

2. CYPRES *commun* (*Cupressus sempervirens*, Lin.). — Petit arbre pyramidal, originaire de la Grèce, ne s'élevant guère qu'à la hauteur de 25 ou 30 pieds, et dont le tronc ne prend que 8 ou 10 pouces de diamètre sur notre sol. Son *bois* est assez fin, plus beau que celui du pin: mais, lorsqu'on le travaille, soit vert, soit séché depuis long-temps, il répand une forte odeur désagréable. L'usage de cet arbre se bornera probablement toujours à accompagner les tombeaux et à produire des scènes mélancoliques dans les grands jardins paysagers. Il a une variété dont les branches étendues horizontalement forment moins la pyramide.

3. GENEVRIER *commun* (*Juniperus communis*, Lin.) (*fig.* 68). — Cette espèce croît sponta-

Fig. 68

nément en France, et se trouve plus fréquemment vers le nord de Paris que vers le midi. On la rencontre plus souvent dans les mauvaises terres que dans les bonnes ; c'est sur la pente des collines calcaires, nues, exposées au nord, qu'elle paraît se plaire, et où elle se multiplie le plus, sous forme de petits buissons hauts seulement de 3 à 4 pieds, tandis que les individus qui croissent en bonne terre dans les bois s'élèvent à la hauteur de 12 à 15 pieds. Le genevrier commun a les rameaux étalés, pendans ou inclinés, diffus ; les feuilles opposées 3 par 3, linéaires, piquantes, longues de 6 lignes, d'un vert sombre et foncé. Ses fleurs, petites et de peu d'apparence, s'épanouissent en mai, et il leur succède de petits fruits ronds, noirâtres, un peu charnus, globuleux, de deux lignes de diamètre, mûrissant en automne, d'une saveur très-aromatique, âcre, un peu amère, et dont on fait usage en médecine et surtout en économie domestique. Dans plusieurs départemens, les pauvres se fabriquent une boisson en mettant une certaine quantité de fruits de genevrier dans un tonneau avec de l'eau, et en remuant le tout de temps en temps; il en résulte une liqueur piquante, aromatisée, qui d'abord ne paraît pas agréable, mais à laquelle on s'accoutume.

Le genevrier commun ne devenant jamais grand, son *bois* est ordinairement abandonné aux pauvres gens, qui en font des bourrées pour brûler. Dans les endroits où il s'élève en petit arbre, on l'exploite en merrains pour en faire des seaux et d'autres vases, qui durent très-long-temps, parce que ce bois est incorruptible et d'un grain très-fin. Il est d'ailleurs d'un assez beau rouge qui s'avive encore avec le temps. Je n'ai rien à dire sur la multiplication de ce genevrier, puisqu'on ne le cultive pas, et qu'on laisse à la nature et aux oiseaux le soin de sa conservation.

GENEVRIER *d'Orient* (*Juniperus excelsa*, Wild.).—Celui-ci est un grand arbre pyramidal, originaire des bords de la mer Caspienne, où il croît, selon WILLDENOW, dans les sols arides et pierreux. On ne le connaît guère en France que par quelques individus qui existent çà et là dans quelques jardins, et qui proviennent de graines envoyées de Madrid par le docteur ORTEGA il y a environ 50 ans. Malheureusement ce peu d'individus se trouvent tous mâles ou stériles. Ce n'est même que depuis très-peu d'années que l'on a porté quelque attention au seul pied de cette espèce planté dans le temps au Jardin-du-Roi à Paris ; et comme si une fatalité le poursuivait, il se trouve placé si près de l'endroit où l'on élève aujourd'hui (1834) un nouveau cabinet de minéralogie, qu'il n'est pas probable qu'il puisse être conservé. Le tronc de cet arbre a 15 pouces de diamètre sur une assez grande longueur; sa hauteur n'est guère que de 45 pieds, parce que, gêné, étouffé par des arbres voisins pendant sa jeunesse, il n'a pu jouir de l'air qui lui était nécessaire pour s'élancer selon sa nature; mais on voit assez que sans ces inconvéniens il aurait formé un beau fût; et comme tous les genevriers ont le *bois* précieux par leur couleur, leur densité et leur force, on regrette que celui-ci ne soit pas par millions sur le sol de la France. Depuis 3 ans seulement on a commencé à le multiplier avec assez de succès par la greffe en fente et herbacée sur le genevrier de Virginie; mais ce dernier genevrier n'étant qu'un petit arbre, il ne pourra jamais fournir au genevrier d'Orient assez de nourriture pour en faire un grand arbre. Peut-être que si on le greffait sur racine, il s'affranchirait et prendrait le développement qui lui est naturel. Dans tous les cas, il vaudrait toujours mieux en faire venir des graines de son pays natal, et le multiplier abondamment de semis sur notre sol.

GENEVRIER *de Virginie* (*Juniperus Virginiana*, Lin.). On appelle assez communément celui-ci *cèdre, cèdre rouge, cèdre de Virginie*. Les crayons de plombagine sont enveloppés de son bois, qui est rougeâtre et odorant. C'est un arbre qui, dans son pays, s'élève à la hauteur de 30 à 40 pieds sous une forme pyramidale; mais ici on n'en connaît guère qui aient plus de 20 pieds de hauteur; ils sont très-rameux, laissent pendre leurs branches flexibles, effilées, couvertes de très-petites feuillées ternées, imbriquées, et beaucoup moins longues et piquantes que dans le genevrier commun. Les fleurs des individus mâles répandent un pollen si abondant qu'il en résulte un petit nuage jaunâtre lorsqu'on les secoue. Les pieds femelles se chargent d'une énorme récolte de fruits bleuâtres, moins gros que des pois, et moins aromatisés que ceux du genevrier commun. On ne s'en esrt que pour multiplier l'espèce.

J'ai vu exploiter en planches des troncs de genevriers de Virginie crûs en France ; ils avaient 8 ou 9 pouces de diamètre ; leur aubier était blanc, et formait à peu près le tiers de leur diamètre ; le cœur était d'un aussi beau rouge, était aussi fin, aussi odorant, et se polissait aussi bien que celui qui nous vient d'Amérique. Je pense donc que le cèdre ou genevrier de Virginie, qui jusqu'ici n'a été cultivé que comme arbre d'ornement dans les jardins paysagers, pourrait se cultiver en grand pour l'usage de son bois. Son éducation n'offre aucune difficulté. On en sème les graines en terre légère ou de bruyère à mi-ombre; on repique le jeune plant à un pied de distance pour le faire fortifier, et on le met en place quand il a atteint la hauteur de 2 à 3 pieds.

Parmi les autres genevriers qui peuvent se cultiver en France, mais dont le bois n'est de nulle valeur, je citerai seulement le CADE, *Juniperus oxycedrus*, qui fournit l'huile de cade dans nos départemens méridionaux, et la SABINE, *Juniperus sabina*, qui se reconnaît à son odeur forte et désagréable, et dont on fait usage particulièrement dans la médecine vétérinaire.

4. MÉLÈZE (*Larix Europæa*, Lin.; angl. *Larch.*) (*fig.* 69). — Cet arbre magnifique ne croît naturellement que dans les Alpes, au-dessus des chênes et des sapins, et dans le nord de l'Europe. Cependant on le multiplie facilement dans les plaines aux environs de Paris. Il est le seul avec le *Cyprès chauve*, parmi les arbres conifères, qui perde ses feuilles pendant l'hiver. Dans les Alpes, on en trouve dont le tronc a 6 pieds de diamètre, sur une grande longueur, et qui

Fig. 69.

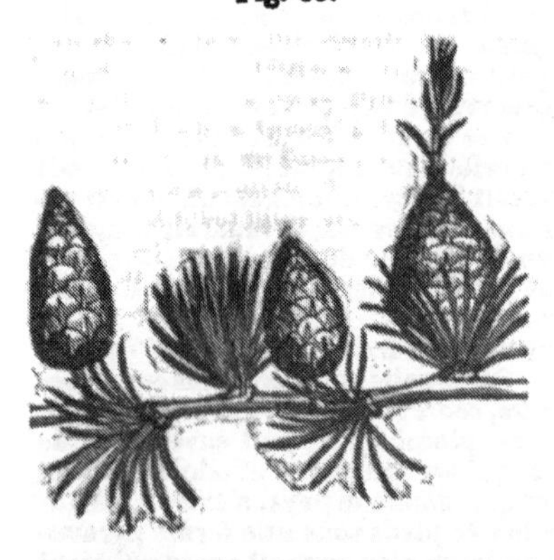

s'élèvent à 140 ou 150 pieds de hauteur, droits comme des flèches, sous une forme pyramidale élancée, parce que leurs branches, étendues horizontalement ou inclinées, sont fort courtes. Mais ces beaux individus naissent et périssent sur place, l'homme n'ayant aucun moyen de les en extraire. Quant à ceux élevés dans nos cultures, on n'en trouve encore guère dont le tronc ait plus de 2 pieds de diamètre et s'élève à plus de 100 pieds de hauteur. Cependant nous les trouvons fort beaux, et fondons de grandes espérances sur eux, comme devant devenir propres à la haute mâture. Le *bois* du mélèze passe pour incorruptible et avoir les qualités de celui des meilleurs pins; il est tantôt blanc, tantôt jaunâtre ou coloré en rouge; on l'estime beaucoup pour la charpente, pour toutes sortes de constructions, et MALESHERBES cite des maisons, dans les Alpes, bâties en mélèze, qui avaient plus de 200 ans, et dont les bois étaient si durs qu'il ne put y faire entrer la pointe d'un couteau.

Outre de la *résine*, qui est toujours liquide, et que l'on extrait en faisant des trous dans le bas de l'arbre, le mélèze contient encore, mais seulement au centre, dit PALLAS, une gomme semblable à la gomme arabique. La *manne de Briançon* est une substance qui suinte pendant la nuit des jeunes branches du mélèze, et qui se concrète en petits grains blancs pendant le jour. Sa sortie est favorisée par les piqûres d'un puceron; et quand les abeilles en recueillent une partie, elle nuit à la qualité de leur miel.

Les plus beaux mélèzes du centre de la France sont, je crois, ceux plantés sur la montagne Saint-Martin-le-Pauvre, à Thury (Oise), vers 1790, avec nos pins indigènes et ceux d'Amérique. Ils ne le cèdent en grosseur qu'aux pins du lord Weimouth; mais ils sont beaucoup plus hauts, et promettent une bien plus longue existence. D'autres mélèzes plantés à Trianon dix ans auparavant sont moins gros et moins hauts. Il n'existe aucun jardin paysager qui ne renferme un certain nombre de cet arbre, mais nulle part on n'en voit de plantation considérable, quoique l'on convienne que son bois est de beaucoup supérieur à celui du pin sylvestre pour une infinité d'usages et pour sa plus longue durée.

Cependant on cite une propriété en Angleterre, appartenant à sir John SAINCLAIR, sur laquelle on a planté une immense quantité de mélèzes il y a une soixantaine d'années, et que l'on estime aujourd'hui à 10 millions de francs. D'après cet exemple, M. le comte DE RAMBUTEAU, préfet de la Seine, vient d'en faire planter plus de 300,000 sur ses propriétés, dans des terres auparavant incultes et sans valeur.

Les feuilles du mélèze tombent toutes à l'automne, et se renouvellent au printemps; elles sont linéaires, longues d'un pouce, d'un vert tendre, naissent par faisceaux sur les branches d'un an et alternes sur les pousses actuelles. On peut impunément tondre ou couper au rez du tronc toutes les branches des gros mélèzes, comme on fait aux peupliers d'Italie, en ne conservant que la flèche, ils repoussent une quantité d'autres branches qui semblent ranimer la végétation. Les fleurs sont monoïques, et les cônes qui leur succèdent sont de la grosseur du pouce, longs de 15 lignes, et se tiennent verticalement. Quant au *semis* et à *l'éducation* du mélèze, ce sont les mêmes que ceux expliqués à l'article du Pin sylvestre. (*Voy.* ci-devant.)

5. IF (*Taxus baccata*, Lin.) (*fig.* 70). — L'if

Fig. 70.

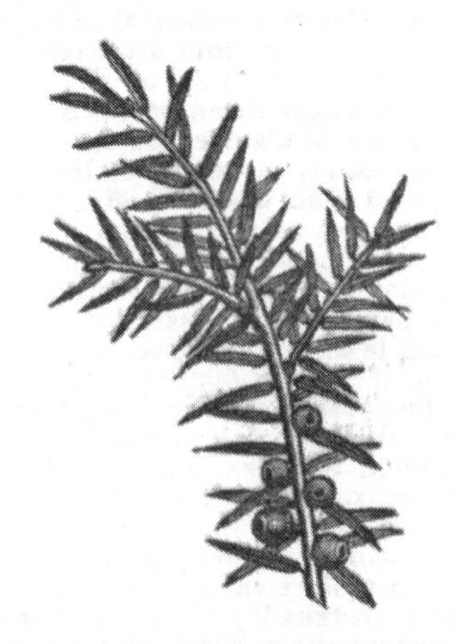

est un arbre originaire des montagnes du midi de l'Europe; il ne craint nullement les rigueurs de nos hivers, mais sa croissance est très-lente, et quoique avec le temps son tronc devienne fort gros, sa hauteur ne s'élève pas au-dessus de 30 à 40 pieds. Lorsqu'il croît en liberté, il affecte assez la forme pyramidale; ses rameaux s'étendent horizontalement et laissent un peu pendre leurs extrémités; ses feuilles sont très-nombreuses, alternes, distiques, linéaires-lancéolées, aiguës, longues de 6 à 8 lignes, d'un vert foncé très-sombre; on leur reproche de répandre une odeur nauséabonde capable d'incommoder les personnes qui resteraient long-temps sous leur ombre. Aux petites fleurs jaunâtres, dioïques et peu apparentes de l'if, succèdent des fruits ovales, gros comme des pois, qui deviennent d'un très-beau rouge, charnus, visqueux, et que les enfans mangent impunément sous le nom de *morviaux*.

Le *bois* de l'if a l'aubier blanc, peu épais, et le cœur d'un beau rouge-orange, nuancé, très-dur, très-lourd, d'un grain fin, incorruptible, prenant un beau poli, très-propre aux ouvrages de marqueterie, de tour, et pour plaquer des meubles; le croisement de ses fibres le rend aussi très-propre aux ouvrages de charronnage et à tous ceux où il faut du liant et de la dureté. Cependant on ne plante aucun if pour ces usages, et il n'en existe aucune forêt nulle part. Autrefois on le prodiguait dans les jardins d'agrément, où on le taillait sous toutes sortes de formes; mais, en abandonnant ces goûts bizarres, on a cessé de multiplier l'arbre qui était le seul propre à les satisfaire, et l'if est aujourd'hui assez rare partout, quoique son bois soit toujours estimé.

L'if peut se *multiplier* de boutures faites pendant l'hiver, à l'ombre et dans une terre substantielle; mais les arbres qui en proviennent ne sont ni aussi beaux ni ne s'élèvent autant que ceux provenus de graines. C'est par graines, qu'il donne assez abondamment, qu'il faut donc le multiplier; on doit les semer aussitôt qu'elles sont mûres, afin que la plus grande partie lève le printemps suivant; autrement elles seraient deux ou trois ans à lever. On fait le semis sur un bout de planche à l'ombre, en terre douce et fraîche, et quand le plant a 3 ou 4 pouces de hauteur, on le repique à la distance de 8 à 12 pouces, et on le laisse grandir jusqu'à ce qu'il ait atteint la hauteur de 2 à 4 pieds, qui est la taille la plus convenable pour le planter enfin à demeure. Quoique l'if ne soit pas difficile sur la nature de la terre ni sur l'exposition, il croît cependant mieux en bonne terre à blé que dans toute autre. On a même remarqué que des ifs venus en terre très-calcaire avaient le bois moins bon que celui d'autres ifs venus en terre moins calcaire.

Il existe quelques autres espèces d'if dont je ne parle pas, parce qu'elles ne peuvent se cultiver en pleine terre sous notre climat.

6. PIN (lat. *Pinus;* angl. *Fir;* all. *Fichte;* ital. *Pino*). — Voici le genre le plus nombreux en espèces, et le plus utile de la famille des conifères. Les zones froides des deux mondes en produisent des forêts immenses, tandis que les pays chauds n'en montrent que quelques espèces particulières et en petit nombre. Quelques-unes s'élèvent à plus de 150 pieds de hauteur, et d'autres atteignent au plus 12 ou 15 pieds d'élévation. Toutes ont les feuilles filiformes, longues de 2 pouces à 1 pied, réunies de 2 à 5 à la base par une petite gaîne; les fleurs sont monoïques, disposées en chaton, et le pollen des fleurs mâles est si abondant, qu'emporté au loin par le vent et tombant sur la terre, on l'a quelquefois pris pour une pluie de soufre. Le fruit, appelé *cône*, est de différentes grosseurs, selon les espèces. Les graines ne mûrissent qu'à la seconde année, et même qu'à la troisième dans le pin Pignon. Ces graines, munies d'une aile plus grande qu'elles (excepté dans le Pignon et le Cimbro), sont facilement disséminées au loin par les vents. Toutes les espèces de pin produisent de la résine ou du goudron en plus ou moins grande quantité, et leur bois, toujours de longue durée et propre aux constructions, est d'autant plus estimé qu'il provient d'une espèce à plus grandes dimensions, qu'il a le grain plus fin et offre plus de résistance aux agens destructeurs. Jusqu'à présent, c'est dans le pin sylvestre que les peuples de l'Europe ont trouvé le plus de qualités utiles, et c'est par lui qu'il convient de commencer l'énumération des espèces susceptibles d'être mentionnées dans cet ouvrage. Pour les présenter avec un certain ordre, on les divisera d'après le nombre de feuilles contenues dans chaque gaîne.

1. *Pins à deux feuilles.*

PIN *sylvestre* (*Pinus sylvestris*, Lin.; angl. *Wildpine, Scotch pine;* all. *Kiefer;* ital. *Pino*), *Pin de Riga, pin de Russie, pin de Haguenau, pin de Genève, pin à mâture.*—Cet arbre précieux paraît varier et perdre de ses qualités à mesure qu'il s'éloigne des parallèles placés entre le 50° et le 60° degrés de latitude nord de l'Europe; aussi est-ce de ces régions que les puissances maritimes le tirent de préférence à toute autre pour la mâture de leurs vaisseaux et pour diverses parties des constructions navales, civiles et militaires. Il faut croire qu'il s'y multiplie rapidement, car, d'après l'immense quantité qu'on en tire chaque année depuis des siècles, le pays en serait dépourvu s'il n'y croissait pas plus promptement qu'en France, et ne se reproduisait pas plus abondamment par ses graines. On le trouve aussi dans les Alpes, les Pyrénées, les Vosges, en Auvergne; mais dans aucun de ces endroits on ne lui reconnaît ni la hauteur ni les qualités de celui qui nous vient d'au-delà du Rhin. C'est pourquoi les économistes et les constructeurs en font une espèce distincte de ceux de la même sorte naturels ou élevés en France, tandis que les botanistes soutiennent que ces différences ne constituent que des variétés dues au climat et au territoire. Le gouvernement en a fait venir des graines de Russie il y a une trentaine d'années, et en a fait planter une petite forêt près de Rochefort, qui donne actuellement de grandes espérances. Des particuliers en ont planté aussi dans l'espoir qu'il soutiendra chez nous la réputation qu'il a dans le nord. La forêt de Fontainebleau en contient maintenant à peu près 10 mille arpens de différens âges, et dont le premier semis a été fait avec des graines tirées en partie de Russie en 1786; je dis en partie, car on a semé en même temps et en mélange du pin maritime.

Pour que le pin sylvestre atteigne toute sa hauteur, qui est de plus de 100 pieds, il faut qu'il croisse en forêt et en futaie; alors sa tige file droit comme un cierge et son écorce reste lisse et grisâtre; ses rameaux, ternés ou quaternés, forment des étages plus éloignés les uns des autres et le bois du tronc en est meilleur; ses feuilles, longues de 3 pouces dans les jeunes plants bien venant, et longues seulement de 2 pouces sur les arbres adultes, sont d'un vert gris sombre, raides et fort dures. Les fruits (*fig.* 71) sont petits, plus courts que les feuilles, restent de la grosseur d'un pois pendant la première année, deviennent plus gros que le pouce, longs de 20 à 24 lignes, et mûrissent leurs graines dans la seconde année.

Fig. 71.

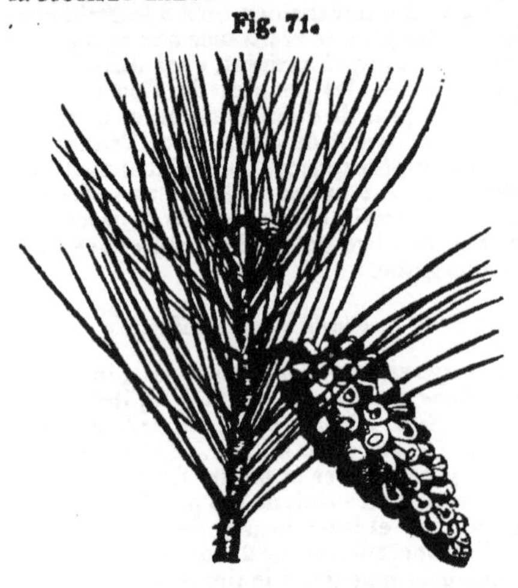

A l'inspection des pins sylvestres provenus du premier semis fait dans la forêt de Fontainebleau, il y a bientôt 60 ans, on peut présumer que cet arbre gagne en croissance et en qualité jusqu'à l'âge de 100 ans, et qu'il y a de la perte à l'abattre plus tôt s'il se trouve dans un sol favorable.

Climat, sol, exposition.—Cet arbre paraît ne pas pouvoir atteindre toutes ses dimensions dans les plaines à une latitude plus sud que l'ouest de la France. Si on le trouve prospérant dans les Alpes et les Pyrénées, cela tient à la hauteur des lieux. Un sol sablonneux, pierreux, plus sec qu'humide, lui suffit; cependant il est loin de refuser ce que nous appelons bonne terre légère. Les montagnes siliceuses ou granitiques, qui laissent des roches à découvert, lui conviennent beaucoup; là ses racines, naturellement courtes et menues, s'alongent de 20 à 25 pieds, deviennent grosses comme le bras, courent et serpentent le long des roches, qu'elles semblent affectionner plus que la meilleure terre. J'ai découvert et constaté cette singularité dans la forêt de Fontainebleau, où les roches et les pins ne manquent pas. Quant à l'exposition, celle du nord lui est le plus favorable; mais sur les hauteurs, elle lui devient moins nécessaire.

Semis en place. — Tous les auteurs conviennent que pour former un bois de pins ou pour en couvrir un grand terrain, la meilleure manière serait d'y faire un semis de graines de cet arbre; mais on n'est pas d'accord sur le meilleur procédé à employer pour réussir le plus complètement possible. Si le terrain est entièrement nu, les uns conseillent de le labourer peu profondément, et au printemps, d'y semer à la volée des graines de pin et de l'avoine; cette dernière, levant promptement, protégera le jeune plant de pins contre les ardeurs du soleil pendant l'été. Dans ce cas, il faut semer l'avoine clair et la laisser périr sur pied. Si, au contraire, le terrain était couvert d'herbages et d'arbustes, on ne pourrait se dispenser de le labourer assez profondément pour faire le semis de la même manière; mais l'expérience a appris qu'un semis de pins fait sur une terre profondément labourée réussit moins bien que sur une terre qui n'a été, en quelque sorte, qu'égratignée parce que plus la terre est ameublie à une grande profondeur, plus les gelées successives de l'hiver la soulèvent, déracinent les jeunes pins et les font périr. L'époque la plus critique pour un semis de pins est le premier hiver, surtout quand la terre ne reste pas couverte de neige pendant long-temps. Quand on a commencé à semer en pins de grandes parties de la forêt de Fontainebleau, on labourait la terre à grands frais, et jamais un quart du semis ne réussissait, soit parce que la terre se soulevait par les gelées pendant l'hiver, soit parce que le jeune plant manquait d'abri. Le semis à la volée ayant encore d'autres chances contre lui, il vaut mieux semer en rayons dirigés de l'est à l'ouest, espacés entre eux de 5 à 6 pieds. Dans ce cas, les uns conseillent de planter au moins un an d'avance des lignes d'arbustes et d'arbrisseaux dans le même sens et à la même distance, et de semer ensuite les pins en rayons parallèles aux lignes d'arbustes et à 1 pied ou 15 pouces de distance du côté du nord, afin que l'ombre des arbrisseaux protége le jeune plant des ardeurs du soleil. D'autres conseillent de planter des lignes de topinambour au lieu d'arbrisseaux. Alors les tubercules du topinambour peuvent se mettre en place seulement 8 ou 15 jours avant qu'on exécute le semis de pins, ou bien en même temps. Leurs tiges et leurs feuilles, se renouvelant à chaque printemps, protégeront le jeune semis pendant plusieurs années, et fourniront une quantité prodigieuse de tubercules précieux pour la nourriture des bestiaux. Pendant ce temps, l'intervalle entre les lignes pourra être cultivé en légumes, pommes-de-terre ou autres plantes. Mais si la terre, au lieu d'être nue, était couverte d'herbages et d'arbrisseaux, on ouvrirait des rigoles profondes de 4 ou 5 pouces, larges de 7 ou 8, dans la direction et à la distance indiquées, et on sèmerait la graine de pin dans le fond des rigoles. Les herbages et les arbrisseaux protégeraient suffisamment le jeune plant. Ce dernier procédé est employé avec succès dans la forêt de Fontainebleau, concurremment avec un autre moyen encore plus économique, qui consiste à semer à la volée les graines de pin sur et au-travers des bruyères, et de donner la bruyère aux pauvres gens du pays à condition qu'ils l'arracheront de suite. Les graines se trouvent suffisamment enterrées par l'arrachage des bruyères, et le jeune plant assez protégé par les herbes qui restent et par les petits monticules de terre produits par l'arrachage. De quelque manière que l'on sème en place, il faut tâcher que les graines ne soient guère qu'à 5 ou 6 pouces l'une de l'autre; car, en supposant que toutes lèvent, il périra toujours beaucoup de jeunes plants pendant la première et la deuxième année.

Semis en pépinière. — Quand des difficultés ou quelque raison ne permettent pas d'exécuter le semis en place, on fait le semis en pépinière, c'est-à-dire dans un lieu très-circonscrit, en bonne terre douce, légère, à l'exposition du nord ou ombragée, sans cependant que la circulation de l'air y soit interceptée. On laboure et on ameublit bien la terre, on en nivelle la surface, on y sème en avril les graines de pin à environ un pouce de distance, et on les recouvre immédiatement de 3 ou 4 lignes d'épaisseur de terreau, ou mieux encore de terre de bruyère. Les soins de toute l'année se borneront ensuite à quelques arrosemens quand la terre devient trop sèche. On laisse ordinairement le semis 2 ans sur place, mais lorsqu'il réussit parfaitement on peut le repiquer à l'âge d'un an.

Premier repiquage.— Soit que l'on repique à l'âge d'un an ou de 2 ans, c'est toujours en avril ou mai, quand les pins entrent en sève, qu'il faut les repiquer. A cet effet on prépare par un bon labour, à la bêche ou à la houe, l'étendue de terrain nécessaire; on soulève les plants en passant obliquement une bêche au-dessous de ses racines; on les met dans un panier sans en secouer la terre, et on va sans perdre de temps les repiquer en lignes, à la distance de 12 ou 15 pouces l'un de l'autre, dans la terre préparée. Un temps couvert est le plus propre pour cette opération, et on donne un verre d'eau à chaque plant pour l'attacher à la terre où il restera pendant 2 ans, et recevra un labour chaque année et les sarclages nécessaires. Le repiquage a l'avantage de multiplier les racines du jeune plant, et d'augmenter les chances de succès lorsqu'il faudra le planter définitivement à demeure. Ce n'est pas que du plant non repiqué ne puisse jamais réussir; mais, quand les années ne sont pas favorables, il en meurt une grande partie. J'ai moi-même planté avec le plus grand succès des pins sylvestres, hauts de 8 à 10 pieds, pris dans la forêt de Fontainebleau, qui n'avaient jamais été repiqués; mais il m'a fallu employer des soins minutieux et des procédés dispendieux impraticables dans une grande plantation.

Deuxième repiquage.—Cette seconde opération ne peut pas être un repiquage proprement dit, c'est une transplantation, mais je conserve le mot consacré par l'usage. Le second repiquage n'est pas même toujours exécuté dans l'éducation des pins; cependant, comme il contribue à augmenter le nombre et les fibrilles des racines, c'est toujours une bonne pratique de l'exécuter. C'est même sous ce point de vue que j'ai conseillé de faire le premier repiquage à 12 ou 15 pouces de distance, car autrement il faudrait l'espacer davantage. Quand le premier repiquage a 2 ans ou même 3, s'il n'a pas crû avec vigueur, on prépare, par un labour convenable, un terrain double en étendue de celui qui le contient, et on y ouvre, à 4 pieds de distance, des trous de 8 à 9 pouces de profondeur sur 1 pied de largeur, disposés en lignes à 2 pieds l'un de l'autre, et de manière à former l'échiquier; ensuite, et toujours en avril ou mai, quand la végétation semble commencer, on passe une bêche sous les racines des jeunes pins, on les soulève par une pesée, on les enlève en motte, ou du moins avec une grande partie de la terre qui est entre leurs racines, et on va les placer dans les trous qui leur sont préparés. Cette fois-ci il est rarement besoin d'arroser; mais, pendant les 2, 3 ou 4 ans que ces jeunes arbres peuvent rester en place, on les entretiendra nets par de légers labours et des sarclages.

Plantation en place. — Les pins qui ont subi les deux opérations que je viens de décrire n'ont presque plus de danger à courir lorsqu'on les plante définitivement en place, parce que leurs racines seront moins longues, beaucoup plus ramifiées, et qu'on est sûr de pouvoir les enlever avec une motte plus ou moins considérable, ce qui est une grande sécurité pour le planteur. —Pendant les 2, 4, et même 6 années que les jeunes pins peuvent rester dans cette position sans souffrir, on a le temps d'aviser aux moyens de préparer le grand terrain où l'on veut définitivement les voir figurer, soit en avenue, soit en quinconce, en massif ou en forêt. Si l'on plante les pins de l'une des deux premières manières, c'est évidemment dans la vue de n'en retirer que de l'agrément pendant longues années; alors on espacera les arbres à 20 pieds l'un de l'autre. Dans le troisième cas, on peut avoir le même point de vue que dans les deux précédens, alors on plantera à la distance de 15 à 20 pieds; ou bien on peut vouloir en tirer profit en peu d'années, alors on plantera à la distance de 6 pieds. Quant à la plantation d'un grand bois ou d'une forêt de pins, c'est le profit qu'on a droit d'en attendre qui doit être le premier mobile; et pour que les frais puissent rentrer le plus tôt possible en attendant le profit, il convient de planter les arbres à 6 pieds l'un de l'autre et en lignes. — Lorsque les jeunes pins de la pépinière ont 4 ou 5 pieds de hauteur, il faut penser à les planter à demeure. Pour cela on leur préparera des trous profonds de 18 pouces sur 3 pieds de face s'ils sont carrés, ou 3 pieds de diamètre s'ils sont ronds, et on rejettera de la meilleure terre dans le fond des trous pour les réduire à la profondeur de 12 ou 14 pouces. Cette opération peut, ou plutôt doit se faire six mois, un an avant l'époque de la plantation, afin que la terre s'ameublisse et se bonifie. Quoiqu'on cite des exemples de plantations faites à l'automne qui ont bien réussi, il est toujours prudent de ne planter les arbres résineux qu'au moment où ils entrent en sève. Quand on les sort de terre plus tôt, leurs racines très-menues s'altèrent, pourrissent, et meurent en partie avant que la végétation vienne pour les ranimer dans leur nouvelle position. Si l'on a beaucoup à planter, il faut multiplier les bras pour que le tout soit terminé en 8 ou 15 jours, en temps opportun. Les trous étant préparés, on lèvera les pins de la pépinière, en prenant bien garde d'endommager ni de raccourcir leurs racines, entre lesquelles il devra rester beaucoup de terre, et on les transportera aux trous qui leur sont destinés pour les y planter avec les soins requis par l'expérience.

Manière de soigner et d'utiliser un semis ou une plantation de pins pendant les premières années. — Les jeunes pins, une fois à demeure, n'ont plus besoin de culture proprement dite, parce que leur ombre fait mourir les herbes qui se trouvent à leur pied; mais si des arbrisseaux s'élevaient au-dessus d'eux, il faudrait les en débarrasser. Dans un semis à demeure, les individus sont toujours beaucoup plus nombreux que la place et l'air ne le comportent, et les gros font mourir les petits, après en avoir souffert eux-mêmes pendant quelque temps. Il vaut donc mieux couper les petits rez-terre avant qu'ils soient étouffés, et en faire des bourrées, afin que les grands croissent plus à leur aise; et, en répétant cette opération tous les 2 ou 3 ans dans le commencement, et à de plus longs intervalles dans la suite, on prélude à rentrer dans ses frais. Cette espèce d'éclaircie, qui fait partie de l'aménagement des forestiers, s'appelle *jardiner, éclairci en jardinant,* et convient parfaitement aux pins. Elle se répète aussi souvent que les arbres paraissent se gêner réciproquement en croissant trop près les uns des autres; toujours on coupe près de terre les mal venant, les plus faibles, pour faire de la place aux plus beaux, aux plus élevés, jusqu'à ce que ceux-ci soient à 20, 25, 30 pieds les uns des autres, qu'ils jouissent de tout l'air convenable, et que rien ne les empêche d'atteindre le *maximum* de leur croissance. Pendant ces longues années on retire d'un semis ou d'une plantation de pins en forêt, des bourrées, des fagots, du bois à brûler, du bois de charpente, du goudron, en attendant que les gros arbres soient eux-mêmes en âge d'être abattus avec le plus grand profit.

Cette manière de semer et planter le pin sylvestre, d'en éclaircir le bois ou la forêt, est applicable aux autres pins indigènes à grande dimension, aux exotiques, lorsqu'ils ne craignent à aucun âge les rigueurs de nos hivers, au mélèze, au sapin et à l'épicéa. Si quelques-unes de ces espèces réclament de petits soins particuliers ou moins de précautions, j'en avertirai à leur article, comme je renverrai à celui-ci pour les généralités de leur culture.

Pin *d'Écosse* (*Pinus rubra,* Will.) (*fig.* 72). Celui-ci forme de grandes forêts en Ecosse; on l'indique aussi comme croissant naturellement dans les Alpes et dans les Pyrénées; les uns le considèrent comme une espèce distincte, et les autres comme une variété du pin sylvestre. Le fait est qu'on ne peut l'en distinguer par aucun caractère de quelque valeur, et que ses légères modifications ne sont dues qu'au climat. Les Anglais en font les mêmes usages que nous du pin sylvestre.

Pin *horizontal* (*Pinus horizontalis*). Autre variété remarquée depuis très-peu d'années parmi la précédente dans les forêts de l'Écosse. On la dit supérieure par les qualités de son bois, et divers auteurs l'ont déjà préconisée. Elle est encore inconnue en France. M. Soulange-Bodin l'a introduite depuis peu dans ses vastes pépinières.

Pin *mugho* (*Pinus uncinata,* De C.). Cette espèce croît dans les Alpes et les Pyrénées, où elle ne s'élève qu'à la hauteur de 12 ou 15 pi., et par conséquent ne mérite pas la culture.

Pin *nain* (*Pinus pumilla,* Waldst.). Croît dans le Jura, et mérite encore moins la culture que le précédent.

Pin *d'Alep* (*Pinus halepensis,* Desf.). Arbre peu garni, assez élégant, haut de 25 à 30 pieds, feuilles longues et fines, d'un vert glauque, réunies par deux ou par trois dans la même gaine. Il croît sur les deux rivages de la Méditerranée, en Provence, en Syrie et en Barbarie. De Candolle dit que c'est de lui qu'on tire exclusivement le goudron en Provence. Il est plus du ressort des jardins paysagers que de la grande culture.

Pin *pignon* (*Pinus pinea,* Lin.). Cette espèce croît dans les parties méridionales de l'Europe, et on la cultive peu en France. Son tronc devient gros, mais sa hauteur ne paraît pas devoir dépasser une cinquantaine de pieds, car il se forme naturellement une tête hémisphérique fort large, qui ne lui permet pas d'alonger sa flèche. Son écorce, à un certain âge, présente des stries en hélice qui indiqueraient que le bois de son tronc est tors, ce qui lui donnerait une grande force. Aussi Olivier dit-il qu'il sert exclusivement de mâture à la marine turque. Ses feuilles sont plus longues et d'un plus beau vert que celles du pin sylvestre, et ses cônes (*fig.* 73), gros

Fig. 72.

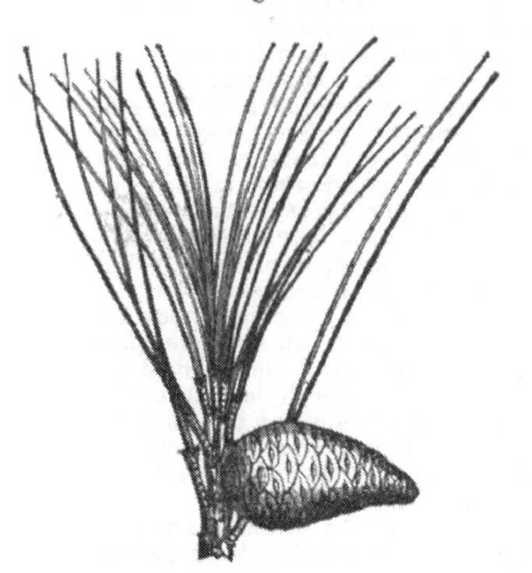

Fig. 73.

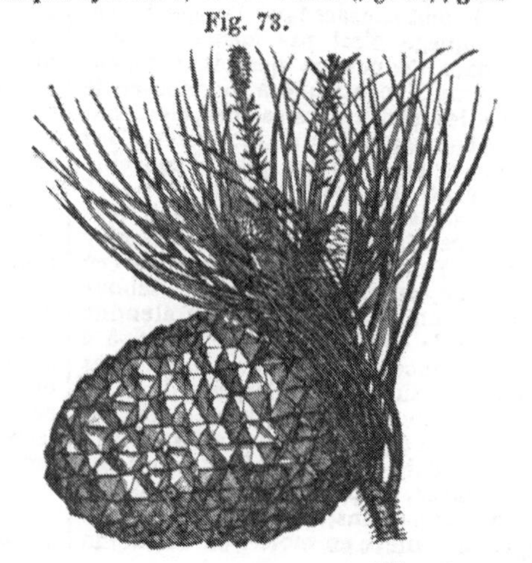

comme le poing, renferment des graines de la grosseur d'une pistache, qui sont trois ans à mûrir, et dont l'enveloppe osseuse et très-dure renferme une amande bonne à manger. Cet arbre est d'une croissance lente en hauteur, et ses jeunes semis craignent nos gelées fortes pendant 2 ou 3 ans, et ensuite les bravent assez bien.

Pin *maritime* (*Pinus maritima*, Lin.). Le pin maritime croît abondamment dans les landes de Bordeaux et le long de la Méditerranée; sa végétation est magnifique, et pendant sa jeunesse il est très-beau par ses nombreuses feuilles longues de 5 ou 6 pouces d'un vert tendre et très-grosses. Ses cônes (*fig.* 74), gros et longs de 4 pouces, servent

Fig. 74.

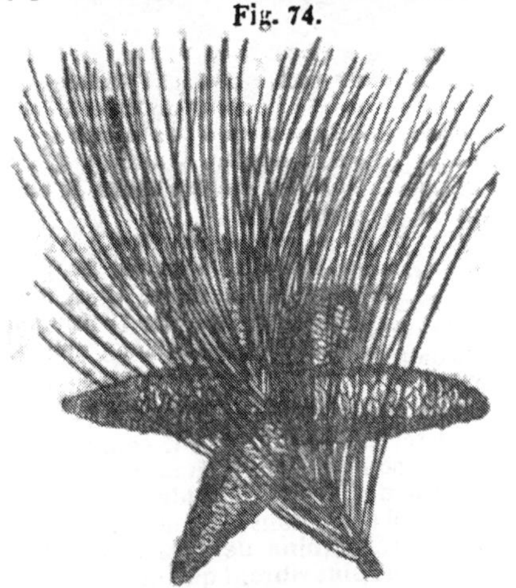

aussi à le faire reconnaître. Tant qu'il est jeune, il surpasse en hauteur les pins sylvestres de son âge; mais, après 50 ans, il se laisse dépasser en hauteur, quoiqu'il conserve toujours la supériorité en grosseur. Son tronc n'est jamais parfaitement droit, et ce défaut, joint à la qualité inférieure de son bois, le rendent impropre à la mâture; d'un autre côté il fournit beaucoup de bois de charpente, de bois à brûler, et on en retire une grande quantité de goudron dans les landes de Bordeaux. C'est aussi le pin qui fournit le plus de terreau par la décomposition de ses feuilles tombées, et qui, par ce moyen, contribue le plus à améliorer le sol où il vit long-temps. En 1822 et 1823, on a retiré aussi du goudron, autant que dans les landes, des pins maritimes semés dans la forêt de Fontainebleau en 1786, tandis que les pins sylvestres du même âge n'en ont pas voulu rendre du tout. Il existe une vingtaine de pins maritimes dans un parc à Louveciennes, près de Marly, qui paraissent bien avoir 100 ans. Ils sont admirables pour leur grosseur; leur écorce, extraordinairement épaisse et fort dure, est crevassée plus que celle d'aucun autre arbre que j'aie jamais vu. Cette espèce réussit difficilement au nord de Paris, où déjà nous sommes obligés de prendre quelques précautions pour en préserver les jeunes semis contre certains froids de l'hiver. Les grands individus souffrent aussi un peu dans les hivers rigoureux. Celui de 1829-1830 a fait tomber toutes les feuilles des pins maritimes de la forêt de Fontainebleau; mais les rameaux n'ont pas souffert. Ce ne serait donc pas sans danger que l'on exécuterait de grands semis en place pour en former un bois au nord de Paris; il vaudrait mieux semer en pépinière et repiquer ensuite, comme il est dit à l'article du pin sylvestre. On donne au pin maritime une ou plusieurs variétés sous les noms de *pin pinsot, pin du Mans, pin à trochet ou à grappe, petit pin maritime,* qui ne méritent pas d'être signalées dans cet ouvrage.

Pin *des Pyrénées* (*Pinus Pyrenaica*, De C.), **Pin** *écailleux* (*Pinus squamosa*, Bosc). Sont deux pins encore inconnus dans nos cultures; l'un se rencontre dans les Pyrénées et l'autre dans les Basses-Alpes.

Pin *de Corse* (*Pinus laricio*, Lin.). Celui-ci est très-préconisé parmi nous, et sa culture en grand est vivement conseillée par les meilleurs écrivains. C'est un arbre magnifique, non moins droit que le pin sylvestre, et qui le surpasse en grosseur et en élévation. Il est tout aussi rustique, et son éducation est absolument la même; ses feuilles, plus longues et tourmentées, lui donnent un aspect plus agréable; ses fruits (*fig.* 75) sont également plus gros et plus

Fig. 75.

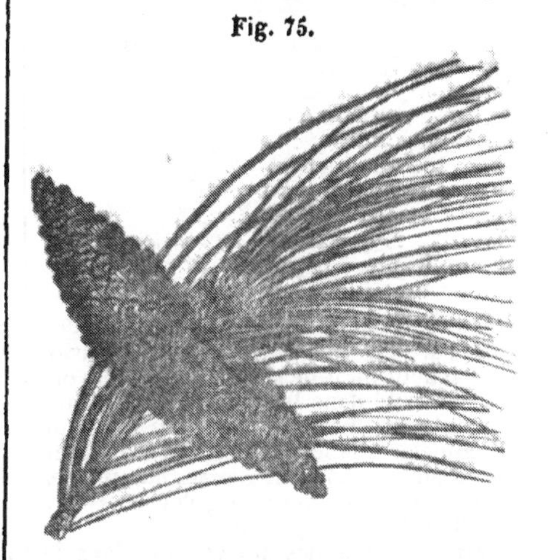

longs. Il paraît très-propre à la haute mâture; cependant des expériences faites à Toulon, pendant le blocus continental sous l'empire, tendent à faire penser qu'il ne vaut pas le pin sylvestre pour faire de grands mâts. En 1823, M. Larminat, alors conservateur de la forêt de Fontainebleau, a commencé à faire greffer dans cette forêt le pin laricio sur le pin sylvestre, par la greffe herbacée ou à la Tschudy. Depuis cette époque, on en exécute un certain nombre chaque année, et on compte maintenant dans la forêt plus de 12,000 laricio greffés de cette manière. Leur végétation dépasse celle des pins sylvestres non greffés. On dit que dans l'île de Corse les laricio s'élèvent à la hauteur de 140 pi. Les expériences faites à Toulon ont fait connaître qu'il a beaucoup d'aubier, et que cet aubier est accessible à la pourriture; cela tient sans doute à son développement plus rapide en grosseur et en hauteur que dans le pin sylvestre. Néanmoins, son *bois* est précieux pour les charpentes de grande dimension, et sa culture en grand, vu la rapidité de sa croissance, mérite toujours d'être encouragée. Son éducation est la même que celle du pin sylvestre.

PIN *de Caramanie.* On ne voit encore que quelques individus de cette espèce aux environs de Paris, et les botanistes soutiennent qu'elle n'est qu'une variété du pin laricio. L'arbre est plus touffu; mais, quoique très-robuste, sa croissance est lente, et il paraît ne devoir jamais atteindre la moitié de la hauteur du laricio; la grande culture ne doit donc pas s'en occuper.

Pins à cinq feuilles

PIN *cimbro* (*Pinus cimbra*, Lin.), *Alviès, tinier* (*fig.* 76). Cette espèce se trouve sur les Alpes,

Fig. 76.

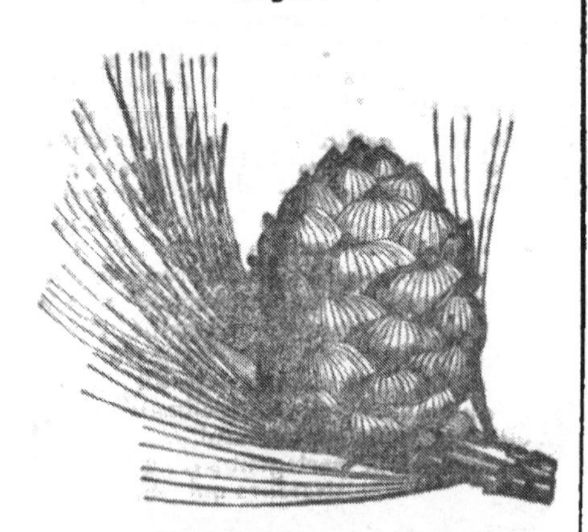

sur les montagnes de la Savoie et jusqu'en Sibérie. Partout, ainsi que dans nos cultures, il reste si petit qu'il ne sera jamais qu'un objet de curiosité dans les collections et dans les jardins d'agrément. Je n'en parle ici que pour rappeler que ses graines, dures comme celles du pin pignon, sont grosses comme des pois et bonnes à manger, et qu'on en retire une huile estimée en pâtisserie.

Il sera question des autres pins dans la Section suivante des *Arbres exotiques*.

SAPIN *commun* ou *à feuilles d'if* (*Abies taxifolia* Desf.; angl. *Norway fir, common spruce fir*; all. *Gemeine fichte, Rothtanne*; ital. *Abete*).—Ce genre ne contient que 2 espèces européennes et 3 ou 4 américaines qui puissent se cultiver à l'air libre sur notre sol. Celle dont il est ici question croît naturellement sur les montagnes élevées du nord de l'Europe, où elle forme de vastes forêts; elle est moins commune en France, quoique les Pyrénées, la Bourgogne et la Normandie en produisent d'assez fortes masses. C'est un très-bel arbre pyramidal, droit comme une flèche, et dont les branches, disposées par étages, s'étendent horizontalement, ainsi que leurs feuilles linéaires, longues de 8 à 12 lignes, échancrées au sommet, blanchâtres en dessous, disposées sur deux rangs aux côtés des rameaux. Ses fruits (*fig.* 77) sont presque cylindriques, longs de 3

Fig. 77.

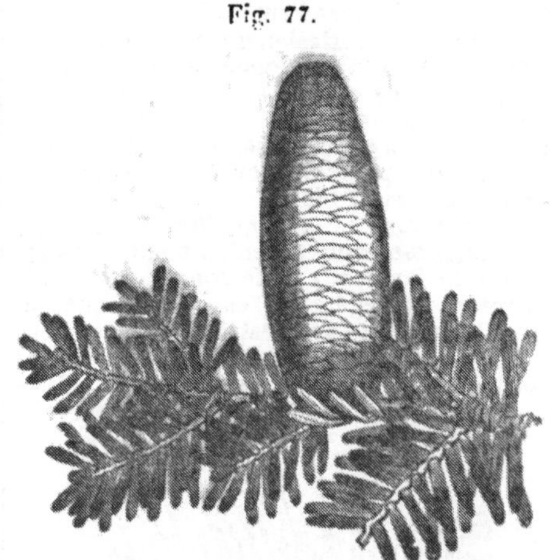

ou 4 pouces sur plus d'un pouce de diamètre, et se tiennent toujours verticalement sur les rameaux, comme ceux du cèdre. Ils mûrissent leurs *graines* dans la seconde année. La croissance de cet arbre est assez lente pendant ses premières années; mais bientôt sa flèche s'alonge avec vigueur, et l'arbre parvient à la hauteur de 100 pieds et davantage. Bosc dit même qu'un sapin de 50 ans peut avoir 120 pieds de hauteur. Son écorce est toujours lisse, et à certain âge il commence à se former, sous son épiderme, de grosses ampoules pleines de térébenthine, que l'on recueille et qui entre dans le commerce sous le nom de térébenthine de Strasbourg. Le *bois* du sapin est plus vibrant qu'aucun autre, puisque c'est celui qui transmet le mieux et prolonge le plus les sons formés par l'archet, sur les instrumens à cordes. C'est cette propriété, jointe à sa *légèreté*, qui le fait préférer par les luthiers. Il est d'ailleurs d'un service très-étendu pour la marine, la charpente, la menuiserie et la layeterie; et sa légèreté lui vaut souvent la préférence sur d'autres bois, dans différentes constructions. Son écorce sert à tanner les cuirs, où il est abondant, et les moutons sont friands de ses feuilles. La terre qui convient au pin sylvestre lui est également propre, et lorsqu'il croît dans les rochers, ses racines prennent aussi plus de longueur et de grosseur, et serpentent le long des roches enterrées pour en suivre le contour. Ce que j'ai dit de l'éducation du pin sylvestre convient au sapin.

SAPIN *épicéa* (*Abies picea* Desf.; ang. *Silver fir*; all. *Weisstanne, Edeltanne*; ital. *Epicea*). C'est sous les noms d'*épicéa, picéa, pesse*, que cette espèce est généralement connue. Elle croît naturellement dans le nord de l'Europe, sur les Alpes et dans les Vosges, et figure abondamment dans tous les jardins paysagers. C'est un arbre pyramidal, d'une croissance rapide, haut de 60 à 80 pieds, dont le tronc est droit comme une flèche et les branches courtes, très-ramifiées, d'abord horizontales et bientôt inclinées; les feuilles sont très-nombreuses, éparses, longues de 8 lignes, linéaires, sub-tétragones, aiguës et d'un vert sombre très-foncé; les cônes (*fig.* 78) sont pendans, sub-cylindriques, longs

Fig. 78.

de 4 à 6 pouces, sur 15 ou 18 lignes de diamètre. Le *bois* de l'épicéa a les qualités de celui du sapin. On en retire, par incision, de la résine, la poix de Bourgogne. Le semis, le repiquage et la plantation de l'épicéa se font comme ceux du pin sylvestre, et avec beaucoup de chances de succès, surtout dans la reprise; mais ses branches étant plus courtes, on le plante à une moindre distance. POITEAU.

SECT. II. — *Arbres forestiers exotiques.*

La théorie de la *naturalisation* des végétaux repose tout entière sur la connaissance des circonstances dans lesquelles chaque plante végète dans son pays natal, et sur la possibilité d'en obtenir ailleurs une imitation plus ou moins complète. Or, on sait que la température moyenne d'un lieu donné sur le globe est déterminée essentiellement par trois causes : 1° sa distance à l'équateur ou sa latitude; 2° son élévation au-dessus du niveau de la mer; 3° son exposition, soit au midi, soit au nord, soit aux vents habituellement chauds ou froids. La texture propre du terrain plus ou moins susceptible de s'échauffer, l'état de la surface du sol relativement aux forêts ou aux eaux qui le recouvrent, la position géographique des pays relativement à la forme générale des continens, la puissance de certaines causes locales de chaleur, comme des volcans, des sources d'eaux thermales, ou de froid, comme des glacières continuelles et des arrosemens d'eau provenant de la fonte des glaces, sont autant de circonstances qui, pour n'être que secondaires, ne sont pas moins influentes; mais leur action réunie est trop compliquée pour qu'il soit possible de déterminer avec rigueur la température d'un lieu donné autrement que par l'expérience. Et lors même que l'on parviendrait à connaître exactement les températures moyennes propres des pays réputés isothermes, la même température moyenne peut être distribuée très-inégalement entre les diverses saisons de l'année, et l'on conçoit sans peine que ce qui influe sur les végétaux, ce ne sont pas les moyennes, mais les extrêmes de la température : ainsi, que, dans un climat donné, il gèle seulement une fois par an, toutes les plantes qui craignent la gelée en sont naturellement exclues, lors même que le reste de l'année serait très-chaud.

Ces observations s'appliquent surtout aux *arbres que l'on veut transporter* d'un pays dans un autre pour en augmenter la richesse forestière, et où l'on a l'intention de les établir à demeure, de façon à ce qu'ils y prennent tous leurs développemens naturels, s'y propagent par leurs semences, et y subissent, sans altération de leurs qualités spéciales, les mêmes influences locales sous lesquelles vivent et prospèrent depuis des siècles les arbres indigènes ou d'autres arbres anciennement introduits, et qui ont subi sans inconvénient ces influences.

Il faut d'ailleurs distinguer soigneusement l'acclimatation de la naturalisation. *L'acclimatation* est l'acte par lequel on accoutume un être organisé à supporter une température ou un climat différent de celui dont il est originaire; la *naturalisation* est seulement un acte par lequel on transporte et on propage un être organisé dans un pays différent du sien. Personne ne peut nier la possibilité des naturalisations, et nos champs, nos bois et nos vergers leur doivent aujourd'hui leurs principales richesses; mais il y en a qui conservent des doutes sur les acclimatations des plantes proprement dites; et des faits très-multipliés portent à croire en effet que chaque espèce ne peut supporter qu'un degré de température déterminé par sa contexture; or c'est cette contexture que l'homme ne peut changer. On dit souvent qu'une plante nouvelle est acclimatée, tandis qu'elle est simplement naturalisée. De savans physiologistes ne partagent pas l'opinion de la plupart des cultivateurs qui pensent que les végétaux provenus de graines récoltées dans le pays où ils ont été introduits, sont plus robustes que ceux qui proviennent de graines étrangères. Ce serait donc seulement dans les résultats de la culture qu'il faudrait chercher des moyens et des exemples d'acclimatation réelle. En effet, la culture produit des variétés qui n'auraient probablement pas pris naissance dans l'état de nature, et qui ont ou peuvent avoir, dans la contexture de leurs tissus, des degrés inégaux de susceptibilité, quant à la température. Ces variétés sont principalement produites par l'hybridité, et leur production donne un grand intérêt à l'étude ou à la question des fécondations artificielles. Mais ce ne seraient pas même encore là des acclimatations parfaites, puisqu'en transplantant ces espèces sous un climat plus froid, on n'aurait fait après tout que substituer une race plus dure à une race plus délicate.

Nous avons cru devoir placer ces observations générales en tête des considérations que nous avons à présenter en faveur de la naturalisation ou de l'introduction des arbres forestiers exotiques dans les grandes plantations économiques de la France, afin d'éclairer et de fixer d'avance les esprits non pas sur les avantages de cette naturalisation faite en grand, ils ne peuvent pas être contestés, mais sur l'extrême facilité de sa réalisation, qui, déjà prouvée pour beaucoup d'espèces par une série d'observations qui remontent à près d'un siècle, ne doit point consister dans les tâtonnemens d'une acclimatation encore douteuse, mais dans l'extension indéfinie à donner à la propagation d'espèces déjà éprouvées, ou d'autres espèces dont les différentes analogies du climat, de l'exposition, du sol, de la constitution et de la manière de végéter, garantissent d'avance la réussite. La possibilité de la naturalisation de ces végétaux n'est plus un sujet de doute; mais il reste à généraliser ce qui a été fait seulement pour quelques espèces, à multiplier les individus et à les répandre à la surface de notre sol, selon la qualité du terrain, le climat et les besoins de la population : ces espèces étant toutes ou presque toutes susceptibles de se naturaliser en France, depuis le 42° degré jusqu'au 51°.

Mais la naturalisation est-elle utile? Elle l'est sans doute pour les progrès de la science; elle l'est encore pour notre agrément; elle l'est surtout pour notre utilité, car elle doit enrichir le pays de bois et autres substances végétales d'une utilité incontestable pour les besoins matériels de la société. Cependant, si le sol des Etats-Unis, profond, fertile, imbibé d'eau, excite dans les arbres indigènes une végétation d'une extrême vigueur, il faut convenir aussi que le bois de ces arbres est assez généralement lâche, poreux et mou, ce qui restreint beaucoup l'emploi qu'on en peut faire, et en diminue considérablement la valeur dans le sens que les économistes donnent à ce mot. Il semblerait donc, au premier coup-d'œil, que, pour la consommation, les végétaux des Etats-Unis ne pourraient soutenir la concurrence avec les nôtres; mais le changement de sol et de climat aura nécessairement une grande influence sur les produits et devra les améliorer. Tous les bois varient par cette influence, et si les espèces ont chacune des qualités qui leur sont propres, elles ont aussi une certaine disposition à se plier plus ou moins aux exigences des causes extérieures. On ne peut guère douter que les arbres de l'Amérique du nord, quand nous les aurons naturalisés chez nous, ne subissent cette loi, comme tant d'autres arbres exotiques. Déjà nous possédons un certain nombre de faits qui déposent en faveur de cette opinion. A la vérité, les arbres de l'Amérique du nord perdent certainement cette activité de végétation et de croissance, qui est le résultat prolongé de l'action du climat et du sol originaires; mais enfin ils la perdent, et ils éprouvent des modifications importantes, dont la principale est l'accroissement de leur densité; ils gagnent en solidité, tandis qu'ils perdent en volume, et il est fort probable que si on venait à des applications, la balance serait avantageuse au producteur et au consommateur.

Autre considération importante qui milite pour la naturalisation des arbres exotiques : notre sol, exploité depuis tant de siècles, est presque épuisé; toute la science du cultivateur ne lui rend pas ce qu'il a perdu et ce qu'il perd annuellement. Cela est vrai surtout pour les terres boisées. L'impérieux effet d'une consommation sans bornes diminue considérablement la masse des bois, en même temps que la reproduction constante des mêmes races dans les mêmes sols occasione des altérations qui influent sur la qualité des semences, et qui se manifestent par la détérioration graduelle des générations nouvelles. Il y a nécessité d'appliquer à la culture des arbres un système d'*assolement par hémisphère;* c'est un palliatif à l'épouvantable dégradation du sol dans les contrées de vieille civilisation. Nous devons être d'autant moins disposés à reculer devant les difficultés d'une telle entreprise, qui du reste ne peut s'achever que par les efforts continus de plusieurs générations, qu'il n'est pas une localité en France qui ne puisse développer quelque espèce américaine, tout aussi bien que telle que ce soit de nos espèces indigènes.

Enfin, il n'est point douteux que le *mélange* des races étrangères aux races du pays, ne donne lieu à une série indéfinie de croisemens naturels qui devront produire à la longue une foule d'espèces ou variétés améliorées.

Tels sont les principaux points de vue sous lesquels l'introduction des arbres forestiers exotiques dans les grandes plantations économiques mérite d'être considérée, comme moyen non-seulement d'accroître, d'étendre et de varier notre richesse forestière, mais aussi de contribuer à l'amélioration et à la régénération de nos bois.

Nous allons passer rapidement en revue les plus intéressans de ces arbres, en les divisant en deux groupes principaux : celui des arbres à feuilles pour la plupart caduques, et celui des arbres à aiguilles pour la plupart persistantes, qui comprend les arbres résineux.

Les arbres feuillus dont nous nous occuperons ici avec un détail proportionné à leur importance, sont les érables, les aunes, les bouleaux, les charmes, les châtaigniers, les micocouliers, les cerisiers, le plaqueminier, les hêtres, les frênes, le bonduc, les noyers, le tulipier, les peupliers, les chênes, les tilleuls et les ormes.

Les arbres résineux sont les sapins, les cyprès, les genévriers et les pins.

Tous les arbres compris dans cette nomenclature appartiennent à quelque partie de l'Amérique septentrionale. Il en est certains autres qui sont indigènes à d'autres régions du globe, et qui sont déjà ou méritent d'être naturalisés dans quelqu'un des départemens de la France. Tels sont l'aylanthe du Japon, le zelkoua de la Sibérie, etc. Nous en traiterons à la suite des premiers.

ART. Iᵉʳ. — *Arbres à feuilles caduques.*

1. ERABLE (*Acer*). — Sept espèces sont principalement dignes de mention.

ERABLE *blanc*, *A. eriocarpum* (en angl, *Withe maple*). On trouve cet arbre sur les bords de toutes les rivières qui coulent des montagnes à l'Océan, principalement sur les bords de l'Ohio et des rivières qui s'y déchargent, moins communément dans les parties méridionales des Carolines et de la Géorgie. Quoiqu'il se plaise ainsi dans le voisinage des eaux, il refuse de croître dans les marais ou terrains bourbeux. Il ne s'élève guère au-dessus de 25 pieds. Son *bois* est fi doux, plus léger que celui des autres espèces, propre aux ouvrages d'ébénisterie, aux incrustations, et à produire un charbon que les chapeliers préfèrent à tout autre pour le chauffage de leurs chaudières, à cause de l'uniformité de sa chaleur.

ERABLE *de montagne*, *A. montanum* (en angl. *Mountain maple*). Il abonde dans le Canada, la Nouvelle-Écosse, et le long de la chaine des Alleghanys. Sa taille, encore moins élevée que celle du précédent, ne permet pas de le cultiver dans des vues de profit. Cependant, greffé sur le sycomore, il prend un développement double de sa taille naturelle.

ERABLE *à feuilles de frêne*, *A. negundo* (en angl. *Ash-leaved maple*). Il est déjà commun en France; son *bois* est susceptible d'un beau poli; sa croissance rapide permettrait d'en tirer un bon parti pour le chauffage.

ERABLE *noir*, *A. nigrum* (en angl. *Black sugar maple*). Il tire son nom de la couleur sombre de ses feuilles, comparativement à celles de l'érable à sucre, avec lequel il croît mêlé. C'est un fort bel arbre de 40 à 50 pi. de haut, dont on tire aussi du sucre; il couvre, dans le Tennessée, quatre vallées immenses qui arrosent les grandes rivières de l'ouest, est regardé comme le meilleur bois de chauffage après les hickoris, et n'est pas beaucoup employé, parce qu'on trouve, dans les lieux où il abonde, d'autres arbres encore meilleurs que lui.

ERABLE *rouge*, *A. rubrum* (en angl. *Red flowering maple*). Il commence à se montrer vers le nord au 48e degré de latitude, devient plus commun en avançant vers le sud, et se trouve en abondance aux confins de la Floride et de la Basse-Louisiane. Il s'élève jusqu'à 70 pieds de haut sur 3 à 4 pieds de diamètre dans les parties marécageuses de New-Jersey et de la Pensylvanie. Dans les situations élevées, il croît aussi fort bien dans un loam sablonneux. Ses belles fleurs d'un pourpre foncé, épanouies 15 jours avant les feuilles, annoncent, les premières, le retour du printemps. Le *bois* de l'érable rouge sert à une foule d'usages intéressans. Son grain est fin et serré, et il prend, par le poli, une surface brillante et soyeuse. On en fait des jougs, et divers ustensiles agricoles. Les fibres, dans les vieux arbres, présentent quelquefois une disposition ondulée, qui produit, sous la main de l'ouvrier, des jeux singuliers de lumière et d'ombre, dont l'ébénisterie tire un grand parti. On extrait, par ébullition, de son tégument cellulaire, une couleur pourprée, qu'une addition de sulfate de fer change en bleu foncé et purpurin, et qui, unie à une solution d'alun, sert à teindre les étoffes en noir.

ERABLE *à sucre*, *A. saccharinum* (en angl. *Sugar maple*) (*fig.* 79). C'est le plus intéressant des érables américains. Il compose en grande partie les forêts qui couvrent les régions situées entre les 46e et 43e degrés de latitude, depuis le Canada jusqu'à l'état de Maine. Plus au sud, il est encore répandu dans le Tennessée, l'état de New-York, et les parties élevées de la Pensylvanie. Mais il devient rare ou est inconnu dans les parties basses de la Virginie, des Carolines, de la Géorgie, ainsi que

Fig. 79.

dans les états de l'Ouest. Il prospère dans les contrées montagneuses, où le sol, quoique fertile, est froid et humide; il s'élève quelquefois jusqu'à 80 pieds, mais sa hauteur commune est de 50 à 60. Ce bel arbre se distingue au loin par la blancheur de son écorce. Son *bois*, d'un tissu fin et serré, acquiert un poli, un lustre soyeux, et prend à l'air une certaine teinte rose. On l'emploie à une foule d'usages, et son charbon, d'une excellente qualité, est recherché pour les forges et dans l'économie domestique. Ce charbon est d'un cinquième plus pesant dans les états de Vermont, New-Hampshire et Maine, que dans les états plus au sud; preuve que le climat du nord lui convient mieux que celui du midi. Le *sucre* que l'on retire par l'ébullition et l'évaporation de sa sève est d'une grande ressource pour les habitans du nord, surtout ceux des nouveaux établissemens. Mais, comme ces établissemens nouveaux entraînent des défrichemens par suite desquels les forêts d'érable à sucre disparaissent, cette ressource diminue journellement, et le pays ne pourra bientôt plus être approvisionné que par les importations étrangères, ou par la culture de la canne à sucre dans les localités appropriées. Le parti que l'ébénisterie pourrait retirer de l'emploi de cet arbre, qui, par la disposition de ses fibres, égale souvent l'acajou, devrait seul engager à le cultiver en grand.

ERABLE *jaspé*, *A. striatum* (en angl. *Striped maple*). Son *bois* est employé en ébénisterie; mais la petitesse de sa taille le rend impropre aux constructions.

2. AUNE (*Alnus*). — AUNE *noir*, *A. glauca* (en angl. *Black alder*); et AUNE *commun*, *A. serrulata* (*Common alder*). Le premier atteint 18 à 20 pieds, le second reste à 8 ou 10. On emploie leur *écorce* pour teindre en noir les chapeaux et la laine.

3. BOULEAU (*Betula*). Nous en citerons cinq :

BOULEAU *noir*, BOULEAU-MERISIER, *B. lenta* (en angl. *Black birch*). Il abonde dans les états du centre, particulièrement à New-York, en Pensylvanie et en Maryland. Il prospère dans un sol profond, perméable et frais; il s'élève jusqu'à 70 pieds. Ses feuilles sont assez semblables à celles du merisier, d'où le nom sous lequel il est le plus connu. Il reçoit un beau poli, et possède une force assez considérable. Il est presque aussi estimé que le cerisier sauvage, et est recherché par les menuisiers, les ébénistes, les carrossiers, etc. C'est, en un mot, une des meilleures espèces.

Bouleau *jaune*, *B. lutea* (en angl. *Yellow birch*). On le confond souvent avec le précédent, auquel il ressemble beaucoup, et sa hauteur est la même; mais il passe pour lui être inférieur en qualité. Quoi qu'il en soit, on en fait de fort beaux meubles, des jougs pour les bœufs, des traîneaux, des cercles de barriques, etc. Son écorce est fort bonne pour le tannage, et son bois est un excellent combustible.

Bouleau *à canot*, *B. papyracea* (en angl. *Canoe birch*). Ce bel arbre est très-multiplié dans les contrées situées au nord du 43e degré de latitude, et entre le 75e degré de longitude occidentale et l'océan Atlantique : ce qui comprend le Bas-Canada, le New-Brunswick, l'état de Maine, le New-Hampshire et Vermont; il disparaît sous le 43e degré de latitude, et ne se trouve point dans la partie sud du Connecticut et sous Albany dans l'état de New-York. Il se plaît dans un *sol* fertile, qui est couvert de grandes pierres couvertes de mousse. Sa hauteur est de 70 pieds, ses branches déliées et flexibles, ses feuilles grandes et d'un vert foncé, et son aspect d'une grande élégance. Son *bois* parfait présente un grain brillant et une force considérable. On en fait des tables auxquelles on sait donner l'apparence de l'acajou, des incrustations d'ébénisterie et des ornemens de menuiserie. Il donne un excellent chauffage. Cet arbre, agréable et utile, mérite d'être introduit en grand dans la composition de nos bois et de nos jardins. Son écorce est employée à divers usages : on en fait du bardeau, des paniers, des boîtes, des portefeuilles. Divisée en feuilles très-minces, elle peut suppléer au papier; mais son plus important emploi est dans la construction de ces canots singuliers faits avec de grands morceaux cousus avec les racines fibreuses du White Spruce; assez solides pour servir à de longs voyages dans l'intérieur de la contrée, et assez légers pour être facilement transportés sur les épaules, d'un lac ou d'une rivière à l'autre; assez forts pour porter jusqu'à 15 passagers, et si bien travaillés qu'un canot capable de porter 4 personnes et leur bagage ne pèse pas plus de 40 à 50 livres.

Bouleau *à feuilles de peuplier*, *B. populifolia* (en angl. *White birch*). L'avantage de ce bouleau est de se trouver très-fréquemment dans les lieux qui manquent d'autres espèces de bois, où le sol est sec et maigre, et généralement épuisé par la culture. Il s'élève de 20 à 25 pieds; dans les localités humides, il en atteint de 30 à 35. On en tire de bon charbon et un bon chauffage quand on le brûle en vert.

Bouleau *rouge*, *B. rubra* (en ang. *Red birch*). Il ne croît point comme les autres espèces dans les forêts, mais on le trouve sur le bord des fleuves, en Pensylvanie, Maryland, Virginie, et la partie supérieure des Carolines et de la Géorgie. Dans cette situation, il se développe avec vigueur et s'élève jusqu'à 70 pieds. La couleur rougeâtre de son épiderme sur les jeunes arbres, est probablement l'origine de son nom. On l'emploie pour faire des écuelles, des baquets, des cercles, des barriques, etc.

4. CHARME (*Carpinus*). — **Charme** *d'Amérique*, *C. Americana* (en angl. *American hornbeam*). Un froid trop rigoureux lui est contraire, et il se plaît mieux dans les états du sud, où il s'accommode de toute espèce de *sol* et d'exposition, excepté les terrains longtemps inondés ou absolument stériles. Son *bois* est extraordinairement dur et serré; mais l'arbre ne s'élève qu'à 12 à 15 pieds, ce qui empêche d'en tirer parti, excepté quelquefois pour des cercles.

Charme *bois de fer*, *C. ostrya* (en angl. *Iron wood*). Sa croissance est très-lente; son *bois* est pesant, compacte, d'un grain très-fin. Ses qualités supérieures sont bien attestées par son nom; mais quoiqu'un peu plus grand que le précédent, ses dimensions sont trop petites pour qu'on en tire un grand parti. Il est excellent pour faire des dents de roues de moulin, des maillets, etc.

5. CHATAIGNIER (*Castanea*). — **Chincapin**, *C. pumila*. Le chincapin est borné au nord par la rivière de Delaware, et s'étend au sud jusqu'à celle des Arkansas. Il aime un *sol* frais et fertile, mais il s'accommode de tous, excepté de ceux qui sont couverts d'eau. Dans le sud il fructifie dans les terrains les plus arides. Son *fruit* a la grosseur d'une noisette, et son *bois*, dur, luisant et compacte, recherché pour les poteaux dont on fait un si grand emploi en Amérique pour les clôtures rurales, se conserve en terre plus de quarante ans.

Chataignier *d'Amérique*, *C. vesca* (en angl. *American chesnut*). Il ne s'étend pas au-delà du 44e degré de latitude, car il craint l'excès du froid. Des étés frais et des hivers doux sont ce qui lui convient le mieux. Il s'élève de 70 à 80 pieds, sur une circonférence de 15 à 16. Quoiqu'il ressemble, en général, au châtaignier d'Europe, les botanistes en ont fait une espèce distincte. Ses *fruits* sont plus petits et plus doux que ceux du châtaignier sauvage d'Europe. Le *bois* est fort, élastique, et résiste aux alternatives de l'humidité et de la sécheresse. Sa durée le rend extrêmement propre à faire des pieux et des barrières que l'on dit durer plus de 50 ans. Il est préférable pour les bardeaux à toute espèce de chênes. Exploité en merrain, il n'est bon que pour contenir des marchandises sèches, à cause de l'ouverture de ses pores. Il fait un mauvais chauffage et un bon charbon.

6. MICOCOULIER (*Celtis*). — **Micocoulier** *à feuilles épaisses*, *C. crassifolia* (en angl. *Hack Berry*). Grand arbre qui s'élève de 70 à 80 pieds, sur un diamètre disproportionné de 18 à 20 pouces, qui abonde sur les rives de la Susquehannah et du Potomac, et dans les contrées de l'ouest, dans toutes les vallées qui règnent le long des rivières, partout où le *sol* est fertile, depuis les bords de la Delaware, au-dessus de Philadelphie, au nord-est, jusque dans tout le Kentucky et le Tenessée. Les feuilles, les plus grandes du genre, ont 6 pouces de long sur 3 à 4 de large. Son

bois, fin et compacte, mais pas assez dur, n'est pas fort employé, à cause de son peu de solidité; mais il donne un excellent charbon.

MICOCOULIER *d'Occident, C. Occidentalis* (en angl. *American nettle tree*). Son *bois*, arrivé à maturité, est dur, compacte, souple et tenace, fait d'excellens cercles, des manches de fouet, des flèches de voitures, etc., ainsi que des ouvrages de sculpture. Il se développe, comme le précédent, dans les sols profonds, fertiles, ombragés et frais des états du milieu, de l'ouest et du sud.

7. CERISIER (*Cerasus*). — CERISIER *de la Caroline, C. Caroliniana* (en angl. *Wild orange tree*). On le trouve dans les îles de Bahama, et dans les îles le long des côtes des Carolines, de la Géorgie et des Florides. Il disparaît quand on s'éloigne de quelques milles des bords de la mer. Sa verdure persistante en fait le plus bel ornement de ces contrées, où il procure promptement aux habitans, qui le plantent autour de leurs maisons, un ombrage impénétrable; mais la petitesse de sa taille ne le rend propre à aucun usage économique.

CERISIER *boréal, C. borealis* (en angl. *Red cherry tree*). C'est un arbre du 3ᵉ ordre, commun dans les états du nord, le Canada et la Nouvelle-Ecosse, et tout-à-fait inconnu dans ceux du sud. Son *fruit* est extrêmement acide. Son peu de développement empêche d'en tirer parti dans les arts mécaniques.

CERISIER *de Virginie, C. Virginiana* (en angl. *Wild cherry tree*). Cet arbre est un des plus grands produits des forêts américaines; mais la rigueur du froid, l'excès de la chaleur, la grande sécheresse ou la grande humidité du sol, lui sont également contraires, et, suivant leur influence, défavorable ou propice, il s'arrête à 30 ou 40 pieds, ou s'élève jusqu'à 100, sur 12 à 16 de circonférence. Nulle part il n'est plus multiplié ni plus développé qu'au-delà des montagnes des états de l'Ohio, du Kentucky et du Tennessée, en Pensylvanie et dans la Virginie d'où il tire son nom. Son *fruit*, noirâtre quand il est mûr, est extrêmement amer. Son *bois*, compacte, d'un grain fin et brillant, d'une couleur rouge, qui devient plus foncée avec le temps, n'est point sujet à se déjeter quand il est bien mûr. La menuiserie et l'ébénisterie en font un emploi considérable; et, choisi près de la ramification du tronc, il offre des accidens qui le font rivaliser avec l'acajou. On le préfère au noyer noir, qui devient trop sombre à la longue. On l'emploie aussi dans le charronnage et dans la construction maritime.

8. PLAQUEMINIER (*Diospyros*). — PLAQUEMINIER *de Virginie, D. virginiana* (en angl. *Persicus*). Un froid vif est contraire à cet arbre, qui s'arrête aux rives du Connecticut, sous le 42ᵉ degré de latitude, et se propage à l'infini dans les forêts de l'ouest. Sa taille varie singulièrement, suivant la différence des sites; il fructifie abondamment dans les états du sud; mais son fruit, extrêmement âcre, n'est mangeable qu'après avoir été exposé à l'action du froid. Le *bois* est employé dans différens arts économiques. On le fait entrer dans la fabrication de la bière. L'écorce intérieure, extrêmement amère, est employée avec succès contre les fièvres intermittentes.

9. HÊTRE (*Fagus*). — HÊTRE *rouge, F. ferruginea* (en Angl. *Red beech*). Cette espèce de hêtre forme souvent des forêts très-étendues dans les états de Maine, New-Hampshire et Vermont, où elle s'est emparée de *terrains* fertiles et propres à la culture du blé. Il égale en diamètre, mais non en hauteur, le *Fagus sylvestris*, qui, sur les bords de l'Ohio, s'élève jusqu'à 100 pieds. Ses fleurs sont aussi plus petites; mais c'est surtout dans le bois que la différence est plus importante; car un hêtre rouge de 15 à 18 pouces de diamètre a seulement 3 ou 4 po. d'aubier et 13 ou 14 po. de cœur, et c'est l'inverse de cette proportion que présente le hêtre blanc. Son *bois*, plus fort, plus dur et plus compacte, est employé à une foule d'usages, et l'on tire de son fruit une excellente huile.

10. FRÊNES (*Fraxinus*).—On en trouve six dans les catalogues de culture :

FRÊNE *d'Amérique, F. Americana* (en angl. *White ash*). Le frêne d'Amérique ou frêne

Fig. 80.

blanc est une des espèces les plus intéressantes entre tous les arbres américains, par les qualités de son bois; et c'est le plus remarquable par la rapidité de sa croissance et la beauté de son feuillage. On le trouve en abondance dans le New-Brunswick et le Canada, au nord de la rivière d'Hudson, et il est plus commun dans le Tennessée que dans la partie sud de New-York, le New-Jersey et la Pensylvanie. Un *climat* froid paraît avoir plus de rapport avec sa nature que tout autre. Le bord des rivières, le pourtour des marais et les déclivités des coteaux environnans sont pour lui les situations les plus favorables. Il atteint quelquefois la hauteur de 80 pieds, et son tronc, parfaitement droit, a souvent 40 pieds sous l'embranchement. Son *bois* est ordinairement estimé pour sa force, sa souplesse et son élasticité, et on l'applique avec un très-grand avantage à une foule d'usages. M. MICHAUX n'hésite pas à donner la préférence au frêne blanc d'Amérique sur notre frêne ordinaire (*Fraxinus excelsior*); il le considère comme une des plus précieuses acquisitions pour les forêts du nord de l'Europe, et il fait remarquer que les Anglais, reconnaissant sa supériorité, en importent chez eux des quantités considérables, sous la forme de madriers, pour les besoins de leur marine.

FRÊNE *de la Caroline*, *F. platycarpa* (en angl. *Carolinian ash*). Voici une espèce qui est limitée aux états du Sud, où elle se plaît, plus que toutes les autres, dans une humidité constante et profonde; sa végétation est très-belle, mais sa taille, qui excède rarement 30 pieds, fait qu'il est peu recherché, quoiqu'il puisse être très-utilement employé dans les arts mécaniques.

FRÊNE *bleu*, *F. quadrangulata* (en angl. *Blue Ash*). Excellent arbre qu'on ne trouve que dans le Ténessée, le Kentucky et la partie sud de l'Ohio, où il acquiert, dans les *sols* riches qu'il demande, la hauteur de 60 à 70 pi. Il possède les propriétés caractéristiques du genre, et c'est le plus estimé de toutes les espèces qui appartiennent aux états de l'Ouest. On peut extraire de son écorce une couleur bleue, d'où peut-être il a tiré son nom. M. MICHAUX engage les Européens à l'introduire dans leurs forêts, en attendant, dit-il, que l'expérience ait appris si son bois égale ou même ne surpasse pas en bonté celui du *Fraxinus americana* et du *Fraxinus excelsior*.

FRÊNE *noir*, *F. sambucifolia* (en angl. *Black ash*). Il appartient aussi aux états du Nord, où il croît mêlé avec le frêne blanc; mais il demande un *sol* plus humide, et qui soit plus long-temps exposé aux inondations. Il s'en distingue, au premier coup-d'œil, par son écorce, qui est d'une teinte plus terne, moins profondément sillonnée, et par les feuillets de l'épiderme, disposés par larges plaques. Il est plus sensible aux alternatives de la sécheresse et de l'humidité; mais son bois, employé néanmoins à une foule d'usages, donne des cendres très-riches en alcali, et on en tire de grandes quantités de potasse. Ces diverses propriétés militent pour l'introduction en grand dans les plantations forestières de ce frêne, qui s'élève de 60 à 70 pieds.

FRÊNE *rouge* ou *tomenteux*, *F. tomentosa* (en angl. *Red ash*). Cette espèce est la plus multipliée de toutes en Pensylvanie, Maryland et Virginie. Elle se plaît dans les marais et les *lieux* fréquemment submergés. C'est un bel arbre, de la hauteur de 60 pieds, qui croît moins vite que le frêne blanc, mais dont le *bois*, d'un rouge brillant, possède à peu près toutes les qualités qui font rechercher celui-ci, excepté qu'il est un peu plus dur, et par conséquent moins élastique. Les jeunes pousses de l'année sont couvertes d'un duvet épais, qui, sur les arbres isolés, devient rouge vers l'automne. C'est probablement à cette double disposition qu'il doit les deux noms qu'il porte.

FRÊNE *vert*, *F. viridis* (en angl. *Green ash*). Arbre de 25 à 30 pieds, doué des mêmes qualités que les autres, mais qu'on emploie peu, à cause de ses petites dimensions.

Il existe encore dans l'Amérique septentrionale un grand nombre d'espèces de frênes, et l'on pourrait en trouver, à l'est du Mississipi, jusqu'à 30 qui mériteraient d'être introduits et cultivés en France. Dans l'Amérique, en général, comme en Europe, il n'est point d'arbre, après le chêne, qui soit aussi utile que le frêne, et il est beaucoup d'usages importans pour lesquels on essaierait vainement de le remplacer par d'autres, à raison de la force et de l'élasticité qu'il possède à un si haut degré.

11. BONDUC (*Gymnocladus*). — BONDUC *chicot*, *G. Canadensis* (en angl. *Coffee tree*). Cet arbre, dont le sommet est touffu, régulier et peu étalé, s'élevant sur un tronc droit et nu de 50 à 60 pieds, fait un effet très-pittoresque dans les jardins paysagers, offre un *bois* très-compacte, d'une teinte rose, que sa finesse rend propre aux ouvrages d'ébénisterie, et sa force, à ceux de construction. Il n'a presque point d'aubier, de sorte que son tronc peut être employé presque entier. Son écorce, en vert, est excessivement amère et mordante.

12. NOYER (*Juglans*). — On en compte dix, qui sont :

NOYER *à fruit amer*, *J. amara* (en angl. *Bitternut hickory*). Près de New-York et dans les plaines basses le long de l'Ohio, cet arbre s'élève de 70 à 80 pieds sur une circonférence de 10 à 12; mais il n'acquiert cette dimension que dans les très-bons sols, constamment frais et souvent inondés. Sa végétation est très-tardive, et ses feuilles ne se développent que 15 jours après celles des autres hickorys. Quand l'arbre a perdu ses feuilles, on le distingue toujours par ses bourgeons jaunes et nus. *L'amande* est âcre et amère, au point que les animaux ne la mangent pas. On en extrait une *huile* employée pour les lampes et pour d'autres usages communs. Son *bois* possède, quoiqu'à un degré inférieur, la force, la ténacité et l'élasticité qui distinguent si éminemment celui des autres hickoris.

NOYER *aquatique*, *J. aquatica* (en angl. *Water bitternut hickory*). Il croît toujours dans les *marais* et dans les fossés qui entourent les rizières. Son *bois*, à raison de cette circonstance, est inférieur à celui des autres hickorys.

NOYER *à beurre*, NOYER *cathartique*, *J. cathartica* (en angl. *Butternut*). Ce noyer s'élève, dans les sols qui lui sont favorables, à la hauteur de 50 à 60 pieds sur une circonférence de 10 à 12, mesurée à 5 pieds au-dessus du sol. Ses racines s'étendent presque à la surface de la terre, dans une direction sinueuse, jusqu'à la distance de 40 pieds; et le tronc se ramifie à une petite hauteur, plus horizontalement que les autres, et forme ainsi une large tête touffue qui donne à l'arbre un aspect très-remarquable. Les noix sont dures, oblongues, arrondies à la base et terminées au sommet en une pointe aiguë. *L'amande* est épaisse, huileuse, et rancit promptement. Il ressemble beaucoup dans sa jeunesse au noyer noir; mais, dans l'âge mûr, on observe dans leur *bois* des différences remarquables. Celui du noyer noir est pesant, fort et d'un brun foncé, tandis que celui du noyer cathartique est léger, de force moyenne et d'une teinte rougeâtre; mais ils possèdent en commun le grand avantage d'une longue durée et d'être à l'abri des vers. Les propriétés médicinales de l'écorce du *Juglans ca-*

thartica consistent dans une action purgative toujours sûre, toujours douce, dont les bons effets dans les dissenteries ont été reconnus. Si l'on perce le tronc de l'arbre durant le mois qui précède le développement des feuilles, il en découle une grande abondance de sève légèrement sucrée qui, par l'évaporation, donne un sucre inférieur à celui de l'*Acer saccharinum*.

Noyer *à écorce laciniée, J. laciniosa* (en angl. *Thick shellbark hickory*). Le nom spécifique de ce noyer lui vient du singulier arrangement de son écorce, divisée, à l'instar de celle du *Juglans squamosa*, en bandes d'un à trois pieds de long, repliées sur elles-mêmes aux extrémités, et tenant seulement à l'arbre par leur partie moyenne. Ces longues bandes écailleuses venant à tomber, sont bientôt remplacées par d'autres semblables. Il porte jusqu'à 80 pieds de haut sa large tête, qui est supportée par un tronc droit. Il abonde sur les bords de l'Ohio et des rivières qui s'y jettent, et ne se rencontre que rarement à l'est des Alleghanys.

Noyer *muscadier, J. myristicæformis* (en angl. *Nutmeg hickory*). Ce nom lui vient de la ressemblance de son fruit avec une muscade. Cette espèce est particulière aux états du milieu.

Noyer *noir, J. nigra* (en angl. *Black walnut*). Le noyer noir est déjà assez répandu en France et mérite de l'être bien davantage; il abonde à l'ouest des Alleghanys, dans la partie du Tennessée comprise entre les 77e et 79e degrés de longitude; il est très-multiplié dans les forêts des environs de Philadelphie; il se rencontre sur les rives du Mississipi, sur une étendue de 200 mille milles. Il se plaît dans les sols profonds, fertiles, frais, mais non pas inondés ou trop humides. Il atteint, sur les bords de l'Ohio, une élévation de 60 à 70 pieds; sa végétation puissante en fait un des plus grands et des plus beaux arbres de l'Amérique du nord. Son écorce est dure; *l'amande* est d'un goût agréable et doux, quoique fort inférieur à celui des noix d'Europe. Le cœur de son *bois* prend à l'air une teinte qui de violette devient noire : d'où probablement le nom qu'il porte. Il est très-fort, très-tenace, non sujet à se déjeter ou à se fendre, susceptible de recevoir un beau poli, et a en outre l'avantage d'être à l'abri des vers. On en fait de très-bon bardeau, d'excellens moyeux pour les roues; employé en poteaux pour les clôtures rurales, il reste 25 ans en terre sans pourrir; on l'emploie en fortes pièces dans l'architecture civile et navale; on se sert de son brou pour teindre les étoffes de laine. Le noyer noir est, en un mot, un des arbres les plus utiles, et on ne saurait trop le multiplier. La greffe de notre noyer commun sur le noyer noir offrirait divers avantages qui sont indiqués dans les *Annales de l'institut horticole de Fromont*.

Pacanier, *J. olivæformis* (en angl. *Pacanenut*) (*fig.* 81). Le pacanier est un fort bel arbre dont le tronc, droit et d'une belle forme, atteint dans les forêts de la haute Louisiane, des bords du Missouri et de l'Ohio, où il pousse avec une extrême vigueur dans les terrains frais et humides, une hauteur de 60 à 70 pieds,

Fig. 81.

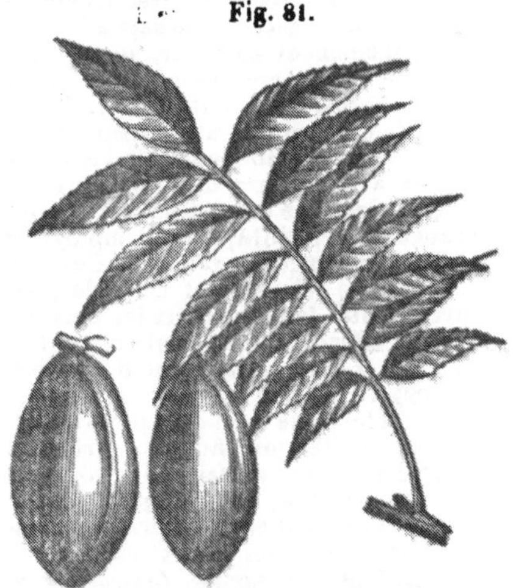

sur un diamètre proportionné. Ses *noix*, dont la coquille est unie et coriace, dont l'extraction est facile, dont le goût est fort doux, font l'objet d'un petit commerce entre la haute et la basse Louisiane, et on les exporte de la Nouvelle-Orléans aux Indes occidentales, et dans les ports des Etats atlantiques. Son *bois*, pesant et compacte, jouit d'une grande force et d'une grande durée; il est digne de toute l'attention de nos cultivateurs; et il n'est point douteux que, par une culture assidue, son fruit ne pût acquérir un grand degré de perfection.

Noyer *à cochon, J. porcina* (en angl. *Pignut hickory*). Portsmouth peut être considéré comme la limite de cet arbre vers le nord; il croît en abondance un peu plus au sud, et dans les parties atlantiques des états du milieu, il contribue à former la masse des forêts. On le rencontre aussi dans la partie de l'ouest; et, à l'exception de Vermont, New-Hampshire, et l'état de Maine, du territoire de Gennessée, et des plaines froides et autres sols qui s'étendent en suivant la chaîne des Alléghanys, il croît avec plus ou moins d'abondance dans toutes les forêts des États-Unis. Le *Juglans porcina* est un des plus grands arbres des forêts américaines. Mais la noix, petite et fort dure, contient une amande qui, quoique douce, est maigre et difficile à extraire. C'est le plus fort et le plus tenace de tous les *hickorys*, et, par cette raison, on le préfère à tous les autres pour les essieux et les manches de coignée. Cette considération en recommande éminemment la culture.

Noyer *écailleux, J. squamosa* (en angl. *Shellbark hickory*). De tous les hickorys, cette espèce parvient à la plus grande hauteur, proportionnellement à son petit diamètre, car on en trouve qui atteignent jusqu'à 80 et 90 pieds, et n'ont qu'une grosseur moindre de 2 pieds. Son nom est tiré de la disposition de son écorce, disposée en lames écailleuses. Dans le nord, sa taille reste basse et son fruit petit; mais on le trouve en abondance sur les bords du lac Erié, le long de la Mohawk, et sur les bords de la Susquehanoh et de la Schuyekill, dans la Caroline du sud, ainsi que dans les états de l'Ouest. La singulière exfoliation de son écorce sert à le faire distinguer facilement en hiver, quand il a perdu ses feuilles. Doué comme les autres hickorys, de force, d'élasticité et de ténacité, comme il s'élève à une grande hauteur sur un diamètre presque uniforme, on l'emploie quelquefois à la mâture des vaisseaux. Sa très-grande élasticité permet de le refendre avec beaucoup de facilité, et de l'employer à de nombreux ouvrages de vannerie. Ces qualités sont encore relevées par celle de pouvoir être planté dans les lieux les plus humides, qu'il affectionne particulièrement.

NOYER *dur, J. tomentosa* (en angl. *Mockernut hickory*). Le bois de cet arbre, de même texture et couleur que celui des autres hickorys, offre les qualités qui rendent ces arbres si remarquables, et on en fait un très-grand cas pour le chauffage, usage auquel tous les hickorys sont particulièrement propres et supérieurs à la plupart des autres arbres.

13. TULIPIER. — TULIPIER, *Lyriodendrum tulipifera.* Dans les états Atlantiques, et surtout très-loin de la mer, cet arbre magnifique s'élève de 70 à 80 et 100 pi. sur 2 à 3 pi. de diamètre; mais les états de l'Ouest sont ceux qui sont le plus favorables à sa végétation. C'est de tous les arbres à feuilles caduques, celui qui atteint les plus grandes dimensions, après le platane d'occident; mais il l'emporte de beaucoup sur lui, par la beauté de ses feuilles et de ses fleurs. Dans la jeunesse de l'arbre, son écorce est unie et lisse; ensuite elle commence à se fendre et à s'épaissir. Le cœur du *bois* mûr est jaune citron. Quoiqu'on l'ait classé dans les bois légers, il est plus pesant que les peupliers; également fin et plus compacte, son bois se travaille bien et peut recevoir un beau poli. Le cœur du bois, bien mûr et séparé de l'aubier, résiste long-temps aux influences de l'air, et n'est que rarement attaqué par les vers. Il est employé à une foule d'usages dans différentes parties de la construction, dans l'économie rurale, dans l'ébénisterie, etc. Quand il est très-sec, il reçoit et conserve très-bien la peinture.

14. PEUPLIERS (*Populus*). — On en compte huit, qui sont déjà plus ou moins répandus en France, savoir : le *P. angulata*, *P. argentea*, *P. Canadensis*, *P. candicans*, *P. grandidentata*, *P. Hudsonica*, *P. monilifera*, *P. tremuloïdes*.

Le premier, qui est le peuplier de la Caroline, se distingue entre tous par sa taille, qui est de 80 pieds, son port, sa tête étalée, et son magnifique feuillage. L'*argentea* et le *Canadensis* ont de 70 à 80 pieds; le *monilifera*, qui est le peuplier de Virginie, parvient encore à la hauteur de 60 à 70 pieds; mais le *candican*, qui est le baumier, s'arrête à celle de 40 à 50, et les trois autres sont encore moins grands. Les *bois* de tous ces peupliers sont inférieurs à celui du peuplier de Lombardie, et offrent les qualités analogues qui les font rechercher dans les arts ou pour le chauffage.

15. Les CHENES (*Quercus*). M. And. MICHAUX a observé et décrit 26 espèces de chêne croissant dans les diverses contrées de l'Amérique du nord. Nous ne décrirons que les 16 espèces que nous avons pu jusqu'ici réunir et observer à Fromont, ainsi que le chêne velani.

CHÊNE *blanc*, *Quercus alba* (en angl. *White oak*). Aucun des chênes américains (*fig.* 82) ne

Fig. 82.

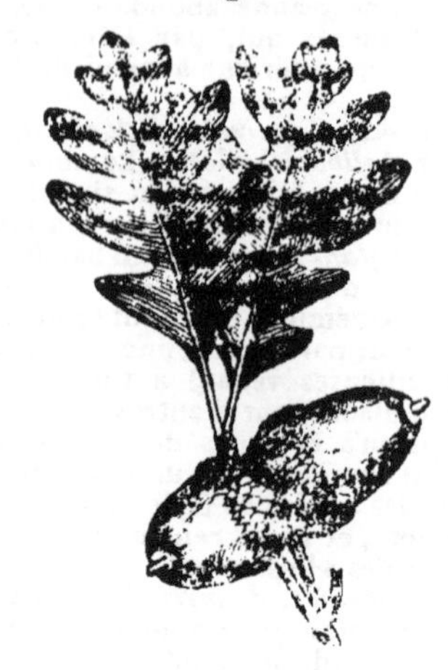

ressemble plus que celui-ci au chêne d'Europe, et notamment à la variété connue sous le nom de chêne pédonculé. On commence à le trouver, en remontant au nord, dans le district de Maine, par 46° 20' de latitude, et en suivant le cours de l'Océan, on le remarque encore sous celle de 28°, audelà du cap Cannavérali; il s'étend vers l'ouest, depuis les bords de la mer jusque dans le pays des Illinois, espace qui comprend à peu près 400 lieues carrées. Son nom vient de ce que son tronc se trouve revêtu d'une écorce très-blanche, parsemée de taches noires. Son *bois* est rougeâtre, et très-semblable à celui du chêne de l'ancien continent. Contrarié dans son développement par une température trop rigoureuse, un *sol* trop aride ou trop aquatique, ou même une fertilité trop grande, il s'élève, dans les situations qui lui conviennent, à la hauteur de 23 à 26 mètres. Il n'est guère d'usages auxquels on ne l'emploie, mais c'est surtout dans les constructions navales que cet arbre est nécessaire, et il est constant qu'aux Etats-Unis, il ne pourrait être avantageusement remplacé par un autre. Doué de beaucoup de force et d'élasticité, il résiste très-long-temps à la pourriture; et quoique moins pesant et moins compacte que le chêne d'Europe, de savans agronomes ne doutent point que, supérieur à celui-ci par son élasticité, il ne l'égalât en bonté sous tous les autres rapports, si on ne le mettait en œuvre que parfaitement sec, et si on l'élevait, soit en ligne autour des champs ou le long des routes, soit dans des endroits parfaitement aérés. Il est très-difficile de s'en procurer des glands sains : c'est ce qui fait que cet arbre précieux est encore si rare chez nous, où il mérite éminemment d'être introduit.

CHÊNE *gris*, CHÊNE *ambigu*, *Q. ambigua*, (en angl. *Grey oak*). Ce nom d'ambigu lui a été donné par les botanistes à cause de sa ressemblance avec le chêne rouge par son feuillage, et avec le chêne écarlate par son fruit. Hauteur 50 à 60 pieds.

CHÊNE *aquatique*, *Q. aquatica* (en angl. *Water oak*). Il croît dans la Virginie, la partie basse des Carolines, de la Géorgie et dans la Floride orientale. Il occupe les marais étroits qui entrecoupent les sables arides de ces déserts, et s'élève rarement au-dessus de 40 à 45 pieds. Son *bois* est fort dur, quoique moins souple et moins élastique que celui du chêne blanc.

CHÊNE *aquatique*, *Quercus Catesbæi* (en angl. *Barens scrub oak*). Confiné principalement dans les parties basses des Carolines et des Géorgies, il y croît dans des terrains trop maigres pour soutenir toute autre végétation. Il ne s'élève, dans ces déserts improductifs, qu'à 25 pieds; mais comme il est reconnu pour produire le meilleur bois de chauffage, non seulement le chêne de Catesby serait une très-précieuse introduction pour nos landes, où jusqu'à présent on n'a songé à multiplier que les arbres verts, mais il conviendrait également à beaucoup d'autres terrains, dont les arbres verts eux-mêmes ne s'accommoderaient pas. Il est très-difficile de s'en procurer des glands.

CHÊNE *écarlate*, *Quercus coccinea* (en angl. *Scarlet oak*). On commence à voir ce bel arbre dans les environs de Boston, mais il abonde surtout en Pensylvanie, en Virginie, et dans la partie haute des Carolines et de la Géorgie; il s'élève à plus de 80 pieds de haut, se fait remarquer par la couleur écarlate brillante que son feuillage prend à l'automne, et qui le rend éminemment propre chez nous aux jardins d'ornement. Son *écorce* sert à faire du tan, et son *bois* principalement à faire des douves.

CHÊNE *blanc des marais*, *Q. prinus discolor* (en angl. *Swamp white oak*). Le nom latin est tiré de la couleur de ses feuilles, qui sont d'un beau blanc argenté en dessous, et d'un vert brillant en dessus; le nom anglais, du *sol* qu'il préfère, et de son analogie avec le chêne blanc, qu'il égale en force et surpasse en élasticité et en pesanteur. Sa rareté seule ne permet pas de l'employer habituellement dans les arts. Il végète avec vigueur et s'élève à 70 pieds.

CHÊNE *à feuilles en faux*, *Q. falcata* (en angl. *Spanish oak*). Ses feuilles se rapprochent beaucoup de celles du vélani, qui croît en Espagne. Il s'élève à plus de 80 pieds. Le tan de son écorce employé pour les gros cuirs, les rend plus blancs et plus souples, et l'on croit que le cuir s'améliore encore par l'addition d'une petite quantité d'écorce de l'hemlock spruce, *Abies Canadensis*.

CHÊNE *à feuilles en lyre*, *Q. lyrata* (en angl. *Overcup oak*). Le nom anglais de cette intéressante espèce est tiré de la forme de sa cupule par laquelle le gland est presqu'entièrement recouvert. Il croît dans la partie basse des Carolines et de la Géorgie, sur les bords du Mississipi, dans la basse Louisiane et dans la Floride orientale, dans des situations plus humides que toutes les autres espèces de chênes américains. Il atteint ainsi sur les bords de la Savannah, une hauteur de 80 pieds, sur une circonférence de 8 à 12. Son *bois*, quoiqu'inférieur à celui du chêne blanc, est plus compacte qu'on ne le supposerait d'après la nature du sol où il croît.

CHÊNE *à gros glands*, *Q. macrocarpa* (en angl. *Overcup white oak*). Cette intéressante espèce est très-multipliée au-delà des *Alléghanis*, dans les fertiles districts de Kentucky et de West-Tennessée, et dans la haute Louisiane, auprès du Missouri. Ses feuilles sont plus grandes, et ses glands, de forme ovale, contenus aux deux tiers dans une cupule épaisse, garnie de filamens déliés et flexibles, sont beaucoup plus gros que ceux des autres espèces de chênes des États-Unis. Il est digne d'attirer l'attention des amateurs d'arbres étrangers, par la grandeur de ses feuilles et la grosseur de ses glands, et mérite d'être introduit en nombre dans les jardins paysagers.

CHÊNE *châtaignier des rochers*, *Q. montana*, *Prinus monticola* (en angl. *Rock chesnut oak*). Il est rarement mêlé avec les autres espèces dans les forêts, et croît seulement dans des lieux très-élevés, dont le sol est rocheux ou pierreux. Il abonde sur les bords escarpés et rocailleux de la rivière d'Hudson, et sur les rives du lac Champlain, encore plus sur les hautes collines qui flanquent les monts Alléghanis, dont la surface est presque totalement couverte de pierres. Il porte à la hauteur de 20 mètres une belle tête étalée; il réussit très-bien dans les environs de Paris, et mérite de fixer l'attention des planteurs, soit parce qu'il affecte de croître dans des terrains pierreux et non cultivés, soit pour les bonnes qualités de son bois, qui est, après celui du chêne blanc, le plus estimé pour la construction des vaisseaux, et après celui de l'hyckory, le plus estimé pour le chauffage.

CHÊNE *à poteaux*, *Q. obtusiloba* (en angl. *Post oak*). Ce très-excellent arbre porte le nom de *Post oak* (chêne à poteaux), tiré de son emploi le plus étendu, et celui d'*Iron oak* (chêne de fer), expressif de la dureté de son *bois*. Quoique sa hauteur excède rarement 15 mètres, et que son tronc se divise très-promptement en branches très-étalées, qui lui donnent un aspect caractéristique, l'avantage qu'il a de croître très-bien dans des terrains secs et maigres, tels que ceux où on le trouve dans le New-Jersey, le Maryland, la Virginie, jusqu'aux rives escarpées de l'Hudson, près New-York, doit engager à le multiplier; et il réussira très-bien dans nos départemens de l'ouest et du midi, où ces sortes de terrains abondent.

CHÊNE *blanc châtaignier*, *Q. prinus palustris* (en angl. *Chesnut white oak*). Dans les terrains frais, profonds et fertiles, il s'élève jusqu'à 90 pieds sur un diamètre proportionné, et son tronc, parfaitement droit et dégarni de branches, conserve le même diamètre jusqu'à 50, et se termine par un sommet très-vaste et très-touffu. Aussi mérite-t-il d'être placé au premier rang des arbres les plus beaux de l'Amérique septentrionale, et produira-t-il certainement un jour un magnifique effet dans les jardins paysagers. Son *bois* est fort recherché pour le charronnage et autres usages économiques qui requièrent de la force et de la durée, et il donne un bois fort estimé pour le chauffage.

CHÊNE-*saule*, *Q. phellos* (en angl. *Willow oak*). Parvenu à une certaine force, il fait dans les jardins d'agrément un effet assez pittoresque, par son feuillage vraiment singulier pour un chêne; mais sous le rapport de l'utilité il est sans intérêt.

CHÊNE *rouge*, *Q. rubra* (en angl. *Red oak*). Son parfait développement demande un climat froid et un sol fertile. Son *bois* est grossier et d'une qualité médiocre. On en fait du merrain pour le transport des marchandises sèches. Ses glands sont abondans et recherchés par les animaux. On fait un grand usage de son écorce pour le tannage des cuirs. Il est depuis long-temps introduit en France, où il contribuerait, s'il y était plus abondant, à l'ornement des jardins paysagers; car c'est un grand arbre qui porte à 80 pieds de haut une cime étalée et majestueuse.

CHÊNE *quercitron*, *Q. tinctoria* (en angl. *Black oak, Quereitron oak*). Ce chêne (*fig.* 83)

Fig. 83.

atteint la hauteur de 27 à 30 mètres, et n'a pas besoin, pour prospérer, d'un terrain aussi bon que le chêne blanc. On en trouve de très-beaux dans le sol maigre et graveleux qui caractérise certains districts de la Virginie. Excepté l'Etat de Maine, et les parties septentrionales de ceux de New-Hampshire, Vermont et Tennessée, on le trouve dans tous les Etats-Unis des deux côtés des monts Alléghanis. Son *bois*, rougeâtre et d'un grain grossier, fournit une grande quantité de douves propres au transport des marchandises sèches; et l'on assure qu'il donne le meilleur bois de chauffage après les hyckorys. L'écorce est généralement employée pour le tannage des cuirs, parce qu'elle est très-riche en principe tannin; seulement elle donne au cuir une couleur jaune qu'on est obligé de faire disparaître par un procédé particulier. C'est de la partie cellulaire de cette écorce que l'on retire le quercitron, dont on fait un si grand usage pour teindre en jaune la laine, la soie et le papier de tenture. C'est le docteur BANCROFT qui, le premier, a appliqué cette substance à la teinture, et lui a donné le nom sous lequel elle est universellement connue. On peut lire dans les Annales de Fromont les détails de ce procédé. Le quercitron peut être substitué à la gaude pour les différentes nuances qu'on veut donner à la soie. La haute élévation à laquelle ce chêne parvient, la rapidité de son accroissement, même dans un mauvais sol et dans les pays les plus froids, la propriété précieuse de son écorce : tous ces titres le recommandent auprès des planteurs forestiers.

CHÊNE *vert*, *Q. virens* (en angl. *Live oak*). Le climat devient déjà assez doux pour cet arbre près de Norfolk, d'où il s'étend le long de la côte jusqu'à l'embouchure du Mississipi. L'air de la mer semble essentiel à son existence, car on le trouve rarement dans l'intérieur, et jamais au-delà de 15 à 20 milles du rivage. Il ne s'élève guère qu'à 15 ou 18 mètres; mais son *bois* est fort pesant, très-compacte, d'un grain fin et serré. Incomparablement plus durable que le meilleur chêne blanc, il est, à juste titre, très-estimé pour les constructions navales. Sa longue durée, lorsqu'il est très-sec, le fait employer presque exclusivement pour la charpente supérieure des vaisseaux. L'écorce donne un excellent tannin, et le bois est très-estimé pour le chauffage. Le chêne vert va bientôt disparaître de son pays natal, sous les coupes considérables que l'on en fait aux Etats-Unis; il serait donc une acquisition vraiment précieuse pour la partie maritime des départemens méridionaux de la France, et pour les contrées analogues de l'Italie, où sa réussite doit être regardée comme certaine.

CHÊNE *Velani* (*Q. Ægylops*, Lin) (*fig.* 84).

Fig. 84.

C'est un chêne qui croît dans la Grèce, dans la plupart des îles de l'Archipel et sur la côte occidentale de la Natolie, et qui mériterait qu'on l'introduisit dans nos forêts, surtout dans le midi de la France, à cause de l'emploi de la cupule de son fruit dans les arts. Cet arbre a le port de nos chênes communs, mais les feuilles ont un court pétiole, et offrent sur leurs bords des lobes anguleux et mucronés; elles sont coriaces, lisses en dessus et légèrement pubescentes à leur face inférieure. Le fruit est extrêmement gros et la cupule surtout très-volumineuse. Cette cupule est connue dans le commerce sous le nom de *Velanède* ou *Avelanède*. Elle contient une très-grande quantité de principes astringens; aussi, en Orient, en Grèce et dans plusieurs autres pays de l'Europe, on l'emploie fréquemment comme la noix de galle, soit à la préparation des cuirs, soit dans la teinture en noir.

16. TILLEULS (*Tilia*). Ils sont au nombre de trois, le *Tilia alba* (en angl. *White lime*); le *T. Americana* (en angl. *American lime*); et le *T. pubescens* (en angl. *Downy lime-tree*).— Le premier, qui excède rarement la hauteur de 40 pieds, est très-répandu dans les Etats-Unis du milieu et de l'ouest; il n'est presque d'aucun usage dans les arts. Le second se trouve dans le Canada, et est plus commun dans les parties septentrionales des Etats-Unis, où il porte vulgairement le nom de *Bass-Wood*; il croît dans des terrains profonds, perméables et fertiles, et s'y élève à plus de 80 pieds. Le tronc est couvert d'une écorce très-mince; on fait avec cette écorce macérée des cordes à puits. Le *bois* est blanc et tendre, et sert aux mêmes usages qu'en Europe. Le troisième appartient au contraire aux parties méridionales; il se plaît sur les bords des rivières des grands marais qui ne sont point sujets à inondation; il ne s'élève guère qu'à 40 ou 50 pieds, est peu répandu et n'est d'aucun usage.

17. ORMES (*Ulmus*). — Trois espèces d'ormes sont particulières à l'Amérique du nord.

ORME *ailé*, *U. alata* (en angl. *Wahoo*). Il croît exclusivement dans les parties basses maritimes des Etats du sud, sur le bord des rivières et dans les grands marais qui entrecoupent les landes pinières. C'est un arbre de moyenne stature, dont le grain est assez fin, et le bois plus pesant, plus compacte et plus fort que celui de l'*Ulmus Americana*. Il abonde en aubier, et ne paraît pas propre à quelque usage. Le nom d'*alata* lui vient d'appendices fongeux, opposés, dont les branches de l'arbre sont garnies dans toute leur longueur.

ORME *d'Amérique*, *U. Americana* (en angl. *White elm*) (*fig.* 85). Il se trouve sur une vaste étendue du continent de l'Amérique du nord, mais c'est entre le 42ᵉ et le 46ᵉ degré de latitude qu'il est le plus multiplié et atteint la plus grande taille qui est de 80 à 100 pieds. Il se plaît dans les sols bas, humides et substantiels. On remarque dans cet arbre une singularité unique : deux petites branches de 4 ou 5 pieds de long croissent dans une position renversée, près de la première ramification, et descendent le long du tronc, qui est couvert d'une écorce blanche, tendre, profondément sillonnée. Il diffère essentiellement de l'orme d'Europe par sa fleur et par ses semences. On se sert à New-York de son bois pour les moyeux des roues de voiture, mais on ne l'emploie ni dans les constructions civiles ni dans les constructions navales. Son écorce, préparée et assouplie dans l'eau, sert à faire le fond des chaises communes. Il brûle bien, et ses cendres sont très-alcalines.

Fig. 85.

ORME *rouge*, ORME *gras*, *U. rubra* (en angl. *Red* ou *Slippery elm*). Arbre de 50 à 60 pieds de haut, qui se distingue de l'*Ulmus Americana*, par ses bourgeons qui sont plus grands, plus ronds, se développent quinze jours plus tôt, et sont couverts d'un duvet roussâtre. Ses feuilles, doublement denticulées, sont aussi plus grandes, plus épaisses et plus rudes, et ont une odeur agréable. Les graines ressemblent beaucoup à celles de l'orme d'Europe; le bois parfait est moins compacte que celui de l'orme d'Amérique, et d'une teinte rouge foncé. Au total, on le regarde comme meilleur que celui-ci, et les Etats de l'ouest en font une grande consommation pour les constructions civiles, et quelquefois pour celles de leurs vaisseaux. L'écorce est très-mucilagineuse.

SOULANGE-BODIN.

18. PLANÉRA *crénelé* (*Planera crenata* Gmel.) (*fig.* 86). C'est dans la famille des *Amentacées*, entre les micocouliers et les ormes, qu'il faut placer le planéra ou *Zelkouha*, arbre originaire des bords de la mer Caspienne, et introduit en France il y a une soixantaine d'années. Parvenu à son entier développement, c'est un arbre de la première grandeur, qui s'élève à 70 ou 80 pieds, sur 10 à 12 de circonférence. L'écorce qui couvre le tronc n'est jamais crevassée; même dans les vieux arbres, elle reste unie et d'un vert grisâtre ou un peu rougeâtre, s'exfoliant par petites plaques. Ses fleurs sont petites, verdâtres, de peu d'apparence, placées par groupes aux aisselles des feuilles de l'année précédente, et elles se développent un peu avant les nouvelles; elles sont dépourvues de corolle, les unes unisexuelles, les autres hermaphrodites, à 4 ou 5 étamines et à ovaire terminé par deux stigmates. Le fruit est une

petite capsule sèche, à deux loges contenant chacune une graine.

Fig. 86.

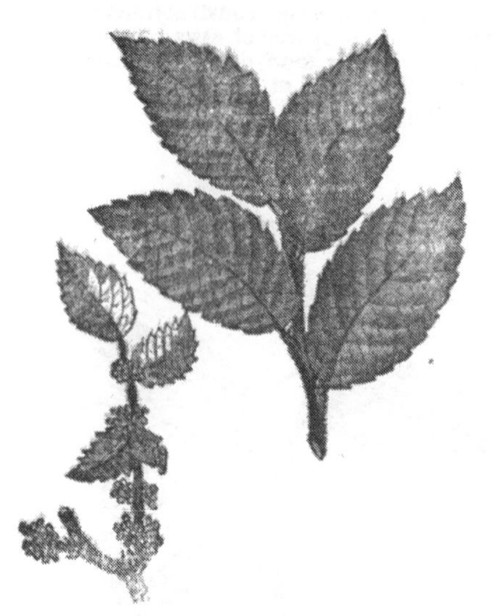

Nous possédons dans les jardins des planéras d'une assez grande dimension; en 1820, on abattit le premier arbre de cette espèce qui, probablement, ait été cultivé en France, dans le jardin de feu Lemonnier, situé au Petit-Montreuil, près de Versailles: il avait environ 70 pieds d'élévation, sur près de 7 de circonférence à hauteur d'homme. Maintenant on voit un autre planéra planté au Jardin du Roi, en 1786, lequel a, aujourd'hui 30 janvier 1834, 3 pieds 10 pouces 1 2, mesuré à la hauteur de 5 pieds, et au moins 40 pieds d'élévation. Un troisième Planéra, qui existe dans le parc de la Malmaison, près de Ruelle, a les mêmes dimensions que celui du Jardin des Plantes, et il est probablement plus jeune. L'arbre de Lemonnier, quoiqu'il ait donné pendant long-temps des fleurs, et que les deux autres en produisent abondamment chaque année au commencement du printemps, n'ont jamais rapporté de bonnes graines, de sorte qu'on n'a pu jusqu'à présent multiplier cette espèce qu'avec des graines venues du pays, ce qui a été fort rare, et que le plus souvent on a été obligé, pour la propager, d'employer la ressource des marcottes et de la greffe. Les marcottes, selon M. Camuzet, sont 2 ans à s'enraciner, et c'est plus généralement par la greffe sur l'orme, soit en fente, soit en écusson, lesquelles reprennent facilement toutes les deux, qu'on multiplie le planéra. Mais ce mode de propagation étant toujours plus long et moins économique que la voie des semis, il s'ensuit que cet arbre est loin d'être aussi répandu que les bonnes qualités de son bois doivent faire désirer qu'il le soit.

On verra dans le mémoire que nous avons publié sur le planéra, et dont nous avons extrait une grande partie de cet article, que la croissance de cet arbre est d'un tiers plus rapide que celle de l'orme, et cependant son bois est plus fort et plus dur; il est aussi d'une couleur plus foncée, un peu rougeâtre. Quoique assez difficile à travailler au rabot, il est cependant susceptible de prendre un beau poli. Il paraît propre par sa ténacité à faire des moyeux, des maillets, et comme il est très-élastique, il serait bon pour des brancards et des limons de voitures. Employé depuis long-temps, il n'est pas sujet à être piqué des vers; il se conserve long-temps en terre et dans l'eau; exposé à l'air il résiste bien aux alternatives de la sécheresse et de l'humidité. Dans les pays où il croît naturellement, les habitans s'en servent pour faire la charpente des maisons et les planchers des appartemens. C'est aussi le bois le plus employé pour meubles, parce qu'il est d'une couleur assez agréable, qu'il est bien veine, et que le grain en est dur et fin. Avec toutes ces bonnes qualités ce bois doit être excellent pour le chauffage.

Le planéra pourrait être employé avec beaucoup d'avantage pour être planté en avenues sur les bords des routes et sur les places publiques; il serait d'un grand produit lorsqu'il aurait acquis assez de grosseur pour être abattu; il n'est d'ailleurs pas difficile sur la nature du terrain; il paraît pivoter et ne pas tracer comme l'orme.

Ses feuilles ne sont pas sujettes, comme celles de l'orme, à être mangées par les vers, et son tronc, comme celui de cet arbre, à être affecté d'ulcères chancreux, qui dans ce cas rendent son bois impropre aux différens usages auxquels il est habituellement employé. En effet, le nombre des ormes chez lesquels cette maladie existe est si considérable, que sur certaines routes qui en en sont bordées, le dixième en est attaqué. Le zelkouha mérite donc à plus d'un titre d'attirer l'attention des grands propriétaires ruraux, de l'administration des eaux et forêts, et surtout de celle des ponts et chaussées, chargée principalement de la plantation des grandes routes; car c'est certainement l'espèce d'arbre qui, sous tous les rapports, est le plus approprié à cet usage. André MICHAUX.

19. VERNIS *du Japon*.—AYLANTHE (*Aylanthus glandulosa*). Ce grand arbre, originaire de la Chine et du Japon, et introduit en Europe en 1751, mérite d'être considéré ici sous le rapport de l'utilité qu'il aura, quand on lui fera franchir les limites du jardin pour l'introduire dans les plantations forestières; il pousse rapidement, acquiert à la longue beaucoup de dureté, et se propage abondamment par ses rejetons; l'abattage d'un seul pied en produit des centaines qui s'étendent au loin, et sous ce dernier rapport, on peut tirer un excellent parti de quelques-uns de ces rejetons en les replantant çà et là dans les éclaircis des bois, dont ils auraient bientôt regarni les vides. Quoiqu'il se plaise dans les terrains légers et un peu frais, cependant il réussit dans tous, ses racines superficielles et traçantes ne demandant qu'une couche de terre peu épaisse. Son bois est solide, quoiqu'un peu cassant, susceptible d'être employé à la menuiserie, ainsi que dans d'autres arts; il donne un fort bon chauffage, jette une flamme vive, et rend un charbon comparable à celui de l'orme et du mûrier. La qua-

lité du bois est encore meilleure quand il végète dans des terrains un peu secs et remplis de gravier. SOULANGE BODIN.

ART. II. — *Arbres résineux ou conifères.*

1. SAPINS (*Abies*). — SAPINETTE *blanche*, *A. alba* (en angl. *White* ou *Single spruce*). Cet arbre (*fig.* 87) appartient aux régions les plus

Fig. 87.

froides de l'Amérique du nord, du Canada au Massachusetts, où il prospère dans un sol sablonneux et humide. Il s'élève de 40 à 50 pieds en pyramide régulière, moins branchue et touffue que dans l'*Abies nigra*. Il tire son nom de ses feuilles, d'un beau vert pâle bleuâtre, entourant les branches comme celles de l'autre, mais moins nombreuses, plus pointues, et offrant avec les branches un angle plus ouvert. Les fibres des racines macérées dans l'eau sont à la fois flexibles et solides; et dépouillées ainsi de leur pellicule, les Canadiens s'en servent pour assembler les écorces du *Betula papyracea*, dont ils forment leurs canots, recouvrant après les coutures avec une résine que le même arbre leur fournit. L'écorce donne un tan moins bon que celui de l'*hemlock spruce*.

SAPIN *baumier*, *Baumier de Gilead* (en angl. *American sylver fir*) (*fig.* 88). Habitant les mê-

Fig. 88.

mes régions très-froides, où il se trouve non réuni en masses de bois, mais disséminé et mêlé avec les autres espèces, il excède rarement 40 pieds, et forme, quand il est isolé, une belle pyramide régulière, qui commence presque au niveau du sol. On en extrait par incision une résine connue dans le commerce sous le nom de baume de giléad, quoique tout le monde sache que le vrai baume de giléad est fourni par l'*Amyris gileadensis*, plante native de l'Asie. Cet arbre, quand il réussit, fait un bon effet dans les jardins; il lui faut, pour prospérer, un sol sablonneux et frais.

SAPINETTE *du Canada*, *A. Canadensis* (en angl. *Hemlock spruce*). Egalement naturel aux régions très-froides, on commence à le voir à la baie d'Hudson; il remplit les forêts des environs de Quebec, forme les trois quarts des arbres verts de ces contrées septentrionales, et disparaît en s'avançant vers le midi. Il atteint la hauteur de 70 à 80 pieds; et dans nos contrées il peut contribuer beaucoup à l'embellissement de nos paysages, par l'élégance de son port et la disposition de ses branches; mais il perd ces avantages pittoresques en vieillissant. Son bois et sa résine sont de peu de valeur; mais il offre, dans les pays où il croît, une qualité inestimable, par son écorce qui est employée, dans les tanneries, en place de celle de chêne.

SAPINETTE *noire*, *A. nigra* (en angl. *Black* ou *Double spruce*). On lui donne aussi quelquefois le nom de *red spruce*. Cette espèce croît en forêts épaisses et presque non interrompues dans les contrées comprises entre les 44° et 53° degrés de latitude, et les 55° et 75° degrés de longitude. Les plus beaux massifs se voient dans les vallées dont le sol est noir, humide, profond et couvert d'une mousse épaisse. L'arbre s'élève de 70 à 80 pieds, et son sommet présente une belle pyramide régulière, dont la forme est déterminée par la direction horizontale des branches. Ses qualités distinctives sont la force, la légèreté et l'élasticité; il fournit les meilleurs mâts de perroquet et les meilleures vergues qu'on puisse désirer; il entre encore dans d'autres parties de la construction des vaisseaux, en remplacement du chêne, et l'on en fait des madriers d'une grande dimension. Il n'est pas employé moins avantageusement dans les constructions civiles. Cette espèce n'est pas assez résineuse pour donner de la térébenthine comme article de commerce. C'est avec ses jeunes branches qu'on fait la boisson salutaire connue sous le nom de *spruce beer*, qui, dans les longs voyages, est un excellent préservatif du scorbut.

2. CYPRÈS (*Cupressus*). — CYPRÈS *distique*, CYPRÈS *chauve*, CYPRÈS *de la Louisiane*, *C. disticha* (Schubertia) (en angl. *Cypress*) (*fig.* 89). C'est dans les marais des États du sud, principalement ceux de la Louisiane, où il occupe des milliers d'acres désignés sous le nom de cyprières, que cet arbre atteint son plus grand développement. Les plus grands individus ont 120 pieds de hauteur, et de 25 à 40 pieds de circonférence au-dessus de la base conique qui, à la surface de la terre, est toujours 3 ou 4 fois aussi grosse que le tronc proprement dit : disposition qui oblige

Fig. 89.

les nègres qui veulent abattre ces arbres, de s'établir sur des échafauds à 5 ou 6 pieds au-dessus du sol. Cette base est ordinairement creuse dans les trois quarts de son épaisseur. Les racines principales se chargent, quand l'arbre a de 20 à 25 pieds, de fortes protubérances de 4 à 5 pieds de haut, creuses, unies, ne donnant aucun signe de végétation, et dont l'origine est inconnue. Les feuilles, gracieuses et légères, sont caduques; le *bois* prend à la lumière une couleur rouge. il est plus léger et moins résineux que celui des pins, mais il possède beaucoup plus de force et d'élasticité; à ces propriétés il joint celle de résister long-temps à la chaleur et à l'humidité dans les climats méridionaux. Il est d'un usage fort étendu dans les constructions civiles et navales, la menuiserie, l'ébénisterie; il donne de très-beaux mâts, et l'on en fait des canots d'une seule pièce, de 30 pieds de long sur 5 pieds de large, légers, solides, et plus durables que ceux de tout autre bois; on en fait aussi les meilleurs tuyaux pour conduire l'eau sous terre, et l'on emploie spécialement pour cet objet la variété *noire*, qui est plus résineuse, plus solide, s'accommode de fonds moins humides, et qui, signalée déjà par M. MICHAUX, a été introduite pour la première fois en France dans le jardin de Fromont, d'où elle commence à se répandre, avec les nombreuses espèces d'arbres américains réunies et multipliées dans cet établissement.

CÈDRE *blanc*, *C. thuyoides* (en angl. *White cedar*). — Il ne croît que dans les *terrains* très-humides et sujets à être inondés. Dans les districts maritimes de New-Jersey, Maryland et Virginie, il couvre presque seul les marécages étendus qui sont dans le voisinage des marais salans, et qui, dans les hautes marées, sont sujets à être recouverts par la mer. Le cèdre blanc atteint 50 à 60 pieds, son feuillage est toujours vert; chaque feuille est une petite branche subdivisée en ramifications nombreuses, et composée d'écailles petites, aiguës, imbriquées, sur le dos desquelles on distingue avec la loupe une petite glande. Les fleurs, à peine visibles, se développent dans l'angle des ramifications. Le *bois* est léger, doux, d'un grain fin et facile à travailler, et prend à l'air, avec le temps, une teinte rose. Doué d'une forte odeur aromatique, il résiste plus long-temps que tous les autres arbres à l'alternative de la sécheresse et de l'humidité, et l'on en fait des bardeaux qui durent 40 à 50 ans. On en fait un emploi si grand et si varié dans les arts mécaniques et économiques, qu'il s'est formé à Philadelphie une classe particulière d'artisans, uniquement occupés à travailler ce bois, et qu'on nomme, à cause de cela, *cedar coopers*. Quand il est choisi avec soin, on en tire d'excellentes tables pour les pianos; on fait, avec ses jeunes branches dépouillées de leur écorce, un charbon très-estimé pour la fabrication de la poudre, et, avec son bois mûr, un noir de lampe très-beau, plus léger, plus coloré, quoique moins abondant, que celui qu'on obtient du pin. Les fermiers en font des clôtures qui durent 50 à 60 ans, si l'on a soin de dépouiller le bois de son écorce.

3. PINS (*Pinus*). — PIN *austral*, *Pinus australis* (en angl. *Longleaved pine*) (*fig.* 90). Très-im-

Fig. 90.

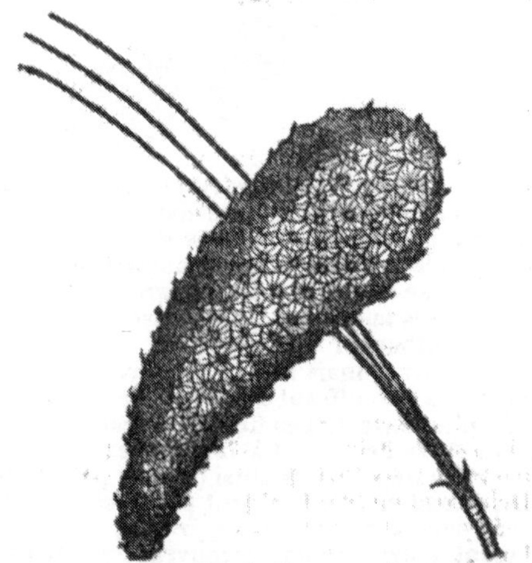

proprement appelé pin des marais, cet arbre inappréciable commence à se montrer vers le nord près de Norfolk en Virginie. Il semble particulièrement destiné aux terrains sablonneux et secs; on le voit sans interruption dans les parties basses des Carolines, de la Géorgie et de la Floride, sur une étendue de plus de 600 milles de long du N.-E. au S.-O., et de plus de 100 milles de large, depuis la mer jusqu'aux montagnes des Carolines et de la Géorgie. Sa taille moyenne est de 60 à 70 pieds. Ses feuilles, d'un beau vert brillant, ont environ 1 pied de long; le bois ne contient que fort peu d'aubier; et des arbres, de 15 pouces de diamètre à 3 pieds au-dessus du sol, ont communément 10 pouces de cœur; on en exploite des quantités considérables de cette taille, et on n'en admet aucun pour l'exportation qui n'ait 10 pouces de cœur en diamètre étant équarri. La matière résineuse dont il abonde, distribuée entre les couches du bois plus régulièrement que dans les autres espèces, le rend plus fort, plus compacte, plus dense que celles-ci, et il est susceptible, en outre, de recevoir un poli brillant. On le préfère donc à tous les autres, tant pour l'architecture navale que pour les différens arts. La valeur de cet arbre ne réside pas seulement dans son bois, c'est lui qui fournit presque toute la matière résineuse qui est employée dans les chantiers des États-Unis; et on en exporte en outre une quantité considérable aux Indes occidentales et en Europe. Sa résine est d'autant plus abondante, que le fonds sur lequel il croît est plus sablonneux. Son introduction en grand, dans les contrées appropriées de la France, fertiliserait rapidement nos landes stériles, et ajouterait une masse importante à nos produits forestiers. Cet arbre, qui jusqu'ici avait été en Europe de la plus grande rareté, et que l'on ne pouvait se procurer qu'à un prix exorbitant, a été depuis peu de temps introduit dans le jardin de Fromont, où il se trouve aujourd'hui très-abondamment multiplié; et les premiers essais faits pour sa naturalisation sur divers points du midi et de l'ouest, justifient l'espoir de l'y voir s'y établir en grand.

P. inops (en angl. *New-Jersey pine*). Arbre de 30 à 40 pieds, qui est sans grande valeur.

Pin *jaune*, *P. mitis* (en angl. *Yellow pine*). Il croît dans les sols les plus arides, généralement formés par des couches d'argile mêlées avec du gravier. Sa taille est de 50 à 60 pieds de haut; son tronc, de 15 à 18 pouces de diamètre, ne présente que 2 pouces à 2 pouces½ d'aubier dont la proportion diminue encore à mesure que l'arbre devient plus gros. Son *bois* est compacte sans être trop pesant. Une longue expérience a prouvé son excellence et sa durée, qui approchent de celles du pin austral. On en fait une consommation considérable pour la mâture et diverses autres parties des vaisseaux, ainsi que dans les constructions civiles, la menuiserie, etc. Son bois tiré de New-Jersey et de Maryland, a le grain plus fin, est plus compacte et plus fort que celui de la rivière de Delaware, où le sol est plus riche.

P. pungens (en angl. *Table moutain pine*). La montagne de la Table, dans la Caroline du sud, à la distance de 300 milles de la mer, est un des points les plus élevés des Alléghanis; elle est couverte par cette espèce de pin que l'on ne retrouve pas ailleurs, qui paraît posséder des qualités qui la recommanderaient pour nous, et que distingue la forte et longue épine recourbée vers le sommet du cône, dont chaque écaille est armée. C'est de là qu'il tire son nom spécifique.

P. rigida (en angl. *Pitch pine*). On le trouve principalement, et en abondance, sur la côte Atlantique, où le sol très-varié est généralement maigre. Il se plaît dans les terrains légers, maniables et sablonneux. Sa grandeur, suivant les sols et les sites, varie de 20 à 25, 35 à 40, et 70 à 80 pieds; il est chargé de branches sur les 2/3 de son tronc, ce qui rend son bois fort noueux. Sur les montagnes et les terrains graveleux, il est compacte, pesant, et fournit une grande quantité de résine, d'où il a reçu son nom : dans les parties marécageuses ses qualités diminuent au point qu'on ne lui donne plus que le nom de bois d'aubier. Il est employé à divers usages, recherché pour le chauffage des fours à pain et à briques, et fournit le noir de lampe au commerce.

P. rubra (en angl. *Red* ou *Norway pine*). Très-bonne espèce, qui croît dans les sols sablonneux et secs, dans le Canada, la Nouvelle-Écosse, et la partie nord de la Pensylvanie, du 48ᵉ au 41ᵉ degré 30' de latitude, et qui porte à une hauteur de 20 à 30 pieds un tronc d'épaisseur uniforme sur les deux tiers de sa longueur. Son *bois*, très-résineux, est compacte, pesant, très-estimé pour sa force et sa durée, fort employé dans l'architecture navale, principalement pour les ponts des vaisseaux, auxquels il fournit des planches de 20 pieds de long sans nœud. Dépouillé de son aubier, on en fait des corps de pompe qui sont de la plus grande durée.

P. rupestris (en angl. *Gray pine*). Cette espèce s'avance plus au nord que toutes les autres. Elle croît dans les rochers; elle est petite, rabougrie, et sans intérêt.

P. seratina (en angl. *Pond pine*). Se trouve dans les parties maritimes des États du sud; et comme plus de la moitié de son tronc consiste en aubier, on n'en fait dans les arts aucun usage.

P. strobus (en angl. *White pine*), pin du lord Weymouth (*fig.* 91). Ce très-intéressant et très-

Fig. 91.

bel arbre, sensible à un froid rigoureux, et plus encore à une chaleur intense, appartient plus particulièrement aux régions tempérées; on le trouve avec plus d'abondance entre le 43ᵉ et le 47ᵉ degré de latitude; il s'accommode de toute espèce de sols, excepté de ceux qui sont purement sablonneux, ou qui sont presque entièrement submergés. Les plus beaux se voient au fond des vallées fertiles, sur les bords sablonneux, frais et profonds des rivières, et dans des marais couverts d'un lit épais et constamment humide de *sphagnum*. M. Michaux en a mesuré dans de telles situations, qui avaient 142 et 180 pieds de hauteur. Il s'élève moins haut dans les terres fortes, propres à la culture du blé, mais il n'est pas moins le plus grand et le plus vigoureux de ceux qui l'entourent. Son bois est propre à une foule d'usages, et il sert exclusivement à la mâture dans les États du nord et du milieu. Ces mâts l'emportent en légèreté sur ceux de Riga; mais on dit qu'ils s'altèrent plus vite entre les ponts et aux points d'intersection avec les vergues, et cette circonstance, dans l'esprit des constructeurs américains, donne le supériorité au pin austral sur tous les autres.

P. tæda (en angl. *Loblolly pine*). Cet arbre est particulier aux parties basses des Etats du sud, et sa limite la plus septentrionale est à Fredericksburg, à 230 milles au sud de Philadelphie; il atteint quelquefois 80 pi., et se termine par un vaste sommet étalé. Quoiqu'il contienne une grande proportion d'aubier, il est employé à divers usages, et il est très-recherché pour le chauffage des fours. Il donne beaucoup de térébenthine, qui est plus épaisse que celle du pin austral.

SOULANGE-BODIN.

CHAPITRE III. — PLANTATION DES FORÊTS.

La *formation des bois et forêts* a lieu de 2 manières: par l'*ensemencement* des graines; par la *plantation* de jeunes plants déjà formés.

L'ensemencement est *naturel*, ou *artificiel*. La plantation est toujours un fait de culture et ne peut être qu'artificielle.

L'ensemencement naturel a *produit originairement* toutes les forêts, et il peut suffire à *réparer leurs pertes naturelles* pendant un temps indéfini. Elles conservent, dans cette condition et pendant cette période, le nom de *forêts naturelles*.

Les semences qui tombent des arbres lors de leur maturité assurent donc, sans le secours de l'art, l'entretien naturel et la perpétuelle durée des forêts. Ces arbres s'appellent *porte-graines*. Il faut, dans l'exploitation économique des bois, savoir ménager cette ressource précieuse. Les arbres porte-graines garantissent en outre contre l'ardeur du soleil, les sécheresses, les vents, les gelées et la crue des herbes nuisibles, les plants régénérateurs provenant des graines qu'ils ont produites et répandues sur la terre.

SECTION Ire. — *Forêts naturelles.*

L'ensemencement naturel se fait différemment dans les forêts de *bois feuillus*, et dans les bois d'*arbres résineux*, et veut ainsi être particulièrement étudié et conduit dans l'un et dans l'autre cas.

Les *bois feuillus* ou à feuilles caduques portent, ou des semences *pesantes* qui tombent directement autour de leurs pieds, ou des semences *légères* que les vents emportent à une certaine distance, ou enfin des semences *ailées* qui se disséminent facilement au loin.

Les semences pesantes ont besoin d'être plus enterrées que les semences légères.

La connaissance de ces propriétés des graines apprend quelle est, pour chaque espèce, l'étendue des repeuplemens naturels en jeunes plants qu'il est permis d'attendre des arbres porte-graines, et par conséquent quel est le nombre de ces arbres à conserver, lors des exploitations, pour faire tourner au profit des repeuplemens naturels tous les avantages offerts par la nature.

Pour aider les porte-graines à bien effectuer les ensemencemens, il y a seulement quelques soins à prendre, tels que la préparation du terrain à recevoir la semence, une légère culture, la mise en défense du canton et d'un semis artificiel qu'il peut être nécessaire de pratiquer dans les intervalles laissés par les ensemencemens naturels.

Lorsque ces arbres ont rempli leurs fonctions, on les abat successivement, avec un profit plus considérable, et sans crainte qu'en tombant ils ne détruisent la recrue.

Quant à l'*ensemencement naturel des bois d'arbres résineux*, il faut se régler d'après le principe de la différence essentielle des propriétés des forêts de pins, de celle des forêts de sapins et d'épicéas situées sur les montagnes.

On a lieu de craindre, sur les montagnes et dans les forêts d'épicéas que l'on éclaircit, que les vents ne renversent les réserves dans des cantons entiers; mais on ne doit pas avoir cette crainte à l'égard des réserves de pins sauvages. Tous les ans, celles-ci répandent en plus ou moins grande quantité dans les champs, leurs semences ailées auxquelles elles donnent, dès qu'elles sont levées, les abris et l'ombre que la nature légère du sol des forêts de pins leur rend si nécessaires.

Pour favoriser le repeuplement naturel des *forêts de pins sauvages*, il convient de n'abattre annuellement qu'un tiers de la coupe, sauf, pour avoir la même quantité de bois, à entamer trois coupes à la fois. L'année suivante, on exploite dans la même proportion, tant sur ces trois coupes que sur une nouvelle coupe annuelle. Quand, par suite de ce procédé, la première coupe se trouve ensemencée, on y enlève peu à peu les arbres à semence, avant que leur exploitation puisse nuire au jeune bois. En suivant d'année en année l'ordre établi pour la première coupe, l'on parviendra à les repeupler sans frais considérables pour les ensemencemens, surtout si on a eu égard aux années fertiles en graines pour mettre les coupes en défens.

Les ensemencemens naturels ne sont qu'un secours léger et incertain pour le repeuplement naturel des *forêts d'épicéas*, qui sont souvent plusieurs années sans produire de graines fertiles. On les favorisera, autant que possible, en évitant que les coupes ne livrent passage aux vents de l'ouest, et en leur donnant une forme demi-circulaire, puisque les terrains exploités doivent être ensemencés par la partie de la forêt qui est encore en massif, et non à l'aide de baliveaux. Mais il faudra surtout avoir recours aux ensemencemens artificiels

Quand *les forêts de sapins* se trouveront à

peu près également mêlées d'épicéas, il faudra leur appliquer le mode d'aménagement indiqué pour ces derniers. Mais, vu les propriétés diverses de chacune de ces espèces d'arbres, et les différentes qualités de leurs graines, inégales en pesanteur et en durée, il faut les traiter suivant la méthode indiquée pour les pins, d'après laquelle on ne doit pas faire de coupes à blanc-étoc, et prendre successivement le bois dont on a besoin dans un canton déterminé, mais en en favorisant le repeuplement.

Le repeuplement des forêts de mélèzes sera au contraire soumis aux principes indiqués pour celui des forêts d'épicéas.

Section II. — *Forêts artificielles.*

Les forêts artificielles proviennent de semis ou de plantations faits par la main des hommes.

Les endroits qui sont privés de la ressource des ensemencemens naturels, ainsi que tous les terrains vides destinés à la culture des bois, rentrent dans le domaine de l'art, auquel il appartient de les peupler. Cet art forme le premier et principal objet de la science forestière. Ses moyens sont : 1° les semis ; 2° les plantations.

Art. 1er. — *Des semis.*

Les semis artificiels ont pour objet de remplacer les arbres à semences. Ces semis auront un succès aussi heureux et plus uniforme que les ensemencemens naturels, s'ils sont bien dirigés. Les méthodes les plus simples et les moins coûteuses sont, dans tous les cas, les plus sûres, si elles imitent la marche de la nature et sont employées avec la prudence convenable. Ainsi, pour les semis artificiels, on doit s'occuper principalement: 1° de choisir les essences convenables; 2° de s'assurer de la bonté des semences; 3° de s'en procurer une quantité suffisante; 4° de choisir et préparer convenablement le terrain; 5° de saisir le temps propre aux ensemencemens; 6° d'enterrer la semence de manière à ce qu'elle ne soit ni trop ni trop peu recouverte; 7° enfin, d'examiner si l'entreprise doit se faire en grand ou en petit.

§ Ier. — Choix des essences.

Les semis en grand doivent toujours se faire avec des espèces de *bois dont le mérite est reconnu* dans l'économie forestière, et qui conviennent le plus aux besoins du pays et à la nature du terrain. Il serait contre toute raison d'infester les forêts des essences les moins utiles, et de négliger celles qui ont toujours eu ou qui promettent un succès et des avantages assurés. Les bois résineux seront confiés aux sols légers, sablonneux, couverts de bruyère, en ayant égard à la distinction qui doit être faite entre les pins proprement dits, les sapins, les épicéas, les mélèzes, et entre les résineux indigènes et les résineux exotiques. Le pin du lord, par exemple, s'élève dans les terrains bas, frais et profonds de l'Amérique septentrionale, et le *Pinus pungens* croît sur des plateaux secs et élevés. Il faut au mélèze une atmosphère humide et une température fraîche qu'on lui procure en l'élevant d'autant plus au-dessus du niveau de la mer. Comme il retrouve l'une et l'autre dans les lieux bas et très-humides, marécageux même, l'expérience a prouvé qu'il s'accommodait très-bien de cette sorte d'exposition. Il ne faut pas un aussi bon fonds aux arbres à racines traçantes et superficielles, qu'à ceux dont les racines pivotantes et perpendiculaires vont chercher la nourriture à une grande profondeur. Il faut placer à l'abri des vents violens qui règnent au bord de la mer et désolent certaines contrées, les arbres dont la cime branchue et le feuillage épais donnent trop de prise à leur action. Les bois propres au chauffage auront toujours l'emploi de leurs produits assuré dans les pays de minerai et de hauts fourneaux, et à la portée de diverses usines dont les produits se traitent par le feu, comme les verreries. Les bois blancs, donnant de la volige, seront employés aux emballages de ces établissemens, et, portés près des rivières et des canaux, ils pourront arriver sans trop de frais vers les points où la consommation en sera assurée. Les bois qui donnent des cercles et des échalas seront d'un revenu certain dans les pays de vignobles. Les pins donnant de la mâture, des pièces propres aux constructions navales, et des produits résineux, à la portée des ports de mer, offriront une source de richesse à des contrées frappées d'une stérilité immémoriale.

§ II. — Bonté des semences.

Le succès de tout semis dépend essentiellement de la bonté des semences; il y a 3 conditions principales pour qu'une graine soit bonne et propre à germer.

La 1re est d'avoir pris complètement sa forme sur la mère plante, et d'avoir reçu, par une fructification convenable, un *germe fertile.* Chaque graine, bien mûre et bien formée, doit avoir 3 pièces essentielles, savoir: une enveloppe extérieure et une intérieure, une amande, et un germe qui est le rudiment de la plante future.

La 2e condition est d'être parvenue à un degré convenable de *maturité.* La maturité se reconnaît lorsque le fruit, la capsule ou le cône qui la renferme a acquis tout son développement; qu'elle contient elle-même et à l'état sain les parties huileuses et farineuses qui lui sont propres; que l'amande en est bien formée et de la couleur et odeur qui lui sont propres; et, pour la plupart des bois, lorsque cette semence se détache naturellement de l'arbre.

La 3e condition dépend d'une bonne *méthode* de récolte et de conservation.

De la récolte. — Les semences doivent être récoltées fraîches et mûres, et être à l'instant étendues spacieusement dans des endroits aérés, où on les remue souvent pour les faire sécher, leur donner un dernier degré de maturité, et empêcher par là qu'elles ne s'échauffent et ne se corrompent. — On doit avoir recours à ces moyens, soit que la graine doive être semée tout de suite, soit qu'elle doive être *conservée.*

Dans ce dernier cas, *la conservation,* chaque espèce de graine demande un traitement particulier; mais pour toutes les graines on doit avoir l'attention de prévenir, par les moyens appropriés, dont la stratification (*voy.* t. III, p. 3) est le plus efficace, la trop grande déperdition des fluides qu'elles contiennent, et d'empêcher qu'elles ne fermentent, ne se pourrissent ou ne germent trop tôt.

§ III. — Choix et préparation des terres.

Choix du terrain.—La terre, considérée sous certains rapports généraux, est susceptible de nourrir des plantes dans chacune de ses expositions élevées, moyennes ou basses, et quelle qu'en soit la température; mais dans la culture artificielle, il est nécessaire d'étudier le rapport de chaque espèce de plante avec chaque espèce de terre, chacune selon sa nature, son exposition et le climat. Ces généralités ont été traitées ailleurs. (*Voy.* tom. Ier, p. 21 et suiv.) La situation d'un terrain a toujours une influence marquée sur la propriété des terres, et par conséquent sur la réussite et l'accroissement des arbres. Les différences de situation produisent des fonds tantôt très-humides et aquatiques, tantôt moyennement humides, tantôt secs et arides. Quand il est question de la culture des arbres, on doit entendre par terrain humide celui qui, toujours frais dans le temps le plus sec, n'est cependant pas habituellement aquatique, car s'il conservait de l'eau à sa surface pendant tout l'été, il serait impropre, non seulement à toute espèce de semis, mais encore à la plupart des plants forestiers.

Les *terrains médiocrement humides* quand ils ne sont pas trop glaiseux et compactes, favorisent beaucoup le développement des graines et la nutrition des jeunes plants. Mais, par la suite, ils influent sur la qualité des tissus ligneux, et peuvent donner des bois moins bons dans leurs emplois économiques. Les *terrains secs*, quand ils ne le sont pas jusqu'à l'aridité, donnent en général des bois meilleurs. Les succès des semis qu'on leur confie exigent quelques préparations de culture ayant pour objet de rendre et de maintenir la surface du sol plus meuble et le dessous plus frais. Mais les premières difficultés passées, les plants, plus endurcis, se soutiennent mieux que dans l'autre cas contre les influences atmosphériques. Les semis réussissent bien à *l'exposition du nord*, parce que le mouvement de la sève, qui est plus tardif et plus lent, s'arrête plus tôt, et qu'ainsi les jeunes plants sont mieux préservés des atteintes des gelées tardives du printemps et précoces de l'automne. La terre *s'échauffe passablement à l'est*, mais les gelées tardives peuvent faire beaucoup de tort aux plants. Le *midi*, surtout quand le pays est ouvert et la chaleur excessive, offre de grands obstacles au succès des grands semis, si l'on n'a pas pu y disséminer l'ombre en conservant çà et là de grands arbres, et en conservant des rideaux de bois du côté du sud. Mais, lorsqu'il se trouve à quelque distance quelque montagne qui projette au loin son ombre, le côté qui en jouira pendant une partie du jour donnera plus de chances de succès.

On pourra aussi *protéger la levée des grains* par des *abris artificiels*, susceptibles d'être appliqués même à de grandes surfaces. Les vents de l'ouest et l'ardeur du soleil couchant frappant un sol déjà desséché par la chaleur du jour, non seulement font beaucoup de tort aux grands semis, mais aussi aux grands arbres; on protége le semis contre leur action, soit en se servant de rideaux de grands arbres, quand cela est possible, soit en mêlant aux graines des espèces dures et lentes à croître, des graines d'arbustes qui poussent vite et vivent peu, comme les genêts, soit en semant ou plantant des zones de grands arbrisseaux que l'on fait courir du nord au sud, et à l'est desquels on pratique les semis, quand ces espèces de haies peuvent commencer à les abriter et les défendre, soit enfin en divisant le terrain en larges plate-bandes au moyen de haies sèches dans les pays où l'on peut se procurer à bon marché le menu bois propre à leur confection.

Préparation du terrain. Lorsqu'on a choisi judicieusement l'espèce d'arbre qu'il convient d'établir dans une localité déterminée, d'après la nature du sol et les différentes circonstances locales, on doit s'occuper de mettre le terrain *en état de recevoir la semence*, d'en favoriser la germination, et de fournir aux jeunes plants la nourriture dont ils ont besoin. Pour assurer au semis tous ces avantages, il faut semer la graine dans une terre fraîche et nouvellement remuée, de manière qu'elle puisse facilement y germer, s'y étendre et s'y nourrir.

On atteint ce but en *cultivant la surface du terrain*, opération où les méthodes les plus simples et les moins coûteuses sont toujours les plus naturelles et par conséquent les meilleures.

Un terrain exempt de racines et de pierres admet *la culture à la charrue* (*voy.* l'article *Défrichemens*, t. 1er, p. 113), qui est la plus expéditive et la plus économique; mais, quand le terrain n'est pas dans cet état, il faut avoir recours à la main des hommes pour le faire *remuer à la pioche ou à la houe*. Cette opération se fait de deux manières: la première consiste à labourer toute la surface du terrain à la pioche ou à la houe, et à le mettre dans l'état où il serait si des cochons y eussent passé; la seconde, à enlever le gazon à la houe par bandes alternées. On doit encore employer la pioche pour favoriser par le simple remuement du sol les repeuplemens naturels.

§ IV. — Quantité de semence à employer.

L'*insuffisance* des graines ne donne pas lieu d'espérer un semis fourni ni une croissance convenable, en ce que les arbres, trop éloignés entre eux, étalent beaucoup leurs branches. La *surabondance*, au contraire, outre une dépense inutile, donne des jeunes plants trop pressés, qui ne peuvent étendre convenablement leurs racines, s'élancent en hauteur sans prendre de corps, et s'étouffent entre eux en grande partie. Il ne faut donc *répandre ni trop ni trop peu de graines*, et se régler d'après la nature du terrain, celle du bois qu'on veut créer et la qualité reconnue de la semence. Si la semence est bonne et le terrain bien préparé, il y aura lieu de semer d'autant moins dru qu'il se présentera alors plus de chances de succès. La règle à suivre est donc de semer modérément quand la graine est bonne, le terrain bon et bien cultivé; de doubler quelquefois la semence dans le cas contraire, et en général de n'employer dans les semis par rayons que les deux tiers au plus de la semence ordinaire pour un espace donné. On économise beaucoup les semences et on se prépare un succès bien plus certain quand, parmi les semis en place, on plante des *mort-bois* qui, par leur croissance rapide, protégent les jeunes plants et préviennent les pertes nombreuses qu'occasione toujours le défaut d'abri. Il y a même une excellente méthode, c'est de mêler aux semences de bois *une demi-semence de céréales* dont on ne coupe le chaume qu'au tiers ou à la moitié de sa hauteur. Par là on se dédommage des frais de culture, et l'on prépare au semis un abri, à la terre un engrais.

§ V. — Recouvrement des graines.

Le recouvrement des graines dépend du volume des semences, du temps qu'elles mettent à lever, de la manière dont elles lèvent, de la qualité du terrain plus serré ou plus perméable. En général, les *semences doivent être peu recouvertes de terre;* elles doivent l'être d'autant moins que le terrain est plus serré, que la semence est plus petite et qu'elle lève accompagnée de feuilles séminales. Il faut très-peu recouvrir de terre les semences pesantes que l'on sème en automne sous l'abri de vieux arbres, où elles doivent recevoir pendant l'hiver une couche épaisse de feuillage. On ne doit point recouvrir de terre les semences ailées et légères, mais il faut se contenter de les répandre à la surface de la terre après une légère culture. Il n'en sera pas tout-à-fait de même à l'égard des semences que l'on répand sur les sables légers après les avoir dépouillées de leurs membranes ailées; cependant il sera toujours dangereux de les exposer à trop s'enfoncer. Les semis de pins réussissent mieux lorsqu'ils ne sont pas recouverts.

§ VI. — Règles pour le semis des diverses espèces.

La quantité des graines à semer est aussi *déterminée par la nature des essences.* Nous allons entrer à ce sujet dans quelques détails.

A. *Bois feuillus*

Dans la formation de ces bois, on donne en général la préférence au chêne, à l'orme, au frêne, au châtaignier, au hêtre, à l'aune, au charme, aux érables et au bouleau.

Semis de glands. La situation doit être ombragée, la terre fraîche, profonde et plus douce que serrée. L'époque où l'on doit ramasser les glands est en octobre, où ils tombent parfaitement mûrs. Ils ne conservent guère leur faculté germinative que jusqu'au printemps. La saison naturelle des semis est par conséquent en automne; on les conserve dans du sable sec ou dans une fosse profonde. On sème du gland à trois intentions : 1° *pour repeupler une vieille forêt de chêne* qui conserve encore des moyens d'ensemencement naturel. Alors on se contente de faire herser les endroits qui ne peuvent recevoir les semences qui tombent des arbres, puis on y fait un semis à la main pour lequel on emploie environ 60 décalitres de glands par hectare, quand on peut compter qu'il en est tombé une pareille quantité des arbres sur place pendant la glandée. Après l'ensemencement on fait passer sur tout le terrain une herse avec laquelle on peut enfoncer les glands à environ 2 pouces. — 2° *Pour convertir en essence de chêne un canton composé d'autres essences.* On double la quantité de glands, attendu qu'il n'y a aucune ressource pour l'ensemencement naturel. La préparation du terrain est la même. —3° *Pour convertir en chenaie un terrain entièrement nu et dépouillé d'arbres.* Il faut le mettre en culture pendant quelques années, le labourer de nouveau en automne, y jeter du gland à la volée à raison de 120 décalitres par hectare, puis le herser dans toute sa longueur avec une herse de fer. Si le terrain ne peut recevoir le labour à la charrue, on doit y pratiquer à la houe des rayons distans de deux pieds entre eux, y déposer ensuite les glands seul à seul, et enfin les recouvrir d'un pouce de terre. Il faut pour cette opération 80 litres de glands par hectare.

Semis d'orme. Les semis d'orme peuvent être employés avec avantage pour le repeuplement des terrains vagues et découverts, pourvu que le sol soit frais et de bonne qualité. On ramasse la graine dès qu'elle est mûre, soit aux pieds des arbres, soit sur les arbres eux-mêmes. Il faut prendre garde qu'elle ne s'échauffe, car en peu d'heures elle se gâterait absolument. On la sème tout de suite après avoir bien préparé le terrain à la charrue ou à la houe. Il faut au moins 30 décalitres de bonne semence par hectare. L'opération se fait par un temps calme et pluvieux, afin que la semence soit mouillée tout de suite et se mêle naturellement à la terre sans qu'on la recouvre. Les semis d'orme ne réussissent point dans les terrains dont la surface se dessèche tout-à-fait pendant l'été. Il faut, pour peupler ces terrains, employer *les plantations* d'ormes à feuilles lisses.

Semis de frêne. Ils sont propres à tous les modes de repeuplement indiqués à l'article du chêne. L'exposition peut donc être ombragée ou exposée en plein air, pourvu que le terrain soit très-bon, doux et toujours frais. On récolte la semence en octobre et on la répand le plus tôt possible sur le terrain préparé, soit à la houe, soit à la charrue, à raison de 52 kilog. par hectare. On fait passer, sur le semis, des broussailles d'épines qui le recouvrent légèrement. La graine est souvent deux et même trois ans à lever.

Semis du hêtre et du châtaignier. Comme ceux du chêne, ils réussissent rarement sur les terrains entièrement nus. L'exposition doit surtout être ombragée, et plus au nord et à l'est qu'au sud et à l'ouest. Comme les racines du hêtre s'étendent beaucoup en superficie, ils ne demandent pas la même profondeur de sol que le chêne. Les *faînes* et les *châtaignes* sont mûres en automne, c'est l'époque la plus sûre pour leur ensemencement. Il faut bien prendre garde qu'elles ne s'échauffent. Bien stratifiées dans du sable, elles se conservent jusqu'au printemps; mais les semis d'automne sont préférables. Quand il ne s'agit que du repeuplement d'un bois déjà garni de vieux arbres, vingt décalitres de semences par hectare suffisent pour compléter l'ensemencement que fourniront les vieux arbres. Pour convertir en essence de hêtre un bois composé d'autres espèces, on fait disposer le terrain en rayons dans lesquels on place les faînes à 6 po. de distance. On les recouvre d'un demi-pouce au plus de terre bien émiettée. Il faut alors 15 kilog. de faîne par hectare. Quand les semis doivent avoir lieu dans des terrains considérables absolument vides, il faut toujours les faire précéder par la culture de quelques autres essences qui puissent protéger les jeunes hêtres.

Semis d'aune. L'époque la plus favorable aux semis d'aune est le commencement de mars. Les repeuplemens à faire dans les bois d'aune seront disposés dès l'été par un bon labour à la houe. Le dessous des arbres sera suffisamment repeuplé par la chute naturelle des graines; mais il faudra semer à la main les places vagues, ce qui emploie 11 kilog. par hectare. La même quantité sera nécessaire pour les endroits absolument vides qui se trouvent dans les fonds, mais qui ne doivent pas rester constamment inondés. Après les avoir labourés en automne, on les sèmera dans le mois de mars à la volée, en tenant la semence entre trois doigts.

La semence de l'aune est renfermée dans des petits cônes qu'on récolte en octobre et novembre. On les étend sur un sol bien planchéié, et on les remue pour les faire sécher. L'hiver on les fait ouvrir peu-à-peu en les étendant sur une claie dans une chambre modérément chaude (*fig.* 92), puis on passe la se-

Fig. 92.

mence au crible et on la transporte aussitôt dans un lieu frais pour la conserver. L'époque la plus favorable au semis de l'aune commun est le commencement de mars.

Semis du charme. Le charme réussit partout où il y a une couche de terre végétale et où la situation du terrain n'est ni trop élevée ni trop aride. Les semences mûrissent sur la fin d'octobre, ce qui s'aperçoit à la couleur jaune et à la sécheresse de leurs membranes. Si on veut différer l'ensemencement, on nettoiera la semence et on la conservera dans du sable frais. Il faut par hectare 45 kilog. de graines non épluchées.

Semis d'érable. Les variétés d'érable, ainsi que le charme, conviennent mieux pour les taillis que pour les futaies; ils préfèrent un terrain doux, noir et de bonne qualité; mais l'érable plane vient bien dans un terrain sec et léger. La semence mûrit en octobre. Quand on veut différer les semis au printemps, on conserve la semence en la stratifiant dans du sable frais. L'érable commun et l'érable plane paraissent dès le printemps : la plupart ne se montrent qu'aux seconde et troisième années. Il faut 30 kilog. de semence d'érable par hectare, lorsqu'on l'emploie avec ses ailes. Les grandes chaleurs et les gelées tardives nuisent beaucoup aux jeunes plants; c'est pourquoi il faut leur procurer de l'ombre et des abris dans leur première enfance. On enterre suffisamment les graines en traînant sur le terrain un fagot d'épines.

Semis de bouleau. C'est un des bois les plus utiles et qui s'accommodent le plus de toute espèce de terrains. Parmi les bouleaux américains, il y en a qui sont éminemment dignes de nos soins, comme le bouleau merisier (*Betula lenta*) et le bouleau à canot (*betula papyracea*) (*voy.* tome IV, pag. 54, 55). Les semis du bouleau présentent de grands avantages dans plusieurs circonstances : 1° on l'élève en futaies avec d'autres espèces de bois, parmi lesquels il se distingue par un très-grand rapport; 2° on le cultive *sur les landes arides*, où le chêne et le hêtre ne peuvent végéter, et où seul il forme des futaies qui se maintiennent en bon état au moyen des ensemencemens naturels et de quelques soins; 3° dans les *hauts taillis* il offre à la fois des arbres de réserve et des perches; 4° on le cultive encore dans les *petits taillis* situés en bons terrains, pour en avoir des produits rapides; 5° enfin cet arbre est cultivé avec grand avantage sur les terrains légers et impropres à la culture de toute autre espèce, et peut servir à peupler *en futaie les ensablemens* qui présentent le front à l'est et au nord, dès qu'on est parvenu à les fixer. Il y a *deux espèces de bouleau* commun, l'une hâtive, dont la semence mûrit au mois de juillet, et l'autre tardive, qui mûrit au mois de septembre. Cette maturité se reconnaît à la fermeté et à la couleur brune des graines renfermées dans les petits cônes verts, d'où elles s'échappent très facilement. Elles s'échauffent très-promptement si on les met en tas étant encore fraîches. Les semis faits dès l'automne, ou en hiver sur la neige, ou au printemps suivant, sont également bons. Plus tard, ils ne réussissent jamais aussi bien. On doit labourer la terre, mais sans la rendre trop meuble. On emploie par hectare 35 kilog. de cônes broyés, ce qui fait 2 kilog. de semence mêlée de 33 kilog. d'écailles. Cette quantité suffit, vu la petitesse extraordinaire de la graine. On choisit pour faire le semis un temps calme et pluvieux. Du reste, on ne doit pas du tout le recouvrir. Les plants de bouleau se plaisent mieux dans les endroits découverts que dans ceux trop ombragés.

B. *Bois résineux.*

Cinq espèces de bois résineux concourent surtout aujourd'hui à la formation des forêts. Ce sont le pin sauvage, le sapin blanc argenté, l'épicéa, le mélèze, et, dans les départemens plus méridionaux, le pin maritime.

Semis du pin sauvage. Il s'opère de deux manières, soit avec des cônes entiers, soit avec la semence épluchée et débarrassée de ses membranes. Le pin sauvage se contente des plus mauvais sables, pourvu qu'ils soient fixes; mais il croît d'autant mieux que le terrain n'est pas exposé à la sécheresse, qu'il est mêlé d'un peu de glaise, et que sa surface est recouverte de terre végétale. On prépare dès l'automne, par un labour, le terrain destiné à recevoir les semences. Quant aux sables fixes, on se contente d'y passer la herse, si toutefois on ne craint pas, par là, de leur rendre trop de mobilité. Il faut éviter soigneusement de diriger les sillons de haut en bas, parce que les eaux inonderaient et entraîneraient les semences ou les jeunes plants. La semence du pin mûrit ordinairement vers le commencement d'octobre, et s'envole au printemps lorsque le temps est chaud. La récolte peut donc se fixer de la fin d'octobre jusqu'au mois d'avril.

Semis de cônes entiers. Ils conviennent surtout pour les endroits nus et sans abris contre le soleil, ainsi que pour les plaines sablonneuses et les amas de sable restés à découvert. Il faut, par hectare de terrain absolument nu, 24 hectolitres de cônes. On peut répandre les cônes à la main dans des sillons tracés à la charrue ou à la houe. Ils s'ouvrent d'eux-mêmes et laissent échapper leurs graines, mais seulement par la surface qui touche à la terre et immédiatement autour du cône, et non par la partie supérieure. Pour rendre l'ensemencement égal, il faut, quand les cônes sont parfaitement mûrs, faire passer dessus une *herse de branchages*. Les cônes, en roulant, répandent la semence qu'ils contiennent encore, et on abandonne ensuite le succès du semis aux hasards de la température.

Semis de graines de pins épluchées. Ils sont très-avantageux dans certains cas : 1° pour remplacer, après un léger labour, les coupes dans lesquelles il ne reste pas assez de porte-graines pour fournir un ensemencement suffisant; 2° pour réensemencer, après les avoir hersés, les vides qui se trouvent dans les semis déjà avancés en âge; 3° pour semer les endroits ensablés qui sont recouverts de broussailles, et où il est impossible de remuer les cônes qu'on y répandrait. Dans ces différens cas, on sème à la main, en se servant de trois doigts, et on emploie environ 15 kilogrammes par hectare. Mais si on sème par rayon tracé à la charrue ou à la houe, il ne faut que 5 à 6 kilog. de graines. Les semis de pins ne veulent nullement être recouverts, il faut que la semence reste à nu sur le sol.

Semis de sapins. Les semis de sapins, soit en plaine, soit sur les montagnes, réussissent très-bien dans les terrains de bonne qualité, fermes, frais, pierreux, couverts de terre végétale, exposés au nord et dans une situation fraîche et ombragée. La semence de ces arbres est contenue dans des cônes dirigés vers le ciel; elle mûrit et on doit la récolter en septembre. Les écailles des cônes s'ouvrent très-facilement, et laissent tomber leurs graines; on doit en débarrasser la graine en la passant au crible, et faire promptement cette opération, parce que cette semence, contenant beaucoup de parties huileuses et aqueuses, ne conserve guère sa faculté germinative au-delà du printemps suivant. Comme elle est beaucoup plus grosse que celle du pin sauvage, il en faut au moins une fois autant que de celle-là, c'est-à-dire 31 kilog. par hectare. On se contente de gratter la surface du terrain, et de répandre la semence sans l'enterrer

Semis d'épicéa. L'épicéa n'exige pas un terrain aussi bon que le sapin argenté. Cependant il vient mal dans un terrain sec et sablonneux; il lui faut une exposition froide et élevée. Sa semence mûrit vers la fin d'octobre, et il faut récolter les cônes depuis le mois de novembre jusqu'au mois de mars. Les semis doivent toujours se faire avec de la semence épluchée, elle a l'avantage de se conserver plusieurs années. Il faut 15 kilog. de graine pure par hectare. Elle ne doit pas être couverte.

Semis de mélèze. Cet arbre, le premier des bois résineux, prospère dans les lieux élevés, froids, tempérés, ainsi que dans les plaines où il y a de la fraîcheur. Les cônes se récoltent après le mois de novembre jusqu'en mars; on ne doit pas cueillir ceux qui sont vieux et vides. Il est très-difficile de les éplucher, et ceux qui en font métier détruisent souvent les germes en plaçant les cônes dans un four trop chaud. On répand la semence dans des sillons pratiqués à la charrue, ou dans des rayons pratiqués à la houe. Dans le dernier cas, on n'emploie que 5 à 6 kilog. de graine pure par hectare. Mais les semis de cette sorte éprouvent tant de chances contraires, qu'il est très-préférable de planter plutôt que de semer les terrains sur lesquels on veut établir des bois de mélèze.

ART. II. — *Des plantations.*

§ Ier. — Des différentes sortes de plants, enlèvement, habillage.

Avant de déterminer une plantation, il faut examiner avec soin *la nature et la profondeur du sol* à planter, afin de pouvoir choisir avec discernement, parmi les essences de bois qui lui conviennent, celle dont le produit deviendra le plus avantageux.

Il y a des essences qui *croissent beaucoup mieux mélangées* ensemble que quand elles sont de la même espèce. Le chêne aime à être entremêlé avec le frêne, et se plaît même mieux avec les bois blancs. Telles espèces enfoncent perpendiculairement leurs racines, d'autres les étendent à la surface. Celles-ci s'accommodent des lieux secs et élevés; celles-là préfèrent les situations basses et humides.

Les plantations se font *en jeunes plants*

élevés dans les pépinières, ou *arrachés dans les forêts;* ou bien en *jeunes arbres* ayant acquis en pépinière une certaine force.

Les plants élevés en pépinière sont infiniment préférables; la reprise en sera plus assurée, dans beaucoup de cas, si, après avoir été conservés un an ou deux à la place où le semis a été fait, ils ont été repiqués en lignes, où ils auront pu former un bon chevelu.

Les plants arrachés dans les bois valent encore moins qu'ils ne coûtent. Ils n'ont en général qu'un pivot ou des racines peu chevelues qui se sont fait jour avec peine entre les racines serrées des autres arbres dans un terrain envahi et épuisé. Leur tige est maigre et étiolée, leur bois est dur et rabougri, et l'habitude qu'ils ont de vivre à l'ombre, dans la mousse et sous de grands arbres, les rend extrêmement sensibles à l'action du soleil, du hâle et des vents, dans les positions ouvertes.

Quelque espèce de plant qu'on se détermine à employer, suivant les facilités qu'on peut avoir et les convenances dont on veut profiter, l'*enlèvement du plant* et sa mise en place définitive sont assujettis à des précautions qui ont pour but d'en assurer la reprise et l'entier succès.

On *peut planter* depuis la chute des feuilles jusqu'à leur renouvellement. Le choix de l'époque précise dépend de la nature des terrains, de l'espèce des arbres, du caractère habituel que la différence de climat et d'exposition peut imprimer aux saisons, qui accélèrent dans un lieu le phénomène de la végétation, et les retardent dans un autre.

Les arbres qui poussent de bonne heure au printemps, ou qu'on destine à des sols légers, secs et chauds, doivent être *plantés en automne;* ceux qui craignent les gelées, ou qu'attendent des terrains argileux et humides, réussissent mieux au *printemps.*

Il faut éviter d'arracher et de planter par un *temps de gelée,* ou quand l'air est sec et froid. Les racines ne doivent rester exposées à l'air que le moins possible. On retranche celles qui ont été mutilées ou froissées. *L'habillage des plants* doit se borner là; il y a des ouvriers qui, par un retranchement exagéré du chevelu, remettent les plants presqu'à l'état de boutures. C'est une grande faute, et il vaudrait infiniment mieux tomber dans l'excès contraire. On aura donc grand soin de ménager la partie ligneuse des racines. Il y a des espèces d'arbres aux racines desquels on ne touche généralement point, tels que les arbres verts. Lorsqu'on doit transporter le plant à quelque distance de la pépinière, il faut veiller à ce que les racines ne se dessèchent pas en route: et si un emballage est nécessaire, on prendra des précautions pour qu'elles ne s'échauffent pas, ce qui arrive ordinairement par la trop grande humidité de l'intérieur des ballots. Les plants s'échauffent quelquefois alors, jusqu'à être complètement brûlés et perdus. Le danger est encore plus grand, dans le cas du transport des arbres verts, dont les feuillages persistans contractent et conservent une plus grande humidité.

§ II. — Préparation du sol.

On connaît 4 manières de préparer à moins de frais les terrains que l'on veut planter en massifs de bois.

1° *On les cultive à la houe;* savoir, à plat, si le sol est sain et léger, ou en pente suffisante; et en planches plus ou moins bombées, ou en rayons *plus ou moins élevés, si le terrain est humide et compacte.*

2° On ne cultive les terrains à la houe *que par rayons* de 2/3 de mètre de largeur; on laisse incultes les intervalles, et l'on plante ensuite sur les rayons cultivés.

3° *On cultive avec la charrue* toute la superficie du terrain à planter, et avant de planter on lui donne assez de façons pour le rendre bien meuble.

4° *On ne cultive à la charrue, et sur une largeur de 2/3 de mètre,* que les parties du terrain sur lesquelles on doit planter, et on laisse inculte le surplus, comme dans la 2e manière.

Il faut observer que *les labours à la charrue sont plus propres aux semis* et admettent difficilement l'emploi des plants enracinés, à raison de toutes les précautions qu'il faut prendre pour assurer leur reprise; d'abord on ne peut guère planter ainsi que de jeunes plants provenus de semis de 2 ans, ensuite on ne peut appliquer cette manière qu'à des terres très-légères et suffisamment préparées par plusieurs labours. Enfin il faut trois personnes pour effectuer cette plantation, l'une qui ouvre le sillon, l'autre qui pose les plants dans la raie, et la 3e qui redresse en terre et y assujettit les plants que la charrue a renversés, ou n'a qu'imparfaitement recouverts.

Une *manière très-expéditive,* quand le terrain y est propre, c'est de défoncer le sol à la houe, de placer le plant dans la tranchée à mesure qu'on avance, de le recouvrir avec la terre de la tranchée qu'on ouvre ensuite en avant, comme pour combler la jauge, et ainsi de suite en assujettissant suffisamment le plant avec la houe ou avec le pied.

§ III.—Modes divers de plantations, espacement des lignes.

On appelle *plantation en pots, potets ou poquets* (*fig.* 93), l'action de planter dans des trous

Fig. 93.

ouverts sur un terrain qui n'a reçu aucune préparation préliminaire; on espace les trous à 1 mètre 1/3 les uns des autres, et on les dispose en *quinconce*, autant que possible. On leur donne environ un demi-mètre de diamètre sur 1/3 de mètre de profondeur, on les remplit ensuite à moitié avec la meilleure terre végétale, ou mieux encore avec de la terre végétale prise sur la superficie du terrain environnant. On place les plants enracinés sur ce lit de bonne terre, et l'on recouvre les trous avec le reste ou le meilleur de la terre qui en a été extraite. Dans les fonds bas, humides, et dans les sols argileux et compactes, il faut remplir entièrement le trou, et placer le plant un peu au-dessus du niveau du sol, dans une sorte de butte qui tient pendant le premier hiver les racines hors d'atteinte d'une humidité stagnante et pourrissante, et qui s'affaisse ensuite peu-à-peu avec la terre même qui a été placée dans le trou.

On appelle *rayonner* l'action d'ouvrir sur le terrain avec la bêche ou avec la houe des fosses longitudinales et parallèles (*fig.* 94), à une

Fig. 94.

distance calculée sur le but de la plantation. Après avoir rejeté la terre de la tranchée sur les intervalles non défoncés, on place les plants dans une situation alternative le long des parois de la fosse, et on rejette suffisamment de terre sur les racines qu'on assujettit avec le pied. Dans les façons suivantes, on ramène dans les fosses la terre qui était restée sur les intervalles, et qui sert à rechausser les plants, jusqu'à ce que toute la surface ait été remise de niveau. Pendant un an ou deux, on peut sans inconvénient cultiver sur la terre des ados, des légumes ou des racines.

Distance des sujets entre eux. Elle dépend de la qualité du sol, des espèces de plants et de l'aménagement qu'on se propose d'adopter.

Les plantations destinées à *former des futaies* ne peuvent être faites avec avantage que sur un sol de 1re qualité. Lorsqu'on y emploie des plants de haute tige, on plante le terrain par rangées, éloignées de 4 mètres les unes des autres, on y espace les arbres également à 4 mètres, mais disposés en quinconce, afin que l'air, la lumière et la chaleur puissent circuler et pénétrer librement dans toutes les parties de la plantation. Si le terrain est frais, quoique profond, on peut le planter moitié en chênes, moitié en frênes; les frênes sur un rang et les chênes sur l'autre, alternativement. Mais, dans ces cas particuliers, les rangées se trouvent à 3 2/3 de mètres les unes des autres, et les arbres y sont espacés à la même distance, et également en quinconce. On plante et on cultive ces arbres et l'on en dresse les tiges, comme pour les arbres isolés. On a soin de remplacer successivement les arbres qui viendraient à périr pendant les 5 1res années. Quant aux futaies et aux jeunes plants enracinés, après la préparation du terrain, on tracera les rangées à 3 mètres 1/3 de distance les unes des autres, l'on y espacera les plants à 2 mètres, et ils seront aussi disposés en quinconce.

L'espacement demande moins d'attention dans la plantation des bois destinés à être aménagés *en taillis*, parce qu'on est toujours le maître d'éclaircir un taillis trop dru. Une plantation en taillis doit être faite par rangées, orientées, autant que possible, du levant au couchant, afin que le plus grand nombre des plants soit préservé de l'ardeur du soleil du midi qui, pendant l'été, dessèche le pied des arbres. On éloigne les rangées les unes des autres dans les limites d'un mètre 1/3 à 1 mètre 2/3. Lorsque les pousses annuelles de la plantation présenteront une longueur d'environ un décimètre, son succès sera assuré et elle n'aura plus besoin que d'une bonne conservation.

Espacement des arbres isolés et d'alignement. Si le terrain à planter n'a pas une très-grande épaisseur, et que cependant on veuille y mettre des chênes ou des hêtres, on les espace de 7 à 8 mètres. Si le même terrain était d'ailleurs propre à la culture du frêne, ou à celle des meilleures essences de bois blanc, on pourrait y placer les chênes à 8 ou 10 mètres de distance les uns des autres, et mettre entre chacun un frêne ou un arbre de bois blanc. Si on voulait planter des ormes sur ce terrain, on les y espacerait de 5 à 6 mètres. On observe la même distance pour les platanes; et seulement celle de 4 à 5 mèt. pour les ypréaux, les peupliers et les trembles. Sur les sols propres à la végétation des châtaigniers, des noyers, l'espace entre ces arbres sera de 8 à 10 mètres, afin que rien ne puisse s'opposer au développement de leurs têtes.

Lorsqu'on veut *planter des arbres en plein champ*, sur des terres en culture ou sur des pâturages, on les espace de 16 à 20 mètres sur les premières, et de 10 à 13 mètres sur les secondes, afin de ne pas jeter trop d'ombrage sur les récoltes.

Lorsqu'on *plante des avenues droites ou ondoyantes* sur quatre rangs d'arbres, il faut les y disposer en forme de quinconce. Les arbres se trouvent alors plus éloignés les uns des autres que lorsqu'ils sont placés transversalement sur la même ligne, et ils végètent avec plus de vigueur.

§ IV. — Epoque des plantations.

Ainsi qu'il a été dit, le choix en est subordonné en général à la nature du sol, à l'influence du climat, à la diversité des essences. On pourra toujours commencer en *automne* les grandes plantations de plants enracinés, et sur toute nature de terrain, lorsqu'il sera suffisamment humecté par les pluies de cette saison ; celles qui surviennent après la plantation rapprochent les terres des racines, et si la température est douce, elles peuvent pousser du chevelu qui contribue beaucoup à la bonne végétation du printemps.

Les plantations faites au *printemps* sont exposées à souffrir et à périr en partie, si cette saison est sèche. Il y a cependant des essences qu'il vaut mieux ne planter qu'au printemps, comme les arbres résineux, le robinier, et généralement toutes les espèces qui craignent la gelée ou l'excès de l'humidité.

§ V. — Soins à donner aux jeunes plants.

Culture, clôture, assainissement, ébourgeonnement, émondage.

Les massifs plantés en jeunes plants doivent être cultivés pendant quelques années, au moyen de façons faites en temps opportun, renouvelées à propos, et qui ont pour objet d'entretenir le sol débarrassé de mauvaises herbes et suffisamment ouvert, par l'ameublissement qui résulte de labours et binages, aux influences atmosphériques. On a soin de regarnir, chaque année, les endroits où les plants ont manqué ; on peut se dispenser de labourer et de sarcler les endroits où il ne pousse pas assez d'herbe pour étouffer les plants. Les arbres à racines pivotantes viennent assez bien sans culture. Il n'en est pas de même des arbres à racines traçantes, comme les ormes, les platanes, les robiniers ; il faut les cultiver pour qu'ils prospèrent. On évite de donner des labours pendant les gelées et les sécheresses.

Si la plantation a besoin de *clôture* ou *d'assainissement*, on creuse des fossés sur le pourtour, et l'on remarque toujours que les plants qui croissent dans la terre de la berge sont beaucoup plus beaux que ceux de l'intérieur. Il faut faire les fossés de la clôture extérieure des bois d'un mètre 2/3 de largeur, sur 1 mètre de profondeur, avec une relevée assez haute du côté du bois pour que les bestiaux ne puissent pas la franchir. On entoure aussi les jeunes plantations avec du palis (*fig.* 95), des haies sèches, des murs en pierres sèches, des dalles plantées debout, du paillis (*fig.* 96) suivant que l'on a sous la main les matériaux nécessaires. Quand la clôture doit durer un grand nombre d'années, on plante en dedans du palis une haie vive que l'on entretient, et qui pousse avec le reste.

Les moyens d'assainissement et de dessèchement sont les mêmes que ceux que l'on emploie pour les terres arables et pour les prairies. (*Voy.* t. Ier, p. 136.)

On n'aura pas oublié, avant de procéder à la plantation, de tracer à travers les massifs de bois, les *routes et les chemins nécessaires à leur exploitation.* Ils doivent aboutir aussi

Fig. 95.

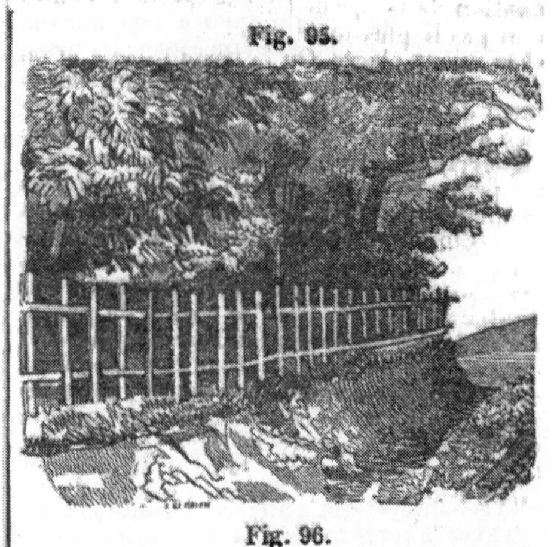

Fig. 96.

près que possible aux routes publiques servant à l'agriculture et au commerce, et offrir en même temps un accès commode et un débouché facile ; ils ne doivent point être tracés en ligne droite, afin de ne pas donner prise sur une longue étendue aux vents dévastateurs. Mais il ne faut pas que, par leurs courbes, ils fassent perdre trop de terrain ; on parvient, sans beaucoup de frais, à les rendre secs, unis et doux. On évite, en les traçant, les fonds marécageux et les montées trop rudes. Il faut qu'ils soient assez larges pour laisser passer de front deux chariots avec leur charge.

Les soins particuliers et accessoires à donner aux arbres isolés et à ceux que l'on destine à croître en futaie, consistent à donner des tuteurs à ceux qui en ont besoin, à les entourer d'épines pour les préserver de la dent ou du contact des animaux, et à leur procurer de belles tiges. Dès la première année ils poussent beaucoup de bourgeons le long de leur tige. Si on les laissait croître tous, ils se partageraient toute la sève de l'arbre au préjudice de la hauteur qu'il doit prendre. Il faut donc *l'ébourgeonner* très-souvent depuis le pied jusqu'à un demi-mètre environ de l'extrémité supérieure de la tige ; au mois d'août de la première année on choisit parmi ces bourgeons supérieurs 3 ou 4 branches des plus fortes, et l'on rabat entièrement toutes les autres. On détermine ensuite la branche qui doit former la continuation de la tige de l'arbre, et qui doit être non pas la plus forte, mais la plus verticale et la mieux placée. On la laisse intacte et on écourte un peu les autres. L'ébourgeonnement de la tige se continue, et si la branche-tige avait poussé des branches latérales trop vigoureuses, on les écourterait aussi. On supprime en deux ou trois fois les branches écourtées les années précédentes. Ces soins se continuent jusqu'à 6 ans. Depuis 6 ans jusqu'à 15, on laisse aux arbres isolés, en les *émondant*, autant de hauteur de tête que de hauteur de tronc. C'est le moyen de procurer de belles proportions à leur tige. Au-delà de cet âge, on peut les émonder jusqu'aux deux tiers de leur hauteur totale, mais jamais plus haut, parce qu'alors l'abondance de la sève tourmente la tige. Quand cette tige a été bien formée dans le principe, et qu'on émonde les arbres au plus tard tous les 4 ou 5 ans, on peut continuer l'émondage périodiquement jusqu'à l'âge de 40 ans.

§ VI.— Plantation des terrains élevés stériles, en pente, et des dunes.

Dans nos climats, c'est sur les *terrains élevés et dans les terrains stériles* que les propriétaires doivent surtout essayer la culture des *arbres résineux*. Quand les fonds sont bons, on y plante des arbres à *feuilles caduques*, en choisissant de préférence les espèces pivotantes les plus capables de se soutenir contre l'effort des vents. Le *boisement des montagnes* et de leurs pentes les plus rapides est le principal moyen de rétablir les climats et de mettre un frein aux ravages des eaux. Pour assurer le succès de l'opération, on doit combiner les semis et les plantations. De toutes les méthodes qui ont été proposées, la plus sûre est de semer ou de planter sur des *tranchées parallèles et horizontales*; (*fig.* 97) comme il s'agit surtout

Fig. 97.

d'obvier à l'ébranlement des terres et au déchaussement des racines des arbres, non-seulement il faut bien se garder de cultiver en pommes-de-terre ou en céréales les pentes des montagnes, mais il est important d'interdire toute espèce de pâturage, d'empêcher la récolte des herbes, et de conserver toutes les sortes de buissons ou broussailles, les fougères ou autres plantes vivaces dont les racines maintiennent les terres. On doit faire la plus sérieuse attention à la nature du terrain et à son exposition. Les sapins, les pins, le mélèze et le bouleau prospèrent au nord; le levant convient au robinier, au hêtre, au charme et au bouleau; le chêne, l'érable, le châtaignier braveront les feux du midi; l'ouest sera propice au sapin, au chêne, au hêtre et au charme. Les semis et les plantations en potets seront pratiqués avec économie et succès dans les pentes encore couvertes de gazon (*fig.*98), en

Fig. 98.

observant de disposer les trous en échiquier, et d'amasser sur les bords de chacun, du côté de la pente de la montagne, les gazons et les pierres sortis de l'excavation. L'aylanthe ou vernis de la Chine poussant vite, s'élevant très-haut, drageonnant beaucoup et très-loin, est très-propre pour consolider les terrains des pentes rapides.

La grande mobilité *des dunes* est un très-grand obstacle à leur plantation; mais elles présentent, à une certaine profondeur, une humidité constante qui, bien observée par M. Brémontier, a servi de base aux travaux qu'il a entrepris dans les landes de Bordeaux. Le choix des arbustes et des arbres qu'il faut planter d'abord dans les dunes est loin d'être indifférent. Les arbres qu'il convient d'employer sont principalement des pins maritimes, qui y donnent de la résine dès l'âge de quatorze ans, et les chênes liége, rouvre et tauzin. Les arbustes sont l'ajonc, le tamarix, l'arbousier, l'alaterne, l'épine blanche, le prunellier, le chèvrefeuille, le garou, la bruyère. Les plantes vivaces sont l'élyme, le roseau des sables, le millepertuis, l'onagre, etc., auxquels on pourrait joindre le topinambour, et beaucoup d'autres plantes indigènes et exotiques. Les dunes ne commencent à s'élever qu'à quelque distance de la mer. Le point important est d'abriter de ce côté-là les jeunes plants provenant des semis, contre l'action des vents. Pour l'amortir, on a proposé de planter les six premiers rangs (*fig.* 99), ou la première haie, avec des plants de 3 ans tirés de pépinières et mis en place avant l'hiver avec toutes leurs racines. Les autres lignes pourraient

Fig. 99.

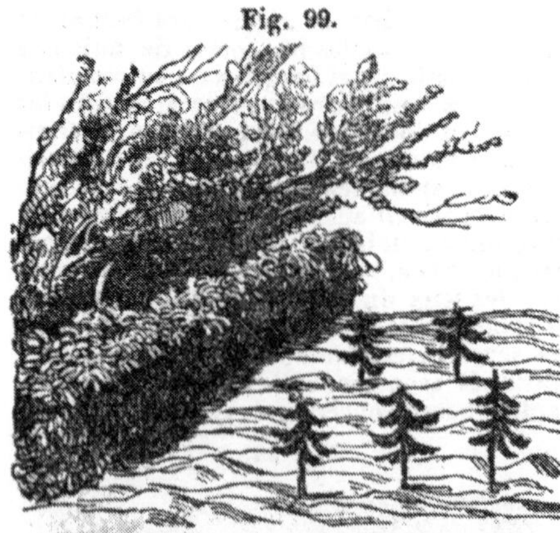

être semées et plantées avec certitude de succès entre des rangées de topinambours écartées de 6 pieds, et parallèles à ces premières lignes ; on peut employer aussi des planches de pin quand on en a à sa disposition, et des branches d'arbres résineux étendues sur le sol (*fig.* 100), avec leur gros bout dirigé du

Fig. 100.

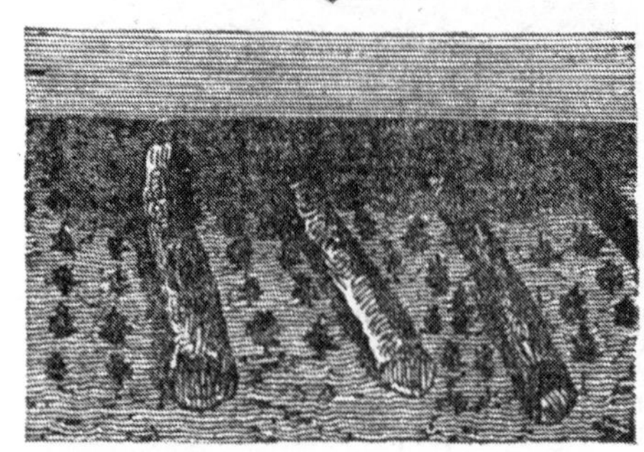

côté du vent.

VII. — Repeuplement des clairières et terrains vagues ; des abris.

Le repeuplement des clairières et terrains vagues dans les bois peut se faire par les moyens combinés des semis, des plants enracinés et des provins. On y plante des tiges de tremble et d'ypréau à 8 mètres de distance les unes des autres, ainsi que des massifs voisins. Les intervalles sont semés de glands en potets dans les espacemens indiqués, et l'on fait provigner les bordures intérieures des massifs (*fig.* 101). Quatre ans après on coupe à rez-terre les tiges des trembles et des ypréaux, ainsi que les brins qui avaient été provignés : les rejets forment de fortes cepées à l'ombre desquelles les glands s'élèvent parfaitement.

Les arbres à feuilles caduques ont besoin, dans leur jeunesse, *d'abris contre le vent, le froid, la chaleur.* On vient de voir le parti qu'il était possible de tirer des hautes tiges de topinambours plantés en lignes convenablement orientées et espacées. Les haies forment des abris très-bons quand elles ont pris une hauteur et une épaisseur convenables.

Quand on les destine à cet usage, il vaut mieux les composer d'arbres à branches alternes et à petites feuilles abondantes et

Fig. 101.

perpendiculaires, plutôt que de ceux qui les ont opposées, et dont les feuilles sont larges et variables en position ; ainsi le charme est préférable à l'épine, et le peuplier d'Italie au peuplier tremble. Mais les meilleures haies pour abris sont celles des arbres verts ; si elles sont un peu lentes à croître, on en est bien dédommagé par leur solidité, leur beauté et leur durée. On peut voir à Fromont le parti que j'ai tiré, très en grand, de mes hautes palissades de thuya d'Orient, pour l'abritement de mes pépinières exotiques. J'ai essayé avec le même succès le thuya d'Occident. Le genévrier de Virginie, bien conduit, offrirait sans doute les mêmes avantages.

Les *arbres se servent mutuellement d'abri* quand ils croissent en massifs très-serrés ; mais cet avantage est balancé par des inconvéniens dans l'éducation des arbres à feuilles caduques. Les Anglais pratiquent un moyen de protéger ces derniers dans leur jeunesse. C'est de commencer par couvrir le terrain de plants d'arbres verts, et de les entretenir jusqu'à ce qu'ils aient atteint la taille de 3 pieds, afin de pouvoir protéger contre les injures du temps les arbres d'une autre nature que la leur qu'on introduit ensuite parmi eux, soit par voie de plantation, soit par voie de semis. Il semblerait que cette méthode ferait perdre à ces derniers plusieurs années de croissance sur le temps où ils doivent se développer ; mais dans la réalité il n'en est point ainsi. Un grand avantage qu'elle présente, c'est de préserver les arbres tirés des pépinières pour être placés à des expositions âpres et froides, de l'endurcissement de leur écorce et d'un rabougrissement dont ils sont quelquefois longtemps à se rétablir. On peut élever ainsi le chêne, l'orme, le hêtre et les autres meilleures espèces d'arbres feuillus. L'opération consiste essentiellement à ne semer ou planter ces arbres que lorsque les pins et les mélèzes sont assez grands pour défendre, contre les vents et contre le froid, des plants de taille inférieure, ce qui demande de 4 à 7 ans, suivant la qualité des sols. On tire de grands profits de l'exploitation successive de ces sortes de pépinières, qui permettent en outre de n'employer que la quantité rigoureusement nécessaire de plants à feuilles caduques, qui sont destinés à rester en place, jusqu'à ce qu'ils aient acquis leur développement naturel.

ART. III. — *Frais de semis et plantations.*

On sent combien ils doivent varier suivant les lieux et les terrains. Il n'est pas sur les plantations de mode fixe, mais seulement quelques principes généraux. L'exécution doit toujours être modifiée, d'après la *nature* et *l'état* du sol qu'on veut mettre en emploi. La profondeur des défoncemens, surtout, ne peut être une chose fixe; en général, on défonce trop, et on ne laboure pas assez; beaucoup de plantations manquent totalement pour avoir été trop défoncées. Voici, toutefois, le devis de ce que doit coûter la plantation et l'entretien pendant quatre ans, d'un hect. de terrain de médiocre qualité, planté en essences forestières :

1° Défoncement d'un hectare à 40 centimètres de profondeur.	200 fr.
2° Fourniture de 10,000 plants de rigoles : chênes, hêtres, charmes et pins, à 10 fr. le mille, âgés de 5, 4, 3 et 2 ans.	100
3° Transport du plant et exécution de la plantation.	100
4° Trois regarnis estimés à 1500 de plants, les trois.	45
5° Huit façons, données en 4 ans, à raison de 25 fr.	200
Total.	645 fr.

Devis d'un semis de chêne. 1° Dans un terrain très-riche qui ne sera pas envahi par des graminées à longues racines, telles que le *festuca cærulea*, le *calamagrostis* et autres de ce genre, il suffit de labourer le terrain en bandes alternées de 66 centimètres de largeur, fouillées de 20 à 22 centimètres de profondeur, éloignées l'une de l'autre par trois pieds de friche. Cette opération doit coûter de 50 à 60 fr. l'hect., ci. 60 fr.

2° 12 hectolitres de glands semés très-drus, au printemps, dans un rayon tracé au milieu de chaque bande défoncée, à raison de 4 fr. l'une, conservation, transport et semage compris.	48
3° Deux façons à raison de 20 fr. l'hect.	40
Total.	148 fr.

Un semis ainsi pratiqué, quand on peut le garantir des mulots, des corneilles, des ramiers et autres ennemis, a sans doute un succès beaucoup plus lent qu'une plantation, mais il n'est pas moins sûr.

Les élémens qui précèdent ont été recueillis dans la forêt de Compiègne. En voici d'autres qui établissent la dépense moyenne d'un hectare de bois dans la forêt de Fontainebleau, en y employant deux tiers d'essences dures et un tiers de bouleau. Ces plants sont placés dans des rayons parallèles et distans entre eux d'un mètre. Ils sont espacés sur les rayons à 1^{m} 30, et on évalue qu'il en entre 7,500 par hectare. Une plantation, ainsi établie sur un sol défoncé de 40 à 50 centim. de profondeur, suivant la nature du terrain, reçoit 4 années d'entretien, pendant lesquelles on lui donne 11 binages : 3, chacune des 3 1res années, et 2 la 4e. A 3 ans, il faut faire émonder les couronnes inférieures du rang de bouleau, dont on tire parti pour de la brinde à balais; et à 5 ou 6 ans, il convient de le receper, parce qu'il ombragerait trop les essences dures. Ce recepage, dont l'on tire produit, est indispensable, soit qu'on destine la plantation à faire un taillis, soit qu'on se propose de la laisser croître à l'état de futaie; mais, dans ce dernier cas, le recepage doit être réitéré à 12 ou 14 ans. Voici comment se sous-divise la dépense de ces plantations faites en massifs et essences feuillues qui se voient aujourd'hui à Fontainebleau :

1° Défoncement à la main et à jauge ouverte sur une profondeur de 40 à 50 centimètres, suivant la possibilité.	150 fr.
2° 5,000 plants de chênes et autres essences dures, ayant au moins 3 ans de semis en pépinière, ou ayant passé au moins 2 ans en rigoles, si ces plants avaient été dans l'origine arrachés sous bois en forêt, à 8 fr. le mille.	40
3° 2,500 plants de bouleau, ayant aussi 2 ans en pépinière, à 6 fr. le mille.	15
4° Tracé des rayons et mise en terre des plants.	45
5° 11 binages à 15 fr. chaque.	165
6° 4 regarnis ou repiquemens à 15 fr. l'un.	60
7° Pour frais de surveillance et autres menus frais.	15
A quoi il convient d'ajouter 10 p. 100 pour le bénéfice de l'entrepreneur.	49
Total.	539 fr.

Les semis de résineux se font en grand dans deux systèmes, soit sur un défoncement total, soit par bandes; voici ce qu'ils coûtent :

Semis en plein. — 1° Défoncement à 30 ou 35 centimètres de profondeur.	90 fr.
2° Cassage des mottes, semage de la graine et ratissage pour l'enterrer.	30
3° 10 kilogrammes de pins sylvestres, à 3 fr.	30
4° 10 kilogr. de graine de pin maritime, à 50 cent.	5
Total.	155 fr.

Dans les *semis par bandes parallèles*, de 50 centimètres de largeur, entre lesquelles restent des bandes incultes d'un mètre, la dépense est la même, sauf une diminution sur le défoncement de 60 fr. par hectare, ce qui réduit les frais à 95 fr.

SOULANGE BODIN.

CHAPITRE IV. — Culture et aménagement des forêts.

Section 1re. — Des différentes espèces de bois et forêts.

§ Ier. — Des forêts en général.

Nos forêts sont en général *une production de la nature* à la création de laquelle l'art n'a point contribué; il n'existe de *forêts plantées* que dans les contrées de l'Europe où la sylviculture a fait des progrès. Sous ce rapport, l'Allemagne est au premier rang, l'Angleterre est au second. On a fait aussi de fort belles plantations en France depuis quelques années. La plupart des forêts plantées n'étant pas cultivées ne tardent pas à ressembler aux forêts naturelles; des espèces inférieures s'y introduisent; elles dégénèrent bientôt, mais la culture forestière, dont les produits sont bien supérieurs à ceux des forêts abandonnées à la nature, devant s'étendre graduellement, on pourra désormais diviser toutes les forêts en deux grandes classes; celles qui demeurent *incultes* et celles qui sont *cultivées*.

§ II. — Des taillis.

Les *taillis* sont des bois que l'on coupe ordinairement assez jeunes, soit pour les employer au chauffage, soit pour convertir les bûches en charbon, soit pour faire des échalas, des cercles, des pieux, etc. Le caractère distinctif des taillis est qu'ils *repoussent de leurs souches*, tandis que les futaies se repeuplent presque entièrement par *les semis*. Il n'y a point de taillis d'arbres résineux, car ces bois ne repoussent pas de leurs souches.

On divise ordinairement les bois taillis en trois classes :

Les *jeunes taillis* sont ceux qui s'exploitent à l'âge de 7, 8 ou 9 ans; ils sont composés généralement de marsaults, de coudres, de châtaigniers et de bouleaux, qui sont employés à des usages divers, et surtout au chauffage des habitans de la campagne.

Les *taillis moyens* sont ceux que l'on exploite à l'âge de 18 à 20 ans pour en tirer du charbon ou du petit bois de chauffage.

Les *hauts-taillis* s'exploitent à l'age de 25 à 40 ans et fournissent du bois de chauffage pour les villes, de petites pièces de charpente et de charronnage, et surtout du bois de fente pour la latte, les échalas, etc.

Il n'existe plus guère de taillis de 40 ans; en général, depuis un demi-siècle, les coupes sont beaucoup plus fréquentes qu'autrefois. Nous en expliquerons la cause.

§ III. — Des futaies.

Les *bois de futaie* se divisent ordinairement en plusieurs classes, entre lesquelles il n'y a point de différence bien caractérisée.

La *jeune futaie* est celle qui a de 40 à 50 ans. On l'appelle *demi-futaie* lorsqu'elle est âgée de 50 à 60 années. Elle prend la dénomination de *haute futaie* lorsqu'elle a atteint l'âge de 100 ans.

Ces futaies forment des massifs qui, en France, s'exploitent presque tous suivant la méthode appelée *jardinage* ou *furetage*, qui consiste à choisir les arbres mûrs ou dépérissans et à les extraire du massif pour les employer aux usages auxquels on les juge propres. C'est ainsi qu'on les exploite dans la majeure partie de l'Europe.

On nomme *futaies sur taillis* les *baliveaux* de tous les âges que l'on choisit dans les taillis. L'usage d'en réserver a commencé en France dans le moyen-âge et ne doit pas durer long-temps. Nous ferons connaître les variations qu'il a subies avec leurs causes et leurs effets.

On donne quelquefois le nom de *vieilles écorces* aux arbres dont l'âge est plus que centenaire (*fig.* 102, 103, 104, 105, 106).

Fig. 102. Fig. 103. Fig. 104.

Brin de l'âge du taillis. Baliveau sur taillis de 2 âges. Moderne de 3 âges.

Fig. 105. Fig. 106.

Ancien de 4 âges. Vieille écorce de 5 âges et au-dessus.

A l'avenir, on mettra plus de précision dans le langage forestier. A des dénominations vagues, on substituera l'expression, soit des dimensions exactes, soit de l'âge de l'arbre ou de la classe d'arbres dont on voudra parler.

§ IV. — Forêts d'arbres d'une seule espèce.

Il *existe peu de forêts d'arbres d'une seule essence*, mais le nombre des espèces est d'autant moins grand que le bois a vieilli plus long-temps; les grandes espèces, comme les hêtres, les sapins et les chênes, survivent à toutes les autres.

Le nombre des essences diverses est ordinairement considérable dans les jeunes taillis; car les arbres qui ont le moins de longévité sont très-vivaces dans leur jeunesse et croissent rapidement pendant les premières années de leur existence.

§ V. — Forêts mixtes.

La plupart des forêts *sont composées d'espèces mélangées*; il en est un grand nombre qui disparaissent même avant l'expiration de la période de l'aménagement; mais, pendant leur existence, elles oppriment les espèces du 1er ordre en dérobant à ces dernières l'espace qui leur est indispensable pour se développer. Ce dernier effet, qui se fait remarquer dans tous les taillis aménagés depuis long-temps suivant l'ancienne méthode, obligera d'abandonner le système actuel.

Section II. — *De l'accroissement des arbres.*

Avant d'indiquer le mode d'aménagement qui convient le mieux pour chaque classe des forêts, il est indispensable de reconnaître la loi de *l'accroissement progressif* des arbres et de leur décadence. Les idées à ce sujet sont encore très-vagues, nous entreprendrons de les fixer.

La *règle générale* posée par les anciens forestiers était celle-ci : coupez un taillis aussitôt qu'il donne des signes de dépérissement; exploitez une futaie aussitôt qu'elle est parvenue à sa maturité.

Rien de plus vague et de plus inapplicable qu'un tel précepte; car un taillis présente à tout âge des brins dépérissans et des brins qui croissent avec force; ces derniers étouffent les autres. Si l'on voulait abattre un taillis aussitôt qu'une partie des brins dépérissent, il faudrait les couper avant l'âge de 10 ans; si l'on veut, au contraire, les conserver tant que les brins principaux prospéreront, il n'est point de taillis qu'on ne puisse élever en haute-futaie; car, dans les plus mauvais terrains, les arbres arrivent à de fortes dimensions lorsque le sol n'est jamais découvert et que l'humidité ne s'évapore pas. Nous aurons souvent occasion d'appliquer cette observation, qui est fondamentale et qui explique 1° comment il existe de belles forêts dans des espaces où la terre végétale n'a que 3 ou 4 po. d'épaisseur; 2° comment ces forêts une fois détruites, il est impossible de les remplacer par d'autres qu'on n'ait préalablement trouvé le moyen de garnir le sol de quelques plantes qui en couvrent la surface.

La question de savoir *à quelle époque il faut couper les arbres* se complique de plusieurs élémens qui en déterminent la solution. Veut-on obtenir, dans un temps donné, la plus grande masse de bois possible, abstraction faite de toute autre considération? veut-on avoir, dans un temps donné, le plus grand produit possible en argent? La solution ne sera pas la même dans les deux cas; mais, quel que soit l'aspect sous lequel on envisage le problème, l'une des données essentielles est la connaissance exacte de la loi que suit l'accroissement des arbres.

Si les forêts continuaient à être exploitées comme elles le sont encore généralement, si leur croissance était entièrement abandonnée à la nature, il ne s'agirait que d'observer un grand nombre de forêts et d'étudier la loi que suit l'accroissement annuel, soit en matière ligneuse, soit en valeur vénale. Mais la culture, les nettoiemens, les éclaircis, ont singulièrement accéléré cet accroissement. Un arbre de 40 ans, qui croît sous l'influence de circonstances favorables, présente un volume aussi fort que celui d'un arbre de 80 ans qui est relégué au fond d'un massif inculte. Ainsi, nous présenterons des échelles d'accroissement qui diffèrent entre elles, mais qui reposent sur des faits également observés dans des lieux divers.

1er Tableau de la croissance des bois.

Les massifs de taillis *croissent d'après une progression* qui s'approche de celle des carrés des nombres naturels. La marche est plus rapide dans un bon sol bien garni de souches; elle l'est moins dans un sol médiocre. Il y a aussi des variations suivant que les espèces d'arbres sont plus ou moins appropriées au sol.

Nous présenterons la progression suivante comme un terme moyen.

Age. Années.	Valeur à chaque âge.	Age. Années.	Valeur à chaque âge.
1	1	23	529
2	4	24	576
3	9	25	625
4	16	26	676
5	25	27	729
6	36	28	784
7	49	29	841
8	64	30	900
9	81	31	961
10	100	32	1024
11	121	33	1089
12	144	34	1156
13	169	35	1225
14	196	36	1296
15	225	37	1369
16	256	38	1444
17	289	39	1521
18	324	40	1600
19	361	50	2500
20	400	60	3600
21	441	70	4900
22	484	80	6400

Ainsi, un taillis de 40 ans a 16 fois plus de valeur qu'un taillis de 10 ans; il en a 4 fois davantage qu'un taillis de 20 ans, et 2 fois davantage qu'un taillis de 28 ans.

2e Tableau de la croissance des bois.

Un arbre qui croît dans un bon sol et qui n'est entouré que de sous-bois, peu nuisible à sa croissance, augmente son volume suivant la progression ci-après :

Age de l'arbre.	Circonférence moyenne.	Hauteur.	Cubage de l'arbre écarri.
années.	po. métr.	pi. métr.	pi. cubes.
8	3	7	0 02
12	8	10	0 06
15	11	12	0 40
20	15	14	0 90
22	20	16	1 77
24	22	17	1 89
26	24	17 5	2 43
28	26	18	3 12
30	28	19	3 96
32	30	19 5	4 95
34	32	20	5 00
36	34	21	6 12
38	36	21 5	7 30
40	38	22	8 50
42	40	23	10 23
44	42	23 5	10 44
46	44	24	12
48	46	24 4	13 80
50	48	24 8	15 54
55	50	25 2	17 40
60	51	25 6	17 70
65	52	27	18 75
70	58	30	27 51
75	65	31 5	37 00
80	73	33	48 09
85	81	34	60 45
90	88	34 5	73 00
95	94	35	83 10
100	98	36	95
110	101	36 5	101 37
120	104	37	108 15
130	106	37 4	114
140	108	37 7	121
150	109	38	122

Cette progression ne s'applique pas à un massif de futaies, mais seulement à un arbre placé dans des circonstances assez favorables.

Les cinq tables suivantes ont été publiées par M. WAISTELL. Elles donnent de 4 ans en 4 ans, depuis la 12ᵉ année de l'âge des taillis jusqu'à cent ans, la progression de la croissance des arbres; elles font connaître en même temps le décroissement du rapport géométrique de la croissance annuelle, comparée avec l'accroissement total de l'arbre.

La hauteur est prise jusqu'au sommet de la principale tige, et la circonférence est mesurée au milieu de la longueur de cette tige; mais on ne s'occupe pas des branches latérales.

Ces tables sont calculées en mesures anglaises. Comme il ne s'agit pas ici de quantités absolues, mais de rapports qui sont toujours les mêmes dans quelque système numérique que ce soit, la réduction de ces mesures est inutile; d'ailleurs, on la fera facilement en se rappelant que le pied anglais équivaut à 30, 48 centimètres, et que le pied cube anglais vaut 0 décistère, 863.

Age de l'arbre et pieds de hauteur.	Ecarrissage.	Cubage.	Age de l'arbre et pieds de hauteur.	Ecarrissage.	Cubage.	Accroissement annuel.	Taux de l'accroissement par cent.
	pouces.	pi. po. lig.		pouces.	pi. po. lig.	pi. po. lig.	
12	1 1/2	0 2 3	13	1 5/8	0 2 10	0 0 7	26.8
16	2	0 5 4	17	2 5/8	0 6 4	0 1 0	19.9
20	2 1/2	0 10 5	21	2 5/8	1 0 0	0 1 7	15.7
24	3	1 6 0	25	3 5/8	1 8 4	0 2 4	13
28	3 1/2	2 4 7	29	3 5/8	2 7 9	0 3 2	11
32	4	3 6 8	33	4 5/8	3 10 9	0 4 1	9.67
36	4 1/2	5 0 9	37	4 5/8	5 5 11	0 5 2	8.5
40	5	6 11 4	41	5 5/8	7 5 8	0 6 4	7.6
44	5 1/2	9 2 11	45	5 5/8	9 10 7	0 7 8	6.96
48	6	12 0 0	49	6 5/8	12 9 2	0 9 2	6.38
52	6 1/2	15 3 0	53	6 5/8	16 1 10	0 10 10	5.9
56	7	19 0 8	57	7 5/8	20 1 1	1 0 5	5.4
60	7 1/2	23 5 2	61	7 5/8	24 7 6	1 2 4	5.1
64	8	28 5 4	65	8 5/8	29 9 7	1 4 3	4.76
68	8 1/2	34 1 4	69	8 5/8	35 7 8	1 6 4	4.49
72	9	40 6 0	73	9 5/8	42 2 6	1 8 6	4.2
76	9 1/2	47 7 6	77	9 5/8	49 6 5	1 10 11	3.98
80	10	55 6 8	81	10 5/8	57 7 11	2 1 3	3.6
84	10 1/2	64 3 8	85	10 5/8	66 7 7	2 3 11	3.5
88	11	73 10 4	89	11 5/8	76 5 11	2 7 7	3.3
92	11 1/2	84 5 9	93	11 5/8	87 3 4	2 9 7	3.15
96	12	96 0 0	97	12 5/8	99 0 4	3 0 4	3.09
100	12 1/2	108 6 0	101	12 5/8	111 9 6	3 3 0	3

Si l'arbre augmente de 18 pouces en hauteur et de 2 pouces en circonférence annuellement, son accroissement sera comme ci-dessous.

Age de l'arbre.	Hauteur.	Écarrissage.	Cubage.	Age de l'arbre.	Hauteur.	Écarrissage.	Cubage.	Accroissement annuel.	Taux de l'accroissement par cent.
[illegible]	pieds.	pouc.	pi. po. lig.	ans.	pieds.	pouces.	pi. po. lig.	pi. po. lig.	
[illegible]	18	3	1 1 6	13	19 1/2	3 1/4	1 5 1	0 3 7	26.5
[illegible]	24	4	2 8 0	17	25 1/2	4 1/4	3 2 4	0 6 4	19.8
[illegible]	30	5	5 2 6	21	31 1/2	5 1/4	6 0 3	0 9 9	15.6
24	36	6	9 0 0	25	37 1/2	6 1/4	10 2 0	1 2 0	13
28	42	7	14 3 6	29	43 1/2	7 1/4	15 10 6	1 7 0	11
32	48	8	21 4 6	33	49 1/2	8 1/4	23 4 8	2 0 8	9.6
36	54	9	30 4 6	37	55 1/2	9 1/4	32 11 7	2 7 1	8.5
40	60	10	41 8 0	41	61 1/2	10 1/4	44 10 3	3 2 3	7.6
44	66	11	55 5 6	45	67 1/2	11 1/4	59 3 10	3 10 4	6.9
[illegible]	72	12	72 0 0	49	73 1/2	12 1/4	76 7 1	4 7 1	6.3
[illegible]	78	13	91 6 6	53	79 1/2	13 1/4	96 10 11	4 4 5	5.8
56	84	14	114 4 0	57	85 1/2	14 1/4	120 6 8	6 2 8	5.4
60	90	15	140 7 6	61	91 1/2	15 1/4	147 9 2	7 1 8	5
64	96	16	170 8 0	65	97 1/2	16 1/4	178 9 4	8 1 4	4.7

Cette table ne s'applique qu'aux arbres résineux qui croissent beaucoup en hauteur.

Pour faciliter l'intelligence de ces tables, on donnera quelques explications relatives à la dernière, d'après l'auteur.

La hauteur des arbres âgés de 12 ans est supposée de 18 pieds jusqu'au sommet de la tige principale; la circonférence, prise au pied, est de 24 pouces; par conséquent, la circonférence est de 12 pouces à la moitié de la hauteur de la tige; le quart de ce dernier nombre est de 3, ce qui exprime le côté du carré. Ce nombre étant multiplié par luimême et le produit étant multiplié par la hauteur, on obtient 1 pied 1 pouce 1/2 pour le volume de l'arbre. Lorsque cet arbre aura 13 ans, sa hauteur sera de 19 pieds 1/2; le côté du carré sera de 13 pouces et la solidité de 1 pied 5 pouces 1/12. Déduisant de cette dernière quantité le volume que l'arbre avait à l'âge de 12 ans, il reste 3 pouces 7/12 pour l'accroissement de la 13ᵉ année. Divisez le volume de la 12ᵉ année par le nombre qui exprime l'accroissement de la 13ᵉ année, le quotient sera 376/100ᵉ; divisez 100 par ce nombre, le quotient sera de 26, 5, ce qui est le taux à *tant* pour cent de l'accroissement qui s'est opéré dans la 13ᵉ année; conséquemment, la valeur de l'arbre de 12 ans est augmentée dans la 13ᵉ année de 26 1/2 pour cent, ou en d'autres termes ce nombre exprime l'intérêt que l'arbre aura rapporté dans le cours de la 13ᵉ année.

Les tables précédentes donnent lieu à quelques remarques utiles :

1° Lorsque l'âge d'un arbre en pleine croissance est augmenté d'un quart, le volume de son bois est presque doublé; 2° lorsque l'âge d'un arbre aura doublé, son volume sera devenu 8 fois plus considérable; 3° lorsque l'âge d'un arbre aura doublé, sa croissance annuelle sera quadruplée; 4° conséquemment, lorsque l'âge d'un arbre est doublé, la proportion dans laquelle son accroissement annuel entre dans le volume total de l'arbre est diminuée de moitié; par exemple, on voit dans la dernière colonne de la table que, dans la 13ᵉ année, l'accroissement d'un arbre est de 26, 5 pour cent, que dans la 24ᵉ année il n'est plus que de 13 pour cent, et que dans la 48ᵉ il n'est plus que de 6. 38 pour cent

En comparant les deux tables précédentes, on voit que le taux *à tant pour cent* est le même dans toutes les deux, quoique le volume de bois, exprimé dans la seconde, soit 6 fois plus considérable que dans la première, à égalité d'âge; en conséquence, lorsque l'âge d'un arbre est connu, *le taux* de son accroissement est également connu à la seule inspection des tables, soit que l'arbre ait crû rapidement ou lentement, pourvu que la croissance ait été régulière dans sa durée. En sorte qu'ayant l'âge, l'écarrissage et la hauteur d'un arbre, nous pouvons promptement calculer quel sera son volume à un âge donné pour l'avenir, tant qu'il continuera de croître comme précédemment.

La table suivante indique le *nombre d'arbres qui doivent être coupés* en élaguant les bois, et le nombre de ceux qui seront laissés sur pied à chaque période de 4 années depuis l'âge de 20 ans jusqu'à 60 ans, en calculant que la distance respective des arbres soit de 1/5ᵉ de leur hauteur, et en supposant que l'accroissement annuel soit d'un pied en hauteur et d'un pouce en circonférence, et que ces arbres aient été plantés à 4 pieds de distance l'un de l'autre.

Années et pieds de hauteur.	Écarrissage.	Cubage.	Distance.	Nombre d'arbres par acre.	Cubage de la totalité.	Nombre d'arbres à couper.	Cubage.
	pouces.	pi. po. lig.	pieds.		pieds.		
20	2 1/2	0 10 5	4	2722	2362	839	727
24	3	1 6 0	4.8	1883	2824	494	741
28	3 1/2	2 4 7	5.6	1389	3308	326	776
32	4	3 6 8	6.4	1063	3779	223	792
36	4 1/2	5 0 9	7.2	840	4252	160	810
40	5	6 11 4	8	680	4722	118	819
44	5 1/2	9 2 11	8.8	562	5194	90	831
48	6	12 0 0	9.6	472	5664	70	840
52	6 1/2	15 3 0	10.4	402	6130	55	838
56	7	19 0 8	11.2	347	6611	45	857
60	7 1/2	23 5 2	12	302	7076	37	866
64	8	28 5 4	12.8	265	7537		

La table suivante présente les mêmes détails que la précédente pour les bois où la croissance des arbres est de 15 pouces en hauteur et d'un demi-pouce en circonférence annuellement.

Age.	Hauteur.	Ecarrissage.	Cubage.			Distance.	Nombre d'arbres par acre.	Cubage de la totalité.	Nombre d'arbres à couper.	Cubage.
années.	pieds.	pouces.	pi.	po.	lig.	pieds.				
16	20	3	1	3	0	4	2722	3402	980	1225
20	25	3 3/4	2	5	3	5	1742	4246	532	1296
24	30	4 1/2	4	2	7	6	1210	5100	322	1357
28	35	5 1/4	6	8	4	7	888	5944	208	1392
32	40	6	10	0	0	8	680	6800	143	1430
36	45	6 3/4	14	2	10	9	537	7644	102	1452
40	50	7 1/2	19	6	4	10	435	8494	75	1464
44	55	8 1/4	25	11	10	11	360	9355	58	1507
48	60	9	33	9	0	12	302	10192	45	1518
52	65	9 3/4	42	10	10	13	257	11026	35	1501
56	70	10 1/2	53	7	0	14	222	11895	29	1553
60	75	11 1/4	65	10	11	15	193	12720	23	1515
64	80	12	80	0	0	16	170	13600		

La table qui suit donne encore les mêmes détails pour les arbres dont la croissance annuelle est de 18 pouces en hauteur et de 2 pouces en circonférence.

Elle s'applique aux peupliers et aux arbres à tiges élevées.

Age.	Hauteur.	Écarrissage.	Cubage.			Distance.	Nombre d'arbres par acre.	Cubage de la totalité.	Nombre d'arbres à couper.	Cubage.
années.	pieds.	pouces.	pi.	po.	lig.	pieds.		pieds.		pieds.
12	18	3	1	1	6	4	2722	3062	839	943
16	24	4	2	8	0	4 8	1883	5021	673	1794
20	30	5	5	2	6	6	1210	6302	370	1927
24	36	6	9	0	0	7 2	840	7560	223	2007
28	42	7	14	3	6	8 4	617	8817	145	2072
32	48	8	21	4	0	9 6	472	10069	99	2112
36	54	9	30	4	6	10 8	373	11314	71	2153
40	60	10	41	8	0	12	302	12583	52	2166
44	66	11	55	5	6	13 2	250	13864	40	2218
48	72	12	72	0	0	14 4	210	15120	32	2304
52	78	13	91	6	6	15 6	178	16294	24	2197
56	84	14	114	4	0	16 8	154	17607	20	2286
60	90	15	140	7	6	18	134	18843	16	2250
64	96	16	170	8	0	19 2	118	20138		

Ces tables nous fourniront plus tard quelques applications. On peut en dresser de semblables pour chaque forêt, en observant l'accroissement des bois dont elle est formée; elles donneront le moyen de reconnaître le mode d'aménagement qui leur convient.

L'accroissement d'un pouce par an est la moyenne observée sur des chênes futaies surtaillis, qui croissent dans un très-bon sol où le taillis, étant souvent exploité, gêne peu l'accroissement de l'arbre.

Voici une table dressée d'après cette base :

Age et pouces de tour.	Hauteur des tiges.	Cubage d'après l'écarrissage.		Valeur du pied cube.		Valeur de l'arbre.	
	pieds.	Pieds cubes métriques.				fr.	cent.
25	20	3	48	1	»	3	48
50	27	18	75	1	16	21	65
64	28	30	33	1	34	40	64
78	30	50	»	1	34	67	»
92	30	67	50	1	67	112	72
106	30	91	86	2	»	183	72
110	30	100	83	2	30	231	91

Le tableau suivant fait connaître la marche de l'accroissement d'un chêne futaie surtaillis dans un bon sol. Je n'y ai pas compris le volume des branches. On verra que le plus grand accroissement annuel est celui des dernières années, mais que, dans cette période, l'intérêt calculé sur la valeur de l'arbre, devient très-faible, perte qui cesserait s'il naissait des besoins qui, en créant une demande d'arbres de fortes dimentions, élèverait le prix du pied cube. Ainsi, l'accroissement de la 119ᵉ à la 120ᵉ année vaut 4 fr. 92 c.; mais l'intérêt que cet accroissement ajoute à la valeur de l'arbre de 119 ans, n'est que de 19/10 p. 0/0.

Ce cubage est fait en grume, y compris l'écorce de l'arbre.

Années ou Âge de l'arbre.	Circonférence moyenne.			Longueur de la tige.		Solidité.		Valeur du décistère.		Valeur de chaque tige.			Accroissement de valeur par an.			Taux par cent de l'intérêt annuel.	
	mèt.	centim.	milli.	mètr.	centim.	décistères.		fr.	cent.	fr.	cent.	millièmes.	fr.	cent.	millièmes.		
1	»	»	2	»	80		3	»	»	»	»	»	»	»	»	»	»
2	»	»	3	1	30		9	»	»	»	»	»	»	»	»	»	»
3	»	»	4	1	80		23	»	»	»	»	»	»	»	»	»	»
4	»	»	6	2	30		56	»	»	»	»	»	»	»	»	»	»
5	»	»	8	2	80		143	»	»	»	»	»	»	»	»	»	»
6	»	1	»	3	30		263	»	»	»	»	»	»	»	»	»	»
7	»	1	2	3	80		432	»	»	»	»	»	»	»	»	»	»
8	»	1	5	4	30		782	»	15	»	»	»	»	»	»	»	»
9	»	1	8	4	80		1186	»	17	»	»	»	»	»	»	»	»
10	»	2	2	5	00		1926	»	19	»	»	»	»	»	»	»	»
11	»	2	6	5	30		28	»	21	»	»	»	»	»	»	»	»
12	»	3	1	5	60		43	»	23	»	»	»	»	»	»	»	»
13	»	3	7	5	90		46	»	24	»	»	»	»	»	»	»	»
14	»	4	4	6	20		95	»	27	»	»	3	»	»	»	»	»
15	»	5	2	6	50	0	0140	»	29	»	»	4	»	»	1	33	»
16	»	6	1	6	80	0	0201	»	31	»	»	6	»	»	2	50	»
17	»	7	»	7	10	0	0277	»	33	»	»	9	»	»	3	50	»
18	»	8	»	7	40	0	0376	»	35	»	1	3	»	»	4	44	»
19	»	9	1	7	70	0	0507	»	38	»	1	9	»	»	6	46	»
20	»	10	2	8	00	0	0663	»	41	»	2	7	»	»	8	42	»
21	»	11	6	8	20	0	0877	»	44	»	3	9	»	1	2	44	»
22	»	13	1	8	40	0	1147	»	47	»	5	4	»	1	5	38	5
23	»	14	7	8	60	0	1479	»	50	»	7	4	»	2	»	37	»
24	»	16	4	8	80	0	1883	»	53	»	10	»	»	2	6	35	2
25	»	18	»	9	00	0	2372	»	56	»	13	3	»	3	3	33	»
26	»	20	2	9	20	0	2987	»	58	»	17	3	»	4	»	30	1
27	»	22	5	9	40	0	3720	»	60	»	22	3	»	5	»	29	1
28	»	24	8	9	60	0	4587	»	62	»	28	4	»	6	1	27	4
29	»	26	7	9	80	0	5560	»	64	»	35	5	»	7	1	26	»
30	»	29	1	10	00	0	6740	»	66	»	44	5	»	9	»	25	4
31	»	31	5	10	15	0	8016	»	68	»	54	5	»	10	»	22	5
32	»	33	9	10	30	0	9420	»	70	»	65	9	»	11	4	21	1
33	»	36	3	10	45	1	0962	»	72	»	78	9	»	13	»	19	7
34	»	38	7	10	60	1	2631	»	74	»	93	5	»	14	6	18	3
35	»	41	2	10	75	1	4521	»	76	1	10	4	»	16	9	18	1
36	»	43	7	10	86	1	6492	»	78	1	28	6	»	18	2	16	6
37	»	46	3	10	93	1	8686	»	80	1	49	4	»	20	8	16	3
38	»	48	9	11	05	2	1028	»	82	1	72	4	»	23	»	15	8
39	»	51	5	11	13	2	3495	»	84	1	97	4	»	25	»	14	5
40	»	54	2	11	21	2	6209	»	86	2	25	4	»	28	»	14	3
41	»	56	9	11	29	2	9083	»	88	2	55	9	»	30	5	13	6
42	»	59	7	11	36	3	2185	»	90	2	90	6	»	34	7	13	6
43	»	62	3	11	43	3	5536	»	92	3	26	9	»	36	3	12	6
44	»	65	4	11	50	3	9146	»	94	3	68	»	»	41	1	12	6
45	»	68	3	11	56	4	2922	»	97	4	16	3	»	48	3	13	1
46	»	71	2	11	61	4	6848	1	00	4	68	5	»	52	2	12	5
47	»	74	2	11	66	5	1094	1	03	5	26	3	»	57	8	11	8
48	»	77	2	11	71	5	5540	1	06	5	88	7	»	62	4	11	8
49	»	80	2	11	76	6	0211	1	09	6	56	3	»	67	6	11	5
50	»	83	3	11	81	6	5226	1	12	7	30	5	»	74	2	11	5
51	»	86	4	11	86	7	0472	1	15	8	10	4	»	79	9	10	9
52	»	89	6	11	91	7	6105	1	18	8	98	»	»	87	6	10	8
53	»	92	8	11	95	8	1986	1	20	9	83	5	»	85	5	9	5
54	»	96	1	12	01	8	8255	1	22	10	77	1	»	93	6	9	5
55	»	99	4	12	06	9	4839	1	24	11	76	»	»	98	9	9	1
56	1	03	»	12	10	10	2184	1	26	12	87	5	1	11	5	9	4
57	1	06	»	12	14	10	8519	1	28	13	89	»	1	11	5	7	9
58	1	10	»	12	18	11	7308	1	30	15	25	»	1	36	»	9	8
59	1	13	»	12	22	12	4155	1	32	16	38	9	1	13	9	7	4
60	1	16	»	12	26	13	1182	1	34	17	57	8	1	18	9	7	3
61	1	20	»	12	30	14	0938	1	36	19	17	5	1	60	»	9	1
62	1	24	»	12	34	15	0918	1	38	20	83	»	1	66	»	8	7
63	1	27	»	12	38	15	9085	1	40	22	27	»	1	44	»	6	9
64	1	31	»	12	42	16	9657	1	42	24	09	»	1	82	»	8	2
65	1	35	»	12	46	18	0870	1	44	26	02	»	1	93	»	6	»
66	1	39	»	12	50	19	2260	1	46	28	07	»	2	05	»	7	9
67	1	43	»	12	54	20	4151	1	48	30	21	»	2	14	»	7	6
68	1	46	»	12	58	21	3357	1	51	32	22	»	2	01	»	6	7
69	1	50	»	12	62	22	6024	1	54	34	81	»	2	59	»	8	1
70	1	54	»	12	66	23	8894	1	57	37	61	»	2	70	»	7	5
71	1	58	»	12	70	25	2549	1	60	40	38	»	2	87	»	7	7
72	1	62	»	12	74	26	6021	1	63	43	36	»	2	98	»	7	4
73	1	67	»	12	78	28	3716	1	66	47	10	»	3	74	»	8	6
74	1	71	»	12	82	29	8321	1	69	50	42	»	3	32	»	7	1
75	1	75	»	12	86	31	3398	1	72	53	90	»	3	48	»	7	0
76	1	79	»	12	90	32	6960	1	75	57	57	»	3	67	»	6	8
77	1	83	»	12	94	34	4950	1	78	61	41	»	3	84	»	6	6
78	1	87	»	12	98	36	1232	1	80	65	02	»	3	61	»	5	9
79	1	91	»	13	02	37	8101	1	82	68	81	»	3	79	»	5	8
80	1	95	»	13	06	39	5195	1	84	72	72	»	4	91	»	5	7
81	1	99	»	13	09	41	2897	1	86	76	74	»	4	02	»	5	3
82	2	03	»	13	12	43	0336	1	88	80	90	»	4	16	»	5	4
83	2	07	»	13	15	44	8343	1	90	85	12	»	4	32	»	5	3
84	2	11	»	13	18	46	6960	1	92	89	66	»	4	44	»	5	2
85	2	15	»	13	21	48	3790	1	94	94	38	»	4	62	»	5	2
86	2	19	»	13	24	50	5370	1	96	99	05	»	4	77	»	5	1

Années ou âge de l'arbre.	Circonférence moyenne.			Longueur de la tige.		Solidité.		Valeur du décistère.		Valeur de chaque tige.			Accroissement de valeur par an.			Taux par cent de l'intérêt annuel.	
	mèt.	centim.	milli.	mèt.	centim.	décistères.		fr.	cent.	fr.	cent.	millés.	fr.	cent.	millés.		
87	2	22	»	13	27	52	0450	1	98	103	05	»	4	00	»	4	0
88	2	26	»	13	30	54	0040	2	00	108	13	»	5	08	»	4	9
89	2	29	»	13	33	55	6390	2	02	112	39	»	4	26	»	4	0
90	2	33	»	13	36	57	7280	2	04	117	77	»	5	38	»	4	8
91	2	36	»	13	39	59	3570	2	06	122	28	»	4	51	»	3	8
92	2	39	»	13	42	61	0070	2	08	126	89	»	4	61	»	3	8
93	2	43	»	13	45	63	2150	2	10	132	75	»	5	86	»	4	6
94	2	46	»	13	48	64	9330	2	12	137	65	»	4	90	»	3	7
95	2	49	»	13	51	66	6710	2	14	142	68	»	5	03	»	3	7
96	2	52	»	13	54	68	4310	2	16	147	81	»	5	13	»	3	6
97	2	54	»	13	57	69	6950	2	18	151	94	»	4	13	»	2	8
98	2	57	»	13	60	71	4950	2	20	157	29	»	5	35	»	3	5
99	2	60	»	13	63	73	3430	2	22	162	82	»	5	53	»	3	5
100	2	62	»	13	66	74	6240	2	24	167	16	»	4	34	»	2	7
101	2	65	»	13	69	76	5130	2	26	172	92	»	5	76	»	3	4
102	2	67	»	13	72	77	8470	2	28	177	49	»	4	57	»	2	6
103	2	69	»	13	74	79	1280	2	30	181	99	»	4	50	»	2	6
104	2	71	»	13	76	80	4270	2	32	186	59	»	4	60	»	2	5
105	2	73	»	13	78	81	7430	2	34	191	28	»	4	69	»	2	5
106	2	75	»	13	80	83	0620	2	36	196	02	»	4	74	»	2	5
107	2	77	»	13	82	84	3980	2	38	200	87	»	4	85	»	2	5
108	2	79	»	13	84	85	7820	2	40	205	80	»	4	93	»	2	5
109	2	81	»	13	86	87	1100	2	42	210	81	»	5	01	»	2	5
110	2	82	»	13	88	87	8469	2	44	214	34	»	3	53	»	1	7
111	2	84	»	13	90	89	2240	2	46	219	50	»	5	16	»	2	4
112	2	86	»	13	92	90	6290	2	48	224	73	»	5	23	»	2	4
113	2	87	»	13	93	91	3210	2	50	228	31	»	3	58	»	1	6
114	2	89	»	13	94	92	6730	2	53	234	45	»	6	15	»	2	7
115	2	90	»	13	95	93	3510	2	56	239	06	»	4	60	»	2	0
116	2	92	»	13	96	94	7320	2	59	245	35	»	6	29	»	2	6
117	2	93	»	13	97	95	4570	2	62	250	10	»	4	75	»	1	9
118	2	95	»	13	98	96	8390	2	65	256	62	»	6	52	»	2	6
119	2	96	»	13	99	97	5660	2	68	261	46	»	4	84	»	1	9
120	2	97	»	14	00	98	2940	2	71	266	33	»	4	92	»	1	9

Un dernier tableau nous fera connaître l'*accroissement moyen des sapins* dans un massif jardiné, dans les forêts du Jura et des Vosges.

Age.	Circonférence moyenne.	Hauteur.	Solidité.	
Ans.	Pouces métriques.	Pieds métriq.	Pieds cub.	centi.
10	4	3	00	2
20	9	12	00	18
30	14	22	00	93
40	20	33	3	66
50	28	44	9	18
60	37	56	19	02
70	47	68	30	28
80	56	79	66	00
90	64	90	97	50
100	72	100	136	08
110	81	109	193	80
120	90	118	265	50
130	99	128	337	08
140	108	135	433	11

C'est sur ces différentes données que nous ferons les calculs relatifs à l'aménagement.

SECTION III. — *De l'aménagement des forêts.*

Aménager une forêt, c'est *régler l'ordre dans lequel on l'exploitera* pendant une période dont la durée est indéterminée, mais qui doit comprendre au moins la 1re exploitation de tous les plants actuellement existans dans cette forêt; c'est déterminer la quantité de bois que l'on coupera tous les ans et le mode que l'on suivra dans cette exploitation. Nous nous conformerons au classement que nous avons indiqué précédemment des différentes espèces de bois et forêts.

§ Ier. — Aménagement des taillis.

Dans la pratique il est difficile de se rendre compte des motifs qui engagent les propriétaires à exploiter leurs taillis à tel âge plutôt qu'à tel autre. Nous allons indiquer les *moyens de reconnaître cet âge*, en supposant que l'on s'occupe d'obtenir le plus haut revenu possible en argent. Nos premiers calculs seront fondés sur la table des carrés des nombres naturels, laquelle exprime d'une manière très-approximative la moyenne de l'accroissement du taillis.

A quel âge dois-je exploiter un taillis qui croît suivant cette progression? Si je l'exploite lorsque sa 10e année est accomplie, j'aurai le produit de la coupe évaluée 100 fr.; mais si j'attendais que ce taillis eût 20 ans, j'obtiendrais le quadruple de cette somme dans un espace de temps double du premier. Nous allons reconnaître le rôle que joue le calcul des intérêts dans la solution de cette question.

En exploitant mon taillis à l'âge de 10 ans, j'aurai au bout de 20 ans :

1° Le produit de la 1re coupe qui s'est élevé à 100 fr., somme qui, avec les intérêts cumulés à 4 p. 0/0 pendant 10 ans, s'élève à . . . . 148 fr. 02 c.

2° J'aurai la 2e coupe du taillis de 10 ans qui vaut. . . . 100 »

Total . . . 248 fr. 02 c.

Les 2 coupes ne me donnent que 248 fr. 02 c. tandis qu'une seule aurait produit 400 fr. Il est donc beaucoup plus profitable d'exploiter ce taillis à l'âge de 20 ans qu'à celui de 10 ans.

Mais il doit arriver un terme où la progression des intérêts dépassera celle de l'accroissement du bois ; c'est ce terme qu'il faut chercher. Pour cela, comparez la période de 80 ans avec celle de 40 ans. Si je préfère la dernière période, j'aurai à l'expiration des 80 ans :

1° Le produit de la 1re coupe qui était âgé de 40 ans, lequel est de 1600 fr. avec l'intérêt cumulé de cette somme à 4 p. 0/0 pendant 40 ans, le tout s'élevant à 7,680 fr. 96 c.

2° La 2e coupe qui vaut comme la première . . . . 1,600 »

Total . . . 9,280 fr. 96 c.

En faisant 2 coupes au lieu d'une seule, j'obtiendrai donc une somme bien supérieure à celle que m'aurait donnée une coupe de 80 ans dont le produit total ne se fût élevé qu'à 6,400 fr.

Nous avons choisi le taux de 4 p. 0/0 comme le taux le plus convenable pour l'intérêt annuel; mais, si nous prenons pour base de nos calculs un taux plus élevé, le résultat sera bien différent; la raison en est évidente: l'accroissement du bois dans les premières années marche aussi rapidement que l'intérêt composé; mais cette puissance d'accumulation ne tarde pas à détruire l'équilibre, et dans un long espace de temps elle laisse bien en arrière les progrès de la végétation; elle les devance d'autant plus vite que le taux de l'intérêt est plus élevé. Cette vérité sera rendue plus sensible par un exemple.

Calculons un moment d'après l'intérêt à 5 p. 0/0, et comparons l'aménagement de 32 ans avec celui de 40 ans. Supposons que j'abatte ma coupe lorsqu'elle a 32 ans. Elle produit 1024 fr., somme qui, avec les intérêts pendant 8 ans, c'est-à-dire jusqu'à l'époque où elle aurait été abattue si j'eusse pris la période de 40 ans, s'élève à . 1512 fr. 91 c.

J'aurai à la fin de la même période un taillis de 8 ans ; on pourra donc faire la seconde coupe 8 ans plus tôt; je gagnerai 8 ans d'intérêt ou 409 fr. 60 c.; mais je ne jouirai de cette dernière somme qu'à l'époque de la coupe ultérieure, c'est-à-dire dans 24 ans ; cette même somme doit être réduite à sa valeur actuelle, à . . . 127 01

Total . . . 1639 fr. 92 c.

Mais si j'eusse attendu la 40e année pour exploiter ma coupe, elle ne m'aurait rendu que 1600 fr. J'ai donc gagné 39 fr. 92 c. à l'exploiter à 32 ans.

Nous allons voir que si je ne veux compter l'intérêt qu'à 3 p. 0/0, c'est-à-dire que si je me décide à laisser mes bois sur pied, pourvu que leur accroissement me rapporte 3 p. 0/0 par an, je dois préférer l'aménagement de 40 ans à celui de 32 ans.

En effet, si j'eusse abattu la coupe lorsqu'elle avait 32 ans, j'aurais à l'expiration des 40 années :

1° Le prix de cette coupe, ou 1024 fr. avec intérêts cumulés à 3 p. 0/0 pendant huit ans. . . . . 1348 fr. 30 c.

1348 fr. 30 c.

2° Un taillis de 8 ans; je gagne donc une avance de 8 ans d'intérêts sur la coupe future, mais je n'en jouirai que dans 24 ans; or, 8 années d'intérêts de 1024 fr. à 3 p. 0/0, donnent 245 fr. 76 c., somme qui, réduite à sa valeur actuelle, n'est que de. 107 63

Total. . . . . 1455 fr. 93 c.

Dans ce cas-ci, il eût donc été préférable d'attendre que le taillis eût atteint l'âge de 40 ans, car il aurait produit 1600 fr.

Nous allons actuellement faire de semblables calculs sur d'autres tables d'accroissement.

Prenons la première table de M. Waistell.

Est-il plus avantageux d'exploiter à 24 ans la plantation figurée dans ce tableau, que de la laisser subsister jusqu'à l'âge de 48 ans? — Si je l'exploite à 24 ans, j'aurai un volume de bois exprimé par 1 pied 6 pouces, dont la valeur en décimales est 1500; j'aurai à l'expiration des 48 années :

1° Cette somme, avec intérêts cumulés pendant 24 ans à 4 p. 0/0, laquelle s'élève à. . . . . 3,844 fr. 80 c.

2° Une seconde coupe de 24 ans dont la valeur est de. . . 1500 »

Total. . . . 5,344 fr. 80 c.

Mais la valeur de mon bois, à l'âge de 48 ans, est exprimée par le nombre 12,000 fr. Il y aurait donc une perte de plus de moitié, à exploiter la plantation à l'âge de 24 ans.

Ainsi, d'après la table des carrés, il faut couper les bois vers l'âge de 30 ans, et d'après la table de M. Waistell, il faut attendre une époque beaucoup plus reculée. La raison de cette différence est que la table des carrés exprime le progrès de la valeur moyenne des bois abandonnés à la nature, et dont l'accroissement se ralentit promptement, tandis que les tables de M. Waistell expriment les progrès d'une plantation cultivée.

Dans l'état actuel des bois, on ne peut pas compter sur une marche plus rapide que celle des *carrés des nombres naturels*, pour exprimer l'accroissement annuel des taillis et des massifs de futaie non éclaircis. En effet, si nous comparons cette table avec le prix moyen des coupes, soit des petits-taillis, soit des hauts-taillis, soit des massifs de haute-futaie, nous trouvons un rapport assez exact avec les prix courans des coupes annuelles dans l'étendue de la France.

La valeur d'un taillis de 20 ans est marquée dans cette table par le nombre 400. Supposons que ce nombre exprime des francs, et que l'étendue soit d'un arpent (demi-hectare), la valeur de la coupe sera 800 par hectare. C'est le prix actuel d'un taillis de cet âge, venu dans un bon sol. L'expression de la valeur du taillis de 25 ans est de 625. La valeur de l'hectare est donc de 1250 fr. La valeur de l'hectare de 30 ans sera de 1800 fr. La valeur de l'hectare de 40 ans sera de 3,200 fr. La valeur de l'hectare de 60 ans sera de 5,000 fr.

Nous sommes d'accord jusque là, avec les

prix courans; mais, si nous poussons cette comparaison jusqu'à la 120e année, nous verrons qu'à cette époque, la valeur de l'hectare de futaie devrait être de 28,800 fr., en suivant la loi des carrés; or, il n'y a point d'exemple qu'un massif de futaie de cet âge, conduit suivant la méthode ordinaire du *jardinage*, c'est-à-dire abandonné à la nature, ait produit cette somme.

Nous voulons seulement constater que les produits annuels des forêts, traitées suivant la méthode ordinaire, ne dépassent pas la progression indiquée par les carrés des nombres naturels.

Nous n'ajouterons qu'un exemple du calcul nécessaire pour reconnaître l'âge le plus convenable pour couper un taillis, en calculant l'accroissement suivant la progression que le propriétaire de la forêt aura constatée.

Son premier soin doit être de reconnaître la valeur des taillis de chaque âge, dans sa forêt; supposons qu'elle soit située dans une contrée où le principal emploi des taillis est le débit des cercles et des fagots, comme en Bresse et en Beauce, et que la progression de valeur soit celle-ci :

ans		ans	
à 5 le taillis vaut	50 f.	à 13 le taillis vaut	137 f.
6	61	14	148
7	72	15	159
8	83	16	170
9	94	17	181
10	105	18	192
11	115	19	202
12	126	20	214

Exploitera-t-on le taillis à l'âge de 10 ans, ou à l'âge de 20 ans? Si on l'exploite à 10 ans, on aura dans la période de 20 ans :

	fr.	c.
1° Le prix de la première coupe qui est de.	105 fr.	» c.
2° L'intérêt cumulé à 4 p. 0/0 de cette somme, pendant 10 ans..	50	42
3° Le prix de la 2e coupe. .	150	»
	260 fr.	42 c.

On aura donc 260 fr. 42 c. au lieu de 214 fr. que rendrait la coupe faite à 20 ans.

Ces calculs ne servent pas toujours de règle déterminante pour vendre la coupe, car des circonstances particulières décident souvent les propriétaires publics ou privés à faire des coupes prématurées ou à les retarder.

L'époque d'exploitabilité est beaucoup plus facile à déterminer dans un taillis homogène que dans un taillis mélangé, car il est évident que le coudrier et le marsault ne doivent pas s'exploiter au même âge que le hêtre. Ces calculs doivent d'ailleurs être combinés avec des considérations d'un autre ordre, que nous allons indiquer :

1° La probabilité d'une hausse ou d'une baisse future du prix des bois, influe sur la fixation de l'époque de la coupe. 2° Prévoit-on que les grands taillis ne tarderont pas à être recherchés pour certains usages, comme des exploitations de mines, des ouvrages de fente, etc., on doit les laisser vieillir. 3° Les charbons sont-ils très-chers, on se hâte d'abattre les taillis qui sont propres à cet usage. 4° Le prochain établissement d'un canal ou d'une route, qui ouvriront de nouveaux débouchés à l'exportation, engagent à laisser vieillir les coupes; mais, si ces voies de communication doivent au contraire apporter du bois dans la contrée, il faut se hâter d'exploiter ceux que l'on possède. 5° Il en est de même, si l'on prévoit la prochaine introduction de la houille dans une contrée où l'on n'employait que du bois pour le chauffage et pour les usines. 6° Possède-t-on un taillis composé uniquement de châtaigniers destinés à faire des cercles ou cerceaux, on doit l'exploiter précisément au moment où les brins sont propres à cet usage. Il en est de même d'un taillis de coudrier. 7° Un taillis de frêne s'exploite avec avantage, lorsque les perches ont atteint les dimensions propres aux ouvrages de charronnage. 8° Un taillis de chêne doit être coupé avant l'époque où la qualité de l'écorce commence à se détériorer.

Les préceptes que nous venons de donner sur l'aménagement des taillis sont également applicables à ceux de France, d'Allemagne et d'Angleterre, et de tous les autres pays où les bois sont mis en coupes réglées. Nous verrons plus loin les effets de la méthode moderne des nettoiemens ou éclaircies dans les taillis.

§ II.—Aménagement des futaies en massif.

On n'a encore adopté en France aucune méthode pour l'*aménagement des massifs de futaie*. On les exploite généralement en jardinant, opération qui consiste à enlever les arbres dépérissans ou nuisibles et ceux qui sont parvenus à l'époque que l'on croit être celle de leur maturité. C'est ce qui se pratique dans les forêts de sapins et de hêtres des Pyrénées, des Alpes, du Jura, et du versant méridional des Vosges.

Les *désavantages* de cet ancien usage sont : 1° le peu de revenu que l'on tire des forêts ainsi traitées; on est obligé de les parcourir pour aller chercher les arbres dépérissans, ce qui rend l'exploitation et l'extraction très-dispendieuses; 2° les dégâts qui en résultent; 3° la lenteur de l'accroissement des jeunes plants qui languissent à l'ombre des massifs, au point que ceux qui sont le mieux exposés croissent deux fois moins vite que s'ils jouissaient des bienfaits de l'air et de la lumière. 4° La destruction des neuf dixièmes de ces plants dans leur jeunesse.

Cet usage présente cependant un avantage remarquable; *le massif de la forêt se conserve intact* pendant une durée indéfinie, si le jardinage est bien exécuté, et surtout si l'on a soin de conserver sur les bords une épaisse lisière pour défendre la forêt contre les vents impétueux ou desséchans. Il est vrai que les produits sont inférieurs à ceux que procure l'application des nouvelles méthodes d'aménagement; mais, pour peu que ces méthodes soient mal entendues dans l'exécution, la forêt se dégarnit et ne se repeuple plus. C'est en ne découvrant jamais le sol en entier avant d'avoir assuré le repeuplement, que l'on peut faire croître de magnifiques sapins sur un plateau de 2 à 3 pouces de terre reposant sur des masses de rocs calcaires ou granitiques; dans l'application des nouvelles méthodes, le moindre accident peut mettre le terrain à nu.

L'ancien usage d'exploiter les forêts en jardinant subsiste encore dans la plus grande partie de l'Allemagne, mais les nouvelles méthodes dont nous allons parler, et qui ont été inventées et mises en pratique par des Allemands, se propagent au point qu'elles paraissent devoir remplacer partout l'ancien procédé.

§ III. — Coupes par bandes.

Au lieu de chercher çà et là les arbres mûrs ou dépérissans, on fait une coupe pleine à laquelle on donne la *forme d'un rectangle irrégulier très-alongé*. Tous les arbres qui se trouvent dans cette surface sont abattus, à l'exception de quelques porte-graines. Cette bande forme la coupe annuelle qui se repeuple naturellement par de jeunes plants qui se trouvent déjà sur le sol, et surtout par ceux qui doivent provenir des graines qui tombent des massifs d'arbres entre lesquels cette lisière est resserrée. L'année suivante on exploite une autre bande de forme semblable dans une autre partie du massif. La principale précaution à prendre dans ces exploitations consiste à les diriger de manière à ne pas donner entrée aux vents destructeurs. Les hêtres et les sapins, quoique d'une hauteur excessive, n'étant pourvus que de faibles racines, dans un sol très-peu profond ne peuvent résister à de faibles coups de vent qui n'ébranleraient pas des arbres ordinaires.

On *dirige* autant que possible les bandes de l'est à l'ouest, pour procurer de l'ombrage au plant (*fig.* 107). Quelquefois on tourne sui-

Fig. 107.

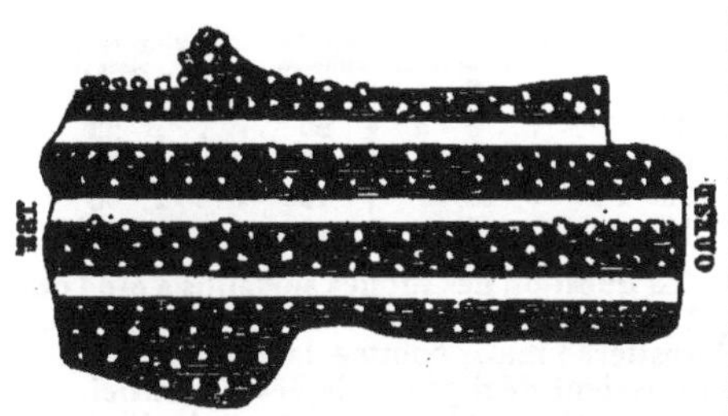

vant la pente, pour éviter que les pluies entraînent les graines (*fig.* 108). Dans la vue de

Fig. 108.

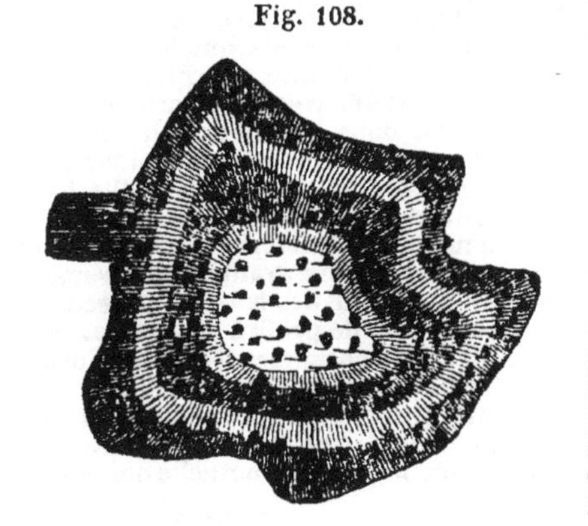

favoriser les semis naturels, on enlève les pousses et les herbes en grattant le terrain à la pioche. Les arbres isolés que l'on a laissés de distance à autre pour aider au repeuplement doivent être coupés aussitôt que le plant est assez épais et assez fort pour se passer d'abri.

Exemple : Forêt d'épiceas d'Aarau, canton d'Argovie.

§ IV. — Méthode de repeuplement des forêts.

La méthode scientifique adoptée dans l'Allemagne méridionale, et qui a été appliquée avec succès dans nos forêts du Haut et du Bas-Rhin, consiste à traiter l'exploitation des massifs de haute-futaie ainsi qu'il suit :

Le massif de hêtre, de chêne ou de sapin qui est jugé prochainement exploitable, est mis en défense quelques années d'avance, c'est-à-dire que le pâturage et le pacage y sont interdits dans la vue de conserver les graines. Lorsque le moment de l'exploitation est arrivé, on procède à l'assiette de la *coupe sombre*, en désignant pour l'abattage les arbres qui sont situés dans les endroits les plus épais, de manière que ceux qui restent conservent un égal ombrage sur toute l'étendue du sol. Cette opération importante et délicate a un double objet : celui de permettre au semis de lever et celui d'empêcher l'accroissement des herbes. L'air circulera à travers le massif, la lumière commencera à s'y introduire, et les jeunes plants se développeront sous l'influence de ces agens de la végétation, en même temps qu'ils seront protégés contre les gelées et contre les chaleurs.

Lorsque le plant, répandu uniformément sur le sol, a pris une hauteur de 10 à 15 pouces ; lorsqu'on n'a plus lieu de craindre que l'accès du soleil et du grand air ne le fasse périr en occasionant une subite évaporation de l'humidité du terrain ; lorsque le massif est bien garni, il est temps de s'occuper de la coupe secondaire. Celle-ci, que l'on nomme aussi *coupe claire*, comprend une grande partie des arbres restans. On observera pour l'espacement des arbres des règles à peu près semblables à celles d'après lesquelles on a dirigé la coupe sombre ; on se rappellera seulement que les parties de la forêt les mieux repeuplées sont celles qui exigent le moins d'arbres. On laisse subsister les arbres réservés jusqu'à l'époque où le semis, ayant atteint une hauteur moyenne d'un mètre, est devenu assez robuste pour être livré sans inconvénient à l'influence de l'air, du soleil et des météores.

Cette époque arrivée, on peut procéder à la *coupe définitive* qui comprend les arbres restans, sauf quelques pieds destinés à servir de porte-graines dans les endroits que l'on ne juge pas suffisamment repeuplés. Ces porte-graines sont ordinairement pris parmi les arbres faibles, difformes, peu élevés ; leur destination est de donner des graines et de conserver un peu d'ombrage dans les lieux où le plant est encore faible. Ces arbres ne tardent pas à être écimés, ébranchés, rompus ou déracinés.

Les trois exploitations embrassent ordinairement une période d'environ 10 années. La rareté ou l'abondance des graines, la rapidité ou la lenteur de la croissance des plants déterminent les époques respectives des trois exploitations. La principale difficulté à surmonter dans l'emploi de cette méthode, consiste à diriger les exploitations de manière que les vents ne s'introduisent pas dans la forêt après la coupe sombre et surtout après la coupe secondaire, car ils feraient tomber une foule d'arbres, qui, la plupart, seraient brisés et sans valeur; mais cette perte n'est pas la plus grande; l'accident que nous signalons dérange toutes les combinaisons du forestier, qui a donné tant de soins pour élever le jeune plant; on est obligé quelquefois de recourir à l'ensemencement naturel; les plants ne sont plus du même âge ni de la même force. Mais si aucun désastre n'est venu déranger l'ouvrage de l'art, la terre est bientôt couverte de myriades de plants de l'essence qu'on a voulu propager; l'extrême épaisseur de ce plant est une condition essentielle de sa réussite; les jeunes tiges, délivrées du voisinage des arbres qui les auraient affamées, s'élèvent droites et hautes; elles forment un massif dans lequel tous les brins étant à peu près de même force, chacun d'eux n'étant ni ombragé ni épuisé par les autres, croît avec le *maximum* de la force qu'il tire de son essence, du sol dans lequel il est né et de l'atmosphère dont il est environné.

La *traite du bois* qui est abattu dans les coupes doit être exécutée très-promptement, pour éviter de trop grands dégâts; on a soin qu'elle se fasse à travers les parties de la coupe non encore exploitées. On recèpe les jeunes tiges de bois à feuilles caduques qui ont été brisées, et leurs souches ne tardent pas à repousser des rejets.

Lorsque le jeune taillis est parvenu à sa 20e année, on procède à l'extraction des jeunes plants de marsault, tremble, bouleau, charme, qui croissent plus rapidement que les bois durs ou qui embarrasseraient les plants de sapins.—20 ans plus tard, on procède à un second *nettoiement*, en ayant soin de tenir toujours le plant épais et bien garni; c'est une condition essentielle de leur prospérité future. On continue ainsi tous les 20 ou 25 ans, jusqu'à ce que le massif soit exploitable.

Les *inconvéniens* de cette méthode sont : 1° qu'il se passe souvent plusieurs années sans qu'il y ait des semences forestières et qu'on est alors obligé de recourir aux semis artificiels qui ne réussissent pas toujours dans les terrains découverts; 2° que la moindre négligence dans l'exécution peut perdre sans retour quelques parties de la forêt; 3° que trois exploitations dans le même lieu entraînent des frais considérables, tandis qu'en exploitant la coupe par bandes étroites on abat tous les arbres à la fois, sauf quelques porte-graines. Il est juste d'observer, 1° que les coupes par bandes favorisent aussi l'entrée des vents dans les massifs; 2° que cette succession de coupes sombre, secondaire et définitive n'est indispensable que dans les terrains secs; car, dans les bons sols, deux coupes suffisent pour opérer le repeuplement; 3° que les plants de 3 ou 4 pieds de haut, étant dégagés du voisinage des grands arbres, croissent bien plus rapidement que ceux qui garnissent les bandes bordées de massifs; 4° que les semis naturels sont dispendieux et ne réussissent pas toujours.

Exemple d'une belle forêt traitée par la méthode de l'ensemencement naturel : Forêt de Ribeauvillé (Haut-Rhin).

§ V. — Des futaies surtaillis.

On nomme *futaies surtaillis* les baliveaux de tout âge que l'on réserve dans les taillis à mesure de leur exploitation.

L'usage le plus général est de réserver 50 baliveaux de taillis par hectare. Nous supposerons dans nos calculs ultérieurs que la révolution de l'aménagement est réglée à la période de 25 ans. La coupe comprendra donc 50 baliveaux de l'âge du taillis par hectare. A l'époque de la seconde coupe ces baliveaux sont âgés de 50 ans. On fait abattre ceux qui sont faibles, difformes ou trop rapprochés les uns des autres, et on en réserve environ 18 par hectare. A l'époque de la troisième coupe ces baliveaux sont âgés de 75 ans. On en réserve 8 environ par hectare. A l'époque de la quatrième coupe, ces baliveaux sont âgés de 100 ans. On en réserve environ 3 par hectare. Aux époques des coupes suivantes, on réserve un arbre ou deux par hectare, de 125, de 150 ans, etc. Telle est la proportion ordinaire dans les forêts bien aménagées du nord-est de la France.

L'accroissement de ces futaies varie suivant la nature du sol et l'âge auquel on exploite les taillis. Le tableau suivant fera connaître le rapport moyen de leur accroissement dans un bon sol :

Age des baliveaux.	Cubage en grume, pieds cubes.	Age des baliveaux.	Cubage en grume, pieds cubes.
40	2 3	80	18
50	6 3	90	23
60	10 5	100	30
70	13	120	56
75	15	125	65

La question des futaies surtaillis a été l'objet de longues controverses entre les anciens forestiers; mais, comme la plupart d'entre eux avaient négligé un élément essentiel, celui du calcul des produits et de l'intérêt composé, leur opinion n'a pas influé sur la pratique générale.

Le motif qui a fait convertir les massifs de haute-futaie en taillis est que lorsque l'industrie s'est introduite en France, on a abattu les massifs pour en consommer les produits, soit dans les villes, soit dans des usines, et que l'on a trouvé plus commode et plus avantageux de couper les taillis lorsqu'on trouvait à les vendre, que de les conserver en massifs de futaie. Le développement de la richesse publique ayant successivement augmenté la valeur des bois, on a reconnu qu'il y avait plus de profit à abattre les gros arbres qu'à les conserver, et on en a peu à peu diminué le nombre par le motif ou sous le prétexte que ces baliveaux nuisent à l'accroissement du taillis. C'est sur cette idée qu'est fondée la pratique actuelle qui se propage rapidement. Elle présente des inconvéniens qui entraîneront l'abandon des futaies sur taillis. 1° Dans les terrains secs le sol est trop découvert par l'enlèvement de la futaie, l'humidité s'évapore, et la végétation s'affaiblit à un degré considérable; les racines des arbres et du taillis restans, étant privés de l'humidité qui les alimentait, ne fournissent presque plus rien à la nourriture des plantes; 2° les cimes des arbres subitement exposées aux courans d'air se dessèchent; 3° les jeunes baliveaux, n'étant plus dans un état serré, se forment de grosses têtes et cessent de croître en hauteur après l'abattage du taillis.

Ainsi on ne doit plus avoir désormais que des arbres difformes ou de petite stature dans les taillis.

Le mode qui est sur son déclin produisait cependant une immense quantité de beaux arbres pour tous les besoins de l'Etat et des particuliers. Ces arbres étant tenus dans un état serré, leurs tiges s'élevaient à peu près comme dans un massif; le taillis ne formait qu'un sous-bois qui garnissait l'intervalle entre les arbres; mais actuellement le taillis étant devenu le produit principal, la futaie dégénère rapidement. Les coupes des taillis dont l'époque est déterminée par des calculs fondés sur un intérêt élevé étant plus fréquentes qu'elles ne l'étaient autrefois, il sera impossible désormais d'élever de beaux arbres dans les coupes, car, pour avoir une futaie d'une belle dimension, les taillis ne doivent pas être coupés trop jeunes; les baliveaux ne s'élevant plus guère après l'exploitation, surtout lorsqu'ils ne sont pas nombreux, ils ne forment jamais que des arbres rabougris, et l'on ne manque pas de prononcer que le sol de la futaie ainsi traitée ne convient pas pour élever de la futaie.

§ VI. — De l'âge auquel il convient de couper la futaie.

Nous parlerons d'abord de l'usage général. Ce n'est que depuis un demi-siècle environ que l'on fait en France de grands abattis de futaie. On conservait autrefois les vieux arbres sans s'occuper du point de savoir si leur accroissement rapportait 1, 2 ou 3 p. 0/0; l'usage, une espèce d'idée vague du sacrifice fait au bien public, une pensée dominante d'ordre et de conservation guidaient le forestier même à son insu, et il réservait une immensité d'arbres qui, tout en continuant de végéter, ne gagnaient pas un pour cent par an. Les vues qui dirigent aujourd'hui le forestier français sont encore puisées en partie dans ces idées de conservation et reposent aussi en partie sur des théories particulières ou sur des calculs plus ou moins justes; en sorte qu'il n'y a aucune fixité à cet égard. L'aménagement en Allemagne se règle d'après les produits en nature. On veut conserver pour les siècles futurs une masse de bois égale au moins à celle que l'on a trouvée. Il en est tout autrement en Angleterre, où l'on coupe un arbre lorsqu'il ne rapporte plus *tant pour cent*. On cherche uniquement un produit en argent, à moins qu'il ne s'agisse d'arbres conservés pour agrément.

Il serait impossible de comprendre complètement la théorie générale de l'aménagement si l'on n'appréciait pas toutes les conséquences diverses de chacun des modes que nous venons d'exposer. Nous ferons d'abord connaître la différence entre les produits matériels dans deux circonstances opposées.

Prenons une forêt de 100 hectares aménagée à l'âge de 10 ans, dans un sol de qualité moyenne; on exploite par an dix hectares de taillis qui produisent chacun 50 stères de bois, lesquels, à 5 fr. le stère, vaudraient 250 fr., ce qui donnera pour le revenu de la forêt 2,500 fr.

Prenons une autre forêt semblable pour le sol, mais aménagée à 100 ans, et dans laquelle on enlève périodiquement le bois mort et les chablis; cette forêt rendra :

1° En bois mort et chablis, par an	200 fr.
2° La coupe pleine, dont la contenance sera d'un hectare, comprendra 500 arbres valant chacun 20 fr., ce qui fait en tout. . . .	10,000 fr.
Revenu annuel . . .	10,200 fr.

(On trouve en France, et notamment dans le haut plateau des Vosges, des massifs de haute-futaie qui contiennent pour 10,000 fr. d'arbres résineux dont l'âge moyen est de 100 ans.) Ainsi le pays perd les 3/4 des produits en nature par un aménagement en taillis; mais la génération présente gagne sur l'intérêt de l'argent.

Il est évident qu'une contrée qui possède un million d'hectares de bois âgés de 100 à 150 ans est beaucoup plus riche en matière forestière qu'une autre contrée qui possède un million d'hectares de bois taillis dont l'âge moyen est de 20 ans. Dans la première contrée on fait abstraction de l'intérêt de l'argent; dans la seconde on en fait une application peu éclairée.

Dans l'impossibilité de réduire le taux de l'intérêt de l'argent, il ne reste d'autre moyen pour rétablir l'équilibre de la production que celui d'*accélérer la croissance* des plants forestiers; on y parvient par les cultures, par le nettoiement, par l'élagage et par l'appropriation des bonnes espèces de bois au sol. Tel est aujourd'hui l'état de la science forestière en Angleterre, où l'art s'efforce de recréer une partie de ce qui a été perdu sous l'influence de l'ancienne législation des forêts et des chasses.

En Allemagne, on conduit d'une manière savante les arbres jusqu'au terme où ils ont acquis les plus belles dimensions propres à leur espèce. On exploite la plupart des forêts résineuses et celles de hêtres à l'âge de 150 ans; ainsi chaque année on abat la 140° partie de leur étendue totale. Les massifs de chêne subsistent pendant plusieurs siècles. Comparons cet aménagement avec l'aménagement ordinaire de nos forêts de sapins.

Ces dernières, exploitées par la méthode du *jardinage*, produisent annuellement environ 60 pieds cubes par hectare pour toute l'étendue de la forêt; ainsi une forêt de 140 hectares produit par an 8,400 pieds cubes de bois qui valent dans la forêt, à raison de 60 centimes le pied cube, la somme de 5,040 fr., laquelle exprime le revenu de 140 hectares, en sorte que le revenu par hectare est de 36 francs.

En Allemagne, une forêt âgée de 140 ans contient 20,000 pieds cubes de bois, terme moyen, par hectare, en sorte qu'en exploitant un hectare par an, le produit total est de 20,000 pieds cubes de bois de chêne, hêtre ou sapin, qui, à 60 centimes le pied cube pris en forêt, valent . . . . 12,000 fr.

On procède à l'expurgade des bois blancs et des plants qui surchargent le massif 4 fois dans la révolution de l'aménagement, c'est-à-dire tous les 35 ans, coupe qui, réduite à un terme moyen annuel, s'étend sur 4 hectares et produit à raison de 600 fr. par hectare la somme totale de. 2,400

Total. . . . . . 14,400 fr.

Ainsi, le revenu annuel d'un massif de futaie, traité par la méthode allemande, est de 14,400 francs pour 140 hectares, ce qui revient à 102 fr. 85 cent. par hectare, somme qui dépasse de beaucoup le revenu des forêts semblables traitées suivant l'ancienne méthode du jardinage.

Exemples de forêts bien peuplées : Forêt de Riquervirch (Haut-Rhin); il y a dans ce massif 1400 sapins par hectare estimés 21,000 fr.; forêt de Nideck (Bas-Rhin).

Nous allons calculer pour dernier terme de comparaison le revenu moyen d'une futaie sur taillis, exploitée suivant la méthode française dans un sol assez fertile et dans laquelle on a choisi des réserves dont le nombre est gradué dans la proportion indiquée au § précédent. Ce revenu est calculé pour la coupe d'un hectare dans un bois de 25 hectares aménagé à 25 ans.

1° On trouve 50 baliveaux âgés de 25 ans, et comme on en réserve 18, il en reste 32 à abattre. Dans ce dernier nombre la moitié ne sert qu'à faire du bois de chauffage, il en reste 16 dont les tiges contiennent chacune deux pieds cubes 3/10, et comme le pied cube métrique de petit bois vaut communément un franc, la valeur de 16 arbres sur taillis est de 36 fr. 80 cent. . . . . 36 f. 80 c.

Les 16 autres arbres sur taillis, propres seulement au chauffage, valent ensemble, avec les branches des premiers. . . . . 12 »

2° On trouve 18 modernes ou arbres de 75 ans par hectare, 8 sont réservés et 10 sont coupés; dans ce dernier nombre 7 sont propres au service, les trois autres ne peuvent guère servir que pour le chauffage. Les 7 premiers cubent chacun 15 pieds métriques et valent 15 francs. Leur valeur totale est donc. . . . . 105 »

Les trois modernes de qualité inférieure valent avec les branches des premiers. . . . . 35 »

3° On trouve 8 arbres *anciens*, âgés de 100 ans, par hectare, 3 sont réservés, les autres sont

188 f. 80 c.

188 fr. 80 c.

abattus; ces derniers cubent chacun 30 pieds métriques et valent, à raison d'un franc 20 centimes le pied cube, 36 francs chacun, ce qui fait pour tout. . . . . 180 »

4° Il reste 3 arbres de cent ans et au-dessus ; on peut en couper deux, qui valent ensemble, y compris les branchages. . . . . 112 »

Le taillis de 25 ans produit 6,400 pieds cubes de bois propre au chauffage ou à la carbonisation qui, à 15 centimes le pied cube, valent. . . . . 960 »

Valeur totale de la coupe. . . . 1,440 f. 80 c.

Comme cette coupe est le seul revenu d'une forêt qui contient 25 hectares, il en résulte que l'hectare rapporte annuellement 57 francs 63 cent. Cette somme est bien supérieure au taux moyen du revenu des forêts de l'Etat, qui ne dépasse pas communément 20 francs par hectare; mais nous calculons sur une forêt située dans les plaines du nord-est de la France, où les débouchés sont faciles et les moyens de consommation assurés.

Ainsi, en réduisant les produits à leur valeur en argent, nous trouvons qu'une forêt de haute-futaie jardinée produit annuellement par hectare, terme moyen. . . . 36 f. » c.

Qu'une forêt semblable traitée par la méthode allemande produit. 102 85

Et qu'une forêt exploitée en taillis et futaie sur taillis produit 57 63

Cette comparaison donne lieu aux réflexions suivantes :

Le système des massifs de futaie qui s'étend sur les 9/10es des forêts de la France n'est plus en vigueur, puisque généralement on ne réserve pas des arbres en assez grand nombre et d'un âge convenable pour remplacer ceux que l'on exploite. La méthode du *jardinage* n'est plus généralement suivie, mais aucun mode fixe n'y a encore été substitué. On peut remarquer seulement que la pratique générale qui s'établit en France, par une foule de faits isolés, tend à adopter en définitive pour unique base de l'aménagement forestier les produits en argent. C'est par une suite de calculs faits avec plus ou moins d'exactitude sur cette base qu'une grande partie de nos futaies ont été abattues, et que l'époque de l'exploitation des taillis a été devancée ; les revenus sont considérables parce que l'on exploite beaucoup à la fois; mais ils s'épuiseront, et l'on ne pourra en créer de nouveaux que par l'adoption d'un *bon système de culture* forestière, lequel consiste principalement à accélérer la croissance des taillis et des futaies en dépensant à propos l'argent nécessaire pour en soigner la production.

Cette culture consiste : 1° à approprier les espèces de bois au sol et au débit; 2° à composer chaque aménagement d'une espèce d'arbres ou de deux espèces analogues ; 3° à ne conserver dans chaque massif que des plants de la même force, du même âge et convenablement espacés autant que possible;

4° à n'exploiter chaque massif qu'à l'âge où il rend le *maximum* des produits en argent; 5° à ne pas conserver de vieux baliveaux dans les taillis, mais à élever de grands arbres en massifs dans la meilleure partie de la forêt; 6° à employer dans les portions arides des forêts la méthode d'ensemencement naturel pour les futaies et celle du furetage pour les taillis; 7° à ne pas épargner les frais de culture lorsqu'il est évident qu'ils doivent être remboursés par des produits immédiats ou par un surcroît de produits éloignés.

Les calculs qui seront faits d'après l'étude du maximum des produits en argent feront connaître que tel bois doit être exploité à 10 ans, tel autre à 30, tel autre à 100 ans, suivant les besoins que l'on a dans chaque contrée, de menu bois, de gros bois ou de pièces de charpente. Partout l'étendue et la nature de la production devront se régler d'après la demande présumée. On ne réalisera pas de telles améliorations sans beaucoup de calculs et de démonstrations préliminaires. Nous ne croyons pas inutile, sous ce rapport, de passer encore une fois en revue les tables précédentes.

Prenons un exemple dans la table 1re de la page 81. La progression nous fera connaître, en la combinant avec un calcul très-facile, l'âge auquel il convient d'abattre les arbres qui croissent suivant cette progression. Nous supposerons que l'on veut les exploiter aussitôt qu'ils ne rapportent plus 4 p. 0/0 par an. Leur valeur primitive doit doubler tous les 18 ans pour qu'ils puissent rendre cet intérêt. Nous voyons que l'arbre désigné dans ce tableau a plus que doublé de valeur tous les 18 ans jusqu'à l'âge de 55 ans; son volume croît ensuite plus rapidement, mais le pied cube de gros bois étant plus cher que celui d'un petit bois, on gagne encore à attendre pour le couper. Si nous jetons un coup-d'œil sur le tableau de la page 19, nous verrons que jusqu'à l'âge de 110 ans la valeur de l'arbre qui fait le sujet de cette table, a encore doublé dans la dernière période de 18 ans. La table qui fait connaître l'accroissement moyen des sapins dans un massif jardiné (page 85) donne à peu près le même résultat. Il ne faut point perdre de vue que ces tableaux d'accroissement des futaies ne s'appliquent qu'aux arbres qui ont pu vieillir un siècle ou un siècle et demi dans un état sain, mais qu'elles n'ont aucun rapport avec une foule d'autres arbres viciés ou gâtés par des maladies et des accidens de tout genre. Si les arbres de la 1re classe grossissent suivant cette progression, il s'en faut bien que l'accroissement total des massifs de nos futaies pris en masse suive la même loi; mais on la retrouve dans les forêts soumises à la méthode de l'ensemencement naturel et des expurgades par éclaircies. J'ai reconnu que dans la forêt de Joux, et dans les autres belles forêts du Jura, les sapins qui ne sont pas défectueux grossissent uniformément d'un pouce par an sur leur circonférence; mais cette progression n'est point applicable à l'étendue totale du massif qui est soumis au jardinage.

§ VII. — Exploitation des futaies avec un repeuplement artificiel.

Si les repeuplemens artificiels étaient toujours bien assurés, ce serait sans contredit la *voie la plus économique pour repeupler les forêts*. On pourrait faire des coupes pleines, dans l'espace d'un an, ce qui serait beaucoup plus avantageux que de faire durer l'exploitation à diverses reprises pendant 10 ans; mais on ne peut guère espérer de voir ce procédé généralement usité, tant que chaque forêt n'aura pas sa pépinière pour fournir du plant en abondance et à bon marché. Cependant c'est ainsi que se régénèrent les plus belles forêts de sapins de la Toscane; on y a fait les exploitations à blanc, et le repeuplement s'opère au moyen des pépinières annexées aux forêts. Ces repeuplemens sont peu dispendieux, car une pépinière de 2 ares suffit pour replanter 1 hectare. Les plantations se font en automne; le printemps est trop sec en Italie pour que l'on puisse confier dans cette saison le plant à la terre, à moins qu'elle ne soit arrosée. Les plants sont espacés de manière à occuper chacun un étendue de 7 à 8 pieds de rayon. On a adopté l'ordre symétrique comme celui dans lequel les arbres se développent le mieux. L'efficacité de ce soin est d'accord avec l'observation que les arbres demandent un espace dans lequel ils puissent s'étendre également dans tous les sens. Peu de temps après que la plantation est effectuée, le sol se couvre d'une infinité de ronces et d'autres arbustes que l'on se garde bien de détruire, car ils tiennent le sol à couvert et garantissent par là le jeune plant d'une trop forte transpiration; mais au bout de 6 ans cette espèce d'abri a disparu, et les sapins couvrent tout l'espace.

La coupe de ces arbres se fait vers leur 90e année, lorsque la flèche supérieure, qui est la dernière pousse annuelle, s'incline et ne s'alonge plus.

La culture momentanée du seigle dans les sapinières exploitées a produit, dans ces climats chauds, des effets désastreux, en arrêtant la multiplication des arbustes, des ronces et des grands herbages qui croissent naturellement après la plantation, et qui seuls conservent la fraîcheur et l'humidité nécessaires à la végétation.

On ne connaît en Italie que deux modes de culture forestière, celui des taillis et celui des massifs de haute-futaie. Le mode mixte des futaies surtaillis n'y est pas employé.

§ VIII. — Des essarts.

Après avoir parlé des méthodes générales d'exploiter les bois, soit en taillis, soit en futaie, nous parlerons des pratiques locales qui sortent de ces grandes divisions.

La culture des bois en *essarts* se pratique depuis plusieurs siècles dans les Ardennes, les Vosges, dans le pays de Darmstadt et en divers lieux sur les bords de la Sarre, de la Moselle et du Rhin. Les bois d'essarts sont des taillis de chêne qui s'exploitent en plein, sans réserve de baliveaux, tous les 16 ou 18 ans, et dont on cultive le sol après l'exploitation pour y semer du seigle et d'autres graines pendant 2 ou 3 ans au plus.

L'*écobuage* est l'un des travaux essentiels de cette culture. Lorsque le taillis est coupé, les habitans du voisinage cultivent le sol à la pioche; ils disposent la pelouse en petits fourneaux sur lesquels ils placent les genêts et les herbes qu'ils ont pu ramasser dans le voisinage; les cendres de ces fourneaux sont répandues sur le sol; ensuite on y sème du seigle. Dans certaines localités, la portion du propriétaire, qui n'est tenu à aucuns frais, s'élève ordinairement à 30 ou 36 francs par hectare.

L'*abattage* des taillis et l'*écorcement* se font simultanément *en pleine sève*. M. LINTZ a reconnu que la végétation se montre bien plus puissante dans ces essarts que dans les taillis ordinaires; il a mesuré des jets de chêne d'un an, qui avaient 3 mètres de longueur. Il regarde cette forte végétation comme l'effet de l'abattage opéré en pleine sève; mais la culture y contribue davantage, car on ne remarque pas dans les taillis incultes, coupés en pleine sève, des effets semblables. Les taillis des essarts sont aussi élevés et aussi forts à l'âge de 6 ans que les taillis ordinaires à l'âge de 12 ans. Les brins étant écorcés jusqu'au niveau du sol, les jets sortent nécessairement du collet des racines et forment plus tard eux-mêmes de nouvelles souches.

Les Allemands, qui ont étudié ce sujet d'un point de vue élevé, ont reconnu que cet usage se recommande encore plus par l'étendue des travaux utiles qu'il exige que par la richesse du produit brut qu'il procure. En effet, une partie de ce produit est une création industrielle.

§ IX. — Du furetage.

On appelle ainsi le mode d'aménagement qui consiste à couper dans un taillis les plus gros brins d'une grosseur déterminée, en laissant subsister les petits brins jusqu'à l'époque où ils auront atteint la dimension des premiers. Les bois où le furetage s'exerce sont peuplés principalement de hêtres; on n'y conserve point de futaies, parce qu'elles sont considérées comme nuisibles; on réserve à peine quelques baliveaux; mais on laisse croître en liberté les châtaigniers qui se trouvent çà et là dans ces taillis. L'exploitation revient tous les 10 ans dans la même partie de la forêt. Sur chaque souche il y a des brins de 3 âges différens (*fig.* 109). On coupe tous ceux qui ont plus d'un pied de tour, et on laisse subsister les autres. On conserve tous les brins de semence.

Les coupes nouvellement *furetées* sont couvertes d'herbes, de genêts, de brins cassés ou pliés; mais quelques années après on n'aperçoit aucune trace des dégâts que l'exploitation avait occasionés, et les arbustes sont étouffés. Les petits brins, trouvant l'espace nécessaire pour se développer, croissent avec force, et comme le sol n'est jamais découvert, les racines reçoivent une nour-

Fig. 109.

riture abondante; le taillis procure aux derniers jets des souches un abri contre les vents desséchans et contre les gelées. Ce genre d'exploitation convient parfaitement aux taillis de hêtre, dans les terrains secs et légers. Il est usité dans les forêts du nord-est de la Nièvre, et de l'ouest de Saône-et-Loire. Les taillis de chêne du même pays, qui sont destinés à être écorcés, sont exploités de la manière suivante: tous les 6 ans on coupe sur chaque souche les gros brins, qui sont âgés de 18 ans, et on laisse subsister tous ceux qui sont âgés de 12 ans et de 6 ans. Six ans plus tard on revient couper les brins qui avaient 12 ans à l'époque de la coupe précédente, et ainsi de suite.

Cette exploitation s'exerce avec certaines précautions, qui ne doivent jamais être négligées. Comme dans les essarts, on écorce les brins jusqu'au niveau du sol, afin que les jets sortent nécessairement de terre; on ne réserve point de baliveaux; 2 ans après chaque coupe, on procède au *curage*, opération qui consiste à couper le houx, le genêt, les épines, les brins traînans et les plantes adventices, de manière que le plant de chêne reste seul dans la forêt.

Exemples de ce mode d'exploitation : Bois de Roussillon et Verrière (Morvan); bois d'Arleu (Nièvre).

§ X. — Aménagement ou assolement de forêts suivant la méthode de M. COTTA.

But de cette méthode. — Répartir les forêts selon les besoins du pays et suivant la nature du sol; — céder à l'agriculture les portions de forêts qui lui conviennent, et qui après un long repos sont engraissées par l'accumulation de débris végétaux; — placer les forêts dans les lieux qui ne conviennent pas ou qui ne conviennent plus à l'agriculture; — regler cet assolement de manière à augmenter la masse totale des produits agricoles et forestiers : — tel est le but de la méthode de M. COTTA, qui classe dans un seul système toutes les cultures, y compris la culture des bois.

Exposé de la méthode. — 1° On choisit une forêt propre à l'objet que l'on se propose; on la divise en un certain nombre de coupes déterminées d'après la nature du sol, la température du climat, et l'espèce d'arbres que l'on veut élever.

2° Chaque année on abat le bois de l'une de ces coupes dans l'ordre suivant (*fig.* 110) :

Fig. 110.

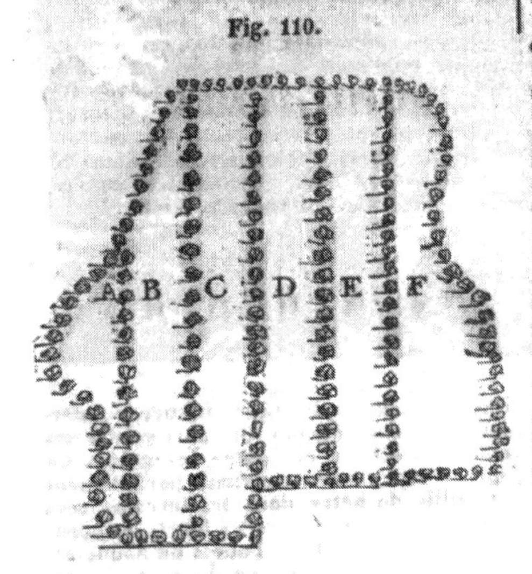

Désignation des coupes.	Années de l'exploitation.
A	1835
B	1836
C	1837
D	1838
E	1839
F	1840

3° On défriche la coupe et on en dispose le sol pour la culture des céréales. On cultive ce terrain défriché comme un champ ordinaire.

4° On choisit ensuite une espèce d'arbres propre au but que l'on veut atteindre et aux besoins locaux. On plante ces arbres en raies dans le sens des sillons, en disposant les rangées de manière qu'elles soient éloignées l'une de l'autre de 20 à 30 mètres, selon que l'on a plus ou moins besoin de blé, de fourrage ou de bois. Les tiges des arbres qui forment ces rangées sont éloignées entre elles de 10 à 12 décimètres.

5° Entre ces lignes d'arbres on cultive du blé ou d'autres céréales, tous les ans, jusqu'à l'époque où les arbres ont pris assez de croissance pour gêner cette culture. On la cesse ensuite entièrement.

6° On éclaircit ces arbres lorsqu'ils sont devenus assez forts pour se nuire mutuellement; on ne laisse subsister que ceux qui peuvent croître avec vigueur, jusqu'à l'époque de la coupe définitive.

7° Lorsque ces derniers arbres ont atteint l'âge déterminé, on les arrache et on en replante d'autres dans l'espace qu'occupaient les céréales; ensuite on cultive des céréales dans les lieux où existaient les arbres que l'on vient d'arracher.

8° On dirige autant que possible les rangées d'arbres du nord au sud.

9° Les espèces d'arbres que l'on plante de préférence, sont le bouleau, le pin, le mélèze et le cerisier. (Il est indispensable d'avoir une pépinière dans chaque forêt.)

10° En cessant de cultiver le blé, on sème avec celui de la dernière année des graines de trèfle et de sainfoin.

11° Les arbres sont soumis à l'élagage, s'ils en ont besoin.

Les *avantages* de ce mode d'aménagement sont ceux-ci : — le bois croît bien plus rapidement dans un espace cultivé que dans un massif de forêt; — la croissance d'un arbre isolé est bien plus vigoureuse que celle d'un arbre de même espèce, qui croît au milieu d'un bois; — lorsqu'une terre a été pendant 30 ou 40 ans plantée de bois, et surtout d'essences résineuses, les céréales y croissent avec plus de force qu'auparavant, et sans engrais pendant long-temps; — les arbres croissent ensuite à leur tour avec force dans un sol qui a été cultivé; — on ne nuit point aux arbres, dans leur jeunesse, en cultivant du blé ou d'autres plantes annuelles, dans leur voisinage, et réciproquement, celles-ci n'en reçoivent aucun dommage; — on obtient ainsi la plus grande quantité possible de blé, de fourrage et de bois dans un espace donné. Chaque partie du sol est occupée de la manière la plus avantageuse; le plus petit espace est planté du bois qui lui convient, et chaque espèce d'arbres est à sa place.

Exemples. En Poméranie, on essarte dans les forêts de pins des espaces dans lesquels on sème du blé pendant plusieurs années, après lesquelles le terrain est abandonné pour être ensemencé par les bois voisins. En Souabe, en Franconie, les terres sont mélangées d'arbres. Dans la vallée de l'Emmen, en Suisse, les collines sont boisées de bouleaux que l'on exploite à l'âge de 20 à 30 ans; on arrache les souches, on brûle le résidu de l'exploitation pour en répandre les cendres sur le terrain dans lequel on sème, pendant 3 années de suite, du blé, des pommes-de-terre et des légumes. Le sol épuisé est derechef planté en bouleau.

Application. — La culture du bois peut s'alterner avec la culture des céréales, à des intervalles plus ou moins longs; la durée des périodes varie suivant les espèces d'arbres. Le marsault s'exploite en taillis qui se coupent tous les 8 ou 9 ans; les souches conservent leur force pendant 30 ans; ensuite on les arrache, et on cultive le sol jusqu'à l'époque où la culture en devient onéreuse ou peu profitable.

Lorsqu'on exploite le pin sylvestre, les souches sont arrachées, et on met utilement le terrain en culture. Les terres qui ont été fécondées par l'engrais des feuilles de pins, deviennent fertiles pour un assez grand nombres d'années.

La culture forestière des grands bois à

feuilles caduques ne peut s'alterner avec la culture des céréales qu'à de longs intervalles, car les semis de chêne, d'orme et de frêne ne produisent que de faibles brins, dans les 20 premières années de leur existence; mais, après la première exploitation, le recru pousse avec force; les souches produisent encore davantage après la seconde exploitation; leur vigueur dure plus d'un siècle, à peu près dans la proportion suivante :

Dans un taillis de 20 ans, la solidité d'une tige est d'environ 1 pied cube. Sa souche poussera des rejets, dont le volume total, à la fin de la 2e période de 20 ans, sera de 3 pieds cubes. La souche de 40 ans portera des jets qui, 20 ans plus tard, cuberont ensemble 10 pieds. La souche de 60 ans produira une cépée d'environ 20 pieds cubes.

Il est des souches d'aulnes qui produisent, dans une période de 20 ans, 60 pieds cubes de bois. On peut vérifier cette observation dans tous les taillis.

Ainsi, on ferait une perte considérable, si l'on arrachait un plant de bois dur tous les 20, 30 ou 40 ans; mais il y a du profit à arracher les arbres résineux, dont les feuilles ou aiguilles engraissent le sol, au point qu'il devient pour long-temps fertile sans engrais ni amendement. L'assolement des céréales se combinant parfaitement avec la culture des arbres résineux, ce sont ces dernières essences qu'il faut planter de préférence.

SECTION IV. — *Culture des forêts.*

§ Ier. — Soins et culture à donner aux plantations.

Labourage et culture à la houe. Les plantations qui sont faites dans les terrains secs n'ont besoin de culture que dans la première année qui suit la récolte des blés dans lesquels les plants ont été placés. Ce labour coûte 18 fr. par hectare. Mais, dans les terrains humides, il est indispensable de couper l'herbe tous les ans, jusqu'à ce que le taillis soit assez fort pour l'étouffer. *Exemple.* — Vastes plantations de Nully (Haute-Marne), en bouleaux, marsaults et chênes.

Il est beaucoup plus facile de cultiver les plantations faites en lignes, que celles qui sont disposées irrégulièrement. On peut même semer dans les intervalles, des plantes annuelles, dont la récolte rembourse les frais de culture. *Exemple.* — Plantation de chêne et frêne, faite dans le bois de Lamarche (Côte-d'Or), cultivée avec mélange de maïs. — Croissance excessivement rapide.

Les bois formés par la voie des semis ne demandent pas à être cultivés dans les premières années, à moins qu'il n'y ait trop de grandes herbes sur le sol, mais il ne faut pas même le dégarnir de ces plantes protectrices, à moins que le jeune plant ne soit assez épais pour couvrir presque entièrement la terre. *Exemple* d'un semis de chêne âgé de 20 ans, fait à la charrue, et n'ayant point reçu de soins ultérieurs, à Buisseuil, près Paray (Saône-et-Loire). Ce semis forme un taillis très-beau et bien garni.

Des observations faites sur un grand nombre de plantations prouvent que leur réussite n'est assurée que lorsque les plants sont très-épais. Si le plant de l'espèce que l'on veut propager est trop cher, on remplit les intervalles de bois blanc dont la croissance rapide procure promptement le *couvert* dont la plantation a besoin. Cette observation s'applique à tous les terrains qui ne sont pas humides.

§ II. — Travaux d'assainissement et d'irrigation.

L'humidité du sol, occasionée par le séjour d'eaux croupissantes, est une cause fréquente du dépérissement des forêts, tandis qu'en faisant écouler ces eaux dans des canaux creusés pour ces objets, on peut, dans certaines localités, s'en servir pour d'utiles irrigations. Le desséchement s'opère presque toujours facilement en ouvrant, suivant la direction de la pente du terrain, des fossés qui versent les eaux au dehors de la forêt. Les eaux stagnantes se rendent dans ces fossés par de petites rigoles qui sillonnent le terrain dans toutes les directions indiquées par la configuration du sol (*fig.* 111).

Fig. 111.

Ces fossés et rigoles peuvent être traces à peu de frais, de la manière suivante : On charge le garde forestier, ou un ouvrier intelligent, d'aller reconnaître, après une grande pluie, la direction des petits courans qui s'établissent de toutes parts sur la surface de la terre inondée, et de planter des jalons dans toute l'étendue de ces courans; et lorsque l'eau est retirée, on fait creuser des fossés et des rigoles plus ou moins larges dans toutes les directions jalonnées, que l'on redresse un peu. Le prix des fossés varie, suivant leurs dimensions, de 10 à 15 centimes par mètre courant. De petits aquéducs construits en pierre ou en bois traversent les chemins et les routes, dans tous les endroits où ces voies de communication interceptent le cours des eaux.

Ce système de desséchement, si peu dispendieux, réussit complètement, à moins que le terrain ne soit dominé par des courans supérieurs. Il est inutile de donner d'abord beaucoup de largeur aux fossés : on reconnaît plus tard, en exécutant le premier curage, les dimensions précises qui leur conviennent.

Un desséchement subit fait périr les aulnes et les marsaults; mais les espèces dures ne tardent pas à paraître à leur place, s'il y a de grands arbres porte-graines de cette dernière essence dans le voisinage. Toutes les terres argileuses deviennent fécondes lorsqu'elles sont desséchées.

Les irrigations naturelles, occasionées par le débordement des rivières et des ravins dans les forêts, influent fortement sur la végétation, pourvu que ces eaux puissent prendre assez promptement leur écoulement, et ne croupissent pas dans le sol. Le bois qui croît dans les parties arrosées d'une terre légère ou sablonneuse a, toutes choses égales d'ailleurs, quatre fois plus de volume que celui qui existe dans les parties supérieures au niveau du débordement. Il est souvent facile, par le moyen de quelques barrages, d'arroser un bois à peu de frais, opération qui permet de récolter des fourrages dans les intervalles des plants forestiers.

§ III. — Clôture et abri des semis et plantations.

Sur les bords de la mer, où il est si difficile de faire réussir les plants forestiers sans avoir formé des abris préalables, il est nécessaire de conserver des massifs d'une dizaine de mètres de largeur, pour protéger les plants ou le recru des taillis, surtout contre les vents du nord-ouest, dans la plupart de nos contrées. Dans les Alpes, on laisse subsister sur les bords des forêts d'épaisses *lisières* d'arbres; ce sont ordinairement des sapins; quelquefois on choisit d'autres espèces; M. Kasthofer cite une plantation de sorbiers faite autour d'une forêt communale en lignes si serrées, qu'ils en ferment l'entrée aux brebis et aux chèvres.

En France, dans plusieurs localités, on laisse subsister des lisières de 2 à 3 mètres de largeur sur le bord des coupes, pour rompre l'effort des vents et former une espèce de clôture. La figure suivante donne une idée de la disposition de ces lisières, qui sont très-utiles dans les forêts dont le sol est un peu sec et élevé (*fig.* 112). Les *clôtures murées* et

Fig. 112.

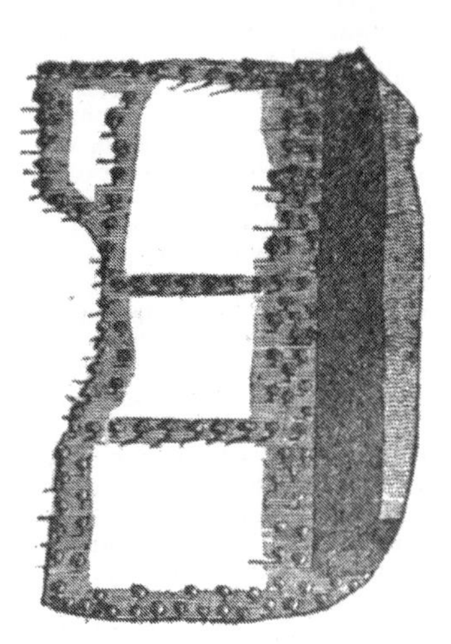

les *palissades* étant très-dispendieuses, on se borne à ouvrir des fossés de 16 à 20 décimètres de largeur; les terres provenant du curage sont amoncelées sur le bord supérieur. Quelquefois on plante une *haie* sur cette berge, et le fossé se remplit de ronces, ce qui fait une clôture impénétrable. On pourrait employer l'acacia, que l'on couperait en taillis très-jeune pour le tenir constamment serré; la surface même du fossé serait ainsi employée productivement.

Dans les pays de pâturage où les propriétés sont closes, il est plus indispensable qu'ailleurs que les taillis soient environnés de haies qui les défendent contre les incursions du bétail. Quant aux pépinières forestières, il faut nécessairement les enclore de murs ou de palissades pour les défendre contre le gibier.

§ IV. — Elagage des arbres dans les forêts.

L'élagage des arbres dans les forêts a été essayé et pratiqué souvent avec peu de succès, parce qu'il exige plus de précautions que l'on n'en prend ordinairement. Telle est la cause qui a empêché que cette méthode ne s'étendît généralement. On a cependant réussi dans les forêts où l'on a employé la méthode suivante : 1° On ne coupe que les branches inférieures des arbres; 2° on ne coupe pas les grosses branches immédiatement près de la tige principale, mais on laisse un tronçon ou chicot d'environ un pied de longueur, lequel est abattu et rasé près de la tige un an ou deux après la première opération. Cette précaution a pour objet d'éviter le dessèchement que produit toujours la chute d'une grosse branche lorsqu'on la coupe en une seule fois sur la tige; 3° on a soin que la surface de la section soit parfaitement nette.

L'élagage sera d'autant plus *avantageux* que l'on se conformera davantage, dans l'exécution, aux préceptes suivans : 1° on doit éviter de procéder trop tôt à l'élagage des taillis dans un terrain sec; il faut que le sol soit suffisamment ombragé pour que l'on puisse retrancher des branches sans le dégarnir; 2° on choisit les plus belles branches verticales et on supprime les branches inférieures; on raccourcit seulement celles qu'il paraît utile de conserver pour ne pas diminuer subitement la masse du feuillage; 3° il est inutile d'élaguer dans les taillis les brins qui ne sont pas destinés à devenir un jour des baliveaux; 4° on commence les élagages au mois de septembre; ils doivent être terminés au plus tard le 15 mars.

Monteath recommande aux forestiers d'être soigneux dans le choix des branches qu'ils doivent conserver, et de couper celles qui tendent à s'élever dans une *direction verticale* et à rivaliser avec la tige principale. Quant aux branches horizontales qui nuisent peu à la végétation de l'arbre, on retranche seulement les plus basses. Lorsqu'un arbre présente deux tiges élevées qui se disputent la supériorité, il faut, si toutefois on peut le faire sans porter préjudice à la tige principale, *enlever la moins belle* et soigner celle qui reste.

La *valeur d'un arbre* dépend principalement de la netteté, de la beauté et de la hauteur des tiges. On doit donc les diriger de manière à en former des arbres d'un certain prix (*fig.* 113.)

Fig. 113.

Les arbres qui sont élagués de bonne heure sont préférables à ceux qui ne le sont que tardivement; ces derniers présentent presque toujours des taches ou des défauts dans l'intérieur de la tige; l'arbre, quoique en apparence guéri de l'amputation de ses branches et présentant un port vigoureux, est souvent gâté et le bois en devient presque inutile.

L'élagage doit donc être *fait dans la jeunesse de l'arbre;* les petites branches seront coupées avec un instrument bien tranchant, tout près de l'écorce de la tige, en prenant un soin extrême de ne pas attaquer ni endommager quelques parties de cette écorce, hors la place où s'opère la section de la branche.

Les forestiers anglais ont reconnu que si l'on coupe des branches de plus d'un pouce de diamètre, on occasione des taches qui paraissent toujours lorsque l'arbre est abattu. Cependant il est indispensable d'enlever les grosses branches cassées ou brisées et dont la carie pourrait se communiquer à la tige; mais il faut appliquer sur la section un peu d'onguent. L'élagage ainsi pratiqué dans les futaies sur taillis produit une assez grande quantité de bois pour rembourser les frais de l'opération et donner en outre un produit; mais l'avantage principal, et cet avantage est très-important, consiste à favoriser le développement des taillis en diminuant l'ombrage qui les couvre.

Exemple d'anciens élagages dans les forêts: Les bois de Pleuvant, près d'Auxonne. — *Exemple* d'élagage récent : La forêt basse d'Arcelot (Côte-d'Or).

Elagage des bois courbes. — Les chênes, les ormes et les châtaigniers ont beaucoup moins de valeur lorsque leurs tiges sont droites que lorsqu'elles sont courbes, car ces dernières sont très-recherchées pour la construction des vaisseaux, des roues d'usines et d'un grand nombre de machines. On obtiendra une grande quantité de bonnes courbes en suivant soigneusement le procédé que nous allons indiquer d'après MONTEATH.

Si vous avez un chêne, un orme ou un châtaignier qui se bifurquent en deux tiges se disputant entre elles la supériorité, coupez la tige la plus droite et la plus élevée (*fig.* 114).

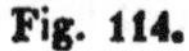

Fig. 114.

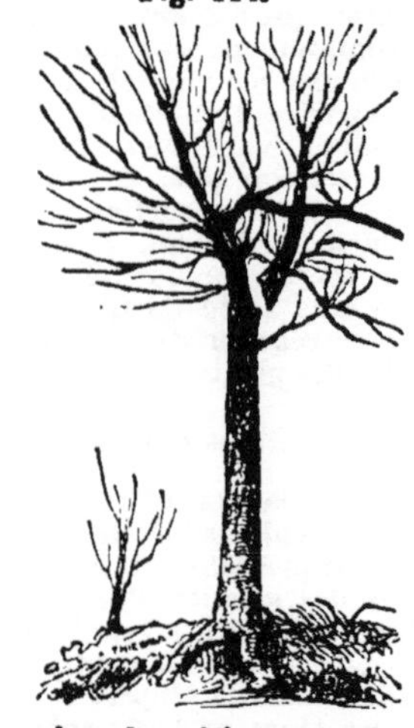

S'il y a dans le voisinage ou du côté où s'incline la branche que vous laissez subsister quelque arbre de peu d'espérance ou de faible valeur qui en gêne la croissance ou en contrarie la direction, coupez-le, afin de donner à cette tige inclinée l'espace nécessaire pour qu'elle puisse s'étendre librement en se rapprochant de la direction horizontale. Il est nécessaire de retrancher en même temps une partie des petites branches qui sortent perpendiculairement de cette tige; on en enlèvera d'autant plus qu'elles lui dérobent une plus forte partie de sa nourriture; cependant si elles ne l'épuisent pas, il est inutile d'élaguer ces arbres avant qu'ils aient atteint une hauteur 15 à 20 pieds, mais il faut retrancher les rejets qui sont inclinés sur cette branche horizontale. Vous ferez courber le sommet de l'arbre en coupant une partie des branches sur le côté supérieur et en laissant subsister toutes celles qui existent du côté où l'arbre tend à se courber. Vous dirigerez ainsi la sève dans la voie la plus convenable pour obtenir la formation d'une courbe. On a soin de laisser assez de menues branches vers l'extrémité des rameaux principaux et sur la partie qui s'incline vers la terre; ce sont autant de canaux destinés à attirer le plus de sève possible vers cette partie de l'arbre pour en favoriser la croissance suivant une direction qui se rapproche de la ligne horizontale.

Comme on emploie beaucoup plus de chênes courbes que de chênes droits, on sent combien il est avantageux d'en posseder de la première espèce. Lorsqu'un arbre est tellement courbé que la branche semble être le prolongement de la tige et ne former avec cette tige qu'une seule courbe très-prononcée (*fig.* 115), cette espèce de bois de service est la plus estimée de toutes. La valeur du pied cube d'une belle courbe

Fig. 115.

est presque triple de la valeur du même volume de bois droit.

L'élagage doit être *exécuté de bonne heure* et *régulièrement*, car si cette opération est tardive, elle occasione des taches ou des défauts dans l'intérieur de la tige.

L'*émondage* consiste à couper annuellement toutes les menues branches inutiles qui croissent sur la tige, comme on le fait pour les arbres fruitiers. Cet ébourgeonnement, qui se pratique au mois d'août ou en automne, est renouvelé pendant les 3 ou 4 années qui suivent le premier élagage; ainsi on tient les tiges nettes et on allége convenablement la tête des arbres. Cette pratique est usitée en Angleterre pour les arbres destinés aux constructions.

Élagage des arbres résineux. — Quelques forestiers élaguent les plants de bois résineux; d'autres pensent que cette opération est nuisible; tous veulent que l'on ne retranche que les branches inférieures et celles qui commencent à dépérir ou à pourrir. Il est certain qu'un élagage fait mal à propos ou maladroitement produit toujours un nœud qui paraît lorsque l'arbre est abattu et scié en planches; alors ce nœud, dont on ne soupçonnait pas l'existence, se détache et laisse un trou dans la planche ou le plateau, et ce bois se trouve inutile et sans valeur après avoir été l'objet d'un travail considérable; mais si la branche a été enlevée proprement près de la tige avant d'être pourrie, le bois n'en est pas endommagé.

L'usage suivi le plus généralement, consiste à couper les branches inférieures à 7 ou 8 pouces de la tige (*fig.* 116).

Bientôt le chicot se dessèche et on le supprime au printemps suivant. Il ne reste alors ni nœud ni plaie dans la tige (*fig.* 117).

Fig. 116. Fig. 117.

En Suisse, on borde les héritages de clôtures d'épicéas; la taille semble ne rien ôter à la vigueur de cet arbre.

§ V.—Des nettoiemens et des éclaircies dans les taillis.

L'opération du nettoiement consiste à faire couper dans les taillis âgés de 5 à 10 ans: 1° les épines, les ronces, les viornes, les genêts, la bruyère, le lierre; 2° les brins traînans, difformes, viciés qui croissent sur les mêmes souches que les brins bien venans; 3° les plants de nerprun, bourdaine et autres arbrisseaux semblables qui n'ont qu'une courte durée; 4° les plants de charme et autres espèces inférieures lorsque le sol est suffisamment garni d'espèces du premier ordre.

Le nombre des brins qu'on laisse sur chaque souche est proportionné à la *force de cette souche;* on conserve de préférence ceux qui tiennent à la terre par leurs racines.

Une règle dont il ne faut jamais s'écarter, est que la terre ne doit *rester découverte dans aucune partie de la coupe*, pas même dans les endroits uniquement garnis d'épines, car en les enlevant toutes, le sol, s'il est un peu sec, serait frappé de stérilité, et les plants voisins dépériraient. Il y aurait aussi un grave inconvénient à découvrir une terre naturellement fertile, car les troncs des brins retranchés pousseraient une infinité de rejets qui épuiseraient presque autant la tige principale que le faisaient les brins enlevés dans le nettoiement. Cette opération exige beaucoup de soins, d'adresse et de discernement. Voici quelques règles d'exécution dont l'expérience a fait reconnaître l'utilité et l'efficacité.

1° On charge de la direction du travail un maître-ouvrier intelligent qui surveille continuellement les élagueurs. 2° Ils seront munis de serpes bien tranchantes pour couper proprement tous les brins traînans, d'une pioche à revers tranchant pour arracher les plants nuisibles, enfin d'une serpe emmanchée pour abattre les épines (*fig.* 118). Cet

Fig. 118.

instrument est une forte serpe jointe à une douille qui s'attache à un manche de 5 pieds de longueur; on s'en sert comme d'une faux pour abattre les petits taillis; il a beaucoup plus de force qu'un croissant pour couper les branches des arbres; le crochet A sert à tordre les brins et à les pousser dans une direction quelconque. 3° Le chef de l'atelier fera ranger et compter chaque jour les fagots et autres produits de l'exploitation. 4° Il tiendra une note exacte du travail de chaque ouvrier. 5° Enfin, il aura soin que les brins restans ne soient élagués que dans la partie inférieure de leur tige.

Si, malgré toutes les précautions que l'on a prises pour prévenir la pousse de nouveaux jets à la place de ceux qui sont coupés, quelques rejetons paraissaient au pied des souches, ou ferait passer dans la coupe un troupeau de bétail dans le courant de l'année pour brouter ces brins afin d'en accélérer la destruction.

Dans certaines localités on abandonne aux ouvriers les 2/3 du produit en nature de l'éclaircie; dans d'autres, on les paie à raison de 2 fr. 50 cent. par cent de fagots; le mieux est de les payer à l'hectare ou à l'arpent, car dans ce dernier cas seulement ils ne sont pas intéressés à couper trop de bois, ou, ce qui est encore plus grave, à couper les plus beaux brins.

Le menu bois produit par les éclaircies sert au chauffage, à cuire de la chaux, etc. On y trouve de petits échalas et de la fascine pour les clôtures. Le produit net moyen dans les taillis de 10 ans est de 50 francs par hectare.

Exemples. — Bois de Charrette (Saône-et-Loire), bois de la Garenne, commune de Saint-Maurice-sur-Vingeanne (Côte-d'Or). Le taillis avait été éclairci à l'âge de 10 ans; exploité en 1828, à l'âge de 20 ans, il a produit 225 stères de bois de charbon par hectare et a été vendu 1160 francs aussi par hectare; les taillis semblables non éclaircis se vendaient à la même époque un peu moins de 900 francs l'hectare.

On *éclaircit une seule fois* les taillis qui sont destinés à être exploités à l'âge de 20 ou 25 ans. Cette méthode, l'un des fondemens de l'économie forestière moderne, n'est pas encore introduite dans les forêts éloignées des lieux de consommation, dans lesquelles les menus bois n'ont presque aucune valeur; mais il suffirait que les produits de l'éclaircie remboursassent les frais pour qu'il y ait une grande amélioration dans les produits futurs; il y aurait même là création d'un produit actuel, puisqu'on emploierait à salarier les ouvriers des bois destinés à pourrir sur place.

§ VI. — Du nettoiement des taillis suivant la méthode anglaise.

On *nettoie* ordinairement les taillis dans l'espace de temps qui s'écoule entre la 5ᵉ et la 10ᵉ année de leur âge; mais les plus habiles forestiers pratiquent cette opération dès la 2ᵉ année après la coupe. On prend le soin de répartir les jets de taillis qui doivent rester, à des distances à peu près égales entre elles, sur tout le pourtour de la souche. Il ne faut conserver en définitive sur aucune souche, à moins qu'elle ne soit très-grosse ou qu'elle ne se trouve dans les parties dégarnies de la forêt, plus de 8 à 10 rejetons, mais, dans le premier nettoiement on laisse un nombre de brins plus considérable. Il faut éviter avec adresse d'offenser le pied des brins restans. Quelques forestiers pensent que le nettoiement ne doit pas comprendre l'élagage des branches de taillis, mais c'est une erreur; car sa valeur dépend de la hauteur et de la belle conservation des brins.

Ayant éclairci dès la 2ᵉ année et élagué pendant la 4ᵉ et la 5ᵉ, aucune autre opération n'est nécessaire avant la 10ᵉ année, époque de l'enlèvement des brins qui étaient laissés comme pour sucer la tige principale. La difficulté consiste à savoir *combien la souche peut porter de jets*; il faut remarquer que plus ils deviennent forts, plus ils exigent de nourriture, et que d'un autre côté il est facile d'en restreindre le nombre au besoin.

Il est absolument nécessaire que les taillis *croissent serrés* pour empêcher l'évaporation de l'humidité, aliment des plantes, pour faire croître les tiges plus droites et plus élevées, et pour étouffer les bourgeons qui sortent du collet de la souche des brins coupés au pied.

Ce procédé est susceptible d'être employé très-avantageusement dans un bois taillis qui a été négligé jusqu'à l'âge de 13 à 15 ans; car, en le traitant ensuite suivant cette méthode, les rejets font plus de progrès en un an qu'ils n'en faisaient auparavant dans l'espace de 3 ans. Le produit du second nettoiement donne un petit revenu, et la dépense de celui qui s'exécute à l'âge de 2 ou 3 ans est très-peu considérable, car un ouvrier élague environ 1000 souches par semaine.

Pour éviter que le pied des brins que l'on a retranchés ne pousse d'autres jets, un forestier anglais a imaginé d'enlever avec ces brins le lambeau d'écorce avec lequel ils sont adhérens. C'est un moyen sûr de limiter le nombre des tiges et par conséquent de leur donner plus de force.

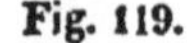

Fig. 119.

Taillis de 15 ans.

Fig. 120.

Taillis de 20 ans.

Fig. 121.

Taillis de 25 ans.

Fig. 122.

Taillis de 30 ans.

Ces figures indiquent le nombre et la stature des brins réservés après les nettoiemens.

§ VII. — **De l'élagage des massifs de futaies de bois feuillus.**

La première operation qui se fait dans les massifs de futaie de chêne ou de hêtre complètement repeuplée par la méthode d'ensemencement naturel, consiste à enlever, vers la 24e année de l'âge du plant, *tous les bois blancs*. Cette extraction donne un produit assez considérable. Le plant destiné à former la futaie est encore très-faible, car il est extrêmement épais. On peut en juger par le dénombrement suivant :

M. LINTZ a compté dans la forêt du Mont-Tonnerre, sur une coupe de plants de hêtres âgés de 3 ans, 1 million de plants par hectare. Un plant de la même espèce, âgé de 10 ans, lui a présenté 360,448 brins par hectare. Une autre coupe bien fournie en hêtres de 30 ans a donné 10,314 perches par hectare. Ainsi une immensité de brins avaient péri ou avaient été enlevés dans les intervalles des époques ci-dessus.

La culture forestière a pour objet d'*enlever dans le temps le plus opportun* ces plants qui étaient destinés à périr, si l'art ne fût pas intervenu dans la double vue de les employer utilement et de dégager plus promptement les brins qui doivent former le massif de futaie. La principale difficulté est relative à l'*espacement* à donner à ces derniers dans chaque période de leur accroissement.

Il importe de détruire une erreur généralement répandue à ce sujet. Cette erreur consiste à croire que si l'on resserre les arbres dans un espace tel qu'ils occupent chacun 4 pieds carrés, ils prendront moitié de la force qu'ils auraient acquise dans un espace de 8 pieds carrés pendant le même temps. Il s'en faut de beaucoup qu'il en soit ainsi. Je ne citerai ici qu'une observation que j'ai faite dans un parc sur un massif de sapins dont les plants sont de même âge, observation que tout le monde peut vérifier dans d'autres parcs. Les arbres du pourtour ont 3 pieds et demi de tour; ceux qui sont dans l'intérieur n'ont qu'un pied et demi ; la hauteur est à peu près égale, en sorte que les derniers n'ont pas le cinquième du volume des premiers (la solidité étant ici comme les carrés des surfaces).

On peut faire la même observation sur des massifs de futaie. Un chêne de 100 ans qui croît au milieu d'un massif non éclairci n'a ordinairement qu'un volume de 4 pieds et demi cubes, tandis qu'un chêne du même âge qui croît sur le bord du massif ou même dans une futaie sur taillis a ordinairement 30 pieds cubes.

La conclusion de ces faits est, qu'il faut étudier avec soin le moment où les plants commencent à languir et les enlever du massif qu'il ne faut cependant pas trop dégarnir, car les arbres ont besoin pour croître en hauteur de se soutenir mutuellement.

§ VIII. — **Du nettoiement des forêts résineuses.**

La plupart des forestiers veulent que les plantations d'arbres résineux soient éclaircies comme les autres bois; mais ils conviennent tous que ces arbres doivent être tenus dans un état serré pour résister aux vents qui les fatiguent beaucoup plus que les arbres à feuilles caduques et pour que le sol demeure entièrement couvert. Le plus petit espace suffit dans les forêts pour que chaque plant d'essence résineuse croisse avec une vigueur apparente ; on voit des centaines de jeunes arbres vigoureux s'élever dans un espace de 10 mètres en carré, mais ils finissent par s'éclaircir naturellement; une lutte s'établit entre eux, et les plus faibles ne tardent pas à languir; c'est sur cette indication qu'il faut procéder à leur extraction.

En conséquence, dans une plantation d'arbres résineux qui s'embarrassent mutuellement, il faut *éclaircir par degrés* en coupant tous les plants qui sont dépassés par les autres au point que ceux-ci doivent bientôt les étouffer. L'effet de ces éclaircies est de permettre aux arbres restans de s'étendre un peu en largeur et de développer leurs racines.

Le mélèze et les épicéas seront tenus plus serrés que les autres espèces. Il faut avoir égard aussi à la profondeur du sol; car, si la couche de terre végétale est assez épaisse pour permettre aux racines de pénétrer à une profondeur de deux pieds, l'arbre sera beaucoup plus solidement assis que dans une couche de terre qui n'a que trois pouces d'épaisseur; on peut dans les premiers sols éclaircir fortement, mais, dans les seconds, il suffit d'enlever les plants à mesure qu'ils paraissent devoir être étouffés prochainement. Il vaut mieux perdre un peu de temps sur l'accroissement que de risquer de voir l'arbre ébranlé et arrêté dans sa croissance par le défaut de solidité de ses racines. Mais, dans tous les cas où l'éclaircie peut être pratiquée, il ne faut pas la négliger, car les arbres font plus de progrès en un an après une éclaircie bien entendue, qu'ils n'en faisaient en 3 années dans l'état primitif.

Exemples de forêts trop éclaircies : Les montagnes du Val-Travers (Suisse) sont couvertes d'épicéas qui croissent dans une couche de terre de 4 pouces d'épaisseur reposant sur un roc incliné impénétrable aux racines. Les parties non éclaircies sont couvertes de massifs épais d'arbres d'environ 40 mètres de hauteur et de 2, 3 et 4 mètres de circonférence ; mais les portions qui ont été trop éclaircies par des coupes prématurées ou mal disposées sont dégarnies et ne paraissent pas devoir se repeupler,

La plupart des plantations de pins du département de la Marne étant trop espacées, ces arbres s'élèvent peu; d'ailleurs le sol étant decouvert, la plus grande partie des sucs nutritifs s'évapore. Il conviendrait de garnir entièrement le sol de bois blanc pour former un abri compacte.

SECTION V. — *Exécution de l'aménagement.*

§ Iᵉʳ. — Abornement.

Autrefois, lorsque le sol avait peu de valeur, on en marquait les limites par des arbres auxquels on donnait le nom de *pieds corniers*. (La langue forestière s'étant formée dans le moyen-âge présentait une foule de locutions barbares dont la plupart sont inutiles et hors d'usage.) Ces arbres parvenaient souvent à des dimensions colossales et ils étaient destinés à pourrir sur pied; mais, depuis que le terrain et les arbres sont devenus précieux, les propriétaires respectifs ont mis plus de soin dans la détermination des limites, et ils font abattre les vieux arbres. Le périmètre des forêts est marqué par des bornes en pierres ou par des fossés: la meilleure de toutes les délimitations est l'ouverture d'une *route mitoyenne* sur tous les points de la propriété qui sont limitrophes d'une autre forêt; chacun des riverains ouvre un fossé sur son terrain pour fixer et assainir la route; on ouvre ainsi une voie commode pour l'extraction des bois.

§ II. — Reconnaissance des coupes précédentes.

L'usage suivi jusqu'à l'époque où l'on s'occupe de l'aménagement doit être l'objet d'une étude attentive; les changemens brusques, lorsqu'ils ne sont pas impossibles, sont souvent nuisibles; d'ailleurs les propriétaires publics ou privés souscrivent difficilement à un nouveau plan dont l'exécution doit les priver momentanément de leurs revenus. A-t-on reconnu par exemple qu'un taillis qui s'exploite à 20 ans le serait beaucoup plus avantageusement à 30 ans, on ne doit pas espérer de pouvoir suspendre les coupes pendant 10 ans; il faut donc chercher un moyen d'arriver par degrés au but que l'on se propose. Supposons que le bois contienne 30 arpens; l'étendue de la coupe actuelle est d'un arpent et demi ; il est certain qu'en la réduisant à un arpent, on arrivera au point de couper le taillis à l'âge cherché; mais ce résultat ne sera obtenu qu'à la fin de la période de 30 ans; cependant le revenu augmentera tous les ans dans une proportion telle que dans la 14ᵉ année le propriétaire jouira du même revenu qu'il avait auparavant, et qu'à la 30ᵉ année son revenu sera augmenté dans la proportion de 2 à 3.

Voici le calcul fait d'après la progression ordinaire de la valeur des taillis. Un arpent de taillis (demi-hectare) âgé de 20 ans vaut 400 fr. La même étendue d'un taillis âgé de 30 ans vaut 900 fr. Le revenu produit par l'ancien aménagement est de 600 fr., puisque l'on coupe 1 arpent et demi par an. La coupe étant réduite à 1 arpent, elle vaudra seulement 400 fr. Mais dès la seconde année on coupera du taillis de 21 ans, et successivement on exploitera des taillis plus âgés.

Cette simple conversion de l'ancien ordre de choses doit augmenter en définitive le revenu de moitié; mais un autre avantage qu'elle procure, c'est celui de permettre de faire une coupe de nettoiement assez lucrative; car, dans un taillis qui ne doit s'exploiter que tous les 30 ans, on peut exécuter le nettoiement dans la 12ᵉ année, et le produit à cet âge est considérable. Dans un bois de 30 arpens la coupe annuelle en nettoiement sera donc de 2 arpens et demi ; le produit net, terme moyen, sera de 100 fr., en sorte que le revenu sera porté immédiatement à 700 fr. et s'élèvera jusqu'à 1000 fr.

§ III. — De la forme et de l'etendue des coupes.

La configuration des coupes doit être determinée de manière que l'exploitation soit d'une surveillance facile, et que chaque vente aboutisse sur une route destinée à l'extraction des bois; ces *ventes* sont ordinairement bordées de chemins tracés en ligne droite; mais, dans les coteaux trop rapides pour permettre le passage des voitures, on n'ouvre que des sentiers, à l'extrémité desquels on place des bornes ou des poteaux qui indiquent le n° de la coupe. Deux soins assez importans ne doivent jamais être perdus de vue dans cette opération : le 1er est d'observer autant que possible l'ordre de contiguité entre les coupes qui doivent s'exploiter successivement, et de ne pas laisser subsister, par exemple, de grands massifs de taillis sur le pourtour entier d'un taillis de 2 ou 3 ans ; le second est d'éviter que la traite des coupes se fasse à travers les jeunes taillis.

Les coupes d'une forêt doivent-elles être égales en étendue superficielle ? doivent-elles être égales en produits ? L'un des objets principaux que se propose un propriétaire en réglant l'aménagement de ses bois, c'est de se faire un *revenu à peu pres égal tous les ans.* On doit donc s'attacher plutôt à l'égalité des produits qu'à celle des surfaces exploitées ; mais on éprouvera rarement cette difficulté si chaque portion de la forêt est aménagée d'une manière analogue à la nature du sol, aux essences dont elle est peuplée, et au genre de débit usité pour ses produits.

On établira dans la forêt autant de séries de coupes qu'il y a de taillis d'espèce et de qualité différentes.

Supposons que l'étendue du massif soit de 500 hectares ; on examinera séparément chaque canton de la forêt, et on établira les échelles de la valeur progressive des taillis pour chacun de ces cantons. On fera ensuite des calculs semblables à ceux dont nous avons donné plusieurs modèles, et on en établira le résultat dans l'ordre suivant :

Fig. 123.

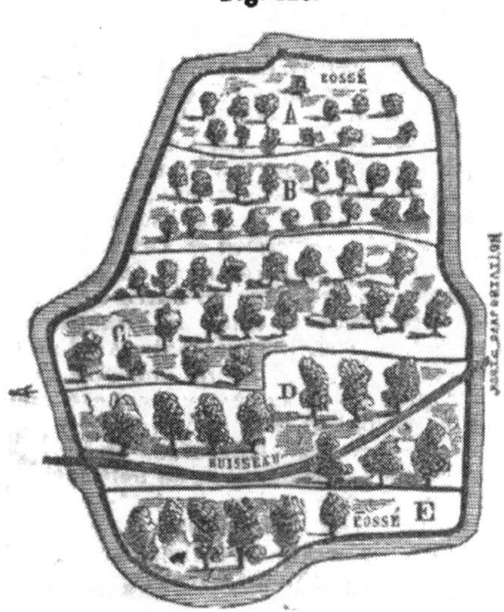

1° 100 hectares de taillis de coudriers et de marsaulx, situés sur une montagne (partie A), qu'il convient d'exploiter dans leur 12e année, pour faire des cercles, de petits échalas et du bois de chauffage ; la coupe annuelle sera par conséquent de. . . . . 8 h. 33 ar.

2° 120 hect. de taillis de charmes, coudriers, bouleaux (partie

8 83

8 h. 33 ar.

B), qu'il convient de couper à l'âge de 20 ans, pour fabriquer du charbon ; la coupe annuelle sera de. 6 00

3° 200 hectares de taillis où le chêne domine (partie C), qu'il convient d'exploiter à l'âge de 28 ans, avec une éclaircie faite à l'âge de 12 ans ; l'étendue de la coupe annuelle sera de. 7 15

4° Il reste 80 hectares de taillis situés dans un vallon ; le chêne y domine, les autres essences sont l'orme, le frêne, le plane ; on divisera le massif en deux portions de 40 hectares chacune.

La première (partie D), choisie dans la portion du sol la moins fertile, sera aménagée à 40 ans ; on la divisera par conséquent en 40 coupes, qui contiendront chacune 1 hectare. . . 1 »

On exécutera dans ce canton 3 nettoiemens de 13 en 13 ans ; on trouvera dans l'exploitation définitive environ 3,000 brins, dont une grande partie propres à la petite charpente et au charronnage.

La seconde portion E, dont l'étendue est également de 40 hectares, sera divisée en 80 petites parcelles qui s'exploiteront successivement, et qui seront nettoyées de 12 en 12 ans ; la coupe définitive produira du bois de charpente et de charronnage ; son étendue sera de. . . . . » 50

Total. . . 22 h. 98 ar.

La coupe annuelle sera de 22 hectares 98 ares, ce qui équivaut à l'étendue totale d'une exploitation réglée sur l'âge uniforme de 21 à 22 ans.

L'adoption d'un aménagement ainsi combiné donnera le maximum du produit dont la forêt est susceptible, et n'occasionera point de diminution momentanée dans les revenus des propriétaires, car ils exploitent communément leurs taillis à l'âge de 20 à 22 ans.

§ IV. — Des chemins et routes dans l'intérieur des forêts.

Les routes qui traversent les forêts remplissent le double objet de séparer les exploitations et de servir à la traite des produits. Dans les plaines, ces routes sont ouvertes en lignes droites ; elles servent à pénétrer dans la forêt dans tous les sens, de manière que d'un point quelconque, le trajet à un autre point éloigné soit le plus court possible. On emploie à cet effet le système des lignes brisées sous des angles très-obtus (*fig.* 124). Nous donnons comme exemple le plan de la forêt de Lux, Côte-d'Or, contenant 1850 hectares.

En général, l'extraction des bois dans les coupes est très-pénible et très-coûteuse ; les taillis et les arbres qui bordent les chemins ne permettant pas que l'air et la chaleur du

Fig. 124.

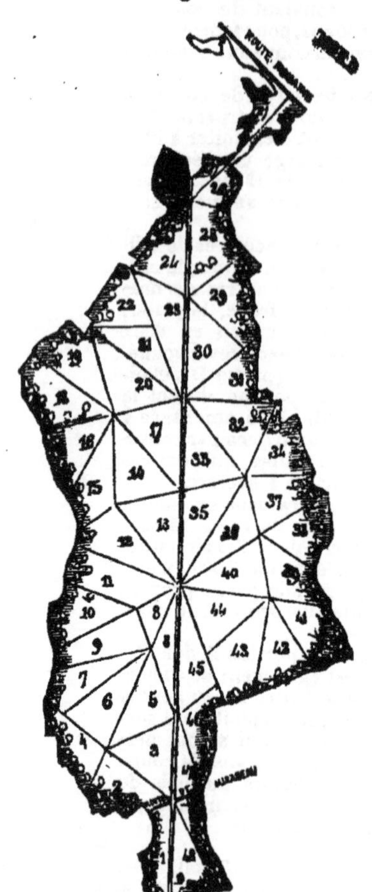

soleil en dessèchent la surface, ces routes restent impraticables presque toute l'année; l'augmentation des frais de transport diminue considérablement le prix de la coupe, et retombe entièrement sur le propriétaire.

Exemples de routes bien tracées : Forêt de Saint-Germain-en-Laye, forêt du Val, près Saint-Dizier, forêt de Jussy, près Genève; les routes de cette dernière sont couvertes de pierres comme les grandes routes.

On peut, en défrichant la 40e partie de l'étendue superficielle d'une forêt, se procurer des débouchés commodes. On supprime tous les chemins tortueux que des besoins ou des circonstances momentanées avaient fait ouvrir dans la forêt. On essarte de chaque côté de la route un espace égal à la largeur de cette route, et dans lequel on sème des prairies artificielles ou des céréales; les récoltes de ces plantes sont très-belles lorsque les arbres et les taillis sont élagués.

Exemple de cette culture : la route qui traverse la forêt d'Arc-sur-Tille (Côte-d'Or).

La distribution la plus convenable des routes qui traversent une forêt en *plaine* est celle indiquée dans cette figure (*fig.* 125). La maison du garde est située dans le carrefour où aboutissent ces routes.

Fig. 125.

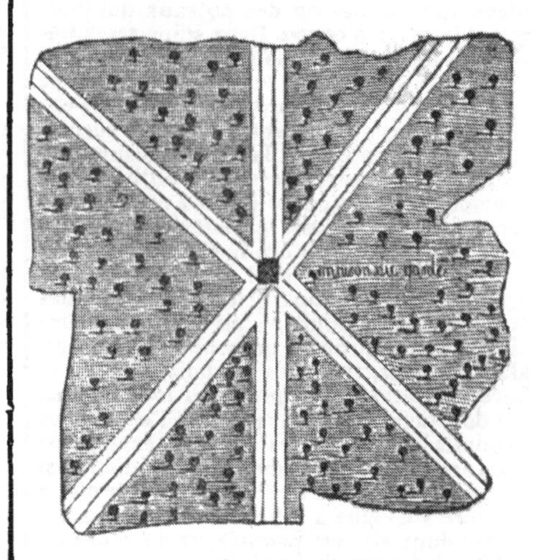

Dans les *coteaux*, il est indispensable de tracer les chemins suivant la direction indiquée par les pentes (*fig.* 126).

Fig. 126.

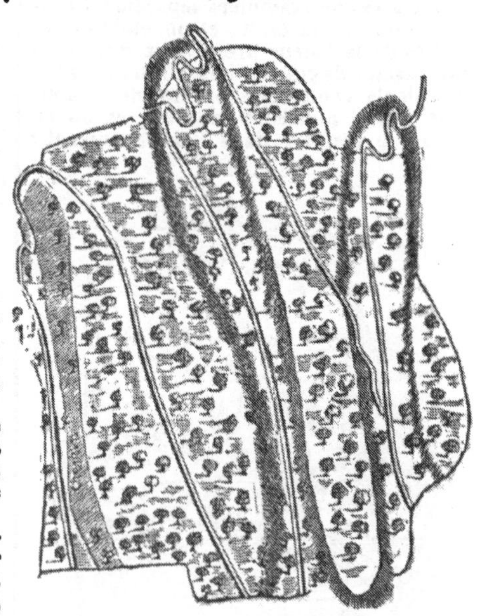

§ V. — De la disposition des massifs forestiers.

Les grandes plantations se disposent en *massifs* coupés par des routes. Les plantations de peu d'étendue doivent être le sujet d'un examen particulier. Ce sont désormais les plus nombreuses à raison de la division croissante des propriétés.

Les bois disposés en *lisières* de 20 à 30 mètres de largeur, les bosquets épars au milieu des terres, les chaussées plantées produisent, dans un temps et dans un espace donné, moitie au-delà de ce que rend un égal espace de terrain placé au milieu d'une forêt dont le sol est doué de la même fécondité; on augmente ainsi la production des bois dans la proportion de 2 à 3. Mais ces bosquets nuisent plus ou moins aux récoltes des terres voisines, qu'ils rendraient même improductives s'ils étaient trop rapprochés les uns des autres, tandis qu'ils nuisent peu s'ils sont disséminés sur de vastes étendues de terres; ainsi, l'étendue respective de la production des bois et des céréales dépend des proportions. L'influence des bois contre la réussite des céréales s'étend souvent à une vingtaine de mètres; on peut en diminuer beaucoup les effets, par les nettoiemens et par l'élagage, et surtout en ouvrant des fossés qui séparent les deux espèces de cultures.

L'influence favorable des bois sur la production des céréales est très-remarquable et tres-salutaire dans les plaines arides où ils rompent le cours des vents brûlans et des bises froides, et conservent l'humidité du sol environnant; les bois nouvellement plantés rendent la fécondité aux terres épuisées par une longue culture et desséchées depuis long-temps.

On doit chercher avec soin les *positions les plus favorables* pour l'emplacement des plantations; il n'est point de territoires qui n'offrent quelques parcelles de terrains plus propres à cet emploi qu'à tout autre; les éminences, les pentes difficiles à cultiver, les coteaux exposés au nord, toutes les terres qui ne rendent qu'une faible rente, peuvent être plantées en bois sans aucune perte pour l'agriculture. Il y a long-temps qu'on a reconnu l'utilité de planter des bosquets épars dans les pâturages, sur le bord des ruisseaux et des rivières; ces arbres occupent un espace presque improductif, et dans aucun cas ne diminuent la fécondité des terres voisines d'une quantité égale à la valeur des bois qu'ils procurent.

La proportion entre l'étendue des bois et celle des cultures agraires a souvent été calculée; il est reconnu qu'un territoire qui aurait la 20ᵉ partie de son étendue en plants forestiers bien aménagés, serait suffisamment boisé pour suffire aux besoins des habitans.

Dans la distribution des massifs, on ne doit pas perdre de vue que les bois doivent occuper les terrains les moins propres à l'agriculture, et que leur situation la plus favorable est celle qui les place à la portée des consommateurs (*fig.* 127).

SECTION VI.—*De la régénération des forêts.*

§ 1er.—De la substitution des bonnes essences aux mauvaises espèces d'arbres.

Quand on a réglé la période de l'aménagement en taillis d'après des calculs fondés sur l'état de la forêt, sur les essences dont elle est peuplée, sur l'échelle d'accroissement de la valeur des taillis et des arbres, sur les chemins les plus favorables de débit; quand les coupes sont séparées entre elles par des routes bien tracées, quand le nombre des baliveaux est déterminé, et que leur choix est

Fig. 127.

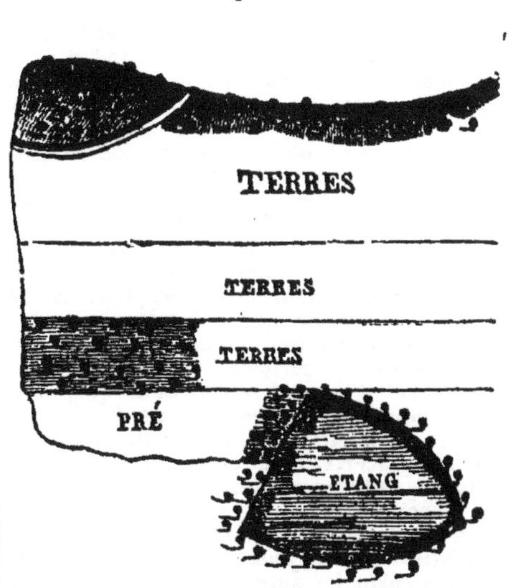

fait suivant les règles de l'art, on a accompli tout ce que prescrivaient les principes de l'ancienne école forestière, et l'ordre établi est réputé le meilleur; mais, avec le temps, cette constitution forestière ne se trouve plus en harmonie avec la marche de la nature; les semis naturels sont étouffés, les souches s'épuisent, et en se succédant les unes aux autres, elles *dégénèrent*. Cet état de décadence peut se reconnaître dans la plupart des forêts soumises au régime des taillis avec futaies. Le besoin de les régénérer est évident.

Le but que l'on doit se proposer est la substitution des bonnes essences aux mauvaises espèces forestières.

La *différence des produits* d'une essence à une autre, dans un temps donné, est considérable. On en aura un exemple si l'on veut comparer le chêne avec le charme, qui sont des bois durs, estimés tous les deux, quoique à un degré inégal. Dans un taillis de 25 ans, un brin de chêne, venu sur souche, a 9 pouces de tour sur 18 pieds de hauteur; un brin de charme du même âge a 6 pouces de tour sur 15 pieds de hauteur. Le volume du premier est donc à celui du second comme 14 est à 5.

Mais le nombre des brins de charme existans sur chaque souche est à celui des brins de chêne existans sur une souche du même âge, comme 3 est à 2; en sorte que le volume total des brins que porte une souche de chêne est à peu près le double du volume que porte la souche de charme.

La différence est encore plus forte si l'on met en parallèle la *valeur respective* de ces bois. Un chêne de 50 ans contient 6 pieds cubes 3/10 de bois de service, qui valent 6 fr. 33 c. Un charme de 50 ans contient 2 pieds cubes de bois, qui valent environ 2 fr.

Si la comparaison faite entre deux arbres de première grandeur donne un tel résultat, on sent combien le choix des essences est important. Une cepée d'épine, qui vaut 20 cent. à l'âge de 20 ans, tient la place d'une cepée de chêne, qui vaudrait 2 f., ou de 2 perches de frêne, qui vaudraient ensemble 3 fr,

Il est facile dans les massifs de haute futaie de maintenir les bonnes essences, car à la longue elles détruisent les autres, et les nettoiemens successifs accélèrent l'anéantissement de ces dernières. Il n'en est pas de même dans la plupart des taillis, et l'on peut remarquer que l'essence de chêne est diminuée successivement, phénomène que l'on doit attribuer aux causes suivantes.

Le plant de chêne ne peut se passer d'ombrage dans ses premières années, mais il ne tarde pas à éprouver le besoin progressif de l'influence de la lumière et du grand air; cependant il est toujours de plus en plus resserré par les bois blancs qui le dominent, par les ronces et les épines qui dérobent sa nourriture; ses semis périssent, ses souches dégénèrent, et il devient rare au point que, dans les coupes encore peuplées de futaies de chêne, on ne trouve plus de baliveaux pour les remplacer. Cet état croissant de dégradation des taillis exige donc une réforme du régime actuel.

L'expérience a fait connaître que l'on *maintient dans sa pureté* un taillis de chêne, en extirpant les autres espèces, lorsque le recru est âgé de 3 ou 4 ans, en prenant le même soin dans le nettoiement ultérieur, et enfin, en arrachant à l'époque de l'exploitation définitive, tous les plants dont on veut détruire l'espèce. Le repeuplement s'opère complètement par les souches et par les glands que produisent les brins de taillis coupés sur de vieilles souches. Ces brins doivent, sous le rapport de l'ensemencement, être considérés comme les branches ou les rejetons d'un vieil arbre qui donne des graines de bonne qualité. Cette destruction des mauvaises espèces est pratiquée dans les forêts dont nous avons parlé aux paragraphes des essarts et du furetage. Il deviendra indispensable d'en rendre l'application générale dans la culture forestière.

§ II. — Conversion des taillis en bois de haute futaie suivant la méthode anglaise.

Le plan adopté par les meilleurs forestiers anglais pour parvenir à ce but consiste : 1° à choisir un grand nombre des meilleurs brins de chêne, en observant d'en laisser plusieurs sur la même souche; 2° à élaguer et à éclaircir périodiquement le massif; 3° à tenir constamment en sous-bois tout ce qui croît entre ces brins destinés à former la futaie. Cette dernière précaution a pour objet de faire dominer la futaie aux dépens d'un taillis qui doit périr.

Le procédé qui consiste à *réserver plusieurs brins de chêne sur la même souche* pour les faire croître en futaie est peu connu; on aurait tort d'en user ainsi, si l'on trouvait un assez grand nombre de brins droits, élevés et sains sur des souches séparées; mais les forêts exploitées suivant l'ancienne méthode n'offrent plus qu'un très-petit nombre de brins de chêne, ce qui oblige d'en prendre plusieurs sur le même tronc. M. MONTEATH en cite un grand nombre qui sont parvenus à des dimensions colossales, après avoir été convenablement dirigés.

§ III. — Repeuplement des vides et clairières.

En *recouchant les branches*. Un excellent moyen de remplir les places vides des bois, est de courber et d'étendre dans la terre les brins à côté des souches qui les portent. Voici l'exposé que MONTEATH fait de cette méthode dans son *Forester's guide :* Lorsque les jeunes pousses ont terminé la seconde année de leur croissance, c'est-à-dire dans l'automne de cette seconde année, elles auront atteint une hauteur de 2 mètres si les souches dont elles sortent sont vigoureuses. Voulez-vous remplir un vide à côté de l'une de ces souches, choisissez 4 des meilleurs jets, et couchez-les dans différentes directions, de la manière suivante : Faites une légère entaille au pied de chacun de ces rejets, très-près de la souche, de manière à faire plier ce brin; souvent même il pliera sans qu'il soit nécessaire de recourir à la serpette, et ce dernier cas sera toujours le plus favorable; faites aussi une cicatrice à environ un pouce de l'œil supérieur de ce sujet; pratiquez dans la terre un rayon d'une longueur suffisante pour y étendre ce brin; pliez-le en le fixant ensuite avec un petit crochet en bois, à la profondeur où il doit rester; couvrez-le d'un lit de terre et de gazon assez fortement comprimé en laissant sortir l'extrémité hors de terre. L'opération est ainsi accomplie. Bientôt il naîtra de cette espèce de provin des pousses qui, dans le cours de la première année, s'élèveront à une hauteur de 3 ou 4 pieds. Dès la seconde année on peut recoucher ces nouvelles pousses. Ainsi, en peu de temps, au moyen de cette espèce de marcottage, on peut garnir complètement le sol sans faire la dépense d'un seul plant. Les rejetons poussent avec toute la force que leur donnent la souche tant qu'ils ne sont pas pourvus de leurs propres racines.

On peut recoucher des brins de 3, de 4 et même de 10 ans, lorsqu'ils ont conservé leur flexibilité. J'ai fait employer cette méthode pour remplir de petites places vagues; elle a très-bien réussi, particulièrement sur le charme. Elle convient mieux que tout autre mode pour repeupler les allées ou les chemins que l'on supprime dans les forêts.

Par les plantations. Dans l'opération du repeuplement des vides intérieurs des forêts, il se présente une assez grave difficulté; les racines des arbres voisins nuisent aux nouveaux plants qui souvent ne réussissent pas mieux que ceux que l'on plante au milieu d'un massif de grands arbres.

Les Anglais ont une très-bonne méthode de repeupler les vides; les plants de chêne doivent être à 8 pieds de distance, de la manière la plus régulière qu'il est possible. On place des pins dans les intervalles, pour les abriter jusqu'à ce qu'ils puissent se passer de ce secours. Les pins doivent être enlevés lorsque les chênes ont atteint la hauteur de 7 ou 8 pieds.

Les arbres résineux croissent mieux que les autres dans l'intérieur des massifs; c'est donc l'espèce à préférer pour le repeuplement des vides.

Si l'espace vide est en terrain humide,

peuplé de bruyères ou d'arbustes semblables, il faut l'assainir en labourant avec cette charrue (*fig.* 128).

Fig. 128.

La construction et l'emploi de cette charrue sont faciles. Comme elle est destinée à agir sur les terres dures et incultes, elle doit être un peu plus forte que la charrue ordinaire. Il faut observer que la vis de pression qui est placée au bout de l'age doit être élevée ou abaissée suivant la profondeur que l'on veut donner au sillon. La chaine est destinée à régulariser le mouvement lorsque les chevaux ne tirent pas également. Le premier coutre est placé au centre de l'age, suivant la manière ordinaire, environ à 6 pouces au-devant des autres coutres; il est destiné à couper la partie intermédiaire des deux raies. Les deux autres coutres sont placés vis-à-vis l'un de l'autre, de chaque côté de l'age.

Cette charrue, dans une terre très-rude, peut exiger 4 chevaux. Si la bruyère n'est pas trop épaisse, on prend un sillon de 6 pouces de profondeur; mais si elle est très-forte, il faut creuser le sillon à deux fois; le premier sera de 4 pouces, le second s'enfoncera jusqu'à 6 pouces. En général, il vaut mieux prendre le sillon deux fois que de le creuser par un seul effort, tant pour soulager les chevaux que pour mieux disposer le sol.

NOIROT.

CHAPITRE V. — DE L'EXPLOITATION DES BOIS.

L'exploitation des bois doit toujours être dirigée dans la vue *d'obtenir des coupes le plus haut prix possible*. Nous croyons devoir faire précéder ce que nous avons à dire sur les détails de l'exploitation, de quelques considérations relatives au prix des bois abattus ou exploités.

SECTION Ire. — *Du prix des bois.*

Ce prix n'est jamais en raison directe et simple du poids, ou du volume, ou de l'espèce des arbres; mais il est en raison composée de divers élémens assez nombreux.

1° *La qualité du bois.* Ainsi, le chêne, propre à une infinité d'usages, est plus cher en proportion que d'autres arbres qui ne sont pas susceptibles d'emplois aussi variés.

2° *L'abondance ou la rareté de chaque espèce de bois dans chaque localité.*

3° *Le genre de débit usité dans la contrée.* L'orme et le frêne se vendent un tiers de plus que le chêne, dans les bois situés à portée des villes; ils se vendent un tiers de moins que le chêne dans les forêts éloignées des voies de communication où ce dernier arbre se débite en merrain, boissellerie ou autres marchandises d'un transport facile. Le contraire arrive dans les montagnes où les habitans industrieux savent diviser le frêne en petits ouvrages de sculpture. Le buis a beaucoup plus de valeur dans les environs de St.-Claude que dans d'autres contrées où il n'existe point de fabriques pour l'employer.

4° *La proximité ou l'éloignement des lieux de consommation.* Un mélèze situé dans des montagnes peu accessibles se vend beaucoup moins cher qu'un peuplier d'un égal volume qui croît dans le lieu même de la consommation.

5° *La valeur intrinsèque des bois.* Cette valeur intrinsèque se détermine par la nature ou l'espèce des arbres; l'un est formé de fibres dures et presque incorruptibles; la durée de l'autre n'est pas de la durée du premier. Ainsi, la valeur du pied cube de hêtre étant exprimée par 1, celle du pied cube de chêne devrait être exprimée par 2.

6° *Le rapport de la demande à la quantité de la matière.* Si, dans le voisinage de la forêt en question, il existe peu de hêtres, et que la demande de ce dernier bois soit plus considérable que celle du chêne, dans le rapport de 3 à 2, le rapport des prix respectifs est alors de 3 à 4, c'est-à-dire que le pied cube de chêne se vend 4 fr. lorsque le pied cube de hêtre se vend 3 fr.

7° *L'emploi dont chaque bois est susceptible.* Si le chêne ne vaut rien pour la fente, et qu'il ne puisse se débiter qu'en planches, tandis que le hêtre se débite en plateaux, pilots, ustensiles de toute espèce, etc., cette circonstance influe sur les prix, et si leur rapport est de 4 à 3, la valeur du pied cube de hêtre est remontée au niveau de celle du pied cube de chêne, quoique la valeur intrinsèque des deux bois puisse être dans le rapport d'un à 2. Un pied cube de chêne, débité en boissellerie, merrain, planches, etc., vaut moitié plus que le pied cube de sapin, débité de même; mais le pied cube d'un sapin de 72 pi. de longueur, propre à faire une belle pièce de charpente, se vend aussi cher qu'un pied cube de chêne, ce qui provient de ce que la tige de ce dernier arbre n'atteint pas la longueur dont on a besoin pour l'usage dont il s'agit.

8° *La construction d'usines, routes et canaux modifie le prix des bois.* Ces prix sont augmentés aux lieux d'où se fait l'exportation, et diminués ailleurs. Ils sont diversement modifiés suivant les espèces d'arbres mises en circulation. L'établissement d'une scierie donne de la valeur aux chênes et aux sapins. La construction d'un moulin à tan a

pour résultat de rendre la futaie de chêne plus rare, car le propriétaire, ayant le débit de ses taillis assuré par la vente de l'écorce, élève moins de bois en futaie.

9° *Le prix des bois varie suivant la qualité de chaque arbre et de chaque partie du même arbre.* Les chênes dont le tissu est gras et spongieux sont d'une qualité bien inférieure à celle des chênes dont la fibre est élastique. Dans certaines forêts, ces arbres ont peu d'aubier; dans d'autres, l'aubier forme une partie considérable de leur volume.

10° Enfin, il faut se rappeler que tous les bois *demandés dans la forêt* se vendent plus cher que ceux que l'on est obligé d'offrir sur les marchés, après les avoir fait débiter en marchandises.

On ne peut donner sur les prix comparatifs des bois en général que des évaluations approximatives, mais on pourrait dresser pour chaque localité un tableau semblable à celui ci dessous; ce travail procurerait, entre autres avantages, celui de faire connaître l'espèce d'arbres dont la culture présente le plus grand bénéfice.

Les arbres qui vont être désignés sont tous âgés de 60 ans.

Noms des arbres.	Volume de chaque tige d'arbre.	Valeur du pied cube.		Valeur de chaque tige.	
	Pieds cubes.	fr.	cent	fr.	cent.
Chêne.	14	1	60	22	40
Orme.	15	1	65	24	75
Frêne.	22	2	»	44	»
Hetre.	18	1	10	19	80
Aune.	22	1	25	27	50
Tremble.	22	1	»	22	»
Sapin.	18	1	»	18	»
Melèze.	18	1	50	27	»
Pin.	20	»	90	18	»
Bouleau.	22	1	20	26	40
Châtaignier.	22	1	35	29	70
Érable.	7	3	»	21	»
Sycomore.	15	1	65	24	75
Pommier, alizier, sorbier.	5	3	»	15	»
Cormier.	4	4	»	16	»
Merisier, poirier .	18	1	30	23	40
Charme.	10	1	25	12	50
Tilleul.	22	1	10	24	20
Marronnier d'Inde.	30	»	80	24	»
Acacia (faux). . . .	22	1	30	28	60

Le tableau suivant fera connaître le prix des bois en Angleterre, sur les marchés de Londres et de Leith; on doit déduire à peu près moitié de ces prix pour les frais de transport, et pour le profit du marchand qui a exploité les coupes.

Noms des arbres.	Prix du pied cube anglais.		Prix du stère.
	fr.	cent.	fr.
Chêne.	4	20	148
Frêne.	3	75	133
Orme..	3	75	133
Plane, platane	3	60	127
Hêtre..	2	50	88
Châtaignier.	3	75	133
Noyer.	4	20	148
Merisier.	2	50	88
Saule.	2	50	88
Bouleau.	1	65	58

SECTION II. — *De l'emploi des bois.*

On a indiqué dans d'autres parties de cet ouvrage les usages auxquels on emploie ordinairement chaque espèce de bois. Nous aurons donc peu de choses à ajouter sous ce rapport; mais, comme le mérite d'une bonne exploitation consiste principalement à employer chaque pièce de bois à l'usage le plus lucratif, nous traiterons ce sujet sous ce point de vue.

Pour donner une idée de la *perte* qui résulte du mauvais emploi des arbres, nous dirons seulement que le bois de chauffage vaut 5 fr. le stère pris en forêt et que le bois de service vaut au moins, dans la même position, 40 fr. le stère; cette énorme différence fait sentir l'étendue de la perte qu'éprouve le marchand ou le propriétaire de la coupe lorsqu'il met en bois de chauffage un arbre qui aurait pu être propre à tout autre usage. Tel arbre scié en planches produit 40 fr. dont on aurait tiré une courbe qui seule aurait valu 60 fr.

Nous passerons successivement en revue les principales espèces d'arbres :

Chêne. On commence par le choix de toutes les pièces propres à faire des courbes pour les navires, des ceintres de ponts, des roues d'usines. On détache, sans endommager les tiges, les branches propre à faire des courbes de bateaux. On vend ensuite les tiges propres aux constructions navales et à la charpente des usines. Comme il faut pour ces usages des pièces de dimensions déterminées, le marchand qui les possède les vend souvent à un prix de monopole. Les pièces de charpente pour les bâtimens *en construction* ou en *réparations* dans la contrée, se vendent aussi à un prix assez élevé. Vient ensuite l'emploi de la fente pour tous les arbres non demandés par des acheteurs. Leur prix est nécessairement inférieur au précédent, car le merrain provenant d'une belle tige de 30 pieds de longueur ne se vend pas plus cher sur le marché que le merrain provenant d'un arbre dont la tige n'a que 10 pieds de longueur ou d'une bille de bon bois prise dans un arbre dont tout le reste est défectueux. Les chênes qui ne sont pas propres à la fente se débitent en planches.

Orme. Le plus profitable emploi de l'orme est le charronnage pour l'artillerie, car on n'admet que de beaux arbres pour ce service, et l'on ne peut choisir sans payer plus cher. Les limons de charrette se vendent bien lorsqu'ils sont droits et sains. La construction des voitures à jantes larges exige des ormes de 7 à 8 pieds de tour pour faire les moyeux. Dans les contrées où le chêne est rare, on emploie l'orme pour bois de charpente; mais comme le cœur de cet arbre se gâte promptement, il ne faut l'employer que scié en quatre pièces.

Hêtre. Le hêtre est propre à une infinité d'emplois; mais comme chacun de ces emplois est très-borné et que les frais de débit sont considérables, l'exploitation d'une grande coupe de hêtres-futaies est assez difficile. Plus les ouvrages que l'on fait avec ce bois sont communs, moins les frais de main-d'œuvre sont élevés et plus le pied cube de bois rapporte. Par exemple, dans les contrées où le hêtre vaut 75 centimes le pied cube, on le débite en sabots; mais on n'en fait des ouvrages délicats que dans les forêts où les sabots ne se vendraient pas bien; il faut alors établir des ateliers qui débitent les hêtres en une foule de petits ouvrages comme étuis de gaînerie, feuilles à mettre derrière les glaces, etc. Comme les frais de fabrication sont considérables, il faut que le bois ne coûte pas plus de 50 centimes le pied cube. Le débit le plus avantageux est le charronnage. Ce bois exposé aux intempéries est sujet à être piqué des vers et se gâte en très-peu de temps, mais il se conserve bien dans la terre; il est très-cher dans quelques villes d'Angleterre, où l'on en fait des pilotis pour asseoir les bâtimens.

Frêne. Les portions de l'arbre propres à faire des meubles se vendent 4 fr. le pied cube. Les arbres de 5 pieds de tour propres à faire des brancards sont d'un bon débit. Il y a du bénéfice à vendre pour la construction des moulins et des machines toutes les pièces qui conviennent à cet usage. Le frêne, étant actuellement employé dans la construction des diligences et autres voitures, est fort recherché. La valeur du pied cube de frêne est communément à celle du pied cube d'orme comme 3 est à 2.

Pins, sapins, mélèzes. La vente de ces arbres en pièces de grandes dimensions présente beaucoup de bénéfice. Viennent ensuite les emplois secondaires, tels que la fente et le sciage.

Châtaignier. Les grandes pièces venues en massif sont bonnes pour la charpente et pour le merrain lorsqu'elles ne sont pas trop vieilles. Mais la plupart des arbres qui croissent épars ou en futaies sur taillis sont creux. Le pied cube de châtaignier vaut un tiers de moins que le pied cube de chêne.

Aune. Le débit de ce bois pour en faire des tuyaux de conduite et de pilotis a peu d'étendue. La fabrication des sabots en absorbe bien davantage, mais on le vend beaucoup plus cher pour le premier emploi, lorsqu'il se présente, que pour le second. Les tuyaux de conduite doivent être couverts de 8 pouces de terre au moins; autrement ils ne se conserveraient pas.

Erable, sycomore. Dans les forêts où ces arbres sont nombreux, on les emploie au charronnage; l'érable se vend très-cher lorsqu'il est demandé pour faire des meubles.

Alizier, sorbier, cormier. Le cormier est plus dur que les deux autres espèces. Ces arbres ne croissent que d'un tiers de pouce par an sur leur circonférence. Leur haute valeur intrinsèque ne compenserait pas la lenteur de leur croissance, si ces arbres étaient plus communs.

Merisier. Les cercles de ce bois conviennent pour les caves humides. On ne doit pas attendre que les arbres soient trop gros pour les couper, car leur bois ne serait pas sain.

Poirier, pommier. Le premier de ces bois, excellent pour les ouvrages de tour, est supérieur au pommier; mais comme il croît moins vite, l'infériorité de son volume lui donne, à égalité d'âge, moins de valeur qu'à ce dernier.

Bouleau. Les sabots, le charronnage, le merrain pour les marchandises sèches, sont les emplois les plus profitables.

Tremble, peuplier. On fait avec ces bois des charpentes durables si elles ne sont pas trop chargées et si elles sont bien aérées. Les sablières et autres pièces qui portent sur les murs durent très long-temps si on les pose sur de petits chevalets qui les séparent du contact des mortiers. L'usage de ces bois s'étendra progressivement.

Section III. — *De la qualité des bois relativement au terrain, au climat et à l'exposition.*

Entre les *terrains aquatiques* il faut distinguer soigneusement ceux qui sont inondés par des eaux courantes de ceux qui ne sont pénétrés que d'eaux stagnantes. Les arbres qui croissent dans les terrains de cette dernière espèce sont d'un tissu gras, lâche et spongieux, faible et tendre. Ceux qui croissent dans des *terrains arrosés* sont d'un tissu dense, assez dur et élastique. Les meilleurs sont ceux qui viennent dans de *bonnes terres* convenablement desséchées. Les chênes des forêts d'Amérique et du nord de l'Europe sont de mauvaise qualité pour les ouvrages qui doivent être exposés en plein air. Ces bois ont beaucoup d'aubier. On en fait de bonne menuiserie, mais ce n'est là qu'un emploi secondaire.

Les bois qui croissent dans les *sables granitiques* ou dans les *graviers* sont de bonne qualité quand les racines peuvent pénétrer assez profondément dans le sol. Les chênes qui viennent dans une *mince couche de terre posée sur un roc plat* ont ordinairement beaucoup d'aubier et une fibre cassante. La végétation y est faible, à moins que l'humidité de l'atmosphère ne suffise pour l'entretenir.

La *dureté* des bois varie selon les climats. En France même le bois des forêts du midi est plus lourd que celui des forêts de nos départemens du nord.

Les *arbres isolés* sont peu propres à la fente, mais ils fournissent de bonnes pièces pour les constructions navales.

Si l'on considère les qualités des bois relativement à l'*exposition* des arbres, on peut dire que les aspects du nord-est, de l'est et du sud sont les meilleurs, et que la plus mauvaise exposition est celle du nord-ouest, car la plupart des arbres placés à ce dernier aspect sont attaqués de la gélivure.

Nous allons passer à l'estimation d'une coupe de bois tant en matière qu'en argent.

Section IV. — *Evaluation des produits d'une coupe.*

§ 1er. — Instrumens pour mesurer les arbres.

Pour estimer un bois sur pied il est indispensable d'en connaître les dimensions. La *grosseur* des arbres se mesure à l'aide d'une *chaînette* en fil de fer divisée en 1/2 pieds ou en centimètres, ou bien au moyen d'une *tresse gommée* divisée en nouvelles et en anciennes mesures. On *estime la grosseur moyenne* d'un arbre sur pied en appréciant à l'œil la grosseur supérieure par comparaison avec la mesure réelle de la partie inférieure ; on ne se trompe guère quand on a l'œil un peu exercé. On peut d'ailleurs avoir égard à cette remarque, que dans les futaies sur taillis ordinaires la grosseur des tiges décroît d'un pouce par pied de hauteur, et que dans un massif de futaie elle ne décroît que d'un 1/2 po. par pied. Supposons un chêne dont la tige a 30 pi. de longueur et dont la grosseur inférieure est de 6 pi. de tour; sa grosseur supérieure doit être de 3 pi. 1/2 de tour, et sa grosseur moyenne de 4 pieds 9 pouces.

Ce décroissement n'est pas uniforme pour les diverses espèces d'arbres; la tige du hêtre se rapproche plus de la forme cylindrique que celle du chêne. Supposons un sapin de 100 pi. de hauteur dont la grosseur inférieure est de 108 po. de tour; cette grosseur décroissant d'un 1/2 po. par pied, elle se réduit à 58 po. au sommet; la grosseur moyenne est donc de 83 pouces.

On mesure ordinairement la circonférence à la hauteur de 3 pi. et 1/2 au-dessus du sol, quand on se sert d'une chaînette ; il faut de même évaluer la grosseur supérieure à 3 pi. et 1/2 au-dessous du sommet de la tige.

On a quelquefois mesuré la grosseur des arbres à l'aide d'une espèce de *compas*, mais ce mode est défectueux, car il s'en faut de beaucoup que les tiges des arbres soient exactement rondes.

On parvient d'une manière facile à mesurer la *hauteur* des arbres au moyen *d'un instrument* dont j'ai donné l'idée à M. le marquis d'Agrain et qu'il a fait exécuter et perfectionner (*fig.* 129) Voici la manière de se

Fig. 129.

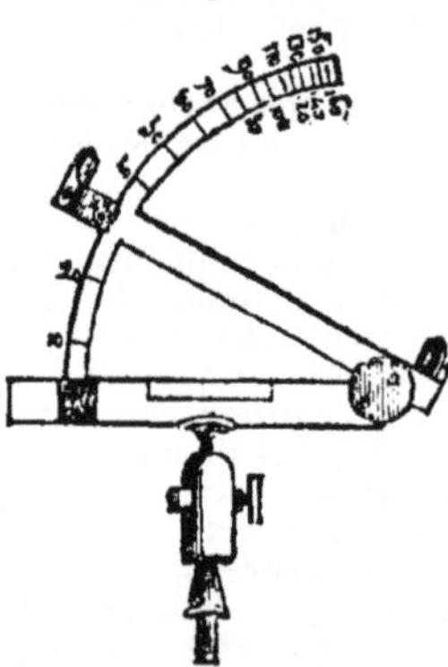

servir de cet instrument. On le place, au moyen d'un pied planté en terre, à 10 mètres de l'arbre; on dispose horizontalement l'alidade fixe au moyen du petit niveau, en la dirigeant vers la tige de l'arbre. On fait monter l'alidade mobile jusqu'au point où elle permet de voir dans sa direction le sommet de la tige; on la fixe au moyen d'une vis de pression, et il ne s'agit plus que de lire sur le limbe de l'instrument le nombre de mètres et de décimètres qui exprime la hauteur de la tige au-dessus du niveau de l'instrument. Il faut ajouter à cette hauteur la distance entre le sol et le point de la tige où l'alidade fixe est dirigée. Si au lieu de s'éloigner de 10 mètres on s'éloignait de 10 toises, le nombre qui se lirait sur le limbe exprimerait des toises et des fractions de toises. Peu importe de quelle mesure on se serve, pourvu qu'on s'éloigne du pied de l'arbre de 10 fois la longueur de cette mesure.

§ II. — Cubage des bois.

Dans une exploitation de bois on *mesure toutes les marchandises et toutes les pièces au pied cube* pour avoir une mesure commune. La manière de cuber les arbres varie suivant les localités, mais nulle part dans le commerce on ne mesure le volume total de l'arbre avec son écorce.

En Angleterre on *déduit l'écorce et on prend le quart de la circonférence* pour le côté du carré; l'écorce y est évaluée dans les proportions suivantes :

Grosseur totale des arbres.	Déduction pour l'écorce.
De 12 à 24 pouces métriques. . .	2 pouces.
De 24 à 36 » » . . .	3 »
De 36 à 48 » » . . .	4 »
De 48 à 72 » » . . .	5 »
De 72 et au-dessus.	6 »

Ainsi un chêne de 6 pi. de tour est réduit à 67 po. non compris son écorce. Le quart de 67 po. est 17 po. 7/10 ou 48 centimèt.; si l'on multiplie ce dernier nombre par lui-même, la section du carré sera de 0,2304, et si l'arbre a 10 mètres de hauteur, la solidité sera de 2 stères 304, ou 62 pi. cubes métriques.

En France on prend dans certaines localités le *quart de la circonférence de l'arbre, y compris l'écorce,* pour le coté du carré; mais plus généralement on fait une déduction sur la circonférence, et on prend le quart du reste.

L'usage le plus commun et celui de l'administration de la marine est *de déduire le cinquième.* Supposons un arbre de 5 pi. de tour, y compris l'écorce, et de 30 pi. de longueur; déduisant un cinquième de la circonférence, il restera 4 pi.; le quart de ce dernier nombre ou le côté du carré est 1 ; ainsi le volume de cet arbre est de 30 pi. cubes : c'est à peu près ce que donne l'écarrissage fait suivant l'usage.

Dans les environs de Paris, on *deduit le* 6e *de la circonférence et on prend le quart du reste.* Un arbre de 5 pieds de tour, y compris l'écorce, et de 30 pi. de longueur, cubera, suivant cette méthode, 32 pi. 55/100. Dans plusieurs contrées du midi on cube les arbres *en déduisant seulement le* 12e *de la circonférence;* un arbre de 5 pieds de tour, y compris l'écorce, et de 30 pieds de longueur, cubera, suivant cette méthode, 39 pieds cubes 38/100. Enfin, on prend ailleurs le 1/4 *de la circonférence.* Un arbre de 5 pieds de tour, y compris l'écorce, cubera 46 pieds cubes 8/10. Ainsi, un arbre qui, suivant cette dernière méthode, cubera (*fig.* 130), carré A, 46 pieds cubes 8/10; au 12e déduit cubera, carré B, 39 pi. cub. 4/10; au 6e déduit cubera, carré C, 32 pi. cub. 55/100;

Fig. 130.

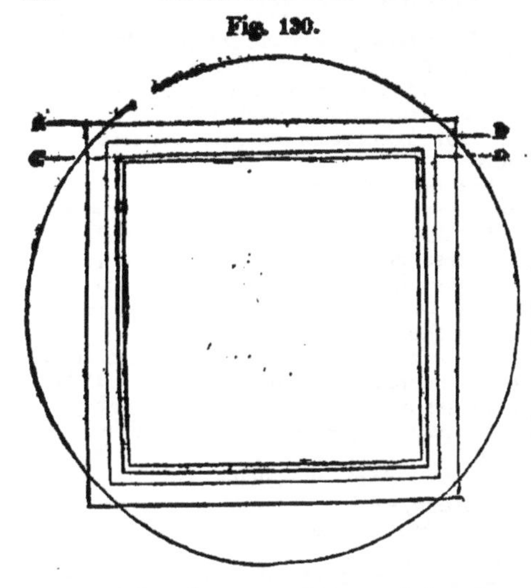

au 5e déduit cubera, carré D, 30 pieds cubes.

Lorsqu'on connaît le volume d'un arbre, il s'agit de choisir *l'emploi le plus avantageux*. *Les exploitans* sont généralement attachés à l'usage établi depuis un temps immémorial; cependant l'art d'employer les bois les moins chers a déjà fait quelques progrès. Le chêne était exclusivement employé aux charpentes intérieures et extérieures, et aux ouvrages de fente. On commence à se servir du tremble, du bouleau et du peuplier, pour les charpentes légères; le pin et le sapin y sont employés dans les lieux où ils croissent naturellement, et dans tous ceux où ils peuvent s'exploiter. On commence aussi à varier l'emploi de l'orme, qui était réservé exclusivement pour charronnage.

On ne doit pas craindre d'employer à de nouveaux usages les bois qui jusqu'à présent n'avaient été consacrés qu'à des usages spéciaux, pourvu 1° que ces bois aient été graduellement desséchés; 2° qu'ils ne soient pas exposés aux intempéries; 3° qu'ils soient placés dans un lieu où l'air se renouvelle facilement.

Le but d'une bonne exploitation étant d'obtenir le *plus haut prix possible du pied cube de chaque espèce de bois*, il faut d'abord connaître les moyens exacts de déterminer le volume de chaque partie des taillis et de chaque partie des futaies

§ III. Manière de cuber les arbres à défaut de table.

Exemple. — Nous voulons avoir, au 6e déduit, le cubage d'un arbre de 28 pieds de longueur sur 6 pieds 7 pouces de circonférence moyenne. Prenons d'abord le 6e de la circonférence, et pour plus de facilité réduisons les pouces en parties décimales du pied Or, 7 pouces égalent 0,583 pieds. La circonférence de l'arbre étant de 6 pieds, 583, le 6e de ce nombre, est 1,097; déduisant ce dernier nombre du premier, il reste 5,486, dont le quart est de 1,371, ce qui exprime le côté du carré; en multipliant ce nombre par lui-même, on a pour la surface du carré 1,88; il ne s'agit plus que de multiplier ce nombre par 28 (longueur de l'arbre), et on a pour la solidité de cet arbre 52 pieds cubes 64/100. Cette dernière partie de l'opération figure le cubage des bois carrés.

Comme on abrége beaucoup les calculs en prenant le pied métrique pour unité de mesure, nous placerons ici une petite table pour la réduction des pouces linéaires en fractions décimales du pied :

Pouces.	Pieds	Pouces.	Pieds	Pouces.	Pieds.
1 ..	0,083	5 ..	0,417	9 ..	0,750
2 ..	0,167	6 ..	0,500	10 ..	0,833
3 ..	0,250	7 ..	0,583	11 ..	0,917
4 ..	0,333	8 ..	0,667	12 ..	1,000

Section v. — *De l'exploitation des taillis.*

Les personnes habituées à évaluer les produits matériels des taillis sur pied *s'accordent ordinairement*, à un *vingtième près*, sur la quantité de stères et de fagots que la coupe peut fournir. Supposons un taillis de chêne qui s'exploite à l'âge de 8 ans pour l'usage des tuileries ou des fours à chaux. On pourra en tirer 3,000 fagots par hectare, dont la façon coûtera 2 fr. le cent. Le cent de fagots se vendra 6 francs, en sorte que le produit net sera de 4 fr. par cent, ce qui fera 120 fr. par hectare.

Dans les pays d'usines, on estime les taillis à la *corde* ou au *stère*.

Le tableau suivant peut servir à évaluer approximativement le produit des taillis.

Age du taillis.	Produit de l'hectare de taillis dans		
	un sol excellent.	un sol médiocre.	un sol mauvais.
Ans.	Nombre de stères.	Nombre de stères.	Nombre de stères.
20	180	100	70
25	270	140	90

Quand le produit total est connu, on le divise suivant l'emploi que l'on peut faire des bois.

Les personnes qui ne sont pas familiarisées avec les évaluations peuvent, avant de vendre ou d'exploiter une coupe, procéder de la manière suivante. On fait abattre un quart d'hectare dans la meilleure partie de la coupe, un quart d'hectare dans la partie médiocre, et un quart d'hectare dans la plus mauvaise partie; on fait soigneusement débiter le bois que produit chaque petite portion; ensuite on additionne les produits, et le tiers du total forme la valeur moyenne du quart d'hectare, d'où l'on déduit immédiatement celle de l'hectare de la coupe.

Les *lisières de taillis* qui bordent les routes dans les forêts s'évaluent facilement. Il suffit de faire couper dans chaque lisière les arbres et le taillis sur la longueur d'un décamètre. On fait soigneusement exploiter et évaluer le tout : une simple proportion donne la valeur totale; on fait plusieurs épreuves semblables, si la consistance des taillis et des futaies n'est pas uniforme.

§ Ier. — Division du bois du taillis.

1° *Bois de chauffage.*

Moules, cordes. On *dresse le bois en cordes ou en moules*, dont les dimensions varient suivant les localités et l'espèce des bois (*fig.* 131). Le bûcheron choisit un terrain sur le-

Fig. 131.

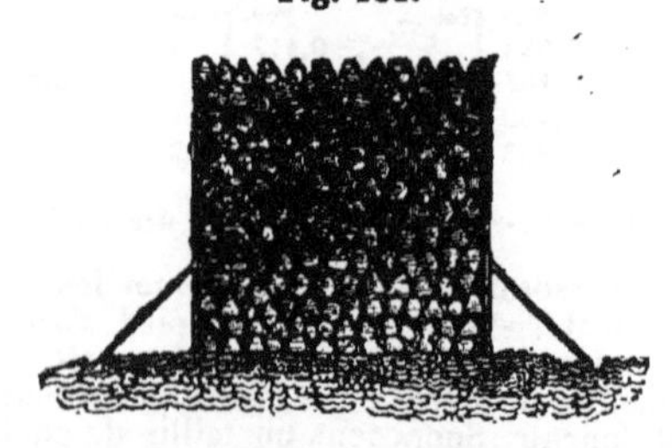

quel il n'y a point de souches. Il plante 2 forts piquets verticaux soutenus en dehors par des arcs-boutans, entre lesquels il empile les bûches jusqu'à la hauteur convenable; mais si la hauteur doit être par exemple de 4 pieds, au moment où la corde sera enlevée, il faut lui donner 2 ou 3 pouces de plus, attendu que l'affaissement du bois réduira la hauteur d'une assez forte quantité dans l'espace de six semaines ou deux mois.

Les ouvriers *sont plus ou moins habiles* dans l'exécution de ce travail. Une corde de 80 pi. cubes (1) passablement empilée ne contiendrait pas plus de 60 à 70 pi. cubes si elle était dressée par des ouvriers très-habiles dans ce genre de travail. Il y en a dans les grandes forêts qui sont chargés exclusivement de cette partie de l'exploitation. Ils ont soin de placer les bûches tordues sur la superficie et de mettre toutes les bûches courbes en dehors sur les côtés de la corde.

Les bûches destinées au chauffage *sont ordinairement sciées*; il y a aussi de l'avantage à faire scier les gros brins et ceux de grosseur moyenne qui doivent être réduits en charbon, car les entailles en bec de flûte sont perdues dans la carbonisation.

Autrefois on fendait des chênes de 2 à 3 pi. de tour pour les mettre en bois de chauffage. Actuellement, dans une exploitation bien dirigée, on *range dans les bois de service* tous les arbres qui sont propres à quelque autre usage qu'au chauffage. Les plus belles bûches de chêne servent à faire de la latte, des rais, des échalas, des ages ou des manches de charrues.

Il y a *différentes espèces de bois de chauffage* qui sont classées d'après la grosseur des bûches et leur qualité de bois tendre ou de bois dur. On nomme *bois neuf*, à Paris, celui qui n'a pas été flotté; il est composé de bûches de chêne, charme, hêtre et orme. Le bois *lavé* est celui qui n'a été flotté que dans un court trajet de rivière, et dont les bûches ont été lavées au moment du tirage des trains. Il a presque autant de valeur, toutes choses égales d'ailleurs, que le bois neuf. Le bois *gravier* est composé de bûches de bois dur, flottées et non lavées. Enfin on comprend sous le nom de bois *flotté* celui qui est composé de bûches de toute espèce et dont l'écorce n'est plus adhérente au bois.

Les *falourdes* ont 80 centimètres de circonférence sur 57 centimètres de longueur.

Le double stère ou la *voie de Paris* a 2 mètres de couche et 88 centimètres de hauteur; la longueur de la bûche est d'un mètre 14 centimètres. La solidité est de 2,0064 stères.

Le *prix du bois de chauffage* est fondé principalement sur deux élémens : 1° l'espèce des bois; 2° la grosseur des bûches.

Supposons que le stère de bois de chêne vaut	10 fr.	» c.
Le stère de charme, orme, hêtre, frêne, vaut		50
Le stère de pin et de sapin vaut	6	
Le stère de châtaignier vaut	6	50
Le stère de cerisier vaut	6	
Le stère d'aune vaut	6	50
Le stère de tremble vaut	5	50

Sous le rapport de la *grosseur des bûches*, on trouve les différences suivantes fondées sur ce qu'un stère composé de grosses bûches pèse beaucoup plus et renferme par conséquent beaucoup plus de matière ligneuse qu'un stère composé de petites bûches.

Un stère de bûches de 30 à 36 pouces de tour vaut	12 fr.
Un stère de bûches de 20 à 30 pouces de tour vaut	10
Un stère de bûches de 15 à 20 pouces de tour vaut	9
Un stère de bûches de 10 à 15 pouces de tour vaut	7
Un stère de bûches de 6 à 10 pouces de tour vaut	6
Un stère de bûches de 2 à 6 pouces de tour vaut	5

On suppose que tous les stères sont formés de la même espèce de bois.

La *façon de l'abattage et du dressage* d'une corde est de 36 centimes par stère. Le *transport* du bois de chauffage dans les chemins de traverse se paie ainsi qu'il suit : Pour un stère de gros bois conduit à 2 lieues de la coupe, 1 fr.; pour un stère de bois blanc conduit à la même distance, 1 fr. 50 c.

Fagots. On distingue presque autant d'espèces de fagots qu'il y a de forêts différentes. On peut les réduire à deux divisions principales : 1° les fagots de gros bois; 2° les fagots de ramilles, appelés *bourrées*.

Le *cotret* est un fagot de 18 pouces de tour composé de brins d'égale longueur, rangés avec soin et liés de deux *harts* ou *liens* qui sont des menus brins de coudrier, charme, saule, osier, viorne, etc. La façon du cent de cotrets est de 1 fr. 50 c.

Pour *serrer fortement* les fagots de gros bois (dont les brins ont de 3 à 6 pouces de tour), on se sert d'une corde et d'un petit levier, ensuite on adapte les harts à chaque bout du fagot.

(1) En parlant du *pied*, nous entendrons toujours le pied métrique égal à 333 millimètres linéaires.

Les fagots qui ne sont pas *dépouillés de feuilles* se vendent moins cher que les autres, excepté dans les contrées où la feuille des arbres forme une partie importante de la nourriture des bestiaux. Les fagots de *menus brins* sont moins chers, et même, dans les pays très-boisés, les petites branches et tous les brins qui n'ont pas un pouce de tour ne servent qu'à fabriquer de la potasse. Le *prix des fagots* de gros brins de 6 pieds de longueur sur 26 pouces de tour (8 centièmes de stère) dans les départemens où le bois est cher, est de 50 centimes chacun. Ce prix porte le stère à 6 fr. 25 c. Sur les ports de la Saône, entre Châlons et Lyon, un fagot de gros brins, pesant 17 kilogrammes dix mois après l'exploitation, se vend 25 centimes. Dans les forêts où l'on fabrique du charbon, il ne reste que les plus petits brins qui produisent, par hectare, 800 bourrées qui valent 5 fr. le cent; déduisant 1 fr. 50 c. pour la façon, le produit net est de 4 fr. 50 c. par cent ou de 36 fr. par hectare.

2° *Cercles de futailles.*

Les *meilleurs bois* pour fabriquer les *cercles* ou *cerceaux* des futailles dans lesquelles on met le vin et les liqueurs spiritueuses, sont le châtaignier, le coudrier et le marsault. Les cercles de cette dernière essence conviennent très-bien pour les caves humides. Les plus *mauvais bois* pour cet usage sont le chêne, le charme et le hêtre.

Les *meilleurs cercles de cuves* sont ceux de châtaignier, de bouleau, d'orme et de frêne.

Les petites perches de coudrier, marsault, etc., font ordinairement chacune deux cercles de futailles; les plus fortes en fournissent chacune 3, 4, 5 et même 6; on les lie en paquets appelés *couronnes* ou *môles* qui contiennent chacune 25 cercles (*fig*. 132). Les

Fig. 132.

perches destinées à cette fabrication ne doivent pas être coupées pendant l'ascension de la sève, car l'écorce se détacherait, et les cercles qui en seraient dépouillés ne se vendraient pas.

Le *travail du cerclier* consiste à fendre adroitement les perches et à enlever ensuite, à l'aide d'une plane (*fig*. 133), le bois qui ne doit pas rester dans le cercle qu'il fait ensuite entrer à coups de maillet dans le

Fig. 133.

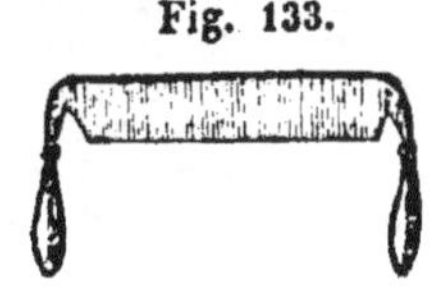

parquet (*fig*. 134). Ce parquet est composé

Fig. 134.

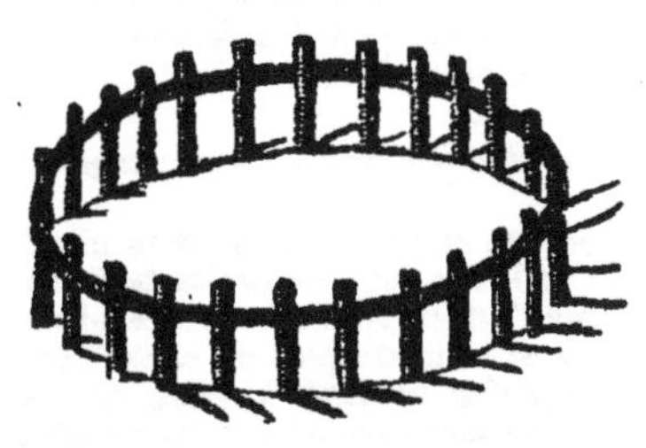

d'une plate-forme en bois autour de laquelle sont solidement fixés des piquets formant une enceinte circulaire dans laquelle l'ouvrier ajuste et range ses cercles. Il fait disparaître les nœuds et les courbures à l'aide du maillet et de la plane. La *façon* des cercles de tonneau de 3 mètres de longueur se paie au cerclier à raison de 35 centimes la couronne; la façon des cercles de 22 à 25 décimètres se paie 25 centimes la couronne. La façon de chaque cercle de cuve coûte 50 centimes. Ces cercles se vendent 20 francs la douzaine.

Le travail du cerclier produit un paquet de *petits copeaux* par couronne; chaque paquet vaut 10 à 12 centimes pris à l'atelier.

Le *transport* des cercles de futailles de 220 litres dans les chemins de traverse coûte 15 centimes par couronne et par lieue.

3° *Echalas.*

On distingue les échalas de bois fendu, et les échalas appelés *paisseaux*, qui sont des brins entiers de 20 à 25 lignes de circonférence. On emploie ces derniers dans les vignes après avoir aiguisé le pied pour le faire entrer dans la terre et enlevé les petites branches et les nœuds qui en garnissaient la tige. Les *meilleurs paisseaux* sont ceux de genévrier et de pin; mais ils sont rares. Ceux de coudrier et de marsault sont passables; mais les paisseaux de charme, hêtre, tremble, chêne et bouleau pourrissent très-promptement.

Un moule de bûches de chêne propre à faire des échalas a les dimensions suivantes: 4 pieds sur 2 faces; la longueur des bûches est de 4 pieds 8 pouces. La solidité est de 74 pieds cubes 1/10. Ce moule rend 2,500 échalas ou 50 bottes, composées chacune de 50 échalas. Le prix dans la forêt est d'un franc la botte, ce qui fait 20 fr. le mille d'échalas.

Nous allons donner le compte d'un moule fabriqué:

2,500 échalas à 20 fr. le mille valent en tout 50 fr.	50 fr.
Il faut déduire la façon qui est de 4 fr. par mille en abandonnant les copeaux au fendeur.	10
Produit net.	40 fr.

Le moule se vend 30 fr. dans la forêt; le profit de l'acheteur est par conséquent de 10 fr.

Le tremble et les autres bois blancs servent à faire de bons échalas de fente qui toutefois ne doivent être employés que lorsqu'ils sont parfaitement secs.

La botte de 50 paisseaux de brins ronds *coûte à transporter* à 2 lieues par un chemin de traverse 7 centimes, et à 3 lieues 1/2, 12 centimes. Le transport des échalas de fente coûte moitié plus cher.

4° Perches propres à divers usages.

Les perches et chantiers pour la construction des radeaux sont de petits bois dont le prix forme l'intermédiaire entre celui du bois de service et celui du bois de chauffage. Les *taillis de frêne* servent à faire de petites échelles, des manches de balais, de brosses, etc. On dresse ou l'on courbe les brins au moyen du feu après les avoir fait tremper dans l'eau pendant quelque temps. Les perches propres à former les *treillages* qui garnissent les murs des jardins ont environ 2 pouces de tour sur 10 pieds de longueur.

Les *fourches* qui servent à faner le foin et à charger les fourrages de toute espèce sur les voitures sont des brins branchus dont la forme naturelle les rend propres à cet usage; mais ordinairement on les façonne en les chauffant soit sous une cheminée, soit dans un four, soit sur un feu de menus brins dans la coupe même; on les tient assujetties au moyen de crochets, et quand elles sont refroidies, elles conservent la courbure qu'on leur a fait prendre.

Ces objets se vendent beaucoup plus chers que le bois de chauffage, à égalité de volume.

5° Ecorce.

La *meilleure écorce* pour faire du tan est celle qui provient des taillis de chêne âgés de 18 à 30 ans. L'écorce des chênes de 50, 75 et 80 ans se vend pour le même usage, mais il faut qu'elle soit nettoyée, c'est-à-dire que les *rugosités* soient enlevées. C'est du 10 mai au 10 juin que l'on enlève l'écorce sur les brins de chêne; la meilleure est celle du mois de mai; le mélèse et le bouleau sont écorcés beaucoup plus tard; on attend même quelquefois au mois d'août.

L'ouvrier abat la tige à la cognée, et au moyen de sa serpe il fend l'écorce qu'il enlève ensuite à l'aide d'une espèce de spatule appropriée à cet usage. L'écorce enlevée doit être immédiatement mise en paquets. Quelquefois, malgré la défense du propriétaire, l'*écorcement se fait sur pied*, ce qui est plus facile qu'après l'abattage, car la sève se retire presque aussitôt que le brin est coupé; mais si l'on est obligé de souffrir ce procédé, il faut exiger que le brin soit abattu immédiatement après l'écorcement, car si on tardait et que la souche eût le temps de pousser des rejetons, on les détruirait infailliblement en coupant plus tard le brin écorcé.

L'écorce de jeunes taillis mélangée d'écorce de futaie se *vend*, dans beaucoup de localités, à raison de 40 cent. le paquet pris en forêt. Ce paquet est un cylindre de 2 pieds de longueur sur 3 pieds de tour cubant 5 centièmes de stère. La *façon* est de 8 cent. par botte, y compris l'abattage du bois. Les *frais de transport* sont de 2 f. 50 c. par lieue pour 104 bottes de cette dimension dans un chemin de traverse ordinaire.

Dans les forêts du centre de la France, la botte d'écorce a 3 pieds 1/2 de tour sur 3 pieds 1/2 de longueur; elle se vend 90 cent. dans la coupe; la façon est de 18 cent. Cette botte pèse 28 livres. Un taillis de 18 à 20 ans bien peuplé de chênes rend 700 bottes par hectare; on compte 9 à 10 bottes d'écorce par double stère de bois.

L'*écorcement fait perdre* sur une corde de bois le 8° du volume de cette corde.

Voici le *classement* de la valeur des écorces en Angleterre, où l'art de les employer pour le tan est poussé très-loin. La meilleure écorce de chêne mélangée recueillie sur du taillis et des futaies vaut par tonne (1000 kilog.). . . . . 300 fr.

L'écorce de châtaignier. 243
L'écorce de bouleau. 162
L'écorce de frêne de montagne. . 125
L'écorce de mélèse. 131

L'écorce de l'épicéa fournit aussi du tan; on la mélange avec celle du chêne.

6° Charbon.

L'ancienne méthode de cuire le charbon dans les forêts à l'air libre est toujours usitée et n'a reçu que de légers perfectionnemens.

On a reconnu récemment que les fourneaux les plus avantageux sont ceux qui ne contiennent pas plus de 60 stères de bois, et que la dimension la plus convenable pour les bûches est celle de 3 à 7 pouces de circonférence. Les brins qui excèdent cette dernière mesure sont refendus.

La longueur des bûches ne doit pas excéder 2 pieds; car lorsqu'elles sont trop longues, il est difficile de les arranger, surtout si elles sont courbes. On coupe ordinairement ces dernières en plusieurs morceaux. Le cuisage réussit d'autant mieux que les espaces qui se trouvent entre les brins sont plus petits et plus égaux entre eux. La flamme se développerait dans les vides trop grands, et le bois serait consumé au lieu d'être réduit en charbon.

On fabrique du charbon avec des *souches refendues et des racines*, mais on ne doit jamais le mettre dans un magasin fermé, car il s'enflamme spontanément avec facilité.

Pour obtenir la *plus grande quantité possible* de charbon, le bois ne doit être ni trop vert ni trop sec; on laisse ordinairement sécher les cordes pendant 2 ou 3 mois, plus ou moins suivant la saison, la température et la grosseur des bûches.

Un stère de bois taillis âgé de 16 à 18 ans rend 7 pieds cubes de charbon. Un stère de taillis âgé de 24 à 30 ans rend 9 pieds cubes de charbon.

Le *poids* d'un pied cube de charbon varie de 15 à 18 livres (7 à 9 kilogr.) suivant l'espèce du bois et sa pesanteur spécifique.

Un stère de bois sec pèse 675 livres, ce qui fait 25 livres par pied cube, y compris les interstices des bûches qui sont évalués aux 9/20es du volume total; ce stère, que nous supposons de bon bois, rend 9 pieds cubes de charbon pesant 162 livres. Le bois *rend donc le quart de son poids* en charbon, terme moyen.

Les *frais de transport* du charbon dans les chemins ordinaires sont d'un franc par stère pesant 486 livres (238 kilogr.) pour une lieue; ces frais ne sont que de 84 centimes par lieue lorsque la distance excède 3 lieues. Le transport à dos de bêtes de somme coûte un quart de plus.

7° *De la feuille des arbres.*

La feuille du charme, du chêne, du frêne, du tremble et de l'alisier sert à nourrir les moutons. Pour jouir de ce produit on abat les taillis à la fin d'août. Les ramilles ou menues branches sont mises en fagots de 18 à 24 pouces de tour, qu'on laisse sécher à l'air pendant quelques jours; ensuite on les place sous un hangar, où ils peuvent se conserver pendant une année entière. Un hectare de taillis, âgé de 20 à 25 ans, rend 2,500 fagots de feuillage qui valent 40 fr. le mille dans la coupe; la façon est de 8 fr. par mille; le produit net est par conséquent de 32 fr. le mille, ce qui fait 80 fr. par hectare.

SECTION VI. — *De l'exploitation des futaies.*

Le mode à suivre dans l'exploitation des futaies est *subordonné à l'usage* que l'on peut faire des arbres, et les emplois en sont nombreux et variés. Avant d'entrer dans des détails à ce sujet, il convient d'examiner les signes qui indiquent la bonne qualité ou la défectuosité des arbres.

§ 1er. — Qualités et défauts des arbres.

Un arbre est *en pleine croissance* quand son bois est sain, son écorce lisse, d'une couleur claire et égale; quand les branches sont distribuées également autour du sommet de la tige, et surtout quand les pousses de la dernière année sont longues et se montrent uniformément à l'extrémité de toutes les branches.

Les *arbres défectueux* ou gâtés sont ceux dont l'écorce est terne, gercée ou tachée, portant des chancres, des cicatrices ou des nœuds non recouverts par l'écorce.

La *roulure* est une solution de continuité entre les couches ligneuses qui ne sont pas adhérentes les unes aux autres et qui ne présentent point d'homogénéité. Par exemple, une couche se dessèche par un accident; la couche de l'année suivante n'est pas liée à cette dernière. Cette maladie de l'arbre est souvent produite par la gelée; elle se manifeste à l'extérieur par des fentes ou des taches dans l'écorce.

La *gelivure* (*fig.* 185) ordinaire est une fente longitudinale occasionée par la gelée ou par le givre. Ces fentes une fois formées subsistent toujours. L'orme est sujet à cette maladie; la fente se remplit d'une sève extravasée qui jaillit avec force lorsqu'on fait une entaille à l'écorce.

La *cadranure* est marquée sur la section de l'arbre abattu par des fentes qui, se dirigeant du centre à la circonférence, forment des rayons qui ressemblent aux lignes d'un cadran (*fig.* 186). Cette maladie a pour signes extérieurs des taches sur l'écorce qui se couvre quelquefois de lichens et de champignons, des bourrelets, des gerçures et des gouttières par lesquelles l'eau s'insinue sous l'écorce.

Fig. 185.

Fig. 186.

Le bois d'un chêne est *rouge* et par conséquent de mauvaise qualité quand la tige est garnie de petites branches depuis le pied jusqu'au sommet.

Le *double aubier*, qui n'est point une maladie, diminue de beaucoup la valeur d'un chêne. Les arbres de cette espèce qui croissent dans un terrain sec et non abrité présentent de l'aubier non-seulement à la circonférence, mais encore au centre de la tige; les couches ligneuses intermédiaires sont très-dures, mais souvent elles ne forment pas la moitié de la valeur de l'arbre.

Quand la tête d'un arbre présente peu de pousses des années précédentes, quand la flèche est desséchée, et que les branches ont l'air d'être brisées aux extrémités, la végétation est nécessairement ralentie; un chêne peut subsister long-temps dans cet état sans que la qualité du bois en soit altérée; mais un hêtre ou un sapin ne tardent pas à périr, et leur bois se gâte immédiatement. Un hêtre dont l'écorce prend une couleur grise ne tarde pas à se vicier intérieurement, et si l'on tarde trop à l'abattre, le bois ne sert plus qu'au chauffage.

Dans un *arbre sur le retour*, le bois du cœur est plus léger que celui de la circonférence, il a perdu sa ténacité et son élasticité: il faut bien se garder dans ce cas d'employer l'arbre en une seule pièce; il faut le faire scier en quatre, de manière que le centre forme l'angle de l'écarrissage.

Les arbres dans lesquels il y a des trou

formés par le pic-vert contiennent toujours du bois pourri.

La *pourriture sèche* est une maladie qui attaque les bois employés à la construction des vaisseaux; elle est devenue très-commune; la plupart de nos bâtimens de mer ne durent guère plus de 8 à 10 ans; on a perdu dans les chantiers de nos ports plusieurs millions de pieds cubes de bois qui sont tombés en pourriture. On ne devrait jamais employer des arbres sur le retour sans avoir pris la précaution de les fendre en quatre parties par le centre.

§ II. — Division des futaies.

1° *Pièces de marine et de charpente.*

Les chênes de toutes dimensions sont propres au service de la marine lorsque le bois en est sain; les plus petits servent à faire des chevilles. Les vaisseaux sont construits en grande partie de bois courbes. La *longueur* de ces courbes de toute espèce varie de 8 à 30 pieds. Leur prix est d'autant plus élevé qu'elles sont plus rares. On les vend jusqu'à 4 fr. le pied cube.

Les chênes et les ormes courbes conviennent aussi très-bien pour les roues de moulin, pour le charronnage de l'artillerie, pour faire des cintres de voûtes et des ponts.

Les chênes de 3 pouces 1/2 d'écarrissage servent à faire des chevrons, des contrefiches et autres petits bois de charpente. Les pièces de 5 à 7 pouces d'écarrissage servent à faire les poutres, tirans, etc.

Les longs chênes très-courbes qui sont trop faibles ou trop défectueux pour être employés dans la construction des vaisseaux ou la charpente des bâtimens, servent à la construction des bateaux; on les débite en planches de 8 à 16 lignes d'épaisseur que l'on redresse facilement en les passant sur un petit feu de copeaux au moment de les employer.

Les frais de transport des bois écarris, par terre et sur les chemins ordinaires, sont de 3 francs par stère et par lieu.

Les frais de transport sur les rivières navigables sont de 1 franc par stère et par lieue, terme moyen.

Ecarrissage des bois. L'écarrissage des bois exige beaucoup d'adresse, surtout pour les bois courbes ou *méplats;* ces derniers ont les côtés inégaux en largeur, mais on les emploie *de champ* pour augmenter leurs forces. L'écarrissage des bois de 6 à 8 pouces d'épaisseur *coûte* 5 centimes le pied courant; de 10 à 12 pouces, 8 centimes le pied courant; de 13 à 16 pouces, 20 centimes le pied courant. Ce prix comprend l'écarrissage sur les 4 faces. L'écarrissage des courbes, ne devant être exécuté que par des ouvriers habiles et exercés à ce genre d'ouvrage, coûte moitié plus cher.

2° *Ouvrages de fente.*

Merrain. On pourrait fabriquer le merrain et la latte à la scie; mais comme les fibres seraient coupées, les pièces seraient bien moins fortes que lorsqu'elles sont fendues. Cependant les barils à mettre les harengs sont débités à la scie. Il en est de même du merrain qui sert à fabriquer les grandes futailles.

Les *arbres qui fendent le mieux* sont le chêne et le hêtre; mais ce dernier ne s'emploie pas encore dans la fabrication du merrain de tonneaux.

Les *meilleures futailles* à mettre le vin sont celles de chêne, lorsque ce bois n'est pas gras et spongieux, et celles de châtaignier; on fait aussi des barils propres au même usage en mûrier blanc, faux acacia et merisier. Le merrain provenant des bois blancs, comme le sapin, le tremble, le peuplier et le saule, sert à la fabrication des futailles qui doivent contenir des marchandises sèches.

On juge qu'un *arbre se fend bien* lorsque l'écorce est lisse et ne présente pas des nœuds. Les arbres noués ou contournés se mettent en sciage.

Dans un arbre dont le volume total, y compris l'aubier et l'écorce, est de 30 pieds cubes, et dont le volume cubé au 5me déduit est de 15 pieds cubes, on ne trouve, terme moyen, que 10 pieds cubes de merrain, en supposant même que l'on puisse en faire dans toute la longueur de l'arbre; le reste est composé du rebut, de l'aubier, de l'écorce et des copeaux.

Voici les *dimensions* de plusieurs espèces de merrain.

Noms des pièces.	Longueur.	Largeur.	Épaisseur.	Cubage de 1000 pièces.
	Pouces.	Pouces.	Lignes.	Pieds cubes.
Douves.	50	6	15	217 »
Fonds.	37	7	18	224 8/10
Douves.	46	6	15	208 3/10
Fonds.	34	7	16	183 6/10
Douves.	45	6	12	156 2/10
Fonds	30	7	13	131 »
Douves.	36	5	8	89 4/10
Fonds.	26	6	9	62 5/10
Douves.	35	4	11	74 2/10
Fonds.	24	4	11	50 9/10

Le millier marchand de merrain dont les dimensions sont indiquées dans les deux dernières lignes de ce tableau, se compose de 2,575 pièces, savoir, 1717 douves et 858 pièces de fond. — Ce merrain sert à faire des tonneaux de 200 à 220 litres.

Le prix de la façon d'un millier marchand est de 70 fr. — Le prix moyen de ce même millier de merrain rendu dans le vignoble est de 625 fr. — Le merrain propre à fabriquer les petites futailles de 110 litres se vend à raison de 275 fr. le millier marchand; la façon coûte 60 francs.

Les *frais de transport* du merrain se calculent ainsi qu'il suit, pour un millier de 2,575 pièces propres à faire des tonneaux de 220 litres:

	Par les chemins de traverse.	Par les routes.
à 1 lieue 1/2.	9 fr.	6 fr.
à 2 lieues.	12	8
à 3 lieues.	18	12

Boissellerie, Racierie. Le débit des chênes en boissellerie est plus avantageux qu'en sciage; car on n'emploie pour ce dernier usage que les arbres qui ne peuvent se fendre facilement.

On nomme *éclisses* ou *cerces* les pièces qui servent à faire des seaux, les mesures à blé, les bordures de tamis, etc. Leurs dimensions varient, savoir : les longueurs, de 10 pouces à 3 pieds et demi; les largeurs, de 3 à 5 pouces; l'épaisseur moyenne est de 3 lignes et demie.

La fente des chênes s'opère ainsi qu'il suit : On scie les billes de la longueur convenable; ensuite l'ouvrier les dispose dans son atelier; il place le tranchant du coutre (*fig.* 137) suivant la direction qu'il veut donner à la fente; il frappe ensuite sur le dos de ce coutre avec un maillet; quand la fente est ouverte, il y introduit un coin, et, en avançant adroitement le coutre, il prolonge la fente jusqu'à l'extrémité de la pièce.

Fig. 137.

Les ouvrages de fente que l'on nomme *raclerie* sont presque tous en hêtre; ce sont des lames très-minces qui servent à faire des boîtes légères pour les fromages ou pour toute autre marchandise; les copeaux les plus minces servent aux gaîniers.

On fait encore avec le hêtre une foule de petits ouvrages, tels que des poulies, des formes pour les ouvriers, des vases, des pelles, des panneaux, etc.

On débite aussi le chêne en bardeau dont les lames ont 8 lignes d'épaisseur, 7 pouces de largeur et un pied de longueur. On s'en sert pour couvrir les bâtimens et pour en garnir les murs.

Latte. La latte se fabrique comme les autres ouvrages de fente. La longueur de la latte est de 4 pieds, la largeur de 15 lignes, et l'épaisseur de 2 à 3 lignes. Le millier marchand est de 20 bottes formées chacune de 50 lattes. La *latte de cœur* de chêne vaut 20 fr. le mille; la latte d'aubier vaut 12 fr. le mille. On emploie cette dernière dans les parties de la construction qui sont recouvertes de plâtre, comme les plafonds, les cloisons, etc. La *façon* du millier de lattes de chêne coûte 4 fr. 50 c.

La *latte de sapin* ou de bois blanc se vend en forêt 12 fr. le mille; la façon est de 2 fr. 50 c.

Les frais de *transport* d'un millier de lattes de chêne sont de 60 cent. par lieue, et ceux du transport du millier de lattes de sapin ou bois blanc sont de 45 cent. par lieue.

3° *Menuiserie, ébénisterie*

Les *loupes* et les *souches* saines d'orme, tilleul, hêtre, servent à faire des meubles d'une grande beauté. On les met à part dans l'exploitation; on peut les vendre 7 fr. le pied cube dans les coupes situées à portée des villes. Les *tiges* noueuses de frêne et d'érable servent au même usage et sont encore plus recherchées.

4° *Charronnage.*

Rais de voiture. Les rais de voiture de 34 pouces de longueur, rendus sur le marché, se vendent 26 fr. le cent, prix moyen. L'épaisseur de la pièce dans laquelle chacun des rais est pris est de 5 pouces; ainsi le volume total du bois qui sert à faire un cent de rais, est de 50 pieds cubes 2/10.

La *façon* du cent de rais est de	2 fr. 25 c.
Le *transport* à 2 lieues de la forêt coûte	2 »
	4 fr. 25 c.

La valeur nette du cent de rais est donc de 21 fr. 75 c. pour 50 pieds cubes 2/10. Ainsi la valeur nette du pied cube est de 43 cent. On se sert pour cet usage de bûches de chêne.

Moyeux de roues. Les moyeux de roues se font d'orme, et les meilleurs d'orme tortillard; la grosseur des moyeux varie de 30 à 50 pouces de circonférence.

Essieux. Les essieux se font de frêne, orme et charme. La pièce propre à faire un essieu a 7 pieds de longueur sur 25 pouces de tour. Elle vaut 2 fr. Cette pièce cubée au 5ᵉ déduit contient 1 pied cube 2/10.

Brancards. Pour faire les flèches des brancards de voiture, on se sert d'orme et de frêne dont la grosseur ordinaire est de 36 pouces, et la longueur de 18 pieds.

Jantes de roues. On prend dans les grosses branches des jantes de 3 pieds de longueur, 3 pouces d'épaisseur et 4 pouces et demi de largeur. Comme on ne trouve pas assez de brins courbes pour la consommation, on se sert de hêtre plus ou moins droit dans lequel on taille la jante de manière à lui donner la courbure convenable.

Rouleaux, poteaux. Les cylindres en bois que l'on fait passer sur les terres ensemencées, sont pris ordinairement dans la tige des arbres rabougris, qui sont très-communs dans les taillis qui s'exploitent à l'âge de 10 à 12 ans. On prend deux rouleaux dans une tige de 5 pi. de tour sur 16 pi. de longueur. Un arbre de cette dimension se vend 36 fr. non compris les branchages, dans les pays de grande culture comme la Beauce et la Brie. Les chênes de courte stature servent à faire des poteaux pour les palissades.

5° *Sabots.*

Les sabots se vendent à la grosse qui contient 13 douzaines; savoir : 2 douzaines de sabots d'hommes, 8 douzaines de sabots de femmes et 3 douzaines de sabots d'enfans.

Il faut un arbre de 21 pieds cubes pour faire une grosse de sabots fins, et une tige de 24 pieds cubes pour faire la même quantité de sabots grossiers; on suppose le cubage fait au 5ᵉ déduit. Ainsi une tige de tilleul de 21 pieds de longueur sur 5 pieds de grosseur moyenne donne une grosse de sabots fins.

Les bois propres à faire des sabots, sont le hêtre, le tilleul, l'aune, le marseau. On les estime pour cet usage de 2 fr. à 2 fr. 50 cent. la solive. Dans quelques localités on fait des sabots avec des bûches de bouleau de 18 à 30 pouces de tour; la grosseur moyenne de ces bûches est de 24 pouces, leur longueur est de 48 pouces; chacune de ces bûches a pour solidité 64/100 de pied cube (au 5ᵉ déduit); on les évalue chacune 75 cent., ce qui revient à 1 fr. 17 cent. le pied cube. On a l'avantage de se servir de bûches qui ne seraient propres qu'au chauffage si l'on n'en faisait pas des sabots.

6° *Bois de sciage.*

A. *Sciage du bois de chêne.*

Cet emploi des bois est celui qui absorbe le plus grand nombre des arbres dans les coupes ; nous traiterons cette partie de l'exploitation avec quelques détails.

Deux moyens sont employés pour scier les arbres : la scie ordinaire des *scieurs de long*, mue par deux hommes, et la *scie mécanique* mue par un courant d'eau. Aux scies à lames droites posées verticalement, on a substitué en Angleterre et dans un assez grand nombre d'ateliers de sciage en France, la *scie circulaire* qui est représentée (*fig.* 138)

Fig. 138.

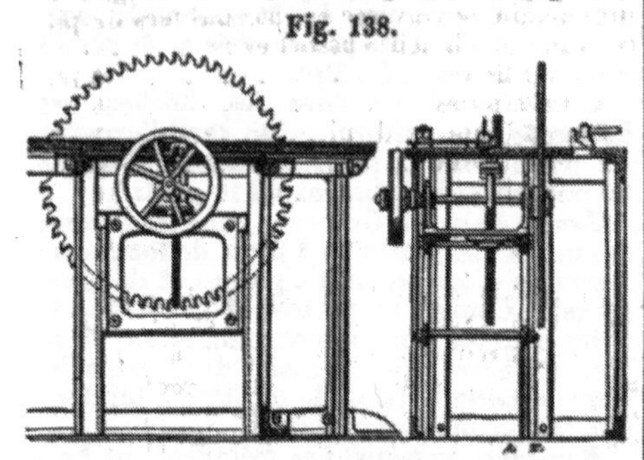

vue de côté. Rien de plus simple que la construction de ces dernières scies. On peut emprunter le mouvement à toute autre machine mue par l'eau ou par des chevaux, en adaptant à l'axe de la scie une poulie mise en mouvement par un cordon en cuir qui reçoit son impulsion de la roue de la machine. Cet appareil imprime à une scie de 2 pieds de diamètre une vitesse suffisante ; mais on peut construire la scie avec sa roue pour 750 fr., tant la machine est simple. Une scie circulaire de 2 pi. peut faire 700 tours par minute ; on établit de ces sortes de machines dans les forêts où il y a une force d'eau capable de les faire mouvoir. Une roue de 8 pi. de diamètre et de 8 pou. de largeur a la circonférence, suffit pour imprimer le mouvement à la scie. En débitant ainsi le bois sur place, on épargne une bonne partie des frais de transport. Ces scies à roues circulaires sont très-utiles pour le débit des feuilles de parquet.

Une petite scie d'environ 12 pouces de diamètre pourrait être mise dans un châssis et mue par un homme ; cette machine serait très-utile pour *scier les bois de chauffage ;* car deux hommes couperaient autant de bois en un jour avec cette scie, qu'ils en couperaient en une semaine avec des cognées. Une scie circulaire de 2 pieds de diamètre débite par jour 1200 douves de barils propres à mettre des harengs. Ces douves sont faites de saules ou d'autres bois blancs. Une scie ordinaire, mue par un petit courant d'eau, fabrique 12 planches de 12 pieds à l'heure ; elle travaille ordinairement 12 heures, ce qui fait une fabrication de 144 planches ou de 1728 pieds courans de planches, par jour. Deux hommes scient par jour 110 pieds courans de planches, suivant l'ancienne méthode.

On débite le bois de sciage en planches, en plateaux, en bois carrés, etc. 1° Les *planches* ordinaires de chêne ont de 10 à 12 pouces de largeur sur 1 pouce d'épaisseur. Leur longueur varie suivant celle des billes dont on les tire. Les planches appelées *entrevoux* ont 10 lignes d'épaisseur. 2° Les *contre-lattes* qu'on pose sur les chevrons ont un demi-pouce d'épaisseur sur 4 à 5 pouces de largeur. 3° Les *chevrons* ont 3 ou 4 pouces en carré. 4° Les *solives* ont 5, 7 et 8 pouces d'écarrissage. 5° La *membrure* pour la menuiserie a une épaisseur qui varie d'un pouce 1/2 à 3 pouces. 6° Les planches appelées *voliges* qui servent pour les panneaux de menuiserie, les caisses, etc., n'ont qu'un demi-pouce d'épaisseur. 7° Les *madriers* ont 2 pouces 1/2 d'épaisseur sur 5 pouces de largeur. 8° Les *feuilles de parquet* ont 15 lignes d'épaisseur sur 6 à 7 pouces de largeur. Leur longueur varie d'un à 2 pieds.

Lorsque ces bois sont destinés à être mis dans le commerce, l'usage est de leur donner en longueur 6, 9, 12, 15, 18 et 21 pieds.

Les petites billes qui restent lorsqu'on a employé les plus grosses, servent à faire des pièces de menuiserie pour les portes et les croisées.

Débit de sapins. Dans les grandes forêts de sapins, on débite une partie des arbres en planches dont la longueur est ordinairement de 12 pieds, la largeur de 10 à 14 pouces et l'épaisseur de 12 à 13 lignes. La douzaine de ces planches se vend près de la scierie de 12 à 14 fr. Mais dans une sapinière où l'on exploite à la fois les gros et les petits sapins, on fait des planches de différentes dimensions ; nous allons faire connaître ce genre d'exploitation.

Produit des planches dans une forêt de sapins. 1° Un sapin de 30 pouces de tour rend 30 petites planches de 7 pieds de longueur, sur 6 pouces de largeur, valant 4 fr. la douzaine, ce qui fait en tout 10 fr. 2° Un sapin de 36 pouces de tour rend 49 planches de 8 pieds de longueur sur 7 pouces de largeur, lesquelles valent, à raison de 5 francs la douzaine, la somme de 20 fr. 40 c. 3° Un sapin de 42 pouces de tour rend 56 planches de 8 pieds de longueur sur 8 pouces de largeur, lesquelles valent 6 fr. la douzaine, ce qui fait en tout 28 fr. 4° Un sapin de 48 pouces de tour rend 63 planches de 9 pieds de longueur sur 10 pouces de largeur, lesquelles valent, à raison de 7 fr. la douzaine, 36 fr. 75 c. 5° Un sapin de 54 pouces de tour rend 70 planches de 10 pieds de longueur sur 10 pouces 1/2 de largeur, lesquelles valent, à raison de 9 fr. la douzaine, 52 fr. 50 c. 6° Un sapin de 60 pouces de tour rend 88 planches de 11 pieds de longueur sur 12 pouces de largeur, lesquelles valent, à raison de 11 fr. la douzaine, 80 fr. 66 c. 7° Un sapin de 66 pouces de tour rend 96 planches de 13 pouces de largeur sur 12 pieds de longueur, qui valent 13 fr. la douzaine, ce qui fait en tout 104 fr. *L'épaisseur* de toutes ces planches est d'un pouce.

Frais à déduire. Supposons un sapin de 4 pieds 1/2 de tour qui rend 70 planches.

Les *frais de transport* de l'arbre à la scierie sont de 3 fr. ci.	3 fr.	» c.
La *façon* du sciage est comptée à raison d'un franc la douzaine de planches, ce qui fait pour 70 planches.	5	83
La main-d'œuvre pour le *chargement* s'élève avec les faux frais à.	1	50
Intérêts de l'établissement de la scierie à 15 0/0 et répartitions.	»	15
TOTAL.	10 fr.	48 c.

Nous avons vu que ce sapin avait rendu pour 52 fr. 50 c. de planches; déduisant les frais, il reste 42 fr. 02 c. pour le produit net de l'arbre : il faut distraire de cette dernière somme le bénéfice du marchand qui fait l'exploitation. Nous n'avons pas parlé des branches de l'arbre, ni de l'écorce; mais ces produits se compensent avec les frais d'abattage et ceux de surveillance.

Nous allons actuellement présenter le calcul du produit de ces arbres d'après leur volume au 5me déduit.

Le sapin n° 1 contient 9 pieds cubes; par conséquent son produit total est d'un franc 11 centimes par pied cube, ou de 10 fr. pour la tige entière. — Le volume du sapin n° 2 est de 16 pieds cubes 6/10, et comme sa valeur totale est de 20 fr. 40 c., le pied cube vaut 1 f. 23 c. — Le volume du sapin n° 3 est de 25 pieds cubes; sa valeur totale étant de 28 fr., le pied cube vaut 1 fr. 12 c. — Le volume du sapin n° 4 est de 43 pieds cubes 8/10 ; sa valeur totale étant de 36 fr. 75 c., il vaut par pied cube 84 c. — Le volume du sapin n° 5 est de 56 pieds cubes ; sa valeur totale étant de 52 fr. 50 c., il vaut par pied cube 93 centimes. — Le volume du sapin n° 6 est de 96 pieds cubes; sa valeur totale étant de 80 fr. 66 c. , il vaut par pied cube 84 cent. — Le volume du sapin n° 7 est de 122 pieds cubes, sa valeur totale étant de 104 fr , il vaut par pied cube 85 cent.

Un calcul semblable est indispensable dans toutes les exploitations, si le marchand veut connaître le meilleur emploi possible de son bois. Dans l'exemple ci-dessus, le débit en planches est le plus profitable pour les petits arbres; mais il faut calculer combien les arbres d'une grosseur moyenne produiraient si on les débitait en chevrons de 4 pouces d'écarrissage ou en plateaux. Il faut enfin discerner l'emploi qui établit le plus haut prix pour le produit net du pied cube.

Cet exemple fait voir qu'il est désavantageux de débiter en planches les gros sapins; on ne les emploie en effet à cet usage que lorsqu'on ne peut les exporter facilement.

Pour scier les sapins on ne fait qu'enlever l'écorce sans les écarrir; les planches ont toute la largeur de l'arbre; celles des côtés, que l'on nomme *dosses*, sont arrondies sur une face et ont peu de valeur. L'écorce sert au chauffage.

Le sapin-épicéa est employé dans les montagnes du Jura et des Vosges à faire des ouvrages de boissellerie, tels que les vases à mettre le lait, qui sont formés d'un fond et de petites douves cerclées en bois, des barattes, d'autres ustensiles pour les laiteries et pour les caves, etc. Cet emploi, lorsque les arbres y sont propres, est toujours meilleur que le sciage.

Un stère de bois grossièrement *écarri* rend 300 pieds courans de planches de 1 à 12 pou. de largeur. Un stère de bois *en grume* rend 180 pi. courans de planches.

On *paie aux scieurs de long pour la façon* de 1000 pi. courans de bois de sciage assorti de planches, voliges et chevrons, 36 fr. si les bois sciés sont des sapins, des peupliers, des trembles ou d'autres bois tendres, et 45 fr pour le sciage de chêne. La *façon* du sciage pour le bois de cuves qui a 2 pou. d'épaisseur sur 7 po. de largeur moyenne, est de 42 fr. par mille pi. courans. Le prix du sciage des bois de bateaux est de 60 fr. par mille pi. courans.

Le prix du *transport* des bois de sciage sur un chemin de traverse est par milliers de pi. courans de planches assorties :

Pour 1 lieue	3 fr.
Pour 2 lieues	6
Pour 2 lieues et demie.	7
Pour 3 lieues	8
Pour 4 lieues	10

B. *Produit d'ypréaux mis en planches.*

Douze blancs de Hollande dont la grosseur donne un écarrissage de 12 à 15 pou. produisent 5,400 pi. courans de planches valant 9 cent. le pi. en bois vert et 13 cent. le pi. en bois sec. La *façon* du sciage des planches est de 2 cent. par pi. courant. Ainsi la valeur nette du pi. de planche est de 7 cent.

5,400 pieds de planches à 7 centimes valent	378 fr.
Les cimes et les débris de l'écarrissage valent, à raison de 3 fr. par arbre	36
Produit net . . .	414 fr.

Cette somme, divisée par le nombre d'arbres, donne 34 fr. 50 cent. pour le produit de chacun.

7° *Bois de chauffage.*

Dans les pays de grandes forêts, on met en bois de chauffage une partie des futaies de hêtre, qui sont fendues en grosses bûches pour cet usage, auquel on emploie aussi le chêne et le charme; mais lorsqu'on débite aussi d'autres arbres que ceux qui sont défectueux, on sort des règles d'une bonne exploitation et on manque d'industrie.

8° *Branchages des futaies.*

Dans un *massif de futaies*, les arbres n'ont pas de larges têtes et leurs branches sont peu volumineuses. Dans les *futaies sur taillis* il faut distinguer : si ce sont de grands taillis, les arbres sont médiocrement branchus; mais il faut encore avoir égard à d'autres circonstances. Lorsque les arbres sont très-épais, leurs têtes, quoique plus fortes que celles des arbres de même grosseur, dans un massif né s'étendent pas sur de larges dimensions. Si au contraire les arbres sont peu nombreux, le volume total des branches est considérable. Le rapport change dans les bois qui s'exploitent à l'âge de 12 à 18 ans: la tige des arbres est peu élevée, et son volume est beaucoup moindre relativement à celui des branchages que dans les autres bois.

Les branches de chêne servent à faire des courbes de bateaux; les grosses branches de hêtre et de tilleul, à faire des sabots.

Dans un bois taillis garni de chênes nombreux et de moyenne grandeur, on estime que les arbres dont les tiges cubent 10 stères produisent 20 stères de branchages.

Dans une haute-futaie de sapins, les branchages sont évalués à raison de 2 stères par tige d'arbre, mais dans le nombre des arbres on ne compte pas ceux qui ont moins de 4 pi. de tour.

9° *Copeaux.*

Dans une coupe bien fournie d'arbres, il y a beaucoup de copeaux, car un arbre écarri, en prenant pour côté d'un carré le 5e de la circonférence, n'a plus que la moitié de son volume primitif. Le reste (y compris l'écorce qui n'est pas propre au tan) se débite en cordes de copeaux qui se vendent à raison de 4 fr. le stère pour le chauffage. On ne doit pas négliger de faire amasser et vendre les copeaux des entailles lorsque les arbres sont abattus à la cognée. La *sciure* de bois se vend aussi, s'il y en a une certaine quantité.

10° *Emploi des ramilles pour la fabrication de la chaux.*

Dans la chaîne de montagnes calcaires des départemens de l'Est, les chaufourniers font l'extraction de la pierre à peu de profondeur. Ils choisissent le voisinage de la coupe ou l'enceinte même de cette coupe, lorsqu'il y a des places vagues et de bonne pierre. Ils montent le fourneau, cuisent et livrent la chaux aux acheteurs. On leur remet sur place tous les fagots. Leur salaire varie de 75 cent. à 1 fr. par muid de chaux vive contenant 7 pi. cubes. On leur abandonne en outre les cendres qui valent environ 12 fr. par fourneau. Il faut 11,000 fagots pour la cuisson d'un four à chaux qui produit 300 tonneaux de 7 pi. cubes chacun.

§ III.—Détail de l'exploitation d'une coupe de taillis et futaie située à portée d'un vignoble.

1° *Espèce du bois.*

Le taillis se compose de chêne, charme, tremble et coudrier. Il est âgé de 18 ans. La futaie se compose de chêne et de quelques ormes et frênes.

2° *Produits.*

Echalas. 6 milliers d'échalas de brins appelés *paisseaux* qui se mettent en bottes ou paquets de 50 brins. Voici les détails des frais, en comprenant ceux du transport au lieu du marché le plus voisin:

7 cent. pour couper la botte de 50 paisseaux, ci. . . . . 7 cent.

13 cent. par botte pour aiguiser les paisseaux et ranger les paquets 13

15 cent. pour transport au marché voisin situé à 4 lieues de la forêt, par botte. 15

Total . . . 35 cent.

Le prix étant de 65 cent. par paquet sur le marché, le produit net est de 30 cent., et comme il y a 120 bottes par hectare, le produit total est de 36 fr. . . . . . 36 fr. » c.

Cercles. Les cercles servent à relier des tonneaux de 220 litres et des demi-tonneaux. La coupe rend par hectare 100 couronnes qui contiennent chacune 25 cercles de coudrier, marseau, etc. Chacune de ces couronnes vaut 1 fr. 75 c. sur le marché; il faut déduire les frais:

Coupe des perches . .	7 c.
Transport des perches à l'atelier	2
Façon de la couronne.	35
Transport à 4 lieues .	8
Total . . .	52 c.

Ainsi le produit net est d'1 fr. 23 c. par couronne, et comme il y en a 100 par hectare, le produit net total est de 123 fr. par hectare. ci . . . . 123 »

Perches. On emploie de petites perches pour soutenir les toits en paille; on ajuste et on vend des bâtons qui servent aux ouvriers des villes; ces petites perches se vendent 26 fr. le mille. Déduisant 4 fr. pour la façon, le produit net est de 22 fr. On recueille un millier de ces bâtons et perches par hectare, ce qui fait en tout . . . 22 »

Les perches de tremble et d'aune propres à faire des chevrons, se vendent à raison de 50 cent. chacune; on en vend pour cet usage 15 par hectare, ce qui fait 7 50

Les vanniers emploient quelques plants forestiers pour faire des anses de paniers, des montures de vans, etc. Ce produit, qui n'est jamais important, figure dans les produits divers.

Charbon. Le menu bois se met en charbon; il y en a par hectare 1600 pi. cubes métriques qui rendent 85 tonneaux ou 595 pi. cubes de charbon de médiocre qualité.

Le prix du tonneau de charbon est de 2 fr. 85 c. au marché le plus voisin.

Il faut déduire les frais suivans qui sont calculés par tonneau de charbon de 7 pi. cubes.

Pour avoir abattu le bois né-

188 fr. 50 c.

188 fr. 50 c.

cessaire à la fabrication du tonneau de charbon, 30 cent. ci . . . . 30 c.
Pour dresser le fourneau. 12
Pour cuire le charbon. 13
Frais de transport du lieu du débit à 2 lieues de la coupe 15
Frais de livraison et déchet 5

Total . . . 75 c.

Déduisant ces frais de la somme qui exprime le prix du tonneau, de charbon il reste pour sa valeur nette 2 fr. 10 c., ce qui fait pour 85 tonneaux . 178 50

Il a fallu pour produire ces 85 tonneaux de charbon 59 stères de bois; par conséquent la valeur nette du stère revient à 3 fr. 02 c.

On n'emploie à cet usage que le bois impropre à tout autre usage, et le charbon est moins cuit que celui qui est fabriqué pour les usines.

Bois de chauffage. On en distingue de plusieurs espèces et de plusieurs qualités dans la coupe.

1° *Bois de chêne, orme*, etc. Les bûches d'environ 1 pied de tour sont mises en cordes qui forment un cube de 4 pi. de face dont le volume est de 64 pi. cubes. On a par hectare 6 cordes qui valent 12 fr. chacune, prises dans la forêt; déduisant 1 fr. pour la façon, reste 11 fr. pour la valeur nette de la corde, ce qui fait pour les 6 cordes . . 66 »

On met dans ces cordes les petites futaies qui ne sont pas propres au service.

2° *Bois de tremble*. On a par hectare 6 cordes de bois de tremble (corde de 64 pi. cubes) qui valent 8 fr. chacune : déduisant 90 cent. pour la façon, reste 7 fr. 10 c.; ce qui fait pour 6 cordes.. 42 60

3° *Bois de branchages*. Les branches des futaies se mettent en bois de chauffage; la corde de 64 pi. cubes dans la forêt se vend 11 fr., ce qui revient à 4 fr. 64 c. le stère. Déduisant 1 fr. pour la façon, la valeur nette de la corde est de 10 fr., et comme il y a 7 cordes par hectare (166 décistères), la valeur totale des branchages est de 70 fr. par hectare, ci 70

4° *Fagots*. Il y a 900 fagots, par hectare, de brins de taillis d'un pouce à 2 pouces et demi de tour, liés aux 2 bouts. Ces fagots se vendent 6 fr. le cent dans la

545 fr. 60 c.

545 fr. 60 c.

coupe; déduisant 1 fr. 25 c. pour la façon, la valeur nette est de 4 fr. 75 c. par cent; ce qui fait par hectare. 42 75

400 fagots de menus brins, de moins d'un pouce de tour, à 3 fr. le cent pris dans la coupe; déduisant 1 fr. 20 c. pour la façon, le produit net est de 1 fr. 80 c. par cent, ce qui fait pour tout 7 20

200 fagots de branches de futaie qui se vendent 5 fr. dans la coupe, déduisant 1 fr. 25 c. pour la façon, la valeur nette est de 3 fr. 75 c., ce qui fait pour le tout 7 50

Futaie. La coupe contient 11 hectares; nous consignerons d'abord le produit de la coupe entière :

1° Bois courbes, charpente de 1re classe, bois d'ébénisterie, 9 stères ou 243 pi. cubes à 2 fr. 50 c. le pi. cube, en tout 607 fr. 50 c., ce qui fait par hectare . 55 20

2° Bois de charronnage de frêne et orme, 18 stères ou 486 pi. cubes à 2 fr. le pi. cube, en tout 972 fr., ce qui fait par hectare 88 36

3° 62 stères ou 1674 pi. cubes de bois employé à la petite charpente, débité en sciage et en sabots à 1 fr. le pi. cube, 1674 fr., ce qui fait par hectare . . . 152 18

Produits divers. La braise des places à fourneau s'est vendue par hectare. . . . . 6 »

Les copeaux ont produit par hectare . . . . 50 »

On a vendu 10 courbes de bateaux par hectare à 75 cent.; déduisant 7 cent. pour la façon de chaque courbe, reste . . . 6 80

On a vendu des viornes aux vanniers pour 2 fr. par hectare, des liens ou rouettes propres à la confection des radeaux pour 4 fr. par hectare, des brins de bourdaine propres *à la fabrication de la poudre*, pour 3 fr. par hectare, total . . . . 9 »

Produit par hectare . . 970 fr. 59 c.

En réunissant le prix des diverses marchandises produites par la coupe, on en connaît la valeur totale. Il ne s'agit que de déduire le profit du marchand, dans lequel sont compris les intérêts d'avance de fonds.

Quant au salaire du commis qui dirige l'exploitation et qui est chargé des recouvremens, il se trouve ordinairement payé par une addition de 5 cent. par franc au prix de toutes les ventes partielles.

SECTION VII. — *Abattage des bois.*

Nous allons actuellement traiter des procédés généraux d'exploitation qui s'appliquent à tous les détails précédens.

M. MONTEATH, dans son *forester's Guide*, décrit fort au long la manière d'abattre les arbres avec la scie appelée *passe-partout*. Voici son procédé qui commence à se propager en France, et qui réussit parfaitement. La scie (*fig.* 139) est mue par des ouvriers

Fig. 139.

qui la font entrer sur le côté de l'arbre qui doit se trouver par-dessous après la chute, et lorsqu'ils jugent l'entaille assez profonde, ils retournent la scie en faisant une nouvelle entaille dans laquelle ils placent un coin qui détermine la chute de l'arbre lorsqu'on le chasse lentement dans la section ouverte par la scie. L'*arbre tombe* du côté où est l'entaille la plus profonde. L'adresse des bûcherons est très-utile dans cette circonstance; car la chute d'un arbre brise souvent d'autres arbres réservés et des baliveaux; cet arbre même est souvent endommagé : la tige se fend et des branches précieuses sont cassées. Le mieux est *d'élaguer sur pied* les arbres dont les branches ont quelque valeur. Les ouvriers qui exécutent cet ouvrage portent des souliers armés de griffes de fer qui s'enfoncent dans l'écorce : ils coupent les branches soit avec une scie, soit avec une petite cognée. Si l'arbre penche trop du côté opposé à celui où l'on veut qu'il tombe, on fixe près du sommet un câble avec lequel on le tire précisément du côté où il doit tomber.

Les bûcherons adroits disposent leurs entailles de manière que l'arbre en tombant ne fasse point d'*éclisses* qui, en se détachant du pied, diminueraient les dimensions de la pièce. On commence ordinairement l'abattage avec *une cognée*, en faisant une entaille de quelque profondeur au pied de l'arbre, et en observant de ne pas diminuer les dimensions que doit avoir la pièce.

Les souches de chêne coupées à la cognée ou à la scie *repoussent également bien;* mais si ces arbres sont très-vieux, il faut des circonstances favorables, telles que l'ombrage et l'absence de plants vigoureux dans le voisinage de la souche, car de tels plants absorbent les sucs nourriciers dans un assez grand espace.

L'*abattage en pivotant* consiste à faire une tranchée autour de l'arbre et à couper ses racines latérales; l'arbre tombe et on gagne ainsi quelques pieds sur la longueur. Si c'est un chêne, ses racines latérales ne repoussent pas; mais, si c'est un orme, elles produisent un grand nombre de drageons. Les vieilles souches qui portent des cépées de taillis doivent être ravalées lorsque les dernières cépées n'ont pas été très-vigoureuses. On peut les scier à un pouce de hauteur.

M. MONTEATH fait disposer les entailles de manière que la souche présente une espèce de cône, pour que l'eau n'y puisse pas séjourner; mais j'ai remarqué que les souches dont le centre est gâté poussent aussi bien que les autres, pourvu que l'écorce ne cesse pas d'être adhérente à la fibre ligneuse. La *saison la plus convenable* pour abattre les arbres est donc celle qui précède immédiatement l'apparition de la sève.

On *paie* aux bûcherons pour l'abattage des arbres à la cognée, par chaque chêne ou hêtre de 2 à 3 pi. de tour, 12 cent. L'abattage des arbres de 5 à 7 pi. de tour coûte de 40 à 50 cent. par arbre. L'abattage à la scie coûte le double, et l'abattage en pivotant coûte le triple de celui qui est fait à la cognée. Ce travail est moins cher pour les bois tendres que pour les bois durs, dans le rapport de 3 à 4.

Nous placerons ici quelques observations relatives à la *coupe des bois entre deux terres*. Les effets bien constatés de ce mode d'exploitation sur les souches de chêne sont : 1° que les brins nés de souches coupées au collet et au-dessous de la surface du sol sont droits, sains et élevés; 2° que ces brins adhèrent au sol, se forment leurs propres racines et deviennent chacun la souche de nouvelles tiges. Mais une partie des souches ravalées périssent, soit qu'on les coupe au niveau du sol, soit qu'on les coupe au-dessous.

L'ancienne méthode d'exploitation, qui consiste à laisser de grosses souches, fournissait une plus grande masse de taillis que celle produite par des souches ravalées; car les premières étant cicatrisées et les rejets sortant du pied des brins qui viennent d'être exploités, il n'y a contre eux aucune chance de non-réussite; mais l'inconvénient est que la souche ne laisse rien à sa place lorsqu'elle périt. Il n'en est pas de même lorsque les souches sont ravalées; car si elles ne périssent pas après cette opération, leurs rejetons s'enracinent dans le sol, et chacun d'eux peut devenir une souche nouvelle qui à son tour en produira d'autres. Cette dernière méthode présente un désavantage, puisqu'elle fait périr un grand nombre de souches qui auraient pu porter un beau taillis. Voici ce qu'il convient de pratiquer : le forestier laissera intactes : 1° les souches de hêtre, car elles ne souffrent pas la coupe radicale; 2° les souches d'aunes qui portent d'énormes cépées lorsqu'on n'entame pas le vieux bois; 3° les grosses souches de chêne, orme et frêne, qui ont encore produit des brins nombreux et vigoureux. Il soumettra au recépage le charme, qui a le défaut de pousser un trop grand nombre de rejetons; le tremble, qui ne repousse que des *drageons;* enfin il fera recéper au niveau ou même un peu au-dessous du sol les souches de chêne et frêne vieilles et usées. Mais, dans ce cas, il aura soin de ne pas offenser le collet des racines. On peut couvrir la souche de terre. Le meilleur moyen d'assurer la repousse des souches est celui qui prévient l'évaporation de l'humidité du sol après que l'exploitation l'a découvert. Il conviendrait d'arracher les arbres résineux, puisque leurs souches ne repoussent jamais de rejetons.

SECTION VIII. — *Conservation des arbres après l'abattage.*

Les bois devant être enlevés avant la pousse du mois d'août, s'il est possible, il est convenable de désigner dans la forêt ou sur les bords un emplacement où doivent être déposés les planches, l'écorce, les échalas et autres marchandises.

Des observations multipliées et une longue expérience démontrent que l'*écorce est préjudiciable* aux arbres qui en sont revêtus lorsqu'ils sont exposés à l'humidité; que la sève fermente sous cette écorce, et que bientôt on voit paraître une multitude de larves d'insectes qui dévorent l'aubier. Les arbres coupés en hiver sont bien moins exposés à cette fermentation que ceux qui ont été coupés au printemps ou en été. Il convient, dans cette dernière circonstance, d'user des précautions suivantes : 1° placer l'arbre abattu à l'ombre, s'il est possible; 2° l'écorcer peu de temps après l'abattage. Cette règle est soumise toutefois à beaucoup d'exceptions. Les arbres destinés à être fendus en merrain ou débités en sabots ne doivent pas être écorcés, parce qu'ils deviendraient bientôt trop durs et trop difficiles à travailler.

Si on écarrit les bois de charpente immédiatement après l'abattage, ils se dessèchent promptement, mais on ne tarde pas à voir dans les pièces *beaucoup de fentes et de gerçures ;* on a remarqué qu'elles se remplissent bientôt si on plonge le bois dans l'eau, et même si on les expose simplement à l'humidité; mais la valeur du bois n'en est pas moins diminuée. Pour éviter ces inconvéniens, on laisse quelque temps l'arbre dans son écorce avant de l'écarrir. Il ne faut pas que le terme de cet état soit trop éloigné; par exemple l'arbre abattu avant le printemps doit être écorcé dans le cours de l'automne suivant.

Le meilleur moyen d'*empêcher les bois écarris, sciés ou fendus, de se tourmenter*, consiste à les empiler les uns sur les autres, en observant de séparer toutes les pièces par de petits tasseaux en bois, de manière que l'air puisse circuler de tous côtés.

Il y a beaucoup de profit *à débiter les bois dans la forêt.* On épargne ainsi une bonne partie des frais de transport.

Le bois sec scié en membrures pour les châssis de croisées et autres ouvrages de menuiserie, en feuilles de parquet, etc., est beaucoup plus cher que le bois vert. S'il a 4 ans de coupe, il vaut moitié de plus par pied cube que le bois vert, pour les ouvrages qui exigent une dessiccation à peu près complète.

SECTION IX. — *Du transport des bois.*

Dans les montagnes, on fait descendre les bois sur des *glissoires ;* mais si la distance est trop longue, on charge les pièces sur des *traîneaux.*

Lorsque les arbres abattus sont dans une position accessible aux voitures, on les charge sous deux paires de roues, et on les attache aux essieux avec des chaînes, après les avoir élevés à l'aide d'un cric (*fig.* 140).

Fig. 140.

Le bois de chauffage se transporte sur des chariots ou des charrettes.

Lorsque les bois sont arrivés sur le port d'une rivière, il est plus avantageux, sous le rapport de leur qualité, de les transporter sur des bateaux que d'en former des *radeaux* ou de les *faire flotter.*

On ne doit jamais perdre de vue ce précepte économique, que les *bois peuvent se transporter avec profit à une distance d'autant plus grande de la forêt qu'ils sont d'un moindre encombrement.* Ainsi les fagots, dont le pied cube ne vaut que 10 cent., ne peuvent supporter autant de frais de transport que les courbes de chêne ou d'orme qui valent 3 fr. le pi. cube.

Dans plusieurs forêts, on réduit le bois en charbon pour le seul avantage de diminuer des 3/4 les frais de transport.

Ce charbon se transporte dans de grands sacs qu'on place sur le dos des chevaux, ou dans de grandes voitures garnies de claies, ou enfin dans des bateaux.

SECTION X. — *Du défrichement.*

Le défrichement des forêts est une opération qui entre dans l'exploitation des bois. On trouve du bénéfice à arracher un bois dégénéré, et il est tel dans les circonstances suivantes : 1° s'il a cessé d'être peuplé de bonnes espèces d'arbres; 2° s'il est envahi par les espèces inférieures et par les épines; 3° si les souches sont usées. Dans ce dernier cas, le bois se régénérerait à la vérité par le recépage des souches et par des semis artificiels; mais cette voie serait très-lente et d'un succès difficile : car les souches, avec quelque faiblesse qu'elles végètent, déroberaient au jeune plant sa nourriture; il n'est personne qui n'ait remarqué qu'un jeune arbre planté au milieu d'un massif met un temps infini à s'élever au niveau de ceux qui le dominent. Cette observation s'accorde avec le principe général que pour obtenir le *maximum* de croissance dans un temps donné, il faut que les plants qui viennent simultanément soient à peu près du même âge et de la même force, et que par conséquent il n'y en ait pas de vieux et de jeunes mélangés dans le même sol.

Revenons au défrichement. Jusqu'à présent on a fait d'inutiles efforts pour trouver le moyen d'*arracher les souches* à l'aide d'une machine, à un prix plus faible que celui de l'arrachement à la pioche. Les difficultés du travail varient suivant la nature du sol. S'il est mélangé de pierres, le travail est plus difficile que dans une terre meuble et légère. L'ouvrier se sert d'une forte pioche qui porte au revers un tranchant avec lequel il coupe les racines. Il ouvre autour de chaque souche une enceinte dans laquelle il se place pour couper les racines latérales; cette dernière opération étant exécutée, il enlève la souche à l'aide de leviers. Ce dernier travail est beaucoup plus facile si l'arbre est encore debout; mais si c'est une souche de grand taillis, le bûcheron laisse un brin qui sert à la manier.

On *défonce le terrain* en enlevant les plus fortes racines; on remplit les trous de terre, et le sol est ainsi préparé pour un labour. Ordinairement on néglige trop le soin d'ouvrir des fossés pour écouler les eaux en attendant que les sillons soient formés.

L'ouvrier s'occupe ensuite de *fendre les souches;* il laisse sécher les éclats et les racines, et les met en cordes qui sont ordinairement des cubes de 4 pi. de face. Un travail préliminaire, exécuté ordinairement par des femmes et des enfans, consiste à enlever la terre qui était attachée aux souches.

Frais d'arrachement. Dans un bois difficile à arracher, il faut par hectare 360 journées d'ouvriers à 1 fr. 50 c., ce qui fait en tout 540 fr. par hectare. Cette somme comprend les frais de l'arrachement des souches et des principales racines, les travaux de fente, de nettoyage et de mise en cordes dont nous avons parlé.

Dans un terrain meuble où il y a peu de grosses souches, il faut, pour faire les mêmes travaux, 200 journées par hectare, qui, à raison de 1 fr. 50 c. chacune, coûtent 300 fr.

Produit de l'arrachement. Dans un sol pierreux peuplé d'un taillis épais de chêne, charme et hêtre, croissant sur des souches peu élevées, et d'une futaie sur taillis nombreuse, on retire 54 cordes de souches et racines (corde de 64 pi. cubes) par hectare.

Dans un autre terrain plus fertile, où il n'existe point de grosses souches, on a retiré 48 cordes (même mesure), par hectare, de souches et racines.

Le prix de cette corde dans les forêts est de 6 fr., terme moyen.

Section XI. — *Clôture de la coupe.*

L'enlèvement de tous les bois et marchandises étant terminé, il devient *utile de clore la coupe,* surtout si le sol pousse beaucoup d'herbes. Les frais d'une clôture sèche sont très-peu considérables, si, dans le cours de l'exploitation, on a eu soin de réserver des paquets et de la fascine que l'on dispose comme dans la *fig.* 141.

Fig. 141.

Section XII. — *De la comptabilité dans une exploitation de coupe de bois.*

La première opération de l'exploitant consiste à faire l'inventaire exact de sa coupe. Il fait numéroter la futaie et il dispose un registre pour en recevoir la description ainsi qu'il suit :

Numéros des arbres.	Espèce des arbres.	Hauteur des tiges.	Grosseur des tiges.	Cubage.	Emploi présumé.	Estimation.

Aussitôt que l'exploitation est commencée, le commis qui y est préposé ouvre un livre journal, dans lequel il inscrit jour par jour ses marchés, ses recettes, ses dépenses et ses livraisons.

Il a un livre spécial à *talon* pour les ventes, dans cette forme.

Numéros du journal.	Dates des livraisons.	Nature des marchandises livrées.	Noms et demeure de l'acheteur.	Prix de la vente.	Sommes reçues.	Numéros du journal.	Dates des livraisons.	Nature des marchandises livrées.	Noms et demeure de l'acheteur.	Prix de la vente.	Sommes reçues.

Le commis détache de son livre un *coupon* contenant les mêmes énonciations que le talon, et il le remet au voiturier; et comme chaque conducteur d'une voiture chargée de bois provenant de la coupe doit être porteur de ce bulletin énonciatif de la nature et de la quantité de la marchandise enlevée, on trouve dans cette précaution le moyen de prévenir la fraude.

Le *livre de caisse* indique journellement le montant des recettes et des dépenses.

Un *livre de compte courant* doit être ouvert pour les ouvriers, en sorte que la balance du compte de chacun puisse s'opérer en une minute.

A mesure que l'exploitation avance, on dresse des *tableaux de situation* contenant l'état exact des fabrications déjà exécutées, et l'état approximatif et détaillé de celles qui restent à faire, et l'on ne perd jamais de vue que l'emploi de chaque espèce de bois doit être projeté et calculé pour chacun des emplois divers dont ils sont susceptibles, afin que l'on puisse choisir le plus utile, ou, ce qui est la même chose, dans cette circonstance, le plus lucratif.

Pour appliquer dans un cas particulier les instructions qui précèdent, il faut *s'informer dans les localités voisines* de la coupe en exploitation, des prix séparés de chaque espèce de bois, soit brut, soit débité en marchandises. Ces renseignemens, pris en détail près des vendeurs, des acheteurs, des ouvriers et des voituriers dans les coupes et sur les marchés, se contrôlent réciproquement. Mais on n'est assuré d'avoir obtenu une exactitude suffisante que lorsque les gradations de qualités et de prix sont bien observées, et qu'aucune contradiction ne se manifeste dans les faits ou dans les calculs. Les cadres que nous avons donnés serviront à n'oublier aucun élément, et fourniront des termes de comparaison pour exploiter quelque coupe que ce soit. NOIROT.

CHAPITRE VI. — PRODUITS DIVERS DES BOIS ET FORÊTS.

Nous sommes entrés, dans l'article intitulé *Culture et aménagement des forêts*, dans tous les détails nécessaires sur la croissance des arbres, et dans celui de l'exploitation; nous avons fait connaître la destination qu'on peut donner aux produits d'une coupe, le prix de la façon et du transport des bois; il ne nous reste donc ici qu'à traiter d'une manière générale des produits variés que donnent les forêts et de l'usage auquel on peut les destiner. Ces produits sont le bois de chauffage, le charbon, les bois d'œuvre et quelques menus produits, utiles dans l'économie agricole ou industrielle.

La forme sous laquelle il peut être *le plus avantageux aux propriétaires de débiter les produits* de leurs bois et forêts, est une question purement économique, dont la solution dépend la plupart du temps des localités. Les objets qu'il importe le plus d'examiner pour la résoudre sont l'essence, l'âge, la quantité et la qualité des bois qu'on veut exploiter, la nature du terrain où ils ont végété, leur prix marchand à l'époque fixée, la demande et la consommation sous telle ou telle forme dans les environs et jusqu'à une certaine distance, la facilité des débouchés, tels que rivières flottables ou navigables, routes, chemins, canaux, etc. Enfin le mode adopté d'aménagement et d'exploitation.

SECTION Ire. — *Bois de chauffage.*

La majeure partie des bois qu'on exploite et qu'on recueille dans les forêts est employée au chauffage, soit des foyers domestiques, soit des fours, fourneaux ou feux des usines et établissemens industriels. On fait usage comme bois de feu de presque toutes les essences d'arbres, quoique toutes ne donnent pas un combustible de même nature et de même valeur. La différence qu'ils offrent sous ces rapports sert tantôt à fixer leur valeur vénale, tantôt à les faire rechercher dans quelques industries et dans plusieurs arts particuliers.

La qualité la plus importante dans le bois de chauffage est la *combustibilité*, c'est-à-dire la faculté de dégager par l'acte de la combustion une certaine quantité de calorique, pendant un temps plus ou moins long. Cette faculté n'est pas identique pour tous les bois, et varie même dans un même bois suivant diverses circonstances, parmi lesquelles les suivantes exercent le plus d'influence :

1° La *pesanteur spécifique*. D'après les expériences de M. HARTIG, la pesanteur spécifique des bois ne règle pas exactement l'ordre de leurs qualités pour le chauffage; mais généralement parlant, et surtout dans une même essence, les bois qui ont une plus grande pesanteur, c'est-à-dire les plus denses, sont ceux aussi qui donnent une chaleur plus intense et plus durable. Les causes qui paraissent le plus influer sur la pesanteur des bois, sont le climat, la nature, la situation et l'exposition du terrain, l'état libre ou serré dans lequel les arbres croissent, le degré de desséchement ou d'humidité de ces bois, la partie de l'arbre où le bois est pris, l'âge et l'état de vigueur et le dépérissement du sujet, la saison dans laquelle il est abattu, l'état de l'atmosphère au moment où l'on fait usage du bois, etc.

2° L'*âge*. La qualité des bois de feu varie avec l'âge; mais, ainsi que nous le verrons plus bas, cette variation n'est pas la même pour chaque essence. Les expériences ont prouvé que dans les arbres à feuilles caduques c'étaient les bois d'un âge moyen ou qui ont acquis un accroissement parfait, sans être sur le retour, qui donnaient, à volume égal, la plus grande quantité de chaleur, tandis que, dans les arbres résineux, les bois de l'âge le plus élevé dégagent constamment plus de chaleur que ceux d'un âge moindre.

3° Le *terrain et l'exposition*. Tous les terrains et toutes les expositions ne conviennent pas aux différentes essences; le chêne se plaît dans les terres fortes, dans les fonds d'argile mêlés de terre végétale, de sable, de pierraille; il aime les revers de montagnes, les expositions au nord et les plaines. Le hêtre croît de préférence dans un bon terrain frais, mêlé de sable et de gravier, et dans les mêmes expositions que le chêne; le frêne et l'orme se plaisent particulièrement dans les fonds humides, le châtaignier, dans les terrains sablonneux, etc. Le bois d'un arbre a d'autant plus de qualités que celui-ci a végété dans une situation plus favorable à son essence. En général, dans les terrains fort humides, le bois, à l'exception de celui des arbres aquatiques, est léger, tendre et poreux, et au contraire il a d'autant plus de densité et de qualités, que les arbres ont végété dans des fonds dont la terre était substantielle et non sujette à être inondée.

4° Le *climat*. Les arbres crus dans les pays chauds ont plus de densité et sont plus durs et plus solides que les mêmes arbres qui ont végete dans des pays tempérés ou froids; il y a aussi une différence notable entre les bois qui ont végété en masse ou bien isolés, et entre ceux des pays plats et des montagnes, etc.

5° La *saison de l'abattage*. L'usage est d'abattre les arbres en hiver. A cette époque le bois n'est pas en sève; il sèche plus promptement, et, à poids égal, donne un meilleur combustible.

6° La *dessiccation du bois*. Plus un bois est sec, plus, à poids égal, il est susceptible de dégager une quantité utile de calorique en brûlant. Dans un bois vert et gorgé de sève, une portion notable de ce calorique est employée à vaporiser l'humidité du bois, et est ainsi dissipee en pure perte. A ce sujet M. Hartig a trouvé que du bois de tronc de hêtre de 80 ans, coupé hors sève parfaitement sec, donnait, quand on le brûlait, une quantité de chaleur représentée par 1557, tandis que le même bois brûlé vert ne donnait plus qu'une quantité de calorique représentée par 1226 ou un peu plus des 2/3 du bois sec.

Nous devons à M. Schübler la table suivante de la quantité moyenne d'eau, variable suivant les espèces, l'âge et l'époque de l'abattage, que les bois contiennent à l'état vert et qu'ils perdent en grande partie par la dessiccation à l'air.

100 parties de bois nouvellement abattu contiennent en essence de	Eau.	Bois sec.
Charme.	18,6	81,4
Saule marseau.	26,0	74,0
Sycomore.	27,0	73,0
Sorbier des oiseaux.	28,3	71,7
Frêne.	28,7	71,3
Bouleau..	30,8	69,2
Alizier des bois.	32,3	67,7
Chêne rouvre..	34,7	65,3
Chêne pédonculé.	35,4	64,6
Épicéa.	37,1	62,9
Marronnier.	38,2	61,8
Pin sylvestre.	39,7	60,3
Hêtre.	39,7	60.3
Aune.	41,6	58,4
Tremble..	43,7	56,3
Orme.	44,5	55,5
Sapin.	45,2	54,8
Tilleul.	47,1	52,9
Peuplier d'Italie..	48,2	51,8
Mélèse.	48,6	51,4
Peuplier blanc.	50,6	49,4
Peuplier noir..	51,8	48,2

Les bois sechés à l'air contiennent encore 1/5° à 1/6° de leur poids d'eau qu'on ne peut leur enlever qu'à une température de 100° c.

7° La *partie de l'arbre*. Dans un même arbre sain et vigoureux, toutes ses parties étant au même degré de dessiccation, le bois est plus pesant au cœur du tronc qu'à la circonférence, davantage près des racines qu'au sommet de l'arbre, et celui du tronc pèse plus que celui des branches. Ainsi M. Hartig a trouvé que la valeur comparative du bois de chauffage de tronc, coupé hors sève et bien sec, dans du hêtre de 120 ans, du charme de 90 ans, du chêne pédonculé de 190 ans, était représentée par les nombres 1600, 1719, 1459, tandis que le bois des grosses branches de ces mêmes arbres, dans les mêmes circonstances, n'était représentée que par les nombres 1386, 1364 et 1234.

8° *L'état du bois*. Un bois carié ou échauffé donne, à poids égal et dans des circonstances identiques, moins de chaleur que du bois sain et de bonne qualité. Un bois flotté donne aussi moins de chaleur qu'un bois de gravier ou du bois neuf. Par exemple, la quantité de chaleur dégagée du bois de hêtre en combustion, sec et bien sain, de 120 ans, étant représentée par 1600, celle du bois échauffé provenant du tronc n'est plus que 1258. Du bois de chêne pédonculé de 190 ans, en bon état, donne une quantité de chaleur représentée par 1458; le même bois échauffé n'en donne plus que 1241, et 939 quand il a été flotté.

9° *L'essence du bois*. On a fait de nombreuses expériences pour s'assurer du rapport de la combustibilité, et par conséquent de la valeur des différentes espèces de bois comme combustible. Duhamel, Rumfort, Hassenfratz, en France, ont tenté des essais de ce genre; mais les plus complets ont été faits en Allemagne. Celles de M. Hartig sur ce sujet ont été fort étendues: cependant, comme il a négligé dans ses expériences plusieurs circonstances importantes qui devaient influer sur ses résultats, ceux-ci n'ont pas toute la rigueur nécessaire pour les faire admettre avec confiance. M. Werner a repris ces expériences en tenant compte de ces circonstances et en cherchant à donner plus de précision aux calculs. Enfin plus récemment, en 1826, M. Kauschinger a fixé son attention sur ce sujet, en cherchant à apprécier toutes les causes qui pouvaient influer sur la valeur comparative des bois de feu. Malgré le peu d'accord qui existe entre les résultats de ces trois forestiers distingués, nous donnons ici le tableau des chiffres auxquels ils sont parvenus, en réduisant tous les nombres à un dénominateur commun, et en supposant pour cela que du bois de hêtre sain, de bonne qualité et âgé de 120 ans, a une valeur de 1000. Nous nous bornerons aussi au bois de tronc à différens âges, suffisamment sec et dans un bon état de conservation.

NOMS DES ESPÈCES DE BOIS.	HARTIG.	WERNER.	[illegible]
Hêtre de 120 ans.	1000	1000	1000
— de 80 ans.	1011	»	860
— de 40 ans.	996	1024	787
Chêne rouvre de 200 ans.	972	»	949
Chêne pédonculé de 190 ans.	935	912	944
— de 40 ans.	965	920	857
Charme de 90 ans.	1074	1052	687
— de 50 ans.	1028	»	738
Alizier de 90 ans.	934	875	600
— de 30 ans.	959	887	619
Frêne de 100 ans.	1007	1030	761
— de 30 ans.	1006	1095	732
Orme de 100 ans.	871	880	640
— de 30 ans.	821	950	533
Erable-Sycomore de 100 ans.	1141	1030	944
— de 40 ans.	1149	1075	880
Tilleul de 80 ans.	858	680	455
— de 30 ans.	623	»	410
Bouleau de 60 ans.	861	912	593
— de 25 ans.	723	885	536
Aune de 70 ans.	640	553	446
— de 20 ans.	701	»	448
Tremble de 60 ans.	630	»	472
— de 20 ans	747	»	537
Peuplier noir de 60 ans.	514	»	446
— de 10 ans.	495	»	438
Peuplier d'Italie de 20 ans.	483	»	361
— de 10 ans.	436	»	301
Saule blanc de 50 ans.	571	584	258
— de 10 ans.	642	»	331
Saule marseau de 60 ans.	764	733	431
— de 20 ans.	652	»	373
Tremble de 60 ans.	634	618	»
— de 20 ans.	747	635	»
Robinier de 34 ans.	800	»	381
— de 8 ans.	838	»	407
Mélèze de 100 ans.	810	»	357
— de 50 ans.	709	»	280
Pin sauvage de 125 ans.	997	1077	655
— de 100 ans.	907	»	750
— de 50 ans.	759	»	»
— de 30 ans.	680	»	»
Sapin commun de 100 ans.	700	705	»
— de 80 ans.	657	»	549
Epicéa de 100 ans.	786	697	465
— de 40 ans.	660	»	»

Nous avons déjà fait connaître (page 111) les différentes formes sous lesquelles se consomme le bois de chauffage, et les diverses espèces sous lesquelles on le classe dans les chantiers de Paris; nous nous contenterons d'ajouter ici que, d'après M. Heyer, les souches et racines rendent en bois un produit qui, par rapport à celui que fournit la partie de l'arbre qui végète au-dessus de terre, est en moyenne :

Pour le hêtre	0,27
chêne	0,29
aune.	0,38
peuplier	0,21
épicéa.	0,29
pin du nord	0,25

et comme moyenne générale, 0,30 pour cent, c'est-à-dire que les souches et les racines fournissent une quantité de bois égale environ au tiers de celle fournie par l'arbre, sans compter la perte de bois en copeaux qui s'élève à 5 ou 6 p. 0/0 de la masse ligneuse de la tige quand on coupe les arbres à la cognée.

Les expériences de MM. Hartig et Werner sur le *cordage des bois*, ont conduit ces savans forestiers à des conclusions d'une grande utilité dans la pratique; le dernier surtout, par le soin qu'il a mis dans ses essais, est arrivé aux résultats importans dont nous allons donner l'abrégé.

M. Werner a déterminé le plus exactement possible le poids d'un pied cube solide de l'espèce de bois qu'il voulait mesurer, puis a multiplié ce poids par 128, nombre de pieds cubes qui entrent dans une corde de 8 pi. de couche sur 4 pi. de hauteur; la bûche ayant 4 pi. de longueur. Il a connu ainsi le poids qu'aurait cette corde si elle était composée d'un seul bloc de bois. S'assurant ensuite, par la pesée, du poids exact des bûches qui entraient dans la composition de la corde, et déduisant ce poids du précédent, il avait ainsi le volume réel ou la solidité de toutes les bûches composant la corde et le volume représentant tous les vides. Voici le résumé des essais :

1° La solidité d'une corde de bois varie suivant les *espèces et qualités des bois;* ainsi une corde de bois vert du tronc, de 128 pi. cubes, composée de 181 à 184 bûches, n'offre que 107 pi. cubes 190 de bois solide ou réel quand elle est composée de hêtre de 120 ans, que 72 pi. cubes 585 quand c'est du chêne de 230 ans, 94 pi. cubes 893 quand c'est de l'orme de 100 ans, 80 pi. cubes 674 quand c'est du bouleau de 70 ans, etc.; le reste est formé par les vides et interstices. Cette même corde qui, si elle se composait d'une seule masse solide de bois, aurait dans les mêmes circonstances pesé pour le hêtre 8,420 liv., le chêne 9,724, l'orme 8,207, le bouleau 8,128, etc., ne pèse en réalité, pour ces 4 espèces de bois, à cause des vides, que 5,89,486,08 et 5,128 liv.

2° La solidité d'une corde de bois varie suivant le *nombre de bûches* qu'on emploie pour la composition de cette corde. Par exemple la solidité réelle d'une corde de 128 pi. cubes en hêtre vert de 100 à 120 ans, et celle d'une corde de chêne rouvre vert de 200 à 250 ans, présente les différences en solidité et en poids indiquées dans le tableau ci-joint.

Nombre de bûches.	Solidité.		Pesanteur.
	Hêtre.		
	Pieds cub.	Pou. cub. déc.	Livres.
86	107	190	7028
112	105	707	6930
128	97	283	6378
136	93	784	6155
184	82	280	5395
200	78	343	5136
	Chêne rouvre.		
101	96	417	7286
129	87	578	6618
145	82	806	6267
162	77	471	5854
183	72	585	5485
203	65	282	4933

3° Les *bois tortueux et noueux* diminuent la solidité réelle d'une corde de bois Ainsi une corde de pin sylvestre vert en bûches noueuses du tronc de 100 à 130 ans, présente *avec le bois droit* les différences suivantes :

Bois droit.			Bois raboteux, noueux et tors.		
Nombre de bûches.	Solidité.	Poids.	Nombre de bûches.	Solidité.	Poids.
	Pieds cubes	Liv.		Pieds cubes.	Liv.
85	108,033	6719	90	98,462	6277
108	106,675	6619	116	94,196	6005
123	99,080	6143	136	88,768	5659
136	93,568	5699	159	83,184	5303
165	84,903	5264	183	71,294	4545
193	77,8	4828	200	66,664	4250

4° Les bois verts *du tronc et de la cime* présentent, sous le rapport de la solidité de la corde, des différences encore plus grandes que celles des bois composés de bûches noueuses et torses. Ainsi une corde de chêne en bois vert du tronc, que nous avons vue avoir, quand elle est composée de 200 bûches droites, une solidité réelle d'environ 65 pieds cubes, se réduit à 56 quand le bois est raboteux et noueux, et à 47, quand c'est du bois des branches. Une corde d'épicéa vert, composée de 200 bûches environ, a une solidité de 82 pi. cubes en bois droit, de 74 en bois tors et de 71 seulement en bois de la cime.

5° Les bois raboteux, noueux ou tors, et les bois des branches et de la cime *comparés entre eux*, présentent dans toutes les essences les mêmes variations que les bois droits sous le rapport de la solidité réelle et de la pesanteur, ainsi que du nombre de bûches de chaque corde.

6° La pesanteur spécifique des bois diminue avec l'*état de dessèchement*. En même temps la solidité d'une corde de bois tend à décroître suivant l'état de dessiccation du bois. Voici pour le hêtre un tableau que nous empruntons à BAUDRILLART, de la pesanteur et de la solidité réelle d'une corde de ce bois à l'état vert et après 3 et 6 mois de dessèchement, pour des bois du tronc, des bois noueux et tors et du bois de branches, en faisant varier le nombre des bûches qui entrent dans la corde :

Poids en livres et onces par pied cube en			Nombre de bûches à la corde.	Pesanteur en livres de la corde de 128 pieds cubes.			Solidité en pieds cubes et pouces cubes décimaux.		
Bois vert.	Après 3 mois.	Après 6 mois.		Bois vert.	Après 3 mois.	Après 6 mois.	Bois vert.	Après 3 mois.	Après 6 mois.
				HÊTRE, *Bois du tronc.*					
65 9	61 5	58 10	86	7128	6419	6067	107, 190	104, 603	103, 488
» »	60 4	58 »	112	6930	6189	5784	105, 707	102, 829	99, 724
» »	59 4	56 6	128	6378	5586	5139	97, 283	94, 262	91, 157
» »	58 12	55 7	136	6155	5289	4702	93, 784	90, 024	84, 816
» »	58 8	» »	184	5395	4547	»	82, 281	77, 726	» »
» »	58 »	53 14	202	5136	4368	3814	78, 343	75, 310	70, 793
				HÊTRE, *bois tortueux et noueux.*					
66 6	61 10	58 15	90	6451	5873	5521	97, 195	95, 299	93, 667
» »	61 »	57 6	106	5955	5297	4961	89, 724	86, 834	86, 461
» »	60 5	56 14	120	5744	5033	4614	86, 558	83, 447	81, 123
» »	60 »	56 »	136	5384	4639	4200	81, 113	77, 315	75, »
» »	59 »	55 »	180	4621	3899	3532	69, 614	66, 064	64, 217
» »	58 15	55 5	196	4309	3550	3094	64, 914	60, 229	56, 933
				HÊTRE, *bois de branches.*					
64 »	59 9	55 3	143	5852	5203	4627	91, 436	87, 351	83, 278
» »	58 6	54 13	168	5306	4571	4052	82, 906	78, 300	73, 746
» »	58 »	53 3	181	4807	3923	3401	72, »	67, 637	63, 799
» »	57 8	52 13	208	4347	3613	2939	67. 922	62, 835	55, 653
» »	57 4	52 4	228	3870	3063	2468	60, 469	53, 502	47, 222
» »	57 3	51 14	256	3343	2573	1972	52, 187	44, 988	36, 667

Quelques observateurs ont aussi remarqué que le volume du bois variait *suivant la longueur des bûches*. Ainsi, suivant M. LEMAUR, un stère de bois diminue de 1/4 de son volume lorsqu'il est scié en deux, de 1/3 lorsqu'on le scie en trois, et d'un peu plus du tiers lorsqu'on le scie en quatre. M. BERTHIER a vu qu'une demi-corde ou 64 pieds cubes de bois des environs de Moulins, qui se composait de 80 bûches et pesait 1650 liv., ce qui porte le stère à 36 bûches pesant 752 liv., ne formait plus, lorsque ces bûches avaient été sciées en quatre, qu'un volume de 48 1/3 pi. cubes, et que le poids du stère était alors de 1016 liv.

En résumé, les *meilleurs bois de chauffage* sont les bois du tronc qui sont bien sains, denses, d'un âge moyen, ayant végété dans un terrain approprié à leur nature, qui ont été abattus hors sève, bien desséchés, conservés et transportés par terre jusqu'à destination.

On n'apprécie pas de la même manière les qualités du bois de chauffage dans tous les arts ou dans l'économie domestique. Quand on veut développer tout-à-coup une grande flamme, communiquer une température élevée à des objets éloignés du foyer, ou une température uniforme à des corps solides en grandes masses, on donne la préférence aux bois légers et refendus en bûchettes pour rendre la combustion encore plus vive. C'est sous cette forme qu'on s'en sert dans les verreries, les faïenceries, les fabriques de porcelaine, etc. Au contraire les bois denses sont préférables pour le chauffage des chaudières et des autres appareils de ce genre, ainsi que pour celui des cheminées ordinaires, des poêles, des calorifères, où ces bois, par la lenteur de leur combustion, permettent d'entretenir une température uniforme sans être obligé de charger très-souvent l'appareil.

Section II. — *Du charbon.*

Tout le monde sait qu'on nomme *charbon* une substance qui reste après qu'on a dépouillé le bois par la chaleur et au moyen de précautions ou dispositions particulières de toutes les matières volatiles qu'il contient. Le charbon sert principalement à la cuisson des alimens, à la fabrication et au travail du fer et des autres métaux; il a aussi une foule d'autres usages économiques et industriels dont il est inutile ici de parler. Nous nous contenterons de rappeler que, quand il est convenablement préparé, c'est un combustible qui brûle sans flamme ni fumée, et est susceptible en même temps de donner un degré de chaleur plus élevé que celui qu'on obtient du bois à poids égal.

Le bois séché à l'air se compose, d'après l'analyse des chimistes, de 38,48 parties de carbone, 35,52 d'eau combinée, 25 d'eau libre et de 1 de cendre.

On peut *convertir en charbon toute espèce de bois* d'après les procédés que nous faisons connaître dans les arts agricoles; mais on donne ordinairement la préférence aux bois qui ne peuvent être employés comme bois de chauffage et qui sont à meilleur marché, à moins que, comme dans les pays riches en forêts, où les débouchés du bois sous forme de bûches ou de bois d'œuvre sont peu étendus, les transports difficiles, et où le bois a peu de valeur, on ne trouve plus avantageux de convertir en charbon tous les produits des forêts.

Tous les bois ne donnent pas la même quantité de charbon ni des charbons de la même qualité. Suivant M. Wernek, les qualités des charbons dépendent à peu près de celles des bois qui les produisent. Pour apprécier en outre la qualité des charbons qu'on obtiendra, il faut avoir égard à l'âge du bois, à son état de conservation, ses dimensions, la saison dans laquelle il a été abattu, son état de dessiccation et d'humidité, etc.

Les diverses espèces de bois n'exigent pas non plus *le même espace de temps ni la même température* pour être convertis en charbon de bonne qualité. Le mode de carbonisation exerce aussi une grande influence sur la bonté du charbon; ainsi la carbonisation en forêts donne non-seulement un charbon moins abondant, mais encore sa qualité est de 1/8 environ moindre que celle des charbons préparés en vases clos.

Dans les forges et grandes usines on distingue les charbons en 2 classes : 1° les *charbons de bois durs et pesans*, tels que ceux de chêne, épine, hêtre, charme, orme, érable, cornouiller, alizier, pommier; 2° les *charbons de bois doux et légers*, savoir : ceux de tilleul, tremble, aune, coudrier, pin, sapin, bouleau, etc. Dans quelques arts on recherche le charbon de plusieurs espèces particulières de bois : ainsi, dans la fabrication de la poudre, on donne la préférence aux charbons d'aune, de bouleau, de saule et surtout de bourgène; on se sert de charbon de saule ou de bouleau pour la fabrication des crayons, et les dessinateurs donnent la préférence au charbon du fusain pour dessiner, etc.

Le *meilleur charbon* se prépare avec de jeunes rondins de 6 à 12 po. (16 à 32 cent.) de circonférence, provenant de taillis de l'âge de 16 à 20 ans. Quand on veut convertir du bois plus gros en charbon, il faut le refendre en quartiers. Dans les taillis exploités en bois de feu ou en bois de charpente, on destine ordinairement au charbon tous les bois de branchage et les brins qui ne peuvent fournir du bois de corde et qui ont au moins 1 po de diamètre. On devrait rejeter tous les bois tortueux, qui ont l'inconvénient de laisser des vides dans l'intérieur des fourneaux de charbonnage, et d'empêcher les charbonniers de bien conduire leur feu.

Les *bois coupés hors sève* donnent un meilleur charbon que ceux coupés en temps de sève. Les bois *trop verts* donnent, à poids égal, une quantité moindre de charbon et de plus mauvaise qualité que les bois secs; mais les bois *trop secs* se consument trop facilement et se réduisent aisément en *braise*, sorte de charbon auquel le contact de l'air a enlevé en grande partie ses propriétés combustibles, et qui ne donne plus qu'une faible chaleur.

La *saison* la plus favorable pour transformer les bois en charbon, est, pour ceux abattus en hiver, les mois d'août, septembre et octobre suivans.

Nous nous sommes déjà expliqué (p. 114) sur la *longueur* qu'il faut donner aux bûches destinées au charbonnage.

Des expériences faites à Aschaffenbourg par M. Wernek, et publiées en 1811, lui ont permis d'établir le *tableau comparatif de la quantité* de chaleur que donnent les différentes essences forestières, quand elles ont été converties en charbon; les nombres exprimés ici ne sont pas des quantités absolues de chaleur données par chaque charbon, mais expriment seulement les rapports des différens charbons entre eux.

NOMS DES ESPÈCES DE BOIS.	RAPPORT de la quantité de chaleur développée.
1. *Hêtre*, bois d'un tronc de 120 ans.	1600
— bois d'un arbre de 40 ans.	1639
— bois flotté du tronc.	1172
2. *Chêne pédonculé*, bois du tronc de 190 ans.	1459
— bois d'un arbre de 40 ans.	1484
— bois du tronc flotté.	939
3. *Charme*, bois du tronc de 90 ans.	1684
— bois du tronc flotté.	1239
4. *Alisier*, bois du tronc de 90 ans.	1292
— bois d'un brin de 30 ans.	1409
5. *Frêne*, bois d'un tronc de 100 ans.	1646
— brin de 30 ans.	1753
— bois flotté du tronc.	1206
6. *Orme*, bois du tronc de 100 ans.	1407
— brin de 30 ans.	1522

NOMS DES ESPÈCES DE BOIS.	RAPPORT de la quantité de chaleur développée.
7. *Erable Sycomore*, bois d'un tronc de 100 ans.	1647
— brin de 40 ans.	1720
— bois flotté du tronc.	1117
8. *Tilleul*, bois d'un tronc de 80 ans . . .	1089
9. *Bouleau*, bois d'un tronc de 60 ans. . .	1461
— brin de 25 ans.	1406
— bois flotté du tronc.	1062
10. *Aune*, bois du tronc de 70 ans.	885
11. *Saule blanc*, bois du tronc de 50 ans. . .	935
12. *Saule Marceau*, *idem* de 60 ans. . . .	1173
13. *Tremble*, bois d'un tronc de 60 ans. . .	988
— brin de 20 ans.	1017
14. *Merisier*, bois de tronc.	1246
15. *Erable champêtre*, bois d'une perche. . .	1733
16. *Pin sauvage*, bois d'un tronc de 125 ans.	1724
— souche.	1899
— bois flotté du tronc.	1199
17. *Sapin commun*, bois d'un tronc de 100 ans.	1127
— bois d'un tronc de 80 ans brûlé à l'air libre.	1202
— souche.	884
18. *Epicéa*, bois d'un tronc de 100 ans. . .	1176

Ainsi, abstraction faite des autres qualités du charbon, on trouve que, sous le rapport de la quantité de chaleur dégagée, les *charbons de bois doivent être rangés* dans l'ordre suivant : frêne, érable champêtre, pin sauvage, érable sycomore, charme, hêtre, orme, alizier, chêne pédonculé, bouleau, merisier, épicéa, saule marceau, sapin, tilleul, saule blanc, tremble et aune. On voit en outre par ce tableau que c'est le charbon de bois d'un âge moyen qui donne le plus haut degré de chaleur, et que celui qui provient de bois altéré par le flottage est inférieur sous ce rapport.

Un *bon charbon* doit être bien cuit, et présenter la forme du végétal qui l'a produit ; il est noir, brillant, dur, pesant, sonore, solide et se cassant difficilement, salissant faiblement les doigts, ne présentant pas de fentes considérables, et d'autant plus compacte qu'il provient d'un bois plus dur et que la carbonisation a été opérée graduellement et d'une manière lente. Il s'allume facilement, brûle avec vivacité et sans répandre d'odeur désagréable.

M. Wernek a déterminé d'une manière très-précise la diminution de volume que les bois éprouvent par leur conversion en charbon, ainsi que la quantité en poids de charbon qu'ils devraient fournir. M. Nau a également déterminé cette dernière quantité et a donné aussi, avec le précédent auteur, le poids spécifique du charbon obtenu. Nous réunissons leurs résultats dans le tableau ci-après:

Cent parties de bois contiennent	En charbon. En volume.	En charbon. En poids, suivant Wernek	En charbon. En poids, suivant Nau.	Poids spécifique du charbon.
Hêtre.	46,6	33,6	33,5	0,224
Chêne rouvre. . .	47,8	34,6	20,7	0,255
Chêne pédonculé.. .	44,0	»	»	0,244
Charme.	50,2	31,6	19,6	0,268
Bouleau.	48,4	35,5	15,2	0,249
Sycomore.	49,6	33,5	12,7	0,268
Frêne.	47,3	33,9	20,8	0,225
Alizier des bois. .	51,2	33,9	20,8	0,209
Sorbier des oiseaux..	49,6	»	»	0,215
Orme..	51,5	33,8	»	0,195
Aune..	44,2	32,5	15,4	0,190
Peuplier tremble. .	44,2	39,5	19,4	0,184
Tilleul.	45,8	»	»	0,196
Saule osier.. . . .	45,8	»	»	9,196
Saule blanc. . . .	45,8	33,7	15,3	0,196
Saule marceau. . .	48,7	»	»	0,200
Robinier.	54,5	31,2	21,0	0,208
Châtaignier. . . .	51,4	37,8	18,4	0,271
Érable champêtre. .	52,7	31,9	»	0,249
Noisetier.	52,7	34,1	16,8	0,162
Fusain.	50,2	33,7	25,9	0,226
Cornouiller sanguin.	50,2	»	»	0,268
Bourgène.	52,7	31,2	20,4	0,184
Pin sylvestre.	42,6	33,8	21,2	0,252
Mélèze.	45,8	37,2	20,6	0,217
Sapin.	45.2	36,9	17,4	0,204
Épicéa.	47,2	36,7	25,1	0,210

La *quantité de charbon* que donne le bois dans la carbonisation en forêts, varie non-seulement, comme nous venons de voir, avec l'espèce, mais encore avec *l'âge et la qualité des bois ;* bien plus, elle n'est pas la même suivant que l'opération du charbonnage est dirigée par un charbonnier habile ou par un ouvrier médiocre. M. Hartig, qui a suivi avec beaucoup d'attention des travaux de charbonnage, faits par une excellente méthode dans les forêts de la principauté de Nassau, nous fournit à cet égard des renseignemens intéressans que nous avons convertis en mesures françaises et que nous présentons dans le tableau suivant :

NOMS Et qualités des bois.	Poids d'un stère (1000 décim. cubes) de bois en kilog.	Kilogrammes de charbon produits pour 100 kilog. de bois. Par un bon ouvrier.	Kilogrammes de charbon produits pour 100 kilog. de bois. Par un ouvrier médiocre.	Hectolitres (100 decim. cubes) de charbon produits par 1 stère (1000 decimètre cubes) de bois. Par un bon ouvrier.	Hectolitres (100 decim. cubes) de charbon produits par 1 stère (1000 decimètre cubes) de bois. Par un ouvrier médiocre.
	kilog.	kilog.	kilog.	hect.	hect.
1. Hêtre, bois de fente de 100 à 120 ans.	452	21 33	19 50	4 90	4 41
2. — Cotrets provenant d'éclaircies de 70 à 90 ans.. . .	497	23 »	20 »	4 20	3 06
3. Chêne, bois de fente de vieilles tiges impropres à la construction.	528	12 »	11 »	3 60	3 26
4. — Cotrets provenant de perches de 18 à 20 ans.. . .	545	16 »	14 50	4 65	3 30
5. Pin, bois de fente d'arbres de 70 à 80 ans.	426	16 »	14 66	5 55	5 07
6. — Cotrets provenant d'éclaircies..	355	17 »	15 50	4 20	3 88

Ainsi on voit par ces expériences, en écartant toutefois le n° 3, qui a eu lieu avec des bois cariés et altérés, et en ayant égard au vide que les bûches laissent entre elles dans le cordage, qu'on doit obtenir par le procédé suivi dans les forêts, quand l'opération est bien dirigée, 16 à 23 de charbon p. 0/0 de bois carbonisé, le tout en poids; ou 42 à 55 p. 0/0 en volume du bois employé, en mesurant également le charbon sans tenir compte des vides qu'il laisse dans la mesure.

Le *temps* qu'on emploie à la carbonisation, au moins en vases clos, exerce aussi une grande influence sur la quantité de charbon obtenu. C'est ce qui se déduit des recherches de M. Karsten dont nous allons présenter le tableau, en nous bornant aux bois de nos forêts. Dans les essais qu'il a faits, la matière était employée à l'état de copeaux qui pendant plusieurs jours avaient été desséchés parfaitement à l'air, à une température de 15 à 18° cent. La même espèce de matière fut par lui soumise à une carbonisation très-rapide pour laquelle on employa, dès le commencement de la distillation, une chaleur incandescente, et d'autre part à une température que l'on fit monter lentement jusqu'à ce point. On détermina avec soin la quantité de cendres obtenues au moyen de l'incinération du charbon, et le poids de cette cendre fut défalqué de celui du charbon.

Ce tableau présente un résultat général curieux que voici : quelque différence que présentent les diverses essences de bois, elles donnent toutes, à poids égal, des quantités presque égales de charbon dans la distillation, quand on les soumet à une carbonisation lente.

BOIS soumis à la distillation.	QUANTITÉS DE CHARBON obtenues de 100 part. de bois en poids.	
	par la carbonisat. rapide.	par la carbonisat. lente.
Chêne jeune	16,39	25,45
— vieux	15,80	25,60
Hêtre jeune.	14,50	25,50
— vieux.	13,75	25,75
Charme commun jeune.	12,80	24,90
— — vieux.	13,30	26,10
Aune jeune.	14,10	25,30
— vieux.	14,90	25,25
Bouleau jeune.	12,80	24,80
— vieux.	11,90	24,40
Epicéa jeune	14,10	25,10
— vieux	13,90	24,85
Sapin commun jeune.	16,00	27,50
— — vieux.	15,10	24,50
Pin sylvestre jeune,.	15,40	25,95
— — vieux.	13,60	25,80
Tilleul	12,90	24,20

Nous avons vu (page 113) qu'en France on compte que le stère (29 pi. cub. 25) de bois taillis, âgé de 16 à 18 ans, rend 7 pi. cubes de charbon (2,45 hectol.), et que le stère de bois de 24 à 30 ans en rend 9 pi. cubes (3 hect. 15).

Dans les pays de l'Allemagne, où la fabrication du charbon est la mieux entendue, on compte qu'avec du bois sec et de bonne qualité on retire en charbon de bon bois de fente ou rondins 50 p. 0/0 en volume du bois consommé; de cotrets, 40 p. 0/0; de fragmens de souche, 32 p. 0/0.

M. Hartig a présenté aussi quelques données sur la quantité de charbon que fournit un volume donné de bois quand on a *égard aux vides* que le cordage laisse dans la mesure. Ainsi il a observé qu'une masse solide de 100 pi. cubes de hêtre sec, de 100 à 120 ans, pesant 2167 kil., donnait 30 pi. cubes de charbon mesuré sans les vides, ou 70 2/3 mesuré avec les vides, et pesant 476 kilog. quand le charbon est préparé par un ouvrier habile, et que dans les mêmes circonstances 100 pi. cubes ou 3600 liv. de pin sec, de 70 à 80 ans, donnaient 34 pi. cubes de charbon mesuré sans vides, ou 80 pi. cubes avec les vides, et pesant 328 kilog.

La quantité de charbon obtenue dans les forêts ne s'élève guère, terme moyen, au-delà de 18 à 19 p. 0/0 en poids, ou de 30 à 36 en volume du bois employé. Nous verrons qu'il y a des procédés de carbonisation qui donnent communément 20 et 24 p. 0/0 en poids, avec une quantité plus ou moins grande d'acide pyroligneux et de goudron, et que la méthode de distillation en vases clos donne jusqu'à 27 de charbon.

Nous avons déjà dit que le *poids* du charbon était très-variable, suivant les bois qui ont servi à le fabriquer et le mode de fabrication. Voici à cet égard un tableau, emprunté à M. Berthier, du poids d'un stère en kilogrammes, ou d'un pied cube en livres, de charbons de différentes qualités, et principalement de celles qui forment habituellement la consommation de Paris.

Espèces de charbon.	Poids du mètre cube en kilogr.	Poids du pied cube en livres.
Charbon de bois de commerce.	200 à 240	14 à 16
— de pin sylvestre de Sibérie.	157	11 1/2
— de pin.	141	
— de sapin.	125	
— de bois dur de Picardie.	180	13
— — du dép. de l'Yonne, pris sur les bateaux de Paris et humide.	250	18
— fait à Choisy, par distillation.	160 à 175	$11\frac{1}{2}$ à $12\frac{1}{2}$
— de chêne, pesé chaud.	200	
— de hêtre, *id.*	210	
— de noisetier, *id.*	190	14
— de bouleau, *id.*	185	13
— de sapin, *id.*	175	12 3/4
— d'Aune, *id.*	160	11 1/2
— de pin de branches refendues.	160	10 2/3
— de pin de branchages.	177	12

Section III. — *Bois d'œuvre.*

On nomme *bois d'œuvre* tous ceux, autres que le bois de chauffage, qui sont destinés aux constructions ou bien employés et mis en œuvre dans les arts. Ces bois peuvent être classés diversement, suivant qu'ils sont propres aux arsenaux de la marine, aux constructions civiles, au charronnage, à la vente, à différens arts ou à des usages variés, etc.

§ 1er. — Propriétés des bois d'œuvre.

Les bois ne sont recherchés dans les constructions et dans les arts, que parce qu'ils jouissent de *certaines propriétés* qui les rendent propres à tel ou tel usage. Nous allons passer en revue les propriétés principales des bois.

1° *La durée*. Cette propriété dépend beaucoup des milieux dans lesquels les bois sont plongés. Ces milieux peuvent être une atmosphère constamment sèche, l'eau, ou un air alternativement sec et humide. Un *bois bien sec* et placé dans un lieu constamment sec peut durer très-long-temps quand il n'est pas attaqué par les insectes. Les jeunes bois et l'aubier sont plus sujets à cette attaque que le vieux bois, et sous ce rapport ce sont les vieux bois résineux qui ont le moins à craindre. Les bois les plus exposés aux attaques des vers sont le charme, l'aune, le bouleau, les jeunes conifères, l'aubier de chêne; puis, à un moindre degré, le hêtre et l'érable. Ceux qui y sont moins sujets sont le cœur de chêne, les vieux conifères, le tremble et l'orme.

Les bois *plongés continuellement dans l'eau* se pourrissent difficilement. Le saule et le tilleul finissent toutefois par y perdre leur cohésion. Au contraire, le chêne et l'aune, puis le pin, le mélèze, et même l'orme et le hêtre constamment immergés, y sont, surtout les 2 premiers, à peu près indestructibles.

La durée des bois est très-limitée quand ils sont soumis continuellement à des alternatives de sécheresse et d'humidité. Les arbres dont les vaisseaux sont gorgés de matières résineuses, dont les couches sont denses, sont beaucoup plus durables dans cette exposition que les autres bois. Les bois durs résistent mieux aussi que ceux dont le tissu cellulaire est lâche et poreux. Quelques bois paraissent contenir en eux un principe conservateur qui les garantit de la pourriture; tels sont, outre les conifères, le chêne et l'orme.

Pour augmenter la durée des bois, il faut les abattre hors sève, les faire sécher avec soin et ne les mettre en œuvre que quand ils sont parfaitement secs. La méthode d'écorcer les arbres sur pied, proposée par Buffon, a éprouvé trop de contradictions pour qu'il soit permis de la pratiquer sans réserve. Tous les autres procédés pour accroître la durée des bois sont étrangers à l'art forestier.

On doit à M. Hartig une série d'expériences poursuivies avec une admirable patience sur la *durée des bois*. Voici les résultats qu'il a obtenus. Des pieux de 2 1/2 po. (67 mill.) d'écarrissage, enterrés à quelques po. de profondeur, se sont pourris dans l'ordre suivant : le tilleul, le bouleau noir d'Amérique, l'aune, le tremble et l'érable argenté, en 3 ans; le saule, le marronnier d'Inde, le platane, en 4 ans; l'érable, le hêtre, le bouleau commun, en 5 ans; l'orme, le frêne, le charme, le peuplier, en 7 ans; l'acacia, le chêne, le pin sylvestre, le pin commun, celui de Weymouth et le sapin n'étaient, au bout de 7 ans, pourris qu'à la profondeur de 6 lignes; le mélèze, le genévrier commun, celui de Virginie et le thuya étaient intacts. Les expériences sur les planches ont donné les mêmes résultats. La durée des bois en plein air est beaucoup plus longue et dépend des usages auxquels on les emploie.

2° *Facilité à se fendre*. Tous les bois peuvent être fendus par le secours du coin et de la masse, mais quelques-uns d'entre eux jouissent de l'avantage de se fendre avec facilité, et d'une manière nette et régulière, dans la direction de leurs fibres. Cette propriété est importante, car il y a un certain nombre de bois dont l'emploi exige, sous le rapport de la solidité, qu'on les fende, et non pas qu'on les débite à la scie. Généralement le bois de la tige, entre la naissance des racines et celle des branches, est celui qui se fend le mieux; quelques espèces, telles que les pins, se fendent même régulièrement ainsi jusqu'à 20 à 30 pi. de hauteur. Le bois des branches jouit de cette propriété à un moindre degré que celui du tronc, et le bois des racines et de la souche ne se fend que très-imparfaitement. Les bois qui se fendent le plus facilement sont le chêne, le hêtre, l'aune et les conifères. Ceux qui présentent cette propriété à un degré moindre, sont l'érable, le frêne, le tilleul, le tremble et le bouleau. On ne fend que difficilement l'orme, le charme et le peuplier noir.

3° *L'élasticité*. Cette qualité n'a de prix qu'autant qu'elle est unie à la force de résistance et que le bois ne se rompt pas facilement sous la force ou le poids qui le presse. De tous les bois c'est l'if qui est le plus élastique. Les charmes, les érables et les chênes dans le jeune âge le sont également beaucoup. Au contraire, les vieux chênes ne le sont presque pas. Parmi les vieux bois on estime, sous ce rapport, l'orme, le sapin, le pin, le mélèze, l'épicéa, le frêne et le tremble.

4° *La flexibilité*, ou propriété de s'infléchir et de se courber sous l'action d'une force sans perdre sa cohésion et sans se briser, est très-recherchée dans certains bois. Cette propriété peut être accrue par l'humidité jointe à la chaleur, et, sous leur influence simultanée, on peut donner à presque tous les bois des courbures et des formes permanentes sans les rompre. A l'état très-sec le bois perd beaucoup de cette faculté. Dans les bois mous, employés pour la vannerie, elle est très-précieuse; elle ne l'est pas moins pour ceux employés dans la boissellerie, le charronnage, la tonnellerie, etc. Les branches du saule, du bouleau, du noisetier, du châtaignier et du sapin sont très-flexibles et solides. Parmi les bois de tige on distingue surtout l'orme, puis le jeune chêne, le frêne, le charme, le saule, le sapin, le bouleau et le tremble. Dans un âge avancé les bois perdent en grande partie leur flexibilité. Le bois d'aune et celui des branches de pin sylvestre sont fragiles et sans résistance.

5° La *force de résistance*. C'est celle qui se mesure par l'effort plus ou moins considérable qu'il faut faire pour rompre les bois, soit en travers, soit dans le sens longitudinal des fibres. La force en travers des fibres est à peu près la seule qu'on estime dans les arts. Les bois qui la possèdent au plus haut degré sont ceux où les couches ligneuses sont denses et serrées. Le hêtre, le frêne, le chêne, l'orme et le charme sont au 1er rang, les autres bois et les bois résineux sont beaucoup moins forts.

6° La *densité*. On peut en distinguer 2 espèces : 1° La *densité absolue*, qui est celle où les fibres ligneuses sont denses et multipliées. On la reconnaît dans les arbres à feuilles caduques, mais non dans les bois résineux, par la grande pesanteur spécifique du bois à l'état sec. Cette densité sert, à peu de chose près, comme nous l'avons déjà vu, à mesurer le degré de combustibilité des bois, puisque plus il y a, sous un même volume, de matériaux combustibles, plus il peut y avoir de calorique développé par la combustion. 2° La *densité relative*, celle dans laquelle les fibres du bois sont réparties d'une manière si uniforme et régulière qu'on n'aperçoit ni vide ni cellule. Cette densité influe beaucoup sur l'aspect du bois et lui donne un grain fin et susceptible de prendre un beau poli. Il y a des bois qui possèdent l'une et l'autre densité; tels sont le buis, l'if, le pommier et le poirier sauvages, l'érable et le charme; au contraire, le chêne et le hêtre n'ont qu'une densité absolue, et le marronnier d'Inde, le tilleul, le tremble, le saule, une densité relative.

7° La *dureté* se mesure par la résistance que le bois oppose aux instrumens tranchans. Elle dépend en partie de la densité absolue, et est précieuse dans tous les bois destinés à fabriquer des objets soumis à un frottement continuel, tels que cames et dents des roues de moulins, mentonnets, fuseaux de lanternes, etc.

8° La *permanence des formes et dimensions*. Il y a trois causes qui peuvent altérer cette permanence. 1° Plus les couches ligneuses sont lâches, plus le bois a de retrait en séchant, et réciproquement. Un bois vieux et dense diminue beaucoup moins de volume qu'un bois jeune et d'une croissance rapide. Il faut avoir égard dans les arts, et même en forêts, au retrait du bois, pour donner à celui qu'on travaille vert des dimensions plus grandes que celles qu'il doit conserver à l'état sec. Les bois durs sont ceux qui éprouvent le moins de retrait, et les bois mous ceux qui en ont le plus. Parmi ces derniers, les aunes et les tilleuls se distinguent par la diminution considérable de volume qu'ils subissent. 2° Un bois se *gauchit* ou *déverse* par suite d'un retrait irrégulier de ses fibres pendant qu'il se dessèche. En effet, s'il sèche plus fortement d'un côté que de l'autre, et si, par suite de l'inégale densité des couches, celles qui sont les plus denses se sèchent plus lentement que celles qui sont plus lâches, il doit nécessairement se tourmenter. Le chêne ne gauchit rarement par suite de la densité du cœur qui est supérieure à celle de l'aubier, et le tilleul plus rarement encore, à cause de la densité uniforme de ses couches ligneuses. Un desséchement uniforme, à l'abri de la lumière et des forts courans d'air, empêche le bois de se deverser. 3° Quand les couches extérieures du bois se sèchent plus vite que les intérieures, les premières prennent souvent assez de retrait pour ne plus pouvoir contenir les secondes; elles doivent par conséquent *éclater* et se *fendre*. Comme cet effet est dû à peu près à la même cause que celle qui fait gauchir les bois, on peut y appliquer le même remède, c'est-à-dire une dessiccation lente et graduée.

Il y a encore quelques autres propriétés qui font rechercher les bois dans les arts : telles sont la couleur, les veines, les ronces, la faculté de vibrer, etc.

§ II. — Bois propres aux arsenaux de la marine.

Les bois dont on fait principalement usage dans les chantiers de construction de la marine, sont le chêne, le hêtre, le frêne, l'orme et les arbres résineux.

Le *chêne* est à peu près le seul bois dont on se sert pour construire la coque des vaisseaux; les espèces qui fournissent presque exclusivement les bois à la marine, sont le chêne à glands sessiles ou rouvre (*quercus robur*, LIN.), qui est au premier rang, et le chêne à glands pédonculés (*quercus pedonculata*, HOFF.). Ces arbres s'exploitent pour cet objet à l'âge de cent vingt à cent cinquante ans, avec des dimensions en solives de 25 à 40 pieds (8 à 14 mètres) de longueur sur 12 à 20 pouces d'écarrissage. Dans cet état ils fournissent les bois droits, les bois courbans et les plançons de bordages.

Le *hêtre*, comme bois de service, et quand il est bien droit, sert à faire la quille des vaisseaux. On choisit pour cet objet les arbres de quatre-vingt-dix à cent ans, pouvant fournir des solives de 36 à 40 pieds (12 à 14 mètres) de longueur sur 16 à 18 pouces (42 à 48 cent.) d'écarrissage. A défaut de chêne on en fait aussi des bordages de fond. Son bois ferme, pliant et élastique à l'état humide, rend aussi le hêtre très-propre à faire des rames. On choisit pour cet objet des hêtres qui ont depuis 30 jusqu'à 48 pieds de longueur, suivant la destination des rames avec une grosseur proportionnée; ces bois sont refendus en estelles, qu'on façonne ensuite en rames.

Le *frêne* n'est employé qu'à faire des rames pour les petits bâtimens et des rouets de poulies.

L'*orme* fournit à la marine des plateaux pour les rouets de poulies et des pompes. Il sert aussi à construire les membres des chaloupes et canots, et peut aussi avec avantage fournir d'excellens bois courbes, surtout pour les pièces de petites dimensions.

Les *arbres résineux* ont plusieurs destinations. Le sapin sert à faire des mèches de cabestan, le plancher des ponts; le pin maritime est employé à Toulon pour le doublage de toutes les embarcations, et principalement pour les pilotis et pour les étais qui soutiennent les vaisseaux en construction. C'est surtout pour la mâture qu'on en fait l'emploi le plus étendu. L'usage constant en Europe est de faire des mâts et des vergues avec des bois de pin et de sapin. On donne la préférence, pour cet objet, au pin sylvestre ou pin à mâture (*pinus sylvestris*, LIN.), qui ne paraît acquérir toutes ses quatites que dans les régions placées entre le 50° et le 60° degré de latitude nord, d'où les nations maritimes de l'Europe le tirent toutes pour leur marine, mais qu'on trouve aussi dans les Alpes, les Pyrénées, les Vosges et l'Auvergne, et dans la forêt de Fontainebleau, etc. Les Anglais emploient au même usage le pin d'Ecosse (*pinus rubra*, WILL.), qui croît encore naturellement dans les Pyrénées et dans les Alpes.

Les sapins dont on fait aussi des mâts sont le sapin commun (*abies taxifolia*, DESF.), et le sapin épicéa (*abies picea*, DESF.) On en trouve de forts gros dans les Pyrénées, l'Auvergne, la Bourgogne, la Normandie et ailleurs.

Pour la *mâture* on doit faire choix des arbres qui ont végété dans un bon fonds sec, d'un âge moyen, bien sains, abondans en résine, d'un bois liant et flexible, très droits et peu chargés de branches. On distingue dans les arsenaux les pièces de mâture en *mâts*, *matreaux*, *espars doubles* et *simples*. Les mâts ont depuis 60 jusqu'à 80 pieds (20 à 26 mèt.) de longueur et 24 à 30 pouces (65 à 71 cent.) de diamètre. Les matreaux ont depuis 40 jusqu'à 70 pieds (14 à 23 mètr.) de longueur, et seulement depuis 15 jusqu'à 22 et 24 pouces (40, 60, 65 cent.) de diamètre. Toutes les autres pièces moins considérables sont des espars. La longueur et le diamètre des vergues qui servent à étendre les voiles varient suivant la grandeur de ces dernières.

Les constructions maritimes exigent des bois de *dimensions* et de *formes variées*, qu'il est important de connaître. Nous allons donner celles des principales pièces qui entrent dans la construction d'un vaisseau, en prenant pour guide l'ouvrage de M. HERBIN DE HALLE, intitulé : *Des bois propres aux arsenaux*, et en les classant sous quatre formes principales.

Dans ce tableau la 1re colonne contient la longueur en mètres et centimètres de la pièce, la 2e la largeur, et la 3e la hauteur ou épaisseur également en centimètres. Le chiffre placé après le nom désigne les espèces :

1° *Bois droits*. Ces bois servent à former les pièces suivantes.

	long.	larg.	épais
Quille 1re (*fig.* 144 A)	11,69	43	43
Etambot 1re (*fig.* 146 A)	9,90	54	43
Chouquet 3e (*fig.* 155 A)	1,62	49	35
Mèche de gouvernail 1re (*fig.* 157 A)	8,44	43	43
Bitte (*fig.* 158 A)	3,90	38	38
Plançon 1re (*fig.* 159 A)	9,74	32	32
— 2e (*fig.* 162 A)	9,12	30	30
Préceinte 1re (*fig.* 161 A)	9,74	35	22
Bois droit 4e (*fig.* 148 B)	2,60	22	22

Fig. 142. 143. 144. 145. 146. 147.

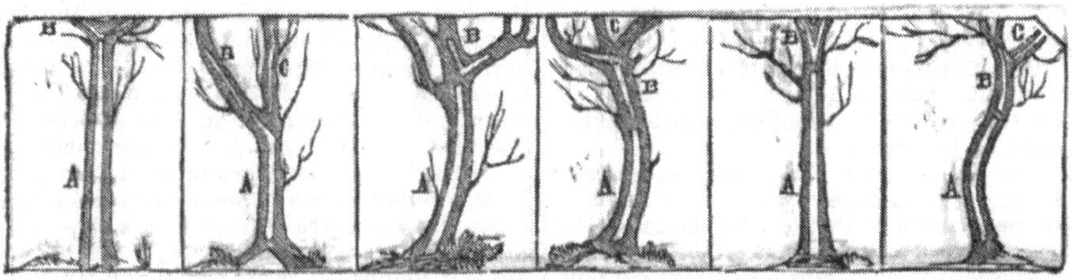

2° *Bois courbans*, ou bois légèrement courbes, et à courbures simples et régulières.

	long.	larg.	épais
Etrave 1re (*fig.* 144 A)	7,80	54	43
Contre-étrave 1re (*fig.* 145 A)	5,84	54	43
Alonge 1re (*fig.* 152 A)	4,55	38	38
— 2e (*fig.* 143 B)	3,90	32	32
Lisse ou barre de hourdi 1re (*fig.* 149 A)	8,44	43	43
Genoux de porque et de fond (*fig.* 147 B, 154 C)	3,90	32	32
Bout d'alonge 4e (*fig.* 147 C)	2 60	22	22
Seps d'écoute de hune 3e (*fig.* 150 A)	3,57	27	27
Seps de drisse 3e (*fig.* 150 A)	3,25	43	28
Varangue de fond et de porque 1re (*fig.* 150 B)	7,14	41	32
Varangue de fond (*fig.* 151 A)	7,00	32	32
Varangues acculées de fond et de porque 1re (*fig.* 151 B)	3,90	41	32
— 2e (*fig.* 156 C, 162 B)	3,90	32	27
Bau de tillac 1re (*fig.* 153 A)	9,74	41	41
— de pont 1re (*fig.* 155 B)	8,44	32	32
Demi-bau 1re (*fig.* 154 A)	7,79	41	41
Alonge d'écubier 1re (*fig.* 152 C)	6,17	38	32
Guirlande 1re (*fig.* 156 B)	4,55	49	38
Pièce de tour 1re (*fig.* 160 A)	5,20	13	43
Barot de gaillard 2e (*fig.* 163 A)	8,12	27	27
— de dunette 3e (*fig.* 164 A)	6,50	22	22
Bois de tors 4e (*fig.* 145 C, 153 B)	2 60	22	22
Bois de chaloupe 5e (*fig.* 151 C, 153 C)	2,97	5	5

Fig. 148. 149. 150. 151. 152. 153.

3° *Bois à double courbure* et en forme de S.

Alonges de revers 3e (*fig.* 143 C). . .	4,22	32	27	Genoux de revers 2e (*fig.* 149 B). . .	4,55	38	27
— de corniere 1re (*fig.* 148 A). .	7,14	22	22	— 1re (*fig.* 161 B). . .	4,55	41	38
Cornière ou estain 1re (*fig.* 147 A).. .	5,20	51	32				

Fig. 154. 155. 156. 157. 158. 159.

4° *Bois courbes*, ou bois de fortes dimensions à 2 branches, courbés en arc, qu'on peut diviser en 8 espèces.

a. Bois formant un angle obtus.

Courbe de tillac 1re (*fig.* 149, C) . .	3,24	38	38	Brion ou ringent 1re (*fig.* 143 A). . .	5,85	43	4[illegible]
— de jotereau 1re (*fig.* 159 B). .	3,90	43	22	Bossoir 1re (*fig.* 152 B)	4,55	38	38
— d'arcasse 1re (*fig.* 145 B) . .	4,53	43	37				

b. Bois formant un angle droit ou a peu près.

Courbe de gaillarde 3e (*fig.* 142 B, 164 B.)	2,92	43	43	Courbe d'étambot 1re (*fig.* 157 B 165).	4,55	38	38
— de chambre 3e (*fig.* 154 B. 164 C,	2,27	22	16	— de pont 1re (*fig.* 159 B) . . .	2,92	35	27

c. Bois formant un angle aigu, ou ressemblant à un Y.

Courbe de capucine 1re (*fig.* 144 B). .	3,24	54	43	Fourcat 2e (*fig.* 163 B).	3,25	13	27
Fourcat 1re (*fig.* 146 B, 160 B). .	3,25	49	32				

Fig. 160. 161. 162. 163. 164. 165.

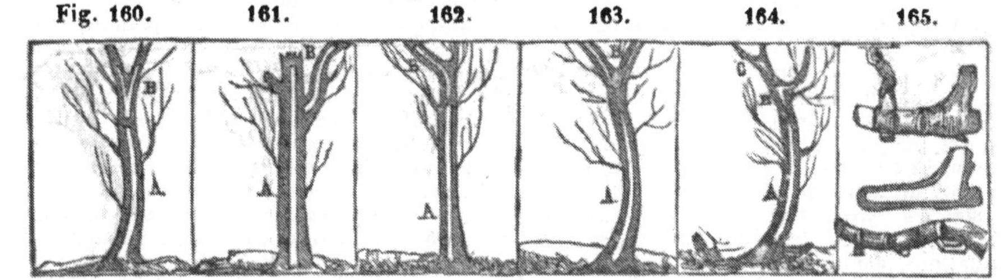

Les *bois droits sont l'ouvrage de la nature;* les soins de l'homme doivent se borner à écarter autant que possible les obstacles qui peuvent s'opposer à la croissance verticale des arbres. Parmi ces obstacles on range l'action des vents, les dommages causés par les hommes, les animaux sauvages ou domestiques, les insectes, le voisinage des autres arbres, etc.

Les *bois courbes sont le produit de la nature ou de l'art.* Les bois des arbres propres à fournir naturellement des courbes se trouvent particulièrement sur les lisières des forêts, dans les bois mal peuplés, dans les bordures, les haies, et partout où les arbres sont isolés, parce que, dans ces positions, ils poussent beaucoup de branches, s'inclinent du côté des terrains découverts pour y jouir de l'air et de la lumière, se courbent par la charge des neiges et sous l'action des vents. Parmi les arbres dont les bois sont courbés naturellement, on n'en rencontre qu'un petit nombre qui soient sans défauts et propres aux constructions navales. Cette disette a fait rechercher les moyens d'y suppléer par des moyens artificiels, et, dans ce but, on a essayé un grand nombre de procédés. MONTEATH, BUFFON, DUHAMEL, HASSENFRATZ, DUBOIS DE CHEMANT, BECKER et beaucoup d'autres ont proposé des moyens plus ou moins ingénieux pour donner artificiellement aux arbres la courbure qui les rend si précieux dans les chantiers de construction. Toutes les méthodes qu'ils ont proposées, si on était curieux de les connaître, sont exposées avec détail à l'article *Marine* du tome II du *Dictionnaire des eaux et forêts* de BAUDRILLART, auquel nous renvoyons. Aujourd'hui, elles ont moins d'intérêt depuis qu'on a établi dans plusieurs de nos chantiers de construction des appareils propres à courber les bois et à leur donner les formes requises par des moyens mécaniques, aidés de l'action de la vapeur d'eau bouillante.

Les bois de chêne, pour le service des arsenaux de la marine, se vendent au stère et à des prix débattus entre les propriétaires ou adjudicataires et l'administration.

Dans les constructions pour la navigation fluviale, on emploie généralement le chêne pour les grands bateaux, tels que les *foncets, écayers, flettes, barquettes, cabotières* de la

Normandie; les *marnais, languettes, flûtes* de l'Oise et de la Marne. Quant aux *toues* ou *sapines* de la Haute-Loire, elles sont toutes bâties en planches de sapin, et sont assez ordinairement déchirées au lieu de leur destination. Les bois courbes pour ces constructions étant d'une dimension beaucoup moindre, sont bien plus communs et plus faciles à se procurer.

§ III. — Bois propres aux constructions civiles.

Dans les constructions civiles, on fait usage de presque toutes les espèces de bois qui croissent dans nos forêts; les uns sont employés comme *bois de charpente*, d'autres comme bois propres à la construction des *grandes machines* ou appareils usités dans les arts; d'autres, enfin, comme exclusivement propres à la *menuiserie*.

1° *Bois de charpente.*

Dans les *grandes constructions* civiles, telles que celles des ponts, des écluses, des ports, des grands édifices publics, les arbres de futaies dont on peut obtenir des bois de dimensions plus ou moins grandes, sont le chêne, le châtaignier et le sapin. Ces constructions exigent parfois des arbres qui aient 30, 40, 50 et 60 pieds (10 à 20 mètres) de hauteur de tige, et 5 à 6 pieds (1 mètre 60 à 2 mètres) de circonférence moyenne.

On fait principalement usage, dans les *constructions civiles* ordinaires pour la *charpente des villes*, des différentes espèces de chênes, du châtaignier et du sapin; pour *celles des campagnes*, du bouleau, des érables, des saules, des peupliers, des arbres résineux, de l'orme, du cormier, de l'alisier, du frêne, du charme, du merisier, etc.

Dans les *constructions en terrains humides* ou submergés, pour les pilotis, les grillages, les fondations, le muraillement des puits et des mines inondées, les pieux, etc., on se sert, avec avantage, outre le chêne, de l'orme, des bois résineux et surtout de l'aune. C'est avec ce dernier bois que sont exécutés les pilotis sur lesquels sont fondées Venise et la plupart des villes de la Hollande. Les clôtures rurales sèches, les pieux et les planches établis pour soutenir les fossés, les terrains, le bord des mares, canaux, et les endiguages sont plus durables quand on les établit en chêne, en châtaignier, en hêtre, en acacia. Les conduits d'eau et les pompes se font particulièrement en orme, en aune, en sapin, en mélèze, etc.

La *construction des grandes machines*, ou celle d'appareils dans les usines, exige aussi souvent des bois de nature diverse et d'assez fortes dimensions; pour les arbres et pivots de moulin, les arbres des roues hydrauliques, par exemple, on emploie les chênes, ou, à leur défaut, le pin sylvestre, le sapin, l'épicéa qui ont depuis 20 jusqu'à 36 pieds (7 à 12 mètres) de longueur sur 20 ou 24 pouces (54 à 65 centim.) d'écarrissage; pour ceux des martinets de forge, des chênes, des hêtres, des arbres résineux de 36 à 40 pieds (12 à 13 mètres) de longueur sur un écarrissage de 40 à 42 pouces (108 à 112 centim.). Les piles pour les moulins à poudre, à papier, à fouler, à extraire les huiles, etc., exigent également des arbres qui aient de 40 à 48 pouces (108 à 125 centim.) d'écarrissage, etc. Quant aux autres pièces diverses qui entrent dans la composition des grandes machines ou dans celle des machines plus petites, on fait usage de divers bois d'écarrissage plus petit. Par exemple, on emploie, pour les roues dentées des moulins, les écrous des pressoirs, les vis de presses, les plateaux des lanternes, les fuseaux, les alluchons, etc., de l'orme ou du noyer, ou bien encore du cormier, de l'alisier, du cornouiller, du merisier, du charme, etc.

On divise communément le bois de charpente en deux espèces. L'une se nomme bois de brin et l'autre bois de sciage. Le *bois de brin* est celui qui reste de grosseur naturelle et qui a seulement été écarri sur ses 4 faces, en enlevant 4 dosses à la scie ou à la coignée. Le *bois de sciage* est celui qui est refendu à la scie en plusieurs morceaux.

Les bois de charpente arrivent à Paris en pièces de différentes sortes : 1° en *poutres* et *poutrelles*; 2° en *solives, chevrons, poteaux* et *membrures*.

Les poutres et poutrelles sont des pièces de bois de brin, ayant depuis 12 jusqu'à 24 pouces (32 à 65 centim.) d'écarrissage sur une longueur variable. Quant aux solives, chevrons, poteaux et membrures, nous avons donné dans le précédent chapitre (pag. 117) leur écarrissage et leur longueur.

La *longueur* des bois de charpente diffère de 3 en 3 pi., et leur grosseur en proportion, depuis 6, 9, 12, 15, 18, 21, 24, 27, jusqu'à 30 pi. (2 à 10 mèt.) et plus. Ces bois s'estiment à la *pièce*, qui est une mesure de 6 pieds (2 mèt.) de long sur 6 pouces (16 centim.) d'écarrissage ou 3 pieds cubes de bois. C'est à cette mesure qu'on réduit tous les bois de différentes longueurs et largeurs qui entrent dans la construction des bâtimens. Ils se vendent au *cent de bois*, c'est-à-dire par cent pièces de bois, ou au stère.

2° *Bois de menuiserie.*

Menuisier en bâtimens. Les bois employés le plus ordinairement par les menuisiers en bâtimens sont le chêne, le châtaignier, le sapin et le tilleul. Ils font encore usage de noyer, orme, hêtre, frêne, platane, sycomore, érable, merisier, cornouiller, tremble, robinier, etc. Ces bois sont généralement débités, sous différentes dimensions, dans les forêts par des scieurs de long ou dans les moulins à scier le bois.

Le chapitre précédent contient (page 117), à l'égard de ces sortes de bois appelés bois de sciage, toutes les instructions nécessaires pour faire connaître leurs dimensions et le prix de leur main-d'œuvre.

Menuisier en meubles, ébéniste et marqueteur. Les bois indigènes de nos forêts dont se servent les menuisiers en meubles sont des bois durs, tels que chêne, orme, frêne, érable, prunier, poirier et pommier sauvages, alisier, cytise, sureau, if, etc., et les bois blancs ou tendres de saule, tremble, bouleau, peuplier, tilleul, ainsi que le sapin, et de plus le *brous-*

sin loupes ou excroissance, de buis, d'érable de frêne, d'aune, d'orme et de sycomore. Ces bois leur sont livrés sous la forme de soliveaux, de battans, de membrures, planches ou voliges.

On les voit encore faire usage, en arbres de nos forêts, et comme bois d'ébénisterie, de placage ou de marqueterie, d'acacia, buis, châtaignier, cornouiller, fusain, genévrier, houx, marronnier, mélèze, micocoulier, coudrier, pin, platane, sycomore, etc.

Menuisier en voitures. Il fait principalement usage du frêne, de l'orme, du noyer, du tilleul et du peuplier refendus à la scie en tables de diverses épaisseurs, bien desséchés, et du bois de sapin. Le bois d'orme sert aux bâtis; à défaut d'orme, on emploie le noyer ou le frêne, comme en Angleterre. Les panneaux des équipages sont toujours en noyer. Le sapin sert pour les panneaux de custode, le tilleul pour les caves, les panneaux de doublure, et à couvrir les pavillons.

Menuisier treillageur. Cet artiste emploie les bois de châtaignier, de chêne, de frêne, et les bois à grains fins, tels que le bouleau, l'aune, le pin, le sapin, le cyprès, etc., qu'il refend avec le coutre et travaille ensuite avec des outils qui lui sont propres. Il se sert, la plupart du temps, des bois de fente travaillés en forêts, et dont nous parlerons plus bas.

Menuisier layetier. Il ne fait guère usage que des voliges de bois blancs qui servent à faire les caisses destinées au transport des marchandises.

§ IV.— Bois de charronnage.

On comprend sous ce nom tous les bois qui sont mis en œuvre par le charron pour la construction des roues et pour celle des chariots, charrettes, trains des carrosses et de plusieurs instrumens d'agriculture. Les bois employés de préférence par le charron sont l'orme, le frêne, le chêne, l'érable, le hêtre, le charme et le bouleau. Nous avons indiqué plus haut (page 116) l'usage et le choix qu'on fait de ces bois pour les diverses pièces de charronnage. Nous ajouterons seulement que les bois sont livrés au charron en grume, en billes ou tronçons coupés de longueur ou refendus à la scie, et qu'ils se vendent généralement au stère.

Bois propres à l'artillerie. L'artillerie, dans ses constructions, fait à peu près usage des mêmes bois que le charron. Ces bois sont tous fournis et transportés en grume, ou simplement dégrossis. Pour les *flasques*, on emploie le bois d'orme bien sec; pour les entretoises, le chêne très-sec et de dimension variable, suivant que les pièces sont montées pour l'artillerie de terre ou celle de la marine. Les roues sont en orme, les moyeux en bois vert, les jantes en bois sec, les raies en chêne pur et sans nœuds. Les essieux se font en orme, les limonières d'avant-train, les sellettes, les sassoires, etc., se font avec le même bois. Les bois blancs, tels que l'aune, le peuplier, servent ordinairement pour le corps des caissons et les coffrets.

L'artillerie et le génie militaire font encore usage de perches, rames et ramilles, pour faire des saucissons, des gabions, des fascines, des clayonnages; d'arbres refendus, de pieux, d'échalas pour former des palissades; de planches, de chevrons de chêne pour les plate-formes de batteries; de solives pour blindes, etc.

§ V. — Bois d'ouvrage.

On donne ce nom au bois qu'on travaille dans les forêts ou dans leur voisinage, et dont on fait de menus ouvrages ou différens ustensiles. Ces bois sont ou simplement fendus et dressés, ou bien reçoivent plus de façon. Dans le 1er cas on les nomme *bois de fente* et ils servent à faire des échalas, des lattes, du merrain, du donvain, des barres pour soutenir le fond des tonneaux, des copeaux, pour les gainiers ou miroitiers, des cercles ou cerceaux, des cercles pour cribles, caisses de tambours, bordures de tamis, mesures de capacité, des éclisses ou clayettes pour dresser les fromages, etc. Dans le 2e on les appelle *bois de raclerie*, et on en fait des attelles de colliers, des fûts de bâts et arçons de selle, des jougs de bœufs, des pelles à four, à grains et à boues, des battoirs de lessive, etc. Tous ces objets se font presque exclusivement en hêtre, mais on en fait aussi quelques-uns en aune, bouleau, charme, noyer et saule. C'est aussi en hêtre que se font la plupart des sabots; on en fabrique aussi en noyer et en orme, et avec du bouleau, du tilleul, du marronnier, de l'aune du tremble, du saule et du peuplier. Nous renvoyons, pour plus de détails sur ces bois d'ouvrage, à ce que nous avons dit au chapitre précédent, à l'article de l'exploitation d'une coupe (pag. 110 à 120).

§ VI.— Bois employés dans différens arts.

Les bois que produisent nos forêts reçoivent un grand nombre d'autres applications utiles, ou servent dans diverses industries, parmi lesquelles nous citerons les suivantes.

On fait des échalas de rondin, de menues perches, des tuteurs, des piquets avec presque tous les bois, mais surtout avec le chêne, cornouiller, châtaignier, charme, pin, genévrier, robinier, coudrier, etc. On en fait aussi en saule, tilleul, sureau, peuplier et aune. Les harts, liens, rouettes de trains de flottage se font avec les jeunes rameaux traînans ou rampans de la plupart des arbres. On emploie, pour les manches de fouet et houssines, des jeunes tiges d'érable, micocoulier, houx, etc.; pour les fascines qui servent dans les constructions en bois, ou à maintenir les terrains en pente ou dégradés par les eaux, des rameaux de toutes sortes de bois. On débite des allumettes dans de petites billes de tremble sec ou de bourgène refendues en menus brins; on fait des manches d'outils, des fléaux, des maillets, des masses, des poulies, des coins, des fourches et râteaux en charme, chêne yeuse, frêne, aubépine, cornouiller, sorbier, micocoulier, tilleul, etc.; des balais avec des brindilles et en particulier celles du bouleau; des fuseaux, lardoires, aiguilles à tricoter, en fusain ou en buis; des manches de couteaux communs, des étuis, en hêtre durci au feu; et on fabrique en buis, surtout aux environs de St.-Claude, quantité de menus ouvrages, tels que grains de chapelets, sifflets, boutons, cannelles à vin, cuillers, fourchettes, tabatières, peignes, coquetiers, poivrières, moules à beurre, etc. Les chaises communes, les échelles se font avec le tilleul, l'aune, le bouleau, et les lignes de pêche en saule, peuplier, sapin, micocoulier, etc.

Les *pompiers* font usage de l'orme et de l'aune pour les conduits d'eau et les corps de pompe; les *tourneurs*, de noyer, buis, fusain, genévrier, merisier, frêne, alisier, cornouiller, sorbier, robinier, tremble, aune, bouleau, ainsi que de hêtre, charme et sycomore. Les *graveurs* préfèrent le buis à tous les autres bois pour la gravure en relief, qui est destinée à s'allier à la typographie, et le poirier, cormier, alisier pour la gravure des planches employées à l'impression des indiennes ou des papiers peints. Les *sculpteurs* travaillent le chêne, noyer, sycomore, aune, tilleul, marronnier, peuplier, saule, etc. Les *dessinateurs, peintres, graveurs* se servent de bois de saule ou de fusain calciné pour dessiner; du même bois de saule en tablettes pour tracer des croquis, et du bois de marronnier dressé et poli, et connu alors sous le nom de *bois de Spa*, pour décalquer des lithographies qui doivent orner des boîtes ou petits meubles de goût. Les *orfèvres* font usage du bois de saule pour polir l'or et l'argent. Le *tabletier* emploie presque tous les bois, soit pour faire le corps de son ouvrage, soit comme placage ou marqueterie. Le *coffretier-malletier* construit ses boîtes en hêtre, chêne ou sapin. Le *brossier*, pour le dos de ses brosses, prend des planchettes minces de hêtre, noyer ou bois blanc. Le *paumier-raquetier* fait usage de beau bois de frêne en billes refendues en échalas pour le corps des raquettes, et de tilleul ou de bois blanc pour l'étançon. Le *formier* fait des formes ou des embauchoirs en hêtre, charme ou noyer. Le *luthier* emploie presque tous les bois, et surtout le hêtre pour la table inférieure des instrumens à corde, et le sapin pour la supérieure. Le *facteur de pianos* se sert de tous les bois d'ébénisterie et en outre du sapin pour les tables d'harmonie, etc.

Dans les ouvrages de *vannerie*, tels que hottes, paniers, corbeilles, vans, on fait le plus communément usage de l'osier jaune et de l'osier rouge. Les objets les plus soignés en ce genre sont en osier blanc ou saule viminal. On fait aussi des corbeilles et des paniers avec les rameaux de la viorne mancienne, de la bourgène, du cornouiller sanguin, du noisetier, du bouleau et autres, refendus en menus brins. Enfin, les vanniers emploient encore des lattes minces de saule marceau et du bois de peuplier réduit en lanières minces dont on fabrique aussi des chapeaux.

SECTION IV. — *Menus produits des forêts.*

Nous rangerons sous ce titre quantité de produits qu'on peut recueillir dans les forêts, et dont quelques-uns ne sont pas sans importance pour l'économie agricole et dans les arts. Voici les principaux :

Les *écorces*. Celles des jeunes chênes se vendent avantageusement pour tanner les cuirs, et nous renvoyons à ce sujet au chapitre qui précède. On sait que l'écorce du chêne-liége fournit des bouchons, des semelles, des chapelets pour les filets des pêcheurs, etc. Les cordes à puits se fabriquent avec l'écorce de tilleul. La teinture fait usage de l'écorce de l'aune et du noyer. On retire de l'épiderme du bouleau une huile empyreumatique qui sert à la préparation des cuirs dits de Russie. L'écorce du houx et celle de l'if sont employées à la préparation de la glu. On fait des nattes et des objets de vannerie, des cabas avec la deuxième écorce de l'orme, du tilleul et de quelques autres arbres. Enfin, on retire de l'écorce du saule un corps alcaloïde, connu sous le nom de *salicine*, et dont la vertu fébrifuge est presque égale à celle du quinquina, etc.

Les *feuilles*. On peut les employer à l'état frais, ou convenablement conservées, pour la nourriture des bestiaux. Les feuilles qu'on estime le plus sous ce rapport sont celles de frêne, érable, tilleul, orme, platane, tremble, cormier; puis viennent celles de chêne, charme, saule, peuplier, coudrier, etc. Dans le Nord on emploie même à cet usage les feuilles des arbres résineux. On peut encore se servir des feuilles, soit comme litière pour les animaux, soit pour former des engrais, des composts, ou bien des couches dans les jardins, etc.

Fruits sauvages et semences. Ceux dont la vente ou l'emploi peuvent procurer des avantages ou des profits sont les *glands*, qui servent à l'engraissement des porcs; la *faîne*, qu'on destine au même usage ou à la nourriture des dindons, et dont on retire une grande quantité d'huile bonne à brûler et à manger; la semence du *micocoulier*, qui, soumise à la trituration et à la presse, donne également une huile douce et agréable; les *noix*, les *noisettes*, les *châtaignes*, les *marrons*, dont tout le monde connaît les usages économiques; le *marron d'Inde* dont on peut retirer plusieurs produits; les fruits du *genévrier*, du *prunier épineux*, du *cornouiller*, de l'*épine-vinette*, du *sureau*, de la *ronce*, dont on fait plusieurs préparations utiles dans les ménages rustiques; ceux du *cormier*, qu'on mange comme les nèfles et dont on fabrique une espèce de cidre; la semence de tous les arbres, et entre autres des conifères, qui peut être récoltée, séchée et vendue avantageusement, etc.

La *sève*. Avec celle du bouleau on prépare une liqueur fermentée assez agréable; celles du sycomore et de l'érable champêtre contiennent aussi une quantité notable de sucre et peuvent être converties en boissons fermentées. Le pin maritime, le pin sylvestre, auxquels on a pratiqué des incisions, laissent écouler ce corps demi-fluide connu sous le nom de *térébenthine de Bordeaux*; les sapins commun et épicéa donnent par des procédés analogues la *térébenthine de Strasbourg*, et le mélèze la *térébenthine de Venise*, tous produits qu'on peut transformer en un grand nombre de corps, connus dans les arts sous le nom de résine, poix, goudron, noir de fumée, etc Les merisiers laissent aussi suinter une matière épaisse qui se concrète à l'air, et qui est employée dans divers arts sous le nom de *gomme de pays*. On recueille encore sur le tronc des jeunes mélèzes une substance grasse, connue sous le nom de *manne de Briançon*, et qui est employée en médecine.

On peut encore ranger au nombre des menus produits des forêts les *fruits* du merisier, du fraisier, de l'airelle myrtille, du framboisier qu'on mange en nature, dont on prépare aussi des boissons ou qui servent à diverses préparations économiques; la *ronce* dont on fait des liens; les *églantiers* ou *rosiers sauvages*, sur lesquels on greffe d'autres rosiers dans les jardins; les *truffes*, les *champignons* comestibles, les *morilles* qu'on réserve pour la table; l'*agaric chirurgical*, le *bolet amadouvier*; le *genêt commun*, dont on fait des balais, des liens, de la litière, des bourrees; le *genêt des teinturiers*, employé encore en teinture; les *fougères*, qui peuvent servir à la nourriture des bestiaux, à couvrir les plantes de jardin pendant l'hiver, et fournissent par leur incinération une grande quantité de potasse; les *bruyères*, que les moutons, les chèvres et les vaches mangent volontiers, dont on fait de la litière, des balais, des corbeilles, des cabanes de vers-à-soie, et dont on retire du charbon et de la potasse; les *mousses*, qu'on peut employer comme litière ou pour faire des composts, des matelas, ou emballer des marchandises; les *herbages* et *foins*, etc., qu'on peut récolter en temps opportun ou faire pâturer par les animaux domestiques; la *viorne obier* (*viburnum opulus*), dont on fait des baguettes de fusil, des tuyaux de pipe, de petits ouvrages au tour; la *viorne cotonneuse* (*v. lantana*), qu'on emploie à faire de petits cercles, des liens, des paniers, des corbeilles; le *daphne mezereum*, dont on fabrique des chapeaux d'un blanc éclatant et du papier imitant celui de Chine; la *clématite des haies* (*clematis vitalba* L.), qui sert à faire des liens, des paniers, des corbeilles, des ruches; le *brou de noix*, qu'on emploie en teinture; les *œufs de fourmis*, dont on nourrit les jeunes faisans; les *cantharides*, employées en pharmacie; les *œufs des oiseaux sauvages*; enfin une foule de plantes, de semences et de fruits employés dans les arts industriels, l'art de guérir et l'économie domestique, etc.

Il faut encore mettre au rang des produits des forêts le *miel*, qu'on peut enlever aux abeilles sauvages, et les *animaux sauvages*, soit quadrupèdes, soit oiseaux, dont la poursuite ou la destruction fait l'objet de la chasse, et dont la dépouille et la vente peuvent procurer des bénéfices assez importans. F. M.

CHAPITRE VII. — Conservation et défense des forêts.

La science forestière ne consiste pas seulement à connaître les essences qui profiteront le mieux sur le sol dont on peut disposer, les meilleures méthodes de semis, plantation, culture, aménagement et exploitation des bois et forêts, elle apprend encore à défendre ces sortes de propriétés contre toute sorte d'agens destructeurs, et à les garantir des attaques d'ennemis auxquelles elles sont plus exposées que toutes les autres.

Les moyens de conservation ou de défense doivent varier suivant la nature des agens de destruction ou l'espèce d'ennemis qui attaquent nos forêts. Ces agens ou ces ennemis sont l'homme, les animaux, les végétaux et quelques phénomènes physiques.

Des forestiers distingués de la France et de l'Allemagne ont étudié avec soin cette partie intéressante de la science; nous citerons entre autres MM Dralet, Bechstein, Burgsdorff, Cotta, Hartig, Meyer, Pfeil, Schilling et Laurop. Ce sont les travaux de ces savans, surtout ceux des derniers, qui vont nous servir de guides dans ce chapitre.

Section Ire. — *Dommages causés par l'homme.*

L'homme peut porter préjudice aux forêts de bien des manières diverses, prévues la plupart par les réglemens forestiers ou les lois de l'État, et classées par celles-ci, suivant leur gravité, en contraventions, délits ou crimes.

Les dommages causés par l'homme peuvent avoir lieu par suite d'une attaque immédiate contre la propriété, ou être le résultat d'actes médiats préjudiciables aux forêts, ou enfin celui de l'ignorance ou de l'abus.

§ Ier. — Attaques immédiates contre la propriété forestière.

Ces attaques portent atteinte soit au sol forestier, soit à ses produits.

1° On *porte atteinte au sol forestier* quand on déplace, bouleverse ou supprime les marques, bornes, poteaux, fossés, pieds corniers, etc., qui établissent la limite des héritages. Les fontaines, ruisseaux, rivières, chemins, montagnes sont souvent employés pour fixer les limites forestières, mais on leur préfère aujourd'hui les pierres, qui ont en effet plusieurs avantages. Pour assurer ces limites, il faut y établir, dans un lieu apparent, des bornes en pierre d'un assez fort cubage pour qu'on ne puisse les renverser facilement. On enfouit sous ces bornes d'autres pierres plus petites ou des matières incorruptibles, telles que du charbon, qu'on appelle *témoins*, et qu'on retrouve quand les bornes ont été déplacées. Un plan cadastral bien fait, une description précise de la propriété, des recolemens de bornage faits de temps à autre avec le plan à la main et en présence des propriétaires riverains, et dont il est dressé procès-verbal, enfin, une surveillance active de la part des agens chargés de la garde des bois et forêts, sont les moyens les plus propres à conserver et à garantir leurs limites.

Avant d'aller plus loin, nous dirons un mot des qualités nécessaires à de bons agens forestiers, en prenant pour guide le portrait qu'en a tracé M. Hartig. Un bon garde doit être d'une constitution robuste, d'une bonne santé, bon marcheur, doué d'une bonne vue, de l'ouïe fine et de beaucoup d'activité et de persévérance. Il est indispensable que sa moralité soit irréprochable. Il doit avoir un certain degré d'intelligence et de capacité, et être brave pour réprimer l'audace des délinquans et des brigands dont les bois sont souvent le repaire. Il doit savoir lire et écrire et être en état de faire un rapport clair et méthodique, connaître l'arithmétique, savoir un peu de géométrie, avoir une idée générale de l'administration, de la science et de l'économie forestières, enfin, connaître tout ce qui concerne les délits forestiers, la chasse et la conservation du gibier.

2° Les *produits forestiers* sont très-difficiles à défendre contre les attaques de l'homme.

Le *bois* est un de ceux qui donnent le plus fréquemment lieu aux délits. Une surveillance active et les peines portées par nos lois ne le mettent pas toujours à l'abri des déprédations. On y parvient quelquefois en délivrant à très-bas prix ou même gratuitement les broussailles, ramilles, copeaux et autres combustibles d'une faible valeur aux pauvres des communes voisines, en maintenant à un prix très-modéré dans les environs tous les menus bois qui servent dans l'agriculture, tels que perches, échalas, gaulettes, liens, rames pour les légumineuses ou le houblon, etc.; en redoublant de vigilance au moment des coupes; en rassemblant autant que possible les bois coupés en grandes masses, toujours plus faciles à surveiller; en vidant les coupes le plus promptement possible, etc.

Il n'y a aussi qu'*une surveillance active* qui puisse prévenir certains délits qui ont pour objet de *mutiler* ou d'*estropier*, avec des instrumens tranchans, les arbres sur pied ou les jeunes plants. Ces attaques, quelquefois très-désastreuses pour les forêts, ont lieu la plupart du temps dans le but de se procurer des harts pour les fagots et les gerbes en coupant de jeunes brins dans les taillis, d'enlever des marcottes et des boutures, de faire des balais avec les pousses du bouleau, de recueillir de la sève en perçant les arbres résineux, des écorces pour la vannerie et la sparterie, de la nourriture ou de la litière pour les animaux, en enlevant les fruits forestiers, ou en coupant des branches de conifères, en moissonnant à la main ou en faisant brouter aux bestiaux les herbes, gazons et autres plantes dans les semis ou plantations, en dépouillant les arbres de leurs feuilles ou bien en enlevant les feuilles sèches, mousses, genêts, bruyères dans les lieux où ces objets sont utiles à la culture et au repeuplement de la forêt.

Nous regardons encore comme *préjudiciables* aux forêts une foule d'actes qui, si on ne s'y opposait pas par une bonne garde, finiraient par avoir des conséquences fâcheuses; tels sont le renversement des marques de coupes, la destruction des haies, fossés, treillages, palis, murs ou clôtures quelconques, ce qui facilite les vols; le renversement des tuteurs des jeunes arbres, le bouleversement ou la destruction des routes forestières ou des chemins, des ponts, du lit des rivières flottables, des ports de débardement; la destruction des greffes, l'enlèvement d'anneaux d'écorce aux arbres, ou les blessures graves qu'on peut leur faire, le renversement des cordes ou piles de bois et plusieurs autres délits, presque tous prévus et punis par les réglemens forestiers. Les agens préposés doivent tenir rigoureusement la main à l'*observation de ces réglemens*, et s'opposer à ce qu'on s'introduise dans les forêts avec des scies, haches, serpes, coignées et autres instrumens de cette nature; à ce qu'on pratique dans une saison ce qui est défendu à cette époque; à ce qu'on ne donne pas lieu, par négligence ou autrement, à des incendies, etc.

L'homme peut *allumer un incendie* dans les forêts, soit avec préméditation, soit par négligence ou par imprudence. C'est un fléau qu'il faut prévenir avec soin, parce qu'il cause souvent les plus prompts et les plus affreux ravages. Un incendie peut se déclarer dans une forêt quand des bûcherons ou des charbonniers allument sans précaution du feu dans des lieux où il peut courir, ou quand les fourneaux de ces derniers sont établis et conduits avec négligence. Dans les sécheresses, une étincelle échappée de la pipe d'un fumeur, la bourre enflammée d'un fusil, une légère flammèche que le vent apporte d'un feu voisin, sont la plupart du temps la cause des embrasemens. Nos réglemens forestiers contiennent un grand nombre de dispositions qui ont pour objet de prévenir cet événement, et des peines graves contre ceux qui tendraient à les enfreindre. C'est aux personnes préposées à la garde des forêts à les connaître et à les faire observer rigoureusement.

Quand l'*incendie est déclaré, il faut employer les moyens les plus prompts* pour arrêter les progrès du feu: 1° faire annoncer le feu dans tout le voisinage par le son des cloches ou tout autre moyen, et inviter les habitans à se rendre sur le lieu de l'incendie, armés de haches, hoyaux, pelles ou bêches; 2° à placer les travailleurs à mesure qu'ils arrivent, les uns pour faire des abattis sous le vent, les autres pour peler la superficie de la terre dans une largeur de 6 à 7 mètres, en rejetant les herbages secs et les gazons du côté opposé au feu; 3° à pratiquer, quand la circonstance l'exige, des tranchées à une certaine distance du feu; 4° à se servir d'eau et de pompes quand on peut s'en procurer; 5° à faire fouiller la terre quand le feu a pris dans les bruyères ou des matières sèches, et à la jeter sur ces matières enflammées, ou même sans attendre qu'elles le soient. La terre étouffe le feu et la tranchée arrête la communication.

Quand on est parvenu, n'importe par quel moyen, *à éteindre un incendie*, on fait veiller sur les lieux pendant plusieurs jours et plusieurs nuits, surtout si on aperçoit encore çà et là des matières enflammées, et on fait parcourir aux hommes préposés à cette garde, non seulement les endroits incendiés, mais encore ceux des environs qui se trouveraient sous le vent, afin d'étouffer, avec de la terre ou autrement, le feu qui se rallumerait, ou les flammèches qui auraient été emportées dans les cantons voisins.

§ II. — Attaques médiates contre les forêts.

L'homme nuit médiatement aux forêts quand il cherche à en tirer, dans un temps donné, plus de produits qu'elles ne peuvent en fournir; quand il en néglige la culture et en dirige mal l'aménagement. Il diminue aussi leur produit lorsqu'il tolère les abus qui se glissent la plupart du temps dans la jouissance des servitudes ou des droits d'usage.

Un *propriétaire nuit à ses forêts* quand il y coupe plus de bois que ne le comporte une bonne période d'aménagement. Il diminue leur produit quand il déracine, sur partie ou totalité du sol, des arbres dont les souches auraient donné de bons recrus, ou défriche imprudemment et emploie le sol à d'autres usages économiques; lorsqu'il pratique des coupes extraordinaires, règle d'une manière préjudiciable à sa propriété l'âge de ses coupes, de manière que la quantité de bois diminue annuellement; lorsque ses arbres, abandonnés trop long-temps sans être exploités, dépérissent et se pourrissent; lorsqu'il adopte un mode vicieux de culture forestière, opère ses coupes à contre-saison, néglige de faire le nettoiement des taillis et les éclaircies nécessaires, ou bien enlève trop de bois en les pratiquant, et agit, dans ce cas, avec peu de prudence et sans discernement; enfin, quand il néglige le repeuplement en bonnes essences appropriées au sol, ou d'après les règles d'un bon assolement forestier. Il n'y a d'autre moyen, pour éviter les dévastations qu'on peut causer ainsi aux forêts et leur dépérissement, qu'à les diriger suivant les principes que nous avons posés dans ce livre, ou d'en confier l'administration à des forestiers instruits et honnêtes.

Les *droits d'usage* qui pèsent encore sur les forêts donnent lieu, quelle que soit l'activité des gardes et malgré les lois qui en règlent et déterminent la jouissance, à des abus si graves et si nombreux, que c'est une des causes les plus actives du dépérissement de la propriété forestière. Ces droits d'usage se divisent en grands et petits usages. Les *grands usages* sont : 1° l'*affouage*, ou droit de prendre dans une forêt le bois de chauffage nécessaire aux usagers; 2° le *marronnage*, ou le droit de se faire délivrer des arbres pour la construction et les réparations des bâtimens; 3° le *pâturage* ou *pacage*, ou droit de faire paître le bétail; 4° le *panage*, la *glandée* ou la *paisson*, qui consiste dans la faculté de mener les porcs dans une forêt pour s'y nourrir de glands et faînes.—Les *petits usages* consistent principalement à enlever les branches sèches, les bois morts et les morts-bois, c'est-à-dire certaines espèces de peu de valeur, telles que saules, marsaults, épines, sureaux, aunes, genêts, genévriers et ronces.

Relativement aux *droits d'affouage et de marronnage*, l'usager ne pouvant exercer son droit sans une délivrance préalable du propriétaire ou de l'administration forestière, et les arbres en délivrance étant préalablement marqués, on parvient avec de la surveillance à prévenir les abus. D'ailleurs, on peut fixer le jour auquel on enlèvera ces bois; ne pas permettre que les usagers vendent ou permutent leurs lots; surveiller leur transport, et s'assurer que ces bois ne reçoivent pas une autre destination que celle pour laquelle ils sont délivrés. On peut aussi discuter et soumettre à la révision les titres des usagers, faire procéder à une évaluation de leurs droits, et racheter ces droits par une indemnité ou par l'affectation d'un cantonnement; enfin, on peut atténuer l'effet des abus qu'entraîne leur jouissance par l'observation rigoureuse des lois forestières, que nous ferons connaître dans notre partie législative.

Le *pâturage et le panage* sont bien plus préjudiciables aux forêts que l'affouage, tant sous le rapport du dommage que les animaux font dans les bois, que par les nombreux délits et les abus auxquels donne lieu la jouissance de ce droit. En effet, les vaches et les bœufs recherchent les feuilles et les bourgeons, leurs pieds battent le terrain et étouffent les germes et les jeunes plantes; les chevaux et les ânes mangent des branches de l'épaisseur du doigt, rongent l'écorce des arbres, et en se roulant font un dégât énorme; les chèvres et les moutons, dont l'introduction est sévèrement prohibée dans les bois de l'Etat et des communes, causent dans les forêts de bien plus grands dommages encore en broutant les bourgeons des jeunes coupes, et en privant ainsi les cépées de leurs feuilles et de leurs moyens naturels de végéter; les porcs mangent les glands et les faînes, fouillent la terre, déracinent les cépées, culbutent les semis et causent un double dommage en détruisant le bois et en s'opposant au repeuplement.

Les meilleurs réglemens sur le pâturage et le panage dans les forêts ne suffiront jamais pour en faire cesser les abus, et tous les forestiers instruits, tant français qu'étrangers, s'accordent à en réclamer la suppression. On peut employer contre les abus auxquels ce droit donne lieu, ainsi que contre les petits usages, quelques-uns des moyens indiqués pour se préserver des inconvéniens de l'affouage, tels que la surveillance active, le rachat moyennant indemnité et l'observation rigoureuse des dispositions réglementaires et législatives qui fixent l'exercice de ce droit, tant dans les forêts de l'Etat que dans celles des particuliers.

§ III.—Dommages résultant de l'abus ou de l'ignorance.

L'*exploitation des bois*, c'est-à-dire l'*abattage*, le *transport* et le *travail* en forêts peuvent donner lieu à plusieurs pratiques vicieuses et à des abus très-funestes, qui exigent qu'on les prévienne, les arrête ou les réprime avec sévérité. Ces pratiques, relativement à l'abattage, concernent soit le temps où on le fait, soit la manière de le faire.

L'expérience paraît avoir prouvé qu'il est nuisible à la qualité des bois et à la reproduction des souches de *procéder à l'abattage des arbres* en sève, et que l'exploitation d'hiver est la plus favorable. L'abattage d'été détériore les bois, affaiblit les souches par une déperdition considérable de sève, fait perdre une feuille, endommage davantage les jeunes plants, est plus dispendieux et enfin plus difficile par suite de la quantité de feuilles dont les bois sont couverts.

Relativement aux *méthodes qu'il faut suivre pour l'abattage*, nous nous sommes déjà expliqué à cet égard (page 120), mais il faut de plus veiller à ce que pendant le travail les arbres de réserve ne soient pas *encroués*, c'est-à-dire endommagés par la chute de ceux qu'on abat, et s'opposer avec soin à ce que les arbres à abattre tombent sur de jeunes plants, ne les brisent ou ne les mutilent dans leur chute. On évite les dégâts de cette nature en élaguant les principales branches des arbres à exploiter et en dirigeant avant l'abattage leur chute dans la direction où ils causeront le moins de dommage, ce qui est toujours possible.

Quant aux abus auxquels peut donner lieu l'*exploitation des bois*, on doit d'autant plus se mettre en garde contre eux et les prévenir, qu'ils donnent lieu à des dommages le plus souvent irréparables; qu'ils entraînent à des dépenses considérables ou bien à des procès ruineux. C'est dans cette catégorie qu'il faut ranger l'abattage des pieds corniers, témoins, parois, arbres de lisière et de réserve, le bouleversement des routes et chemins, la destruction des ponts, ponceaux, barrières, le comblement des fossés, sangsues, rigoles, la ruine des cépées, semis et plantations, la mutilation des gros arbres, l'enlèvement frauduleux des bois de chauffage, les vols de toute espèce, etc. Une active surveillance au moment de l'exploitation et l'observation des réglemens de police forestière peuvent prévenir et mettre un terme à ces abus; mais il faut en outre rendre responsables des délits les adjudicataires des coupes, les marchands ventiers, leurs facteurs ou garde-ventes et tous autres préposés à cette exploitation ou à la direction des ateliers.

La *récolte ou l'exploitation de ce que nous avons nommé menus produits* au chap. VI peuvent devenir extrêmement dangereuses pour les forêts quand on ne surveille pas avec activité ceux qui sont chargés de les faire. C'est ainsi que la récolte des *écorces* pour les tanneurs fait périr les souches quand on ne pratique pas auparavant au pied du brin de taillis, et le plus près possible de terre, une incision annulaire d'une largeur suffisante pour que le déchirement de l'écorce ne se communique pas aux racines; que l'extraction des *produits résineux* ou *de la sève*, qui déjà nuit à la croissance des arbres, à la qualité de leur bois et à la durée de leur existence, devient encore plus préjudiciable quand elle commence plus de 10 à 12 ans avant l'exploitation d'un canton, qu'on la pratique plus de 5 ou 6 fois sur chaque arbre, que l'enlèvement et le grattage de la résine sur les arbres entaillés au printemps est faite plus tôt que le mois d'août suivant, avant que les plaies de l'arbre puissent se recouvrir et empêcher les eaux pluviales de pénétrer dans la substance ligneuse. On ne doit également faire sur chaque arbre, du côté opposé à celui où viennent les pluies, qu'une entaille s'il est petit, et s'il est gros, qu'une seconde après la première; ces entailles ayant au plus 4 pi. de hauteur sur 1 et 1/2 po. de largeur. La récolte des *feuilles*, celle des *fruits sauvages* à la main ou au *pâturage* et à la *glandée* ne doivent avoir lieu aussi, pour éviter les abus, qu'à une époque fixée, dans des cantons désignés et avec des formalités qu'il importe à la sûreté des forêts et à leur repeuplement de rendre aussi difficiles que possible à remplir et de faire observer avec vigueur.

La *culture des clairières, des places vides, vaines ou vagues* renfermées dans l'enceinte des forêts, souvent utile et avantageuse, donne quelquefois lieu à des délits et à des excès qui peuvent avoir des conséquences graves pour les bois. Aussi doit-on, quand on la permet, fixer au fermier le mode de culture, les plantes qu'il doit cultiver, l'époque de la récolte et la manière de la faire, et en même temps surveiller tous les serviteurs et ouvriers qu'il emploie, et les rendre responsables des dégâts.

Le sol des forêts offre souvent des *espèces minérales* utiles, telles que la chaux, la pierre à bâtir, l'argile, la marne, le sable, la tourbe, à l'enlèvement et à l'extraction desquelles il faut généralement s'opposer. Si on juge à propos de faire ou de concéder l'exploitation de ces matières, il faut y procéder avec des précautions extrêmes, parce que celle-ci entraîne à sa suite un grand nombre d'inconvéniens et d'abus très-préjuciables aux forêts et qui balancent les avantages qu'on peut recueillir de l'exploitation. C'est ainsi qu'en ouvrant des carrières et en transportant les machines, les matériaux ou produits, on diminue, on mine l'étendue du sol forestier, on détruit, renverse ou mutile les arbres qui peuplent la forêt, et enfin qu'on ouvre une large porte aux vols ou aux délits de toute espèce auxquels se livrent journellement les ouvriers exploitans. Pour mettre fin à ces abus ou délits, il faut renoncer à ces sortes d'exploitations quand on peut se procurer les matières minérales autre part et au même prix; circonscrire, clore et entourer le canton exploité et les routes qui y conduisent, rétablir le sol partout où on cesse d'exploiter, déterminer avec soin le mode d'exploitation et de transport, rendre les entrepreneurs responsables des délits commis par leurs ouvriers ou gens de service, ainsi que de tous ceux qui ont lieu dans les cantons environnans de leur exploitation.

SECTION II. — *Animaux nuisibles aux forêts.*

Dans la police forestière il faut distinguer les animaux domestiques de ceux qui vivent à l'état sauvage. Une surveillance active et les peines portées par nos lois et réglemens contre les propriétaires des premiers servent, comme nous l'avons vu, à garantir la propriété contre leurs ravages. Quant aux seconds, il n'est pas aussi facile de prévenir leurs attaques ou de s'en préserver.

Parmi les animaux sauvages qui portent préjudice à nos forêts, les uns appartiennent à la classe des mammifères, les autres à celle des oiseaux, et le plus grand nombre à celle des insectes.

§ Ier. — Les mammifères.

1° Le *daim* (*cervus dama*, L.). En hiver il dévore les bourgeons et l'écorce de tous les arbres, au printemps les jeunes pousses, et en été les feuilles et les branches des pins, sapins, mélèzes, et de plusieurs arbres à feuilles caduques. A toutes les époques de l'année cet animal dépouille les arbres de leur écorce et brise les jeunes brins.

2° Le *cerf* (*cervus elaphus*, L.). En hiver il mange les jeunes pousses, surtout celles des épicéas, mélèzes, trembles et de plusieurs saules; au printemps il attaque celles des hêtres, érables, ormes et frênes; en été il détruit les feuilles et les jeunes branches de tous les arbres. Il est encore très-nuisible par les plaies redoutables que sa dent fait à l'écorce des sapins et des pins. Il cause quelque dommage aux arbres en y frottant son jeune bois pour le débarrasser de la peau qui le couvre.

3° Le *chevreuil* (*cervus capreolus*, L.) est très-préjudiciable aux forêts, où sa présence s'oppose à un bon mode de culture. Il habite de préférence les taillis, où il se nourrit des jeunes tiges, des pousses et des bourgeons des plantes ligneuses, surtout du chêne, frêne, charme, tremble, et des jets de pins et même de sapins. A peine touche-t-il aux plantes herbacées et aux graminées.

4° Le *sanglier* (*sus scropha*, L.) fait un tort considérable dans les semis de bois en fouillant la terre pour en tirer le gland, la châtaigne et la faine; il empêche encore le repeuplement, en broutant les jeunes arbres nouvellement levés et en détruisant par sa masse et ses habitudes brutales les jeunes taillis qu'il mutile, foule aux pieds, brise ou déchire. Le sanglier a quelque utilité, il délivre les bois des mulots, des souris et de quelques insectes auxquels il fait une chasse fort active.

5° Le *lièvre* et le *lapin* (*lepus timidus* et *cuniculus* L.) ne sont nuisibles que lorsqu'ils sont très-multipliés. Alors ils font quelquefois beaucoup de tort en dévorant les pousses des jeunes hêtres et parfois même des sapins, et en écorçant aussi les trembles, les saules et quelques autres arbres, mais seulement en hiver quand ils manquent de nourriture.

6° L'*écureuil* (*sciurus vulgaris*, L.) ne devient incommode que lorsqu'il se multiplie beaucoup; alors il ronge les bourgeons des arbres à feuilles caduques, mange les pousses des pins et des sapins, et déterre les semences des chênes, hêtres, ainsi que celle des pins et sapins.

7° Le *mulot* et la *souris* (*mus sylvaticus* et *musculus*, L.). Le premier de ces animaux cause de grands ravages dans les forêts par la grande consommation qu'il fait de glands et de faînes, et par la destruction des jeunes recrus. Il aime surtout l'écorce des jeunes charmes, hêtres, érables et frênes, et il arrive souvent que les taillis de 2 à 6 ans sont entièrement écorcés par ce rongeur. On le voit aussi se nourrir, en cas de besoin, de racines tendres et des bourgeons de presque tous les jeunes plants, qu'il déchausse en outre en soulevant la terre pour creuser ses galeries. La souris cause moins de dégâts que le mulot, parce qu'elle est plus faible et moins vorace, mais elle est nuisible par sa grande fécondité.

8° La *taupe* (*talpa Europea*, L.) bouleverse les semis et coupe les racines des jeunes arbres. Les forestiers connaissent aujourd'hui les moyens qu'on emploie ordinairement pour se délivrer de cet animal.

La plupart des forestiers sont d'avis qu'il n'est pas possible de *conserver de beaux bois avec des bêtes fauves*, et qu'il vaudrait mieux les bannir entièrement que de les multiplier. Néanmoins, comme ces animaux, malgré leurs ravages dans les forêts, ont encore un but d'utilité, soit comme produit, soit pour les plaisirs de la chasse, etc., il convient peut-être d'en conserver un certain nombre. Sous ce point de vue, la science du forestier consiste donc à fixer ce nombre d'une manière telle que les inconvénients qui résultent de leur présence soient compensés par les avantages qu'on peut en tirer. Ainsi, on doit accroître ou diminuer ce nombre jusqu'à ce qu'on soit arrivé au point où, avec des bêtes fauves, le repeuplement de la forêt n'éprouve pas de difficulté sensible, et où les arbres prennent librement tout le développement qui correspond à leur âge. Arrivés à cette limite, il faut pourvoir à la nourriture de ces animaux, si on veut encore diminuer leurs ravages. On y parvient en favorisant, au printemps et en été, dans les clairières et les lieux dégarnis, la croissance des végétaux et des plantes qu'ils préfèrent, et, en automne, en abattant quelques arbres dont les feuilles et les jeunes tiges leur servent principalement d'alimens, tels que les trembles, peupliers, tilleuls, etc., et en les laissant avec leurs feuilles et branchages sur le terrain tant que les animaux y trouvent de quoi se nourrir. Les *clôtures* sont aussi un moyen fort efficace pour garantir les jeunes arbres, semis et plantations de la dent des bêtes fauves. Une hauteur de 5 pieds est suffisante pour cet objet; seulement, ces clôtures doivent être établies le plus économiquement possible. A ce sujet, on doit encore observer, pour garantir les forêts contre les dégâts des bêtes fauves, que, suivant les localités et les essences, *certaines espèces sont plus nuisibles que d'autres*. On s'attachera donc à diminuer beaucoup le nombre des premières, ou à les detruire entièrement, et à favoriser la multiplication des autres. Enfin, on doit s'appliquer constamment, au moyen d'une surveillance active, à éloigner certaines espèces des endroits où elles pourraient causer le plus de ravages.

La *chasse* de ces animaux cause aussi des dévastations considérables dans les forêts; c'est au forestier habile à donner les indications nécessaires pour la diriger de la manière la moins désastreuse aux végétaux qui peuplent les bois confiés à ses soins.

La *quantité de bêtes fauves* qu'il faut conserver sur un espace donné dépend des localités, de l'essence des arbres qui y croissent, du mode de culture et d'aménagement, de l'espèce d'animaux qu'on veut y entretenir et des moyens artificiels dont on peut disposer pour les nourrir. En Allemagne on calcule, en ayant égard à toutes ces considérations, qu'on peut placer un cerf et une biche sur 4 hectares de superficie; une paire de daims sur 2 hect. 1/2, et une paire de chevreuils sur environ 3 hectares. Quant au sanglier, on doit autant que possible le bannir entièrement.

Lorsque l'écureuil se propage en trop grand nombre, on lui fait une chasse active et on provoque le zèle des habitans du voisinage en accordant une prime à ceux qui l'attaquent et le détruisent.

On emploie divers moyens pour se garantir des ravages des mulots et des souris, et pour amener leur destruction.

1° On favorise la *multiplication des animaux qui dévorent* ces petits quadrupèdes. Parmi les mammifères, les plus dangereux ennemis des rats et des souris sont les chats, les renards, le blaireau, le putois, le hérisson, les martes, les belettes, etc. Les chiens les chassent aussi avec fureur et en tuent beaucoup. Il serait facile de les dresser à cette chasse.

Au nombre des oiseaux, on compte tous ceux qui sont nocturnes, le milan commun, le tiercelet, l'émouchet, l'orfraie, la buse, le faucon, la bondrée, la corneille, le corbeau, la cigogne, etc. Ces animaux détruisent une quantité considérable de souris; quelques-uns, il est vrai, nuisent à la propagation du menu gibier, mais, au moins, on n'a pas à craindre de les voir se multiplier au-delà des bornes nécessaires, parce que la plupart émigrent quand ils ne trouvent plus une nourriture suffisante dans les lieux qu'ils habitent, ou bien se font mutuellement la chasse.

2° On *introduit des porcs dans les forêts* infestées. Ceux-ci fouillent la terre, vont chercher les mulots et souris jusque dans leur retraite et les dévorent.

3° On *pratique des fossés* sur la limite des champs et des forêts. Les mulots se répandent dans les champs pendant le printemps jusqu'à l'automne, époque à laquelle ils retournent dans les forêts, où ils trouvent des glands, des faines, des noisettes et autres fruits dont ils font provision pour l'hiver. Pendant l'été on creuse au bord des forêts des fossés de 3 pieds de profondeur, à parois verticales et bien unies, et on place de distance en distance des pots à demi remplis d'eau, de telle façon que l'animal, qui ne peut les éviter, tombe dedans et se noie. Les autres moyens proposés pour détruire ces animaux ne paraissent pas praticables en grand.

§ II. — Les oiseaux.

Les dégâts que causent les oiseaux dans les forêts sont peu considérables, à moins qu'ils ne multiplient au-delà des limites raisonnables. Ils se bornent, en général, à rechercher et à dévorer les graines, soit sur les arbres, soit dans le sol, ce qui les rend nuisibles aux semis. Quelquefois ils becquettent les bourgeons, principalement ceux des conifères et des bouleaux, et quelques-uns d'entre eux se nourrissent même de jeunes tiges.

Au nombre des *oiseaux les plus nuisibles* aux forêts, on compte le coq de bruyère, le petit tétras ou coq de bouleau, qui est très-rare en France, la gélinotte ou poule des coudriers, le pigeon ramier, le faisan, l'oie et le canard sauvages; d'autres le sont beaucoup moins, tels sont : le pinçon ordinaire, les becs-croisés, le verdier, le loriot, etc.

Les *mesures à prendre contre les oiseaux* sont d'empêcher la multiplication de ceux qui font le plus de dégâts dans les forêts, et par la vigilance, d'écarter simplement les autres pendant quelque temps du lieu où l'on a fait des semis.

§ III. — Les insectes.

Voici les ennemis les plus dangereux des forêts, ceux qui se multiplient à l'excès quand on n'arrête pas leur propagation, et qui exigent la plus grande surveillance et l'activité la plus infatigable de la part des agens forestiers pour prévenir leurs dégâts et arrêter leurs ravages.

L'ignorance où l'on est encore sur les mœurs de la plupart des insectes à l'état de larve, fait qu'on ne *connaît pas encore tous ceux qui peuvent nuire aux forêts*, et la nature des dégâts qu'ils y font. Nous ne pouvons donc mentionner ici que ceux dont les attaques ont été bien constatées par les observations des forestiers et des naturalistes, en les rangeant dans l'ordre adopté par ces derniers.

Les *ravages causés par les insectes sont de différentes espèces*; les uns percent le bois des arbres abattus ou vivans, les autres se nourrissent de leurs fruits, et un grand nombre en dévorent ou en sucent les feuilles. Plusieurs, tels que la plupart des coléoptères, des hémiptères et des hyménoptères, vivent séparés et n'attaquent guère qu'individuellement les végétaux des forêts; d'autres, au contraire, comme plusieurs lépidoptères, sont réunis en société et dévastent en commun, à l'état de chenilles, nos bois et nos vergers, où ils causent des pertes incalculables si on ne s'empresse d'anéantir leurs voraces peuplades.

A. *Coléoptères*

Voici l'énumération des insectes de cet ordre, que le forestier doit redouter:

1° Le *hanneton commun* (*scarabæus melolontha*, L.), insecte connu de tout le monde, qui se montre aux mois d'avril et de mai, et dévore les fleurs et les feuilles des chênes et des hêtres. Ses larves, connues sous les noms vulgaires de *vers blancs*, *mans*, *turcs*, etc., rongent les racines des arbres et les font languir ou périr. A l'état parfait on peut recueillir les hannetons en secouant les arbres, les insectes engourdis tombent; on les écrase ou bien on les brûle en tas. A celui de larve, on les trouve en remuant la terre et on les fait dévorer par des oiseaux de basse-cour ou des porcs. Quelques quadrupèdes, les oiseaux de proie diurnes et nocturnes, les pies-grièches, les gallinacées, les freux, les pies, les corbeaux, leur font une chasse active et en détruisent beaucoup.

Fig. 166.

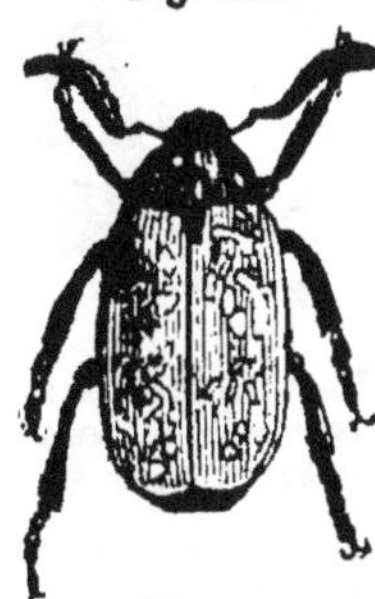

Le *hanneton foulon* (*S. fullo*, L.) (*fig.* 166), long d'un pouce et demi, brun ou noirâtre, tacheté de blanc en dessus. On le rencontre particulièrement sur les côtes et dans les dunes. Il paraît en juillet et attaque les tilleuls, les peupliers et surtout les chênes qu'il dépouille de leurs feuilles. On peut lui faire la guerre comme au précédent.

2° Le *bostriche typographe* (*bostrichus typographus*, Fab.), *dermeste typographe* de Linné, et *scolyte typographe* d'Olivier et de Latreille (*fig.* 167); brun, velu, à élytres striés, tronqués et dentés à l'extrémité, long de 2 lignes 1/2. C'est à l'état de larve, depuis avril jusqu'en octobre, que cet insecte attaque divers arbres, et devient un véritable fléau pour les forêts de sapins et d'épicéas, en s'insinuant entre l'écorce et le bois, et en y traçant une multitude de galeries qui arrêtent la circulation de la sève. Il exerce de préférence ses ravages sur les arbres malades ou mutilés et les bois gisans, mais il se jette aussi sur les arbres sains, et détruit en peu d'années de vastes forêts. Pour se garantir du typographe, on favorise la multiplication de ses ennemis, tels que les oiseaux de nuit, les campagnols, les pics, les mésanges, les pinçons et plusieurs autres espèces de passereaux; on enlève promptement, et en toute saison, les arbres malades, avariés ou abattus, ou au moins on écorce ces derniers; on extirpe aussitôt les souches après l'abattage, ou on les dépouille le plus tôt possible de leur écorce; on garantit les bois d'arbres résineux de l'action violente des vents et de la chaleur, qui occasionent l'état languissant des arbres que le bostriche attaque de préférence. Enfin, on recherche avec attention les arbres attaqués par l'insecte, qu'on reconnaît à leur flèche desséchée et à la couleur jaune de leurs aiguilles, et on les abat et les écorce sans délai. On parvient à détruire le typographe par des procédés analogues, et en brûlant l'écorce des arbres infectés, ou en lui offrant pour appât quelques arbres gisans où il se réfugie, et qu'on livre aux flammes au bout de trois à quatre semaines. Un lait épais de chaux vive, appliqué au pinceau sur les parties décortiquées des arbres attaqués, a donné, dit-on, de bons résultats.

Fig. 167.

3° *Bostriche du pin sylvestre* (*B. pinastri*, Bechst), *bostriche capucin* de Geoffroy, Olivier et Latreille (*fig.* 168); long de 4 à 5 lig., brun marron avec les étuis et l'abdomen rouges. Il attaque, comme le précédent, les pins sylvestres morts ou vivans, gisans ou sur pied, surtout les vieux arbres. On se garantit de ses ravages et on le détruit par les mêmes moyens que le précédent.

Fig. 168. Fig. 169.

4° *Scolyte piniperde* (*scolytus piniperda*, Oliv. Lat.), *dermeste piniperde* de Linné (*fig.* 169), noir, légèrement velu, avec des stries crénelées sur les élytres; antennes et pattes rouges; long de 2 lignes. On le trouve sous l'écorce des bois résineux de 40 à 70 ans, auxquels il cause souvent de très-grands dommages. Il perce aussi un trou dans les jeunes pousses des pins sauvages, et dépose ses œufs dans leur canal médullaire. La larve, qui éclôt bientôt après, ronge la moelle et occasione ainsi le desséchement et la chute des pousses. On emploie pour sa destruction les mêmes moyens que pour le typographe.

5° *Scolyte destructeur* (*scolytus destructor*, Lat.) (*fig.* 170), noir, brillant, ponctué, les antennes, les étuis et les pattes marron. Il cause les plus grands dommages aux ormes, surtout à ceux qui végètent avec peu de vigueur.

Fig. 170.

6° *Bostriche du mélèze* (*bostrichus laricis*, Fab.), noir, élytres crénelés, long de 2 lignes. Il se tient sous l'écorce des mélèzes sur pied ou gisans.

7° *Bostriche des sapins* (*dermestes micrographus*, Lin., *bostrichus abietiperda*, Bechst), noir, corps tronqué à l'extrémité, élytres entiers, long de 1 1/4 ligne. On le rencontre surtout sous l'écorce des épicéas de tous les âges.

8° *Scolyte testacé* (*scolytus testaceus*, Lat.), *dermeste testacé* de Linné, d'un jaune d'ocre ou brun; ailes entières, lisses et recouvrant tout le corps. On ne le trouve guère que sur les pins malades, et est assez rare en France. Il est de la grosseur du typographe, et on peut lui faire la guerre en même temps qu'à celui-ci.

La famille des *xilophages* de Latreille, parmi laquelle sont les *bostriches*, les *scolytes*, etc., contient encore un bien plus grand nombre d'insectes qui vivent sous l'écorce ou dans le bois des arbres; mais leurs mœurs sont moins connues, et ils ne se multiplient pas avec autant de rapidité que le typographe. D'ailleurs on peut arrêter leurs ravages par les mêmes moyens qu'on emploie contre ce dernier ennemi.

9° La *cantharide des boutiques* (*meloe vesicatoricus*) (*fig.* 171), longue de 6 à 10 lignes, d'un vert doré, luisant, avec les antennes noires. Cet insecte, bien connu par ses propriétés vésicantes, attaque surtout le frêne à fleurs (*fraxinus ornus*). En secouant, le matin, les jeunes arbres que les cantharides affectionnent le plus, elles tombent; on les ramasse et on les jette dans du vinaigre pour les vendre ensuite aux pharmaciens.

10° Dans la famille des *charançons*, on compte principalement parmi ceux qui attaquent les arbres de nos forêts : 1° le *rhynchêne des pins* (*rhynchænus pineti*, FAB.) (*fig.* 172), qui est noir, long de 3 lignes, avec

Fig. 171.

Fig. 172.

les ailes striées et tachetées de blanc. Comme le scolyte piniperde, sa larve s'introduit dans la moelle des branches du pin sylvestre et du sapin, et fait périr les jeunes arbres. La plus simple manière pour s'en délivrer, c'est de l'enlever à la main ou de le recevoir dans des toiles placées au-dessous des arbres, et dans lesquelles il se laisse tomber quand on agite ceux-ci ; 2° le *rhynchêne de l'aune* (*rhynchænus alni*, FAB.) (*fig.* 173), qui dévore

Fig. 173.

Fig. 174.

les feuilles de l'aune et du bouleau ; 3° le *rhynchêne de l'osier* (*rhynchænus viminalis*, FAB.) (*fig.* 174), qui attaque celles du chêne et du saule.

11° La famille des *chrysomèles* renferme plusieurs insectes nuisibles aux forêts ; tels sont d'abord la *chrysomèle du peuplier* (*chrysomela populi*) (*fig.* 175), longue de 5 à 6 lignes, ovale-oblongue, bleue, à ailes fauves avec un point noir à l'angle interne; sa larve dévore souvent en société la feuille du peuplier, du saule et des jeunes trembles; la *chrysomèle violette* (*chrysomela violacea*, PANZ.) attaque aussi les saules ; le *gribouri soyeux* (*cryptocephalus sericeus*, FAB.) (*fig.* 176), qu'on rencontre sur les mêmes arbres; le *gribouri du coudrier* (*C. coryli*, FAB.) (*fig.* 177), qui attaque les jeunes bourgeons du noisetier; la *gleruque de l'orme* (*chrysomela calmariensis*, LIN.) (*fig.* 178), longue de 3 lignes, jaunâtre ou verdâtre en-dessous, 3 taches noires sur le corselet, et une raie de la même couleur sur chaque étui ; dans les années où elle est abondante, sa larve mange le parenchyme des feuilles de l'orme, et occasione leur desséchement. Presque tous ces insectes, qui peuvent être recherchés à

Fig. 175.

Fig. 176.

Fig. 177.

Fig. 178.

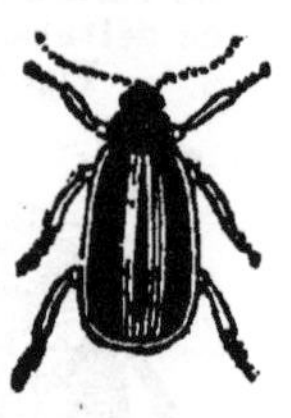

la main et enlevés, ont l'habitude de se laisser tomber quand on les approche ou lorsqu'on les touche, et de faire le mort pour se soustraire aux recherches.

12° Beaucoup d'autres insectes coléoptères dont les larves vivent dans le bois, telles que celles de plusieurs espèces de *leptures*, de *capricornes*, de *priones*, font périr un grand nombre d'arbres ; mais, malgré leur grosseur, les dégâts que causent ces larves ne sont jamais aussi considérables que ceux faits par les insectes précédens. D'ailleurs les oiseaux les recherchent avec avidité et en tuent un très-grand nombre. M. WATCHER a aussi signalé le *bupreste vert* (*buprestus viridis*, FAB.) comme faisant éprouver beaucoup de dommages aux plantations de hêtre.

B. *Orthoptères.*

13° Parmi cet ordre d'insectes, nous ne connaissons guère que la *courtilière commune* (*gryllus grillotalpa*), qui exerce des ravages dans les pépinières en coupant les racines des plantes pour y pratiquer ses galeries. On se défait des courtilières en pratiquant de petites fosses qu'on remplit de fumier où elles se rassemblent en quantité, et qu'on éparpille ensuite promptement à la fourche pour tuer celles qu'on y rencontre.

C. *Hémiptères.*

14° Les hémiptères qui nuisent aux grands végétaux de nos forêts appartiennent la plupart à la famille des *aphidiens* ou *pucerons ;* tels sont le *psylle du frêne* (*psylla fraxini*, LAT.) : le *P. de l'aune* (*P. alni*, LAT.) (*fig.* 179); le *P. du buis* (*P. buxi*, GEOFF.), et le *P. du sapin* (*P. abietis*), qui se multiplie souvent au point de détruire les jeunes pousses de sapins et des épicéas; le *puceron du chêne* (*aphis quercus*, L.) (*fig.* 180), brun et remarquable par son bec, 3 fois au moins plus long que le corps ; le *P. du hêtre* (*A. fagi*, L.) (*fig.* 181),

Fig. 179.

Fig. 180.

Fig. 181.

tout couvert d'un duvet cotonneux et blanc ; le *P. de l'orme* (*A. ulmi* GEOFF.); le *P. du sureau* (*A. sambuci*, GEOFF); le *P. du tremble* (*A. tremulæ*, L.); le *P. du tilleul* (*A. tiliæ*, L.), etc. Ces insectes se nourrissent du suc des végétaux, soit sur les racines, soit sur les tiges et les feuilles, ou dans l'intérieur de ces dernières. ils multiplient prodigieusement et peuvent causer de grands dégâts. Heureusement qu'une multitude d'autres insectes et d'oiseaux en consomment une quantité prodigieuse, et que les pluies et les brouillards les détruisent en grand nombre.

D. *Hyménoptères.*

15° Au nombre des hyménoptères dangereux aux forêts, il faut ranger quelques *tenthrèdes* ou *mouches à scie* qui, avec leur tarière, font dans les branches des arbres ou les feuilles de petits trous où elles déposent leurs œufs. Les larves, soit solitaires, soit en société, qui éclosent, vivent aux dépens des sucs du végétal. Nous citerons surtout le *tenthrède du pin* (*tenthredo pini*, Geoff.) (*fig.* 182), qui est noir, long de 5 à 6 lignes, a le thorax velu, et qui fait des ravages considérables dans les forêts de pin, où il multiplie avec une étonnante rapidité; le *T. du marceau* (*T. capreæ* Geoff.) (*fig.* 183), qui vit sur les

Fig. 182. Fig. 183.

saules, etc. Les *fourmis* causent aussi dans les forêts, surtout dans celles d'arbres résineux, quelques dégâts qu'il est facile, au reste, de prévenir, en détruisant leurs fourmilières.

E. *Lépidoptères.*

16° Les lépidoptères ou papillons sont les insectes qui causent le plus de ravages dans nos forêts, tant par leur prodigieuse multiplication que par leur accroissement rapide et la consommation considérable d'alimens qu'ils font à l'état de larves. Ces larves, connues sous le nom de *chenilles*, se nourrissent la plupart des bourgeons et des feuilles des végétaux. D'autres rongent les fleurs, les racines, les fruits, l'aubier ou la partie ligneuse des arbres. Il y en a qui aiment à vivre solitaires, d'autres se réunissent en société et exercent en commun leurs dégâts. Les plus dangereux de ces ennemis appartiennent à la famille des *papillons nocturnes*, ou *phalènes* de Linné, parmi lesquelles nous citerons les suivantes :

Le *cossus ronge-bois* (*cossus ligniperda*, Fab.) (*fig.* 184), long d'un peu plus d'un pouce,

Fig. 184.

d'un gris cendré, avec de petites lignes noires nombreuses sur les ailes supérieures. La chenille, que l'on trouve au printemps, ressemble à un gros ver; elle est rougeâtre, avec des bandes transverses d'un rouge de sang. Elle vit dans l'intérieur du bois du saule, du peuplier, du chêne, et particulièrement de l'orme.

Parmi les *bombyces*, qui sont nombreux, citons : 1° le *bombyce processionnaire* (*bombyx processionnea*, Reaum.) (*fig.* 185), corps cendré ainsi que les ailes; 2 raies transverses, obscures vers la base des supérieures, et une 3° un peu noirâtre vers le milieu. Les chenilles ont le corps velu, d'un cendré obscur, avec le dos noirâtre et quelques tubercules jaunes; elles vivent en société sur le chêne; 2° le *B. grand paon* (*B. pavonia*, L.) (*fig.* 186), le plus grand des papillons de no-

Fig. 185.

Fig. 186.

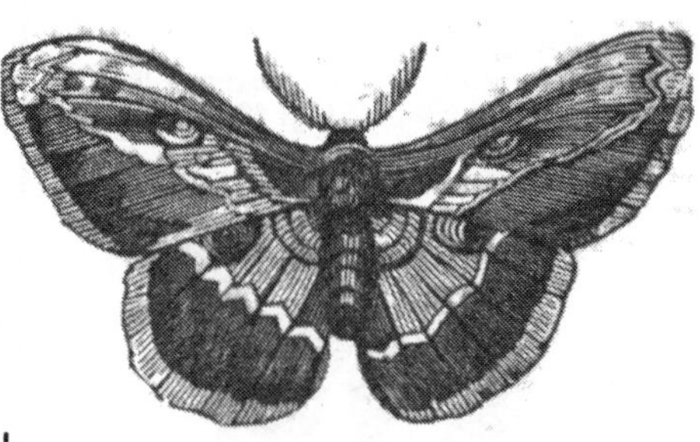

tre pays, ayant jusqu'à 5 pouces de largeur, les ailes étendues. Le corps brun, ainsi que les ailes, une grande tache en forme d'œil sur le milieu de chacune. La chenille est verte avec des tubercules bleus; elle vit de feuilles de différens arbres; 3° le *B. du pin* (*B. pythiocampa*, Wiener) (*fig.* 187); sa chenille dévore les ai-

Fig. 187

guilles des pins sylvestres, des sapins et des épicéas; 4° le *B. moine* (*B. monaca*, L.) (*fig* 188), attaque presque tous les arbres surtout les résineux.

Fig. 188.

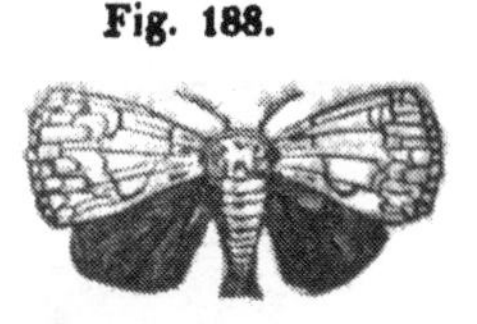

Dans les *phalènes* proprement dites, dont les chenilles sont connues sous le nom d'*arpenteuses*, on doit redouter : 1° la *phalène du sureau* (*Phalæna sambucaria*, L.), d'un jaune de soufre, les ailes marquées de 2 raies transverses et brunes : la chenille est brune; 2° la *P. du bouleau* (*P. betularia*, L.) (*fig.* 189), qui ronge les feuilles de cet arbre; 3° la *P. pi-*

Fig. 189.

niaire (*P. piniaria*, L.) (*fig.* 190), qui se nour-

Fig. 190.

rit de celles du pin.

Parmi les *noctuelles* nous rangeons la *N. du frêne* (*noctua fraxini*, L.) (*fig.* 191), qui vit sur

Fig. 191.

le frêne et le peuplier; la *N. fiancee* (*N. sponsa*, L.) (*fig.* 192), qui habite le chêne; la

Fig. 192.

N. hibou (*N. pronuba*, L.) (*fig.* 193), et la *N.*

Fig. 193.

niperde (*N. piniperda*, Esp.) (*fig.* 194), qui, au

Fig. 194.

mois de mai, font souvent de grands dégâts dans les forêts de pins sylvestres.

La *pyrale verte à bandes* (*pyralis prasinaria*, Fab.) (*fig.* 195), la plus grande des es-

Fig. 195.

pèces de ce genre et dont les ailes supérieures sont d'un vert tendre avec 2 lignes obliques blanches, est connue par les ravages qu'elle cause à l'aune et surtout au chêne.

Plusieurs papillons de la famille des *crépusculaires* sont aussi très-nuisibles aux arbres de nos forêts, entre autres le *sphinx du pin* (*sphinx pinastri*, L.) (*fig.* 196), dont la chenille

Fig. 196.

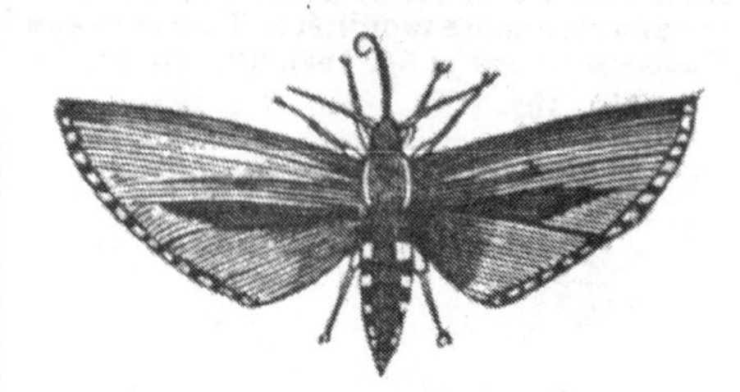

éclôt en juillet et vit principalement sur le pin laricio, dans le nord de la France.

Les attaques de la plupart de ces insectes causent la mort des vieux arbres, mettent dans un état de langueur ceux qui ont atteint leur maturité, nuisent aux jeunes plantes et les font périr; il importe donc de se délivrer de ces animaux, et de les détruire le plus activement possible.

Pour *prévenir les ravages* des insectes on multiplie les animaux qui leur font la chasse et dont la présence ne peut être préjudiciable aux forêts; on exerce une surveillance très-active toute l'année, mais surtout au printemps, après un temps chaud qui favorise leur développement; on évite d'abattre les arbres en sève, surtout les résineux; ou bien on écorce aussitôt ceux qui ont été abattus ou renversés par les vents, ou enfin on les transporte promptement hors de la forêt; on extirpe tout de suite les souches de ces arbres, ou au moins on les écorce; on abat les arbres ou bouquets d'arbres qui sont isolément infestés par les insectes, et on creuse un fossé profond autour de l'arbre ou du canton attaqué; on rompt les gazons et on retourne la terre sous les arbres qui sont devenus la proie des insectes, pour faire périr leurs larves ou les empêcher de se métamorphoser; on introduit les porcs dans les forêts à l'automne et au printemps; on enlève, pour les brûler, les mousses et les feuilles tombées des conifères, quand cela est possible, et lorsqu'on remarque qu'elles contiennent un grand nombre de chrysalides ou de chenilles.

Quand ces mesures ne suffisent pas, il faut mettre en œuvre *des moyens plus actifs de destruction*. On fait un appel à tous ceux qui ont quelque intérêt direct ou indirect à la conservation de la forêt, on assemble des hommes, des femmes et des enfans, et, moyennant un salaire médiocre, on recherche, avec leur secours sous la mousse, au pied des arbres, et on détruit les œufs, les larves, les chenilles et les insectes parfaits qu'on peut recueillir ; on enlève les rameaux, les écorces, les jeunes sujets chargés de ces animaux, de leurs chrysalides, de leurs cocons ou de leurs œufs, et on les brûle. Une légère prime accordée pour la chasse des insectes sert de stimulant et permet d'en détruire ainsi un grand nombre.

Quand les insectes se sont *multipliés au-delà de toute expression,* ces moyens sont malheureusement trop bornés pour empêcher leurs ravages, mais on n'en doit pas moins les mettre en usage pour atténuer autant que possible les dommages qu'ils causent à nos forêts, et pour détruire leurs chrysalides et leurs œufs, et empêcher le retour de semblables dégâts.

La *nature* vient souvent à notre secours, pour nous délivrer de ce terrible fléau. C'est ainsi que l'humidité, le froid, et surtout les fortes gelées, au moment où les insectes sont près d'éclore, ou à celui de leur naissance, lors de leurs premiers développemens, ou même à un âge plus avancé, les font périr par milliers ; que les pluies froides de printemps, les pluies d'orages, les giboulées, anéantissent souvent des générations entières. La grande chaleur fait quelquefois dessécher les chenilles ; les vents violens, en les précipitant des arbres, offrent souvent aussi à l'homme l'occasion de les détruire, et aux animaux la facilité de les dévorer.

Ces derniers sont les *agens les plus puissans* que la nature emploie pour limiter le nombre des insectes. Parmi les mammifères qui les dévorent, surtout à l'état de larves, nous avons déjà cité le porc ; nous y ajouterons le renard, le blaireau, la martre, le putois, le hérisson, la musaraigne, l'écureuil, la taupe, la belette, les chauve-souris, etc. Les oiseaux sont ceux qui font la plus grande consommation d'insectes à tous les états de transformation ; aussi les réglemens forestiers défendent ils de détruire les aires ou nids de ces animaux. On distingue sous ce rapport plusieurs oiseaux nocturnes, la pie-grièche commune, l'écorcheur, le pic-vert, le coucou, le rollier commun, le torcol, la huppe, le grimpereau, les merles, les mésanges, l'étourneau, les hirondelles, le rossignol, la fauvette, le pinson, les moineaux, le corbeau, la corneille, le freux, les pies, etc. On doit par conséquent favoriser la multiplication de ceux de ces oiseaux qui ne dévorent pas en même temps les semences ou ne détruisent pas le gibier. Quelques reptiles, tels que les lézards, les grenouilles, les couleuvres, en font aussi leur proie.

Les *insectes* eux-mêmes comptent parmi leurs tribus plusieurs espèces qui sont des ennemis redoutables pour ceux qui vivent sur les arbres de nos forêts ; ils les détruisent, soit à l'état de larve, soit sous celui de chrysalide ou d'insecte parfait. De ce nombre sont, parmi les coléoptères, les *cicindèles,* plusieurs espèces de *carabes,* de *staphylins,* de *coccinelles ;* parmi les névroptères, les larves d'*hémérobes* détruisent un grand nombre de pucerons ; les hyménoptères sont ceux qui en font la plus grande consommation, et parmi eux il faut distinguer les *ichneumons,* qui placent leurs œufs dans le corps même des chenilles, lesquelles servent ensuite d'aliment à leur future famille ; les *sphex,* qui tuent divers insectes ou leurs larves pour servir de nourritures à leur petits ; les *fourmis,* qui détruisent les larves ou les insectes qu'elles peuvent atteindre ; les *guêpes,* qui renferment dans leurs nids des chenilles ou d'autres larves ; enfin il n'est pas jusqu'à certains diptères ou *mouches* qui ne fassent une chasse active aux pucerons et à de petites larves.

SECTION III. — *Plantes nuisibles aux forêts.*

Certaines *plantes nuisent aux forêts,* surtout quand elles s'y multiplient outre mesure : 1° parce qu'elles couvrent une partie ou la totalité de la surface du sol, et s'opposent ainsi au repeuplement ; 2° parce qu'elles s'emparent du terrain à la surface, le soustraient aux influences atmosphériques, et l'épuisent de ses sucs nourriciers ; 3° parce qu'elles étouffent les jeunes plants ; 4° parce qu'elles s'opposent à la culture du sol que le réseau compacte de leurs racines ne permet pas de remuer sans de grands efforts et avec des frais considérables ; 5° enfin, parce qu'elles vivent en parasites aux dépens des arbres.

Le *nombre des plantes nuisibles* aux forêts est très-grand ; mais toutes ne présentent pas, suivant les circonstances ou les localités, les mêmes inconvéniens. Nous placerons parmi ces plantes quelques arbustes et végétaux ligneux, tels que le *genêt commun* (*spartium scoparia,* L.), dont les racines pénètrent fort avant dans le sol : cet arbuste se reproduit avec beaucoup d'énergie, et est très-difficile à extirper ; la *ronce du mont Ida* ou *framboisier* (*rubus Idæus,* L.) : elle se multiplie également avec une extrême facilité et étouffe les jeunes plants ; la *ronce des haies* ou *frutescence* (*R. fruticosus,* L.), dont tout le monde connaît la prompte multiplication et les envahissemens ; la *ronce à fruit bleu* (*rubus cæsius,* L.), qu'on trouve plus rarement que la précédente dans les forêts ; la *clématite des haies, herbe aux gueux* (*clematis vitalba,* L.) : elle s'élève à 15 à 20 pieds de hauteur, et nuit plutôt à la croissance des arbres adultes qu'à celle des jeunes sujets ; le *lierre grimpant* (*hedera helix,* L.) : comme toutes les plantes grimpantes et sarmenteuses, il serre les branches, y forme des bourrelets qui arrêtent le développement des arbres qui le portent, et vit en partie à leurs dépens ; la *bruyère commune* (*erica vulgaris,* L.), dont les racines pénètrent fort avant dans le sol et empêchent celles des arbres de croître et de s'étendre ; l'*airelle myrtille* (*vaccinium myrtillus,* L.), arbuste rampant qui fait beaucoup de tort aux plantations ; l'*airelle ponctuée* (*vaccinium vitis Idæa,* L.), qui s'empare du sol et en exclut tous les autres végétaux ligneux ; le *houx commun* (*ilex aquifolium,* L.), qui forme parfois des massifs où les autres arbres ne peuvent prospérer. Toutes ces plantes doivent être extirpées quand elles portent préjudice au développement des bois ou traitées comme on l'a dit au paragraphe du nettoiement des taillis, page 98.

Dans les *terrains humides* ou marécageux, on rencontre en outre quelques arbustes qui croissent spontanément, épuisent le sol, et forment, par leurs racines, des réseaux si serrés, que les semences ne peuvent y pénétrer. Tels sont le *ledon des marais* (*ledum palustre*, L.), l'*andromède à feuilles de pouliot* (*andromeda poliifolia*, L.), la *bruyère quaternée* (*erica tetralix*, L.), la *camarine à fruits noirs* (*empetrum nigrum*, L.), l'*airelle veinée* (*vaccinium uliginosum*, L.). On se délivre facilement de ces plantes, en desséchant le sol qui les porte.

Au nombre des *monocotylédonées* qui peuvent porter préjudice aux forêts, on range le *scirpe des bois* (*scirpus silvaticus*, L.), et les *joncs*; parmi les *graminées*, plusieurs *agrostis* et *elymes*, le *nard serré* (*nardus stricta*, L.), et différentes *laîches* (*carex*). Ces plantes n'ont d'effet nuisible que quand elles poussent trop dru, que les racines s'entrelacent, se feutrent et empêchent le sol de recevoir les influences atmosphériques, quand elles s'opposent à la culture des bois, provoquent l'introduction des bestiaux, servent de retraite aux insectes ou à leurs larves, et étouffent les graines qui lèvent lentement.

Les *cryptogames* doivent également attirer l'attention du forestier. Les *fougères* s'étendent avec rapidité dans les endroits qui ne sont pas ombragés par les arbres, et empêchent tout repeuplement dans ces lieux; il faut les extirper avant la maturité des semences. Les *mousses* couvrent, au contraire, le sol dans tous les lieux ombragés et humides; quelques espèces, telles que les *hypnum*, entretiennent la fraîcheur du sol et la germination de plusieurs semences; mais généralement les mousses, surtout celles du genre *polytric*, s'opposent à l'écoulement des eaux, empêchent les semences de parvenir sur le sol, donnent retraite aux insectes et servent à faire naître ou à propager les incendies dans les forêts. On s'en débarrasse en labourant le sol au printemps ou en été. Celles qui s'attachent au tronc des arbres empêchent aussi la transpiration et entretiennent l'humidité. On doit autant que possible les faire disparaître. Les *lichens* viennent sur le sol ou sur les arbres; ces derniers sont les plus nuisibles; ils s'opposent aussi à la transpiration et à l'absorption du végétal, entretiennent sur le tronc une humidité constante longtemps après les pluies, servent de refuge à une foule d'insectes, et nuisent à la croissance des arbres; autant que possible, il faut en délivrer ceux-ci le plus fréquemment possible. Les *champignons* apparaissent sur les racines des plantes qu'ils font périr, ou bien s'attachent au tronc ou aux branches des arbres, et causent la pourriture du bois, ou enfin se montrent sur les feuilles, et n'ont pas alors d'effet bien marqué sur la vie des grands végétaux.

La destruction des champignons a peu d'effet sur les arbres; ce sont les causes de l'existence de ces parasites qu'on doit rechercher. Ces causes sont dues à quelques perturbations dans les fonctions vitales des végétaux; il faut combattre ces maladies par des soins ou par un autre mode de culture ou d'aménagement.

SECTION IV. — *Phénomènes physiques nuisibles aux forêts.*

Les phénomènes physiques qui peuvent nuire à nos forêts sont dus, les uns au climat, d'autres à la nature et à l'état du sol ou à sa configuration topographique. Nous allons examiner dans des paragraphes particuliers l'influence de ces deux causes.

§ Ier. — Phénomènes naturels dus aux climats.

Les phénomènes naturels dus au climat ou atmosphériques, sont le froid, la chaleur, le vent, la neige, le givre et le verglas, et enfin la grêle et la foudre. Le forestier doit d'autant plus chercher à garantir les bois contre leur influence, qu'indépendamment des dégâts qu'ils causent, ce sont eux qui la plupart du temps donnent naissance aux maladies des arbres que nous avons fait connaître plus haut.

1° Le *froid* est en général nuisible à un assez grand nombre de végétaux de nos forêts, qu'il fait souvent périr ou dont il arrête le développement. C'est surtout par les *gelées* auxquelles il donne lieu, que ce phénomène atmosphérique cause le plus de dommages à nos bois. Les gelées produisent des effets d'autant plus funestes pour les arbres, qu'elles succèdent tout-à-coup à un dégel, à de fortes pluies, à une fonte de neige; dans ce cas, toutes les parties des végétaux, imbibées d'eau, distendues et rompues lorsque celle-ci vient à se glacer, sont complètement désorganisées. Les fortes gelées fendent et éclatent les gros arbres de nos forêts, et produisent les défauts connus sous le nom de gelivures, cadranures, faux-aubier, etc. (*Voy.* p. 114). Les gelées de printemps endommagent souvent beaucoup les bourgeons des taillis, surtout si le soleil luit de bon matin et fait fondre la glace par la chaleur de ses rayons.

On garantit les forêts des effets du froid et de la gelée, ou du moins on atténue leurs effets désastreux par un aménagement raisonné et habilement dirigé. De plus, pour parvenir à ce but, on conserve et on entretient avec soin les lisières des bois (p. 96), on forme des rideaux de grands arbres du côté où les vents froids soufflent le plus constamment, ou bien du côté où s'élèvent des vapeurs aqueuses. On donne un écoulement aux eaux qui séjournent à la surface du terrain ou dans les sols humides, et on ménage des courans assez vifs d'air dans ceux qu'on ne peut assécher complètement. Quant aux semis, aux jeunes plants et aux cépées, on les abrite en réservant dans les coupes un certain nombre de vieux arbres convenablement espacés qui les protégent contre le froid; on les couvre avec des feuilles mortes, de la mousse, des joncs ou des ramilles; on les abrite pendant quelque temps avec des plantes qui poussent avec rapidité, et procurent promptement le couvert que les autres réclament; on foule la terre pour que le froid la pénètre moins; on fait choix des essences qui supportent aisément le froid, même dans un âge tendre ; enfin, on fait usage des moyens qui ont été indiqués au chapitre des plantations, p. 77.

2° La *chaleur* est surtout nuisible par la sécheresse qu'elle occasione. Une chaleur forte ou prolongée, en épuisant les sols, surtout ceux qui sont légers, ouverts et sableux, de toute leur humidité, dessèche et fait périr les semences, enlève aux jeunes plantes le véhicule qui charrie leurs alimens, ainsi que leur humidité propre, et les fait périr. Elle exerce aussi une influence funeste sur les arbres dont elle dessèche et fait fendre l'enveloppe corticale.

On parvient à garantir les forêts contre les influences pernicieuses de la chaleur à peu près par les mêmes moyens qui servent à les préserver de l'action du froid. Seulement, dans les sols exposés fortement aux effets des rayons solaires, il faut faire choix, pour les semis et plantations, des essences qui prospèrent dans les terrains secs, les abriter par de grands arbres, conserver des rideaux de bois du côté du sud ; les entremêler avec des plantes qui poussent vite, telles que les saules, merisiers, épines, genêts, etc., ou les défendre par des haies sèches, et enterrer les plants plus profondément ; enfin, empêcher l'enlèvement des végétaux qui peuvent les abriter.

3° Les *vents*, surtout les *ouragans*, causent d'affreux dégâts dans les forêts, principalement dans les futaies, dont ils brisent ou déracinent les arbres. Les taillis résistent mieux ; leurs arbres offrent moins de surface à l'action des vents et fléchissent en partie sous leurs efforts.

Les causes qui favorisent les ravages des vents sont: 1° l'*essence des arbres :* ainsi, ceux dont les racines s'enfoncent peu profondément et courent à la surface, tels que le sapin, le tremble et le charme, sont plus aisément renversés que ceux qui pénètrent profondément dans le sol, tels que le chêne; 2° la *croissance des arbres :* plus ils filent, c'est-à-dire plus ils sont alongés et en même temps plus leur tête est développée et moins leurs racines sont étendues et solides, plus les vents alors les renversent facilement : les arbres résineux sont presque tous dans ce dernier cas; 3° le *sol:* s'il est léger, sans cohésion et humide, il n'offre plus une base suffisamment solide pour que les arbres résistent aux vents puissans; 4° la *situation de la forêt* : elle a sur l'action des vents une influence décisive ; ainsi, dans les montagnes, sur les bords de la mer, les ravages sont plus considérables que dans les plaines, et, dans celles-ci, une foule de causes influent encore sur la direction, l'étendue ou la violence des vents.

Quant à l'*étendue des dégâts* causés par les vents, elle dépend de la nature de ceux-ci : les vents qui tourbillonnent arrachent beaucoup d'arbres, mais tous leurs efforts sont bornés à une petite surface. Les vents d'orage bornent également leurs ravages à une bande longue et étroite; mais les ouragans s'étendent sur une large surface, et renversent souvent tous les arbres d'une vaste étendue de terrain.

On parvient à prévenir en partie les effets désastreux des vents, en étudiant avec soin la configuration topographique du sol, la nature, la fréquence et la direction des vents; en dirigeant avec intelligence l'aménagement et la coupe des bois (*Voy.* p. 86), suivant celle des vents violens ou dominans, en écartant des plantations exposées à leurs ravages les arbres qui, comme les résineux, sont aisément renversés par eux, ou bien en les abritant par des lisières d'arbres à racines pivotantes, qui bravent facilement les efforts de ceux-ci; en conservant dans les lieux fréquemment battus par les tempêtes des rideaux d'arbres courts et gros, qui ne doivent jamais être abattus, même lorsqu'ils ont péri; en écartant des plantations au bord de la mer ou sur le sommet des montagnes, les arbres à cime branchue dont le feuillage donne prise au vent.

Les *vents desséchans* sont très-nuisibles en enlevant aux végétaux et à la terre leur humidité, en faisant ainsi périr les jeunes plants, avorter la fécondation, manquer la germination, etc. On prend contre eux les mêmes mesures que celles indiquées contre la chaleur.

4° *La neige*, dans les pays où elle tombe en abondance, cause souvent des dégâts dans les forêts trop touffues, surtout dans celles d'arbres résineux, en s'accumulant sur leur cime, et en faisant fléchir et rompre leur flèche et leurs rameaux. Parfois la neige, après s'être ainsi accumulée sur la cime, tombe en masse et brise ou mutile les jeunes plants. On préserve autant que possible les forêts de l'action destructive de la neige, en évitant d'y planter les arbres trop serrés, en pratiquant avec habileté des éclaircies, des élagages qui permettent d'un côté à la neige de tomber jusqu'à terre sans être arrêtée par les branches, et de plus aux jeunes plants qui jouissent alors de plus d'air et de lumière, de se fortifier et de résister au poids des masses neigeuses qui tombent sur eux.

5° Le *givre* et le *verglas*. Les branches des arbres sont souvent si chargées de cette espèce de glace, qu'elles rompent sous le poids. Les arbres qui souffrent le plus du givre sont les pins et les sapins, parce que, conservant leurs feuilles pendant l'hiver, le givre s'y dépose en grande quantité. On affaiblit ses effets en veillant à ce que le contour des forêts soit peu ouvert et ne donne pas accès aux vents froids et à l'humidité, et en repeuplant toutes les clairières.

6° La *grêle* et la *foudre* peuvent causer dans les forêts des dégâts qu'il n'est pas au pouvoir de l'homme de prévenir. Seulement, si la dernière a causé un incendie, on prend alors les mesures indiquées plus haut contre ce fléau.

§ II. — Phénomènes physiques dus à la nature ou à la configuration du terrain.

Les phénomènes de cet ordre sont souvent d'autant plus désastreux qu'ils étendent quelquefois leurs ravages sur une surface considérable de terrain; qu'ils enlèvent, engloutissent ou recouvrent le sol, ou bien arrêtent la croissance des végétaux qu'il porte, s'opposent à leur culture et à leur exploitation, et qu'ils ne peuvent être combattus qu'avec des peines infinies ou des frais considérables.

Au nombre de ces phénomènes nous rangeons le débordement ou la stagnation des eaux, les sables mouvans, les avalanches et les éboulemens.

Les *eaux* sont stagnantes ou courantes. Les *eaux stagnantes* nuisent aux forêts, en convertissant le terrain, soit en marécages, soit en terres inondées où les arbres, surtout ceux qui ne sont pas propres à ces sortes de terrains, périssent bientôt, sans qu'il soit possible de repeupler par semis ou plantations. Les eaux stagnantes, en outre, occasionent par leur évaporation des brouillards, du givre, des gelées blanches et des froids qui concourent à la destruction des pousses encore tendres et à celle des jeunes sujets. Nous nous sommes étendus suffisamment dans le premier livre de l'*Encyclopédie*, page 131, sur le desséchement des terrains marécageux ou inondés, et sur les moyens qu'il faut employer pour les rendre à la culture, pour qu'il soit inutile de revenir sur ce sujet.

Les *eaux courantes* qui baignent les forêts peuvent, par des crues extraordinaires, dues à des pluies considérables, des ondées, ou à la fonte de neiges, entraîner une partie du sol forestier, ou seulement la couche végétale qui le recouvre, ou les arbres qu'elle porte, couvrir le terrain de sables, de pierres, de débris, faire périr les jeunes sujets par le séjour qu'elles font à la surface, ou par leur conversion en glace, ou les renverser en charriant des glaçons. Les torrens, les violentes pluies d'orage causent des dégâts analogues. Il n'y a qu'un seul moyen de se garantir de ces désastres, c'est par la construction des endiguages ou embanquemens, qui ont fait déjà le sujet d'un article (livre 1er, page 123), auquel nous renvoyons, ou la formation des rigoles d'écoulement, livre V, page 96.

Les *sables mouvans* sont ceux des *dunes* ou ceux des *plaines de sable*. Ces sables, emportés par les vents, peuvent fondre sur les forêts du voisinage et les engloutir. Il faut donc se préserver de leurs ravages. Déjà nous avons fait connaître (livre 1er, page 32-33, livre V, p. 76) les moyens de conquérir de semblables terrains à la culture, et par conséquent d'arrêter leur action désastreuse. Nous croyons, à cet égard, être entré dans des détails suffisans pour l'usage des forestiers, et n'avoir rien à ajouter à ce que nous avons dit.

Les *avalanches* sont des masses de neiges qui, ne pouvant plus s'arrêter ou rester sur la pente des montagnes, tombent en forme de poussière, ou glissent sur ces pentes en détruisant tout sur leur passage. Pour se préserver des avalanches glissantes, les habitans du Valais enfoncent des troncs de mélèze, là où les avalanches se forment, pour les empêcher de glisser. On peut faire aussi des fossés à angles coupés, ou établir des brise-avalanches à angles aigus avec des pilots, ou en laissant de grands tronçons dans les coupes.

Les *éboulemens* de terre qui ont lieu dans les montagnes, surtout quand les couches superficielles reposent sur des lits d'argile, quoique très-difficiles à contenir, peuvent parfois être prévenus en détournant les eaux des vallées, en plantant des aunes, des saules, ou liant le terrain par des plantations d'arbres à racines traçantes, en soutenant par des digues ou des pilotis les terrains qui coulent, etc. On emploiera des moyens à peu près analogues contre la formation des *crevasses* ou des *fissures*, qui se manifestent quelquefois à la surface du sol.

F. M.

CHAPITRE VIII. — DE L'ESTIMATION DES FORÊTS.

Dans les chapitres précédens, on a présenté d'abord le dénombrement et la description exacte de tous les arbres qui entrent dans la composition de nos forêts; on a donné ensuite des préceptes sur leur plantation, leur conservation et leur reproduction; plus loin on a exposé les principes qui doivent présider à la culture, à l'aménagement et à l'exploitation des bois; en dernier lieu on a fait connaître la nature et l'emploi des produits variés dont ces fonds précieux sont la source, ainsi que les moyens de les garantir des attaques et des dégâts; actuellement nous avons à traiter de l'estimation des forêts; en d'autres termes, à ramener l'appréciation de ces propriétés à l'unique point de vue de leur valeur pécuniaire.

L'estimation d'un bois consiste à déterminer la valeur en argent, soit du fonds, soit des produits superficiels de ce fonds. De là, 2 divisions principales dans notre travail. La 1re se rapportera à l'évaluation du *sol*, et la seconde à l'évaluation de la *superficie* des bois.

Il serait surabondant de faire ressortir l'utilité de l'art dont nous allons retracer les règles; personne ne doute que l'estimation des forêts ne soit un anneau essentiel dans la chaîne des travaux confiés à la science du forestier : c'est le corollaire, le complément de sa mission; tous ses soins habituels tendent en effet à accélérer le développement des produits qui doivent, par la suite, appeler son attention comme estimateur. Ses appréciations, alors, prennent place parmi les plus importantes opérations de l'économie forestière, elles interviennent forcément dans les relations du vendeur et de l'acheteur : leur but est de garantir à l'un qu'il retirera de sa chose le prix le plus élevé possible, et à l'autre qu'il ne la paiera cependant point au-delà d'une véritable et juste valeur.

L'estimation des bois se rattache à des intérêts majeurs dans une foule de circonstances, mais plus particulièrement dans le cas d'attribution de cantonnement à des usagers, ou lorsqu'il s'agit de l'aliénation d'une forêt, d'un partage, d'un échange de bois, en un mot, dans toutes les transactions qui impliquent l'*évaluation du fonds même de la propriété, avec l'évaluation de ses produits.* Nous remplacerons les procédés vagues et arbitraires dont on se contente assez communément, par des règles positives, que nous déduirons du raisonnement ou de l'expérience. Nous les formulerons de manière à les mettre à la portée de toutes les intelligences, en leur donnant cependant assez de précision pour qu'elles conduisent toujours à des résultats certains et rigoureux.

SECTION Ire. — *Evaluation du sol des bois.*

§ 1er. — Principes de l'évaluation du sol des bois.

L'estimation des terres, des prés, des vignes, ainsi que des usines de tout genre, c'est-à-dire l'estimation des propriétés tant rurales qu'industrielles, présente, en général, la plus grande facilité. Elle n'exige qu'une seule recherche préalable, celle *du revenu de la propriété*. Or, ce revenu est toujours aisé à déterminer, souvent même il se trouve tout exprimé. Lorsqu'on en connait le chiffre, on le multiplie par celui qui indique le taux de l'intérêt courant. Ainsi, par exemple, qu'un champ soit affermé à raison de 50 fr. par an, on sait immédiatement, à l'aide d'un calcul tout-à-fait usuel, que ce fonds vaut 1000 fr. si l'intérêt de l'argent est compté à 5 p. 100; 1250 fr. si l'intérêt n'est porté qu'à 4 p. 100, et, enfin, 1666 fr. et une fraction de franc, si l'intérêt ne s'élève pas au-dessus de 3 p. 100. Ces appréciations ne comportent aucune méthode spéciale; il est aussi aisé d'en saisir les élémens que de les soumettre aux combinaisons du calcul.

Mais où trouver l'expression du revenu annuel des bois pour en faire la base d'une évaluation semblable à celle qui précède? Un hectare de bois rend 1000 fr. à chacune de ses exploitations, dont le retour a lieu périodiquement tous les 20 ans. Si je me place par la pensée à l'origine d'une de ces périodes, j'ai devant moi la perspective d'un produit de 1000 fr. à recueillir après une révolution de 20 années. Et si, pour ramener ce produit à la forme d'un revenu annuel, je le divise par le nombre d'années que je dois mettre à l'attendre, je trouve pour chacune de ces 20 années un *revenu apparent* de 50 f.; nous disons apparent, parce que, comme nous allons le voir, le *revenu vrai* est bien inférieur à ce chiffre.

Comparons les produits respectifs d'un hectare de terre et d'un hectare de bois dans le cours d'une période de 20 ans, en supposant que ces deux fonds rapportent, savoir : le champ 50 fr. par an, et le bois 1000 fr. au bout de 20 ans.

Je perçois annuellement le revenu du champ, c'est-à-dire que, chaque année, je reçois une somme de 50 fr. Cette série de petits capitaux se bonifie de la réunion des intérêts progressifs. La 1re rentrée de 50 fr. me procure 19 ans d'intérêts, la 2e rentrée 18 ans, la 3e 17 ans, et ainsi de suite, en décroissant jusqu'à la 20e et dernière annuité. L'accumulation de ces intérêts, que je ne supposerai que de 4 p. 100, finit par ajouter au capital un accessoire très-important. Dans l'hypothèse que j'ai choisie, le champ me donnera, non seulement vingt fois 50 fr. ou un capital de 1000 fr., mais en outre une somme d'intérêts qui s'élèvera à 600 fr., de sorte que cette propriété me rapportera 1600 f. dans le cours de 20 années, tandis que dans le même temps le produit de l'hectare ne sera que de 1000 fr. Ces deux fonds n'ont donc aucune identité de valeur, bien que leurs revenus annuels semblent être exactement les mêmes; l'hectare de bois dont il s'agit ne peut être estimé au même prix que l'hectare de terre; ce qui nous autorise à conclure que le mode d'évaluation des fonds de bois ne saurait avoir rien de commun avec le mode d'évaluation des fonds de terre.

Il est d'usage, cependant, d'*estimer les fonds de bois par comparaison aux terres voisines*, en prenant pour base le produit annuel des classes de terre analogues aux classes diverses du sol boisé. Nous démontrerons, avant d'aller plus loin, que cette pratique est extrêmement vicieuse, et qu'elle ne peut conduire qu'à des résultats erronés.

Supposons qu'il s'agisse d'estimer des bois situés sur des coteaux ardus n'offrant qu'une couche légère de terre végétale; nous remarquerons que le bois prospère plutôt dans ces terrains inclinés que dans les plaines, dont le fonds serait de même nature, et plutôt encore au revers septentrional des montagnes que dans les pentes exposées au midi. Des terres labourables, au contraire, situées sur de fortes déclivités, seraient tout-à-fait impropres à la culture ou ne donneraient qu'un faible revenu, notamment si elles se trouvaient à l'aspect du nord. La conséquence évidente de ce rapprochement, c'est que dans les situations les plus semblables, des *terrains de même nature peuvent avoir beaucoup de valeur comme bois, ou n'en avoir aucune comme terre.*

Ne trouve-t-on pas quelquefois dans les pays de plaine, et fréquemment dans les contrées montueuses, des forêts du plus précieux revenu, entourées de terres d'un faible produit, et même de friches que le soc n'a jamais sillonnées? Si le fonds de ces forêts devait être estimé proportionnellement aux terres voisines, l'évaluation ne donnerait qu'un résultat fort exigu ou tout-à-fait nul. Or, comment un fonds qui est supposé donner de grands produits pourrait-il n'offrir aucune valeur capitale?

Il est de toute évidence, au surplus, qu'on ne peut établir de rapprochement vrai et rigoureux qu'entre des valeurs ou des choses semblables. Les fonds plantés de bois et les terres cultivées diffèrent essentiellement par leur nature comme par le mode de succession de leurs produits; ces propriétés n'ont entre elles *aucune mesure commune.* La valeur des unes ne saurait donc être prise pour base de l'estimation des autres.

Un principe qui paraît incontestable dans le sujet qui nous occupe, c'est que les fonds de bois *doivent être estimés, et d'après le degré de bonté du sol, et d'après la valeur vénale des produits.* Mais comme les produits varient et doivent nécessairement varier en quantité ou volume, selon la bonne, ou médiocre, ou mauvaise qualité du sol, il est clair que les données relatives au sol d'un bois se trouvent toujours implicitement comprises dans l'expression de son produit pécuniaire.

D'ou il suit que ce produit doit être le véritable régulateur de l'estimation du fonds.

Et en effet, on pourrait énumérer beaucoup de circonstances susceptibles d'accroître le revenu, et par conséquent la valeur d'une forêt, sans opérer aucune amélioration dans la qualité de son sol. La création d'usines qui assurent un débouché plus régulier et plus avantageux à ses produits; l'établissement de routes qui la mettent en rapport avec de nouveaux lieux de consommation et appellent une plus grande concurrence; enfin, un système d'aménagement mieux combiné, et d'autres moyens industriels, dont l'influence, sans modifier en aucune manière le fonds de la propriété, en élève cependant le prix capital. Ainsi, nous sommes tout-à-fait fondés à établir, comme règle générale, que l'on doit apprécier la valeur d'une forêt, non d'après la nature plus ou moins riche de son sol, mais uniquement d'après la *mesure de ses produits ou de son revenu*.

Ce revenu se détermine ainsi qu'il suit : on récapitule tous les produits donnés par les coupes annuelles pendant un certain nombre d'années (la forêt étant aménagée réellement ou fictivement), et l'on en prend le terme moyen. Mais ici se présente une question : Quelle série d'années doit-on embrasser pour en déduire le revenu moyen? On peut borner cette série à 14 ans, comme on le pratique pour déterminer le revenu imposable des terres, et pour évaluer le produit des fonds atteints par les droits de mutation. *L'année commune* est formée sur 14 années antérieures, moins les deux plus fortes et les deux plus faibles.

Le produit des 14 dernières coupes représentera-t-il exactement le revenu d'un bois? Oui, si les coupes qui ont précédé cette période sont de la même consistance et de la même valeur que les autres. Dans le cas opposé, on peut déterminer par analogie le produit qu'auraient donné ces coupes, si elles eussent été exploitées dans le même intervalle de temps, en les supposant parvenues au terme de l'aménagement; ajoutant alors la dernière somme à la première, et divisant le total par le nombre des coupes annuelles, on obtient l'*expression numérique du revenu brut moyen*.

On déduira ensuite de la somme trouvée : 1° les frais de conservation ou de garde; 2° les impôts; 3° les frais de vente, si le bois est en régie; 4° les frais de repeuplement et d'entretien; et on aura pour reste le revenu *net et moyen* de la forêt.

Cherchons actuellement à *remonter du revenu d'un bois à l'évaluation de son sol*. Afin de mieux fixer les idées, posons la question suivante : Quelle est la valeur foncière d'un hectare de bois actuellement exploité, qui doit, après une période de 25 ans, rapporter 600 fr., tous les frais déduits? Il est évident que cette valeur doit être égale au capital qu'il faudrait placer aujourd'hui à 4 p. 100 (cet intérêt étant supposé celui des placemens immobiliers) pour obtenir, en revenus seulement, au bout de 25 ans, une somme de 600 f. Le calcul nous apprend que le capital qui satisfait à cette condition est de 360 f. 18 c.

Afin de nous convaincre que cette dernière somme exprime réellement la juste valeur du fonds de l'hectare de bois, mettons en parallèle 2 placemens simultanés, l'un de 360 f. 18 c. à 4 p. 100 d'intérêts sur obligation, l'autre de pareille somme, formant le prix d'acquisition d'un hectare de bois dépouillé de taillis et d'arbres de réserve, ou du moins, dont les réserves sont évaluées et payées à part. L'accroissement du taillis, reproduit par le fonds acheté, représente la progression des intérêts dont se grossit annuellement le capital primitif, dans le placement par contrat de rente. Au bout de la période de 25 ans, ces 2 placemens offriront des résultats entièrement semblables et matériellement égaux; l'un et l'autre auront produit, dans le laps de temps donné, la même masse d'intérêts, c'est-à-dire chacun 600 fr. Ils sont donc identiques; le fonds de bois étant payé 360 fr. 18 c. se trouve acheté à sa véritable valeur; car, à égalité du taux de l'intérêt, les avantages que procure cette acquisition sont les mêmes que ceux qui doivent résulter d'un prêt à intérêt. De part et d'autre, chaque placement, après 25 ans, aura constitué un capital de 960 fr. 18 c., composé de la mise originaire qui est de 360 fr. 18 c., et des intérêts agglomérés qui s'élèvent à 600 fr.

Puisque ces 2 modes de placement conduisent à des résultats tout-à-fait semblables, et qu'ils offrent une égale utilité, on peut indifféremment se décider pour l'un ou pour l'autre; dès-lors, la somme de 360 f. 18 c. est, sans contredit, l'expression exacte de la valeur vénale d'un hectare de bois qui rapporte 600 f. tous les 25 ans, en admettant, comme nous le ferons dans toute la suite de notre travail, que le taux de 4 p. 100 est l'intérêt moyen des placemens en immeubles, et particulièrement en fonds de bois.

Quel que soit au surplus le taux de l'intérêt, les principes que nous venons d'émettre restent les mêmes; seulement les conséquences sont différentes : le prix des fonds doit varier, ainsi que nous l'avons vu plus haut, dans un rapport inverse du taux de l'intérêt, c'est-à-dire que *plus ce taux est élevé, moindre est le prix du fonds*.

Nous avons démontré que la valeur du fonds d'un hectare de bois est égale à la somme qui, étant placée pendant la période de l'exploitabilité, donne en intérêts seulement un produit équivalent au revenu net de cet hectare. Il s'agit maintenant de *trouver cette valeur foncière, dans toutes les hypothèses possibles*. Si nous voulons résoudre ce problème par les moyens que fournit l'arithmétique, nous serons obligés de recourir à la règle appelée de fausse-position, que nous ferons connaître par une application à l'hectare de bois, dont nous avons déjà déterminé la valeur. Nous chercherons donc quel est le prix du fonds d'un hectare de bois qui rapporte 600 fr. à chaque révolution de 25 ans. Nous supposerons tout d'abord que la question est résolue, et que le capital cherché est 1000 fr.; puis, nous établirons sur ce chiffre fictif tous nos calculs ultérieurs. Un capital de 1000 fr., placé à 4 p. 100 pendant 25 ans, se grossit d'année en année, selon la progression suivante, que nous ne pousserons pas au-delà du 4e terme, notre objet n'étant que d'indiquer la marche du calcul :

Au bout d'un an, on a 1000 fr., plus 40 fr. d'intérêts; au total.	1040 fr.	» c.
Au bout de 2 ans, on a 1040 fr., plus 41 fr. 60 c. d'intérêts; au total.	1081	60
Au bout de 3 ans, on a 1081 fr. 60 c., plus 43 fr. 26 c. d'intérêts; au total.	1124	86
Au bout de 4 ans, on a 1124 fr. 86 c., plus 44 fr. 99 c. d'intérêts; au total.	1169	85

On poursuit ces évaluations successives, jusqu'à ce qu'on ait épuisé la série des 25 années. On parvient alors à un résultat final de 2,665 fr. 84 c., dont il faut retrancher 1000 fr. pour le capital primitif; ce qui donne 1665 f. 84 c. pour la somme des intérêts accumulés. La longueur d'un pareil calcul le rend d'autant moins praticable, qu'il ne réalise pas encore la solution cherchée; il ne fait que la préparer, en fournissant les élémens de la proportion suivante :

Si, pour recueillir 1665 fr. 84 c. d'intérêts en 25 années, il faut placer un capital de 1000 fr., quel autre capital faut-il placer pour obtenir 600 fr. d'intérêts composés pendant la même période? En effectuant le calcul, on trouve que le capital cherché est de 360 fr. 18 c., ainsi que nous le savions déjà. Le problème est donc résolu par les procédés ordinaires de l'arithmétique. Des calculs d'un autre ordre épargneraient ce long circuit de chiffres, en procurant sans effort et sans perte de temps la solution du problème; mais ces calculs exigent l'emploi des tables de logarithmes, que peu de personnes connaissent ou possèdent; nous ne pouvons donc proposer ce moyen, qui, quoique extrêmement simple, ne serait pas à la portée de tous nos lecteurs.

Cette considération nous a suggéré la pensée de chercher un *mode de calcul* qui se réduisît à une simple multiplication, opération familière à tout le monde. Nous sommes parvenus à ce but, en déterminant la valeur d'un hectare dont le produit en taillis de chaque âge, exprimé numériquement, serait constamment l'unité suivie de zéros, comme 1000, de manière que pour les diverses périodes d'aménagement, comprises entre les termes extrêmes 10 et 40 ans, nous avons établi une série de valeurs fictives, formant le type de toutes les valeurs réelles que l'on peut avoir besoin de connaître, et que l'on trouvera avec toute la facilité possible par la multiplication de deux nombres, et le retranchement de trois chiffres sur la droite du produit. Ces valeurs fictives composent les trois tables par lesquelles commence le paragraphe qui va suivre. Ces tables se rapportent aux degrés 5, 4 et 3 p. 100 de l'échelle des intérêts.

Nous n'entrerons dans aucune explication sur la formation de ces tables : des détails de pure théorie seraient déplacés dans un ouvrage de la nature de celui-ci. On pourra d'ailleurs les trouver dans le *Manuel théorique et pratique de l'estimateur des forêts*, d'où nous avons extrait toutes les tables que renferme cet article, en les simplifiant par la suppression de 2 chiffres décimaux, ce qui facilitera l'usage de ces tables, sans en altérer l'exactitude, comme nous allons sur-le-champ en offrir la preuve.

A l'aide de laborieuses combinaisons de chiffres, nous avons reconnu, il y a un moment, que la valeur foncière de l'hectare de bois susceptible de rapporter 600 fr. à 25 ans est de 360 fr. 18 c. Voyons actuellement de quelle manière nous arriverons à cette solution par l'emploi de nos tables.

Je prends dans la table n° II (calculée sur l'intérêt de 4 p. 100) le nombre qui correspond à 25 ans. Ce nombre est. .	600
Je le multiplie par le produit de l'hectare qui est supposé de.	600 fr.
Produit. . .	360,600

Je retranche 3 chiffres sur la droite du produit, et j'ai dans le reste, à gauche, 360 fr. pour la valeur demandée. Ce chiffre est, *à 18 centimes près*, le même que celui qui est résulté d'un calcul rigoureux. Une pareille approximation est bien suffisante dans la pratique même la plus sévère. On voit que l'usage de nos tables abrége singulièrement le travail, en le réduisant à une multiplication de 2 nombres l'un par l'autre. Le premier de ces nombres se puise dans la table, et le second exprime *le produit net* d'un hectare de bois d'un âge donné, depuis 10 jusqu'à 40 ans.

Il faut observer ici que la *détermination du produit net* d'un hectare de bois n'est point une opération aussi simple qu'elle le paraît au premier abord; le revenu net est ce qui reste du produit brut, lorsqu'on a fait la reprise des déboursés relatifs à la garde du bois, aux impôts et autres charges annuelles. Or, ces déboursés consistent non seulement dans la somme des mises successives, mais encore dans les intérêts progressifs de chaque mise, à partir du moment où elle a lieu, jusqu'à celui où l'exploitation du bois réalise le revenu que le propriétaire attend depuis une certaine suite d'années.

Comme ces intérêts ont une importance qui ne permet point de les négliger, et que d'ailleurs on ne peut les évaluer que par des calculs longs et compliqués, nous avons obvié à cette difficulté par trois tables qui font suite à celles des valeurs du sol.

Une remarque ne doit pas nous échapper, c'est que le calcul des intérêts composés, appliqué aux déboursés annuels, n'est nécessaire que pour l'évaluation des bois non aménagés. Quant aux forêts divisées en coupes ordinaires, le *revenu net* se trouve exprimé par la différence entre les déboursés simples et le produit brut de chaque coupe; c'est-à-dire que, dans cette hypothèse, il suffit d'une soustraction ordinaire pour déterminer le revenu *net* du bois. Observons encore que par cette expression, *revenu du bois*, nous entendons le produit des *taillis purs* ou des *taillis sous-futaie*. La futaie elle-même n'est pas un revenu proprement dit, c'est un capital dont l'évaluation fera, dans notre travail, l'objet d'une division particulière.

Ces développemens nous paraissent d'autant plus suffisans pour préparer à l'intelligence des tables qui vont suivre, que nous consacrerons le 3e paragraphe à montrer en détail la manière de s'en servir.

§ II. — Tables pour l'évaluation du sol des bois.

TABLE N° Iᵉʳ, Au taux de 5 pour 100.		TABLE N° II, Au taux de 4 pour 100.		TABLE N° III, Au taux de 3 pour 100.	
Période de l'aménagement ou de l'exploitabilité du bois.	Facteurs constans pour un hectare.	Période de l'aménagement ou de l'exploitabilité du bois.	Facteurs constans pour un hectare.	Période de l'aménagement ou de l'exploitabilité du bois.	Facteurs constans pour un hectare.
Années.		Années.		Années.	
10	1590	10	2082	10	2908
11	1408	11	1854	11	2603
12	1257	12	1664	12	2349
13	1129	13	1504	13	2134
14	1020	14	1367	14	1951
15	927	15	1249	15	1792
16	845	16	1146	16	1654
17	774	17	1055	17	1532
18	711	18	975	18	1424
19	655	19	903	19	1327
20	605	20	840	20	1241
21	560	21	782	21	1162
22	519	22	730	22	1092
23	483	23	683	23	1027
24	449	24	640	24	968
25	419	25	600	25	914
26	391	26	564	26	865
27	366	27	531	27	819
28	342	28	500	28	776
29	321	29	472	29	737
30	301	30	446	30	701
31	283	31	421	31	667
32	266	32	399	32	635
33	250	33	378	33	605
34	235	34	358	34	577
35	221	35	339	35	551
36	209	36	322	36	527
37	197	37	306	37	504
38	186	38	291	38	482
39	175	39	276	39	461
40	165	40	263	40	442

TABLE, N° IV, *de progression des déboursés annuels avec les intérêts à 5 p. 100 à déduire du produit brut d'un hectare, au bout de chaque période d'exploitabilité.*

PÉRIODE de l'exploitabilité.	Déboursés pour impôts, frais de garde, régie, etc.					
	6 fr. par an.	5 fr. par an.	4 fr. par an.	3 fr. par an.	2 fr. par an.	1 fr. par an.
Années.						
10	85	71	57	43	28	14
11	96	80	64	48	32	16
12	106	88	70	53	35	18
13	118	98	78	59	39	20
14	130	108	86	65	43	22
15	142	118	94	71	47	24
16	155	129	103	77	52	26
17	169	141	113	85	56	28
18	183	152	122	91	61	30
19	198	165	132	99	66	33
20	214	178	142	107	71	36
21	231	192	154	115	77	38
22	249	207	166	124	83	41
23	267	222	178	133	89	44
24	286	238	190	142	95	48
25	307	256	205	154	102	51
26	329	274	219	164	110	55
27	350	292	234	176	117	58
28	374	312	250	187	125	62
29	399	332	266	199	133	66
30	425	354	283	212	142	71
31	452	377	302	227	151	75
32	480	400	320	240	160	80
33	510	425	340	255	170	85
34	542	452	362	272	181	90
35	575	479	383	287	192	96
36	610	508	406	305	203	102
37	646	538	431	323	215	108
38	685	571	457	342	228	114
39	725	604	483	363	242	121
40	767	639	511	384	256	128

TABLE, N° V, *de progression des déboursés annuels avec les intérêts à 4 p. 100 à déduire du produit brut d'un hectare, au bout de chaque période d'exploitabilité.*

PÉRIODE de l'exploitabilité.	Déboursés pour impôts, frais de garde, régie, etc.					
	6 fr. par an.	5 fr. par an.	4 fr. par an.	3 fr. par an.	2 fr. par an.	1 fr. par an.
Années.						
10	80	67	54	40	27	13
11	90	75	60	45	30	15
12	100	83	67	50	33	16
13	110	92	73	55	37	19
14	120	100	80	60	40	20
15	130	109	87	65	44	22
16	142	118	95	71	47	23
17	154	128	103	77	51	25
18	166	138	111	83	55	27
19	178	148	119	89	59	29
20	192	160	128	96	64	32
21	206	171	137	103	68	34
22	220	183	147	110	73	36
23	236	195	157	118	78	39
24	250	208	167	125	83	41
25	264	221	177	133	89	44
26	282	235	188	141	94	47
27	300	250	200	150	100	50
28	318	265	212	159	106	53
29	338	281	225	169	112	56
30	356	297	238	178	119	59
31	376	313	251	188	125	62
32	398	331	265	199	132	66
33	420	350	280	210	140	70
34	442	368	295	221	147	73
35	468	389	311	234	155	78
36	490	408	327	245	163	81
37	516	430	344	258	172	86
38	542	452	362	271	181	90
39	570	475	380	285	190	95
40	600	500	400	300	200	100

TABLE, N° VI, *de progression des déboursés annuels avec les intérêts à 3 p. 100 à déduire du produit brut d'un hectare, au bout de chaque période d'exploitabilité.*

PÉRIODE de l'exploitabilité.	Déboursés pour impôts, frais de garde, régie, etc.					
	6 fr. par an.	5 fr. par an.	4 fr. par an.	3 fr. par an.	2 fr. par an.	1 fr. par an.
Années.						
10	77	64	51	38	26	13
11	85	71	57	43	29	14
12	94	78	62	46	31	16
13	103	87	70	52	35	17
14	112	93	75	56	38	19
15	121	101	81	61	41	20
16	131	109	87	65	44	22
17	141	117	94	70	47	23
18	151	126	101	76	51	25
19	161	134	107	80	53	27
20	172	143	113	85	56	28
21	183	152	122	91	61	30
22	195	162	130	97	65	32
23	207	172	138	103	69	34
24	219	182	146	109	73	36
25	231	192	154	115	77	38
26	244	203	162	122	81	41
27	257	214	171	128	86	43
28	271	226	181	136	90	45
29	285	237	190	142	95	47
30	300	250	200	150	100	50
31	315	262	210	157	105	52
32	331	276	221	166	110	55
33	346	288	230	173	115	58
34	363	302	242	181	121	60
35	380	317	254	191	127	63
36	397	331	265	199	132	66
37	415	346	277	208	139	69
38	433	361	289	217	145	72
39	452	377	302	226	151	75
40	472	393	315	236	157	79

§ III. — Usage des tables précédentes.

Les tables n°s I, II et III présentent, dans une colonne, la série des périodes d'aménagement à partir de 10 ans jusqu'à 40 ans, et, dans une autre colonne, une série de *facteurs constans* ou de *multiplicandes invariables*, par chaque âge d'exploitabilité. Ainsi le nombre 419, qui correspond à 25 ans dans la table n° I, sert à calculer la valeur foncière à 5 p. 100 de tous les bois exploitables à 25 ans; le nombre 366, qui correspond dans la même table à 27 ans, sert à calculer les valeurs foncières de tous les bois exploitables à 27 ans; le nombre 165, qui correspond à 40 ans, toujours dans la même table, sert à calculer les valeurs foncières de tous les bois exploitables à 40 ans, et ainsi des autres facteurs de cette table, et des facteurs consignés dans les tables n°s II et III.

Les tables qui viennent ensuite, et qui portent les n°s IV, V et VI, ont pour objet de donner le montant tout calculé des déboursés progressifs qu'exige l'acquittement des charges annuelles. Il est essentiel de se rappeler que ces dernières tables ne sont applicables qu'à l'estimation des bois non aménagés. Dans les bois distribués en coupes ordinaires, les déboursés sont uniformes et ne portent point d'intérêts, puisque, chaque année, ces avances sont couvertes par un prélèvement sur le revenu.

Après ces explications préliminaires, passons aux exemples.

1° *Bois aménagés.*

1er *exemple.* Une coupe d'un hectare, dans un aménagement à 20 ans, donne un produit brut de 700 fr. à chaque 20e année; les frais annuels sont de 4 fr., tant pour la garde du bois que pour l'impôt. On demande quelle est la valeur de ce fonds, *au taux de 5 p.* 100.

Je prends dans la table n° I, vis-à-vis 20 ans, le nombre. . . 605
Je le multiplie par le revenu brut qui est de . . . . . . 700 fr.

Produit. . . 423,500

Je retranche 3 chiffres sur la droite de ce produit, et je trouve pour la valeur brute du fonds, en négligeant la 3e décimale qui n'exprime que des millièmes de franc, la somme de. . . . . 423 fr. 50 c.

De cette valeur je dois déduire le capital représentatif des déboursés, s'élevant à 4 fr. par an, d'où résulte (à 5 p. 100) un capital de. . . . . . . 80 »

Reste. . 343 fr. 50 c.

La valeur nette du fonds de l'hectare est donc de 343 f. 50 c.

2e *exemple.* Une coupe d'un hectare dans un aménagement composé de 30 coupes annuelles rapporte 820 fr. tous les 30 ans. Les charges sont de 5 fr. par an. On demande quelle est la valeur du sol de cet hectare, *au taux de 5 p.* 100.

Je prends dans la table n° I, vis-à-vis 30 ans, le nombre 301
Je le multiplie par le revenu brut qui est de . . . . 820 fr.

6020
2408

Produit. . 246,820

Je retranche 3 chiffres à droite, et j'ai pour la valeur brute du fonds . . . 246 f.82 c.

Le capital représentatif des déboursés est égal à 20 fois 5 fr. (au taux de 5 p. 100), ce qui nous donne à déduire) . . . . 100 »

La valeur nette cherchée est donc de . . . . 146 f.82 c.

3e *exemple.* Une coupe d'un hectare, dans un aménagement à 15 ans, rapporte 412 fr. à chaque 15e année; les charges sont de 6 f. par an. On demande quelle est la valeur du sol de cet hectare, *au taux de* 4 *p.* 100.

Je prends dans la table n° II, vis-à-vis 15 ans, le nombre 1249
Je le multiplie par le revenu brut qui est de . . . . 412 f.

2498
1249
4996

Produit. . 514,588

Je retranche 3 chiffres sur la droite de ce produit, et j'ai pour la valeur brute du fonds. . . . . 514 f.58 c.

Le capital représentatif des déboursés est égal à 25 fois 6 (au taux de 4 p. 100), ce qui donne une déduction de. . . . . 150 »

La valeur nette cherchée est donc de . . . . 364 f. 58 c.

4e *exemple.* Une coupe d'un hectare, dans un aménagement réglé à 22 ans, donne à chaque 22e année un produit de 540 f.; les frais annuels sont de 4 fr. 50 c. On demande quelle est la valeur du sol de cet hectare, *au taux de* 3 *p.* 100.

Je prends dans la table n° III, vis-à-vis 22 ans, le nombre 1092
Je le multiplie par le revenu brut qui est de . . . . 540 fr.

43680
5460

Produit . . 589,680

Je retranche 3 chiffres sur la droite de ce produit, et j'ai pour la valeur brute du fonds la somme de. . . . . 589 f. 68 c.

Le capital représentatif des déboursés est de 150 fr. (au taux de 3 p. 100). . . . . 150 »

La valeur nette cherchée est donc de . . . . 439 f. 68 c.

2° *Bois non aménagés.*

Dans les questions qui vont nous occuper

nous ne pourrons plus capitaliser les déboursés, puisqu'ils sont progressifs et non uniformes, comme dans les problèmes que nous venons de résoudre. Nous aurons alors recours aux tables n°s IV, V et VI qui précèdent.

1er *exemple*. On veut connaître la valeur foncière, *au taux de 5 p.* 100, d'un hectare de bois qui rapporte 972 f. à chaque révolution de 24 ans, et qui est grevé d'une charge annuelle de 3 f.

De. . . .	972 f.,	produit brut donné,
Je retranche	142 f.	pour les frais accumulés pendant 24 ans, à 5 p.100, d'après la table n. IV.
Je trouve . .	830 f.	pour produit net.
Je multiplie par	449	facteur constant pris dans la table n° I, en regard de 24 ans.
Produit. .	372,670	

Séparant 3 chiffres à droite de ce produit, j'ai 372 fr. 67 c. pour la valeur cherchée.

2e *exemple*. On veut connaître la valeur foncière, *au taux de 4 p.*100, d'un hectare donnant un revenu brut de 1120 f. à 34 ans, et grevé d'une charge annuelle de 4 f.

La table des déboursés n° V m'indique que 4 francs par an, pendant 34 ans, forment a 4 p. 100 une agglomération de 295 f. que je retranche de 1120; ce qui me donne un revenu net de. . . . . 825 f.

Je multiplie ce chiffre par le nombre. . . . . 358, pris dans la table n° II.

Produit. . . 295,350

Cet hectare vaut donc 295 fr. 35 c.

3e *exemple*. On veut savoir quelle est la valeur foncière, *au taux de 3 p.* 100, d'un hectare donnant un revenu brut de 1240 f. à 28 ans, et grevé d'une charge annuelle de 6 fr.

La table des déboursés n° VI m'indique que 6 f. par an, pendant 28 ans, forment avec les intérêts progressifs, un total de 271 fr. Je retranche cette somme de 1240 fr., et j'ai 969 f. pour produit net.

Je multiplie donc. 969
Par le nombre . . . . . 776, tiré de la table n° III, vis-à-vis 28 ans.

Produit. . . . 751,944

La valeur cherchée est donc 751 fr. 94 c.

4e *exemple*. On veut savoir quelle est la valeur foncière, *au taux de 3 p.* 100, d'un hectare qui donne un produit brut de 450 fr. à 10 ans, et qui est grevé d'une charge annuelle de 5 fr.

La table des déboursés n° VI m'indique que 5 f. par an forment, au bout de 10 ans, une agglomération de 64 f.; je retranche cette somme de 450 fr., et j'ai un produit net de . . . . . . 386 f. que je multiplie par le nombre. 2908, tiré de la table n° III, vis-à-vis 10 ans.

Produit . . 1122,488

Le fonds de cet hectare vaut donc 1122 fr. 48 cent.

Nous avons assez multiplié les exemples pour faire comprendre parfaitement la manière d'employer nos tables. La seule attention qu'elles réclament consiste à bien déterminer, avant toute recherche, le *taux d'intérêt* sur lequel on veut faire l'évaluation.

Section II. — *Évaluation de la superficie des bois.*

§ Ier. — Taillis en croissance.

Une estimation forestière n'offre pas de très-grandes difficultés quand elle s'applique aux produits d'une coupe parvenue à l'état de maturité qui lui est propre, c'est-à-dire au dernier degré de croissance que permet, soit la nature du sol, soit la forme particulière de l'aménagement; cette coupe appartient alors à la catégorie des *bois exploitables*.

Pour *évaluer une coupe exploitable*, on détermine la quantité de cordes ou de stères de bois de feu ou de service qu'on peut tirer du taillis ainsi que des futaies; le nombre de fagots que peuvent fournir les branchages et les ramilles, etc. On estime ensuite au prix local et courant les produits matériels présumés. Cette opération, quoique simple dans ses procédés, n'en réclame pas moins des connaissances spéciales; mais comme l'abattage ne tarde pas à mettre en lumière les mécomptes de l'estimateur, celui-ci ne peut manquer d'être bientôt en état de préjuger avec une justesse suffisante, à l'aspect d'une *vente sur pied*, le volume de combustible et de bois d'œuvre qu'elle doit fournir. Et c'est en cela particulièrement que consiste la difficulté de l'estimation des bois exploitables. Il suffit donc à la rigueur, pour ce genre d'appréciations, des connaissances expérimentales qu'on acquiert toujours en suivant les exploitations.

Mais les données de la pratique, si elles ne sont pas éclairées par la théorie, se trouvent insuffisantes lorsqu'il s'agit d'*apprécier une coupe qui n'a pas encore atteint le terme de l'exploitabilité*. Il est évident que cette évaluation doit être calculée d'après les degrés d'accroissement du bois, et, dès-lors, il devient nécessaire d'étudier la loi suivant laquelle s'opère cet accroissement. Toutefois, les diverses espèces de bois n'acquièrent pas le même volume dans des temps égaux. Et en supposant même que l'on parvienne à calculer avec précision la somme de produits que peut donner le bois à chaque phase de la vie végétale, la question qui nous occupe ne sera t encore résolue qu'à demi. Il resterait à estimer ces produits d'après leur degré d'utilité, ou, en d'autres termes, d'après leur valeur relative. Il faudrait assigner des prix proportionnels à la corde de taillis de 6 ans, à la corde de taillis de 10 ans, de taillis de 15 ans, 20 ans, etc.; car on sait qu'à pareil volume des taillis de différens âges présentent des valeurs très-diverses. Or, cette dernière détermination ne serait pas plus praticable que la précédente.

Ce n'est donc pas sous le point de vue des *produits matériels qu'il faut envisager un bois en croissance* dont on veut faire l'estimation, c'est uniquement sous le rapport des *valeurs exprimées en numéraire*. Il est de toute évidence qu'un taillis de 1, 2 ou 3 ans, ne peut fournir aucun produit matériel utile; d'un autre côté, on sait avec certitude que ce même taillis a une valeur quelconque, plus forte à 2 ans qu'à un an, à 3 ans qu'à 2 ans, et qui augmente progressivement jusqu'à l'instant marqué pour l'exploitation; cette valeur, comme nous venons de l'observer, n'est point dépendante de la quantité ou du volume des produits *actuels* d'un taillis *en croissance*, mais des produits qu'on doit recueillir à l'époque de la maturité du bois.

La valeur d'un taillis encore naissant n'existe donc que dans un avenir plus ou moins éloigné; une coupe de 3 ans n'a point de valeur absolue et actuelle; elle a une valeur relative et future. Cette valeur future est connue ou du moins présumée. On sait, par exemple, qu'un taillis de 22 ans a été vendu 560 fr. l'hectare; on en déduira la probabilité qu'une coupe de 3 ans située dans le même sol, composée des mêmes essences, de même nature, en un mot, se vendra également 560 fr. lorsqu'elle sera dans sa 22ᵉ année. Et comme on ne peut aller que du connu à l'inconnu, on rattachera à cette donnée extrême l'évaluation graduelle des recrus d'1 an, 2 ans, 3 ans, etc. Nous allons voir comment on parvient à faire cette évaluation pour un cas déterminé.

Un hectare de recru de 9 ans est à vendre dans un bois qui n'est exploitable qu'à 22 ans, et où l'hectare de taillis *en maturité* vaut 560 fr. On demande quelle est la valeur actuelle de cet hectare de 9 ans?

A l'aide de notre table des valeurs du sol, nº II, nous déterminerons préalablement la valeur du fonds d'un hectare de ce bois, par l'opération suivante :

Je prends dans cette table, vis-à-vis 22 ans, le nombre. 730

Je le multiplie par le prix de l'hectare en maturité, qui est de 560 fr.

43800
3650

Produit . . . 408,800

Séparant 3 chiffres sur la droite du produit, je trouve que le fonds de l'hectare de ce bois vaut 408 fr. 80 c. au taux de 4 p. 100. Il suit de là que l'hectare présentement âgé de 9 ans offrira dans 13 ans, c'est-à-dire lorsqu'il aura atteint sa 22ᵉ année, une valeur de 560 f. pour la superficie, et de 408 fr. 80 c. pour le fonds; au total 968 fr. 80 c.

Cela posé, nous demanderons combien vaut aujourd'hui une propriété qui, dans 13 ans, vaudra 968 fr. 80 c., ou, pour nous servir d'une formule équivalente, nous demanderons quelle somme il faut placer aujourd'hui, à un intérêt de 4 p. 100, afin de constituer dans 18 ans, avec les intérêts progressifs, un capital de 968 fr. 80 c. Une règle de fausse position nous apprendra, par une longue suite de calculs, que la somme cherchée est de 581 fr. 84 c. L'hectare de bois de 9 ans, tant fonds que superficie, vaut donc en ce moment 581 fr. 84 c. En effet, l'acquéreur de ce fonds, en déboursant actuellement 581 fr. 84 c., se trouvera avoir accumulé une valeur de 968 fr. 80 c. dans 13 ans; sa condition à cette époque sera donc la même que s'il eût placé *à rente* cette somme de 581 fr. 84 c. à 4 p. 100. A l'expiration des 13 ans, les intérêts auraient formé, avec le capital primitif, un même total de 968 fr. 84 c.

Connaissant la somme des valeurs du fonds et de la superficie de l'hectare à vendre, nous pouvons facilement en conclure la valeur séparée de la superficie, en retranchant du capital 581 fr. 84 c. donné par le calcul, le prix du fonds que nous savons être de 408 f. 80 c.; le reste 173 fr. 4 c. représentera le *prix vrai* d'un hectare de recru de 9 ans, dans le bois en question.

Pour le recru de tout autre âge, comme 4 ans, par exemple, nous dirons, d'après la même analogie, que l'acquéreur fait un placement de 18 ans à intérêts composés, puisque dans ce bois la coupe présentement âgée de 4 ans ne sera exploitable qu'à 22 ans. Nous chercherons ensuite quelle somme il faut placer, pour former au bout de 18 ans un capital de 968 fr. 80 c.; le résultat du calcul sera une somme de 478 fr. 24 c., de laquelle ôtant 408 fr. 80 cent. pour le fonds, il restera 69 fr. 44 cent. pour le prix d'un hectare âgé de 4 ans.

Nous avons donc résolu le problème *de l'évaluation progressive* des taillis, tout en n'admettant dans notre solution qu'une seule donnée, *le produit de la coupe exploitable*, ou *de la coupe qui a accompli la révolution entière de l'aménagement;* nous avons montré de quelle manière on obtient cette solution; mais, comme l'opération exige, ou l'emploi fatigant des procédés de l'arithmétique, ou l'usage de certains calculs scientifiques, nous n'aurions rempli qu'une partie de notre tâche, si, de même que nous avons réduit l'estimation du sol à la forme la plus simple possible, nous n'avions facilité l'estimation de la superficie par des tables analogues à celles que nous avons données dans la section précédente : ces nouvelles tables, qui forment le § 2 ci-après, transforment aussi le calcul en une multiplication toute ordinaire, qui n'exige d'autre attention que le retranchement de 3 chiffres sur la droite du produit : nous ferons juger à l'instant même de leur utilité, en résolvant par leur secours les deux problèmes énoncés plus haut, et que nous reproduirons dans les termes suivans :

1º Quelle est la valeur présente d'un hectare de recru de 9 ans, dans un bois exploitable à 22 ans, où l'hectare de ce dernier âge se vend 560 fr.?

Je prends dans la table de l'aménagement à 22 ans, vis-à-vis la 9ᵉ année, le nombre. 309

Je le multiplie par le prix de l'hectare en maturité, ci. . . . . 560 f.

18540
1545

Produit . . . 173,040

Je retranche 3 chiffres à droite de ce produit, et j'ai la somme de 173 fr. 04 c. pour le prix de l'hectare de 9 ans.

2º Quelle est la valeur présente d'un hectare de recru de 4 ans dans le même bois?

Je prends dans la même table, vis-à-vis la 4e année, le nombre. 124

Je le multiplie par le prix de l'hectare en maturité, ci. . . . . 560 f.

	7440
	620
Produit. .	69,440

Je retranche 3 chiffres sur la droite du produit, et j'ai la somme de 69 fr. 44 c. pour la valeur de l'hectare de 4 ans.

Ces 2 résultats obtenus avec tant de facilité sont identiques avec ceux auxquels nous étions parvenus péniblement par la voie du calcul arithmétique. Ils nous paraissent suffire, quant à présent, pour indiquer la manière de se servir de nos tables.

Nous n'avons dressé, pour l'évaluation des taillis, qu'une seule suite de tables calculées sur le taux de 4 p. 100 : d'autres tables à 5 et 3 p. 100 eussent été tout-à-fait inutiles; le taux de l'intérêt, ainsi que nous l'avons établi dans le *Manuel* déjà cité, n'a presqu'aucune influence sur l'évaluation des superficies, tandis que son action est au contraire extrêmement marquée dans l'estimation des sols. Une autre considération non moins concluante, c'est que la progression de l'intérêt à 4 p. 100 est celle qui coïncide le plus exactement avec la progression matérielle des taillis. D'où nous tirons cette conséquence, que le *recru d'un bois doit être estimé sur l'échelle de 4 p.* 100, quel que soit d'ailleurs le taux de l'évaluation du fonds.

Les tables suivantes commencent par celle de l'aménagement à 10 ans, et finissent par celle de l'aménagement à 40 ans. Les âges intermédiaires n'y figurent que de 2 ans en 2 ans; c'est-à-dire que nous en avons exclu les âges de 11 ans, 13 ans, 15 ans, etc. Notre motif a été que peu d'aménagemens ou de systèmes d'exploitations sont réglés en périodes impaires, et que, dans cette hypothèse même, l'application de nos tables n'en serait ni moins utile, ni moins commode; le seul soin particulier à prendre dans cette circonstance, consisterait à isoler la dernière coupe, pour l'évaluer distinctement, et à considérer la *pénultième coupe comme exploitable*, afin d'en faire le point de départ de l'estimation de toutes les autres fractions de l'aménagement. Dans une exploitation composée de 25 coupes annuelles, le recru de 24 ans peut être regardé comme mûr, tout aussi bien que celui de la coupe suivante, et peut être évalué tout aussi exactement d'après *ses produits actuels* : l'estimation *par induction* n'est indispensable que pour les recrus encore éloignés de l'époque de maturité.

En jetant les yeux sur ces tables, on voit que la coupe en exploitation est la première de chaque série; son âge et sa *valeur* actuelle sont exprimés par zéro. Nous avons supposé partout le produit de cette coupe égal au nombre 1000, comme nous l'avons fait dans les tables des valeurs du sol; et c'est ce qui explique le retranchement de 3 chiffres dans tous nos résultats.

§ II. — Tables pour l'évaluation des taillis en croissance.

(Le taux de l'intérêt étant de 4 pour 100.)

Aménagement ou exploitabilité à 10 ans.		Aménagement ou exploitabilité à 12 ans.		Aménagement ou exploitabilité à 14 ans.		Aménagement ou exploitabilité à 16 ans.		Aménagement ou exploitabilité à 18 ans.		Aménagement ou exploitabilité à 20 ans.	
Age du recru.	Facteurs constans pour 1 hectare.	Age du recru.	Facteurs constans pour 1 hectare.	Age du recru.	Facteurs constans pour 1 hectare.	Age du recru.	Facteurs constans pour 1 hectare.	Age du recru.	Facteurs constans pour 1 hectare.	Age du recru.	Facteurs constans pour 1 hectare.
Ans.		Ans.		Ans.		Ans.		Ans.		Ans.	
0	00	0	00	0	00	0	00	0	00	0	00
1	83	1	67	1	55	1	46	1	39	1	34
2	170	2	136	2	112	2	93	2	79	2	69
3	260	3	208	3	171	3	143	3	122	3	105
4	354	4	283	4	232	4	195	4	166	4	143
5	451	5	361	5	296	5	248	5	211	5	182
6	553	6	442	6	363	6	304	6	259	6	223
7	658	7	526	7	432	7	362	7	308	7	265
8	767	8	613	8	504	8	422	8	359	8	309
9	881	9	704	9	578	9	485	9	413	9	355
		10	799	10	656	10	550	10	468	10	403
		11	897	11	737	11	618	11	526	11	453
				12	821	12	688	12	586	12	505
				13	909	13	762	13	648	13	558
						14	838	14	713	14	614
						15	918	15	781	15	672
								16	851	16	733
								17	924	17	796
										18	861
										19	929
Total.	4,177	Total.	5,036	Total.	5,866	Total.	6,672	Total.	7,453	tal.	8,209

Suite des tables pour l'évaluation des taillis en croissance.

Aménagement ou exploitabilité à 22 ans.		Aménagement ou exploitabilité à 24 ans.		Aménagement ou exploitabilité à 26 ans.		Aménagement ou exploitabilité à 28 ans.		Aménagement ou exploitabilité à 30 ans.	
Age du recru.	Facteurs constans pour 1 hectare.	Age du recru.	Facteurs constans pour 1 hectare.	Age du recru.	Facteurs constans pour 1 hectare.	Age du recru.	Facteurs constans pour 1 hectare.	Age du recru.	Facteurs constans pour 1 hectare.
Ans.		Ans.		Ans.		Ans.		Ans.	
0	00	0	00	0	00	0	00	0	00
1	29	1	26	1	23	1	20	1	18
2	60	2	52	2	46	2	41	2	36
3	91	3	80	3	70	3	62	3	56
4	124	4	109	4	96	4	85	4	76
5	158	5	139	5	122	5	108	5	97
6	194	6	170	6	150	6	133	6	118
7	231	7	202	7	178	7	158	7	141
8	269	8	236	8	208	8	184	8	164
9	309	9	271	9	239	9	212	9	189
10	351	10	307	10	271	10	240	10	214
11	394	11	345	11	304	11	270	11	240
12	438	12	385	12	339	12	301	12	268
13	485	13	425	13	375	13	333	13	296
14	534	14	468	14	413	14	366	14	326
15	585	15	512	15	452	15	401	15	357
16	637	16	558	16	493	16	437	16	389
17	692	17	606	17	535	17	474	17	423
18	749	18	656	18	579	18	513	18	457
19	808	19	708	19	624	19	554	19	493
20	869	20	762	20	672	20	596	20	531
21	933	21	818	21	721	21	640	21	570
Total.	8,940	22	876	22	773	22	685	22	611
		23	937	23	826	23	733	23	653
		Total.	9,648	24	882	24	782	24	697
				25	940	25	833	25	743
				Total.	10,331	26	887	26	790
						27	942	27	840
						Total.	10,990	28	891
								29	944
								Total.	11,628

Suite des tables pour l'évaluation des taillis en croissance.

Aménagement ou exploitabilité à 32 ans.		Aménagement ou exploitabilité à 34 ans.		Aménagement ou exploitabilité à 36 ans.		Aménagement ou exploitabilité à 38 ans.		Aménagement ou exploitabilité à 40 ans.	
Age du recru.	Facteurs constans pour 1 hectare.	Age du recru.	Facteurs constans pour 1 hectare.	Age du recru.	Facteurs constans pour 1 hectare.	Age du recru.	Facteurs constans pour 1 hectare.	Age du recru.	Facteurs constans pour 1 hectare.
Ans.		Ans.		Ans.		Ans.		Ans.	
0	00	0	00	0	00	0	00	0	00
1	16	1	14	1	13	1	12	1	11
2	33	2	29	2	26	2	24	2	22
3	50	3	45	3	40	3	36	3	33
4	68	4	61	4	55	4	49	4	45
5	86	5	78	5	70	5	63	5	57
6	106	6	95	6	85	6	77	6	70
7	126	7	113	7	102	7	92	7	83
8	147	8	132	8	119	8	107	8	97
9	169	9	152	9	136	9	123	9	111
10	191	10	172	10	155	10	140	10	126
11	215	11	193	11	174	11	157	11	142
12	240	12	215	12	194	12	175	12	158
13	265	13	238	13	214	13	193	13	175
14	292	14	262	14	236	14	213	14	193
15	319	15	287	15	258	15	233	15	211
16	348	16	312	16	281	16	254	16	230
17	378	17	339	17	305	17	276	17	249
18	409	18	367	18	330	18	298	18	270
19	441	19	396	19	357	19	322	19	291
20	475	20	426	20	384	20	346	20	313
21	510	21	458	21	412	21	372	21	336

Suite de la table précédente pour l'évaluation des taillis en croissance.

Aménagement ou exploitabilité à 32 ans.	
Age du recru.	Facteurs constans pour 1 hectare.
Ans.	
22	546
23	584
24	623
25	664
26	707
27	751
28	797
29	845
30	894
31	946
Total.	12,241

Aménagement ou exploitabilité à 34 ans.	
Age du recru.	Facteurs constans pour 1 hectare.
Ans.	
22	490
23	524
24	559
25	596
26	634
27	674
28	715
29	758
30	803
31	849
32	898
33	948
Total.	12,832

Aménagement ou exploitabilité à 36 ans.	
Age du recru.	Facteurs constans pour 1 hectare.
Ans.	
22	441
23	472
24	504
25	537
26	571
27	607
28	644
29	683
30	723
31	764
32	808
33	853
34	900
35	949
Total.	13,402

Aménagement ou exploitabilité à 38 ans.	
Age du recru.	Facteurs constans pour 1 hectare.
Ans.	
22	398
23	426
24	455
25	485
26	515
27	548
28	581
29	616
30	652
31	690
32	729
33	770
34	813
35	857
36	903
37	950
Total.	13,950

Aménagement ou exploitabilité à 40 ans.	
Age du recru.	Facteurs constans pour 1 hectare.
Ans	
22	360
23	385
24	411
25	438
26	466
27	496
28	526
29	557
30	590
31	624
32	660
33	697
34	735
35	775
36	817
37	860
38	905
39	951
Total.	14,476

§ III. — Usage des tables précédentes.

Les tables qui précèdent se rapportent chacune à un aménagement donné, ou à un âge d'exploitation déterminé. Une colonne indique la succession des années du recru; une colonne parallèle contient une suite de facteurs constans, qui s'emploient de la même manière que les facteurs des tables pour l'évaluation du sol. Chaque table représente ainsi l'*universalité* des aménagemens de la période désignée en tête de cette table, quelle que puisse être la valeur particulière des produits du sol. L'estimation des taillis, dans un aménagement soumis à la révolution de 24 ans, par exemple, se déduira du tableau intitulé : *aménagement ou exploitabilité à 24 ans*. Il en sera de même pour tous les aménagemens réglés au moins à 10 ans, et au plus à 40 ans, à l'exception de ceux *à périodes impaires* que nous avons laissés en dehors de nos tables, mais qui peuvent y être ramenés facilement par le moyen indiqué pag. 160.

Avant de passer aux applications, nous devons faire observer que l'évaluation des superficies doit se faire sur les *produits ou revenus bruts;* sans aucune déduction pour les déboursés annuels, parce que ces déboursés n'affectent que l'appréciation du sol, comme étant une charge inhérente au fonds même de la propriété.

1° *Evaluation des taillis en croissance.*

1er *exemple.* Un hectare de taillis, âgé actuellement de 9 ans, vaudra 650 fr. à 20 ans, époque ordinaire de son exploitation. Combien vaut-il aujourd'hui?

Je prends dans le tableau de 20 ans le nombre . . . . . 355 correspondant à 9 ans.

Je le multiplie par 650

17750
2130

Produit . 230 750

Je retranche 3 chiffres sur la droite de ce produit, et j'ai 230 fr. 75 c. pour la valeur du recru de 9 ans.

2° *exemple.* Un hectare âgé de 1 an produit tous les 30 ans une coupe de la valeur de 840 fr. Combien vaut présentement le recru?

Je prends dans le tableau de 30 ans le nombre . . . . . . 18 correspondant à 1 an.

Je le multiplie par 840

720
144

Produit . 15 120

Séparant 3 chiffres à droite, je trouve 15 fr. 12 c. pour la valeur cherchée.

3° *exemple.* Quatre hectares sont âgés, le 1er de 10 ans, le 2e de 15 ans, le 3e de 16 ans, et le dernier de 25 ans; on sait que l'exploitation de ces 4 fragmens, réglée à 30 ans, donne par hectare, au bout de cette période, un produit de 950 fr. Quelle est la valeur actuelle de ces 4 hectares?

La table de l'aménagement de 30 ans me fournit les nombres suivans :

Pour 10 ans. . . . 214
Pour 15 ans . . . 357
Pour 16 ans . . . 389
Pour 25 ans . . : 743

1703

Je multiplie le total 1703
Par. . . 950 revenu donné.

85150
15327

Produit. . 1617 850

La superficie de ces 4 hectares réunis vaut donc 1617 fr. 85 c.

Nous avons abrégé l'évaluation précédente en multipliant le total des 4 facteurs constans par le revenu donné, au lieu de faire 4 multiplications successives. L'uniformité du multiplicateur nous permettait d'opérer de cette manière, mais il faudrait faire autant d'opérations qu'il y a de coupes, si chacune avait une valeur particulière à l'âge de maturité. Ce dernier cas se rencontre dans l'exemple suivant :

4° *exemple.* On possède 4 hectares de bois situés sur des sols de qualités différentes, mais exploitables au même terme de 24 ans.

Le 1er, âgé de 4 ans, rendra 800 f. à 24 ans.
Le 2°, âgé de 10 ans, rendra 620 à *id.*
Le 3°, âgé de 17 ans, rendra 700 à *id.*
Le 4°, âgé de 22 ans, rendra 540 à *id.*

On veut savoir combien vaut la superficie de ces quatre coupes.

La table de l'aménagement à 24 ans nous offre les nombres suivans :

Vis-à-vis 4 ans 109	×	800	prod.	87 f.	20 c.
10 ans 307	»	620	»	190	34
17 ans 606	»	700	»	424	20
22 ans 876	»	540	»	473	04
			Total	1174	78

La valeur cherchée est 1174 fr. 78 c.

5° *exemple.* Le propriétaire d'un bois de 20 hectares, aménagé à 20 ans, voulant exploiter la totalité de ses coupes, a besoin de connaître à l'avance le produit qu'il pourra en tirer. Trouver ce produit d'après cette seule donnée, que chacune des 20 coupes se vendrait 700 fr. l'hectare si elle était parvenue à l'âge de maturité ?

Je prends au bas de la table de 20 ans le total des 20 coupes, ci 8209
Je multiplie ce total par 700

Produit 5746 300

Séparant 3 chiffres à droite, je trouve aussitôt que la valeur totale de la superficie dont il s'agit est de 5,746 fr. 30 c.

2° *Évaluation de la feuille ou de l'accroissement annuel des taillis.*

Cette opération a ordinairement pour objet de régler l'indemnité due au propriétaire d'un bois par l'adjudicataire d'une superficie qui a prolongé son exploitation d'une ou plusieurs années au-delà du terme convenu; ce qui revient à déterminer le prix de la feuille ou de l'accroissement annuel, empêché par la non-exploitation du taillis. Mais, avant de poursuivre, voyons comment le prix graduel de toutes les feuilles d'un bois se déduit des tables précédentes.

1er *exemple.* Un bois exploitable à 24 ans rapporte 800 fr. par hectare à l'époque de sa maturité. Quel est le prix de la 12° feuille ?

Je prends dans la table de 24 ans le nombre. . . . . 385 correspondant à 12 ans.
Et le nombre. . . . . 345 correspondant à 11 ans.

La différence de ces nombres est 40
Que je multiplie par 800

Produit. . . 32 000

Séparant 3 chiffres sur la droite de ce produit, je trouve 32 fr. pour le prix de la 12° feuille.

2° *exemple.* Dans un aménagement réglé à 40 ans, l'hectare en maturité donne un produit de 1200 fr. : on demande quelle est la valeur de la 1re feuille ?

Je multiplie le nombre 11 qui exprime la 1re feuille de la table de 40 ans, par 1200

2200
11

Produit. 13 200

Je trouve que le prix de cette 1re feuille dans l'aménagement donné est de 13 fr. 20 c.

3° *exemple.* On demande quelle est la valeur de la 40° ou dernière feuille dans le même aménagement ?

Nous nous rappellerons que dans toutes nos tables, la valeur de la *coupe en maturité* est exprimée par le nombre 1000
Je prends dans la table de 40 ans le nombre . . . . 951 correspondant à 39 ans.

La différence de ces nombres est 49
Que je multiplie par . . 1200

9800
49

Produit. 58 800

Je trouve que cette 40° feuille vaut 58 fr. 80 c.

En *règle générale* : pour calculer le prix d'une feuille, il faut prendre dans la table de l'aménagement la différence entre la valeur du taillis à l'âge indiqué, et la valeur qu'il avait un an auparavant; on multiplie cette différence par le prix de l'hectare de taillis en maturité; et en séparant 3 chiffres à la droite du produit, on trouve à gauche le prix de la feuille exprimée en francs, et à la suite le complément de ce prix en fractions de francs. Appliquons cette règle à l'évaluation de l'indemnité due par un adjudicataire en retard dans son exploitation.

1er *exemple.* L'adjudicataire d'une coupe exploitable à 30 ans a retardé d'un an l'abattage du taillis. Il est évident qu'à la révolution suivante le recru n'aura que 29 feuilles au lieu de 30 qu'il devrait avoir par le réglement de la forêt. Il est donc dû au propriétaire une indemnité égale à la perte qu'il éprouvera, c'est-à-dire égale à la valeur de la 30° feuille.

Si le retard est de 2 ans, la coupe n'aura que 28 feuilles au lieu de 30. L'indemnité doit donc être égale à la somme des 29e et 30e feuilles.

Supposons que le produit de l'hectare à 30 ans soit de 720 fr. Si l'adjudicataire est en retard d'une feuille, je prendrai la différence

entre.	1000	valeur fictive de la coupe en maturité, et le nombre
.	944	correspondant à 29 ans dans la table.
Cette différence est	. 56	
Je la multiplie par	. 720	prix de l'hectare en maturité.
	1120	
	392	
Produit. . .	40 320	

Séparant 3 chiffres à droite, je trouve que l'indemnité à payer est de 40 fr. 32 c.

2e *exemple.* Si le retard est de 2 feuilles, j'additionne la différence précédente, qui est 56, avec le chiffre 53, différence entre les nombres qui correspondent dans la table à 29 ans, et 28 ans, et j'ai un total de 109

Que je multiplie par . . . . 720 prix de l'hectare en maturité.

	2180
	763
Produit.	78 480

L'indemnité doit s'élever à 78 fr. 48 c.

L'*usage suivi presque généralement* dans l'évaluation du prix des feuilles consiste à diviser la somme à laquelle s'est élevée la vente d'un hectare de bois par le nombre des années ou des feuilles qu'il avait acquises au moment marqué pour l'exploitation. En sorte que, dans le cas précédent, on diviserait 720 par 30, et on déduirait de là que le prix d'une feuille est de 24 fr., que le prix de 2 feuilles est de 48 fr. et ainsi de suite. Cette méthode, qui suppose une parfaite uniformité d'accroissement depuis le 1er âge du bois jusqu'à sa maturité, est en contradiction manifeste avec ce que l'observation la plus superficielle nous apprend à cet égard. Elle conduit à une approximation dont on peut bien se contenter quand il ne s'agit que d'un très-faible intérêt, mais qu'on ne saurait admettre dans une estimation de quelque importance.

§ IV. — Bois exploitables.

Il n'est pas indispensable, pour être en état d'estimer une forêt, de posséder la connaissance des bois sous le rapport de la destination économique et de l'utilité particulière de chaque essence. L'étude de la technologie forestière, si importante pour le marchand de bois ou pour le propriétaire qui dirige les détails d'une exploitation, n'intéresse pas au même degré l'estimateur des forêts. Ce dernier opère sur des bases plus larges; il ne lui est pas inutile, sans doute, de connaître la valeur des différentes sortes de marchandises que l'industrie sait tirer d'un bois; mais, ce qui lui est nécessaire surtout, c'est d'avoir des données exactes sur le *prix de ce bois, lorsqu'il est encore sur pied*, ou tout au plus lorsqu'il a reçu la façon première que lui donne la main du bûcheron.

Cependant l'art d'estimer les bois, envisagé sous le point de vue le plus général, embrasse les évaluations de détail, comme celles d'ensemble. Il importe donc à tout appréciateur forestier de savoir quels sont les *emplois qu'on peut faire des différentes espèces de bois*, et quelle est la manière la plus avantageuse de les débiter. Plusieurs parties de cet ouvrage offrent sur ce sujet les indications les plus précises. Dans le chapitre II consacré à la description des arbres forestiers, on a signalé les usages économiques auxquels ces arbres sont propres. Plus loin, dans le chapitre V, on a traité en détail de l'exploitation et du débit des bois. Il ne nous reste donc qu'à récapituler ces utiles notions, en les présentant sous un nouvel aspect. Nous avons jusqu'ici dénombré les emplois dont chaque sorte de bois est susceptible; actuellement nous énumérerons, au contraire, les différentes espèces d'arbres, propres à tel ou tel usage économique.

Usages des différentes espèces de bois.—Dans la nomenclature qui va suivre, nous placerons en 1er lieu les bois qui sont de meilleure qualité pour chaque usage, et ainsi de suite, jusqu'à l'espèce de moindre qualité.

Charbon : pin-silvestre, charme, sycomore, frêne, hêtre, chêne, bouleau, orme, mélèze, épicéa, sapin commun, tremble, tilleul, aune. *Bois de chauffage :* sycomore, pin, frêne, hêtre, charme, alizier, chêne, mélèze, orme, épicéa, bouleau, sapin commun, tilleul, tremble, aune, peuplier noir, saule, peuplier d'Italie. *Marine :* chêne, sapin, pin, mélèze, hêtre et orme. *Grande charpente :* chêne, châtaignier et pin. *Agrès d'usines :* orme, cormier, alizier, pommier et charme. *Charpente ordinaire :* chêne, châtaignier, arbres résineux, orme, cormier, alizier, merisier, ypréau, tremble et peuplier. *Merrain :* chêne et hêtre. *Lattes :* chêne, châtaignier et bois blancs. *Boissellerie :* chêne, hêtre, sapin, tremble. *Treillage :* chêne, châtaignier et frêne. *Echalas :* chêne, châtaignier, frêne, pin, saule-marceau et tremble. *Paisseaux ronds :* châtaignier, genévrier, cornouillier, chêne, frêne, pin, coudrier, érable, bois blancs. *Sciage :* chêne, hêtre, orme, platane, châtaignier, noyer, mélèze, sapin, pin, merisier, tilleul, ypréau, marronnier, peuplier noir, peuplier commun, tremble, peuplier d'Italie. *Raclerie :* le hêtre. *Vaissellerie :* hêtre, sapin, pin et tremble. *Etaux et tables :* orme, hêtre et noyer. *Pilots :* chêne, aune. *Charronnage ordinaire :* chêne, frêne, orme, charme. *Charronnage de luxe :* frêne, orme, chêne, hêtre et noyer. *Conduites d'eau :* pin et aune. *Cercles :* châtaignier, frêne, saule-marceau, merisier, bouleau, coudrier, chêne, saule blanc et tilleul. *Bois à tourneurs :* frêne, noyer, faux-acacia, prunier, aune et buis. *Bois à sabots :* hêtre, noyer, ypréau, bouleau, aune, peuplier commun, tremble, tilleul, peuplier d'Italie. *Bois à sculpteurs :* chêne, hêtre, platane, tilleul, marronnier.

En appréciant la valeur relative de chaque bois, par la *variété des marchandises qu'on en obtient, ou par le nombre d'usages* auxquels il est propre, on trouve que nos essences forestières se présentent dans l'ordre décroissant ci-après : chêne, hêtre, frêne, orme, châtaignier, charme, arbres résineux, tilleul, tremble, ypréau, bouleau et aune. Toutes les autres essences ne sont que d'une utilité secondaire.

Ces détails peuvent guider le marchand de bois dans le débit et la vente des produits d'une coupe; mais dans une estimation de bois sur pied, ces élémens n'ont plus la même importance. On ne considère plus guère alors les emplois du bois, quelque variés qu'ils soient, que sous deux points de vue principaux; suivant que le bois se présente, ou en taillis ou en futaie.

S'il s'agit de taillis, le bois destiné au chauffage ou à la carbonisation étant, de toutes les marchandises que l'on retire des forêts, celle dont la société a le plus besoin, c'est cette sorte de marchandise que l'exploitant fabriquera en plus grande quantité. *C'est aussi le prix local de cette espèce de produit qui servira de base à l'estimation du taillis.*

Quant à la valeur de la futaie, on compte les arbres à abattre dans une vente, on en mesure la grosseur, on en estime la hauteur, et on évalue ensuite la charpente ou le gros bois de chauffage que ces arbres peuvent fournir : *le prix de ces deux espèces de produits dans la localité, sert encore de base à l'estimation.*

Ainsi, l'évaluation des bois exploitables se réduit à la solution de ces deux questions :

1° Combien un hectare de taillis donné peut-il rendre de cordes ou de stères de bois de chauffage, ou de bois à charbon; et quel est le prix local de la corde ou du stère de l'une et de l'autre de ces espèces de bois?

2° Combien de solives ou de stères peut produire une futaie donnée, et quel est le prix local de la solive ou du stère, tant en bois de charpente qu'en gros bois de feu?

Tels sont les objets que nous allons traiter dans les deux articles suivans. Les mesures de solidité que nous énoncerons seront empruntées à l'ancien système. Nous n'admettons, pour plus de clarté, que 2 sortes de cordes; la 1re pour les taillis, de 8 pieds de couche sur 4 pieds de hauteur et 2 pieds 1/2 de longueur de bois, ce qui fait en solidité 80 pieds cubes; la 2e, pour le gros bois de feu, de 8 pieds de couche, 4 pieds de hauteur et 4 pieds de longueur de bois, ce qui fait en solidité 128 pieds cubes. Nous donnerons plus loin le rapport de conversion de ces anciennes mesures en mesures métriques.

1° *Evaluation du produit des taillis.*

La valeur matérielle d'un taillis dépend de 3 circonstances principales : *l'âge du recru, la qualité du sol, et la nature des essences.* Nous présenterons, dans le tableau suivant, une indication aussi approximative que possible des produits d'un hectare de taillis sous futaie, de 5 années en 5 années, en mesurant ces produits d'après les trois donnees précédentes, dont le concours détermine nécessairement la consistance d'un bois. Pour atteindre ce but, nous rangerons les bois en six classes, que nous caractériserons par la considération du sol et celle des essences dominantes; nous supposerons que le taillis est convenablement garni, et que les futaies dont il est parsemé ne sont point assez nombreuses pour nuire au recru.

Tableau du produit moyen d'un hectare de taillis sous-futaie, en cordes (de 80 pieds cubes) et en stères.

Age du taillis.	1re *Classe.* — Plaine féconde, terrain propre à faire des prés de première qualité. — Essences dominantes: Orme, Frêne et Chêne.		2e *Classe.* — Plaine fertile, terrain propre à faire de très-bonnes terres labourables. — Essences dominantes: Chêne, Hêtre et Tremble.		3e *Classe.* — Plaine médiocre, terrain propre à la culture ordinaire, fonds un peu froid. — Essences dominantes: Charme, Tremble et Aune.		4e *Classe.* — Bon terrain en coteau exposé au nord. — Essences dominantes: Hêtre, Charme et Chêne.		5e *Classe.* — Terrain médiocre et sec, en coteau, à diverses expositions. — Essences dominantes: Chêne, Charme, Alizier et Erable.		6e *Classe.* — Terrain de montagne pierreux ou sablonneux. — Essences dominantes: Chêne, Charme Alizier et Cornouillier	
Ans.	Cordes.	Stères.	Cordes.	Stères.	Cordes.	Stères.	Cordes.	Stères.	Cordes.	Stères.	Cordes.	Stères.
10	30	82	23	63	20	55	15	41	7	19	7	19
15	47	128	35	96	32	88	25	68	12	33	12	33
20	67	183	50	137	45	123	38	104	20	55	18	49
25	87	238	65	178	60	164	51	140	28	76	23	63
30	107	293	80	219	75	205	64	175	35	96	28	76
35	127	348	95	260	90	246	76	208	41	112	33	90
40	147	402	110	301	105	288	87	238	47	128	38	104

Nota. — Le produit de la vente des ramilles suffit pour couvrir les frais d'exploitation dans les pays de plaine, et pour en payer un tiers environ, dans les localités montagneuses, où le bois est ordinairement plus abondant qu'ailleurs; un hectare peut donner de 1100 à 1400 fagots, après la fabrication de la charbonnette.

A l'aide des chiffres contenus dans ce tableau, il est aisé de déterminer, au moins à très-peu près, le produit d'un taillis sur pied; mais si on n'a aucune habitude de ces sortes d'opérations, on peut, afin d'éviter toute méprise, contrôler les indications du tableau, par *les exploitations d'essai*, indiquées page 110, ou par un procédé moins certain, mais plus expéditif, *le comptage d'essai :* voici en quoi consiste ce dernier moyen.

On mesure en plusieurs endroits du bois à évaluer, une petite étendue telle qu'un are ou le carré du décamètre. On compte exactement tous les brins renfermés dans cet espace, on en mesure la hauteur moyenne, afin de pouvoir calculer combien il faudra de ces brins pour remplir une corde ou un stère. Il est entendu qu'au préalable, on aura reconnu par une expérience très-facile la quantité de morceaux dont se compose une corde, ou un stère de taillis de même âge et grosseur que celui qu'il est question d'estimer. Il n'y a pas de bois dont la consistance soit uniforme sur tous les points; il faut donc, pour approcher le plus près possible de l'exactitude, faire le *comptage d'un certain nombre d'ares;* le mieux serait d'en compter autant que la coupe contient d'hectares.

Non seulement il est nécessaire de multiplier les *ares d'essai*, mais il importe encore d'en bien choisir l'assiette. Après avoir examiné l'état du bois avec attention, on le divise en parties d'une composition uniforme, on opère dans chacune de ces divisions en y prenant un nombre d'ares d'essai égal autant que possible à celui des hectares; le terme moyen des résultats devient la base de l'estimation. Si la coupe renferme des vides, il faut en évaluer l'étendue, et la soustraire de la contenance totale, pour avoir l'étendue réelle du bois à estimer.

Lorsqu'on n'a plus qu'à convertir en argent les produits matériels d'un bois, si ces produits sont en maturité ou se rapprochent de cet état, on les estime d'après le *prix courant actuel*, et d'après *une moyenne* déduite des années antécédentes, si l'exploitation est encore éloignée. Dans ce dernier cas, on observe la règle que nous avons donnée pour l'évaluation du sol, p. 152.

2° *Evaluation du produit des futaies.*

De deux choses l'une, ou la futaie doit fournir des pièces de charpente ou de sciage, ou elle doit être débitée en bois pour les foyers. Dans le premier cas, on mesure la solidité, non de l'arbre dans son volume total, mais de la pièce seulement qui en sortira par suite de l'écarrissage; dans le second, on doit naturellement mesurer la solidité complète de l'arbre qui sera tout entier fabriqué en cordes ou stères; cependant cette dernière méthode, qui paraît si rationnelle, est peu pratiquée. Nous verrons par la suite qu'elle est d'un usage très-facile, et qu'il est réellement indispensable d'y recourir toutes les fois qu'il s'agit de cuber des bois destinés à subir l'opération du moulage.

Le cubage des arbres a donc deux objets distincts : afin de mettre de l'ordre dans les détails que comporte ce sujet, nous commencerons par le mesurage des arbres ronds ou en grume, puis nous passerons au cubage des mêmes arbres considérés comme bois d'écarrissage.

A. *Cubage des arbres en grume.* — On appelle *bois en grume* l'arbre encore sur pied, ou l'arbre abattu, privé de sa souche, dépouillé de ses branches, et resté d'ailleurs dans la forme que lui a donnée la nature. Un arbre observé sous ce point de vue apparaît comme un cône tronqué plus ou moins régulier; mais dans la pratique, on l'assimile à un cylindre dont la circonférence est égale à celle de l'arbre mesurée au milieu de sa longueur. Cette manière de l'envisager a l'avantage de simplifier le calcul, et d'approcher de si près de la vérité, que l'erreur est à peine d'un 5e de pied cube sur un arbre de la plus forte stature.

La géométrie nous apprend que la solidité d'un cylindre est égale au produit de sa base par sa hauteur. Avant de présenter une application de ce principe, nous ferons observer que l'on a adopté assez généralement pour *unité de mesure*, dans le cubage des arbres, un solide équivalant à 3 pieds cubes, appelé *solive*. Nous emploierons indifféremment la solive ou le pied cube, mais nous aurons soin de n'exprimer les fractions de l'une ou de l'autre de ces anciennes unités que par des chiffres décimaux, afin de faciliter les opérations à faire sur ces nombres.

Exemple. Un arbre en grume a 4 pieds de grosseur moyenne et 20 pieds de longueur. On demande quelle est sa solidité totale?

On sait que la circonférence est au diamètre, dans le rapport des nombres 1 à 3,1416. Ainsi, pour trouver le diamètre du cercle qui a 4 pieds de pourtour, il faut poser cette proportion :

3,1416 *est à 1, comme 4 pieds est au diamètre cherché.*

En exécutant l'opération indiquée, on a pour le diamètre, le nombre fractionnaire 1 pied 2732, et par conséquent pour le rayon, 0 pied 6366.

La surface d'un cercle est égale au produit de la circonférence, par la moitié du rayon; ce qui nous donne la multiplication suivante :

4 pieds
Par 0,3183 moitié du rayon.

Produit 1,2732

Séparant 4 décimales à droite de ce produit, on a pour la surface du cercle, ou la base du cylindre, 1 pied carré 2732/10,000es.

Maintenant nous
multiplierons 1,2732
par 20 pieds (hauteur de l'arbre).

Produit : 25,4640 (cube de l'arbre).

Ainsi l'arbre contient 25 pieds cubes, plus la fraction 464/1000 ou 8 solives 488/1000.

Cette manière d'opérer, sans exiger de grandes connaissances, n'est rien moins qu'usuelle. Elle entraînerait en effet une grande perte de temps, si on voulait l'appliquer à l'estimation des forêts; aussi on la remplace généralement par des comptes-faits ou tarifs imprimés, qui dispensent de tout autre calcul qu'une addition.

B. *Cubage des arbres d'écarrissage.* — Cette opération consiste à évaluer la solidité de la pièce écarrie que peut fournir un arbre d'une grosseur donnée.

Une pièce écarrie se présente presque toujours sous l'aspect d'un parallélipipède rectangle; cependant elle peut prendre pour un emploi spécial, une tout autre configuration, comme celle d'un solide à 6 ou 8 pans; nous ne nous occuperons pas de ces exceptions; nos calculs ne se rapporteront qu'à des arbres destinés à la charpente ou au sciage, c'est-à-dire à des arbres qui doivent recevoir la forme de prismes droits, à base rectangulaire.

Si la dénomination seule *d'arbre écarri* annonce que la base de ce solide est ordinairement un rectangle, le calcul démontre d'ailleurs que les deux côtés de cette base doivent être égaux, pour que le parallélipipède extrait de l'arbre soit le plus grand possible. Il faut donc que le charpentier conduise le travail de l'écarrissage, de manière à obtenir deux *faces égales*. Et l'erreur qu'il peut si aisément commettre, quand il n'a pour guide que la routine, a des effets assez importans pour fixer un instant notre attention.

Soit un arbre de 4 pieds de diamètre, sur 30 pieds de hauteur.

Pour que la cubature de la pièce soit un maximum, l'ouvrier devra donner 34 pouces au premier côté, le second aura nécessairement aussi 34 pouces, et la solidité de la pièce sera de 240 *pieds cubes*.

Mais qu'un ouvrier inhabile donne 39 pouces à l'une des faces de la poutre, l'autre n'aura que 28 pouces, et la solidité de la pièce se trouvera réduite à 227 *pieds cubes*.

Si au contraire l'ouvrier n'enlève pas assez de bois, d'un côté, et qu'il en résulte une face de 23 pouces seulement, l'autre face aura 42 pouces, et la solidité de la pièce sera réduite à 203 *pieds cubes;* ce qui fera une perte de 37 pieds cubes sur la totalité qu'aurait donnée un écarrissage exécuté d'après les règles de l'art.

Il ne sera donc pas inutile de placer ici la description d'un procédé propre à diriger le charpentier dans l'opération de l'écarrissage. L'arbre peut être exactement rond, ou il peut être mi-plat, c'est-à-dire plus épais dans un sens que dans l'autre; mais la différence des deux diamètres n'est jamais assez grande pour qu'il soit nécessaire de faire une distinction entre ces deux classes d'arbres. Le problème, dans tous les cas, n'a d'autre objet que d'inscrire un carré dans un cercle plus ou moins parfait.

Exemple. — La base d'un arbre en grume affecte une forme irrégulière, représentée par la *fig.* 197. Il faut, avant tout, réduire

Fig. 198. Fig. 197.

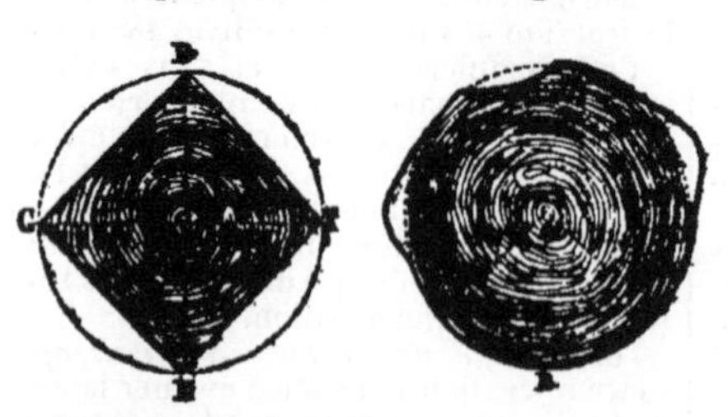

cette figure à un cercle.

On prend sur le pourtour de l'arbre trois points quelconques, A, B, C, en ayant soin de laisser en dehors les irrégularités les plus saillantes : on élève, sur le milieu de ces lignes, deux perpendiculaires dont la rencontre en O détermine le centre du cercle. On peut répéter cette opération en prenant trois autres points sur la circonférence; et si les deux centres ne coïncident pas tout-à-fait, on prend pour *centre vrai* le milieu de l'intervalle de ces deux points.

La figure étant convertie en un cercle parfait (*fig.* 198), on tire par le centre 2 lignes F G et D E qui se coupent à angles droits, et, par les extrémités de ces deux diamètres, on mène les lignes D F, D G, E E, et E F, qui forment le *carré cherché.* Une semblable opération étant exécutée à l'autre bout de l'arbre, on complète le tracé de l'écarrissage par quatre traits de cordeau dans la longueur de la tige.

Il résulte de ce que nous avons dit, que pour apprécier au juste le volume et la valeur vénale d'un arbre en grume, destiné à la charpente ou au sciage, on doit supposer qu'il sera écarri sur deux faces aussi égales que possible. Il nous reste actuellement à faire voir comment le calcul donne l'expression des côtés, et la solidité de la pièce produite par l'écarrissage.

Si la surface de l'arbre présentait toujours une rondeur uniforme, et si cet arbre n'était pas revêtu d'une écorce qu'il faut nécessairement déduire de sa grosseur, on n'aurait qu'à chercher le côté du carré inscrit dans un cercle égal à la circonférence totale de l'arbre : problème dont nous avons donné la solution. Mais l'arbre se montre rarement sous une forme régulière; sa surface offre, pour l'ordinaire, des enfoncemens ou défournis, des irrégularités, en un mot, qui nécessitent une réduction sur la mesure de la circonférence.

Le mode le plus commun et le plus exact pour opérer cette réduction, consiste à retrancher le 5° de la circonférence, et à prendre le quart du reste. *Ce quart* exprime le côté du carré inscrit, c'est-à-dire l'une des faces de la pièce.

Le cubage au 5° de réduction est le plus usité, mais il en est d'autres qui sont assez suivis. Dans certaines localités, on prend pour le côté du carré le quart de la circonférence de l'arbre sans déduction; dans d'autres pays, on déduit un 6° de la circonférence, et on prend le quart du reste; ailleurs, enfin, on déduit seulement un 12° pour prendre le quart du reste.

Nous comparerons entre elles ces différentes évaluations, en les appliquant à un arbre ou un cylindre dont la circonférence serait de 10 pieds, et la hauteur de 30 pieds. Nous n'aurons besoin d'abord que de calculer la surface de la base dans chaque système de cubage, pour trouver la proportion des solidités qui, à hauteurs égales, sont entre elles comme les bases.

	Pieds carrés.
La surface d'un cercle de 10 pieds de tour est exprimée par le nombre	7,9577
La base de la pièce, au quart, sans déduction, est exprimée par. . . .	6,2500
La base de la pièce, au 12° de déduction, est exprimée par	5,2517
La base de la pièce, au 6° de déduction, est exprimée par.	4,3403
Enfin, la base au 5° de déduction est exprimée par.	4,0000

Maintenant, si nous voulons connaître la solidité de l'arbre, d'après chacun de ces tarifs, nous multiplierons les chiffres précédens par 30 pieds, hauteur de l'arbre, et nous aurons la progression décroissante qui va suivre.

	Pieds cubes.	cent.
Solidité de l'arbre en grume. .	238	78
Solidité de la pièce d'écarrissage, au quart sans déduction. .	187	50
— Au 12ᵉ de déduction. . .	157	55
— Au 6ᵉ de déduction. . . .	130	21
— Enfin, au 5ᵉ de déduction. .	120	00

La première de ces quantités exprime la solidité totale de l'arbre rond; la dernière représente la solidité du même arbre après l'écarrissage à vives-arêtes, c'est-à-dire sur quatre faces régulières et égales; les 3 quantités intermédiaires expriment des *solidités fictives* qui correspondent à des états d'écarrissage incomplets, mais plus ou moins avancés.

Ainsi l'arbre, qui, avant d'avoir subi aucune modification, contient réellement 238 pieds cubes et une fraction, n'est admis dans le commerce que pour une solidité de *convention*, qui décroît selon les lieux, jusqu'au terme de 120 pieds cubes, c'est-à-dire jusqu'à la moitié, à très-peu près, de la solidité naturelle de l'arbre.

Par une conséquence nécessaire, la *valeur du pied cube augmente dans une progression inverse.* Supposons que le pied cube au 5ᵉ de déduction ait une valeur de 10 francs, et qu'on veuille savoir combien vaudrait le pied cube correspondant à chacun des autres modes de cubage, nous trouverons ces valeurs par des règles de trois, dont nous n'énoncerons que la première :

Le pied cube au 5ᵉ est au pied cube au 6ᵉ comme 130,21 est à 120,00.

En effectuant les diverses proportions, on trouve la suite croissante ci-après :

	fr.	c.
Valeur du pied cube de l'arbre en grume.	5	02
— Du pied cube, au quart sans déduction.	6	40
— Du pied cube, au 12ᵉ de déduction.	7	62
—Du pied cube, au 6ᵉ de déduction	9	21
—Du pied cube, au 5ᵉ de déduction	10	00

De même que nous avons vu décroître les solidités, nous voyons ici les valeurs du pied cube augmenter dans une progression absolument contraire; si le pied cube de bois en grume vaut 5 fr. 02 c., le même volume en bois écarri à vive-arête vaudra 10 fr., c'est-à-dire le double du premier prix.

Les divers modes de cubage sont donc indifférens malgré la grande inégalité de leurs résultats, puisque la valeur vénale de l'unité de mesure varie comme ces résultats. Toutefois le cubage au 5ᵉ paraît devoir être préféré par deux considérations : la première, c'est qu'il exprime un état réel de l'arbre, l'écarrissage complet sur 4 faces, et la seconde, c'est que la solidité qui en dérive forme, à une très-petite fraction près, la moitié de celle de l'arbre en grume, en sorte que, l'une étant connue, l'autre l'est également.

Ainsi une table calculée au 5ᵉ de déduction donnerait d'abord le cubage de la pièce écarrie, et par suite le cubage de l'arbre en grume, au moyen de la *duplication du chiffre* puisé dans la table.

La pratique de la cubature des arbres sur pied présente 2 difficultés; l'une est relative au mesurage de la hauteur des arbres, et l'autre au mesurage de leur circonférence *moyenne*.

Hauteur. Pour mesurer la hauteur des arbres, il faut que le forestier cherche à acquérir l'expérience du coup-d'œil par de fréquens exercices et par des vérifications faites après l'abattage. Toutes les méthodes empruntées à la science sont d'un faible secours, tant à cause de la lenteur de leur application qu'à cause du défaut d'espace dans les forêts. Un moyen mécanique très-simple, indiqué par DUHAMEL, consiste à appliquer contre l'arbre une règle ou une perche d'une longueur connue, et à apprécier combien de fois cette mesure peut être contenue dans la hauteur de l'arbre; ou, pour plus de précision, on peut se servir de baguettes de 3 pieds de longueur, qui s'emboîtent les unes au bout des autres, et dont on ajuste ainsi le nombre convenable pour atteindre à la sommité de la tige. Enfin, on peut faire usage pour le même objet, de l'instrument qui a été décrit page 109 de ce livre. Ce dernier moyen est commode, et procure des résultats d'une justesse parfaite.

Circonférence. Lorsque l'arbre est abattu, rien de plus facile que de mesurer son pourtour au milieu de sa longueur; mais, lorsque l'arbre est debout, le milieu de la tige n'est appréciable que pour l'œil de l'estimateur; et à moins d'une grande habitude, on n'obtient par ce moyen que des évaluations fautives, ou au moins douteuses. Frappé de cet inconvénient, nous avons cherché à *déduire la grosseur moyenne d'une mesure réelle*, prise à une hauteur facilement accessible, comme 4 pieds à partir du sol.

Des observations multipliées nous ayant appris qu'il existe un rapport constant, ou à très-peu près constant, entre la circonférence d'un arbre, mesurée au milieu de sa hauteur, et sa circonférence mesurée à 4 pieds du sol, nous avons calculé, sur ce rapport, une table de cubage au 5ᵉ de déduction : cette table, insérée dans notre *Manuel de l'estimateur des forêts* (1), a l'avantage de substituer à une estimation visuelle, et par conséquent peu sûre, un mesurage effectif et certain. Le *rapport* sur lequel repose l'économie de ce tarif, est à peu près 9/10ᵉ. Ce chiffre offre un moyen bien simple pour déterminer la circonférence moyenne et le côté d'écarrissage d'un arbre sur pied, dont on a mesuré la grosseur à 4 pieds du sol; on sait, par exemple, que le pourtour d'un arbre, à 4 pieds de terre, est de 90 pouces; on trouve aussitôt que la grosseur, au milieu de la tige, est de 90 moins 9, ou 81 pouces. Et, prenant le 5ᵉ de ce dernier nombre, on a 16 pouces pour le côté de la pièce de charpente. Toutefois, nous n'insérerons ici, ni la table de cubage qui nous est propre, ni aucune autre, parce que nous devons admettre également les différentes méthodes en usage pour parvenir à la détermination des solidités; d'un autre côté il existe partout des tables de ce genre. Loin d'en exclure aucune, nous donnerons un moyen pour apprécier les rapports qui les lient les unes aux autres.

(1) Chez Mᵐᵉ Huzard, à Paris.

Les calculs qui font connaître le rapport des différens cubages sont fondés sur la proportionnalité des bases entre solides de même hauteur. Si nous désignons par l'unité suivie de zéros, la base de la pièce écarrie au 5e, nous aurons les chiffres inscrits au tableau suivant.

Tableau des bases proportionnelles dans les différens cubages.

ÉCARRISSAGE au 5e de déduction.	ÉCARRISSAGE au 6e de déduction.	ÉCARRISSAGE au 12e de déduction.	ÉCARRISSAGE au 1/4 sans déduction.	ARBRE en grume.
1,0000	1,0851	1,3129	1,5625	1,9894

Ce tableau procurera, à l'aide d'un calcul facile, la solution de toutes les questions de la nature de celles qui vont suivre.

1re *Question*. Un arbre cubé au quart, sans déduction, présente 187 pieds cubes 5/10. On veut savoir quelle serait sa solidité au cubage du 5e déduit? Nous ferons cette règle de trois. 187,5 est au nombre cherché, comme le nombre 1,5625, pris dans le tableau précédent, est à 1,0000. Le terme cherché est 120 pieds cubes.

2e *Question*. Un arbre cubé au 12e déduit donne 157 55/100. On veut savoir quelle serait sa solidité au cubage du 5e déduit? Nous aurons cette proportion : 157 55 est au nombre cherché, comme 1,3129, tiré du tableau, est à 1,0000; ce qui donne, de même que dans le cas précédent, 120 pieds cubes.

3e *Question*. Un arbre cubé au 6e déduit contient 130 pieds cubes 21/100. On demande quelle est sa solidité en grume? La proportion 130 21 est au nombre cherché comme 1,0851 est à 1,9894, nous apprend que la solidité demandée est de 238 pieds cubes et 73/100.

Ces 3 résultats sont exactement pareils à ceux que nous avions obtenus déjà, page 168, par le cubage direct de l'arbre, dans les 3 conditions données. Mais on peut abréger singulièrement ces calculs, en n'admettant pas de fractions dans l'énoncé des pieds cubes, et en n'employant qu'une partie des décimales du tableau.

Le moment est venu de faire observer que lorsqu'un arbre est destiné au chauffage, il ne suffit plus de savoir combien cet arbre contient de solives ou de pieds cubes; il faut encore, pour en connaître *le prix marchand*, savoir combien de cordes de chauffage on en tirera, car la valeur de cette espèce de bois ne s'apprécie dans le commerce que sous la forme de corde ou de stère, et jamais sous celle d'un pied cube ou d'une solive. Un arbre d'une solidité connue ne donnera pas dans tous les cas la même quantité de cordes. S'il est débité en très gros morceaux, il ne produira qu'une corde par exemple. S'il est divisé davantage, il donnera une corde et demie; et plus détaillé encore, il pourra fournir 2 cordes et peut-être plus. Il est indubitable que les tronçons occuperont un espace d'autant plus grand, que les interstices seront plus multipliés par l'effet du morcellement des bûches.

Nous avons donc à évaluer la quantité de cordes qu'on peut tirer d'un arbre, ou d'une collection d'arbres dont la solidité a été reconnue. Le tableau suivant servira à résoudre ces sortes de questions. En le puisant dans les résultats des expériences faites par M. Hartig sur le moulage des bois, nous en avons combiné les élémens d'après la supposition que les cordes sont composées indistinctement de *bois droit* et de *bois tors;* nous l'avons ainsi adapté à la pratique la plus habituelle de l'exploitation des forêts *feuillues*, dans lesquelles il n'arrive que très rarement de faire un triage parmi les bûches de formes diverses, et encore moins de compter le nombre de morceaux qui entrent dans la corde.

Tableau d'une corde de 128 pieds cubes, en bois de chauffage, composée de bûches droites et de bûches courbes.

ESSENCE.	NOMBRE APPROCHÉ des bûches composant la corde.	SOLIDITÉ-PLEINE. en pieds cubes.	SOLIDITÉ-PLEINE. en solives.	INTERSTICES ou vides de la corde. en pieds cubes.	INTERSTICES ou vides de la corde. en solives.
	Gros bois de tige en quartier.				
Chêne	100 à 120	75	25	53	1 2/3
Hêtre	90 à 110	84	28	44	14 *Id.*
Charme	130 à 160	78	26	50	16 *Id.*
Alizier	*Id.*	87	29	41	13 *Id.*
Frêne	*Id.*	87	29	41	13 *Id.*
Orme	*Id.*	81	27	47	15 *Id.*
	Gros bois de branchages en quartier.				
Chêne	130 à 190	60	20	68	22 2/3
Hêtre	*Id.*	63	21	65	21 *Id.*
Charme	150 à 200	60	20	68	22 *Id.*
	Gros rondin.				
Essences diverses.	300 à 400	57	19	71	23 2/3
	[illegible]00 à 300	63	21	65	21 *Id.*
	150 à 200	66	22	62	20 *Id.*

NOTA. Le rondin dont il est question dans ce tableau n'est point la charbonnette, mais le rondin choisi dans les taillis de 20 à 40 ans. Il ne s'agit ici que du bois de chauffage, et non du bois de forge, que l'on évalue *à tant de cordes par hectare*, comme nous l'avons vu pag. 165.

Usage du Tableau précédent. 1er *Exemple.* Un certain nombre de pieds de futaies de chênes, cubant en grume 4,500 solives de bois rond, doivent être débités en gros bois de feu; on demande combien de cordes de 128 pieds-cubes peuvent fournir ces arbres? Je divise 4,500 par le nombre 25, qui représente dans le tableau la solidité réelle d'une corde de 128 pieds-cubes, et j'ai au quotient, 180 cordes, quantité cherchée .

2e *Exemple.* Tous les hêtres d'une coupe présentent en masse une cubature de 6,800 solives de bois rond: on veut savoir quel nombre de cordes de bois de feu on peut fabriquer avec ces arbres? Je divise 6,800 par 28, nombre qui indique dans le tableau la solidité pleine ou réelle d'une corde en gros quartiers de hêtres, et j'ai au quotient 243 cordes, à une légère fraction près. On opérerait de la même manière, s'il s'agissait de bois de charme ou de tout autre essence. On diviserait le nombre total de solives, ou de pieds-cubes contenus *dans les arbres en grume*, par le chiffre tiré du tableau.

Les 2 exemples qui précèdent supposent que la solidité totale de l'arbre rond est connue, mais si l'on ne connaissait que la solidité des arbres mesurés comme *bois-carrés*, il faudrait d'abord, en partant de cette dernière donnée, chercher la solidité de l'arbre en grume.

3e *Exemple.* On a un certain nombre de pieds de chêne, cubant ensemble 800 solives de bois-carré, d'après le tarif au 6e de réduction: on veut savoir combien de cordes de 128 pieds-cubes, on peut tirer de ces arbres? Cette solidité de 800 solives est celle des arbres supposés écarris: nous trouverons leur cubature en grume, par la règle de trois suivante, dont les deux derniers termes sont puisés dans le tableau de la page 169.

800 est au nombre cherché, comme 1,0851 est à 1,9894.

Ce nombre cherché est 1,467 solives, que l'on divise par 25, nombre pris au tableau précédent, et l'on trouve 58 cordes et une fraction.

4e *Exemple.* On a un certain nombre de hêtres cubant ensemble 1,600 solives, de bois-carré au tarif du quart sans déduction. On demande combien on peut faire de cordes avec ces arbres? Nous chercherons la solidité en bois rond, par la proportion suivante, dont les deux derniers termes sont pris dans le tableau de la page 169.

1600 est au nombre cherché, comme 1,5625 est à 1,9894.

Le nombre cherché est 2,037 solives, que l'on divise par le chiffre 28, tiré du tableau précédent: ce qui donne 72 cordes et 75/100 de corde.

Nous sommes parvenus à déterminer combien de cordes on peut tirer d'une futaie quelconque destinée à être divisée en bûches. Maintenant il nous reste à savoir de quelle manière on peut apprécier la valeur proportionnelle des diverses essences de bois. Quel est le rapport de valeur qui existe entre une corde de gros bois de chêne et une corde de gros bois de hêtre? entre une corde de branchages de hêtre et une corde de branchages de charme? etc.

Telles sont les questions et autres semblables que nous résoudrons avec le secours du tableau suivant, qui exprime, d'après les expériences de M. HARTIG sur la combustibilité des bois, les valeurs relatives du bois de chauffage de chaque espèce.

Tableau faisant connaître les rapports par corde des différentes espèces de bois de feu.

GROS BOIS.		RONDINS.	
Sycomore	176	Sycomore	131
Pin	157	Charme	122
Frêne	155	Pin	120
Hêtre	154	Frêne	117
Charme	149	Hêtre	116
Alizier	144	Chêne blanc	112
Chêne rouvre	131	Chêne rouvre	112
Mélèze	127	Alizier	111
Orme	126	Orme	96
Chêne blanc	123	Bouleau	84
Épicéa	123	Tremble	83
Bouleau	119	Épicéa	76
Sapin commun	110	Aune	76
Tilleul	96	Saule	75
Tremble	89	Tilleul	72
Aune	81	Mélèze	71
Peuplier noir	72	Sapin commun	70
Saule	72	Peuplier noir	57
Peuplier d'Italie	68	Peuplier d'Italie	54

Usage du Tableau précédent. Les nombres que renferme cette table énoncent des rapports et non des valeurs absolues, de sorte qu'ils peuvent servir dans tous les cas, quelles que soient les dimensions de la corde prise pour base du calcul.

1er *Exemple.* Une corde de gros bois de hêtre coute 66 fr.; combien vaut une pareille corde de bois de charme? Nous avons cette proportion: 154 est à 149 comme 66 est à un quatrième terme, qui est 63 fr. 70 c. Lorsque la corde de hêtre vaut 66 fr., celle de charme vaut 73 f. 70 c.

2e *Exemple.* La corde de gros bois de chêne rouvre valant 60 fr., combien vaut une pareille corde de bois d'aune? La proportion 131 est à 81 comme 60 est au prix cherché, nous apprend que ce prix est 37 fr. 10 c.

3e *Exemple.* La corde de rondins de hêtre valant 40 fr., combien vaut une pareille corde de bois de tremble? La proportion: 116 est à 83 comme 40 est au prix demandé, nous apprend que ce prix est de 28 fr. 60 c.

4e *Exemple.* La corde de gros bois de hêtre valant 66 fr., combien vaut une corde en rondins de la même essence? Nous chercherons le quatrième terme de la proportion : 154 est à 116 comme 66 est à la valeur demandée. Cette valeur est 49 fr. 70 c.

3°. *Évaluation du branchage des futaies.*

Pour l'appréciation des branchages, on n'a point la ressource du mesurage préalable et exact de la solidité : la cubature des branches est un travail impossible, si l'arbre est debout, et inutile s'il est abattu; car, dans ce dernier cas, on peut mettre immédiatement le bois en cordes, et résoudre ainsi le problème; mais à défaut d'un procédé rigoureux, on peut se servir des données suivantes que nous a fournies la pratique.

On a vérifié qu'en général le volume du branchage se trouve en rapport assez suivi avec le volume du corps même de l'arbre, et l'on est parti de cette base pour *évaluer les branches à raison de tant de cordes par cent de solives*. Ce rapport est soumis à des variations dépendantes de l'âge des futaies, de la force relative du branchage, etc.... Nous avons ramené ces variations à trois termes indiqués au tableau ci-après.

Produit des branches de futaies par cent solives de bois rond.

FUTAIE de chêne et hêtre avec quelques pieds de charme, fruitier, etc.	PRODUIT en cordes de 80 pieds cub.	PRODUIT en stères.	OBSERVATIONS.
Futaie très branchue	7	20	Arbres peu élevés, mais gros.
— moyennement branchue	5 1/2	16	Arbres élevés moyennement.
— Peu branchue	4	11	Arbres élancés.

Usage de ce tableau. On a trouvé dans une coupe 400 solives de bois carré, au tarif du 5e déduit. On veut savoir combien de cordes ou de stères on pourra tirer des branchages. A l'aide du tableau de la page 169, on cherchera la solidité en bois rond, par cette règle de trois : 400 est au nombre cherché, comme 1,0000 est à 1,9894.

En réalisant le calcul, on trouve pour la quantité cherchée 796 solives. Cela fait, il faut déterminer à quelle classe appartient la futaie. Est-elle élancée, peu chargée de branches?

on multiplie 796 solives
par 4 cordes

Produit. . . 31,84

Séparant 2 chiffres à droite de ce résultat, afin de le diviser par cent; on trouve 31 cordes 84/100e pour le produit du branchage.

Si, au lieu d'évaluer une futaie en masse, on veut estimer les arbres distinctement, on pourra faire usage du tableau suivant, qui indique le produit du branchage, d'après la grosseur de la tige : mais comme ce produit varie aussi d'après la hauteur des arbres, le tableau présentera pour chaque circonférence un produit *maximum* et un produit *minimum*.

Évaluation du branchage d'après la grosseur de l'arbre.

ESPECE et GROSSEUR DES ARBRES.	PRODUIT DES BRANCHES EN STÈRES. maximum.	minimum.
	Stère.	Stère.
Un chêne de 2 pieds	0 1/2	0 1/4
— 3	1	0 3/4
— 4	1 2/3	1 1/2
— 5	3	2 1/2
— 6	5	4
— 7	6	5
— 8	8	7
Hêtre de 2	0 2/5	0 1/3
— 3	1 1/3	1
— 4	2	1 2/3
— 5	3	2
— 6	5	3 1/2
— 7	6	5
— 8	8	7

La manière d'employer ce tableau n'ayant besoin d'aucune explication, nous allons passer aux remarques suivantes : — Généralement les arbres de lisière sont plus chargés de branches que ceux de l'intérieur d'une coupe; on appréciera donc leur branchage au maximum. — Les branchages de hêtre donnent, toutes choses égales d'ailleurs, plus de bois que les branchages de chêne de même grossseur, mais cette inégalité, qui est d'un 6e environ pour les arbres de 4 pieds de tour *et au dessous*, disparait parmi les arbres plus forts. — Le branchage de futaie donne de 100 à 150 fagots, par 100 solives de bois rond; mais ce produit n'est compté que pour les frais de fabrication.

4°. *Évaluation des bois a charbon.*

L'évaluation des bois destinés à la carbonisation exige quelques notions sur la transformation du bois en charbon. Nous allons faire connaitre les principales données de l'expérience à cet égard, en présentant le rapport du bois et du charbon, sous le double point de vue du volume et du poids.

Volume. Avec 100 pieds cubes de bois de hêtre sec, on peut faire 30 pieds cubes de charbon; et avec 100 pieds cubes de pin sec, on peut faire 34 pieds cubes de charbon : terme moyen, le bois soumis aux procédés ordinaires de la carbonisation fournit, en charbon, le 1/3 ou 33 0/0 de son volume; mais le produit pourrait s'élever jusqu'à 43 0/0 si le bois était carbonisé en vaisseaux clos.

Poids. 100 livres de hêtre donnent 20 livres de charbon. — 100 livres de chêne donnent 14 livres de charbon. — 100 livres de sapin donnent 16 livres de charbon.

Il suit de ces chiffres que le bois, dans sa conversion en charbon, perd les 2/3 de son volume, et les 5/6es de son poids; mais si la carbonisation est soignée, la diminution du poids n'est que des 3/4.

Dans les forges, on détermine la valeur proportionnelle des différentes espèces de charbon sur des bases assez vagues, mais qui, appliquées à des masses considérables, offrent une approximation que l'on regarde comme suffisante.

On distingue les charbons en deux classes, 1° les charbons provenant des bois durs et pesans, savoir : le chêne, le charme, l'orme, l'érable, le cornouiller, l'épine-noire, l'alizier, le pommier, etc.; 2° les charbons provenant des bois doux et légers; savoir : le tilleul, le tremble, l'aune, le coudrier, le pin, le sapin, le bouleau, etc. Les charbons de la première catégorie sont estimés un 5e à peu près en sus des derniers. Il est inutile d'ajouter que le même rapport existe entre les prix des cordes de ces deux classes de bois; mais nous avons averti que cette évaluation n'était qu'approximative. Le tableau suivant nous fournira le moyen de faire des estimations précises.

Tableau faisant connaître les rapports de valeur du charbon des différentes espèces de bois, d'après M. WERNECK.

ESSENCES.	RAPPORTS en chiffre.	OBSERVATIONS.
Pin sylvestre	172	Le charbon se transporte dans des voitures appelées bannes, contenant 48 pieds cubes, ou 4 caisses.
Charme	168	
Sycomore	165	
Frêne	165	
Hêtre	160	La caisse contient 12 pieds cubes.
Chêne	146	
Bouleau	145	La rasse est une mesure de 2 pieds cubes, et le tonneau une autre mesure de 7 pieds cub.
Orme	141	
Mélèze	130	
Sapin épicéa	118	Ces sortes de mesures, au surplus, changent de nom et de grandeur, suivant les lieux.
Sapin commun	113	
Tremble	109	
Tilleul	99	
Aune	88	

Usage du tableau précédent. 1er *exemple.* La banne de charbon de bois de hêtre vaut 50 fr.; on demande combien vaut, proportionnellement, une banne de charbon de bois de tilleul? Je formule cette proportion : 160 est à 99, comme 50 est au nombre cherché. Les deux premiers termes sont empruntés au tableau, et le 4e qui résulte du calcul, est 31 fr., à une petite fraction près. Ainsi, la banne de charbon de tilleul ne vaudra que 31 fr., lorsque celle de hêtre vaudra 50 fr.

2e *Exemple.* Si une corde de charbonnette en chêne pur vaut 12 fr., combien vaudra une corde de même grandeur, dans laquelle il entrera 1/3 de chêne et 2/3 de tremble ? La proportion de ces 2 cordes est la même que celle qui existerait entre 3 cordes de chêne, et 3 autres cordes, dont 2 seraient de tremble, et la 3e de chêne. Or, 3 cordes de chêne ont, dans le tableau, une valeur représentée par 3 fois 146 ou 438.

Deux cordes de tremble sont représentées par. . . . . 218 }
Et une corde de chêne, par 146 } Total 364.

Nous avons donc cette proportion : 438 est à 364, comme 12 fr. est à la valeur cherchée; laquelle est de 9 fr. 97 c. La corde mêlée de chêne et de tremble ne vaudra donc que 9 fr. 97 c.

3e *Exemple.* Si une corde de charbonnette de hêtre vaut 16 fr., combien vaudra une corde composée, moitié de chêne, un quart de bouleau, et un quart de tilleul? Le rapport entre la 1re corde et la 2e, est le même que celui qui existerait entre 4 cordes de hêtre pur, et 4 autres cordes, dont 2 seraient de chêne, une 3e de bouleau, et la 4e de tilleul; or, 4 cordes de hêtre ont, dans le tableau, une valeur représentée par 4 fois 160, ce qui fait 640.

2 cordes de chêne sont représentées par. . . . . 292 }
1 corde de bouleau par. . . . 145 } Total 536.
1 corde de tilleul par . . . . 99 }

De là cette proportion : 640 est à 536, comme 16 est au nombre cherché. Ce dernier terme est 13 fr. 55 c. La corde dont il s'agit, ne vaut donc que 13 fr. 55 c., tandis que la première vaut 16 fr.

Dans les diverses appréciations qui nous ont successivement occupé, nous nous sommes servi, afin d'être intelligible pour tous nos lecteurs, de mesures appartenant à l'ancien ordre des quantités. Il convient actuellement d'indiquer les rapports exacts de ces unités, avec celles du système métrique.

Rapports entre les mesures anciennes employées dans le cours de cet article, et les mesures métriques.

Un pied linéaire vaut en mètre. . .	0,3248
Un mètre vaut en pied.	3,0784
Un pied carré vaut en mètre carré	0,1055
Un mètre carré vaut en pied carré	9,4769
Un pied cube vaut en m. c. ou stère	0,0343
Un stère vaut en pieds cubes. . .	29,1740
Une corde de 128 p. c. vaut en stères	4,3875
Un stère vaut en corde de 128 p. c.	0,2279
Une corde de 80 p. c. vaut en stères	2,7422
Un stère vaut en corde de 80 p. c.	0,3647
Une solive vaut en stère	0,1028
Un stère vaut en solives.	9,7246

SECTION III. — *Évaluation du revenu des bois.*

§ Ier. — Principes de l'évaluation du revenu des bois.

La détermination du revenu des bois est nécessaire dans une foule de cas, et particulièrement dans celui où il s'agit de l'*assiette de la contribution foncière* qui frappe cette nature de propriétés.

D'après les dispositions législatives en matière d'impôt, l'évaluation du revenu des bois aménagés est basée sur le *prix moyen de leurs coupes annuelles;* déduction faite des frais de garde, d'entretien et repeuplement. Si le bois est divisé en 15 coupes annuelles, c'est-à-dire s'il s'en coupe chaque année un 15e, on calcule le produit de ces 15 coupes, et le 15e du total forme le produit moyen sur lequel on opère la déduction des frais ordinaires. Si le bois est divisé en 20 coupes, on prend la somme de ces 20 coupes, et le 20e de cette somme exprime le revenu annuel.

D'après ces exemples, il est aisé de juger combien est simple l'appréciation du revenu des bois distribués en coupes ordinaires; cette appréciation se réduit à reconnaître quel est le prix de vente de la coupe annuelle; c'est simplement un fait à constater.

On ne trouve plus la même facilité d'exécution dans le travail qui a pour objet d'évaluer le revenu des bois *non aménagés*.

Supposons un hectare de bois, actuellement dépouillé de sa superficie, que l'on sait devoir rapporter, au bout de vingt ans, un produit de 800 fr. Peut-on dire que le revenu de cette propriété soit de 40 fr. par an, à raison de ce que la somme de 800 fr., répartie également entre les 20 années, donne 40 fr. par chaque année? L'affirmative serait une erreur palpable, parce que recevoir réellement 40 fr. chaque année, pendant 20 ans, est toute autre chose que toucher 20 fois 40 fr. après un intervalle de 20 ans. Dans la première hypothèse il y a jouissance des intérêts, et dans la seconde il y a au contraire privation de ces intérêts. Il est évident que la valeur réelle d'une rente, d'une somme quelconque à recevoir, dépend non seulement de la quotite nominale de cette somme, mais encore de la proximité ou de l'éloignement de la rentrée. Cela posé, la question que nous avons soulevée peut s'énoncer dans les termes suivans:

Trouver quelle est la somme qui, étant perçue chaque année pendant 20 ans, présente dans l'addition des recettes annuelles réunies aux intérêts progressifs, l'équivalent d'un capital de 800 fr. à toucher après 20 ans.

Comme l'arithmétique ne nous offre encore pour résoudre ce problème que la règle de fausse-position, dont l'application au calcul qui nous occupe nécessiterait une interminable série de chiffres, nous remplacerons ce moyen par une table conçue dans le même esprit que toutes les tables précédentes, mais qui, à la différence de celles-ci, *exige le retranchement de 5 chiffres au lieu de 3*, dans le résultat de la multiplication.

§ II. — *Table servant à réduire en rente annuelle le produit des bois non aménagés (le taux de l'intérêt étant de 4 p. 0/0).*

PÉRIODE d'exploitation.	FACTEURS constans.	PÉRIODE d'exploitation.	FACTEURS constans.	PÉRIODE d'exploitation.	FACTEURS constans.	PÉRIODE d'exploitation.	FACTEURS constans.
10 ans.	8329	18 ans.	3899	26 ans.	2257	34 ans.	1431
11	7415	19	3614	27	2124	35	1358
12	6655	20	3358	28	2001	36	1289
13	6014	21	3128	29	1888	37	1224
14	5467	22	2920	30	1783	38	1163
15	4994	23	2731	31	1685	39	1106
16	4582	24	2559	32	1595	40	1052
17	4220	25	2401	33	1510		

§ III. — Usage de la table précédente.

1er *Exemple*. Un hectare de bois exploitable à 20 ans, donne un produit net de 800 fr. à chaque révolution; quel est le revenu de ce fonds?

Je prends dans la table, en regard de 20 ans, le

facteur..................... 3358
Je le multiplie par........ 800 f.
Produit........ 26, 86400

Je retranche 5 décimales à droite du produit, et j'ai 26 fr. 86 c. pour le revenu demandé.

En effet, le calcul prouve qu'une rente annuelle de 26 fr. 86 c. pendant 20 ans, forme, avec le cumul des intérêts, un total de 800 fr. Ainsi, recevoir 26 fr. 86 c. chaque année, durant 20 ans, c'est la même chose que recevoir 800 fr. après cet intervalle. Le revenu cherché n'est donc que de 26 fr. 86 c., au lieu de 40 fr., comme on est disposé à le croire avant toute réflexion.

2e *Exemple*. Un bois de 20 hectares se vend 20,000 fr. tous les 20 ans (à raison de 1,000 fr. l'hectare.) On demande quel est le revenu annuel de ce bois?

Je prends dans la table, vis-à-vis 20 ans, le facteur..................... 3358
Je le multiplie par......... 20,000
Produit....... 671,60000.

Retranchant 5 chiffres sur la droite du produit, j'ai 671 fr. 60 c. pour le revenu demandé, et non point 1,000 fr., comme on le trouverait en divisant 20,000 fr. par 20 ans.

3e *Exemple*. Un hectare de bois rapporte 900 fr. au bout de 25 ans; on demande quel est le revenu annuel équivalent à ce produit?

Je prends dans la table vis-à-vis 25 ans, le facteur..................... 2401
Je le multiplie par........ 900
Produit....... 21,60900.

Retranchant 5 chiffres sur la droite, j'ai 21 fr. 60 c. pour le revenu cherché.

Observons que pour tirer d'un hectare de bois taillis une somme de 900 fr., au bout de 25 ans, il faut que cet hectare repose sur un bon fonds. D'un autre côté, il est reconnu qu'un hectare de terre arable de bonne qualité peut se louer communément 60 fr. par an; donc, *à étendue égale, le revenu d'un bois-taillis planté sur un bon sol, n'est que le tiers de celui que donnerait le même fonds, s'il était livré à la culture.*

Dans les fonds médiocres, le revenu des bois est de la *moitié environ du produit des terres cultivées*. Ce rapport grandit à mesure de la décroissance de richesse du sol. En sorte, qu'après avoir atteint le degré de l'égalité, les termes de ce rapport finissent par se présenter dans un ordre inverse. *Le revenu des bois est comparativement beaucoup plus considérable que celui des terres, dans les pays des montagnes*, où de belles forêts s'élèvent au milieu des plus maigres productions de la culture.

Ainsi que nous l'avons dit au début de cette section, c'est spécialement sous le rapport de la fixation de l'impôt foncier qu'il importe de savoir bien discerner le *revenu vrai des bois non-aménagés* de *leur revenu apparent*, qui présente toujours une exagération considérable.

Dans le 1er des exemples qui précèdent, le revenu vrai, et par *conséquent imposable*, n'est que de 26 fr. 86 c., tandis que le revenu apparent est de 40 fr. Dans le 2e exemple, le *revenu imposable* n'est que de 671 fr. 60 c. au lieu de 1,000 fr. Enfin, dans le 3e exemple, le *revenu imposable* n'est que de 21 fr. 60 c. au lieu de 36 fr.

SECTION IV. — *Applications générales.*

§ Ier. — Evaluation pratique des forêts, en fonds et taillis.

Nous avons montré dans notre 1re section comment on doit estimer le sol du bois; dans la seconde nous avons donné des règles pour l'évaluation des superficies; après avoir traité séparément ces deux parties de notre sujet, nous les réunirons dans un cadre commun, sous la forme d'exemples qui embrasseront les cas d'estimation les plus simples, comme les plus composés.

Le cas le plus simple est celui d'un *aménagement annuel*, où toutes les coupes offrent une parfaite conformité de contenance, de valeur, une gradation d'âge régulière, et une complète similitude dans les produits.

Le cas le plus compliqué est celui d'un *aménagement, ou d'un ensemble de coupes qui diffèrent entre elles* sous les rapports d'âge, d'étendue, de qualité du sol, et de valeur superficielle.

Enfin une 3e catégorie se compose des bois où l'on n'aperçoit *aucune trace d'aménagement*, c'est-à-dire des bois soumis à une exploitation intégrale.

Et comme tous les modes possibles d'exploitation se rangent nécessairement dans ces 3 classes, en se rapprochant plus ou moins de l'un ou de l'autre des types que nous venons d'indiquer, nous pourrons nous borner à un seul exemple d'estimation pour chacune des trois principales dispositions que peuvent affecter les coupes.

Nous indiquerons d'abord la marche qu'il convient de suivre dans ces sortes d'opérations, pour en ordonner les détails d'une manière lucide, et propre à assurer l'exactitude des bases de l'évaluation.

Muni du plan de la forêt, l'estimateur la *visite avec soin*, et prend toutes les notes nécessaires pour former la *statistique de la propriété*; il se procure des renseignemens sur la valeur vénale des bois de forge, de chauffage et d'œuvre.

Si la forêt se trouve partagée en *grandes divisions*, ou en *coupes* ordinaires, chaque partie est appréciée séparément; et si quelques coupes présentent des terrains de qualités différentes, ces terrains sont évalués isolément, et comme coupes entières.

En procédant à l'estimation des taillis, il faudra (ainsi que dans l'évaluation du fonds) avoir égard aux parties qui se trouvent *plus ou moins garnies*; et d'après l'examen qu'on aura fait, on appréciera le produit que peut donner chaque fragment d'une nature particulière; ce point déterminé, on réglera la valeur en argent des taillis sur le prix courant de la corde, ou du stère du bois de chauffage, du bois à charbon et du bois d'œuvre; le tout supposé pris en forêt.

Nous résumerons ces instructions, en disant que, pour parvenir à trouver la valeur estimative d'une forêt, il faut recueillir les notions suivantes.

Pour les taillis, 1° la durée qui s'écoule d'une exploitation à l'autre, ou la révolution de l'aménagement; 2° l'âge présent de ces taillis; 3° la contenance de chaque coupe; 4° le produit en nature et en argent d'un hectare de chaque coupe, ou fraction de coupe arrivée en maturité.

Pour le fonds, le taux commun des placemens en immeubles, ou le rapport général du revenu net des propriétés foncières à leur prix capital.

Pour les futaies, la grosseur et la hauteur des arbres autres que les baliveaux; ces derniers n'étant pas susceptibles de cubage, et devant être estimés, ainsi que nous le verrons, d'après des principes différens de ceux sur lesquels se fonde l'estimation des futaies.

Lorsqu'on aura rassemblé toutes les données relatives à l'évaluation des taillis et du sol, on en fera l'usage suivant.

1er *Exemple*. Un bois d'une étendue de 140 hectares est divisé en 40 coupes annuelles, contenant chacune 3 hectares 50 ares. Le produit du taillis en maturité est uniformément de 700 fr. l'hectare. On demande combien vaut cette propriété, en *superficie d'une part*, et *en fonds* d'autre part.

Je prends, dans la table de l'aménagement à 40 ans (p. 161), la somme des 40 facteurs-constans, somme qui s'élève à........... 14476

Je multiplie ce total par le prix de l'hectare en maturité, ci........ 700

Produit...... 10,133,200.

Retranchant 3 chiffres à droite de ce produit, j'ai la somme de 10,133 fr. 20 c. pour la valeur superficielle des 40 coupes à estimer, mais supposées d'un hectare chacune.

Il me reste donc à multiplier cette somme 10,133 fr. 20 c.

par l'étendue de la coupe annuelle 3 h. 50 ar.

Produit..... 35,466 fr. 20 c.

Je procède ensuite à l'estimation du fonds d'après la marche suivante.

Je prends dans la table des valeurs du sol à 4 p. cent (page 155), en regard de 40 ans, le facteur constant 263

Je le multiplie par................. 700 fr.

Je trouve que le prix d'un hectare du sol est de.................... 184,100 fr.
Multipliant ce prix par................ 140 h.

La valeur totale du sol est de 25,774 f. 00 c.
Supposons maintenant que les charges soient de 200 fr. pour frais de garde, et de 400 fr. pour impôts; au total 600 fr., représentant (à 4 p. cent) un capital de 15,000 fr., à déduire de la valeur brute du fonds, ci.................. 15,000 00

Valeur nette du sol........ 10,774 f. 00 c.

Récapitulation.

La valeur des taillis s'élève à 35,466 f. 20 c.
Et celle du fonds à............. 10,774 f. 00 c.

Total général...... 46,240 f. 20 c.

Ainsi la valeur totale et nette de ce bois, en fonds et en taillis, est de 46,240 fr. 20 c.

Ce résultat final peut se contrôler aisément; nous savons que le produit annuel de la coupe est de 1850 fr., déduction faite de 600 fr. de charges. Or, ce revenu représente, à 4 p. cent, un capital de 46,250 fr., plus élevé de 9 fr. 80 c. que celui qui résulte des calculs de détail; cette différence, presque insensible en raison de l'élévation des chiffres comparés, est due à la suppression de 2 décimales dans nos facteurs-constans; suppression dont le but a été de simplifier les calculs, ainsi que nous l'avons dit (page 154.)

Nous ferons remarquer que nous avons pris pour multiplicande ou facteur-constant, la somme du tableau de 40 ans, afin de réduire à une seule opération les 40 multiplications que nous aurions eues à exécuter, en calculant la valeur des taillis, coupe par coupe, travail que l'uniformité des produits rendait entièrement inutile. Mais si les produits des coupes n'étaient point égaux entre eux, ou si ces coupes différaient en contenance, ou enfin s'il s'agissait d'un aménagement biennal, ou triennal, ou d'une exploitation irrégulière en une ou plusieurs coupes, la seule règle à observer en général, c'est de prendre dans le tableau de la période d'exploitation donnée, le facteur correspondant à l'âge de chaque coupe, et de multiplier ce facteur par le produit particulier de la même coupe. Nous allons mettre cette règle en pratique dans l'exemple suivant, que pour plus de clarté nous mettrons sous la forme de tableau.

2° *Exemple. — Tableau présentant l'évaluation (au taux de 4 p. 0/0) d'un bois contenant 51 hectares 67 ares et divisé en 15 coupes irrégulières, toutes exploitables à l'âge de 20 ans.*

AGE actuel du taillis de chaque coupe.	PRODUIT d'un hectare de chaque coupe supposé en maturité.	FACTEURS constans tirés du tableau de l'aménagement à 20 ans.	PRODUITS des multiplications, ou valeur d'un hectare du recru de chaque coupe.		ÉTENDUE des coupes.		VALEUR ACTUELLE de la superficie de chaque coupe.		PRODUIT TOTAL de chaque coupe supposée parvenue à sa maturité.
ans.	fr.		fr.	c.	he.	ar.	fr.	c.	fr.
2	620	69	42	78	3	10	132	62	1922
6	650	223	144	95	2	50	[illegible]	67	1625
4	640	143	91	52	4	10	375	23	2624
5	700	182	127	40	3	25	414	05	2275
10	700	403	282	10	4	34	1224	31	3038
11	850	453	385	05	7	»	2695	35	5950
12	480	505	242	40	2	45	593	88	1176
17	490	796	390	04	1	70	663	07	833
1	500	34	17	»	1	27	21	59	635
3	610	105	64	05	6	10	390	70	3721
11	610	453	276	33	2	36	652	14	1440
8	430	309	132	87	4	10	544	77	1763
9	410	355	145	55	4	20	611	31	1722
13	810	558	451	98	3	30	1491	53	2673
14	800	614	491	20	1	90	933	28	1520
			Totaux. .		51	67	11,106	20	32,917

Il résulte de ce tableau que la valeur totale des taillis s'élève à la somme de 11,106 fr. 20 c.

Évaluation du sol. Le produit de toutes les coupes supposées à leur maturité est de 32,917 fr.

Je multiplie ce total par le facteur 840 tiré de la table 4 p. 0/0.

Valeur brute du fonds . . . . . 27,650 fr. 28 c.

Les impôts et frais de garde sont de 450 fr. par an, ce qui donne lieu à une déduction (à 4 p. 0/0) de. . . . 11,250 »

Valeur nette du fonds 16,400 fr. 28 c.

Récapitulation.

Les taillis sont estimés. .	11,106 fr.	20 c.
Le fonds est estimé. . . .	16,400	28
Total général.	27,506 fr.	48 c.

Les 1re 2e et 5e colonnes du tableau qui précède contiennent les élémens statistiques du bois, ou les notions recueillies par l'estimateur; la 3e colonne est tirée de nos tables; les autres expriment des résultats de multiplications. Le total de la dernière colonne à droite forme la base de l'évaluation du sol; la raison en est que, pour trouver la valeur du sol d'une coupe, ou d'un fragment quelconque de bois, il faut multiplier le produit de ce fragment *supposé en maturité*, par le facteur-constant tiré de la table des valeurs du sol; en sorte que le facteur étant le même pour toutes les coupes exploitables au même âge, cette identité permet de réduire le calcul à une seule multiplication, quel que soit le nombre de ces coupes.

Mais si les divisions d'une forêt présentaient des périodes d'exploitation diverses, on dresserait un tableau estimatif pour chaque série de coupes.

3e *Exemple.* Un bois de 60 hectares, exploitable à 30 ans, rend 990 fr. par hectare; on demande quelle est la valeur du fonds et de la superficie de ce bois, dont le recru est parvenu à sa 16e année?

Le prix de la superficie d'un hectare de taillis est égal au produit du facteur. 389
(pris dans le tableau de l'aménagement à 30 ans vis-à-vis 16 ans.) par 990

Produit 385,110

L'hectare de recru de 16 ans vaut donc 385 fr. 11 c.

Je multiplie cette valeur par 60 hectares, ce qui donne un produit de 23,106 fr. 60 c., représentant la valeur de la superficie.

Le prix du sol est égal au produit du facteur. 446
(tiré de la table des valeurs du sol 4 0/0.
par 990

Produit 441,540

L'hectare de fonds vaut donc 441 fr. 54 c., ce qui me donne pour 60 hectares un total de. . . . . 26,492 fr. 40 c.

Les frais annuels étant supposés de 4 fr. par hectare, la progression de ces frais s'élève, au bout de 30 ans, à 238 fr. pour un hectare, et pour les 60 hectares à la somme de. . . . . 14,280 fr. 00 c.

Valeur nette du sol 12,212 fr. 40 c.

Récapitulation.

Les taillis sont estimés . .	23,106 fr. 60 c.
Le fonds est estimé	12,212 fr. 40 c.
Total général	35,319 fr. 00 c.

§ II. — Evaluation pratique des futaies et des baliveaux.

La disposition que peuvent recevoir les calculs relatifs à l'évaluation des futaies, étant tout-à-fait indifférente, nous nous contenterons de donner une méthode pour le *dénombrement des arbres*, et de tracer une règle particulière pour l'*évaluation des baliveaux*.

Deux modes d'opération s'offrent à l'estimateur chargé d'évaluer les futaies; le premier consiste à *cuber les arbres*, les uns après les autres, d'après leurs dimensions individuelles, et à annoter leur solidité respective, à mesure que ces arbres passent sous les regards de celui qui en mesure les dimensions. Cette marche a sans doute l'avantage d'une sévère exactitude, mais elle a aussi le défaut de la lenteur et d'une trop grande multiplicité de détails; elle n'est guère praticable que dans une opération de peu d'étendue. L'estimation doit-elle embrasser des centaines, et quelquefois des milliers d'arbres? On a recours alors à l'expédient suivant :

On *divise les futaies en catégories ou classes*, d'après la grosseur des tiges. La 1re classe se compose des arbres de 2 pieds de tour, la 2e, des arbres de 2 pieds 1/2, la 3e, des arbres de 3 pieds, et ainsi de suite, en s'élevant de 6 pouces jusqu'aux plus gros arbres. Une pareille distribution a lieu dans chaque essence. Ensuite, au moyen d'observations répétées sur un assez grand nombre de tiges, on détermine la *hauteur moyenne* des arbres de chaque classe. Mais comment devra-t-on classer les arbres à grosseurs intermédiaires? à quelle catégorie appartiendra, par exemple, l'arbre qui aura plus de 3 pieds et moins de 3 pieds 1/2? Voici, sur ce point, une règle qui a la sanction de la pratique.

On range dans la classe immédiatement supérieure, les futaies auxquelles il ne manque que 2 pouces pour appartenir à cette classe, et réciproquement, on rejette dans la classe inférieure celles qui n'offrent qu'un excédant de 2 pouces. Les arbres qui ont 3 pouces au-dessus ou au-dessous du pourtour d'une classe, sont portés, les uns dans la classe inférieure, et les autres dans la classe supérieure. Ainsi l'arbre de 3 pieds 1 ou 2 pouces de tour sera placé au rang des 3 pieds; un arbre de 3 pieds 3 pouces sera classé parmi les 3 pieds; mais un second arbre de cette grosseur sera porté parmi les 4 pieds. Enfin les fractions de 4 et 5 pouces en plus ou en moins se confondront avec la grosseur la plus voisine.

En procédant d'après ce système de compensation, on opérera avec une très grande célérité, et on obtiendra des résultats aussi exacts que si l'on s'appliquait à cuber et à évaluer chaque arbre isolément.

Passons à *l'évaluation des baliveaux;* ces arbres ne sont propres actuellement à aucun service de charpente, et ne prennent point rang parmi les futaies; on les énumère cependant comme les futaies, mais sans mesurer leur circonférence qui rarement atteint la limite de 2 pieds; ensuite, on les estime d'après les principes que nous allons exposer. Les baliveaux de 2 pieds de tour ou plus, sont assimilés aux futaies et classés d'après leur grosseur.

Si l'on ne considérait dans le baliveau que la matière combustible, on n'attacherait à cette classe d'arbres qu'une valeur extrêmement faible. Il faut environ 40 baliveaux pour former une corde de charbonnette (de 80 pieds cubes) dont le prix moyen est de 10 fr. Chaque arbre n'entre dans ce prix que pour 25 c. Il semblerait donc que ce baliveau ne dût être évalué que 25 c.; cependant cette appréciation serait très inférieure au prix réel du baliveau ; nous allons le prouver.

Le baliveau est à la futaie proprement dite ce que le jeune recru est au taillis exploitable; c'est un produit qui n'a point atteint son point de maturité et qui n'a par conséquent qu'une valeur d'espérance que nous trouverons à l'aide du petit tableau ci-après.

Tableau pour servir à trouver la valeur actuelle d'un baliveau d'après celle qu'il aura un jour comme sur-taillis.

PÉRIODES des aménagemens de 5 en 5 années.	PRIX du sur-taillis, ou arbres de 2 âges.	PRIX du baliveau.	
années.		fr.	c.
10	1	0	67
15	1	0	55
20	1	0	45
25	1	0	37
30	1	0	31
35	1	0	25
40	1	0	21

Usage du tableau précédent.

Exemple. On demande quelle est la valeur présente d'un baliveau, dans un bois aménagé à 20 ans, où le sur-taillis, c'est-à-dire l'arbre de 2 âges, vaut moyennement 2 fr. 50 c.

Je fais cette proportion : Si 1 fr. à toucher dans 20 ans revient à 45 c. à recevoir présentement, à combien reviennent 2 fr. 50 c.?

En exécutant le calcul on trouve 1 fr. 12 c.

Donc le baliveau, qui d'abord ne nous paraissait pas valoir plus de 25 centimes comme arbre exploitable, vaut en réalité 1 fr. 12 c. comme production inhérente au sol.

On fera un calcul analogue pour les baliveaux de toute autre période d'aménagement; le prix actuel de ces arbres sera toujours en rapport avec leur valeur future.

§ III. — Evaluation des taillis, par induction des plus jeunes aux plus âgés.

Notre système d'estimation des forêts a pour base le *produit des coupes parvenues au terme de maturité;* telle est la donnée fondamentale de nos appréciations, tant pour le sol que pour la superficie.

Les jeunes recrus n'ont qu'une valeur d'espérance qui dépend entièrement de celle des taillis en maturité; c'est donc de l'évaluation de ceux-ci que nous devons partir pour conclure la valeur de ceux-là. Ce n'est point le taillis de 4, 5, 6 ans, etc., qui fournit la mesure de la valeur des taillis de 20 ou 25 ans, c'est au contraire de cette dernière valeur que nous faisons découler toutes nos évaluations, en les appuyant ainsi sur des donn positives, et susceptibles de vérification.

Notre méthode consiste à suivre l'échelle descendante des valeurs. Toutefois, elle fournit aussi le moyen de remonter l'échelle, ou de suivre la progression ascendante, mais seulement dans de certaines limites; par exemple, on peut déduire la valeur du taillis de 24 ans, de la valeur des taillis de 20, 21, 22 ans, etc., parce que l'estimation des taillis de 20, 21 ou 22 ans, peut déjà être faite avec précision sur les *produits actuels*, tandis qu'il en est tout autrement des jeunes taillis, encore dénués de toute valeur immédiatement appréciable.

Supposons un taillis de 20 ans présentant une valeur estimative de 550 fr.; on demande à combien s'élèvera cette valeur si on laisse le taillis sur pied jusqu'à l'âge de 24 ans? Nous chercherons dans la table de l'aménagement à 24 ans (page 161), le nombre correspondant à 20 ans; ce nombre, qui est 762, formera le premier terme de la proportion suivante :

762 est à 1000, comme 550 fr. est à un 4e terme que nous trouverons de 721 fr. 80 c.

Pour vérifier cette solution, nous renverserons le problème en demandant combien vaut le taillis de 20 ans, dans un aménagement en 24 coupes annuelles, donnant un produit de 721 fr. 80 c. par hectare, à leur maturité?

Nous prendrons dans la table de l'aménagement à 24 ans le facteur constant 762

Nous le multiplierons par. . 721 fr. 80 c.

Produit. . 550,011 60

Retranchant 5 chiffres au lieu de 3, à *cause des 2 décimales du multiplicateur*, nous trouverons 550 fr. Tel est effectivement le prix *donné* du taillis de 20 ans; l'exactitude de notre solution est donc démontrée.

§ IV. — Evaluation du revenu des Futaies-sur-taillis.

Ainsi que nous l'avons déjà dit, page 154, la futaie disséminée dans les taillis n'est point un revenu; c'est un capital qui, comme tous les capitaux, est le résultat de l'accumulation de *produits épargnés*. Lorsque ce capital est déterminé numériquement, il ne faut pour en trouver le revenu, que multiplier le chiffre qui l'exprime par le taux de l'intérêt.

Mais d'après quel taux convient-il d'estimer le revenu des futaies en croissance? en d'autres termes, quel est le degré d'intérêt qui se rapproche le plus de la progression que suit la valeur vénale des futaies-sur-taillis, dans les révolutions successives de l'aménagement? Nous allons chercher la solution de cette question.

Le Tableau ci-après présente, dans deux colonnes, la progression de la valeur des arbres de réserve, selon leur âge; et dans les colonnes suivantes la progression d'un placement, de 50 centimes prix moyen du baliveau dans un taillis aménagé à 25 ans; ce placement étant fait à trois taux différens, 3, 4 et 5 p. 0/0.

AGES DES RÉSERVES à partir de l'exploitation du taillis où elles ont été prises.	VALEUR PROGRESSIVE DES ARBRES.		PLACEMENT DE 50 CENTIMES AVEC LES INTÉRÊTS COMPOSÉS.		
	Dans un bon terrain.	Dans un sol médiocre.	à 3 p. 100.	à 4 p. 100.	à 5 p. 100.
ans.	fr. c.	fr. c.	fr. c.	fr. c.	fr. c.
0	0 50	0 50	0 50	0 50	0 50
25	3 00	2 00	1 04	1 33	1 69
50	11 00	9 00	2 19	3 55	5 73
75	20 00	15 00	4 59	9 47	19 42
100	30 00	20 00	9 69	25 23	65 75
125	40 00	27 00	20 18	67 25	222 70
150	70 00	36 00	42 16	179 25	754 20
175	80 00	50 00	88 30	477 76	2554 00
200	130 00	80 00	184 92	1273 40	8646 00
225	180 00	100 00	387 20	3394 10	29293 00
250	240 00	130 00	810 90	9046 50	99150 00

De ce tableau, (1) dont les données relatives à l'accroissement de valeur des arbres sont, sinon rigoureusement exactes, au moins très approximatives, il résulte que, dans un bon terrain, il y a bénéfice à *élever de la futaie jusqu'à* 100 *ans*, parce qu'un arbre vaudra 30 fr., tandis que le placement de 50 centimes à 4 p. 0/0, n'aura produit que 25 fr. 23 c.; que dans un fonds médiocre la *progression s'arrête à* 75 *ans*, puisqu'à 100 ans l'arbre ne vaudra que 20 fr., tandis que les 50 centimes sont devenus 25 fr. 23 c. Enfin que le *terme extrême paraît être de* 125 *ans*, car, après la période suivante, c'est-à-dire à 150 ans, l'arbre de cet âge ne vaudra jamais 179 fr. 25 c., quelle que soit la fécondité du sol. Il y aurait donc perte à conserver de la futaie au-delà de 125 ans, si l'on cherche à obtenir un intérêt de 4 p. 0/0.

Si l'on porte l'exigence plus loin et qu'on veuille, par exemple, obtenir de ses fonds un intérêt de 5 p. 0/0, on devra abattre les futaies entre 75 et 100 ans, par la raison qu'au bout de cette première période les 50 centimes auront formé un capital de 19 fr. 42 c., somme égale à la valeur de l'arbre de 75 ans, en bon fonds, ou de 100 ans dans le sol médiocre.

Si l'intérêt n'est que de 3 p. 0/0, on pourra laisser croître la futaie jusqu'à 175 ans; au-delà de ce terme, il y aurait perte de revenu.

Conclusion: l'intérêt étant à 3 pour 0/0, le terme extrême de l'exploitation sera l'âge de.. 175 ans.

L'intérêt étant à 4 p. 0/0 ce terme sera de.. 125

L'intérêt étant à 5 p. 0/0, ce terme sera de.. 75

Et comme le taux de l'intérêt en placemens fonciers ne descend presque jamais au-dessous de 3 p. 0/0, on peut fixer à 175 ans le terme le plus reculé que puisse atteindre la futaie, avec avantage pour le propriétaire.

Ces rapprochemens se trouvent peu en harmonie avec la prévention qui règne contre les réserves en futaies. Un propriétaire, en laissant vieillir des arbres dans ses bois, croit faire un sacrifice en faveur de la société; il ne fait que bien comprendre ses intérêts, si pourtant il ne multiplie pas ses réserves au point de nuire à la croissance du taillis.

La *règle-pratique* que nous pouvons déduire de ce qui précède est celle-ci : S'agit-il d'estimer une futaie jeune, en pleine croissance? on en portera le revenu à 4 p. 0/0 du prix capital. S'agit-il d'estimer une futaie mûre et déjà sur le retour? on en portera le revenu à 3 p. 0/0.

§ V. — Du partage, du cantonnement et de l'échange des forêts.

Comme toutes les questions de calcul qui peuvent dériver de l'un ou de l'autre des trois objets qu'embrasse ce paragraphe doivent nécessairement trouver leur solution dans les développemens précédens, nous nous bornerons à exposer ici quelques considérations générales dont l'importance sera facilement appréciée.

1° *Du partage.*

Ce serait méconnaître un principe fondamental, en matière de partage, que de confondre en une seule opération la division du fonds d'un bois et celle de sa superficie. Comment, en effet, si l'on n'établit point de distinction entre le sol et les fruits du sol, pourra-t-on, ainsi que le prescrit la loi, faire entrer autant que possible, dans chaque lot, une égale quantité de biens de même espèce? Pour établir une véritable égalité dans le partage, il est donc nécessaire de faire séparément la division du fonds et celle de la superficie des forêts. Cette manière de procéder, qui est de convenance dans tous les cas, est évidemment de rigueur, dans les opérations qui intéressent ou l'état ou des mineurs, des absens ou des interdits; en un mot des propriétaires dont le droit ne peut s'exercer dans toute sa plénitude.

Représentons-nous les résultats probables d'un partage opéré sur le cumul ou la confusion des deux valeurs; certains lots se trouveront assis sur des parties de forêts riches en superficie, et d'autres sur des parties dépouil-

(1) On voit, par ce tableau, qu'un arbre qui aurait été conservé pendant 250 ans, et qui n'aurait valu originairement que 50 centimes, coûterait au propriétaire la somme énorme de 99,150 fr. en comptant l'intérêt à 5 p. 0/0.

lées de leurs produits. Les premiers, recevant un excédant de superficie, prendront nécessairement une part moindre dans le fonds. Cette compensation, entre une valeur *foncière* et une valeur de même nature que l'argent, constituera une vente sous l'apparence d'un partage; vente qui, pour être valable, exigera l'assentiment formel des intéressés, et par conséquent une pleine capacité de disposer. D'où nous concluons que partager *distinctement le sol et la superficie* des bois, c'est se conformer à une règle impérative, de laquelle il n'est permis de dévier que dans des circonstances toutes particulières.

2° *Du cantonnement.*

L'exécution d'un cantonnement se divise en deux parties; la première consiste à déterminer la somme fixe en argent, représentative des droits d'usage, tant en bois de chauffage qu'en bois de construction; et la seconde à désigner la situation et l'étendue de la portion de bois à abandonner pour le cantonnement.

Lorsque l'évaluation des droits d'usage est réduite en argent, *l'assiette du cantonnement* réclame, de la part des experts chargés de ce travail, une attention consciencieuse et des connaissances qui soient au niveau de ces sortes d'opérations. La loi n'accorde aux propriétaires la faculté d'affranchir leurs fonds de l'usage en bois, que sous la condition de remplacer l'usage par la propriété pleine et entière d'une fraction du sol. Des experts qui ne comprendraient pas leur mission pourraient éluder, en partie du moins, l'intention du législateur, en substituant, d'une manière indirecte, le rachat au cantonnement.

La chose se passerait à peu près de cette manière: on attribuerait à la commune usagère la portion de forêt garnie des taillis les plus forts, et peuplée de la plus belle et de la plus nombreuse futaie; on lui donnerait ainsi une grande valeur mobilière ou pécuniaire, et par suite une faible part dans le sol. Cependant, la commune, ou n'apercevant pas les conséquences de cette déviation des règles, ou séduite par l'appât d'une jouissance prochaine, donnera sa sanction à une opération désastreuse pour son avenir.

3° *De l'échange.*

Un échange de propriétés boisées peut avoir lieu entre l'état d'une part, et de l'autre une commune; entre l'état et un particulier, entre deux communes, entre une commune et un particulier, ou enfin entre deux particuliers.

Dans toutes ces combinaisons, moins la dernière, l'échange doit être précédé d'une *estimation* qui est soumise à des formes légales et qui réclame la distinction entre le sol et la superficie, parce que le contrat implique des intérêts dont on n'a pas l'entière disposition; la séparation des deux natures de biens est commandée par la nécessité d'éviter l'échange d'une partie du sol contre une valeur mobilière, laquelle valeur serait le prix de vente d'un fonds que dans l'hypothèse donnée, on n'aurait pas le droit d'aliéner.

Il est clair que dans le cas d'échange entre particuliers jouissant de tous leurs droits, l'estimation des forêts n'a point de forme obligée.

NOIROT BONNET.

CHAPITRE IX. — DES ÉTANGS, DE LEUR UTILITÉ, DE LEUR CONSTRUCTION ET DE LEUR PRODUIT.

SECTION Ire. — *De l'étendue, de la situation et de l'importance des étangs en France.*

Les étangs occupent une *assez grande étendue de sol en France*; la Commission d'Agriculture et des Arts, dans son rapport général sur les étangs, publié en l'an IV, en comptait plus de 14,000 sur une étendue de 100,000 hectares. Cette commission avait établi ces résultats, soit sur des renseignemens pris sur les lieux par des commissaires spéciaux envoyés dans les principaux pays d'étangs, soit sur les cartes de Cassini, où la plupart des étangs se trouvent figurés. Ce mode de procéder l'ayant mise à même de donner un chiffre assez précis sur le nombre des étangs, nous admettrons ce nombre, en supposant que les étangs nouveaux ou omis compensent à peu près les étangs desséchés. Mais elle paraît avoir commis de grandes erreurs sur l'étendue. Ainsi, dans le département de l'Ain, elle porte à moins de 9,000 hectares l'étendue des étangs, tandis que les résultats recueillis par la statistique en 1806 font monter cette surface à 20,000. Depuis ce temps, les résultats du cadastre et l'accroissement des étangs en nombre et en étendue dans une grande partie de la Dombes peuvent bien faire élever l'étendue actuelle des étangs à 23,000 hectares.

On conçoit la cause des erreurs de la commission, qui prit pour base de la superficie indiquée les déclarations des pays d'étangs. Les propriétaires qu'on consultait, et qui se voyaient menacés d'être forcés à leur dessèchement, crurent de leur intérêt, pour les conserver, d'en diminuer l'étendue, afin que dans ce temps, où l'on voulait tout semer, tout mettre en grains ou pommes de terre, on jugeât moins important de rendre à la culture une moindre surface. La dissimulation ne fut pas sans doute partout la même, mais en résultat général elle semble bien avoir été au moins de moitié comme dans le département de l'Ain; aussi les résultats du cadastre ont donné au comte Chaptal, en 1817, 639,000 arpents, ou 213,000 hectares, pour la surface totale des étangs et des lacs en France. On pourrait croire que le résultat définitif sera plus considérable, parce que les parties non cadastrées renferment encore des dissimulations de contenu qui ne sont pas relevées; toutefois, comme dans ces 213,000 hectares se trouvent compris probablement les lacs et les étangs salés qui ne communiquent pas directement avec la mer et que ces étangs sont assez étendus, surtout sur les côtes de la Méditerranée, nous prendrons 200,000 hectares, ou 600,000 arpens, comme la superficie probable des étangs placés dans l'intérieur des terres et susceptibles d'être pêchés et par conséquent vidés.

Parmi *les pays d'étangs* on remarque particulièrement en premier ordre la Sologne, grand plateau entre la Loire et le Cher, qui fait partie de deux départements, la Loire et Loir-et-Cher, et se prolonge même encore dans le Cher. La Sologne est le pays d'étangs dont on a le plus parlé parce qu'il est le plus près de Paris; sur 200 lieues carrées, il renferme 1370 étangs dont le rapport des commissions ne porte le contenu qu'à 18,000 arpents. Après la Sologne vient la Dombes et une partie de la Bresse, département de l'Ain; le pays inondé ou qui renferme les étangs y couvre de 70 à 80 lieues carrées; le nombre des étangs est porté dans le rapport à 1667. Après la Bresse on cite la Brenne, département de l'Indre, où, sur une étendue de 20 communes seulement, 95 étangs couvrent 7,000 hectares. Les étangs du Forez, département de la Loire, sont placés sur un plateau assez élevé dans le bassin de la Loire; ils couvrent plus de la moitié de l'étendue de ceux de la Brenne. Dans le Jura, dont le plateau argilo-siliceux n'est que la continuation du plateau de Dombes et Bresse, qui en se prolongeant va toujours en baissant de niveau, ils ne sont ni très nombreux ni très étendus, mais leur assolement y paraît assez bien entendu. Ces différens étangs, qui sont les plus connus, sont cependant à peine un tiers en nombre de ceux qui existent en France. Parmi les départemens qui en contiennent le plus après ceux que nous venons de nommer, on remarque Saône-et-Loire, la Loire-Inférieure, Maine-et-Loire et la Marne.

Si nous voulons maintenant arriver à déterminer *l'étendue des pays d'étangs en France*, question qui n'est pas sans importance, nous remarquerons que les 24,000 hectares d'étangs de l'Ain, sur 80 lieues carrées et 52 communes, y occupent un 6e de l'espace total. Si nous admettons qu'en Sologne les indications de la commission aient été, comme dans notre pays, de plus de moitié trop faibles, l'étendue inondée sera dans ce pays de 15,000 hectares ou du moins d'un vingtième de la surface totale. Adoptant cette moyenne du 20e comme la proportion générale de la surface des étangs au reste du sol dans les pays d'étangs, les 200,000 hectares d'étangs appartiendront à une étendue de 4,000,000 d'hectares de pays d'étangs ou à un 12e de la France. Les étangs y sont donc une grande question agricole, qui fut dans le temps légèrement tranchée lorsqu'on ordonna leur desséchement sans exception et sans intermédiaire.

Le défrichement de ces 200,000 hectares aurait demandé la construction de 5000 domaines de 40 hectares chacun; cette construction, le cheptel d'animaux de travail et de rente nécessaires pour le travail et le produit, les instrumens et tout le mobilier agricole, les semences à fournir à ce sol, le capital nécessaire soit pour faire les premières avances de desséchement, d'assainissement et de défrichement, soit pour commencer et continuer la culture, eussent exigé au moins 20,000 francs par domaine ou 100 millions pour le tout. Bien plus, il aurait fallu improviser une population de 50 mille ames, qu'il eût été nécessaire de décider à entreprendre l'exploitation des terres humides, froides, d'une culture difficile, dépourvues de prairies, dans des pays malsains où la population manque, où la main-d'œuvre est hors de prix, où les domaines qui existent restent quelquefois sans cultivateurs. Et ces 100 millions, qui les eût fournis? l'État ou les propriétaires? L'État ne l'eût pas voulu; les propriétaires, qu'on privait du plus clair de leurs revenus, ne l'eussent pas pu. Et la population, où l'eût-on prise? Elle ne pouvait se trouver dans le pays même où elle manque pour la culture; il eût fallu la recruter dans les pays voisins, dont on n'eût pu entrainer que la lie en la payant outre mesure. La mise en culture était donc impossible; mais le desséchement sans culture eût ôté au pays presque tout son produit net, avec les moyens les plus puissans de faire valoir le sol cultivé, sans même rendre par-là au pays sa salubrité. Aussi la loi qui supprimait les étangs ne fut point exécutée et n'était point exécutable, et ce sera toujours le sort des mesures exagérées. Cette question depuis est restée dans le domaine des spéculations particulières qui ont fait ou défait les étangs suivant leur caprice ou leur intérêt bien ou mal entendu.

SECTION II. — *But et utilité des étangs.*

La culture en étangs offre un moyen *de tirer parti du sol sans le travail ou avec peu de travail et sans engrais;* les étangs ont donc dû naturellement s'établir dans les pays de population rare et où la main-d'œuvre était chère.

Outre le *produit en poissons*, qui est très avantageux près des villes, les étangs, là même où l'on en tire le moins bon parti, *fournissent beaucoup de nourriture pour les bestiaux*, donnent un fourrage abondant quoique de mauvaise qualité, et un parcours étendu et productif qui, une partie de l'année et surtout pendant la sécheresse, peut entretenir un assez grand nombre d'animaux de rente et de travail. Dans les pays où leur culture est le mieux entendue, on les alterne en eau et en labourage; pendant qu'ils sont en eau ils donnent d'abondans pâturages, et quand ils sont en assec, avec peu de travail et sans engrais, ils produisent des grains et des pailles en abondance. Ces pailles deviennent des moyens de nourriture et d'engrais pour la culture du pays; les étangs y sont donc devenus des besoins de l'agriculture.

Il est des pays où les étangs sont *d'une utilité publique;* ainsi le Canal du Midi et plusieurs autres canaux importans en France sont alimentés par des étangs qui reçoivent les eaux des pluies; ils sont donc là une nécessité première pour la navigation. Dans quelques autres pays ils servent au flottage des bois pour l'approvisionnement de Paris, dans l'Yonne par exemple. Leur nombre, depuis 30 ans, s'est beaucoup accru, depuis qu'on a imaginé de les employer à verser leurs eaux dans les bassins des petites rivières qui deviennent ainsi flottables par leur secours, et qui portent dans les bassins des plus grandes rivières des bois auparavant sans débouchés. Par ce moyen des pays étendus et couverts de bois se sont enrichis depuis 40 ans. La Puisaye, plateau assez élevé qui sépare l'Yonne de l'Allier, a vu également, au moyen de ses étangs de flottaison, quadrupler le produit de ses bois, pendant que la Marne accroissait la valeur de ses terres dans la même proportion.

Dans d'autres pays les étangs servent à l'*irrigation des prairies;* ils recueillent les eaux des pluies et de quelques sources, et lorsqu'elles sont accumulées en assez grande abondance ces eaux fécondent de grandes surfaces qui, sans cela, offriraient peu de ressources. On n'évacue pas toutefois la totalité des eaux lorsque les étangs renferment du poisson. Cette sorte d'étangs, quoique assez nombreuse en France, est cependant beaucoup mieux entendue dans l'agriculture piémontaise, et nous reviendrons plus tard sur ce sujet.

Les étangs sont donc d'une *grande importance agricole.* Sans doute dans les pays sains, féconds et populeux, la suppression des étangs peut avoir de l'avantage; ils occupent presque toujours le fond des bassins qui peuvent donner des fourrages de bonne qualité et assez abondans; aussi ont-ils été généralement supprimés dans ces pays. Dans les parties de l'Ain, de Saône-et-Loire et du Jura où le sol en étangs était de bonne qualité, les étangs ont été presque tous desséchés; mais en même temps dans les mauvais terrains, dans les cantons malsains et peu fertiles, leur nombre et leur étendue se sont beaucoup accrus; les étangs supprimés étaient petits et les étangs nouveaux sont grands, en sorte que l'étendue générale s'est augmentée. Sur le plateau argilo-siliceux de Dombes, le sol en corps de domaine sans étangs vaut à peine 8 à 10 fr. l'hectare de revenu par an, pendant qu'il s'élève au-dessus de 15 fr. lorsqu'une partie du sol se trouve en étangs de qualité passable.

Les étangs de bonne qualité se louent souvent seuls de 30 à 40 fr. l'hectare pendant que le sol dont ils sont formés eût à peine valu le tiers de ce prix avant leur établissement; leur valeur semble s'accroître encore lorsqu'on les joint à des domaines, parce qu'ils fournissent, comme nous l'avons dit, de la paille et du pâturage en abondance; ce sont là les motifs qui, sur quelques points, ont si fort augmenté leur étendue.

Cet accroissement de produit n'a pas lieu sans doute *sans quelques fâcheuses compensations*; d'une part ces étangs ne peuvent s'établir que dans de petits vallons où les eaux affluent et qui peuvent presque toujours être mis en prés. L'établissement de l'étang ôte donc une partie des fourrages naturels, généralement très rares dans les pays où les étangs deviennent une grande ressource pour l'exploitation du sol. En outre les étangs ajoutant à l'insalubrité du pays, ils augmentent la quantité des brouillards qui, sur la fin du printemps, sont quelquefois si fatals aux céréales, mais ils diminuent de beaucoup les frais de culture et de main-d'œuvre dans un pays où la population est rare et ne s'entretient qu'avec les émigrations des pays voisins.

Peut-être dans l'intérêt général ne devrait-on pas accorder *sans quelques restrictions* la faculté d'établir de nouveaux étangs; on devrait assujétir les nouveaux étangs qu'on voudrait construire aux mêmes formalités que les établissemens insalubres; mais les anciens étangs seraient regardés comme droits acquis. Toutefois on donnerait la faculté aux communes auxquelles ils nuiraient évidemment, ou aux particuliers de l'habitation desquels ils seraient trop voisins, de forcer à les dessécher, sauf indemnité pour la valeur perdue.

SECTION III. — *Des conditions nécessaires pour l'établissement des étangs dans un pays.*

§ Ier. — De la pente du sol.

Une des premières conditions nécessaires à l'établissement d'un étang, c'est que le *sol ait une pente très sensible.* La quantité d'eau que peut recevoir un étang s'évalue par la différence du niveau entre le point où l'eau s'introduit et celui où on la contient par une chaussée; or, pour qu'un étang soit productif en poissons, pour qu'il soit à l'abri des sécheresses et des défauts de pluies de l'été, des neiges et des gelées de l'hiver, il faut qu'il soit profond sur une partie au moins de son étendue et qu'il puisse avoir de 6 à 10 pieds d'eau vers la chaussée. Il faut donc que le sol dont il est formé, depuis l'extrémité supérieure de l'étang jusqu'à la chaussée, ait une pente de 6 à 10 pieds.

Dans les *étangs dépendans*, c'est-à-dire ceux où les eaux des étangs inférieurs baignent la chaussée de l'étang supérieur, une *moindre pente est nécessaire,* mais toujours encore faut-il qu'il y ait au moins 2 pieds de pente d'une chaussée à l'autre. Ces étangs dépendans sont assez rares, et néanmoins la pente du terrain qui les forme est encore très grande, si on la compare à celle des grandes plaines qui n'ont de pente que celle des rivières qui les ont formées et dont néanmoins les eaux s'écoulent facilement.

Nous remarquerons en outre que, pour pouvoir pêcher facilement et surtout pour cultiver le sol aussitôt que l'eau en est sortie, il faut que les *eaux puissent toujours s'écouler promptement et facilement;* toutefois nous observerons que, bien qu'une pente très sensible soit nécessaire à un étang, d'un autre côté une pente trop forte exigerait, pour couvrir quelque étendue de sol, une chaussée d'une hauteur démesurée, très dispendieuse à établir et entretenir, et dont par conséquent la construction pourrait entraîner plus de perte que de profit.

§ II. — De la configuration du sol.

Une seconde condition nécessaire à l'établissement des étangs, c'est que la *surface du sol soit ondulée* et que le pays soit coupé de petits bassins plus étroits que longs.

Si le pays avait *une pente uniforme*, sans ondulations, sans bassins, on serait obligé pour chaque étang de pratiquer une triple chaussée, la 1re perpendiculaire et les 2 autres parallèles à la pente générale; la chaussée perpendiculaire aurait la même hauteur sur toute sa longueur, et les chaussées parallèles s'étendraient en diminuant de hauteur sur toute la longueur de l'étang, ce qui occasionnerait des transports de terre énormes et quelquefois décuples de ceux nécessaires dans un pays ondulé, et par conséquent jetterait dans des frais sans rapport avec le produit. Les eaux d'ailleurs ne s'écouleraient que dans un sens, et parce que le sol ne formerait point bassin, elles ne se réuniraient point dans le milieu de l'étang, ce qui rendrait la pêche et la culture fort difficiles.

Bien différemment de cela, dans les *petits bassins naturels*, la chaussée se place sur la largeur du bassin. Dans ce cas la chaussée a dans son milieu sa plus grande hauteur pour diminuer ensuite et se terminer à rien à ses deux extrémités. Par suite de cette conformation du sol, outre la pente générale depuis l'extrémité supérieure ou la queue de l'étang jusqu'à la chaussée, le terrain a encore une pente ordinairement plus forte depuis les bords jusqu'au bassin. Dans cette ligne de milieu se pratique un fossé qui conduit à la vidange, recueille le poisson pour la pêche et fait écouler les eaux de pluies pendant la culture.

On établit bien quelques étangs dont les *pentes latérales qui ne sont point assez fortes* exigent de petites chaussées auxquelles on donne le nom de *chaussons*, mais ces étangs sont chers à établir et à entretenir, plus difficiles encore à cultiver et à pêcher, et ils sont beaucoup moins estimés que ceux qui sont dans des bassins naturels.

Il résulte donc de tout ce qui précède qu'outre une *grande pente* nécessaire pour pouvoir arrêter et faire écouler les eaux, un *pays d'étangs doit encore être ondulé* et coupé de petits bassins qui deviennent l'assiette des étangs.

Nous avons cru devoir appuyer sur ces deux conditions de terrain incliné et ondulé, nécessaire aux pays d'étangs, pour pouvoir en déduire d'une manière incontestable que les *étangs ne peuvent s'établir dans un pays marécageux*. Les pays ne sont ordinairement marécageux que parce que les eaux ne s'écoulent pas ou qu'elles s'écoulent mal, et que le sol par conséquent y a peu de pente; les marais ne peuvent donc exister ou se dessèchent facilement dans un pays dont la pente générale serait considérable et qui serait en outre coupé de petits bassins dans le milieu desquels les eaux s'écoulent d'elles-mêmes; un pays d'étangs ne peut donc être et ne peut avoir été un pays marécageux. Sans doute, les queues et les bords des étangs offrent tous les inconvéniens des eaux basses et stagnantes, mais c'est un mal produit par les étangs eux-mêmes et qui n'existait pas avant eux; ce n'est donc point à cause des marais ni pour en tirer parti que les étangs ont été établis. Cependant cette opinion est presque exclusivement reçue et partout répétée. La commission d'agriculture et des arts, présidée par BERTHOLLET, dans son rapport général sur les étangs l'a admise comme positive et particulièrement pour le département de l'Ain. Il était essentiel d'en prouver ici le peu de fondement, parce que ce rapport est devenu historique dans la question des étangs, qu'il consacre des idées fausses sur l'état naturel du sol d'une partie de la France, et que tôt ou tard il sera consulté comme pièce authentique lorsque, dans l'établissement d'un code rural, on voudra traiter la question générale des etangs.

§ III. — Du groupement des étangs et de leur situation.

Une troisième condition nécessaire à l'établissement des étangs dans un pays, c'est qu'ils puissent *y être nombreux, rapprochés les uns des autres et à portée des villes*.

Le *poisson* est une denrée de luxe qui ne trouve de *débouché abondant que dans la ville*, et pour qu'elle devienne un genre de commerce productif, il faut qu'elle puisse être fournie régulièrement, et par conséquent que les moyens de la produire ou les étangs soient assez nombreux pour en fournir constamment et à mesure du besoin.

Dans tous les pays d'étangs, les moyens d'avoir du poisson sont nécessairement les mêmes; partout on a *besoin de 3 espèces d'étangs :* ceux pour faire naître la *pose* ou *feuille*, ceux pour faire grandir la feuille et la faire arriver à donner l'empoissonnage ou *nourrain*, et enfin ceux où l'empoissonnage grandit pour la consommation. Si les étangs dans un pays sont peu nombreux, isolés ou seulement éloignés, leur exploitation exige des transports à distance et par conséquent dangereux pour la feuille, l'empoissonnage ou le poisson; ils donnent donc alors beaucoup d'embarras qui ne s'évitent que lorsqu'ils peuvent être groupés en nombre dans une même localité. Cette condition sera encore plus nécessaire si, comme en Dombes, ils sont cultivés en assec tous les 2 ou 3 ans.

Lorsque les étangs sont un peu nombreux, *l'eau de ceux qu'on évacue peut servir à remplir les étangs inférieurs du même bassin*, ou ceux des autres bassins voisins avec lesquels on établit des communications. Ce voisinage et cette communication des étangs entre eux sont une circonstance très importante pour rendre leur économie profitable.

§ IV. — Des pays propres à l'établissement des étangs.

Les pays d'étangs se trouvent nécessairement placés sur des plateaux assez élevés, audessus du fond du bassin des rivières auxquelles ils appartiennent. Lorsque les étangs se succèdent en suivant la pente générale du plateau, sans verser dans les rivières, il faut que le pays ait au moins de pente la somme des hauteurs de toutes les chaussées des étangs successifs, ce qui, pour une vingtaine seulement d'étangs indépendans qui se suivront, donnera déjà 150 à 200 pieds de pente; mais il est assez peu d'étangs placés de cette manière, et leur nombre alors se trouverait toujours très circonscrit, si le plateau n'était coupé par de petites rivières, sans doute trop rares dans cette nature de sol, mais dans lesquelles se vident les étangs. Les bassins de ces petites rivières servent de débouchés à des bassins secondaires où sont placés les étangs; alors une moindre pente générale est nécessaire pour un même nombre d'étangs; mais toujours encore, en résultat général, le *plateau doit avoir une assez forte pente*, et être *par conséquent très élevé* au-dessus du grand bassin auquel il appartient. Les pays d'étangs en France sont les plus élevés après les pays montagneux; cette différence de niveau, avec les plaines qui les environnent, suffit pour que le climat y soit naturellement un peu plus froid.

§ V. — De l'imperméabilité du sol et du terrain propre à l'établissement des étangs.

Il est une condition, la plus importante peut-être pour l'établissement de tous les étangs dans un pays, c'est que *la couche inférieure du sol ou le sous-sol soit imperméable*. Si le sous-sol laisse traverser les eaux, il est évident que pendant l'été, lorsque les pluies tombent à quelques intervalles, l'infiltration qui se fait, aidée de l'évaporation produite par des longues journées de chaleur, mettent l'étang à sec.

Cette condition de sous-sol imperméable appartient presque exclusivement à une *nature de terrain très abondamment répandu* sur la surface du globe, désigné dans beaucoup de pays sous le nom de *terre à bois*, parce que ce produit y réussit assez ordinairement. Dans l'Ain, Saône-et-Loire, le Jura et dans beaucoup d'autres lieux, il porte le nom d *terrain blanc* ou *terre blanche*, *blanches terres;* c'est la *boulbenne* ou la *bolbine* du midi. Il est composé de sable fin siliceux et d'argile mêlés ensemble d'une manière intime. Suivant que le sable est plus ou moins fin, ou que l'argile est en plus ou moins grande proportion, il offre plus ou moins de ténacité; mais dans tous ses degrés d'adhérence, et lorsque la surface arrive à un état sablonneux, le plus souvent encore le sous-sol contient assez d'argile pour ne point se laisser pénétrer par les eaux. Il ne contient point de partie calcaire, et par conséquent l'eau ne peut point le déliter, c'est-à-dire en séparer les parties, ni par suite traverser ses couches inférieures. Ce sol, quand il est sec, prend une proportion d'eau assez considérable, et lorsqu'il en est saturé tout ce qui tombe de plus reste à sa surface, ou s'en écoule, ce qui forme tout son avantage pour les étangs. Il est très long à sécher parce qu'il ne peut perdre son humidité que par l'évaporation ou la transpiration des plantes qui le couvrent. On dit ordinairement qu'il tient l'eau comme un verre. La couche supérieure repose presque toujours sur un sable argileux, coupé de veines rougeâtres moins pénétrables encore par l'eau que le sol de la surface.

En examinant le sol argilo-siliceux, en étudiant sa composition, ses caractères extérieurs, son gisement dans les différents pays très éloignés les uns des autres où il se rencontre, on le *retrouve partout avec les mêmes caractères extérieurs*, les mêmes propriétés, ce qui doit le faire attribuer à une même formation, et cette formation a été la dernière des grands formations, puisque nulle part il n'est recouvert par elles, et qu'il recouvre toutes les autres. On le retrouve quelquefois sous les alluvions du fond des bassins, mais ces alluvions sont les derniers phénomènes du grand cataclysme qui a produit l'alluvion générale, et dans la débâcle qui a balayé le fond des bassins, et en a entraîné le dépôt argilo-siliceux, quelques parties en sont restées, et ont été recouvertes des débris des lieux environnans; cette grande formation recouvre la plupart des plateaux élevés des plaines de France. Lorsque les bassins des rivières ne sont pas séparés par des montagnes, ils le sont presque toujours par des plateaux de terrain blanc; on le voit s'étendre sur la naissance des croupes des montagnes primitives comme des montagnes calcaires; les portions qu'on en rencontre sur les premiers échelons doivent faire penser qu'il s'était établi sur leur surface, mais que les eaux, en raison de leur pente rapide, l'ont presque tout entraîné.

Il forme, disons-nous, la *plupart des plus grandes plaines de France;* il recouvre presque partout une formation calcaire marneuse. Lorsque la marne est terreuse, ou que la couche du dépôt est épaisse, on a alors les terres humides froides, et on peut y pratiquer des étangs. Lorsque la couche inférieure est une marne pierreuse, le sol est alors moins humide, d'une culture plus facile, et les étangs s'y établiraient avec peu d'avantage.

En Normandie on trouve ces deux sortes de terrains; les plateaux du département de l'Eure s'égouttent facilement, sont productifs, recouvrent presque toujours la marne pierreuse; ceux de l'arrondissement de Bernay sont plus humides et recouvrent la marne terreuse. Le grand plateau du bassin du Rhône, qui se prolonge à plus de 30 lieues du midi au nord dans les départements de l'Ain, Saône-et-Loire et Jura, recouvre partout la marne terreuse; aussi est-ce le plateau le plus humide et le plus froid de la France. La Puisaye, dans l'Yonne, est assise presque tout entière sur la marne pierreuse; aussi les étangs y sont-ils plutôt un moyen de navigation qu'un moyen de produit agricole.

L'alluvion du terrain blanc se voit le long de l'Océan, en suivant la côte du nord-est, dans les départemens du Nord, du Pas-de-Calais, de la Manche, du Calvados; elle forme les landes de Bretagne; elle se couvre de bois en descendant sur Nantes, et forme les plaines de Maine-et-Loire, de la Loire-Inférieure, se lie ensuite avec les landes de Bordeaux qui lui appartiennent. Dans cet immense développement, l'alluvion présente toutes les nuances de ténacité dans le sol depuis le plus léger jusqu'au plus argileux.

Le plus grand plateau que présente ce sol, dans l'intérieur des terres, accompagne le bassin de la Loire; tous les pays que traverse ce fleuve jusqu'à la mer sont en grande partie formés de plateaux argilo-siliceux; quelques parties montagneuses et les bassins des rivières affluentes les interrompent seulement pour les voir se reformer au-delà. Après la Haute-Loire et ses terres argileuses on trouve le plateau du Forez et ses étangs; en continuant, le bassin de l'Allier est séparé de celui de la Loire par le terrain blanc qui se montre là où s'arrête le granit et le sol formé de ses débris; on y trouve des étangs assez nombreux, comme encore sur les terres froides, terres blanches des plateaux de la Nièvre, puis on arrive à la Puisaye, qui sépare l'Yonne de la Loire, et n'est séparée de la Sologne que par le cours du fleuve et les alluvions de ses bords.

La Sologne étend son plateau argilo-siliceux stérile et ses étangs sur le Loiret, le Loir-et-Cher et une partie du Cher; les étangs de la Brenne occupent une partie de l'Indre; de l'autre côté, dans la Sarthe, les étangs n'occupent qu'un petite partie de ses terres blanches, placées souvent sur le schiste de la roche calcaire, à peu de profondeur; enfin on retrouve l'alluvion occupant de grandes surfaces et sortant des étangs nombreux, dans les deux derniers départemens qu'arrose la Loire, Maine-et-Loire et la Loire-Inférieure.

Ce grand plateau du bassin de la Loire et d'une partie de ses affluens, dans lequel nous venons de désigner une douzaine de départemens, contient plus de moitié des étangs de France, et les 2/5ᵉ de leur contenance totale. Placé à d'assez grandes hauteurs au-dessus du cours du fleuve, il est sans doute la plaine la plus élevée de l'intérieur de la France, parce que la Loire est celui des fleuves dont le cours est le plus long, et que ce cours est très rapide dans sa première moitié. Nous ne pousserons pas plus loin nos remarques sur cette nature de sol; nous leur avons donné ailleurs toute l'étendue que méritait leur importance (1).

On n'a de *bons étangs que sur cette nature de sol*, et les autres terrains n'offrant pas la même imperméabilité, ne conservent pas leur volume d'eau pendant les chaleurs, défaut essentiel qui diminue beaucoup les produits.

Les *étangs des pays calcaires* ont presque tous été desséchés, parce que le sol en était de bonne qualité, que les chaussées sont d'un plus grand entretien, que le sol de la surface, au moyen du principe calcaire qu'il contient, se délite, se laisse imbiber et pénétrer d'eau qu'il transmet aux couches inférieures, et par conséquent consomme toujours ainsi une partie de celle qu'on lui confie. Dans le Berry, pays calcaire, on a défriché aussi une partie des étangs avec de très grands profits, parce que toujours couverts d'eau sans être cultivés, ils avaient accumulé une immense quantité de vase très fertile dont les produits ont été et continuent d'être très grands.

Cependant, lorsque le sol calcaire se trouve avoir pour sous-sol une *couche épaisse d'une marne terreuse, homogène et à grains fins*, le sous-sol est alors imperméable, et on peut y établir des étangs. Il en reste quelques-uns sur cette nature de sol en Bresse, qui, au moyen de la culture alterne en eau et en poissons, sont des fonds précieux et qui se louent à un prix encore plus élevé que les fonds en corps de domaine; deux années d'empoissonnage mettent ce sol engraissé par le séjour des eaux et les déjections des poissons en état de produire sans engrais quatre récoltes successives et alternes de maïs et de froment. Pendant que les étangs argilo-siliceux, lors même qu'ils sont en bon sol, ne peuvent produire qu'une récolte d'avoine, de seigle ou de froment, suivant leur nature, le sol calcaire en produit quatre successives; ce qui prouve d'une manière bien précise le fait important que nous avons établi ailleurs, que la même quantité et nature d'engrais donne beaucoup plus de produit sur les sols calcaires que sur les sols siliceux. Dans l'un de ces étangs, après deux ans d'empoissonnage, dont le produit n'a cependant pas été plus avantageux que celui des étangs de bonne qualité du plateau, la première année, sur un seul labour, huit jours après la pêche de la fin de septembre, on a semé du froment qui a produit 24 hectolitres par hectare; l'année d'après, le cultivateur a désiré encore semer du froment qui a produit 18 hectolitres. En 1835, une portion de l'étang qui se trouve en terre blanche porte de la navette très belle; et le reste, en sol calcaire, recevra un fort labour de la charrue Dombasle pour être semé, sans engrais, en maïs qui produira sûrement autant que les bons fonds bien fumés; enfin la quatrième année, dernière de l'assolement, au moyen du fort labour qui a été donné et de la fécondité qui reste, on recueillera sans engrais, comme dans les rotations précédentes, six à huit fois la semence en froment, puis viendra l'empoissonnement pour rendre à ce sol de nouvelles forces productives.

§ VI. — De l'abondance des eaux de pluie.

Nous donnerons comme sixième condition importante au succès des étangs dans un pays, que les *pluies y soient abondantes*. Les plateaux argilo-siliceux, comme nous l'avons montré dans l'ouvrage cité, contiennent peu de sources et de cours d'eau; les 19/20ᵉˢ des étangs ne s'établissent donc qu'avec les eaux des pluies; on conçoit que là où elles sont peu abondantes, les étangs doivent être beaucoup plus rares. Cette circonstance explique, à ce qu'il nous semble, le nombre plus grand qu'ailleurs des étangs sur les plateaux de Dombes et de Bresse. Dans ce pays, d'après les observations que nous avons continuées pendant plusieurs années, il tombe par an, en moyenne, 45 pouces d'eau; à Paris et dans les environs la moyenne est de 19; il n'en tombe peut-être pas plus en Sologne; les pluies de l'Ain fournissent donc un volume d'eau 2 1/3 fois plus considérable que sur une partie des plateaux de même nature : il s'ensuit qu'on a pu y établir avec succès un nombre d'étangs beaucoup plus considérable.

Mais cet avantage, si c'en est un, est chèrement acheté. La culture, dans cette nature de sol qui craint l'humidité, et avec cette masse de pluies, offre beaucoup plus de difficultés que sur les autres plateaux de même formation, et peut-être l'insalubrité naturelle à cette sorte de terrain s'en trouve-t-elle augmentée.

SECTION IV. — *De l'établissement et de la construction des étangs.*

§ Iᵉʳ. — Des travaux préliminaires.

La première condition à remplir pour l'établissement d'un étang est *l'évaluation de la quantité d'eau* dont on pourrait disposer pour le remplir. Il faut s'assurer de l'étendue de

(1) Agriculture du Gatinais, de la Sologne et du Berry. Paris, madame Huzard.

sol qui verse ses eaux superflues dans le bassin où l'on veut placer son étang; voir s'il ne serait pas possible d'y amener quelques eaux de source ou de pluie des ondulations voisines du terrain. Il faut alors que le sol qui doit fournir l'eau à l'étang ait au moins six ou huit fois plus d'étendue qu'on ne veut en donner à celui-ci; et cette proportion doit être en rapport constant avec la quantité de pluie qui tombe dans le pays.

Lorsque le sol qui verse à l'étang est en terre labourable, dans les années ordinaires et le climat pluvieux, 1/8e *à peu près de l'eau pluviale peut arriver à l'étang*. Le sol en bois en fournit moins parce que les grands végétaux en absorbent davantage, et que la culture ne l'a pas travaillé pour évacuer les eaux surabondantes. Dans les pays où il tombe plus de 40 p. d'eau, l'étang recevra donc une couche d'eau de 5 p. d'épaisseur sur six à huit fois son étendue: ce serait donc dans l'étang une hauteur moyenne d'eau de plus de trois pi., quantité suffisante pour remplir l'étang et lui donner ses 8 pi. de hauteur d'eau à la chaussée. Les 40 pou. qui tombent sur la surface de l'étang pourront suffire, nous le pensons, à l'évaporation, aux infiltrations dans le sous-sol et à travers la chaussée pendant l'année. Mais les circonstances sont bien différentes lorsque la pluie n'est que moitié de celle que nous venons d'indiquer; le sol alors, qui a les mêmes besoins que dans les pays pluvieux, *ne laisse peut-être pas aller à l'étang 1/20e de l'eau qu'il reçoit*. Il faut donc au moins une surface affluente deux ou trois fois plus considérable pour remplir l'étang. Ces considérations sont de la plus haute importance. Sur le plateau de Dombes, il est des étangs qui ont besoin de 9 ans pour se remplir, et qui, dans les 3 dernières années, ont toujours manqué d'eau; et à plus forte raison cela arriverait-il dans les pays moins pluvieux.

Lorsqu'on a des étangs dans le voisinage, il est très important de pouvoir *profiter de leur vidange*. Mais il faut en être le maître pour pouvoir disposer de leurs eaux au moment du besoin.

Lorsqu'après avoir *étudié la nature de ce sol*, on s'est assuré qu'il est imperméable, soit en y essayant de petites retenues d'eau, soit par l'analogie qu'on lui trouve avec d'autres sols sur lesquels on a observé des étangs, ou lorsqu'en sondant son terrain on a trouvé que la couche imperméable a une épaisseur suffisante pour empêcher l'infiltration des eaux, alors si le terrain a une pente suffisante, s'il forme un petit bassin naturel qui puisse se fermer par une chaussée d'une médiocre longueur; alors, disons-nous, on peut raisonnablement espérer de pouvoir réussir à construire un étang.

Toutefois avant de l'entreprendre, il faut qu'un *nivellement fait avec soin* assure de la hauteur et de la longueur de la chaussée, de l'étendue du terrain qu'on couvrira d'eau, et donne les contours de l'étang. Un grand nombre de personnes, pour n'avoir pas pris ce soin préliminaire, ont été entraînées à de grandes dépenses et n'ont eu que des étangs fort peu étendus pour de très longues chaussées. Dailleurs il assurera de la profondeur des eaux dans les diverses parties de l'étang, dirigera dans le travail, pour qu'une trop grande élévation de la chaussée ne fasse pas refluer jusque sur les fonds des voisins. Un nivellement fait avec beaucoup de soin et de grands détails est donc d'une indispensable nécessité avant de procéder à l'établissement de l'étang; et malgré ces travaux et ces soins, il arrivera encore que la nécessité d'avoir des eaux, les moyens que l'on prendra pour les faire arriver et pour les conserver, les passages qu'on interceptera, le reflux des eaux sur les propriétés voisines ajouteront beaucoup de difficultés à l'établissement de nouveaux étangs; de là en Dombes la phrase proverbiale que *les étangs sont des nids à procès*.

§ II. — Du bief, de la pêcherie et du canal.

Après tous ces préliminaires, nous arrivons à la construction de l'étang. Le premier travail consiste à *à faire dans la partie la plus basse de l'étang* (*fig.* 199) *que le niveau a indiqué*

Fig. 199.

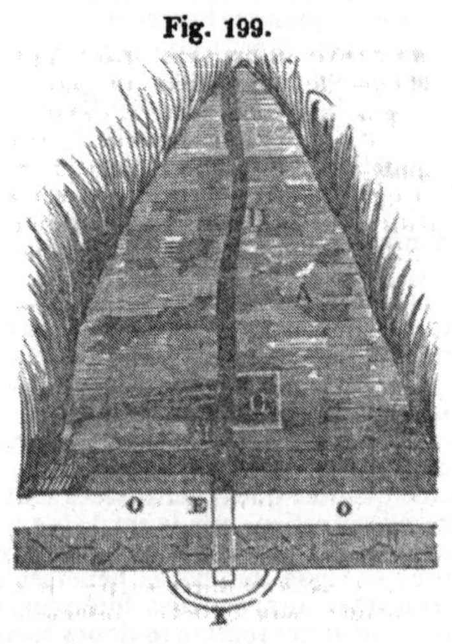

un fossé ou bief de 6 à 8 pi. de largeur et de 18 pou. de profondeur. Ce fossé D, qui part de l'origine des eaux, vient aboutir à la chaussée O de l'étang. A une 12e de pi. de distance de son emplacement, on creuse un réservoir C de 15 à 30 pi. de diamètre, suivant l'étendue de l'étang, et d'un pied de profondeur de plus que le bief, auquel on donne le nom de *pêcherie*, et qui sert à rassembler le poisson pour la pêche. Le bief se termine par un *canal* M E, destiné à l'évacuation de l'étang, sur lequel doit s'asseoir la chaussée, et dont la partie supérieure, ou le toit, est au niveau du fond du bief. Ce canal se construit en bois, en pierres ou briques; en bois il est moins durable et plus coûteux, alors même qu'au lieu de creuser dans un chêne de grande dimension, on le fait en plateau de 3 pou. d'épaisseur. Il doit se recouvrir en plateau, et pour que sa durée soit plus longue, on l'établit plus profondément dans le sol de manière à ce qu'il reste toujours plein d'eau. Le canal en pierres ou en briques se fait avec deux murs de moellons ou de briques qu'on recouvre avec des dalles en pierres ou une voûte de briques. La *dimension de ce canal* est très importante. Il faut que cette dimension soit telle que lorsque l'étang est en assec, il puisse facilement débiter les eaux des grandes pluies sans qu'elles se répandent sur l'étang. Ces eaux, en s'extravasant, surtout si elles séjournent long-temps, nuisent beaucoup aux récoltes dans les années d'assec. Ces inconvéniens peuvent se prévenir, comme nous le verrons plus tard, par l'établissement d'une rivière de ceinture. En cas de doute sur la quantité des eaux affluentes, il vaut mieux accroître les dimensions, qui d'ailleurs doivent dépendre de la pente que trouvent les eaux au sortir du canal de décharge.

§ III. — De la construction de la chaussée.

Après l'établissement du bief et du canal, on arrive à la *construction de la chaussée*. Le niveau a donné sa hauteur, parce qu'elle doit s'établir à 18 pou. au-dessus du niveau de l'étang plein. Sa base doit être au moins triple de sa hauteur, et la surface supérieure est le tiers de cette dimension. La pente A du côté de l'étang (*fig*, 200) doit être moins rapide qu'en dehors B, surtout si la chaussée est exposée aux vents du nord ou du midi. Au dehors de l'étang elle peut être un peu moindre de 45 degrés, mais alors il faut la revêtir en gazons.

Fig. 200.

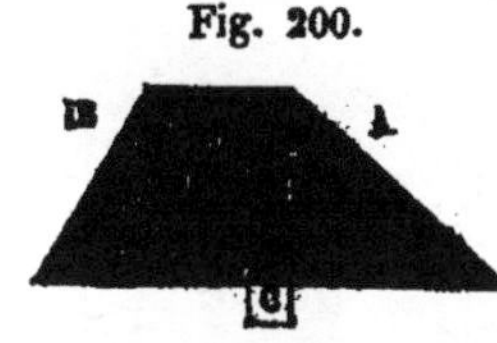

Ces dimensions une fois arrêtées, pour procéder à la construction, on creuse dans le milieu de l'espace que doit occuper la chaussée un fossé de 4 pi. de largeur, jusqu'à ce qu'on rencontre le terrain ferme. Ce terrain n'est autre que le sous-sol du plateau. Si l'on rencontre du sable ou du gravier, on creuse jusqu'à ce qu'on retrouve le sous-sol argileux. Ce fossé se remplit avec une terre argileuse sans gazons ni racines qu'on pétrit et corroie avec soin en la divisant à la bêche, l'arrosant avec de l'eau, et broyant avec les sabots ou des dames, de manière à ce qu'elle ne forme qu'une seule masse ramollie et qu'elle fasse corps avec le fonds et les bords du fossé. Quand le fossé est plein on élève la chaussée et on continue de travailler sur toute la largeur du fossé primitif, en plaçant à droite et à gauche les terres qui doivent former le surplus de la chaussée. Cette largeur de 4 pi. de terrain travaillé C C porte le nom de *clave*, de *corroie* ou de *clef*, parce que c'est le soin qu'on lui donne qui ferme hermétiquement l'étang et empêche toute infiltration. Le reste des terres de la chaussée se monte à mesure que la clave s'élève; elles se rangent et se tassent avec soin, mais sans être mouillées ni battues comme celle de la clave. Les terres du bief et de la pêcherie peuvent servir à faire la chaussée, et on prend les autres sur les deux côtés de l'étang, mais de manière à ne point laisser de creux qui retiendrait le poisson et empêcherait l'évacuation des eaux.

Il est à propos que la *chaussée ait* 6 *pou. à 1 pied de plus de hauteur dans les parties qui avoisinent le bief*, afin que si les eaux venaient à s'extravaser par-dessus la chaussée, l'eau l'entame plutôt dans ses parties étroites que dans celles qui sont plus épaisses. Par ce moyen le mal est moindre, soit sur la chaussée, soit sur les terres environnantes, soit en perte de poissons.

Derrière la chaussée on creuse un autre réservoir circulaire K (*fig.* 199) qui reçoit le poisson qui se laisse entraîner lors de la pêche. Ce réservoir, plus petit que la pêcherie, porte le nom de *burillon* ou *barillon*, et de là les eaux s'évacuent dans un fossé qui les emmène sous le nom de *vidange*.

Cette chaussée construite a besoin d'être *défendue contre le battement des eaux* dans son niveau supérieur, surtout si le terrain n'en est pas trop argileux ou si la chaussée est exposée aux vents du midi et du nord. Ces vents plus fréquens et plus forts donnent plus d'action aux vagues qui entament la chaussée. Pour s'en défendre, il ne suffit pas de gazonner la partie de la chaussée qui s'y trouve exposée; on la garnit d'un double fascinage dont le rang supérieur s'élève jusqu'à la limite des grandes eaux, et le rang inférieur se fixe au-dessous des eaux basses. Les fascines se placent à plat sur la pente du côté du haut de la chaussée, se touchent et se fixent par des piquets munis, autant que possible, de crochets. Cette défense est bonne, mais doit être renouvelée. Lorsque la pierre et les cailloux ne sont pas très éloignés, on fait une défense plus durable en garnissant les parties de la chaussée qui risquent le plus d'être dégradées d'une couche de pierres ou de cailloux qui se touchent. Ces pierres restent en place si on a eu soin, comme nous l'avons recommandé, de donner à la pente du côté de l'étang moins de 45 degrés. On emploie aussi très utilement pour le même objet un double rang de gazons garni de touffes de joncs. Ces joncs reprennent et résistent très bien à l'action des eaux. En Pologne on couronne la chaussée du côté de l'étang avec des cépées de roseaux dont on débarrasse l'étang. Dans les parties des forêts qui ne sont pas très éloignées de la pierre, on fait du côté de l'étang un mur à sec qui défend encore mieux.

Il est prudent de *ne point mettre ni souffrir d'arbres sur les chaussées;* leurs racines percent la clave, traversent la chaussée en tout sens, en désagrègent la terre, et lorsqu'elles viennent à périr par vétusté ou accident, ou lorsqu'on coupe les arbres, elles pourrissent dans le sol et finissent par y laisser des passages qui deviennent la perte de la chaussée.

Nous arrivons maintenant au *moyen qu'on emploie pour retenir ou évacuer les eaux de l'étang :* le moyen le plus ordinaire consiste à couvrir l'origine du canal dans l'étang avec un *plateau* de bois ou une *dalle* en pierre (*fig.* 201, 202, 203); ce plateau ou cette dalle, percé

Fig. 203. Fig. 202. Fig. 201.

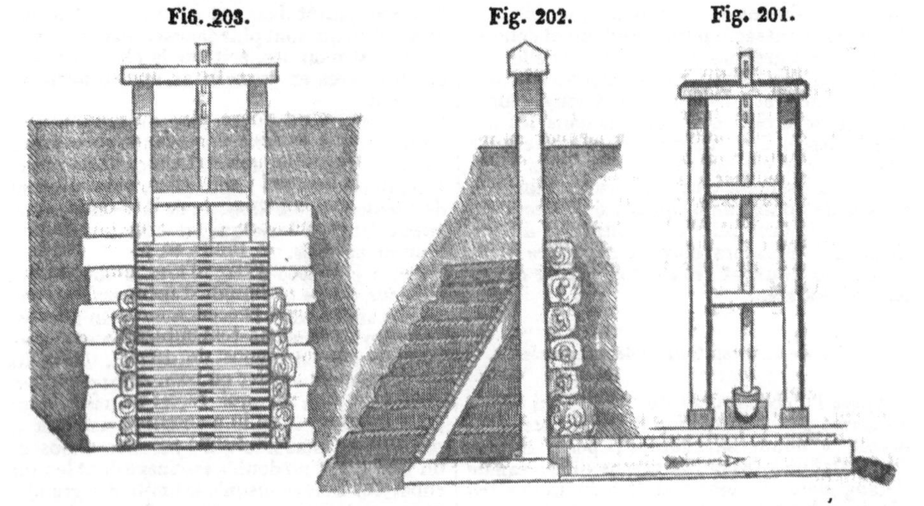

d'un trou conique, se bouche par un bouchon en bois qui prend le nom de *bonde* et qui est taillé de manière à remplir le trou ou *œil* du canal; cette bonde se manœuvre par une tige en bois ou en fer qu'on soulève, depuis le terre-plein supérieur de la chaussée.

On donne, dans le département de l'Ain, à tout le mécanisme employé à évacuer ou retirer les eaux le nom de *thou;* on l'établit le plus souvent en bois. Pour manœuvrer plus facilement, on place l'œil du canal et par conséquent la tige de la bonde à la naissance supérieure de la pente, et les terres de chaque côté, comme celle de la chaussée elle-même, se retiennent par une charpente en bois doublée de plateaux dans les 2 parties latérales, et de travons de 5 à 6 pouces d'équarrissage du côté de la chaussée; les 2 colonnes qui tiennent la pièce où manœuvre la tige de la bonde sont de fort échantillon, de 10 à 12 pouces d'équarrissage.

L'ensemble de cette construction est, vu la rareté et la cherté des bois de forte dimension, *très dispendieuse;* sa durée est à peine de 25 ans et demande de l'entretien; il devenait donc important d'y faire des modifications: un architecte de Bourg, M. Debelay père, a proposé de remplacer la construction en bois qui enveloppe la tige de la bonde par un puits en pierre ou en brique. Cette construction, qui se rapproche de la méthode piémontaise que notre architecte cependant ne connaissait pas, a été exécutée avec avantage sur un grand nombre de points. Déjà auparavant on avait employé la pierre ou la brique pour remplacer le bois, mais la forme de construction était restée la même, en sorte qu'on avait gagné un peu de durée, mais fait beaucoup plus de dépense. Les premiers essais de ces thoux en pierre ont été faits par mon beau-père et moi; l'expérience nous a conduits à des modifications, mais nous avons obtenu des résultats avantageux dont les détails ont été consignés dans un mémoire assez étendu publié dans le journal de l'Ain : nous nous bornerons à en extraire quelques détails techniques nécessaires pour diriger ceux qui voudraient répéter ce mode de construction.

Le puits (*fig.* 204) se monte au-dessus de

Fig. 204.

l'œil du canal en laissant 3 ou 4 pouces d'espace entre la bonde et le côté intérieur du puits du côté de la chaussée, et en ménageant un espace au moins double du côté de l'étang et de l'embouchure du canal qui mène les eaux à l'œil du canal de vidange. Ce canal, qui fait communiquer le puits avec l'étang, n'aura que 3 à 4 pieds de longueur et une largeur suffisante pour qu'un homme puisse, en s'y engageant, manœuvrer à son aise et prendre le soin nécessaire pour boucher hermétiquement la bonde, soin qui consiste à garnir de mousse le joint circulaire de la bonde avec l'œil et à recouvrir de boue ou d'argile cette espèce de calfat. Le puits, pour une bonde de 18 pouces de diamètre, doit avoir de 32 à 34 pouces de diamètre. On garnit avec avantage sa partie supéreure d'un collet de pierres de 3 à 4 pouces d'épaisseur; ce collet se recouvre de plateaux de chêne ou d'une dalle qui s'engage dans une feuillure du collet; on recouvre de terre le tout, soit pour le conserver, soit pour le mettre à l'abri des curieux et des malveillans.

Le *pilon, bouchon ou bonde est en bois*; il porte une tige de fer plat qui le traverse et qui sert à le hausser ou le baisser; la tige est maintenue dans sa direction par 2 anneaux plats fixés sur 2 traverses en fer, scellées dans les murs du puits. Pour *manœuvrer la tige*, soulever et fixer à volonté le bouchon, la tige sur un de ses côtés porte des dents dans lesquelles s'engrène un cliquet placé de manière à s'accrocher aux dents par son propre poids; un fil de fer qui monte jusqu'au-dessus du puits sert à soulever le cliquet pour pouvoir à volonté baisser le bouchon; la tige en fer a une longueur telle que lorsque la bonde est soulevée et l'étang en assec, le puits puisse encore rester bouché; il est essentiel aussi que la face inférieure du bouchon ou pilon, soulevée pendant le temps de l'assec, soit au-dessus de la partie supérieure du canal qui amène l'eau de l'étang; sans cela, le choc des grandes eaux sur le pilon peut ébranler la construction. L'extrémité supérieure de la tige est garnie d'un anneau; cet anneau est plongé dans l'eau lorsque l'étang est plein. Pour soulever la bonde on a une tige en fer, munie d'un crochet à un bout, et a l'autre bout d'un large anneau; quand on veut soulever la bonde, on engage le crochet dans l'anneau de la bonde, et dans l'anneau de la tige un levier à l'aide duquel on soulève avec facilité la bonde; cette tige se conserve à la maison et peut servir de clé à tous les étangs de même construction : par ces divers moyens toute la manœuvre de l'étang se trouve tout-à-fait à l'abri de la malveillance.

Lorsque l'étang doit être grand et que la quantité des eaux affluentes est considérable, comme il ne serait point du tout commode de donner à l'œil du canal plus de 18 pouces de diamètre, on construit alors *deux canaux parallèles* qui se touchent immédiatement et ont chacun leur œil; on ne fait qu'un seul puits pour la manœuvre; on le fait ovale, en donnant au grand diamètre parallèle à la chaussée une dimension suffisante pour une manœuvre facile.

Avec les prix actuels des bois, et surtout des bois de fort échantillon, le prix d'un thou en bois avec sa *bachasse* ou son canal, en y comprenant la main-d'œuvre du charpentier, s'élève au moins à 3 ou 400 fr. Le prix d'un thou de même dimension en pierre ou en briques, y compris le fer et toute la main-d'œuvre du maçon, du maréchal et du tailleur de pierres, n'est guère plus de moitié. Ces résultats sont donnés par l'expérience pour des localités où le bois est cher, mais où la pierre et la brique le sont encore davantage. Outre le moindre prix, la facilité de la surveillance, le moindre danger qu'on risque des malveillans, les thoux en pierre offrent encore l'avantage d'être d'une durée indéfinie, et de n'avoir besoin d'aucun entretien.

Nous avons parlé précédemment des *thoux piémontais;* ces thoux ressemblent à ceux en pierre que nous venons de décrire, mais le bouchon, au lieu d'être en bois, est en pierre, garni d'un plateau qui reçoit un cuir à sa partie inférieure; on le manœuvre au moyen d'un treuil placé à la partie supérieure de la chaussée, autour duquel s'enveloppe une chaîne qui soutient le bouchon; cette chaîne, à 18 pouces de la bonde, se divise en 3 chaînons qui aboutissent à 3 points également éloignés de la circonférence du bouchon; le treuil, à sa partie supérieure, porte une roue dentée dans laquelle un cliquet s'engrène, pour maintenir la bonde à la hauteur que l'on veut. Les étangs de ce pays, qui sont destinés à l'irrigation de prairies, envoient leur trop plein dans les parties les plus élevées; et la chaussée est percée à cet effet à différentes hauteurs par des canaux qui s'ouvrent et se bouchent à volonté, et qui correspondent à des rigoles qui arrosent les parties intermédiaires des prés. Ceux de ces étangs où l'on élève du poisson ne se vident entièrement que pour la pêche.

On emploie encore quelquefois des *thoux dits à la prussienne;* dans ces thoux, l'orifice du canal pour évacuer les eaux est à quelque distance de la chaussée, en sorte que la bonde se trouve au milieu de l'eau; le bâti au milieu duquel elle est placée peut être en fer ou en bois; on y arrive au moyen d'une échelle ou d'une planche qui sert de pont et s'appuie d'un côté sur la chaussée, et de l'autre sur les traverses de fer ou de bois du thou. Le treuil piémontais serait le meilleur moyen de manœuvrer ce thou; trois montans en fer, scellés dans la pierre de la bonde et maintenus entre eux par des traverses, pourraient soutenir tout le mécanisme et ne seraient point une dépense plus considérable que le puits en pierre; toutefois on serait obligé, pour empêcher le poisson de sortir lors de la pêche, de couvrir l'orifice par une grille sphéroïdale assez élevée pour permettre le soulèvement de la bonde, et dans laquelle on laisserait un trou pour le jeu de la tige ou de la chaîne qui la soutient. Cette grille en fer mince serait une dépense qui ne dépasserait pas 50 fr.

Tous *les avantages des thoux en pierre* n'ont pas encore pu les faire généralement admettre; cependant on en trouve sur un assez grand nombre de points des pays d'étangs dans le département de l'Ain, et il paraît que dans le Forez on a commencé à les introduire.

Après avoir décrit le moyen d'obtenir et d'évacuer les eaux, nous devons nous occuper des *moyens de les introduire et faire sortir le trop plein.*

Pour *empêcher le poisson de sortir* de l'étang, en remontant ou en descendant le cours des eaux qui y arrivent ou qui en sortent, on place des *grilles* G (*fig.* 199) à l'entrée et à la sortie; ces grilles sont faites en bois avec des barreaux quadrangulaires de 2 1/4 pouces d'écarrissage, placés diagonalement à 8 lignes de distance entre eux et maintenus dans un assemblage de charpente dans lequel ils s'engagent. Ainsi construites, ces grilles sont chères, durent peu long-temps et sont faciles à se déranger et à se détruire; nous les avons remplacées avec avantage et économie par des grilles en fer, de petit échantillon, de 3 à 4 lignes de côté (*fig.* 205), assemblées dans trois traverses

Fig. 205.

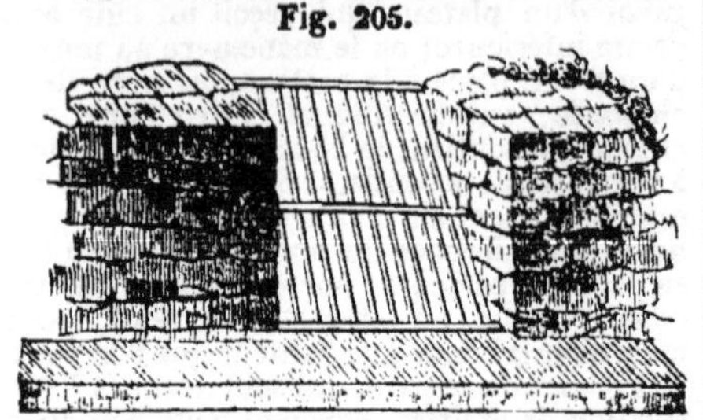

en fer plat placées au-dessus, au-dessous et au milieu de la grille; la traverse du dessous se noie dans un banc-gravier en pierres de taille; ce banc-gravier supporte 2 montans en pierres dans lesquelles se scellent les 2 autres traverses de la grille. En donnant à ces grilles en fer la moitié de la largeur des grilles en bois, elles offrent un beaucoup plus fort dégorgement que celles-ci; chaque barreau de bois offrant 8 lignes de passage d'eau, pour un espace de 44 lignes, et le barreau en fer donnant la même issue pour un espace de 12 à 13 lignes (1). On emploie pour cet usage le fer laminé, et la grille peut s'établir à froid; une grille de 4 pieds de large sur 2 1/2 pieds de hauteur pèse moins de 50 livres. En estimant la pierre et la main-d'œuvre chèrement, l'établissement d'une grille en fer revient en tout à 60 fr. et dure toujours, pendant qu'une grille en bois coûte à peu près le même prix et ne dure pas 20 ans. Dans le Dauphiné quelques étangs ont des grilles de cette espèce.

M. Périer, député actuel de l'Ain, s'est bien trouvé de remplacer le système de grille de barreaux rectangulaires en bois, qui prennent trop de place, par un assemblage de *petites lames parallèles en chêne*, placées comme les lames de persiennes ou d'abat-jours; la grille ancienne se remplace par une grille en lames à laquelle on peut donner 4 fois moins d'étendue; la distance entre les lames est de 8 lignes comme pour les autres grilles; l'inclinaison des lames est du côté de la chaussée.

(1) La théorie semblerait dire qu'on pourrait ne donner aux grilles en fer qu'un tiers de celle des grilles en bois, mais la pratique apprend que les grilles en bois dégorgent presque autant que le tiers de leur largeur; et pour cette raison nous avons donné moitié de cette dimension à la grille en fer.

On peut *suppléer la grille du trop-plein* d'une manière simple et avantageuse; pour cela, dans le mur du puits dont nous avons parlé et du côté de l'étang, on place un *tuyau* en fonte en deux pièces; on donne à ce tuyau la hauteur du banc gravier où s'écoule le trop-plein; ce tuyau a son embouchure inférieure dans le canal d'évacuation de l'étang, et ce canal est pavé en dalles sous le point du dégorgement du tuyau de fond, comme sous l'œil de la bonde; ces tuyaux se scellent à leur entrée dans le canal, à leur point de réunion et avec le mur du puits, avec du ciment de Pouilly ou le ciment à la rouille, qui se fait avec 17 parties de limaille de fer, une de sel ammoniaque et 2 de fleur de soufre; on entoure la partie supérieure du tuyau d'une petite grille en fer qui empêche la sortie du poisson. Le diamètre de ce tuyau doit être proportionné à la quantité d'eau affluente et à la hauteur de l'eau dans l'étang.

Les dimensions du canal d'*évacuation* ont dû être réglées proportionnellement à la quantité d'eau affluente; c'est donc ces dimensions et la hauteur de l'eau dans l'étang qui doivent servir d'élément pour établir le diamètre de notre tuyau vertical. On suppose que le canal de l'étang, dans les grandes eaux, se remplit et débite ses eaux avec une vitesse d'un mètre par seconde, mais comme la contraction de la veine-fluide et d'autres causes physiques diminuent de beaucoup la quantité d'écoulement que donne le calcul, comme surtout l'expérience nous a prouvé que les dimensions doubles de celles données par le calcul n'étaient pas suffisantes, nous avons pensé que des dimensions quadruples seraient convenables, et qu'elles mettraient plus sûrement à l'abri de toute chance d'accident. Nous avons donc modifié le tableau donné dans le mémoire en question, et nous le reproduisons ici, en désignant pour le canal en fonte des dimensions quadruples de celles du calcul.

DIMENSION DU CANAL.	PROFONDEUR DE L'ÉTANG.	DIAMÈTRE DES TUYAUX.	DIMENSION DU CANAL.	PROFONDEUR DE L'ÉTANG.	DIAMÈTRE DES TUYAUX.
	Pieds.	Pouces.		Pieds.	Pouces.
Canal de 10 pouc. sur 8.	6	7	Canal de 18 pouc. sur 13.	6	11 75c.
	7	6 80c.		7	11 40
	8	6 60		8	11 05
	9	6 40		9	10 70
	10	6 20		10	10 35
	11	6		11	10 00
	12	5 80		12	9 70
Canal de 12 pouc. sur 9.	6	8 32	Canal de 20 pouc. sur 14.	6	13 50
	7	8 05		7	13 15
	8	7 80		8	12 80
	9	7 55		9	12 45
	10	7 30		10	12 10
	11	7 05		11	11 75
	12	6 80		12	11 40
Canal de 16 pouc. sur 12.	6	11	Canal de 25 pouc. sur 18.	6	17 75
	7	10 70		7	17 15
	8	10 40		8	15 95
	9	10 10		9	15 55
	10	9 80		10	15 35
	11	9 50		11	14 75
	12	9 20		12	14 15

Il n'y aurait pas d'inconvénient qu'*une portion de la chaussée bien gazonnée, d'une vingtaine de pieds de large, fût tenue six pouces plus bas que tout le reste*, en la garnissant du côté de l'étang d'une *petite claie* à claire voie qui permettrait le débit de l'eau, et défendrait le passage du poisson. Les grandes eaux sont la circonstance la plus à craindre pour les étangs ; quand la chaussée est surmontée, le poisson s'entraîne, la chaussée se détruit en plusieurs points, et si l'étang renferme un grand volume d'eau, tous les fonds inférieurs sont submergés et entraînés ; on ne peut donc prendre trop de précautions contre de pareils accidens, et encore ne sera-t-on jamais à l'abri des sacs d'eau qui arrivent quelquefois.

Le *peu de solidité et de durée des grilles en bois* est cause que beaucoup d'étangs s'en trouvent privés à l'entrée et à la sortie des eaux ; on les supplée par des *fascinages*, auxquels on donne le nom de *fagottées*, qui ne permettent qu'un débit très lent aux eaux, et causent par-là de fréquens accidens que préviendraient les grilles en fer que nous avons proposées. Il est encore un moyen très utile de parer aux accidens et d'assurer le produit de l'étang en eau et en assec : ce moyen consiste à *faire passer les eaux de l'étang, quand il est plein, dans un fossé qui en contourne les bords*. Ce moyen offre le grand avantage de débiter une grande partie des eaux dans les cas d'inondation ; en outre, quand l'étang est plein, il est de remarque que le poisson se nourrit mieux et profite davantage lorsque de nouvelles eaux ne viennent pas dans l'étang ; ce fait admis par tous les praticiens, quoiqu'ils ne l'expliquent guère, est néanmoins tout-à-fait certain.

Lorsque l'*étang plein vient à couler par le canal* ou autour du canal, on fait avec des fascines et de la terre, derrière le canal, une *digue* circulaire qui se rattache à la chaussée en enveloppant l'embouchure du canal ; on monte cette digue en battant la terre aussi rapidement qu'on le peut jusqu'au niveau de la chaussée. Si la masse d'eau qui coule était assez forte pour empêcher cette construction, on peut mettre dans la digue un tuyau en bois qui donne passage à l'eau pendant la construction, et lorsque la digue est construite on bouche le tuyau par un tampon.

Si on n'a pas de tuyau, ou que *la fuite soit trop considérable*, on fait derrière la claie au-dessus du canal un fossé perpendiculaire ; lorsqu'on arrive au canal, on enlève un ou deux des plateaux de recouvrement ; si la perte d'eau a lieu par le canal, on place l'un des plateaux en travers, et on le garnit autant que possible avec de la terre et de la mousse ; puis, avec autant de promptitude qu'on peut, on jette dans le canal des terres argileuses qu'on corroie, et on continue jusqu'à ce que le fossé pratiqué soit plein : par ce moyen l'eau se trouve ou tout-à-fait ou en très grande partie tarie. Si le canal, au lieu d'être en bois, était en pierre, on enfoncerait la voûte ou on lèverait une des dalles qui le recouvrent pour faire la même opération.

Si le *passage de l'eau était à côté* de la bonde, lorsqu'on y arriverait on y jetterait promptement de la terre préparée, battue et mouillée, et on se hâterait de remplir de terre bien battue le fossé. Enfin, si le *passage était sous le canal*, il serait impossible de le boucher par ce moyen ; il ne resterait que le premier que nous avons indiqué.

Section V. — *Dépense de construction d'un étang.*

La dépense de construction d'un étang *est très variable ;* nous allons prendre pour exemple un cas simple qui pourra servir à remonter à d'autres plus complexes.

Supposons un bassin favorable et tel qu'en le barrant par une seule chaussée transversale on puisse couvrir d'eau une surface de dix hectares ; en admettant que l'étang ait une fois plus de longeur que de largeur, la chaussée aura 3 ou 400 mètres, soit 350 mètres de longueur ; si le terrain a, depuis l'entrée de l'eau ou la queue jusqu'au point le plus bas vers le milieu de la chaussée, 9 pieds de pente, l'étang aura 9 pieds de profondeur, et la chaussée 10 pieds de hauteur ; sa base inférieure vers le thou sera de 30 pieds, soit plus convenablement de 35 ; la base supérieure ou le terre-plein aura 10 pieds : or le cube de cette chaussée, en supposant la pente uniforme, est de 96,000 pieds cubes ou même de 100,000 parce que le fond du bassin a toujours une partie qui a peu de pente. Ce massif donne 237 toises cubes de 7 pieds et demi de côté, de 422 pieds cubes ou enfin 3300 mètres cubes.

La *construction à forfait* des chaussées se conclut de deux manières différentes : la première consiste à payer au déblai 12 à 15 cent. par toise carrée de 7 pieds et demi de côté sur une pointe de pèle de 4 pouces de profondeur. Ce prix porte la toise cube de 2 fr. 70 cent. à 3 fr. 37 cent., ou le mètre cube de 20 à 24 centimes, prix sans doute peu élevé pour le mètre cube de terres qu'on doit charrier de quelque distance à la brouette, qu'on doit bien travailler dans la clave et conduire et régaler sur tout le reste de la chaussée. Mais dans cette manière d'apprécier le travail, on trouve souvent des ouvriers peu consciencieux qui prennent leurs témoins de déblai dans les endroits les plus hauts et qui savent au besoin les surhausser. Pour n'être pas trompé ou n'avoir point de difficulté, il est préférable de payer au remblai de 4 à 5 fr. la toise cube, de 29 à 35 cent. le mètre cube. La chaussée reviendra à ce prix à 11 à 1200 fr. Le pionnier aura fait en même temps la pêcherie et une petite partie du bief dont il a conduit les terres sur la chaussée. Ce bief et la rivière de ceinture auront 600 mètres au moins de longueur chacun. La rivière de ceinture de 4 pieds 1/2 de largeur sur 2 à 3 de profondeur, dont les déblais se placent sur le bord du côté de l'étang, peut valoir au moins 30 cent. la toise ou 12 cent. le mètre courant. Le bief qui aura 9 à 10 pieds de largeur sur 18 pouces de profondeur, et dont il faut que les terres se transportent ou se jettent en des points où elles n'empêchent pas l'écoulement des eaux, coûtera à peu près 50 cent. la toise ou 20 cent. le mètre courant. En tout la rivière et le bief coûteront 192 fr., soit 200 fr. en comptant quelque chose pour le creusement de la vidange au bas de la chaussée et à la grille du trop-plein ; ajoutant à cela 400 fr. pour le thou et le canal de décharge que nous supposons simple, et pour la grille d'introduction des eaux et pour celle de trop-plein, nous aurons en moyenne 2000 fr., pour la dépense de construction d'un étang de 10 hectares en position favorable, soit 200 fr. par hectare. Mais la moitié peut-être des étangs, n'est pas en aussi bonne position; un assez grand nombre, ceux surtout où l'on est obligé de faire un ou plusieurs chaussons ou chaussées latérales ou plusieurs thoux, peuvent coûter au moins le double; il y en a en outre un grand nombre de petits dont la dépense par hectare devient beaucoup plus forte, en sorte qu'on n'exagérerait rien en disant que, pour construire les 28,000 hectares d'étangs qui sont dans le département de l'Ain, il faudrait dépenser au moins moitié en sus de notre évaluation ou 300 fr. par hectare, ce qui porterait la dépense totale à 7 millions.

SECTION VI. — *De l'empoissonnement.*

On emploie dans les étangs trois espèces principales de poissons : la carpe, le brochet et la tanche.

§ Ier. — La carpe.

La *carpe* est regardée comme le produit principal (*fig.* 206); ce n'est qu'à l'âge de 3

Fig. 206.

ans au plus tôt qu'on l'emploie à la consommation; elle pèse alors un peu plus ou un peu moins d'une livre; un an plus tard elle pèse d'une à 2 livres; elle a alors plus de chair et de graisse, et elle est de meilleur goût. Elle peut arriver à une grosseur beaucoup plus considérable, mais elle grossit d'autant moins vite qu'elle est plus âgée, et il paraît qu'à une certaine grosseur elle fatigue beaucoup les fonds dans lesquels on la nourrit : quelques praticiens estiment qu'une carpe au-dessus de 6 livres charge autant un fond qu'un cent d'empoissonnage, en sorte qu'une carpe de 12 livres qui mettra 10 ans à arriver à ce poids aura fait perdre 5 à 6 fois sa valeur à ceux qui l'ont nourrie, alors même qu'on l'évaluerait à 6 fr. le kilogramme.

Les *moyens de multiplication* de cette espèce sont immenses : une carpe femelle pond chaque année depuis 24,000 jusqu'à 600,000 œufs. Si on la laisse seule ou sans brochets, dans un étang, elle s'épuise à poser, ne grossit pas et l'étang est inondé de feuilles et d'empoissonnage qui se nuisent réciproquement. La carpe-femelle dépose ses œufs sur le bord des étangs, et la carpe-mâle les féconde en les serrant sous son ventre, d'où la pression fait sortir la liqueur seminale que contiennent les laitances.

Le *frai des carpes* a lieu 2 fois par an, en mai et août; à cette époque, le poisson est mollasse et n'est pas d'un bon goût; il est généralement meilleur lorsque l'étang renferme du brochet qui l'empêche de se livrer tranquillement à la pose.

La carpe *n'a quelquefois point de sexe*, elle porte alors le nom de *carpeau*. Les carpeaux sont beaucoup plus estimés par les gourmets que les carpes des 2 sexes. Ils semblent qu'ils appartiennent au sexe mâle, et que quelque circonstance aura détruit leurs organes sexuels.

Les Anglais ont *essayé de faire des carpeaux*, et ils y ont réussi. On a aussi soumis à la même opération les tanches, les brochets et les perches. Dans cet état le poisson croît davantage, s'engraisse beaucoup plus vite et beaucoup mieux; il est de meilleur goût. Nous ignorons si cette industrie est arrivée jusqu'en France. ROZIER se récrie beaucoup contre cette cruauté, mais la plupart des animaux destinés à la consommation de l'homme sont traités de même par lui; et s'il fallait mesurer la pitié que l'homme doit aux animaux qui deviennent victimes de ses spéculations gastronomiques en raison de l'utilité et de l'intelligence, certes la carpe en mériterait moins qu'aucun autre.

Sans recourir à cette opération, il paraît que la *séparation des sexes* suffirait seule pour avoir en moins de temps des produits plus forts et de meilleure qualité.

§ II. — Le brochet.

Le *brochet* (*fig.* 207) tient le deuxième rang

Fig. 207.

parmi les poissons que l'industrie de l'homme prépare pour sa consommation. Pendant que la carpe semble ne vivre que de petits insectes ou de produits à peine apercevables du sol dans lequel elle fouille pour prendre sa nourriture, le brochet ne vit que de poissons; il s'attaque à toutes les espèces, à la carpe, surtout à la tanche et à son espèce même lorsque les autres lui manquent. Le brochet d'une livre qu'on mettrait avant l'hiver dans un étang où se trouveraient beaucoup de petits poissons, et surtout de la tanche, peut croître dans l'été d'une livre par mois.

Il en est de même des brochets que de la carpe. Lorsque le brochet a acquis une certaine grosseur, qu'il est arrivé à 6 livres, par exemple; il lui faut plus de temps et surtout beaucoup plus de nourriture pour arriver jusqu'à 10 livres qu'il n'en a mis pour arriver jusqu'à 6 livres. On n'a donc *pas d'intérêt à chercher à faire de grosses pièces* qui d'ailleurs ne se vendent pas plus cher le kilogramme que les autres pièces moyennes.

Le brochet *fraye* en février et juin. Il perd dans ce moment beaucoup de sa qualité; il devient maigre; il faut alors prendre beaucoup de soin pour l'empêcher de s'échapper de l'étang, parce qu'il remonte tous les fossés où il rencontre de l'eau.

La *séparation des sexes* dans le brochet paraîtrait devoir offrir beaucoup d'avantage.

M. Vaulpré, médecin instruit et agronome habile, a fait sur ce sujet des expériences qui paraissent très concluantes. Il a placé dans un étang d'empoissonnage des brochetons mâles, et dans un autre des brochetons de sexes mélangés; et les brochetons mâles, un an après, ont produit un poids 50 fois plus considérable, pendant que ceux de sexes mélangés n'ont pris que l'accroissement ordinaire de 10 pouces.

Le brochet peut donc être *un produit très avantageux*, d'autant mieux que son prix est souvent triple de celui de la carpe; mais pour qu'il soit avantageux de produire du brochet, il est nécessaire qu'il ne consomme que du poisson de peu de valeur, et dont l'existence serait plutôt nuisible qu'utile au produit général de l'étang, autrement la perte serait grande pour le producteur, parce que le poids du brochet consommateur ne produit pas le dixième du poids du poisson consommé.

§ III. — La tanche.

La *tanche* (*fig.* 208) est un poisson du genre

Fig 208.

des cyprins, dont la reproduction a beaucoup exercé les naturalistes. Cependant on a fini par s'assurer qu'à l'époque du frai, aux mois de juin et de septembre, les tanches avaient comme les carpes des œufs et des laitances qui disparaissent ensuite; la tanche alors s'agite et maigrit beaucoup. Le brochet en est particulièrement friand, il la poursuit à outrance et elle lui échappe, dit-on, en pénétrant dans la vase. Quand elle est grasse elle est très recherchée des consommateurs : son poids moyen est d'une livre, et il faut des circonstances favorables pour qu'elle prenne un poids plus élevé; ce poids néanmoins, dans quelques cas particuliers, peut aller jusqu'à 10 livres.

§ IV. — Autres poissons d'étang.

Après les trois espèces de poissons dont nous venons de parler, quelques propriétaires d'étangs admettent la *perche*. Ce poisson très vorace détruit le frai des autres espèces, et consomme dans l'étang une grande partie de ce qui sert à la nourriture des autres. Quand il est un peu nombreux, on dit qu'il brûle l'étang ; aussi, par cette raison, les éleveurs de poissons le rejettent quand ils en sont les maîtres. En Dombes surtout on ne le trouve guère que dans les étangs formés par cours d'eau ou dans ceux où la malveillance les jette quelquefois. Le brochet ne peut presque pas l'atteindre : ses nageoires sont armées de pointes qu'il hérisse quand il se sent attaqué et qui blessent cruellement la gueule armée de son ennemi, qui est obligé de lâcher prise. La perche est très délicate; on la regarde comme supérieure aux trois espèces qui précèdent. Avant la révolution, les fermiers des terres de Dombes cherchèrent à élever des perches jusqu'au poids de 2 livres qu'ils joignaient aux carpeaux de 12 à 15, pour présens à leurs propriétaires.

Il paraît que dans quelques pays d'étangs, on cherche aussi à élever l'*anguille* (*fig.* 209);

Fig. 209.

mais elle perce les chaussées, s'écarte dans les prairies qui bordent les étangs, et lors de la pêche on n'en retrouve presque plus. On semble donc y avoir généralement renoncé.

Section VII. — *De l'assolement des étangs.*

§ Ier. — Principes d'assolement dans divers pays de la France.

Les *principes de l'assolement des étangs* sont les mêmes que ceux de l'assolement des terres en labours. La nature demande à varier ses produits, et le sol, soit qu'il produise par l'effet de la végétation spontanée ou de la végétation artificielle dirigée par l'homme, se repose en produisant des végétaux de familles diverses. Ce principe s'étend à tous les produits naturels, aussi bien aux produits animaux qu'aux produits végétaux

Dans la culture des étangs, la terre couverte d'eau *nourrit avec avantage et fait croître du poisson pendant* 2 *ou* 3 *ans*. Déjà même, dans la 2e année on estime dans le Forez que la pêche vaut 1/10e ou 1/8e de moins. Mais si la culture en eau se prolonge, elle diminue de produit, pendant que le sol, fécondé à ce qu'il semble par les déjections des poissons qui y ont vécu, mis à sec et labouré, donne d'abondantes récoltes, après lesquelles le produit en poisson redevient de nouveau avantageux. Ce principe a été rigoureusement appliqué aux étangs de Bresse et Dombes. Ils sont dans ce pays d'un intérêt beaucoup plus grand que dans les autres; ils y couvrent 1/6e du sol, pendant qu'ailleurs ils en couvrent à peine 1/25e. On y a donc attaché plus d'importance. En outre, en Dombes, ils appartiennent souvent à des associations de particuliers, et souvent encore l'eau n'appartient pas au propriétaire auquel appartient le sol. Il a donc été nécessaire que dans ce pays des conditions régulières fussent établies, et que les droits respectifs des propriétaires de l'assec entre eux et le propriétaire de l'eau fussent réglés d'une manière précise. Nous allons parcourir rapidement ce que nous avons pu recueillir sur les systèmes d'aménagement adoptés dans les principaux pays d'étangs. Nous développerons ensuite avec plus d'étendue celui suivi dans l'Ain, pour le comparer aux autres, et prendre dans chacun d'eux ce qui nous semblera meilleur.

D'abord nous nous occuperons des étangs des plateaux étendus qui bordent la Loire; l'aménagement des étangs y paraît à peu près le même. Dans toutes ces contrées, les détails que donnent MM. de Marivaux, de Morogues, Rozier, Bosc, Froberville et d'Auteroche n'annoncent pas de système général admis absolument; mais les étangs, dans presque tous les pays dont ils ont voulu parler, sont à peu près toujours en eau; rarement on les cultive, et l'assolement par le labour est un souhait qu'ils forment assez généralement, mais qui ne serait presque nulle part accompli. Les étangs des plateaux de la Loire *sont donc pour la plupart toujours en eau*; on les fait chômer à terme fixe pour les *reposer*, curer la pêcherie et les biefs, réparer au besoin la chaussée et la bonde.

Dans la Brenne, pays inondé, à la gauche de la Loire, dans le département de l'Indre, ce repos revient à peu près tous les onze ans; mais on ne laboure pas cette année l'assec. Cette opération ne serait pas profitable parce que le sol en étang non cultivé se trouve presque toujours infesté de plantes aquatiques, de roseaux, de carex qui s'élèvent souvent par cépées au-dessus du sol et qui coûteraient trop à détruire pour la culture en labours d'une seule année. On fait pâturer le bord des étangs, ou on y fauche jusque dans l'eau un fourrage de mauvaise qualité qui sert cependant à nourrir plus ou moins mal les bestiaux pendant l'hiver.

L'éducation des poissons *se fait dans trois sortes d'étangs*. Dans les plus petits on élève la *feuille*, dans ceux un peu plus grands on la fait grossir pour en faire du *nourrain* ou *empoissonnage*, et dans les plus grands on place le nourrain pour y faire du poisson de vente qu'on ne pêche qu'au bout de la deuxième année.

L'*empoissonnage* d'un étang se compose des trois premières espèces dont nous avons parlé; on trouve que les anguilles se perdent et que la perche nuit beaucoup au-delà de ce que vaut son produit.

Cet assolement, qui semble appartenir à la plus grande partie des étangs de France, change pour ceux de l'Est; *leur assolement rentre dans les principes de la culture alterne*. Dans le Forez où la plaine de Montbrison renferme une quantité proportionnelle d'étangs beaucoup plus grande que les parties inondées de la Sologne, les étangs sont alternativement en eau et en labourage. La culture en poissons dure 2 à 3 ans, et celle à la charrue en dure une, 2 ou 3 années, suivant la nature du terrain. C'est dans les terrains compactes que la culture est plus longue; souvent la 1re année d'assec s'emploie tout entière à labourer le sol; on fait la 2e année la 1re récolte, qui est suivie d'une seconde la 3e année. Dans les terrains légers on ne laisse guère que 2 années en assec.

On a *divers étangs* pour produire la feuille, l'empoissonnage et le poisson de vente, mais assez souvent dans le même fonds on fait à la fois la feuille et l'empoissonnage.

L'expérience semble avoir amené *à pêcher tous les ans* au lieu de ne pêcher que la 2e année. Un produit plus fréquent et annuel convient mieux au cultivateur, et surtout au fermier, qu'un produit qui se fait attendre.

La *proportion des brochets* qu'on met dans l'étang n'est jamais que moitié de celle de la dose ordinaire de l'Ain; peut-être cet usage a-t-il pris sa source dans leur habitude de pêcher à un an.

Dans Saône-et-Loire *on assole à peu près de la même manière* que dans le département de l'Ain les étangs des plaines; ceux des montagnes du Charollais sont plutôt des étangs pour les irrigations, des étangs qui servent de réservoir aux moulins, que des étangs productifs pour la pêche. Aussi leur culture et leur assolement sont plutôt dirigés pour l'une ou l'autre de ces conditions que pour le plus grand produit en poisson; toutefois ce produit y est d'excellente qualité, et il vaut au moins le poisson de rivière.

Dans le Jura, l'assolement le plus ordinaire est en avoine ou blé noir pour les terres légères. Dans les terres argileuses de bonne qualité, on laisse jusqu'à 3 ans en eau pour avoir ensuite 2 récoltes successives et sans engrais, la 1re de maïs, la 2e de froment. On a généralement remarqué que le poisson profite mieux après une année de céréale qu'après une récolte sarclée; serait-ce parce qu'une céréale laisse toujours des grains et de la paille sur le sol de l'étang, pendant que la récolte sarclée enlève tout?

§ II. — Assolement des étangs de l'Ain.

Nous arrivons maintenant aux détails à donner sur l'assolement et la culture des étangs dans l'Ain. En principe général, *les étangs doivent être 2 années en eau et une année en assec*. La plupart des étangs sont labourés chaque 3e année; cependant, dans les positions où on a peine à se défendre des eaux, les étangs se fauchent l'année d'assec; le poisson y est moins productif, et lorsque l'assec ne dure qu'une année le fourrage y est de mauvaise qualité; mais à la 2e année d'assec, le produit s'améliore. Aussi ces étangs, lorsqu'ils appartiennent à un seul ou qu'il peut y avoir accord entre les divers propriétaires, restent-ils souvent 2 années en assec; mais le cas des étangs qui restent en prairies est généralement assez rare; l'assolement général est donc en eau et labourage.

Depuis quelques années on a trouvé plus profitable de *pêcher tous les ans*. Il n'est peut-être pas difficile d'en assigner la raison : la 1re année, il faut 40 à 50 feuilles pour peser une livre, la 2e trois ou quatre pèsent autant; la 3e la carpe pèse en moyenne une livre, et la 4e une livre et demie. Ces poids sont ceux des carpes d'étangs médiocres; dans les étangs de meilleure qualité le produit est plus fort, mais conserve toujours à peu près le même rapport. La carpe décuple donc la 2e année, quintuple la 3e, et grossit seulement de moitié en sus la 4e. Aussi, malgré qu'on doive faire tous les ans de nouveaux frais d'empoissonnage, malgré les frais de pêche, le produit net de 2 pêches d'un an paraît plus fort que celui des pêches de 2 ans. Le poisson, la 1re année, prend de la taille et du volume, la 2e année il se met en chair. La qualité est donc meilleure dans le poisson de 2 ans, mais le producteur s'occupe plus du résultat de la vente que de la qualité meilleure qui ne se paie pas plus cher. La pêche d'un an donne assez peu de brochets, pendant que la pêche de 2 ans peut en fournir beaucoup; mais le succès du brochet est toujours assez chanceux, par la raison peut-être qu'on ne sait pas toujours proportionner leur nombre et leur force à la nourriture qu'ils doivent prendre dans l'étang. Nous ne regardons pas cette question de la préférence à donner à la pêche d'un an sur la pêche de 2 comme absolument décidée; on est peu d'accord sur ce point, quoique ce soit une question de chiffres sur laquelle on peut acquérir tous les ans de nouvelles données.

Il est très utile de *faire communiquer ensemble les divers étangs qu'on possède;* par ce moyen on peut donner de l'eau à ceux qui en manquent et remplir ceux qu'on veut empoissonner à l'époque que l'on choisit. Lorsque les étangs sont nombreux le but est plus aisément rempli, parce que leur distance est moindre et que les fossés de communication ont par conséquent moins d'étendue. L'opération est fort simple lorsque les étangs sont situés dans un même vallon, mais quand ils sont dans des vallons différens le niveau apprend ce qui peut se faire. M. GREPPO le père, dont la Dombes conserve l'honorable souvenir, a, par ce moyen, fait communiquer le plus grand nombre des 36 étangs de sa propriété de Montellier; il a ainsi facilité leur aménagement et amélioré leurs produits. Son fils en recueille l'avantage, et marche dignement sur ses traces en se dévouant tout entier aux améliorations de toute espèce.

On a depuis quelque temps *imité avec profit la pratique du Forez* qui, pendant la 1re année d'assec, donne au sol les labours profonds et répétés d'une jachère d'été; l'année d'après on a une belle récolte en seigle ou en froment, et les poissons et l'avoine qui succèdent réussissent très bien. Au bout de quelques années la terre se tasse sous l'eau et le labour léger de l'avoine, en sorte que le besoin d'un nouveau travail à soleil se fait sentir.

On a encore trouvé de l'avantage à *partager les grands étangs par des chaussées;* leur produit est meilleur, leur pêche plus facile; l'étang supérieur prend une plus grande quantité d'eau. M. PÉRIER a ainsi divisé l'Étang-Turlet en 2 autres étangs qui ont très sensiblement augmenté son produit net.

SECTION VIII. — *Éducation du poisson.*

Les *poissons d'étangs ne se consomment guère qu'à l'âge de 3 ou 4 ans.* Il serait très difficile et peu profitable d'élever ces différens âges ensemble et dans les mêmes eaux, par cette raison. Partout où les étangs un peu nombreux ont été assujétis à un aménagement régulier, on a trois ou au moins deux espèces d'étangs: les étangs pour produire la pose ou la feuille, les étangs dans lesquels la feuille grossit pour devenir empoissonnage, et enfin les étangs pour produire les poissons de vente, où l'empoissonnage grossit pour la consommation. Bosc, dans le Nouveau Dictionnaire d'Agriculture, a donc commis une erreur grave en disant que ces aménagemens lui paraissaient n'exister que dans les étangs qu'il avait vus en Allemagne.

§ Ier. — Étangs pour la pose.

On *emploie les plus petits étangs* à la production de la feuille; il est bon qu'ils soient peu profonds, à l'abri des vents, et qu'ils ne soient point vaseux; il est surtout nécessaire que les brochets ne puissent en aucune manière s'y introduire. On y met en carpes dont un 1/3 de femelles, et 2/3 de mâles du 6e au 1/4 du nombre nécessaire à empoissonner l'étang en pêche réglée; on ne met de tanches que le quart du nombre des carpes, et les tanches doivent être grosses et en bon état. Ni l'une ni l'autre espèce d'empoissonnage n'a besoin d'être en forts individus. On a remarqué que la pose était plus abondante lorsque le nombre des mâles était double de celui des femelles. Les laites et les œufs désignent très bien le sexe dans les carpes, mais dans les tanches ces 2 indices n'existent que dans le temps du frai: cependant les mâles se distinguent en tout temps, parce que leurs nageoires sont plus fortes que celles des femelles.

Au *bout de l'année on pêche une grande quantité de feuilles* dont la grosseur est inégale, parce qu'il y a la pose du printemps et celle de la fin de l'été. Les carpes et les tanches qu'on a mises au commencement de l'année, s'épuisant par la pose, sont restées maigres et ont peu profité.

On *sépare la feuille des tanches de celles des carpes;* ces feuilles se vendent au cent. Pour les compter sans les fatiguer, parce qu'elles craignent beaucoup la main de l'homme, on en remplit un petit vase dont on compte les individus, et le reste de la feuille s'apprécie en la mettant dans le vase sans la compter.

Dans le Forez, on emploie pour la pose des *carpes qui ont cessé de profiter* depuis quelque temps, et qui viennent des étangs trop chargés, de ceux où l'eau a manqué ou de ceux que le défaut de brochets a laissé s'épuiser à la pose; on regarde ce poisson comme plus productif de feuilles.

Le cent de feuilles et de l'empoissonnage dans l'Ain est de 80 paires ou de 160 têtes; dans la Brenne, il est de 70 paires ou de 140 têtes; dans la Bresse Châlonnaise de Saône-et-Loire, il est de 64 paires ou 128 têtes. Il est probable que dans cette manière de compter on a grossi le cent de toute la perte probable du poisson pendant l'année; on en conclurait que la perte est plus grande dans le département de l'Ain.

§ II. — Étangs pour l'empoissonnage.

La *feuille se place dans un autre étang de moyenne grandeur;* on y en met de 500 à un millier par cent du poisson qu'on met dans l'étang en pêche réglée; on y met aussi 15 à 20 livres de feuilles de tanches par millier de feuilles de carpes.

Ces étangs *s'empoissonnent avant l'hiver.* La feuille qu'on sort d'un étang où elle est entassée profite déjà pendant le cours de la saison froide. L'empoissonnage sera d'autant plus beau à la pêche, qu'on y aura moins mis de feuilles d'août, et plus de feuilles de mai. Pour empêcher cet empoissonnage de s'épuiser à la pose, et pour que la pose faite ne charge pas l'étang en feuilles qui seraient inutiles, on met au mois de mai 8 à 10 brochetons de la grosseur du doigt par cent de feuilles; par ce moyen, au bout de l'année, on a des brochets de 2 à 3 livres, très gras et très délicats, et l'empoissonnage est en beaucoup meilleur état et a grossi davantage. On le trouve de trois sortes; la feuille produite par la pose du mois de mai de l'année précédente donne du poisson de 4 1/2 à 6 pouces entre tête et queue, qui fournit de l'empoissonnage à un an; la pose du mois d'août donne de l'empoissonnage à 2 ans, de 3 à 4 1/2 pouces entre tête et queue; ceux au-dessous prennent le nom de *carnoussiers*, et sont employés à faire la feuille ou nourrir les brochets.

Dans le Forez on *charge un peu moins les étangs* d'empoissonnage; les pêches à un an ont prévalu, et c'est la raison pour laquelle on cherche à se faire de plus forts nourrains. Pour avoir du poisson d'une livre et demie au bout de l'année, on prend le nourrain du poids de 1/2 livre, et pour les carpes de une livre et quart, on le prend de 3 à 4 à la livre: toutefois on a remarqué que lorsque le nourrain est d'une 1/2 livre, la pêche est plus égale qu'avec le nourrain de 3/4; avec ce dernier on a à l'empoissonnage de plus grosses carpes en petit nombre, mais aussi un plus grand nombre de petites.

Nous avons dit que dans ce pays un *même étang leur servait souvent à faire leur feuille et leur empoissonnage*. Pour cela, avec un millier en moyenne de têtes de feuilles par hectare, ils mettent 6 à 8 têtes de carpes d'une livre, tant mâles que femelles, prises parmi les moins belles et les plus vieilles. Au bout de l'année l'étang donne de l'empoissonnage de 6 à 8 onces par tête, une grande quantité de feuilles; et les carpes se sont refaites d'une manière remarquable. Ce procédé ne donne, il est vrai, point de brochets, mais il est très commode pour ceux qui ont peu d'étangs et qui ne veulent acheter ni feuilles ni empoissonnage souvent très cher.

Nous avons ici une observation fort importante à faire: la Dombes, dont les principes d'assolement et plusieurs pratiques d'aménagement des étangs peuvent bien être regardés comme un modèle, a néanmoins, à ce qu'il nous semble, une excellente leçon à prendre dans le Forez pour la manière d'empoissonner en carpes dans la pêche d'un an. Le sol de Dombes est, à ce qu'il semble en moyenne, au moins égal en qualité à celui du Forez. Les produits en labour des étangs y sont même supérieurs; comment se fait-il donc que le produit en poisson soit très inférieur en Dombes, où il devrait être meilleur parce que les pluies annuelles y sont plus considérables? Dans le Forez, les pêches d'un an donnent de la carpe de 3 livres la paire, sur la rive gauche de la Loire, mais avec un empoissonnage d'une demi-livre, et sur la rive droite, le poids est de 2 1/2 livres avec de l'empoissonnage de 3 à 4 à la livre. En Dombes, avec de l'empoissonnage de 4 à 5 à la livre, on a en moyenne des carpes de 2 livres la paire, pendant qu'on peut regarder comme à peu près certain qu'avec de l'empoissonnage d'une demi-livre on atteindrait le poids moyen du Forez, 3 livres la paire. En Dombes, un quintal d'empoissonnage en reproduit 4 en poissons de vente; dans le Forez, et sur la même étendue, 2 quintaux en reproduisent 6, et d'un poisson qui vaut sur les marchés un cinquième au moins de plus. En ôtant de part et d'autre la valeur de l'empoissonnage, ajoutant un quart de la valeur ordinaire de la pêche, à cause des brochets et des tanches, les produits nets comparés sont entre eux comme 20 est à 30. La valeur nette de la pêche avec le fort empoissonnage est donc de moitié en sus; aussi y répète-t-on plus souvent les années de pêche qu'en Dombes, parce que la manière d'empoissonner y donne un produit plus considérable en poisson. On aurait donc, à ce qu'il semble, tout avantage à imiter en Dombes la pratique du Forez.

Dans la Brenne les *étangs* d'empoissonnage *reçoivent un millier de têtes de feuilles par hectare;* là on le transporte à dos de cheval dans des paniers appelés mannequins, et on ne pèse pas le nourrain. Ce nourrain est marchand lorsque le poissonnier, ayant la main fermée, la tête et la queue dépassent le poignet; cette taille correspond à 3 ou 4 pouces, et c'est ce que donne leur empoissonnage pour leur pêche à 2 ans.

§ III. — Etangs pour le poisson de vente.

Nous avons vu précédemment que l'assolement régulier dans le département de l'Ain était 2 ans en eau et un an en assec; cependant, sur beaucoup de points, comme le produit en avoine est plus considérable que celui en poisson, on *assole les étangs une année en eau et une année en culture*. Il est certain qu'il est des étangs dans lesquels cet assolement est profitable, mais peut-être ne l'applique-t-on pas toujours à propos; il est un peu plus commode pour des fermiers qui, sans avoir un grand nombre d'étangs, peuvent par ce moyen vendre tous les ans du poisson et de l'avoine. Parmi les étangs qu'on laisse 2 ans en eau, il arrive aussi qu'un assez grand nombre se pêche tous les ans. Ce poisson d'un an a plus d'apparence que de qualité réelle; il paraît souvent presque aussi gros que celui de 2 ans; une paire de carpes d'un an, dans les étangs d'assez bonne qualité, pèse 3 livres, comme à 2 ans elle en pèserait 4, sans avoir des dimensions sensiblement plus fortes; mais la croissance a été plus que double dans la 1re année, et les marchands détaillans vendent presque aussi cher ce poisson plus jeune; c'est ce qui fait l'un des plus grands avantages des pêches à un an. On a peu de brochets dans ces pêches, alors même qu'on ne les met qu'au mois de mai; ils mangent le frai avant que l'œuf soit développé et pendant qu'il est encore *au chapelet*. Lorsque la nourriture en jeunes poissons leur manque, ils se jettent sur l'empoissonnage, et particulièrement sur les tanches, et s'épuisent à poser eux-mêmes, en sorte que lors de la pêche il arrive souvent qu'on a peu de brochets. Mais, sans nous occuper plus long-temps de cette question que nous avons précédemment agitée, nous allons entrer dans la pratique des pêches à 2 ans et des pêches à un an.

SECTION IX. — *De la pratique des pêches.*

§ Ier. — Pêche à deux ans.

Nous commencerons par nous occuper de cette pêche qui est la pêche de règle et qui nous servira de point de départ pour les autres.

On *doit retenir les eaux dans l'étang aussitôt que la récolte est enlevée, et empoissonner le plus tôt que faire se pourra*, pour que le poisson puisse se reconnaître, se reposer des fatigues du transport pendant l'hiver et soit disposé à commencer à travailler dès le premier printemps. Le poisson, dans le premier mois qu'il passe dans un étang, s'occupe à le parcourir, à le reconnaître sur tous les points et profite peu; il vaut beaucoup mieux qu'il emploie à cela un mois d'hiver qu'un mois de printemps qui serait perdu pour sa croissance.

Nous avons dit précédemment que l'empoissonnage de carpes à 2 ans, devait avoir de 3 1/2 à 4 1/2 pouces. Il est convenable pour toute espèce de pêche et de poisson, *qu'il soit égal autant que possible;* lorsqu'il est inégal, carpes, tanches ou brochets, les plus gros vivent aux dépens des plus petits, et à la pêche on a quelques belles pièces, mais le plus grand nombre est resté faible, et le produit total est moindre que si on n'eût employé que du petit empoissonnage.

La *quantité d'empoissonnage se règle suivant la qualité des fonds;* on met dans les meilleurs fonds environ un cent d'empoissonnage ou 80 paires de carpes pour dix coupées, inondées soit 2/3 d'hectare; dans les fonds médiocres, un cent pour 15 coupées ou un hectare et dans les mauvais, un cent pour 20 coupées. En traduisant en hectare et en cent d'empoissonnage on a 240 têtes par hectare dans les bons fonds, 160 dans les médiocres et 120 dans les mauvais. On met par 100 d'empoissonnage en carpes de 10 à 25 livres de tanches suivant la nature de fonds et 10 brochets, ce qui fait une livre de tanches pour 6 têtes de carpes et un brochet pour 16.

On préfère généralement ne *mettre le brochet qu'au bout de la 1re année.* Au mois d'octobre on jette l'épervier pour reconnaître si la carpe a posé. Pour attirer le poisson dès la pointe du jour on a dû amorcer en jetant dans les endroits profonds, à la distance de 40 à 50 pas, de l'orge, de l'avoine, du seigle ou du blé noir cuit avec une tête d'ail. Une heure après on jette l'épervier; si le filet ramène peu de feuilles, on met par 100 de carpes 10 brochets du poids d'une livre en moyenne; si la carpe a posé, on peut en mettre depuis 15 jusqu'à 30 têtes par cent de carpes.

Les *quantités relatives des 3 espèces de poissons se modifient aussi suivant la nature des fonds:* dans les sols légers non vaseux auxquels on donne le nom d'étangs blancs, la carpe et le brochet réussissent mieux; on peut en augmenter la quantité en diminuant celle des tanches. Il arrive souvent dans ces étangs que les tanches reproduisent à la pêche à peine ce qu'elles ont coûté d'empoissonnage, parce qu'elles y ont peu profité et qu'elles n'ont pu se mettre dans la bourbe à l'abri de la voracité du brochet; au contraire, dans les étangs vaseux dont le sol est compacte, la tanche arrive souvent au produit de 8 pour un : elle doit donc y être mise en plus forte quantité.

Dans le Forez *on charge un peu plus en empoissonnage,* quoique les pêches soient généralement à un an; on met 250 à 300 têtes de carpes par hectare, 120 à 150 tanches et 10 brochets; toutefois on fait varier cette moyenne suivant la qualité du sol. M. Durand, vice-président du tribunal et membre de la société d'agriculture de Montbrison, qui a fait un fort bon écrit sur l'aménagement des étangs du Forez, admet en principe que le produit en poissons dans un étang est ordinairement le même, quel que soit le nombre de l'empoissonnage; il propose donc, pour se diriger dans ce point important, de peser les carpes de la pêche d'un étang, et pour avoir le nombre de têtes d'empoissonnage à y mettre, il divise le poids total par le poids particulier qu'il veut avoir pour les carpes de sa pêche. Il ajoute 1/5e, pour couvrir les chances de la mortalité et les pertes probables; il proportionne ensuite à ce nombre celui des tanches et des brochets qu'il doit y ajouter. Ce système serait facile et commode à adopter si le principe sur lequel il se fonde était bien avéré; mais il est douteux qu'un étang produise toujours le même poids de poissons, et l'expérience et la raison prouvent que le poids est moindre lorsque la quantité d'empoissonnage est trop forte ou trop faible.

Dans la Brenne la proportion de *l'empoissonnage est beaucoup moindre.* M. de Marivaux, auteur d'un bon écrit sur les étangs de ce pays, évalue de 9 à 1100 têtes de carpes l'empoissonnage d'un étang de 10 hect., proportion d'un tiers plus faible que la proportion moyenne admise dans l'Ain. Nous pensons que cette quantité résulte dans ce pays de l'expérience comme celle admise dans l'Ain. La faible quantité de la Brenne peut venir de ce que le sol serait de moindre qualité ou de ce qu'on compte pour la surface à empoissonner tout le terrain, même les parties non inondées de l'étang; lorsque les étangs sont laissés en pâturage comme dans la Brenne, on comprend dans l'étang une assez grande étendue que l'eau ne couvre point. Dans l'Ain, on base, et avec raison, rigoureusement la quantité de l'empoissonnage sur l'étendue du sol inondé, et par millier de carpes on met en moyenne 20 à 25 brochets et 50 tanches.

En Sologne, M. de Morogues donne pour les étangs de 1re qualité la proportion de 400 d'empoissonnage par hectare de terrain toujours couvert d'eau; elle serait presque double de la nôtre si la base sur laquelle on l'établit était la même; mais en Sologne on ne compte rigoureusement que le sol que l'eau couvre encore dans les grandes sécheresses, pendant que nous comptons tout le sol que peut couvrir l'eau pendant que l'étang est plein. Ce qu'il y a de particulier dans l'aménagement d'étangs de ce pays, c'est qu'on ne met point de brochets dans la pêche et qu'il en reste ou s'en insinue presque toujours quelques-uns, qu'on y accuse d'apporter dans l'étang plus de dommage que de profit. On conçoit que des brochets d'une grosseur sans proportion avec celle de l'empoissonnage peuvent être nuisibles, mais en revanche ils sont très profitables lorsque l'empoissonnage du brochet est fait d'une manière rationnelle. En Sologne, où l'on pêche à 2 ans, sans alternance d'assec, les brochets qui restent dans les biefs comme résidu de pêche, et ceux qui ont été mis comme empoissonnage la 1re année, peuvent faire beaucoup de dégât et occasionner plus de perte que de profit, surtout s'ils sont plus forts que le reste de l'empoissonnage. Dans l'Ain on pare à cet inconvénient en ne mettant le brochet que la 2e année.

On aurait donc tout intérêt en Sologne à imiter la pratique du Forez, où l'on *égoutte rigoureusement tous les étangs* qu'on doit empoissonner l'année d'après; on les laisse au moins 15 jours en vidange, afin que les feuilles de toute espèce et les brochets périssent et ne viennent pas surcharger ou détruire l'empoissonnage qu'on doit y mettre.

Il est tout-à-fait reconnu que la *carpe est meilleure et plus belle* dans les étangs où il se trouve du brochet que dans ceux où il y en a peu ou point. Le brochet débarrasse l'étang de la feuille, du petit poisson qui le chargerait et nuirait à la nutrition et à la croissance du poisson de la pêche; d'ailleurs en pourchassant la carpe et la tanche, il les empêche de s'abandonner librement à leurs amours qui les épuisent, les maigrissent et les arrêtent dans leur développement.

Les brochets, dans l'empoissonnage à un an, ne donnent pas toujours de profit, mais encore y sont-ils utiles pour débarrasser la feuille.

§ II. — Pêche à un an.

La première condition pour une pêche à un an, c'est de *recevoir l'eau dans son étang le plus tôt possible et d'empoissonner avant l'hiver*; l'empoissonnage qu'on sort d'étangs où il est très nombreux et se nuit réciproquement se trouve très bien d'être mis au large et d'avoir une nourriture abondante; il commence donc à profiter pendant les temps doux de l'hiver et du premier printemps.

On *met pour la pêche à un an* les 2/3 de l'empoissonnage qu'on met pour la pêche à 2 ans, et l'empoissonnage doit avoir 4 1/2 à 6 po. entre tête et queue. On met toujours de 10 à 25 liv. de tanches et 10 brochets pour chaque cent de 80 paires d'empoissonnage. Les tanches sont aussi plus grosses; elles doivent avoir la grosseur du pouce, pendant qu'il suffit qu'elles aient moitié de cette grosseur pour l'empoissonnage à 2 ans. Le brochet ne se met qu'au mois de mai après la pose faite; il doit être à peu près d'une 1/2 livre. Il serait à désirer qu'on choisit pour cela des brochets d'un seul sexe; on pourrait espérer d'en trouver au moins le double en poids. Il arrive assez souvent que le brochet ne réussit pas dans ces pêches. En arrivant dans l'étang il se jette sur le frai et détruit par ce moyen ses ressources pour l'avenir; et si les tanches ne sont pas un peu fortes, et surtout si la nature du sol de l'étang ne leur permet pas, en s'embourbant, d'échapper à la dent de leur ennemi, on en trouve peu à la pêche; toutefois, comme nous l'avons dit, il est toujours nécessaire d'y mettre du brochet.

L'empoissonnage à un an *pèse au moins le double* de celui à 2 ans et il coûte souvent plus du double. Le prix de l'empoissonnage à 2 ans va de 4 à 6 f., et celui à un an de 8 à 12 f. La tanche se vend depuis 40 jusqu'à 60 f. le quintal; elle est d'autant plus chère qu'elle est plus petite. Le brochet, pour l'empoissonnage de 2 ans, vaut de 6 à 8 sous la livre, et celui d'un an 1/3 en sus.

L'*avantage le plus notable de cette pêche* est de faire revenir le produit en avoine tous les 2 ans au lieu de le faire revenir tous les 3 ans seulement. Le produit en avoine est souvent double de celui du poisson, et sa paille offre des ressources de fourrages et de litière précieuses au cultivateur. Dans le Forez on fait le plus souvent plusieurs pêches successives à un an; on trouve néanmoins que la seconde est inférieure d'un 8ᵉ ou d'un 10ᵉ à la première.

§ III. — Pêche folle.

Dans l'Ain on a donné ce nom à une pêche à 2 ans dans laquelle on ne met que la moitié de l'empoissonnage ordinaire en carpes dont 2/3 de laitées et 1/3 d'œuvées; on met la quantité ordinaire de tanches de 2 ans et 4 à 5 tanches en bon état par cent d'empoissonnage.

Dans l'automne on connait à l'épervier si la carpe et la tanche ont produit beaucoup de feuilles et si les feuilles ont bien profité, et suivant qu'il y a beaucoup ou peu de pose on met dans l'étang depuis 15 jusqu'à 30 et même 40 têtes de brochets par cent d'empoissonnage mis la 1ʳᵉ année. La grosseur des brochets est d'une livre en moyenne qu'on augmente ou diminue suivant la grosseur de la feuille et de l'empoissonnage. Il est essentiel que les brochets ne soient pas assez gros pour manger la première pose des carpes, la pose du mois de mai, qui doit offrir à la pêche de l'empoissonnage de choix. Le succès de cette pêche dépend pour l'ordinaire du nombre et de la grosseur des brochets qu'on y a mis. On lui donne le nom de *pêche folle* parce que son succès est moins assuré que celui des pêches régulières; mais en cas de réussite son produit est très considérable. Elle offre un brochet moins gros, il est vrai, que dans les pêches réglées, mais plus gras et pour l'ordinaire en grande quantité; la carpe est bien en chair, quoique un peu coriace, et elle supporte facilement le transport. Quant à la tanche, il en reste assez peu; le brochet en est tellement avide qu'il la poursuit à outrance et la préfère à tout autre poisson; cependant au hasard d'en pêcher peu, il est nécessaire au succès du brochet d'empoissonner l'étang en tanches.

On retrouve encore à la pêche des empoissonnages de *différentes qualités*, de gros empoissonnages de la pose de mai, qu'on nomme *panneaux* et qui se vendent jusqu'à 30 f. le cent d'empoissonnage à un an et deux ans, et des *carnassiers* ou plus petit empoissonnage.

Le *produit de cette pêche est faible* lorsque la pose de la première année n'a pas été abondante; alors on ne retrouve à la pêche que de la carpe et du brochet, et le brochet, après avoir été abondamment nourri, lorsqu'il a consommé tout ce qu'il peut atteindre, dépérit; elle est faible encore lorsque le nombre des tanches n'a pas été suffisant ou qu'il s'en est beaucoup perdu. On retrouve à la pêche un grand nombre de poissons; mais la carpe et la tanche, affamées par la quantité d'empoissonnage, sont maigres et petites, et les empoissonnages ont peu de valeur. Le peu de brochets qui restent est beau, mais ils sont trop peu nombreux pour indemniser de la perte. Ce cas arrive assez souvent parce que peu d'étangs ont leur grille assez bien en état pour retenir le brochet qui s'échappe de toutes parts à l'époque du frai.

Les pêches à 2 ans *tournent quelquefois en pêche folle* lorsque le brochet y a manqué par l'une ou l'autre des raisons ci-dessus.

SECTION. X. — *Accidents et destruction des poissons.*

Le *poisson craint beaucoup la neige* et même l'eau de neige. Après quelques instans qu'on l'a placé sur cette substance, le sang sort autour de ses écailles et il meurt promptement. Les hivers neigeux et accompagnés de beaucoup de glace lui sont dangereux ; l'hiver de 89 fit périr une grande partie des poissons des étangs. On a beaucoup disserté sur la cause, qu'on ne paraît pas avoir rencontrée. Depuis ce temps, toutes les fois que la glace couvre les étangs, on la casse vis-à-vis les places les plus profondes qui servent de retraite au poisson et on met dans le trou une botte de paille ou de chènevottes pour empêcher la glace de reprendre et permettre à l'air de s'introduire. Ce moyen paraît utile, mais n'est point encore un spécifique; il renouvelle évidemment l'air nécessaire aux poissons et qui se trouve entre la glace et l'eau, mais il est incertain que la cause de mortalité soit tout entière dans l'air vicié.

Le poisson pendant l'été *souffre souvent beaucoup des orages ;* lorsque la foudre a éclaté dans le voisinage d'un étang ou peut-être sur l'étang lui-même, il arrive souvent qu'on trouve un grand nombre de poissons, et surtout de brochets, morts. Cette annee j'ai perdu de cette manière en grande partie les brochets d'un étang de 10 hectares. On croit aussi que la grêle est souvent fatale aux poissons; peut-être cela tient-il à une même cause, à l'état électrique de l'atmosphère.

Les *loutres sont aussi de dangereux ennemis des poissons*; cet animal amphibie va les attaquer jusque dans leur élément et en fait un grand carnage; on les prend avec des filets, on les tue à coups de fusils, des chiens les poursuivent dans les terriers qu'elles se sont ménagées, mais leur dent est acérée, et souvent elles les déchirent. Le *renard*, dit-on, détruirait aussi des poissons, mais on ne sait par quelle industrie; le *héron*, les *mouettes* et une foule *d'oiseaux d'eau* vivent de petits poissons et c'est à eux qu'on doit en grande partie la disparition à la pêche d'un quart ou d'un cinquième de l'empoissonnage qu'on avait mis dans l'étang.

SECTION XI. — *Du mode de pêche des étangs.*

Fig. 210

Le *mode de pêche* des étangs nous paraît à peu près uniforme dans les divers pays dont nous parcourons les usages. Partout, dans la partie la plus basse se trouve un fossé ou bief où le poisson se retire lorsqu'on fait couler l'eau. A côté du bief est un espace creusé à un pied de profondeur de plus, auquel on donne le nom de *poêle* ou de *pêcherie*.

Un *grand filet* plus large que le bief se traîne depuis la partie supérieure de l'étang pour réunir tout le poisson dans la pêcherie; lorsqu'il y est réuni *on le pêche avec des trubles ou fioches* (*fig.* 211); on le pèse ensuite ou on le compte, suivant les conventions avec le marchand, et on le met ordinairement dans des tonnettes. Un second coup de filet réunit le poisson qui a échappé au premier.

Dans quelques étangs *on a mis une petite pêcherie derrière la chaussée* où s'arrêtent les poissons petits ou gros qui passent par le canal; mais lorsqu'on a des thoux établis dans le système que nous avons proposé, on se dispense de cette pêcherie au moyen d'une grille en fer qu'on place temporairement à l'orifice intérieur du canal de décharge. Cette grille se glisse facilement, au moyen de cordons qui la soutiennent, depuis le bord supérieur de la chaussée au-devant du canal dans l'étang ; une seule suffit pour tous les étangs, parce qu'on

Fig. 211.

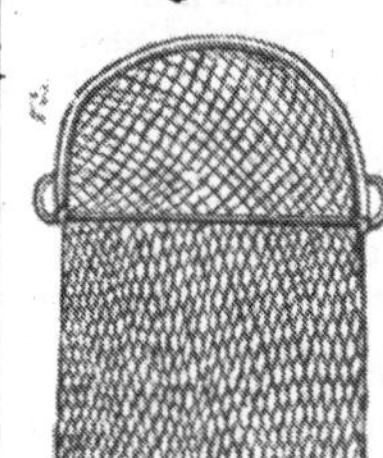

n'en a besoin qu'au moment de la pêche.

Le *poisson calme ou agité* au sortir de la pêcherie indique s'il y aura ou non du danger pour son transport; l'agitation annonce un commencement de souffrance qui s'accroît pendant la route.

L'*heure la plus favorable* pour la pêche est celle du soleil levant. Quand on craint du danger il faut remplir les tonnettes d'eau fraîche et au besoin y mêler moitié d'eau de puits.

SECTION XII. — *Du transport du poisson.*

Dans l'Ain, le transport du poisson se fait ordinairement dans des *tonnettes* ou petits tonneaux d'un hectolitre et demi pleins d'eau fraîche. On met de 100 à 150 liv. de poissons dans chacune, en séparant les brochets des carpes et des tanches. Ces tonnettes se placent sur des charrettes qu'on conduit sans dételer à leur destination. La quantité de poissons des tonnettes varie suivant que les vents sont au nord ou au midi, que le transport sera plus ou moins long et suivant la facilité qu'on a de donner en route de l'eau fraîche au poisson. Lorsqu'on est obligé de faire manger l'avoine au cheval, on ne le détèle pas afin qu'il produise en mangeant de petites secousses qui tiennent le poisson éveillé; au besoin le conducteur le remue dans la tonnette avec un bâton; il change en route l'eau aussi souvent qu'il le peut, en préférant de beaucoup l'eau de source ou au moins l'eau fraîche. En introduisant cette eau il remue son poisson, afin que la nouvelle eau débarrasse autant que possible le poisson de l'enduit visqueux qui le couvre. Lorsque Lyon, point ordinaire de destination, n'est qu'à 4 ou 5 lieues des étangs, on l'y conduit en voiture; mais lorsqu'il est éloigné, on le mène à la Saône ou à la rivière d'Ain; on l'embarque alors en le plaçant dans des filets que traînent des bateaux, ou dans des bateaux percés de trous.

Dans la Brenne, les *tonnettes ou tonneaux peuvent contenir 3 quintaux* de poissons, aussi leurs frais de transport sont moins chers; mais il est à croire que la dimension des tonnettes de l'Ain est plus favorable à la conservation. L'expérience y a conduit à diminuer d'un tiers la contenance de 2 hect. des vieilles fûtes pour le vin, qu'on emploie à cet usage.

Le poisson se porte *à dos de cheval* dans le Dauphiné ou la Savoie; il est alors placé sur de la paille, et toutes les fois qu'on s'arrête on le met dégorger dans des réservoirs. On a soin d'ouvrir de temps en temps dans la route les ouïes des carpes; lorsqu'on transporte de belles pièces, on tient leurs ouïes séparées avec une pelure de pomme ou une rouelle de pomme de terre. On met 3 jours pour arriver à Chambéry; le voyage se fait sans avarie si le froid ou la chaleur ne se sont pas fait trop sentir. Lorsque le poisson arrive on enlève avec un linge fin le gluten qui colle les ouïes.

Lorsque les Bressans veulent *changer l'eau des tonnettes*, ils donnent l'eau nouvelle par l'ouverture supérieure, en faisant déborder l'eau par-dessus sans la tirer par le bas. Dans le Forez ils vident leurs tonnettes par le bas et les remplissent en même temps par le haut en continuant de laisser couler jusqu'à ce que l'eau sorte claire. Ils transportent volontiers leurs feuilles dans des paniers à dos de cheval ou à dos d'homme en les plaçant sur un peu de paille ou dans un linge. Lorsque l'empoissonnage arrive on le reçoit dans des paniers et on le verse doucement au bord de l'eau; on s'assure par ce moyen de la quantité que le transport a fait périr. Lorsque c'est du gros poisson, on le place de même et on ouvre les ouïes de celui qui paraît en avoir besoin.

Dans la Brenne on *prend un soin analogue, mais encore mieux raisonné*. Ils font en arrivant une petite enceinte avec du menu bois, de la bruyère ou des roseaux dans un endroit peu profond de l'étang; ils y déposent leur empoissonnage en le sortant des paniers. Au bout de quelque temps de repos, si le poisson est bien vif, on lui ouvre une petite issue dans l'étang; le poisson alors gagne la grande eau sans danger, pendant que, sans cette précaution, le poisson jeté dans l'étang se noie ou s'étouffe en se plongeant la tête dans la vase.

Quant à leur gros poisson, lorsqu'on ne le transporte pas en tonnettes, on le charge sur des *charrettes bien garnies de paille* (*fig.* 212)

Fig. 212.

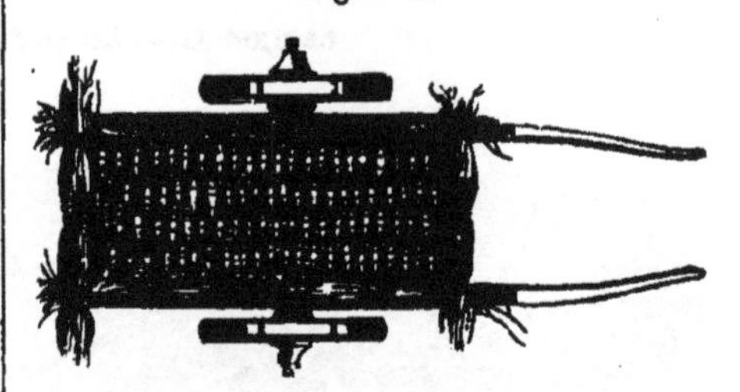

par lits alternatifs de paille et de poissons. Le brochet, plus délicat, se place au-dessus de la carpe et on le recouvre de paille; on place à l'arrivée le poisson dans des réservoirs.

Dans le transport à dos de cheval les précautions consistent à ouvrir de temps en temps dans la route les ouïes des carpes, qui se collent, et à les faire dégorger souvent. La charge d'un cheval est de 150 liv. dans les 2 paniers.

Le transport du poisson de Sologne est plus difficile qu'en Dombes; la distance des rivières et des grands débouchés est plus grande. Nous pensons que leurs moyens de transport sont préférables; ils sont d'ailleurs analogues à celui qu'on emploie dans l'Ain pour la Savoie et le Dauphiné. La soustraction de l'eau au poisson ne lui est pas promptement mortelle. M. DURAND rappelle dans son écrit qu'on a conservé pendant plusieurs mois des carpes en lieux frais dans des filets suspendus et garnis de mousse qu'on arrosait fréquemment, et sur laquelle on plaçait, pour les nourrir, du pain détrempé dans du lait; il parle encore de carpes transportées à de grandes distances dans des caisses percées de trous, garnies de mousse humide sur laquelle on les couchait après avoir séparé les ouïes avec des pelures de pommes.

SECTION XIII. — *Conservation du poisson.*

Les poissonniers *conservent le poisson dans de grandes caisses de chêne* percées de trous, qu'ils placent dans des rivières ou dans des réservoirs. Une tonnette percée de trous est un moyen commode de conservation pour la consommation d'une maison particulière.

Le poisson se *garde mieux dans le cuivre que dans le bois et dans le chêne mieux que dans le sapin*, dont il craint l'odeur et la saveur résineuse; une poignée de farine de seigle, de la fiente de vache ou de cheval, du jus de fumier aident à le conserver. Toutefois s'il est nombreux dans un vase où l'eau ne se renouvelle pas, il faut le changer assez souvent. Par le séjour dans la même eau, leur corps se recouvre d'un enduit visqueux qui paraît beaucoup leur nuire, surtout si le temps est chaud.

Section XIV. — *De la culture de l'étang dans les années d'assec.*

Nous avons dit précédemment que le produit des étangs alternés en eau et en labourages *était plus considérable*. L'usage est d'avoir 2 ans d'eau et une année de culture; cependant lorsque le sol est d'une nature argileuse, 2 années d'eau tassent quelquefois le terrain de manière à ce qu'un seul labour ne parvient pas à l'ameublir; dans ce cas il est plus profitable de ne donner qu'une année d'eau. On trouve dans cette nature de sol grand avantage à faire geler ce terrain, et pour cela on pêche au commencement de l'hiver. Les étangs brouilleux, c'est-à-dire où abonde la *brouille* fétuque flottante (*festuca fluitans*) sont dans le même cas. On y trouve de plus l'avantage de faire pourrir cette plante aquatique pendant l'hiver. Les étangs sablonneux doivent rester couverts d'eau jusqu'au moment des semailles, et on les laboure pendant que le sol est encore humide, pour lui donner un peu plus de consistance. Dans le sol argileux, le labour, autant que possible, doit se faire quand le terrain est presque sec.

Un seul *labour en planches* de 3 à 4 pieds, bombées dans le milieu et sur lesquelles on donne un coup de herse, suffit pour la semaille. On couvre la semence avec un ou plusieurs hersages; une dernière façon à la herse, donnée lorsque la plante est sortie, est souvent très utile; elle sarcle en quelque façon la céréale et détruit la mauvaise herbe qu'on pourrait craindre. Les soins que nous venons d'indiquer sont ceux qu'on donne à la semaille d'avoine, qui est le produit le plus fréquent dans les étangs. On sème un quart plus d'avoine qu'on ne sèmerait de blé.

Lorsqu'on *veut semer du froment* dans un étang, il faut le pêcher avant la fin d'août ou vers le milieu de septembre. Dans le premier cas on le laboure à plusieurs reprises, et on le sème en octobre dans la terre ainsi bien préparée.

Lorsqu'on pêche en septembre on laisse ressuyer les fonds pendant une dizaine de jours, au bout desquels on donne un labour. On sème ensuite le froment après un premier hersage et on recouvre la semence par un deuxième coup de herse. Cette dernière méthode s'appelle *semer sur la boue;* elle est souvent aussi profitable que l'autre; en 1835 un étang ainsi semé m'a produit plus de onze fois la semaille.

Les *rivières de ceinture sont éminemment utiles* pour la mise en culture des étangs. Elles défendent les récoltes contre l'arrivée des eaux qui, les inondant, refroidissent le sol, donnent de la force aux herbes aquatiques et affaiblissent en même temps les jeunes céréales; l'avoine, surtout, craint beaucoup cette inondation. Le sol recèle dans son sein des myriades de graines qui ne pourrissent pas sous les eaux et qui, lorsque l'étang est en assec, poussent et couvrent la surface; si l'humidité et le séjour des eaux viennent favoriser la végétation de ces plantes aquatiques, la céréale, l'avoine surtout qui n'a pas encore eu le temps de prendre de la force, est étouffée par leur produit. On sent dans ce cas l'utilité d'un large canal d'évacuation; on y supplée par un second canal auquel on donne le nom de *bachasse borgne*; l'orifice intérieur de ce canal se bouche de terre dans l'étang en eau et s'ouvre dans l'étang en assec pour hâter le débit des eaux d'inondation. Mais on conçoit qu'une rivière de ceinture est un moyen plus sûr, plus complet, et utile dans l'étang en eau comme dans l'étang en assec.

En Dombes, le propriétaire qui habite sur les lieux, ou son fermier général, fait cultiver les domaines à moitié, ou les amodie en argent et s'en réserve les étangs; il les empoissonne à son compte et l'année de la culture il les fait ensemencer à moitié par les fermiers, qui fournissent toute la semence et ont pour eux toute la paille avec la moitié du grain, toutefois avec le prélèvement des affanures de moissons et de battaisons qui sont le cinquième du produit total en grains.

Depuis quelques années on a imaginé un *cours de culture que l'expérience a prouvé très profitable*. La première année d'assec se consacre à une jachère d'été dans laquelle on laboure profondément; cette jachère est suivie de seigle ou froment qui donne une récolte abondante; le produit en poisson qui lui succède et l'avoine qui le suit sont par-là beaucoup améliorés; il serait à désirer que cette jachère pût revenir de temps en temps, parce que la terre se tasse de nouveau sous l'eau et le labour léger de l'avoine. Cet assolement ne peut se suivre que dans les étangs dans lesquels on est maître, soit de l'assec, soit de l'évolage.

Les *labours profonds* sont donc, à ce qu'il me semble, éminemment utiles aux produits de toute espèce des étangs; on conçoit bien alors que, dans les systèmes de culture où on ne les laboure pas, les produits doivent être inférieurs. Dans la Brenne on ne les laisse en assec que chaque 11e année; cette année même ne produit qu'un mauvais pâturage, parce qu'il est impossible de faucher dans ces étangs infestés de mottes de roseaux et de carex.

Section XV. — *Du pâturage des étangs.*

Lorsque les étangs sont en eau, leur *pâturage offre une assez grande ressource*. Ce sont ceux surtout où abonde la brouille qui offrent le plus d'avantage. Au premier printemps, cette graminée tapisse la surface des eaux; les bêtes à cornes et les chevaux en mangent avidement les pousses nouvelles et se remettent assez promptement de la disette des fourrages qu'ils ont presque toujours éprouvée pendant l'hiver. Au milieu de l'été, lorsqu'elle monte en graine, ses tiges durcissent et cessent d'être recherchées des bestiaux; mais la graine, à ce qu'il paraît, devient très utile au poisson. En Pologne, où elle est très abondante, on la recueille sous le nom de *manne de Pologne* et on en fait des potages très savoureux; la sève d'automne, après la fructification, fait pousser à la brouille de nouvelles tiges, qui deviennent de nouveau du goût des bestiaux comme au printemps.

Cette graminée *repousse avec une grande vigueur* et presque à mesure que ses tiges sont consommées. Le rédacteur de l'article *Etang*, dans la statisque de l'Ain, cite un étang brouilleux qui nourrit 40 têtes de bétail depuis le commencement du printemps jusqu'à la mi-mai et depuis le mois d'août jusqu'à l'hiver. Quoique les étangs ne soient pas toujours si productifs, ils offrent réellement un grand avantage comme pâturage; mais ce n'est encore que les étangs labourés qui peuvent fournir ces grandes ressources, parce que les autres sont infestés de plantes perennes qui sont une mauvaise nourriture pour le bétail.

Le fenouil d'eau (*phellandrium aquaticum*), poison pour l'homme, est très recherché du bétail. Il croît au milieu des étangs les plus profonds et les bestiaux vont le chercher à la nage; il paraît aussi utile au poisson, du moins les étangs qui le produisent donnent de plus gros poissons.

Dans quelques étangs se trouvent en abondance une variété de *scirpus maritimus;* les cochons sont très avides de sa racine; ils viennent la chercher de fort loin et dévastent, si on n'y prend garde, les étangs en avoine.

La *chasse* des étangs offre aussi de l'importance; il est tel grand fonds où, le jour de la chasse, on tue plusieurs centaines de têtes de gibier, qui se composent de morelles, de canards et de sarcelles. La chasse se fait au fusil et dans des bateaux; le canard fuit au premier coup de fusil, mais la morelle ne fait que changer de place et se laisse détruire sur l'étang pendant tout le jour de la chasse; la nuit, celles qui ont échappé au carnage se rassemblent pour partir et ne plus revenir.

SECTION XVI. — *Du produit comparé des étangs.*

Dans le département de l'Ain, *on estime en moyenne, dans la pêche à 2 ans, à 50 fr. par an* le produit par cent d'empoissonnage assorti de ses tanches et de ses brochets. Il faut en déduire les frais d'empoissonnage qui sont en moyenne de 10 fr. par cent d'empoissonnage à 2 ans et de 15 à 20 fr. pour frais d'empoissonnage à 1 an, en y comprenant les tanches et les brochets. La pêche à 1 an vaudrait peut-être un peu plus de 60 fr. par cent d'empoissonnage, surtout si les brochets ont réussi.

Dans un *étang de bonne qualité* la carpe, en 2 ans, augmente dans la proportion de 1 à 16, c'est-à-dire qu'une carpe de 2 onces arrive à 2 liv.; le brochet d'un quarteron arrive à 2 et 3 liv. et la tanche quadruple ou quintuple son poids. Mais il y a dans tous ces produits bien du hasard, et c'est pour cela que nous avons réduit le produit moyen au-dessous de ce résultat. Lorsque le sol se tasse facilement ou qu'il est de mauvaise qualité, ce produit peut beaucoup baisser et n'être que le 1/3 de celui que nous venons de donner comme terme moyen. Dans le temps où l'on voulait tout mettre en étangs, on agit comme dans toute circonstance où l'engouement tient lieu de raison. On fit de très grandes dépenses pour mettre en étangs des fonds qui produisent très peu en poisson, et qui auraient pu produire de bons bois ou être labourés et cultivés avec quelque avantage. Les chaussées qui environnent ces fonds, souvent de trois côtés, coûteraient maintenant beaucoup plus à faire que le fonds n'aurait de valeur vénale.

Dans les *fonds de qualité moyenne* dont nous avons parlé, le produit de l'assec est regardé comme double de celui du poisson; le produit de l'avoine est de 20 à 25 hectolitres par hectare.

Dans le Forez le produit donné par M. DURAND *est plus considérable;* les frais d'empoissonnage sont aussi plus forts; leur empoissonnage d'un an pèse 7 à 8 onces, pendant qu'il ne pèse que moitié dans l'Ain. Le produit brut en poissons y serait de 100 fr. par hectare et par an, dont ils ôtent moitié pour frais d'empoissonnage, de garde et de pêche; il resterait en produit net 50 fr. Le produit de la pêche de deuxième année s'évalue à 1/8e de moins que celle de première année. Le produit en assec, au contraire de ce qui se passe dans le département de l'Ain, est regardé comme inférieur à celui du poisson, en sorte que le produit net moyen annuel de l'hectare du terrain en étang serait de 40 fr. Cependant les étangs se sont relativement moins accrus que dans le département de l'Ain; mais l'usage des pêches d'un an et du labour des étangs est devenu tout-à-fait général.

M. DE MOROGUES évalue le produit annuel à un quintal de poisson par an et par hectare. Si on évalue le quintal de 25 à 30 fr., et qu'on ôte moitié pour l'empoissonnage, le chômage, ce qui est sans doute beaucoup, on aurait 12 à 15 fr. par an pour le produit net moyen de l'hectare d'étang. Ailleurs il ne porte ce produit net qu'à 5 fr. Ces deux chiffres, donnés par un propriétaire qui habite le pays, seraient assez difficiles à concilier et ne s'expliqueraient que par la grande différence de valeur du poisson dans les différens cantons de la Sologne. Mais ces résultats, en prenant même le plus fort, prouvent surabondamment que le produit des étangs, non alternés en labourage, est peu considérable.

Enfin M. DE MARIVAUX estime le produit en poisson annuel, d'un hectare de première qualité, dans la Beauce, à 32 fr. 50 c., déduction faite de l'empoissonnage et des frais; si on retranche les frais de pêche et le chômage de la onzième année, ce produit se réduit à 28 fr.; il est de très bons fonds, dans le département de l'Ain, qui donnent un produit triple.

Le résultat de ces comparaisons de produits serait donc évidemment que *l'assolement alternatif en labour et en poissons est sans comparaison le plus favorable au produit;* d'ailleurs il fournit tous les 2 ou 3 ans, sans engrais, une récolte abondante de paille qui est une ressource très précieuse pour le domaine; il est encore moins malsain, parce que la terre de l'étang, labourée en planches bombées, à mesure que par l'évaporation de l'été le sol se découvre, s'égoûte beaucoup mieux que le sol couvert de joncs, de carex et de plantes aquatiques.

SECTION XVII. — *Du desséchement des étangs.*

Cette question qui intéresse la salubrité devient, en quelque façon, par-là une question d'intérêt public. Nous avons vu précédemment que cette grande mesure ne pouvait pas être ordonnée comme elle l'a été en masse une 1re fois par la législation; il serait toutefois à désirer que sur les réclamations des communes ou des particuliers, le desséchement d'un étang pût être ordonné, sauf indemnité au propriétaire, et que, comme nous l'avons dit précédemment, on ne pût pas construire un nouvel étang ou en agrandir un ancien sans une enquête de *commodo vel incommodo.*

Nous avons vu plus haut qu'une dépense actuelle de sept millions au moins serait nécessaire pour mettre en étang les 23,000 hectares inondés du département de l'Ain; il serait impossible, dans le moment présent, de faire l'avance de cette somme énorme avec les ressources qu'offre le pays, en supposant même que les constructions ne se fissent que dans un grand espace de temps; il est donc tout-a-fait probable qu'à l'époque de la construction de ces étangs, où le prix du travail comparé à la valeur des fonds était relativement beaucoup plus élevé, le pays était plus riche, plus prospère qu'il ne l'est maintenant. Des anciennes villes ruinées, où se trouvent encore beaucoup de maisons sans habitans; d'anciens châteaux dont on a démoli une grande partie, et dont la plupart de ceux qui restent sont à peine habités; enfin les traces d'une culture ancienne qu'on rencontre sur des terrains en bois ou en pâturage, prouvent encore d'une manière plus précise le fait d'une plus grande population, d'une culture plus active, plus riche que celle d'aujourd'hui et qui remontent évidemment au-delà de l'établissement des étangs. Les étangs, dont on ne peut aujourd'hui se passer, qui représentent presque tout le produit net du pays, qui sont une nécessité agricole dans l'état actuel des choses, ont donc été, pour l'avenir de la contrée, plutôt un moyen d'appauvrissement que de richesse.

Dans le temps les propriétaires trouvaient sans doute *avantage à inonder leurs fonds*, puisqu'ils l'ont fait en un aussi grand nombre de lieux; le prix élevé du poisson, son facile débit, le peu de main-d'œuvre nécessaire à la culture engagèrent à construire des étangs, mais les intérêts généraux et bientôt les intérêts particuliers en souffrirent eux-mêmes; l'insalubrité du pays s'accrut, la masse générale de la main d'œuvre nécessaire à la culture du sol diminua; avec un moindre besoin de bras, une partie de la population cessa d'avoir de l'emploi et alla en chercher ailleurs; la construction des étangs absorba une grande partie du capital agricole; les étangs devenus une fois le produit principal, la culture des autres fonds fut négligée: la plupart des fonds des vallons, couverts de prairies furent changés en étangs dont le produit était plus élevé; l'agriculture, dans toutes ses branches, fut donc énervée et tomba dans la langueur où nous la voyons aujourd'hui. La prospérité générale du pays fut donc attaquée jusque dans ses sources les plus fécondes par une opération qui favorisait quelques intérêts individuels; en même temps, par une réaction toute naturelle et qui se reproduit toujours, la diminution de prospérité agricole, de salubrité et de population se fit sentir au pays tout entier. Ceux mêmes qui avaient trouvé quelques bénéfices présens et matériels à construire des étangs, ou au plus tard la génération qui les suivit, perdirent beaucoup plus qu'ils n'avaient d'abord gagné. Ceux de leurs fonds qui ne furent pas inondés, c'est-à-dire les 5/6 de la surface, virent s'évanouir la moitié de leurs revenus nets; mais il est bien difficile de revenir à meilleur ordre et à l'état ancien des choses. Les propriétaires actuels ont encore, en général, le même intérêt à conserver leurs étangs que leurs devanciers ont eu à les établir; il est donc impossible de leur demander un desséchement spontané pour lequel il leur manquerait les moyens nécessaires aussi bien que la volonté. Le gouvernement peut restreindre l'établissement de nouveaux étangs, et il serait à désirer qu'une exemption d'impôts pendant vingt ans pût être accordée à ceux qui dessécheraient les leurs, en frappant d'un impôt double, pendant le même temps, ceux qui les rétabliraient après les avoir desséchés et avoir profité de l'immunité.

Le tort de ceux qui dans le temps étaient chargés des intérêts généraux fut de ne pas deviner l'avenir qui menaçait la contrée par l'établissement des étangs, et de favoriser par une foule de dispositions spéciales leur construction. Maintenant les choses en sont à un point que l'autorité légale ne peut tout à coup les changer; mais elle peut bien, dans le Code rural, *prononcer la cessation de toute exception* favorable pour les etangs qu'on voudrait établir, en même temps que, comme nous l'avons dit, elle les classerait dans l'une des catégories des établissemens insalubres en interdisant leur construction à moins de 500 mètres des bâtimens.

Le desséchement de certains étangs est souvent une *opération d'un très grand produit;* mais c'est surtout le desséchement de ceux qui sont toujours en eau. Un étang de 11 hectares, sur lequel était un moulin, et dont le revenu n'était pas de 300 fr., est maintenant une petite prairie qui produit annuellement 2000 fr.; au-dessus et au-dessous de cet étang s'en trouvent deux autres d'une plus grande étendue, dont le desséchement a encore été plus utile.

M. DOULSET, propriétaire à Paracuy, dans le Berry, a changé un étang de 1000 fr. de location en une prairie qui en rend 5 à 6000. En Dombes, l'étang du grand marais qui ne s'asséchait jamais a été desséché et assaini par M. de BELVEY qui en retire maintenant un produit beaucoup plus considérable; un autre étang, dans la commune de Villiers, dont l'évolage appartient à M. DE LATOUR-MAUBOURG et l'assec à MM. GREPPO et autres propriétaires, desséché maintenant, donne d'immenses produits qu'on a beaucoup accrus par des chaulages bien entendus. Enfin la Bresse était couverte d'étangs dans les siècles derniers; des prés de bonne qualité les remplacent presque partout et produisent, sans doute 2 ou 3 fois autant que lorsqu'ils étaient en eau. Leur desséchement est assez ancien, son époque est oubliée, et si les chaussées, les titres et les lieux dits ne les rappelaient, on ne soupçonnerait pas l'ancien état des choses. Nul doute que dans la Dombes et dans la plupart des pays d'étang, une grande partie de ces fonds desséchés ne parvinssent enfin à donner du fourrage d'assez bonne qualité. Partout les étangs n'ont pu être établis que dans le fonds de petites vallées, et c'est là partout la position des prés. Mais comment arriver à l'état de prospérité et de richesse agricole nécessaire dans les pays d'étangs pour cet important changement?

Dans les parties assez nombreuses où un sol glaiseux, tenace et qui se tasse sous les eaux ou par l'effet seul de la pluie, ne donne que des étangs tout-à-fait médiocres, leur destruction ne doit pas être longue à attendre. Cette nature de sol le plus souvent peut produire de bon bois, et le prix de cette denree s'est presque partout élevé de manière à produire un revenu supérieur à celui de ces mauvais étangs; des plantations de bois sont donc tout-à-fait convenables et n'exigent pas des avances considérables. Ainsi, dans une propriété qui contenait 9 étangs, nous en avons fait planter 7. Déjà, au printemps, le sol jadis en eau commence à verdir sous le feuillage; dans la place qu'occupaient ces réservoirs d'eau insalubres, tristes à voir et d'un mince produit, la verdure vive et variée des différentes variétés d'arbres résineux commence à se nuancer pendant toutes les saisons. Si les derniers étangs ne sont pas plantés, c'est qu'il aurait fallu discuter judiciairement des prétentions au pâturage. Le desséchement des contrées analogues offrirait donc peu de difficultés lorsque l'assec et l'évolage appartiendraient au même propriétaire; dans le cas contraire, les difficultés nous paraissent assez grandes. M. Varennes de Fenille, en discutant cette question prouve, que, dans le cas de desséchement, il devrait être attribué au propriétaire de l'évolage 5/9 de l'étendue et 4/9 au propriétaire du sol. D'ailleurs l'assainissement de ce sol d'étang est facile: un petit nombre de fossés, pratiqués dans les parties basses et qui aboutissent à l'ancien bief, assainissent toute la surface.

Quant aux pays où les étangs offrent plus d'avantage, dans le chapitre de cet ouvrage où nous avons traité des amendemens calcaires (tom. Ier, pag. 60), nous avons vu que tous les pays de sol argilo-siliceux pouvaient devoir à leur emploi de grandes richesses agricoles; nous avons vu que, suivant toutes les probabilités, ces amendemens, en apportant la richesse dans un pays, y apporteraient aussi la salubrité. Nous remarquerons maintenant que dans tous les pays où les amendemens calcaires sont généralement employés, les plateaux argilo-siliceux n'offrent point d'étangs et ne sont point insalubres; nous en conclurons que leur emploi dans les pays d'étangs, en doublant le produit du sol cultivé, en enrichissant le propriétaire et le cultivateur, leur donnerait les avances nécessaires pour se passer du moyen insalubre des étangs et appeler sur leur sol desséché toutes les cultures productives.

Les étangs qui, pendant longues années, ont reçu les eaux de toutes les parties supérieures, se sont enrichis de leurs débris; la chaux employée sur ce sol y produit le plus grand effet. M. Greppo a retiré 16 pour 1 en froment de ses portions d'assec de l'étang dont nous avons parlé, et qu'il a amendées avec de la chaux. Les terres étant rendues productives par les amendemens calcaires on en voudra augmenter l'étendue, et pour cela on mettra en culture les étangs qui s'égoûtent avec plus de facilité. La ferme dans laquelle le travail à la charrue s'est accru, aura besoin aussi d'accroître le nombre de ses bestiaux et par conséquent ses fourrages; on mettra donc en prés les etangs les plus bas et qui reçoivent le plus d'eau. La population et les bras qui manquent seront appelés dans le pays parce qu'ils y trouveront de l'emploi, de l'aisance, et un prix de salaire élevé. On laisserait sans doute encore en eau quelques étangs, parce qu'il est des sols et des positions où aucun autre produit ne leur est supérieur, mais ils resteront en petit nombre, et placés dans une contrée riche, féconde et assainie, ils seraient désormais sans inconvéniens.

Il faut, il est vrai, bien du temps pour réaliser tout cet ensemble de prospérité; mais toutes les circonstances s'enchaînent, se nécessitent l'une et l'autre; elles dépendent souvent d'une première impulsion; cette impulsion est donnée dans l'Ain. Une foule de grands propriétaires s'empressent d'employer la chaux; des moissons abondantes et des fourrages vigoureux récompensent leurs avances; toute la contrée est temoin de ces succès, et le temps n'est peut-être pas loin ou chacun dans ce pays fera ses efforts, suivant sa position, pour se procurer de la chaux, moyen puissant et durable de fécondité et, nous osons le dire, de salubrité.

Section XVIII — *Des viviers*.

§ Ier. — De l'usage des viviers.

Les viviers ou réservoirs sont des pièces d'eau pour *conserver ou engraisser le poisson*. C'est un établissement très utile à la campagne. Outre l'agrément d'une pièce d'eau qui anime, vivifie et varie le coup d'œil des jardins, il procure le grand avantage de tenir le poisson prêt pour le moment du besoin. A la ville les poissonniers se chargent de ce soin, mais à la campagne cette ressource manque. Nous n'entrerons pas dans les détails des constructions et des usages des viviers des anciens; c'était un objet sur lequel ils avaient porté tout leur luxe et toute leur industrie; mais c'était surtout des viviers d'eau de mer qu'ils avaient établis; ils y conservaient à leur disposition des poissons de toutes les mers connues et de toutes les tailles.

Les réservoirs des modernes sont plus modestes et mieux assortis à nos mœurs et à nos habitudes; ils sont *destinés particulièrement aux trois espèces de poissons* dont nous avons parlé: aux carpes, aux tanches et aux brochets. Il est à propos d'avoir 2 réservoirs pour chaque espèce, ou au moins 2 séparations dans un seul réservoir. Le brochet doit être seul, parce que autrement il dévore ou fait au moins périr les 2 autres espèces; la faim lui fait attaquer les carpes d'un poids presque égal au sien; il ne peut les avaler, mais il les blesse cruellement, et le plus souvent elles succombent aux suites de ces blessures. On le nourrit avec des petits poissons. On le conserve aussi sans lui donner de nourriture, qu'il n'est pas toujours facile d'avoir sous la main et qui, à la longue, serait très dispendieuse. Lorsque l'eau du réservoir est vive, que quelques sources l'alimentent et que le fond n'est pas vaseux, il y maigrit sans nourriture, mais néanmoins se conserve ferme et d'excellent goût pour le moment de la consommation.

Dans des pays d'eau vive on a aussi des *réservoirs de truites*, mais il faut que leur eau soit près de la source et qu'elle se renouvelle fréquemment. La truite est aussi un poisson vorace; il faut donc l'alimenter avec de petits poissons de rivières ou d'étangs.

Les carpes et les tanches se *nourrissent avec plus de facilité;* on envoie, si l'on peut, avec grand avantage, dans leurs viviers, les eaux des écuries, des éviers; les débris de la table, les balayures de la maison leur conviennent à merveille; le fumier, frais ou vieux, les grains de toute espèce, cuits ou crus, liés entre eux avec de l'argile; les boulettes de pommes de terre cuites, pétries avec des farines d'orge, de froment, de maïs ou de sarrasin, les salades crues, les racines hachées, toutes ces nourritures entretiennent et engraissent la carpe et la tanche dont la chair est d'autant plus délicate qu'on les a mieux nourries.

Il paraît qu'à Strasbourg on *engraisse les carpeaux* du Rhin, et on les fait grossir dans des réservoirs d'où on les tire pour les demandes du pays, et souvent de Paris. En Hollande on engraisse les carpes sans eau, suspendues dans des filets où elles reposent sur de la mousse humide, avec de la laitue et de la mie de pain imbibée de lait; la courge ou l'orge bouillie conviennent aussi très bien pour cet objet.

On fait dans les réservoirs la *provision d'hiver* des carpes avec de grosses masses d'argile pétrie avec de l'orge ou d'autres grains; le poisson attaque cette argile et consomme, à mesure du besoin, le grain qui s'y trouve; la carpe sans nourriture maigrit beaucoup, mais se conserve ferme et de bon goût, si les eaux des réservoirs sont vives et reçoivent des sources ou un peu d'eau courante. Il est essentiel de débarrasser fréquemment le fond des viviers de la vase qui s'y forme, sans cela la carpe y prend un goût de bourbe fort désagréable. Cette saveur peut se perdre par le séjour un peu prolongé dans une eau vive.

La *boue des réservoirs est un excellent engrais* pour la plupart des terrains, quand on lui a laissé passer quelques mois à l'air; on est donc amplement dédommagé du soin et des frais de curage.

Le *réservoir doit être placé en lieu aéré* et qui reçoive le soleil. Des arbres nombreux, qui y jettent leurs feuilles et leurs débris font de la vase et sont plus nuisibles qu'utiles au poisson. Il leur faut aussi une certaine profondeur, pour que l'eau pendant l'été ne prenne pas une température trop élevée; sans cela les poissons périssent dans les jours chauds et longs de la canicule, alors même que quelques sources peu abondantes viennent les rafraîchir. L'année dernière, dans le fort de la sécheresse, des carpes et des brochets ont péri en assez grand nombre dans des réservoirs alimentés par des sources, mais auxquels manquait de la profondeur.

Si *les réservoirs sont assez grands* pour que le poisson puisse y faire de la feuille, il est bon que l'un des bords au moins soit en pente douce, pour faciliter le frai. On se défend des maraudeurs en plaçant des piquets dans le fond des viviers pour empêcher l'action des filets; mais il est néanmoins à propos de se conserver au moins une place profonde où l'on puisse soi-même, avec un épervier, prendre le poisson au moment du besoin, autrement on est obligé de faire couler son réservoir, ce qui n'est pas sans un grand inconvénient si on n'a pas une source abondante pour le remplir. On jette quelque amorce dans cette espèce de pêcherie, et on y envoie au besoin le poisson en battant l'eau dans les autres parties du réservoir.

§ II. — De la construction des viviers.

Il faut choisir aux réservoirs *une position favorable;* un pli ou une inflexion de terrain leur est presque nécessaire, comme à l'établissement d'un étang; s'il ne s'en trouve pas, il faut alors creuser sur un terrain en pente; car la pente est absolument nécessaire aux réservoirs, autrement on ne pourrait pas les vider, soit pour prendre le poisson, soit pour débarrasser le fond de la bourbe qui s'y établit.

Si on n'a point d'eau de source pour son réservoir, il faut l'établir dans *un point qui reçoive une quantité d'eau de pluie* capable de le remplir en peu de temps; les eaux grasses, les eaux des cours, des terres labourées, conviennent beaucoup mieux que celles des bois ou des terrains maigres.

Si on a été obligé de creuser son réservoir, on recommande de le *laisser sans eau, exposé pendant un an* aux influences atmosphériques avant d'y retenir l'eau.

Mais ici, comme dans les étangs, l'une des premières conditions est d'avoir *un sol imperméable*, à moins que le vivier ne soit alimenté par des eaux abondantes et qui coulent sans cesse. Si le sol est imperméable et qu'on ait une inflexion de terrain, une chaussée en terre se fait avec les mêmes soins et sous les mêmes conditions que nous avons vues pour les étangs; lorsqu'on a creusé le sol on fait la chaussée avec les terres du déblai.

Si le sol n'est pas imperméable, il faut *y suppléer par l'industrie;* on peut alors glaiser le fond, c'est-à-dire le garnir d'un corroi d'argile pure d'un pied d'épaisseur. Les Anglais se sont bien trouvés de mettre un lit de chaux sous le lit d'argile; cette chaux repousse les insectes, défend par conséquent le corroi. La marne ne vaudrait rien pour cet objet, parce qu'elle se pénètre par l'eau et se délite facilement. Pour s'assurer que l'argile n'est point calcaire, quelques gouttes d'acide avec lesquelles on touche l'argile décident la question; lorsqu'il n'y a point d'effervescence, on a de l'argile pure; l'argile effervescente est marneuse. Le corroi ou la clave s'établit avec les mêmes soins que nous avons recommandés pour les chaussées d'étangs.

On fait la *chaussée du réservoir* en y mettant une clave de 2 pieds au moins, d'épaisseur d'argile.

On parvient par ces divers moyens à avoir un *réservoir qui ne perde pas l'eau*. Cependant le temps, les poissons, les insectes et les soins de curage, détruisent bientôt le corroi du fond dans lequel les moindres fissures suffisent pour perdre l'eau. Pour faire donc un *ouvrage solide et durable*, il faut garnir le fond et les bords d'une couche de 6 pouces de bon béton de chaux hydraulique. Ce moyen est plus cher sans doute mais il est de toute durée et à l'abri de presque tous les accidens. On trouve maintenant à peu près partout la pierre pour faire la chaux hydraulique; la dépense n'est donc pas plus considérable qu'avec la chaux ordinaire. Avec de la chaux hydraulique à 2 fr. l'hectolitre ou 20 fr. le mètre cube, prix sans doute très élevé, et du sable ou gravier à 2 fr. le mètre cube, on peut fabriquer du béton à moins de 10 fr. le mètre cube ou 35 c. le pied cube; le mètre carré du fond du réservoir reviendra donc à moins de 4 fr.

Le béton se fait *plus économiquement et meilleur*, même avec le gravier qu'avec le sable fin. Dans un béton bien fait, la chaux doit envelopper chaque molécule, et il est bien évident qu'un gros gravier demande, pour être enveloppé, beaucoup moins de chaux qu'un volume égal de sable fin dont toutes les molécules doivent être également entourées.

On emploie aussi le béton d'une *manière très économique*, toutes les fois qu'on peut se procurer de la blocaille ou des cailloux; on fait une 1re couche de béton de 2 à 3 pouces d'épaisseur sur le sol; on jette de la blocaille sur le béton, on l'y distribue de manière à ce qu'elle soit placée partout à bain de béton, et on l'enfonce jusqu'à ce qu'elle touche le sol; les pieds armés de sabots sont le moyen le plus facile pour l'enfoncer et la disposer convenablement. On met une nouvelle couche de béton de même épaisseur, dans laquelle on jette de la nouvelle blocaille, et on continue ainsi sa construction, et la blocaille aura épargné un quart de volume du béton; deux couches ainsi disposées suffisent pour faire le fond du réservoir.

Si on n'a pas de bonne argile, un *mur* de 2 pieds d'épaisseur, construit avec des matériaux de peu de volume, placés à bain de mortier hydraulique, feront une construction que les eaux ne pourront traverser. Lorsqu'on n'est pas à portée de la pierre, ou qu'on a des terres à sa disposition, on fait une chaussée en terre dans laquelle on a une clave de béton d'un pied d'épaisseur qui suffit pour arrêter l'infiltration des eaux.

Les moyens *d'évacuer l'eau des viviers* sont les mêmes que ceux des étangs; on peut les faire plus simples en plaçant au-devant de la chaussée, dans le réservoir, l'œil de la bonde, sans aucune construction, ni en bois ni en pierres. Cet œil est bouché avec un tampon de bois qui porte un anneau de fer; un bâton garni d'un crochet de fer, qu'on rentre à la maison, suffit pour ouvrir la bonde et faire évacuer l'eau quand on veut vider le reservoir.

SECTION XIX. — *Des mares et de leur construction.*

Les mares sont des réservoirs d'eau destinés à abreuver le bétail; elles sont *presque de 1re nécessité* dans une exploitation, et comme il faut qu'elles conservent l'eau pendant l'été, elles doivent être en sol imperméable ou rendu tel par l'art.

Si on a des *sources*, il suffit d'agrandir le lieu où elles sourdent, et le terrain dans ce point est d'ordinaire assez imperméable pour que le réservoir reste plein.

Si on n'a *point de source*, la mare doit être placée de manière à pouvoir y attirer une assez grande quantité d'eau de pluie pour la maintenir pleine pendant toute l'année. Il faut chercher à y envoyer l'eau des toits qui fournit toujours une assez grande masse, parce qu'elle ne s'imbibe pas à mesure de sa chute, comme celle qui tombe sur le sol. L'eau des fumiers s'emploie beaucoup plus utilement sur des prés à peu de distance de la maison; elle les féconde d'une manière très remarquable; mais si on n'en a pas l'emploi et qu'elle soit perdue pour l'exploitation, on peut la recevoir dans la mare; elle en altère la couleur, la saveur peut-être; mais elle est assez du goût des bestiaux, qui n'en veulent point d'autre quand ils y sont habitués. Cet usage est répandu dans un grand nombre de pays; on l'a beaucoup critiqué, mais on l'y conserve, et l'expérience ne le condamne pas comme le raisonnement, ce qui est le plus essentiel. D'ailleurs l'instinct des animaux qui recherchent avec empressement ces eaux serait, à ce qu'il me semble, tout-à-fait rassurant contre l'insalubrité; et puis enfin les mares qui reçoivent les eaux donnent, chaque fois qu'on les vide, des engrais d'excellente qualité.

Si le sol où est la mare *n'est pas imperméable, il faut absolument le rendre tel*. Les moyens sont les mêmes que pour les réservoirs: mais pour les mares, plus encore que pour les viviers, le corroi de glaise est insuffisant; les bestiaux, en descendant sur les bords de la mare, et en parcourant le fond, détruisent le corroi dont l'imperméabilité ne peut durer; il est donc alors absolument nécessaire de recourir à un béton de chaux hydraulique. Si la chaux n'était pas d'une grande hydraulicité, que sa prise dans les premiers moments ne fût pas très ferme, il serait nécessaire que la dernière couche de béton fût couverte de pierres plates, placées à bain de béton, et qui offriraient aux pieds des animaux un ensemble de résistance qu'ils ne rencontreraient pas dans le béton lui-même.

ROBERT GARDENER a imaginé une construction d'*abreuvoir pour les bestiaux* qui a très bien réussi et qui s'est répandue dans tout le comté d'York. Sur le fond bien dressé et bien battu du réservoir A (*fig*, 213), on place une couche

Fig. 213.

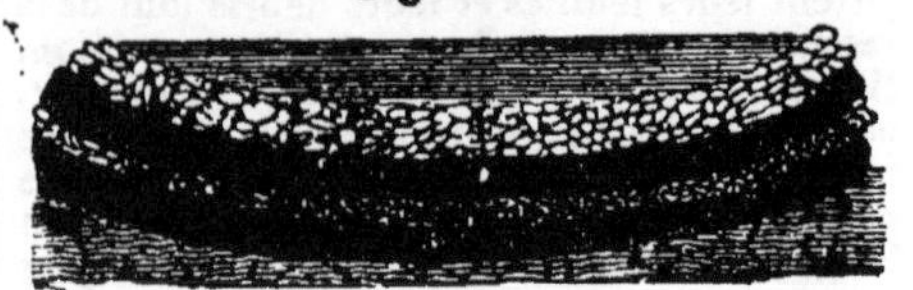

d'argile B de 6 p., qu'on bat ou marche jusqu'à ce qu'elle forme une masse bien homogène. Sur cette argile on place une couche de chaux ou de mortier C, de 2 à 3 po., qu'on unit et dresse de même épaisseur sur toute la surface. Sur cette couche, quand elle est un peu sèche et qu'on l'a bien préservée des fentes, on met une 2e couche D, de 6 po., bien égale, d'argile ou terre argileuse qu'on bat et unit avec soin. Le pied des moutons est le meilleur moyen de la tasser également. Sur ce lit d'argile on met un lit de gravier ou de blocaille E, d'un pied d'épaisseur. Lorsque ces matériaux sont rares on peut faire un premier lit de gazons retournés sur lequel on met une couche de gravier. Le réservoir, dont le fond est garanti de l'effet des pieds des bestiaux par le lit de gravier, est alors très durable et conserve bien l'eau. Toutefois, le béton de chaux hydraulique, qui reçoit un pavé, nous semble plus solide, plus durable et moins cher.

Section XX. — *Des réservoirs pour les jardins.*

Les jardins de l'homme des champs ont un besoin d'arrosement tout-à-fait indispensable. L'eau est donc pour eux un objet de première nécessité. On a, pour remplir ce but, les sources, des puits, des pompes ou des réservoirs. Le 1er moyen, l'eau de source, est rare; le 2e, les puits, peuvent partout s'établir; le 3e, les pompes, ne sont que le complément du second; et néanmoins ces trois moyens, qui fournissent de l'eau, dispensent à peine du réservoir.

Les *eaux de source ou de puits* ont besoin, pour bien réussir dans les jardins, d'être exposées pendant quelque temps à l'air et au soleil. Le réservoir n'a pas besoin d'être grand quand on a une source ou un puits pour l'alimenter; mais lorsqu'on n'a pour le remplir que les eaux de pluie, il faut que la masse d'eau qu'il offre soit proportionnée à la durée probable des sécheresses et à l'étendue du sol à arroser.

Sa *profondeur* peut être de 5 à 6 pieds; la dimension en profondeur est celle qui coûte le moins, parce qu'elle demande moins d'espace et qu'elle exige un moindre développement de travail quand on est obligé de faire des constructions.

Lorsque l'étendue du sol qui verse au réservoir est un peu grande, *il se remplit facilement* sans avoir besoin de grandes pluies. Dans ce cas un réservoir rond, de 24 pieds (8 mètres) de diamètre, sur 6 pieds (2 mètres) de profondeur, suffit à peu près à un jardin d'un quart d'hectare. Cette contenance de 100 mètres ou 1000 hectolitres peut fournir pendant la sécheresse un décimètre ou 3 po. 8 lig. de hauteur d'eau, à moitié à peu près de cette surface, ce qui semble devoir suffire pendant une sécheresse de plus de 2 mois; mais il est assez rare d'avoir un fond imperméable dans un sol de jardin; c'est donc là et plus qu'ailleurs qu'il faut avoir recours à l'art. Il n'y a d'ordinaire point de chaussée dans ces réservoirs; il faudrait, pour établir une chaussée, avoir une pente dans son terrain, ce qui est rare dans les jardins, et qui exigerait même des murs de terrasse pour empêcher l'éboulement des terres.

Ces réservoirs *se font donc dans le sol* avec un plancher de béton d'un pied d'épaisseur et des murs circulaires de 18 pouces, faits en petits matériaux et de bonne chaux hydraulique. Nous recommandons les petits matériaux parce que notre expérience nous a appris que les pierres qui ont de grandes dimensions occasionnent souvent des fentes, par la raison que le béton adhère moins à la pierre qu'avec lui-même; l'eau se fait souvent un passage sur toute leur longueur, pendant que les petits matériaux sont séparés entre eux par des couches de béton qui interdisent tout passage.

On peut faire son réservoir *à moins de frais;* pour cela on creuse dans le sol un fossé circulaire sur tout le développement de l'enceinte qu'on veut lui donner et auquel on donne un pied de profondeur de plus qu'au réservoir. Pour en faire la fondation on remplit ce fossé de béton garni de blocaille. Lorsque la prise est faite on vide tout l'intérieur à un pied de profondeur de plus qu'on ne veut donner au réservoir; on jette sur le fond bien nettoyé un béton d'un pied d'épaisseur et pour que la liaison du fond avec les parois du réservoir se fasse plus exactement, on gratte et on détruit une partie du béton qui correspond à l'épaisseur du béton du fond, et afin de rendre toute fuite par ce joint impossible, on peut y faire une petite moraine de ciment de Pouilly.

Nous avons vu dans le Vivarais des réservoirs de jardins faits également à peu de frais. Le fond se garnit de 3 po. de béton, et le tour d'un mur à sec fait en petits matériaux. Un crépissage de leur mortier sur ce mur à sec suffit pour leur donner des réservoirs qui ne perdent pas une goutte d'eau, mais on trouve rarement de la chaux de cette qualité; le temps, sans doute, n'est pas loin où, la science marchant avec la pratique, nous aurons partout des cimens et des chaux hydrauliques de toute qualité auxquelles nos constructions devront à la fois la durée, la solidité, l'imperméabilité et par conséquent la salubrité; mais en attendant il faut marcher avec les matériaux qu'on a, et se contenter de la chaux hydraulique qu'on peut se procurer.

A. Puvis.

Nous allons faire connaître à nos lecteurs une méthode nouvelle pour vider les étangs et pour remplacer les bondes ordinaires que vient de proposer M. Quenard, propriétaire à Courtenay (Loiret), et qu'il nous assure avoir mis à exécution avec beaucoup de succès. L'appareil qu'il a inventé pour cet objet, et qu'il nomme *tuyau-bonde*, se compose d'un 1er tuyau A (*fig.* 214), fermé à l'une de ses extrémités par une calotte hémisphérique et dont la partie supérieure est percée de fentes oblongues qui forment grille, de façon que cette portion grillée offre autant et plus de vide que la section intérieure du tuyau. La partie inférieure reste pleine afin d'empêcher le passage de la bourbe. Ce corps de tuyau

Fig. 214.

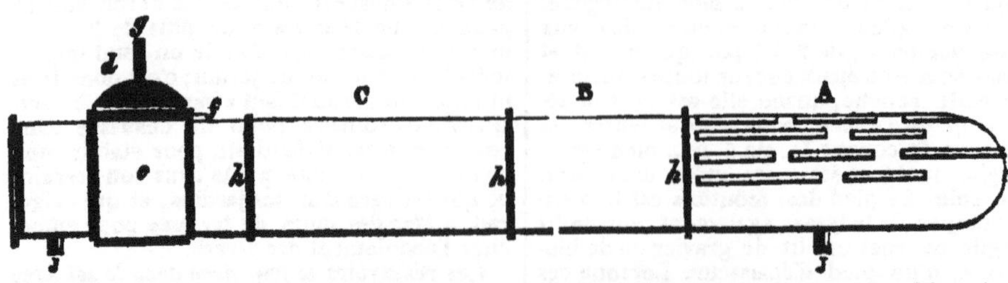

reste en entier sous l'eau, en-deçà de la chaussée. B, C, sont des tuyaux simples qui s'ajustent au 1er et qui augmentent en nombre suivant l'épaisseur de la chaussée; *d* est le dernier tuyau fermé à son extrémité par un tampon et percé verticalement dans toute son épaisseur d'un trou conique comme le boisseau d'un robinet. A la partie supérieure de cette ouverture il existe un bourrelet dans lequel est creusée une gouttière circulaire. Ce bourrelet est interrompu sur sa circonférence par 2 échancrures qui descendent jusqu'à la gouttière circulaire. Ce dernier tuyau est coulé d'une seule pièce; *e* est un autre cylindre creux destiné à fermer exactement l'ouverture conique du tuyau précédent comme la noix d'un robinet. Ce cylindre est surmonté d'une calotte sur laquelle est implantée une tige octogone pleine, à laquelle s'adapte une clé à double levier, qui sert à le faire tourner quand on veut présenter au fluide une partie percée à jour dans cette noix pour le faire écouler ou la partie pleine pour le retenir. Le tuyau *e* est en fer ou en fonte étamée recouverte d'une feuille de cuivre; il doit être graissé pour en faciliter le service. A la hauteur *f*, ce cylindre porte 2 dents qui entrent dans les échancrures du bourrelet et glissent quand on le tourne dans la gouttière circulaire. De cette manière on est assuré que l'eau ne soulèvera pas ce cylindre, et les dents sont autant de points de repère qui indiquent la fermeture ou l'ouverture de l'appareil. Ce cylindre peut, au moyen de la clé, s'enlever à volonté quand on veut vider l'étang et faire écouler l'eau par toute la capacité du tuyau; il n'y a pour cela qu'à faire arriver les dents vis-à-vis les échancrures et à soulever le cylindre qui sort alors de l'ouverture conique. *h h h*, sont des brides en fer qui relient les tuyaux les uns aux autres; J J des tiges qui servent à fixer ces tuyaux, soit dans une pièce de bois placée en travers dans le sol, soit dans un dé en pierre percé à cet effet. Les parties du tuyau qui sont recouvertes par les eaux ont peu de chose à craindre de l'oxidation, mais celles qui sont en contact avec la terre de la chaussée sont enduites d'une forte couche de goudron, pour les préserver de la destruction.

Cet appareil offre une fermeture exacte et sans qu'on ait à craindre de perte d'eau. Il fonctionne avec célérité quand on a besoin de faire écouler l'eau, et donne un écoulement qu'on peut graduer à volonté.

« Dans l'*hiver*, dit l'auteur, au moment où de fortes glaces pèsent sur les étangs, ou surtout lorsque après un faux dégel une seconde glace est survenue par l'intensité nouvelle et subite du froid, alors on peut par un léger écoulement d'eau, se garantir de la perte trop fréquente du poisson, qui, surpris entre les deux couches de glace, est infailliblement gelé. Par ce moyen le poisson se retire avec l'eau qui vient à baisser et rentre sous la première glace; et l'on peut dire, à l'avantage du nouveau procédé sur l'ancien, que cela se fait sans aucuns frais et avec une faible dépense de temps; tandis qu'avec la bonde ordinaire, après en avoir baissé le pilon, il faut, pour l'étancher, approcher une et souvent plusieurs voitures de terre, ou mieux de poussier de charbon, et en charger ce pilon.

« Il en est ainsi toutes les fois qu'on veut lever la bonde et la baisser.

« Dans *l'été*, à la suite des orages, lorsque les étangs se déchargent par la grille, on aura un moyen précieux d'abreuver sans frais les prés qui se trouvent à la file des étangs; j'ose même espérer par ce moyen utiliser une eau qui s'en va ordinairement en pure perte et faire faire un pas à notre système d'irrigation, si utile dans ses applications à l'agriculture, et voir s'établir désormais, à la suite de tous les grands réservoirs d'eau, de grandes et fécondes prairies.

« Avec la bonde ordinaire, avant de mettre un étang en pêche, il faut toujours avoir la précaution d'établir dans le fossé d'écoulement, à quatre ou cinq pieds de la *fosse* ou trou où tombe l'eau en sortant du canal, une petite digue appelée *rouettis*, faite avec quelques légers pieux entrelacés de rouettes ou branches flexibles, afin de barrer le passage aux poissons qui auraient pu couler dans le canal; après la pêche de l'étang l'on baquette et l'on pêche cette fosse. Ces deux opérations ont l'une et l'autre de grands inconvéniens. D'abord si le rouettis est trop serré ou obstrué, il retarde l'eau; s'il est trop lâche, la force de l'eau le troue, soit sur les côtés, soit en dessous, et il ouvre passage aux poissons; dans tous les cas il exige une surveillance active. Enfin pour baqueter ou pêcher la fosse ou trou de bonde, il arrive souvent qu'il faut employer le tiers du temps qu'on a déjà passé à pêcher l'étang. Le tuyau-bonde n'exige ni ces préparatifs ni ces travaux.

« Avec le tuyau-bonde, disparaissent ces dispendieuses pièces de bois nécessaires à la confection d'une bonde, et qui nécessitent des renouvellemens fréquens et une foule de travaux longs et toujours coûteux qui diminuent beaucoup le produit net des étangs.

« Le travail pour la pose du tuyau-bonde consiste dans celui d'une tranchée ordinaire qu'on pratique dans la chaussée, à la suite de la partie la plus basse du bief ou fossé. Des pièces de bois placées en travers, ou des dés en pierres, l'un à la tête, un autre à la queue du tuyau et un troisième au milieu, si on le juge à propos, reçoivent sur leur niveau, un peu incliné, tout l'appareil. Plusieurs couches de terre glaise pilonnée, enveloppent ensuite les tuyaux placés dans la tranchée. Le devant de cette tranchée dans toute sa hauteur jusqu'au milieu, en largeur de la chaussée, devra être pilonné avec cette même terre glaise, afin de fermer l'entrée aux vagues; le surplus de la tranchée peut être rempli de terre ordinaire.

« S'il advenait qu'un étang ou tout autre pièce d'eau fût placée au-dessus d'un autre étang, et qu'on voulût faire écouler l'eau du premier dans le second, ou faire fonctionner cette machine pour augmenter l'eau de la deuxième pièce d'eau, ou enfin qu'on voulût mettre en communication deux pièces d'eau, dans ce cas, la tige du cylindre *e* reçoit une autre tige sur son carré, puis celle-ci une autre, jusqu'à la surface de l'eau, où la clé ordinaire remplit son service. »

M. Quenard s'est occupé de la fabrication de son appareil, et d'après les devis et le prix des matériaux, il a calculé qu'une bonde ordinaire à chapeau, de 11 pieds de hauteur et dont le canal a 42 pieds de longueur ou la largeur de la chaussée, coûtait dans le Loiret au moins 250 fr.; tandis qu'il peut livrer un tuyau-bonde de la même longueur, de 7 pouces de diamètre et 3 à 4 lignes d'épaisseur pour 160 fr. savoir: 135 fr. pour les 42 pieds de tuyaux à 32 fr. les 100 kilog. de fonte, et 25 fr. pour la confection du cylindre, 8 écrous, l'ajustement des tuyaux et la clé. Les travaux de terrassement sont à peu près les mêmes dans les deux cas.

F. M.

ECONOMIE PUBLIQUE DE L'AGRICULTURE, ET LÉGISLATION RURALE.

PREMIÈRE PARTIE. — ÉCONOMIE PUBLIQUE DE L'AGRICULTURE.

DISPOSITIONS GÉNÉRALES.

L'économie publique est la science qui a pour but de rechercher les sources de la richesse nationale et les lois suivant lesquelles elle se distribue et se propage. L'économie publique s'occupe des diverses branches de la richesse nationale, et en particulier, de l'*industrie agricole*, qui a pour objet de recueillir directement des mains de la nature les choses propres à satisfaire nos besoins.

Dans le travail que nous entreprenons, nous nous bornerons à indiquer les *sources principales* de la richesse nationale et les moyens de la propager; nous rechercherons quels sont les devoirs de l'autorité envers le pays et des producteurs agricoles vis-à-vis le gouvernement et à l'égard de leurs concitoyens; nous examinerons par quelles mesures l'autorité doit encourager l'industrie agricole, et le concours qu'elle doit attendre des agriculteurs pour développer le phénomène de la production : car, si les devoirs d'un gouvernement envers l'agriculture sont multipliés et étendus, de leur côté les agriculteurs ne doivent jamais perdre de vue que leur fortune et la richesse du pays dépendent presque exclusivement de leurs efforts et de l'intelligence qu'ils développent dans l'étude raisonnée de leurs moyens de production. En général, en France, et surtout dans nos campagnes, on tourne presque constamment les yeux vers le gouvernement, comme vers la seule source de la prospérité. On le rend trop souvent responsable des malheurs publics, ou des fautes résultant de l'inhabileté ou de l'ignorance des producteurs. Nous ne nions point que l'influence d'un gouvernement éclairé sur la prospérité de l'agriculture ne puisse être considérable, mais son action ne peut que guider et soutenir les efforts des agriculteurs, et c'est en définitive sur leur énergie seulement et sur leur intelligence qu'ils doivent compter comme sur les seules sources réellement fertiles de la richesse agricole. Chaque industrie a ses ressources intérieures et extérieures; c'est en les étudiant avec soin qu'on peut espérer de faire parvenir chacune d'elles à son plus haut degré de perfection. Mais cette étude est complexe : elle exige les efforts simultanés des producteurs et de l'administration. C'est en faisant pénétrer parmi les agriculteurs les vrais principes de l'économie; c'est en familiarisant les administrateurs, depuis les plus hauts fonctionnaires jusqu'aux simples conseillers municipaux, avec les lois de la production, que l'on peut espérer obtenir cette harmonie, ce concours simultané de tous les efforts et de toutes les volontés vers un but commun, à savoir : que chaque partie du tout prospère de la manière la plus avantageuse d'après des principes reconnus et sanctionnés par l'expérience. Ce sont ces éléments de prospérité dont nous allons tâcher de poser les bases dans l'essai que nous entreprenons.

CHAPITRE PREMIER. — DE LA RICHESSE AGRICOLE ET DE SES SOURCES.

Le mot richesse, dans sa signification la plus étendue, désigne les biens que nous possédons, et qui peuvent servir à la satisfaction de nos besoins et même de nos goûts; mais la science économique ne s'occupe que des biens qui sont *susceptibles d'une possession réelle* ou *qui ont une valeur reconnue*. Sans entrer plus avant dans des détails qui pourraient paraître abstraits à ceux qui ne sont pas familiarisés avec le vocabulaire de cette science, nous nous contenterons de remarquer que la nation chez qui les produits destinés à satisfaire les besoins sont le plus abondans par rapport à la population, et où les produits se distribuent le mieux en proportion de la part que chacun a prise à la production, est la plus riche, puisque c'est elle où les habitans sont le mieux partagés et jouissent de plus d'aisance.

La quantité plus ou moins grande d'argent ou de *monnaie* qui circule dans une nation ne peut servir à mesurer sa richesse. La monnaie n'est pas une richesse en elle-même, puisqu'elle ne peut servir *directement* à la satisfaction d'aucun de nos besoins; son utilité seule, comme agent ou moyen d'échange, lui donne de la valeur. La monnaie, en effet, n'a d'autre mission à remplir dans le phénomène de la production que de servir d'instrument aux échanges, ou, en d'autres termes, de les faciliter. On échange d'abord le *produit* qu'on a créé contre de la monnaie, puis ensuite la monnaie contre le produit qu'on veut consommer.

L'activité dans la circulation des monnaies équivaut à une plus grande quantité; de même que des voitures constamment employées équivalent à un plus grand nombre de voitures qui se reposent fréquemment.

La monnaie n'étant pas reçue pour être consommée, elle peut fort bien être remplacée par un *signe*, tel que billets, papier-monnaie, crédits ouverts en compte courant, etc. Le signe peut même souvent être préféré à la chose par la facilité qu'il donne aux transactions commerciales; mais il ne mérite cette préférence qu'autant qu'on peut à chaque instant se procurer la chose avec le signe.

L'on appelle *produit* une chose à l'usage de l'homme, où l'on ne considère que l'*utilité* qui lui a été communiquée par les *agens de la production* et la *valeur* qui en est résultée. On nomme *agens de la production* ce qui agit pour produire; tels sont les *industriels* et leurs *instrumens*.

Enfin, l'ensemble de toutes les valeurs créées, et de tout ce qui sert à satisfaire nos besoins, forme le *capital national* ou la masse de la richesse du pays.

Parmi les industriels, il faut mettre au premier rang la classe des agriculteurs, qui provoque la production des matières brutes, ou les recueille des mains de la nature; et parmi les instrumens les plus puissans de la production agricole, il faut placer les propriétés foncières, telles que terres cultivables, mines, cours d'eau, etc., dont nous allons nous occuper dans la section suivante.

SECTION I. — *De la propriété foncière considérée comme instrument de travail.*

Les économistes appellent *instrumens appropriés* les instrumens naturels de travail, comme les terres arables, les prairies, les mines, etc., et qui sont devenus des propriétés.

La *propriété* est le résultat et la récompense du travail. L'espoir de l'obtenir forme un des motifs d'action les plus puissans parmi les hommes. Le désir du bien-être et le besoin non moins vif de transmettre à ses enfans le fruit de son labeur ont fait de la propriété la base de presque toutes les sociétés humaines. Aussi ce droit est-il regardé comme sacré parmi tous les peuples civilisés; il est garanti par les lois de l'association, et ce n'est qu'en faisant au sein même de la société des blessures profondes qu'on peut y porter atteinte. Cependant l'intérêt général a exigé l'introduction de quelques exceptions à la rigueur de ce principe fondamental. Nous les passerons successivement en revue sous les différens paragraphes de la section suivante; nous terminerons celle-ci en faisant remarquer qu'il n'est pas indispensable que les instrumens appropriés, tels que fonds de terre, moulins, cours d'eau, soient mis en action par ceux qui en sont propriétaires; ils peuvent les louer à des industriels qui, par leurs connaissances, savent mieux qu'eux-mêmes les mettre en valeur. Ces industriels, qui louent ainsi le service productif des fonds de terre ou moulins, s'appellent *fermiers*, *colons*, *meuniers*, etc. Le prix qu'ils offrent pour en obtenir l'usage se nomme *loyers*, *fermages*, etc.

SECTION II. — *Des restrictions commandées par l'intérêt général à l'exercice du droit de propriété.*

Parmi les atteintes que l'intérêt commun a commandées au droit sacré de la propriété privée, les unes ne tendent à rien moins qu'à dépouiller entièrement le propriétaire actuel au profit commun; elles ont reçu le nom d'*expropriations pour cause d'utilité publique*. Les autres ne font que modifier l'exercice du droit de propriété; d'autres, enfin, se bornent à en modifier la jouissance.

§ Ier. — De l'expropriation pour cause d'utilité publique.

L'expropriation pour cause d'utilité publique est une nécessité sociale; si ce droit n'existait pas, la plupart des améliorations qu'exige le développement de la civilisation deviendraient impossibles. Mais, pour légitimer cet acte de spoliation faite au nom de tous, il faut que l'*utilité publique*, ou la nécessité de l'expropriation, soit bien constatée. La forme de cette décision peut varier; mais, soit qu'on la confie au pouvoir exécutif, comme en France, soit qu'on la confie à l'une des branches du pouvoir législatif, comme en Angleterre, soit qu'on réserve l'examen de cette question à des juges spéciaux, il faut toujours que l'utilité publique soit constatée d'une manière solennelle, que l'expropriation ne puisse être prononcée que moyennant une indemnité qui représente au moins l'exacte valeur de la propriété, et qu'enfin elle ne puisse recevoir son exécution qu'après le paiement préalable de l'indemnité accordée.

En général l'expropriation pour cause d'utilité publique est un sacrifice commandé à l'intérêt privé par l'*intérêt général*; l'équité fait un devoir de le rendre aussi peu onéreux que possible. Toutefois il est des circonstances où l'expropriation, loin d'être préjudiciable aux intérêts du possesseur, lui promet au contraire un avenir prospère; c'est lorsque l'expropriation n'est que partielle, et que la portion qu'on lui ravit doit servir à continuer quelques grands travaux d'utilité publique, tels que routes, rues, canaux, etc. Dans ce cas, il est souvent du devoir et de l'intérêt du propriétaire d'offrir gratuitement la portion du sol nécessaire à ces travaux, soit au gouvernement, s'il les dirige lui-même, soit aux compagnies qui en ont obtenu la concession; et si les propriétaires, aveuglés par l'ignorance ou la cupidité, refusent l'abandon gratuit de ces portions de terrains, on doit faire entrer en compensation de l'indemnité qu'ils réclament la plus-value que ces travaux donnent aux autres portions de leur héritage. L'expropriation est donc permise à l'autorité toutes les fois que l'utilité publique est bien constatée et qu'il s'agit de travaux qui doivent profiter à tous; mais il existe des cas où la nécessité de l'expropriation est moins évidente, et où, cependant, cette expropriation doit être autorisée par la législation. Nous allons les énumérer sous les numéros suivans :

1° *Des marais et de leurs desséchemens.*

Les marais sont des terres abreuvées de

beaucoup d'eau qui n'a pas d'écoulement. Le desséchement des terrains marécageux offre toujours un double avantage : il rend à la culture des terres précieuses, et délivre le pays des émanations empoisonnées qui s'exhalent, en général, des terres inondées. Lorsque les desséchemens peuvent être faits par les propriétaires, il est du devoir du gouvernement de les laisser faire et de les encourager. Mais souvent ces travaux exigent des connaissances fort étendues dans la science de l'hydraulique et un grand développement de capitaux; alors l'autorité a le droit de s'emparer de ces propriétés ou de les concéder à des compagnies d'entrepreneurs, en faisant déterminer par des estimations consciencieuses les indemnités dues aux propriétaires dépossédés. (Voir ci-après, *partie législative*, les lois qui régissent cette matière.)

2° *Les landes.*

Chacun sait qu'on nomme *landes* une grande étendue de mauvaises terres qui ne donnent que quelques misérables productions, telles que bruyères, genêts, fougères, ronces, broussailles, etc. La nécessité de l'expropriation paraît moins évidente dans ce cas que dans le précédent. Toutefois, dans les pays où la population est fort agglomérée et les limites du territoire circonscrites, et où l'intérêt public exigerait impérieusement que toutes les terres fussent mises en culture, l'expropriation devrait être prononcée si cette mesure était jugée utile, après avoir mis toutefois les propriétaires en demeure d'étendre leurs cultures à ces terres en friches, et faute par eux d'avoir obéi aux prescriptions de l'autorité. Dans les landes de Bordeaux, par exemple, il existe, au-dessous d'une couche fort mince de terre perméable, un sous-sol de glaise qui arrête les eaux pluviales, glace ces terrains et les rend ainsi impropres à la culture. Peut-être serait-il possible, avec un grand développement de forces mécaniques, de rendre le sous-sol perméable et de fertiliser ainsi ces terres arides. Dans ce cas, l'expropriation pourrait devenir une source de prospérité pour ces contrées. Il en serait de même si on pouvait y établir des colonies agricoles de pauvres et d'orphelins.

3° *Des dunes.*

Dune est le nom qu'on donne à ces hauteurs ou petites montagnes de sables mouvans, détachées les unes des autres, qui se trouvent le long de certaines côtes de la mer; souvent elles embrassent des plages considérables et affligent de leurs envahissemens perpétuels les contrées qu'elles menacent sans cesse. L'art est parvenu à fixer ces fléaux destructeurs et à en arrêter les progrès; mais, pour y parvenir, il faut joindre à la science les moyens d'exécution. L'expropriation, lorsqu'elle devient nécessaire, est donc un bienfait pour le pays, et il doit toujours être permis au gouvernement d'ordonner les travaux d'ensemencement et d'endiguages jugés utiles pour arrêter ce fléau dévastateur.

4° *Des mines.*

La propriété du sol emporte en général celle du dessus et du dessous, d'où il résulte que toutes les substances minérales ou fossiles renfermées dans le sein de la terre et le droit de les exploiter appartiennent au propriétaire de la superficie; mais comme il est de l'intérêt de la société de multiplier autant que possible les métaux utiles, il est nécessaire d'accorder au gouvernement le droit d'obliger ceux qui les possèdent à les exploiter de la manière la plus avantageuse aux intérêts généraux, et même, s'il le juge indispensable, de prononcer l'expropriation en en réglant les conditions, et d'exploiter lui-même ou d'accorder la concession de l'exploitation à des compagnies qui offrent les garanties désirables.

§ II. — **Des restrictions modificatives du droit de propriété.**

Si nous avons admis que l'autorité, au nom de l'intérêt général, peut dépouiller le possesseur du sol en lui accordant une indemnité préalable, nous devons admettre à plus forte raison que la puissance législative peut, dans l'intérêt de tous, ou même au nom de l'équité dans l'intérêt de quelques-uns seulement, modifier l'exercice rigoureux du droit de propriété. Ainsi toutes les servitudes rurales d'intérêt public ou communal, telles que le marche-pied ou chemin de halage le long des rivières navigables ou flottables, le parcours et la vaine pâture, l'essartement, l'alignement, le curage des fossés et canaux, le flottage, le droit d'ordonner ou de permettre les réunions de propriétés morcelées lorsqu'elles sont jugées utiles; toutes les servitudes d'intérêt particulier, telles que l'écoulement des eaux pluviales ou natives, la mitoyenneté des murs, des fossés et des haies, le passage pour les terres enclavées, toutes ces modifications à l'exercice du droit de propriété rentrent dans les attributions de la puissance législative ou dans le pouvoir réglementaire de l'administration. (Voir tous ces mots divers dans la partie législative.)

§ III. — **Des restrictions apportées à la jouissance des propriétés foncières.**

L'industrie fuit l'esclavage, elle s'alimente de liberté, et quoique l'industrie agricole ait été beaucoup moins que les autres enlacée dans les liens des prohibitions, cependant elle a eu aussi son temps de servage. Avant 1791, la jouissance des propriétés rurales était soumise à une foule d'entraves qui mettaient l'agriculteur dans une espèce de tutelle des autorités locales. Indépendamment des restrictions imposées par les privilèges féodaux, les lois soumettaient les propriétaires aux bans de moissons et de fenaisons, de vendanges, glanage, râtelage, chaumage, grappillage et autres usages analogues. L'assolement forcé était souvent prescrit par les autorités locales, et un arrêt du Conseil du roi, rendu en 1787, obligeait les propriétaires qui voulaient planter un terrain en vigne, à obtenir la permission de l'intendant de la province, comme si le propriétaire ne savait pas mieux que l'intendant ou les autorités locales, le genre de culture qui lui rapporterait le plus, et comme si le produit qui devait rapporter le plus n'était pas celui dont le besoin se faisait le mieux sentir. Le cultivateur qui vit sur son terrain, qui l'interroge et qui l'étudie, et qui plus que personne est intéressé à en tirer le meilleur parti, en sait plus à cet égard que l'administration.

«La nature des besoins de la société détermine à chaque époque, et selon les circonstances, une demande plus ou moins vive de certains produits. Il en résulte que, dans ce genre de production, les services productifs sont un peu mieux payés que dans les autres branches de production, c'est-à-dire que les profits qu'on y fait sur l'emploi de la terre, des capitaux et du travail, y sont un peu meilleurs; ces profits attirent de ce côté des producteurs, et c'est ainsi que la nature des produits se conforme en général aux besoins de la société.

»Si l'on insiste et qu'on prétende que le cultivateur ne connaît que le prix courant du marché et ne saurait prévoir, comme l'administration, les besoins futurs du peuple, on peut répondre que l'un des talens des producteurs, talent que leur intérêt les oblige de cultiver avec soin, est non-seulement de connaître, mais de prévoir les besoins. »

D'ailleurs, l'administration peut toujours, et c'est quelquefois pour elle un devoir impérieux, éclairer les agriculteurs en publiant les documens les plus propres à arriver à ce but, au besoin par des instructions et avis, et toujours par des détails statistiques sur la consommation et la production.

Ainsi, les mots *laissez faire* s'appliquent à l'industrie agricole aussi bien qu'à l'industrie manufacturière. Cependant, quelques exceptions particulières subsistent encore parmi nous à la liberté de jouissance de certaines propriétés rurales; nous allons les indiquer.

1° *De la culture des tabacs.*

Lorsque la situation financière des pays le permet, la culture de cette plante doit être libre comme les autres; mais elle offre à l'impôt une assiette trop facile pour que la plupart des gouvernemens n'aient pas été tentés d'en faire une source de revenus. Trois systèmes se présentent pour arriver à ce but, savoir : 1° le système actuellement en vigueur en France, c'est-à-dire culture permise seulement à certains départemens, avec la licence et sous la surveillance de l'administration, monopole de la fabrication formellement réservé au gouvernement; 2° le système anglais, c'est-à-dire prohibition complète de la culture indigène, avec impôt sur tous les tabacs étrangers importés dans le pays; 3° enfin, le troisième système, qui réunit déjà un assez grand nombre de partisans parmi les économistes, consisterait à restituer à l'industrie la fabrication du tabac, à en déclarer la culture et le commerce libres, sauf les dispositions des lois, qui seraient formulées de manière à protéger et à fournir à l'Etat les ressources qui lui sont nécessaires.

2° *De la betterave et du sucre indigène.*

La culture de la betterave a pris depuis quelques années un grand développement; c'est une conquête précieuse pour l'agriculture et pour notre production. Chaque jour voit se développer cette nouvelle industrie à la fois agricole et manufacturière; mais, dans un pays où le sel est imposé, il paraît impossible que le sucre soit affranchi des taxes. Le sucre présente, en effet, de nombreux avantages pour asseoir convenablement un impôt, car il est d'une consommation générale sans être de première nécessité. Sans doute il était juste et convenable de favoriser les premiers essais de cette nouvelle industrie, en lui accordant une protection spéciale; mais il convient qu'elle contribue, comme toutes les autres, aux charges de l'Etat. L'affranchir serait une injustice, surtout dans le moment où nous écrivons en présence d'un déficit de 30 millions. Ce serait faire supporter aux autres branches de l'industrie agricole le poids d'un semblable privilége. Espérons toutefois que cet impôt inévitable sera sagement gradué, de manière à suivre les progrès du rendement, du prix du revient et du développement de la fabrication; qu'il sera établi sur les bénéfices et de manière à ne pas porter préjudice à une industrie qui tend à accroître de 100 millions par an le revenu territorial de la France.

3° *Des bois et forêts.*

La jouissance des bois appartenant à l'Etat, aux communes et aux établissemens publics, doit être soumise à des règles particulières, car il n'y a pas là l'œil vigilant du maître pour réprimer les abus et diriger l'exploitation. Mais, lorsqu'ils appartiennent à des particuliers, c'est porter une atteinte inutile à l'exercice de la propriété que de les obliger à les aménager d'après un système fixé d'avance et nécessairement contraire à leurs intérêts. Quoiqu'une grande partie des entraves apportées à cette jouissance par les anciennes ordonnances aient été supprimées, le droit de martelage des bois pour le service de la marine, et la prohibition des défrichemens qui existent encore aujourd'hui, sont des restrictions qui paraissent inutiles aux hommes les plus éclairés. C'est une chimère que de craindre le dépeuplement de nos forêts; eût-il lieu d'ailleurs, les forêts de l'Etat et le commerce nous fourniraient toujours les bois nécessaires à nos constructions maritimes. L'Angleterre n'a point de forêts, et cependant sa puissance navale surpasse celle des autres pays. On pense donc généralement que la prohibition de défricher ne peut être maintenue qu'à l'égard des terrains en pente situés sur le sommet ou la croupe des montagnes, pour prévenir les inconvéniens que l'ignorance pourrait occasionner en mettant à nu ces terrains, et en permettant aux pluies de faire couler dans la plaine toute la terre végétale, de les rendre ainsi complétement infertiles. Cependant il est nécessaire de rappeler que la question de savoir si les *défrichemens* doivent être permis à tous les propriétaires de bois n'est pas seulement économique, mais qu'elle doit encore appeler à son secours et à sa solution l'expérience de la science météorologique. Les défrichemens étendus peuvent avoir la plus grande influence sur la fertilité générale du sol et sur la végétation. Les forêts abritent la contrée contre l'influence pernicieuse de certains vents qui pourraient nuire à la fertilité; elles attirent les nuages, et conservent au sol l'humidité nécessaire, en l'abritant contre les rayons desséchans d'un sol brûlant; enfin, les arbres des forêts attirent et neutralisent, par les sommets de leurs nombreuses branches, l'électricité de l'atmosphère, et préservent peut-être ainsi les récoltes des orages et des grêles dévastatrices.

Les *plantations* méritent aussi d'être encouragées, surtout dans les terrains de médiocre qualité et les pentes des montagnes. Malheureusement, la plus grande partie de ces terrains appartient aux communes, et est livrée au plus funeste système. Chacun peut en jouir, nul n'a le droit de l'améliorer. Un semblable mode de jouissance suffirait pour réduire à un état déplorable les meilleurs fonds, les pâturages les plus fertiles : on peut juger de son résultat dans des terrains que l'art agricole aurait quelque peine à mettre en valeur. Le partage, la vente ou la location par baux emphytéotiques de ces communaux, serait un bienfait pour la France, qui compte plus de deux millions d'hectares de biens ainsi possédés. Le bail à long terme devrait être préféré pour ceux qui peuvent être plantés en bois, à la charge d'en régler la jouissance et le retour à la commune à son expiration, et d'en garantir la conservation et l'aménagement.

Pour les forêts, la conservation de la vieille écorce sera toujours le point important à obtenir. Le chauffage ne manquera point : l'usage d'enclore les héritages, la suppression de la vaine pâture, le goût des plantations, en répandant les arbres isolés, tend également à assurer des ressources qui, combinées avec l'exploitation du sol houiller, doit rassurer la France. Il n'en est pas de même des arbres nécessaires à la marine, à ses constructions, et à l'exploitation de ses vignobles. Pour ce dernier art seulement, il faut environ 10,000 hectares par an de futaies aménagées à 120 ans; la vieille écorce n'est donc qu'un revenu accumulé et capitalisé, et l'on rentre à peine dans une portion de ce revenu à de longs intervalles, sauf au propriétaire à retrouver son dédommagement lors de la coupe.

Peu de propriétaires possèdent une étendue suffisante de forêts pour effectuer un aménagement régulier; ce sont donc des cultures qui ne donnent aucun revenu. Mais alors comment acquitter l'impôt, qui n'est qu'une portion du revenu concédé au gouvernement comme prix de la protection garantie à la propriété? La nécessité d'en faire l'avance paralysera toujours les spéculateurs en ce genre; car un capital doublant en 14 ans par l'intérêt composé, il est facile de démontrer qu'un père de famille qui élève de hautes futaies paiera 3, 4 ou 5 fois la valeur des arbres qui seront coupés par ses petits enfants. Mais alors qu'il attend, dans l'intérêt de l'avenir, son revenu, il serait utile que le gouvernement, qui ne meurt jamais, attendît aussi la part qui lui appartient, et fît remise de l'impôt assis sur les terrains qui seraient déclarés devoir être aménagés en haute futaie, sauf la soumission du propriétaire de lui abandonner, lors de la coupe, le 6e, 7e ou 8e de sa valeur, comme représentation de l'impôt accumulé que le sol aurait dû acquitter.

4° *De la chasse.*

La chasse est aussi un droit dérivatif de la propriété; mais, dans l'intérêt de l'agriculture, l'exercice de ce droit doit être soumis à des règles qui en assurent l'exercice et en préviennent les abus. (Voir dans la partie législative les dispositions qui y sont relatives.)

5° *Des cours d'eau.*

L'eau courante, considérée comme élément, ne peut être la propriété exclusive de personne; elle reste dans le domaine public et n'est, en conséquence, soumise qu'aux lois de police qui règlent la manière d'en jouir. Ce sujet offre de grandes difficultés, car ici l'intérêt général se trouve en contact perpétuel avec l'intérêt privé. La navigation, le flottage, l'irrigation des propriétés rurales, cette source si féconde de la fertilité, les droits et priviléges des possesseurs d'usines, nécessitent dans tous les pays des dispositions législatives compliquées.

Les fleuves et rivières navigables appartiennent partout à l'Etat; ils servent, avec les lacs et les canaux, de routes liquides au commerce. Les autres cours d'eau doivent appartenir aux propriétaires riverains en raison de la largeur du front de leur propriété, sauf les servitudes de flottage et de halage, et sauf aussi le droit de propriété *tréfoncière* que l'Etat doit conserver sur tous les cours d'eau. A l'égard des sources qui prennent naissance dans un fonds, elles appartiennent exclusivement au propriétaire du sol d'où elles jaillissent.

6° *De la pêche.*

Le poisson peut être considéré comme le fruit des cours d'eau où il prend naissance et où il vit. Celui qui nage dans les fleuves et rivières navigables appartient donc à l'Etat, qui généralement en afferme la pêche. Celui qui habite les autres cours d'eau appartient aux propriétaires riverains et à chacun d'eux sur le front de sa propriété. Mais comme le poisson offre un aliment sain et utile aux populations, des lois de police doivent protéger le frai qui sert à sa reproduction. Dans les étangs, la pêche appartient sans contrôle au propriétaire du fonds. Toutefois, dans les pays d'étangs, il existe, à défaut de lois, des usages destinés à concilier les intérêts des propriétaires d'étangs contigus. (Voir la partie législative.)

7° *Des salines.*

Le sel est un aliment indispensable à l'homme et nécessaire aux animaux, il éveille l'appétit et excite les fonctions digestives; il est également utile en certaines circonstances à la culture des terres; il serait donc à désirer que le commerce de cette substance fût entièrement libre. Malheureusement la nécessité de pourvoir aux charges de l'Etat a fait soumettre son extraction à des conditions particulières et son commerce à des impôts onéreux. Le sel se trouve à l'état fossile, ou en roche dans certaines mines qui ont reçu le nom de mines de *sel-gemme*. Comme toutes les autres mines et minières, les mines de sel en roche appartiennent aux propriétaires de la superficie ; mais elles ont été soumises, dans l'intérêt du fisc, à une surveillance spéciale et ne peuvent être exploitées qu'en vertu d'un acte de concession du gouvernement. Le sel est aussi extrait directement des eaux de la mer par l'évaporation aqueuse, ou des sources d'eau salée dont on trouve un assez grand nombre en France. L'établissement d'une saunerie, soit dans les marais salans, soit en sources, doit donc être permis aux propriétaires de ces marais et sources; le monopole de l'Etat serait injuste dans ce cas, car il n'est pas indispensable, sauf les lois de police nécessaires pour assurer les droits du fisc.

CHAPITRE II. — DES DÉBOUCHÉS DE L'INDUSTRIE AGRICOLE.

On appelle *débouchés*, dit l'économiste SAY, les moyens d'écoulement, les moyens d'échange, les moyens de vente pour un produit.

Un acheteur ne se présente d'une manière effective qu'autant qu'il a de l'argent pour acheter; et il ne peut avoir de l'argent qu'au moyen des produits qu'il a créés, ou qu'on a créés pour lui ; d'où il suit que c'est la production qui favorise les débouchés.

Le défaut de production, et par suite de débouchés, vient quelquefois de ce que le produit est rendu trop cher par des *impôts* excessifs, ou une industrie imparfaite; quelquefois il vient d'une force majeure qu'il est impossible de surmonter. Quand une partie des récoltes manque, l'autre se vend moins bien, parce qu'une portion des objets récoltés eût été achetée avec le produit des récoltes qui ont manqué. Les mêmes principes s'appliquent à tous les débouchés, soit intérieurs, soit extérieurs; cependant le marché intérieur et le marché étranger donnent lieu à quelques considérations particulières qui diviseront ce chapitre en deux sections principales.

SECTION I. — *Du marché intérieur.*

L'expression marché est en quelque sorte synonyme du mot *débouché;* c'est le lieu où on trouve à échanger, ou, ce qui revient au même, à vendre ses produits.

Dans la langue de l'économie publique, le *marché* n'est pas le lieu où l'on se rassemble en grand nombre pour acheter ou vendre, c'est l'ensemble de tous les lieux où s'opèrent quelques transactions commerciales. Ainsi la France entière est notre marché intérieur. Les villes, et surtout les capitales, sont les plus grands centres de la consommation intérieure; la jalousie de quelques provinces contre la capitale de la France est donc injuste et maladroite, puisque c'est elle qui offre le marché le plus étendu à leurs produits. Ajoutez à cela que c'est dans les capitales que s'élaborent les découvertes des sciences et des arts dont l'influence salutaire réagit bientôt sur les campagnes; que sans elles la liberté et la civilisation perdraient leur base la plus puissante, et qu'un pays, sans une capitale riche et florissante, serait nécessairement placé au dernier rang des nations.

Dans tous les pays, même ceux qui sont presque réputés exclusivement commerciaux, comme la Hollande, le commerce intérieur est infiniment plus considérable que le commerce extérieur. Il suffit, pour s'en convaincre, de jeter les yeux autour de soi. Les vêtemens qui nous couvrent, les mets qui paraissent sur nos tables, les meubles et les décorations de nos appartemens, en un mot la plupart des objets qui sont destinés à satisfaire nos besoins ou nos goûts sont des productions indigènes. Le nombre des choses qui viennent du dehors est modique en comparaison des choses qui nous viennent de l'intérieur, surtout si l'on y comprend, comme on le doit, la valeur des bâtimens que l'on habite et celles des autres constructions qui sont aussi un produit de l'intérieur.

Au surplus, dans tous les pays et surtout dans les contrées où la population est considérable, les bornes de l'extension du marché intérieur ne sauraient être fixées avec quelque latitude. Si la richesse du pays permettait à l'aisance de pénétrer dans nos campagnes, si une nourriture saine et abondante, des vêtemens plus commodes et moins grossiers, des habitations moins humbles, des ameublemens moins misérables devenaient possibles à l'égard de la plus grande partie de nos cultivateurs, le marché national pourrait s'accroître du double au triple, et l'activité commerciale s'augmenter dans les mêmes proportions. Pour atteindre ce but désirable, ou du moins pour nous en rapprocher, il est nécessaire de faciliter le plus possible les communications ou les rapports entre les producteurs et les consommateurs. Il est donc utile de présenter quelques vues générales sur les avantages qu'offrent, pour la prospérité générale d'un pays, des voies perfectionnées de communication.

§ Ier. — Des voies de communication.

Dans le commerce, de même que dans l'industrie manufacturière, la découverte d'un procédé expéditif et économique, la destruction d'un obstacle, en un mot tout ce qui diminue les frais de production et procure au consommateur un gain qui ne coûte rien au producteur, est un bienfait pour la masse des habitans. En effet, dans ce cas, le producteur baisse son prix, sans perte, parce que s'il fait payer moins cher, c'est qu'il a moins dépensé. Les moyens de communication, dit SAY, favorisent la production précisément de la manière que les machines qui multiplient les produits de nos manufactures et en abrégent la production. Ils procurent les mêmes produits à moins de frais, ce qui équivaut exactement à un plus grand produit obtenu avec les mêmes frais. Ce calcul appliqué à l'immense quantité de marchandises qui couvrent les routes d'un empire populeux et riche, depuis les légumes qu'on porte au marché, jusqu'aux produits de toutes les parties du globe, qui, après avoir été débarqués dans les ports, se répandent ensuite sur toute la surface du continent, ce calcul, dis-je, s'il pouvait se faire, donnerait une économie immense dans les frais de production. La facilité des communications équivaut même à la richesse naturelle et gratuite qui se trouve dans le produit, lorsque, sans la facilité de cette communication, cette richesse naturelle serait perdue. Au Chili et à Buénos-Ayres, et dans quelques autres parties de l'Amérique méridionale, les bêtes à cornes sont si multipliées, et les moyens de communication et de consommation si restreints qu'on les abat constamment pour avoir leur peau et leur graisse; on laisse consommer leurs chairs sur le lieu où ils ont été abattus et leurs ossemens et cartilages, et souvent même les parties musculaires, servent à chauffer les fours de certaines usines. Si on pouvait les transporter sur un marché intérieur ou extérieur où ils serviraient à satisfaire les besoins de la consommation, les revenus du producteur et la richesse générale du pays s'accroîtraient nécessairement de toute leur valeur.

Les voies de communication se divisent en voies terrestres et voies liquides ou fluviales; nous examinerons sous les deux articles suivans les conditions qu'elles doivent réunir.

1° *Voies terrestres.*

Les voies terrestres peuvent se diviser en grandes routes, chemins de fer, ponts, chemins vicinaux, rues des villes, bourgs et villages et sentiers; chacune de ces espèces de voies de communication donne lieu à des considérations particulières que nous allons indiquer successivement.

A. *Des grandes routes.*

Les routes sont les organes principaux de la circulation commerciale; les jurisconsultes les placent, avec raison, dans la catégorie des choses qui sont hors du commerce, et dont en conséquence la propriété n'appartient à personne, mais dont l'usage est réservé à chacun. Les routes doivent être, autant que le permettent les localités, accompagnées de fossés latéraux, soit pour servir à l'écoulement des eaux, soit pour mettre obstacle aux anticipations possibles de la part des propriétaires riverains; leur largeur doit être proportionnée aux besoins de la circulation, et à l'activité de l'industrie nationale.

Deux systèmes se présentent ici en concurrence : le premier est le système anglais, où toutes les routes sont faites par les comtés, sous la direction et surveillance de l'autorité locale. L'état parfait de toutes les routes de l'Angleterre, unies et coulantes comme les avenues d'un beau parc, proclamerait hautement l'excellence de ce système, si l'on ne remarquait pas que le bon état des routes de l'Angleterre résulte moins encore du système qu'ils ont adopté, que de l'esprit d'ordre et de prévoyance de ce peuple remarquable. Les soins et la vigilance qu'ils apportent à tout ce qui peut contribuer à la propreté, à la salubrité et à l'embellissement de leur pays, prouvent suffisamment que tout autre système pour la confection et la réparation des routes aurait également réussi parmi eux. Dans d'autres pays, et particulièrement en France, les voies de communication, dont l'entretien est confié à l'autorité locale, sont presque toujours dans un état déplorable; nous sommes donc portés à croire que le système anglais est excellent, mais qu'il ne peut réussir que chez les peuples déjà parvenus à un haut degré de civilisation, et où il existe des institutions municipales fondées sur des principes de liberté.

Le *second système* est celui que l'on suit en France, où les routes dites royales et les routes départementales sont confiées, quant à leur direction, confection et entretien, à une administration spéciale qui reçoit la dénomination d'administration des ponts et chaussées. Le corps des ingénieurs qui font partie de cette administration est sans contredit le plus instruit de l'Europe; le tracé des routes est toujours savant, elles sont faites sur de vastes proportions d'après les règles de l'art, et coûtent des sommes immenses à l'Etat. Depuis la révolution de 1830, 2000 lieues de routes royales ont été mises par cette administration à l'état d'entretien, et ce nombre, joint aux 4000 lieues qui existaient déjà, forme un immense réseau de 6000 lieues qui porte l'activité et la vie dans toutes les parties du royaume, indépendamment des routes départementales, dont un très-grand nombre a été achevé, soit par la même administration, soit dans quelques départemens par les autorités locales. Cependant nous sommes forcés de reconnaître que nos routes en France sont infiniment moins bien entretenues que celles du pays voisin que nous avons cité. Une administration, quelle que soit l'habileté des hommes qui la composent, ne développe jamais la même activité que des autorités locales soutenues et encouragées par des populations éclairées. Les *tolls* ou péages qui sont établis sur toutes les routes de l'Angleterre leur permettent de couvrir les intérêts des capitaux avancés, et les frais d'entretien par des droits légers imposés sur la circulation des animaux et attelages. Nous examinerons ci-après les avantages et les inconvéniens attachés aux péages. Enfin, le système de l'ingénieur MAC ADAM, qui consiste à construire des routes, non pas avec des blocs de pierres ou de grès, mais avec des fragmens de cailloux superposés d'après les principes de l'art, et dans des proportions de largeur qui ne sont jamais supérieures aux besoins de la circulation, donnent aux routes anglaises et aux routes de l'Allemagne et de la Pologne, construites d'après le même système, une supériorité marquée sur les routes de France. Ces voies de communication sont entretenues avec soin et arrosées par les autorités locales, partout où le besoin s'en fait sentir.

« Les routes, dit très-judicieusement l'économiste distingué que nous avons déjà plusieurs fois cité, doivent en général être calculées pour les besoins de commerce. Une route trop large fait perdre chaque année la rente de la terre superflue qu'on y a consacrée et les frais d'entretien plus forts que ceux qui sont nécessaires. Plusieurs routes qui partent de Paris ont 180 pieds de large, compris les bas côtés; quand elles n'en auraient que 60, leur largeur excéderait encore tous les besoins et pourraient passer pour magnifiques, même aux approches d'une grande capitale. Le surplus est un faste inutile. Je ne sais même si c'est un faste, car une étroite chaussée au milieu d'une large avenue dont les côtés sont impraticables durant la majeure partie de l'année, semble accuser la mesquinerie non moins que le bon sens de la nation. Il y a quelque chose de pénible à voir un espace, non-seulement perdu, mais mal tenu; il semble qu'on ait voulu avoir des routes superbes sans avoir le moyen de les entretenir unies, propres et soignées, à l'exemple de ces seigneurs italiens qui habitent des palais qu'on ne balaie point. Quoi qu'il en soit, il y a le long des routes dont je parle, 120 pieds qu'on pourrait rendre à la culture, ce qui fait pour chaque lieue commune 50 arpents. Maintenant qu'on mette ensemble le fermage de ces arpents, l'intérêt des frais de confection, et les frais d'entretien de la largeur inutile, et l'on verra à quel prix la France jouit de l'honneur, qui n'en est pas un, d'avoir des routes deux ou trois fois trop larges pour arriver à des villes dont les rues sont quatre fois trop étroites. »

Quoique la construction des routes départementales appartienne, comme celle des routes royales, à l'administration des ponts et chaussées, déja plusieurs conseils départementaux ont voté avec l'autorisation du pouvoir législatif les fonds nécessaires à la confection de quelques-unes de ces routes, et les autorités locales ont fait procéder à leur confection, sans avoir recours à cette administration. Cependant il faut reconnaître que ces empiétemens sur les attributions de l'administration des ponts et chaussées ont été faits sans opposition de sa part, et sans réclamation de la part du ministre de l'intérieur, bien plus, aux termes du nouveau projet de loi sur les chemins vicinaux, ces routes secondaires, lorsqu'elles auront été classées par les conseils généraux au rang des chemins vicinaux, se trouveront sous l'autorité immédiate du préfet. Si ces routes sont faites par les autorités locales avec le soin nécessaire, et d'après les principes de l'art et dans des proportions raisonnables, et que par de mauvais calculs et en voulant trop économiser sur les dépenses, on ne gaspille pas en mauvais travaux les ressources des départemens, cette innovation produira certainement un grand bien par l'activité et l'émulation qu'elle répandra dans nos départemens.

B. *Chemins de fer.*

La construction des voies rapides et économiques de communication, telles que les chemins de fer, offre encore de nouveaux avantages; elle étend le champ d'approvisionnement des grands centres de consommation. Des denrées, qui, par l'éloignement du lieu de leur production, ne pouvaient y être apportées, arrivent ainsi avec facilité et économie et concourent avec avantage à l'approvisionnement des grands marchés. Des bestiaux destinés à la boucherie, qui étaient auparavant obligés de parcourir, à grands frais d'énormes distances, arrivent sans fatigue et sans perdre de leur substance, sur le lieu de leur consommation, aussi frais que s'ils sortaient du pâturage. Les produits de la terre, les matières premières de l'industrie, dont le poids est en général très-considérable, peuvent ainsi être transportés économiquement dans les villes manufacturières où ils doivent être façonnés ou consommés.

L'agrandissement du cercle des approvisionnemens a encore pour effet d'empêcher de grandes variations dans le prix des denrées, car l'approvisionnement est d'autant plus assuré qu'il peut venir de points plus éloignés, et qu'un plus grand nombre de départemens, situés sous des latitudes différentes, peuvent concourir à cet approvisionnement. De plus, la réduction des frais de transport augmente tout à la fois le bien-être des classes pauvres en leur permettant de mieux satisfaire leurs besoins, et celui des producteurs en accroissant la consommation.

Quant à la question de savoir si ces voies artificielles de communication rapide doivent être faites par l'Etat ou par des compagnies, c'est une question complexe et difficile qui a été déjà débattue en divers pays. Peut-être d'ailleurs n'obtiendra-t-elle pas partout la même solution. Dans les contrées riches, où la population est industrieuse, et l'esprit d'association et d'entreprise porté au plus haut degré, l'Etat pourra sans crainte se reposer sur l'activité des compagnies; mais, dans les pays moins avancés, où l'esprit des habitans est timide, et où la confiance a été ébranlée par la mauvaise foi des spéculateurs, qui, trop souvent, inventent et dirigent de pareilles opérations, il serait peut-être désirable que le gouvernement fît les premiers pas, en encourageant ces travaux utiles par des avances, des garanties d'intérêt, ou d'autres avantages analogues.

C. *Des ponts.*

Les ponts facilitent aussi les communications entre les deux rives d'un fleuve; ils peuvent être construits par l'Etat ou l'autorité locale, aux dépens de tous les contribuables, ou mieux par la municipalité ou les concessionnaires qu'elle choisit, en imposant sur tous les passagers un droit de péage (*voy.* ci-après ce mot) proportionné aux dépenses exigées et au revenu probable de la construction. Il est inutile d'ajouter que la force d'un pont doit être en proportion du nombre et du poids des attelages qui doivent le traverser, et que les droits de tonnage et de passage, qui sont toujours fixés par l'autorité supérieure, doivent être proportionnés à ce qu'il a coûté et à la circulation probable qu'il doit faciliter. Les bacs et bateaux de passage sont régis par les mêmes principes que les ponts; à l'autorité supérieure seule appartient le droit de les autoriser et de fixer les droits de péage à payer par les passagers.

D. *Des chemins vicinaux et communaux.*

Pendant longtemps ces expressions, chemins vicinaux, chemins communaux, ont été synonymes et ont servi à désigner les mêmes objets. Ils sont encore régis par la même loi et par des dispositions identiques, soit qu'ils servent aux usages des habitans d'une même commune, soit qu'ils intéressent à la fois plusieurs communes. Mais une distinction tranchée paraît vouloir s'introduire aujourd'hui entre ces deux expressions. Les chemins communaux destinés à l'usage des habitans d'une seule commune doivent conserver cette dénomination et rester sous la surveillance des autorités locales; mais les chemins vicinaux, qui désormais désigneront les chemins de grande vicinalité qui intéressent plusieurs communes, doivent sortir du régime municipal, pour entrer dans le régime départemental. Ce sont ces chemins qu'il s'agit, dans l'intérêt général, de classer en bloc comme départementaux. C'est la centralisation départementale qu'il faut appliquer à cet objet, parce que ce genre d'attribution forme un des élémens les mieux caractérisés des attributions départementales. Le moyen le plus simple d'arriver à ce but, et en même temps d'éviter les empiétemens que les conseils généraux pourraient être tentés de faire sur les attributions plus étendues de l'administration des ponts et chaussées, c'est de donner aux conseils généraux le droit de déclarer vicinal tout chemin communal, lorsqu'ils penseront qu'il doit être élevé à ce rang, eu égard à son importance, sur l'avis des conseils municipaux et des conseils d'arrondissement, et sur la proposition des préfets. Il faut accorder aussi au même conseil départemental le droit de déterminer la direction que le chemin vicinal doit suivre, de désigner les communes qui doivent contribuer à son entretien, sauf aux préfets à fixer la largeur du chemin et la proportion dans laquelle chaque commune doit contribuer, avec les fonds départementaux, à l'entretien de la ligne vicinale dont elle dépend. — La *prestation en nature*, qu'on semble vouloir conserver, est une ressource difficile à manier, mais qu'il paraît impossible de remplacer ou de convertir en argent dans quelques-uns de nos départemens, au moins quant à présent.

Une innovation utile et appelée par tous les bons esprits, c'est la création d'*agens voyers* nommés et révoqués par l'autorité départementale, chargés d'assurer le bon emploi des ressources et la bonne exécution des travaux. Enfin, pour obtenir de l'ensemble dans les opérations de la vicinalité, et employer avec utilité les divers agens de ce service, il est désirable qu'il soit créé des *chefs* de spécialité, ayant sous leurs ordres tous les autres agens, et ne relevant que du préfet seul.

E. *Des rues des villes, bourgs et villages.*

Les rues des villes, bourgs et villages, *appartiennent au domaine public en général*, et *en particulier au domaine public municipal*, comme spécialement utiles aux habitans des lieux, et sont à la charge des communes de leur situation. Les rues des villes, bourgs et villages remplissent complétement les fonctions des chemins vicinaux; et, soit qu'il s'agisse d'en créer qui n'existaient pas encore, soit qu'il s'agisse de rectifier, élargir ou améliorer ceux qui existaient déjà, c'est toujours la commune à laquelle ils appartiennent qui doit en supporter les frais.

Au surplus, et dans l'intérêt de la circulation et de la régularité des rues, les propriétaires des terrains riverains doivent être soumis à la servitude d'alignement, et à toutes les charges de ville et de police nécessaires à la viabilité et à la salubrité. D'autre part, les rues et places des villes, bourgs et villages doivent être affectées aux servitudes nécessaires à la desserte, et aux commodités et aisances des maisons et héritages adjacents, et spécialement au droit de prendre sur la rue leurs jours, entrée et sortie nécessaires; comme aussi au droit d'y faire les dépôts momentanés des matériaux destinés aux constructions et réparations, aux approvisionnemens du ménage, et toutes autres commodités autorisées par les usages et non contraires aux règlemens de police.

Cela résulte de l'équité et du contrat synallagmatique qui se forme, quoique tacitement, entre l'autorité qui, stipulant dans l'intérêt du fonds public, accorde la faculté de bâtir, et le constructeur qui l'obtient, et qui, en acceptant cet alignement, n'entend certainement pas faire une construction qui puisse un jour n'être pour lui qu'un obscur cachot sans portes et sans fenêtres. Il y a donc de part et d'autre un vrai contrat constitutif de servitudes.

Il serait désirable qu'en France les habitudes de propreté extérieure entrassent davantage dans les mœurs du pays : quelle que soit l'activité et la vigilance des autorités municipales, elles ne peuvent pas faire tout le bien qu'elles désirent, lorsqu'elles ne sont pas secondées par les habitans et par des habitudes conformes aux améliorations qu'elles voudraient introduire.

F. *Des sentiers.*

On appelle sentiers ces petites voies de traverses pratiquées dans nos campagnes pour communiquer aux habitations ou aux grands chemins publics.

Ces sentiers appartiennent quelquefois aux communes, et servent à l'usage de tous les habitans; alors les frais de réparation et entretien sont des charges municipales, et le préfet peut ordonner toutes les mesures nécessaires pour en procurer la viabilité. Mais le plus souvent les sentiers destinés au service de quelques habitations ne sont que des chemins de servitude. L'entretien et la réparation doivent alors être faits par ceux qui en font usage. A l'égard de cette dernière espèce de sentiers, on agite aujourd'hui la question de savoir s'il n'y aurait pas avantage pour l'agriculture à les déclarer imprescriptibles, et à soumettre les intéressés à concourir à leur entretien, soit dans la proportion de l'utilité qu'ils retirent de ces chemins, soit dans la proportion des contributions qui grèvent les propriétés que ces chemins desservent.

2° *Des voies fluviales ou liquides.*

Les voies liquides de l'intérieur se classent sous deux divisions principales, la navigation naturelle et la navigation artificielle.

A. *De la navigation naturelle.*

Lorsqu'on considère sous un point de vue général la position géographique de la France, en suivant de l'œil les chaînes de montagnes qui se projettent à sa surface, les bassins qui les séparent et les fleuves qui, après avoir sillonné le fond de ces bassins, arrivent aux deux mers qui enceignent au midi et à l'ouest son vaste territoire, on doit reconnaître, en l'admirant, tout ce que la nature a prodigué à ce beau pays, pour faire jouir ses habitans de tous les avantages d'un commerce étendu.

Les avantages qui résultent de l'heureuse position de la France n'avaient pas échappé à l'observation des anciens, et les idées qu'ils s'étaient formées de ceux qui doivent résulter pour le commerce intérieur de cette riche contrée, de la direction des fleuves et des rivières, semblent avoir été les mêmes qui depuis ont guidé le gouvernement dans l'établissement des lignes artificielles dont se compose le système actuel de la navigation.

« Toute la Gaule, dit STRABON, est arrosée par des fleuves qui descendent des Alpes, des Pyrénées et des Cévennes, et qui vont se jeter les uns dans l'Océan, les autres dans la Méditerranée. Les lieux qu'ils traversent sont pour la plupart des plaines et des collines qui donnent naissance à des ruisseaux assez forts pour porter bateaux. Les lits de tous ces fleuves sont, les uns à l'égard des autres, si heureusement disposés par la nature, qu'on peut aisément transporter les marchandises de l'Océan à la Méditerranée, et réciproquement; car la plus grande partie des transports se fait par eau en descendant ou en remontant les fleuves, et le peu de chemin qui reste à faire par terre est d'autant plus commode qu'on n'a que des plaines à traverser. Le Rhône surtout a un avantage marqué sur les autres fleuves pour le transport des marchandises, non-seulement parce que ses eaux communiquent avec celles de plusieurs autres fleuves, mais encore parce qu'il se jette dans la Méditerranée, qui l'emporte sur l'Océan par les avantages qu'elle offre au commerce, et parce qu'il traverse les plus riches contrées de la Gaule. Une si heureuse position de lieux, par cela même qu'elle semble être l'ouvrage d'un être intelligent plutôt que l'effet du hasard, suffirait pour prouver la Providence ; car on peut remonter le Rhône bien haut avec de grosses cargaisons qu'on transporte en divers endroits du pays, par le moyen d'autres fleuves navigables qu'il reçoit et qui peuvent également porter des bateaux pesamment chargés. Ces bateaux passent du Rhône sur la Saône, et ensuite sur le Doubs qui se décharge dans ce dernier fleuve. De là les marchandises sont transportées par terre jusqu'à la Seine qui les porte à l'Océan à travers le pays des *Lexovii* et des *Caletes* (les habitans des rivages méridionaux et septentrionaux de l'embouchure de la Seine), éloignés de l'Ile de Bretagne de moins d'une journée.

» Cependant, comme le Rhône est difficile à remonter à cause de sa rapidité, il y a des marchandises qu'on préfère porter par terre au moyen de chariots; par exemple celles qui sont destinées aux *Arverni* (les habitans de l'Auvergne), et celles qui doivent être embarquées sur la Loire, quoique ces cantons avoisinent en partie le Rhône. On charge ensuite ces marchandises sur la Loire qui offre une navigation commode. Ce fleuve sort des Cévennes et va se jeter dans l'Océan. De Narbonne, on remonte à une petite distance l'*Atax*, l'Aude. Mais le chemin qu'on a ensuite à faire par terre, pour gagner la Garonne, est plus long. On l'évalue à 7 ou 800 stades. Ce dernier fleuve se décharge également dans l'Océan. »

Ces passages si remarquables et qui donnent une si juste idée de la position respective des cinq grands fleuves qui arrosent la France, ainsi que des besoins de son agriculture et de son commerce, faite par le plus ancien des géographes qui aient fait connaître ces contrées, n'indiquent pas d'une manière aussi formelle la jonction du Rhône et du Rhin, dont s'occupa un siècle après *Lucius Verus*, et qu'on peut considérer, pour ainsi dire, comme une communication européenne. Le même auteur ne semble pas avoir signalé la triple jonction du Rhône avec la Seine, la Loire et la Garonne, et avoir ainsi tracé, plus de quinze siècles avant le commencement de son exécution, le système de navigation que la nature a assigné à la France, et dont le gouvernement et les particuliers n'ont fait jusqu'à ce jour que suivre dans leurs efforts l'impérieuse et salutaire indication.

Au surplus, les voies naturelles de communication intérieure se subdivisent en fleuves et rivières navigables et en rivières simplement flottables.

a. Rivières navigables. Les rivières navigables sont celles qui portent bateaux de leurs fonds, pour le service public ; elles appartiennent sous tous les rapports au domaine public, mais seulement jusqu'au point où peuvent remonter les bateaux destinés à faciliter la circulation du commerce et à servir au transport des hommes et des denrées d'un lieu dans un autre : elles remplissent les fonctions de routes par eau, comme les chemins établis sur le sol remplissent celles de routes par terre, et l'on applique en général à l'usage des rivières, comme à celui des grandes routes, les divers règlemens sur la police de la grande voirie.

b. Des rivières flottables. Les rivières qui ne sont que flottables sont celles qui, sans porter bateaux de leurs fonds, servent néanmoins à transporter le bois, soit en trains ou radeaux, soit à bûches perdues, et l'on range en conséquence dans cette classe les simples ruisseaux lorsqu'ils sont asservis à cet usage public.

Toutefois les rivières flottables doivent être sous-divisées en deux catégories distinctes : la première comprend celles des rivières où le flottage s'exerce par *trains* ou *radeaux*, c'est-à-dire par grosses masses de bois réunies et enlacées en trains ou radeaux ; cette espèce de rivière appartient sous tous les rapports au domaine public, comme les rivières navigables.

La seconde comprend celle des rivières ou même des gros ruisseaux qui ne sont flottables qu'à *bûches perdues*. Le flottage s'exerce à bûches perdues lorsqu'on lance en rivière, bûche à bûche, des bois de corde ou de moule destinés au chauffage, pour les faire descendre jusqu'aux ports où l'on a construit des arrêts pour retenir la flotte, tandis qu'on la retire de l'eau. Cette dernière classe de rivières ou ruisseaux reste, quant à tous les usages, excepté celui de la flottabilité, dans le domaine privé des propriétaires riverains qui sont réciproquement chargés des dépenses d'entretien de ces sortes de rivières. (*Voy.* ci-après la partie législative.)

B. *De la navigation artificielle.*

La navigation appelée artificielle s'exerce par le moyen des canaux. Nous classerons aussi sous cette division les ports et les gares intérieures qui sont des ouvrages d'art destinés à faciliter la navigation.

1. *Des canaux.* Les canaux de navigation intérieure sont en général placés hors du commerce par la destination de la loi civile. Les choses de ce genre étant asservies par l'autorité publique à l'usage de tous indistinctement, ne peuvent rester soumises aux règles de la propriété privée; ils font en conséquence partie du domaine public. Le concours du pouvoir législatif est nécessaire pour leur création et ils restent sous la surveillance de l'administration des ponts et chaussées. Quant à la direction des canaux vers un but d'utilité générale, il est à remarquer que de toutes les premières lignes dont on a voulu former la navigation artificielle, il n'en est aucune à l'ouverture de laquelle n'ait présidé cette idée à la fois si simple et si grande, de la jonction des deux mers entre lesquelles s'interpose sur plus de la moitié de son périmètre le vaste territoire de la France.

Tous les intérêts commerciaux indiquaient donc la jonction du seul fleuve du versant de la Méditerranée avec ceux du versant de l'Océan, du Rhône avec la Garonne, la Loire, la Seine et le Rhin; mais il fallait encore pénétrer plus loin, il fallait remonter jusque dans les provinces septentrionales, et l'Oise s'unit bientôt au nord avec l'Escaut, et à l'ouest et à l'est avec la Somme et la Meuse.

C'est de ces jonctions partielles de ces divers fleuves que nous avons vu se former, dans l'intérêt du commerce intérieur et extérieur, les six grandes lignes de jonction des deux mers qui forment les grandes artères de notre système de navigation :

La première, par le midi et l'ouest, en passant par le centre, au moyen du canal de Briare, le plus ancien de tous et exécuté par anticipation, et au moyen du canal du Centre ouvert plus d'un siècle après ;

La seconde, par le midi et le sud-ouest, au moyen du canal du Languedoc;

La troisième comme la première, par le midi et l'ouest, en passant par le centre et exécutée par le canal de Givors;

La quatrième, du midi à l'ouest, en passant par le centre et au moyen du canal du centre;

La cinquième, par le midi et l'est, au moyen du canal de Monsieur.

Enfin, la sixième, par le midi et le nord, au moyen du canal de Bourgogne, se prolongeant au sud par le canal de Saint-Quentin jusqu'au port de Dunkerque.

Quelques-unes de ces lignes principales, qui ne présentent que les premiers linéamens du système de navigation de ce grand royaume, se sont épanouies et s'épanouiront encore en une multitude de rameaux qui pénétreront dans toutes les parties du royaume. Des canaux latéraux à des parties de fleuve où la navigation est incertaine ou dangereuse, exécutés ou encore en projet, sont destinés à faciliter les communications du commerce soit avec l'intérieur, soit avec des Etats limitrophes, soit avec les contrées situées au-delà des mers, et à compléter ainsi la navigation générale de la France.

2. *Des ports et gares de l'intérieur.* Les ports de l'intérieur sont des ouvrages d'art destinés à faciliter le chargement, le déchargement et le transbordement des marchandises qui circulent sur les fleuves ou rivières navigables ou sur les canaux.

On appelle *gares*, des lieux disposés sur les rivières pour y ranger les bateaux, afin de les préserver du choc des glaces dans les débâcles, ou des accidens que causent souvent les grandes eaux, ou enfin du choc des autres bateaux. Ces ouvrages d'art étant destinés à faciliter la navigation sur les fleuves et sur les canaux font en général partie du domaine public. Cependant il arrive fréquemment qu'ils sont concédés par une loi, soit aux villes, au moins quant à la jouissance, soit aux compagnies concessionnaires qui les ont fait construire.

3. *Des péages et octrois de navigation.* Avant de terminer tout ce que nous avons à dire sur le marché national et sur les voies de communications terrestres et liquides, nous devons nous occuper encore à rechercher les avantages et les inconvéniens qui s'attachent au système des péages.

On nomme *péage* un droit qui se paie soit à l'Etat, soit à quelques particuliers ou compagnies, en vertu de l'autorisation du pouvoir législatif, pour le passage des hommes, des bestiaux ou des marchandises sur un pont, une route, un bac, un chemin en fer, une rivière, un canal, etc.

Adam Smith pense qu'il est impossible d'inventer un moyen plus équitable de payer les dépenses occasionnées par de pareilles constructions, que l'établissement de droits de péages. « Lorsqu'ils sont bien assis, ajoute-t-il, ils réunissent toutes les conditions exigées par l'équité, car, quoique avancés par le producteur, ces droits sont en définitive soldés par le consommateur qui profite de ces voies de communication, et, comme la dépense du produit, malgré ces droits de péage, est en définitive moins considérable qu'elle n'aurait été si ces moyens économiques de transport n'avaient pas existé, il en résulte que le consommateur lui-même est celui qui profite le plus de ces constructions, puisqu'elles ont nécessairement pour effet de diminuer le prix de l'objet de consommation.

» Lorsque les routes, ports et canaux, sont construits et entretenus par le commerce ou ceux qui en font usage, ils ne peuvent être faits que là où le commerce les réclame. Leur grandeur, leur magnificence est nécessairement en proportion de l'importance du commerce qui doit payer la dépense; si le commerce est étendu, ces constructions pourront être faites à grands frais; mais si elles sont destinées aux communications de districts pauvres, elles seront nécessairement faites avec économie, et c'est encore un nouvel avantage de ce mode de construction. »

Au surplus, la facilité des communications étant une mesure d'ordre public, il faut que les voies de communication restent soumises à la surveillance de l'autorité, lors même qu'elles ont été concédées à des entrepreneurs. Pour être équitables, les taxes ne doivent jamais être calculées de manière à excéder les frais de construction et d'entretien; si elles sont plus pesantes, c'est un impôt injuste et dangereux mis sur le commerce.

En Angleterre, où ces droits de péage ou *tolls* existent sur presque toutes les routes, leur état parfait constate aux yeux du voyageur la bonté de ce système. Cependant ce système, excellent dans les pays où il règne une grande activité commerciale, et même dans ceux où cette activité est moindre, lorsqu'il n'existe pas d'autres moyens d'ouvrir des voies de communication, serait intolérable au commerce s'il était établi dans des pays et sur des routes ouvertes depuis longtemps, où les frais d'entretien ont toujours été payés par le trésor public. Un pareil impôt porterait nécessairement la perturbation dans les relations commerciales. Partout où la liberté de la circulation existe, il faut la maintenir, à moins qu'il n'y ait pas d'autres moyens qu'un péage, pour conserver la viabilité de la voie de communication; mais là où la nécessité de favoriser la circulation se fait sentir; là où il faut faire des constructions nouvelles qui, en définitive, tourneront au profit du commerce et du consommateur, il ne faut pas hésiter à établir une construction avec péage, lorsque tout autre mode d'en couvrir les frais serait impossible ou pourrait paraître injuste.

Section II. — *Du marché étranger.*

De même que le marché intérieur d'un pays est l'ensemble de tous les lieux où s'opère une transaction quelconque de commerce intérieur, de même une nation commerçante a pour marché étranger tous les points du globe avec lesquels elle entre en relation commerciale.

Le commerce extérieur est une industrie qui consiste à acheter des marchandises produites dans l'intérieur, pour les envoyer et les faire vendre à l'étranger, ou bien à acheter des marchandises dans l'étranger, pour les revendre dans l'intérieur. Ordinairement on fait de suite ces deux opérations, c'est-à-dire qu'on fait revenir en marchandises du dehors la *valeur* des marchandises indigènes qu'on a envoyées; on appelle cela faire des *envois* et recevoir des *retours*. Les négocians qui font le commerce extérieur ajoutent toujours à la valeur du produit en le mettant à la portée du consommateur. On comprend fort bien, en effet, que le blé accumulé dans les greniers du cultivateur a une moindre valeur que le blé apporté sur le marché; et l'agriculteur ou le négociant, lorsque le blé a été acheté par lui, ne manque jamais d'ajouter à la valeur du produit, les frais de transport sur le marché et le bénéfice raisonnable que cette opération doit lui rapporter. C'est ainsi que deux *nations qui font ensemble le commerce, s'enrichissent réciproquement* par ces échanges, car le produit transporté acquiert une nouvelle valeur aussitôt qu'il se trouve sur le marché étranger. Ce mécanisme et ces résultats si simples du commerce n'ont été malheureusement compris que dans ces derniers temps. Des jalousies nationales, des guerres, et de longues souffrances eussent été sans doute évitées si l'ignorance n'avait pas fait méconnaître ces principes. Il est reconnu aujourd'hui que plus une nation s'enrichit par le commerce qu'elle fait avec une autre nation, plus le commerce est également avantageux pour cette dernière nation, puisqu'un pays ne peut jamais payer ce qu'il tire de l'étranger qu'avec ses propres produits.

Il est vrai que le plus souvent les marchandises envoyées de l'étranger se soldent par des *lettres de change;* mais en général une lettre de change n'est autre chose que le transport d'une somme due par un négociant à un autre négociant, pour paiement de valeur équivalente. Or, ces sommes dues ne sont presque toujours que le prix de marchandises fournies aux négocians étrangers, nous avions donc raison de dire que les produits importés par une nation se soldent toujours par les produits qu'elle a créés et exportés.

Le commerce extérieur a encore pour résultat de donner une *activité nouvelle à la production nationale* qui est le moyen le plus puissant d'enrichir le pays.

Le commerce extérieur dépend beaucoup de la *position géographique du pays;* sous ce rapport nous avons vu que la France n'avait rien à envier aux autres nations. Il dépend aussi de l'activité, de l'esprit de suite et d'entreprise de ses habitans, et il faut reconnaître que, sous ce point de vue, nous sommes placés, par nos mœurs nationales, dans une position d'infériorité, comparativement à quelques autres pays, l'Angleterre et l'Amérique du nord, par exemple, mieux doués que nous sous ce rapport.

Enfin, le commerce extérieur dépend encore de la protection que lui accorde le gouvernement, non pas des primes d'encouragement données à l'exportation d'un produit indigène, car, ainsi que le fait observer Smith, *c'est payer les étrangers pour qu'ils nous accordent la faveur de nous acheter les objets de leur consommation, qu'ils auraient achetés ailleurs sans l'encouragement de la prime*, opération détestable pour une nation, comme pour un particulier, mais par une protection efficace donnée au commerce extérieur dans tous les pays avec lesquels il entre en relations. Le gouvernement peut donc aider le commerce extérieur, non-seulement par des stations navales, mais encore par des expéditions maritimes, en explorant des plages inconnues, des passages et des fleuves non encore étudiés. Les sacrifices faits en ce moment par le gouvernement anglais, pour explorer l'Euphrate et les pays qu'il parcourt, et ouvrir à travers la Syrie, la Turquie d'Asie, le golfe Persique et la mer d'Oman, un passage plus court au commerce de l'Inde, méritent les plus grands éloges. C'est un exemple à imiter de la protection et du concours qu'un bon gouvernement doit au commerce extérieur du pays.

Jules Brame.

CHAPITRE III. — DES IMPOTS.

Say définit l'impôt de la manière suivante : « C'est une valeur délivrée au gouvernement par les particuliers, pour subvenir aux dépenses publiques. Il se mesure sur le sacrifice exigé du *contribuable*, et non sur la somme que reçoit le gouvernement ; tellement que les frais de recouvrement, le temps perdu par le contribuable, les services personnels qu'on exige de lui, etc., font partie des impôts. »

Le sacrifice résultant de l'impôt ne tombe pas constamment et complétement sur celui par qui la contribution est payée. Lorsqu'il est producteur et qu'il peut, en vertu de l'impôt, élever le *prix* de ses produits, cette augmentation de prix est une portion de l'impôt qui tombe sur le *consommateur* des produits qui ont renchéri.

L'augmentation de prix ou de valeur que les produits subissent en vertu de l'impôt, n'augmente en rien le *revenu* du producteur de ces produits, et elle équivaut à une diminution dans le revenu de leurs *consommateurs*.

L'impôt est donc une *charge* qui pèse sur l'industrie et sur la propriété, et dont on trouve la compensation par la sûreté et par les jouissances que l'état de société procure aux hommes.

Lorsque l'impôt est trop lourd, il diminue la consommation générale et tarit ainsi la source de la production.

Sous le nom d'impôt il faut comprendre tout ce qui grève l'industrie ou la propriété. Ainsi, les dîmes au profit du clergé qui existent encore dans certains pays, les taxes des pauvres, les charges foncières et municipales agissent sur les produits de la même manière que l'impôt.

Quelquefois l'impôt est destiné à protéger la production intérieure contre l'envahissement des produits étrangers, il prend alors le nom de *droits protecteurs*, et le système général des lois qui règlent l'importation et l'exportation des marchandises et des relations avec les étrangers, a reçu le nom de système des *douanes*.

Si la liberté complète du commerce était possible entre les diverses nations, les difficultés qui se présentent en foule pour formuler une bonne loi de douanes disparaîtraient immédiatement, ou plutôt cette loi serait inutile, car il suffirait de proclamer le principe de la liberté commerciale. Mais malheureusement il n'en est pas ainsi. Chaque nation, soit par sa situation géographique, soit par la nature de son sol, soit par son infériorité industrielle, soit enfin par des causes accidentelles, telles que dettes publiques et autres empêchemens analogues, a besoin de protéger son industrie contre la concurrence étrangère. Les principes qui gouvernent aujourd'hui cette matière peuvent se résumer ainsi : *suppression de toute prohibition*, car la fabrication d'un produit indigène qui ne peut se soutenir que sous une pareille égide, ne mérite pas d'être protégée ; il vaut mieux pour le pays qu'elle soit abandonnée ; *droits protecteurs* exactement suffisants pour assurer le marché national à la production intérieure, de manière toutefois à ne point accorder une prime à l'ignorance ou à l'indolence du fabricant ; *abaissement progressif* du droit protecteur, au fur et à mesure que les conditions de la production indigène deviennent plus favorables : telles sont en abrégé les conditions générales de l'assiette de l'impôt. J'ajouterai à ces conditions quelques considérations générales que j'ai indiquées dans le discours que j'ai prononcé lors de la discussion du budget des recettes de 1833 (1), et que je vais tâcher de résumer en peu de mots.

« Il est toujours difficile d'innover en finances, parce qu'on court le danger des illusions qui se passionnent pour un système nouveau sans avoir pu en étudier et surtout sans pouvoir en garantir les résultats. L'avenir d'un grand peuple, l'exactitude des services, l'intérêt de sa défense, la conservation de son crédit, tout commande la prudence.

» *L'impôt progressif* n'a encore été indiqué que comme un progrès, comme une espérance de soulagement des classes souffrantes ; mais dépouillé des grands mots qui le voilent, c'est une loi agraire. En effet, la propriété foncière serait la seule qu'il serait possible de soumettre, en partie du moins, à l'action de l'impôt progressif. Car une partie de la matière imposable disparaîtrait par les aliénations, les partages fictifs et par les hypothèques réelles ou simulées, dont il faudrait bien admettre la réduction pour déterminer ce surplus dont on voudrait dépouiller les particuliers au profit de l'intérêt général. En France, où les capitaux, la fortune mobilière, les produits et bénéfices de l'industrie, sont évalués à une somme égale aux produits de l'agriculture, cette partie du revenu échapperait toujours à l'action de l'impôt progressif, quelque arbitraire ou tyrannique qu'on suppose sa puissance. Mais ce serait encore le moindre danger de cette mesure : essentiellement mobiles, les capitaux fuiraient bientôt une terre inhospitalière, qui n'offrirait au travail, à l'industrie, à la richesse aucune sécurité. L'impôt progressif n'est par une nouveauté : fruit de l'envie et de la jalousie qui trouve qu'il est plus facile de dépouiller violemment ceux qui possèdent, que de se placer à leurs côtés par les fruits du travail et de l'intelligence, tous les gouvernemens révolutionnaires, tyranniques ou populaires ont usé de ce moyen par des taxes arbitraires, des emprunts forcés, des réquisitions, le *maximum*, etc. La Convention n'avait guère d'autres systèmes financiers que la planche aux assignats et le balancier de la place de la Révolution. Le Directoire, en renonçant à ces derniers moyens, fut impuissant en finances et en crédit, et la détresse de nos soldats quand les fruits de la victoire ne venaient pas couvrir l'impéritie du gouvernement, la fortune de quelques fournisseurs, la misère générale, ont prouvé que la richesse des Etats, comme celle des particuliers, tient aux mêmes causes : la justice, la loyauté, la bonne foi dans les engagemens, l'esprit d'ordre et d'économie. Les taxes somptuaires n'ont jamais rendu 2,000,000 et paralysent vingt fois autant de travail et de consommation.

» *L'impôt proportionnel sur tous les revenus* serait une belle et importante découverte, si son exécution était aussi facile que sa pensée est juste et raisonna-

(1) Discours de M. DE RAMBUTEAU, député de Saône-et-Loire dans la discussion du budget des recettes pour l'année 1833, prononcé à la séance du 17 avril 1832.

ble. Il résoudrait le grand problème de tous les économistes, de prendre à tous une part égale à leurs bénéfices; mais s'il est facile de constater les revenus du sol, il est impossible de fixer les capitaux, de constater d'une manière équitable et régulière les bénéfices du commerce et de l'industrie, variables de leur nature : il faudrait donc livrer à une investigation de tous les instans les livres et les opérations du commerce, il faudrait établir des peines sévères pour les soustractions et fausses déclarations, il faudrait encore une armée d'employés pour cette surveillance journalière, qui placerait chaque négociant, chaque industriel dans la situation d'un failli envers l'Etat. L'exercice sur les 280,000 débitants de boissons qui est facultatif, deviendrait la situation de tous les citoyens; le secret de toutes les fortunes, de toutes les entreprises, serait livré à la cupidité et à la malignité. Je doute que la paix publique, la prospérité commerciale fussent le résultat d'un pareil système. Celui relatif aux patentes, aux taxes de luxe, aurait les mêmes inconvénients. Qui ne sait que dans la même classe de patentés, il se fait dix fois plus d'affaires et plus de bénéfices dans une maison que dans une autre? La pensée d'imposer les bénéfices des artistes, médecins, avocats, auteurs et autres classes libérales par la patente, n'est pas plus heureuse; elle trouverait peu de faveur dans l'opinion.

» Quant aux prêts hypothécaires ou commerciaux, les premiers s'élèvent à 10 milliards; mais qui ne comprend que tout impôt de cette nature sera une nouvelle charge pour l'emprunteur auquel le prêteur fera toujours la loi, et qu'il diminuerait nécessairement la valeur du sol par la concurrence des ventes multipliées qui auraient nécessairement lieu? Pour le commerce, comment contracter ces prêts? Les soumettre à une déclaration, c'est mettre en fuite le capital circulant qui porte partout la vie, l'activité et le travail.

» *La propriété foncière offre à l'impôt une assiette convenable*, pourvu toutefois qu'il soit modéré. Les deux tiers de la contribution foncière sont payés en France par des contribuables au-dessous de 200 f. Cette dernière quotité suppose un revenu de 11 ou 1200 fr., elle descend par des degrés fort rapides pour les 4/5 de nos propriétaires ruraux. Ce fait est important à constater, car trop souvent en imposant de nouvelles charges aux contributions directes, on a l'esprit préoccupé de la pensée que le sol est possédé par des propriétaires aisés, pour qui un accroissement d'impôt est une réduction sur leur superflu. Mais si, au contraire, la plus forte partie du sacrifice imposé est prélevée sur le nécessaire, si elle a pour résultat de restreindre les consommations, de nuire à la reproduction, de paralyser les améliorations, ces considérations prennent une grande importance aux yeux du législateur, et doivent balancer dans son esprit la facilité avec laquelle on lui propose trop souvent d'augmenter les ressources du trésor au moyen de centimes additionnels, dont le son présente à l'oreille une valeur minime, alors qu'elle se résout en pénibles sacrifices pour les contribuables.

» Un des résultats les plus importans de notre révolution de 1789, a été de tripler et au delà le nombre des propriétaires en France, par l'abolition des biens de main-morte, la vente de ceux du clergé, l'égalité des partages, la liberté et la protection du travail; ils ont contribué à amener les résultats suivants : la France possède 52,000,000 d'hectares, le cadastre constate environ 125,000,000 de parcelles, dont le nombre s'accroît tous les ans dans une forte proportion. Il existe en France 11,000,000 de cotes foncières, possédées par 5,000,000 de propriétaires chefs de famille : c'est en moyenne 2 cotes 1/5 par propriétaire. Comme toutes les parcelles existant dans la même commune, appartenant au même contribuable, sont portées à un seul article du rôle, c'est en moyenne 11 à 12 parcelles par cotes et 26 ou 27 par propriétaires. Les cotes de 20 francs et au-dessous s'élèvent à 8,024,987, tandis que celles de 1001 fr. et au-dessus ne s'élèvent qu'à 13,447.

» Il faut remarquer encore que l'impôt qui porte sur le revenu n'est pas la seule charge qui pèse sur la propriété foncière; l'enregistrement lors des mutations, l'intérêt toujours élevé des prêts hypothécaires, la législation sur les hypothèques qui est si contraire aux intérêts de cette nature de biens, doivent aussi être pris en considération. Tel est en résumé l'ensemble des charges qui grèvent en France la propriété foncière, accrues encore des dépenses et charges locales.

» Il résulte des faits ci-dessus, 1° que le sol de la France est possédé par plus de 5,000,000 de propriétaires chefs de famille, et qu'environ 25 ou 26,000,000 de sa population sont intéressés à la propriété foncière.

» 2° Que la division de la propriété tend chaque jour à s'accroître, par l'égalité des partages et par le désir de chaque cultivateur de devenir propriétaire.

» 3° Qu'enfin les 2/3 de l'impôt sont supportés par des chefs de famille ayant moins de 1000 fr. de revenus, et que toute augmentation sur l'impôt foncier porte pour la plupart des propriétaires sur leur nécessaire; que ces impôts, lorsqu'ils sont trop onéreux, paralysent dans une progression effrayante dans nos campagnes la culture des terres et le travail qui la féconde. »

CHAPITRE IV. — Mesures générales d'amélioration.

L'agriculture d'un pays ne peut obtenir de grands développemens que par les efforts simultanés de tous les habitans et le concours d'un gouvernement éclairé.

Les industries agricole, manufacturière et commerciale *réagissent l'une sur l'autre* en se prêtant un mutuel appui dans le phénomène de la production. Toutes, elles profitent des enseignemens des sciences; aussi n'est-ce que dans les pays arrivés au plus haut degré de civilisation que l'agriculture peut atteindre le plus haut point de perfectionnement.

L'agriculture ne prospère jamais dans un pays, que lorsqu'il y a *harmonie* partout, que là où chacun agit d'après les mêmes principes pour arriver à un but commun, à savoir la prospérité générale fondée sur la richesse particulière. Parmi les élémens de cette économie intérieure, il ne faut pas oublier les bons rapports qui doivent exister entre l'étendue superficielle des terres arables et celle des prairies, étangs, forêts, etc. Une bonne division des héritages est aussi un élément général de prospérité sur lequel nous allons revenir.

Les *élémens de succès* pour les cultivateurs sont, d'une manière générale, l'instruction, l'activité, la prudence, la sobriété, le respect des lois, la persévérance à provoquer, établir et conserver des institutions utiles, telles que écoles d'enseignement primaire et d'élémens d'agriculture, sociétés et comices agricoles, banques agricoles de circulation ou de crédit, caisses d'épargne, compagnies d'assurance et autres améliorations dont la nécessité se fait sentir dans le pays. Ils doivent aussi prêter secours et assistance à l'autorité dans les efforts qu'elle fait pour améliorer l'état physique, industriel et moral du pays

Quant au gouvernement, *ses devoirs* sont plus étendus; il doit provoquer toutes les lois et toutes les mesures administratives qu'il juge utiles; prêter son concours aux habitans dans les efforts qu'ils font pour déraciner des abus ou introduire des améliorations; éclairer les populations en organisant un système d'éducation générale en rapport avec les besoins du pays, et spécialement en créant partout où la nécessité s'en fait sentir des chaires d'agriculture à l'imitation de celles qui existent en Allemagne. Il peut aussi instruire et éclairer les intérêts en publiant des instructions, des tableaux statistiques de la production et de la consommation, soit des localités particulières, soit du pays en général. Il doit protéger partout par des lois et par une police bien organisée, les propriétés et les citoyens, procurer enfin à la masse de la nation toute la sécurité et tout le bien-être compatibles avec la nature humaine et les circonstances où la population se trouve placée.

Il est loin de notre pensée d'avoir eu la prétention d'énumérer les devoirs réciproques des cultivateurs et du gouvernement, un pareil travail ne trouverait pas ici sa place et serait au-dessus de nos forces; nous avons voulu seulement indiquer les principaux points de contact qui existent entre les administrateurs et les administrés. Nous terminerons ce chapitre en indiquant avec les détails qu'elle mérite une grande mesure d'intérêt agricole dont on s'est encore trop peu occupé en France, et qui mérite cependant, à tous égards, de fixer l'attention du gouvernement et des cultivateurs; nous voulons parler de la réunion des propriétés morcelées.

De la réunion des propriétés morcelées.

Nous avons vu qu'un des plus puissans élémens de la prospérité agricole d'un pays était les bons rapports qui existent entre la superficie des terres arables et celle des prairies, étangs et forêts; mais cette prospérité ne dépend pas moins de la bonne *division des héritages*. S'ils sont trop étendus, la culture en est souvent négligée; s'ils sont trop circonscrits, ou si la terre est morcelée indéfiniment, il en résulte d'autres inconvéniens que nous allons signaler. Nous avons établi dans le chapitre précédent qu'il existait en France environ 5,000,000 de chefs de famille propriétaires fonciers, et 125,000,000 de parcelles, ce qui forme en moyenne 26 à 27 parcelles par propriétaire, et à peine 2/3 d'arpent en moyenne par propriété. Si l'on réfléchit qu'il existe encore en France un très-grand nombre de propriétés étendues, on ne pourra s'empêcher d'être effrayé du morcellement auquel la terre doit être parvenue dans quelques-uns de nos départemens pour amener un pareil résultat. Aussi lorsqu'on jette les yeux d'un point élevé sur quelques parties de notre territoire, on est frappé de l'extrême division de la propriété foncière. Le sol ressemble à un véritable échiquier ou à une carte d'échantillon aux mille nuances diverses. Mais si l'on réfléchit que ce morcellement tend chaque jour à s'accroître dans une proportion rapide, et que, d'après les relevés du cadastre, il est prouvé que 550,000 parcelles sont tous les ans divisées en deux parties, l'agriculteur doué de prévoyance ne manquera pas de tourner ses yeux vers l'autorité pour provoquer des mesures qui seront nécessairement approuvées par le pays, pour remédier aux maux que cet état de division indéfini ne manquerait pas d'apporter à notre agriculture.

On peut soutenir avec raison qu'il importe à la sûreté et au bien-être du pays que le territoire soit partagé entre un grand nombre de familles, car la possession d'une propriété foncière, quoique exiguë, attache le citoyen à sa patrie; elle l'anime, elle le moralise; dès lors il emploie avec plus d'énergie son intelligence et sa force physique à la culture du sol, que son bras vigoureux sait défendre avec courage contre les attaques du dehors: mais il est contraire aux intérêts des cultivateurs et à la prospérité de la chose publique que les terres soient morcelées entre les mains du même propriétaire, qu'elles soient dispersées çà et là sur la glèbe d'une commune ou sur le territoire d'un arrondissement. La terre est un instrument de travail, plus ou moins bien approprié aux besoins de la culture; or, comme tous les autres instrumens de l'industrie, il faut que cette machine productive soit le plus possible à la portée de ceux qui la font fonctionner. Que dirait-on d'un fabricant qui, au lieu de réunir toutes les parties de son usine dans un tout compacte, de manière à pouvoir les surveiller avec facilité, et éviter ainsi les transports et pertes de temps, les disséminerait dans plusieurs communes? on blâmerait son imprudence; son ignorance et sa sottise le conduiraient bientôt à sa ruine. Eh bien! le propriétaire dont les cultures sont morcelées et éloignées les unes des autres n'est pas moins maladroit que ce fabricant, car il faut aussi qu'il transporte à de grandes distances, avec des pertes de temps considérables, ses ouvriers, ses attelages, ses fumiers, etc. il faut que sa surveillance se divise et par conséquent qu'elle s'affaiblisse. Déjà la question importante des réunions a fixé l'attention des agronomes les plus distingués de la France. M. DE DOMBASLE, le vénérable M. BERTIER de Roville et quelques autres l'ont traitée avec talent; ils ont signalé avec force les dangers qui résultent de cet état de choses, ainsi que des enclaves ou enchevêtremens des propriétés, qui non-seulement nuisent à la culture, mais donnent naissance à une foule de procès qui portent la division et le trouble au sein de nos campagnes.

Il y a déjà plus d'un siècle que la commune de Rouvres en Bourgogne a procédé, par une opération générale, à la réunion des propriétés morcelées; on cite aussi la commune d'Essarois, près Dijon, et celle de Nonsart (Meuse), qui se sont soumises volontairement à une réunion générale. Enfin, l'exemple le plus récent est celui qui a eu lieu en 1771 à Neuviller, à Roville et à Laneuveville-devant-Bayon, commune limitrophe aux deux premières. Ces opérations ont eu lieu par le seul consentement mutuel des propriétaires sans le concours du gouvernement, et les avantages qui en sont résultés pour les propriétaires sont considérables.

En Prusse, en Saxe et dans quelques parties de l'Allemagne, ces réunions s'opèrent chaque jour sur une échelle beaucoup plus vaste, avec le consentement de la majorité des propriétaires et le concours de l'autorité qui leur prête son appui. Nous allons faire connaître les conditions générales de ces réunions en rappelant les dispositions principales des lois qui les autorisent.

1° Chaque propriétaire de parcelles de terre, dispersées sur la glèbe d'une commune, a le droit de provoquer la réunion ou échange des parcelles disséminées, de manière que sa propriété foncière forme un tout arrondi.

2° Le consentement de la moitié au moins des propriétaires de la commune est nécessaire pour provoquer la réunion.

3° Le projet de réunion une fois rejeté ne peut plus être représenté.

4° Cette réunion de propriétés foncières ne peut être exécutée, même avec le consentement de la moitié au moins des propriétaires de la commune, qu'autant qu'elle s'applique à des terres arables, prés et pâturages, ou à des bouquets de bois situés parmi ces champs, prés et pâturages.

5° Celui qui provoque la réunion en propose le plan, qu'il soumet aux délibérations des propriétaires formant la communauté. Ce projet est accepté ou rejeté par eux à la majorité des suffrages. Ils peuvent aussi décider qu'il sera modifié et soumis à une nouvelle délibération.

6° L'opposition de la minorité est suffisante pour empêcher la réunion, lorsqu'elle est fondée sur quelques-uns des motifs suivans, savoir : 1° que l'opération proposée ne promet aucun avantage à la commune; 2° que les frais qu'elle exigera sont hors de proportion avec les avantages que les propriétaires pourront en tirer; et autres cas semblables. C'est alors l'autorité qui statue sur l'opposition ; et dans tous les cas où le projet de réunion est adopté, c'est cette même autorité qui est chargée de l'exécution.

7° Chaque propriétaire dont les terrains entrent dans le plan de réunion doit obtenir, pour chaque partie dont on s'empare, un champ susceptible d'offrir le même produit. Il doit avoir la quantité proportionnelle du terrain qui lui revient d'après le plan de réunion, à la proximité des bâtimens de sa ferme, d'un seul tenant, et dans la situation la plus favorable à l'exploitation ; enfin il doit obtenir une indemnité pour tous les sacrifices ou les inconvéniens que le plan de réunion lui impose.

8° La réunion doit être précédée d'une évaluation du *produit net*, basée sur la qualité du terrain, sa force productive, sa situation et son exposition. C'est le produit moyen et durable qu'on établit d'après ces bases.

9 L'augmentation de fertilité du sol, qui tire sa source des moyens puisés à l'extérieur de l'exploitation rurale, ou la diminution de la fertilité qui résulterait de la négligence apportée dans la culture, n'entre pas dans cette évaluation. Il en est de même 1° de l'accumulation de fertilité, qui résulte des engrais confiés à la terre dans les années qui ont précédé et dont les effets n'ont pas été épuisés par les récoltes précédentes ; 2° des labours et façons donnés précédemment ; 3° de la valeur du bois qui se trouve sur le terrain ; 4° des objets et travaux d'art qui peuvent être déplacés, comme barrières, clôtures en bois sec, etc. Tous ces objets ne doivent pas entrer comme élément de la valeur du sol, ils ne sont considérés que comme des accessoires, qui donnent lieu à une indemnité en argent, en faveur de ceux qui possédaient ces terrains.

10° Chaque propriétaire doit obtenir une quantité de terre susceptible d'offrir un produit net, égal à celui que présentaient les diverses parcelles de terre qu'il possédait antérieurement. Les objets donnés en échange doivent être autant que possible de la même nature, c'est-à-dire qu'on doit donner des terres arables en échange de terres arables, des prés pour des prés, etc.

11° Dans les plans de réunion des propriétés foncières, on ne doit jamais omettre de réserver le terrain nécessaire pour faciliter les communications, de donner à chaque héritage une issue sur la voie publique et d'éviter les enclaves et enchevêtremens de propriétés. On règle aussi l'écoulement des eaux et leur usage; chaque propriétaire contribue, dans des proportions équitables, à l'établissement des voies de communication.

12° Ceux à qui il échoit, par l'événement de la réunion et du partage proportionnel qui en est la suite, des champs éloignés des bâtiments de leurs fermes, ont le droit d'exiger qu'il soit construit sur ce terrain, aux frais de la communauté, de nouveaux bâtiments d'exploitation.

13° Dans le cas où, par suite du partage, l'un des propriétaires n'obtient pas un produit net tout à fait égal à celui que présentaient ses anciennes propriétés, il lui est payé une indemnité en argent égale à 25 fois la partie du revenu dont il est privé.

14° Le consentement du fermier n'est pas nécessaire pour réunir ; il est obligé de continuer le bail nonobstant la réunion, mais il a droit à une indemnité pécuniaire pour tous les dommages et pertes qu'il éprouve.

15° Si le propriétaire a obtenu une indemnité à cause de la diminution de valeur de sa propriété foncière, résultant de la réunion, le fermier doit y participer proportionnellement.

16° Si la réunion doit avoir lieu la dernière année de la durée de son bail, le fermier a le droit de demander l'ajournement de la réunion ou de la réalisation du plan jusqu'au moment de l'expiration de son bail.

17° Les frais de réunion sont à la charge de tous les participants, à proportion du produit net des terrains qui font l'objet de cette opération.

Telles sont en général les conditions sous lesquelles les réunions s'opèrent dans les pays que nous avons cités. Chaque année des mesures semblables s'effectuent avec le consentement de la plus grande partie des propriétaires sans secousses et sans dangers, et lorsque la volonté et les intérêts de la majorité imposent la réunion forcée à des propriétaires ignorans, ils ne tardent pas à reconnaître eux-mêmes les bienfaits de cette mesure qui, en réunissant autour d'eux leurs cultures, facilite leur exploitation et augmente bientôt leur revenu.

Il serait facile de naturaliser en France des dispositions analogues. Que les propriétaires comprennent toute l'importance de cette question pour notre pays surtout, où l'effrayant morcellement des terres rend cette opération plus nécessaire que nulle part ailleurs; qu'ils fassent entendre leurs réclamations, et le gouvernement qui ne demande probablement que leur concours, s'associera bientôt à cette mesure, ou prendra l'initiative de la proposition des lois nécessaires pour la rendre facile et générale.

Comte DE RAMBUTEAU.

INTRODUCTION.

Les biens situés à la campagne sont acquis, possédés et transmis conformément aux lois civiles générales; mais ils sont en outre protégés par des lois particulières dont l'ensemble forme ce qu'on appelle le *Code rural*.

La codification de ces lois n'a pas encore été faite en France par le pouvoir législatif; elles sont encore disséminées dans le volumineux *Bulletin des Lois*. NAPOLÉON, dont l'esprit vaste s'étendait à tout ce qui pouvait contribuer au développement de la force ou de la grandeur de la France, avait voulu aussi doter l'agriculture d'un code complet, et par son décret impérial du 19 mai 1808 il avait créé une commission d'hommes instruits pour préparer un projet de loi sur cette partie si importante de l'économie publique; mais ce travail consciencieux est resté imparfait comme un monument inachevé qui atteste les difficultés de cette entreprise.

Depuis la publication de ce projet, les lois qui régissent plus spécialement les intérêts agricoles ont été considérablement améliorées, et un examen attentif de ces lois m'ayant convaincu que, malgré quelques lacunes et imperfections, elles étaient encore les moins imparfaites de toutes celles qui régissent les contrées les plus civilisées de l'Europe, j'ai essayé en 1834 de les recueillir systématiquement, et j'ai publié cet essai sous le titre de *Code rural français*.

Ce recueil, malgré son titre, ne renferme pas uniquement les lois qui appartiennent spécialement au Code rural; il embrasse aussi toutes les lois civiles de procédure et de pénalité qu'il est surtout nécessaire de mettre journellement sous les yeux des propriétaires ruraux. Je me propose de suivre le même plan dans l'exposition méthodique que je vais présenter de la législation rurale; je tâcherai, autant que possible, d'enseigner aux cultivateurs et propriétaires ruraux tout ce qu'ils doivent savoir pour se garantir des piéges que la mauvaise foi pourrait leur tendre; j'essaierai de leur faire connaître leurs droits et leurs devoirs, et de leur indiquer les moyens de repousser ou de venger les atteintes qu'on porterait à leurs propriétés.

Les lois rurales de la France se composent de trois systèmes principaux, qui sont : 1° la loi du 28 septembre 1791, qu'on a long-temps considérée, malgré ses imperfections, comme le *Code rural français;* mais la plupart de ses dispositions ont été tellement modifiées par une foule de lois postérieures et éparses qu'il en reste à peine aujourd'hui quelques articles en vigueur; 2° la loi du 21 mai 1827, qui s'occupe exclusivement des forêts et des bois appartenant tant à l'Etat qu'aux particuliers, et celle du 15 avril 1829, qui traite tout ce qui est relatif à la pêche fluviale. On a reproché à juste titre à ces deux dernières lois d'avoir confondu les dispositions légales qui intéressent les biens des particuliers avec celles qui intéressent les biens de l'Etat, et d'avoir mêlé ensemble des intérêts administratifs à des intérêts purement privés. Dans le travail que nous présentons, nous ferons disparaître cet inconvénient et nous n'emprunterons à ces lois que les dispositions qui régissent les intérêts privés. Mais notre travail serait encore fort imparfait si nous nous contentions de puiser à ces sources. Nous étendrons en conséquence la sphère de nos conquêtes; nous emprunterons avec hardiesse aux lois civiles de procédure et de pénalité tout ce qui intéresse la propriété rurale, sans nous inquiéter du système de codification auquel elles peuvent appartenir. En un mot, nous nous efforcerons de présenter un résumé complet de notre législation agricole.

Ce travail sera divisé en trois titres : dans le premier nous classerons tout ce qui concerne la propriété considérée comme droit absolu et toutes les modifications que l'intérêt général a forcé d'apporter à ce droit; nous parlerons de la jouissance des biens des particuliers, et enfin des règles qui gouvernent les biens des communes soumis à des dispositions spéciales dans l'intérêt des particuliers; dans le second titre nous traiterons de la compétence des diverses autorités qui protégent les biens ruraux et des formes de procédure à suivre pour conserver ou réclamer ses droits; enfin, dans le troisième, nous rappellerons toutes les peines dont la loi menace ceux qui contreviendraient à ses ordres souverains.

TITRE PREMIER.

CHAPITRE Ier. — DE LA PROPRIÉTÉ RURALE.

Nous avons dit que nous appelions propriétés rurales tous les biens mobiliers et immobiliers situés à la campagne; ces mots présentent d'ailleurs à l'esprit une idée assez définie pour que nous n'ayons pas besoin d'insister davantage sur cet objet. On entend par *propriété* ce qui est propre à chacun de nous.

La propriété entraîne le droit de jouir et de disposer des choses de la manière la plus absolue, pourvu qu'on n'en fasse pas un usage prohibé par les lois ou par les réglemens (Code civil, art. 544). Ce droit subsiste indépendamment de l'exercice qu'on peut en faire; c'est un lien établi entre le propriétaire et sa chose, qui ne peut être rompu que par la volonté réelle ou supposée du propriétaire ; on peut donc être propriétaire sans en exercer les droits. Par exemple, lorsqu'une autre personne s'est emparée de la propriété et qu'elle en exerce toutes les prérogatives à l'insu ou contre le gré du propriétaire, le droit du propriétaire consiste alors dans la faculté légale de revendiquer sa chose et de rentrer ainsi dans l'exercice de ses droits de propriété.

D'après les principes de notre droit civil, la chose accessoire suit toujours le sort de l'objet principal, soit qu'elle en soit le produit, soit qu'elle y ait été unie naturellement ou artificiellement; ainsi, le croît des animaux, les fruits de la terre, l'accroissement qui se fait aux propriétés riveraines par alluvion, appartiennent aux propriétaires des choses principales par *droit d'accession;* au reste cette matière rentrant dans le domaine du droit civil général, nous nous bornerons à rappeler le principe (C. c., 546).

CHAPITRE II. — De la distinction des biens.

On comprend sous le nom de *biens* tout ce qui peut être l'objet d'une propriété publique ou privée; mais nous ne nous occuperons ici que des biens corporels, c'est-à-dire de ceux qui ont une existence matérielle et qui tombent sous les sens, comme un champ, un cheval, etc.; les biens incorporels, tels que la revendication d'un droit, une créance, etc., appartenant exclusivement au droit civil général.

Les biens corporels se divisent en meubles et en immeubles.

Sect. Ire. — *Des meubles.*

Les meubles sont en général les corps qui peuvent se transporter d'un lieu à un autre, soit qu'ils se meuvent par eux-mêmes comme les animaux, soit qu'ils ne puissent changer de place que par l'effet d'une force étrangère, comme les choses inanimées (C. c., 528).

Ainsi sont meubles par leur nature les bateaux, bacs, navires, moulins et bains sur bateaux, et généralement toutes usines non fixées par des piliers et ne faisant pas partie de la maison (C. c., 531). Il en est de même des matériaux provenant de la démolition d'un édifice (C. c., 532), sauf l'exception que nous signalerons par la suite. Nous verrons aussi qu'il existe un grand nombre de circonstances où des objets meubles par leur nature deviennent immeubles, parce que cette qualité leur est attribuée par la loi, eu égard à leur destination. Ces distinctions pourront peut-être paraître subtiles aux esprits qui n'en apercevraient pas du premier coup d'œil toute l'importance, mais elles sont indispensables à connaître pour ne pas s'égarer dans l'appréciation ou la revendication de ses droits.

Sect. II. *Des immeubles.*

§ Ier. — Des immeubles en général.

Les biens ruraux sont immeubles par leur nature, par leur destination ou par l'objet auquel ils s'appliquent (C. c., 517).

Les biens qui ne peuvent être transportés d'un lieu à un autre sont immeubles par leur nature; tels sont les fonds de terre et les bâtimens; il faut toutefois remarquer que les constructions élevées sur un fonds ne sont immeubles que comme accessoires du fonds. Si donc elles appartiennent à d'autres qu'au propriétaire, par exemple au fermier ou à l'usufruitier, elles conservent alors leur nature de meubles, parce qu'elles ne peuvent plus être considérées comme accessoires du fonds.

Sont encore immeubles par leur nature les moulins à vent ou à eau établis sur le sol ou piliers fixes, lorsqu'ils ont été construits par le propriétaire du sol (C. c., 519). Il en est de même des arbres qui ne sont pas destinés à être coupés ou abattus ; ils font partie du fonds pendant qu'ils y restent attachés ; s'ils sont vendus, ils deviennent meubles entre les mains de l'acquéreur, parce qu'ils sont dès lors destinés à être abattus.

A l'égard des arbustes et des fleurs, ils sont immeubles lorsqu'ils sont en pleine terre et qu'ils y ont été plantés par le propriétaire, parce qu'ils forment dès lors un accessoire du fonds; mais lorsqu'ils sont dans des caisses, pots ou vases, lors même qu'ils seraient en terre, ils conservent leur nature de meubles. Les ognons de fleurs, même ceux qu'on retire de terre pendant l'hiver, restent toujours immeubles, comme les accessoires du fonds, mais il faut qu'ils aient été mis en terre au moins une fois; la même distinction doit avoir lieu à l'égard des échalas des vignes.

Les mines, les bâtimens, machines, puits, galeries et autres travaux établis à demeure sont également immeubles comme adhérant au sol; mais les matières extraites, les approvisionnemens et autres objets mobiliers conservent leur nature de meubles (loi du 21 avril 1810, art. 8 et 9).

La loi répute également immeubles les récoltes pendantes par les racines et les fruits des arbres non encore recueillis ; dès que les grains sont coupés et les fruits détachés, quoique non enlevés, ils sont meubles. Si une partie seulement de la récolte est coupée, cette partie seule est meuble (C. c., 520).

Les coupes ordinaires des bois taillis ou de futaies, mises en coupes réglées, ne deviennent meubles qu'au fur et à mesure que les arbres sont abattus (C. c., 521).

Mais si les récoltes de fruits ou la coupe de bois étaient vendues, elles deviendraient meubles entre les mains de l'acquéreur dès que la vente serait parfaite; car ces fruits ne pourraient plus dès lors être considérés comme des accessoires du fonds.

La même distinction doit être appliquée aux animaux que le propriétaire du fonds livre au fermier ou métayer pour la culture; s'ils restent attachés au fonds, ils participent à sa nature; mais si le propriétaire les vendait au fermier ou métayer, ils cesseraient d'être immeubles, quoiqu'ils restassent sur le fonds, parce qu'ils n'en seraient plus l'accessoire.

Il est également évident que si les animaux étaient donnés à cheptel par un autre que le propriétaire, ou que le propriétaire les donnât à cheptel à d'autres qu'à son propre fermier, ils conserveraient leur nature de meubles (C. c., 522).

De plus la loi considère comme immeubles par destination les objets que le propriétaire y a placés pour le service et l'exploitation de ce fonds; tels sont : 1° les tuyaux servant à la conduite des eaux; 2° les semences données au fermier ou colon partiaire; 3° les lapins de garenne; 4° les poissons des étangs; 5° les pressoirs, chaudières, alambics, cuves et tonnes; 6° les ustensiles nécessaires à l'exploitation des forges, papeteries et autres usines; 7° les pailles et engrais (C. c., 524).

Sont aussi considérés encore comme immeubles par destination tous les objets que le propriétaire a attachés au fonds à perpétuelle demeure; tels sont ceux qui sont scellés à plâtre ou à ciment et qui ne peuvent être détachés sans fracturer ou détériorer soit les objets eux-mêmes, soit la partie du fonds à laquelle ils sont attachés (C. c., 525).

§ II. — Des pigeons.

Les pigeons des colombiers sont aussi considérés comme immeubles par destination (C. c., 524), parce que, jouissant de toute leur liberté, nous ne pouvons pas dire, à proprement parler, que nous les possédons; nous ne possédons réellement qu'un colombier peuplé de pigeons; ils ne forment pas quelque chose de distinct du colombier. Mais il en est autrement lorsqu'ils sont renfermés dans des volières; nous les possédons réellement alors, nous les tenons sous notre main; ils conservent donc en ce cas leur qualité de meubles.

Lorsque les pigeons de colombier passent dans un autre colombier, ils deviennent aussitôt la propriété du maître du nouveau gîte qu'ils se sont choisis; mais il faut que la désertion n'ait pas été provoquée par quelque pratique frauduleuse; car, dans ce cas, le propriétaire du colombier dépeuplé aurait le droit de réclamer des dommages-intérêts du propriétaire qui aurait employé des moyens illicites et frauduleux (C. c., 564).

Au surplus, le décret du 11 août 1789, en prononçant l'abolition du droit exclusif de fuies et en ordonnant que les pigeons doivent être renfermés pendant le temps fixé par les communautés, ne prononce d'autres peines contre le défaut de clôture des colombiers que la permission accordée aux propriétaires de tuer les pigeons sur leurs terrains; il n'est donc pas permis aux conseils municipaux d'étendre cette peine et d'en prononcer une autre quelconque (*décision du comité féodal de l'Assemblée constituante*, 23 juillet 1790). Conformément à cette décision, la Cour de cassation a jugé, par divers arrêts rapportés au Répertoire de Merlin, au mot *Colombier*, que le propriétaire qui laissait sortir ses pigeons en temps prohibé ne pouvait être poursuivi par voie de simple police; mais le propriétaire des pigeons peut être poursuivi par voie civile pour réparer le dommage qu'ils ont causé. On s'accorde aujourd'hui à penser que la disposition de la loi du 11 août 1789, qui donne à chacun le droit de tuer les pigeons trouvés sur son terrain en temps prohibé, est devenue insuffisante à raison de la variété des assolemens. Pour la compléter, le ministre du commerce, par sa circulaire datée du 4 septembre 1835, propose d'accorder aux propriétaires la faculté de tuer les pigeons en tout temps sur leurs terrains, du moment où ils peuvent leur causer du dommage, sans pouvoir dans aucun cas s'approprier les animaux tués. Cette mesure est réclamée par les intérêts agricoles, et nous ne doutons pas que tôt ou tard elle ne soit adoptée.

§ III. — Des ruches, essaims et vers à soie.

Les ruches à miel sont également considérées par la loi comme des immeubles lorsqu'elles ont été placées par le propriétaire du sol (C. c., 524), et les abeilles qu'elles renferment participent à leur nature, car elles sont rangées par la loi au nombre des animaux sauvages jouissant de leur liberté naturelle; elles ne sont susceptibles de devenir propriété privée que lorsqu'elles sont renfermées dans une ruche, qu'elles y ont établi leur gîte et qu'elles y reviennent habituellement. En conséquence, les abeilles trouvées sur un arbre, dans un buisson, dans un rocher, la cire et le miel qu'elles y déposent, appartiennent au premier occupant.

Le propriétaire d'un essaim a le droit de le réclamer et de s'en ressaisir tant qu'il n'a pas cessé de le poursuivre; autrement l'essaim appartiendrait au propriétaire du terrain sur lequel il se serait fixé (loi du 28 septembre 1791, titre 1er, sect. III, art. 5). On a coutume en pareils cas de poursuivre par des cris ou sons retentissans les essaims qui s'échappent; cette pratique n'a pas pour but, comme on le croit généralement, de retenir et de fixer les abeilles, car il est constant qu'elle ne saurait avoir cet effet, mais bien de constater que le propriétaire continue à poursuivre son essaim.

Au surplus, le propriétaire d'un essaim peut le suivre et le ressaisir partout où il le trouve; il n'a pas besoin de la permission du juge de paix du lieu où l'essaim s'est arrêté (Répertoire de MERLIN, au mot *Abeilles*); mais s'il commet quelque dégât pour exercer ce droit, de suite il est tenu de le réparer (C. c., 1382 et 1383).

Pour protéger et encourager l'éducation des abeilles la loi défend de les troubler dans leurs travaux; en conséquence, même en cas de saisie légitime, une ruche ne peut être déplacée que dans les mois de décembre, janvier et février, époques où elles peuvent l'être sans de graves inconvéniens. Ces abeilles ne peuvent être saisies ni vendues pour aucune cause de dette, si ce n'est au profit de la personne qui les a fournies ou pour raison des droits du propriétaire envers son fermier; dans ce cas ce sont les derniers objets qui peuvent être saisis (loi du 28 septembre 1791, titre Ier, sect. III, art. 3).

Tous les objets que la loi déclare immeubles par destination ne peuvent être saisis mobilièrement; mais ils seraient nécessairement compris dans la saisie de l'immeuble, dont ils ne forment que l'accessoire en cas de saisie immobilière (C. de proc., 592).

Les vers à soie et les feuilles de mûriers cueillis pour leur nourriture conservent leur nature de meubles; mais pour encourager l'éducation de ces précieux insectes dans les provinces méridionales de la France, une déclaration de Louis XV, du 6 août 1732, rendue sur la proposition du célèbre chancelier d'Aguesseau, défendait de saisir les feuilles de mûrier; cette disposition a été conservée et étendue à l'insecte lui-même, par l'art. 4 de la sect. III, titre Ier de la loi du 28 septembre 1791, ainsi conçu : « Les vers à soie sont de même insaisissables pendant leur travail, ainsi que la feuille de mûrier qui leur est nécessaire pendant leur éducation. »

CHAPITRE III. — Des eaux.

Nous diviserons le régime des eaux, en eaux vives ou courantes et en eaux stagnantes telles que lacs et étangs.

Section Ire. — *Des eaux courantes.*

eau courante considérée comme élément est hors du commerce des hommes, comme l'air et la lumière, elle n'est donc pas susceptible d'une possession exclusive et incommutable; elle n'est en conséquence soumise qu'aux lois de police qui règlent la manière d'en jouir. Cependant la loi civile a dû nécessairement établir une distinction entre les rivières et fleuves navigables ou flottables, et les rivières ou ruisseaux qui ne le sont pas. Les premiers restent exclusivement dans le domaine public; à l'égard des seconds la loi a accordé aux propriétaires riverains des droits fort étendus sur l'usage de leurs eaux.

§ Ier — Des fleuves et rivières navigables ou flottables.

On appelle rivières navigables celles qui portent bateaux pour le service public; elles n'appartiennent au domaine public que jusqu'au point où peuvent remonter les bateaux. Les rivières qui ne sont que flottables sont celles qui, sans porter bateaux de leur fonds, servent néanmoins à transporter le bois, soit en trains ou radeaux, soit à bûches perdues. En conséquence on doit ranger dans cette classe les simples ruisseaux lorsqu'ils sont asservis aux mêmes usages publics; mais d'après l'art. 1er de la loi du 15 avril 1829, il n'y a que les rivières sur lesquelles le flottage s'exerce avec train et radeaux qui appartiennent sous tous les rapports au domaine public. Les ruisseaux qui ne sont flottables qu'à bûches perdues restent quant à tous leurs usages, excepté celui de la flottabilite, dans le domaine privé des propriétaires riverains.

Ces fleuves et rivières appartenant ainsi que leurs lits au domaine public, il s'ensuit que les îles, îlots et attérissemens formés ou qui se forment successivement dans le sein de rivières appartiennent à l'Etat, puisqu'ils font partie de leur lit.

Les particuliers peuvent acquérir, soit par titre, soit par prescription, certains droits sur les fleuves ou rivières navigables ou flottables; ils pourraient acquérir ainsi la propriété des îles, îlots ou attérissemens, des droits de pêche, et autres analogues; mais quand il s'agit du fleuve considéré en lui-même comme agent de la navigation, il est imprescriptible dans toutes ses parties; il reste dans le domaine public, qui, étant asservi à l'usage de tous et étant hors du commerce, n'est pas susceptible des règles de la propriété.

Ainsi toute anticipation pratiquée sur les bords d'une rivière navigable ou flottable, tout ouvrage établi dans le lit de la rivière, tout canal de dérivation d'eau, tous ponts ou écluses, moulins ou bâtimens qui y seraient construits par des particuliers, même avec l'autorisation des autorités compétentes, ne pourraient toujours exister que précairement et de fait, sans que, vis-à-vis du Gouvernement, le droit pût être acquis par prescription, même après la possession la plus longue. Nous verrons ci-après à quelle autorité il faut avoir recours pour obtenir même précairement l'usage des eaux des rivières navigables ou flottables (voy. ci-après *Police des eaux*).

§ II. — Des rivières et ruisseaux non navigables ou flottables.

Les droits d'usage des particuliers sur les eaux de ces rivières sont bien plus étendus et ils équivalent réellement à une quasi-propriété. Ainsi le propriétaire dont l'héritage borde une eau courante, autre que les fleuves et rivières navigables ou flottables, peut s'en servir pour l'irrigation de ses propriétés (C. c., 644), pourvu que le propriétaire du fonds inférieur n'en ait pas acquis ou prescrit l'usage. Mais pour donner au propriétaire riverain le droit de se servir de l'eau pour arroser ses domaines, il faut que le cours d'eau soit naturel. On ne pourrait pas faire des coupures ou prises d'eau sur un cours d'eau artificiel; tel serait un canal ou bief servant à l'usage des moulins ou usines, lors même que cet usage ne nuirait pas au propriétaire du canal, ou qu'il serait réclamé dans l'intérêt de l'industrie (Cour de cass., 28 novembre 1815, et 9 décembre 1818); car dans ce cas le lit du cours d'eau appartient à celui qui a creusé le canal ou le bief.

Les droits du propriétaire dont l'eau courante traverse l'héritage sont encore beaucoup plus étendus, car la loi lui accorde le droit d'en user pour ses besoins dans l'intervalle qu'elle y parcourt; il est seulement tenu de la transmettre, mais dans l'état où elle se trouve, après l'usage qu'il en a fait, au propriétaire du fonds inférieur, et de la rendre ainsi à son cours ordinaire (C. c., 644). Ainsi il peut faire dans son fonds toutes les coupures et constructions qu'il juge nécessaires, lors même qu'elles diminueraient le volume de l'eau et que l'usage en altérerait la limpidité. Cependant on admet en général qu'il doit jouir de ces avantages avec réserve, et de manière à ne pas rendre illusoire la jouissance dévolue aux propriétaires inférieurs. Si donc il s'élève quelques contestations entre les propriétaires auxquels ces eaux peuvent être utiles, ce sont les tribunaux ordinaires qui prononcent sur ces difficultés. Ils doivent d'abord consulter les réglemens d'eaux particuliers, s'il en existe, et appuyer leur décision sur cette base. A défaut de réglement, la loi leur trace elle-même le principe qu'ils doivent suivre, en leur prescrivant de concilier autant que possible l'intérêt de l'agriculture avec le respect dû à la propriété (C. c., 645).

C'est d'ailleurs l'autorité administrative qui a le droit de fixer la hauteur des eaux et de veiller à ce qu'elles ne nuisent à personne (loi du 28 sept. 1791, tit. II, art. 16), comme aussi de déterminer la hauteur des ouvrages que l'on peut faire pour en jouir (Cass., 7 avril 1807, Répertoire de Merlin, au mot *Cours d'eau*). Enfin, dans le cas de la découverte d'un nouveau cours d'eau, c'est encore à l'autorité administrative qu'il appartient de le diriger autant que possible vers un but d'utilité générale, d'après les principes de l'irrigation (instruction de l'assemblée nationale du 12 août 1790). Remarquez que ce droit si étendu que la loi accorde au propriétaire dont l'héritage est traversé par un cours d'eau, ne doit appartenir qu'à celui dont il parcourt naturellement la propriété. Le propriétaire qui l'aurait fait pénétrer dans son domaine artificiellement par des tranchées, fossés ou coupures, ne pourrait pas réclamer un droit aussi étendu. Il n'y a d'ailleurs que celui dont la propriété est traversée par une eau courante qui ait le droit d'en user à sa volonté pour l'irrigation de ses propriétés; celui dont la propriété est plus reculée ne pourrait pas forcer le voisin immédiat de la rivière à lui livrer passage par une rigole ou canal d'irrigation amenant les eaux sur son fonds. Et si un pareil canal de dérivation était fait sans le consentement des propriétaires inférieurs qui jouissent aussi des eaux du ruisseau, ils auraient droit de réclamer contre cette dérivation extraordinaire qui porterait atteinte à leurs droits. Mais il est à désirer, dans l'intérêt de l'agriculture, qu'il intervienne, entre les divers propriétaires voisins ou à la proximité des rivières, des accords pour étendre autant que possible les bienfaits des irrigations. Au surplus, le gouvernement conserve toujours le droit d'empêcher les dérivations d'eau, même à l'égard des simples ruisseaux, lorsqu'il s'agit de les faire servir à la navigation intérieure. A l'égard des petites rivières, le propriétaire du fonds traversé ne pourrait pas, de sa propre autorité, en déplacer le cours, aucun changement, modification, inflexion ou même rectification ne pouvant y être fait que par les ordres de l'autorité publique (loi du 28 septembre 1791, tit. II, art. 16).

§ III. — Des sources.

On entend par source une eau vive qui se fait jour à la surface du sol et qui coule naturellement et d'une manière continue. La loi a voulu que l'eau qui sourcille ou qui jaillit soit considérée comme un produit du fonds, par la raison que le corps de la source en fait une partie matérielle. Ainsi, qu'il s'agisse d'une source d'eau douce et ordinaire, ou d'une source d'eau salée ou d'eau thermale, ou minérale, peu importe, elle appartiendra, ainsi que tous les avantages qui peuvent résulter de son usage, au maître de l'héritage. Il peut donc disposer des eaux comme bon lui semble, il peut même en céder l'usage, soit à titre gratuit, soit à titre onéreux.

Cependant comme l'intérêt de l'agriculture, qui peut bien être sacrifié au respect dû à la propriété, ne doit pas l'être au caprice ou à tout autre motif de malveillance de la part du propriétaire de la source native, on s'accorde à refuser au propriétaire du fonds où la source prend naissance le droit de retenir ou interrompre le cours d'eau par malice ou vengeance, et sans intérêt pour lui (loi 38, § de *Rei vendit.*, lib. 6, tit. I). Ainsi il ne pourrait l'anéantir en la perdant dans un puits ou entonnoir perforé dans son domaine; il pourrait moins encore se permettre d'en corrompre les eaux, car c'est là une action qui a toujours été considérée comme coupable et qui pourrait donner lieu à des poursuites correctionnelles contre le propriétaire si le voisinage en était incommodé. Mais comme le droit de propriété est toujours subordonné à l'intérêt général et qu'il est borne au droit de jouir et disposer de la chose en se conformant aux lois et réglemens, le propriétaire de la source ne peut en changer le cours, et il perd même le droit d'en disposer, lorsqu'elle fournit l'eau nécessaire à un service public, qu'elle alimente, par exemple, une fontaine qui fournit l'eau nécessaire aux habitans d'une commune, village ou hameau, sauf l'indemnité qui peut être due au propriétaire et qui est réglée par experts, si les habitans n'en ont pas acquis ou prescrit l'usage (C. c., 643). Cette servitude s'étendrait même au droit de pénétrer et de conduire leurs bestiaux sur l'héritage du propriétaire du fonds de la source, si les habitans ne pouvaient profiter autrement de l'usage des eaux. En ce cas, l'entrée devrait leur être livrée par l'endroit le moins dommageable. C'est là une servitude de nécessité qui ne peut s'appliquer qu'à l'usage personnel et immédiat des habitans et à leurs besoins journaliers. Au surplus, la servitude doit se borner à la satisfaction des besoins de la commune, en sorte que si la source était assez abondante pour satisfaire à plusieurs usages, le propriétaire resterait maître d'en détourner une partie, car il ne doit aux habitans de la commune que l'eau qui leur est nécessaire.

Le propriétaire du fonds où la source prend naissance perd encore le droit d'en disposer lorsque les propriétaires des fonds inférieuen ont acquis ou prescrit l'usage (C. c., 641); mais les servitudes ne pouvant s'acquérir par prescription qu'autant qu'elles sont continues et apparentes, la servitude de cours d'eau ne peut être acquise par prescription que par une jouissance non interrompue de 30 années, à compter du moment où le propriétaire du fonds inférieur a fait et terminé les ouvrages apparens destinés à faciliter la chute et le cours de l'eau dans sa propriété (C. c., 642); il faut que ces travaux apparens aient été faits sur le fonds supérieur, parce qu'alors la loi suppose qu'il y a eu convention, mais que le titre a été égaré. Les ouvrages faits sur le fonds inférieur ne peuvent pas servir à fonder la prescription, car le propriétaire du fonds supérieur a pu les ignorer, et en tout cas il ne pouvait pas les empêcher. Il faut de plus que ces travaux soient apparens, il ne suffirait pas qu'il existât, même sur le fonds supérieur, des conduits ou tuyaux souterrains pratiqués même de temps immémorial, à moins qu'il n'y ait des regards qui manifestassent ces travaux (Cass. 25 août 1812. HENRION-DE-PANSEY, ch. 26, § 4, n° 1er et PROUDHON, *du Domaine public*, n° 1376.

La seule existence de ruisseaux tracés par la nature, et possédés par le propriétaire inférieur, ne suffirait pas pour lui assurer la propriété incontestable du cours d'eau. Quelque longue qu'ait été sa jouissance durant cet état de choses, il pourrait toujours être privé de l'avantage des eaux par le fait du propriétaire de la source qui voudrait lui donner un nouveau cours ou un nouvel emploi.

Quoique les sources d'eau salée appartiennent, comme celles d'eau douce, au propriétaire du fonds où elles prennent naissance, cependant l'intérêt du fisc a fait admettre quelques règles particulières. Ainsi aux termes de la loi du 24 avril 1806, il ne peut être établi aucune fabrique et chaudière de sel sans une déclaration préalable du fabricant, à peine de confiscation des ustensiles propres à la fabrication et de cent francs d'amende (voy. *Traité du Domaine public*, par M. PROUDHON, n° 1392 et suiv.). Enfin les sources d'eau thermale et minérale sont restées sous la surveillance de l'administration publique, non plus par rapport aux intérêts du fisc, mais dans l'intérêt de l'hygiène publique (*id.*, n° 1400 et suiv.).

SECTION II. — *De la propriété du lit des cours d'eau.*

On distingue trois espèces de cours d'eau : 1° les grandes rivières sur lesquelles s'exerce la navigation ou le flottage avec trains ou radeaux; elles appartiennent au domaine public, non-seulement quant aux usages, mais aussi quant au lit du fleuve; 2° les petites rivières, c'est-à-dire celles qui ne sont ni navigables ni flottables; on doit aussi comprendre sous cette dénomination la partie supérieure des fleuves, en remontant vers leur source, à partir du point où ils commencent à être navigables ou flottables; elles sont, quant à la jouissance des avantages qu'on peut en tirer, dans le domaine privé; mais leur tréfonds reste dans le domaine public; 3° enfin les simples ruisseaux qui sont dans le domaine privé, même quant à leur lit et tréfonds. Pour distinguer une petite rivière d'un simple ruisseau, il faut considérer sa grandeur et la qualification qu'elle a reçue des habitans. De plus, le caractère essentiel d'une rivière, c'est qu'elle ait un cours pérenne, ou, en d'autres termes, que le cours de ses eaux soit continuel, attendu qu'il n'y a qu'un torrent là où les eaux ne s'écoulent que dans les temps d'hiver ou de grande pluie.

La différence qui existe entre les petites rivières et les ruisseaux, c'est qu'à l'égard des premières les droits des propriétaires se bornent à un simple usage des eaux et du domaine superficiaire du lit du fleuve; mais l'autorité conserve le droit *tréfoncier* sur le corps et le lit de la rivière, ce qui entraîne le droit pour le public de prise d'eau pour boire et abreuver les bestiaux et pour lavages, de flottabilité à bûches perdues et concession du droit d'établir des usines sur les bords de ces rivières. Les ruisseaux, au contraire, sont ainsi que leur lit et leur tréfonds dans le domaine des particuliers dont ils bordent ou traversent les domaines. On peut voir à cet égard la savante dissertation de M. PROUDHON, *Traité du Domaine public*, n° 930 et suiv., vol. III. De là résultent plusieurs différences. D'abord, lorsque le cours d'eau d'une petite rivière borne un héritage, il lui sert de confins, et l'héritage profite de tous les accroissemens et supporte toutes les pertes de terrain qui résultent des alluvions, attérissement, relais ou changemens de lits, et la propriété se trouvant ainsi bornée naturellement, le propriétaire ne peut former contre le riverain opposé aucune demande en délimitation. Mais il n'en est pas ainsi à l'égard des ruisseaux dont le lit est dans le domaine de propriété privée; le droit d'alluvion n'existe pas; il n'y a rien d'incertain et de flottant dans les limites de la propriété, et nonobstant les changemens qui peuvent arriver dans ce genre de cours d'eau, le droit de propriété foncière reste toujours le même. Chaque propriétaire peut donc demander la délimitation de son héritage. Et si le ruisseau changeant de lit s'est porté entièrement sur l'héritage d'un des riverains, il devient sa propriété exclusive. Les petites rivières restent, quant à la police, sous la direction réglementaire de l'autorité gouvernementale; elle doit surveiller et réprimer toutes les anticipations que l'un des riverains pourrait faire sur le sol de la rivière, sauf le droit qui appartient aussi aux riverains de poursuivre devant les tribunaux la répression des anticipations commises par d'autres et qui feraient refluer d'une manière dommageable les eaux sur leurs propriétés. Mais le lit des ruisseaux étant dans le domaine privé, les contestations qui pourraient s'élever sur de prétendues anticipations appartiendraient exclusivement à la juridiction des tribunaux ordinaires.

Les propriétaires riverains ni autres ne peuvent établir aucun pont ni construire aucune usine dans le lit des rivières sans l'autorisation du gouvernement; mais cette autorisation n'est pas nécessaire pour former de pareils établissemens sur les ruisseaux des propriétés privées. Enfin, le propriétaire dont un ruisseau traverse l'héritage peut de sa seule autorité opérer un déplacement dans le cours d'eau, le faire serpenter et circuler sur son domaine suivant son caprice, tandis qu'en fait de rivières, de quelque classe qu'elles soient, aucun changement, modification, inflexion ou rectification ne peut y être fait que par les ordres de l'administration publique.

Cependant, et dans tous les cas, les droits

des propriétaires sur l'élément liquide ne consistent jamais que dans une jouissance usagère, et ils doivent sans distinction rendre les eaux, à la sortie de leur fonds, à leur cours naturel.

SECTION III. — *De l'alluvion et des changemens de lit.*

On appelle alluvion les attérissemens ou accroissemens qui se forment successivement et imperceptiblement aux fonds riverains d'un fleuve ou d'une rivière, soit que l'alluvion se forme par le dépôt des terres charriées par un fleuve ou rivière, et alors il s'appelle plus spécialement attérissement, soit qu'il ait lieu par les relais que forme l'eau courante en se retirant insensiblement de l'une des rives pour se porter sur l'autre. L'alluvion appartient toujours au propriétaire de la rive découverte, sans que le riverain du côté opposé puisse venir réclamer le terrain qu'il a perdu. Toutefois ce droit n'a pas lieu à l'égard des relais de la mer, et ne peut être exercé sur les fleuves et rivières navigables et flottables qu'à la charge de laisser le marche-pied ou chemin de halage conformément aux réglemens (C. c., 556 et 557).

L'alluvion doit être l'œuvre progressive de la nature; un des propriétaires riverains ne pourrait donc jeter dans la rivière aucun corps, ni y faire aucune plantation dans la vue de donner naissance à l'alluvion et d'en favoriser l'agrandissement. Lorsque l'alluvion a pris une consistance ferme et solide et que l'eau a cessé de le dominer, il peut, il est vrai, y faire des plantations pour s'en mieux assurer la possession, parce qu'alors il ne s'agit plus que de conserver ce qu'il a acquis; mais ces plantations ne doivent pas être faites de manière à favoriser l'accroissement de l'alluvion; on doit laisser à la nature seule le soin de compléter son œuvre. Il est également permis, sauf les lois de police, aux propriétaires riverains, de pratiquer des ouvrages inoffensifs envers les tiers, pour mettre leurs héritages à couvert du débordement ou de l'action envahissante des eaux.

Le partage des alluvions entre les divers propriétaires riverains peut faire naître des difficultés sérieuses entre eux; nous pensons qu'il doit s'opérer par la prolongation des lignes latérales des divers héritages voisins de la rivière, quelle que soit la direction respective de ces lignes; c'est l'opinion de M. CHARDON, président du tribunal civil d'Auxerre, dans son excellent *Traité du Droit d'alluvion*. C'est aussi de cette manière que le gouvernement partage les terrains entre les propriétaires riverains, lorsqu'il supprime ou rétrécit une rue ou voie de communication. Voir toutefois la dissertation de M. PROUDHON, n. 1291.

La loi distingue avec soin le cas où l'accroissement a été successif et insensible de celui où il a été subit et visible : dans le premier cas, l'alluvion profite par droit d'incorporation aux propriétaires des terres auxquelles il s'est joint; celui dont l'héritage est diminué ne peut le revendiquer, parce qu'il est impossible de constater si ces particules terreuses proviennent du sol de son héritage ou de celui de toute autre propriété supérieure; mais si un fleuve ou une rivière navigable ou non enlève par une force subite une partie considérable et reconnaissable d'un champ riverain, et le porte vers un champ inférieur ou vers la rive opposée, le propriétaire de la partie enlevée peut réclamer sa propriété. Mais il est tenu de former sa demande dans l'année. Après ce délai il n'y serait plus recevable, à moins que le propriétaire du champ auquel la partie enlevée a été unie n'ait pas encore pris possession de celle-ci (C. c., 559).

M. PROUDHON (n. 1282) pense que ce droit de revendication subsiste, soit que la portion détachée du terrain se soit unie à l'héritage inférieur par superposition ou par simple adjonction; mais il ajoute que le droit de revendication que la loi attribue au propriétaire de la partie enlevée n'est pas celui de revendiquer ou de se faire adjuger une partie du sol comme formant un second fonds qui soit à lui, mais bien seulement de reprendre et enlever les terres et débris reconnaissables provenant de son fonds. Cette revendication doit être faite dans l'année, et si le propriétaire inférieur voulait en disposer sans attendre la fin de l'année, il aurait le droit de requérir l'autre d'avoir à s'expliquer sur la question de savoir s'il veut ou non enlever le dépôt et lui faire prescrire un délai pour cela

Si une rivière ou un fleuve coupe ou embrasse une propriété, elle continue à appartenir au propriétaire; car il n'y a aucun motif de l'en priver (C. c, 562). Si un fleuve ou une rivière navigable, flottable ou non, se forme un nouveau cours en abandonnant son ancien lit, les propriétaires des fonds nouvellement occupés prennent à titre d'indemnité l'ancien lit abandonné, chacun dans la proportion du terrain qui lui a été enlevé (C. c., 563).

SECTION IV. — *Des îles et îlots qui se forment dans le lit des fleuves et rivières.*

Le lit des fleuves et rivières navigables ou flottables appartenant au domaine public, il en résulte comme conséquence naturelle que les îles, îlots et attérissemens qui se forment dans le lit de ces fleuves ou rivières, et qui ne sont que l'exhaussement de leur fonds, appartiennent à l'Etat. Mais aujourd'hui les fonds du domaine public se divisent en deux classes : la première comprend ceux qui, consacrés à l'usage de tous, ne sont la propriété de personne; telles que les rivières navigables et les grandes routes, et qui par rapport à leur destination sont inaliénables et imprescriptibles. La seconde comprend les fonds du domaine national ordinaire qui sont possédés par l'Etat à titre de propriétaire, et qui, comme les propriétés particulières, sont susceptibles d'être irrévocablement aliénés lorsque la vente en est faite en vertu d'une loi, car l'art. 2227 du Code civil veut que l'Etat soit soumis pour ces biens aux mêmes règles que les particuliers. De là résulte que les îles et attérissemens qui se forment dans les rivières navigables ou flottables quoique appartenant à l'état sont soumis à la prescription (C. c., 560).

Mais les îles, îlots et attérissemens qui se forment dans les rivières non navigables ni flottables appartiennent aux propriétaires riverains (C. c., 561), et d'après les principes que nous avons adoptés ce n'est pas comme formant une part de leur fonds, puisque le lit ou tréfonds de toutes les rivières appartiennent au domaine public, mais à titre de don fait par la loi. L'île appartient au propriétaire riverain du côté où elle s'est formée. Si elle ne se trouve placée que vis-à-vis d'un seul héritage, elle appartient tout entière au propriétaire de ce fonds; mais si l'île s'est formée vis-à-vis le front de plusieurs héritages, elle appartiendra à chaque propriétaire en proportion du front de chaque domaine. Lorsque l'île s'est formée des deux côtés, elle appartient aux propriétaires des deux rives à partir de la ligne qu'on suppose tracée au milieu de la rivière (C. c., 561).

Section V. - *Des canaux de navigation intérieure.*

Les canaux de navigation intérieure qui ont été établis par le gouvernement, quoique creusés de main d'homme, font partie du domaine public, puisqu'ils ont expressément reçu cette destination, et qu'ils n'ont été exécutés, pour le service public, que par l'expropriation des fonds qu'ils occupent; or, cette expropriation avait justement pour but de les faire sortir du domaine privé.

Le plus souvent les canaux de navigation intérieure s'établissent par des concessions faites à des compagnies ou entrepreneurs qui, aux termes de leurs traités, doivent en avoir la possession à perpétuité ou pour un temps limité. Dans ce cas, les concessions faites à ces entrepreneurs consistent seulement dans la possession ou jouissance de l'octroi de la navigation et non pas dans l'aliénation du canal qui, étant placé dans le domaine public, est essentiellement inaliénable et imprescriptible *tant que la destination du fonds n'a pas été totalement changée.* De là il résulte que toutes les aliénations faites par le gouvernement, à la charge par les acquéreurs ou les concessionnaires de les entretenir dans leur état de viabilité publique, ne sont pas de véritables actes de vente opérant une aliénation parfaite; que ce ne sont que des engagemens révocables suivant les circonstances, en indemnisant les concessionnaires. Ces canaux, même concédés à perpétuité, conservent donc toujours leur nature de voie publique, et comme tels ils restent soumis aux servitudes de vue et autres, compatibles avec leur nature envers les fonds voisins; et toutes les contestations qui peuvent avoir pour objet ces servitudes doivent être portées devant les tribunaux ordinaires. Les canaux de navigation étant des voies de communication tracées dans l'intérêt public, le gouvernement peut toujours, moyennant indemnité, s'emparer des sources et ruisseaux qui se trouvent dans les terrains supérieurs et qui peuvent être nécessaires pour alimenter le canal.

En tous cas, le concours du pouvoir législatif est indispensable pour autoriser un canal qui doit être creusé par le gouvernement et pour voter les fonds nécessaires à sa confection. Le concours de l'autorité législative est également nécessaire pour autoriser la concession d'un canal à une compagnie ou à des entrepreneurs qui doivent le creuser à leurs frais.

Lorsque la confection ou réparation des canaux cause quelque dommage aux propriétaires voisins, l'Etat ou les entrepreneurs doivent les indemniser; toutes les contestations qui peuvent s'élever à cet égard entre eux et les entrepreneurs sont de la compétence du conseil de préfecture (loi du 28 pluviôse an VIII, art. 4).

Il en est de même des dommages qui peuvent résulter de leur établissement pour les propriétés voisines, par les infiltrations qu'ils y portent, soit que les terrains soient simplement humectés ou inondés. Les propriétaires ainsi lésés ont contre le gouvernement ou les concessionnaires un recours en indemnité pour les pertes qu'ils éprouvent. Ces principes, qui ne sont que l'application rigoureuse des lois de l'équité, ont été adoptés par décision du conseil d'état du 12 mars 1824 à l'égard du canal de Loing. (*Voy.* loi du 21 vendémiaire an V, préambule; décret du 22 février 1813, art. 4; arrêt du 27 avril 1826, cité par M. Macarel, t. VIII, p. 227; arrêt du 29 février 1832, et M. Proudhon, *Traité du Domaine public*, n° 797, 1563 et 1655.)

Section VI. — *Des lacs.*

Les lacs sont de grands et profonds réservoirs créés par la nature et alimentés par des sources ou des courans qui conservent perpétuellement la masse de ces grands réceptacles d'eaux.

En thèse générale, les lacs font partie du domaine public; mais un lac peut également être dans le domaine privé d'un particulier ou d'une commune; c'est ce qui se voit fréquemment à l'égard des petits lacs qu'on trouve dans les pays de montagnes.

La différence qui existe entre les lacs qui dépendent du domaine public et ceux qui appartiennent au domaine privé sont les suivantes :

Dans les lacs publics, le revenu de la pêche, comme celui des rivières navigables, appartient à l'Etat; dans les lacs qui sont propriété privée, la pêche appartient exclusivement au propriétaire.

Sur les lacs publics, l'usage de la navigation ou des passages qui peuvent avoir lieu en tous sens par le moyen de barques et bateaux doit être permis à chacun comme l'usage des grandes routes; mais le passage au moyen de barques à travers un lac privé, pour arriver de l'un des bords sur le fonds situé de l'autre côté, ne peut être exigé, pour servir à l'exploitation de ces fonds enclavés, lorsqu'il n'y a pas de servitude consentie par le propriétaire, que moyennant indemnité.

Dans les lacs publics où la masse d'eau est en général assez abondante pour satisfaire à tous les besoins du voisinage, sans nuire à la navigation, toutes les prises d'eau doivent être permises; au contraire il ne peut être permis de pratiquer des rigoles de dérivation dans un canal propriété privée sans le consentement de ce propriétaire.

Enfin, si le propriétaire du lac privé a quelque moyen d'en faire écouler les eaux, il peut, de sa propre autorité, obtenir ainsi une plus grande quantité de terrain et même le réduire à sec, sans avoir recours aux mesures exigées par la loi du 16 septembre 1807, comme on peut le voir dans la décision du conseil d'état du 11 août 1824, rapportée par M. MACAREL, t. VI, p. 523, sauf les lois de police sanitaire.

SECTION. VII. — *Des étangs.*

On nomme étang un amas d'eau retenu par des ouvrages de main d'homme.

Chacun peut établir des étangs sur sa propriété, mais il doit préalablement obtenir la permission de l'autorité administrative, qui ne l'accorde qu'après une enquête *de commodo vel incommodo*, faite dans l'intérêt de la salubrité publique. C'est elle aussi qui doit fixer la hauteur du déversoir des eaux de manière à ce qu'elles ne nuisent à personne (loi du 28 septembre 1791, tit. II, art. 16). Les voisins sont également autorisés à former opposition dans leur intérêt particulier à la formation d'un étang, sauf à faire statuer par l'autorité compétente sur le mérite de leur opposition.

Le propriétaire d'un étang nouvellement construit n'a pas le droit de forcer le propriétaire inférieur à recevoir ses eaux, à moins qu'elles n'eussent auparavant un écoulement naturel, même en lui offrant une indemnité proportionnée au tort qu'il en éprouverait, attendu que dans ce cas il ne s'agit plus d'un intérêt public, mais d'un intérêt privé (C. c., 545 et 640).

Le propriétaire d'un étang doit tenir sa bonde et sa chaussée dans un état tel qu'il n'en résulte aucun préjudice pour les propriétaires voisins. S'il ne les réparait pas et qu'il résultât de sa négligence des chutes ou infiltrations d'eau, il serait tenu de réparer le dommage qui en résulterait.

Durant tout le temps qui s'écoule depuis l'alvinage ou l'empeuplement, jusqu'à la pêche de l'étang, les poissons qui s'y nourrissent sont considérés comme accessoires du fonds, et en cette qualité immeubles par destination (C. c., 524); mais lorsque tirés des étangs ils sont renfermés dans des viviers ou réservoirs, ils reprennent leur nature de meubles.

Lorsque deux ou plusieurs étangs communiquent entre eux, les poissons appartiennent toujours au propriétaire de l'étang où ils se trouvent, pourvu qu'ils n'y aient pas été attirés par fraude ou artifice (C. c., art. 564); mais un propriétaire peut suivre son poisson qui a remonté par une crue ou débordement d'eau, jusque dans la fosse ou auge de l'étang voisin; il peut faire vider cette fosse dans la huitaine, le propriétaire présent ou dûment appelé.

C'était l'ancien usage attesté par tous les auteurs qui ont écrit sur le droit rural, et le Code n'y a pas dérogé, puisqu'il n'attribue au propriétaire que le poisson qui passe dans son étang.

Enfin l'alluvion n'a pas lieu à l'égard des étangs, les propriétaires riverains ne peuvent acquérir aucun droit sur l'étang dont le propriétaire conserve toujours le terrain que l'eau couvre lorsqu'elle est à la hauteur de la décharge de l'étang, encore que le volume de l'eau vienne à diminuer; et réciproquement, le propriétaire de l'étang n'acquiert aucun droit sur les terres riveraines que son eau vient à couvrir dans les crues extraordinaires (C. c., art. 558).

Il résulte de cet article que les fonds riverains d'un étang sont soumis à la servitude d'inondation plus ou moins étendue sur leurs bords, dans le temps des grandes crues, et qu'il suffit que l'étang ait été établi depuis plus de 30 ans, pour que cette servitude reste définitivement acquise à l'un sur l'héritage de l'autre. Mais avant l'écoulement de cet espace de temps, les propriétaires voisins auraient une action pour faire réduire la chaussée de l'étang à une hauteur telle qu'elle ne pût plus leur nuire; et ils auraient même droit d'en exiger la démolition totale si la disposition du local ne permettait pas d'y for er un étang.

Il résulte aussi de cette disposition de notre Code que ce qu'on peut appeler les lais et relais d'un étang ne sont pour le propriétaire, comme pour ses voisins, que soumis à une possession passagère et précaire, les actes de possession de la part des riverains, tels que d'y couper de l'herbe, d'y faire paître des troupeaux, ne pourraient pas servir de fondement à la prescription, et de part ni d'autre on ne pourrait agir au possessoire sur cet espace intermédiaire.

L. MALEPEYRE.

On voit par ce qui précède combien les dispositions de nos lois sur les étangs sont incomplètes; aussi, comme nous l'avons déjà dit dans notre article sur ce sujet, p. 179, les étangs, dans le département de l'Ain, sont-ils des nids à procès. La nécessité d'avoir des règles fixes, pour prévenir ou décider les contestations, y a fait établir quelques règles d'usage ou de coutume qui tiennent lieu de loi; mais ces règles elles-mêmes sont souvent contestées. Dans la plupart des autres pays on n'a pas des réglemens aussi précis : on se plaint généralement de ce que les lois ne sont pas intervenues pour donner un caractère fixe à ces dispositions souvent vagues et peu précises, et qui, par cette raison, sont souvent ruineuses pour ceux qui les invoquent. Nous allons résumer la plupart de ces dispositions, en parcourant ce que M. DURAND a dit sur les usages du Forez et M. de MARIVAUX sur ceux de la Sologne; nous avons trouvé peu à ajouter aux usages de Bresse; ils sont consignés dans les ouvrages des jurisconsultes REVAL et COLLET, etc., résumés dans la statistique de COLLIN, d'où nous les avons extraits, en les resserrant, comme pouvant fournir des renseignemens utiles à tous les pays d'étangs.

Une partie de ces dispositions est sans doute devenue contestable dans l'ordre nouveau et sa législation actuelle; c'est un motif de plus pour solliciter à ce sujet des dispositions législatives. Toutefois nous n'admettrons pas l'opinion de ceux qui voudraient regarder l'évolage comme un droit purement féodal; il y a sans doute un grand nombre d'étangs faits par conventions et le consentement mutuel des parties qui y ont trouvé avantage.

1° Le propriétaire d'étangs doit la vidange à l'étang supérieur, tant pour la pêche que pour l'assec; cette vidange doit se donner avant le 15 mars. 2° Le propriétaire d'un fond supérieur à un étang ne peut, même pour son usage, détourner les eaux de l'étang. 3° Le propriétaire de l'évolage a droit de suite sur son poisson dans les prés et même dans les étangs supérieurs; ce droit ne dure qu'un an. 4° Le propriétaire des étangs a le *jet de Berce*, c'est-à-dire le droit de prendre de la terre à 7 pieds et demi au dehors de sa chaussée, et le voisin de l'étang ne peut faire des fossés sans se tenir au moins à cette distance. 5° Le propriétaire de l'étang ouvre et ferme à volonté les grilles ou daraises, les fonds inférieurs ne peuvent rien exiger pour cet objet, sans titre. 6° Le propriétaire de l'évolage doit donner assec chaque 3e année; s'il est le plus grand portionnaire du sol, il peut s'en dispenser, sauf indemnité, sinon il ne peut le refuser. Il entretient seul la chaussée, les grilles et les thoux; pour les réparations de la chaussée, on prend la terre d'abord dans la pêcherie et ensuite partout où on le peut sans nuire. 7° Celui qui a pie dans l'étang doit l'ensemencer de grains qui s'enlèvent en même temps que ceux semés par les autres propriétaires; le propriétaire de l'eau a droit de le sommer à cet effet, et après le délai, de cultiver la pie lui-même. 8° Un propriétaire de pie peut la clore d'une naie sèche l'année de l'assec, et en jouir alors comme il l'entend, pourvu que sa récolte soit enlevée au moment de recueillir les eaux, qui est fixé à la Toussaint. 9° Un propriétaire de pie peut forcer tous les autres à réparer la chaussée. 10° Tout propriétaire de partie d'assec ou d'évolage a droit de naisage et pâturage; ce droit cesse si les eaux sont baissées d'un tiers. 11° Le propriétaire d'une pie, lorsque l'étang est en assec, n'a droit de pâturage que sur sa pie; ce droit cesse même après la récolte.

M. de Marivaux dans son écrit sur les étangs de la Brenne, propose un projet de loi où il a fondu une partie de ces dispositions; cet écrit, très bon à consulter, se trouve dans le numéro des *Annales d'Agriculture* du 31 août 1826.

A. Puvis.

Section VIII. — *Droit de pêche.*

Le principe général en cette matière, c'est que le droit de pêche doit toujours appartenir à celui auquel appartient la jouissance du cours d'eau. Toutes les règles concernant ce droit, soit dans les rivières qui font partie du domaine public, soit dans les cours d'eau quelconques sont consignées dans la loi du 15 avril 1829 sur la pêche fluviale, dont l'art. 83 prononce formellement l'abrogation de toutes les lois et réglemens antérieurement portés sur cette matière. La pêche s'exerce au profit de l'état: 1° dans les fleuves, rivières, canaux et contre-fossés navigables ou flottables, avec bateaux, trains ou radeaux et dont l'entretien est à la charge de l'état ou de ses ayant-cause; 2° dans les bras, noues, boires et fossés qui tirent leurs eaux des fleuves ou rivières navigables ou flottables, dans lesquels on peut en tout temps passer et pénétrer librement en bateau de pêcheur et dont l'entretien est également à la charge de l'état. Sont toutefois exceptés les canaux et fossés existans ou qui seraient creusés dans les propriétés particulières et entretenus aux frais des propriétaires (loi citée, art. 1er).

La pêche, dans les rivières de l'état, ne peut donc être exercée que par les porteurs de licence ou par les fermiers qui s'en seront rendus adjudicataires (*idem*, art. 5).

Le gouvernement doit déterminer, d'après des enquêtes *de commodo vel incommodo*, quelles sont les parties des fleuves et rivières où le droit de pêche sera exercé au profit du domaine de l'état. Il a également le droit de déclarer navigable ou flottable une rivière qui ne l'était pas, et dans ce cas il n'est dû aux propriétaires riverains que l'indemnité de leur droit de pêche supprimé (*idem*, art. 3).

Les fermiers et porteurs de licence ne peuvent user, sur les fleuves et canaux navigables, que du chemin de halage, et sur les rivières flottables, que du marche-pied, sauf à traiter de gré à gré avec les propriétaires riverains sur l'usage des terrains dont ils peuvent avoir besoin pour retirer et asséner leurs filets (*idem*, art. 35).

Dans toutes les rivières et canaux, autres que ceux ci-dessus désignés, les propriétaires riverains ont, chacun de son côté, le droit de pêche jusqu'au milieu du cours de l'eau, sans préjudice des droits contraires établis par possession ou titre.

Le droit de pêche, dans les cours d'eau non navigables ou flottables, est un des attributs et comme une partie de l'usufruit perpétuel que la loi attache aux propriétés riveraines; il ne peut donc en être détaché et cédé à perpétuité à des étrangers; mais l'un des propriétaires riverains pourrait acquérir, par titre ou par possession, le droit de pêche sur tout le cours d'eau qui est vis-à-vis le front de son héritage; ce serait alors un des deux usufruitiers qui prescrirait contre l'autre. Chacun des propriétaires pourrait aussi louer et affermer son droit de pêche sur sa portion de la rivière, comme tout usufruitier peut affermer le droit de jouissance qu'il a sur un héritage.

Section IX. — *Du droit de varech ou goemon.*

Le droit de varech ou goemon consiste dans la faculté de cueillir les herbes montantes qui croissent sur les rochers habituellement baignés par les marées; la récolte de ces herbes est importante pour les habitans des pays voisins de la mer, soit parce qu'ils les emploient à l'engrais de leurs terres, soit parce qu'ils les emploient à la fabrication du verre. Mais d'autre part l'existence de ces herbes au bord de la mer est extrêmement utile pour la reproduction du poisson qui s'y retire pendant le temps du frai. C'est aux préfets des lieux à déterminer, par des réglemens conformes aux lois, tout ce qui est relatif à ce genre de récolte (Arrêté du 18 thermidor an X).

Souvent ces herbes sont arrachées et jetées sur le rivage par la mer; alors elles sont considérées comme la propriété du premier occupant.

SECTION X. — *Des lais et relais de la mer.*

Les lais et relais de la mer consistent dans les parties du littoral qui sont alternativement couvertes et abandonnées par les flots. L'article 538 du Code civil déclare propriétés domaniales ces portions de territoire; d'où il résulte que toutes entreprises faites, sans l'autorisation du gouvernement, sur ces parties du territoire, ainsi que toutes usurpations, peuvent être réprimées par l'autorité.

L'ordonnance de la marine du mois d'août 1681 fixe d'une manière positive ce qu'on doit entendre par le littoral qui comprend les lais et relais de la mer. L'article 1er du titre VII du livre IV, est ainsi conçu : « Sera réputé bord et rivage de la mer, tout ce qu'elle couvre et découvre pendant les nouvelles et pleines lunes, et jusqu'où le grand flot de mer se peut étendre sur les grèves. » L'article 2 de la même ordonnance s'exprime ainsi : « Faisons défense à toute personne de bâtir sur les rivages de la mer, d'y planter aucun pieu, ni faire aucun ouvrage qui puisse porter préjudice à la navigation, à peine de démolition des ouvrages, de confiscation des matériaux et d'amende arbitraire.

Le littoral de la mer étant dans le domaine public, le gouvernement a le droit d'empêcher tous enlèvemens ou excavations que l'on pourrait faire sur ce littoral; il aurait droit de réprimer ces entreprises, soit d'office soit sur les plaintes des propriétaires riverains, auxquels l'enlèvement des galets qui servent souvent à amortir le choc du flot pourrait porter préjudice.

A l'égard des sables ou vases de mer qu'on emploie habituellement comme engrais sur tout le littoral que baigne l'Océan, ils forment pour l'agriculteur un engrais puissant, et le gouvernement, loin de réprimer ces entreprises utiles, doit les encourager.

Au surplus, l'article 41 de la loi du 16 septembre 1807 permet au gouvernement de concéder aux conditions qu'il réglera, les lais et relais de la mer et le droit d'endiguage; dans ce cas les droits des concessionnaires sont réglés par l'acte même qui leur accorde la concession. Enfin, il n'est pas rare de trouver des propriétés communales ou privées jusque sur les dunes qui sont bien certainement des lais et relais de la mer; soit que ces propriétés proviennent d'anciennes concessions ou d'autres causes légitimes, elles entrent dans le domaine privé et doivent être respectées.

SECTION XI. — *Des dunes.*

On appelle dunes les bords escarpés en rochers, galets ou sables contre lesquels les flots de la mer viennent se briser.

Les dunes qui sont formées de sable, étant susceptibles d'une extension indéfinie, embrassent souvent des plages considérables et menacent tout le voisinage, parce que, agissant sur un sol mobile, elles accroissent sans cesse leurs envahissemens. Pour connaître les moyens de fixer et d'arrêter ces fléaux destructeurs, il faut se reporter à la page 82 du tome Ier.

En vertu de l'article 41 de la loi du 16 septembre 1807, il est permis au gouvernement de faire des concessions de dunes à planter aux conditions qu'il aura réglées; et à plus forte raison, il peut faire directement les travaux d'ensemencement, de plantation, de culture et d'endiguage jugés nécessaires pour arrêter ces fléaux.

SECTION XII. — *Du droit de bacs et bateaux de passage.*

Le droit de bac consiste dans la faculté exclusive d'avoir sur les rivières, en certains points déterminés, des bateaux plats pour servir au passage des personnes, des animaux, des voitures, denrées et marchandises, moyennant la perception d'un droit fixé par un tarif. L'établissement d'un bac exige aussi celui d'une maison ou logement pour servir à l'habitation des bateliers, qui doivent toujours être prêts à passer la rivière, toutes les fois qu'ils en sont requis. Ces établissemens intéressent donc l'ordre public, non seulement parce qu'ils servent à la circulation des personnes et des denrées, mais encore parce qu'il importe à la sûreté publique que leur construction soit bien dirigée et qu'ils soient toujours entretenus en bon état.

Les droits de bac sur les rivières navigables appartiennent comme le fleuve lui-même au domaine public. C'est pourquoi la loi du 6 frimaire an VII, art. 1er, en abrogeant les dispositions de celle du 25 août 1792, a aboli tous les droits qui avaient été accordés ou usurpés sur le domaine public et les a restitués à ce domaine.

Les bacs de passage, même lorsqu'ils sont établis sur des rivières qui ne sont pas navigables, ne peuvent donc appartenir à des particuliers; ils sont placés dans les attributions du directeur général des contributions indirectes; c'est au gouvernement seul qu'il appartient d'en ordonner l'établissement et de fixer le tarif des droits à payer par les passagers (décisions du conseil d'état des 29 septembre 1810, 10 juillet 1822, 4 décembre même année et 11 août 1824, rapportées par M. MACAREL, tom. IV, p. 55 et 456, tom. VI, p. 525).

Aux termes de l'art. 10 de la loi du 14 floréal an XI, c'est au gouvernement à fixer le tarif des droits de bacs dans la forme arrêtée par les réglemens d'administration publique, et c'est aux conseils de préfecture à juger les contestations relatives à l'interprétation de ces tarifs et l'application qui doit en être faite à ce genre de perception, l'art 91 de la loi de frimaire an VII ayant attribué la connaissance de ces contestations aux administrations centrales des départemens.

Aux termes des art. 51 et 54 de cette même loi, les adjudicataires entrepreneurs de bacs sont civilement responsables des dommages qui peuvent résulter de la négligence des personnes par eux employées, lorsqu'il y a eu contravention aux règles de la police; ils sont en outre passibles d'une amende de la valeur de trois journées de travail.

Il leur est expressément défendu de rien exiger au-delà des taxes fixées par les tarifs, sous peine de se voir condamner par le juge de paix à la restitution des sommes indûment perçues, et en outre, par forme de simple police, à une peine qui ne peut être moindre de la valeur d'une journée de travail et d'un jour d'emprisonnement, ni excéder la valeur de trois journées de travail ou trois jours d'emprisonnement; et, en cas de récidive, la condamnation doit être prononcée par le tribunal correctionnel (loi de frimaire an VII, art. 52). Si les exactions étaient accompagnées d'injures, violences ou voies de fait, le tribunal de police correctionnelle devrait prononcer, outre les réparations civiles et dommages-intérêts, une amende qui pourrait être de cent francs et un emprisonnement qui ne pourrait pas excéder trois mois (*idem*, art. 53).

D'autre part, toute personne qui se soustrairait au paiement des sommes portées au tarif, devrait être condamnée par le juge de paix du canton, outre la restitution des droits, à une amende qui ne peut être moindre de la valeur d'une journée de travail, ni excéder trois jours; en cas de récidive, le juge de paix doit prononcer, outre l'amende, un emprisonnement qui ne peut être moindre d'un jour ni s'étendre au-delà de trois, avec affiche du jugement (*idem*, art. 56). Si le refus de payer est accompagné d'injures, menaces, violences ou voies de fait, l'affaire doit être portée au tribunal correctionnel qui, outre les réparations civiles, condamnera à une amende de cent francs et à un emprisonnement qui ne pourra excéder trois mois (*idem*, art. 57). A défaut de consignation au greffe de la justice de paix de ces différentes condamnations, les voitures et chevaux seront arrêtés et placés en fourrière jusqu'à la consignation ou jusqu'au fournissement d'une caution (*idem*, art. 59).

Le droit de bac étant un droit exclusif d'opérer, moyennant une rétribution, le trajet des rivières dans les localités où il n'y a pas de pont et où le gouvernement juge nécessaire d'établir ces moyens de transit, il en résulte que personne ne peut établir de sa propre autorité sur les rivières des barques destinées au passage des personnes, des animaux ou des denrées, ou tous autres moyens de passage qui pourraient nuire à la perception des droits de bac.

Toutefois, il existe plusieurs arrêts du conseil qui ont rejeté les prétentions de bateliers qui consistaient à vouloir assujétir les cavaliers qui passaient la rivière à gué à leur payer le passage; le bétail qui passe à gué ne doit de même aucun droit de passage; cela a été jugé en faveur des habitans de Voiron par arrêt du parlement de Grenoble, du 23 décembre 1510.

La loi de frimaire an VII ne défend pas l'établissement de bacs et bateaux qui ne sont pas destinés à être employés à un passage commun, mais qui sont établis pour le seul usage d'un particulier ou pour l'exploitation d'une propriété limitée par les eaux. Toutefois, ces bateaux ne peuvent être maintenus et il ne peut en être établi de nouveaux qu'après avoir fait vérifier leur destination et fait constater qu'ils ne peuvent nuire à la navigation. A cet effet, les propriétaires ou détenteurs desdits bacs et bateaux établis ou à établir s'adresseront aux préfets qui, sur l'avis de l'administration municipale, pourront en autoriser provisoirement la conservation ou l'établissement; toutefois cette autorisation devra être confirmée par le gouvernement sur la demande du préfet.

Ne sont pas compris dans la prohibition les barques, batelets et bachots servant à l'usage de la pêche et de la marine marchande montante et descendante; mais les propriétaires et conducteurs desdites barques, batelets ou bachots ne pourront pas établir de passage à heure ni lieu fixes.

Ces mesures de vérification de la destination des bateaux particuliers et l'obligation de demander le permis de les conserver ou de les établir ne sont que des mesures de police propres à réprimer les fraudes. Elles ne font pas obstacle au droit de chaque particulier de les établir pour son usage privé; c'est ce qui a toujours été jugé par les divers arrêts du conseil, qui ont été rendus sur cette matière (voir, entre autres, l'arrêt du 15 novembre 1826).

A l'égard des contestations qui peuvent s'élever sur l'exercice des droits de bac ou bateau sur les rivières navigables, elles sont de la compétence du conseil d'état; mais l'exercice d'un droit de passage sur une rivière qui n'est pas navigable reste dans la compétence des tribunaux ordinaires (décision précitée du conseil d'état, et M. PROUDHON, *Traité du domaine public*, n° 911 et suivans).

SECTION XIII. — *Usines et moulins à eau.*

Depuis la suppression de la féodalité, c'est à l'administration publique qu'appartient l'administration générale de tous les cours d'eau, même de ceux qui ne sont ni navigables ni flottables; c'est donc au roi, en son conseil, qu'il faut s'adresser pour obtenir une ordonnance de concession permettant de construire une usine à eau (ordon. du 7 mai 1821, rapportée par M. MACAREL, tom. Ier, p. 325). Cette ordonnance n'est rendue qu'après une enquête *de commodo vel incommodo*, afin que tous ceux qui pourraient se croire fondés à s'opposer à l'établissement projeté soient dûment avertis.

Quant aux usines qui existent actuellement, il faut établir quelques distinctions: ou bien elles ont été régulièrement autorisées par le gouvernement, et alors elles ne peuvent être supprimées que dans le cas où elles seraient reconnues nuisibles à la navigation; nous pensons même que la suppression ne pourrait en être ordonnée que par ordonnance royale et qu'on ne pourrait procéder à la démolition qu'après avoir fait fixer et avoir payé l'indemnité préalable due au propriétaire d'usine; ou bien l'établissement de ces usines est fondé sur des concessions ou permissions données par les ci-devant seigneurs féodaux; et alors il faut encore distinguer: la permission de l'ancien seigneur ne peut être constitutive d'un titre légitime sur une rivière navigable ou flottable, attendu que ce n'est que par une usurpation contraire au droit public de l'état que le seigneur aurait pu se permettre de disposer du cours d'eau sur une rivière de cette classe. Les préfets peuvent donc poursuivre la destruction de ces usines en vertu de l'arrêté du directoire exécutif, du 19 ventôse an VI. Mais à l'égard des concessions faites par les anciens seigneurs, pour constructions d'usines sur des rivières qui n'étaient ni navigables ni flottables, elles forment un titre légitime (arr. de cass. du 23 ventôse an X).

Cependant, quoique l'abolition de la féodalité n'ait pas entraîné l'anéantissement du droit d'usine, qui avait été accordé par l'ancien seigneur, elle a néanmoins produit un effet considérable, en ce que la loi, replaçant dans le droit commun l'usage des cours d'eau, il est aujourd'hui permis à tout propriétaire riverain de faire des prises d'eau dans la rivière pour servir à l'irrigation de ses héritages, et que le propriétaire d'usine est alors forcé de subir tout réglement fait d'après une équitable distribution des eaux. Il nous est impossible, d'après la nature de cet ouvrage, d'entrer dans le détail de toutes les questions qui peuvent naître entre les meuniers et propriétaires riverains sur l'usage des eaux, cette matière étant très compliquée. On peut consulter avec fruit l'ouvrage de M. Garnier, intitulé: *Régime* ou *Traité des cours d'eau*, 1832, 3 vol. in-8°, le *Traité du domaine public*, de M. Proudhon, n° 1070 et suiv.

Avant d'accorder l'autorisation d'établir de semblables usines, le gouvernement ordonne habituellement une enquête; c'est alors que les propriétaires, auxquels l'usine pourrait être nuisible, doivent faire entendre leurs réclamations. Lorsque la concession a été accordée, ils peuvent encore se pourvoir par voie de simple supplique adressée au ministre de l'intérieur; car l'acte de concession d'une usine n'est jamais consentie par le gouvernement *qu'aux risques et périls de l'impétrant*, et peut toujours être modifié et changé par nouvelle ordonnance, suivant la gravité des dommages qui seront reconnus résulter de l'établissement au préjudice de moulins plus anciens ou d'autres propriétés voisines.

C'est aussi à l'administration, c'est-à-dire au préfet d'abord et sauf recours au ministre, qu'appartient le droit de déterminer la position et la direction et de fixer les dimensions et largeur des canaux et biez des moulins et usines, comme aussi de fixer la hauteur du déversoir de leurs écluses (décret du 2 juillet 1812). C'est à l'administration active qu'appartient exclusivement le droit de régler le mode des constructions à faire; c'est à elle à déterminer l'emplacement et les dimensions du canal de dérivation, surtout à son embouchure; c'est à elle à décider toutes les questions de convenances locales qui s'y rattachent, et en un mot à régler, d'après les avis des ingénieurs, tout ce qui est à faire pour opérer la prise d'eau de la manière la plus avantageuse pour l'usine et la moins dommageable pour le voisinage. Enfin, les propriétaires ou fermiers de moulins et usines construits ou à construire sont garans de tous dommages que les eaux pourraient causer aux chemins ou aux propriétés voisines par la trop grande élévation du déversoir ou autrement; ils sont forcés de tenir ces eaux à une hauteur qui ne nuise à personne et qui sera fixée par le préfet (loi du 28 sept. 1791, titre II, art. 16). Ces dommages-intérêts sont dus lors même que le moulin ou l'usine, dont l'existence est nuisible. aurait été établi avec l'autorisation du gouvernement.

Section XIV. — *Des digues et chaussées.*

Lorsqu'il s'agira de construire des digues à la mer ou contre les fleuves, rivières et torrens navigables, la nécessité en sera constatée par le gouvernement. La dépense des constructions ou réparations doit en être supportée par les propriétaires protégés dans la proportion de leur intérêt aux travaux, sauf le cas où le gouvernement croirait utile et juste d'accorder des secours sur les fonds publics (loi du 16 sept. 1807, art. 33). La part contributive de chaque propriétaire protégé est réglée conformément aux dispositions de la même loi, par une commission prise parmi les propriétaires qui profitent de ces travaux, laquelle est nommée par le préfet.

Quant aux réparations et à l'entretien des digues et chaussées, c'est au préfet à déterminer quels sont ceux qui doivent y contribuer et la part de chacun (ordonn. du 31 mai 1818; M. Macarel, tom. X, pag. 855), et les propriétaires ne peuvent réclamer contre une répartition ordonnée par lui pour réparation d'une digue déjà construite, si cette réparation a été faite en vertu d'un ancien réglement, sauf aux parties intéressées à se pourvoir pour obtenir un nouveau réglement conformément à la loi du 16 sept. 1807 (ordonn. du roi, 23 juin 1824). Il en sera de même lorsqu'il s'agira de levées, de barrages, de pertuis, d'écluses auxquels les propriétaires de moulins ou d'usines seraient intéressés.

D'ailleurs la construction de digues sur une rivière navigable, flottable ou non, faite par un particulier de sa propre autorité, au bord ou dans le lit du cours d'eau, sans nulle autorisation de la part de l'administration publique ou tout autre ouvrage avancé qui renverrait le choc des eaux contre les héritages du bord opposé et les exposerait à être endommagés ou ruinés, donne droit à ces propriétaires, contre celui qui a fait ces ouvrages, à une action pour le contraindre à supprimer la cause du danger qu'ils souffrent. Pour connaître à quelle autorité ils devront s'adresser pour obtenir justice, il faut voir le titre IIe ci-après, intitulé *Compétence*. Si la digue avait été faite avec la permission du gouvernement et après l'accomplissement de toutes les formalités, les propriétaires lésés n'auront plus que la voie de la supplique adressée au ministre de l'intérieur. Au surplus, c'est à l'autorité administrative qu'appartient essentiellement la conservation et l'entretien des chemins, digues et autres ouvrages qui y correspondent (loi du 28 sept. 1791, titr. II, art. 16; et ordonnance du 10 août 1827).

Section XV. — *De la police des eaux.*

La police des cours d'eau quels qu'ils soient appartient à l'autorité administrative; elle doit veiller à ce que les eaux soient à une hauteur qui ne nuise à personne; c'est elle qui fixe la hauteur du déversoir des eaux. Il en résulte que tous les réglemens d'eau, même pour les rivières non navigables ni flottables, nécessaires pour l'irrigation des propriétés et dans l'intérêt public, doivent être faits par les préfets (ordonn. du roi du 3 juin 1818), et lorsqu'un pareil réglement, sollicité par les propriétaires riverains, a été approuvé par le ministre de l'intérieur, il ne peut être attaqué par l'un des propriétaires s'il n'a un titre pour prétendre à une jouissance plus étendue du cours d'eau (décret du 13 mai 1809); mais les préfets ne sont pas chargés du réglement des eaux d'un étang propriété privée, c'est une contestation qui doit être portée devant la juridiction ordinaire (ordonn. du roi, 31 décembre 1821. MACAREL, t. II, pag. 419).

Les administrateurs des départemens sont chargés de rechercher et indiquer le moyen de procurer le libre cours des eaux, d'empêcher que les prairies ne soient submergées par la trop grande élévation des écluses, des moulins et par les autres ouvrages d'art établis sur les rivières, de diriger enfin, autant qu'il sera possible, toutes les eaux de leur territoire vers un but d'utilité générale, d'après les principes de l'irrigation (décret du 22 décembre 1789, et instruction de l'Assemblée nationale des 12 et 20 août 1790). La tâche de l'administration se borne à organiser le sol de la manière qu'elle croit le plus propre pour rendre les cours d'eau le plus favorables aux intérêts collectifs du pays; ainsi tout ce qui touche au niveau des eaux, tout ce qui tend à le modifier et le changer pouvant mettre en péril les intérêts généraux des localités, c'est nécessairement à la prévoyance de l'administration qu'il appartient de le régler. Mais en ce qui touche les intérêts individuels des propriétaires, tous les débats qui peuvent naître entre les citoyens à raison de la propriété ou jouissance des cours d'eau, l'administration n'a pas à s'en occuper, ils restent hors de sa compétence.

C'est aussi à l'administration qu'il appartient de pourvoir au curage des canaux et rivières non navigables, conformément aux anciens réglemens, et dans le cas où l'application des anciens réglemens éprouverait des difficultés sérieuses, ou lorsque des changemens survenus exigeront des dispositions nouvelles, il devra y être pourvu par un nouveau réglement d'administration publique, rendu sur la proposition du préfet du département; de manière que la quotité de contribution de chaque imposé soit toujours relative au degré d'intérêt qu'il a aux travaux qui s'effectuent (loi du 14 floréal an XI, art. 2). Les rôles de répartitions des sommes nécessaires au paiement des travaux d'entretien, réparation ou constructions, doivent être dressés sous la surveillance du préfet, rendus exécutoires par lui, et le recouvrement s'en opère de la même manière que celui des contributions publiques (*idem*, art. 3), et toutes contestations relatives au recouvrement de ces rôles, aux réclamations des individus imposés, et à la confection des travaux doivent être portés devant le conseil de préfecture sauf le recours au conseil d'état (*idem*, art. 4). C'est aussi à l'administration active à désigner, suivant les circonstances, les endroits où les déblais de curage devront être rejetés; et s'il naît quelques débats à cet égard entre les propriétaires intéressés, c'est encore elle qui doit statuer, sauf l'indemnité qui devra être prononcée par le conseil de préfecture au profit du propriétaire dont le fonds souffrait par suite du dépôt de ces déblais de curage.

Quant aux difficultés qui peuvent s'élever entre les particuliers, même sur l'exécution du réglement, l'administration n'a pas le droit d'en connaître, et la contestation appartient aux tribunaux ordinaires.

Enfin la loi du 11 septembre 1792 autorise les préfets, d'après les avis et procès-verbaux des gens de l'art, sur la demande des conseils municipaux, et après avoir pris l'avis des sous-prefets, à ordonner la destruction des étangs qui, par la stagnation de leurs eaux, peuvent occasionner des maladies épidémiques ou des épizooties, ou lorsqu'ils sont sujets à des inondations qui envahissent ou ravagent les propriétés inférieures (voy. ci-après titre III, *Délits de pêche fluviale*).

CHAPITRE IV. — Droits dérivant de la propriété.

Les droits qui dérivent de la propriété sont assez multipliés, nous ne nous occuperons ici que de deux espèces de ces droits dérivatifs à savoir : du bornage et du droit de clôture.

Section Ire. — *Des bornage et délimitations.*

§ Ier. — Du bornage des propriétés rurales.

Le droit de bornage dérive du droit de propriété, le maître de la chose ayant toujours intérêt à ce qu'elle ne soit pas confondue avec celle de ses voisins; de là cette disposition de la loi qui porte que « tout propriétaire peut obliger son voisin au bornage de leurs propriétés contiguës; et comme cette délimitation d'héritages est dans l'intérêt commun, la loi a voulu que le bornage se fît à frais communs » (C. c., 646).

Le bornage remonte aux premiers âges du monde. Moïse et Numa Pompilius, ces deux grands législateurs des Hébreux et des Romains, avaient non-seulement fait un devoir à leurs peuples de fixer les limites de leurs héritages, mais ils avaient mis au rang des plus grands crimes le déplacement frauduleux de ces signes sacrés de la propriété, parce qu'ils avaient senti que le respect de ce droit pouvait seul assurer l'existence et le repos des sociétés.

On entend en général par borne toute marque qui sert à désigner la ligne séparative de deux héritages. Mais le plus communément ce sont des pierres plantées debout et enfoncées en terre aux confins des propriétés contiguës. Pour témoigner que ces bornes ont été placées pour limiter les héritages, on place dans certains endroits du charbon pilé sous la pierre qui sert de borne; dans d'autres localités, ce sont des morceaux de verre, de cuivre ou autre métal ou quelques autres fragmens de matière qui paraissent avoir été placés de mains d'hommes. Le plus souvent on se contente de placer des tuileaux provenant d'une seule brique que l'on casse en plusieurs morceaux, et qu'on place en divers endroits du pied de la borne, sans trop les morceler, de manière qu'on puisse reconnaître, en les rapprochant, qu'ils proviennent d'une même tuile ou brique.

Ces marques s'appellent *garans*, *témoins* ou *fileuses* (BRODEAU, *sur la Coutume du Maine*, art. 297. COQUILLE, *sur celle du Nivernais*, tit. VIII). Mais ces usages ne limitant pas les signes qui peuvent servir à déterminer les bornes des propriétés, tout autre mode de délimitation, tel qu'un fossé, un talus, un mur, une haie, etc. pourraient servir à borner des propriétés contiguës.

Le bornage ou la reconnaissance des anciennes limites se fait à l'amiable, si les deux voisins sont majeurs et d'accord. Ils dressent alors un acte sous seing privé, en double, ou ils font rédiger, par le notaire du lieu, un procès-verbal authentique qui constate le bornage.

S'ils ne peuvent s'accorder, les bornes doivent être placées, en vertu d'un jugement, par des experts convenus entre les parties ou nommés d'office par le juge. Ces experts prêtent serment et procèdent dans les formes déterminées par le Code de procédure civile.

Chaque partie remet ses titres aux experts pour qu'ils puissent déterminer les endroits où les bornes doivent être placées. Ces titres doivent servir de règles, à moins que l'un des voisins n'ait acquis une plus grande quantité de terrain que celle portée dans son titre par la prescription, c'est-à-dire par une possession paisible et continue pendant 30 ans, s'il n'a pas de titre qui lui confère un droit sur cette partie de la propriété, et pendant dix ans seulement, si la personne contre laquelle il prescrit réside sur les lieux, et 20 ans si elle n'y est pas, lorsqu'il possède en vertu d'un titre translatif de propriété dont il ignore les vices. Mais, pour prescrire, même par la possession de 30 ans, il ne faut pas que cette possession puisse être considérée comme clandestine, et l'on réputerait telle une légère anticipation de terrain faite en labourant une pièce de terre où il n'y aurait pas de bornes ou dont les bornes ne seraient plus apparentes.

S'il y a différence entre les titres des deux voisins, celui qui possède doit être préféré.

S'il n'y a pas de titre, la seule possession doit faire la règle. Si l'un a des titres et que l'autre n'en ait pas, les titres doivent servir de règle.

Si les deux voisins ont des titres, mais qu'ils ne fixent pas l'étendue de la portion de chacun, il faut partager également et par moitié, toujours en supposant qu'il n'y ait pas de possession contraire.

Si les titres des deux voisins offraient une étendue plus ou moins grande que celle de tout le terrain, il faudrait faire une règle de proportion et attribuer à chacun une quantité proportionnelle à ses droits.

Si les bornes avaient été placées en vertu d'un titre commun et non contesté et que, par erreur, elles se trouvassent avoir été mal placées, l'erreur devrait être rectifiée.

Après la vérification des titres et le mesurage des terres, on place les bornes. on dresse procès-verbal de l'opération, et si le bornage est fait en justice, les experts déposent leur rapport au greffe du tribunal, qui statue conformément aux dispositions du Code de procédure civile.

Souvent il arrive que la demande de bornage entre deux propriétaires nécessite la même opération entre un plus grand nombre. Si, par exemple, le propriétaire dont le champ fait partie d'une vaste plaine demande le bornage à son voisin et que ni l'un ni l'autre ne trouve la quantité de terrain portée en leurs titres, ils sont alors forcés de demander le bornage aux autres voisins, de sorte que le bornage peut s'étendre ainsi de proche en proche à tous les propriétaires d'une vaste plaine.

C'est un grave inconvénient, car les frais énormes qu'entraînent ces arpentages généraux mettent les petits propriétaires dans l'impossibilité de profiter des dispositions de la loi, puisqu'ils ne pourraient obtenir le bornage sans s'exposer à se ruiner. Le meilleur moyen d'éviter que l'action que la loi leur accorde ne soit vaine, ce serait de fixer sur le territoire de chaque commune et, sous la surveillance des conseils municipaux, des points fixes de repère qui auraient été établis avec toutes les précautions nécessaires, de manière à limiter les arpentages que le bornage pourrait exiger.

Nous avons vu avec plaisir que ce moyen de faciliter ou plutôt de rendre possible les bornages que nous avons proposés lors de la publication de notre code rural (1834), a fixé l'attention du gouvernement. Voici en effet dans quels termes s'exprime M. le ministre du commerce, dans la circulaire par lui adressée aux conseils généraux, le 4 septembre 1835. « Les anticipations de propriété sont fréquentes et grandement dommageables. — Lorsque l'on considère tout l'avantage qu'il y aurait à mettre obstacle à ces empiètemens et à tarir ainsi la source principale des contestations relatives à la propriété rurale; quand on s'aperçoit que les mutations de propriété, souvent indiquées avec inexactitude, diminuent insensiblement chaque année les bienfaits de l'opération du cadastre, on est amené à regretter que dès le principe de cette grande opération les communes, à mesure que leur territoire a été cadastré, n'aient pas fait limiter les principales divisions cadastrales qui n'avaient pas de limites certaines par des bornes rattachées à des points fixes et toujours facilement remplacées en cas de disparition. Dans l'intérieur de ces divisions, les géomètres auraient pu indiquer sur les plans la largeur et la hauteur de chaque parcelle, et de cette façon les usurpations auraient été rendues impossibles

« Ce bornage, qui n'aurait pas causé beaucoup de frais pour chaque commune et dont la dépense aurait été supportée, soit sur les fonds communaux, soit au moyen d'un rôle extraordinaire additionnel à la contribution foncière, pourrait être appliqué à tous les territoires qui ne sont pas encore cadastrés.

« Quant aux territoires cadastrés, l'opération pourrait se rattacher aux plans de conservation du cadastre, dont s'occupe M. le ministre des finances et qui sera l'objet d'une proposition législative. »

Ces vues sont sages, sans doute, et introduiraient de grandes améliorations dans la propriété rurale, mais elles se rattacheraient mieux encore à un plan général de *réunion* qui, nous aimons à nous flatter de cet espoir, remédiera un jour au morcellement presque indéfini de la propriété qui menace l'avenir de notre agriculture et à l'enclave et enchevêtrement des terres, source de procès et de dommages pour la culture de notre sol.

Dans l'état actuel de notre législation, la délimitation ne peut être confondue avec le bornage, la cour de cassation l'a décidé ainsi par arrêt du 30 décembre 1818. Elle a pensé que la délimitation indiquait seulement la ligne séparative des propriétés, mais que le bornage seul constatait légalement cette ligne; qu'ainsi l'action de bornage devait être accueillie lors même que les propriétés auraient des limites suffisamment indiquées, telles que haies vives, épines et arbres.

En général les bornes placées aux extrémités des héritages indiquent qu'il faut, pour former les limites, tirer une ligne droite d'une borne à l'autre.

Pour avoir droit d'intenter l'action en bornage, il faut posséder à titre de propriétaire. Ainsi le fermier ou colon ne pourrait pas intenter directement cette action, mais ils le pourraient indirectement en actionnant leur bailleur pour le contraindre à leur livrer la contenance de terrain qui leur a été donnée à bail ou à faire cesser le trouble qu'ils éprouveraient dans leur jouissance, de la part du voisin.

Enfin on s'accorde à donner à l'usufruitier et au preneur, à titre d'emphytéose, le droit d'intenter l'action de bornage. Mais M. PROUDHON pense que le bornage fait avec l'usufruitier n'est que provisoire, et que le propriétaire peut en demander un nouveau à la fin de l'usufruit (*Traité de l'usufruit*, n° 1243. Voy. aussi TOULLIER, n° 169 et suiv.).

On considère aujourd'hui l'action de bornage comme imprescriptible, parce qu'elle est inhérente à la propriété, qu'elle en suit le sort et ne peut en être détachée.

§ II. — De la délimitation et bornage des bois et forêts contigus à ceux de l'État.

La délimitation et bornage des bois et forêts appartenant à des particuliers se fait conformément aux règles qui précèdent, mais lorsqu'ils sont contigus à des forêts de l'état, le bornage se fait d'après des règles particulières qui sont consignées dans la loi du 21 mai 1827 et dans l'ordonnance d'exécution du 1er août de la même année.

La séparation entre les bois et forêts de l'état et les propriétés riveraines peut toujours être requise, soit par l'administration forestière, soit par les propriétaires riverains (loi citée, art. 8).

Toutefois, en reconnaissant le droit égal soit des particuliers soit de l'administration à provoquer la séparation des immeubles limitrophes, il a paru conforme à la justice d'autoriser l'administration à suspendre le cours des actions partielles en bornage, pourvu qu'elle offrît d'y faire droit dans le délai de six mois en procédant à une délimitation générale de la forêt (*idem*, art. 9).

Dans ce cas l'administration doit annoncer cette opération deux mois à l'avance, par un arrêté du préfet, qui sera publié et affiché dans les communes limitrophes; et, pour qu'aucun citoyen ne puisse être dépouillé d'une portion de sa propriété par l'emploi de moyens administratifs, dont il pourrait très facilement, surtout dans les campagnes, n'être pas instruit en temps utile, la loi a voulu que l'arrêté du préfet fût signifié au domicile des propriétaires riverains ou à celui de leurs fermiers, gardes ou agens (*idem*, art. 10); et comme l'article 173 de cette même loi donne aux gardes de l'administration le droit de faire toutes citations et significations d'exploits en matière forestière, les frais qui auraient pu résulter de cette disposition se trouvent réduits et les inconvéniens qu'elle semble présenter au premier abord sont entièrement palliés.

Après ce délai, les agens de l'administration forestière procèdent à la délimitation en présence ou en l'absence des propriétaires riverains (*idem*, art. 10).

Le procès-verbal de délimitation est immédiatement déposé au secrétariat de la préfecture et par extrait au secrétariat de la sous-préfecture, en ce qui concerne chaque arrondissement. Il en est donné avis par un arrêté du préfet, publié et affiché dans les communes limitrophes. Les intéressés peuvent en prendre connaissance et former leur opposition dans le délai d'une année, à dater du jour où l'arrêté a été publié. Dans le même délai le gouvernement déclare s'il approuve ou s'il refuse d'homologuer ce procès-verbal, en tout ou en partie. Sa déclaration est rendue publique de la même manière que le procès-verbal de délimitation (*idem*, art. 11).

Si, à l'expiration de ce délai, il n'a été élevé aucune réclamation par les propriétaires riverains contre le procès-verbal de délimitation et si le gouvernement n'a pas déclaré son refus d'homologuer, l'opération sera définitive. Les agens de l'administration procéderont, dans le mois suivant, au bornage en présence des parties intéressées, ou elles dûment appelées par un arrêté du préfet, ainsi qu'il est prescrit ci-dessus (*idem*, art. 12).

Si la séparation s'opère par un simple bornage, les dispositions de l'article 640 du Code civil sont applicables et les frais de bornage sont supportés en commun (*idem*, art. 14).

La séparation peut aussi être effectuée par des fossés de clôture, soit de la part de l'administration, soit de la part des particuliers. En ce cas, ces fossés doivent être faits aux frais de la partie requerante et pris en entier sur son terrain (*idem*, art. 14). Mais il ne résulte pas de cette disposition que l'état ou les particuliers puissent nuire au voisin, sans que celui-ci ait le droit de réclamer une indemnité. Un fossé de clôture peut nuire considérablement aux lisières des bois qui, en général, sont formées des plus beaux arbres; en dénudant leurs racines, on les expose à souffrir et même à périr. La loi a voulu seulement considérer l'état comme un particulier et que chacun restât dans le droit commun. Celui donc qui se croira lésé pourra poursuivre l'autre devant les tribunaux. On sent, en effet, que les dispositions de l'article 672 du Code civil, qui permet au propriétaire de couper les racines des arbres qui s'avancent sur son terrain et de contraindre le voisin à élaguer les branches qui se projettent sur sa propriété, ne sont pas applicables aux bois et forêts, aux termes des dispositions de l'article 150 de la loi du 21 mai 1827 qui prononce des peines graves contre ceux qui élagueraient les arbres des bois et forêts sans l'autorisation des propriétaires. Au surplus, l'indemnité ne pourrait être prononcée que par les tribunaux civils, en conformité de l'article 1332 du Code civil.

En tous cas ce sont les tribunaux ordinaires qui sont appelés à statuer sur toutes les contestations qui peuvent s'élever relativement à la délimitation entre l'état et les particuliers, et c'est encore eux qui doivent statuer si les agens forestiers refusent de procéder au bornage (*idem*, art. 13).

§ III. — Mode de procéder à la délimitation et au bornage des bois et forêts.

L'ordonnance du 1er août 1827 règle le mode de procéder à la délimitation et au bornage des bois et forêts entre l'état et les particuliers. La demande doit en être adressée au préfet du département (art. 57).

Si les demandes ont pour objet des délimitations partielles, il sera procédé dans les formes ordinaires. Dans le cas où les parties seraient d'accord pour opérer la délimitation et le bornage, il y aurait lieu à nommer des experts; le préfet, après avoir pris l'avis du conservateur des forêts et du directeur des domaines, nommera un agent forestier pour opérer comme expert dans l'intérêt de l'état (*idem*, art. 58).

Mais s'il s'agit d'effectuer la délimitation générale d'une forêt, le préfet nomme les agens forestiers et les arpenteurs qui devront procéder dans l'intérêt de l'état, et indique le jour pour le commencement des opérations et le point de départ (*idem*, art. 59).

Les maires des communes où devra être affiché l'arrêté destiné à annoncer les opérations relatives à la délimitation générale sont tenus d'adresser au préfet des certificats constatant que cet arrêté a été publié et affiché dans ces communes (*idem*, art. 60).

Le procès-verbal de délimitation est rédigé par les experts, suivant l'ordre dans lequel l'opération aura été faite; il sera divisé en autant d'articles qu'il y aura de propriétés riveraines, et chacun de ces articles sera clos séparément et signé par les parties intéressées. Si les propriétaires riverains ne peuvent pas signer ou refusent de le faire, si même ils ne se présentent ni en personne ni par un fondé de pouvoir, il en sera fait mention. En cas de difficultés sur la fixation des limites, les réquisitions directes ou observations contradictoires seront consignées au procès-verbal. Toutes les fois que par un motif quelconque les lignes de pourtour d'une forêt, telles qu'elles existent actuellement, devront être rectifiées, de manière à déterminer l'abandon d'une portion du sol forestier, le procès-verbal devra annoncer les motifs de cette rectification, quand même il n'y aurait à cet égard aucune contestation entre les experts (*idem*, art. 61).

Dans le délai d'une année le ministre des finances doit rendre compte au roi des motifs qui pourront déterminer l'approbation ou le refus d'homologation du procès-verbal de délimitation; il est statué par le roi sur ce rapport.

A cet effet, aussitôt que le rapport aura été déposé au secrétariat de la préfecture, le préfet doit en faire une copie entière qu'il adresse sans délai au ministre des finances (*idem*, art. 62).

Les intéressés peuvent requérir des extraits dûment certifiés du procès-verbal de délimitation, en ce qui concerne leur propriété; les frais d'expédition de ces extraits sont à la charge des requérans et réglés à raison de 75 centimes par rôle d'écriture, conformément à l'article 37 de la loi du 25 juin 1794 (*idem*, art 63).

Les réclamations que les propriétaires pourront former, soit pendant les opérations, soit dans le délai d'un an, devront être adressées au préfet du département, qui les communiquera au conservateur des forêts et au directeur des domaines pour avoir leurs observations (*idem*, art. 64).

Les maires justifieront, dans la forme prescrite par l'article 60 ci-dessus, de la publication de l'arrêté pris par le préfet pour faire connaître la résolution prise par le gouvernement relativement au procès-verbal de délimitation. Il en sera de même de l'arrêté par lequel le préfet appellera les riverains au bornage, conformément à l'article 12 du Code forestier (*idem*, art. 65).

Les frais de délimitation et bornage seront établis par articles séparés, pour chaque propriétaire riverain, et supportés en commun par l'administration et lui. L'état en sera dressé par le conservateur des forêts et visé par le préfet. Il sera remis au receveur des domaines, qui poursuivra par voie de contrainte le paiement des sommes à la charge des riverains, sauf l'opposition sur laquelle il sera statué par les tribunaux, conformément aux lois (*idem*, art. 66).

SECTION II. — *Du droit de clôture.*

Le droit de clore ses héritages dérive également du droit de propriété, et l'assemblée constituante a aboli toutes les lois et coutumes qui contrariaient ce droit par l'article 4 de la section IV de la loi du 28 septembre 1791. Le Code civil a sanctionné cette disposition.

Deux exceptions ont toutefois été introduites, la première en faveur de celui dont le fonds est enclavé. Il peut réclamer un droit de passage, comme nous le dirons par la suite; il en est de même, à plus forte raison, lorsque le droit de passage est fondé sur un titre.

Dans les pays où le parcours et la vaine pâture ont lieu, pour connaître si l'on peut clore son héritage il faut établir les distinctions suivantes: Si le droit de parcours et vaine pâture est fondé sur un titre exprès, au profit d'un ou plusieurs particuliers, on ne peut clore l'héritage qui y est soumis; mais s'il n'existe que de paroisse à paroisse ou qu'il ne soit fondé, même entre particuliers, que sur des usages locaux, chaque propriétaire peut s'y soustraire en mettant ses héritages en état de clôture. Ces distinctions, qui résultent des dispositions de la loi du 28 septembre 1791, ont été consacrées par un arrêt de la cour de cassation, du 14 fructidor an IX, et confirmées depuis la promulgation du Code civil par un nouvel arrêt de la même cour, du 13 décembre 1808.

Tout propriétaire qui se clôt, lors même qu'il en a le droit, perd son droit au parcours et à la vaine pâture, en proportion du terrain qu'il y soustrait (C. c., 648). Si donc il clôt le tiers de ses héritages, il perdra le droit d'envoyer à la pâture le tiers des bestiaux qu'il aurait eu le droit d'y faire paître, avant de faire clore ses propriétés.

Un héritage est réputé clos lorsqu'il est entouré d'un mur de quatre pieds de hauteur, avec barrière ou porte, ou lorsqu'il est exactement fermé ou entouré de palissades ou de treillages, ou d'une haie vive, ou d'une haie sèche faite avec des pieux ou cordelée avec des branches, ou de toute autre manière de faire des haies, en usage dans chaque localité, ou enfin d'un fossé de quatre pieds de large au moins à l'ouverture et de deux de profondeur (loi du 28 septembre 1791, titre Ier, section IV, art. 6).

La clôture n'est jamais forcée dans les campagnes; on ne peut donc pas contraindre le voisin même à la réparation de la clôture commune, la loi ne la rendant obligatoire que dans les villes et dans les faubourgs (C. c., 663).

CHAPITRE V. — DES DIVERSES MODIFICATIONS DE LA PROPRIÉTÉ OU ENTRAVES APPORTÉES A L'EXERCICE DE CE DROIT.

La propriété, considérée comme droit absolu, est la faculté de jouir paisiblement de la chose que l'on possède, à titre de propriétaire, de la manière la plus complète; mais l'intérêt de la société a obligé les législateurs de tous les peuples à apporter de nombreuses restrictions à ce droit. Nous allons successivement les passer en revue.

SECTION Ire. — *De l'expropriation pour cause d'utilité publique.*

La première et la plus étendue de toutes les restrictions qui ont été apportées dans l'intérêt général au droit de propriété, est celle d'expropriation pour cause d'utilité publique. On a toujours admis qu'il est permis au pouvoir exécutif, qui est censé représenter l'intérêt général, de contraindre un particulier à céder sa propriété pour cause d'utilité publique.

Mais comme il est toujours dangereux de porter atteinte arbitrairement à la propriété, parce que c'est attaquer les citoyens dans leur existence, leur déclarer en quelque sorte la guerre, la loi a voulu que l'expropriation ne pût être prononcée que par les tribunaux, moyennant une juste et préalable indemnité et lorsque l'utilité publique a été constatée et déclarée dans les formes prescrites par la loi du 7 juillet 1833. Ces formes consistent:

1° Dans la loi ou l'ordonnance royale qui autorise les travaux pour lesquels l'expropriation est requise;

2° Dans l'acte du préfet, qui désigne les localités ou territoires sur lesquels les travaux doivent avoir lieu, lorsque cette désignation ne résulte pas de la loi ou de l'ordonnance royale.

3° Dans l'acte ultérieur, par lequel le préfet détermine les propriétés particulières auxquelles l'expropriation est applicable.

Cette application ne peut être faite à aucune propriété particulière qu'après que les parties intéressées ont été mises en demeure d'y fournir leurs contredits selon les règles exprimées au titre II de ladite loi. Cette même loi règle, titre II, les mesures administratives. Elle détermine, titre III, les suites de l'expropriation, quant aux priviléges, hypothèques et autres droits réels. Le titre IV traite du réglement des indemnités, qui doivent être fixées par un jury spécial pris parmi ceux que le conseil général du département a désignés, dans sa session annuelle, pour chaque arrondissement de sous-préfecture, tant sur la liste des électeurs que sur la deuxième partie de la liste du jury, au nombre de trente-six au moins et de soixante au plus, et qui ont leur domicile réel dans l'arrondissement. Le titre V détermine le mode de paiement des indemnités, et les titres suivans contiennent des dispositions générales. Ces formes, s'appliquant à toutes les expropriations pour cause d'utilité publique, ne sont pas du domaine exclusif des lois rurales. Nous avons donc pensé qu'il était inutile de les faire connaître plus en détail.

SECTION II. — *Des plantations et des bois.*

§ Ier. — Des plantations des arbres et des bois en général.

Le droit de jouissance absolu de la chose entraîne le droit général d'y faire toutes les plantations qu'on juge utiles; cependant, le respect des droits d'autrui et l'intérêt public ont fait admettre diverses exceptions. Ainsi il n'est permis de planter des arbres de haute tige qu'à la distance prescrite par les réglemens particuliers ou par des usages constans et reconnus; et, à défaut de réglemens et usages, qu'à la distance de deux mètres de la ligne séparative des deux héritages, pour les arbres à haute tige, et à la distance d'un demi-mètre pour les autres arbres (C. c., 671).

Sous quelques-unes de nos anciennes coutumes, les propriétaires ruraux n'avaient pas le droit de faire des plantations ou constructions à la proximité des moulins à vent; mais cette prohibition, abolie par l'édit du 13 août 1776, n'existe plus aujourd'hui.

Lorsque des arbres ou haies ont été plantés à une moindre distance que celle fixée par les réglemens, usages locaux ou par la loi, à défaut d'usage, le propriétaire limitrophe a le droit d'exiger qu'ils soient arrachés. Lors même que les arbres ont été plantés à la distance nécessaire, s'ils poussent des racines jusque sur la propriété du voisin, il a le droit de les couper lui-même; mais si ce sont des branches, il ne peut que contraindre le voisin à les couper ou, en cas de refus, se faire autoriser à les couper lui-même aux frais et dépens du propriétaire récalcitrant (C. c., 672.) La cour de cassation a même jugé, le 15 février 1811, que le propriétaire qui se permet, sans autorisation, d'émonder les arbres qui avancent sur son terrain commet un délit punissable par voie correctionnelle.

Mais le droit d'exiger la coupe ou l'extirpation des arbres ou haies plantés à une moindre distance se prescrit par 30 ans. C'est bien là une servitude continue et apparente, qui, aux termes de l'art. 690 du Code civil se prescrit par 30 années. Enfin, comme nous l'avons déjà fait observer, le droit d'extirpation, d'émondage et même le droit de couper des racines ne s'appliquent pas aux bois et forêts, aux termes de l'art. 150 du Code forestier.

Les propriétaires riverains des routes royales, départementales et chemins vicinaux, sont aussi soumis à cet égard à diverses obligations qui résultent de différentes lois dont les principales sont l'édit du mois de mai 1579; l'arrêt de réglement du conseil, du 3 mai 1720; le décret du 26 juillet-15 août 1790; la loi du 28 août 1792; celle du 9 ventôse an XIII; le décret du 16 décembre 1811, la loi du 12 mai 1825 et l'ordonnance du 29 mai 1830. La législation sur cette matière est donc fort compliquée; nous allons tâcher de la résumer de la manière la plus lucide.

1° Les propriétaires riverains des routes royales restent toujours soumis à l'obligation d'en faire et entretenir les plantations dans la traversée de leur propriété. Cette charge leur est imposée par le réglement de 1720, la loi du 9 ventôse an XIII et le décret du 16 décembre 1811, et faute par eux d'avoir effectué les plantations dans les délais fixés, le préfet ordonnera, au vu du rapport de l'ingénieur en chef, l'adjudication des plantations non effectuées ou mal effectuées, ou des arbres morts ou manquans qui devront être remplacés, et les propriétaires qui auront dû faire ces plantations seront condamnés à l'amende d'un franc par chaque arbre que l'administration aura planté à leur défaut, et ce indépendamment des frais de plantation.

2° Il n'en est pas de même à l'égard des propriétaires riverains des routes départementales ou des chemins vicinaux, parce que les lois ne leur imposent pas cette charge, et qu'il s'agit ici d'une espèce de servitude qui ne doit pas être étendue par analogie d'un cas à un autre.

3° Les plantations doivent être faites aujourd'hui sur les fonds privés, en se conformant à l'alignement fourni par l'administration des routes.

4° Quoique les propriétaires du sol soient aussi propriétaires des arbres plantés sur leur fonds, ils ne peuvent néanmoins les couper ou arracher, ni même les élaguer sans l'autorisation du préfet; cette prohibition s'applique même aux arbres qui bordent les routes départementales quand elles ont été plantées.

5° En cas de contravention à ces mesures d'administration, les propriétaires de ces arbres se rendent passibles d'une amende qui doit être poursuivie contre eux devant les conseils de préfecture.

6° A l'égard des arbres plantés sur le terrain public des grandes routes, tout particulier qui peut prouver les avoir légitimement acquis à titre onéreux, ou en avoir fait la plantation à ses frais, doit être déclaré propriétaire, et alors l'action sur le droit de propriété reste dans la compétence des tribunaux ordinaires.

7° La preuve que ces arbres appartiennent aux propriétaires riverains peut aussi résulter de la possession qu'ils auraient exercée sur les arbres en percevant le produit des élagages, soit parce qu'une possession constante ainsi exercée sans opposition suffirait pour démontrer que la plantation des arbres n'eut, dans le principe, d'autre cause que le fait des possesseurs; soit parce qu'aux termes de l'art. 14 de la loi du 28 août 1792, quoique les arbres existans sur les rues des villes, bourgs, et villages, soient réputés appartenir aux propriétaires riverains, néanmoins les communes peuvent les revendiquer pour elles en justifiant qu'elles en ont acquis la propriété par titre ou *possession*, qu'en conséquence le moyen de la possession est admissible en cette matière pour établir le droit de propriété.

8° Enfin, dans le cas où les propriétaires riverains prétendraient que les arbres leur appartiennent parce qu'ils sont plantés sur leur propre fonds, tandis qu'au contraire les agens de l'administration soutiendraient qu'ils sont plantés sur le sol de la route, la solution dépendrait de la délimitation à reconnaître entre le terrain public et le fonds privé; et comme cette délimitation porterait sur une question de propriété foncière, elle devrait encore être portée devant les tribunaux. On peut consulter à cet égard la dissertation de M. GUICHARD, *sur les arbres des routes et chemins*, Paris, 1834, et le *Traité du domaine public*, par M. PROUDHON, n° 266 et suivans.

Enfin nul ne peut planter sur le bord des chemins vicinaux, même sur sa propriété, sans leur conserver la largeur qui aura été prescrite par l'administration publique (loi du 9 ventôse an XIII, art. 7).

§ II. — Des bois des particuliers.

Les dispositions de la loi du 21 mai 1827 laissent aux propriétaires la libre administration de leurs bois et forêts lorsqu'ils appartiennent exclusivement à des particuliers; car s'ils sont indivis avec les bois de l'état, de la couronne et des établissemens publics, ils sont alors soumis au régime forestier (loi citée, art. 1er). On a pensé que l'intérêt de l'état exigeait cette mesure, que ces bois seraient ainsi protégés avec plus d'efficacité, et qu'enfin les particuliers ayant toujours le droit de faire cesser l'indivision conformément aux règles du droit commun (C. c., 815 et suiv., et décret du 20 juillet 1808), ils pourraient se soustraire quand bon leur semblerait au pouvoir de l'administration forestière, s'ils pensaient qu'il leur était onéreux.

Lorsque des bois appartiennent exclusivemant à des particuliers, ils peuvent les améneger comme bon leur semble; ils ne sont pas obligés, comme sous l'ordonnance de 1669, de ne couper leurs bois taillis qu'à 10 ans, de réserver 16 baliveaux par chaque arpent de taillis, et 10 dans les bois de haute-futaie, pour n'en disposer qu'à l'âge de 40 ans pour les taillis et de 100 ans pour les futaies. Il n'est plus indispensable pour eux de faire les coupes à la cognée et à fleur de terre, comme dans les bois de l'état, ces restrictions au droit de propriété ayant été abolies par la loi du 15-29 septembre 1791, titre Ier, art. 6; toutefois l'intérêt général, qui seul peut faire fléchir le respect dû à l'intérêt privé, a fait admettre deux exceptions.

§ III. — Des bois destinés au service de la marine.

La première de ces deux exceptions est celle du martelage ou droit de choix; il a été maintenu pour le service de la marine pour 10 ans seulement. Les dispositions de la loi du 21 mai 1827 à cet égard sont assez compliquées, le peu de temps pendant lequel ce droit doit encore subsister, et le peu d'espace dont nous pouvons disposer pour présenter un aperçu complet de toutes les lois agricoles, nous déterminent à renvoyer le lecteur à la loi même, art. 124 et suiv.

§ IV. — Des défrichemens.

La seconde exception est relative aux défrichemens. Pendant 20 ans, à partir du 31 juillet 1827, le défrichement des bois et forêts, appartenant à des particuliers, n'est permis qu'après en avoir fait la déclaration à la sous-préfecture au moins six mois d'avance. Durant cet espace de temps, l'administration peut faire signifier au propriétaire son opposition au défrichement. Dans les six mois, à dater de cette signification, il doit être statué sur l'opposition par le préfet, sauf recours au ministre des finances.

Si, dans les six mois après la signification de l'opposition, la décision du ministre n'a pas été rendue et signifiée au propriétaire, le défrichement peut être effectué (loi citée, art. 219).

La déclaration de défrichement doit indiquer le nom, la situation et l'étendue des bois que les particuliers se proposent de défricher; elle sera faite en double minute et remise à la sous-préfecture, où il en sera tenu registre. L'une des minutes, signée par le sous-préfet, sera rendue au déclarant, et l'autre sera remise par le sous-préfet à l'agent forestier supérieur de l'arrondissement (ordonn. d'exécut. du 1er août 1827, art. 192).

L'agent forestier procédera à la reconnaissance de l'état et de la situation des bois, et en dressera un procès-verbal, auquel il joindra un rapport détaillé, indiquant les motifs d'intérêt public qui seraient de nature à influer sur la détermination à prendre à cet égard; il remettra sans délai le tout au conservateur, avec la déclaration du propriétaire (*idem*, art. 193).

Si le conservateur estime que le bois ne doit pas être défriché, il fera signifier au propriétaire une opposition au défrichement et en référera au préfet, en lui transmettant les pièces avec ses observations.

Dans le cas contraire, le conservateur en référera sans délai au directeur général des forêts, qui en rendra compte au ministre des finances (*idem*, art. 194).

Le préfet statuera sur l'opposition dans le délai d'un mois, par un arrêté énonçant les motifs de sa décision.

Dans le délai de huit jours, le préfet fera signifier cet arrêté à l'agent forestier supérieur de l'arrondissement, ainsi qu'au propriétaire des bois, et le soumettra, avec les pièces à l'appui, au ministre des finances, qui rendra et fera signifier au propriétaire sa décision définitive dans les six mois, à dater du jour de la signification de l'opposition (*idem*, art. 195).

Lorsqu'il y a opposition de la part du préfet, c'est au ministre des finances qu'il faut avoir recours; c'est lui qui statue en dernier ressort, le recours au conseil d'état n'étant pas ouvert. On le décidait ainsi sous l'ancienne législation (ordonn. des 20 février 1822 et 23 juillet 1823); et il résulte des termes de l'article 219 du nouveau Code forestier que c'est ainsi que l'a entendu la nouvelle loi.

Remarquez toutefois que la déclaration n'est nécessaire qu'autant qu'il résulterait du défrichement ou de l'arrachage des bois une diminution dans le sol forestier de la France. Ce qui est fait soit pour l'amélioration ou l'embellissement d'une propriété, soit pour son exploitation régulière ou changer son aménagement, notamment pour exploiter une forêt par éclairci ou pratiquer des routes nouvelles dans un taillis, ne pouvant être considéré comme défrichement (*explications données par le ministre des finances à la chambre des pairs*).

Le défrichement, sans déclaration préalable ou avant l'expiration des délais, est puni d'une amende calculée à raison de cinq cents francs au moins et de quinze cents francs au plus par hectare de bois défriché; et, en outre, le propriétaire doit être condamné à rétablir les lieux en nature de bois, dans le délai qui sera fixé par le jugement et qui ne pourra excéder trois années (loi du 21 mai 1827, art. 220).

Ces peines seront encourues lors même que

le propriétaire prétendrait que le terrain était aquatique, et qu'en conséquence les bois ne pouvaient y prospérer. Mais comme le propriétaire condamné pourrait résister à la condamnation et ne pas effectuer la plantation ou le semis prescrit par le jugement, l'administration est autorisée à y pourvoir aux frais du propriétaire, avec l'autorisation préalable du préfet, qui arrêtera le mémoire préalable des travaux faits et le rendra exécutoire contre le propriétaire (*idem*, art. 221). On voit combien sont encore rigoureuses les restrictions apportées à la jouissance des bois. Cette atteinte portée au droit de propriété, dans l'état actuel de nos relations commerciales, n'est peut-être pas suffisamment justifiée par l'intérêt général. Tout permet d'espérer qu'après le délai de 20 années, fixé par la loi, la liberté tout entière pourra être rendue à la propriété forestière, avec les seules précautions qu'exigent toujours les bois situés sur les montagnes ou terrains penchans et ardus.

Au surplus, cette prohibition de défricher, limitée quant à sa durée, l'est aussi quant à son étendue. Elle ne comprend pas les jeunes bois, âgés de moins de 20 ans, ni les parcs ou jardins clos, attenant à des habitations (*idem*, art. 222).

Enfin, cette prohibition ne s'applique pas au bois non clos d'une étendue au-dessous de 4 hectares, lorsqu'ils ne font pas partie d'un autre bois qui compléterait une contenance de 4 hectares. Ainsi, un bois contenant moins de 4 hectares pourrait être défriché sans déclaration, lors même qu'il serait contigu à un autre bois, pourvu qu'il n'en fît pas partie (décision du ministre des finances, du 12 avril 1820).

Toutefois, la nécessité de conserver aux terrains en pente leur fertilité et de prévenir les inconvéniens que l'ignorance pourrait occasionner en mettant à nu des terrains situés sur le sommet ou la croupe des montagnes, et en permettant ainsi aux pluies de faire couler dans la plaine toute la terre végétale, a déterminé les rédacteurs de la loi à laisser les terrains, placés dans ces situations, soumis à la nécessité de la déclaration, quelle qu'en soit l'étendue (*idem*, art. 223). Enfin, pour encourager les plantations sur le sommet ou penchant des montagnes et sur les dunes, la loi les a exemptées d'impôt pendant 20 ans (*idem*, art. 225).

Les actions ayant pour objet des défrichemens commis en contravention des dispositions précédentes, se prescrivent par 2 ans, à partir de l'époque où le défrichement aura été consommé (*idem*, art. 224).

§ V. — Des droits d'usage dans les bois et forêts et du cantonnement.

Les bois et forêts sont fréquemment soumis à des droits d'usage au profit des communes voisines. C'est là encore une modification importante du droit de propriété. Les droits d'usage portant un préjudice notable aux bois et forêts, la loi a voulu offrir aux particuliers, par la voie du cantonnement, les moyens de se libérer de ces charges pesantes.

On appelle *cantonnement* le droit de donner une portion de bois en propriété à des usagers, pour leur tenir lieu du droit d'uasge qu'ils ont dans les bois d'un particulier.

Le cantonnement est réglé de gré à gré et, en cas de contestation, les tribunaux sont seuls compétens pour en connaître; et comme le cantonnement a été établi surtout dans l'intérêt des forêts, il ne peut être demandé que par les propriétaires et jamais par les usagers (loi du 21 mai 1827, art. 63).

Mais si le cantonnement a été admis pour les droits d'usage, parce qu'il est facile d'apprécier la quantité de bois nécessaire pour les besoins approximatifs des usagers, il n'en est pas de même des droits de pâturage, de pacage ou de glandée; car, dans ce cas, on ne peut en circonscrire l'usage sans préjudice pour l'usager. Ces droits ne peuvent donc être convertis en cantonnement; mais ils peuvent être rachetés moyennant des indemnités qui seront réglées de gré à gré, ou, en cas de contestation, par les tribunaux.

Néanmoins il est des localités où l'élève des bestiaux est la seule ressource que le pays offre aux habitans; les priver du droit de pacage ce serait les forcer à abandonner le pays. Aussi le rachat ne peut-il être requis là où l'exercice de ce droit est d'une nécessité absolue pour les habitans d'une ou plusieurs communes. S'il y a contestation à cet égard, c'est le conseil de préfecture qui statue, après une enquête *de commodo vel incommodo*, sauf recours au conseil d'état (*idem*. art. 64).

La durée de la glandée et du pacage ne peut excéder trois mois; l'époque de la durée en est fixée chaque année par l'administration forestière (*idem*, art. 66).

Les usagers ne peuvent jamais introduire leurs bestiaux dans les bois des particuliers avant qu'ils aient été déclarés défensables.

Le fait de défensabilité doit être exclusivement constaté par l'administration forestière, lors même qu'il s'agit d'un bois appartenant à un particulier (*idem*, art. 119, et ordonn. du 24 février 1824).

Chaque année, avant le premier mars pour le pâturage et un mois avant l'époque fixée par l'administration forestière pour l'ouverture de la glandée et du pacage, les agens forestiers doivent faire connaître aux communes et aux particuliers jouissant des droits d'usage, les cantons déclarés défensables et le nombre des bestiaux admis au pâturage et au pacage; les maires sont tenus d'en faire la publication dans les communes usagères (*idem*, art. 69).

Les chemins par lesquels les bestiaux doivent passer pour aller au pâturage ou pour en revenir sont désignés par les propriétaires (*idem*, art. 119).

Lorsque les propriétaires ou les usagers seront dans le cas de requérir l'intervention d'un agent forestier pour visiter les bois des particuliers, à l'effet d'en constater l'état et la possibilité, et de déclarer s'ils sont défensables, ils doivent en adresser la demande au conservateur qui désignera un agent forestier pour procéder à cette visite.

L'agent forestier ainsi désigné dressera procès-verbal de ces opérations, en énonçant toutes les circonstances sur lesquelles sa déclaration sera fondée.

Il déposera ce procès-verbal à la sous-préfecture, où les parties pourront en réclamer expédition (ordonn. du 1er août 1827, art. 151).

L'administration a le droit de statuer sur l'état et la possibilité des forêts; mais comme, aux termes de l'article 121 de la loi du 21 mai 1827, toutes contestations entre le propriétaire et les usagers sont de la compétence des tribunaux civils, il faut reconnaître que, dans le cas où une discussion s'élèverait entre les usagers et le propriétaire pour savoir quel est, eu égard à l'état ou à la possibilité des forêts, le nombre des bestiaux qu'on peut envoyer au pacage, ce serait devant les tribunaux que la question devrait nécessairement être portée.

La question de savoir si, lorsqu'une commune est usagère, le droit s'étend à tous les habitans, quel que soit leur accroissement, ou s'il doit être restreint à un nombre égal à celui des habitans primitifs, est très controversée. Nous renvoyons aux indications données par M. Duvergier, (*Collection complète des lois*, note 2 de la page 328, vol. XXVII), et nous pensons avec lui qu'il faut, autant que possible, restreindre ces servitudes, si nuisibles aux propriétaires de bois.

Les usagers sont aussi soumis à des règles particulières, qui sont rappelées sect. III, chap. II du titre trois, deuxième partie du présent livre.

Section III. — *De la culture des tabacs.*

L'assemblée constituante, par son décret du 20 mars 1791, avait rendu libre le droit de cultiver et de débiter le tabac dans toute l'étendue du royaume, et restitué ainsi à la propriété un droit qui lui appartient; mais plus tard on a senti le besoin de ressaisir cette branche importante du revenu public, et le monopole de la régie a été établi par le décret du 29 décembre 1810, dont le système a passé dans la loi du 29 décembre 1814 et s'est maintenu dans celle du 28 avril 1816, qui régit actuellement cette culture.

La culture des tabacs n'est autorisée que dans quelques départemens; il faut qu'elle s'élève au moins à 100 kilogrammes.

Quiconque veut se livrer à la culture des tabacs, dans les départemens où elle est autorisée, doit en faire la déclaration au maire de la commune avant le 1er mars de chaque année; elle n'est admissible qu'autant que les déclarans sont propriétaires ou fermiers des terres qu'ils destinent à la culture des tabacs (décret du 29 décembre 1810).

Pour assurer l'exécution prohibitive de planter le tabac sans autorisation, la loi ordonne aux préfets de faire arracher, aux frais des cultivateurs, les tabacs plantés en contravention, et prononce des amendes proportionnées à la quantité de pieds ainsi plantés.

De plus, pour assurer le monopole de la régie quant à la fabrication et à la vente, la loi du 28 avril 1816, art. 220 et suiv., autorise l'administration à saisir et confisquer tous les ustensiles de fabrication, tels que moulins, râpes, haches-tabacs, mécaniques à scaferlati, presses à carottes et autres, de quelque nature qu'ils puissent être, et à considérer comme fabricans frauduleux et à faire punir comme tels les particuliers chez lesquels il sera trouvé des ustensiles, machines ou mécaniques propres à la fabrication et à la pulvérisation des tabacs, comme aussi à saisir les tabacs en feuilles ou en préparation, quelle qu'en soit la quantité, ou plus de 2 kilog. fabriqués, non revêtus des marques de la régie.

Les tabacs et ustensiles, machines et mécaniques sont confisqués et les contrevenans condamnés à une amende de 1,000 à 3,000 fr.; en cas de récidive, l'amende est doublée.

En outre, ceux qui sont trouvés vendant en France des tabacs à leur domicile, ou ceux qui en colportent, qu'ils soient surpris ou non à les vendre, doivent être arrêtés, constitués prisonniers et condamnés à une amende de 300 fr. à 1,000, indépendamment de la confiscation des tabacs saisis, de celle des ustensiles servant à la vente, et, en cas de colportage, de celle des moyens de transport.

Enfin, pour prévenir tout commerce frauduleux des tabacs, nul ne peut avoir en sa possession de tabacs en feuilles, s'il n'est dûment autorisé, et nul ne peut avoir en sa possession des tabacs fabriqués autres que ceux des manufactures royales, et cette possession ne peut excéder 10 kilog., à moins que ces provisions ne soient revêtues des marques et vignettes de la régie.

Les cultivateurs ont le droit de destiner leurs récoltes à l'approvisionnement de la régie ou à l'exportation; dans l'un et l'autre cas les règles à suivre sont tracées avec soin par la loi du 28 avril 1816. La circulation des tabacs est aussi soumise à des règles qui ont toutes pour but d'assurer le monopole de la régie.

Les détails dans lesquels entre cette loi ne sont utiles qu'au petit nombre de départemens où la culture du tabac est autorisée. Il n'est donc pas nécessaire de rappeler toutes les dispositions légales qui y sont relatives; il ne nous reste plus qu'à faire des vœux pour voir arriver le moment où l'état prospère de nos finances nous permettra de rendre la liberté à cette espèce de culture et à ne plus transformer en crime un acte de fabrication et de commerce, en appliquant des peines énormes aux contraventions de cette loi de monopole.

Section IV. — *Des desséchemens des marais.*

On appelle marais des terres abreuvées de beaucoup d'eau et qui n'ont pas d'écoulement.

De tout temps l'utilité qui résulte des desséchemens des marais pour les rendre propres à l'agriculture, et préserver les populations des funestes influences de l'air vicié par les miasmes délétères qui s'en échappent, a déterminé le gouvernement à favoriser les entreprises de cette nature. L'édit de janvier 1607 autorisait non-seulement les desséchemens, mais accordait aussi aux entrepreneurs divers priviléges. Plusieurs édits, ordonnances et lois sont venus successivement apporter des modifications à cette législation, jusqu'à ce que la loi du 16 septembre 1807 soit venue présenter sur cette matière un ensemble de dispositions complètes, quoiqu'elles ne soient déjà plus en harmonie avec les besoins de la civilisation actuelle.

La difficulté de toutes les lois de cette nature est toujours de concilier l'intérêt général avec l'intérêt privé; mais comme dans toutes les circonstances l'intérêt particulier doit céder à l'intérêt de tous, la loi a posé en principe que le gouvernement a toujours le droit d'ordonner les desséchemens qu'il croira utiles ou nécessaires (loi du 16 septembre, art. 1er). Les desséchemens sont exécutés par l'état ou par des concessionnaires (*idem*, art. 2).

Lorsqu'il n'y a qu'un seul propriétaire, ou que tous les propriétaires intéressés se réunissent pour faire le desséchement, il est naturel, il est juste de les préférer. Dans ce cas la concession du desséchement leur est toujours accordée, pourvu qu'ils se soumettent à l'exécuter dans les délais fixés, et conformément aux plans adoptés par le gouvernement (*idem*, art. 3), car des précautions devant toujours être prises pour diminuer le danger des travaux, c'est au gouvernement qu'il appartient de déterminer les précautions qu'il juge convenables. Si la diversité d'opinions ou d'intérêt divise les propriétaires d'un marais, ou s'ils ne veulent pas se soumettre à dessécher dans les délais et suivant les plans adoptés, le gouvernement peut alors faire exécuter le desséchement aux frais de l'état, ou bien faire la concession du desséchement en faveur des concessionnaires dont la soumission est jugée la plus avantageuse par le gouvernement. Et en cas de concession, si quelques-uns des propriétaires, ou des communes propriétaires, offrent des conditions aussi avantageuses que des non-propriétaires, ceux-là doivent être préférés (*idem*, art. 4). En tous cas les concessions sont faites par ordonnances rendues en conseil d'état, sur des plans levés ou vérifiés et approuvés par les ingénieurs des ponts et chaussées (*idem*, art. 5). Avant de commencer leurs travaux les compagnies concessionnaires sont donc tenues de faire connaître par l'ingénieur des ponts et chaussées, et approuver par le conseil général des ponts et chaussées, leurs plans, travaux et devis, et d'y joindre tous nivellemens, sondages et autres opérations jugées nécessaires. Les plans sont levés et approuvés aux frais des entrepreneurs du desséchement. Si ceux qui auraient fait la première soumission et fait lever ou vérifier les plans ne demeurent pas concessionnaires, ils doivent être remboursés par ceux auxquels la concession est définitivement accordée. Le plan général doit comprendre tous les terrains qui sont présumés devoir profiter du desséchement. Chaque propriété doit être distincte et son étendue exactement circonscrite; au plan général doivent être joints tous les profils et nivellemens nécessaires, et ils doivent être le plus possible exprimés sur le plan des cotes particulières (*idem*, art. 6).

§ Ier. — Fixation de l'étendue, de l'espèce et de la valeur estimative des marais avant le desséchement.

On s'est efforcé de donner à la loi dont nous nous occupons, l'empreinte de la faveur dont on a voulu environner la propriété; ainsi dans les cas même d'entreprise aux frais de l'état ou de concession à des entrepreneurs, les propriétaires ne sont plus évincés d'une partie de leurs terres; mais sont seulement tenus d'assurer une juste indemnité aux entrepreneurs des travaux. Pour atteindre ce but il doit être, dans ces deux cas, formé entre les propriétaires un syndicat, à l'effet de nommer les experts qui doivent procéder aux estimations.

Les syndics sont nommés par le préfet, ils doivent être pris parmi les propriétaires les plus imposés, à raison des marais à dessécher. Les syndics doivent être au moins au nombre de 3, et au plus au nombre de 9, ce qui est déterminé par l'acte de concession (*idem*, art. 7).

Les syndics réunis nomment et présentent un expert au préfet du département. Les concessionnaires en présentent un autre, et le préfet nomme un tiers-expert. Si le desséchement est fait par l'état, le préfet nomme le second expert; le tiers-expert est nommé par le ministre de l'intérieur (*idem*, art. 8).

Les terrains des marais sont alors divisés en plusieurs classes dont le nombre ne doit pas excéder dix, ni être au-dessous de cinq. Ces classes sont formées d'après les divers degrés d'inondation. Lorsque la valeur des différentes parties des marais éprouve d'autres variations que celles provenant des divers degrés de submersion, et dans ce cas seulement, les classes doivent être formées sans égard à ces divers degrés et toujours de manière à ce que toutes les terres de même valeur présumée soient dans la même classe (*idem*, art. 9).

Le périmètre des diverses classes doit être alors tracé sur le plan cadastral qui a servi de base à l'expertise; ce tracé est fait par les ingénieurs et les experts réunis (*idem*, art. 10).

Le plan ainsi préparé est soumis à l'approbation du préfet, il reste déposé au secrétariat de la préfecture pendant un mois; les parties intéressées sont invitées, par affiches, à prendre connaissance du plan, à fournir leurs observations sur son exactitude, sur l'étendue donnée aux limites jusqu'auxquelles se feront sentir les effets du desséchement, et enfin sur le classement des terres (*idem*, art. 11).

Le préfet, après avoir reçu ces observations, celles en réponse des entrepreneurs de desséchement, celles des ingenieurs et des experts, pourra ordonner les vérifications qu'il jugera convenables. Dans le cas où, après vérification, les parties intéressées persisteraient dans leurs plaintes, les questions seront portées devant la commission constituée suivant ce qui sera dit ci-après § VI (*idem*, art. 12).

Lorsque les plans auront été définitivement arrêtés, les deux experts nommés par les propriétaires et les entrepreneurs des desséchemens se rendront sur les lieux; et, après avoir recueilli tous les renseignemens nécessaires, ils procéderont à l'appréciation de chacune des classes composant le marais, eu égard à sa valeur réelle au moment de l'estimation considérée dans son état de marais, et sans pouvoir s'occuper d'une estimation détaillée par propriété.

Les experts procéderont en présence du tiers-expert, qui les départagera s'ils ne peuvent s'accorder (*idem*, art. 13).

Le procès-verbal d'estimation par classe

sera déposé pendant un mois à la préfecture, les intéressés en seront prévenus par affiches, et s'il survient des réclamations, elles seront jugées par la commission. Dans tous les cas, l'estimation sera soumise à la même commission pour être jugée et homologuée par elle; elle pourra décider contre et outre l'avis des experts (*idem*, art. 14).

Dès que l'estimation aura été définitivement arrêtée, les travaux de desséchement seront commencés; ils seront poursuivis et terminés dans les délais fixés par l'acte de concession, sous les peines portées audit acte (*idem*, art. 15),

§ II. — Des marais pendant le cours des travaux de desséchement.

Lorsque, d'après l'étendue des marais ou la difficulté des travaux, le desséchement ne pourra être opéré dans trois ans, l'acte de concession pourra attribuer aux entrepreneurs du desséchement une portion, en deniers, du produit des fonds qui auront les premiers profité des travaux du desséchement.

Les contestations relatives a l'exécution de cette clause de l'acte de concession seront portées devant la commission (*idem*, art. 16).

§ III. — Des marais après le desséchement et de l'estimation de leur valeur.

Lorsque les travaux prescrits par l'état ou par l'acte de concession seront terminés, il sera procédé à leur vérification et réception.

En cas de réclamations, elles seront portées devant la commission qui les jugera (*idem*, art. 17).

Dès que la reconnaissance des travaux aura été approuvée, les experts, respectivement nommés par les propriétaires et par les entrepreneurs du desséchement, et accompagnés du tiers-expert, procéderont, de concert avec les ingénieurs, à une classification des fonds desséchés, suivant leur valeur nouvelle et l'espèce de culture dont ils seront devenus susceptibles.

Cette classification sera vérifiée, arrêtée, suivie d'une estimation, le tout dans les mêmes formes ci-dessus prescrites pour la classification et l'estimation des marais avant le desséchement (*idem*, art. 18).

§ IV. — Règles pour le paiement des indemnités dues par les propriétaires en cas de dépossession.

Dès que l'estimation des fonds desséchés aura été arrêtée, les entrepreneurs du desséchement présenteront à la commission un rôle contenant :

1° Le nom des propriétaires;

2° L'étendue de leur propriété;

3° Les classes dans lesquelles elle se trouve placée, le tout relevé sur le plan cadastral;

4° L'énonciation de la première estimation calculée à raison de l'étendue et des classes;

5° Le montant de la valeur nouvelle de la propriété, depuis le desséchement, réglée par la seconde estimation et le second classement;

6° Enfin la différence entre les deux estimations.

S'il reste dans les marais des portions qui n'auront pu être desséchées, elles ne pourront donner lieu à aucune prétention de la part des entrepreneurs du desséchement (*idem*, art. 19).

Le montant de la plus-value obtenue par le desséchement sera divisé entre le propriétaire et le concessionnaire, dans les proportions qui auront été déterminées par l'acte de concession.

Lorsqu'un desséchement sera fait par l'état, sa portion dans la plus-value sera fixée de manière à le rembourser de toutes ses dépenses. Le rôle des indemnités sur la plus-value sera arrêté par la commission et rendu exécutoire par le préfet (*idem*, art. 20).

Les propriétaires auront la faculté de se libérer de l'indemnité par eux due en délaissant une portion relative du fonds calculée sur le pied de la dernière estimation; dans ce cas il n'y aura lieu qu'au droit fixe de 1 franc, pour l'enregistrement de l'acte de mutation de propriété (*idem*, art. 21).

Si les propriétaires ne veulent pas délaisser des fonds en nature, ils constitueront une rente sur le pied de quatre pour cent sans retenue. Cette rente sera toujours remboursable même par portions, qui cependant ne pourront être moindres d'un dixième, et moyennant vingt-cinq capitaux (*idem*, art. 22).

Les indemnités dues aux concessionnaires ou au gouvernement, à raison de la plus-value résultant des desséchemens, auront privilége sur toute ladite plus-value, à la charge seulement de faire transcrire l'acte de concession, ou le decret qui ordonnera le desséchement au compte de l'état, dans le bureau ou dans les bureaux des hypothèques de l'arrondissement ou des arrondissemens de la situation des marais desséchés.

L'hypothèque de tout individu inscrit avant le desséchement sera restreinte, au moyen de la transcription ci-dessus ordonnée, sur une portion de propriété égale en valeur à sa première valeur estimative des terrains desséchés (*idem*, art. 23).

Dans le cas où le desséchement d'un marais ne pourrait être opéré par les moyens ci-dessus organisés, et où, soit par des obstacles de la nature, soit par des oppositions persévérantes des propriétaires, on ne pourrait parvenir au desséchement, le propriétaire, ou les propriétaires de la totalité des marais, pourront être contraints à délaisser leur propriété sur estimation faite dans les formes déjà prescrites.

Cette estimation sera soumise au jugement et à l'homologation d'une commission formée à cet effet; et la cession sera ordonnée sur le rapport du ministre de l'intérieur par un réglement d'administration publique (*idem*, art. 24).

§ V. De la conservation des travaux de desséchement.

Pendant le cours des travaux de desséchement, les canaux, fossés, rigoles, digues et autres ouvrages, sont entretenus et gardés aux frais des entrepreneurs du desséchement (*idem*, art. 25). Mais à compter de la réception des travaux, l'entretien et la garde seront à la charge des propriétaires tant anciens que nouveaux. Les syndics déjà nommés auxquels le préfet pourra en adjoindre deux ou quatre pris parmi les nouveaux propriétaires proposeront au préfet des réglemens d'administration publique qui fixeront le genre et l'étendue des contributions nécessaires pour subvenir aux dépenses.

La commission donnera son avis sur ces projets de règlement, et, en les adressant au ministre, proposera aussi la création d'une administration composée de propriétaires, qui devra faire exécuter les travaux; il doit être statué sur le tout en conseil d'état (*idem*, art. 26).

Les digues et chaussées, ainsi que les fossés, canaux et rigoles de desséchement appartiennent aux propriétaires des marais desséchés; toutefois le conseil d'état a décidé, le 24 janvier 1811, qu'ils ne pouvaient s'opposer à ce que les propriétaires des marais voisins se servissent des constructions pour l'écoulement de leurs eaux, en se soumettant au paiement d'une indemnité et d'une contribution pour l'entretien de ces mêmes ouvrages. Enfin la conservation des travaux de desséchement est confiée à l'administration publique et toutes les réparations et dommages sont poursuivis par voie administrative comme pour les objets de grande voirie. Les délits sont poursuivis par les voies ordinaires, soit devant les tribunaux de police correctionnelle, soit devant les cours d'assises en raison des cas (*idem*, art. 27).

§ VI. — De l'organisation et des attributions des commissions spéciales.

Lorsqu'il s'agira d'un desséchement de marais et autres travaux pour lesquels l'intervention d'une commission spéciale est indiquée, cette commission sera établie ainsi qu'il suit (*idem*, art. 42).

Elle sera composée de sept commissaires; leurs avis ou leurs décisions seront motivés; ils devront, pour les prononcer, être au moins au nombre de cinq (*idem*, art. 43).

Les commissaires seront pris parmi les personnes qui seront présumées avoir le plus de connaissances relatives, soit aux localités, soit aux divers objets sur lesquels ils auront à prononcer; ils seront nommés par le roi (*idem*, art. 44).

Les formes de la réunion des membres de la commission, la fixation des époques de ses séances et des lieux où elles seront tenues, les règles pour la présidence, le secrétariat et la garde des papiers, les frais qu'entraîneront ces opérations, et, enfin, tout ce qui concerne son organisation, seront déterminés, dans chaque cas, par un réglement d'administration publique (*idem*, art. 45).

Les commissions spéciales connaissent de tout ce qui est relatif au classement des diverses propriétés, avant ou après le desséchement des marais, à leur estimation, à la vérification de l'exactitude des plans cadastraux, à l'exécution des clauses des actes de concession relatifs à la jouissance par les communes d'une portion des produits, à la vérification et à la réception des travaux de desséchement, à la formation et à la vérification du rôle de plus-value des terres, après le desséchement; elles donneront leur avis sur l'organisation du mode d'entretien des travaux de desséchement; elles arrêteront les estimations dans le cas prévu par l'article 24, où le gouvernement aurait à déposséder tous les propriétaires d'un marais (*idem*, art. 46).

Elles ne pourront, en aucun cas, juger les questions de propriété, sur lesquelles il sera prononcé par les tribunaux ordinaires, sans que, dans aucun cas, les opérations relatives aux travaux ou à l'exécution des décisions de la commission, puissent être retardées ou suspendues (*idem*, art. 47).

Telle est l'économie de la partie de la loi du 16 septembre 1807, à laquelle celle du 7 juillet 1833, relative à l'expropriation pour cause d'utilité publique, n'a apporté aucune modification, au moins en ce qui concerne les desséchements. Cette loi étant en général suffisamment claire, nous nous sommes le plus souvent abstenus d'en faire le commentaire qui n'aurait pu qu'en allonger les dispositions déjà très nombreuses; mais elle s'occupe encore de quelques autres objets d'utilité publique dont nous donnerons un aperçu dans les sections suivantes. Au surplus, la loi de 1807 ayant paru insuffisante, un nouveau projet fort compliqué a été présenté par un membre de la chambre des députés à la sanction législative; l'importance et es difficultés qu'offre cette matière nous font craindre que la loi nouvelle ne soit pas promulguée d'ici à plusieurs années.

SECTION V. — *Des mines, minières et carrières.*

Le droit de propriété est encore modifié d'une manière remarquable, en ce qui concerne les mines et minières, par la loi du 21 avril 1810.

Les masses de substances minérales ou fossiles renfermées dans le sein de la terre sont classées, relativement aux règles d'exploitation de chacune d'elles, sous les trois qualifications de *mines*, *minières* et *carrières*.

On considère comme mines les *excavations* ou *fosses profondes*, qui contiennent en filons, en couches ou en amas, de l'or, de l'argent, du platine, du mercure, du plomb, du fer en filons ou en couches, du cuivre, de l'étain, du zinc, de la calamine, du bismuth, du cobalt, de l'arsenic, du manganèse, de l'antimoine, du molybdène, de la plombagine ou autres matières métalliques, du soufre, du charbon de terre ou de pierre, du bois fossile, des bitumes, de l'alun et des sulfates à base métallique (loi citée, art. 1 et 2).

Les minières comprennent les minerais de fer, dits d'alluvion, les terres pyriteuses propres à être converties en sulfate de fer, les terres alumineuses et les tourbes (*idem*, art. 3).

Sous la dénomination de *carrières*, on entend des fosses creusées en terre, à l'effet de tirer les fossiles qu'elles recèlent, tels que les ardoises, grès, pierres à bâtir et autres, marbres, granits, pierres à chaux, pierres à plâtre, pouzzolanes, le trass, les basaltes, les laves, les marnes, craies, pierres à fusil, argiles, kaolin, terres à foulon, terres à poterie, les substances terreuses et les cailloux de toute nature, les terres pyriteuses regardées comme engrais (*idem*, art. 4).

Le point important était de prendre un parti sur la propriété des mines. En attribuant la propriété de la mine au propriétaire du fonds, il était à craindre qu'on n'agisse contrairement à l'intérêt de la société, qui est de multiplier autant que possible les métaux utiles; on a donc admis en principe que le gouvernement pouvait seul concéder la propriété des mines aux conditions déterminées par la loi et moyennant les indemnités dont elle fixe les bases.

Les mines ne peuvent être exploitées qu'en vertu d'un acte de concession, délibéré en conseil d'état, qui règle les droits des propriétaires de la surface sur le produit des mines concédées (*idem*, art. 5 et 6).

Le droit d'enfoncer des sondes ou tarières dans un terrain pour y rechercher des mines, est également une conséquence du droit de propriété, et en principe nul ne peut faire de semblables recherches sur un terrain qui ne lui appartient pas, sans le consentement du propriétaire de la surface. Toutefois, l'intérêt public a encore fait admettre une modification à ce droit, en permettant au gouvernement d'autoriser ces recherches après avoir consulté l'administration des mines, à la charge d'une indemnité préalable envers le propriétaire et après qu'il aura été entendu (*idem*, art. 10). Mais ces permissions de rechercher des mines ne peuvent être concédées par l'autorité; elle ne peut accorder le droit de faire des sondages, ni d'établir des machines ou magasins dans les enclos murés, cours et jardins, ni dans les terrains attenant aux habitations ou clôtures murées, dans la distance de 10 mètres desdites clôtures ou habitations (*idem*, art. 11).

Quant au propriétaire, il peut faire partout les recherches qu'il juge utile; mais il est obligé d'obtenir une concession avant d'établir une exploitation (*idem*, art. 12).

Les bases des indemnités qui doivent être payées par les concessionnaires aux propriétaires, sont réglées par la loi de la manière suivante:

Si les travaux entrepris par les explorateurs ou par les concessionnaires de mines ne sont que passagers, et si le sol où ils ont été faits peut être mis en culture au bout d'un an, comme il l'était auparavant, l'indemnité est réglée au double de ce qu'aurait produit le terrain endommagé (*idem*, art. 43).

Si le propriétaire du sol se trouve privé de la jouissance de son revenu au-delà d'une année, ou lorsqu'après les travaux les terrains ne sont plus propres à la culture, le propriétaire du sol peut exiger des concessionnaires l'acquisition des terrains à l'usage de l'exploitation. Si le propriétaire le requiert, les pièces de terre trop endommagées, ou dégradées sur une trop grande partie, doivent être achetées en totalité par le propriétaire de la mine (*idem*, art. 44).

Quant aux indemnités dues à raison de l'exploitation, elles doivent être réglées de gré à gré ou par des experts; mais les terrains à acquérir doivent toujours être estimés au double de la valeur qu'ils avaient avant l'exploitation de la mine. S'il s'élève des contestations à ce sujet, elles doivent être portées devant les tribunaux, et l'on suit les dispositions du code de procédure sur les expertises (art. 303 à 323). Le procureur du roi est toujours entendu sur le rapport des experts, qui doivent être pris parmi les ingénieurs des mines ou parmi les hommes notables et expérimentés dans le fait des mines et de leurs travaux.

L'exploitation des minières est aussi assujétie à des règles spéciales.

Elle ne peut avoir lieu sans permission, et le propriétaire du fonds où se trouve le minerai peut exploiter lui-même pour le vendre aux maîtres de forges voisins.

S'il ne veut pas exploiter ou s'il néglige de le faire, les maîtres de forges peuvent exploiter, après en avoir prévenu les propriétaires et avoir obtenu la permission du préfet (*idem*, art. 60).

Dans tous les cas, le prix du minerai et l'indemnité due aux propriétaires sont fixés de gré à gré, ou par des experts, conformément aux règles prescrites par le Code de procédure.

L'exploitation des terres pyriteuses et alumineuses suit les mêmes règles que l'exploitation des minières (*idem*, art. 71 et 72).

L'exploitation des carrières à ciel découvert se fait par les propriétaires, sans permission, sous la surveillance de la police, et avec l'observation des lois et réglemens généraux ou locaux.

Quand l'exploitation a lieu par galeries souterraines, elle est soumise à la surveillance de la police (*idem*, art. 81 et 82).

Les tourbières ne peuvent être exploitées que par le propriétaire du terrain ou de son consentement; mais il doit préalablement en faire la déclaration à la sous-préfecture et obtenir la permission de commencer ou de continuer l'exploitation, à peine de 100 fr. d'amende (*idem*, art. 83 et 84).

Section VI. — *Occupation de terrains particuliers et extraction de matériaux nécessaires aux routes et constructions publiques.*

L'intérêt public a également fait accorder aux adjudicataires et entrepreneurs de travaux publics le droit d'occuper les terrains des particuliers pour prendre les matériaux nécessaires aux routes et constructions publiques (loi du 16 septembre 1807, art. 55). Ils ont le droit de faire casser les roches qui se trouveront dans les héritages les plus proches des lieux où ils auront à travailler, même d'en faire tirer telle quantité *de pierre ou sable* dont ils pourront avoir besoin, sauf l'indemnité due aux propriétaires (arrêté du conseil d'état, du mois d'octobre 1668, et 3 décembre 1672). Mais de fréquentes discussions se sont élevées entre l'administration et les propriétaires des terres fouillées, relativement au paiement des indemnités; les lois des 12 et 28 juillet 1791 et du 28 pluviôse an VII, offrant des dispositions contradictoires, celle du 16 septembre 1807 est intervenue pour régler cette matière. Voici les bases qu'elle a adoptées: Si les terrains ne contiennent pas de carrières en exploitation, ils peuvent être payés aux propriétaires comme s'ils avaient été pris pour la route même, sans égard à la valeur des matériaux extraits de ces terrains; mais si les entrepreneurs se sont emparés d'une carrière en exploitation, alors les matériaux sont évalués d'après leurs prix courans, abstraction faite des besoins de la route pour laquelle ils seront pris ou des constructions auxquelles on les destine (*idem*, art. 55).

Les experts, pour l'évaluation de l'indemnité, sont nommés, l'un par le propriétaire, et l'autre par le préfet; le tiers-expert, s'il en est besoin, est de droit l'ingénieur en chef du département. S'il y a des concessionnaires, un expert est nommé par le propriétaire, l'autre par le concessionnaire, et le tiers-expert par le préfet (*idem*, art. 56).

Mais en admettant le principe de l'indemnité, la loi n'a pas voulu cependant que le propriétaire pût s'enrichir aux dépens de l'état; elle a donc décidé que, lorsque la route ou les constructions faites donnent une plus-value à sa propriété, on doit faire entrer en compensation cette plus-value des propriétés qui lui restent, jusqu'à due concurrence avec l'indemnité qui lui est due à raison des terrains occupés (loi du 16 sept. 1807, art. 64).

Quant aux contestations qui peuvent s'élever à cet égard entre les particuliers et l'administration, il faut distinguer : si les propriétaires du fonds s'opposaient à l'exécution des fouilles, c'est le préfet qui devrait donner les ordres nécessaires pour faire cesser l'opposition des propriétaires à l'exercice de cette servitude légale, les faire, au besoin, traduire en police correctionnelle pour s'y voir punir de leur acte de rébellion.

Mais s'il n'y a pas d'opposition à la prise des matériaux, et qu'il n'y ait pas, toutefois, d'accord amiable entre l'administration et les propriétaires, il faut encore distinguer : si l'état s'empare définitivement d'une portion de terrain appartenant aux propriétaires riverains, il faut qu'il procède, sauf l'exception prévue par l'article 10 de la loi du 28 juillet 1824, suivant les dispositions de la loi du 7 juillet 1833, relatives à l'expropriation pour cause d'utilité publique, et l'indemnité est prononcée par les tribunaux. Mais s'il s'agit seulement de fixer l'indemnité due aux propriétaires pour fouille ou occupation temporaire de terrain, c'est le conseil de préfecture qui est seul compétent, conformément à la loi du 28 pluviôse an VIII (PROUDHON, *Traité du domaine public*, n° 309 et suiv.).

Il en serait autrement si les travaux n'avaient été entrepris que dans l'intérêt d'une commune, tels, par exemple, que la construction d'une église ou d'une salle de spectacle. Alors, quoique l'adjudication en eût été faite en présence de l'administration, et avec les solennités qu'on emploie dans les marchés des travaux qui s'exécutent pour le compte de l'état, les constructeurs n'auraient plus le droit d'envahir les propriétés particulières, et les difficultés resteraient soumises aux règles du droit commun; elles devraient être portées devant les tribunaux, parce qu'il ne s'agirait plus d'un intérêt public.

SECTION VII. — *Des servitudes rurales.*

Les servitudes rurales sont aussi des droits modificatifs de la propriété. On appelle ainsi celles qui sont établies pour l'usage des fonds de terre (C. c., 687).

Les servitudes rurales ont pour objet, l'utilité publique, ou communale, ou l'utilité des particuliers. (C. c., 649.)

§ Ier. — Servitudes d'intérêt public ou communal.

Ces servitudes sont assez nombreuses; ce sont : 1° le marche-pied ou chemin de halage, le long des rivières navigables et flottables; 2° le parcours et la vaine pâture de commune à commune; 3° l'essartement; 4° et enfin l'alignement. Il y a encore deux autres espèces de servitudes imposées aux propriétaires riverains des canaux ou des routes, et qui consistent pour les premiers, à souffrir le rejet des matières provenant du curage des fossés ou canaux, et pour les deuxièmes à supporter les fouilles et extractions de matériaux nécessaires à la confection et aux réparations des routes ou édifices publics. Nous avons déjà parlé de ces deux dernières espèces de charges foncières, nous nous bornerons donc à nous occuper ici des quatre autres espèces de servitudes, d'utilité publique ou communale.

1° *Chemin de halage.*

Haler des bateaux, c'est les faire tirer par des hommes ou des chevaux, soit pour leur faire remonter une rivière, soit pour accélérer leur marche en descendant.

Le marche-pied ou chemin de halage est l'espace nécessaire pour haler les bateaux; il doit être conforme aux réglemens et aux besoins de la navigation, et c'est toujours au préfet du département à en régler la largeur.

Il doit y avoir, autant que possible, deux chemins de halage, le long des rivières navigables : l'un principal établi sur le bord où se tirent les bateaux; il doit avoir en général 8 mètres ou 24 pieds, sans pouvoir planter arbres, ni tenir clôtures plus près que 30 pieds du côté où les bateaux se tirent; l'autre moins considérable sur la rive opposée; sa largeur commune devait être de 10 pieds (édit du mois d'août 1607, ordonn. de 1669, et décret du 22 janvier 1809).

Telle est l'étendue de cette servitude : les propriétaires doivent en thèse générale, pour le passage des chevaux de trait et pour les facilités de la navigation, souffrir un chemin de 24 pieds de largeur du côté où s'exerce le tirage des bateaux, et reculer encore toute clôture et plantation à 6 pieds plus loin. Mais l'administration peut toujours restreindre la largeur des chemins de halage, lorsque le service n'en souffre pas, surtout quand il y a des clôtures, murailles et travaux d'art à détruire.

Lorsque l'administration juge utile de transporter le halage d'une rive sur l'autre, et qu'on est force ainsi d'aggraver la servitude imposée au propriétaire de cette rive, il lui est dû indemnité.

Quels que soient les envahissemens du fleuve sur les propriétés riveraines, elles doivent toujours un chemin de halage de la largeur fixée par la loi; mais si pour rétablir le halage, il fallait détruire des bâtimens et usines, on s'accorde en général à penser qu'il serait dû indemnité au propriétaire dépossédé. Le chemin de halage est également dû sur le bord des îles qui sont dans l'intérieur des fleuves; cela résulte des termes généraux de l'ordonnance de 1669, de l'arrêt de 1777, et d'une lettre écrite par le directeur des ponts et chaussées, en tout conforme aux principes de la matière, à M. le préfet de Seine-et-Oise. Cependant nous devons remarquer que la jurisprudence des tribunaux semble contraire, et qu'ils ont admis les actions en dommages-intérêts des propriétaires des îles contre les bateliers pour amarages sur ces îles, lorsqu'il n'existait aucun usage ou acte de l'autorité relativement au marche-pied ou chemin de halage. Il est donc plus prudent de faire décider par l'autorité compétente que le marche-pied est dû, car alors le propriétaire doit bien certainement en supporter la charge sans indemnité, puisque c'est une servitude établie par la loi; il sera obligé alors d'enlever tous les arbres, plantes, buissons qui pourront se trouver dans la distance déterminée par les réglemens, puisque c'est un chemin libre qu'il doit laisser.

Les chemins de halage, n'étant que l'exercice d'une servitude publique, continuent à appartenir aux propriétaires riverains; le propriétaire n'est pas tenu d'en laisser le sol à l'abandon, et ne doit supporter qu'un usage de servitudes pendant les saisons propres à la navigation; il peut donc y conduire ses bestiaux, y faucher l'herbe et en tirer tous les profits qui ne nuiraient pas à la navigation et à la viabilité du chemin.

Il résulte de là que si la navigation venait à cesser, les héritages adjacents seraient libérés de la servitude.

Le chemin de halage n'étant qu'une servitude, le propriétaire de l'héritage dont il dépend n'est tenu que de la souffrir; s'il était nécessaire de faire quelques travaux pour le rendre praticable, ils ne seraient pas à la charge du propriétaire, mais aux dépens du gouvernement.

Mais il doit en souffrir l'exercice dans toute son étendue.

Les rivières qui ne sont que flottables sont celles qui, sans porter bateaux de leurs fonds, servent néanmoins à transporter le bois, soit en trains ou radeaux, soit à bûches perdues.

Les rivières flottables doivent être rangées en deux classes distinctes: la première comprend celle des rivières où le flottage s'exerce par trains ou radeaux, et la seconde celle où il ne se pratique qu'à bûches perdues. Il consiste à lancer en rivière, bûche à bûche, des bois de cordes ou de moule destinés au chauffage, pour les faire descendre jusqu'au port. Quoique les rivières qui sont navigables soient à plus forte raison flottables, cependant le flottage à bûches perdues peut y être interdit par l'administration, eu égard aux embarras qu'il pourrait occasionner à la navigation.

Le flottage est considéré comme de droit public partout où il est possible de l'exercer; ce service peut être exigé, même sur les eaux qui sont du domaine privé, telles que les étangs et fossés qui appartiennent à des particuliers; il doit être exercé gratuitement lorsqu'il ne cause aucun dommage aux propriétés voisines.

De quelque manière que le flottage s'exerce sur un cours d'eau, il faut sur ses bords un chemin ou marche-pied pour l'usage de ceux qui surveillent le transit de la flotte; il en faut un surtout pour le passage de ceux qui doivent diriger l'arrivage des bois lancés en rivière, parce qu'il est nécessaire de rejeter sans cesse à flot les bûches qui s'arrêtent. Le droit de flottage comporte donc aussi celui de la servitude de ce chemin, puisque l'un ne pourrait être mis à exécution sans l'autre.

Ce chemin doit avoir 1 mètre 3 décimètres ou 4 pieds; les flotteurs ne peuvent occuper ni fouler un espace plus considérable sans se rendre passibles envers le propriétaire d'une indemnité.

Lorsque, pour favoriser le passage d'une flotte, il est nécessaire d'arrêter le mouvement d'un moulin, *légalement* établi sur la rivière, ou de toute autre usine, il est dû au meunier ou propriétaire de l'usine une indemnité de chômage qui est fixée à 4 fr. par jour, quel que soit le nombre des tournans (ordonn. de 1669, titre XXVII, art. 45; ordonn. du mois de décembre 1672, art. 13 et 14 du chap. XVII; et loi du 28 juillet 1824).

Suivant les règles de la police du flottage, pour mettre en rivière une flotte à bûches perdues, il faut avoir obtenu de l'administration l'usage des eaux pendant un temps donné. Cette obligation et plusieurs autres nécessités du flottage exigent, de la part des flotteurs, des dépôts de bois sur les fonds riverains en attendant l'opportunité du flottage. Ces dépôts sont toujours plus ou moins dommageables pour les propriétaires de ce fonds. Aussi la loi du 28 juillet 1824 a-t-elle fixé l'indemnité qui leur est due à 10 centimes par corde de bois empilé sur une terre en labour, et à 15 centimes sur un fonds en nature de pré, et lorsque les bois ne sont pas empilés à la hauteur prescrite par l'ordonnance de 1672, l'indemnité doit être payée pour les couches incomplètes à raison de la quantité de cordes qu'elles contiendraient si elles étaient portées à ladite hauteur.

Ces indemnités n'ont été ainsi réglées par la loi du 28 juillet 1824 qu'en Seine et pour les approvisionnemens de Paris; partout ailleurs elles devront être fixées par experts; mais l'équité de ces dispositions devrait nécessairement les engager à les prendre pour base de leur estimation. Si, par l'effet du voiturage des bois de flotte, ou de toute autre manière, il était causé par les flotteurs du dommage aux propriétés riveraines, il en serait dû réparation. Toutes les contestations à cet égard sont de la compétence des tribunaux ordinaires.

Quant aux chemins de halage qui longent les canaux de navigation creusés de main d'homme, soit qu'ils appartiennent au gouvernement, soit qu'ils aient été établis par des entrepreneurs concessionnaires, ils ne sauraient être une servitude naturelle, comme celle qui existe sur le bord des fleuves et rivières navigables. L'on ne peut donc exercer ce droit que sur les bords qui dépendent du canal, et qui ont dû être achetés, soit par le gouvernement, soit par les concessionaires, lorsque le canal a été creusé, de même que le lit du canal; de sorte que les propriétaires riverains n'ont aucun droit de propriété sur ses bords latéraux. Mais aussi si les besoins de la navigation exigeaient que le chemin de halage fût élargi, les propriétaires du canal ne pourraient exiger cet élargissement à titre de servitude, de la part des propriétaires riverains; ils devraient acheter, soit de gré à gré, soit par voie d'expropriation, après avoir rempli les formalités légales, les terrains dont ils auraient besoin.

2°. *Parcours et vaine pâture.*

Les usages connus sous le nom de parcours et vaine pâture, quoique ayant des rapports d'analogie, diffèrent cependant; l'un et l'autre se rapportent à la libre pâture des troupeaux; mais le parcours ou compascuité donne à des troupeaux de plusieurs communes le droit de paître sur les terres les unes des autres, avec ou sans réciprocité; tandis que la vaine pâture est restreinte au droit de faire paître, dans sa commune seulement, des bestiaux, sur les grands chemins, dans les prés naturels, après la coupe du premier foin, sur les jachères, les friches, sous les bois de haute futaie et dans les taillis, lorsqu'ils ont atteint une certaine hauteur et qu'ils ont été déclarés défensables.

Le parcours, entraînant la vaine pâture, a donc plus d'extension qu'elle. Ces deux usages sont peu connus dans les pays de petite culture, et le premier est plus rare que le second. On sentait depuis long-temps les inconvéniens graves que ces usages présentent pour le développement de l'agriculture, puisqu'ils formaient des obstacles insurmontables à la destruction des jachères et qu'ils s'opposaient à l'irrigation des prairies, à la formation des prairies artificielles, qu'ils empêchaient d'obtenir des regains dans les prairies naturelles, enfin qu'ils contribuaient à propager les épizooties, en transportant les miasmes délétères d'une commune à une autre.

Depuis la loi du 28 sept. 1791, la servitude réciproque de paroisse à paroisse, connue sous le nom de parcours, et qui entraîne avec elle le droit de vaine pâture, avait été restreinte dans d'étroites limites, et n'a été maintenue que là où elle était devenue un droit. Ainsi cette servitude n'existe plus que lorsqu'elle est fondée sur un titre, ou autorisée par un usage local et immémorial. Si ces conditions n'existent pas, l'exercice de cette servitude a dû cesser et la commune rentrer sous l'empire de la loi générale, qui restreint le pâturage de chaque commune à son territoire.

En tous cas, les communes ne peuvent user de ce droit, lorsqu'il n'existe pour elles qu'en se conformant aux usages locaux, lorsqu'ils ne sont pas en opposition avec la loi (loi citée, art. 2, 3 et 4).

Ce droit ne peut jamais s'exercer sur les prairies artificielles; il ne peut avoir lieu sur un terrain ensemencé ou couvert de quelque production, qu'après la récolte. Dans les prairies naturelles sujettes au parcours ou à la vaine pâture, il est soumis aux usages locaux; il ne peut avoir lieu que dans les temps autorisés, et jamais tant que la première herbe n'a pas été récoltée (*idem*, art. 10).

Dans les pays où le parcours et la vaine pâture sont admis, ce droit ne pouvait être exercé, avant la loi du 28 sept. 1791, que *collectivement*, au nom de la commune, et non *individuellement* et *à troupeau séparé;* mais aujourd'hui tout propriétaire ou fermier peut renoncer à cette communauté et faire garder par troupeau séparé un nombre de bétail proportionné à l'étendue des terres qu'il exploite dans la commune; il peut avoir un pâtre particulier, et par suite se dispenser de concourir au paiement du pâtre communal (*idem*, art. 12, et cour de cass., 4 juillet 1821). Les troupeaux ne doivent pas être conduits au-delà des limites prescrites par la coutume du lieu. La plupart des coutumes indiquaient pour limites du *parcours* le clocher de chaque commune soumise au droit de réciprocité, ou, à défaut de clocher, le milieu de la commune.

La quantité de bétail que chaque particulier a le droit d'envoyer à la vaine pâture est proportionnée à l'étendue du terrain qu'il exploite. C'est, au surplus, à l'autorité municipale à fixer le nombre des bestiaux que chaque particulier a le droit d'y envoyer (*idem*, art. 13). La compascuité, c'est-à-dire le parcours de commune à commune, est aussi susceptible d'être réglée par la même autorité. Toutefois, les arrêtés pris par le conseil municipal d'une commune n'obligeraient que les habitans de cette commune, et non ceux des communes voisines sujettes au droit de réciprocité (Cass., 20 nov. 1823).

Néanmoins, comme il peut se trouver des *chefs de famille* domiciliés qui n'aient pas de terre, soit en propriété, soit à titre de fermiers, dans la commune sujette au parcours ou à la vaine pâture, ou bien des chefs de famille, propriétaires ou fermiers, à qui la modicité de leur exploitation n'assurerait pas assez d'avantages à cet égard, la loi leur a permis de mettre sur ces terrains, soit par troupeau séparé, soit en troupeau commun, jusqu'au nombre de six bêtes à laine et d'une vache avec son veau, sans préjudicier aux droits desdites personnes sur les terres communales, s'il y en a dans la paroisse, et sans entendre rien innover aux lois, coutumes et usages locaux, et de temps immémorial, qui leur accorderaient un plus grand avantage (*idem*, art. 14).

A plus forte raison, les propriétaires ou fermiers, exploitant des terres sur la commune, ont droit au parcours et à la vaine pâture, en proportion du terrain qu'ils y possèdent, lors même qu'ils ne seraient pas domiciliés dans la commune; c'est un droit de réciprocité qu'il était juste de leur accorder; mais dans aucun cas les propriétaires ou fermiers ne peuvent céder leur droit à d'autres (*idem*, art. 15).

Tout propriétaire peut s'affranchir de ces deux servitudes, en faisant clore son héritage. Dans ce cas il perd, comme nous l'avons vu (*voy.* clôture), ses droits au parcours et à la vaine pâture, en proportion du terrain qu'il y soustrait (C. c., 648). Il faut aussi remarquer que la clôture n'affranchit de ces deux servitudes, entre particuliers, que lorsqu'elles ne sont pas fondées sur un titre; dans le cas contraire elles subsisteraient malgré la clôture (loi du 28 sept. 1791, art. 7). Mais lorsqu'il s'agit d'un droit réciproque entre deux communes, la clôture affranchit du parcours, lors même qu'il serait fondé sur un titre, et la commune, dont les droits seraient restreints par ces clôtures, ne pourrait prétendre à aucune indemnité, sauf à elle à renoncer à la faculté de réciprocité qui résultait de celui de parcours entre elle et la paroisse voisine, et par cela même à s'en affranchir. Cela aurait également lieu si le parcours au profit de la commune s'exerçait sur le terrain d'un particulier (*idem*, art. 17). Ainsi la loi établit une distinction notable entre les communes et les particuliers, puisqu'elle annule les titres des communes et respecte ceux des particuliers, à l'exception, toutefois, de la pâture sur les prairies naturelles, lorsqu'elle existe en vertu d'un titre conventionnel; car ce titre, dans la main des communes comme dans celle des particuliers, fait obstacle à la clôture des prairies (*idem*, art. 10 et 11; et HENRION DE PENSEY, *Police rurale et forestière*, p. 410).

Enfin tout droit de vaine pâture, même fondé sur un titre entre particuliers, est rachetable à dire d'experts, suivant l'avantage que pouvait en retirer celui qui avait ce droit, s'il n'était pas réciproque ou eu égard au désavantage qu'un des propriétaires aurait à perdre la réciprocité si elle existait; le tout sans préjudice au droit de cantonnement, tant pour les particuliers que pour les communautés (*idem*, art. 8).

L'Assemblée constituante aurait probablement entièrement supprimé ces droits, en réglant les conditions du rachat lorsqu'ils seraient fondés en titre, si elle n'avait pas craint les effets dangereux d'une abolition subite. En 1808, la suppression totale de cet usage fut proposée à la presque unanimité, par les commissions locales fondées à cette époque pour préparer les bases d'un nouveau code rural. Pendant les 20 dernières années qui viennent de s'écouler, la suppression des jachères, la culture des prairies artificielles et des racines, ont été adoptées avec plus ou moins d'extension dans tous les départemens. Ces améliorations se généralisant de jour en jour, la vaine pâture devient ainsi de plus en plus onéreuse pour les propriétés qui y restent soumises, et en même temps elle offre moins d'avantages à ceux qui en usent, lorsqu'ils se bornent à jouir sans fraude du droit qui leur est laissé; il est donc probable que ces servitudes si onéreuses pour l'agriculture seront bientôt supprimées.

Dans l'hypothèse de la suppression de ces servitudes, la loi qui interviendra devra nécessairement déterminer les moyens d'utiliser la quantité considérable de biens communaux que l'adoption de cette mesure laissera libre. Ces biens, qui ne produisent pour ainsi dire rien aujourd'hui, sont susceptibles d'acquérir une immense valeur par le défrichement. La circulaire du ministre du commerce du 4 septembre 1835, que nous avons déjà citée, a invité les conseils généraux à rechercher quels seraient les moyens les plus avantageux d'utiliser ces propriétés. Espérons que ces investigations conduiront à des résultats qui seront d'autant plus avantageux qu'on y aura apporté plus de maturité.

3°. *De l'essartement.*

On appelle essartement l'obligation imposée aux propriétaires de bois, épines et broussailles, qui se trouvent dans l'espace de 60 pieds des grands chemins, servant au passage des coches et carrosses publics, qui traversent les forêts, de les essarter et couper à leurs frais, en sorte que le chemin soit libre et plus sûr. Cette obligation est imposée par l'ordonn. de 1669, tit. XXVIII, art. 3. Dans les lieux où cet essartement serait exigé par l'autorité, on devrait accorder au propriétaire 6 mois à partir de l'avertissement.

Les 60 pieds exigés par l'ordonnance doivent être pris à partir des bords extérieurs du chemin. Au reste, il faut remarquer que, dans bien des localités, cette mesure de sûreté publique ne s'observe plus à la rigueur. S'il y a contestation à ce sujet, c'est au conseil de préfecture qu'il faut avoir recours.

4°. *De l'alignement.*

Il est défendu aux propriétaires des héritages adjacens aux routes ou chemins publics, de construire aucun édifice ni clôture en maçonnerie sur les bords, sans avoir obtenu l'alignement du préfet. C'est au conseil de préfecture, sauf recours au conseil d'état, que les contraventions à cette défense doivent être portées, conformément à la loi du 29 floréal an X. Faute par le propriétaire riverain d'avoir demandé et obtenu l'alignement, il se rend passible d'une amende de 300 fr., et si, en construisant sans alignement ou sans observer celui qui a été indiqué, il commet quelque anticipation sur la voie publique, il doit être en outre condamné à démolir et à souffrir la confiscation de ces matériaux.

§ II. — Servitude d'utilité particulière.

Les engagemens qui se forment sans conventions peuvent résulter ou de la loi ou d'un fait personnel à l'une des parties; sous ce paragraphe, nous ne nous occuperons que des obligations résultant des lois, qui ont reçu le nom de servitudes légales. Elles sont relatives aux devoirs réciproques des propriétaires voisins, et spécialement à l'écoulement des eaux pluviales ou natives, à la mitoyenneté et au droit de passage.

1°. *Servitudes résultant de la situation des lieux.*

Les fonds inférieurs sont assujétis, envers ceux qui sont plus élevés, à recevoir les eaux qui en découlent naturellement, sans que la main de l'homme y ait contribué. Le propriétaire inférieur ne peut point élever de digue, qui empêche cet écoulement; le propriétaire supérieur ne peut rien faire qui aggrave la servitude des fonds inférieurs (C. c., 640).

Les mêmes règles doivent aussi s'appliquer aux éboulemens de terre, rochers et avalanches, pierrailles et graviers qui se précipitent naturellement des collines, comme aux eaux des torrents et ravins qui n'auraient pas de cours réglé.

Le propriétaire des fonds inférieurs ne peut rien faire pour empêcher l'exercice de la servitude; mais s'il proposait de faire, soit sur son terrain, soit sur le fonds supérieur, quelques travaux qui, sans nuire au propriétaire supérieur, rendraient l'écoulement des eaux moins nuisible à sa propriété, les tribunaux, guidés par l'équité, pourraient l'autoriser à faire ces travaux à ses frais.

Mais si les propriétaires inférieurs et supérieurs ne peuvent pas, dans leur intérêt particulier, modifier l'ordre de la nature sur l'écoulement des eaux pluviales, l'administration le peut dans l'intérêt public.

Ainsi, lorsque l'administration juge utile de donner une direction particulière et nouvelle au cours des eaux de quelque nature qu'ils soient, les particuliers sont obligés de s'y soumettre. C'est alors une servitude imposée au fonds par l'autorité civile pour cause d'utilité publique.

C'est ainsi que, pour prévenir la dégradation des routes et chemins, l'on y pratique souvent des rigoles pour en dévier les eaux pluviales sur les fonds adjacens. Quelque dommage qui puisse en résulter pour les propriétaires, ils n'ont pas droit de s'en plaindre.

Et comme l'exercice d'un droit légal est toujours permis, lors même qu'il en résulterait pour autrui quelque dommage, le propriétaire d'un champ peut y tracer de profonds sillons, y pratiquer des fosses et autres ouvrages propres à l'assainir, pourvu qu'il n'y fasse pas des canaux de dérivation qui porteraient artificiellement les eaux sur le terrain inférieur.

2°. *De la mitoyenneté.*

Les servitudes de mitoyenneté s'appliquent au mur séparatif de deux héritages ruraux, au fossé et à la haie.

A. *Du mur.*

On appelle mur mitoyen celui qui est construit sur la limite de deux héritages contigus, qui a été édifié à frais commun, et est assis moitié sur le terrain de l'un des propriétaires et moitié sur le terrain de l'autre.

Si le mur est établi en vertu d'une convention, le titre qui l'établit en règle les charges et les effets; à défaut de titre le Code civil établit une présomption légale qui en tient lieu. En général le mur est présumé mitoyen s'il n'y a titre ou marque du contraire (C. c., 653). Lorsque le mur est mitoyen, chaque voisin doit souffrir le passage des ouvriers et des matériaux nécessaires aux réparations, qui doivent se faire à frais communs; mais il n'en est pas de même si le mur n'est pas mitoyen, la servitude d'échelage ou tour d'échelle, qui résultait du seul voisinage et qui consistait dans le droit attribué au propriétaire d'un mur non mitoyen de faire passer ses ouvriers sur le fonds de son voisin et d'y déposer ses échelles pour réparer ce mur, étant abolie. C'est la conséquence de l'art. 681 du Code civil, qui déclare imprescriptibles les servitudes discontinues. Le propriétaire qui fait construire un mur doit donc laisser, entre ce mur et l'héritage voisin, l'espace suffisant pour pouvoir faire les réparations à ce mur sans entrer sur l'héritage du voisin, à moins qu'il n'acquiert ce droit ou qu'il ne lui soit concédé par un titre formel. Voyez ci-après, droit de passage, lettre D.

Lorsqu'un propriétaire laisse autour de son mur un espace suffisant pour le réparer au besoin, il est prudent de faire constater par un procès-verbal fait en présence des voisins ou eux dûment appelés, que le propriétaire du mur a conservé cette partie de terrain. Il peut alors en user comme bon lui semble, y établir les égoûts de ses eaux, y jeter ses immondices, pourvu qu'elles ne s'étendent pas sur le terrain voisin, et sauf les lois de salubrité; il peut aussi ouvrir sur ce terrain des portes et des jours, pourvu qu'il ait la largeur requise par les articles 678 et 679 du Code civil.

La présomption légale de mitoyenneté cesse lorsqu'il existe des marques du contraire, telles que des filets, chaperons, corbeaux, ou un plan incliné d'un seul côté, ou enfin lorsque le mur soutient un édifice ou une terrasse appartenant à l'un des voisins; à plus forte raison ces présomptions cessent lorsqu'il y a un titre.

Lors même que la non-mitoyenneté est prononcée, tout propriétaire joignant un mur peut le rendre mitoyen, en remboursant au propriétaire la moitié de la valeur du mur, au moment où il veut le rendre mitoyen, et la moitié de la valeur du sol sur lequel il est construit. Le voisin n'est d'ailleurs pas forcé d'acquérir la mitoyenneté de tout le mur; il peut n'en acquérir qu'une partie et jusqu'à la hauteur qu'il désire. Lorsque les deux voisins ne peuvent s'entendre sur la valeur de la partie du mur que l'un d'eux veut acquérir, le prix doit être fixé par experts; celui qui veut acquérir doit faire alors des offres réelles du prix qu'il offre, et suivant que ces offres sont trouvées suffisantes ou insuffisantes par le tribunal saisi de la contestation, le demandeur ou le défenseur sont condamnés aux dépens.

L'un des voisins ne peut pratiquer dans le corps d'un mur mitoyen, et à plus forte raison dans le corps d'un mur qui appartient exclusivement à l'autre propriétaire, aucun jour ou fenêtre. Lorsque le mur est mitoyen, aucun des propriétaires n'a le droit d'y appliquer ses édifices, d'y pratiquer des enfoncemens ou de le percer pour y placer des poutres ou solives, qu'après avoir obtenu le consentement du voisin ou avoir fait régler par expert les moyens nécessaires pour que ces travaux ne nuisent pas au voisin. On se contente, dans la pratique, de faire signifier au voisin l'intention où l'on est de percer le mur, et s'il n'y a pas opposition de sa part, on peut procéder à ces opérations.

Celui qui est propriétaire exclusif d'un mur séparant deux héritages, peut même y pratiquer des jours et fenêtres donnant sur la propriété voisine, en se conformant toutefois à l'article 676 du Code civil, sauf le droit réservé au voisin d'en acquérir la mitoyenneté et de faire supprimer en ce cas les ouvertures.

Chaque propriétaire doit contribuer proportionnellement à ses droits aux réparations et à la reconstruction du mur mitoyen (C. c., 655). Toutefois, tout propriétaire d'un mur mitoyen peut se dispenser de contribuer aux réparations et reconstructions, en abandonnant son droit de mitoyenneté, y compris la portion de terrain sur laquelle son mur est construit, pourvu, toutefois, qu'il ne soutienne pas un édifice qui lui appartienne (C. c., 656), les clôtures n'étant pas forcées dans les campagnes, l'article 663 du Code civil ne les rendant obligatoires que dans les villes et faubourgs.

B. *Du fossé.*

Les fossés dont il s'agit sous ce paragraphe, sont ceux qui font l'office de clôture, en servant à garantir l'héritage des invasions du dehors. La présomption légale de mitoyenneté existe à l'égard des fossés qui séparent deux héritages, s'il n'y a titre ou marque du contraire (C. c., 666).

Le rejet ou la levée de la terre d'un seul côté fait présumer qu'il n'y a pas mitoyenneté; le fossé est censé appartenir à celui du côté duquel se trouve le rejet (C. c., 667). S'il y a rejet des deux côtés, ou s'il n'y a pas de levée et que le terrain soit uni des deux côtés, le fossé est encore censé mitoyen.

Dans les campagnes, un voisin ne peut jamais contraindre l'autre à faire un fossé de séparation, la clôture n'étant jamais obligatoire, comme nous l'avons dit, excepté dans les villes et faubourgs.

Celui qui veut se clore par un fossé, doit prendre toute la largeur du fossé sur son héritage; il doit même laisser entre son fossé et l'héritage du voisin un espace suffisant, pour que ce dernier n'ait pas à souffrir de l'éboulement des terres. La largeur du talus de la berge, du côté du voisin, doit être proportionnée à la profondeur du fossé, suivant la nature du terrain, de manière que le talus soit suffisant pour empêcher que la berge ne s'éboule. Suivant les usages locaux, maintenus par le Code civil, la distance qui doit séparer un fossé de la limite d'une propriété voisine est en moyenne de 53 centimètres; mais tantôt cette distance est plus ou moins considérable, et quelquefois elle n'existe pas. Cependant il y a injustice à ouvrir un fossé immédiatement contre le terrain du voisin, qui souffre nécessairement des éboulemens qu'entraîne cette ouverture. Par la circulaire, déjà citée, du ministre du commerce, en date du 4 septembre 1835, il propose de fixer un *maximum* de 35 centimètres pour la distance du bord extérieur du fossé à la limite de la propriété voisine. Cette mesure nous semble bonne et utile et nous espérons qu'elle sera adoptée.

Au surplus, le talus ou espace qui reste ainsi entre le fossé et l'héritage du voisin continue à appartenir au propriétaire du fossé, en sorte que s'il croît sur ce talus quelques bois ou épines, le propriétaire du fossé a le droit de les couper, pourvu qu'il reste debout dans son fossé, en faisant cette coupe, et qu'il ne se serve que d'une serpette bûcheresse; c'est ce qu'on appelle *bûcher à la volée de la serpe* (*Traité du voisinage*, au mot *fossé*).

Le fossé mitoyen doit être entretenu à frais communs; ainsi la réparation et le curage des fossés sont des charges communes; chacun peut contraindre son voisin à contribuer à ces frais d'entretien. Mais chaque voisin a le droit de se dispenser de contribuer aux réparations et au rétablissement du fossé mitoyen, en abandonnant la mitoyenneté. Toutefois, nous pensons, avec DELVINCOURT (*Cours de droit civil*), que le voisin ne pourrait pas se dégager des charges de la mitoyenneté, si le fossé était du nombre de ceux que l'on pratique pour l'écoulement des eaux respectives des deux héritages, ce cas ayant beaucoup d'analogie avec celui d'un propriétaire qui a un bâtiment appuyé sur le mur mitoyen et qui ne peut abandonner la mitoyenneté pour se dispenser de contribuer aux charges (C. c., 656).

C. *De la haie.*

De même que le mur et le fossé, toute haie qui sépare des héritages est réputée mitoyenne, s'il n'y a titre ou marque du contraire, et la loi met au nombre des signes qui établissent la non-mitoyenneté le cas où il n'y a qu'un seul des héritages en état de clôture. La haie appartient alors à celui des propriétaires qui est clos de toute part, sauf toujours le cas où il y aurait titre ou possession suffisante au contraire (C. c., 670).

On distingue deux espèces de haies de clôture, la haie sèche et la haie vive. La première se forme de bois secs liés ensemble, et qu'on renouvelle toutes les fois que le besoin l'exige; on la nomme aussi *haie morte*, et, dans quelques endroits, *hallier*. Elle peut se planter sur la ligne séparative des deux héritages, sans observer aucune distance; ne poussant aucune racine ni branche, il n'est pas à craindre qu'elle s'étende sur le terrain du voisin.

La haie vive, au contraire, se forme d'arbustes de diverses natures, qui s'accroissent par la végétation et forment un fourré qui offre quelquefois les mêmes avantages qu'un mur. Mais la haie vive pouvant, par l'ombre qu'elle projette et les racines qu'elle pousse sur l'héritage voisin, nuire au propriétaire de ce fonds, elle ne peut être plantée qu'à la distance fixée par les réglemens locaux, ou par la loi à défaut de réglemens. Cette distance est alors d'un demi-mètre de la ligne séparative des deux héritages (C. c., 671).

A l'égard de la haie vive, celui qui en émonde habituellement les arbres, qui en recueille les fruits, sans opposition de la part du voisin, est censé propriétaire; et si l'émondage et la cueillette des fruits avaient duré 30 ans, cette possession, si elle avait été paisible et non interrompue, lui assurerait la propriété exclusive de la haie, lors même qu'il serait constaté par titre qu'elle était originairement mitoyenne; celui qui aurait titre et bonne foi pourrait même prescrire par 10 ans, si celui contre lequel il prescrirait était présent, et 20 ans s'il était absent.

Quelques coutumes accordaient au voisin propriétaire de la haie, le droit d'aller sur l'héritage voisin pour cueillir et ramasser les fruits des arbres qui s'y étendaient; mais cet usage n'est pas consacré, et ce droit lui est aujourd'hui refusé (cour de cass., 31 décem. 1810).

L'article 672 du Code civil accorde au voisin le droit de couper les racines des arbres qui avancent sur sa propriété; mais elle lui donne seulement le droit de le contraindre par les voies judiciaires à élaguer les branches qui avancent sur son héritage; il ne pourrait pas opérer lui-même cet élagage sans autorisation du juge (C. c., 672).

Lorsqu'il y a un fossé ou tranchée, ou jet de terre formant talus, au-delà de la haie, elle cesse d'être mitoyenne; elle est censée appartenir à celui du côté duquel se trouve la tranchée ou le rejet (cour royale de Paris, 10 juin 1809).

Les arbres qui se trouvent dans la haie mitoyenne sont mitoyens comme la haie, et chacun des propriétaires a le droit de requérir qu'ils soient abattus (C. c., 673). Toutefois, si le tronc de l'arbre ne se trouve pas dans la haie, quoique ces arbres s'étendent dans la haie et même sur l'héritage voisin, il est censé appartenir exclusivement au propriétaire du terrain d'où sort le tronc de l'arbre.

Les propriétaires des haies vives, dont les héritages bordent la voie publique, sont tenus de faire élaguer les branches qui obstruent la viabilité. (*Voy.* ci-dessus *Essartement.*)

Les haies mitoyennes doivent aussi être entretenues à frais communs. Chaque propriétaire peut forcer son voisin à contribuer au rétablissement de la haie, à moins qu'il ne préfère abandonner son droit à la mitoyenneté.

D. *Du droit de passage.*

L'enclave ou enchevêtrement des propriétés, offre des inconvéniens insurmontables aux progrès de notre agriculture, et nous faisons des vœux sincères pour que des mesures législatives, rendues faciles par l'assentiment des propriétaires ruraux et leur concours à l'exécution, viennent bientôt faire cesser cet état vraiment déplorable (1). Sous le régime actuel, celui dont le fonds est enclavé et qui n'a aucune issue sur la voie publique pour l'exploitation de son héritage, peut demander un passage sur l'héritage voisin, à la charge d'une indemnité proportionnée au préjudice qui doit en résulter pour celui qui livre le passage (C. c., 682).

Pour que le passage puisse être réclamé, il faut qu'il y ait enclave complète. L'incommodité du passage ordinaire, fût-elle extrême, ne suffirait pas pour obliger le voisin à grever sa propriété de cette servitude. Le passage forcé sur l'héritage voisin n'est pas de sa nature illimité; au contraire, il doit nécessairement être restreint aux besoins de celui qui le réclame. Ainsi il peut être circonscrit dans certaines saisons, ou à certaines époques de l'année, ou même à certaines heures.

Le passage ne peut donc être fixé arbitrairement par celui qui le doit; il doit être pris régulièrement du côté où le trajet est le plus court, du fonds enclavé à la voie publique.

Tout propriétaire auquel on réclame un droit de passage peut donc s'en défendre, en prouvant que l'héritage d'un autre voisin présente un trajet moins long, quoique moins commode; toutefois, si ce passage, pour être praticable, obligeait celui qui le réclame à des dépenses considérables, il pourrait s'adresser à un autre voisin. Il en serait de même si le passage, quoique physiquement possible, était dangereux ou coûteux pour celui qui le réclamerait. Ainsi le passage par terre pourrait être réclamé, lors même qu'il serait possible d'aborder la propriété par eau, si la traversée de la rivière était dangereuse.

Le passage doit aussi être accordé dans l'endroit le moins dommageable à celui qui est forcé de l'accorder; ainsi il peut, en raison des convenances locales et de la commodité du propriétaire qui le doit, être pris d'un côté où le trajet du fonds enclavé à la voie publique n'est pas le plus court (cour de cass., 1er mai 1801). Quelquefois la servitude de passage, quoique peu onéreuse dans son origine, devient gênante par la suite. En effet, cette servitude étant divisible, est due à tout le fonds enclavé et à chaque partie de ce même fonds; en sorte que si ce propriétaire vient à vendre son héritage par portions ou qu'il se divise naturellement entre ses héritiers, il est dû un passage au propriétaire de chaque portion.

Si les parties ne conviennent pas entre elles à l'amiable, soit du montant de l'indemnité, soit de l'endroit et du mode de la servitude, le tout doit être réglé par experts, proportionnellement au dommage que le passage peut occasionner à celui qui le doit, et sans avoir égard à l'avantage que doit en tirer celui auquel il est dû.

Cette servitude peut aussi s'acquérir gratuitement par la prescription de l'action en indemnité (C. c., 685).

Quand on établit une servitude, on est censé accorder tout ce qui est nécessaire pour l'exercer; ainsi celui qui aurait acquis, par titre, le droit d'aller puiser de l'eau à une fontaine, aurait nécessairement le droit de passage (C. c., 696).

Lorsque le passage est réglé par les conventions des parties ou par experts, le titre qui l'établit ou qui le règle fait la loi des parties. Toutefois si la fixation primitive était devenue trop préjudiciable au propriétaire du fonds assujéti à la servitude, ou si elle l'empêchait de faire des réparations avantageuses, il pourrait offrir au propriétaire de l'autre fonds un endroit aussi commode pour l'exercice de ce droit et celui-ci ne pourrait pas le refuser (C. c., 701).

Celui qui fournit le chemin n'est pas tenu de l'entretenir à ses frais, mais il doit souffrir les réparations qui seraient faites par celui qui a droit de jouir du chemin. Dailleurs

(1) *Voyez* notre article sur la réunion des propriétés morcelées inséré en 1836 dans la plupart des journau d'agriculture publiés à Paris, et la lettre de M. Bertier de Roville, dans l'*Agronome*, fin de 1835.

tout, dans cette matière, doit être réglé par l'équité et les lois de bon voisinage. Par sa circulaire, en date du 4 septembre 1835, que nous avons eu plusieurs fois l'occasion de citer, M. le ministre du commerce propose d'étendre le droit de passage sur la propriété d'autrui au cas où il ne serait pas possible de réparer un mur ou d'élaguer autrement une haie établie sur la limite de deux propriétés, sans passer sur la propriété voisine, en admettant toutefois que si l'héritage est clos, ensemencé ou chargé d'une récolte, il semble convenable de restreindre la faculté de passage, au cas de nécessité constatée, et de ne l'accorder, quelles que soient les circonstances, qu'à la condition d'indemniser le dommage. On voit par-là que le ministre propose de rétablir l'échelage ou tour d'échelle, droit qui existait autrefois dans les campagnes et qui, comme nous l'avons dit ci-dessus, semble avoir été aboli comme conséquence de l'art. 681 du Code civil. C'est là une servitude de nécessité et nous croyons, avec le ministre, qu'il serait désirable qu'elle fût établie dans les limites qu'il propose.

CHAPITRE VI. — De la jouissance des propriétés rurales.

Avant la loi du 28 septembre 1791, la jouissance des propriétés rurales était soumise à une foule d'entraves. Indépendamment des restrictions imposées par les usages féodaux, les lois de police soumettaient les propriétaires aux bans de moisson, fenaison, de vendange, glanage, chaumage, ratelage, grapillage et autres usages qui mettaient la propriété dans une espèce de tutelle des autorités locales. L'assolement forcé a quelquefois été prescrit par les autorités locales, mais en cette matière comme dans tous les cas de production, il est toujours plus conforme à l'intérêt général d'accorder aux producteurs la plus grande liberté. Leur intérêt les guidera toujours mieux que les actes souvent arbitraires de l'autorité.

La liberté restituée aux propriétaires ruraux, par la loi du 28 septembre 1791, emporte avec elle la faculté de se servir de tous les instrumens qui peuvent leur convenir, de faire la récolte quand bon leur semble, de disposer à leur gré des productions de leur propriété, d'avoir telle espèce de troupeaux qu'ils jugent convenable, en un mot de disposer avec toute latitude de leurs produits, en se conformant toutefois aux lois et réglemens de police.

Ce chapitre comprendra 1° le bail à ferme, 2° le bail à cheptel, 3° les mesures de police que l'intérêt des particuliers a exigées pour certaines récoltes.

Section Ire. — *Du bail à ferme.*

Règles générales.

On appelle bail à ferme celui des héritages ruraux, pour le distinguer du bail des propriétés urbaines qui a reçu le nom de bail à loyer.

En général le droit de jouir d'un héritage n'appartient qu'à celui qui est propriétaire, ou à celui auquel un titre régulier confère la jouissance de ce bien, tels sont les usufruitiers, les usagers, et les preneurs à titre de bail. Quoique en règle générale le propriétaire de la chose ait seul le droit d'en conférer et céder la jouissance, cependant comme dans la société chacun n'a pas l'administration de ses propres biens et qu'il a été nécessaire dans l'intérêt des mineurs, des interdits et des femmes mariées de confier à des administrateurs la gestion de leurs biens, ces derniers seuls ont le droit de faire des baux des biens de leurs administrés.

Lorsqu'un fermier prend une ferme à bail, il doit donc faire examiner les titres de propriété du bailleur, car s'il n'était pas propriétaire, s'il n'avait qu'un droit résoluble ou contesté, le fermier ne devrait pas accepter le bail, car son droit s'évanouirait avec celui du prétendu propriétaire.

Le bail serait également nul s'il avait été fait par le propriétaire privé de l'administration de ses biens, sans l'assistance de ceux que la loi charge de les diriger.

Enfin lors même que ces baux seraient faits par les véritables administrateurs, ils ne pourraient obliger les femmes mariées ou leurs héritiers, les mineurs devenus majeurs, les interdits en cas de résipiscence, les communes, hospices ou autres établissemens publics pour les baux consentis par les maires, économes et autres administrateurs, que pour le temps qui resterait à courir soit de la première période de 9 années, si les parties s'y trouvaient encore, soit de la seconde et ainsi de suite, de manière que le fermier n'aurait que le droit d'achever la période de neuf années dans laquelle il se trouverait (C. c. 171, 481, 450, 509, 1429, 1430, 1718; loi du 5 février 1791; loi du 16 messidor an VII, art. 15 arrêté des consuls du 7 germinal an IX). Les baux de neuf ans et au-dessous que ces administrateurs auraient passé ou renouvelés plus de trois ans avant l'expiration du bail courant, seraient sans effet, à moins que leur exécution ne fût commencée avant la fin de leur gestion.

L'usufruitier est soumis aux mêmes obligations (C. c., 595). A l'égard du simple usager, il ne peut céder son droit et doit jouir par lui-même (C. c., 630, 631).

L'intérêt de notre agriculture fait un devoir de modifier ces différentes dispositions. Il faut permettre aux administrateurs de faire des baux beaucoup plus longs, en prenant les précautions nécessaires pour que les droits des incapables ne soient pas compromis.

Le bail peut être fait verbalement ou par écrit.

§ Ier — Du bail verbal.

Le contrat de bail n'exige aucune formalité

et peut être fait même verbalement, et alors les conditions en sont réglées par l'usage des lieux et les dispositions des lois.

Cependant lorsque le bail n'est que verbal et qu'il n'a reçu aucun commencement d'exécution, c'est-à-dire lorsque le fermier n'a encore fait aucun acte de prise de possession, la preuve ne peut en être faite par témoins, quelque modique que soit le prix du bail et lors même qu'on alléguerait qu'il y a eu des arrhes données. Mais s'il existe un commencement de preuve écrite, c'est-à-dire un écrit émané de celui qui nierait le bail, lequel écrit rendrait probable le fait allégué, la preuve testimoniale pourrait alors être admise.

En tous cas, le serment peut être déféré à celui qui nie le bail (C. c., 1715).

S'il y a eu prise de possession, et qu'il y ait seulement contestation sur le prix du bail, les quittances font foi s'il en existe. S'il n'en existe pas le propriétaire est cru sur son affirmation, sauf le droit réservé au fermier de requérir une expertise, auquel cas les frais de l'expertise restent à sa charge si l'estimation excède le prix qu'il a déclaré (C. c., 1716).

Le bail à ferme fait sans écrit a cela de particulier qu'il est censé fait pour tout le temps nécessaire pour que le preneur recueille tous les fruits de l'héritage affermé. Mais la durée est-elle alors proportionnée à celle de l'assolement au moment où le fermier entre en jouissance, ou bien à celui qu'il adopte? Nous pensons que l'intérêt de l'agriculture doit faire décider la question en faveur du fermier, et que s'il adoptait l'assolement quinquennal ou septennal sur ses terres lors même qu'il ne serait pas en usage dans le pays, le bail verbal devrait durer 5 ou 7 ans, car il n'aurait épuisé qu'après cet espace de temps la rotation d'assolement qu'il aurait adoptée, et l'art. 1774 du Code civil lui donne droit de profiter de tous les fruits, de toutes les soles.

Cette décision paraîtra peut-être rigoureuse aux jurisconsultes, mais elle est conforme aux intérêts de l'agriculture.

§ II. — Du bail écrit.

Si le bail est écrit, les conditions en sont réglées par l'acte qui a été dressé. Si cet acte est sous seings privés, il doit être fait en autant d'originaux qu'il y a de parties contractantes. Ainsi, s'il n'y a d'autres parties que le propriétaire et le fermier, il suffit qu'il soit fait en double; s'il y a une caution qui intervienne, il doit être fait triple, et lorsque plusieurs personnes ont un même intérêt, il suffit d'une seule copie pour toutes celles dont l'intérêt est le même; un mari et une femme, plusieurs co-héritiers ou co-propriétaires n'auront besoin que d'une seule copie. Le bail est un acte fort important; lorsqu'il s'agit d'un grand corps de ferme, il doit être fait avec le plus grand soin. Il vaut mieux le faire dresser par un notaire, parce qu'il acquiert alors ce qu'on appelle l'exécution parée; c'est-à-dire le droit d'en poursuivre l'effet *de plano*, sans avoir recours au tribunal, et sans être obligé de subir les délais de la justice. Lorsque le bail est écrit, sa durée est toujours fixée par l'acte même.

1°. *Droits et obligations du bailleur.*

Le bailleur est tenu de délivrer au preneur la chose louée au temps convenu, de l'entretenir en bon état de grosses réparations qui surviennent pendant la jouissance; le fermier n'étant tenu ordinairement et sauf stipulations contraires, que des réparations locatives, et n'étant obligé de faire les réparations plus importantes que lorsqu'elles ont été occasionnées par le défaut de réparations locatives. Nous indiquerons par la suite dans la partie administrative quelles sont les réparations locatives. Enfin il est tenu de faire jouir paisiblement le preneur pendant la durée du bail (C. c., 1719 et 1720).

Le bailleur, dès qu'il a livré la jouissance de sa chose pendant un temps déterminé, ne peut plus en changer la forme; ainsi il n'a pas le droit pendant la jouissance de convertir un pré en bois, une prairie en terres labourables, ni de faire pendant la durée du bail aucuns travaux qui puissent gêner la jouissance du fermier, à moins que ce ne soit des travaux urgens qui ne puissent être différés, car dans ce cas le fermier serait tenu de les souffrir sans indemnité, pourvu qu'ils ne durent pas plus de quarante jours. (C. c., 1724).

Le bailleur n'est tenu de garantir le preneur du trouble que des tiers apportent par voie de fait à sa jouissance, que lorsqu'ils prétendent quelque droit à la propriété, par exemple, lorsque la ferme ou une partie des terres qui en dépendent sont revendiquées par un prétendu propriétaire ou fermier. En ce cas, le fermier a droit à une indemnité proportionnée au préjudice qu'il éprouve, pourvu toutefois qu'il ait dénoncé le trouble au propriétaire en temps opportun (C. c., 1726); mais si le trouble est occasionné par des personnes qui ne prétendent aucun droit de propriété ou de jouissance sur la chose louée, le bailleur n'est plus tenu de garantir le fermier du trouble, sauf à ce dernier à les poursuivre en son nom personnel (C. c., 1725).

2°. *Droits et obligations du preneur.*

Le preneur a droit de céder son bail en tout ou en partie, si cette faculté ne lui a pas été interdite (C. c., 1717). Il lui est dû garantie pour tous les vices ou défauts cachés qui empêcheraient l'usage de la chose, lors même que le bailleur ne les aurait pas connus lors du bail. Par exemple, si les terres étaient sujettes à des inondations périodiques, qui rendraient la culture impossible. S'il résultait même de ces vices ou défauts quelque perte pour le preneur, le bailleur devrait l'indemniser; ainsi dans l'exemple ci-dessus, si les inondations avaient détruit les semences du fermier, le bailleur devrait lui en rembourser les frais (C. c., 1721).

Le fermier doit user de la chose louée en bon père de famille, c'est-à-dire employer chaque chose aux usages auxquels elle est destinée; ne pas convertir, par exemple, les appartemens en greniers, les magasins en écuries; et apporter au contraire à la conservation des choses les soins d'un bon père (C. c., 1728). Il doit réparer les dégradations qui résultent de l'usage de la chose, excepté toutefois les objets détruits par vétusté ou force majeure. S'il a été fait un état de lieux, il doit les rendre tels qu'il les a reçus d'après l'état; et s'il n'en existe pas, il est censé les avoir reçus en bon état, sauf la preuve contraire.

Le fermier doit cultiver en homme de bien, garnir sa ferme d'ustensiles aratoires, de bestiaux et autres objets nécessaires à son exploitation; engranger dans les lieux à ce destinés; diriger son domaine comme un cultivateur intelligent qui tire de ses terres tous les produits qu'elles peuvent fournir sans s'épuiser; fumer et ensemencer en temps et saisons convenables, et exécuter avec probité toutes les clauses de son bail.

Une autre obligation non moins impérieuse du fermier, c'est de payer exactement les fermages à leurs échéances; ce paiement doit être fait au lieu désigné par le bail. Si le bail est verbal ou qu'il n'y ait pas eu de désignation, le paiement devra être fait au domicile du fermier, surtout si ce paiement devait avoir lieu en nature de grains et autres produits du sol, qui exigeraient des frais de voiture; s'il a été convenu que le paiement serait fait au domicile du bailleur, ce dernier ne peut pas rendre cette condition plus onéreuse en allant demeurer plus loin. Dans ce cas il devrait désigner un lieu à la même distance où le paiement serait fait, à moins toutefois qu'il n'eût été stipulé par le bail que le paiement serait fait au domicile du bailleur quel qu'il fût, et alors même qu'il viendrait à en changer par la suite; car dans ce cas cette clause devrait recevoir son exécution (C. c., 1728).

Pour éviter des contestations sur des différences minimes relatives à la contenance de la ferme, la loi a décidé qu'il n'y aurait jamais lieu à augmentation ou diminution du prix du bail, pour différence de mesure entre la contenance réelle des terres louées et celle déclarée au contrat, qu'autant que la différence serait d'un vingtième en plus ou en moins, sauf le droit réservé au fermier de se désister du contrat toutes les fois qu'il y aurait lieu à augmentation de prix (C. c., 1619, 1620 et 1765).

La loi met encore au nombre des devoirs du preneur l'obligation d'avertir le propriétaire des usurpations qui pourraient être commises sur le fonds, et punit cette négligence par des dommages-intérêts (C. c., 1768). Le preneur doit aussi souffrir les réparations, pourvu qu'elles ne durent pas au-delà de 40 jours, autrement il a droit à une indemnité; mais si ces réparations étaient de telle nature qu'elles rendissent inhabitable ce qui est nécessaire au logement du fermier et de sa famille, il pourrait demander la résiliation du bail (C. c., 1724).

Le fermier est encore tenu des dégradations survenues pendant sa jouissance, à moins qu'il ne prouve qu'elles ont eu lieu sans sa faute (C. c., 1732). Il est également tenu de celles commises par ses enfans, par ses valets et pâtres, ainsi que par les personnes de sa maison ou de ses sous-locataires (C. c., 1735).

Il répond de l'incendie, à moins qu'il ne prouve que l'incendie est arrivé par cas fortuit ou force majeure, ou par vice de construction, ou que le feu a été communiqué par quelque maison ou ferme voisine (C. c., 1733).

Les pailles et fumiers sont considérés comme faisant partie d'un domaine rural (C. c., 524). Le fermier n'a pas le droit de les détourner ni de les vendre, mais il est tenu de les consommer sur le terrain même qu'il tient à bail; cependant si ces fumiers n'étaient pas tous nécessaires à ses terres, soit parce que le genre de ses cultures ne l'exigerait pas, soit parce qu'il aurait d'autres moyens de les fumer, le parquage de nombreux troupeaux, par exemple, il n'y aurait pas lieu à exiger rigoureusement la conversion des pailles en fumier. Le fermier sortant doit laisser les pailles et engrais de l'année, c'est-à-dire ceux faits journellement après qu'il a semé sa dernière sole de blé, s'il les a reçus lors de son entrée en jouissance; s'il ne les a pas reçus, le propriétaire peut toujours les retenir sur estimation (C. c., 1777).

Le fermier sortant doit offrir à celui qui lui succède toutes les facilités pour les travaux de l'année, et réciproquement le fermier entrant doit laisser à celui qui sort les logemens et facilités pour la consommation des fourrages et les récoltes restant à faire; en tous cas les fermiers entrant et sortant doivent se conformer à l'usage des lieux (C. c., 1778).

Souvent on stipule la contrainte par corps contre les fermiers pour le paiement des fermages des biens ruraux; elle ne peut être ordonnée que lorsqu'elle a été formellement stipulée. Toutefois le juge peut la prononcer contre les fermiers et colons partiaires sans stipulation, faute par eux de représenter à la fin du bail le cheptel de bétail, les semences et instrumens aratoires qui leur ont été confiés, à moins qu'ils ne justifient que le déficit de ces objets ne provient pas de leur fait (C. c., 2062). Dans ce cas le temps de la détention est fixé par le jugement qui la prononce; elle ne peut être moindre d'un an, ni excéder cinq ans (loi du 17 avril 1832, art. 7).

3°. *Du colon partiaire.*

Celui qui cultive sous la condition d'un partage de fruits, est tenu des mêmes obligations que le fermier; cependant, comme la convention qui est faite avec lui est basée principalement sur la considération de sa personne comme cultivateur, il ne peut ni sous-louer ni céder son exploitation, à moins que cette faculté ne lui ait été réservée. En cas de contravention, le propriétaire a le droit de rentrer en jouissance, et le colon peut être condamné aux dommages-intérêts (C. c., 1763 et 1764).

Le colon, toutes les fois qu'il éprouve une perte de fruits, lors même qu'ils sont détachés de la terre, a le droit de faire supporter au propriétaire sa part dans la perte, pourvu toutefois qu'il ne fût pas en demeure de lui délivrer sa part de récolte, car alors le retard constituerait une faute qui ferait supporter la perte au colon seul (C. c., 1771).

4°. — Des pertes qui surviennent pendant la jouissance.

La loi n'admet le fermier à réclamer une remise sur le prix du bail, que si la perte est de la totalité ou de la moitié au moins d'une récolte. Si le bail est d'une année, l'indemnité est proportionnée à la perte; si le bail est fait pour plusieurs années, le fermier peut encore demander une remise, à moins qu'il ne soit indemnisé par les récoltes précédentes; s'il n'est pas indemnisé par les récoltes précédentes, l'estimation ne peut avoir lieu qu'à la fin du bail, sauf la faculté réservée au juge de dispenser provisoirement le fermier de payer une partie du prix de son bail, en raison de la perte soufferte (C. c., 1769).

Ainsi, soit un bail de 9 ans : la première année la totalité des fruits est perdue; la deuxième année le fermier a encore éprouvé une seconde perte de la moitié de sa récolte; mais les sept autres années ont été abondantes, et ont indemnisé amplement le fermier des pertes qu'il a éprouvées; il n'y aura pas lieu à indemnité. Mais si les sept dernières années ont été médiocres, il devra obtenir une indemnité proportionnée à ses pertes, c'est-à-dire d'une récolte et de la moitié d'une récolte.

Le fermier ne peut demander d'indemnité, lorsque la perte est moindre de moitié; il n'a pas non plus droit à une remise, lorsque la perte arrive après que les fruits ont été détachés de la terre, à moins que le bail ne donne au propriétaire une portion de la récolte en nature. Si la cause du mal existait et qu'il ait pu le prévenir au moment où il a pris le bail, le fermier n'a pas droit à une indemnité (C. c., 1770 et 1771). Le preneur peut aussi être chargé des cas fortuits par une stipulation expresse (C. c., 1772). Cette stipulation ne s'entend alors que des cas fortuits ordinaires, tels que grêle, feu du ciel, gelée ou coulure. Enfin, le preneur peut être chargé de tous les cas fortuits ordinaires et extraordinaires, prévus et imprévus, et en ce cas il les supporte tous, même ceux qui proviendraient des ravages de la guerre ou d'une inondation auquel le pays ne serait pas sujet (C. c., 1773).

§ III. — Comment finit le bail à ferme.

L'obligation de jouir en bon père de famille est tellement de rigueur dans ce contrat, que la loi permet au bailleur de demander la résiliation du bail, si le fermier n'use pas de la ferme louée en bon cultivateur. Il doit donc garnir la ferme des bestiaux et ustensiles nécessaires, ne pas abandonner la culture et ne pas employer la chose louée à un autre usage que celui auquel elle a été destinée. Cette résiliation peut encore être demandée, s'il n'exécute pas les clauses du bail et qu'il en résulte un préjudice pour le bailleur (C. c., 1766). Parmi les clauses les plus usitées, on trouve fréquemment celle qui impose au fermier de suivre les assolemens locaux, sans pouvoir dessoler ni dessaisonner. Cette clause absurde, si elle était rigoureusement exécutée, arrêterait tous perfectionnemens agricoles. MERLIN, *Répertoire*, au mot *Assolement* enseigne qu'il a été plusieurs fois jugé, que le dessolement pouvait être justifié par l'usage, quoiqu'il fût expressément défendu par les baux; nous ajouterons qu'il devrait être également justifié, s'il était conforme à une saine théorie et aux règles de l'agriculture. L'article 1766 n'autorise le bailleur à demander la résolution du contrat, que lorsque le premier n'exécute pas les clauses du bail et *qu'il en résulte pour le bailleur un dommage*. Si donc les terres, loin de souffrir du nouvel assolement, en profitaient, il est certain que le bailleur ne serait pas recevable à se plaindre.

Parmi les principales obligations du fermier, il faut placer, comme nous l'avons dit, celle de payer ses fermages aux termes convenus. Faute de paiement, la résolution du bail peut être demandée par le propriétaire, à moins qu'il ne préfère poursuivre simplement le fermier en paiement de ses fermages, sans demander cette résolution. Ce n'est, en effet, qu'un moyen d'exécution que la loi met à sa disposition, et dont il peut, en conséquence, user ou ne pas user.

A l'égard du nombre de termes nécessaires pour demander la résolution, il faut suivre les usages locaux. Le bail peut aussi être résolu par le défaut respectif du bailleur ou du preneur de remplir leurs engagemens. Il est résolu de plein droit par la perte de la chose louée ou l'impossibilité de l'employer désormais à l'usage auquel elle est destinée (C. c., 1741).

Dans le contrat de louage, comme dans la plupart des autres contrats, nous sommes censés stipuler pour nous et nos héritiers; en conséquence, le bail n'est pas résolu par la mort du preneur ni par celle du bailleur (C. c., 1742).

Si le bailleur vend la chose louée, l'acquéreur ne peut expulser le fermier dont le bail a une date certaine, à moins qu'il ne se soit réservé ce droit par le contrat (C. c., 1743) (1). La manière la plus ordinaire de donner une date certaine au contrat, c'est de le faire enregistrer. Si l'acquéreur a cette faculté et qu'il n'ait été fait aucune stipulation sur les dommages-intérêts, l'indemnité que le bailleur doit payer au fermier est du tiers du bail pour tout le temps qui en reste à courir (C. c., 1744 et 1746). L'acquéreur qui veut expulser le fermier, doit en outre l'avertir au moins une année d'avance (C. c., 1748). Le fermier ne peut d'ailleurs être expulsé que lorsqu'il a été payé des dommages-intérêts ci-dessus expliqués (C. c., 1749). Lorsque le bail n'a pas de date certaine, l'acquéreur peut expulser le fermier, en lui signifiant un congé au temps d'avance fixé par l'usage des lieux; il n'est alors tenu d'aucuns dommages-intérêts, sauf le recours du fermier contre son bailleur (C. c., 1750).

(1) *Voyez* les inconvénients des clauses de cette nature ci-après. Administration, liv. VII, au titre des baux à ferme.

Le bail des héritages ruraux a cela de particulier que, lors même qu'il est verbal, il est censé fait pour tout le temps qui est nécessaire au fermier pour recueillir tous les fruits de l'héritage affermé; ainsi le bail à ferme d'un pré, d'une vigne et de tout autre fonds, dont les fruits se recueillent en entier dans le cours de l'année, est censé fait pour un an. Le bail des terres labourables, lorsqu'elles se divisent par soles ou saisons, est censé fait pour autant d'années qu'il y a de soles (C. c., 1774). De plus ce bail, quoique fait sans écrit, cesse de plein droit à l'expiration du temps pour lequel il est censé fait, sans qu'il soit besoin de signifier un congé (C. c., 1775).

A plus forte raison il cesse de plein droit à l'expiration du temps fixé par l'acte qui le constate. Cependant, si le preneur continuait à jouir, au vu et su du bailleur, sans opposition de sa part après l'expiration du temps fixé, il en résulterait un nouveau bail, qui serait censé fait aux mêmes conditions, mais qui, pour la durée, se trouverait soumis aux règles que nous avons posées pour le bail verbal (C. c., 1776).

Ce nouveau bail se nomme *tacite reconduction;* il est alors fondé sur le consentement présumé du propriétaire. Il en résulte que cette présomption cesse, s'il a manifesté une volonté contraire; par exemple, s'il a fait signifier un congé, ou s'il a fait à son fermier une sommation de déguerpir.

Si la chose louée vient à périr en totalité, le bail est résolu; il en est de même si le bailleur est évincé de sa propriété, c'est-à-dire s'il est reconnu qu'il n'était pas propriétaire réel, sauf les dommages-intérêts du fermier contre le bailleur. Si la chose louée n'était détruite qu'en partie, le preneur pourrait, suivant les circonstances, demander une diminution du prix ou la résiliation même du bail. Dans l'un et l'autre cas, comme dans celui de destruction totale par cas fortuit, il n'est dû au preneur aucun dédommagement, à moins que la destruction n'ait été occasionnée par quelque faute antérieure du bailleur, ou que le vice de la chose n'existât au moment du bail, et qu'il en soit résulté une perte pour le preneur, auquel cas le bailleur devrait l'indemniser (C. c., 1722).

Le bail finit aussi par le consentement mutuel des parties, et sauf les droits des tiers; par exemple, si la résiliation consentie par le fermier avait pour but de frustrer ses créanciers, ces derniers pourraient s'y opposer. Les effets de la résolution, par consentement mutuel sont déterminés par les conventions des parties.

Du congé. Le congé doit être également classé parmi les moyens de mettre fin au bail à ferme. D'après ce que nous avons dit, il semblerait qu'il n'est jamais utile de signifier un congé pour les baux à ferme, puisqu'aux termes de l'article 1737, le bail écrit cesse de plein droit au terme fixé, sans qu'il soit nécessaire de donner congé et que, suivant les art. 1774 et 1775, le bail verbal est censé fait pour le temps qui est nécessaire au fermier pour recueillir tous les fruits de l'héritage affermé, et qu'il cesse de plein droit à l'expiration du temps pour lequel il est censé fait, sans qu'il soit besoin de signifier un congé. Cependant, l'article 1736 placé sous le titre des règles communes aux baux des maisons et des biens ruraux porte que, lorsque le bail a été fait sans écrit, l'une des parties ne peut donner congé à l'autre qu'en observant les délais fixés par l'usage des lieux ce qui semble impliquer une contradiction. Pour concilier cette antinomie apparente qui existe entre l'article 1736 et les articles 1774 et 1775, il faut faire une distinction: le propriétaire qui a loué verbalement peut reprendre les lieux après l'expiration du temps fixé par l'article 1774, sans être forcé de signifier un congé; mais si le propriétaire a laissé le fermier en jouissance pendant deux ou plusieurs périodes de ce même temps, alors il ne peut mettre fin à la jouissance qu'en notifiant régulièrement un congé. Le congé est également nécessaire si, à l'expiration du bail écrit, le fermier est laissé en possession; en un mot, il s'applique au cas où il y a *tacite reconduction,* parce que, dans ce cas, le délai fixé pour la fin du bail pouvant se prolonger indéfiniment, à la volonté des parties, il faut bien qu'elles s'avertissent assez long-temps d'avance pour qu'elles puissent prendre réciproquement les mesures nécessaires.

Le Code ne donne aucune règle positive pour les délais des congés; il s'en est rapporté à l'usage des lieux, et ces usages sont très différens, suivant les divers pays. Il serait donc à désirer que ces usages fussent constatés par des enquêtes, ou, mieux encore, que la loi prescrivît quelque mesure uniforme à cet égard. Dans les environs de Paris, on s'accorde, en général, à reconnaître que le délai doit être de trois mois au moins avant la fin de l'année agricole, c'est-à-dire avant la Saint-Martin, à l'égard des héritages dont les fruits se recueillent en entier dans le cours de l'année, comme prés, vergers, vignes et terres ensemencées tous les ans; mais, à l'égard des terres labourables, divisées par soles ou saisons, il faut donner le congé six mois au moins avant l'époque où finit la récolte de la dernière sole, afin que le fermier soit averti à temps de ne pas commencer les labours de la sole dont le tour va revenir. Ainsi, dans les pays où les terres se cultivent par trois soles, le congé doit être signifié six mois avant l'expiration de la troisième année agricole. Enfin, d'après les nouveaux éditeurs de DENIZART, si les héritages produisent annuellement, s'ils sont, par exemple, cultivés en foin ou luzerne, le congé doit être donné avant la Saint-Jean, pour quitter l'héritage avant la Saint-Martin. Les mêmes auteurs font observer que, relativement aux marais de Paris, le propriétaire est tenu de payer ce qui reste sur le terrain, d'après la prisée qui s'en fait par experts-jardiniers; ce qui peut s'élever à des sommes considérables. C'est pourquoi il est prudent, lorsqu'on passe un bail de marais potagers, de fixer la somme à laquelle la prisée pourra être portée, sans pouvoir l'excéder; ou plutôt de stipuler que le propriétaire ne devra aucune indemnité à cet égard.

Nous donnerons un modèle ou formule complète de bail à ferme dans le livre suivant, dans le chapitre qui traitera de l'*acquisition ou de la location d'un domaine.*

SECTION II. — *Du bail à cheptel.*

Le bail à cheptel est un contrat par lequel l'une des parties donne à l'autre un fonds de bétail, c'est-à-dire toute espèce d'animaux susceptibles de croît pour l'agriculture et le commerce, tels que bêtes à laine, bêtes à cornes, chèvres, chevaux, et même des porcs pour les garder, nourrir, soigner sous les conditions convenues entre elles (C. c., 1800 et 1802). L'acte qui règle les conditions n'est d'ailleurs assujéti à aucune forme spéciale, et peut être fait par acte sous seing privé, et alors il doit être fait en autant de doubles qu'il y a de parties, ou par acte devant notaire. Lorsqu'il est fait sous signatures privées, il est toujours prudent de le faire enregistrer, autrement il ne pourrait pas être opposé aux tiers qui auraient intérêt à contester la propriété du troupeau.

On distingue trois espèces de cheptel : 1° Le cheptel simple; 2° le cheptel à moitié; 3° et le cheptel donné par le propriétaire à son fermier ou colon, que l'on appelle *cheptel de fer*. Enfin il y a une quatrième espèce de contrat improprement appelé cheptel, que nous ferons aussi connaître (C. c., 1801).

Ces contrats se règlent ordinairement par les conventions écrites des parties, mais à défaut de conventions on suit les règles suivantes (C. c., 1803).

§ Ier. — Du cheptel simple.

Le bail à cheptel simple est un contrat qui entraîne obligation de la part du preneur de garder, nourrir, et soigner des bestiaux, à condition qu'il profitera de la moitié du croît et qu'il supportera aussi la moitié de la perte (C. c., 1804).

A l'égard du laitage, du fumier et du travail des animaux, ils profitent au preneur seul. Le bail à cheptel simple forme donc une espèce de société entre le bailleur et le preneur qui a été soumise à des règles dictées en général par l'équité. Ainsi il n'est pas permis de stipuler que le preneur supportera la perte totale, quoique arrivée par cas fortuit et sans sa faute, ou qu'il supportera dans la perte une part plus forte que dans le profit, ou que le bailleur prélèvera à la fin du bail quelque chose de plus que le cheptel qu'il a fourni; toute convention semblable serait nulle (C. c., 1811).

Il se fait ordinairement au commencement du bail une estimation du cheptel; cette estimation n'équivaut cependant pas à une vente, et ne transfert pas par conséquent la propriété du cheptel au preneur. Elle sert seulement à constater la qualité, la nature et la valeur des bêtes, et à servir de règle dans le cas où il y aurait lieu à remplacement. (C. c., 1805).

Le preneur n'est pas tenu des cas fortuits, à moins qu'ils n'aient été précédés de quelque faute de sa part, qui y ait donné lieu et sans laquelle la perte ne serait pas arrivée (C. c., 1807); car il doit à la conservation du cheptel les soins d'un bon père de famille (C. c., 1806).

En cas de contestation, le preneur est tenu de prouver le cas fortuit, et le bailleur la faute qu'il impute au preneur (C. c., 1808).

Mais en cas de perte même par cas fortuit, si le cheptel périt en entier sans la faute du preneur, la perte est pour le bailleur; s'il ne périt qu'en partie, la perte est supportée en commun, d'après le prix de l'estimation originaire et celui de l'estimation à l'expiration du cheptel (C. c., 1810).

Lorsque le preneur est déchargé parce qu'il prouve que la perte est le résultat d'un cas fortuit, il doit néanmoins rendre compte des peaux des bêtes (C. c., 1809).

Le fonds de bétail appartenant au bailleur pour la propriété, et au preneur pour une partie de la jouissance, il n'est pas permis à l'un de disposer d'aucune bête du troupeau sans le consentement de l'autre (C. c., 1812). Cette défense s'applique aux vieilles bêtes ainsi qu'aux jeunes. Quelques coutumes prononçaient même des peines corporelles contre les preneurs qui disposaient des bêtes sans le consentement des bailleurs. Sous la législation actuelle, il pourrait y avoir lieu d'appliquer les peines prononcées par la loi contre l'abus de confiance et les dispositions de l'art. 2062 du Code civil.

La tonte se divise entre les deux parties; le preneur ne doit pas tondre sans en avertir le bailleur assez à temps pour qu'il puisse vérifier la tonte par lui-même ou par ses préposés; si la tonte était effectuée à l'insu du bailleur, il y aurait présomption de fraude, qui pourrait devenir une cause de résiliation (C. c., 1814 et 1816).

Néanmoins si, hors la saison des tontes, la santé des bêtes exigeait qu'on leur enlevât de la laine sur quelques parties du corps, le preneur pourrait le faire, après en avoir averti le bailleur.

La durée du bail lorsqu'elle n'a pas été fixée par les parties est de trois ans (C. c., 1815), on fait alors une nouvelle estimation du cheptel. S'il y a accroissement le croît se partage; s'il y a perte, le preneur doit en rembourser la moitié au bailleur qui reprend le cheptel. Le partage du croît et des laines doit être fait aux époques déterminées par les conventions; il n'est d'ailleurs pas indispensable que le croît ne soit partagé qu'à la fin du bail; s'il n'a pas été fait de convention, il doit être fait à des époques convenables, qui s'accordent avec les intérêts des deux parties (C. c., 1817).

Tout ce qui garnit la ferme est le gage du propriétaire; le cheptel livré au fermier par un autre que le propriétaire, se confondant avec les objets mobiliers qui appartiennent au fermier, deviendrait aussi par confusion le gage du propriétaire. Mais comme il est de l'intérêt de l'agriculture et même de celui des propriétaires des terres, que de nombreux troupeaux soient entretenus dans les fermes, le bailleur du cheptel peut garantir son troupeau du recours du propriétaire, en lui faisant notifier l'acte qui le contient avec désignation exacte de chaque bête; mais cette notification doit être faite au propriétaire au moment même où l'on introduit le cheptel dans la ferme; plus tard elle n'aurait plus d'effet, et le propriétaire pourrait le saisir-gager, comme les autres objets mobiliers appartenant à son fermier, faute par celui-ci de remplir ses obligations (C. c., 1813). A l'expiration des baux à cheptel écrits, si les parties ne procèdent pas au partage, il s'opère, comme dans les baux à ferme, une *tacite reconduction* qui, d'après les usages, ne s'étend pas au-delà de la Saint-Jean suivante.

§ II. — Du cheptel à moitié.

Ce cheptel est une véritable société dans laquelle chacune des parties fournit la moitié des bestiaux qui demeurent communs entre eux (C. c., 1818). Le bailleur n'a droit qu'à la moitié des laines et du croît. Les laitages, fumiers et travaux des bêtes appartiennent au preneur, et toute convention contraire est nulle, à moins que le bailleur ne soit propriétaire de la métairie dont le preneur est fermier ou colon (C. c., 1819). Toutes les autres règles du cheptel simple s'appliquent au cheptel à moitié (C. c., 1820).

§ III. — Du cheptel donné par le propriétaire à son fermier.

Ce cheptel a lieu lorsque le propriétaire d'un héritage, le donne à son fermier tout garni de bestiaux, à la charge qu'à l'expiration du bail, il laissera des bestiaux d'une valeur égale au prix de l'estimation de ceux qu'il a reçus (C. c., 1821). Tous les risques sont alors à la charge du fermier, mais aussi tous les profits lui appartiennent, sous l'obligation d'employer exclusivement les fumiers à l'amélioration de la métairie, et de rendre un cheptel de pareille valeur à la fin du bail (C. c., 1823 et 1824), le fermier est même tenu de la perte totale et par cas fortuit, sauf les conventions contraires (C. c., 1828). A la fin du bail le fermier ne peut retenir le cheptel en en payant l'estimation originaire, il doit en laisser un de valeur pareille à celui qu'il a reçu, s'il y a du déficit il doit le payer, et c'est seulement l'excédant qui lui appartient (C. c., 1826). Ce cheptel qui n'est en général qu'une des conditions du bail ne finit qu'avec le bail de la métairie.

§ IV. — Du cheptel donné au colon partiaire.

Ce cheptel est soumis aux mêmes conditions que le cheptel simple, sauf les modifications suivantes :

On peut stipuler que le colon délaissera au bailleur sa part de la toison, à un prix inférieur à la valeur ordinaire ;

Que le bailleur aura une plus grande part du profit ; qu'il aura la moitié des laitages, sans cependant que sa part puisse excéder la moitié ; mais on ne peut stipuler que le colon sera tenu de toute la perte (C. c., 1828). Au surplus, ce cheptel finit aussi avec le bail de la métairie (C. c., 1829).

§ V. — Du contrat improprement appelé cheptel.

Ce contrat a lieu lorsqu'une ou plusieurs vaches sont données à quelqu'un qui se charge de les loger et de les nourrir, sous la condition d'en avoir tous les profits, excepté les veaux qui appartiennent au bailleur, lequel conserve aussi la propriété des vaches (C. c., 1831).

Celui qui loge et nourrit les vaches doit faire allaiter les veaux jusqu'à ce qu'ils puissent être sevrés et en état d'être vendus ; à cette époque le bailleur est tenu de les retirer, à peine des dommages-intérêts du preneur.

L'âge réputé convenable pour retirer les veaux est celui de six semaines au plus tard.

Si la durée de cette espèce de louage a été fixée, le bailleur doit laisser la vache pendant le temps convenu, à moins qu'il n'ait de justes motifs pour faire prononcer la résiliation du contrat.

A défaut de convention, le bailleur peut le retenir quand bon lui semble. Toutefois, il y a des usages et des convenances qui doivent être observés ; ainsi, le bailleur ne pourrait pas retirer la vache immédiatement après avoir retiré le veau, car le preneur a été privé des laitages pendant tout le temps de l'allaitement ; il est donc juste qu'il jouisse des laitages pendant un temps assez long pour l'indemniser.

De même, le bailleur qui aurait donné une vache à l'entrée de l'hiver, époque où les fourrages sont chers, ne pourrait pas la retirer au printemps.

Par réciprocité, le preneur ne pourrait pas rendre la vache au bailleur dans un moment inopportun ; par exemple, au moment ou elle est prête à vêler.

Ces difficultés, qui sont de la compétence des tribunaux, doivent en général se régler d'après les principes de l'équité.

Le maître de la vache, en restant propriétaire, la perte qui surviendrait de l'animal serait supportée par lui, sauf son recours contre le preneur pour le cas seulement où il serait prouvé qu'il y a eu faute de sa part.

SECTION III. — *Police des récoltes.*

Jadis, comme nous l'avons indiqué au commencement de ce chapitre, la jouissance des champs était soumise à une foule d'entraves qui ont été abolies par la loi du 28 septembre 1791 ; elle n'a maintenu que les mesures de police qui sont nécessaires pour la sûreté des propriétaires ruraux.

Ainsi, les bans des vendanges, qui empêchent un particulier de vendanger prématurément sa petite propriété, de marauder celle de ses voisins et de faire passer ses larcins pour les fruits de son crû, ont été maintenus.

Dans les pays où les bans de vendange sont en usage, il peut être fait à cet égard chaque année un réglement par le conseil municipal, mais seulement pour les vignes non closes. Les réclamations qui peuvent être faites contre le réglement sont portées devant le préfet du département, qui statuera, sauf l'avis du sous-préfet (loi du 28 sept. 1791, sect. V, art. 2). C'est le maire qui, après avoir pris l'avis du conseil municipal, publie le ban des vendanges.

Il ne doit être publié que sur la déclaration d'un certain nombre de propriétaires, que la récolte est en maturité (Edit du mois de février 1535) ; même après la publication du ban des vendanges, les propriétaires doivent se conformer aux usages. Ainsi, ils ne peuvent commencer leur récolte avant le lever du soleil, ni la continuer après son coucher. La prohibition relative à l'ouverture des vendanges ne s'applique pas aux terrains clos de murs, fossés, haies ou palissades; le propriétaire peut les exploiter sans attendre la publication du ban.

On a demandé que la formalité du ban des vendanges fût appliquée à toutes les communes qui le réclameraient. Cette demande est motivée sur l'avantage d'assurer la bonne qualité des vins, et de prévenir la déprédation des vignes; mais il est évident qu'il vaut mieux étendre que restreindre la liberté de jouissance des propriétaires. L'intérêt personnel de ceux-ci à la bonne fabrication de leurs vins offre la meilleure garantie d'une maturité convenable; aujourd'hui surtout que l'art de fabriquer les vins, éclairé par la science et l'expérience, a fait de si grands progrès, ce serait peut-être arrêter l'élan qu'a pris cet art de vouloir astreindre les viticoles à des entraves inutiles. L'affranchissement du ban des vendanges a été introduit sans inconvénient en 1834, dans plusieurs communes importantes des principaux vignobles de la Côte-d'Or. Nous approuvons donc la mesure proposée par M. le ministre du commerce, à savoir : de maintenir le ban des vendanges dans les communes qui en ont conservé l'usage, et autant seulement que les conseils municipaux n'en demanderaient pas la suppression (Circulaire du 4 sept. 1835).

La loi du 6 messidor an III, qui est encore en vigueur, a prohibé la vente des grains en vert ou pendans par racines, sous peine de confiscation encourue, moitié par le vendeur et moitié par l'acheteur. Mais cette loi, publiée en l'an III, c'est-à-dire à une époque où les céréales étaient rares, fut une mesure de circonstance, l'intérêt public n'exige pas qu'elle soit maintenue; il faut donc la laisser tomber en désuétude, si on ne l'abroge pas formellement.

CHAPITRE VII. — Des aides et serviteurs ruraux.

Après avoir parlé des choses et de la manière d'en jouir, nous devons maintenant nous occuper des personnes et des lois qui les gouvernent.

On appelle louage de service la convention par laquelle un serviteur ou travailleur s'engage au service de quelqu'un. Sous le titre de serviteur, on comprend les laboureurs, moissonneurs, vendangeurs, bûcherons, valets de ferme, pâtres et autres domestiques attachés au service de la maison ou de la personne. Ils ne peuvent engager leurs services que pour un temps ou une entreprise déterminée; la stipulation que l'engagement durerait pendant toute la vie du serviteur serait nulle, comme contraire à la liberté naturelle (C. c., 1780).

S'il y a contestation sur les conditions de l'engagement ou le paiement des gages, le maître est cru sur son affirmation :

1° Pour la quotité des gages promis;

2° Pour le paiement des salaires de l'année échue;

3° Pour le paiement des à-comptes donnés sur l'année courante (C. c., 1781),

Section 1re. — *Des gardes champêtres et forestiers des particuliers.*

Tout propriétaire, colon ou fermier a le droit d'avoir pour ses domaines un garde champêtre pour la conservation de ses récoltes ; mais ce choix ne lui imprime le caractère d'officier de police judiciaire que s'il a été agréé par le conseil municipal et confirmé par le sous-préfet (Décret du 20 messidor an III, art. 15, et cour de cassation, 21 août 1822).

Tout garde doit être âgé de 25 ans (loi du 28 sept. 1791) ; il doit savoir au moins signer son nom. Il prête serment devant le tribunal de 1re instance de l'arrondissement, sur la réquisition du ministère public. Les gardes champêtres des particuliers, agréés par les conseils municipaux, sont considérés par la loi, de même que les gardes champêtres des communes, comme officiers de police judiciaire. En cette qualité, ils sont sous la surveillance des procureurs du roi, et doivent constater les délits ou contraventions dont ils sont témoins.

Leurs procès-verbaux doivent être rédigés par les maires et adjoints, lorsque les gardes champêtres ne savent pas écrire; mais ils doivent être signés par eux, car, comme nous l'avons dit, ils doivent au moins savoir tracer leur nom. Ces procès - verbaux pourraient aussi être dressés par le greffier de la justice de paix; mais ces actes seraient nuls, s'ils avaient été écrits par un autre garde, lors même qu'il aurait eu lui-même qualité pour constater le délit (arrêt de Cass. du 29 mai 1824). Leurs procès-verbaux sont remis dans les trois jours au Cre de police du canton, ou au maire, s'il n'y a pas de Cre de police, lorsqu'il s'agira de simples contraventions; mais si le délit est de nature à mériter une peine correctionnelle, la remise en sera faite au procureur du roi (loi du 28 sept. 1791, et du 20 messidor an III).

Les procès-verbaux des gardes champêtres des particuliers, lorsqu'ils ne peuvent donner lieu qu'à des condamnations pécuniaires, font foi en justice jusqu'à preuve contraire. Lorsqu'elle est offerte, elle doit être admise, sans qu'il soit nécessaire de prendre la voie de l'inscription de faux (loi du 30 avril 1790, art. 10; du 28 sept. 1791, sect. VII, art. 6).

L'affirmation de leurs procès-verbaux doit être faite dans les 24 heures. Pour connaître devant quelle autorité l'affirmation doit avoir lieu (voyez ci-après gardes champêtres des communes).

§ Ier — Des gardes forestiers et de chasse.

Les propriétaires qui veulent avoir, pour la conservation de leurs bois, des gardes particuliers, doivent les faire agréer par le sous-préfet de l'arrondissement, sauf le recours au préfet en cas de refus. Ces gardes ne peuvent exercer leurs fonctions qu'après avoir prêté serment devant le tribunal de 1re instance (loi du 21 mai 1827, art. 117).

Les gardes forestiers ne sont admis à prêter serment qu'après que leurs commissions ont été visées par le sous-préfet de l'arrondissement. Si le sous-préfet croit devoir refuser son visa, il en rend compte au préfet, en lui indiquant les motifs de son refus.

Ces commissions doivent être inscrites dans les sous-préfectures sur un registre où sont relatés les noms et demeures des propriétaires, ainsi que la désignation et situation des bois (ordonn. du 1er août 1827, art. 150).

Les gardes-chasses ne peuvent jamais désarmer les chasseurs; mais si les délinquans sont déguisés ou masqués, et s'ils n'ont aucun domicile connu dans le royaume, ils doivent être arrêtés sur-le-champ, à la réquisition du maire (loi du 30 avril 1790, art. 5 et 7).

Section II. — *Des domestiques et aides ruraux.*

Dans la plupart des campagnes, les domestiques se louent à l'année ou pour le temps de la moisson. S'ils veulent sortir avant le temps convenu, le maître ne peut les retenir. Le maître a aussi le droit de renvoyer son domestique quand bon lui semble, en lui payant ses salaires en proportion du temps qu'il a été à son service, sauf les dommages-intérêts du maître ou du domestique, s'il y a lieu, à cause de l'inexécution des conventions. Tout domestique qui se présente chez un maître est tenu de lui exhiber de bons certificats ou le congé de son dernier maître (décret du 30 octobre 1810 et ordonn. de police, 6 nov. 1778). Mais malheureusement les maîtres n'exigent pas dans les campagnes la représentation de ces certificats, et ils occupent des domestiques avec une légèreté et une insouciance qui, trop souvent, tournent à leur préjudice. Si cette mesure était rigoureusement exécutée, et qu'aucun maître n'acceptât un domestique qui ne serait pas en règle, elle suffirait pour rétablir l'ordre et l'harmonie dans les campagnes.

Si le maître refuse de donner un certificat à son domestique sans motifs légitimes, celui-ci peut se retirer devant le juge de paix ou le maire, qui, après information, lui délivre une attestation de ce qu'il a pu connaître de sa conduite (ordonn. citée, art. 2).

Le maître qui frapperait son domestique, ou le domestique qui frapperait le maître, peuvent être traduits en police correctionnelle et punis des peines prononcées par la loi du 28 avril 1832, art. 72 et 73.

Tout domestique qui ne remplirait pas ses engagemens envers son maître ne pourrait pas être personnellement contraint à les exécuter; mais le juge de paix ou le maire pourrait prononcer contre lui des dommages-intérêts (decret du 16 août 1790, et C. c., 1142).

Prescription des actions des serviteurs. Toute action des gens de travail pour le paiement de leurs journées, fournitures et salaires, se prescrit par six mois; mais s'ils sont loués à l'année et qu'ils soient attachés au service du ménage, leur action ne se prescrit que par un an (C. c., 2271 et 2272). Leur action est prescrite lors même qu'ils auraient continué à servir le même maître, à moins qu'ils ne puissent représenter la preuve écrite qu'ils n'ont pas été payés; tel serait un arrêté de compte ou une reconnaissance écrite de la dette (C. c., 2274). Mais comme cette prescription est fondée sur la probabilité du paiement, les gens de travail peuvent déférer le serment à leurs débiteurs sur la question de savoir si la chose a été réellement payée; si le maître refuse de faire le serment ou qu'il ne consente pas à le référer au serviteur, il doit être condamné au paiement. Le même serment peut être déféré aux veuves, héritiers et tuteurs de ces derniers, s'ils sont mineurs, pour qu'ils aient à déclarer s'ils ne savent pas que la chose soit due (C. c., 2275).

CHAPITRE VIII. — Des réparations civiles.

Avant de terminer ce que nous avons à dire sur les personnes considérées par rapport à la propriété rurale, nous devons donner quelques détails sur ce qu'on entend par réparations civiles, et quelles sont les personnes qui y sont assujéties.

En général, dans l'ordre moral chacun ne répond que de ses fautes, des négligences ou des imprudences auxquelles il a participé; mais notre loi civile, mue par des vues d'intérêt général et pour exciter une surveillance plus active, a ajouté à cette responsabilité, en proclamant qu'on doit encore réparer le dommage causé par les personnes ou les choses qu'on a sous sa garde ou sous sa surveillance.

Ainsi le père, et, après le décès du père, la mère, devant diriger l'éducation de leurs enfans et surveiller leur conduite, répondent du dommage causé par leurs enfans mineurs habitant avec eux. Mais cette responsabilité cesse lorsque les père et mère ont placé leurs enfans sous la surveillance d'un maître. Alors ce dernier est responsable tant que l'enfant reste sous sa surveillance.

La loi étend encore cette responsabilite aux maîtres, qui répondent des faits de leurs domestiques et préposés dans les fonctions auxquelles ils les ont employés; ils repondent même des délits et quasi-délits de leurs serviteurs, commis dans l'exercice des fonctions auxquelles ils les ont préposés (C. c., 1384).

En général, les maris ne sont pas civilement responsables des délits et quasi-délits commis par leurs femmes (cour de Cass., 6 juin et 16 août 1811). Mais la loi du 28 sept. 1791, celle du 21 mai 1827, sur les forêts, art. 206, et celle du 15 avril 1829 sur la pêche fluviale, art. 74, ont étendu cette responsabilité aux maris pour les délits ruraux, forestiers ou de pêche, commis par leurs femmes. Elle s'applique aux restitutions, dommages-intérêts et frais, sans toutefois pouvoir donner lieu contre eux à la contrainte par corps; mais elle ne s'étend pas aux amendes, qui ne peuvent frapper que le délinquant. Pour que la responsabilité ci-dessus ait lieu, il faut que les pères, mères, instituteurs, maîtres ou maris aient pu empêcher le dommage. Si malgré la plus exacte surveillance, ils n'ont pu empêcher le fait qui donne lieu à la responsabilité, tout recours contre eux cesse, parce que nul n'est tenu à l'impossible (C. c., 1384). C'est aux personnes légalement responsables à prouver qu'il a été hors de leur pouvoir d'empêcher le dommage; dans ce cas l'enfant, la femme ou le préposé peuvent toujours être poursuivis directement. Toutefois, s'il était prouvé que l'enfant, lorsqu'il a agi, n'était pas capable de discernement, la partie lésée n'aurait aucun recours à exercer; ce serait un cas fortuit et malheureux dont la responsabilité ne pèserait sur personne. Il en serait de même pour les fous, les furieux, les imbéciles, qui ne pourraient pas être poursuivis directement; mais comme la surveillance des personnes qui sont dans cet état doit être plus active, le juge admettrait nécessairement plus difficilement l'excuse des personnes qui devraient les surveiller. Si les pères, mères, tuteurs ou commettans avaient commandé le délit ou l'avaient encouragé, il y aurait toujours un moyen fort simple de les rendre passibles, non-seulement des restitutions, dommages et intérêts, mais encore de l'amende; ce serait de les traduire devant le tribunal qui doit connaître de la demande, pour cause de complicité. Le jugement qui interviendrait pourrait alors les condamner solidairement, avec les auteurs du délit, même au paiement de l'amende.

On répond encore du dommage causé par les choses qu'on a sous sa garde; ainsi nous répondons du dommage causé par un animal, soit qu'il soit sous notre garde, soit qu'il soit égaré ou échappé. Celui qui a souffert un dommage a donc d'abord action contre le préposé, s'il veut le poursuivre; car il a été jugé par la Cour de cassation, le 14 frimaire an XIV, que lorsque les bestiaux sont confiés à la garde d'un pâtre et qu'ils commettent des dégâts, le pâtre est tenu des indemnités préférablement au maître; ou bien celui qui a souffert peut poursuivre immédiatement le maître, sauf les cas fortuits ou la preuve que le maître n'était pas en faute.

Remarquez qu'il n'est pas nécessaire que le maître n'ait pu empêcher le dommage au moment où il a été causé, s'il y a eu défaut préalable de précautions; par exemple, s'il avait fait conduire au champ, sans précautions suffisantes, un taureau d'un naturel féroce, ou qu'il se fût servi d'un cheval ombrageux.

Les pigeons sont mis au nombre des animaux dévastateurs; les maîtres sont responsables des dégâts qu'ils commettent, surtout lorsqu'ils sortent dans les temps prohibés (*voy.* ci-dessus chap. II, § II).

Les lapins sont encore des animaux plus destructeurs; ils ont de plus l'inconvénient d'aller chercher leur nourriture pendant la nuit; ils sont donc plus dangereux, puisqu'il est plus difficile de s'en défendre.

Cependant, pour connaître quelle est la responsabilité des propriétaires sur les terrains desquels ils vivent ou se retirent, il faut établir quelques distinctions.

S'il a été formé des garennes pour les multiplier, ils appartiennent, aux termes de l'article 524 du Code civil, au propriétaire du fonds sur lequel les garennes ont été établies; ils en forment l'accessoire. Le propriétaire du terrain est donc civilement responsable du dommage qu'ils causent, aux termes de l'article 1384 du Code civil.

S'il n'a pas été formé de garennes, les dégâts commis par les lapins qui se trouvent dans les domaines d'un particulier, et qui s'y multiplient naturellement, ne peuvent donner lieu contre lui à aucune responsabilité. Cependant, si non-seulement il négligeait de les détruire, mais qu'il refusât même toute autorisation de les chasser dans ses bois, il y aurait alors fait répréhensible de sa part, qui pourrait motiver une action civile en réparation.

Au surplus, les propriétaires sur les terrains desquels les lapins causent des dommages ont toujours le droit de les tuer sur leurs terres, de leur tendre des piéges, lacets, etc.

Le propriétaire d'un animal, ou celui qui s'en sert, pendant qu'il est à son usage, est responsable du dommage qu'il cause, soit en ne faisant que suivre son instinct naturel, comme lorsque des moutons, bœufs ou chevaux paissent les herbages d'autrui ou détruisent ses récoltes, soit lorsque, s'écartant de leurs mœurs naturelles, ils frappent ou blessent les passans.

Si l'animal qui a causé du dommage a été provoqué, excité ou effarouché par une tierce personne, c'est cette dernière qui doit répondre du dommage, et non le propriétaire de l'animal. Si c'est un autre animal qui a effarouché celui qui a causé le dommage, par exemple un chien qui a effrayé un bœuf ou un taureau, c'est contre le propriétaire de l'animal provocateur que l'action en réparation doit être dirigée.

Le Code civil étend cette responsabilité du propriétaire même au cas où le dommage a été causé par les choses inanimées qui lui appartiennent. Ainsi, la ruine d'un édifice, lors même qu'elle a été occasionnée par un vice de construction qu'il a pu ignorer, et à plus forte raison par défaut d'entretien, donne lieu à cette responsabilité civile. C'est une mesure rigoureuse, mais les dispositions de la loi sont claires, conformes aux principes, et doivent en conséquence être exécutées (C. c., 1386).

Enfin, il y a une responsabilité spéciale, applicable au droit rural; c'est celle qui résulte de la disposition de l'article 7, sect. VII de la loi du 28 septembre 1791, qui assujétit les gardes champêtres à répondre envers les propriétaires et les fermiers des délits qu'on n'aurait pas pu poursuivre, parce qu'ils auraient négligé d'affirmer leurs procès-verbaux dans les délais fixés par la loi.

bois communaux ne pussent jamais donner lieu à partage entre les habitans; mais si deux communes sont propriétaires par indivis, elles rentrent dans le droit commun et peuvent provoquer le partage entre elles, seulement pour faire cesser l'indivision (*idem*, art. 92).

Un quart des bois des communes doit toujours être mis en réserve, lorsque ces communes ont au moins 10 hectares de bois réunis ou divisés (*idem*, art. 93). Le quart, ainsi mis en réserve, a pour objet de faire face à des dépenses tout-à-fait imprévues, comme si un village vient à être détruit, si on veut élever une église, acheter ou construire une maison commune, un presbytère, ou entreprendre des travaux extraordinaires et d'utilité publique. On ne doit pas y toucher dans les coupes faites annuellement pour le chauffage des habitans ou l'entretien de leurs maisons; dans ces cas extraordinaires, on sollicite du gouvernement l'autorisation de couper, dans le quart mis en réserve, le nombre de pieds d'arbres proportionné, soit à l'état de ce quart en réserve, soit à l'étendue des besoins de la commune. Cette obligation n'est imposée qu'aux communes qui possèdent au moins 10 hectares de bois réunis ou divisés; elle ne s'applique pas aux bois peuplés d'arbres résineux, qui s'exploitent d'une manière toute différente (*idem*, art. 93). Les coupes de bois communaux, destinées à être partagées en nature pour l'affouage des habitans, ne peuvent avoir lieu qu'après que la délivrance en a été préalablement faite par les agens forestiers et en suivant les formes prescrites, et sous les peines portées par la loi et que nous ferons connaître dans la partie pénale, au mot *usagers* (*idem*, art. 103). Les actes relatifs aux coupes et arbres délivrés en nature sont visés pour timbre, et il n'y a lieu à perception des droits qu'en cas de poursuite devant les tribunaux (*idem*, art. 104). S'il n'y a titre ou usage contraire, le partage des bois d'affouage doit être fait par feu, c'est-à-dire par chef de famille ou de maison ayant domicile réel ou fixe dans la commune; s'il n'y a également titre ou usage contraire, la valeur des arbres délivrés pour constructions ou réparations doit être fixée à dire d'experts et payée à la commune (*idem*, art. 105). Les communes peuvent aussi affranchir leurs bois de tous droits d'usage, moyennant un cantonnement (*voy.* ci-dessus, chap. V, sect. II, § V), ou racheter à prix d'argent les droits de pâturage, panage et glandée, qui existeraient dans leurs bois, en se conformant aux lois et réglemens.

§ IV. — Des droits d'usage des communes.

Les droits d'usage qui appartiennent aux communes dans les bois et autres terrains, soit de l'état, soit des particuliers, sont soumis aux mêmes principes que ceux qui appartiennent aux particuliers, et que nous avons fait connaître chap. V, sect. II, § V; ils ne peuvent être exercés que conformément aux réglemens (*idem*, art. 112). Le cantonnement du droit d'usage en bois, et le rachat des autres droits d'usage sont soumis à diverses formalités administratives, qui sont indiquées aux articles 145 et suivants de l'ordonnance d'exécut. du 1er août 1827 (*voy. cantonnement*, titre Ier, chap. V, sect. II, § V, et *usagers*, ci-après, titre III).

Section II. — *Chemins communaux.*

Indépendamment des grandes voies de communication, qui sont soumises à un régime particulier et entretenues aux frais de l'état, on distingue, dans le droit rural, trois espèces de chemins : 1° Les petits chemins publics, qui ont pour objet de permettre la circulation de paroisse à paroisse ou de village à village, ou d'une section à une autre de la même commune, d'un village à un hameau, ou même d'embranchement entre deux routes; 2° Les chemins communaux, proprement dits, qui partent du sein de la commune, servent à conduire les habitans sur des fonds dont la jouissance leur est commune. Tel est le chemin qui conduit à un lavoir, à une fontaine, à un pâturage, à la forêt communale. C'est dans cette classe qu'il faut aussi placer les petits chemins ruraux qui dépendent aussi du domaine municipal; 3° Enfin, les chemins de servitude, qui ne sont établis que pour servir à la jouissance de certains fonds, et qui ne sont, à proprement parler, que des chemins privés.

§ Ier. — Police et réparation des chemins vicinaux.

Les deux premières catégories de chemins, c'est-à-dire ceux qui servent aux communications de plusieurs communes, ou spécialement aux usages des habitans d'une seule commune, sont à la charge des communes qu'ils intéressent, proportionnellement à l'intérêt de chacune d'elles, ou à la charge de la commune sur le territoire de laquelle ils se trouvent. La loi du 28 juillet 1824 a déterminé les moyens de pourvoir aux constructions et réparations des chemins vicinaux, et l'instruction ministérielle du 31 octobre 1824 est venue expliquer les dispositions de cette loi. Nous allons analyser cette loi et l'instruction qui l'explique.

La loi du 28 septembre 1791 imposait aux communes l'obligation d'entretenir les chemins établis sur leur territoire, reconnus nécessaires à leurs communications. Cette disposition, sanctionnée par l'expérience, a été reproduite dans l'article 1er de la loi du 28 juillet 1824, ainsi conçu : « Les chemins reconnus par un arrêté du préfet, sur une délibération du conseil municipal, pour être nécessaires à la communication des communes, sont à la charge de celles sur le territoire desquelles ils sont établis. » C'est au préfet qu'il appartient de rechercher et reconnaître les chemins vicinaux (loi du 9 ventôse an XIII); et dès qu'ils ont été reconnus par un arrêté du préfet, sur une délibération du conseil municipal, ils sont aussitôt à la charge de la commune et sont sa propriété.

Les rues et places publiques sont, comme les chemins vicinaux, la propriété des communes (loi du 28 sept. 1791, titre Ier, sect. VI, art. 2 et 3; et 11 frimaire an VII). Mais les rues et places publiques où passent les grandes routes sont du domaine public et entretenues par l'état.

Les articles 2, 3, 4, 5 et 6 de la loi du 28 juillet, donnent les moyens de subvenir aux dépenses des chemins communaux, lorsqu'il y a insuffisance des revenus des communes, insuffisance qui ne doit pas être supposée, mais constatée, soit qu'elle s'étende à la totalité ou seulement à une partie des dépenses à faire.

Le premier de ces moyens consiste dans des prestations en argent ou en nature, au choix des contribuables (loi citée, art. 2).

C'est là une charge de l'habitation, qui s'étend en proportion de l'usage que chaque habitant fait des chemins, du nombre des individus qui composent sa maison, du nombre des bêtes de trait, de somme ou de luxe qu'il emploie. Ainsi, tout habitant porté à l'un des rôles des contributions directes, chef de famille ou d'établissement, à titre de propriétaire, de régisseur, de fermier ou de colon partiaire peut être tenu, pour chaque année, à une prestation qui ne peut excéder deux journées de travail ou leur valeur en argent :

1° Pour lui ;

2° Pour chacun de ses fils, vivant avec lui, et pour chacun de ses domestiques mâles, pourvu que les uns et les autres soient valides et qu'ils aient atteint leur vingtième année.

2° Pour chaque bête de trait et de somme; chaque cheval de selle ou d'attelage de luxe, chaque charrette en sa possession pour son service, ou le service dont il est chargé.

Par *habitant* on doit entendre celui qui réside habituellement dans la commune, alors même qu'il n'y est pas domicilié et qu'il n'y paie pas de *contributions personnelles*. Cela résulte de la discussion.

Le premier paragraphe de l'article 3 de la loi du 28 juillet 1824, qui appelle à contribuer à la réparation des chemins vicinaux tout habitant, chef de famille, etc., ne fait pas de distinction d'âge, de sexe ni de validité, distinction qui n'est que dans le deuxième paragraphe et ne s'applique qu'à celui-ci.

Ainsi tout habitant, chef de maison, homme ou femme, jeune ou vieux, valide ou invalide, doit les prestations exigées par les paragraphes 2 et 3, pour ses fils *vivant avec lui*, pour *ses domestiques mâles*, etc., pour *ses bêtes de trait ou de somme*, etc. ; mais il ne les doit pas pour lui-même, s'il n'est pas valide, s'il n'a point atteint sa vingtième année, ou, si c'est une femme ; attendu que l'*obligation personnelle* n'est imposée, par le deuxième paragraphe qu'avec les exceptions dont nous venons de parler, et que l'article 2 veut que la prestation soit toujours payable *en argent ou en nature*, à la volonté du contribuable. Or, la faculté d'acquitter personnellement en nature n'existerait pas pour celui qui ne serait point valide ou n'aurait pas l'âge prescrit; elle n'existerait pas non plus pour une femme, puisque la loi les exclut des prestations personnelles qu'elle impose (Instruction du ministre des finances, du 31 octobre 1824).

Une indisposition, une maladie temporaire ne constitue pas l'invalidité propre à entraîner l'exemption; elle peut seulement donner lieu à l'ajournement de se libérer. Une personne n'est alors invalide que lorsque, par des vices d'organisation ou des infirmités durables, ou par son âge avancé, elle est hors d'état de faire le travail que la loi a en vue.

La prestation est due pour tout domestique mâle, et par cette expression on a toujours entendu tous ceux qui font partie d'une maison et y ont des fonctions subordonnées à la volonté du maître qui leur paie des gages. Elle comprend donc les *services domestiques d'un ordre élevé*, comme ceux des *précepteurs*, des *intendans*, etc., et *les services d'un ordre subalterne ;* tels sont, chez les artisans, ceux des compagnons et apprentis, ensuite les domestiques qui sont attachés ou au service de la personne du maître, ou au service de sa maison, ou au service d'une ferme et d'une exploitation quelconque (Instruc. citée).

Les ouvriers, laboureurs ou artisans, connus sous la dénomination de *gens de travail*, soit qu'ils travaillent à la journée ou à la tâche, pour l'agriculture ou pour l'industrie, ne doivent pas être rangés parmi les serviteurs *domestiques*, et par conséquent ne sont pas atteints par la disposition législative dont nous nous occupons, à moins qu'ils ne soient chefs de maison ou d'établissement (Instruct. citée).

Tout habitant porté à l'un des rôles des contributions directes doit être considéré comme chef de maison, lors même qu'il serait seul, s'il ne vit pas chez son père ou au service d'un maître.

Le troisième paragraphe de l'article 3 de la loi du 28 juillet 1824 exige aussi une grande attention; il oblige tout habitant contribuable à fournir *deux journées au plus de chaque bête de trait ou de somme, de chaque cheval de selle ou d'attelage de luxe, et de charrette, en sa possession pour son service, ou pour le service dont il est chargé.*

Par conséquent, les bêtes de trait ou de somme, etc., pour être soumises à la prestation, doivent servir au possesseur, propriétaire, fermier ou colon partiaire, ou pour un usage personnel, ou pour celui de sa maison, ou pour une exploitation agricole ou industrielle, ou pour toute autre entreprise analogue; elles n'y sont pas soumises, s'il ne les tient que pour en faire un commerce, ou pour la consommation ou la reproduction; si, par leur âge, elles ne sont pas encore livrées au service, ou si, par cette cause ou toute autre, elles ont cessé d'y être livrées. Ainsi les élèves, les étalons et les poulinières ne sont pas compris dans la loi; si la destination pour le commerce, la consommation ou la reproduction n'était pas absolue, si le possesseur en retirait en même temps un service de la nature de ceux que la loi a en vue, la prestation serait due; seulement il y aurait à s'accorder avec le possesseur, ou, à défaut d'accord, à statuer par évaluation, pour déterminer parmi les chevaux, bœufs ou mulets, etc., ainsi possédés, susceptibles de servir et pour le temps de la possession, un nombre des uns et des autres, proportionné au service qu'il en retirerait, nombre pour lequel il devrait les journées imposées par la loi.

L'instruction citée recommande à l'administration locale, dans tous les cas semblables ou analogues, d'éviter toute injustice ou excès de rigueur, et de faire tous les efforts possibles pour engager les contribuables à un abonnement payable en journées de travail ou en argent, ou même en matériaux, s'il y a utilité ou convenance pour les travaux à faire. Elle prescrit la formation d'un *état-matrice*, dont elle détermine la forme, qui devra rester pendant un mois à la maison commune, où tous les contribuables pourront en prendre connaissance et faire leurs observations à la commission qui l'aura dressé et qui y fera droit, et qui sera soumis à la sanction du préfet. C'est sur cet *état-matrice* que s'opéreront annuellement les mutations survenues, et c'est lui qui servira de base pour dresser les rôles annuels de prestation.

Ce n'est qu'à l'égard de ces rôles, et lorsqu'ils auront été rendus exécutoires par le préfet, que les demandes en dégrèvement pourront être admises au conseil de préfecture (loi du 28 pluviôse an VIII, titre II, art. 4, n° 1er); et il a été reconnu qu'il était inutile d'employer pour les demandes en dégrèvement les formalités ordinaires, incompatibles avec la nature particulière de l'impôt, et qu'en tout cas on ne serait pas obligé d'employer le papier timbré.

Le recouvrement des prestations doit être poursuivi comme celui des contributions directes.

Le rôle devra exprimer, à l'article de chaque contribuable, la quantité de journées requises, dans la limite fixée par la loi, plus, la valeur en argent. L'avis aux contribuables portera les deux indications et l'invitation de déclarer dans le mois, délai qui aura été fixé d'avance par l'arrêté du préfet, s'il entend se libérer en argent ou en nature; la déclaration sera faite devant le maire ou son adjoint désigné à cet effet. Faute de déclaration dans le délai déterminé, la cote sera maintenue en argent et devra être acquittée avec toutes les autres, payable de la même manière aux époques qui seront d'avance fixées par arrêté du préfet.

Tout contribuable qui ne se rendrait pas ou qui n'enverrait pas ses fils, ses domestiques mâles ou les bêtes de trait ou de somme, etc., aux jour et heure qui lui auront été assignés, ou qui ne fournirait qu'une portion des journées par lui dues, soit en manquant aux heures, soit autrement, devra être poursuivi par les voies de droit, à moins qu'il ne lui ait été accordé un ajournement par le maire. Ces ajournemens, motivés sur les indispositions ou sur tous autres empêchemens légitimes, ne pourront se prolonger au-delà du sixième mois qui suivra l'année pour laquelle le rôle aura été fait. Immédiatement après, toutes poursuites légales devront être complétées par les percepteurs ou receveurs, sans interruption, afin que l'entier recouvrement puisse s'effectuer avant l'expiration de la seconde année qui termine l'exercice, tel qu'il est fixé par l'ordonnance du 23 avril 1823.

En soumettant tous les habitans des communes rurales à la prestation personnelle, l'instruction du 31 octobre invite toutefois les préfets à n'employer les voies rigoureuses que la loi autorise que le moins possible, surtout si elles devaient porter sur des pères de famille malaisés, sur des individus voisins de l'indigence. Elle veut aussi que les préfets aient soin de fixer, selon les pays, l'époque des travaux qu'elles ont pour objet, de manière que les bras consacrés à l'agriculture et à l'industrie n'en soient pas détournés dans les temps qui les réclament le plus.

Lorsque le produit des prestations ne suffit pas, il peut être perçu sur *tout contribuable*, sans distinction entre l'*habitant* et le non *habitant*, jusqu'à cinq centimes additionnels au principal des contributions directes (*idem*, art. 4).

Les prestations sont votées par les conseils municipaux ainsi que les cinq centimes additionnels. Ces conseils fixent aussi le taux de la prestation. Lorsque les conseils municipaux votent des centimes additionnels, ils doivent être assistés, comme pour toute contribution extraordinaire, d'un nombre des plus imposés égal à celui de leurs membres.

Les préfets sont investis du droit d'approuver l'imposition des prestations et des cinq centimes; le recouvrement des uns et des autres est poursuivi, et les dégrèvemens doivent être prononcés comme pour les contributions directes; ces derniers sans frais.

Le même article veut encore que les conseils municipaux fixent le *taux* de la *conversion* des prestations en nature. Ces conseils ne doivent pas être alors assistés des plus imposés, mais leurs délibérations, pour être définitives, doivent être approuvées par les préfets.

Le recouvrement des prestations et des centimes additionnels est poursuivi comme pour toutes les contributions directes, les dégrèvemens prononcés sans frais, les comptes rendus comme pour les autres dépenses communales (*idem*, art. 5). Cette disposition s'applique également aux contributions extraordinaires qui pourraient être votées pour les mêmes dépenses, conformément à l'article 6 de la même loi ainsi conçu : « Si des travaux indispensables exigent qu'il soit ajouté, par des contributions extraordinaires, au produit des prestations, il y sera pourvu, conformément aux lois, par des ordonnances royales; mais, dans tous les cas, les prestations, les centimes additionnels et les contributions extraordinaires, autorisées par l'article 6 de la loi, ne peuvent être votés et employés que pour les chemins communaux. »

Il faut remarquer que la faculté que donne l'article 6 d'ajouter, par des contributions extraordinaires, aux produits des prestations et des cinq centimes, en cas d'insuffisance de ces produits, doit être réservée pour les cas également extraordinaires et très rares, tels que la construction de travaux d'art, l'ouverture de nouvelles routes; qu'on n'en peut user pour des travaux d'entretien, auxquels les autres ressources doivent toujours suffire.

La loi étant fondée sur ce principe de justice que chaque habitant doit contribuer, autant que possible, à la réparation des chemins vicinaux, en proportion de l'usage qu'il en fait, l'article 7 porte que « toutes les fois qu'un chemin sera *habituellement* ou *temporairement* dégradé par des exploitations de mines, de carrières, de forêts ou de toute autre entreprise industrielle, il *pourra y avoir lieu* à obliger les entrepreneurs ou propriétaires à des subventions particulières. Ces indemnités ne pourront être imposées que sur la demande des communes et d'après des expertises contradictoires entre elles et les entrepreneurs. La commune nommera alors son expert et l'entrepreneur le sien; en cas de désaccord le tiers-expert sera désigné par le préfet, et, en tous cas, ces subventions particulières seront réglées par le conseil de préfecture, d'après les expertises contradictoires (*idem*, art. 7).

Les propriétés de l'état et de la couronne contribuent aux dépenses des chemins communaux, dans des proportions qui doivent être déterminées par les préfets en conseil de préfecture (*idem*, art. 8). C'est surtout en ces cas qu'il faut avoir recours à des abonnemens qui devront être souscrits de part et d'autre et approuvés par le préfet.

Lorsqu'un même chemin intéresse plusieurs communes, c'est le préfet qui prononce, en conseil de préfecture, sur la délibération des conseils municipaux assistés des plus imposés, en cas de désaccord entre elles sur les proportions de l'intérêt et des charges à supporter. Si les deux communes étaient situées dans différens départemens, les préfets doivent s'entendre, et s'ils n'y pouvaient parvenir, le ministre statuerait, sauf recours au conseil d'état (*idem*, art. 9). Enfin les acquisitions, aliénations et échanges, ayant pour objet les chemins communaux, doivent être autorisés par arrêtés des préfets, en conseil de préfecture, après délibération des conseils municipaux intéressés, et enquête de *commodo vel incommodo*, lorsque la valeur des terrains à acquérir, à vendre ou à échanger n'excède pas 3,000 francs. Les préfets autorisent dans la même forme les travaux d'ouverture et d'élargissement desdits chemins et l'extraction des matériaux nécessaires à leur établissement, qui peuvent donner lieu à des expropriations pour cause d'utilité publique, lorsque l'indemnité due aux propriétaires pour les terrains ou pour les matériaux n'excède pas 3,000 francs (*idem*, art. 10). On voit par-là que la loi du 28 juillet 1824 donne au préfet un pouvoir qui était précédemment réservé à l'autorité royale; mais les préfets ne peuvent l'exercer que dans les limites tracées par la loi. Ces limites ont paru nécessaires dans l'intérêt des communes, afin d'éviter qu'elles ne se laissent aller trop facilement à des opérations qui ne sont pas toujours sans inconvéniens. D'ailleurs, dans le cas où les acquisitions, échanges, travaux d'ouverture et d'élargissement excèderaient cette somme, les communes conservent le droit d'y procéder après y avoir été autorisées par une ordonnance royale.

Telle est l'économie de la loi du 28 juillet, qui a excité de nombreuses réclamations en France; on a prétendu qu'elle rappelait l'ancienne *corvée;* mais il est évident qu'elle en diffère essentiellement, puisque la corvée était une charge arbitraire imposée à une partie de la population, à la plus pauvre, pour des travaux non limités et qui n'étaient d'aucune utilité pour ceux qui y étaient soumis; au lieu que la prestation personnelle est une charge commune à tous les habitans, sans distinction, et dans l'intérêt public. Toutefois, puisque les dispositions de cette loi blessent les sentimens des habitans des campagnes, et offre des difficultés insurmontables d'exécution, il est à désirer qu'elle soit prochainement remplacée par une loi mieux en harmonie avec nos mœurs. Dans tous les cas, c'est au préfet qu'appartient le droit de reconnaître les chemins vicinaux (loi du 9 ventôse an XIII), et dès qu'ils ont été reconnus par un arrêté du préfet pour être nécessaires à la communication des habitans, ils doivent être entretenus aux frais de la commune (loi du 28 sept. 1791, sect. VI, art. 2 et 3). Ces dispositions s'appliquent à tous les chemins ruraux, même aux simples sentiers, et le préfet peut ordonner toutes les mesures nécessaires pour en procurer la viabilité. Quant aux chemins de servitude, ils ne sont jamais à la charge des communes; ils doivent être entretenus par ceux qui ont droit d'en jouir. La commission nommée par le roi pour préparer les bases de la révision de nos lois rurales paraît encore incertaine sur la question de savoir s'il y aurait avantage pour l'agriculture à déclarer imprescriptibles ces chemins privés, dans l'intérêt de ceux qui en jouissent, et à soumettre les intéressés à concourir à l'entretien, soit dans la proportion de l'utilité qu'ils retirent de ces chemins, soit dans la proportion des contributions qui grèvent les propriétés que ces chemins desservent. C'est là une question complexe, que l'expérience seule peut décider. Le ministre du commerce a provoqué l'avis des conseils généraux sur cette matière par sa circulaire du 4 septembre 1835; nous attendrons le résultat de ces utiles investigations.

SECTION III. — *De l'administration des biens communaux.*

Le maire est chargé, sous la surveillance du préfet, de l'administration et de la conservation des propriétés communales. En conséquence, les biens des communautés d'habitans restés en jouissance commune depuis la loi du 10 juin 1793, et que les conseils municipaux ne jugent pas nécessaires à la dépaissance des troupeaux, peuvent être affermés sans qu'il soit nécessaire de recourir à l'autorisation du gouvernement, lorsque la durée des baux n'excède pas neuf années (ordonnance du roi du 7 octobre 1818, art. 1er). Mais la mise de ces biens en ferme ne peut se faire qu'après avoir été délibérée par le conseil municipal, et sous les clauses, charges et conditions insérées au cahier des charges, qui en est préalablement dressé par le maire et homologué par le préfet sur l'avis du sous-préfet (*idem*, art. 2). Il est procédé par le maire à l'adjudication des baux desdits biens, en présence des adjoints et d'un membre du conseil municipal désigné par le préfet, à la chaleur des enchères et d'après les affiches et publications faites dans la forme prescrite par l'art. 13 de la loi du 5 novembre 1790, les dispositions de la loi du 11 février 1791 et le décret du 12 août 1807 (*idem*, art. 3). Conformément à l'art. 1er, du décret du 12 août 1807, il est passé acte de l'adjudication pardevant le notaire désigné par le préfet (*id.*, art. 4). L'adjudication n'est définitive qu'après l'approbation du préfet et le délai pour l'enregistrement est de vingt jours après celui où elle aura été donnée conformément à l'art. 78 de la loi du 15 mai 1817 (*id.*, art. 5). En cas d'opposition légale de la part des habitans au changement de jouissance, le préfet surseoit à l'approbation de l'adjudication et en rend compte au ministre, pour, sur son rapport, être statué par le gouvernement ce qu'il appartiendra (*idem*, art. 6). Les baux des communaux et biens patrimoniaux des communes, pour une durée excédant neuf années, ne peuvent être concédés qu'en vertu d'une autorisation spéciale du gouvernement, sur l'avis du préfet ou du sous-préfet (*idem*, art. 7, et décret du 7 germinal an IX). Dans ce cas le maire doit convoquer le conseil municipal extraordinairement dans les formes requises; le conseil municipal, après avoir pris une délibération contenant les motifs et les conditions du bail, envoie la délibération et les pièces à l'appui au sous-préfet, qui ordonne une enquête *de commodo vel incommodo*.

Cette information achevée repasse sous les yeux du conseil municipal; le maire adresse au sous-préfet copie du procès-verbal; puis le tout est envoyé au préfet, qui avec son avis l'adresse au ministre de l'intérieur, qui le soumet au conseil d'état.

Section IV. — *Acquisitions, aliénations et emprunts.*

Les communes sont dans un état perpétuel de minorité; elles ne peuvent donc acquérir aucun bien, vendre ou échanger ceux qu'elles possèdent sans y être autorisées par une loi particulière. Toutefois, une exception à la généralité de ce principe, a été introduite par la loi du 28 juillet 1824, art. 10, et les aliénations, acquisitions et échanges ayant pour *objet les chemins communaux* peuvent être autorisés par arrêtés des préfets en conseil de préfecture, après délibération des conseils municipaux intéressés et après enquête *de commodo vel incommodo* lorsque la valeur du terrain à acquérir, à vendre ou à échanger n'excèdera pas 3,000 francs.

Mais en règle générale pour la validité de l'aliénation d'un bien communal, il faut: 1° le concours des habitans, parce que personne ne peut, sans son consentement, être privé de sa propriété; il résulte de l'enquête qu'on ordonne en pareille circonstance; 2° le consentement des officiers municipaux qui, seuls, peuvent engager la commune; il résulte de la délibération qu'ils prennent à cet égard; 3° la sanction de la puissance publique, parce qu'à elle seule appartient le droit de surveiller les stipulations faites pour les mineurs et autres incapables.

Pour obtenir l'autorisation du gouvernement il faut produire:

1° Un procès-verbal descriptif et estimatif des objets que l'on veut acquérir;

Le procès-verbal doit être fait contradictoirement par deux experts nommés l'un par le maire et l'autre par le propriétaire vendeur.

2° Le plan des lieux, s'il s'agit d'un édifice important, ou le devis des travaux à faire pour la destination que l'on veut lui donner;

3° Le consentement du propriétaire;

4° La délibération du conseil municipal;

S'il s'agit de pourvoir à la dépense par voie d'imposition, on doit adjoindre au conseil municipal les plus forts contribuables en nombre égal.

5° Le budjet de la commune;

6° Une enquête *de commodo vel incommodo*. Cette enquête doit être faite par voie administrative et par conséquent par tel commissaire que le préfet juge convenable d'en charger. Elle n'est rigoureusement exigée que quand il s'agit d'un terrain pour un chemin vicinal, ou pour un cimetière, ou pour y construire un édifice d'une haute importance;

7° L'avis du sous-préfet;

8° L'avis du préfet.

Lorsqu'il s'agit d'aliéner une propriété commune, pour obtenir l'autorisation du gouvernement il faut produire:

1° Procès-verbal d'estimation des biens que l'on veut aliéner. La contenance en mesures nouvelles doit être indiquée dans ces procès-verbaux indépendamment de leur valeur: ils doivent être contradictoires si la vente se fait autrement qu'à la chaleur des enchères.

2° Une enquête *de commodo vel incommodo*, à laquelle il doit être procédé par voie administrative et par tel commissaire que le préfet juge convenable d'en charger. Cette enquête est de rigueur pour la vente des biens laissés en jouissance commune.

3° Les soumissions des acquéreurs, lorsque la vente ne doit pas avoir lieu par voie d'adjudication publique;

4° La délibération du conseil municipal;

5° L'avis du sous-préfet;

6° L'avis du préfet.

A l'égard des échanges, il faut joindre à la pétition présentée aux ministres:

1° Les procès-verbaux d'estimation des biens à donner en échange et contre-échange; ils doivent être dressés contradictoirement par deux experts nommés l'un par le maire de la commune et l'autre par l'échangiste.

Ces procès-verbaux doivent indiquer, indépendamment de la valeur principale, la situation et l'étendue, en mesures nouvelles, des terrains à échanger;

2° Le plan des lieux s'il s'agit d'édifices importans;

3° L'enquête *de commodo vel incommodo;*

4° Le consentement des échangistes;

5° La délibération du conseil municipal;

6° L'avis du sous-préfet;

7° L'avis du préfet. (*Voy.* Henrion de Pansey, *Des biens communaux*, p. 178 et suiv.)

Section V. — *Des gardes champêtres et forestiers des communes.*

Les gardes champêtres et forestiers des communes sont des officiers de police judiciaire, préposés pour surveiller les récoltes, les fruits de la terre, les propriétés rurales de toute espèce, et dresser les procès-verbaux des délits qui y portent quelque atteinte. Cette section sera naturellement divisée en deux paragraphes; dans la première nous parlerons des gardes champêtres des communes et dans la seconde des gardes forestiers.

§ Ier. — Des gardes champêtres des communes.

Ces officiers de police étaient appelés sous l'ancienne législation tantôt *gardes messiers*, tantôt *bangards*, et quelquefois gardes champêtres; c'est cette dernière dénomination qui a été définitivement adoptée.

Il doit y avoir des gardes champêtres dans toutes les communes rurales pour assurer les propriétés et conserver les récoltes (loi du 28 septembre 1791, sect. VII, art. 1er, et loi du 20 messidor an III) le choix de ces gardes doit être fait par les maires et approuvé par les conseils municipaux; mais c'est le préfet du département qui leur délivre leur commission (ordonn. du 29 novembre 1820, art. 1er).

Le changement ou la destitution des gardes champêtres ne peut être prononcé que par le sous-préfet, sur l'avis du maire et du conseil municipal; le sous-préfet doit soumettre son arrêté à l'approbation du préfet (*idem*, art. 2). Une commune peut avoir plusieurs gardes champêtres si cela est jugé nécessaire (loi du 20 messidor an III, art. 3). Plusieurs communes peuvent aussi se réunir pour choisir et payer un seul garde, et même, dans les municipalités où il y a des gardes établis pour la conservation des forêts, ces gardes pourront remplir les deux fonctions (loi du 28 septembre 1791, sect. VII, art. 2).

Les gardes champêtres sont payés par la commune ou les communes, suivant le prix déterminé par le conseil général. Les gages sont prélevés sur les amendes qui appartiennent en entier à la commune, dans le cas où ces amendes seraient insuffisantes pour payer ces salaires, la somme qui manque doit être repartie au marc le franc de la contribution foncière, mais elle doit être entièrement supportée par ceux qui exploitent les terres de la commune (*idem*, art. 3). Les gardes champêtres des communes prêtent serment devant le tribunal de première instance de leur arrondissement, conformément à ce que nous avons dit ci-dessus pour les gardes champêtres des particuliers. Dans l'exercice de leurs fonctions les gardes champêtres peuvent porter toutes les armes qui leur sont jugées nécessaires par le préfet; mais la permission de porter un fusil ne suffirait pas pour les autoriser à se servir d'un fusil de guerre; il faut pour cette arme une autorisation spéciale (ordonn. du roi du 24 juillet 1816). Ils ont au bras une plaque de métal ou d'étoffe, où sont inscrits ces mots : LA LOI, le nom de la municipalité et celui du garde (*idem*, art. 4).

Les gardes champêtres doivent être âgés de 25 ans accomplis, être de bonnes vie et mœurs; ils constatent par des procès-verbaux les délits avec les circonstances qui y sont attachées et sont personnellement responsables des dommages qu'ils occasionneraient aux parties s'ils négligeaient de faire dans les 24 heures le rapport des délits (*idem*, art. 5 et 7).

Les gardes champêtres doivent dresser des procès-verbaux à l'effet de constater la nature, les circonstances, le temps, le lieu des délits et des contraventions, ainsi que les preuves et les indices qu'ils auront pu recueillir. Ils doivent aussi saisir les choses enlevées dans les lieux où elles auront été transportées et les mettre en séquestre. Mais le désir de ne pas laisser la liberté domiciliaire exposée à être violée par un simple garde, qui, lorsqu'il n'est pas contenu par la présence d'un officier supérieur de police, pourrait abuser de mille manières de cette faculté, leur a fait défendre par la loi de s'introduire dans les maisons, ateliers, bâtimens, cours adjacentes et enclos, si ce n'est en présence soit du juge de paix, soit de son suppléant, soit du commissaire de police, soit du maire du lieu, soit de son adjoint; et le procès-verbal qui devra en être dressé sera signé par celui en présence duquel il aura été fait (C. d'instr. crim., 16). Cependant il résulte de la jurisprudence de la Cour de cassation que le procès-verbal qui aurait été dressé par le garde champêtre, après s'être introduit *sans résistance* dans des maisons particulières, hors la présence de l'un des officiers dont nous avons parlé, ne serait pas nul. Mais les particuliers qui s'opposeraient, même par la violence, à l'introduction d'un garde champêtre, non assisté de l'un de ces officiers, dans un lieu habité, ne seraient pas en état de rébellion contre la force publique.

Les gardes champêtres doivent arrêter et conduire devant le juge de paix ou le maire tout individu surpris en flagrant délit ou qui serait dénoncé par la clameur publique, lorsque ce délit emporte la peine d'emprisonnement ou une peine plus grave; ils se feront donner, à cet effet, main-forte par le maire du lieu, qui ne pourra s'y refuser (loi du 20 messidor an III). En leur qualité d'officiers de police judiciaire, les gardes champêtres ne peuvent être poursuivis, à l'égard des délits par eux commis dans l'exercice de leurs fonctions, que devant les cours royales, en conformité de l'art. 483 et suiv. du Code d'instr. crim. (*voy.* sur cette matière importante: *Jurisprudence des cours crim.*, par BOURGUIGNON, art. 16; HENRION DE PANSEY, *Des biens communaux, et de la police rurale et forestière*, p. 332 et suiv).

Affirmation de leurs procès-verbaux. L'affirmation des procès-verbaux des gardes champêtres doit être faite dans les 24 heures qui courent à partir de la clôture du procès-verbal qu'ils ont dressé. Cette affirmation doit être faite devant le juge de paix. Elle peut aussi avoir lieu devant les suppléans du juge de paix, mais seulement pour les délits commis dans le territoire de la commune où ils résident, lorsqu'elle ne sera pas celle de la résidence du juge de paix.

Le maire, et à son défaut l'adjoint de la commune, ont aussi le droit de recevoir cette affirmation, mais seulement relativement aux délits commis dans la commune de leur résidence, et lorsque le juge de paix et le suppléant sont absens. Dans aucun cas le maire ni son adjoint ne peuvent recevoir l'affirmation d'un procès-verbal relatif à un délit commis hors du territoire de leur commune, quoique dans le même canton.

Les procès-verbaux sont remis par les gardes champêtres dans les trois jours, y compris celui où ils ont été faits, au commissaire de police de la commune chef-lieu de la justice de paix, ou au maire, lorsqu'il n'y aura pas de commissaire de police. Lorsqu'il s'agira d'un délit de nature à mériter une peine correctionnelle, la remise en sera faite au procureur du roi (C. d'intr. crim., 20).

Mais la loi n'a pas attribué à ces procès-verbaux un caractère authentique; ils ne font pas foi, jusqu'à inscription de faux, comme les actes qui ont ce caractère, même lorsqu'ils ne peuvent donner lieu qu'à des réclamations pécuniaires. La preuve contraire a été réservée par la loi, et l'inculpé peut l'établir comme il le juge convenable, sans être forcé de recourir à l'inscription de faux (loi du 28 septembre 1791, titr. I, sect. VII, 6.) Mais si la preuve contraire n'est ni rapportée ni offerte, les faits constatés par leurs procès-verbaux sont tenus pour avérés.

§ II. — Des gardes forestiers des communes.

Les communes ont également le droit d'entretenir, pour la conservation de leurs bois, le nombre de gardes particuliers déterminé par le maire, sauf l'approbation du préfet, que la loi considère comme le tuteur des communes, et sur l'avis de l'administration forestière (loi du 21 mai 1827, art. 94).

Le choix des gardes est fait pour les communes par le maire, sauf l'approbation du conseil municipal. Ces choix doivent être agréés par l'administration forestière, qui délivre aux gardes leurs commissions. S'il y a dissentiment entre la commune et l'administration, c'est le préfet qui prononce (*idem*, art. 95). La loi à laissé à l'administration le droit de suspendre le choix mais elle a confié au préfet seul celui de prononcer.

Mais si la commune ne faisait pas un choix dans le mois de la vacance d'un emploi, le préfet devrait y pourvoir sur la demande de l'administration forestière (*idem*, art. 96).

Si l'administration forestière et les communes jugent convenable de confier à un même individu la garde du canton de bois appartenant à la commune et d'un canton de bois appartenant à l'état, la nomination du garde appartient alors à l'administration seule, et son salaire sera payé proportionnellement par chacune des parties intéressées (*idem*, art. 97).

L'administration n'a pas le droit de destituer les gardes des communes; mais la loi l'a investie du droit de les suspendre de leurs fonctions. S'il y a lieu à destitution c'est le préfet qui doit prononcer, après avoir pris l'avis du conseil municipal ainsi que de l'administration forestière. Le salaire de ces gardes est réglé par le préfet, sur la proposition du conseil municipal (*idem*, art. 98). Les gardes forestiers des bois des communes sont d'ailleurs assimilés aux gardes des bois de l'état et sont soumis aux mêmes autorités. Ils doivent être âgés de 25 ans accomplis, à moins qu'ils ne soient élèves de l'école forestière et n'aient obtenu une dispense d'âge (*idem*, art. 3). Ils ne peuvent entrer en fonctions qu'après avoir prêté serment devant le tribunal de première instance de leur résidence, et avoir fait enregistrer leur commission et l'acte de prestation de leur serment au greffe des tribunaux dans le ressort desquels ils doivent exercer leurs fonctions. Dans le cas d'un changement de résidence qui les placerait dans un autre ressort dans la même qualité, il n'y aurait pas lieu à une autre prestation de serment; (*idem*, art. 5). Les gardes sont responsables des délits, dégâts, abus et abroutissemens qui ont lieu dans leurs triages, et passibles des amendes et indemnités encourues par les délinquans, lorsqu'ils n'auront pas dûment constaté les délits (*idem*, art. 6).

Les gardes des bois des communes sont assimilés aux gardes des bois de l'état et soumis aux mêmes autorités; leurs procès-verbaux font foi en justice, pour constater les délits et contraventions commis même dans les bois soumis au régime forestier autres que ceux dont la garde leur est confiée (*idem*, art. 99).

TITRE DEUXIÈME.

ATTRIBUTIONS, COMPÉTENCE ET PROCÉDURE EN MATIÈRE RURALE.

Les agriculteurs ont fréquemment des demandes ou des réclamations à adresser aux diverses autorités qui administrent le pays. Les attributions de chacune de ces autorités étant spéciales et définies, il est nécessaire, non pas de les faire connaître à fond, car un pareil travail excéderait de beaucoup les bornes d'un ouvrage élémentaire de la nature de celui-ci, mais de les indiquer au moins sommairement, afin de pouvoir diriger les cultivateurs dans les circonstances les plus ordinaires de la vie. Nous diviserons donc cette partie de notre travail en 4 chapitres; dans le premier nous comprendrons la compétence administrative et la procédure que l'on doit suivre; dans le deuxième, la compétence civile; dans le troisième la compétence pénale et la procédure à suivre; enfin le quatrième et dernier chapitre comprendra quelques formes et procédures spéciales qu'il nous a paru nécessaire d'indiquer.

CHAPITRE Ier. — DE LA COMPÉTENCE ADMINISTRATIVE.

La compétence est le droit de connaître d'une action ou d'un procès; elle est déterminée par la nature de l'affaire, la valeur des objets réclamés, le territoire où ils sont situés. Par les mots *compétence administrative*, nous voulons faire entendre les attributions de chaque autorité administrative, lors même qu'elles n'auraient pas, à proprement parler, de juridiction, mais bien un simple droit d'avis. Nous examinerons donc successivement les attributions des conseils municipaux, celles des maires, des conseils de préfecture, des préfets, des ministres et du conseil d'état.

SECTION Ire. — *Du conseil municipal.*

L'organisation des conseils municipaux a été déterminée par la loi du 21 mars 1831, et leurs attributions par plusieurs lois, et notamment par celle du 28 pluviôse an VIII. Ces conseils règlent les conditions des baux à ferme ou à loyer dont la durée n'excède pas neuf années (ordonn. du 7 octobre 1818), la répartition et le mode de jouissance des pâturages et des fruits communaux, les affouages en se conformant aux lois forestières, le parcours et la vaine pâture, la comptabilité communale, la répartition des travaux nécessaires à l'entretien et aux réparations des propriétés communales. Ils délibèrent sur les procès qu'il convient d'intenter ou de soutenir pour le service et la conservation des droits communaux (loi du 28 pluviôse an VIII, art. 15), et sur toutes les questions d'intérêt communal. Les conseils municipaux se rassemblent de droit quatre fois par an, au commencement de février, mai, août et novembre, et peuvent être convoqués toutes les fois que les besoins de la commune le réclament. La convocation est alors prescrite par le préfet ou sous-préfet, ou autorisée par eux sur la demande du maire.

Le maire est nommé par le roi; il préside le conseil municipal. Les fonctions de secrétaire sont remplies par un des membres, nommé au scrutin et à la majorité à l'ouverture de chaque session (loi du 21 mars 1831).

Les conseils municipaux ne sont que des assemblées délibérantes; ils n'exercent aucunes fonctions actives; elles appartiennent toutes au maire, chargé d'exécuter les délibérations du conseil municipal et de représenter en même temps, dans les limites de ses attributions, la puissance exécutive.

SECTION II. — *Du maire et des adjoints.*

Les fonctions des maires et adjoints sont très importantes sous le rapport administratif. Comme administrateurs, ils sont à la fois les mandataires des communes et les délégués du pouvoir exécutif. Ils sont chargés, au nom du roi, et sous son autorité, de la publication des lois et de l'exécution des réglemens. Ils donnent les alignemens et autorisations de construire ou réparer les bâtimens riverains, ceux des rues, places et chemins communaux; ils ont dans leurs attributions tout ce qui intéresse la salubrité de l'air, des eaux, des comestibles, boissons et médicamens (loi du 28 pluviôse an VIII).

Le maire est chargé, sous la surveillance du préfet, de la conservation des propriétés communales, de la gestion des revenus, de l'ordonnancement des dépenses de la commune, et de l'exécution des délibérations du conseil municipal.

Les maires sont aussi agens de la loi ou juges de police; nous ferons connaître bientôt leurs attributions comme juges.

Les adjoints remplacent le maire en cas de maladie, absence ou empêchement quelconque; ils ont exactement les mêmes attributions.

SECTION III. — *Du conseil de préfecture.*

Les conseils de préfecture sont de véritables tribunaux en matière administrative; ils ne peuvent statuer que lorsqu'il y a litige administratif entre des particuliers et des établissemens publics, ou entre un particulier et une administration, et seulement pour les matières qui n'ont pas été attribuées en première instance aux préfets ou aux ministres. Leurs pouvoirs, dans les matières qui leur sont confiées, se bornent à l'application des actes administratifs. Ils autorisent les communes à plaider, mais sans rien préjuger sur le fond. Ils prononcent sur les demandes et contestations concernant les indemnités dues aux particuliers en raison des terrains pris ou fouillés pour la confection des chemins, canaux et autres ouvrages publics, sur les réclamations des particuliers qui se plaindraient des torts et dommages, procédant du fait personnel aux entrepreneurs (loi du 28 pluviôse an VIII, art. 4.) S'il s'élève devant eux des questions incidentes non administratives, ils doivent renvoyer devant les tribunaux; la connaissance de l'exécution de leurs arrêtés ne leur appartient pas, ils ne sont que juges d'exception. Le recours contre leurs arrêtés est porté devant le conseil d'état, lorsqu'ils constituent une véritable décision; mais leurs avis en matière domaniale, ne sont pas susceptibles de recours (M. CORMENIN, Prolégom, v°. *Conseils de préfecture;* M. MACAREL, *Elem.*, t. Ier, chap. 2, sect. 2; M. DEGÉRANDO, *Institutes de droit administratif*). Un grand nombre de lois attribuent spécialement aux conseils de préfecture la décision de certaines questions administratives; ce serait sortir des bornes de cet ouvrage que de les énumérer; on peut les voir dans les trois ouvrages que nous venons de citer.

SECTION IV. — *Du préfet.*

L'administration active appartient aux préfets; ils n'ont pas de juridiction à proprement parler, ils ne sont qu'administrateurs. Ils peuvent modifier ou rapporter leurs arrêtés et ceux de leurs prédécesseurs, des maires et des sous-préfets, à moins qu'il n'en soit résulté des droits acquis ou qu'ils n'aient servi de base à des décisions judiciaires ou administratives passées en force de chose jugée. Ils ne sont que des administrateurs subordonnés; ils ne peuvent faire ni changer les réglemens d'administration publique qui sont des actes réservés au pouvoir central du roi. Ils n'ont pas le pouvoir de réformation ni de haute justice administrative, ni juridiction civile. Ainsi ils ne peuvent ni réformer les arrêtés des conseils de préfecture, ni juger, en général, les questions administratives contentieuses, ni régler les conflits qui s'élèvent, ni réformer directement ou indirectement aucun jugement des tribunaux.

Les arrêtés de pure administration rendus par les préfets doivent être attaqués, sauf quelques exceptions, devant le ministre que la matière concerne.

SECTION V. — *Des ministres.*

Les ministres sont les agens nécessaires de

la puissance exécutive ; ils dirigent l'administration. Ils ont aussi une espèce de juridiction ; c'est lorsqu'ils rendent des décisions administratives et contentieuses ; mais cette juridiction exceptionnelle ne peut porter atteinte à celle des préfets et des conseils de préfecture, non plus qu'aux droits acquis et à la chose jugée administrativement ou judiciairement. Ainsi les ministres statuent sur le recours des particuliers contre les arrêtés des préfets qui ont excédé leur compétence, sur les dettes des communes, sur les entreprises de travaux publics. Ils peuvent ordonner aux préfets d'élever des conflits et de rapporter leurs arrêtés. Renfermées dans les bornes légales, les décisions des ministres ont la force et les effets des jugemens; elles sont susceptibles d'opposition ; elles doivent être notifiées, et c'est devant le conseil d'état qu'on peut les attaquer lorsqu'elles ont le caractère du contentieux administratif.

Section VI. — *Du conseil d'état.*

Le conseil d'état est chargé, d'une manière générale, de résoudre les difficultés qui s'élèvent en matière administrative (const. de l'an VIII, art. 52).

Suivant notre charte constitutionnelle, le droit de rendre la justice émane du pouvoir exécutif, et ce pouvoir réside dans la personne du roi. Mais le roi n'est pas forcé de déléguer la justice administrative supérieure à des juges inamovibles qu'il nomme, comme la justice civile, commerciale et criminelle, et dans l'état actuel de notre droit il l'exerce encore avec le concours du conseil d'état.

C'est donc la signature du roi qui donne aux délibérations du conseil la force de jugemens souverains en matière contentieuse administrative.

Cette distinction entre la justice déléguée et la justice réservée est le fondement de la plupart des attributions du conseil; il ne peut connaître d'aucune des questions de propriété, ni d'état, ni autres déléguées aux tribunaux. Le conseil d'état exerce de fait, mais sous la condition de l'approbation royale et avec la prétendue garantie de la responsabilité ministérielle, si difficile à comprendre en cette matière, la plénitude de la justice non déléguée. Cour d'appel, il prononce en dernier ressort sur le fond des matières et les recours exercés contre les décisions de toutes les autorités de premier ressort, telles que les conseils de préfecture, les ministres, et les commissions spéciales de travaux publics, etc. Cour de haute justice administrative, il balance et fixe la compétence entre les préfets, les conseils de préfecture et les ministres. Cour de cassation, il casse les arrêts de la cour des comptes pour vices de forme ou violation de la loi, sur la dénonciation des ministres.

Régulateur suprême des compétences il statue sur les conflits d'attribution élevés par les préfets entre l'autorité administrative et l'autorité judiciaire. Mais la plus vaste des attributions du conseil d'état est celle de préparer les projets de loi qui lui sont renvoyés par les ministres, de rédiger les réglemens d'administration publique, de délibérer sur toutes les ordonnances royales à rendre dans la forme de réglemens, de donner enfin son avis sur toutes les questions administratives qui lui sont soumises par les ministres.

Section VII. — *Procédure administrative.*

A l'exception de ce qui regarde le conseil d'état, aucune loi ne régle la manière de procéder devant les corps administratifs ni devant les conseils de préfecture, les préfets et les ministres, ni les délais dans lesquels les actions doivent être formées ; l'usage est la seule règle en cette matière. On adresse une requête par voie de pétition au maire, au préfet ou au ministre ; lorsque la demande intéresse une autre partie, l'autorité administrative ordonne la communication à cette tierce personne, qui fournit alors par la même voie ses moyens de défense. Chaque partie produit les pièces à l'appui de ses prétentions et l'autorité administrative statue sur les pièces qui lui sont remises.

Dans presque toutes les contestations administratives les parties doivent suivre les divers degrés de l'autorité administrative, et il est de principe que la pétition est interruptive de la prescription. Toutefois pour éviter toute incertitude à cet égard, il vaut mieux, lorsqu'il s'agit de prescription, faire signifier à l'état un acte extrajudiciaire par huissier.

Le recours au conseil d'état en matière contentieuse est formé par requête d'un avocat au conseil (décret du 22 juillet 1806, art. 1er).

Sauf quelques exceptions, le recours au conseil d'état ne peut avoir lieu que lorsque tous les autres degrés de l'autorité administrative ont été parcourus.

Devant le conseil d'état, cour suprême de justice administrative, on suit les formes de procédure déterminées par le décret du 22 juillet 1806. Le recours doit être formé par le dépôt de la requête au conseil d'état, dans les trois mois à partir du jour où la décision contre laquelle on se pourvoit a été notifiée ; après ce délai il n'est plus recevable.

Les arrêtés des maires sont par eux notifiés au domicile des parties ; ceux pris par les conseils de préfecture doivent être, comme les jugemens des tribunaux, signifiés par huissiers, lorsqu'il s'agit de débats relatifs à des intérêts privés, ou aux communes et établissemens publics, et par notification administrative lorsqu'il s'agit de décisions intéressant l'Etat ou l'une des branches de l'administration publique.

Les décisions des conseils de préfecture statuant sur des intérêts privés sont de véritables jugemens, susceptibles d'opposition lorsqu'ils ont été rendus par défaut et exécutoires comme les arrêts des cours royales; les frais de la procédure sont à la charge de la partie qui succombe, comme en matière ordinaire. A l'égard des décisions ministérielles, elles doivent être notifiées au domicile des parties par le maire, qui s'en fait délivrer un reçu (circulaire ministérielle du mois de septembre 1816).

La signification des décisions du conseil d'état est faite, aux parties ayant leur domicile à Paris, par l'un des huissiers du conseil d'état; si les parties ne sont pas domiciliées à

Paris, par le premier huissier requis, ayant droit d'instrumenter dans l'arrondissement où demeure la personne à laquelle la notification doit être faite.

CHAPITRE II. — Compétence et attributions civiles.

Toutes les causes purement civiles appartiennent au juge de paix, considéré comme juge civil, dans les limites de ses attributions, ou aux tribunaux de première instance et par appel aux cours royales. Nous nous bornerons à faire connaître ici les attributions civiles du juge de paix.

Section Ire. — *De la compétence du juge de paix.*

La compétence du juge de paix est réglée de la manière suivante : il connaît 1° en premier et en dernier ressort de toutes les affaires jusqu'à la valeur de 50 fr.; 2° en premier ressort seulement de celles indiquées au n° 1er ci-après, jusqu'à la valeur de 100 fr.; et de toutes les autres à quelque somme que la valeur puisse monter.

1° Causes purement personnelles et mobilières.

2° Dommages faits aux champs, fruits et récoltes par les hommes et par les animaux.

3° Actions possessoires, et entre autres, déplacemens de bornes, usurpations sur les terres, arbres, haies, fossés ou clôtures, entreprises sur les arrosages, commises dans l'année.

4° Réparations locatives des maisons et fermes.

5° Indemnités dues aux locataires pour non jouissance, lorsque le fonds du droit n'est pas contesté, et au propriétaire pour dégradations.

6° Enfin paiement de salaires et gages d'ouvriers et domestiques, et exécution des engagemens contractés avec leurs maîtres.

Les juges de paix ne connaissent jamais qu'en premier ressort de toutes les causes personnelles et mobilières dont la valeur est indéterminée.

Section II. — *Des actions possessoires.*

Les actions possessoires étant celles qui se présentent le plus souvent dans nos campagnes, nous avons cru devoir offrir quelques notions un peu plus détaillées sur cette matière si importante.

L'action possessoire a pour objet, soit de faire maintenir celui qui l'exerce dans la possession d'un fonds ou d'un droit réel immobilier, soit de le recouvrer lorsqu'on en a été privé.

La possession est le *fait* de la détention ou de la jouissance d'un immeuble ou d'un droit immobilier.

Elle s'acquiert par la détention paisible, publique et à titre non précaire, de l'objet possédé. Elle ne peut tirer son origine d'actes clandestins ou furtifs, ni d'une jouissance précaire, par exemple, celle qui résulte du titre de fermier, colon, locataire ou administrateur.

Elle se perd par négligence ou défaut d'exercice.

La *propriété* est le droit de disposer comme bon nous semble et de jouir d'un immeuble ou droit immobilier.

Il résulte de ces distinctions qu'on peut avoir la possession sans la propriété, et, réciproquement, la propriété sans la possession.

Le *possessoire* est donc la contestation sur la possession. Il est de la compétence des juges de paix, sauf l'appel devant les tribunaux de première instance et le recours en cassation.

L'action possessoire est la demande formée devant le juge de paix en réglement du possessoire.

Le *pétitoire* est la contestatition sur la propriété; il est de la compétence des tribunaux civils.

Le juge du possessoire n'est donc appelé à connaître que du *fait* et non du *droit*.

Le possessoire et le pétitoire ne peuvent jamais être cumulés (C. de procéd., 25); le juge de paix, en statuant sur le pétitoire, et les juges civils sur le possessoire, jugeraient hors de leur compétence; d'ailleurs l'action pétitoire est suspendue par l'action possessoire; elle ne peut être intentée qu'après que l'instance sur le possessoire a été terminée et qu'après l'exécution des condamnations intervenues sur ce chef (*idem*, art. 26).

Lorsque l'action possessoire est intentée pour se faire maintenir dans la possession ou pour venger un trouble apporté à la possession, elle se nomme *complainte*.

La *complainte* ne peut être formée que dans l'année du trouble et par ceux qui sont en possession paisible par eux ou les leurs, à titre non précaire, depuis une année au moins.

Lorsque l'action possessoire est intentée pour recouvrer la possession d'un fonds ou d'un droit réel dont on a été privé par violence ou voies de faits, elle prend le nom de *réintégrande*. Dans ce cas la contrainte par corps peut être prononcée contre l'usurpateur pour le contraindre à délaisser l'immeuble à celui qui a le droit d'en jouir (C. c., 2060).

Les cas de complainte les plus fréquens sont : 1° les usurpations par culture, plantation, arrachis, ébranchement, élagage, cueillette des fruits d'arbres ou de haies, creusement ou curage de fossés, construction ou déplacement de bornes, etc.

2° Le trouble dans la possession : de l'usage et de l'habitation, de l'usufruit ou de l'usage dans les bois et forêts.

3° Le trouble dans la possession par nouvel œuvre du voisin, même sur son propre fonds, c'est-à-dire par constructions nuisibles, ouvertures de vues ou fenêtres, etc.

Mais dans ce cas, l'action possessoire doit être intentée avant l'achèvement de l'œuvre; car l'œuvre une fois achevée, la contestation retombe dans le domaine du pétitoire, et c'est le droit qui doit faire l'objet de la contestation.

4° Trouble dans l'exercice des servitudes qui dérivent de la situation des lieux, tels sont : l'écoulement naturel des eaux du fonds supérieur sur le fonds inférieur, le droit acquis sur le cours d'une source située dans le fonds supérieur, le cours des eaux susceptibles d'une propriété privée, le bornage des propriétés contiguës.

5° Le trouble dans l'exercice des servitudes établies par le fait de l'homme, qui s'annonce par des ouvrages extérieurs et dont l'usage est ou peut être continuel, tels sont : les aqueducs, les conduits d'eau, les égoûts, les portes, les vues, les fenêtres et autres de cette nature.

6° Le trouble dans la possesesion d'une université de meubles, par exemple d'une succession mobilière.

Le demandeur doit préciser dans le libellé de l'assignation qu'il fait donner à son adversaire :

1° Sa qualité de possesseur annal;

2° Le fait qui l'a troublé dans sa possession;

3° La date de ce trouble.

Le défendeur peut contester l'admissibilité de la demande, soit en déniant au demandeur sa qualité de possesseur annal, ou en articulant que le trouble remonte au-delà d'une année.

Dans le premier cas, le demandeur doit justifier de sa qualité et prouver qu'il possède depuis un an au moins.

Dans le second cas, comme on ne peut faire la preuve d'un fait négatif, c'est au défendeur à prouver que le trouble remonte au-delà d'une année.

Le juge décide ensuite, d'après les preuves fournies, si la demande est recevable, et condamne aux dépens de l'instance celui qui succombe.

Le défendeur peut combattre les demandes soit en déniant la possession annale du demandeur, alors il doit articuler la sienne, soit en déniant simplement le trouble.

S'il dénie la possession de son adversaire en articulant la sienne, le juge fait énoncer clairement par les parties les faits de possession qu'elles articulent réciproquement. Il fait reconnaître ou dénier chacun d'eux par la partie adverse, et admet à la preuve de ceux de ces faits seulement qui sont concluans, c'est-à-dire qui, étant prouvés, établiraient la possession, sauf la preuve contraire, qui peut toujours être faite par l'autre partie.

Si c'est le trouble qui est dénié, le juge fait articuler les faits de trouble reprochés par le demandeur et il en pèse également les conséquences avant d'en admettre la preuve.

Le juge peut, d'après l'objet de la contestation et les circonstances de la cause, estimer que la connaissance des lieux lui facilitera l'appréciation des prétentions des parties; alors il ordonne son transport sur le fonds litigieux et dit que les témoins y seront entendus.

Le jugement qui ordonne une enquête est appelé interlocutoire, parce qu'il est rendu pendant le cours des débats et qu'il fait dépendre la décision de la cause de la preuve des faits admis.

Procès-verbal est dressé tant de la visite des lieux et des observations des parties que de l'enquête et de la contre-enquête.

Le juge de paix ne peut passer en taxe que cinq témoins sur chaque fait admis; cela n'interdit pas aux parties de produire un plus grand nombre de témoins, mais alors elles ne peuvent en répéter les frais, qui restent à leur charge.

Après l'instruction, le juge entend les parties sur les conséquences que chacune prétend tirer de la preuve par lui faite et prononce son jugement immédiatement et au plus tard à la première audience.

Le juge forme sa conviction de tous les élémens de la cause; les titres produits, la propriété même articulée, quoiqu'à tort par l'une ou l'autre des parties, peuvent être pour lui des motifs de décision; mais quels qu'aient été les moyens et les divagations des parties, le juge ne doit jamais oublier que sa mission n'a pas d'autre objet que de reconnaître l'existence d'un fait et de statuer sur la possession. Il ne peut donc, par le dispositif de son jugement, adjuger que la possession à celle des parties qui a droit de l'obtenir.

Section III. — *De la procédure devant le juge de paix.*

La procédure devant les juges de paix est en général fort simple; elle comprend la citation, la tenue des audiences, les jugemens, les mises en cause des garans, les enquêtes, les visites et descentes de lieux. Les formes à suivre étant clairement expliquées aux articles 1er et suivant du Code de procédure civile nous nous contenterons d'y renvoyer, en faisant observer toutefois que, pour citer en justice, il faut avoir intérêt à la contestation, être capable de comparaître en justice et de faire les actes nécessaires à la conduite de l'affaire. Toutes personnes majeures et jouissant de leurs droits, c'est-à-dire qui ne sont pas dans un cas d'interdiction légale, sont capables de citer et d'être citées en justice. Il faut que la citation soit régulière, c'est-à-dire qu'elle contienne les circonstances exigées par la loi, qu'elle soit faite par un huissier ayant le droit d'instrumenter dans le ressort de la justice de paix, et qu'enfin elle soit donnée pour comparaître devant le juge de paix qui doit connaître de la contestation.

CHAPITRE III. — De la police rurale et compétence pénale.

La police rurale a pour but la tranquillité et la sûreté des campagnes, elle rentre dans les attributions générales de la police administrative, qui tend à prévenir les crimes, délits et contraventions, et de la police judiciaire, qui recherche ceux qui ont été commis, en rassemble les preuves et livre les prévenus aux tribunaux chargés de les punir.

La police judiciaire est exercée, sous l'autorité des cours royales :

1° Par les gardes champêtres, forestiers et de pêche fluviale;

2° Par les commissaires de police, dans les lieux où il y en a;

3° Par les maires et leurs adjoints;

4° Par les procureurs du roi et leurs substituts;

5° Par les juges de paix;

6° Par les officiers de gendarmerie;

7° Par les juges d'instruction (C. d'instr. crim., 9). En général, les commissaires de police sont chargés de rechercher les contraventions de police (*idem*, art. 11); mais dans les communes rurales les fonctions de commissaire de police sont attribuées aux maires et adjoints, qui, en qualité d'officiers de police judiciaire, ne sont soumis qu'à la surveillance et à la juridiction des cours royales.

Les commissaires de police, et à leur défaut les maires et adjoints, reçoivent les rapports, dénonciations et plaintes relatifs aux contraventions de police; ils doivent consigner dans leurs procès-verbaux la nature et les circonstances des contraventions, le temps et les lieux où elles auront été commises, les preuves et indices à la charge de ceux qui en seront présumés coupables (*idem*, art. 11). Les délits ruraux sont poursuivis soit d'office, soit par la partie lésée, d'après la plainte qu'elle rend devant l'officier de police (loi du 28 septembre 1791, sect. VII, titr. I, art. 8).

Section Ire. — *Compétence des tribunaux de simple police.*

La compétence des tribunaux de simple police s'étend à tous les *faits qui peuvent donner lieu, soit à 15 fr. d'amende et au-dessous*, soit à 5 jours d'emprisonnement et au-dessous. La quotité des dommages-intérêts et la valeur des restitutions n'influent en rien sur la compétence, en sorte que le tribunal peut prononcer la confiscation des objets saisis et statuer sur les dommages-intérêts à quelque somme qu'ils puissent monter, sauf l'exception résultant de l'art. 166 du C. d'instr. crim. et sauf les délits forestiers et de pêche fluviale qui sont de la compétence des tribunaux correctionnels.

C'est le maximum de la peine prononcée par la loi qui fixe la compétence. Toutes les contraventions aux réglemens de police municipale, pour les objets confiés à la vigilance des conseils municipaux, doivent être poursuivies devant les tribunaux de police. Les réglemens faits par l'autorité municipale peuvent être attaqués devant l'autorité suprême; mais ils doivent être exécutés provisoirement, le défaut d'homologation par l'autorité supérieure n'étant pas un motif suffisant pour dispenser les tribunaux d'en ordonner l'exécution.

Section II. — *De la juridiction du juge de paix, comme juge de police.*

Les juges de paix connaissent de toutes les contraventions de police commises dans l'étendue de leur arrondissement (C. d'instruct. crim., 139 et 140). Ils connaissent, exclusivement aux maires :

1° Des contraventions commises dans l'étendue de la commune, chef-lieu du canton;

2° Des contraventions commises dans les autres communes de leur arrondissement, lorsque, hors le cas où les coupables auront été pris en flagrant délit, les contraventions auront été commises par des personnes non domiciliées ou non présentes dans la commune, ou lorsque les témoins qui doivent déposer n'y sont pas résidens ou présens;

3° Des contraventions à raison desquelles la partie qui réclame conclut, pour ses dommages-intérêts, à une somme indéterminée ou excédant 15 francs;

4° Des contraventions forestières, poursuivies à la requête des particuliers (*idem*, art. 139).

Lorsque les contraventions peuvent déterminer des peines excédant 15 francs d'amende ou 5 jours d'emprisonnement, elles prennent le nom de délit, et la connaissance en est réservée aux tribunaux correctionnels; il en est de même lorsqu'il s'agit de délits forestiers ou de pêche fluviale, poursuivis à la requête de l'État.

Section III. — *De la juridiction des maires comme juges de police.*

La compétence des maires, comme juges de police, se trouve exactement tracée par les art. 139, 140, 141 et 166 du C. d'instr. crim.; il en résulte que, pour que le maire puisse connaître d'une contravention de police, il faut:

1° Quelle ait été commise dans l'étendue de sa commune; 2° que cette commune ne soit pas chef-lieu de canton; 3° que les contrevenans aient été pris en flagrant délit, ou qu'ils soient résidans ou présens dans la commune; 4° que les témoins y soient aussi résidans; 5° que la partie qui réclame n'ait conclu pour ses dommages-intérêts qu'à une somme déterminée qui n'excède pas 15 francs; 6° qu'il ne soit question ni de contraventions forestières, ni de pêche fluviale, ni d'aucune autre qui soit attribuée soit aux tribunaux correctionnels, soit au juge de paix, considéré comme juge civil.

Si l'une de ces circonstances manque, le maire est incompétent.

Et lors même qu'elles se trouvent toutes réunies, la contravention peut encore être portée au tribunal de police du juge de paix par la partie poursuivante; car il ne faut pas perdre de vue que la compétence du maire n'est jamais exclusive; dans le petit nombre de cas où il est compétent, sa juridiction n'est encore que facultative, et le juge de paix se trouve toujours en concurrence avec lui.

Section IV. — *Du tribunal correctionnel.*

Les tribunaux correctionnels jugent tous les délits dont la peine excède 5 jours d'emprisonnement et 15 francs d'amende. Ils jugent aussi en dernier ressort les appels des jugemens rendus en simple police, lorsque les appels de ces jugemens sont recevables. Ils jugent aussi les délits forestiers et de pêche fluviale poursuivis à la requête de l'administration, et même ceux poursuivis par les particuliers, lorsque la peine excède 5 jours d'emprisonnement ou 15 francs d'amende. Pour déterminer la compétence, il faut avoir égard au maximum de l'amende qui peut être infligée. Lorsque l'amende et l'emprisonnement sont indéterminés, c'est encore le tribunal de police correctionnelle qui est compétent; c'est aussi lui qui juge les délits de chasse et de ports-d'armes.

Tous les jugemens rendus par les tribunaux correctionnels, sauf ceux rendus sur l'appel des sentences des justices de paix, peuvent être attaqués par la voie d'appel devant les cours royales.

SECTION V. — *Des cours de justice criminelle.*

Les cours de justice criminelle ou cours d'assises jugent tous les délits que les lois punissent d'une peine afflictive ou infamante; par exemple, l'incendie des bâtimens ruraux. Les peines afflictives sont: 1° la mort, 2° les travaux forcés à perpétuité, 3° la déportation, 4° les travaux forcés à temps, 5° la réclusion. Les peines infamantes sont : 1° le carcan, 2° le bannissement, 3° la dégradation civique.

SECTION VI. — *De la procédure en police simple devant le juge de paix.*

La procédure de simple police, devant le juge de paix, comprend les citations, la procédure proprement dite, l'audition des témoins et le jugement de condamnation.

§ Ier. — Des citations.

Les citations en simple police sont données dans la forme ordinaire des exploits, par l'huissier de la justice de paix; l'exploit est notifié au prévenu ou à la personne civilement responsable suivant que l'un ou l'autre est cité. Si l'action est dirigée contre l'un et l'autre, il doit être laissé copie à chacun d'eux (C. d'instr. crim., 145). La citation ne peut être donnée à un délai moindre de 24 heures, outre un jour par 3 myriamètres, à peine de nullité, tant de la citation que du jugement; cependant la nullité serait couverte s'il était rendu un jugement en présence du prévenu qui aurait comparu sans opposer la nullité (*idem*, art. 146). Les délais de citation peuvent être abrégés en vertu d'une permission délivrée par le juge (*idem*).

Les parties peuvent aussi comparaître volontairement sans citation et sur simple avertissement (*idem*, art. 147); mais le juge de paix ne peut prononcer le défaut que contre la partie régulièrement citée; si elle ne paraît pas sur l'avertissement, il faut la faire citer régulièrement.

Lorsque la citation est donnée à la requête de la partie, elle forme par le même exploit sa demande en dommages-intérêts. Si l'assignation est donnée à la requête du ministère public, la partie lésée peut former sa demande en dommages-intérêts soit par un exploit particulier, soit à l'audience en se présentant.

§ II. — De l'audience.

Avant le jour de l'audience, le juge de paix peut faire ou ordonner tous les actes qu'il juge nécessaires (*idem*, art. 148). Si la personne citée ne comparaît pas, ou si après avoir comparu elle ne propose aucune défense et ne prend aucune conclusion, elle doit être condamnée par défaut (*idem*, art. 149).

Si, dans les délais fixés par la loi pour former opposition, la partie condamnée par défaut ne se présente pas, le jugement devient définitif, sauf l'appel ou le recours en cassation, dans le cas où ils sont recevables; mais ces voies de recours ne pourraient être formées pendant les délais de l'opposition (*idem*, art. 150).

Au surplus, et toujours dans la vue d'économiser les frais, l'opposition peut être formée par déclaration au bas de l'acte de signification, ou par acte notifié dans les trois jours de la signification, outre un jour par 3 myriamètres.

L'opposition emporte de droit citation à la première audience après l'expiration des délais, et est réputée non avenue si l'opposant ne comparaît par lui-même ou par un fondé de pouvoir (*idem*, art. 151 et 152).

§ III. — Des témoins.

Les témoins cités à comparaître, avant de déposer, font serment de dire la vérité; s'ils ne comparaissent pas, le tribunal peut prononcer contre eux une amende qui n'excède pas 100 francs, et en cas de second défaut la contrainte par corps (*idem*, art. 157).

§ IV. — Des jugemens de condamnation.

Les jugemens définitifs de condamnation doivent être motivés, et les termes de la loi appliquée doivent y être insérés, à peine de nullité. Il est fait mention s'ils sont en premier ou en dernier ressort (*idem*, art. 163).

SECTION VII. — *Des citations en police devant le maire.*

Devant le maire, le ministère des huissiers n'est pas nécessaire; les citations sont faites par un avertissement du maire, qui annonce au défenseur le fait dont il est inculpé, le jour et l'heure où il doit se présenter (*idem*, art. 169). L'avertissement peut être donné à la réquisition de la partie lésée ou du ministère public; la loi s'en rapporte à la prudence du maire sur les moyens de faire parvenir l'avertissement. Si la partie citée ne comparaît pas, elle est jugée par défaut; le jugement qui intervient est susceptible d'opposition. Les témoins sont aussi cités par un simple avertissement. Le maire ne peut donner audience et rendre son jugement qu'en la mai son commune et publiquement (*idem*, art. 16 et suiv.).

SECTION VIII. — *De l'appel des jugemens de police.*

La voie de l'appel n'est ouverte contre les jugemens de police simple que lorsqu'ils prononcent un emprisonnement, ou que les amendes, restitutions et autres réparations civiles excèdent la somme de 5 francs outre les dépens. Les jugemens de police qui prononcent des peines plus douces, ou qui n'en prononcent pas du tout, ne peuvent être attaqués que par la voie de la cassation, lorsqu'ils violent les règles de la compétence ou les lois pénales. La partie condamnée a seule le droit d'appeler. L'appel est suspensif; il doit être porté devant le tribunal correctionnel et interjeté dans les 10 jours de la signification de la sentence (*idem*. art. 172 et suiv.).

SECTION IX. — *Du recours en cassation.*

Enfin, le recours en cassation est ouvert contre les jugemens rendus en dernier ressort par le tribunal de police, ou contre les jugemens rendus par le tribunal correctionnel sur l'appel des jugemens de police, ainsi que sur les jugemens rendus en premier et dernier ressort par les tribunaux correctionnels, et contre les arrêts des cours royales; et enfin contre ceux prononcés par les cours d'assises, pour violation des formes ou des lois. Ce recours doit être fait dans les trois jours du prononcé de la sentence, par déclaration au greffe. Il doit être sursis à l'exécution jusqu'à la réception de l'arrêt de cassation (*idem*, art. 177, 216, 262 et 373).

CHAPITRE IV. — PROCÉDURE SPÉCIALE.

Sous ce chapitre nous comprendrons : 1° l'autorisation nécessaire aux communes pour plaider et les formes à suivre pour l'obtenir; 2° l'exécution des jugemens rendus en matière forestière et de pêche fluviale.

SECTION Ire. — *Autorisation nécessaire aux communes pour plaider.*

Le conseil municipal doit délibérer sur les procès qu'il convient d'intenter ou de soutenir pour la conservation des droits communs; le conseil de préfecture prononce sur les demandes qui sont présentées par les communautés des villes, bourgs et villages, pour être autorisés à plaider (loi du 28 pluviôse an VIII, art. 4 et 15).

Les créanciers des communes ne peuvent intenter contre elles aucune action qu'après qu'ils ont obtenu la permission par écrit du conseil de préfecture, à peine de nullité de toutes les procédures qui auraient été faites au préjudice et des jugemens rendus en conséquence (loi de 1683, et arrêté du 17 vendémiaire an X).

Ces dispositions ont été introduites dans la crainte que les passions, auxquelles les collections de personnes cèdent souvent avec autant d'ardeur et d'irréflexion que les individus, ou qu'une fausse confiance, née de l'insuffisance des lumières, ne devinssent la cause de procès téméraires, dont les suites entraîneraient la ruine des communes.

L'autorisation nécessaire aux créanciers a pour but de permettre aux administrateurs d'examiner si la réclamation est fondée et d'y faire droit si elle paraît juste. La demande doit être accompagnée des pièces justificatives.

Mais cette autorisation n'est nécessaire que pour les actions mobilières; c'est-à-dire celles qui ont pour but de contraindre à payer ou dépenser une certaine somme d'argent, parce qu'il faut toujours, en définitive, une attribution spéciale sur le budget de la commune, attribution qui ne peut avoir lieu sans la participation et l'autorisation de l'administration; mais elle n'est pas nécessaire pour les actions réelles, l'administration n'ayant pas à s'immiscer dans l'exécution du jugement à intervenir (avis du conseil d'état des 3 juil. 1806, 23 janv. 1820, etc.). Le demandeur, en ce cas, n'a pas à s'inquiéter de l'autorisation à obtenir par la commune; il doit la faire assigner dans la personne du maire et dans la forme ordinaire, devant le juge compétent. Quant à la commune, elle doit solliciter du conseil de préfecture l'autorisation de défendre ses droits; si le conseil l'accorde, le débat s'ouvre contradictoirement; s'il la refuse, l'affaire est jugée par défaut, et le jugement, après la signification et les délais voulus par la loi, obtiendra l'autorité de la chose jugée.

Au surplus, le conseil de préfecture ne pourrait pas, sans excès de pouvoir, refuser cette autorisation; si le conseil de préfecture la refusait, le pourvoi au conseil d'état serait de droit.

Lorsque les sections d'une même commune ont à débattre entre elles des intérêts opposés, voici les formalités qui doivent être suivies.

Le sous-préfet de l'arrondissement désigne dix personnes prises parmi les plus imposées, qui forment une commission qui se rassemble chez le sous-préfet, à l'effet d'y exposer les motifs de plainte et de contestation des sections qu'elles représentent, et de délibérer s'il y a lieu à intenter ou à soutenir le procès.

S'il n'y a pas conciliation, le procès-verbal de l'assemblée, tendant à obtenir l'autorisation de plaider, est adressé au conseil de préfecture qui prononce.

Si l'autorisation de plaider est accordée, les membres élus par le sous-préfet nomment, chacun pour la section qu'il représente, un d'entre eux qui demeure chargé de suivre l'action devant les tribunaux. Ce choix ne peut tomber ni sur le maire, ni sur l'adjoint (arrêté des consuls, 24 germinal an XI).

Enfin, si dans une commune composée de plusieurs villages ou hameaux réunis en une même commune ou section de commune, l'un ou plusieurs de ces hameaux ou villages ne pouvait obtenir l'autorisation du maire ou du conseil municipal pour intenter ou soutenir un procès relatif à des biens ou des droits d'usage qui lui appartiendraient en particulier, la fraction d'habitans qui aurait à défendre ou à exercer des droits particuliers pourrait se pourvoir, soit devant le conseil de préfecture, soit devant le ministre de l'intérieur, soit enfin devant le conseil d'état pour obtenir l'autorisation nécessaire (ordonn. du 24 mai 1819). En tout cas, chaque habitant a droit d'exercer à ses frais et risques les actions qu'il croirait appartenir à la commune, et que cette commune refuserait ou négligerait d'exercer.

SECTION II. — *De l'exécution des jugemens rendus en matière forestière et de pêche fluviale.*

Les jugemens rendus à la requête de l'administration forestière, ou sur la poursuite du ministère public, sont signifiés par simples extraits qui contiennent les noms des parties et le dispositif du jugement.

Cette signification fait courir le délai de l'opposition et de l'appel des jugemens par défaut (loi du 21 mai 1827, art. 209).

Le recouvrement de toutes les amendes forestières est confié aux receveurs de l'enregistrement et des domaines. Ces receveurs sont également chargés du recouvrement des restitutions, frais et dommages-intérêts résultant des jugemens rendus pour délits et contraventions dans les bois soumis au régime forestier (*idem*, art. 210).

Les jugemens portant condamnation à des amendes, restitutions, dommages-intérêts et frais sont exécutoires par la voie de la contrainte par corps, et l'exécution peut en être poursuivie 5 jours après un simple commandement fait aux condamnés.

En conséquence, et sur la demande du receveur de l'enregistrement et des domaines, le procureur du roi adressera les réquisitions nécessaires aux agens de la force publique chargés de l'exécution des mandemens de justice (*idem*, art. 211). On a pensé qu'il était indispensable, pour que la loi pût recevoir son exécution, que les jugemens qui prononcent des peines pécuniaires fussent exécutoires par voie de contrainte personnelle, puisque autrement ils ne seraient pas susceptibles d'exécution, attendu que le plus souvent ils sont rendus contre des personnes qui n'offrent aucune propriété susceptible d'être saisie.

Les individus contre lesquels la contrainte par corps aura été prononcée, pour raison des amendes et autres condamnations et réparations pécuniaires, doivent subir l'effet de cette contrainte, jusqu'à ce qu'ils aient payé le montant desdites condamnations ou fourni une caution admise par le receveur des domaines, ou, en cas de contestation de sa part, déclarée bonne et valable par le tribunal de l'arrondissement (*idem*, art. 212).

Néanmoins, les condamnés qui justifieront de leur insolvabilité, suivant le mode prescrit par l'art 420 du Code d'instr. crim., c'est-à-dire, qui représenteront un extrait du rôle des contributions constatant qu'ils pajent moins de 6 francs, ou un certificat du percepteur de leur commune portant qu'ils n'y sont pas imposés; 2° un certificat d'indigence à eux délivré par le maire de la commune de leur domicile ou par son adjoint, visé par le sous-préfet et approuvé par le préfet de leur département, seront mis en liberté après avoir subi 15 jours de détention, lorsque l'amende et les autres condamnations pécuniaires n'excèderont pas 15 francs.

La détention ne cessera qu'au bout d'un mois, lorsque ces condamnations s'élèveront ensemble de 15 à 50 francs.

Elle ne durera que deux mois, quelle que soit la quotité desdites condamnations.

En cas de récidive, la durée de la détention sera double de ce qu'elle eût été dans cette circonstance (*idem*, art. 213). Dans tous les cas, la détention, employée comme moyen de contrainte, est indépendante de la peine d'emprisonnement prononcée contre les condamnés, pour tous les cas où la loi l'inflige (*idem*, art. 214).

Les jugemens contenant des condamnations en faveur des particuliers, pour réparations des délits ou contraventions commis dans leurs bois, seront, à leur diligence, signifiés et exécutés suivant les mêmes formes et voies de contrainte que les jugemens rendus à la requête de l'administration forestière. Le recouvrement des amendes prononcées par les mêmes jugemens sera opéré par les receveurs de l'enregistrement et des domaines (*idem*, art. 215).

Toutefois, les propriétaires seront tenus de pourvoir à la consignation d'alimens prescrite par le Code de proc. civ., lorsque la détention aura lieu à leur requête et dans leur intérêt (*idem*, art. 216).

La mise en liberté des condamnés ainsi détenus à la requête et dans l'intérêt des particuliers ne pourra être accordée, s'ils offrent caution ou s'ils veulent établir leur insolvabilité, conformément à ce que nous avons dit ci-dessus, qu'autant que la validité des cautions ou l'insolvabilité des condamnés aura été, en cas de contestation de la part desdits propriétaires, jugée contradictoirement avec eux (*idem*, art. 217).

Tout ce qui vient d'être dit pour les délits forestiers, sur l'exécution des jugemens, la mise en liberté sous caution ou en cas d'insolvabilité justifiée, est applicable aux délits de pêche fluviale (loi du 15 avril 1829, art. 75 et suivans).

TITRE TROISIEME.

DES PEINES.

DISPOSITIONS GÉNÉRALES.

On appelle *peine* le châtiment que la loi prononce contre les crimes, les délits ou les contraventions.

L'infraction que les lois punissent de peines de police est une *contravention*.

L'infraction punie de peines correctionnelles est *un délit;* l'infraction punie d'une peine afflictive ou infamante est un *crime* (Code pénal, 1).

En général les délits ruraux sont punis d'amende ou d'emprisonnement, ou de ces deux peines réunies, suivant la gravité des circonstances, et quelquefois de confiscation, sans préjudice de l'indemnité de la partie lésée. Mais en cas de concurrence de l'amende et de la confiscation dans les cas où elle est autorisée, avec les restitutions et dommages-intérêts dus à la partie lésée sur les biens insuffisans du condamné, la partie civile doit obtenir la préférence (loi du 28 septembre 1791, tit. II, art. 3; C. p. 54, et lettre du grand juge, 19 mars 1808).

Toutefois le privilége accordé par la loi du 5 septembre 1807 au trésor public, pour le recouvrement des frais, prime l'indemnité due à la partie civile, ces frais étant censés faits dans l'intérêt de cette partie (lettre citée).

D'ailleurs nulle contravention, nul délit, nul crime ne peut être puni de peines qui n'étaient pas prononcées par la loi avant qu'ils fussent commis (C. p., 4). Si le fait n'était pas défendu par la loi on ne peut pas le poursuivre, quelque mauvaise que soit l'action sous le rapport moral.

Toute tentative de *crime* manifestée par des actes extérieurs et suivie d'un commencement d'exécution, si elle n'a été suspendue ou n'a manqué son effet que par des circonstances fortuites ou indépendantes de la volonté de l'auteur, est considérée comme le crime lui-même (C. p., 2). Mais les tentatives de délits ne sont considérées comme délits que dans les cas déterminés par une disposition spéciale de la loi (C. p., 3).

La solidarité est de droit contre tous ceux qui ont été condamnés pour un même délit; chacun d'eux peut être poursuivi pour la totalité des amendes, restitutions, dommages-intérêts et frais (C. p., 55).

Les peines, pour délits ruraux, qui n'entraînent pas, aux termes de la loi du 28 septembre 1791, condamnation à une amende excédant trois journées de travail, doivent être doublées en cas de récidive ou si le délit a été commis avant le lever ou après le coucher du soleil, et triplées si ces deux circonstances se trouvent jointes (loi du 28 septembre 1791, tit. II, art. 4).

Depuis la loi du 23 thermidor an IV, les amendes prononcées par la loi du 28 septembre 1791 ne peuvent être au-dessous de trois journées de travail ou de trois jours d'emprisonnement (C. de cass., 19 messidor an VII et 24 avril 1807); et aux termes de la loi du 23 juillet 1820, art. 28, le prix de la journée de travail doit être fixé chaque année par les conseils généraux des départemens, sur la proposition du préfet; elle ne peut être au-dessous de 50 c., ni excéder 1 fr. 50 c.

La cour de cassation a aussi décidé que la peine des délits graves, que la loi du 28 septembre 1791 déclarait être double de celle des délits simples, avait également été portée au double de celle fixée par la loi du 23 thermidor an IV, c'est-à-dire à six jours d'emprisonnement et à six jours de travail (*Dalloz*, p. 756, verso, Délit rural).

La loi en général n'a pas puni et ne pouvait punir avec la même rigueur les délits qui attaquent les propriétés rurales que celles situées dans les villes, mais elle a voulu qu'aucune contravention ou délit rural ne restât impuni. Dans cette vue elle a investi le ministère public du droit d'action, nonobstant le silence de la partie lésée. De plus, elle n'admet pour les délits punis par la loi du 28 sept. 1791, aucune excuse ni circonstances atténuantes (cass., 31 octobre 1832). Mais la loi du 28 avril 1832, art. 102, a modifié la généralité de cette disposition, et l'article 463 du Code pénal, qui permet au juge, lorsqu'il y a des circonstances atténuantes, de réduire l'amende et l'emprisonnement, est aujourd'hui applicable à tous les délits qui ne sont plus exclusivement punis par la loi du 28 septembre 1791 (loi du 28 avril 1832, art. 102, et nouv. C. pén, 483).

L'exécution des condamnations à l'amende, restitutions, dommages-intérêts et frais, peut être poursuivie par la voie de la contrainte par corps (C. p., 52).

Toutefois, la contrainte par corps ne peut être exercée que lorsque le jugement de condamnation est définitif, et qu'ayant été signifié à la partie condamnée, avec commandement de payer, il s'est écoulé cinq jours depuis ce commandement sans que le condamné se soit libéré. De plus, la partie civile qui veut exercer cette contrainte doit consigner les alimens nécessaires au condamné (loi du 17 avril 1832, tit. V).

Cependant l'exercice de la contrainte par corps n'est que facultatif; elle n'est pas considérée comme une mutation ni une prolongation de peines, mais comme un moyen d'exécution autorisée par la loi pour parvenir au recouvrement des amendes et autres condamnations pécuniaires. L'état ou la partie civile peuvent donc en exercer ou en suspendre les effets (circulaire du ministre de la justice, 1er août 1812).

Si le condamné prouve son insolvabilité conformément à l'art 420 du C. d'instr. crim., il peut être mis en liberté après avoir subi la contrainte pendant les délais et suivant les distinctions établies par l'art. 33 de la loi du 17 avril 1832.

La durée de la détention doit toujours être fixée par le jugement qui doit la prononcer (loi citée, art. 39 et 40).

Le directeur de l'enregistrement peut toujours abréger la durée de la peine lorsqu'il le juge utile aux intérêts de l'état, sauf le droit de reprendre la contrainte par corps s'il survient au condamné quelques moyens de solvabilité (C. p., 53).

C'est donc au directeur de l'enregistrement et des domaines que doivent être adressées les réclamations des condamnés, par voie de pétition, avec les pièces à l'appui.

Les peines de simple police sont : 1° l'emprisonnement, 2° l'amende, 3° la confiscation des objets lorsque la loi autorise (C. pén., 464). L'emprisonnement pour contravention de police ne peut être moindre d'un jour ni excéder 5 jours (*idem*, art. 465), et le condamné ne peut être détenu pour cet objet plus de 15 jours, s'il justifie de son insolvabilité (*idem*, art. 467).

CHAPITRE Ier. — Des contraventions générales de police.

Les amendes pour contravention sont prononcées depuis 1 franc jusqu'à 15 francs inclusivement, selon les classes ci-après spécifiées, et doivent être appliquées au profit des communes où la contravention a été commise (*idem*, art. 466).

1re *Classe*. — Sont punis d'une amende de 1 à 5 francs, 1° ceux qui embarrassent la voie publique en y déposant ou laissant sans nécessité des matériaux ou des choses quelconques qui empêchent ou qui diminuent la sûreté ou la liberté du passage (loi du 28 avril 1832 art. 95, et nouv. C. p., 471). L'embarras des chemins qui ne servent qu'à l'exploitation des terres, ou même l'exposition sur la voie publique de fumiers, lorsqu'il n'existe pas de réglemens qui le défendent, n'est pas une contravention punissable (Cass., 19 nivôse an X et 18 mai 1810). Si la contravention a été commise sur une grande route, elle est de la compétence des conseils de préfecture, aux termes de la loi du 29 floréal an X, art. 1, 2, 3 et 4, qui confie à ces conseils tout le contentieux des grandes routes.

2° Ceux qui laissent dans les champs, rues ou chemins publics, des coutres de charrues, pinces, barres, barreaux ou autres machines dont pourraient abuser des malfaiteurs (*idem*).

3° Ceux qui ne se conforment pas aux arrêtés conformes aux lois, publiés par l'autorité municipale (loi du 28 avril 1832, art. 95). La loi du 14-22 décembre 1789, art. 50, place dans les attributions des autorités municipales le soin de faire jouir les habitans d'une bonne police pour la sûreté et la salubrité des rues et édifices publics; la loi du 16-24 août 1790 contient l'énumération des objets confiés à la vigilance et à l'autorité des conseils municipaux; enfin la loi du 19-21 juillet 1791 les autorise à faire des arrêtés sur ces objets. On peut voir aussi l'arrêté des consuls du 12 messidor an VIII, qui peut être considéré comme le meilleur commentaire de la loi du 16-24 août 1790. Les réclamations des citoyens contre les arrêtés des conseils municipaux doivent être portées devant le préfet; mais l'arrêté doit être exécuté provisoirement, et il subsiste tant qu'il n'a pas été annulé ou modifié par le préfet (arrêt de la cour de cass. du 20 pluviôse an XII, 1er février 1822 et 9 mai 1828).

4° Ceux qui auront jeté ou exposé au-devant de leurs édifices des choses de nature à nuire par leur chute ou par des exhalaisons insalubres (C. p., 471).

S'il résultait de la chute de ces choses exposées au-devant des édifices quelque dommage, l'amende serait de 16 à 100 fr. et l'emprisonnement de 6 jours à 6 mois, aux termes des articles 319 et 320 du C. pén. (C. de cass., 20 juin 1812). Celui qui dépose dans sa cour, et près des fenêtres de son voisin, ses fumiers ne commet pas un délit (C. de cass., 18 germinal an X). Toutefois, l'action de la police municipale ne s'exerce pas seulement sur les rues, lieux et édifices publics; elle peut aussi s'étendre sur les matières insalubres amassées dans l'intérieur des habitations (Cass., 6 février 1823).

2e *Classe.*—Sont punis d'une amende de 6 fr. à 10 fr. : 1° ceux qui jettent des pierres, des corps durs ou des immondices dans les enclos, les jardins, où contre les clôtures ou sur quelqu'un; 2° ceux qui exposent en vente des boissons falsifiées, comestibles gâtés ou nuisibles (loi du 28 avril 1832, art. 96 et C. p., 475).

3e *Classe.* — Sous cette classe le Code pénal et la loi du 28 avril 1832 comprennent toutes les contraventions de police punies d'amende de 11 à 15 fr.; mais toutes ces contraventions rentrant dans la catégorie de celles que nous classons sous le chapitre suivant, nous renvoyons à ce chapitre.

CHAPITRE II. — DES CONTRAVENTIONS, DÉLITS ET CRIMES SPÉCIAUX.

SECTION Ire. — *De l'échenillage.*

Ceux qui négligent d'écheniller, dans les campagnes ou dans les jardins où ce soin est prescrit, sont punis d'une amende de 1 à 5 fr. (loi du 28 avril 1832, art. 95, et nouv. C. p., 471).

Les propriétaires, fermiers, locataires ou autres faisant valoir leurs propres héritages ou ceux d'autrui, sont tenus d'écheniller ou de faire écheniller, avant le 20 février de chaque année, les arbres sur leurs héritages (loi du 26 ventôse an IV, art. 1er).

Ils sont tenus de brûler sur-le-champ les bourses et toiles qui sont tirées des arbres, haies ou buissons, et ce, dans un lieu où il n'y aura aucun danger de communication du feu, soit pour les bois, arbres, bruyères, soit pour les maisons et bâtimens (*idem*, art. 2).

Les maires et adjoints des communes sont tenus de veiller à l'exécution de ces dispositions dans leurs arrondissemens respectifs; ils sont responsables des négligences qui y sont découvertes (*idem*, art. 4).

Dans le cas où quelques propriétaires ou fermiers auront négligé de le faire pour cette époque, les maires ou adjoints doivent le faire faire *aux dépens* de ceux qui l'auront négligé, par les ouvriers qu'ils choisiront. L'exécutoire des dépens est délivré par le juge de paix, sur les quittances des ouvriers, contre lesdits propriétaires ou locataires, sans que ce paiement puisse les dispenser de l'amende (*idem*, art. 7).

SECTION II. —*Des hannetons, sauterelles*, etc.

Dans l'état actuel de nos lois, aucune disposition ne prescrit de mesure pour la destruction des hannetons, de leurs larves ou vers blancs, ainsi que pour la destruction des *sauterelles*, des campagnols, etc.; mais il semble hors de doute que les autorités administratives ont le droit de prendre les mesures que comportent les circonstances pour la destruction des animaux nuisibles aux récoltes, de publier des réglemens et de prononcer les peines de simple police contre ceux qui contreviendraient à ces réglemens.

SECTION III. — *De l'échardonnage.*

Il n'y a pas non plus de dispositions générales sur l'échardonnage, quoique quelques cantons aient des réglemens de police sur cet objet.

Cependant les chardons sont une famille de plantes redoutables à l'agriculture par leurs racines profondes et par leur excessive multiplication, favorisée par la légèreté de leurs graines que le moindre vent transporte au loin. Nul doute que les conseils municipaux n'aient aussi le droit de publier des réglemens à cet égard et d'appliquer aux contrevenans les peines de police. Mais cette opération, pour être utile, doit être simultanée; il serait donc à désirer qu'une loi vînt promptement déterminer les mesures générales que l'on doit prendre pour la destruction de ces plantes.

Le ministre du commerce, éveillé par les plaintes qu'excitent à juste titre la multiplication des animaux et des plantes nuisibles à l'agriculture, a proposé d'autoriser les maires à faire, sous l'approbation des préfets, des réglemens pour prescrire la destruction de ces animaux, insectes et plantes. Les conseils municipaux pourraient aussi, ajoute-t-il, accorder des primes spéciales à l'effet d'assurer cette destruction. Ces primes spéciales seraient prélevées sur les revenus de la commune : on pourrait dans certains cas recourir à un rôle extraordinaire sur les propriétaires de chaque territoire. Les contraventions aux arrêtés pris par les maires seraient punies des peines portées par l'art. 471 du Code pénal; en cas de récidive, l'art. 474 serait applicable (circulaire du 4 septembre 1835). Ces mesures seraient bonnes, sans doute, mais nous pensons qu'elles seraient insuffisantes. Dans l'état actuel de nos lois, les maires ont le droit, au moins c'est notre opinion, de faire les réglemens nécessaires à cet égard et de prononcer contre les contrevenans les peines de simple police, et cependant ces mesures de précaution sont presque partout négligées. Il vaudrait mieux que la loi considérât ces négligences comme de véritables contraventions et les déclarât punissables, sauf à confier aux préfets le soin de publier les réglemens locaux, pour que ces mesures qui ne peuvent être efficaces qu'autant qu'elles sont simultanées et faites en temps utile, aient lieu aux époques qu'ils fixeraient. Il faudrait aussi que les cantonniers fussent chargés de la destruction des plantes et animaux nuisibles le long des routes et chemins.

En Angleterre, à la requisition du constable on peut citer devant les assises ceux qui laissent croître dans leurs champs le chardon, le pas-d'âne, etc.; la cour ordonne que ces plantes nuisibles seront arrachées, et en cas de désobéissance le contrevenant est condamné à une amende qui ne peut excéder 10 livres sterlings; la moitié de cette amende appartient à celui qui dénonce la contravention et l'autre moitié aux pauvres.

Section IV. — *Des négligences contre le feu.*

Ceux qui négligent de faire réparer leurs fours, cheminées ou usines à feu, sont punis d'une amende de 1 à 5 fr. exclusivement (C. pén., 471).

A cet effet les maires et adjoints sont tenus de faire, au moins une fois l'an, la visite des fours et cheminées de toutes les maisons et de tous les bâtimens éloignés de moins de 100 toises des autres habitations. Ces visites sont annoncées au moins 8 jours à l'avance.

D'après ces visites, ils doivent ordonner la réparation ou la destruction des fours et cheminées qui se trouveront dans un état de délabrement qui pourrait occasionner un incendie ou d'autres accidens (loi du 28 septembre 1791, titre II, art. 9). Il est également défendu d'allumer des feux dans les champs à moins de 100 mètres (50 toises environ) des maisons, édifices, bruyères, vergers, plantations, bois, meules, tas de grains, pailles, foin, fourrages ou de tous autres dépôts de matières combustibles, à peine d'une amende de 12 journées de travail (*idem*, art. 10). Les dispositions ci-dessus ont pour but de prévenir les accidens; mais lorsque ces négligences ont occasionné l'incendie de quelques propriétés mobilières ou immobilières, l'amende est de 50 fr. au moins et de 500 fr. au plus, sans préjudice de la réparation du dommage (C. pén., 458).

Section V. — *Des incendies.*

Le crime d'incendie que Dumont en créant un mot nouveau, appelle *incendiat*, a mérité la juste sévérité du législateur, par les conséquences affreuses qu'il produit; la loi du 28 avril 1832 a puni ce crime suivant les distinctions suivantes: lorsqu'il a été occasionné volontairement ou avec préméditation.

L'incendie des bâtimens, magasins ou chantiers, s'ils servent à l'habitation, est puni de mort. Si les bâtimens ne sont pas habités, si ce sont des bois ou des récoltes sur pied appartenant à autrui, la peine est celle des galères à perpétuité; si les objets appartenaient au coupable et qu'il ne les ait incendiés que pour nuire à autrui, il est puni des travaux forcés à temps.

Ceux qui incendient les récoltes abattues, des bois en tas ou en cordes, qui ne leur appartiennent pas, sont punis des travaux forcés à temps; s'ils leur appartiennent et qu'ils aient volontairement causé en les brûlant un préjudice à autrui, la peine est celle de la réclusion.

En tous cas, si l'incendie a causé la mort d'une ou plusieurs personnes se trouvant sur les lieux incendiés, au moment où l'incendie a éclaté, la peine est la mort (loi du 28 avril, 1832, art. 92, et nouv. C. p., 434).

Section VI. — *Des inondations d'héritage.*

L'inondation est un délit d'une nature analogue au crime d'incendie; ses résultats sont souvent plus funestes encore. Dans les pays coupés de canaux, où la surface des eaux est souvent supérieure aux terres environnantes, en un instant moissons, bestiaux, hommes, tout est englouti par ce terrible élément; et si les peines qui répriment ce crime ne sont pas aussi sévères que celles prononcées contre le crime d'incendie, c'est que nous n'avons pas en France, en raison de la situation de notre sol, autant à redouter le ravage des eaux.

Il est donc défendu d'inonder l'héritage de son voisin et de lui transmettre volontairement des eaux d'une manière nuisible, à peine de payer le dommage, et d'une amende qui ne peut excéder la valeur du dommage (loi du 28 septembre 1791, titre II, art. 15).

De plus, les propriétaires, fermiers ou toutes autres personnes jouissant de moulins, usines et étangs qui, par l'élévation du déversoir de leurs eaux au-dessus de la hauteur déterminée par l'autorité compétente, auraient inondé les chemins ou propriétés d'autrui, seront punis d'une amende qui ne pourra excéder le quart des restitutions, dommages-intérêts, ni être au-dessous de 50 fr. S'il est résulté du fait quelques dégradations, la peine est, outre l'amende, un emprisonnement de six jours à un mois (C. pén., 457).

L'interprétation de ces deux articles a donné lieu à quelques difficultés. Mais aujourd'hui il est reconnu que l'article 15 de la loi du 28 septembre 1791 n'est pas abrogé par l'article 457 du Code pénal, et qu'il reste applicable à tout fait d'inondation ou de transmission d'eau d'une manière nuisible, autre que celui où, en conformité de l'article 457 du Code pénal, la hauteur du déversoir a été fixée par l'autorité administrative (Cass. 23 janvier 1819).

Si la hauteur du déversoir n'a pas été déterminée par l'autorité administrative, c'est à cette autorité que les voisins doivent s'adresser pour en obtenir la fixation; et si cette fixation leur cause des craintes, c'est à la même autorité qu'ils doivent en demander le changement. Si c'est le propriétaire des eaux lui-même qui croit avoir à se plaindre de cette fixation, il doit aussi s'adresser à cette autorité, en commençant toutefois par obéir provisoirement à l'arrêté administratif.

Pour qu'il y ait lieu à l'application de l'article 457 du Code pénal, il ne suffit pas que le propriétaire ait tenu ses eaux au-dessus de la hauteur fixée par l'autorité compétente, il faut encore qu'il y ait eu inondation de la propriété et du champ d'autrui. Si la hauteur du déversoir au-dessus du niveau fixé donnait des craintes aux voisins, ils n'auraient qu'une action civile pour faire réduire les eaux à la hauteur fixée par l'autorité. C'est devant les tribunaux qu'ils devraient porter leur action dans ce cas; c'est également à eux qu'ils doivent s'adresser pour obtenir la réparation du préjudice qu'ils ont éprouvé (voy. Carnot, sur l'article 457, et Cass. 11 et 19 juillet 1826).

Le dommage causé à l'héritage d'autrui par la transmission d'eaux qui lui seraient nuisibles cesse d'être un délit, s'il est le résultat du légitime exercice d'un droit accordé par la loi, ou acquis légalement; par exemple, s'il avait été commis en exécution d'un réglement arrêté par le préfet sur le cours de ces eaux, ou bien en vertu de titres établissant le mode de partage et de distribution de ces eaux entre le prévenu et le propriétaire du fonds endommagé. Il est également certain qu'un propriétaire qui, en faisant des ouvrages purement défensifs pour empêcher les eaux d'envahir sa propriété, les ferait refluer sur l'héritage d'autrui, ne serait pas passible de dommages-intérêts, sauf les droits acquis par titre ou par prescription, et sauf les servitudes naturelles reconnues par la loi.

Si le délit avait été commis par un garde champêtre, de pêche ou forestier, la peine d'emprisonnement serait d'un mois au moins, et d'un tiers au plus en sus de la plus forte peine prononcée contre tout autre coupable du même délit (*idem*, art. 462).

La loi, comme on le voit, ne prononce contre le délit d'inondation que des dommages-intérêts proportionnés au dégât, et un emprisonnement de peu de durée; il faut donc reconnaître qu'il y a lacune, puisque la loi s'occupe presque exclusivement des inondations commises par imprudence et non de celles faites de dessein prémédité. Toutefois, si l'inondation préméditée avait occasionné la mort d'un ou plusieurs individus, la peine qui devrait être prononcée serait celle portée par la loi contre l'homicide ou le meurtre.

Section VII. — *Dommages aux clôtures.*

Il est défendu de combler les fossés, de détruire les clôtures quelles qu'elles soient, de couper ou arracher les haies vives ou sèches, de déplacer ou supprimer les bornes ou pieds corniers, ou autres arbres servant de limites entre les héritages, à peine d'un emprisonnement qui ne peut être au-dessous d'un mois ni excéder une année, et d'une amende égale au quart des restitutions et dommages-intérêts qui dans aucun cas ne peut être au-dessous de 50 fr. (C. pén., 456). Mais pour qu'il y ait délit, il faut que la destruction de la clôture ait lieu de la part d'un individu qui n'aurait ou qui ne prétendrait aucun droit sur le sol. La destruction de la clôture de la part de celui qui se prétend propriétaire ne pourrait caractériser ce délit, si la partie plaignante n'avait pas elle-même la présomption légale de la propriété par la possession annale du même sol. Ainsi, le propriétaire qui détruit un mur construit sur son sol par un voisin usurpateur, avant que ce voisin en ait joui un an, commet une voie de fait, mais non pas un délit; le tribunal correctionnel doit en ce cas ordonner le sursis jusqu'à ce qu'il ait été statué sur la question de propriété (Cass. 8 janvier 1813).

Les mêmes peines sont applicables à celui qui, à l'aide d'un instrument de fer, a forcé la porte du cellier d'un gardien établi à une saisie-exécution, ce fait opérant en partie la destruction de l'une des clôtures du gardien (Cass. 29 octobre 1813). Elles sont également applicables au fait de celui qui a brisé une porte servant de clôture, ne fût-ce que pour s'introduire dans la propriété d'autrui (*idem*). Elles sont aussi applicables à celui qui, pour commettre une anticipation sur un chemin public, déplace une borne (Cass. 18 juillet 1822); mais l'art. 456 du C. pén. n'est pas applicable à la destruction des pieds corniers faisant partie des bois et forêts; ce délit doit être puni conformément aux dispositions du Code forestier (Cass. 9 mai 1812).

Mais si le dommage avait été fait par un voyageur et qu'il fût léger de manière à ne pas pouvoir être considéré comme destruction partielle, nous pensons qu'il faudrait alors appliquer non pas les dispositions de l'art. 456 du C. pén., mais bien l'art. 41, titre II, de la loi du 28 septembre 1791, ainsi conçu : « Le voyageur qui déclôt un champ pour passer doit payer le dommage et une amende de la valeur de 3 journées de travail; mais s'il était reconnu que le chemin était impraticable, les dommages et les frais de reclôture seraient à la charge de la commune. » Cette dernière disposition, ayant pour but de prévenir des négligences si nuisibles à la circulation et aux intérêts des habitans des communes, doit être appliquée avec rigueur.

SECTION VIII. — *Dommages aux champs, plants et récoltes.*

Parmi les faits punis par les lois il faut placer ceux qui portent atteinte aux champs, aux fruits et aux récoltes; quelques-uns de ces faits ne sont que de simples contraventions justiciables des tribunaux de simple police, mais les autres sont de véritables délits qui sont de la compétence des tribunaux correctionnels, ou des crimes dont la connaissance appartient aux cours d'assises.

§ Ier. — Délit de passage et de pâturage des bestiaux sur le terrain d'autrui.

Il est défendu à ceux qui ne sont ni propriétaires, ni usufruitiers, ni locataires, ni fermiers, ne jouissant d'un terrain ou d'un droit de passage, ou qui, n'étant ni agens ni préposés de ces personnes, d'entrer ou de passer sur ce terrain ou sur une partie de ce terrain, *s'il est préparé ou ensemencé*, à peine d'une amende de 1 à 5 francs (loi du 28 avril 1832 art. 95, et n. C. p., 471, n° 13). Il a même été jugé que des gendarmes, qui étaient entrés dans un champ ensemencé pour poursuivre un déserteur, pouvaient être traduits devant les tribunaux de police et punis conformément à la loi (Cass. 26 février 1825). Le même article punit de la même peine ceux qui auront laissé passer leurs bestiaux ou leurs bêtes de trait, de charge ou de monture sur le terrain d'autrui, avant l'enlèvement des récoltes (*idem*, n° 14).

Mais si le terrain était chargé de grains en tuyaux ou de raisins, ou autres fruits mûrs ou voisins de la maturité, le délit devient plus grave et la peine est alors de 6 fr. à 10 fr. exclusivement (loi du 28 avril 1832, article 96, n° 9, et n. C. p., 475).

La même peine est prononcée contre ceux qui auraient fait ou laissé passer des bestiaux, animaux de trait, de charge ou de monture, sur le terrain d'autrui, ensemencé ou chargé d'une récolte, en quelque saison que ce soit, ou dans un bois taillis appartenant à autrui (*idem*, art. 96, n° 10 et n. C. p., 475).

Les prairies, étant dans un état de production permanente, doivent être considérées comme chargées de fruits en tous temps (Cass. 23 mars 1821).

En outre, l'art. 97 ou n. C. p., 476 de la même loi permet au juge, suivant les circonstances, de prononcer, outre l'amende ci-dessus fixée, l'emprisonnement, pendant trois jours au plus, contre les rouliers, charretiers, voituriers et conducteurs en contravention.

Pour qu'il y ait lieu à l'application des peines ci-dessus, il faut que le terrain soit préparé ou ensemencé, autrement le fait de passage n'aurait plus le caractère d'une contravention, sauf le droit appartenant toujours à celui dont il blesserait les intérêts de poursuivre, par la voie civile, la réparation du dommage qu'il aurait éprouvé.

La loi ne punit pas seulement de peines de police l'intention coupable; la simple négligence donne lieu à l'application de ces peines, lors même qu'il n'en serait résulté aucun dommage pour les propriétés d'autrui

Abandon. Ainsi, le simple *abandon* de bestiaux sur le terrain d'autrui constitue un délit rural, abstraction faite du dommage qui peut avoir été causé par cette négligence. C'est la doctrine consacrée par la cour de cassation par divers arrêts (15 février 1811, 23 décembre 1814, 27 août 1819 et 1er février 1822). De plus, les dégâts que les bestiaux de toute espèce, laissés à l'abandon, feront sur les propriétés d'autrui, soit dans l'enceinte des habitations, soit dans un enclos rural, soit dans les champs ouverts, seront payés par les personnes qui ont la jouissance des bestiaux; si elles sont insolvables, ces dégâts doivent être payés par celles qui en ont la propriété. Le propriétaire qui éprouvera le dommage aura le droit de saisir les bestiaux, sous l'obligation de les faire conduire, dans les 24 heures, au lieu de dépôt qui aura été désigné par le maire. Si les bestiaux ne sont pas réclamés, ou si le dommage n'a pas été payé dans la huitaine du jour du délit, il sera satisfait au dégât par la vente des bestiaux; si ce sont des volailles, de quelque espèce que ce soit, qui causent le dommage, le détenteur ou le fermier qui l'éprouvera pourra les tuer, mais seulement sur les lieux, au moment du dégât (loi du 28 septembre 1791, tit. II, art. 12). Toutefois, pour que la jurisprudence de la cour de cassation, qui considère comme un délit le fait d'abandon et autorise le juge à appliquer les peines de simple police, malgré le silence de l'article cité, puisse recevoir son application, il faut qu'on puisse imputer ce fait à la faute ou à la négligence du maître ou du gardien; autrement il perdrait son caractère de contravention, et l'action civile seule resterait ouverte à celui qui aurait éprouvé quelque dommage.

Le fait d'abandon auquel n'a pas participé le maître ou gardien de l'animal prend le nom d'échappée. Le président CAPPEAU, dans l'ouvrage qu'il a publié sur la législation rurale, distingue plusieurs sortes d'échappées (T. III, p. 264) :

Celle des bestiaux qui, effarouchés et animés par la piqûre des insectes, dans une grande chaleur, se sont jetés dans l'héritage d'autrui;

Celle des bêtes qui se détachent d'un troupeau dont elles font partie, quittent le chemin qu'il suit et s'introduisent dans les propriétés voisines;

Enfin celle des bestiaux poursuivis ou effrayés par quelque animal ou quelque accident extraordinaire, tel qu'un violent coup de tonnerre ou de fusil.

Dans ces divers cas, il n'est jamais dû d'amende si le gardien fait tous ses efforts pour les ramener; mais nous pensons avec le même auteur que, quelle que soit la cause de l'événement, il est dû une réparation au propriétaire du terrain, sauf son recours, s'il y a lieu, contre ceux qui ont occasionné le dommage; et lors même que ce serait le résultat d'un accident météorologique, il semble plus juste que ce soit plutôt le propriétaire de l'animal que celui du champ endommagé qui doive supporter le dommage.

Sous la dénomination de bestiaux, il est évident qu'on ne saurait comprendre les pigeons, qui, par leur nature, sont voués à la divagation; il n'est pas non plus permis de les comprendre sous la dénomination de volailles, qui ne s'applique qu'aux oiseaux qu'on tient dans les basses-cours en état de domesticité. Les lapins de garennes, comme les pigeons, jouissent également de leur liberté naturelle; les dégâts qu'ils commettraient ne peuvent rentrer dans l'application de cet article (*voy.* les mots Pigeons, titre Ier, chap. II, § II, et Réparations civiles, titre Ier, chap. VIII), mais on comprend sous cette dénomination tous les animaux de basse-cour.

Le propriétaire qui a tué des volailles trouvées en délit sur son champ doit les laisser sur le terrain, pour faire preuve qu'il ne les a pas tuées par esprit de cupidité; et même, si ces volailles sont en grand nombre, il n'en doit tuer que quelques-unes (FOURNEL, lois rurales, t. II, p. 234). L'abus qu'il ferait de son droit pourrait dégénérer en délit, surtout si, après avoir détruit ces animaux, il les avait enlevés.

Dépaissance. Le fait de *dépaissance* ou de pâturage des bestiaux dans le terrain d'autrui constitue un délit d'une nature particulière, qui est puni par l'art. 100 de la loi du 28 avril 1832, n° 10, ou n. C. p., 479, ainsi conçu : « Ceux qui mèneront sur le terrain d'autrui des bestiaux de quelque nature qu'ils soient, et notamment dans les prairies artificielles, dans les vignes, oseraies, dans les plants de câpriers, dans ceux d'oliviers, de mûriers, de grenadiers, d'orangers et d'arbres du même genre, dans tous les plants ou pépinières d'arbres fruitiers ou autres faits de main d'homme, seront punis d'une amende de 11 francs à 15 francs inclusivement. »

Mener des bestiaux sur le terrain d'autrui ne peut avoir d'autre signification que de les y faire pâturer ; c'est ainsi que la cour de cassation l'a compris dans son arrêt du 3 juin 1826. L'art. 100 de la loi du 28 avril 1832 doit donc s'appliquer à la dépaissanee et au pâturage indûment exercé par des bestiaux sur le terrain d'autrui.

Garde à vue. Mais nous ne pensons pas que la garde à vue des bestiaux dans les récoltes d'autrui, qui constitue un délit plus grave, soit compris dans les dispositions de cet article; il reste soumis aux dispositions de l'art. 26, tit. II de la loi du 28 septembre 1791, ainsi conçu :

« Quiconque sera trouvé gardant à vue ses bestiaux dans les récoltes d'autrui sera condamné, en outre le paiement du dommage, à une amende égale à la somme du dédommagement, et pourra l'être, suivant les circonstances, à une détention qui ne pourra excéder une année ».

Le délit prévu par cet article se distingue des faits d'abandon, de passage et de pâturage, parce qu'il suppose non-seulement le concours réfléchi de la personne sous la garde de laquelle se trouvent les bestiaux, mais encore sa présence actuelle sur le lieu même du délit et sa persistance dans une action coupable.

D'ailleurs, pour donner lieu à l'application de ces peines, il importe peu que la récolte soit encore adhérente au sol, ou qu'elle en ait été détachée, pourvu qu'elle n'ait pas encore été enlevée.

Lorsque le terrain sur lequel les bestiaux ont été trouvés est en nature de bois, le délit est punissable conformément aux lois forestières (voy. ci-après *délits forestiers*).

Passage. Quelquefois le passage des bestiaux est l'exercice d'une servitude légale, par exemple, dans les pays soumis au parcours et à la vaine pâture, ou bien dans le cas de l'article 682 du Code civil, à savoir lorsque le fonds est enclavé ou qu'il n'y a aucune issue sur la voie publique. Dans ces deux cas le passage est de droit, mais il y aurait délit si celui qui a droit d'user de ces servitudes aggravait la position de l'héritage soumis à ce droit en ralentissant la marche de ses troupeaux pour les faire pâturer. C'est ce délit que l'art. 25, titre II de la loi du 28 septembre 1791, punit dans les termes suivans.

« Les conducteurs de bestiaux revenant des foires, ou les menant d'un lieu à un autre, même dans les pays de parcours et de vaine pâture, ne pourront les laisser pacager sur les terres des particuliers ni sur les communaux, sous peine d'une amende de la valeur de deux journées de travail, en outre du dédommagement, si le dommage est fait sur un terrain ensemencé ou qui n'a pas été dépouillé de sa récolte, ou dans un enclos rural ».

A défaut de paiement les bestiaux pourront être vendus, jusqu'à concurrence de ce qui sera dû pour indemnité, l'amende et autres frais relatifs; il pourra même y avoir lieu envers les conducteurs à la détention de police municipale, suivant les circonstances.

Chèvres. Les chèvres, broutant les bourgeons des arbres et arbrisseaux, ont dû être l'objet d'une surveillance particulière; il est donc défendu, dans les lieux qui ne sont sujets ni au parcours ni à la vaine pâture, de mener aucune chèvre ou bouc sur l'héritage d'autrui, lors même qu'il ne serait ni préparé ni ensemencé, contre le gré du propriétaire de l'héritage, à peine d'amende d'une journée de travail par chaque tête d'animal.

Dans les pays de parcours et de vaine pâture où les chèvres ne sont pas rassemblées et conduites en troupeau commun, celui qui aura des troupeaux de cette espèce ne pourra les mener au champ qu'attachés, sous peine de la même amende.

En cas de dommage aux arbres fruitiers ou autres, haies, vignes, jardins, l'amende sera double, sans préjudice du dédommagement dû au propriétaire. Il est entendu que le mot *chèvres* s'applique aussi aux boucs (loi du 28 sept. 1791, titre II, art. 18, et cass., 1er août 1811).

La commission nommée par le roi, en 1835, pour préparer les bases d'un nouveau code rural, a pensé qu'il était nécessaire de modifier ces dispositions. Jusqu'à présent on avait cru que les chèvres ne pouvaient prospérer qu'en liberté; mais l'expérience a prouvé le contraire, et, aux environs de Lyon, où les chèvres sont nourries à l'étable, on n'a pas remarqué que ce nouveau système d'hygiène ait nui ni à la santé de ces animaux ni à l'abondance du lait. Quoi qu'il en soit, la commission a pensé qu'il serait utile de défendre pour l'avenir toute formation d'un troupeau commun de chèvres, si ce n'est en vertu d'un arrêté du préfet, rendu sur l'avis conforme du conseil municipal. L'arrêté déterminerait alors les propriétés communales où le troupeau pourrait être conduit; l'accès de toutes propriétés particulières demeurerait interdit sauf le consentement du propriétaire. Dans les troupeaux communs les chèvres ne pourraient être mêlées avec d'autres animaux; hors du troupeau, elles ne devraient être conduites au pâturage qu'à la corde, et partout ailleurs dans les propriétés closes, elles devraient être attachées à un piquet. Ces mesures utiles seront probablement adoptées par la législature.

La loi ne prononçant aucune peine contre les bergers qui laisseraient brouter les haies vives à leurs troupeaux, on ne peut étendre aux bêtes à laine les dispositions pénales de l'article qui précède, sauf toujours l'action du propriétaire, s'il y a eu dommage appréciable (cass., 9 juin 1809).

§ II. — Coupe ou destruction de grains et de fourrages appartenant à autrui, et dévastation de récoltes.

Maintenant nous arrivons à une autre série de délits, qui suppose non-seulement l'intention mais encore le fait actuel du coupable, et qui par conséquent est puni de peines plus sévères.

Ainsi, quiconque aura coupé des grains et des fourrages qu'il sait appartenir à autrui est puni d'un emprisonnement de six jours à deux mois (C. p., 449). La peine devient même plus forte et l'emprisonnement peut être de vingt jours à quatre mois, s'il a été coupé du grain en vert (C. p., 450.)

Mais pour qu'il y ait lieu à l'application de ces peines, il faut qu'il y ait eu intention manifeste de s'approprier les grains ou les fourrages coupés. Celui qui aurait seulement détruit ou coupé quelques petites parties de blé en vert ou autres productions de la terre, sans intention manifeste de les voler, resterait soumis aux dispositions de la loi du 28 septembre 1791, titre II, art. 28, qui porte que le contrevenant doit payer en dédommagement, au propriétaire, une somme égale à la valeur de l'objet dans sa maturité, et une amende égale au dédommagement.

Celui qui dévaste des récoltes sur pied ou des plants venus naturellement ou faits de main d'homme est puni d'un emprisonnement de deux ans au moins et de cinq ans au plus; les coupables pourront de plus être mis, par l'arrêt ou le jugement, sous la surveillance de la haute police pendant cinq ans au moins et dix au plus (C. pén., 444). Ce délit grave entraîne nécessairement l'idée de la destruction de tout ou d'une partie notable d'une récolte; il ne doit donc pas être confondu avec ceux que nous avons signalés plus haut, à moins qu'ils n'aient été si fréquemment répétés qu'ils puissent être, en les réunissant, qualifiés de dévastation de récoltes.

Si ces délits avaient été commis en haine d'un fonctionnaire public ou la nuit, ils acquerraient alors un nouveau caractère de criminalité, et le *maximum* de la peine devrait être prononcé (*idem*, art. 450).

§ III. — Destruction d'instrumens agricoles.

La loi a dû entourer d'une protection spéciale les objets que les cultivateurs laissent dans les champs pour continuer leurs travaux. Ainsi, toute rupture ou destruction d'ustensiles d'agriculture, de parcs de bestiaux, de cabanes de gardiens, est punie d'un emprisonnement d'un mois au moins et d'un an au plus, et d'une amende qui ne pourra excéder le quart des restitutions, dommages-intérêts, ni être au-dessous de 16 francs (C. pén., 451 et 455). C'est la destruction rendue plus facile par la nécessité d'abandonner ces objets à la foi publique que la loi a voulu punir. Si donc ils avaient été mis en lieu de sûreté, qu'ils eussent été placés dans un cellier ou dans un bâtiment, ces peines ne seraient plus applicables, et nous pensons qu'il n'y aurait plus qu'une action en dommages-intérêts, à moins que les circonstances ne donnassent à cette action un autre caractère de criminalité.

§ IV. — Du glanage, râtelage et grapillage.

Les dispositions de nos lois sur le glanage ont pour objet de donner à la classe pauvre la faculté de ramasser les épis épars que les moissonneurs laissent échapper des gerbes, et cependant d'empêcher que ce ne soit une occasion de dérober avec plus de facilité une partie des récoltes.

L'obligation de laisser les champs et les vignes ouverts au glanage, râtelage et grapillage est fondée sur l'humanité et la religion; elle était imposée par la loi de Moïse (Lévit., cap. IX, v. 9); elle forme, depuis un temps immémorial, le droit commun de la France. Une ordonnance de saint Louis en faisait un devoir exprès, et l'assemblée constituante, dans un acte du 16 août 1790, appelle le glanage *le patrimoine du pauvre*. Le glanage est restreint à la classe des vieillards pauvres ou infirmes, aux femmes et petits enfans. Les maires peuvent à cet égard prendre les arrêtés qu'ils jugent nécessaires pour faire tourner le bénéfice du glanage au profit des personnes qui en ont le plus besoin. Les préfets ont le même droit (MERLIN, *Répertoire*, voy. *Chaumage*).

Le glanage et le râtelage ne s'exercent dans les champs que lorsque la récolte a été entièment enlevée; et ceux qui, sans autres circonstances, auraient glané, râtelé ou grapillé dans des champs non encore entièrement dépouillés et vides de leurs récoltes, ou avant le lever ou après le coucher du soleil, sont punis d'une amende de 1 fr. à 5 fr. inclusivement (loi du 28 avril 1832, art. 95, n° 10, ou n. C. p., 471). Mais le glanage et le râtelage ne sont pas une servitude imposée au propriétaire, et il a toujours le droit de faire ramasser par ses gens les épis épars, lorsque la récolte n'est pas encore enlevée (cass., 28 janvier 1820).

Le glanage et le grapillage ne sont permis que dans les champs ouverts; ils sont défendus en tout temps dans tout enclos rural (loi du 28 sept. 1791, titre II, art. 21).

Le glanage ou râtelage avec des râteaux de fer, dans les champs ensemencés ou dans les champs emblavés de trèfle, de luzerne ou de sainfoin, est punissable, suivant les dispositions des anciens réglemens. Ce n'est plus là l'espèce de glanage prohibé par l'article 95 de la loi du 28 avril 1832. Pour ce cas non prévu, il faut se référer aux anciens réglemens particuliers maintenus par l'article 484 du Code pénal (cass., 23 déc. 1818).

Si la récolte n'était pas achevée, le glanage cesserait d'être une contravention et serait un véritable vol de récoltes.

C'est dans la vue de protéger le glanage que la loi du 28 sept. 1791, art. 22, et celle du 23 thermidor an IV ont défendu de mener aucun troupeau dans un champ moissonné et ouvert, si ce n'est deux jours après la récolte entière, à peine d'une amende de trois journées de travail; la cour de cassation a même décidé, les 18 oct. 1817 et 16 nov. 1821, que cette prohibition s'étendait au propriétaire et fermier. Cependant le glanage et le grapillage sont signalés comme nuisibles aux agriculteurs par la surveillance qu'ils rendent nécessaire, et par les abus auxquels ils donnent lieu malgré cette surveillance. En conséquence, la commission créée en 1835 pour préparer les bases d'une révision générale de nos lois rurales, a proposé de soumettre le glanage et le grapillage à certaines conditions qui en diminueraient les inconvéniens. Voici ces conditions: 1° Le glanage ne serait fait qu'à la main; 2° le glanage et le grapillage continueraient à n'être permis que depuis le lever jusqu'au coucher du soleil; 3° l'on ne pourrait glaner dans un champ que deux jours après l'enlèvement de la récolte, et grapiller dans une vigne qu'après l'entier enlèvement des raisins dans toute la tenue dont cette vigne ferait partie.

On appelle *chaumage*, et, dans quelques endroits, *éteule* ou *retouble* le droit de prendre la portion de chaume qui reste attachée à la terre après la coupe des grains.

Ce droit a été conservé dans quelques localités, mais il nous semble difficile d'admettre qu'il ait été maintenu par la loi du 28 sept. 1791 en l'assimilant au glanage. Tous ces droits, qui sont fondés sur l'humanité, sont sans doute dignes de la considération du législateur; mais il doit prendre garde en même temps de nuire à l'agriculture et de porter atteinte à la propriété. Le chaume forme un engrais utile, et c'est porter un préjudice notable au cultivateur que de permettre qu'on le lui enlève. Nous sommes donc très enclins à penser qu'aucune loi n'autorise le chaumage, et que ceux qui s'y livrent pourraient être poursuivis par les cultivateurs, s'il avait eu lieu sans leur consentement.

§ V. — Des soustractions, maraudages et vols.

Parmi les soustractions faites dans les champs, il en est qui, en raison de leur minime importance, ont conservé le caractère de simples contraventions, et d'autres qui acquièrent le caractère de délits et même de crimes.

Ainsi ceux qui, sans autres circonstances prévues par les lois, auront cueilli ou mangé sur le lieu même des fruits appartenant à autrui, ne sont punis que d'une amende de 1 à 5 francs exclusivement (loi du 28 avril 1832, art. 95, n° 9, ou n. C. p., 471). La loi a traité aussi avec une indulgence trop grande, peut-être, les soustractions de récoltes ou produits utiles de la terre, qui, avant d'être soustraits, n'étaient pas encore détachés du sol, en ne les punissant que d'une amende de 6 fr. à 10 fr. inclusivement (*idem*, art. 96, n° 15, ou n. C. p., 476). Mais le législateur a sans doute pensé que ce délit, quoiqu'il doive être classé parmi ceux de maraudage, était cependant d'une nature particulière. Des raisons fondées sur l'expérience l'ont en conséquence déterminé à ne pas le punir de peines trop sévères, convaincu qu'il en obtiendrait plus facilement l'application et que son but serait mieux atteint qu'en le punissant d'une peine trop forte, que les magistrats eussent hésité à appliquer; mais si ce délit présente les circonstances aggravantes déterminées par la loi, la peine est alors infiniment plus sévère.

Ainsi, si les productions n'étaient pas encore détachées du sol et que le vol ou la simple tentative de vol (car ici la tentative est assimilée à l'action) ait été commis avec des paniers, des sacs ou autres objets équivalens, soit la nuit, soit à l'aide de voitures ou d'animaux de charge, soit par plusieurs personnes, l'emprisonnement sera de 15 jours à 2 ans et l'amende de 16 fr. à 200 fr. (*idem*, 88, ou n. C. p., 386).

Les vols d'animaux commis dans les champs, ou d'instrumens de culture ou autres objets mis sous la sauvegarde de la foi publique, sont punis de peines plus sévères encore; « quiconque vole ou tente de voler dans les champs des chevaux ou bêtes de charge, de voiture ou de monture, gros ou menus bestiaux, ou des instrumens de culture, est puni d'un emprisonnement d'un an au moins et de cinq ans au plus, et d'une amende de 16 fr. à 500 francs. » Il en est de même des vols de bois dans les ventes et de pierres dans les carrières, ainsi qu'à l'égard du vol de poisson en étang, rivières ou réservoirs (*idem*, art. 88, ou n. C. p., 388).

Quiconque vole ou tente de voler des récoltes et autres productions utiles de la terre, déjà détachées du sol, ou des meules de grains faisant partie des récoltes, est puni d'un emprisonnement de 15 jours à 2 ans et d'une amende de 16 fr. à 200 fr.; mais si le vol a été commis soit la nuit, soit par plusieurs personnes, à l'aide de voitures ou d'animaux de charge, l'emprisonnement peut être de 1 an à 5 ans et l'amende de 16 à 500 francs (*idem*). De plus, dans tous les cas ci-dessus prévus, les coupables peuvent en outre être privés des droits civils, et mis, après l'expiration de leur peine, sous la surveillance de la haute police pendant 5 ans au moins et 10 ans au plus (*idem*).

Les peines ci-dessus ne sont applicables que lorsque les soustractions ou vols ont été commis dans les champs ouverts; s'ils avaient été commis dans des enclos ou parcs, ou si l'auteur du délit avait, pour soustraire ces objets, escaladé des murs ou brisé des clôtures, ou s'était servi de fausses clefs, la peine serait celle des travaux forcés à temps (Code pénal, 384).

Enfin, si, pour commettre un vol, le coupable a enlevé ou déplacé des bornes servant de séparation aux propriétés, la peine est celle de la réclusion (*idem*, art. 389).

§ VI. — Des enlèvemens d'engrais dans les champs.

Quoique les enlèvemens d'engrais ou amendemens, sans la permission des propriétaires, soient de véritables vols, cependant la loi, par les motifs de prudence que nous avons exprimés, ne les a punis que de peines légères. Celui qui, sans la permission des propriétaires ou fermiers, enlèvera des fumiers, de la marne ou tous autres engrais portés sur les terres, sera condamné à une amende qui n'excédera pas 6 journées de travail, en outre du dédommagement, et pourra subir la détention municipale. L'amende sera de 12 journées de travail et la détention pourra être de 3 mois si le délinquant a fait tourner à son profit lesdits engrais (loi du 28 septembre 1791, tit. II, art. 33).

L'article ne semble s'appliquer qu'aux engrais portés sur la terre par la main de l'homme; il ne paraît pas applicable aux engrais naturels. Ainsi, celui qui se permettrait d'enlever tout ou partie de l'*humus* d'un champ pour le porter sur son terrain, ou qui excaverait le terrain d'autrui pour en tirer des marnes, des terres pyriteuses ou autres amendemens naturels, commettrait un délit plus grave, qui rentrerait sans doute dans la généralité de l'art. 401 du C. pén., qui porte que les autres vols non spécifiés peuvent être punis d'un emprisonnement de 1 an au moins et de 5 ans au plus et d'une amende de 16 fr. au moins et de 500 fr. au plus, et même de la mise en surveillance de la haute police, sauf au tribunal, s'il apercevait des circonstances atténuantes et qu'il pensât que le fait n'a pas de caractère de criminalité assez grave pour appliquer ces peines sévères, à les adoucir, conformément à l'article 463 du Code pénal.

SECTION IX. — *Dommages aux arbres.*

Le propriétaire qui abat un arbre planté sur son terrain et qui fait partie de ceux d'une route royale est passible d'une amende triple de la valeur de l'arbre (décret du 16 décembre 1811, art. 101); mais si l'arbre était planté sur le terrain d'autrui, le fait change immédiatement de caractère et devient un véritable délit.

Celui qui abat un ou plusieurs arbres, qu'il sait appartenir à autrui, est puni d'un emprisonnement qui ne sera pas au-dessous de 6 jours ni au-dessus de 6 mois à raison de chaque, sans que la totalité puisse excéder 5 ans (C. pén., 445).

Les peines seront les mêmes à raison de chaque arbre mutilé, coupé ou écorcé de manière à le faire périr (*idem*, art. 446).

Mais si l'arbre appartenant à autrui n'avait été que faiblement endommagé par l'enlèvement de quelques écorces ou par la coupe de quelques branches, le coupable ne serait passible que d'une amende double du dédommagement dû au propriétaire, et d'une détention de police correctionnelle qui ne pourrait excéder 6 mois (loi du 28 septembre 1791, tit. II, art. 14).

S'il y a destruction d'une ou plusieurs greffes, l'emprisonnement sera de 6 jours à 2 mois à raison de chaque greffe, sans que la totalité puisse excéder 2 ans (C. pén., 447).

Le *minimum* de la peine sera de 20 jours s'il s'agit de destruction d'arbres, et de 10 jours s'il s'agit de destruction de greffes, si les arbres étaient sur les places, routes, chemins, rues ou voies publiques, ou vicinales, ou de traverse (*idem*, art. 448). Et le *maximum* de la peine doit toujours être prononcé si le fait a été commis en haine d'un fonctionnaire public, en raison de ses fonctions, ou pendant la nuit (*idem*, art. 450).

Dans tous les cas, et sauf celui prévu par l'art. 14 de la loi du 28 septembre 1791, il est prononcé une amende qui ne peut être moindre de 16 fr. ni excéder le quart des restitutions, dommages-intérêts (*idem*, art. 455).

Les dispositions de ces diverses lois ne s'appliquent d'ailleurs qu'aux arbres croissant dans les héritages ou le long des routes et nullement dans les bois et forêts, les délits forestiers étant punis par des lois spéciales que nous ferons connaître.

Ni la loi du 28 septembre 1791 ni le Code pénal ne s'occupent du délit d'arrachis des souches ou racines des arbres ou arbustes; ce délit est cependant plus grave que la dévastation, la coupe ou l'écorcement des plantes; ceux-ci ne font périr que l'arbre, celui-là peut priver le terrain, s'il est en pente, de sa cohésion, et l'exposer ainsi à être enlevé par les eaux, lorsqu'il aura été ameubli par le fait de l'arrachis, ou bien détruire ainsi l'espérance de l'avenir. La loi étant muette à cet égard, il faut reconnaître que l'arrachis des arbres fruitiers ou d'agrément, doit être puni comme le maraudage, s'il est exercé sur des racines ou souches mortes, ou comme les délits que nous avons spécifiés ci-dessus, s'il est exercé sur des souches vivantes (*voy.* Législat. rurale, par le président CAPPEAU, t. III, p. 294).

SECTION X. — *Dommages aux animaux.*

Le statut de Georges III d'Angleterre, ch. 71, § I, punit d'une amende qui ne peut être moindre de 10 shillings (12 fr.), ni excéder 5 livres sterlings (125 fr.), tout individu qui, soit en badinant, soit par cruauté, fait subir des mauvais traitemens à un cheval, à un bœuf, à un mouton ou à tout autre bétail; le coupable peut même être condamné à un emprisonnement qui ne peut excéder 3 mois; c'est le juge de paix qui prononce ces condamnations. On est étonné de rencontrer dans les lois anglaises, qui prononcent des condamnations si sévères contre les hommes et qui sont si souvent cruelles, une disposition qui protége les animaux; nous pensons toutefois que cette loi est morale, parce que tout mauvais traitement exercé sur les animaux, lorsqu'il n'est pas nécessaire, dénote des mauvais penchans et qu'il habitue les hommes à la cruauté; il serait peut-être désirable qu'une disposition analogue fût introduite dans nos lois. Quoi qu'il en soit, la loi française ne punit que les blessures ou la mort des animaux appartenant à autrui.

Lorsqu'un animal appartenant à autrui a été blessé, il faut distinguer si ç'a été de dessein prémédité ou par maladresse ou imprudence : dans le premier cas, c'est l'art. 30 de la loi du 28 septembre 1791 qui est applicable ; il est ainsi conçu. « Toute personne convaincue d'avoir de dessein prémédité, méchamment, sur le territoire d'autrui, blessé des bestiaux ou chiens de garde, sera condamnée à une amende double de la somme du dédommagement ; le délinquant pourra être détenu un mois si l'animal n'a été que blessé, et 6 mois si l'animal est mort de sa blessure ou est resté estropié ; la détention pourra être du double si le délit a été commis la nuit, ou dans une étable, ou dans un enclos rural. » Mais si les blessures n'ont été que la suite de l'imprudence ou de la maladresse, c'est à l'article 479 du Code pénal qu'il faut alors se reporter ; il est ainsi conçu :

Ceux qui auront occasionné la mort ou la blessure des animaux ou bestiaux appartenant à autrui, par l'effet de la divagation des fous ou furieux confiés à leurs soins, ou d'animaux malfaisans ou féroces, ou par la rapidité, la mauvaise direction ou le chargement excessif des voitures, chevaux, bêtes de trait, de charge ou de monture, ou par l'usage des armes, sans précaution ou avec maladresse, ou par jet de pierres ou autres corps durs, seront punis d'une amende de 11 à 15 francs exclusivement.

Ceux qui auront occasionné les mêmes accidens par la vétusté, la dégradation, le défaut de réparation des maisons, l'encombrement ou l'excavation, ou telles autres œuvres dans les rues, chemins, places, voies publiques, sans les précautions ou signaux ordonnés ou d'usage seront punis des mêmes peines.

Quiconque aura empoisonné des chevaux et autres bêtes de voiture, de monture ou de charge, des bestiaux à corne, des moutons, des chèvres ou porcs, ou des poissons dans des étangs, viviers ou réservoirs, est puni d'un emprisonnement de 1 an à 5 ans et d'une amende de 16 à 300 francs. Les coupables pourront être mis par l'arrêt ou le jugement, sous la surveillance de la haute police, pendant 2 ans au moins et 5 ans au plus (C. pénal, 452).

Ceux qui, sans nécessité, auront tué l'un des animaux mentionnés au précédent article seront punis ainsi qu'il suit :

Si le délit a été commis dans les bâtimens, enclos et dépendances ou sur les terres dont le maître de l'animal tué est propriétaire, locataire, colon ou fermier, la peine sera un emprisonnement de 2 mois à 6 mois.

S'il a été commis dans les lieux dont le coupable était propriétaire, locataire, colon ou fermier, l'emprisonnement sera de 6 jours à 1 mois.

S'il a été commis dans un autre lieu, l'emprisonnement sera de 15 jours à 6 semaines.

Le *maximum* de la peine sera toujours prononcé en cas de violation de clôture (C. pén., 453).

Si ce sont des animaux domestiques, le délit change alors de caractère, et il faut distinguer si l'animal a été tué sur le sol de son maître ou sur le terrain du meurtrier. Dans le premier cas, on doit appliquer les dispositions de l'article 454, qui porte : Quiconque aura, sans nécessité, tué un animal domestique, dans un lieu dont celui à qui cet animal appartient est propriétaire, locataire, colon ou fermier, sera puni d'un emprisonnement de 6 jours au moins et de 6 mois au plus. S'il y a eu violation de clôture, le *maximum* de la peine sera prononcé (C. pén., 454), et dans ce cas comme dans le précédent, il sera prononcé une amende qui ne pourra excéder le quart des restitutions et dommages-intérêts, ni être au-dessous de 16 fr. (C. pén., 455). Dans le second cas, c'est-à-dire si l'animal domestique n'était pas dans un lieu dont celui à qui il appartient est propriétaire, locataire, colon ou fermier, le fait n'aurait plus le caractère d'un délit ; il ne donnerait lieu qu'à des dommages-intérêts, sauf l'exception prévue pour les chiens de garde, par l'art. 30 de la loi du 28 septembre 1791, ci-dessus rapporté. Nous avons même vu ci-dessus, au paragraphe 1er de la section VIII, qu'il y avait des cas où le propriétaire du sol était autorisé à tuer les volailles qui s'introduisaient sur son propre terrain.

Section XI. — *Des épizooties.*

Police sanitaire des animaux domestiques.

On désigne sous le nom générique d'épizooties toutes les maladies contagieuses qui attaquent les animaux.

Ces maladies, qui sont le fléau des campagnes, ont donné lieu à des observations de médecins vétérinaires pour les constater, à des lois sages pour en arrêter le progrès et à des instructions du gouvernement pour éclairer les habitans des campagnes et leur apprendre à s'en préserver. Le tout se trouve résumé dans l'arrêté du directoire exécutif du 27 messidor an V.

Le premier devoir de tout propriétaire et détenteur d'animaux ou de bestiaux soupçonnés d'être malades est, en cas de signes même équivoques d'épizootie, d'avertir sur-le-champ le maire et de tenir l'animal renfermé, même avant que le maire ait répondu, sous peine d'un emprisonnement de 6 jours à 2 mois et d'une amende de 16 fr. à 200 fr. (C. pén., 459).

Le maire fait alors visiter l'animal par l'expert le plus proche, et si, d'après le rapport de l'expert, il est constaté qu'une ou plusieurs bêtes sont malades, le maire doit veiller à ce que ces animaux soient séparés des autres et ne communiquent avec aucun animal de la commune ; les propriétaires ne peuvent plus dès lors les conduire au pâturage ou aux abreuvoirs communs ; ils sont tenus de les tenir renfermés.

Le maire en informe sans retard le sous-préfet, auquel il fait connaître le nom du propriétaire et le nombre des animaux atteints ; le sous-préfet en informe le préfet.

Le maire doit aussitôt en instruire les propriétaires de la commune par une affiche apposée aux lieux où se placent les actes de l'autorité publique.

En même temps le maire doit faire marquer toutes les bêtes à cornes de sa commune avec un fer chaud représentant la lettre M. Quant le préfet sera assuré que l'épizootie n'a plus lieu, il ordonnera une contremarque.

Ceux qui, au mépris des défenses de l'administration, auraient laissé leurs animaux ou bestiaux infectés communiquer avec d'autres, seront punis d'un emprisonnement de 2 mois à 6 mois et d'une amende de 100 fr. à 500 fr. (C. pén., 460). Si de cette communication il était résulté une contagion parmi les autres animaux, ceux qui auraient contrevenu aux défenses de l'autorité administrative seront punis d'un emprisonnement de 2 ans à 5 ans et d'une amende de 100 à 1,000 fr. (C. pén., 461).

Il est enjoint à tout fonctionnaire public qui trouvera dans les chemins ou dans les foires ou marchés des bêtes à cornes marquées de la lettre M de les conduire devant le juge de paix, lequel les fera tuer sur-le-champ en sa présence.

Néanmoins, comme il peut se trouver dans un pays infecté des *bêtes saines*, dont il serait injuste d'enlever la disposition à leur propriétaire, soit pour les tuer chez eux, soit pour les vendre aux bouchers, on peut leur laisser la faculté d'en disposer aux conditions suivantes :

1° Il faudra que l'expert constate que ces bêtes ne sont pas malades ;

2° Le boucher n'entrera pas dans l'étable ;

3° Le boucher tuera les bêtes dans les 24 heures ;

4° Le propriétaire ne pourra s'en dessaisir, et le boucher les tuer, qu'ils n'en aient obtenu la permission du maire, qui en fera mention sur son état.

Il est ordonné, dans tous les lieux infectés, de tenir les chiens à l'attache et de tuer ceux qu'on trouverait divagans.

Tout fonctionnaire qui donnerait des certificats ou attestations contraires à la vérité peut être poursuivi extraordinairement (arrêt du conseil d'état du 24 mars 1745).

En cas de maladie épidémique les bestiaux morts doivent être enfouis dans la journée, à 1 mètre 25 centimètres (4 pieds) de profondeur dans le terrain du propriétaire ou dans le lieu désigné par le maire, à peine d'une amende de la valeur d'une journée de travail et des frais de transports et d'enfouissement (loi du 28 septembre 1793, art. 13).

Le maire ne doit pas permettre que les bestiaux morts soient enfouis à moins de 50 toises des habitations. Chaque bête sera jetée dans une fosse de 8 pieds de profondeur, sa peau coupée et tailladée en plusieurs endroits ; elle sera recouverte de toute la terre du fossé.

Diverses mesures ont été prescrites par l'art vétérinaire pour arrêter les épizooties; mais jusqu'ici les meilleures qui aient été mises en usage sont l'isolement, la propreté et les soins des bêtes saines, l'abattage immédiat des bêtes malades.

SECTION XII. — *Des délits forestiers.*

Nous passons actuellement à une autre nature de délits; ce sont ceux qui sont commis dans les bois et forêts de l'état, des communes ou établissemens publics et des particuliers.

§ Ier. — Mesures préventives des délits.

Quiconque sera trouvé dans les forêts et bois, hors des routes et chemins ordinaires, avec serpes, cognées ou haches, scies ou autres instrumens de même nature sera condamné à une amende de 10 fr. et à la confiscation desdits instrumens (loi du 21 mai 1827, art. 146).

Ceux dont les voitures, bestiaux et animaux de charge ou de monture sont trouvés dans les forêts, hors des routes et chemins ordinaires, sont condamnés, savoir : Pour chaque voiture à une amende de 10 fr. pour les bois de 10 ans et au-dessus, et de 20 fr. pour les bois au-dessous de cet âge ;

Par chaque tête ou espèce de bestiaux non attelés, aux amendes ci-après fixées pour le délit de pâturage, le tout sans préjudice des dommages-intérêts (*idem*, art. 147).

Il ne peut être établi, sans l'autorisation du gouvernement et sous quelque prétexte que ce soit, aucune maison sur perche, loge, baraque ou hangar dans l'enceinte et à moins de 1 kilomètre, 1000 mètres ou 500 toises des forêts, sous peine de 50 fr. d'amende et de la démolition, dans le mois à dater du jour du jugement qui l'aura ordonné (*idem*, art. 152).

Aucune construction de maisons ou de fermes ne pourra être effectuée sans l'autorisation du gouvernement, à la distance de 500 mètres des bois et forêts soumis au régime forestier, sous peine de démolition. Il n'y aura pas lieu d'ordonner la démolition des maisons ou fermes actuellement existantes. Ces maisons ou fermes pourront être réparées, reconstruites et augmentées sans autorisation.

Sont exceptés des dispositions ci-dessus les bois et forêts appartenant aux communes qui sont d'une contenance au-dessous de 250 hectares (*idem*, art. 153).

Nul individu, habitant les maisons ou fermes actuellement existantes dans le rayon ci-dessus fixé ou dont la construction aura été autorisée en vertu de l'article précédent, ne pourra établir, dans lesdites maisons ou fermes, aucun atelier à façonner le bois, aucun chantier ou magasin pour faire le commerce de bois, sans la permission spéciale du gouvernement, sous peine de 50 fr. d'amende et de la confiscation des bois.

Lorsque les individus qui auront obtenu cette permission auront subi une condamnation pour délits forestiers, le gouvernement pourra leur retirer la permission (*idem*, art. 154).

Aucune usine à scier le bois ne pourra être établie dans l'enceinte et à moins de 2 kilomètres de distance des bois et forêts qu'avec l'autorisation du gouvernement, sous peine d'une amende de 100 à 500 fr. et de la démolition dans le mois à dater du jugement qui l'aura ordonnée (*idem*, art. 155).

Sont exceptées des dispositions des trois articles précédens les maisons et usines qui font partie des villes, villages ou hameaux formant une population agglomérée, bien qu'elles se trouvent dans les distances ci-dessus fixées des bois et forêts (*idem*, art. 156).

§ II. — Recherche et constatation des délits.

Les agens, les arpenteurs et gardes forestiers recherchent et constatent, par procès-verbaux, les délits dans l'étendue du territoire pour lequel ils sont commissionnés. Les gardes sont autorisés à saisir les bestiaux trouvés en délit, les instrumens, voitures et attelages des délinquans, et à les mettre en séquestre, sans pouvoir néanmoins s'introduire dans les bâtimens ou enclos, si ce n'est en présence du juge de paix ou de son suppléant, du maire ou de son adjoint, ou du commissaire de police (*idem*, art. 160 et 161). Les gardes doivent arrêter et conduire devant le juge de paix ou devant le maire tout inconnu qu'ils auraient surpris en flagrant délit; les procès-verbaux que dressent les agens forestiers font foi jusqu'à inscription de faux (*idem*, art. 163 et 176).

§ III. — Mesures pour prévenir l'incendie des bois et forêts.

La nécessité de prévenir les incendies des bois et forêts, qui peuvent avoir des conséquences si désastreuses, a forcé d'établir quelques prohibitions que nous allons faire connaître.

Il est défendu d'allumer ou de porter du feu dans l'intérieur et à la distance de 200 mètres (100 toises environ) des bois et forêts, sous peine d'une amende de 20 à 100 fr., sans préjudice, en cas d'incendie (*voy.* ce mot), des peines portées par le Code pénal et des dommages-intérêts, s'il y a lieu (*idem*, art. 148).

Il est également défendu aux adjudicataires de coupes, leurs facteurs et ouvriers, d'allumer du feu ailleurs que dans leurs loges ou ateliers, à peine d'une amende de 10 à 100 fr., sans préjudice du dommage qui pourrait résulter de cette contravention (*idem*, art. 42).

§ IV. — Conservation des forêts.

Toute extraction ou enlèvement non autorisé de pierres, sable, minerai, terres, gazons, tourbe, bruyère, genêts, herbages, feuilles vertes ou mortes, engrais existans sur le sol des forêts, glands, faînes et autres fruits ou semences des bois et forêts donnera lieu à des amendes fixées comme il suit : Par charretée ou tombereau, de 10 à 30 francs pour chaque bête attelée; par chaque charge de bête de somme, de 5 à 15 fr.; par chaque charge d'homme, de 2 à 6 fr. (loi du 21 mai 1827, art. 144).

On a dû comprendre dans cet article l'enlèvement des feuilles mortes, qui deviennent un aliment du sol et qui servent à l'incubation des graines et semences, en protégeant, ainsi que les herbages, le développement des germes et des jeunes tiges, concourent au repeuplement des forêts. Les articles que nous allons rappeler punissent les délits forestiers.

§ V. — Bois de délits.

Pour réprimer les délits de coupe et d'enlèvement d'arbres du sol des forêts, la loi a admis la différence des essences; il a paru important au législateur, dans l'intérêt de la justice et de la répression des délits, de maintenir, pour la fixation des amendes, les distinctions commandées par la différence de valeur des essences ou espèces d'arbres.

La coupe ou l'enlèvement d'arbres ayant 2 décimètres de tour et au-dessus donnera lieu à des amendes qui seront déterminées dans les proportions suivantes, d'après l'essence et la circonférence de ces arbres.

Les arbres sont donc divisés en deux classes: la première comprend les chênes, hêtres, charmes, ormes, frênes, érables, platanes, pins, sapins, mélèzes, châtaigniers, noyers, aliziers, sorbiers, cormiers, merisiers et autres arbres fruitiers.

La seconde classe se compose des aunes, tilleuls, bouleaux, trembles, peupliers, saules et de toutes les espèces non comprises dans la première classe.

Si les arbres de la première classe ont 2 décimètres de tour, l'amende sera de 1 fr. pour chacun de ces 2 décimètres, et s'accroîtra ensuite progressivement de 10 c. par chacun des autres décimètres.

Si les arbres de la seconde classe ont 2 décimètres de tour, l'amende sera de 50 c. par chacun de ces 2 décimètres, et s'accroîtra ensuite progressivement de 5 c. par chacun des autres décimètres. La circonférence est mesurée à un mètre du sol (loi du 21 mai 1827, art. 192), parce qu'en les mesurant à 5 décimètres, comme autrefois, on s'exposait à ne pas obtenir leur véritable dimension, attendu qu'à cette distance du sol les arbres se trouvent augmentés de grosseur par des espèces de côtes accidentelles qui disparaissent à une élévation supérieure.

Si les arbres ont été enlevés et façonnés, le tour en sera mesuré sur la souche, et si la souche a été également enlevée, le tour sera calculé dans la proportion d'un cinquième en sus de la dimension totale des quatre faces de l'arbre équarri; lorsque l'arbre et la souche auront été enlevés, l'amende sera calculée suivant la grosseur de l'arbre abattu par le tribunal, suivant les documens du procès (*idem*, art. 193).

Indépendamment des amendes, il y a lieu à prononcer contre les délinquans des dommages-intérêts proportionnés au préjudice qu'a éprouvé le propriétaire, lesquels ne peuvent jamais être inférieurs à l'amende simple prononcée par le jugement (*idem*, art. 202). Les restitutions, dommages-intérêts appartiennent au propriétaire, l'amende et les confiscations toujours à l'état (*idem*, art. 204).

L'amende, pour coupe ou enlèvement de bois qui n'ont pas 2 décimètres de tour, est, pour chaque charretée, de 10 fr. par bête attelée, de 5 fr. par chaque charge de bête de somme, et de 2 fr. par fagot, foueé ou charge d'homme.

S'il s'agit d'arbres semés ou plantés dans les forêts depuis moins de 5 ans, la peine est de 5 fr. par chaque arbre, quelle qu'en soit la grosseur, et en outre d'un emprisonnement de 6 à 15 jours (*idem*, art. 194). La peine de l'emprisonnement a été ajoutée pour arbres semés ou plantés depuis moins de 5 ans, parce que le délit est plus grave, puisqu'il ne compromet pas seulement les produits de la pousse, mais qu'il ne tend à rien moins qu'à détruire les plantations elles-mêmes.

Quiconque arrache des plants dans les bois et forêts est puni d'une amende qui ne peut être moindre de 10 fr. ni excéder 300 fr. Si le délit a été commis dans un semis ou plantation exécutée de main d'homme, il est prononcé en outre un emprisonnement de 15 jours à un mois (*idem*, art. 195).

Ceux qui dans les forêts auront éhouppé, écorcé ou mutilé des arbres, ou qui en auront coupé les principales branches, seront punis comme s'ils les avaient abattus par le pied (*idem*, art. 196).

Quiconque enlève des châblis et bois de délit est condamné aux mêmes amendes et restitutions que s'il les avait abattus sur pied (*idem*, art. 197).

Dans le cas d'enlèvement frauduleux de bois ou d'autres productions du sol des forêts, il y a toujours lieu, outre les amendes, à la restitution des objets enlevés ou de leur valeur, et de plus, selon les circonstances, à des dommages-intérêts.

Les scies, haches, serpes, cognées et autres instrumens de même nature, dont les délinquans et leurs complices seront trouvés munis, seront confisqués (*idem*, art. 198).

§ VI. — Animaux trouvés en délit.

Les propriétaires d'animaux trouvés de jour en délit dans les bois de 10 ans et au-dessus seront condamnés à une amende de:

1 fr. pour un cochon;

2 fr. pour une bête à laine;

3 fr. pour un cheval ou autre bête de somme;

4 fr. pour une chèvre;

5 fr. pour un bœuf, une vache ou un veau.

Circonstances aggravantes. L'amende sera double si les bois ont moins de 10 ans, sans préjudice, s'il y a lieu, des dommages-intérêts (*idem*, art. 199). Les peines seront également doubles lorsque les délits ou contraventions auront été commis la nuit, ou que les délinquans auront fait usage de la scie pour couper les arbres sur pied (*idem*, art. 201).

§ VII. — Des usagers.

Les droits et les devoirs des usagers dans les bois de l'état sont réglés par leurs titres et par les dispositions de la section 8 du tit. III du Code forestier; la plupart de ces dispositions s'appliquent aussi aux droits d'usage dans les bois des communes et des particuliers.

Les chemins par lesquels les bestiaux doivent passer pour aller au pâturage ou au panage et en revenir doivent être désignés par les agens forestiers; si les chemins traversent des taillis ou des recrus de futaies non défensables, il pourra être fait à frais communs, entre les usagers et ceux qui doivent les droits d'usage, et d'après les indications des agens forestiers, des fossés suffisamment larges et profonds, ou toute autre clôture, pour empêcher les bestiaux de s'introduire dans les bois (loi du 27 mai 1827, art. 71).

Les communes ou sections de communes usagères sont responsables des délits commis par leurs pâtres ou gardiens, qui doivent être choisis par le maire et agréés par le conseil municipal; cette responsabilité n'a lieu toutefois qu'autant que le dommage a été commis dans les limites du parcours; elle ne s'étend pas aux amendes, mais seulement aux restitutions, dommages-intérêts et frais (*ordonn. d'exécut.*, art. 120, et loi du 21 mai 1827 art. 72).

Le troupeau de chaque commune usagère doit être conduit par un ou plusieurs pâtres communs, choisis par l'autorité municipale; en conséquence, les habitans des communes usagères ne peuvent conduire eux-mêmes ni faire conduire leurs bestiaux à garde séparée, sous peine de 2 francs d'amende par tête de bétail.

Les porcs ou bestiaux de chaque commune ou section de commune usagère formeront un troupeau particulier et sans mélange de bestiaux d'une autre commune ou section, sous peine d'une amende de 5 à 10 fr. contre le pâtre, et d'un emprisonnement de 5 à 10 jours en cas de récidive (loi du 27 mai 1821, art. 72).

Les porcs et bestiaux doivent être marqués d'une marque spéciale; cette marque devra être différente pour chaque commune ou section de commune usagère. Il y a lieu, par chaque tête de porc ou de bétail non marqué, à une amende de 3 fr. (*id.*, art. 73).

L'usager est tenu de déposer l'empreinte de la marque au greffe du tribunal de première instance, et le fer servant à la marque au bureau de l'agent local, le tout à peine de 50 fr. d'amende (*id.*, art. 74). Ce dépôt doit être fait avant l'époque fixée pour l'ouverture du pâturage et du panage; l'agent forestier local donne acte de ce dépôt à l'usager (ordonn. d'exécut., art. 121).

Les usagers doivent mettre des clochettes au cou des animaux admis au pâturage, sous peine de 2 fr. d'amende par chaque bête qui serait trouvée sans clochette dans les forêts (loi du 21 mai 1827, art. 75). La loi n'exige des clochettes que pour les animaux admis au *pâturage*; il s'ensuit qu'elles ne sont pas nécessaires pour les porcs admis à la glandée, et auxquels d'ailleurs il n'est pas d'usage d'en mettre.

Les porcs et les bestiaux des usagers trouvés hors des cantons déclarés défensables, ou désignés pour le panage, ou hors des chemins indiqués pour s'y rendre, donnent lieu contre le pâtre à une amende de 3 à 30 francs; en cas de récidive, le pâtre peut être condamné à une amende de 5 à 15 jours (*id.*, art. 76).

Il est défendu aux usagers de conduire au pâturage et au panage d'autres bestiaux que ceux employés à leur propre usage, ils ne peuvent y conduire les bestiaux dont ils font commerce, à peine d'amende double de celle portée au § précédent pour les animaux trouvés en délit (*id.*, art. 70 et 99).

Si les usagers introduisaient au pâturage un plus grand nombre de bestiaux et au panage un plus grand nombre de porcs que celui fixé par l'administration, il y aurait lieu à l'application des peines prononcés par l'art. 199 (*id.*, art. 77).

La conservation des forêts exige aussi qu'on empêche les chèvres ou moutons de pacager dans les bois; en conséquence, il est défendu aux usagers, nonobstant tous titres et possession contraires, de conduire ou faire conduire des chèvres, brebis ou moutons dans les forêts ou sur les terrains qi en dépendent, à peine, contre les propriétaires, d'une amende double de celle prononcée par l'art. 199, et contre les pâtres et bergers, de 15 fr. d'amende. En cas de récidive, le pâtre sera condamné, outre l'amende, à un emprisonnement de 5 à 15 jours (*id.*, art. 78). Cependant, comme il eût été injuste de priver de ce droit, sans indemnités, le propriétaire qui en jouissait en vertu d'un titre, la loi a prévu ce cas en statuant que ceux qui prétendraient avoir joui de cette espèce de pacage en vertu de titres valables, ou d'une possession équivalente à titre, pourront, s'il y a lieu, réclamer une indemnité qui sera réglée de gré à gré, ou, en cas de contestation, par les tribunaux (*id.*, art. 78). Enfin, comme dans quelques provinces, et particulièrement dans le midi de la France, il n'y a guère d'autres bestiaux que des moutons et d'autres pâturages que des forêts, on a cru devoir accorder au gouvernement le droit de modérer la rigueur de la prohibition; en conséquence, le pacage des moutons peut être autorisé, dans certaines localités, par ordonnance du roi (*id.*, art. 78). Les maires des communes usagères, et les particuliers jouissant des droits de pâturage ou de panage dans les forêts de l'état, doivent remettre à l'agent forestier local, avant le 31 décembre pour le pâturage et avant le 30 juin pour le panage, l'état des bestiaux que chaque usager possède, avec la distinction de ceux qui sont propres à son usage et de ceux dont il fait commerce (ordonn. d'exécut., art. 118). Il est défendu aux usagers de ramasser ou d'emporter des glands, faines ou autres fruits, semences ou productions des forêts, sous peine d'une amende double de celle prononcée par l'art. 144 du Code forestier, rapporté ci-dessus, § V de la présente section (loi du 21 mai 1827, art. 57 et 85).

Bois de chauffage ou à bâtir. Les usagers qui ont droit à des livraisons de bois, de quelque nature que ce soit, ne pourront prendre ces bois qu'après que la délivrance leur en aura été faite par les agens forestiers, sous les peines portées ci-dessus pour les bois coupés en délit (loi du 27 mai 1827, art. 79).

Les usagers qui n'ont d'autre droit que de prendre des bois morts, secs et gisans ne peuvent, pour l'exercice de ce droit, se servir de crochets ou ferremens d'aucune espèce, sous peine de 3 fr. d'amende (*idem*, art. 80).

Si les bois de chauffage se délivrent par coupe, l'exploitation en sera faite aux frais des usagers par un entrepreneur spécial nommé par eux et agréé par l'administration forestière.

Aucun bois ne peut être partagé sur pied ni abattu par les usagers individuellement, et les lots ne peuvent être faits qu'après l'entière exploitation de la coupe, à peine de confiscation de la portion de bois abattue afférente à chacun des contrevenans.

Les fonctionnaires ou agens, qui auraient permis ou toléré la contravention, seront passibles d'une amende de 50 fr. et demeureront en outre personnellement responsables, et sans aucun recours, de la mauvaise exploitation et de tous les délits qui pourraient avoir été commis (*idem*, art. 81).

Les entrepreneurs de l'exploitation des coupes délivrées aux usagers doivent se conformer à tout ce qui est prescrit aux adjudicataires pour l'usance et la vidange des ventes; ils sont soumis à la même responsabilité et passibles des mêmes peines en cas de contraventions Les usagers et communes usagères sont garans solidaires des condamnations prononcées contre lesdits entrepreneurs (*idem*, art. 82).

Les bois de chauffage qui se délivrent par stère sont mis en charge sur les coupes adjugées, et fournis aux usagers par les adjudicataires aux époques fixées par le cahier des charges.

Pour les communes usagères, la délivrance des bois de chauffage est faite au maire qui en fait effectuer le partage entre les habitans; lorsque les bois de chauffage se délivrent par coupes, l'entrepreneur de l'exploitation doit être agréé par l'agent forestier local (ordonn. d'exécut., art. 122).

Il est interdit aux usagers de vendre ou d'échanger les bois qui leur sont délivrés, et de les employer à aucune autre destination que celle pour laquelle le droit d'usage a été accordé.

S'il s'agit de bois de chauffage, la contravention donne lieu à une amende de 10 à 100 fr.

S'il s'agit de bois à bâtir ou de tout autre bois non destiné au chauffage, il y a lieu à une amende double de la valeur du bois, sans que cette amende puisse être au-dessous de 50 fr. (loi du 21 mai 1827, art. 83).

Aucune délivrance de bois pour constructions ou réparations ne sera faite aux usagers que sur la présentation du devis dressé par des gens de l'art et constatant les besoins.

Ces devis seront remis avant le 1er janvier de chaque année à l'agent forestier local, qui en donnera reçu; et le conservateur, après avoir fait effectuer les vérifications qu'il jugera nécessaires, adressera l'état de toutes les demandes de cette nature au directeur général en même temps que l'état général des coupes ordinaires pour être revêtus de son approbation.

La délivrance de ces bois sera mise en charge sur les coupes en adjudication et sera faite à l'usager par l'adjudicataire à l'époque fixée par le cahier des charges.

Dans le cas d'urgence, constatée par le maire de la commune, la délivrance pourra être faite en vertu d'un arrêté du préfet, rendu sur l'avis du conservateur. L'abattage et le façonnage des arbres auront lieu aux frais de l'usager, et les branchages et rémanens seront vendus comme menus marchés (ordonn. d'exécut., art. 123).

L'emploi des bois de construction devra être fait dans un délai de deux ans, lequel, néanmoins, pourra être prorogé par l'administration forestière; ce délai expiré, elle pourra disposer des arbres non employés (loi du 27 mai 1827, art. 84).

Tous usagers qui, en cas d'incendie, refuseront de porter des secours dans les bois soumis à leurs droits d'usage, peuvent être traduits en police correctionnelle, privés de ce droit pendant un an au moins et cinq ans au plus, et punis d'une amende depuis 6 fr. jusqu'à 10 fr. (*idem*, art. 147).

SECTION XIII.—*Des délits de chasse.*

Le droit de chasse touche aux plus hautes questions sociales, au droit de propriété et aux facultés qui en dérivent, à l'intérêt de l'agriculture et à la sécurité publique. Quelques personnes auraient désiré qu'on s'occupât de ce droit important lors de la discussion du Code forestier, mais on a fort bien fait remarquer que de pareilles questions étaient d'un ordre général, qu'elles appartenaient à la haute administration de l'état, et qu'elles ne pouvaient être traitées à l'occasion d'un code tout-à-fait spécial, préparé par une administration financière.

La chasse reste donc encore sous l'empire de la loi du 30 avril 1790 et de l'ordonnance des eaux et forêts de 1669.

L'ouverture de la chasse est réglée par les préfets. Il est défendu à toutes personnes même aux propriétaires et possesseurs de chasser dans les terres non closes, même en jachères, avant l'ouverture des chasses; dans les vignes, avant que les vendanges soient terminées; et le long des rivières, sous prétexte de tirer des hirondelles, à peine de 20 fr. d'amende (loi du 30 avril 1790, art. 1er, et ordonn. du 14 août 1807).

Il est aussi défendu à toutes personnes de chasser, en quelque temps et de quelque manière que ce soit, sur le terrain d'autrui sans son consentement, à peine de 20 fr. d'amende envers la commune du lieu, et d'une indemnité de 10 fr. envers le propriétaire des fruits, sans préjudice de plus amples dommages-intérêts s'il y a lieu (loi du 30 avril 1790, art. 1er). En conséquence, toute action dont le but est de prendre ou tuer, sur le terrain d'autrui, du gibier, quelle qu'en soit l'espèce, fût-il de poil ou de plume (art. 28, titre XXX de l'ordonn. de 1669), fût-il indigène ou exotique, oiseau de passage ou autre, est un délit punissable. Ainsi celui qui tue une corneille dans son nid établi dans un bois appartenant à un particulier est punissable (Cass., 13 nov. 1818), et même il a été jugé que le fait d'avoir tué dans une forêt un faisan à coups de bâton constituait un délit de chasse (*id m*, 2 juin 1817). D'après les mêmes principes, il n'est pas permis de suivre, sur le terrain d'autrui, le gibier qu'on a fait lever sur son propre terrain. Le gibier, tant qu'il est vivant et en liberté, n'appartient à personne; il ne devient la propriété du chasseur que lorsqu'il a été pris ou tué, ou qu'il est en sa possession (*Répert.*, MERLIN, voy. *Chasse* et divers arrêts).

Celui qui passe avec des chiens courans sur le terrain d'autrui, où il n'a pas permission de chasser, pour aller sur un terrain où ce droit lui appartient, est obligé de tenir ses chiens en *lesse*, ou bien de les attacher *deux à deux* (*Réglement de la Table de Marbre*, du 6 juillet 1707, et *Commentaire de* JOUSSE sur l'ordonn. de 1669).

Celui qui laisserait chasser ses chiens sur le terrain d'autrui, quoiqu'il ne fût pas présent et qu'il ne les eût pas dirigés, pourrait être poursuivi s'il y avait eu négligence de sa part, et à plus forte raison s'il avait excité ses chiens ou les avait dressés à chasser seuls.

Le tir au vol sur le terrain d'autrui est également prohibé; c'est en vain que le chasseur alléguerait qu'il n'a pas mis le pied sur le terrain d'autrui et qu'il n'a tiré sur aucun gibier étant sur un terrain appartenant à autrui, qu'il n'a tiré que sur des oiseaux qui étaient dans *les plaines de l'air*, il devrait être condamné par application de la loi du 30 avril 1790. Enfin, il faut aussi remarquer que la loi défend tout fait de chasse sur le terrain d'autrui, sans distinction entre les diverses espèces d'animaux sur lesquels le chasseur a pu tirer; c'est donc commettre une contravention punissable que de tuer sur le terrain d'autrui un oiseau de proie ou de passage, tel qu'un aigle, un épervier, un héron, un canard sauvage (Cass., 13 nov. 1818).

Tuer des lapins vivant en garenne ou des pigeons, sauf les cas que nous avons indiqués et où il est permis de les tuer sur son propre terrain et de leur tendre des lacs et des piéges, c'est commettre un véritable vol. Tirer sur des lapins vivant en liberté dans les bois ou champs ouverts appartenant à autrui, c'est commettre un délit de chasse ordinaire régi par la loi du 30 avril 1790.

Lorsqu'on chasse sur un terrain clos, le délit est plus grave, et l'amende et l'indemnité sont respectivement portées à 30 fr., et à 15 fr. si le terrain est entouré de murs ou de haies, et à 40 fr. et 20 fr. dans le cas où le terrain clos tiendrait immédiatement à une habitation.

Au surplus, ces dispositions n'empêcheraient pas l'application des autres lois qui protégent les citoyens et leurs propriétés; ainsi, s'il y avait eu violation de clôture et que, pour se frayer un passage, le chasseur les ait endommagées, les peines que nous avons indiquées, et qui sont réservées par la loi à ce genre de délit, devraient recevoir leur application (*idem*, art. 2).

Le contrevenant qui n'aura pas, huitaine après la signification du jugement, satisfait à l'amende prononcée contre lui, sera contraint par corps et détenu en prison pendant 24 heures pour la première fois; pour la seconde pendant huit jours; et pour la troisième et ultérieures contraventions pendant trois mois (*idem*, art. 4).

Dans tous les cas, les armes avec lesquelles la contravention a été commise doivent être confisquées; mais la loi, pour prévenir les résistances qui amèneraient des luttes sanglantes, a défendu aux gardes de désarmer les chasseurs (*idem*, art. 5). Les père et mère répondent des délits de chasse de leurs enfans mineurs de 20 ans, non mariés et domiciliés avec eux, sans pouvoir, toutefois, être contraints par corps à raison de ces délits (*idem*, art. 6).

Lorsque les délinquans sont masqués ou déguisés, ou qu'ils n'ont aucun domicile connu, ils doivent être arrêtés sur-le-champ, à la réquisition du maire (*idem*, art. 7).

Les peines et contraintes sont prononcées sommairement à l'audience, d'après le rapport des gardes champêtres ou de chasse, sauf l'appel; elles ne peuvent l'être que sur la plainte du propriétaire ou autre partie intéressée; mais si la chasse avait eu lieu en temps prohibé, le procureur du roi pourrait poursuivre d'office (*idem*, art. 8). Les municipalités sont autorisées à nommer des gardes-chasse; elles peuvent aussi charger les gardes champêtres de ce soin. Les rapports des gardes-chasse sont dressés par écrit; ils peuvent aussi être faits de vive voix au greffe de la mairie où il doit en être tenu registre; dans tous les cas, ils doivent être affirmés dans les 24 heures entre les mains du maire ou de son adjoint; ils ne font foi que jusqu'à preuve contraire (*idem*, art. 10). Il peut aussi être suppléé auxdits rapports par la déposition de deux témoins (*idem*, art. 11).

La chasse a toujours été considérée comme un droit inhérent à la propriété et qui ne pouvait en être détaché sans le consentement positif et formel du propriétaire. Aussi, plusieurs arrêts ont-ils décidé que le bail des terres fait à un fermier n'entraînait pas renonciation au droit de chasse et que le propriétaire pouvait en continuer l'exercice, ce droit ne faisant pas partie de ceux conférés au fermier par le bail. Cependant, en Angleterre, où les propriétaires sont si jaloux de leurs droits de chasse, l'intérêt de l'agriculture a fait modifier ces principes. Un acte du parlement a rappelé, c'est-à-dire aboli, les statuts I et II de Guillaume IV, chap. 32. Il en résulte que, dans tous les baux passés après la promulgation de cet acte du pouvoir législatif, le fermier a de droit la jouissance exclusive de la chasse sur les terres qui lui sont affermées. L'intérêt de notre agriculture et l'abus facile que le propriétaire peut faire des droits de chasse nous commanderont une mesure analogue à celle qui vient d'être adoptée par les Anglais.

Dans l'état actuel des choses, le propriétaire peut donc chasser et accorder droit de chasser à ses amis sur ses terres affermées; mais ces permissions sont personnelles et ne peuvent être transmises à d'autres par ceux qui les ont obtenues. Toutefois, si le droit de chasse résultait d'une convention écrite, faite entre le propriétaire et une autre personne, ce droit pourrait être transmis par celui auquel il appartiendrait.

Quoique le fermier n'ait pas obtenu le droit de chasse par son bail, il a toujours le droit de poursuivre ceux qui, sans permission, chasseraient dans ses récoltes (cour d'Aix, 13 janvier 1825).

En tous cas, le fermier qui éprouve quelque dommage, par suite de l'exercice des droits de chasse, peut par action civile réclamer une indemnité.

Il est permis aux propriétaires de chasser en tout temps dans leurs terrains clos, dans leurs bois et forêts, et dans leurs lacs et étangs, mais sans pouvoir se servir de chiens courans pour chasser dans les bois et forêts, lacs et étangs non clos, parce que ces chiens font lever le gibier et le poursuivent dans les champs ensemencés, les récoltes ou les vignes. Pour autoriser la chasse en tout temps, il faut que le terrain soit entouré de murs ou de haies vives (*idem*, art. 13 et 14).

Le droit de propriété entraîne nécessairement le droit de la préserver de toute agression étrangère. Il est donc permis aux propriétaires ou possesseurs et même aux fermiers de détruire le gibier dans ses récoltes non closes, en se servant de filets ou autres engins qui ne puissent pas nuire aux fruits de la terre, comme aussi de repousser avec les armes à feu les bêtes fauves qui s'introduiraient dans lesdites récoltes (*idem*, art. 15).

Diverses lois ou décisions administratives ont accordé des primes ou récompenses à ceux qui tuent les loups; d'après les décisions ministérielles des 25 septembre 1807, et 9 juillet 1808, elles sont de 18 fr. pour une louve pleine, 15 fr. pour une louve non-pleine, 12 fr. par loup et 6 fr. par louveteau; mais elles peuvent être augmentées à cause des circonstances qui ont accompagné la destruction de l'animal; cette augmentation est réglée par le ministre de l'intérieur, sur la proposition du préfet (instruct. du ministre de l'int. du 9 juillet 1808). Pour obtenir cette prime, la mort du loup doit être constatée par le maire de la commune où il a été tué; la tête en est coupée et envoyée, avec le procès-verbal du maire, au préfet, qui délivre un mandat sur le receveur du département.

Les moyens les plus efficaces pour détruire les animaux malfaisans sont les chasses appelées *battues*; elles doivent être ordonnées par les préfets toutes les fois qu'ils les jugent nécessaires (arrêté du 19 pluviôse an V).

Plaisirs du roi. Il est défendu de chasser dans les forêts et parcs appartenant au roi; les délits de chasse dans les plaisirs du roi sont soumis à l'ordonnance de 1669 (C. de cass. 30 mai 1822 et autres).

Bois de l'état. Enfin la chasse sans permis est défendue dans les bois nationaux à tous individus sans distinction; il est également défendu de prendre dans les forêts, buissons et plaisirs, aucun *aire d'oiseaux*, de quelque espèce que ce soit, en tout autre lieu, les *œufs de caille, perdrix ou faisans*, comme aussi d'entrer et demeurer la nuit dans les bois, de détruire le gibier avec *lacs*, *tirasses*, *tonnelles*, *traîneaux* et autres engins, à peine de 100 liv. d'amende pour la première fois, et du double en cas de récidive (ordonn. des eaux et forêts de 1669, tit. XXX, art. 4 et 8).

Section XIV. — *Du port d'armes*.

Il y a des armes défendues à toutes personnes; ce sont: les stylets, tromblons, pistolets à vent (décret du 2 nivôse an XIV), et toutes autres armes offensives, cachées ou secrètes (déclarat. du 23 mars 1728; décret du 12 mars 1806). Ceux qui en sont trouvés porteurs sont passibles d'une amende de 500 livres et de 6 mois de prison.

Le port d'armes non prohibées est un droit qui appartient à tous les citoyens; c'est l'exercice d'un droit civique, qui ne peut être arraché que par l'arbitraire (*voy.* dissert. de Toullier, t. IV, p. 13 et suiv.); il n'est interdit qu'aux vagabonds et gens sans aveu.

Mais un régime particulier a été introduit à l'égard des armes de chasse. Le décret du 11 juillet 1810 a soumis le port d'armes de chasse à un permis, dont le prix, fixé à 30 fr. par ce décret, a été réduit à 15 fr. par la loi des finances du 28 avril 1816, et par toutes celles qui se sont succédé depuis.

La loi n'ayant pas défini le fait de chasse s'en est rapporté aux tribunaux pour le déterminer; c'est un fait d'appréciation qu'ils doivent juger en leur ame et conscience, suivant les circonstances.

Le port d'armes sans permis est une contravention qui doit être punie par le tribunal correctionnel d'une amende qui ne peut être moindre de 30 fr. ni excéder 60 fr. (décrets des 11 juillet 1810 et 4 mai 1812), lors même que le fait de chasse qui l'accompagne n'est pas illicite. Ainsi, un propriétaire qui chasse sur son propre terrain, même en temps non prohibé, sans port d'armes, est passible des peines prononcées par le décret (Cass., 27 février 1827).

On n'excepte de la nécessité du port d'armes que la chasse dans les enclos attenans à une habitation; mais cette exception ne peut être invoquée par celui qui chasse dans ses bois non clos.

Le fait de chasse sans permis de port d'armes et dans un temps prohibé constitue deux délits, passibles de deux peines différentes; le contrevenant doit donc être condamné aux peines prononcées contre ces deux délits par le décret du 30 avril 1790 et celui du 4 mai 1812 (*Commentaire de* Jousse sur l'ordonnance de 1669, titre XXX, art. 18, Cour de cass., 4 décembre 1812 et 1er octobre 1813). Toutefois, cette jurisprudence nous paraît contraire aux dispositions de l'article 365 du Code d'instruction criminelle qui porte : en cas de conviction de plusieurs délits, la peine la plus forte sera prononcée. La cour de cassation a elle-même jugé, le 4 mai 1821, que lorsque le délit de port d'armes se trouve joint au délit de chasse dans une forêt royale, l'amende de 100 fr. que prononce l'ordonnance de 1669 contre ce dernier délit devait seule être appliquée.

Pour être à l'abri des peines portées par le décret du 4 mai 1812 il ne suffirait pas que le chasseur fût en réclamation pour obtenir le permis, il doit l'avoir obtenu (Cass. 11 février 1820); c'est en vain qu'il justifierait de la quittance du receveur de l'enregistrement constatant qu'il a acquitté les droits, s'il n'avait pas encore obtenu le permis. Les prévenus du délit de chasse sans permis de port d'armes, ne pourraient pas être excusés, sous prétexte qu'ils n'ont chassé que le renard (Cass. 1er juillet 1826).

En cas de récidive, l'amende est de 60 fr. au moins et de 120 fr. au plus; le tribunal peut en outre prononcer un emprisonnement de 6 jours à un mois (décret du 4 mai 1812, art. 2); dans tous les cas, il y a lieu à la confiscation des armes, et si elles n'ont pas été saisies le délinquant sera condamné à les rapporter au greffe ou à en payer la valeur, qui sera fixée par le jugement, sans que cette fixation puisse être au-desous de 50 fr. (*id.*, art.3).

D'après le décret du 11 juillet 1810, la délivrance des permis de port d'armes appartient aux préfets. Indépendamment des pièces à fournir pour justifier la demande d'un permis de port d' armes de chasse, on doit produire un bulletin du receveur de l'enregistrement du chef-lieu de l'arrondissement, constatant qu'on a acquitté le droit. Si le permis est refusé, le droit doit être restitué; mais il n'y a pas lieu à restitution s'il est retiré par mesure de police (circ. du ministre des finances du 20 sept. 1820).

Tout chasseur qui s'éloigne du garde, ou ne lui exhibe pas son permis à sa première réquisition, est présumé en contravention; le garde peut alors dresser procès-verbal. Si l'inculpé justifie devant le tribunal qu'il était en règle, il doit être renvoyé de la plainte, mais condamné aux dépens, car il a commis une faute dont il doit répondre.

Le permis de port d'armes est valable pendant un an; il peut servir partout où le chasseur a la permission ou le droit de chasser (décret du 11 juillet 1810, art. 2). Le permis de port d'armes est personnel, il ne peut servir qu'à celui qui l'a obtenu; un autre ne peut l'invoquer, fût-il parent de celui qui l'a obtenu. Il ne peut non plus être cédé à un étranger, même à prix d'argent.

Section XV. — *Des délits de pêche fluviale.*

La pêche est un droit qui constitue une propriété dont la violation doit être réprimée; aussi la loi du 15 avril 1829 punit-elle d'une amende de 20 fr. au moins et de 100 fr. au plus, indépendamment des dommages-intérêts, tout individu qui se livre à la pêche, sur les fleuves ou rivières navigables ou flottables, canaux, ruisseaux ou cours d'eau quelconques, sans la permission de celui auquel le droit appartient. Il y a lieu en outre à la restitution du poisson pêché en délit, et la confiscation des filets et engins de pêche peut être prononcée (loi citée, art. 5).

Il est pourtant un mode de pêche que les pénalités ne doivent pas atteindre; c'est celui à la ligne flottante, tenue à la main. Toutefois on ne peut jouir de cette faculté que dans les rivières ou canaux ou la pêche appartient à l'État, le temps du frai excepté (*idem*); la pêche constituerait un délit si elle avait lieu, même à la ligne flottante tenue à la main, si le cours d'eau appartenait à un particulier.

On distingue deux espèces de ligne: les *lignes dormantes*, dont une extrémité est fixée au fond de l'eau, tandis que l'autre est attachée à un corps solide, et qui sont garnies d'hameçons dans toute leur longueur; et les *lignes flottantes*, formées d'un long fil qui flotte sur la surface de l'eau et à l'extrémité inférieure duquel on place un ou plusieurs hameçons; les lignes flottantes peuvent être attachées à un corps solide ou tenues à la main au moyen d'une perche ou canne. Ce ne sont que celles de la dernière espèce qui sont autorisées par la loi.

Le poisson parcourant successivement tout le domaine des eaux courantes n'appartient pas plus à telle rivière ou à telle portion de rivière qu'à telle autre; au temps du frai, il remonte souvent jusque dans les petits ruisseaux; il préfère alors les lits les plus resserrés, et notamment ceux dont les eaux sont limpides et ombragées d'arbustes. Il ne peut être permis aux propriétaires riverains des rivières et ruisseaux qui ont le droit de pêche, ni d'attaquer le poisson au temps de sa reproduction, ni d'employer pour le prendre, en quelque temps que ce soit, des moyens qui pourraient dépeupler les rivières, ni de chercher à le fixer dans des parties du cours d'eau qui traversent ou bordent leurs propriétés, par des barrages, grilles et autres ouvrages qui l'empêcheraient entièrement de monter ou de descendre dans les autres parties des rivières ou ruisseaux. Les mêmes prohibitions doivent être appliquées aux fermiers de la pêche et aux porteurs de licence, dans les rivières navigables, pour qu'aucun d'eux n'entreprenne rien dans son cantonnement de contraire à l'intérêt général. Il est donc interdit à toute personne de placer dans les rivières, canaux et ruisseaux, aucun barrage, appareil ou établissement quelconque de pêcherie ayant pour objet d'empêcher entièrement le passage du poisson, sous peine d'une amende de 50 à 500 fr., des dommages-intérêts, et de la saisie et destruction des appareils (*id.*, art. 24). La destruction du poisson au moyen de drogues ou poisons est également punie de peines sévères, et quiconque jette dans les eaux des drogues ou appâts qui sont de nature à enivrer le poisson ou à le détruire, est puni d'une amende de 30 fr. à 300 fr. et d'un emprisonnement de 1 à 3 mois (*id.*, art. 25).

La loi ne s'occupe que du fait d'empoisonnement des poissons des eaux courantes; l'empoisonnement des poissons des étangs constitue un délit d'une nature particulière, qui est puni de peines plus graves par l'art. 452 du Code pénal, ainsi conçu : Quiconque aura empoisonné des poissons dans des étangs, viviers ou réservoirs, sera puni d'un emprisonnement de 1 an à 5 ans et d'une amende de 16 fr. à 300 francs. Les coupables peuvent être mis par le jugement sous la surveillance de la haute police pendant 2 ans au moins et 5 ans au plus.

L'ordonnance de 1669 défendait à toute personne de jeter dans les rivières aucune chaux, noix vomique, coque du levant, momie ou autres drogues ou appâts. La loi nouvelle s'est abstenue avec raison de toute énumération.

Des ordonnances déterminent les temps, saisons et heures pendant lesquels la pêche est interdite dans les rivières ou cours d'eau quelconques, les procédés qui sont interdits et les dimensions des filets, et quiconque viole ces ordonnances est puni d'une amende de 30 fr. à 200 fr. (*id.*, art. 26 et 27). Si le délit a eu lieu pendant le temps du frai, l'amende sera de 60 fr. à 200 fr. (*id.*, art. 28).

Les mêmes peines sont prononcées contre ceux qui se serviraient, pour une autre pêche, de filets permis seulement pour celle du poisson de petite espèce.

Ceux qui seront trouvés porteurs ou munis, hors du lieu de leur domicile, d'engins ou instrumens de pêche prohibés, pourront être condamnés à une amende qui n'excédera pas 20 fr. et à la confiscation des engins ou instrumens de pêche, à moins qu'ils ne soient destinés à la pêche dans les étangs et réservoirs (*id.*, art. 29).

Quiconque pêchera, colportera ou débitera des poissons qui n'auront pas les dimensions déterminées par les ordonnances, sera puni d'une amende de 20 à 50 fr. et de la confiscation desdits poissons. Sont néanmoins exceptées de cette disposition les ventes de poissons provenant des étangs et réservoirs. Sont considérés comme étangs et réservoirs les fossés et canaux appartenant à des particuliers, dès que les eaux cessent de communiquer avec les rivières (*id.*, art. 30).

La même peine est prononcée contre les pêcheurs qui appâtent leurs hameçons, nasses, filets et autres engins, avec des poissons des espèces prohibées par les ordonnances (*id.*, art. 31).

Les fermiers de la pêche et porteurs de licences, leurs compagnons et gens à gages, ne peuvent faire usage d'aucun filet ou engin quelconque qu'après qu'il a été plombé et marqué par les agens de l'administration de la police de la pêche. Les délinquans sont punis d'une amende de 20 fr. pour chaque filet ou engin non plombé ou marqué (*id.*, art. 32).

Les contre-maîtres, les employés de balisage et les mariniers qui fréquentent les fleuves, rivières et canaux navigables et flottables, ne peuvent avoir dans leurs bateaux ou équipages aucun filet ou engin de pêche, même non prohibés, sous peine d'une amende de 50 fr. et de la confiscation; ils sont tenus de souffrir la visite des agens de pêche, sous la même peine (*id.*, art. 33).

SECTION XVI. — *Des dégradations des propriétés communales.*

Les cultivateurs, ou tous autres qui auront dégradé ou détérioré de quelque manière que ce soit des chemins publics, ou usurpé sur leur largeur, seront condamnés à la réparation et restitution, et à une amende qui ne peut être moindre de 3 liv. ni excéder 24 liv. (loi du 28 septembre 1791, tit. II, art. 40); et ceux qui, sans y être autorisés, auront enlevé des chemins publics des gazons, terres ou pierres, ou qui, dans les lieux appartenant aux communes, auraient enlevé les terres ou matériaux, à moins qu'il n'existe un usage général qui l'autorise, seront condamnés à une amende de 11 à 15 fr. (loi du 28 avril 1832, art. 100 et nouv. C. pén., 476).

Les faits de dégradation et de détérioration punis par la loi du 28 septembre 1791 ne sont pas identiquement les mêmes que ceux punis par la loi du 28 avril 1832. Les dispositions de ces deux lois doivent donc continuer à co-exister.

Les chemins dont la dégradation est punie par la loi du 28 septembre sont les chemins vicinaux et communaux; la dégradation des grandes routes et la manière de constater ces délits sont réglées par la loi du 29 floréal an X.

L'application de l'article 40, titre II de la loi du 28 septembre 1791, doit être faite par les tribunaux correctionnels (ainsi jugé par un grand nombre d'arrêts); mais le fait d'usurpation, lorsque les chemins ont été reconnus par le préfet, est de la compétence du conseil de préfecture.

Les gazons, les terres et les pierres des chemins vicinaux ne peuvent être enlevés, si ce n'est par suite d'un usage établi dans la commune pour les besoins de l'agriculture et non aboli par délibération du conseil municipal.

SECTION XVII. — *De la récidive.*

La récidive est toujours une circonstance aggravante du délit; elle donne lieu, suivant la nature des lois qui prononcent les peines, soit au *maximum* de l'amende, soit au double, au triple ou au quadruple de l'amende, et ainsi de suite; en certains cas elle entraîne même la peine d'emprisonnement.

Il y a récidive dans tous les cas prévus par le Code pénal et la loi du 28 avril 1832, qui le modifie, ainsi que pour les délits de chasse et de port d'armes punis par les lois du 30 avril 1790 et 4 mai 1812, lorsqu'il a été rendu contre le contrevenant, dans les douze mois précédens, un jugement pour contravention de police commise dans le ressort du même tribunal (loi du 28 avril 1832, art. 102). Pour les délits ruraux, punis par la loi du 28 septembre 1791, il suffit que le délinquant ait, dans un temps quelconque, subi une condamnation pour délit semblable, pour être en état de récidive.

En cas de récidive, la peine doit être appliquée au *maximum*, à l'exception des peines prononcées par la loi du 28 septembre 1791, qui doivent être doublées; pour les délits de chasse, elles sont triplées pour la troisième fois, et la même progression est suivie pour les contraventions ultérieures (loi du 30 avril 1790, art. 3). En cas de récidive pour port d'armes sans permis, un emprisonnement de 6 jours à 1 mois peut aussi être prononcé (décret du 4 mai 1812, art. 1er). Pour les délits forestiers et de pêche fluviale, la peine est seulement doublée en cas de récidive (loi du 21 mai 1827, art. 201, et du 15 avril 1829 art. 69).

Quelques cours royales avaient décidé que la peine de la récidive devait être appliquée au délit de port d'armes, joint au fait de chasse, toutes les fois qu'il y avait eu une première condamnation, quelle que fût l'époque où elle était intervenue; mais la cour de cassation, par arrêt du 25 juillet 1834, a proscrit cette doctrine en décidant que le décret du 4 mai 1812 se taisant sur le cas où la récidive est encourue et renvoyant à l'exécution de la loi du 30 avril 1790, c'est cette dernière loi qu'il faut consulter pour caractériser la récidive, en cas de délit de chasse, et que cette loi n'applique les peines de la récidive que lorsque la condamnation a été prononcée dans le cours de la même année (*voy.* ci-dessus, port d'armes).

SECTION XVIII. — *De la prescription des actions pénales et des peines.*

Cette section sera divisée en deux paragraphes; dans le premier nous examinerons les délais dans lesquels l'action pénale se prescrit, dans le second, les délais après lesquels les peines prononcées par les tribunaux sont prescrites.

§ Ier. — De la prescription des actions pénales.

La prescription des actions pénales s'acquiert par un laps de temps plus ou moins long, suivant la nature des délits et des lois qui les punissent.

Ainsi, en matière rurale, toutes les actions pour réparations de délit, punies par les lois du 30 avril 1790 et 28 septembre 1793, se prescrivent par l'expiration du délai d'un mois; (lois du 28 sept. 1791, titre VII, art. 8; du 30 avril 1790, art. 12; et arrêts des 14 germinal an XIII, 6 floréal an XI et 12 février 1821).

Quant aux actions punies par le Code pénal et par la loi du 28 avril 1832, elles se prescrivent suivant les distinctions suivantes.

L'action publique et l'action civile, résultant d'un crime de nature à entraîner la peine de mort, ou des peines afflictives perpétuelles, ou de tout autre crime emportant peine afflictive ou infamante, sont prescrites après 10 ans révolus, à compter du jour où le crime aura été commis, si dans cet intervalle il n'y a été fait aucun acte d'instruction ou de poursuite.

S'il a été fait dans cet intervalle des actes d'instruction ou des poursuites non suivies de jugement, il y a prescription après 10 ans révolus, à compter du dernier acte, à l'égard même des personnes qui ne seraient pas impliquées dans cet acte d'instruction ou de poursuites (C. d'instr. crim., 637).

Dans les deux cas exprimés par l'art. 637 du C. d'instr. crim. ci-dessus rappelé et suivant les distinctions d'époques qui y sont établies, la durée de la prescription sera de 3 années révolues, s'il s'agit d'un délit de nature à être puni correctionnellement (C. d'instr. crim., 638).

L'action publique et l'action civile, pour une contravention de police, sont prescrites après 1 année révolue, à compter du jour où elle aura été commise, même lorsqu'il y a eu procès-verbal, saisie, instruction ou poursuites, si, dans cet intervalle, il n'est pas intervenu de condamnation; s'il y a eu un jugement définitif de première instance de nature à être attaqué par la voie de l'appel, l'action publique et l'action civile se prescriront après une année révolue, à compter de la notification de l'appel qui en aura été interjeté (*idem*, 640).

En matière forestière, les actions en réparation de délits et contraventions se prescrivent par trois mois, à compter du jour où les délits et contraventions ont été constatés, lorsque les prévenus sont désignés par les procès-verbaux; dans le cas contraire, le délai de prescription est de six mois, à compter du même jour (loi du 21 mai 1827, art. 185).

Enfin, en matière de pêche, les actions en réparation de délits se prescrivent par un mois, à partir du jour où les délits ont été constatés, lorsque les prévenus ont été désignés dans les procès-verbaux; dans le cas contraire, le délai de la prescription est de trois mois, à compter du même jour (loi du 15 avril 1829, art. 62).

Ces délais de prescription ne s'appliquent cependant pas aux contraventions, délits et malversations, commis par les agens, préposés ou gardes de l'administration dans l'exercice de leurs fonctions. Les délais de la prescription, à l'égard de ces préposés et de leurs complices, sont les mêmes que ceux qui sont déterminés par le Code d'instruction criminelle (lois des 21 mai 1827, art. 186, et 15 avril 1829, art. 63).

Au surplus, les dispositions du Code d'instruction criminelle sur la poursuite des délits, contraventions s'appliquent en général aux délits forestiers et de pêche fluviale, sauf les exceptions que nous avons fait connaître (lois citées, art. 64 et 187).

Actes d'instruction et de poursuites qui inter-

rompent la prescription. La plainte, même en police correctionnelle, interrompt la prescription, si le plaignant a consigné sa plainte dans une citation et a saisi le tribunal, conformément à l'art. 182 du C. d'instr. crim.; mais il n'en est pas de même de la dénonciation (BOURGUIGNON, *Jurisprudence des Codes crim.*, t. II, p. 535).

Un procès-verbal de constatation de délit interrompt aussi la prescription, pourvu qu'il ait été rédigé par un officier judiciaire dont le procès-verbal puisse faire foi jusqu'à inscription de faux. Les procès-verbaux des simples gendarmes et sous-officiers de gendarmerie ne produisent pas cet effet (le même auteur, *loco citato*).

Il suffit, pour que la prescription cesse de courir, que les actes qui ont été faits aient eu pour objet de constater le crime ou le délit; il n'est pas nécessaire qu'ils aient été dirigés contre des individus déterminés (Cass., 16 déc. 1813).

Une citation nulle, et en général un acte nul de quelque nature qu'il soit, ne peut interrompre la prescription (C. c., 2247).

Mais il n'en est pas de même de la citation donnée devant un juge incompétent, quoique l'incompétence soit matérielle, l'art. 2246 du C. civ. renfermant sur ce point une règle générale, et la citation en justice donnée même devant un juge incompétent interrompant la prescription.

En matière correctionnelle, la citation donnée quoique dans un temps trop court, saisit le tribunal et forme un acte capable d'interrompre la prescription. La nullité prononcée par l'art. 184 du C. d'inst. crim. ne portant que sur le jugement et non sur la citation, tandis qu'en matière de simple police la nullité, aux termes de l'art. 146 du même Code, portant simultanément sur la citation et le jugement, la prescription ne saurait être interrompue lorsqu'il y a nullité du jugement (Cass. 25 février 1819).

§ II. — Prescription des peines prononcées.

Les peines portées par les arrêts et jugemens rendus en matière criminelle se prescrivent par 20 ans révolus à compter de la date des arrêts et jugemens (C. d'instruction crim. art. 635).

La prescription des peines se compte par jour et non par heure, elle n'est pas, dans ce cas, susceptible d'interruption et n'est acquise que lorsque le dernier jour du terme est accompli; elle a lieu en faveur du *contumax* comme du condamné par jugement contradictoire; elle éteint les condamnations pénales, mais non les condamnations civiles, qui ne se prescrivent que d'après les règles établies par le C. civ. (*id.*, art. 642). Elle ne réintègre pas le condamné dans ses droits pour l'avenir (C. civ., 32). Il ne peut résider dans le département où demeure celui contre lequel le crime a été commis, ou ses héritiers en ligne directe (*id.*, art. 635).

Les peines portées par les arrêts ou jugemens rendus en matière correctionnelle, se prescrivent par 5 ans révolus, à compter de la date de l'arrêt ou du jugement rendu en dernier ressort; et à l'égard des peines prononcées par les tribunaux de première instance, à compter du jour où ils ne pourront plus être attaqués par la voie de l'appel (*idem*, art. 636).

Lorsque le jugement de condamnation a été rendu en première instance, le délai de cinq ans pour prescrire court de l'expiration des dix jours accordés par l'art. 203, pour appeler, sans avoir égard au délai de deux mois accordé au ministère public par l'art. 205; la prescription de cinq ans ne peut être interrompue que par des poursuites faites en exécution du jugement de condamnation, à la requête du procureur du roi (Cass. 8 janvier 1822).

Du reste, la prescription de cinq ans ne s'applique pas non plus aux condamnations civiles, qui restent soumises aux prescriptions établies par le Code civil (*idem*, art. 642).

Quoique la prescription des actions et des peines soit plus spécialement du domaine de la procédure ou de l'instruction criminelle, nous avons pensé que les notions élémentaires que nous venons de présenter sur ce sujet trouvaient ici leur place naturelle et terminaient convenablement l'œuvre que nous avons entreprise. Nous avons, le premier, essayé de classer méthodiquement la législation rurale, et cet essai suffira pour faire voir toute la difficulté de cette classification et combien elle était nécessaire. La loi rurale entoure de toute part le cultivateur, elle le punit, le menace ou le protége à chaque instant de sa vie; l'ignorer était donc chose dangereuse, mais la connaître était, jusqu'ici, chose impossible à tous les citoyens qui ne peuvent pas faire de l'étude du droit leur occupation spéciale. Nous espérons que notre travail répandra dans nos campagnes la connaissance si nécessaire de cette partie de notre législation.

Notre classification aura encore, nous l'espérons au moins, un autre avantage, ce sera de démontrer que si on élève chaque jour des réclamations si énergiques contre *l'extrême imperfection* de nos lois rurales, c'est parce que l'on ne les connaissait que fort imparfaitement. Sans doute elles sont encore incomplètes; plusieurs réformes que nous avons indiquées sont nécessaires : ainsi, la suppression de la vaine pâture, une loi sur les chemins vicinaux mieux en harmonie avec nos mœurs, une autre loi sur les réunions des propriétés morcelées, ce sujet important qui malheureusement ne fixe pas encore assez l'attention publique, une loi nouvelle sur les desséchemens de marais, et quelques autres améliorations sont certainement fort désirables; mais nous pensons qu'il faut procéder à ces réformes utiles avec une sage maturité; qu'il y a des points importans sur lesquels les idées ne sont pas encore fixées, ni le jugement et l'expérience des agronomes assez mûrs pour pouvoir les traiter avec perfection. En précipitant ces mesures, on risquerait encore de faire des lois imparfaites, et les besoins de réforme ne nous paraissent pas assez pressans pour que l'on n'apporte pas à la confection de ces lois toute la réflexion et toute la maturité qu'elles exigent.

LÉOPOLD MALEPEYRE.

ADMINISTRATION RURALE.

INTRODUCTION.

Abandonnée pendant long-temps à l'empire des circonstances et soumise à une routine empirique, l'agriculture, en France, a commencé seulement de nos jours à suivre une marche plus rationnelle et plus en harmonie avec les progrès des sciences et de la civilisation. Mais en améliorant ainsi les méthodes de culture et en portant la lumière dans diverses branches de l'industrie agricole, on n'a pas tardé à s'apercevoir que le perfectionnement des méthodes, et les applications les plus heureuses des faits découverts dans les sciences physiques ou naturelles, n'étaient pas les seuls élemens d'un progrès certain et le gage d'un avenir prospère; que, de plus, il était nécessaire de recueillir tous les faits généraux d'expérience qui se présentaient dans la pratique, de les coordonner, d'en déterminer les rapports, les limites, les conséquences et d'en former un corps de doctrines propres à éclairer la marche de l'agriculteur qui débute dans la carrière, à servir de flambeau à celui qui a vielli dans l'exercice de cette industrie, et enfin a donner aux opérations de l'un et de l'autre une certitude de succès et une régularité dans la marche qu'elles n'avaient point présenté jusqu'alors. D'un autre côté, les progrès des sciences économiques ont aussi permis de faire d'heureuses applications de leurs théories à la production agricole, et c'est des faits généraux empruntés à l'expérience, des inductions qu'en a tirées le raisonnement et des applications qu'a fournies l'économie politique, qu'est resulté une nouvelle branche des sciences agricoles, qu'on a désignée sous le nom d'*administration rurale*, d'*économie* ou d'*administration de l'agriculture*.

Une administration rurale fondée sur les meilleurs principes est aujourd'hui la seule base solide de toute bonne agriculture. En vain vous adopteriez les systèmes de culture les plus vantés, en vain vous mettriez en pratique les procédés les plus accrédités et ceux qui ont donné les résultats les plus heureux, vous ne pourrez espérer un succès constant si les principes d'une administration sévère, méthodique et régulière ne servent à guider vos pas dans la carrière si fertile en revers que vous parcourez. C'est en effet la science de l'administration agricole qui nous enseigne à l'avance à ne pas compromettre notre fortune dans des entreprises hasardeuses, à connaître les avances de capitaux auxquelles il faudra nous résoudre suivant les besoins, à calculer nos ressources, évaluer les frais d'une opération, apprécier les bénéfices, vérifier les pertes et éviter les mécomptes. C'est elle encore qui nous apprend à raisonner et à conduire à bonne fin toutes nos opérations, à nous livrer avec confiance à des améliorations dont les avantages ou les chances sont prévues à l'avance, à nous assurer des bénéfices industriels à peu près certains, et enfin à nous rendre compte numériquement de toutes les opérations que nous entreprenons ou que nous nous proposons d'entreprendre dans l'exploitation d'un domaine rural quelconque.

Afin de faire mieux sentir l'utilité d'une bonne administration, ajoutons à ce que nous venons de dire quelques considérations générales qui rentrent dans ce sujet.

Pour exercer l'industrie agricole, il faut posséder des capitaux quelquefois considérables. Ces capitaux, qui servent à faire des avances à la production, ne peuvent, par suite de la nature même des opérations agricoles, être avancés et rentrer avec bénéfice plusieurs fois dans l'année, comme cela s'observe dans les industries manufacturières et commerciales; il faut, la plupart du temps, attendre une année entière pour que le cercle complet de la production agricole ait été parcouru; ce qui oblige, pour obtenir des profits égaux à ceux qu'on recueille dans les autres industries, à des avances plus fortes de capitaux et pose une limite assez resserrée aux bénéfices qu'on est en droit d'espérer ou d'attendre de l'industrie qui s'applique à la création des produits de l'agriculture.

Par suite du nombre considérable des producteurs, de l'approvisionnement constant et soutenu des marchés, de l'immense concurrence dans la production et le commerce des denrées agricoles, concurrence à laquelle les étrangers sont eux-mêmes appelés à participer sous certaines conditions, ces denrées ont en général un prix qui n'éprouve que de faibles variations, et qui, n'étant pas de beaucoup supérieur aux frais de production, ne laisse à l'agriculteur qu'un bénéfice peu considérable et qu'une prime peu élevée pour l'intérêt des capitaux qu'il avance et pour couvrir des chances souvent très désastreuses.

Quoique les diverses branches de l'économie rurale fassent chaque année quelques progrès et qu'on doive s'empresser d'accueillir et d'appliquer les perfectionnemens qui sont proposés et qu'on croit fondés sur des principes raisonnés et sur l'expérience, cependant l'introduction de nouveaux procédés dans un établissement rural exige tant de prudence, tant de temps consommé en essais et en tâtonnemens, et des avances de capitaux parfois si importantes qu'on a, la plupart du temps, de la peine à se déterminer, même avec un esprit éclairé et progressif, à les adopter; ou bien que, faute de moyens, on est obligé de persévérer dans des méthodes ordinaires qui donnent moins de bénéfices et vous placent dans un état d'infériorité vis-à-vis les autres producteurs qui ont cédé à l'impulsion.

L'état d'imperfection des voies de communication, les charges fiscales, la pénurie des capitaux, le taux élevé de ceux qu'on veut emprunter, sont encore pour les agriculteurs les plus instruits et les plus actifs eux-mêmes, autant d'obstacles qui entravent leur industrie, accroissent leurs frais de production et restreignent encore leurs bénéfices.

La plupart des produits bruts de l'agriculture sont volumineux, lourds, encombrans, et ne peuvent, généralement parlant, par rapport à leur valeur vénale, supporter de gros frais de transport et être avec avantage envoyés au loin; ce qui restreint le marché où on pourrait espérer de les placer, empêche de les vendre sur celui où on en retirerait un plus gros bénéfice, et diminue le nombre des consommateurs auxquels on pourrait les offrir.

La division du travail, qui accroît la puissance du producteur, diminue les frais de production et à laquelle l'industrie manufacturière et les arts doivent tant de merveilles, ne trouve guère d'applications que dans les grandes fermes et les exploitations étendues. Dans toutes les autres, c'est-à-dire dans la majeure partie de la France, l'exiguité des héritages ne permet pas que chaque travailleur soit constamment occupé d'un même genre d'ouvrage et empêche de profiter des avantages de cette division. Ajoutez à cela que l'agriculture se compose d'une variété infinie de travaux annuels, qui presque tous doivent être exécutés dans une saison opportune, qu'il faut un très petit nombre de travailleurs pour exploiter même un domaine d'une certaine étendue, enfin que des avances plus considérables de capitaux sont indispensables pour établir une division profitable du travail dans une opération quelconque, et on concevra que, dans les circonstances actuelles, l'agriculture, en France, ne peut pas compter sur ce moyen puissant pour diminuer ses frais de production et accroître ses bénéfices.

Dans les conditions les plus ordinaires, un entrepreneur, quelque instruit, actif ou industrieux qu'il soit, ne peut guère diriger avec succès qu'une exploitation d'une grandeur médiocre; les difficultés croissantes que présente l'entreprise à mesure qu'elle augmente d'étendue, la rareté des capitaux, la répugnance de ceux qui les possèdent à les confier à l'industrie agricole, le taux ruineux et beaucoup trop élevé de l'intérêt qu'on exige pour les prêter aux agriculteurs, tendent donc aussi à restreindre l'industrie de ceux-ci et à les forcer de se contenter des bénéfices qu'on peut recueillir sur un domaine resserré; et tandis que le manufacturier et le commerçant, soutenus par un crédit presque illimité, ne connaissent souvent d'autres bornes à leurs travaux, à leurs spéculations et à leurs bénéfices, que l'étendue du marché qu'ils savent s'ouvrir, la rapidité de la consommation et la concurrence, l'agriculteur a non-seulement les mêmes limites comme marchand de denrées agricoles, mais de plus il a devant lui les obstacles insurmontables que présentent les bornes du fonds qu'il peut exploiter avantageusement et la pénurie des capitaux.

Ainsi tout concourt, dans l'industrie agricole, d'un côté à réduire le taux des bénéfices, et de l'autre à resserrer ceux-ci dans d'étroites limites, et tout prescrit, tout fait une loi impérieuse à ceux qui se livrent à l'exercice de cette industrie, de rechercher, dans une appréciation rigoureuse de toutes les circonstances qui influent sur la production, dans la comparaison numérique des avantages que présente tel ou tel procédé, tel ou tel système, dans des tableaux et des comptes exacts de tous les moyens mis en œuvre pour parvenir à un résultat quelconque, en un mot, dans une administration habile, régulière et méthodique, les chances de succès et les bénéfices auxquels a droit tout homme actif, comme récompense de ses travaux et de son industrie.

Dans l'exposé sommaire que nous allons mettre sous les yeux du lecteur des principes de l'administration rurale, nous avons pensé que le premier devoir de celui qui voulait se consacrer à la production agricole était de jeter un coup d'œil sur lui-même, et d'examiner s'il réunit les conditions auxquelles doit satisfaire tout entrepreneur de ce genre d'industrie. Dans le cas affirmatif, son deuxième devoir est de se livrer à la recherche, puis de procéder à l'acquisition ou location du domaine qu'il doit exploiter. Une fois en possession de ce fonds, c'est à lui à l'organiser dans toutes ses parties d'après les principes qu'enseigne la science. Enfin, le fonds étant organisé, il ne restera plus qu'à imprimer à l'administration la direction que l'entrepreneur jugera la plus convenable et la plus conforme à ses intérêts.

Ces quatre phases distinctes de l'administration rurale feront le sujet d'autant de titres séparés dans le présent livre; mais, avant d'entrer en matière, nous éprouvons le besoin de consigner ici une observation générale, que nous prions de ne jamais perdre de vue dans tout le cours de ce livre, parce qu'elle s'applique en quelque sorte à tous les sujets que nous aurons à traiter, et qu'elle nous évitera le soin d'entrer dans des détails minutieux ou des répétitions inutiles ou fastidieuses.

La production agricole est un problème immense, susceptible d'une variété infinie de combinaisons et de solutions, et dans lequel il entre un nombre considérable d'élémens non-seulement divers entre eux, mais variables eux-mêmes suivant une foule de circonstances accidentelles, imprévues, et souvent très difficiles à discerner et à apprécier. Ainsi, ce qui est vrai pour un pays ne l'est pas parfois pour un autre; ce qui paraît bon et avantageux dans un canton pourrait être préjudiciable dans un canton voisin; ce qu'on pourrait entreprendre avec profit dans une ferme serait désastreux dans un domaine quelquefois voisin; ce qui a réussi une année peut échouer dans toutes les autres, et enfin ce qui a été avantageux dans un temps peut cesser de l'être sous l'empire des circonstances. Dans cet état de choses, on doit aisément comprendre qu'il nous a été impossible de tenir compte des influences infiniment variables qui affectent à un degré plus ou moins éminent le phénomène de la production agricole, tant sous le rapport des lois de la nature que sous celui des moyens mécaniques et économiques qui sont soumis à la volonté de l'homme, et qu'on se tromperait si on regardait comme absolus les principes que nous allons exposer. Ce que nous avons dû tenter dans une matière aussi compliquée, c'est d'établir des données moyennes et générales qui puissent servir de jalons au milieu des routes innombrables qu'offre l'agriculture dans un état avancé, en laissant aux agriculteurs à démêler suivant les localités, les circonstances, les temps, la sagacité ou la capacité des individus, ce qui peut être le plus profitable pour eux, et en leur indiquant toutefois comment ils doivent s'y prendre pour apprécier les avantages, les inconvéniens et les obstacles qui se présentent, ou comment ils peuvent s'éclairer dans leur marche ou se rendre compte des succès et des revers dans toute la série de leurs opérations.

TITRE PREMIER.

DE L'ENTREPRENEUR D'INDUSTRIE AGRICOLE.

Un entrepreneur d'industrie agricole est un *homme qui conçoit, exécute ou fait exécuter une suite d'opérations ou de travaux qui ont pour objet la production agricole.*

Pour concevoir, exécuter ou diriger ces opérations, cet entrepreneur doit réunir en lui plusieurs conditions essentielles qui le rendent apte à concourir au phénomène de la production. Ces conditions forment deux catégories bien distinctes; les unes sont toutes personnelles à l'individu, et forment pour lui ce que les économistes ont appelé son *fonds industriel*, ses *capacités*, ses *capitaux immatériels*; telles sont ses connaissances théoriques et pratiques, son activité, sa prudence, son amour de l'ordre, etc.; les autres conditions sont relatives à l'état de sa fortune et de ses biens et constituent pour lui ce qui a été désigné sous le nom de *fonds d'instrumens d'industrie, valeurs capitales matérielles,* etc.; tels sont ses capitaux, ses biens immobiliers et mobiliers, etc. Chacune de ces catégories donne lieu à des considérations particulières, qui vont faire le sujet des deux chapitres suivans.

CHAPITRE Ier. — DU FONDS INDUSTRIEL OU DES QUALITÉS PERSONNELLES DE L'ENTREPRENEUR.

SECTION Ire. — *De l'instruction agricole.*

L'agriculture, dit MARSHALL, même en la restreignant à l'art de gouverner les terres d'une ferme, et lorsqu'on l'envisage dans toutes ses branches et dans leur plus grande étendue, n'est pas seulement *le plus important et le plus difficile des arts mécaniques*, mais aussi de tous les arts et de toutes les sciences qui sont du domaine de l'homme.

Ces paroles d'un savant agronome doivent faire comprendre qu'on ne peut se flatter d'exercer avec quelque chance de succès une ou plusieurs branches de cet art difficile sans un fonds de connaissances qui ne peuvent s'acquérir que par une *éducation* ou une *instruction agricole.*

Nous regardons les connaissances agricoles comme la première et la *plus précieuse des qualités personnelles* d'un agriculteur, parce que, de tous les hommes c'est lui qui peut en faire les applications les plus immédiates et les plus utiles à l'humanité.

La plupart des hommes, au moins ceux qui sont nés au sein des campagnes et qui y font leur séjour habituel, *possèdent déjà un fonds d'instruction agricole*, fruit des connaissances générales répandues dans le pays ou qu'ils doivent à leurs réflexions, à leur expérience et à la vue matérielle des objets. Cette instruction est rarement suffisante et elle a besoin d'être développée et perfectionnée par des études spéciales.

Par suite de l'inégalité dans la condition des hommes qui composent une nation, tout le monde ne se trouve pas placé dans une situation favorable pour acquérir l'instruction qui est nécessaire à un agriculteur ou pour en doter ses enfans; mais tout homme d'un sens droit, d'un esprit juste, et qui a la conscience de sa propre dignité et de ses droits, ne *doit négliger aucune occasion de s'instruire* et de s'éclairer lui-même, ou de donner à ses enfans une instruction conforme à leur condition.

Le *degré d'instruction* peut varier avec cette condition, et celui qui est destiné à exploiter un petit héritage et qui borne là son ambition n'a pas besoin de connaissances aussi variées et aussi étendues que celui qui sera un jour appelé à régir un vaste domaine où se trouveront réunies toutes les branches de l'économie rurale. Toutefois, ce n'est pas d'après ce principe que doit se diriger un homme actif, industrieux et intelligent; toute humble que soit d'abord sa position dans le monde, il doit savoir qu'avec les qualités qu'il possède déjà et un bon fonds d'instruction agricole il peut parvenir, avec le temps, à étendre beaucoup son héritage ou être appelé à diriger une grande exploitation qui exigera, pour être administrée convenablement, toutes les ressources de la science et de l'industrie. Les exemples de ces succès agricoles ne sont pas rares dans tous les pays.

M. MATHIEU DE DOMBASLE, qui a traité le sujet qui nous occupe avec cette rare sagacité qu'il apporte dans la discussion de toutes les matières agricoles, s'exprime ainsi dans le huitième volume des *Annales de Roville* :

« Le point fondamental dans l'instruction qui peut assurer la réussite d'un agriculteur, ce sont les *connaissances agricoles* proprement dites, que l'on peut considérer sous trois points de vue : les connaissances du métier, celles de l'art et celles de la science.

« Le *métier* se circonscrit à des connaissances en quelque sorte matérielles, et, en les bornant à une seule localité et à un mode de culture déterminé, il apprend à connaître la terre, à apprécier les effets des cultures qu'on lui donne dans telle ou telle circonstance, à juger de l'époque la plus convenable pour les semailles, la manière d'y procéder, les soins qu'exige chaque espèce de bétail, etc. Le métier s'améliore par l'expérience, c'est-à-dire par l'observation des faits, en se bornant aux conséquences les plus immédiates qu'on peut en tirer pour un cas particulier. L'agriculture, réduite au métier, embrasse encore une carrière très vaste et remplie d'une multitude de détails, et qu'il n'est pas donné à tous les praticiens de parcourir avec distinction, parce que l'observation des faits doit venir constamment ajouter à la masse des connaissances de cette espèce et parce que tous les esprits ne sont pas également attentifs et observateurs.

« L'*art* considère la culture de la terre sous un point de vue beaucoup moins restreint que le métier ; il étudie, compare et combine entre eux, mais toujours en prenant pour boussole la pratique et relativement aux circonstances locales dans lesquelles il y aura à faire des applications, les procédés qui sont du métier dans divers pays et diverses circonstances ; il raisonne ses opérations beaucoup plus que le métier ; il calcule les résultats économiques de diverses combinaisons ou systèmes de culture ; il se rend compte des résultats de ses opérations, persévère dans la route qu'il avait adoptée ou la quitte pour en prendre une autre, selon qu'il le juge conforme aux intérêts de la spéculation.

« La *science agricole*, que je considère ici comme entièrement distincte des *sciences accessoires*, étudie les rapports entre les causes et leurs effets ; elle s'efforce de généraliser les conséquences des observations que lui offre la pratique et d'en tirer des préceptes qui deviendront de l'art lorsque la pratique les aura confirmés ; elle cherche dans les autres branches des connaissances humaines des secours et des auxiliaires. La science, dans l'acception que j'attache ici à ce mot, n'apportera pas à une entreprise agricole de grandes chances de succès et elle peut être quelquefois funeste.

« Parmi les conditions du succès matériel on ne peut admettre exclusivement la pratique du métier, et l'on doit, sans hésiter, regarder les connaissances de l'art comme formant essentiellement, sous le rapport de l'instruction agricole, la condition indispensable du succès ; mais il faut supposer que dans l'art nous comprenons ici les connaissances du métier ; car si ce dernier ne suffit pas, l'art manquerait certainement son but s'il était privé de la connaissance de cette multitude de détails et de pratiques de tous les instans qui constituent le métier. »

L'agriculteur *instruit est donc celui qui réunit à la connaissance pratique du métier toutes les connaissances relatives à l'art ;* lui seul sera en état d'obtenir, d'une manière constante et sans essais ruineux, d'un fonds de terre quelconque, tous les fruits que l'industrie humaine est capable d'en tirer, et les plus forts profits que notre état social et nos connaissances agricoles permettent d'y recueillir.

On ne doit dédaigner à aucun âge d'acquérir des connaissances agricoles par toutes les voies qui sont à la portée de nos moyens ou par des études proportionnées à notre capacité et à notre intelligence ; l'expérience a même prouvé que des hommes, entrés dans un âge avancé dans la vie agricole ou dans la carrière des améliorations, et après avoir long temps exercé des professions étrangères à cet art, ont obtenu des succès dus à la maturité de leur jugement, à une bonne méthode d'observation et en grande partie à une étude raisonnée des principales connaissances agricoles ; mais *l'âge qui paraît le plus favorable pour l'éducation agricole est la jeunesse*, au moment où toutes nos facultés physiques et intellectuelles, en se développant simultanément, font contracter des habitudes permanentes et rendent les impressions plus faciles et plus durables.

On a proposé divers *plans d'éducation agricole* pour la jeunesse. Tantôt le jeune sujet qu'on destine à recevoir une éducation très développée en ce genre est d'abord exercé pendant quelques années à la pratique du métier, qu'il abandonne ensuite pendant un certain temps pour l'étude des principes raisonnés de l'art et des sciences accessoires, pour revenir plus tard aux applications. Tantôt, au contraire, le jeune homme débute par l'étude de ces principes et passe ensuite aux applications pratiques. Tantôt, enfin, on cherche à faire marcher de front la pratique et l'étude de l'art et des sciences agricoles.

En commençant l'éducation du jeune agriculteur *par l'étude de l'art et des sciences accessoires* avant qu'aucune pratique ne lui ait donné une idée des travaux agricoles, on ne tarde pas à s'apercevoir qu'il est une foule de choses qu'en dépit de tous les efforts on ne peut parvenir à lui faire comprendre ou dont il ne peut saisir les motifs, les rapports ou les applications immédiates. En outre, les jeunes gens qui débutent de cette manière dans la carrière contractent trop souvent, dans les villes, des habitudes de nonchalance, le goût des plaisirs et de la dissipation qu'ils portent ensuite dans la vie champêtre et qui deviennent autant d'obstacles invincibles au succès de leurs spéculations agricoles ; souvent aussi ils dédaignent les enseignemens de la pratique, ou bien se déterminent avec peine à entreprendre des travaux pénibles et soutenus ou à descendre dans certains détails qui toutefois ont fréquemment une influence décisive sur la réussite des opérations.

Le plan qui consiste *à placer d'abord le jeune élève chez un agriculteur exercé*, sous la direction duquel il apprend tout le mécanisme des opérations agricoles, nous paraît préférable au précédent. Ici, non-seulement le jeune homme peut contracter des mœurs et des habitudes agricoles, qui ne s'effacent plus avec l'âge, mais, en outre, il comprend infiniment mieux des opérations, auxquelles il a déjà pris part, et dont l'art ou la science viennent ensuite lui démontrer la nécessité, justifier la marche et offrir une explication raisonnée propre à satisfaire l'esprit. Ce plan, qui n'exige pour être mis à exécution qu'une éducation primaire donnée avec soin, est très propre à former des agriculteurs habiles.

Le *meilleur plan* est celui dans lequel le jeune homme, après avoir appris par une bonne éducation primaire, les élémens des sciences qu'il lui importe d'abord de connaître, est placé, à l'âge de 16 à 17 ans, chez un cultivateur qui n'est pas seulement un ouvrier habile, mais qui possède les connaissances les plus étendues dans la pratique de l'art et dans les principes de la science, auxquels il initie le jeune élève en faisant marcher de front le métier, l'art et la science. C'est ce plan qu'on suit assez généralement en Allemagne et en Angleterre. Dans ce dernier pays on pousse même l'attention jusqu'à envoyer l'élève dans un canton particulier, où le système de culture qu'il doit embrasser un jour dans sa localité est porté à son plus haut point de perfection, ou bien on lui fait parcourir successivement, de deux ans en deux ans, les districts qui se font remarquer par l'excellence de leurs procédés dans la culture des céréales ou des plantes fourragères dans des sols et des climats de natures diverses, dans l'éducation du bétail suivant des systèmes variés, dans l'irrigation des prairies, le desséchement des terres imprégnées d'eau, ou par l'état parfait d'entretien des chemins vicinaux et ruraux ou l'habileté avec laquelle les fermiers y administrent leur établissement, etc.

Ce système excellent d'éducation, qu'il est facile de mettre à exécution dans un pays qui, comme l'Angleterre, possède des fermiers habiles et instruits sur toute la surface de son territoire, n'est pas encore praticable en France, où nous comptons encore un trop petit nombre de propriétaires éclairés, de fermiers instruits et d'exploitations qui puissent servir de modèle.

On a cherché dans divers pays a réunir, dans des établissemens spéciaux, l'enseignement théorique à la démonstration pratique des faits, et cette idée a donné naissance aux *écoles* ou *institutions d'agriculture* et aux *fermes-modèles*, dont THAER paraît avoir été le fondateur en Allemagne, où ils se sont multipliés, et que M. de DOMBASLE a si heureusement importés en France. Ces établissemens, qui commencent à se répandre ont déjà, depuis leur fondation, rendu des services signalés à notre agriculture et formé des propriétaires ou des fermiers habiles qui ont porté la lumière sur divers points de notre territoire; mais ces écoles, en France, au moins, exigent encore, pour qu'on puisse profiter de l'enseignement qu'elles offrent, des sacrifices pécuniaires au-dessus de la portée de la majorité des cultivateurs. Les élèves en trop grand nombre sur un domaine resserré et de petite étendue ne peuvent y être exercés, pendant un certain temps, aux travaux manuels et soutenus, comme les aides agricoles d'une exploitation, condition qui nous paraît nécessaire pour connaître à fond la partie mécanique du métier, pour l'enseigner aux autres et apprendre à les diriger. Enfin, les diverses branches de l'économie rurale n'y sont pas assez multipliées ou conduites sur une échelle suffisamment étendue pour faire acquérir aux élèves l'expérience nécessaire dans ces matières (*voy.* THAER, *Principes raisonnés d'agriculture*, 2e édit., t. Ier, p. 24 et suiv.).

Les *sciences accessoires* qui éclairent les opérations de l'agriculture sont la chimie, la physique, la botanique, les sciences vétérinaires, les mathématiques et la mécanique usuelle, la technologie, l'économie politique et commerciale et le droit. La connaissance de ces sciences peut être puisée dans la lecture des ouvrages qui y sont consacrés ou dans les leçons orales d'un professeur; mais, dans tous les cas, leur étude ne doit pas avoir une trop grande extension et aller au-delà des applications rationnelles qu'on peut en faire aux opérations agricoles.

Quelques connaissances dans l'*art du dessin*, c'est-à-dire un peu d'habitude dans le dessin des plantes, des animaux et des machines, seront très souvent avantageuses à un agriculteur.

Un cultivateur qui possède un bon fonds de connaissances agricoles, acquises par une des méthodes que nous venons de faire connaître, ne peut pas se borner à cette instruction; il doit encore chercher continuellement à étendre et à compléter le cercle de ces connaissances et à s'éclairer de plus en plus. Ainsi, il retirera d'utiles fruits de la *lecture* attentive et raisonnée des *bons ouvrages* et des *publications périodiques* qui traitent de la pratique et de la théorie de l'agriculture, de ses progrès ou de ses intérêts; des *voyages*, des *excursions agronomiques* dans son canton, ou dans des contrées ou des localités les plus renommées par leurs succès dans une ou plusieurs branches de l'économie rurale, porteront à sa connaissance des procédés qui ont pour eux la sanction du temps, et lui permettront de comparer les systèmes, les méthodes, les moyens d'exécution, et de faire l'essai de ceux qui lui paraîtront promettre le succès le plus constant et les bénéfices les plus forts et les plus certains. En agriculture, plus que dans toute autre industrie, *il faut beaucoup voir*, puis réfléchir et méditer sur ce qu'on a vu. Une *correspondance* ou des *discussions raisonnées* avec des savans, des agronomes instruits ou d'habiles praticiens, ou même des *entretiens* avec de simples serviteurs ou journaliers doués de perspicacité, porteront souvent à sa connaissance des faits très importans ou jetteront tout-à-coup dans son esprit une vive lumière sur certains points intéressans de pratique. Il y aura toujours profit pour lui à *correspondre* avec les sociétés d'agriculture, les membres des comices agricoles, les directeurs de fermes-modèles, etc., à se tenir au courant de toutes les améliorations et à assister aux *réunions* de cultivateurs, aux *concours* de charrues, à ceux de bestiaux, de produits agricoles de toute espèce, enfin à *fréquenter les halles, marchés* et tous les lieux où l'on fait le commerce des denrées que crée l'agriculture.

Section II. — *Des dispositions personnelles de l'entrepreneur.*

« L'instruction, toute importante qu'elle est, dit M. de Dombasle, qui nous a tracé un tableau parfait des qualités que doit posséder un entrepreneur, n'est pas la seule condition indispensable dans le sujet qui se place à la tête d'une entreprise agricole; il est aussi quelques dispositions morales, soit naturelles, soit acquises, qui doivent concourir avec une instruction appropriée pour mettre un homme en état de diriger avec quelque espoir de réussite une exploitation rurale. »

Passons en revue, avec le savant directeur de Roville, d'abord les dispositions d'esprit qui contribuent le plus efficacement à la bonne administration financière d'une exploitation agricole, puis les conditions qu'il appelle morales et qui embrassent un cercle fort étendu.

L'*esprit d'ordre* est, selon lui, une des conditions les plus indispensables de toute bonne administration; c'est cette disposition d'esprit au moyen de laquelle un homme soumet aux règles qu'il s'est imposées l'emploi de son temps et de ses capitaux, et qui fait qu'il apporte des soins constans à rendre clairs à ses propres yeux tous les détails de ses travaux et les résultats de ses opérations, en les classant dans un ordre méthodique.

La *connaissance des hommes* contribue puissamment aussi à la bonne administration d'une exploitation rurale; le cultivateur, soit dans ses rapports journaliers avec les agens dont il est forcé de s'entourer comme chef d'établissement, soit dans les rapports avec les étrangers que lui donnent ses opérations mercantiles, ne pourra qu'à l'aide de cette connaissance se diriger dans le choix qu'il a à faire des uns ou dans les moyens par lesquels il peut les employer utilement dans ses transactions avec les autres, pour assurer la conservation de ses intérêts.

L'*esprit des affaires*, qui se lie intimement à la connaissance des hommes, est une qualité spéciale qui a pour caractère essentiel une disposition à l'aide de laquelle un homme sait se prévaloir de tous les avantages que lui offrent les circonstances dans toutes les matières d'intérêts. L'esprit des affaires est un don de la nature; il se développe par l'habitude et l'expérience, qui peuvent jusqu'à un certain point y suppléer, mais jamais le remplacer complètement. L'esprit des affaires dans une entreprise agricole est, plus que dans toute autre branche d'industrie, une condition indispensable du succès.

On doit encore compter, parmi les conditions d'une parfaite administration, la disposition morale qui rend un homme apte à *embrasser l'ensemble de son affaire*, afin d'en bien coordonner toutes les parties et d'en suivre tous les détails, en sorte qu'aucun d'eux ne soit négligé ou sacrifié à d'autres.

L'*économie* est peut-être encore plus nécessaire dans l'agriculture que dans toute autre branche de spéculation. Elle consiste dans une sage réserve à l'égard de toutes les dépenses relatives à des besoins ou à des jouissances personnelles, tandis que dans toutes celles relatives à la spéculation, c'est-à-dire qui ont pour objet la production, elle consiste, non pas à dépenser le moins possible, mais à atteindre un but donné de la manière la plus parfaite avec le moins de dépenses.

La *prudence de caractère et la patience* sont deux dispositions personnelles de la plus haute importance pour la bonne administration d'un domaine rural. L'agriculture présente rarement des bénéfices considérables et prompts, mais elle offre une chance presque certaine d'aisance et souvent de fortune dans l'avenir à l'homme qui dirige ses pas avec prudence dans cette carrière.

Les *conditions morales* qui influent le plus dans la direction des opérations d'une entreprise d'exploitation rurale sont les suivantes :

L'*activité*, qui fait que l'entrepreneur a constamment présentes à l'esprit toutes les branches de son affaire et toutes les branches de chacune d'elles, qu'il saisit à propos l'occasion favorable pour chaque opération, et qu'il en pousse l'exécution avec énergie, sans compromettre d'autres travaux, ou du moins en les subordonnant les uns aux autres dans l'ordre de leur importance relative. Dans l'esprit des praticiens expérimentés, l'activité sera toujours considérée comme une des qualités les plus importantes du cultivateur.

L'homme qui dirige une entreprise agricole doit être *exempt de préjugés*, non pas seulement ceux qui ont leur source dans l'ignorance, mais encore ceux que l'on puise dans les livres, dans des idées généralement répandues sur l'amélioration de l'agriculture, et même quelquefois dans la pratique des pays où l'art est le plus avancé. Une *prédilection* pour certains genres d'améliorations est un préjugé de ce genre; l'expérience est le meilleur préservatif contre ces préjugés.

L'expérience est le fruit d'une disposition particulière de l'individu, qu'on appelle *esprit d'observation*, et qui le porte à observer des faits et à distinguer les causes des résultats, non pas en les rattachant à des théories plus ou moins hasardées, mais en les comparant à d'autres faits analogues qui mettent l'homme judicieux sur la voie pour discerner l'enchaînement des causes et des effets. Un jugement sain et droit, une disposition particulière de l'intelligence, sont les conditions de cette faculté, que des habitudes contractées perfectionnent par l'usage.

Enfin la condition morale la plus essentielle peut-être au succès d'une entreprise agricole, c'est *l'application* ou la ferme détermination d'y consacrer ses soins et son temps et d'en ordonner et surveiller tous les détails. La direction d'un domaine rural, lorsqu'on veut y trouver des bénéfices, n'est pas une opération frivole qu'on peut abandonner ou reprendre selon le temps ou son caprice; elle exige au contraire une *vocation* décidée, un goût soutenu, des habitudes persévérantes et enfin une *résidence* constante sur les lieux, que tous les bons esprits s'accordent à regarder comme une condition de la plus grande importance pour le succès de toutes les entreprises d'améliorations agricoles et du plus haut intérêt pour l'avenir de l'agriculture en France.

A ces qualités morales de l'entrepreneur nous en ajouterons deux autres qui exercent une influence bien marquée sur la réussite d'une entreprise agricole et surtout sur le bonheur et l'avenir de l'homme des champs. La première est la *probité*, sans laquelle il ne peut guère y avoir de succès durable et qui facilite singulièrement toutes les transactions. La seconde est la *pureté des mœurs;* on conçoit en effet que, dans l'industrie agricole, où les bénéfices sont restreints et où une stricte économie doit présider à toutes les dépenses personnelles, une conduite dissipée ou immorale ne tarde pas à conduire à une ruine certaine; en outre, celui qui dirige une exploitation est souvent le père d'une nombreuse famille, il commande à un grand nombre d'agens et de domestiques, il exerce sur eux une sorte de magistrature privée qui exige impérieusement qu'il leur en impose par l'austérité de ses mœurs et qu'il leur donne à tous l'exemple d'une conduite irréprochable.

CHAPITRE II. — Du fonds d'instrumens d'industrie de l'entrepreneur.

Le fonds d'instrumens dont un entrepreneur doit pouvoir disposer pour exercer l'industrie agricole consiste en un fonds productif et des capitaux.

Un *fonds productif* consiste généralement en terres labourables, terrains plantés de vignes, oliviers, mûriers, bois de toute espèce, ou en prairies, pâturages, bruyères, friches, landes, cours d'eau, lacs, étangs, canaux, etc., ou dans un certain nombre de ces divers objets réunis.

Dans l'état actuel de notre civilisation tous les fonds productifs, tels que nous venons de les désigner et qui sont répandus sur la surface du pays, sont en la possession d'un *propriétaire*, qui les possède en vertu d'un titre quelconque et a seul le droit de les exploiter ou d'en louer le service productif. Quant à celui qui n'est pas déjà propriétaire et qui se propose d'exploiter ou de tirer des fruits d'un fonds quelconque, il est nécessaire pour lui de l'acquérir de celui qui le possède ou d'en louer la jouissance pendant un temps déterminé et à certaines conditions que nous ferons bientôt connaître.

On ne peut acquérir la propriété d'un fonds productif, ou être en état d'exploiter sa faculté productive, sans faire l'avance d'un *fonds capital* ou de *capitaux*.

Les *capitaux, fruits accumulés d'une industrie antérieure*, sont la vie de l'industrie agricole.

Celui qui possède en vertu d'un titre antérieur, ou qui a fait l'avance d'un capital pour se procurer la propriété d'un fonds productif, est ou devient un *propriétaire foncier*, et son fonds prend le nom de *fonds de terre*, de *bien-fonds*, de *propriété foncière* ou *immobilière*, ou d'*immeuble*.

Si un propriétaire fait exécuter sur son fonds tous les travaux d'améliorations qui peuvent le rendre propre à être exploité ou si ces travaux ont été opérés avant l'acquisition, alors ce fonds prend le nom de *bien* ou *domaine rural*, d'*héritage*, de *corps de ferme*, ou simplement de *ferme*.

Un domaine est composé d'un ou plusieurs corps de ferme, et dans cet état il peut être exploité soit par le propriétaire lui-même, soit par autrui.

Quand le propriétaire garnit ce domaine de tous les bestiaux et du matériel nécessaires pour son exploitation, qu'il fait, de plus, toutes les avances à la production, conçoit, surveille et dirige lui-même toutes les opérations, en un mot, quand il l'exploite par ses propres moyens et avec ses capitaux il devient un *propriétaire cultivateur* et son domaine un *établissement agricole*.

Si le possesseur du fonds, après que celui-ci a été mis dans un état plus ou moins satisfaisant d'exploitabilité et est pourvu du matériel nécessaire, fait aussi toutes les avances à la production, mais, au lieu de surveiller et de diriger les opérations, confie ce soin à un tiers, celui-ci prend le nom de *régisseur*. La *régie est dite simple* lorsque le régisseur reçoit des émolumens fixes pour ses peines et soins, et *régie intéressée* lorsqu'il a une part quelconque dans les bénéfices de l'exploitation.

Lorsqu'un propriétaire loue à autrui le service que peut rendre son fonds de terre après qu'il a été mis ou non en bon état par des améliorations, le preneur, c'est-à-dire celui qui achète le droit de recueillir les fruits que peut donner le fonds et qui prend à ses risques et périls toutes les chances de l'exploitation en y formant un établissement agricole, s'appelle un *fermier*.

Si le fonds a été amené à un état d'exploitabilité plus ou moins parfait par des améliorations et que le propriétaire le garnisse de tout le matériel vivant et mort nécessaire à son exploitation, puis qu'il y appelle un colon auquel il fait les avances de capitaux qu'il juge utiles à la production, le domaine prend le nom de *métairie*, et celui qui l'exploite, avec partage de fruits entre lui et le propriétaire, la dénomination de *métayer* ou *colon partiaire*.

Dans tous les cas, celui qui exploite, régit ou dirige un fonds, un domaine, une ferme ou établissement quelconque, soit propriétaire, régisseur ou fermier, est désigné sous le nom général d'*administrateur* ou de *directeur* d'un établissement agricole.

Nous avons dit plus haut qu'on ne pouvait acquérir la propriété d'un fonds productif ou l'exploiter sans faire l'avance d'un fonds capital ou de capitaux; or ce fonds capital peut consister en écus, ou être sous les formes très diverses de bestiaux, de mobilier, de denrées agricoles, etc., ou de plusieurs de ces objets matériels à la fois.

Un *fonds capital peut vous appartenir en propre* et provenir d'un héritage ou d'un don, ou être le résultat d'une industrie antérieure dont vous avez recueilli et accumulé les fruits; c'est la situation la plus favorable pour tout homme qui veut consacrer son industrie et ses moyens à la création des produits agricoles et celle qui doit, à chances égales, assurer un succès plus prompt et plus certain.

Ou bien *vous ne possédez pas en propre les capitaux* qui seraient nécessaires ou suffisans pour acquérir la propriété ou pour faire les avances à la production, et dans ce cas vous avez recours au crédit.

Le *crédit* consiste en général à louer le service productif que peuvent rendre les capitaux, et sous certaines conditions, à ceux qui les possèdent et qui ne veulent pas les employer par eux-mêmes à la production agricole. Dans les industries manufacturière et commerciale le crédit produit journellement des effets merveilleux et élève souvent en peu de temps des établissemens industriels au plus haut point de prospérité ; mais dans l'agriculture il n'a eu jusqu'ici en France, dans la plupart des cas, que des résultats fâcheux et des conséquences funestes. Les bénéfices qu'on est généralement en droit d'attendre de l'industrie agricole sont trop bornés et exposés, dans l'état actuel de l'art, à des chances trop multipliées pour qu'on puisse, sans courir à sa ruine, accepter les conditions onéreuses auxquelles les détenteurs de capitaux, dans nos départemens, consentent encore à les prêter, ou pour espérer, par un amortissement annuel, de s'acquitter, dans un temps donné, de la somme principale. En outre les vices de notre régime hypothécaire, l'ignorance et l'apathie des propriétaires ou agriculteurs contribuent à rendre ces sortes de transactions difficiles et hasardeuses. La plupart du temps le cultivateur n'a besoin de capitaux que pour quelques mois seulement et jusqu'à ce qu'il soit remboursé de ses avances par la récolte de l'année, tandis que les capitalistes ne prêtent pas volontiers leurs fonds pour un si court espace de temps. De plus le remboursement des sommes ainsi avancées se faisant presque toujours en une seule fois ou en un petit nombre de fortes sommes partielles, l'agriculteur est contraint, avec ses bénéfices restreints, d'accumuler petit à petit en écus les capitaux qu'il doit restituer, à laisser ainsi ceux-ci improductifs pendant longtemps, et à augmenter encore ainsi les pertes que lui causent les gros intérêts et le crédit.

Il est toutefois un autre mode de credit bien plus favorable au développement de la prospérité de l'industrie agricole et sur lequel nous désirons attirer un instant l'attention de tous les amis de leur pays; nous voulons parler des *banques agricoles*. Divers établissemens de cette nature existent en plusieurs pays et sont basés sur des principes très différens. Nous nous bornerons à rappeler en peu de mots les bases d'organisation des *banques écossaises*, parce qu'elles ont obtenu la sanction du temps, les éloges de tous les économistes, et qu'elles ont répandu en Ecosse une prospérité digne d'envie.

Dans ce pays il n'y a pas de banque monopolisée; chacun peut établir une banque en se conformant aux dispositions de la loi; on en compte aujourd'hui plus de 32, avec un grand nombre de succursales ; en général elles sont formées par la *réunion de divers propriétaires* de chaque district. Le capital, divisé en actions, de chacun de ces établissemens est en moyenne de 12 millions. Elles émettent des *valeurs* de circulation, reçoivent des dépôts d'argent comme nos caisses d'épargnes, et en paient l'intérêt à compter du jour du dépôt; mais elles offrent surtout l'avantage d'ouvrir avec facilité des crédits à tous les agriculteurs qui par leur activité et leur probité méritent cette marque de confiance. Ces établissemens sont donc tout à la fois des banques de circulation, de dépôt et de crédit, et c'est ce triple caractère qui fait tout leur mérite. Il résulte en effet de cette combinaison que les crédités n'ont jamais besoin de conserver chez eux une portion importante de leur capital, qui produit ainsi continuellement intérêt; que d'autre part ils ne manquent jamais d'argent, puisqu'ils n'ont qu'à tirer sur la banque pour s'en procurer. Les épargnes des classes pauvres sont accumulées et immédiatement utilisées dans ces établissemens. Il n'est jamais à craindre que ces banques mettent en circulation des valeurs au-delà des besoins du commerce, puisque ces valeurs ne tarderaient pas à retourner subitement vers les banques pour profiter de l'intérêt quelles paient; chacun étant intéressé à ne pas conserver ces valeurs, qui portent intérêt à partir du jour ou elles sont reportées à son compte courant, ne garde que la portion du capital dont il trouve un emploi actuel. Nous regrettons de ne pouvoir donner qu'une idée fort incomplète de ces utiles établissemens qui répandraient tant de prospérité sur nos campagnes, et nous engageons pour les connaître en détail à consulter la brochure qui a été publiée en 1835 par M. Léopold Malepeyre (1).

Nous verrons plus loin, dans le chapitre du titre III qui sera consacré aux capitaux, la manière dont ces instrumens se distribuent dans les opérations productives de l'agriculture, et dans le titre IV les considérations économiques auxquelles leur conservation ou leur accumulation peut donner lieu · ce qu'il importe pour nous dans le moment actuel, c'est de savoir comment un homme qui possède un fonds de capitaux matériels et immatériels, qu'il veut consacrer directement ou indirectement à la production agricole, parviendra à les mettre en valeur de la manière la plus fructueuse pour ses intérêts personnels.

Cette question présentée ainsi d'une manière générale ne peut être résolue qu'en prenant en même temps en considération les avantages ou les inconvéniens des divers modes de faire valoir un établissement agricole; ce dernier sujet devant nous occuper prochainement, nous croyons devoir nous borner ici aux considérations suivantes.

Un particulier qui a de gros capitaux disponibles, et qui réunit à un bon fonds de connaissances agricoles toutes ou au moins la plupart des dispositions personnelles que nous avons exigées dans un entrepreneur pour se livrer avec succès à la production, ne peut mieux faire que d'*acquérir un vaste domaine* dont il fera choix avec discernement, et de l'*exploiter pour son propre compte*. Dans cette

(1) De la nécessité de créer des banques locales pour donner un nouvel essor à l'industrie agricole, etc. Broch. in-12, prix : 1 fr. A Paris, au bureau de la *Maison Rustique*, Quai-aux-Fleurs, n° 15, et chez Delaunay et Mansut fils.

circonstance toutes les conditions paraissent être réunies pour tirer de la terre tous les fruits qu'elle est capable de donner et pour porter l'agriculture au plus haut point de perfection dont elle est susceptible dans l'état actuel de nos connaissances.

Si les valeurs capitales disponibles que possède l'entrepreneur étaient moins considérables que dans l'exemple précédent, il se présenterait deux cas suivant la capacité du sujet.

Supposons d'abord celui-ci doué d'une grande intelligence, de beaucoup d'activité et des autres qualités nécessaires, ainsi que d'une instruction agricole étendue; dans cet état de choses l'entrepreneur agira très sagement en *affermant un grand domaine*, en retirant ainsi un plus fort intérêt de ses capitaux et des bénéfices plus considérables de son industrie, et en vivant au sein d'une abondance inconnue au petit propriétaire.

Si au contraire, avec des capitaux restreints, le sujet a une instruction agricole bornée et ne reunit qu'en petit nombre les qualités qui font l'habile agriculteur, il vaudra mieux pour lui acquérir la *possession d'un domaine de moyenne ou de petite étendue*, et l'exploiter aussi bien que lui permettront ses connaissances, son intelligence et son activite.

Quant à celui qui est dépourvu de capitaux, mais qui possède un excellent fonds d'industrie, sa place est à la tête d'un établissement agricole en qualité de *régisseur* ou de directeur, à moins qu'il ne trouve à des conditions très avantageuses les sommes dont il a besoin pour prendre à son propre compte une entreprise agricole.

Enfin un capitaliste étranger à toute instruction agricole, et qui ne se sent aucune aptitude pour ce genre d'industrie, n'a pas d'autre moyen, quand il a acquis un domaine rural, que de le donner à *bail à un fermier*, ou de le confier aux mains plus habiles d'un *régisseur* probe et instruit.

TITRE DEUXIÈME.

DU DOMAINE.

Le premier devoir d'un homme qui se consacre à la production agricole et qui possède les capitaux nécessaires ainsi que les qualités que nous avons exigées, c'est de se procurer la jouissance d'un fonds productif; pour parvenir à ce but il doit d'abord se livrer à la *recherche* d'un domaine propre à remplir ses vues, puis en *déterminer la valeur* vénale ou locative, et enfin procéder à son *acquisition* ou à sa *location*, en suivant les formalités nécessaires en pareil cas. Ce sont là autant de sujets divers qui vont être développés dans les chapitres suivans.

CHAPITRE Ier. DE LA RECHERCHE ET DU CHOIX D'UN DOMAINE RURAL.

La recherche et le choix du fonds productif sur lequel on se propose d'employer ses capitaux et d'exercer son industrie est d'une *haute importance* pour un entrepreneur, et exige de sa part les considérations les plus sérieuses et les plus attentives. Les conséquences d'un bon ou d'un mauvais choix réagissent sans cesse et d'une manière permanente sur la production, pendant toute la période de temps où on exploite ce fonds; une erreur à cet égard peut mettre pour long-temps vos intérêts en péril, et souvent toute votre activité, des efforts soutenus et des sacrifices ne sauraient vous soustraire à l'empire des circonstances fâcheuses sous lesquelles un peu de négligence, un préjugé ou votre ignorance vous ont placé.

Les circonstances qui déterminent un entrepreneur d'industrie agricole à faire l'acquisition ou à prendre à location un domaine rural sont la plupart du temps tellement *propres à l'individu*, et dépendent à tel point de ses goûts, de ses habitudes, de ses mœurs, de ses préjugés, de ses affections, de son instruction ou de ses capitaux, qu'il serait impossible et à peu près superflu de les analyser ou de les discuter toutes en particulier. Nous envisagerons la question sous un point de vue plus général et nous supposerons qu'un entrepreneur doué d'intelligence et muni des connaissances agricoles nécessaires pour exploiter avec succès sous divers climats une propriété quelconque, et qui est en même temps libre de tout préjugé local, indifférent sur le lieu de sa résidence et enfin pourvu de capitaux nécessaires, cherche au loin un fonds de terre capable de lui procurer, par un système raisonné de culture, la plus grande somme possible d'avantages individuels et de bénéfices.

Pour nous guider dans une question aussi compliquée et pour soumettre à un contrôle d'une application à peu près générale toutes les conditions que nous allons passer en revue et qui doivent nous fixer dans le choix d'un domaine, nous poserons le principe économique suivant, qui d'ailleurs trouvera d'utiles applications dans d'autres branches de l'administration rurale.

Toutes les causes naturelles, locales ou accidentelles, toutes les circonstances politiques, administratives, économiques ou industrielles qui tendent à favoriser la production, accroître la faculté productive du sol, perfectionner la qualité des produits, diminuer les frais de production, augmenter la consommation ou l'étendue du marché, favoriser l'accumulation des capitaux et augmenter la sécurité des personnes et des propriétés, donnent une plus haute valeur vénale ou locative à un fonds et doivent en faire rechercher la jouissance.

Tout ce qui tend au contraire vers un but opposé a pour résultat d'abaisser cette valeur et de diminuer le prix de ce fonds aux yeux d'un entrepreneur éclairé.

L'influence des causes et des circonstances variées dont il vient d'être question sur les frais de production doit, autant que cela est praticable, être *appréciée numériquement*, tant pour fixer la valeur d'acquisition ou de jouissance du fonds, que pour établir la probabilité et l'étendue des bénéfices qu'on peut espérer de recueillir sur ce fonds. C'est sur la combinaison des divers élémens fournis ainsi par l'observation et le calcul; c'est sur la possibilité d'écarter sans trop de sacrifices ceux qui forment des obstacles et d'accroître la puissance de ceux qui paraissent avantageux; c'est en balançant ceux qui sont défavorables par ceux qui offrent des chances de succès; c'est enfin en prenant en considération sa situation personnelle, que l'entrepreneur peut asseoir son jugement, motiver son choix et se déterminer à donner la préférence à tel domaine sur tous les autres.

Ce principe une fois posé, nous allons passer à l'analyse de toutes les conditions auxquelles il faut avoir égard dans la recherche d'un domaine. Ces conditions peuvent être divisées en générales et en particulières qui vont faire l'objet de deux sections distinctes.

Avant d'entrer dans l'examen détaillé d'un fonds il est indispensable d'avoir un cahier de papier ou registre divisé en autant de sections et de paragraphes qu'il y en a dans ce chapitre; c'est sur ce cahier qu'on inscrit tous les documens, chiffres, notes et observations que l'on juge utile de recueillir et qui servent ensuite à établir des calculs d'estimation du fonds, des évaluations et des formules diverses.

SECTION Ire. — *Des conditions générales dans la recherche d'un domaine.*

Nous donnons ici le nom de générales à toutes les conditions auxquelles doit satisfaire le pays au sein duquel le domaine est situé, et qui exercent sur le succès de son exploitation ou les avantages qu'on peut en recueillir une influence directe ou indirecte. Ces conditions peuvent être étudiées sous cinq points de vue différens: sous celui de l'état physique et naturel du pays, et sous ceux de son état politique, administratif, économique et industriel. C'est dans cet ordre que nous allons procéder rapidement à leur étude dans les paragraphes suivans.

§ Ier. — État physique et naturel du pays.

Dans le chapitre Ier du livre Ier de cet ouvrage nous avons fait connaître quelle est l'influence du climat en agriculture, ainsi que celle que les phénomènes atmosphériques exercent sur la végétation; nous avons en même temps indiqué les moyens divers dont on se sert pour constater l'état physique et climatérique d'un pays, soit par l'inspection seule des végétaux qui croissent spontanément sur le sol, soit avec le secours des instrumens; nous sommes donc dispensés de revenir sur ce sujet.

La première chose qu'il faut faire pour se livrer à l'examen d'une localité, c'est de reconnaître le *caractère général de son climat*. Ce caractère est déterminé principalement par sa latitude géographique, son élévation au-dessus du niveau des mers, sa position relative, le voisinage de la mer, des lacs, des étangs, des marais, des cours d'eau ou des forêts, la direction générale des vents, l'étendue des terres desséchées, boisées ou en culture, par la nature du sol et du sous-sol, leur perméabilité, leur capacité pour absorber la chaleur solaire, par la période de temps pendant laquelle le soleil est au-dessus de l'horizon ou y brille sans nuages, etc.

Ce caractère une fois apprécié et déterminé, on cherche à connaître les *températures moyennes et extrêmes de l'année*, la *régularité*, la *marche* et la *durée* de chaque *saison*, qui servent de base à l'organisation de la ferme ou au choix d'un système de culture et forment un élément essentiel dans la distribution des travaux de l'année agricole; puis on s'informe du *degré d'humidité*, qui est d'une importance si majeure pour la végétation, mais dont la surabondance est nuisible; de la *quantité moyenne de pluie* et sa répartition dans diverses périodes de l'année; de l'*abondance de la rosée*, qui supplée souvent aux pluies et ranime les végétaux pendant les sécheresses; de la fréquence, de la direction, des effets ou de la violence des autres *phénomènes atmosphériques naturels*, tels que les orages, les ouragans, les bourrasques, la grêle, le givre, la gelée blanche ou les gelées hors de saison, les brouillards, la foudre, etc., qui détruisent souvent en un instant toutes les espérances du cultivateur; des *vents dominans* qui peuvent être chauds, froids, desséchans, humides, violens, chargés de particules sableuses, terreuses, salées ou d'émanations insalubres, etc., et qui sous ces divers caractères affectent différemment les corps organisés, etc., tous phénomènes qui ont une action directe ou indirecte sur la nature des végétaux qu'on peut cultiver, sur leurs dimensions, leurs propriétés alimentaires, leur richesse en certains produits immédiats, leur réussite, aussi bien que sur la taille, la vigueur et les produits des bêtes de trait et de rente.

Ces notions une fois acquises, l'administrateur jettera un coup d'œil d'ensemble sur l'aspect physique du pays. Il examinera le *relief général du terrain*, les accidens, les ondulations, l'inclinaison des pentes, la direction des vallées, l'étendue des plaines: un pays plat offre plus de facilité à la culture et les charrois y sont moins pénibles et moins coûteux que dans les localités où le terrain est fortement ondulé ou dans les pays de *montagnes;* en outre ces montagnes, suivant leur position, leur élévation, leur forme, leurs pentes, peuvent élever ou abaisser la température du pays, le mettre à l'abri des orages et des vents, ou rendre ces météores plus fréquens et plus dangereux; elles peuvent donner naissance à des eaux torrentielles, à des éboulemens, des avalanches de neige ou de sable, etc., qui détruisent au loin les cultures.

Les *eaux* méritent aussi une attention toute particulière, et on examinera la direction, la longueur, le volume et la pente de leurs différens *cours*; si ceux-ci sont navigables ou flottables, si leurs eaux débordent à certaines époques de l'année ou si elles sont taries par les sécheresses. On reconnaîtra avec soin les *eaux stagnantes*, leur abondance, l'étendue de la surface qu'elles recouvrent et le rapport des terres inondées ou imprégnées d'eau à celles qui sont sèches; enfin on appréciera l'influence qu'elles exercent sur le climat et la végétation, sur les hommes et les animaux.

La *constitution géologique* du pays, qui donne souvent un caractère particulier aux végétaux et détermine le degré d'humidité, de chaleur, de rayonnement ou d'absorption du sol, fixera aussi l'attention de l'agriculteur instruit. L'examen de la nature des terrains à la surface du sol lui fournira des documens utiles, tant sous le rapport des cultures qu'on pourra introduire avec le plus de succès que sous celui de la possibilité de se procurer à peu de frais, si cela était nécessaire, des *eaux jaillissantes*.

Les *richesses minérales* d'un pays ne sont pas d'un moindre intérêt pour l'agriculteur et il est indispensable pour lui d'être informé si on y trouve et exploite des gisemens d'argile, de sable, de marne, de craie, de plâtre ou de pierre calcaire, ou bien des granits, des schistes, des grès, des laves pour les constructions, des schistes bitumineux, des cendres pyriteuses, de la tangue ou vase de mer, du sel gemme, de la houille ou de la tourbe, etc.

Les *richesses végétales* du sol, soit naturelles, soit artificielles, comme l'abondance des plantes aromatiques industrielles ou médicinales, et les *forêts* fixeront aussi ses regards. Il examinera sous un point de vue général ces dernières qui, augmentant beaucoup l'humidité du terrain, surtout dans les fonds, empêchent souvent l'asséchement du pays, servent de repaire aux malfaiteurs ou aux animaux nuisibles, mais qui, d'un autre côté, s'opposent souvent aussi à la violence des vents, à l'évaporation trop rapide du sol cultivé, à son refroidissement, etc.

Les *animaux* à l'état sauvage, qui attaquent les bestiaux ou dévorent les récoltes, doivent, sous le rapport de leur nombre, de l'étendue de leurs ravages et de leur facile destruction, entrer aussi dans cette enquête générale.

Enfin, il sera nécessaire d'acquérir des notions précises sur l'*état sanitaire* général du pays, tant relativement aux hommes et aux animaux que sous le rapport des affections organiques qui attaquent le plus communément les végétaux utiles.

§ II. — État politique et administratif du pays.

En général l'agriculture, comme les autres industries, prospère mieux à l'ombre de la *liberté politique* et chez les nations où l'on consulte les intérêts généraux. Sous ce rapport la France n'a rien à envier aux autres nations; mais si un agriculteur voulait fonder un établissement dans un pays étranger, il serait indispensable de prendre en considération son état politique et administratif, qui n'offre pas partout les mêmes garanties. Ainsi, avant d'y former cet établissement, il aurait à examiner le degré de liberté politique dont on jouit, la liberté de conscience, les charges publiques, leur répartition, l'état financier du trésor, l'indépendance des juges et des magistrats, la célérité des formes judiciaires, les restrictions ou les entraves apportées à l'industrie, etc., et une foule d'autres causes qui exercent une action marquée sur les profits de l'agriculteur et réagissent sur son bien-être ou le développement de son industrie et de ses facultés.

Quoique, à proprement parler, l'agriculture ne doive rien attendre que de ses propres efforts, il est toutefois très avantageux pour elle que le *gouvernement*, les *autorités locales*, les *conseils généraux* soient éclairés sur ses véritables besoins et prennent des dispositions pour favoriser son développement, pour la soutenir et l'encourager dans ses tentatives d'améliorations, pour lui prêter au besoin secours et assistance, pour fonder des établissemens qui lui sont utiles et faire exécuter des travaux économiques ou administratifs qui soient pour elle d'un intérêt général.

Ainsi, avant de s'établir dans un pays, il importe de connaître si l'autorité a provoqué ou favorisé l'établissement de banques agricoles, de caisses d'épargnes, de sociétés d'assurances, de sociétés d'agriculture, de comices agricoles, de chaires d'agriculture, comme on en voit en Allemagne, de fermes-modèles ou expérimentales, d'institutions ou autres établissemens propres à propager les connaissances et les bonnes méthodes agricoles; si, par des mesures législatives, elle cherche à accroître les garanties de la propriété, assurer plus efficacement les stipulations des contrats pour louage d'industrie ou de fonds de terre, à encourager les baux à longs termes, à faire disparaître d'anciens abus, tels que la vaine pâture, le parcours, le glanage, le grapillage, la chasse, etc.; si elle veille avec un soin paternel à l'administration des propriétés communales et des établissemens de bienfaisance, à l'entretien et à la réparation des routes, chemins vicinaux, canaux, ponts, digues, barrages, ou à l'établissement de nouvelles voies de communication, de halles, de marchés, etc.; enfin si elle protége et propage l'enseignement primaire et industriel.

L'autorité rend encore des services signalés à l'agriculture quand elle fait faire des dénombremens ou des tableaux du mouvement de la population et des travaux statistiques, dresser des cartes géographiques, topographiques, géologiques ou agronomiques du pays, et établit des enquêtes sur des matières qui intéressent l'agriculture et le commerce; quand elle cherche à donner aux moyens de communication plus de rapidité, d'aisance et de sécurité, à favoriser les associations rurales entre cultivateurs pour l'exploitation d'une des grandes branches de l'industrie agricole et provoque des réunions d'agriculteurs, des expositions de denrées et de bestiaux, l'introduction et la propagation d'instrumens perfectionnés, de procédés nouveaux ou de belles races de bestiaux, et décerne avec sagesse et mesure des récompenses et des encouragemens. Ce sont là autant de points qu'il est utile d'éclaircir.

Quoique nos lois rurales, que nous avons fait connaître dans le livre précédent, soient, avec les réglemens administratifs, suffisantes pour guider les *autorités locales* dans la police générale des campagnes, néanmoins il est nécessaire de s'informer si ces autorités s'acquittent avec *vigilance et activité* des devoirs qui leur sont imposés et si l'agriculteur peut se reposer sur elles du soin de le garantir de toute attaque contre sa personne ou ses biens.

Bien que notre pacte fondamental politique ait ordonné une répartition égale des charges publiques en France, il est néanmoins des départemens où l'*impôt foncier* est plus lourd que dans d'autres, des cantons mal cadastrés ou qui ne le sont pas du tout, où il est réparti d'une manière inégale et presque arbitraire; enfin, il est des communes où les *charges communales* sont plus pesantes que dans d'autres, par suite de circonstances locales et accidentelles. C'est à l'administrateur à s'enquérir de ces inconvéniens et à décider si le préjudice qu'ils peuvent lui causer n'est pas balancé par d'autres avantages réels. Enfin il doit prendre en considération les *impôts indirects*, leur assiette et leur mode de perception, et mettre en ligne de compte les *vexations fiscales* auxquelles donne lieu cette perception et qui peuvent entraver son industrie en s'exerçant avec plus ou moins de rigueur suivant les localités.

Enfin, sous le rapport politique et administratif, il est d'un très grand intérêt, avant de se fixer dans une localité, d'y connaître la *législation des douanes*, ou au moins les dispositions particulières à la localité auxquelles sont soumis les produits agricoles, et de savoir ceux dont l'introduction est prohibée, ceux qui sont admis après l'acquittement de droits protecteurs de l'industrie nationale, enfin ceux qui reçoivent des primes à l'exportation. On comprend assez, en effet, combien est délicate, en agriculture surtout, pour un département frontière, la question de savoir si on doit créer des denrées agricoles dont la production n'est avantageuse qu'à l'abri de prohibitions ou de droits que des combinaisons politiques peuvent tout à coup lever ou abaisser. Un département frontière est aussi plus sujet au logement des soldats ainsi qu'aux *envahissemens* et aux maux que la guerre entraîne après elle. Cependant, plusieurs de ces départemens, en France (Nord, Haut et Bas-Rhin, etc.), sont plus industrieux, plus riches et populeux que beaucoup d'autres à l'intérieur qui n'ont jamais éprouvé les chances désastreuses de ce genre, et souvent on trouvera plus d'avantages à former un établissement au sein de ces riches contrées plutôt que d'aller végéter dans une localité pauvre et sans industrie.

§ III. — État économique du pays.

Sous le rapport économique, le pays dans lequel on se propose de se fixer doit être étudié dans ses voies de communication, sa population, ses institutions d'utilité publique et ses capitaux.

1° Les *voies de communication* sont les canaux par lesquels s'écoulent les produits que l'agriculture destine à la consommation publique; plus elles sont multipliées et sûres, plus la circulation y est facile, directe, prompte, et le prix des transports modérés, plus aussi l'agriculture pourra envoyer au loin ses denrées sans grossir trop sensiblement ses frais de production, agrandir son marché et vendre à des prix avantageux. Les voies de communication entre les divers points d'un pays sont la mer, les fleuves et rivières, les canaux et les lacs, les routes, chemins et chemins de fer.

Le transport des denrees agricoles s'exécute presque toujours très économiquement par la *navigation maritime*, et cette voie est une de celles qui agrandissent le plus le marché pour ces produits. Les chances qu'on court par ce mode de transport ne sont guère plus hasardeuses aujourd'hui que celles des autres voies, quand on y met la prudence nécessaire.

Les *grands lacs*, où les bateaux vont à la voile, offrent aussi des moyens sûrs et peu dispendieux de transport pour les denrées agricoles.

Les *fleuves* et *rivières* sont des routes liquides très propres à transporter au loin les produits encombrans de l'agriculture, qui peuvent y voyager à moins de frais que sur les routes ordinaires. Il importe d'abord de rechercher quel est le nombre des rivières qui traversent le pays, leur direction, les localités qu'elles arrosent, comment elles débouchent les unes dans les autres; si elles sont navigables ou simplement flottables; si leurs eaux sont rapides, torrentielles, ou si le cours en est lent, modéré et permet la navigation à la montée aussi bien qu'à la descente; si ce cours est libre ou présente des écueils; si elles sont sujettes à des crues, à de basses eaux qui entravent la navigation; à quelle époque celle-ci a le plus d'activité; si elle est accélérée, lente, sûre ou dangereuse; quels sont les bateaux qui sont employés au transport, les marchés, les lieux de consommation, les centres d'activité commerciale que ces bateaux fréquentent et alimentent; enfin quel est le prix du transport par tonneau (1000 kil.) de marchandises et par kilomètre (1000 mèt.) de distance parcourue.

Les *canaux de navigation*, véritables rivières artificielles, donnent lieu, sous le rapport agricole, à des considérations analogues aux précédentes; seulement il faut donner plus d'attention à leur état d'entretien, aux péages auxquels ils donnent lieu et au nombre d'écluses qu'il faut franchir pour se rendre dans un lieu déterminé.

Les *routes* d'un pays doivent être d'abord envisagées sous le rapport de leur nombre, de leurs embranchemens et des portions du territoire entre lesquelles elles établissent des communications; on prend ensuite en considération leur tracé, leur direction et le relief du pays à travers lequel elles sont percées. Une route directe et en pays plat rend le roulage bien plus prompt, sûr et facile qu'une route sinueuse qui traverse un pays fortement accidenté. On examinera ensuite les matériaux qui les composent, leur résistance, leur solidité et la manière dont ils sont mis en œuvre; puis l'état de réparation ancien et moderne de ces routes, leur assèchement, leur viabilité aux diverses époques de l'année, leur entretien annuel, leur police; enfin les dangers, les obstacles ou les inconvéniens qu'elles peuvent présenter dans leur cours. On s'informe, enfin, des moyens de transport qui y sont en usage, et si ceux-ci se font à dos d'animaux, par le petit ou le grand roulage ou le roulage accéléré, et quel est le prix de chaque moyen de transport par tonneau et par kilomètre.

On peut établir une enquête à peu près semblable, quoique moins étendue, pour les *routes de traverse*, les *chemins vicinaux* et *communaux*, dont le bon état est d'un intérêt immédiat pour l'agriculteur.

Un *chemin de fer* ou *route à ornières* en fer ne diffère d'une route ordinaire, sous le rapport des transports, que par la célérité de ceux-ci, qui ordinairement y est plus grande, et par la diminution des frais de roulage; toutes les autres conditions que l'on doit étudier pour les routes communes doivent donc être de nouveau passées en revue pour les chemins de fer et examinées séparément.

Les voies de communication exigent, la plupart du temps, dans leur cours, la construction d'*ouvrages d'art*, tels que ponts, passerelles, viaductes, souterrains, digues, épis, écluses, etc., dont il importe de connaître l'état d'entretien; elles nécessitent aussi souvent l'établissement de bacs, de bateaux, de lieux de passage, etc. qui doivent être en tout temps en bon état et offrir toute sécurité.

Enfin, il ne faut pas oublier que les frais de transport sont souvent accrus par des *droits de navigation*, *de circulation*, *de péage ou de passage* qui ont été établis dans certaines parties de ces voies, ou par des *droits d'octroi* à l'entrée des villes, et qu'en outre la circulation y est souvent retardée par des *formalités administratives*. On cherchera donc à connaître le montant de ces droits dans les diverses parties de chaque route, et on tiendra compte des pertes de temps que les formalités causent à la célérité des transports.

2° Il importe beaucoup à celui qui veut fonder un établissement agricole d'avoir des renseignemens précis sur la *population* du pays qu'il veut habiter et de l'étudier sous le rapport du nombre des individus qui la composent, de son industrie, sa répartition, sa condition, ses mœurs, son état physique et moral, son éducation et ses usages.

En règle générale, plus une population est en même temps *nombreuse, active, éclairée, industrieuse, dans l'aisance et douée de l'esprit d'association*, plus aussi elle éprouve de besoins et consomme de produits agricoles. Une population apathique, misérable, ignorante, sans industrie, n'éprouve au contraire que des besoins circonscrits, et, à nombre égal, ne consomme pas souvent la dixième partie des produits que la première désire et parvient à se procurer par son travail et ses richesses.

Rien au reste n'est plus aisé à distinguer, sous ce rapport, que le caractère de la population d'un canton. Si elle est nombreuse, active et riche, tout y respire l'aisance, la santé, l'abondance et le contentement; les habitations sont saines, étendues, bien disposées et décorées avec une sorte d'élégance; le sol y a une grande valeur et est travaillé partout avec le plus grand soin; tout y est dans un mouvement continuel par suite des échanges nombreux, des rapports commerciaux et industriels très fréquens qui s'établissent entre les hommes. Un pays pauvre et misérable offre un tableau entièrement opposé.

La *répartition* de la population sur la surface du pays est aussi utile à connaître. Des villes populeuses présentent à l'agricultur de grands avantages, en assurant l'écoulement d'une grande quantité de produits variés. En revanche, de nombreuses et grandes villes enlèvent à l'agriculture les hommes les plus valides et les plus actifs; leur voisinage nuit souvent à la moralité du peuple des campagnes, ce qui rend l'exercice de l'agriculture plus difficile, élève le prix des fonds et celui du travail, mais il accroît souvent aussi les profits dans un plus grand rapport.

Quant à la *condition* de la population des campagnes, THAER s'exprime ainsi :

« La population des campagnes peut être composée de telle sorte que les agriculteurs qui cultivent pour leur propre compte y dominent, ou que ce soient ceux qui travaillent pour autrui ou la classe ouvrière proprement dite.

« Dans le premier cas, les immeubles sont très divisés et les propriétés petites; les fonds, en général, ont atteint un haut prix et donnent de forts produits. Rarement on pourra espérer de grands avantages d'un grand établissement dans une telle localité, parce que non-seulement le sol y est plus cher et produit une haute rente, mais aussi parce que la main-d'œuvre y est ordinairement très coûteuse et l'écoulement des produits difficile. Chacun, en effet, s'y procure par la culture ce dont il a besoin et a un excédant qu'il conduit au marché. De là résulte une concurrence qui abaisse les prix souvent au-dessous des frais de culture.

« Au contraire, une nombreuse population dans la classe ouvrière est très désirable, surtout pour le grand cultivateur; elle facilite beaucoup l'exploitation d'un grand établissement et permet une culture plus soignée, lors même que le prix du travail n'y est pas très bas. Si en tout temps et moyennant un salaire convenable il est facile d'avoir un choix d'ouvriers, on peut appliquer en agriculture la division du travail, autant que celle-ci se prête à cette division. »

Lorsqu'on s'occupe de la recherche d'un domaine, il ne faut pas négliger l'examen des *mœurs*, de la *manière de vivre*, de la *moralité*, du *caractère* des différentes classes d'habitans et des *usages locaux*.

Une population de mœurs pures, économe, loyale, d'un caractère franc et animée de sentimens d'honneur, de délicatesse et de bienveillance réciproques, est celle au sein de laquelle on doit aimer à se fixer.

L'*état moral et physique* des individus de la classe ouvrière, leur *vie privée* et leurs *mœurs* méritent surtout une attention sérieuse. Leur force corporelle, leur activité, leur adresse dépendent de leur bien-être relatif, et il en est à peu près de même de leur moralité et de leur fidélité. Les hommes probes et moraux ont une valeur inappréciable pour l'agriculture.

Le *développement intellectuel* des gens de cette classe a toujours une grande importance pour le cultivateur. Ce développement ainsi que la moralité est dû en grande partie à l'*éducation* et aux impulsions reçues dans la jeunesse, et, à cet égard, il est de l'intérêt de celui-ci d'examiner si la population n'est pas plongée dans l'ignorance et imbue de préjugés grossiers et difficiles à déraciner, si elle n'opposera pas un obstacle insurmontable aux tentatives d'améliorations les mieux conçues, si on pourra parvenir à lui faire comprendre la dignité de sa profession et la pratique des arts agricoles, à la rendre docile aux instructions de ceux qui veulent l'éclairer et lui faire apprécier les avantages du travail, de l'ordre et de l'économie.

Enfin les *usages* ou les *coutumes* d'un pays, qui ont souvent plus d'empire sur les populations que les lois positives, doivent être examinés et étudiés avec soin, parce qu'ils peuvent réagir d'une manière tantôt funeste tantôt heureuse sur des tentatives d'améliorations en agriculture.

3° Nous avons vu dans le livre précédent quels étaient les devoirs de l'administration politique relativement à l'établissement de certaines *institutions* publiques ou particulières qui rendent d'éminens services à l'agriculture. Sous ce point de vue, un entrepreneur s'informera de ce qui a été déjà fait et de ce qui existe dans le pays. Il s'attachera ainsi à connaître le nombre des sociétés d'agriculture, des comices agricoles, et appréciera leur activité, leurs lumières, leur zèle et leur influence; il prendra des informations précises sur les sociétés d'assurances contre l'incendie, la grêle ou sur la vie des bestiaux, et recherchera quelle est la solvabilité, la moralité de ces établissemens et la prime qu'ils exigent pour garantir le cultivateur contre les fléaux. Il agira de la même manière relativement aux compagnies d'assurances sur la vie des hommes et aux caisses d'épargnes, qui exercent déjà une influence si heureuse sur la moralité et le bien-être des populations de nos villes et de nos campagnes.

4° Le dernier point de vue économique sous lequel on envisagera le pays sera celui des *capitaux;* ainsi on s'assurera de leur abondance ou de leur rareté, de la manière dont ils se trouvent répartis chez la population, du taux courant de l'intérêt, des conditions auxquelles on peut les emprunter, des garanties exigées dans ce cas ainsi que des termes et modes ordinaires de remboursement; enfin on aura soin de s'informer s'il existe une ou plusieurs *banques* publiques, des conditions que ces établissemens imposent aux emprunteurs ou dépositaires, de la nature des effets qu'ils mettent en circulation, des statuts qui les régissent, des garanties qu'ils offrent, etc.

§ IV. — Etat industriel du pays.

Les trois industries agricole, manufacturie et commerciale, doivent faire chacune l'objet d'une enquête séparée.

1° L'*industrie agricole* est celle qui attirera de préférence l'attention de l'administrateur. Il jettera d'abord un coup d'œil d'ensemble sur le pays, pour voir d'après quels principes elle y est généralement dirigée, et s'assurer si elle appartient à la *petite*, à la *moyenne* ou à la *grande culture*, ou si ces divers genres s'y rencontrent à la fois, dans quel rapport ils sont répartis sur la surface du territoire, ainsi que des avantages particuliers à chacun d'eux dans la localité. Il passera ensuite aux *systèmes* de *culture* généralement en usage, et étudiera ceux qui lui paraîtront le mieux adaptés au climat, au sol, à la localité, et qui donnent les bénéfices les plus forts et les plus certains; il discutera la possibilité d'améliorer ces systèmes, de les modifier sans éprouver trop d'obstacles ou faire de trop fortes avances, de diminuer les frais de production qu'ils nécessitent et d'ouvrir aux produits qu'ils fournissent communément ou à des produits nouveaux des débouchés plus étendus ou un écoulement plus prompt et plus facile.

L'aspect des cultures, l'examen attentif des travaux et des instrumens qui y sont employés, le nombre, la race et l'entretien des bestiaux, la multiplicité des établissemens industriels qui se rattachent à l'agriculture, etc., lui donneront aisément la mesure du degré de perfectionnement et de la prospérité de celle-ci; et il complétera les notions qu'il acquerra ainsi par des informations précises sur le produit moyen soit brut, soit net, des terres dans le pays, le rapport de la production animale à la production végétale, la répartition des cultures diverses, ainsi que la proportion réciproque des denrées agricoles de toute nature créées par les cultivateurs.

Cela fait, il recherchera avec diligence quels sont les *modes de faire valoir* ou *d'exploitation* usités dans la localité, et ceux qui paraissent présenter le plus d'avantages réels. Il s'informera ensuite du *prix des terres et de celui des fermages.* Relativement à ces derniers, il aura à examiner la longueur des baux, les améliorations qui y sont stipulées, les charges, clauses, restrictions et conditions particulières qu'on y introduit communément, celles qui sont favorables au développement de l'industrie ou qui lui nuisent, celles qui accordent une part suffisante au propriétaire du fonds et des bénéfices raisonnables au fermier; il n'oubliera pas non plus d'acquérir des notions exactes sur la sécurité de ces sortes de contrats, sur la manière dont on les passe, et sur les usages locaux et les coutumes relatives aux entrées en jouissance, aux fins de baux, aux sous-locations, aux remises pour fléaux, enfin sur la moralité des propriétaires ou des fermiers, etc.

Un des objets qui doit appeler une sérieuse attention, parce qu'il influe d'une manière notable sur les frais de production, c'est le *prix du travail* dans le pays et la facilité de se procurer les bras dont on aura besoin. Le prix du travail dépend d'une part du nombre de travailleurs et de leur concurrence, et de l'autre de l'habileté, de la force, de l'énergie, de la capacité, de la docilité et de la moralité de ces travailleurs. Ce sont ces divers élémens qui servent à établir la comparaison entre le *taux des salaires* et la valeur du travail exécuté. Dans tous les cas, il ne suffit pas de savoir si les travailleurs sont actifs et multipliés, il faut encore connaître, d'après les usages et les habitudes du pays, l'époque à laquelle leurs bras sont disponibles, et si cette époque s'accorde avec celle des travaux d'un bon système de culture alterne et d'économie agricole.

On recherchera ensuite quels sont les *bêtes de trait* et les *bestiaux* qu'on peut se procurer dans le pays; on examinera ces animaux sous le rapport de leur race, de leurs qualités, de leurs produits et de leurs prix d'acquisition. On calculera le prix de leur entretien, de leur nourriture, leur valeur vénale à différens âges, les bénéfices qu'on peut retirer en tout temps de la vente de leurs produits et le facile écoulement de ceux-ci. On s'attachera à reconnaître si les races sont perfectionnées ou si elles sont communes et rustiques; les sacrifices qu'il faudrait faire dans ce dernier cas pour anoblir ces races ou pour introduire dans le pays des animaux doués de qualités supérieures et d'un produit net plus élevé.

Cet examen terminé, on passera à celui des *machines* et *instrumens de travail* en usage dans le pays, et on les étudiera sous le rapport de leur forme, de leur structure et de leur application aux besoins locaux. On s'informera si l'on peut s'y procurer des instrumens perfectionnés ou des machines nouvelles, et s'il existe à proximité des ouvriers capables de construire ou au moins de réparer ces instrumens.

Des informations quelquefois assez minutieuses apprendront ensuite si l'on peut se procurer en abondance et à des prix convenables une foule d'objets dont l'exercice de l'industrie agricole rend l'emploi nécessaire, tels que des engrais de diverses espèces; des amendemens, comme marne, plâtre, chaux, craie, glaise, sable, cendres pyriteuses ou autres, tangue ou vase de mer; des semences, des plants; des combustibles, comme houille, bois, tourbe; des matériaux de construction de bonne qualité; enfin les divers objets qui servent à la consommation et dans l'économie du ménage, et dont le bas prix procure une économie sensible sur les dépenses domestiques, et permet d'améliorer la condition de tous les travailleurs.

Un dernier examen portera enfin sur la *production et l'écoulement des denrées agricoles*. Pour procéder ici avec régularité, il sera nécessaire de connaître et de visiter les lieux où se vendent et se consomment les produits du pays, de s'informer de ceux qu'on y demande le plus communément, de ceux qui s'y soutiennent constamment au meilleur prix, ou de ceux qu'on pourrait introduire avec avantage. Cela fait, il sera nécessaire de connaître les quantités des denrées vendues annuellement et leur rapport avec la production du pays, la consommation ou l'écoulement de ces denrées à chaque époque de l'année et même la valeur totale des affaires qui se font à chaque marché pour chacun d'eux. On recherchera aussi l'époque à laquelle la vente a le plus d'activité, celle où elle languit et le moment le plus opportun pour écouler les produits. On s'assurera de la distance relative de ces marchés, de la qualité des denrées qu'on y porte, de leur prix moyen depuis une époque qu'on étendra aussi loin qu'on le pourra, des usages qui y sont en vigueur relativement aux ventes, aux achats, aux crédits, aux échéances, aux échanges, aux modes de paiement, à la sécurité de ces sortes de transactions, etc.; enfin si on y publie régulièrement des mercuriales qui permettent de connaître les variations de prix qui surviennent dans les denrées et servent de régulateur et de base dans les spéculations.

2° L'*industrie manufacturière* et les *arts industriels* consommant en général une quantité considérable de denrées agricoles, il importe que l'agriculteur ait des indications précises sur l'activité qui règne, à cet égard, autour de lui. Dans tous les pays où l'industrie manufacturière a pris beaucoup de développement, tels que l'Angleterre, la Flandre. la Lombardie, etc., l'agriculture a fait aussi elle-même de grands progrès. Il sera donc utile de savoir où sont placés les grands centres d'activité industrielle, et l'importance et la solvabilité des établissemens qui s'y trouvent réunis, leur consommation annuelle, la nature des produits qu'on y met en œuvre, la qualité de ceux-ci, etc.

3° Dans ses vastes spéculations l'*industrie commerciale* embrasse tous les objets qui peuvent avoir une valeur échangeable quelconque: elle les reçoit des mains de celui qui les a créés et les transporte au loin, soit au compte du producteur, soit à ses risques et périls, pour les mettre à la portée du consommateur. Cette industrie ouvrant ainsi un vaste champ à l'écoulement des produits agricoles, il devient très intéressant pour l'agriculteur de connaître quelle est la nature et l'importance de ses spéculations, le genre de produits auxquels elle donne la préférence, quels sont les marchés, villes, ports, etc., où ces spéculations se font le plus communément, les conditions réciproques auxquelles les transactions ont lieu entre les commerçans et les producteurs, ainsi que la solvabilité, la moralité et l'industrie des premiers.

Il est utile de s'assurer qu'il existe des *moyens de transport* prompts, surs et faciles vers les centres d'industrie commerciale où résident les négocians, marchands ou spéculateurs, et qu'on peut presque en tout temps faire voyager des produits avec cette célérité que le commerce exige aujourd'hui, et qui en rendant les spéculations plus actives, grossit les bénéfices par la répétition fréquente des mêmes opérations.

Le commerce qui s'exerce avec l'étranger ne se contente pas de porter nos produits au dehors; il *importe souvent en outre des denrées agricoles des pays voisins*. Sous ce dernier point de vue un agriculteur doit prendre connaissance des tableaux statistiques, publiés par l'autorité, qui lui feront connaître le nombre, le volume ou le poids des denrées que le commerce a importées dans la localité qu'il se propose d'habiter et sur les marchés où il pourrait espérer un écoulement avantageux des siennes. Ces données acquises, il appréciera les qualités des objets importés, le prix auquel ils sont vendus, les causes qui les font rechercher, pourquoi ils peuvent, malgré des frais de transport quelquefois considérables, faire encore concurrence aux produits nationaux; si on ne pourrait pas réussir à faire cesser cette concurrence et à rendre l'importation désavantageuse ou impossible, ou même à faire rechercher ses propres produits à l'étranger, etc., et enfin il entrera dans une foule d'autres considérations économiques qui le conduiront à des résultats remplis d'intérêt, et très propres à l'instruire sur toutes les spéculations qu'on peut faire sur les produits agricoles.

Le commerce des denrées agricoles s'exerce aussi parfois dans certaines localités peu industrieuses par des *courtiers ou entremetteurs* qui recueillent la plupart des bénéfices que devrait faire l'agriculteur, s'il était plus industrieux et plus actif et connaissait mieux les ressources locales et l'étendue du marché qu'il a devant lui. Ces courtiers ont souvent assez d'influence sur les prix et sur les marchés pour qu'il soit difficile de lutter avec eux, et pour créer des embarras réels à ceux qui veulent se soustraire à leur patronage ou à leur avidité.

Section II. — *Des conditions particulières dans la recherche d'un domaine.*

Nous donnons le nom de particulières à toutes les conditions que doit remplir un domaine, soit relativement aux objets qui l'entourent immédiatement, soit en lui-même. Ces conditions exigent un examen encore plus scrupuleux que les précédentes, parce qu'elles touchent plus directement aux intérêts de l'entrepreneur, et qu'elles influent d'une manière plus matérielle pour lui sur ses succès et ses revers.

Un domaine situé dans un pays où se trouvent réunies des conditions favorables, telles que nous les avons étudiées ci-dessus, doit être maintenant envisagé sous le point de vue des objets qui l'environnent immédiatement, sous celui du fonds à son état naturel, celui des valeurs capitales qui ont été répandues dessus pour le rendre exploitable, celui de son état où de son mode d'exploitation au moment où on veut entrer en jouissance, et enfin sous le rapport de son prix d'acquisition ou de la rente qu'on en demande.

§ Ier. — Des objets qui environnent immédiatement le fonds.

Le fonds est en contact immédiat par toute sa surface avec l'*atmosphère*, et par conséquent tous les phénomènes physiques qui peuvent se manifester dans celle-ci réagissent plus ou moins directement sur sa faculté productive et sur sa fécondité; il importe donc de constater de quelle manière ce fonds, dans sa position relative, est affecté par ces phénomènes, en examinant successivement pour chacun de ceux que nous avons signalés dans le § 1er de la section précédente, l'influence directe qu'il exerce sur la végétation.

Voyons maintenant, parmi les objets naturels et terrestres, ceux qui peuvent être nuisibles ou avantageux au fonds.

Des *eaux* torrentielles, des rivières qui débordent, des cours d'eau qui creusent, morcellent ou entament le terrain, ou le recouvrent d'un ensablement ou d'un depôt d'alluvion infertile, ou qui, par leur grande hauteur, mettent des obstacles à l'assèchement complet des terres du domaine, sont autant de causes qui enlèvent une grande partie de la valeur de celui-ci. Les *flots de la mer*, qui tantôt entament le domaine ou augmentent sa surface, et tantôt rendent infertiles les terrains qu'ils recouvrent ou leur apportent un limon fertilisant exigent une étude spéciale. La proximité de *terrains en pente ou minés*, celle des *sables mouvans* qui menacent, par des éboulemens, des chutes, des glissemens, des pluies de sable, de recouvrir et de rendre stérile une partie du domaine, déprécient également sa valeur. Le voisinage des *hautes montagnes couvertes de neige* une partie de l'année, et qui abaissent la température à une grande distance ou attirent en grande quantité et précipitent l'eau de l'atmosphère; celui des *marais* et des *eaux stagnantes*, qui saturent continuellement l'air de vapeur d'eau ou d'émanations quelquefois insalubres, et portent ainsi atteinte à la vigueur et à l'énergie vitale des hommes et des animaux, et souvent nuisent au succès des cultures et aux propriétés alimentaires des végétaux; celui des grandes *forêts*, qui entretiennent souvent une humidité considérable et causent un abaissement de température, qui donnent naissance à une foule d'insectes nuisibles et un réfuge à des animaux, véritables fléaux pour l'agriculture, sont également des circonstances défavorables aux yeux du cultivateur instruit.

Au contraire, la proximité d'une forêt où l'on détruit les animaux nuisibles, qui est aménagée et aérée avec soin et sert à abriter contre des vents froids et desséchans, est une condition favorable. Il en est de même de celle des *eaux* pures, salubres et abondantes, bien encaissées, soit courantes, stagnantes ou jaillissantes. On se fait en effet difficilement une idée des souffrances et des besoins qu'on éprouve pendant les sécheresses dans les pays privés d'eau, et des dépenses considérables qu'il faut faire pour charrier ce liquide et le transporter quelquefois de points fort éloignés. Un *ruisseau* qui entoure ou traverse le domaine est toujours très précieux.

Les *richesses minérales*, dont nous avons parlé à la page 315, ont également un grand prix quand on peut les exploiter et les recueillir sur le domaine ou à une légère distance de ses limites, etc.

Sous le rapport economique et industriel; on doit avoir égard aux considérations suivantes:

La *proximité* d'une ville populeuse, d'un marché bien achalandé, d'un lieu où se tient une foire considérable, d'une population agglomérée, d'une vaste usine, d'une grande manufacture, d'un village industrieux, d'un port où règne une grande activité, d'une rivière navigable, d'un canal, d'un chemin de fer, etc. est une sorte de prime en faveur du propriétaire ou du fermier, qui leur permet de diminuer leurs frais de production, surtout quand le fonds n'est pas vendu ou loué plus cher, à raison de cette situation. que ceux qui sont plus éloignés.

En fait de voisinage nuisible, il faut éviter celui de *certains établissemens industriels*, tels que les fabriques de soude, les usines où l'on fond et prépare le cuivre ou le plomb, celles où l'on grille les minerais contenant de l'arsenic, etc., et plusieurs autres qui portent un préjudice notable à la végétation et à la santé des êtres organisés par les émanations insalubres qu'elles répandent sur un certain rayon. Quelques-uns de ces établissemens, qui allument et entretiennent en feu des masses considérables de matières, peuvent aussi causer l'incendie des récoltes et des habitations.

Les *terrains communaux*, qui sont généralement dans un mauvais état d'entretien et où le pâturage donne lieu à une foule de délits sur les propriétés voisines, exigent qu'on évite autant qu'on le peut leur voisinage.

Enfin il est important de jeter un coup d'œil sur les héritages qui avoisinent immédiatement et de toutes parts le domaine, et d'examiner la moralité, la condition, l'industrie et le caractère de ceux qui les possèdent. Ces voisins peuvent être incommodes, soit par un esprit de chicane, d'avarice ou d'avidité qui les anime, soit par un instinct d'envahissement qui les porte à empiéter sur votre propriété, soit enfin par un penchant décidé à commettre des délits, des vols ou des larcins auxquels ils peuvent se livrer plus facilement et souvent avec plus d'impunité que les autres. Pauvres, ignorans et sans industrie, ils peuvent négliger la culture de leur héritage, le laisser se couvrir de mauvaises herbes ou être infesté par des insectes destructeurs, qui, malgré tous vos soins et votre activité, se répandent sur votre propriété, envahissent, étouffent ou détruisent vos récoltes. Ils peuvent laisser les eaux couvrir leurs champs, se déverser ou s'infiltrer sur les vôtres, et rendre ainsi moins fructueux vos travaux d'asséchement, etc. Les meilleurs voisins sont ceux qui sont laborieux, aisés, industrieux, éclairés, bienveillans et doués des sentimens moraux qui honorent l'humanité.

§ II. — De l'état physique et naturel du fonds.

L'examen du fonds, sous le rapport de son état naturel, portera d'abord sur son *élévation*. Cette élévation peut être absolue ou relative. L'*élévation absolue* est celle du domaine au-dessus du niveau de la mer; c'est elle qui a l'influence la plus matérielle sur l'espèce et la qualité des produits. On a calculé en Angleterre que 60 à 80 mètres de hauteur perpendiculaire équivalent, sous le rapport du climat, à 1 degré de latitude plus septentrionale, et qu'une élévation de 200 à 250 mèt. était la hauteur *maximum* à laquelle on pouvait en général, dans ce pays, s'adonner avec quelques chances de succès à la culture des céréales. L'*élévation relative*, ou celle au-dessus du niveau général du pays, joue aussi un rôle important. Un domaine sous le même degré de latitude, et toutes les autres circonstances étant égales, a d'autant plus de valeur qu'il est placé dans une situation basse et près du niveau des eaux. Dans une situation élevée il est toujours dispendieux de conduire les engrais, de faire les charrois et la plupart des autres travaux. D'ailleurs, les parties élevées d'un pays offrent souvent des pentes abruptes, peu propres à un grand nombre de cultures, et celles-ci, en général, y sont plus tardives et par conséquent exposées à des chances plus multipliées.

La *configuration de la surface* n'est pas moins intéressante à étudier. Une surface irrégulière, fortement ondulée, à quelque élévation qu'elle soit, est défavorable en agriculture; les travaux y sont nécessairement plus pénibles et plus multipliés. Sur les pentes, les parties les plus meubles et argileuses des terrains sont délayées et entraînées par les eaux, tandis que le sable et le gravier restent; le sol manque donc de la ténacité nécessaire pour servir de point d'appui aux récoltes. Les engrais qu'on applique dans ces terrains sont consommés presque en pure perte, et, par l'effet de différentes causes, ils ont une température plus basse que ceux placés à une même hauteur, mais de niveau. En outre, dans les terrains inclinés l'épaisseur du sol meuble diminue, à chaque opération de labourage dans les parties les plus élevées, et ne peut être rétablie que par des travaux et des dépenses considérables. Dans un sol bien meuble et perméable, une surface plane ou à peu près est celle qui paraît être la plus avantageuse; mais dans un pays humide, dans des sols compactes et argileux reposant sur un sous-sol peu perméable, les terres légèrement en pente sont celles qui méritent la préférence, parce qu'elles s'égouttent le mieux.

Quelles que soient l'élévation ou les ondulations du sol, il faut éviter les *terrains marécageux* quand on n'a pas l'intention ou les moyens de les assainir par des desséchemens, ou si les travaux qui seraient nécessaires pour cela sont difficilement praticables. Les sols trop bas et humides sont insalubres et exposés plus que les autres aux gelées de printemps, qui attaquent d'une manière si funeste les végétaux; ils sont en outre plus sujets aux inondations, au déversement des eaux ou à la chute de masses quelconques des fonds supérieurs; les chances de bonnes récoltes y sont plus incertaines et les produits moins estimés.

Il suffit de savoir apprécier l'influence de la lumière et de la température sur la végétation pour sentir combien il est important de prendre en considération l'*aspect* ou l'*exposition* du fonds vers tel ou tel point de l'horizon. Sous les climats incertains et souvent humides des pays du Nord, une exposition vers le midi ou légèrement inclinée à l'est ou à l'ouest est, surtout dans les terres fortes, une circonstance qui accroît sensiblement la valeur d'un domaine. Il en est souvent de même d'un abri, soit hauteur, montagne ou forêt, principalement pour les terrains secs, sablonneux et chauds, qui les garantit des effets fâcheux des vents froids et humides du nord ou du nord-ouest. On doit sans doute envisager la question autrement dans le midi de la France. En effet, sous les latitudes où il y a surabondance de calorique et de lumière et où le soleil dessèche et durcit souvent le sol pendant plusieurs mois consécutifs, sans qu'une goutte de pluie vienne rafraîchir et ranimer la végétation épuisée, les terres n'ont plus le même besoin d'être tournées vers le sud, et un aspect vers d'autres points de l'horizon ou un abri contre l'influence trop directe du soleil ou contre les vents desséchans, sont alors des circonstances que le praticien doit aimer à rencontrer.

Une fois ces notions acquises, il sera necessaire de connaître l'*étendue de la surface* que couvre le domaine, sa *figure géométrique* ou sa forme, ses contours et ses limites, l'*étendue superficielle des terres cultivables*, celle des chemins et carrières, des canaux et des eaux courantes ou stagnantes, et autres portions soustraites à la charrue, à la bêche ou à une culture quelconque, le *nombre* et la *forme des pièces de terre*, les *morcellemens* ou *enchevêtremens* que peuvent présenter celles-ci dans les diverses parties du domaine, tous sujets sur l'économie desquels nous nous proposons de revenir dans le chapitre III du titre suivant.

S'il existait sur le domaine un *cours d'eau*, une *source* abondante, un *puits foré* donnant une grande quantité d'eau, il faudrait mesurer le volume de ces eaux, la hauteur de leur chute ou celle de leur jaillissement, afin de déterminer si elles peuvent être employées avec avantage à des travaux industriels, en prenant toutefois en considération les dispositions législatives qui règlent cette matière. On reconnaîtra également les *mares* et *abreuvoirs* qui peuvent se trouver sur le fonds, et on s'assurera que toutes ces eaux sont salubres, qu'elles peuvent servir aux irrigations, à la boisson, à des usages domestiques et ne peuvent nuire à la végétation des plantes ou à la santé des animaux.

Il ne reste plus maintenant qu'à étudier les diverses qualités de terre que peut présenter le domaine, c'est-à-dire à faire un *examen agronomique* du fonds; c'est un sujet sur lequel nous reviendrons dans le chapitre suivant, parce qu'il a une très grande influence sur la valeur d'un fonds.

§ III. — Des valeurs capitales répandues ou placées sur le fonds.

Un fonds peut avoir été abandonné à la nature et être en friche ou à l'état sauvage. Dans ce cas, l'examen qu'on doit en faire est à peu près terminé; il ne reste plus qu'à y organiser un système d'exploitation rurale pour en tirer des fruits, et nous apprendrons bientôt comment on doit procéder à cet égard. Mais la plupart du temps le fonds est déjà en culture et on y a répandu ou placé des valeurs capitales, pour en faciliter l'exploitation, qui ont nécessité des avances de la part de ceux qui l'ont possédé ou exploité antérieurement. C'est ce cas que nous allons examiner.

Les avances ont pu être employées: 1° en travaux ou en objets matériels immobiliers destinés à rendre le fonds exploitable; 2° en bestiaux, animaux de travail et objets mobiliers servant à l'exploitation. Ces derniers objets n'entrent pas toujours, comme on le sait, dans le prix d'acquisition d'un domaine ou dans les conditions de sa location, mais nous les y comprenons ici pour rendre la question plus générale.

Si ces *avances capitales ont été suffisantes* pour mettre le fonds dans un état exploitable le plus satisfaisant possible et pour l'entretenir dans cet état, il n'y a plus qu'à en prendre possession et à procéder aux travaux de culture au moyen desquels on peut en tirer des fruits. Si d'un autre côté ces *avances ont été insuffisantes* pour mettre dans le meilleur état exploitable dont il est susceptible le domaine en question, il y a de nouvelles avances à faire pour en compléter l'organisation. Dans l'un comme dans l'autre cas il n'y a qu'un examen de détail qui puisse nous faire connaître réellement la situation actuelle du domaine, nous éclairer sur son état et sur l'étendue des sacrifices qu'il faudrait faire pour atteindre le but que doit se proposer tout cultivateur industrieux.

1° Commençons par l'examen des avances qui ont été faites pour l'*amélioration du fonds*. Ces avances ont été employées à des travaux d'arpentage, de nivellement, d'embanquement, d'endiguage, de desséchement, de défrichement, de clôture et à la construction de chemins et de bâtimens ruraux.

Toutes choses égales, on doit donner la préférence à un domaine où l'*arpentage*, le *plan cadastral* et la *carte topographique* ont été faits avec exactitude. La propriété étant ainsi bien définie, on connaît et on apprécie mieux ce qu'on achète ou ce qu'on prend à loyer et on évite plus aisément de fâcheuses contestations.

Les travaux de *nivellement* doivent avoir été complets et faits avec assez de soin pour couvrir de terre meuble et fertile les parties arides du sol et les roches dénudées, faciliter tous les travaux agricoles, mettre à l'abri de l'accumulation et de la stagnation des eaux ou la favoriser dans certaines portions du terrain, et pour rendre à la culture la plus grande surface possible de terrain dans la situation et la localité où l'on est placé.

Les *endiguages*, les *embanquemens* ont dû être entrepris, construits et entretenus avec l'attention, la dépense et l'étendue convenables. Sous ce rapport on aura donc à jeter en particulier un coup d'œil sur les *digues*, *épis*, jetées, défenses, canaux, fossés, écluses, vannes, claies, etc., la manière dont tous ces objets ont été établis ou bâtis, les matériaux qui entrent dans leur construction, leur condition actuelle, leur état d'entretien, les frais annuels que peut nécessiter cet entretien, la durée probable de ces objets, et enfin les dépenses qu'exigeraient leur reconstruction totale en cas de dépérissement complet.

Les travaux de *desséchement* donneront lieu à des considérations analogues, c'est-à-dire qu'on examinera s'ils ont été exécutés avec l'étendue et le soin nécessaires, si les canaux principaux et secondaires d'écoulement ou de ceinture; si les galeries, rigoles souterraines, coulisses, coups de sonde, puits perdus, boitouts, puisards, fossés couverts ou ouverts, etc., sont établis suivant les principes de la science; dans quelle condition se trouvent actuellement ces objets, les réparations annuelles qu'ils exigent, etc. (*Voy.* t. Ier, chap. 5).

C'est en suivant une marche conforme à la précédente qu'on examinera les travaux exécutés pour les *arrosemens* et les irrigations (t. Ier, chap. IX, p. 237); ceux entrepris pour *se procurer l'eau* nécessaire aux animaux ou aux besoins domestiques, tels que étangs, bassins, mares (t. IV, chap. IX), puits artésiens et ordinaires, citernes, conduits d'eaux de sources ou courantes, etc.

Les *défrichemens* ont-ils été exécutés avec l'étendue ou suivant les conditions exigées (t. Ier, chap. V, p. 112) pour ces sortes de travaux? ont-ils enlevé les pierres, souches, racines et autres obstacles qui s'opposaient à la régularité, à la perfection et à la célérité des travaux agricoles ou des façons à donner au sol? ont-ils ameubli et nettoyé suffisamment et assez profondément la terre; livré à la charrue ou à la culture la plus grande surface possible de terrain, ou laissé encore en friche des gazons, des pelouses, des allées, des avenues, des terres vagues ou autres objets sans utilité, etc.? Voilà autant de points qui doivent tour à tour fixer l'attention de l'entrepreneur.

Un domaine défendu par des *clôtures* a presque toujours plus de valeur que celui qui n'est pas clos, et on estime, en Allemagne, au moins pour les propriétés sur les lisières des chemins, à près de 10 p. 0/0 du produit net en nature les pertes ou les dépenses de surveillance qu'occasionne une propriété qui n'a pas de clôture. On a donc à examiner l'étendue de ces clôtures, leur nature, les portes et barrières qui y sont pratiquées, si elles défendent suffisamment le fonds contre les bestiaux, les larcins ou les envahissemens; leur état d'entretien, les produits qu'elles peuvent rendre et les frais qu'elles occasionnent (*voy.* t. Ier, chap. XIV, p. 357).

Le nombre et le tracé des *chemins ruraux* ou d'*exploitation*, les matériaux qui les composent, leur largeur, leur construction, leur nature et l'état d'entretien dans lequel ils se trouvent méritent également un examen particulier. Si ces chemins sont mal ordonnés, insuffisans, mauvais, raboteux ou tortueux, ils consomment beaucoup plus de force et de temps, et on doit avoir égard aux redressemens et réparations dont ils auront besoin.

L'examen des *bâtimens ruraux* donne lieu à une foule de questions intéressantes, que nous examinerons avec plus de détail dans le chap. III du titre III. Ici nous nous bornerons à dire que l'examen doit porter sur leur situation, leur étendue suffisante ou insuffisante, leur capacité et leur distribution intérieure, leur salubrité, leur groupement ou commodité pour les usages actuels ou ceux auxquels on les destine, leur construction, leur solidité, la possibilité des agrandissemens, des améliorations, etc.; enfin sur le danger des incendies par les maisons du voisinage, sur leur état actuel d'entretien, les réparations annuelles qu'ils nécessitent, leur durée probable, les dépenses auxquelles obligera leur mise en bon état ou qu'exigerait leur reconstruction, et le prix de tous les matériaux de construction et de la main-d'œuvre dans le pays.

En se livrant à l'examen des bâtimens ruraux on comprendra ceux qui servent à l'*exploitation des arts agricoles*, tels que les moulins à eau ou à vent, les fours à chaux ou à plâtre, les magnaneries, etc., et on n'oubliera pas dans cet examen les *roues hydrauliques* qui servent à donner l'impulsion aux machines et dont il importe de constater l'état, les *silos* en maçonnerie qui peuvent exister pour la conservation des grains ou des racines, les *caves* creusées dans le roc pour y déposer les vins, les fromages ou autres denrées, etc., enfin on jettera en même temps un coup d'œil sur le *jardin potager*, le *verger* ou le *jardin d'agrément* qui sont souvent placés près des bâtimens.

L'examen portera ensuite sur les réservoirs d'eau, les mares, les étangs, sur leur étendue, le volume et la quantité de leurs eaux en toute saison, leur construction, leur etat d'entretien, en se conformant à cet égard à tout ce qui a été prescrit (*voy.* p. 179 et suiv.).

Enfin il sera indispensable, sous le rapport immobilier, de fixer son attention sur les *plantations* qui peuvent couvrir une partie du domaine et qui consistent ordinairement en bois d'essences diverses, ou en noyers, mûriers, oliviers, vignes, etc.; il faudra constater la surface qu'elles recouvrent, le nombre de pieds qui constituent plusieurs d'entre elles, l'espèce, l'âge, la vigueur, la qualité ou le cépage, etc.

2° Les avances qui ont été faites pour réunir sur le domaine les objets mobiliers qui servent à son exploitation ont eu pour but l'acquisition des bêtes de trait ou de rente et du mobilier. Ces objets, pour le moment, ne donnent lieu qu'à un examen bien simple.

On constatera, pour les *bêtes de trait et de rente*, le nombre des animaux, leur race, leur âge, et la condition hygiénique dans laquelle ils se trouvent ainsi que l'état d'entretien des troupeaux.

Le *mobilier* qui garnit le domaine ne sera examiné pour le moment que sous le rapport du nombre des machines, instrumens, outils et ustensiles qui le composent, et de leur état d'entretien ou d'usure.

Au moyen de tous ces documens on se formera une idée très précise de l'état d'organisation du fonds et des nouvelles avances qu'il pourra être nécessaire de faire pour compléter cette organisation.

§ IV. — De l'état actuel du domaine sous le rapport de son exploitation.

Il importe beaucoup, avant de procéder à l'acquisition d'un domaine quelconque ou de le prendre à bail, de constater le mode d'exploitation qui servait à en tirer des fruits antérieurement au moment où on se propose d'entrer en jouissance.

Sous ce rapport nous trouvons dans le t. IV des Annales de Roville, des observations de M. Rob. Brown, qui méritent de trouver place ici.

« L'expérience nous montre tous les jours, dit-il, que la plupart des fermiers ignorans sont eux-mêmes cause de leur perte, par le choix qu'ils font d'une ferme. Ils ont des règles si fausses, qu'ils rejettent souvent les fermes sur lesquelles bientôt après d'autres font leur fortune, ou prennent pour guide le succès du fermier sortant. Si un homme s'est enrichi sur une ferme, ou s'il y a vécu dans l'aisance, un grand nombre de concurrens se présentent aussitôt, presque sans aucun examen préalable de la propriété; mais si au contraire le fermier s'y est ruiné ou a mal fait ses affaires, on croit comme une chose démontrée et sans rien considérer, que la ferme est mauvaise, ou attribue tout au sol, et on s'éloigne avec l'idée que sans une diminution du fermage, la ferme ne peut être avantageuse.

Ces opinions sont absurdes, car la conduite des différens fermiers est si diverse, que le succès dépend très peu de la rente. Supposez deux fermiers pouvant disposer de capitaux égaux : l'un cultive avec jugement et intelligence, amende ses champs autant qu'il le peut, ne vend ni son foin ni sa paille, assole ses terres d'une manière judicieuse, saigne soigneusement ses champs et tient ses clôtures en bon état. Cet homme s'enrichit; l'autre se montre négligent sur ces points essentiels; il tombe dans la pauvreté. Telles sont les causes de la richesse des uns et de la pauvreté des autres; et assurément on conviendra que celui qui juge de la valeur d'une ferme par le succès de ceux qui l'ont cultivée porte un jugement des plus faux ».

Ceci posé, on voit que, sous un point de vue général, ce ne peut être les succès ou les revers de ceux qui ont exploité le fonds avant vous qui doivent servir de base à votre choix et à votre estimation, et qu'il n'y a qu'une *enquête détaillée* sur le mode d'exploitation auquel le fonds a été ou est soumis qui puisse vous éclairer sur la cause de ces revers et de ces succès, vous apprendre ce que vous êtes en droit d'attendre d'un bon système d'administration appliqué à ce fonds, vous donner une idée précise de sa valeur et vous déterminer en sa faveur.

Que le domaine ait été exploité avec une extrême négligence, ou par une routine qui ne donne pas tous les fruits dont le fonds est susceptible, ou enfin au moyen d'un système perfectionné de culture, l'enquête doit toujours être la même, seulement elle aura plus ou moins d'étendue suivant la perfection du système qui aura été suivi, et dans tous les cas elle provoquera une étude raisonnée de ce fonds qui sera toujours très fructueuse pour l'entrepreneur.

Le 1er objet dont il faudra s'informer c'est le *mode administratif d'exploitation* au moyen duquel le domaine a été mis en valeur, ou la condition de l'entrepreneur qui le dirigeait. Le fonds a-t-il été exploité par son propriétaire, ou par un régisseur, un fermier ou un colon partiaire? Cette question fort simple donnera déjà quelquefois une idée assez nette de l'état dans lequel doit se trouver le fonds.

On cherchera ensuite à connaître quelles étaient les connaissances agricoles, la capacité, les qualités morales de cet *entrepreneur*, les capitaux dont il pouvait disposer, les conditions, s'il était fermier, auxquelles il avait obtenu la jouissance du fonds, son plan de conduite pendant le temps qu'il a exploité, son mode d'administration, et les événemens naturels, les circonstances imprévues, les cas fortuits ou les causes dépendantes de la volonté des autres hommes ou de la sienne propre qui ont entravé ou arrêté, favorisé ou développé son industrie.

Ces notions préliminaires une fois acquises on soumettra à une critique raisonnée le système d'économie rurale que l'entrepreneur avait adopté. Ce système était-il le plus convenable dont il pût faire choix dans les circonstances locales ou individuelles où il était placé? Etait-il le plus fructueux et le plus propre à accroître successivement la valeur foncière du domaine? Pendant qu'il a été mis en activité, le domaine a-t-il été porté au point d'amélioration dont il est susceptible par un bon mode d'administration? etc.

A cette critique on fera succéder celle du système de culture ou l'assolement qui aura été mis en pratique pendant la durée de l'exploitation de l'entrepreneur précédent. A cet égard, il faudra d'abord examiner si cet assolement est conforme aux règles de l'art, sous le rapport de la rotation et de l'alternance des cultures, s'il est bien adapté au climat, à la nature des terres, au système économique du domaine, aux conditions commerciales dans lesquelles on se trouve, etc.

A ces questions générales on en ajoutera d'autres d'un grand intérêt, telles sont les suivantes : A quelle profondeur labourait-on; quel était dans cet assolement le rapport superficiel des soles fourragères aux soles à grains; la nature et la qualité des *engrais* dont on se servait annuellement pour fumer les soles? La quantité de ces engrais qu'on employait, était-elle au-dessous des besoins, ou suffisante pour conserver ou augmenter la fertilité des terres? A-t-on fumé régulièrement dans les dernières années les soles qui devaient l'être et n'a-t-on pas tiré de suite des terres, surtout dans les derniers temps, plusieurs récoltes épuisantes, sans réparer la fécondité qu'elles avaient ainsi perdu? Enfin quel était le *produit brut annuel* des diverses soles, pour chacune des espèces végétales qui entrait dans l'assolement? etc.

On s'occupera ensuite d'examiner les agens soit du personnel soit du matériel qui ont servi à mettre en activité tout le système économique du domaine.

Relativement au *personnel*, on aura d'abord à s'informer du nombre des serviteurs et des journaliers employés communément sur la ferme, et à déterminer si ce nombre a été insuffisant ou trop considérable; puis on s'occupera des gages que recevaient les 1ers, des conditions de leur engagement, des frais de leur nourriture et de leur entretien, du nombre de jours qu'ils travaillent dans l'année suivant les usages du pays : pour les seconds, du taux de leurs salaires, des conditions auxquelles on obtenait le travail des hommes, des femmes et des enfans pendant les diverses saisons de l'année, et pour les uns aussi bien que pour les autres, de leur moralité, leur force, leur énergie, leur activité ainsi que leurs connaissances agricoles ou leur ignorance.

Les *bêtes de trait et de rente* seront à leur tour passées en revue, et on s'appliquera surtout à déterminer si c'étaient les animaux les mieux adaptés à la nature et aux besoins du domaine ou de la localité; quel était le régime, le mode de renouvellement ou de propagation auxquels ils étaient soumis; le degré d'amélioration auquel ils sont parvenus; les frais qu'occasionnaient annuellement leur nourriture, leur entretien ou leur renouvellement; les travaux ou les services qu'on exigeait d'eux ou qu'on était en droit d'en attendre dans un bon mode d'aministration; le prix de leur travail; leur valeur à différens âges et à divers degrés de condition ou d'embonpoint sur les marchés, leur fécondité ainsi que la qualité, la quantité et la valeur des produits qu'ils donnaient chaque année.

Le *mobilier* qui garnit le domaine donnera lieu ensuite à un examen sérieux. La nature des instrumens qui le composent, leur insuffisance ou leur surabondance, leur imperfection, leur forme ou leur structure, plus ou moins bien appropriée à la nature du domaine et au système agricole qui avait été adopté, seront autant de points de vue sous lesquels chacune des diverses classes d'objets mobiliers demanderont successivement à être envisagées.

On aura soin aussi, dans le cas où on entrerait en jouissance à la fin du bail d'un fermier, de vérifier la quantité de *paille* que le contrat oblige celui-ci à laisser sur la ferme, ainsi que celle des *fumiers* ou autres *engrais*, qu'on cubera et dont on vérifiera en même temps l'état et la qualité.

Si dans le système de culture du domaine il entre des cultures diverses, telles que des prairies permanentes, des pâturages, des bois, des vergers, des vignes, des mûriers, des oliviers, des étangs, etc., on examinera pour chacune d'elles leur mode d'exploitation plus ou moins bien adapté au sol, au climat, à leur nature, au pays, etc.

Ainsi, les *prairies* par exemple, seront examinées sous le rapport de la nature et de la qualité de leur sol, qui peut être argileux, sableux, tourbeux, ou bien un loam plus ou moins chargé d'humus ; de leur situation, qui peut être haute, basse, à mi-côte, en pente raide, etc.; de l'état de leur surface, qui est unie, onduleuse, propre ou infestée de mauvaises herbes; de leur état de sécheresse, d'aridité, de moiteur, d'humidité ou de marécage, etc. On prendra en outre en considération leur éloignement, la facilité de leur arrosement, la fumure qu'elles réclament, le nombre de coupes qu'elles donnent, leur produit annuel et la qualité de leur foin, leur âge, leur état et enfin la manière dont elles ont été aménagées et dirigées.

Un examen à peu près semblable, mais dont les détails nous conduiraient trop loin, sera fait de même pour chacune des autres cultures qui composent le domaine.

On recherchera ensuite quels ont été les *travaux de culture*, le nombre des façons données à la terre, les instrumens employés, le nombre et la force des chevaux ou bœufs qui ont été attelés, celui des aides qui les ont conduits, le temps des attelées, la surface travaillée dans un temps donné, les travaux particuliers que réclament les récoltes sur pied, le transport, l'emmagasinage des produits, etc., tous documens qui, avec le prix du travail des hommes et des animaux, qu'on connaît déjà, serviront à établir les *frais de culture*.

On prendra note ensuite de tous les *travaux* de la ferme, pour le soin du bétail, le battage, vannage, nettoyage des grains, le transport de toutes les denrées sur les marchés, etc.

Enfin on établira les *récoltes brutes moyennes* de toutes les espèces de denrées, qui serviront, comme nous l'indiquerons dans le chapitre suivant, à établir le produit net de l'entreprise ou le taux du fermage.

Un *mode vicieux d'administration*, la négligence, la mauvaise foi, l'ignorance ou le défaut de capitaux, peuvent aussi avoir porté des préjudices notables au fonds en lui-même. Ainsi la terre peut avoir été rendue stérile pour quelque temps par des labours trop profonds ou par des amendemens qui ne conviennent pas à sa nature ; on peut en avoir diminué la couche meuble; les travaux de culture, mal dirigés, l'ont peut-être infesté d'herbes parasites ou d'animaux nuisibles; les eaux ont pu s'y accumuler et y rendre la culture difficile et peu fructueuse; on peut avoir établi peu judicieusement des plantations, des constructions ou exécuté des travaux qui nuisent à la végétation, à la commodité du service ou accroissent les frais de production, etc.; tous désordres qu'il est d'autant plus important de constater qu'ils nécessiteront souvent pendant long-temps, pour être réparés, des avances à la terre avec la chance d'en recevoir très peu, et qu'ils enlèvent une grande partie de la valeur au domaine par les sacrifices qu'il faudra faire pour le remettre en bon état, sacrifices dont il est parfois très difficile d'apprécier avec quelque certitude l'étendue.

Dans le vaste examen auquel il faut se livrer dans la recherche d'un domaine et dont nous venons de tracer l'esquisse, on doit, autant que cela est praticable, tout voir, tout constater et tout reconnaître par ses propres yeux; mais dans cette reconnaissance il est nécessaire de s'aider de certains documens, les uns écrits et les autres résultant du témoignage verbal de tierces personnes.

Les *documens écrits*, qu'on doit consulter lorsqu'ils existent, sont le *plan cadastral* et la *carte topographique* du domaine, qui définissent régulièrement les limites, l'étendue et le bornage du fonds et représentent les différens objets immobiliers qui sont répandus à sa surface; l'*inventaire général*, qui énumère ces mêmes objets ainsi que ceux du mobilier; l'*état de lieux*, qui les décrit et fait connaître leur condition au moment où il a été rédigé; les *procès-verbaux d'experts*, s'il a été fait des estimations ou des travaux à des époques rapprochées; le *bail*, qui fournit des notions importantes; et enfin la *comptabilité*, dans laquelle on puise, quand elle a été tenue avec régularité, tous les élémens des calculs qu'on est obligé d'entreprendre pour l'estimation. Ces documens ne doivent pas être consultés aveuglément; il est nécessaire de discuter leur authenticité ainsi que la foi qu'ils méritent et qu'on peut leur accorder.

Les documens verbaux dont on doit s'aider sont: le *témoignage et l'opinion d'experts*, sur les lumières et la probité desquels on est en droit de compter, et les *informations*. Les informations se recueillent en interrogeant le *propriétaire* ou le *fermier*, les *employés* ou même les *simples journaliers*. On vérifie les faits annoncés par eux; on contrôle les réponses les unes par les autres, et on pèse chacune d'elles d'après les lumières, la bonne foi, la situation ou la connaissance des localités, des individus. On obtient fréquemment aussi des informations précieuses auprès du *notaire*, des *anciens locataires du fonds*, des *propriétaires* ou des *entrepreneurs voisins*, qui souvent vous éclairent sur des inconvéniens particuliers ou secrets inhérens au fonds, qui peuvent avoir échappé à votre sagacité ou ne devenir apparens qu'avec le temps ou à de longs intervalles; leur conversation porte parfois à votre connaissance une foule de faits importans qui forment pour ainsi dire la chronique du domaine.

§ V. — Du prix d'acquisition ou de la rente du domaine.

Il ne reste plus, pour compléter l'enquête à faire dans le choix d'un domaine, qu'à s'informer du prix auquel on consentira à vous en ceder la jouissance en toute propriété ou pour un temps limité et à débattre ce prix avec le propriétaire. Dans le premier cas, l'entrepreneur estime la valeur vénale ou locative du domaine, d'après les principes que nous allons indiquer dans le chapitre suivant et en ayant égard à quelques circonstances qui sont propres à ce domaine, telles que les impôts, les charges communales, les droits d'usage, de pêche, de chasse, de pâturage, les servitudes, etc.; puis évalue les pailles, les fumiers, les approvisionnemens qu'on propose de lui abandonner, les travaux de culture qui sont déjà faits, et établit enfin son prix, qu'il compare à celui qu'on lui demande, qu'il augmente ou abaisse, suivant les circonstances, jusqu'à ce que, tombé d'accord avec le vendeur, il conclue son marché, après avoir pris toutefois les précautions que nous indiquerons plus loin. Dans le second cas, c'est-à-dire dans celui de la location, il est nécessaire, indépendamment des conditions pécuniaires et des charges auxquelles le propriétaire consent à vous céder la jouissance de son domaine, d'avoir encore égard à la durée du bail, aux clauses plus ou moins favorables à l'industrie du preneur qu'on veut y insérer, et enfin à la moralité et à l'équité du propriétaire avec lequel un fermier se trouvera nécessairement engagé dans des discussions d'intérêt privé pendant toute la durée du contrat.

Quels que soient les avantages apparens que présente un domaine, la prudence commande de ne pas l'*acheter ou l'affermer à un prix beaucoup supérieur au taux ordinaire de la localité.*

En général un entrepreneur doit, autant que possible, *choisir de bonnes terres.* Il est bien préférable d'exploiter un petit domaine, où le sol est très fertile, qu'un héritage d'une plus grande étendue où la terre est pauvre et ne rapporte presque rien. Dans un bon sol, un cultivateur industrieux trouve toujours des ressources, tandis qu'un sol pauvre est souvent rebelle aux améliorations les plus judicieuses, ou exige, pour être rendu productif, des avances considérables et dont il est parfois difficile d'estimer à l'avance le montant. Rarement le prix ou le fermage d'un domaine s'accroît dans la même proportion que le pouvoir productif du sol, et, la plupart du temps, un prix qui paraît fort élevé pour une bonne terre n'est pas aussi fort que celui qu'on demande pour une terre pauvre et en mauvais état, quelque petit qu'il soit.

Il ne faut pas non plus se laisser séduire par le *bon marché apparent des bonnes terres* dans les bonnes localités, et on doit donner une attention égale à tous les désavantages ainsi qu'aux avantages que présente le domaine. Ecoutons à cet égard un conseil judicieux donné aux jeunes agriculteurs par M. de Dombasle (*Ann. de Rov.*, t. VIII, p. 60). « Dans quelques cantons du royaume, dit-il, on peut obtenir, à 400 ou 500 fr. par hectare de prix d'achat, ou à 15 ou 20 fr. de loyer, des terres naturellement aussi bonnes que celles qu'il faudrait payer ailleurs un prix cinq ou six fois plus élevé. On conçoit que cette différence peut en apporter une très grande dans les résultats financiers de l'entreprise; néanmoins, cette considération a été fréquemment la source des mécomptes les plus graves, et elle a déjà donné lieu à des désastres agricoles très nombreux. On a cru qu'il était presque impossible de ne pas parvenir à obtenir des produits à très bas prix sur une terre dont la rente est aussi peu élevée, et l'on a souvent trouvé qu'en définitif les inconvéniens attachés à une localité peu favorable et les dépenses auxquelles il fallait se livrer pour mettre en valeur un domaine jusque là négligé compensaient, et bien au-delà, dans le cas même où le sol était naturellement de bonne qualité, l'excédant de rente dont eût été chargé un terrain situé dans un canton où la culture était déjà meilleure. »

Néanmoins, dans une même localité favorable, où les terres sont naturellement bonnes et où la culture a fait des progrès, on trouve des fonds qui sont exploités avec plus ou moins de soin et sur lesquels les améliorations ont été plus ou moins judicieuses ou multipliées. Auquel de ces fonds un entrepreneur doit-il donner la préférence pour faire l'*emploi le plus fructueux de ses capitaux, de son instruction et de son industrie ?* Voici à cet égard une règle générale qui paraît souffrir peu d'exceptions.

Un fermier qui possède un bon fonds de connaissances agricoles et des capitaux suffisans doit toujours *donner la préférence à un domaine amélioré*, et à celui où, dès son entrée en jouissance, il pourra mettre en activité un bon système de culture et recueillir immédiatement les intérêts des capitaux qu'il avance et des bénéfices. Pour un semblable fonds, le fermier est bien plus à même d'estimer avec beaucoup de précision la valeur locative de la terre, les capitaux qui seront nécessaires pour la mettre en valeur, l'assolement qui lui convient et les produits moyens qu'il est en droit d'en attendre pendant toute la durée du bail. Un domaine en mauvais état ne convient pas à un fermier, surtout dans les pays où les baux sont de peu de durée; il n'y a que ceux où ce contrat, dérogeant aux habitudes presque générales en France, se prolongerait jusqu'à 18, 21, 24 ou 27 ans, où un fermier instruit, qui posséderait d'assez forts capitaux et qui obtiendrait des conditions avantageuses, pourrait concevoir le projet de tenter pour son compte, et avec l'espoir d'en recueillir les fruits, des améliorations foncières sur le domaine dont on lui concédera ainsi la jouissance prolongée.

D'un autre côté, un entrepreneur qui se propose d'acquérir la propriété d'un domaine et ne veut pas ou ne peut pas faire une avance de capitaux suffisante, immédiate ou un peu considérable, et désire opérer des améliorations successives avec les bénéfices qu'il retire annuellement du fonds dans son état actuel, sera certain de recueillir tôt ou tard les fruits accumulés de toutes ses avances et de ses sacrifices, en prenant un *fonds susceptible de grandes améliorations*, pourvu que son choix ait été fait avec sagacité, ses opérations sagement calculées et conduites avec habileté. Cet entrepreneur peut faire l'acquisition d'un fonds en friche ou très négligé, le mettre en valeur, le porter au plus haut point de prospérité et en recueillir par la suite des avantages considérables, qu'il devra non-seulement à son industrie, mais aussi à l'accroissement progressif de valeur que ne peuvent manquer d'acquérir les propriétés rurales par le seul effet de l'amélioration générale des procédés de culture qui a lieu dans les localités qui sont en progrès.

F. M.

CHAPITRE II. — DE L'ESTIMATION DES DOMAINES RURAUX.

Un domaine rural, pour peu qu'il ait d'étendue, se compose presque toujours de diverses natures de biens. Tantôt ce sont des *terres arables*, des *prairies*, des *prés*, tantôt des *jardins potagers*, des *vergers*, des *vignes*, des *plans de mûriers* ou *d'oliviers*, des *bois*, des *forêts*, des *étangs*. En outre, un domaine déjà organisé et exploité contient des *bâtimens ruraux* pour le logement et l'exploitation, des *bêtes de trait* pour exécuter les travaux, des *bêtes de rente* pour consommer les fourrages et produire les engrais; enfin il est souvent pourvu de *machines*, *d'instrumens* et *d'outils* qui servent à son exploitation.

Ces divers objets ont une *valeur vénale courante* ou *intrinsèque* ou une *valeur locative* (1) qu'il est indispensable, pour un administrateur, de connaître et de bien établir avant d'acquérir un fonds ou de le prendre à bail. Les principes qui doivent servir de guide dans l'appréciation et la détermination de cette valeur forment la *science de l'estimation des biens ruraux*.

Cette science, pour être pratiquée avec profit, soit pour son propre compte, soit pour celui d'autrui, exige *des connaissances extrêmement variées et une expérience consommée* de toutes les matières de l'économie rurale. Les développemens dans lesquels il serait utile d'entrer pour la traiter à fond dans toutes ses parties nous entraîneraient bien au-delà du but que nous nous sommes proposés dans cet ouvrage, et nous ne pourrons que l'effleurer dans ce chapitre; mais ce que nous en dirons suffira pour montrer la marche qu'on doit suivre dans les applications, et on trouvera d'ailleurs dans plusieurs autres parties de ce livre des formules, des résultats d'expérience qui seront d'un emploi immédiat dans la pratique de l'estimation des biens ruraux, et qu'on pourra consulter et appliquer au besoin.

Il y a deux systèmes principaux pour estimer la valeur des biens ruraux : l'un que nous appellerons *système historique* ou *traditionnel*, et l'autre auquel nous donnerons le nom de *système raisonné*. Chacun d'eux ayant un but différent et procédant d'après des méthodes qui ne sont pas les mêmes, nous devons les faire connaître dans deux articles séparés.

ARTICLE Ier. — *De l'estimation des fonds ruraux par le système historique ou traditionnel.*

Le système historique ou traditionnel d'estimation des biens ruraux est fondé uniquement sur la *connaissance de certains faits antérieurs ou contemporains* relatifs au domaine lui-même qu'il s'agit d'estimer, ou à des fonds ruraux situés dans le voisinage immédiat, placés autant que possible dans des conditions physiques semblables et exploités d'après des procédés qui offrent la plus grande analogie.

Dans ce système on se propose de connaître le taux auquel la terre peut être louée, vendue ou acquise, *soit d'après les produits que rendent les fonds voisins*, *soit par l'évaluation directe ou indirecte des récoltes* que doit fournir le système de culture répandu dans le pays, ou que fournit réellement la terre qu'on veut estimer.

Ce système d'estimation est celui qu'on emploie le plus communément dans les campagnes, et auquel nous pensons qu'on doit donner la préférence toutes les fois qu'il s'agit : 1° de fixer le prix d'achat d'un fonds pour un capitaliste qui veut placer ses capitaux dans la propriété foncière, et se propose d'en tirer des fruits en le donnant à bail suivant le mode usité dans le pays; 2° de faire connaître à un propriétaire le prix qu'il est en droit d'attendre, par suite de la concurrence générale, d'un domaine dont il veut se défaire; 3° de déterminer sur des bases équitables le taux du fermage d'un fonds donné; 4° d'établir la valeur du gage hypothécaire qu'un fonds peut offrir à des créanciers; 5° enfin, d'établir la valeur du domaine pour servir de base à l'assiette de l'impôt foncier.

Les estimations, au moyen du système historique ou traditionnel, peuvent être faites de trois manières différentes: 1° estimation en bloc d'après le prix ordinaire des fermages; 2° estimation parcellaire d'après la valeur de chaque terrain ou de chaque genre de culture en particulier; 3° estimation détaillée d'après la valeur des récoltes moyennes.

Nous allons chercher à donner une idée de ces trois modes d'estimation, qu'on fera bien de tenter à la fois quand on le pourra, pour composer une estimation moyenne où les erreurs se balancent, en empruntant à l'ouvrage de M. de GASPARIN (2) quelques détails sur ce sujet.

SECTION Ire — *Estimation en bloc.*

L'estimation en bloc a lieu, ou par la compa-

(1) Nous croyons devoir prévenir que, dans ce chapitre, nous n'avons pour but que de fixer la *valeur propre* du fonds et non pas sa *valeur de position*, qui est quelquefois supérieure ou inférieure à la 1re, suivant des circonstances que l'on a cherché à apprécier dans le chapitre Ier. Nous nous dispenserons aussi de parler de la *valeur d'opinion* qui, presque toujours, est arbitraire et dépend de la situation personnelle des individus qui veulent louer et acquérir.

(2) *Guide des propriétaires des biens ruraux affermés*. Paris, in-8°, 1829.

raison de la cote d'imposition du domaine à celle des terres voisines, ou par celle du montant de leurs baux.

1° *Comparaison de la cote des impositions.* Dans les pays où le cadastre a été fait passablement, on peut se servir de ce mode d'estimation, mais toujours avec une juste défiance; dans ceux au contraire où il n'y a pas de cadastre ou bien où il a été fait avec négligence, il ne faut nullement compter sur cette base.

Pour opérer au moyen de la cote des impositions, on s'informe des terres affermées dans le canton aux conditions les plus équitables et de la qualité ou nature la plus rapprochée de celle qu'on veut estimer, du revenu réel qu'elles donnent et de leur revenu estimatif dans le cadastre; on établit ainsi le rapport entre le revenu porté au rôle et le revenu réel. Cette comparaison, faite sur plusieurs domaines, fournit un rapport moyen par lequel on multiplie le revenu cadastral du domaine pour avoir le revenu réel qu'il peut donner.

Ainsi la comparaison de plusieurs domaines a donné pour rapport de leur revenu cadastral à leur revenu réel $\frac{700}{517}$ c'est-à-dire que le 1er étant 517, le revenu réel est 700; en multipliant par ce rapport le revenu du domaine qu'il s'agit d'estimer et qui est porté au rôle pour 3,100 fr., je suppose, on obtient 4,197 fr. 29 c. pour le revenu réel.

Ce résultat a besoin d'une correction, qui dépend du rapport du prix du blé au moment où ont été passés les baux à ferme dont le revenu a servi de terme de comparaison, et le prix actuel du marché.

2° *Comparaison des baux à ferme des terres voisines.* On parvient à une estimation un peu plus exacte en comparant les baux à ferme des terres voisines dont la nature et la qualité se rapprochent le plus de celle qu'on veut estimer. On évalue ainsi le *prix courant de location* de l'hectare de terre et on multiplie ce prix par le nombre d'hectares de terre de pareille qualité qu'on cherche à évaluer. En opérant ensuite la correction relative à la différence du prix des grains comme précédemment, on détermine enfin la valeur locative actuelle du domaine.

Les estimations en bloc ne peuvent se faire que dans les pays où les terres ont une grande uniformité, où les cultures sont peu variées; elles ne peuvent avoir lieu qu'entre des domaines très rapprochés entre eux, où les circonstances naturelles sont identiques et les points de comparaison très multipliés sous le rapport du mode d'exploitation; leur exactitude dépend beaucoup du jugement, de l'expérience et de la connaissance des lieux que possède celui qui veut procéder à une estimation par un semblable moyen.

Section II. — *De l'estimation parcellaire.*

L'estimation parcellaire consiste à *estimer séparément les différentes portions de terre* d'un domaine; elle est utile surtout quand les cultures et les produits sont variés; mais elle n'est possible que lorsque, pendant de longues années, on a connu la valeur des récoltes de chaque nature de terrain, ce qui suppose qu'on a vu ces récoltes dans les champs; que l'on sait quelle est la quantité moyenne de gerbes, de raisin, de fourrages produite par chacun d'eux. Il est peu de pays où on ne trouve des cultivateurs qui évaluent avec assez d'exactitude le produit d'une récolte sur un terrain de leur canton, et si à cette 1re notion on parvient à joindre celle des frais de travail pour chaque étendue de terre donnée, on pourra établir avec assez de précision le véritable produit net des parcelles.

Section III. — *De l'estimation détaillée par les récoltes moyennes et les frais.*

L'estimation par le produit des récoltes moyennes et les frais est la plus sûre et même la plus facile, quand on a su en préparer à l'avance les matériaux. Les matériaux nécessaires sont les documens qu'on a recueillis lorsqu'on s'est livré à l'enquête que l'on a dû faire avant d'acquérir ou de prendre à bail un domaine, et dont on a donné le plan dans le chapitre précédent.

§ Ier. — De l'évaluation des récoltes moyennes.

Suivant que les documens sont plus ou moins complets et exacts on peut faire usage de diverses méthodes pour évaluer les récoltes moyennes d'une terre. Ces méthodes sont: 1° l'évaluation par les semences; 2° l'évaluation par les récoltes extrêmes; 3° l'évaluation par les résultats positifs de plusieurs années. Les deux 1res méthodes supposent qu'on manque de documens écrits; la 3e, au contraire, qu'on a puisé des renseignemens authentiques dans des notes exactes ou dans une comptabilité régulière.

1° *De l'évaluation des récoltes par les semences.*

M. de Morel-Vindé a recommandé, quand la masse des terrains d'une ferme consiste en terres arables, d'évaluer les récoltes par la *quantité de grains semés.* Cette quantité varie d'un pays à l'autre et pour chaque nature de terrain, mais elle éprouve peu de variations dans une même ferme. Reste, dans tous les cas, à connaître la récolte produite par chaque mesure de semence ou le rapport de la multiplication du grain semé, chose autrement variable et vague qui ne peut guère servir de base à une estimation à laquelle on désire apporter quelque exactitude.

2° *De l'évaluation des récoltes moyennes par des récoltes extrêmes.*

Cette méthode, à laquelle on ne doit, ainsi qu'à la précédente, avoir recours que comme moyen de vérification et lorsque des renseignemens positifs viennent à manquer, est basée sur cette observation que les fermiers qui ne gardent guère le souvenir des récoltes annuelles médiocres se rappellent parfaitement bien des termes extrêmes. Voici à ce sujet la formule indiquée par M. de Gasparin.

« Ayant examiné, dit-il, un grand nombre de résultats de produits, j'ai vu qu'en général si on appelait 1 le produit d'une année moyenne, les récoltes les plus fortes d'une terre étaient 1,5 et les plus faibles 0,66. »

Ainsi, en divisant le produit des plus grosses récoltes par 1,5 et celui des plus faibles par 0,66, on tombera sur des résultats qui doivent assez se rapprocher dans les 2 cas pour qu'en prenant un terme moyen on connaisse approximativement la récolte moyenne.

3° *De l'évaluation des récoltes moyennes par des résultats positifs de plusieurs années.*

Des notes exactes d'un assez grand nombre de récoltes, une comptabilité en règle permettent d'évaluer avec beaucoup de certitude les récoltes moyennes. Cette évaluation devra inspirer d'autant plus de confiance que les écritures embrasseront un plus grand nombre d'années (9, 12, 15 ou 18 ans); que ce nombre étant un multiple de l'assolement, toutes les terres de la ferme, quelle que soit leur qualité, auront fourni toutes les natures de produits; enfin, que l'assolement n'aura pas changé pendant le cours de ces années et que les récoltes y auront été moins variées.

Pour le produit des bestiaux, il y a ordinairement des formules toutes faites dans chaque pays et il est facile de les appliquer; mais, ce qui facilitera les recherches et les calculs, c'est qu'il ne s'agit que de produits bruts. Ainsi, quand on saura le nombre des veaux, la quantité de fromages, de beurre, créés annuellement, on aura les données nécessaires pour une exploitation de vaches; pour les bœufs à l'engrais, il suffira de savoir le poids moyen auquel on les achète et celui auquel on les porte dans le pays. Cette approximation est suffisante pour le but qu'on se propose.

§ II. — De l'évaluation des frais.

L'évaluation des frais peut, aussi bien que le produit des récoltes, être faite en bloc, d'après les renseignemens empruntés à des fonds voisins; mais il est toujours plus exact de la faire en détail pour le fonds lui-même, d'après les élémens qu'on aura recueillis dans l'enquête préparatoire. Ces élémens sont: 1° le *système de culture* ou l'assolement adopté pour exploiter le fonds, ou celui qui est le plus en usage dans le canton ou la commune; 2° le *prix courant* de tous les services, c'est-à-dire l'intérêt des capitaux, le taux commun des bénéfices des fermiers, les salaires et les frais d'entretien des aides agricoles, le prix du travail des manouvriers et des bêtes de trait; 3° le chiffre du *capital d'exploitation* employé sur le domaine, ou par les fermiers du pays sur une surface donnée, savoir: *a*) en cheptel; *b*) en capital de roulement; 3° la *composition du cheptel vivant*, c'est-à-dire le nombre de bêtes de trait et de têtes de différentes espèces de bétail; 4° le nombre des personnes employées habituellement sur la ferme, suivant les usages du pays, et celui des manouvriers dont on a besoin à diverses époques agricoles importantes de l'année; 5° le *taux des assurances* sur les bestiaux et sur les récoltes; 6° les frais de transport des grains sur les marchés, ceux d'administration, etc.

§ III. — Évaluation en numéraire des récoltes.

Les récoltes moyennes étant connues, ainsi que les élémens des déductions qu'elles doivent subir, il reste à convertir leur produit net en numéraire et à en déduire les frais de toute espèce.

Pour évaluer les produits agricoles en numéraire, on se sert communément des prix courans donnés par les mercuriales des marchés; mais tout le monde ne part pas partout de la même base.

Les uns pensent que, lorsqu'il s'agit de fixer le taux du fermage d'un domaine, on doit prendre pour base le prix des denrées dans l'année où on passe le bail; d'autres croient avec raison qu'il est plus juste d'avoir égard aux prix de ces denrées dans les deux années qui précèdent le bail, et d'en former avec ceux de l'année un prix moyen; d'autres enfin sont d'avis qu'il est préférable, surtout lorsque l'évaluation a lieu pour déterminer la valeur vénale du fonds, d'embrasser un plus grand nombre d'années, pour 'en former les prix moyens qui servent à la conversion de chaque denrée en numéraire. On peut, suivant les usages du pays, ou d'après l'opinion qu'on s'est formée sur le plus ou le moins d'exactitude de chacune de ces méthodes, adopter l'une ou l'autre dans une évaluation.

Au reste, tous les calculs d'évaluation qu'il est nécessaire de faire pour l'estimation des biens ruraux seront repris dans l'article suivant, et c'est aussi là que nous entrerons dans des développemens beaucoup plus étendus sur cette importante matière; seulement nous prévenons que, dans l'évaluation par le mode traditionnel, il faut faire attention quand on ne puise pas les élémens de ses calculs sur le fonds même, mais bien sur les fonds voisins ou répandus dans le pays, de ne comparer entre eux que des établissemens de même nature et pourvus de bâtimens à peu près d'une étendue égale et d'une construction presque identique; autrement on s'exposerait à commettre de graves erreurs.

ARTICLE II. — *De l'estimation des fonds ruraux au moyen du système raisonné.*

Ce système d'estimation des biens ruraux n'est plus, comme le précédent, fondé sur la routine et sur les faits traditionnels seulement, mais il s'appuie en outre sur une théorie raisonnée, basée elle-même sur l'expérience. Il a pour but d'évaluer ce qu'un fonds rural quelconque est *susceptible de rapporter par un système perfectionné de culture*, dans les mains d'un entrepreneur instruit, intelligent, industrieux et possédant les moyens nécessaires d'exécution.

Ce système mérite surtout la préférence lorsqu'il s'agit: 1° de fixer l'opinion d'un entrepreneur sur la valeur réelle d'un fonds qu'il veut acquérir pour l'exploiter lui-même, suivant les principes raisonnés de l'agriculture; 2° celle d'un cultivateur instruit sur le plus haut fermage qu'il peut offrir, ou les bénéfices qu'il doit attendre d'un fonds qu'il se propose de prendre à bail; 3° de déterminer la valeur d'échange d'un domaine contre un autre, en totalité ou en partie; 4° d'établir le partage d'un fonds entre plusieurs héritiers ou copropriétaires, ou les indemnités pécuniaires auxquelles les uns ou les autres doivent prétendre en cas de renonciation de leurs droits; 5° de déterminer la part qui doit revenir à chaque habitant d'une commune dans un partage général des fonds ruraux pour opérer la réunion des pièces dispersées ou enclavées.

Le système raisonné d'estimation des biens ruraux exige en général des connaissances agricoles étendues, et parfois l'application des théories les plus élevées de l'agronomie; il suppose beaucoup d'expérience et de pratique, et demande à être appliqué avec beaucoup de soin et d'attention; mais aussi c'est le seul dans lequel on puisse se rendre un compte exact et satisfaisant de la valeur intrinsèque des fonds ruraux et des produits les plus élevés qu'ils soient susceptibles de donner par un bon mode de culture, et celui auquel tout agriculteur instruit doit avoir recours dans l'estimation d'un domaine qu'il se propose d'exploiter.

La science de l'estimation raisonnée des biens ruraux est restée dans l'enfance en France, où elle est à peine connue; mais en Allemagne, sous l'empire des circonstances administratives et locales, elle a, depuis un demi-siècle, fait, aussi bien que le système traditionnel, des progrès très remarquables.

L'établissement en Prusse, par Frédéric II, de banques agricoles, qui prêtent aux membres de ces associations des capitaux hypothéqués sur les propriétés de ceux-ci, jusqu'à la concurrence de la moitié de la valeur du fonds, a donné lieu dans toutes les provinces prussiennes à une estimation détaillée des biens divers qui devaient servir de gages au prêt. Ces estimations faites souvent par des hommes expérimentés, rapprochées les unes des autres et comparées, ont permis d'établir des principes fixes sur cette importante matière et de tracer les règles qui doivent servir de base dans l'évaluation des propriétés rurales.

D'un autre côté, les hommes les plus instruits et les agronomes les plus habiles de l'Allemagne ont encore affermi les fondemens de la science de l'estimation en faisant connaître une foule de résultats de leur propre expérience, qui ont servi à donner aux formules pratiques plus de rigueur et à les dépouiller de ce qu'elles pouvaient encore présenter de vague et d'arbitraire.

Les travaux en ce genre de MM. Mayer, Thaer, Block, Voigt, Flottow et Kreyssig, sont inestimables et méritent d'être médités avec soin, si on veut acquérir une juste idée des principes sur lesquels repose aujourd'hui l'estimation raisonnée des fonds ruraux.

Le dernier de ces savans, M. Kreyssig, agriculteur praticien dans la Prusse occidentale et auteur de plusieurs ouvrages très estimables sur diverses branches de l'économie rurale, a même publié en 1835 un ouvrage sur l'estimation des biens ruraux (1), dans lequel il s'est efforcé de rendre ce sujet accessible aux agriculteurs, en le débarrassant d'un côté des formules agronométriques d'une application trop difficile, et de l'autre en se basant sur les progrès que l'agriculture expérimentale a faits dans ces derniers temps dans son pays. Les principes de cet auteur nous ayant paru les plus conformes au but de cet ouvrage, et susceptibles d'ailleurs de donner dans la pratique les résultats les plus certains, nous les avons adoptés en grande partie dans cet article.

Le système d'estimation des biens ruraux de cet auteur est basé, comme tous les autres, sur le *produit net* que peuvent rendre les différentes natures de biens immobiliers ou sur leur valeur d'utilité, et pour les biens mobiliers sur leur valeur courante au moment où on en fait l'acquisition. Ce système est *parcellaire*, c'est-à-dire qu'on y évalue séparément le produit de chaque espèce de biens qui entrent dans l'économie de l'établissement rural qu'on veut estimer, et même celui de chaque parcelle ou sous-division des branches qui le composent.

Le système de M. Kreyssig présente ceci de particulier, qu'il n'est pas nécessaire, comme dans tous ceux qui ont été proposés jusqu'ici, de se livrer à des calculs longs et pénibles et souvent sujets à erreur, ou bien à une enquête minutieuse pour établir la quantité de semence nécessaire sur le fonds qu'on veut estimer, ses récoltes moyennes pendant un grand nombre d'années, ses frais de culture, son système antérieur d'aménagement, etc. Tous ces objets sont évalués ici au moyen de formules simples et basées sur l'expérience, qui donnent sans tâtonnement des résultats certains. Le seul travail de l'administrateur ou de l'expert, quel que soit le canton où il veut faire une estimation, consiste uniquement:

1° A se procurer le plan ou la carte topographique qui lui fait connaître l'étendue du domaine, ainsi que celle des différentes parties ou natures de biens qui le composent;

2° A reconnaître les caractères agronomiques de chaque nature de terre qui se rencontrent sur le domaine, et à déterminer la classe à laquelle elles appartiennent;

3° A établir le prix du travail des hommes et des animaux dans le pays;

4° A déterminer le prix moyen des denrées sur les marchés les plus rapprochés pendant une certaine période de temps;

5° Enfin, à faire une estimation séparée des bâtimens ruraux, ainsi que du matériel et des animaux, quand ces objets font partie du fermage ou de la vente.

Ces élémens suffisent ensuite pour établir dans un pays quelconque le produit net d'un bien rural, puis sa valeur vénale ou locative, ou même le produit d'une des branches quelconques de son économie. Il y a donc à la fois célérité, simplicité et certitude dans ce mode d'estimation.

Nous partagerons cet article en 3 divisions. Dans la première nous chercherons à évaluer le produit net des diverses branches de revenu sur un établissement rural comme base de sa valeur vénale ou locative; dans la 2e nous donnerons quelques règles pour l'estimation de la valeur vénale des bâtimens et des objets mobiliers qui garnissent parfois un fonds; et dans la 3e nous présenterons un exemple détaillé de l'estimation d'un domaine.

(1) Instruction sur les principes naturels de l'évaluation des produits et de l'estimation des biens ruraux, par M. W. A. Kreyssig. Prague, 1835.

DIVISION Ire. — *De l'évaluation du produit net des diverses branches de revenu d'un établissement rural.*

Cette division se partage en 3 sections; dans l'une on traite de la production végétale et des frais qui sont à sa charge; dans la 2e de la production animale; dans la 3e des fabriques agricoles.

SECTION Ire. — *De la production végétale.*

Cette section comprend la classification et l'évaluation du produit : 1° des terres arables; 2° des prairies ou prés; 3° des pâturages; 4° des vergers ou jardins potagers. Ces subdivisions n'embrassent pas sans doute tous les genres de biens ruraux consacrés à la production végétale, mais il est bon de se rappeler qu'un de nos savans collaborateurs a traité, dans ce même tome (p. 151), avec autant d'étendue que d'habileté, de l'estimation des forêts, et que dans la plupart des cultures industrielles (t. II), on est entré dans des détails sur les produits et les frais de chacune, qui nous paraissent suffisans pour les estimations de ces sortes de biens.

§ Ier. — De l'évaluation du produit des terres arables.

1° *De l'appréciation pratique de la fécondité des terres.*

La terre n'a de valeur pour l'agriculteur qu'autant qu'elle est *apte à produire des plantes utiles* et auxquelles les autres hommes attachent un certain prix, parce qu'elles sont propres à satisfaire leurs besoins.

Cette valeur qu'on attache à la terre est généralement d'autant plus élevée que celle-ci, toutes les circonstances étrangères étant écartées, est plus propre à nourrir des végétaux plus précieux et à les produire en plus grande abondance.

Cette faculté de produire abondamment des végétaux utiles a été désignée sous le nom de *fécondité*. Ainsi, plus une terre est féconde et plus elle doit avoir une valeur relative élevée.

On *mesure en général la fécondité* d'une terre par le volume ou le poids et la qualité des fruits qu'elle est susceptible de donner sur une surface déterminée; c'est ce qu'on nomme le *produit* d'une terre. Une terre est donc d'autant plus féconde et a par conséquent une valeur d'autant plus élevée qu'elle donne des produits plus abondans, plus recherchés et d'un plus haut prix.

La fécondité des terres, ainsi que nous l'avons déjà dit (t. Ier, p. 51), est la résultante ou le produit de 2 forces distinctes; l'une qui a été désignée sous les noms de *force*, *puissance* ou *activité* du sol et qui paraît résulter de sa composition intime, de l'heureuse combinaison des matières qui le constituent et de toutes ses propriétés naturelles ou acquises dans leurs rapports avec les circonstances du climat, de la situation, etc., et l'autre qu'on a appelée *richesse* et qui est due en grande partie aux matières organiques en état de décomposition que le sol renferme naturellement ou qu'on y dépose par les engrais et qui contiennent la majeure partie des matériaux nécessaires à la nutrition des plantes.

La *mesure séparée* des 2 forces qui constituent la fécondité est un des problèmes les plus intéressans de l'agriculture, et peut-être servira-t-elle un jour, lorsque les méthodes qu'on applique pour cela seront devenues usuelles, de base solide à l'estimation des terres; mais, dans l'état actuel de la science, ces méthodes, qui supposent toujours la connaissance parfaite de faits antérieurs relatifs à la production de la terre, souvent difficiles à se procurer, ont encore trop peu de rigueur et de certitude pour qu'on puisse les appliquer dans la pratique à la détermination de la valeur des terres.

Dans les applications usuelles pour l'estimation du produit des terres, il ne s'agit que d'évaluer la somme de ces 2 forces ou la fécondité du sol, et pour y parvenir sans se servir des faits traditionnels, c'est-à-dire de la connaissance du produit dans les années antérieures et successives, on a recours à certains *caractères physiques* propres à tomber sous les sens et faciles en général à reconnaître. L'expérience des temps ayant appris que, lorsque ces caractères se présentent, les terres étaient plus ou moins aptes à produire tels genres de plantes et en telle ou telle quantité, on s'en sert pour déterminer par analogie l'espèce, la quantité et la qualité du produit qu'une terre quelconque est susceptible de donner.

Les caractères auxquels on a eu recours jusqu'ici pour évaluer par analogie la fécondité des terres sont de 2 sortes: les uns sont relatifs à la constitution intime du sol, et les autres sont empruntés à certaines propriétés acquises ou naturelles que les sens peuvent aisément discerner. Nous nommons les 1ers *caractères chimiques*, et les autres *caractères agronomiques*.

La connaissance exacte des parties constituantes élémentaires d'un sol, c'est-à-dire des différens matériaux qui entrent dans sa composition et le rapport de quantité de ces matériaux entre eux, ne s'acquiert pas à la vue simple; on distingue bien quelquefois à l'œil, au toucher, au goût ou à l'odorat la présence d'une ou plusieurs de ces parties, mais il est presque impossible de déterminer leur rapport avec les autres, et presque toujours celles qui sont en petite quantité ne peuvent être découvertes ou appréciées par ce moyen. L'*analyse chimique* seule peut faire connaître avec quelque précision les matières qui entrent dans sa composition. Mais une analyse, même grossière, est une opération scientifique qui offre des difficultés si on veut qu'elle soit faite avec la précision qui doit la rendre utile, et en outre elle exige des appareils coûteux et une habitude des manipulations de ce genre; d'ailleurs tout le monde convient qu'elle ne fournit aucune lumière sur la bonté du sol, parce que la fécondité propre d'une terre, indépendamment d'un grand nombre de circonstances que la chimie ne saurait apprécier, est due la plupart du temps à un rapport entre les parties constituantes tout particulier au terrain analysé. Ainsi, dans un terrain voisin, l'une de ces parties en remplace une autre et cette substitution est tantôt nuisible et tantôt avantageuse à la fécondité sans qu'on puisse se rendre compte de ce changement dans des conditions qui paraissent absolument identiques. Enfin, le rapport de ces parties entre elles est si peu fixe dans une même pièce de terre que les analyses chimiques les plus nombreuses pourraient à peine donner une idée des variations infinies et souvent fort importantes que peut offrir ainsi un domaine qui embrasse une certaine superficie.

Dans l'examen et l'étude des *caractères agronomiques*, on ne renonce pas entièrement à la connaissance des parties constituantes du sol, mais on se borne seulement à reconnaître celles qui entrent en grande quantité dans sa composition, qui peuvent être appréciées par les sens ou par une analyse mécanique et grossière, et lui impriment un caractère général; telles sont: la surabondance de l'argile, celle du sable, du carbonate de chaux ou de l'humus; nous ajouterons même que ce sont les parties constituantes qui dominent ainsi dans le sol qui, jointes à certaines propriétés empruntées à l'ordre physique, qui servent à établir ce que nous désignons ici sous le nom de caractères agronomiques.

Ces caractères pourraient être très multipliés si on voulait s'attacher à faire un examen approfondi de toutes les causes qui dans un terrain concourent à la production, l'accroissent ou la diminuent; mais dans la pratique on peut se restreindre aux suivans que nous nous contenterons même d'indiquer brièvement, en renvoyant pour les détails aux autres parties de cet ouvrage.

1° La *ténacité*, cohésion ou consistance du sol, qu'on peut constater par les procédés indiqués dans le tome 1er, page 40. Cette ténacité, due à la surabondance de l'argile, se manifeste au reste par des signes extérieurs que l'expérience apprend facilement à distinguer, tant dans les sols à l'état humide ou sec que dans ceux qui se trouvent dans un état moyen d'humidité ou de sécheresse;

2° L'*omeublissement*, qui peut être le résultat d'une quantité plus ou moins considérable de sable ajouté à l'argile du sol, ou bien d'humus ou de carbonate de chaux. Chacun connaît les caractères qu'offre un sol plus ou moins meuble (t. Ier, p. 55);

3° La *froideur du sol*, qui dépend de sa faculté d'absorber et de retenir la chaleur (t. Ier, p. 46), de son exposition, de sa composition, de sa densité, de la réaction des parties qui le composent, de la quantité d'humidité qui le pénètre et y séjourne habituellement, et enfin du climat;

4° La *chaleur* du sol, qui est due à des causes contraires à celles qui le rendent froid et en particulier à sa richesse en humus et en parties calcaires, à sa position et à sa faculté absorbante pour la chaleur et pour retenir le calorique, au climat, etc.;

5° L'*état de sécheresse et d'humidité du sol*, la propriété dont il jouit d'absorber plus ou moins l'humidité atmosphérique (t. Ier, p. 45), sa perméabilité lors des pluies, son état de fraîcheur à quelque profondeur au-dessous de la surface pendant les temps secs, etc., caractères faciles à étudier et à constater;

6° La *quantité d'humus* contenue dans le sol qui constitue le principal aliment des végétaux et qu'on reconnaît à la couleur du sol ainsi qu'à une odeur particulière;

7° La *nature du sous-sol*, qui peut être perméable ou imperméable, riche en humus ou formé d'une roche ou d'un sable stérile, etc. (t. Ier, p. 47);

8° L'*épaisseur de la couche arable*, qui, plus elle est considérable, plus elle fournit d'alimens aux végétaux et permet de cultures diverses;

9° Les *végétaux* qui croissent spontanément à la surface du sol, caractère que nous avons appris à consulter au tome Ier, page 55.

Les caractères que nous venons d'énumérer, influent si puissamment sur la fécondité du sol, qu'il est indispensable de les constater avec beaucoup de soin dans les terres dont on veut évaluer le produit; et comme un domaine, même dans des dimensions restreintes, offre presque toujours des variations considérables dans la composition des terres qui constituent son fonds, il est important de reconnaître ces différences, au moyen d'une opération régulière qu'on appelle l'*examen agronomique* du domaine.

Pour *procéder avec ordre à cet examen*, et établir avec régularité les qualités physiques des terres qui doivent ensuite faciliter leur classification, le choix de l'assolement qui leur convient, et le produit qu'elles sont susceptibles de donner, on s'y prend de la manière suivante: on partage toute la surface du domaine en un certain nombre de grandes divisions, au moyen de jalons, qu'on plante particulièrement aux endroits où le sol paraît changer de nature. On a sous la main le plan du domaine, et on y porte l'emplacement des jalons qu'on unit ensuite entre eux par des lignes droites; ce qui fournit autant de *compartimens* qu'on présume qu'il y a de variétés de terrain. Ces compartimens sont marqués sur le plan par une lettre *majuscule*.

Cela fait, on recoupe les lignes principales par d'autres lignes secondaires, espacées de 10, 20, ou 30 mètres, selon le besoin, qu'on jalonne avec des baguettes plus petites; les espaces renfermés entre ces lignes forment autant de sous-divisions ou *stations*, auxquelles on assigne un *numéro d'ordre*.

Si le terrain n'avait pas encore été arpenté ou si on voulait en vérifier l'arpentage, on profiterait de cette circonstance pour faire en même temps l'examen agronomique et pour déterminer les stations au moyen de la chaîne d'arpenteur.

L'estimateur avec le plan sous les yeux, un cahier à notes dans les mains et suivi de deux personnes, l'une munie d'une *bêche* pour creuser et retourner le sol, et l'autre d'un *panier* pour recueillir des échantillons, s'avance ensuite sur le terrain dans la direction des stations et constate à chacune d'elles les caractères, la qualité, la nature du terrain, en faisant enlever quelques pellées avec la bêche et en mettant à découvert le sous-sol. S'il lui reste des doutes sur ces caractères ou s'il veut soumettre des échantillons à des essais de laboratoire, il fait mettre environ 1 livre de terre dans un sac de papier sur lequel il inscrit le n° d'ordre de la station et la lettre qui désigne la division à laquelle elle appartient. En même temps il consigne sur son cahier le même n° et la même lettre, et les fait suivre des indications et des observations qu'il juge convenables. Il continue ainsi à s'avancer de station en station en s'arrêtant surtout aux endroits où le sol paraît changer de nature et en constatant soigneusement ces changemens.

En même temps qu'il fait ainsi une reconnaissance de la couche superficielle du sol sur toute la surface du domaine, il prend note également des caractères que présente partout le *sous-sol*, des changemens de niveau du terrain, des amas, des infiltrations d'eau, de la quantité de pierres roulantes, de celle des mauvaises herbes qui infestent le sol, des racines, des souches et autres obstacles qui s'opposent à la culture, etc.; toutes ces circonstances sont au besoin cotées sur le plan en leur lieu et place, au moyen de signes conventionnels.

Ces travaux terminés, l'estimateur rentre chez lui et soumet les échantillons qu'il a rapportés aux essais qui doivent éclaircir ses doutes, et quand il est fixé sur la nature et les propriétés physiques des terres diverses que renferme le domaine, il les classe suivant leur qualité, puis trace sur le plan le contour de la surface qu'elles occupent sur le fonds, lave chacune de ces surfaces avec une couleur particulière, et inscrit au milieu de chacune la division et la classe auxquelles le terrain appartient. Ceci fait, l'examen est achevé, et il ne s'agit plus que de passer aux calculs de l'évaluation du produit de chacune des classes.

2° *De la classification des terres arables.*

Lorsqu'on a reconnu, au moyen de l'examen dont il vient d'être question, les caractères agronomiques des différentes terres arables d'un domaine et la faculté dont elles jouissent de pouvoir produire avec abondance des végétaux utiles et précieux, il reste à constater à quelle sorte de végétaux elles sont le plus éminemment propres.

Parmi ces végétaux précieux, il est évident qu'on doit mettre au premier rang les *céréales*, parce que ce sont elles qui ont la plus haute importance dans l'économie des nations, et que c'est non-seulement de leur production que dépendent principalement les profits qu'on peut recueillir de la culture, mais en outre, parce que sous un point de vue purement agricole, les terres où elles prospèrent possèdent généralement les qualités qui les rendent propres à produire avantageusement les autres végétaux utiles, et que leur production peut en quelque sorte servir de mesure assez exacte à la fécondité du sol. En classant d'ailleurs les terres d'après leur aptitude à produire des récoltes de céréales, on ne fait que se rapprocher de la pratique, qui depuis un temps immémorial se sert de ce terme de comparaison pour déterminer la qualité et la valeur des terrains.

Dans l'agriculture de la plupart des peuples de l'Europe, les *céréales d'hiver* sont considérées comme les plantes agricoles les plus importantes, celles dont la vente est la plus assurée et pour qui le marché est le plus étendu, celles enfin qui fournissent principalement la paille nécessaire aux bestiaux et à la production du fumier. C'est donc d'après leur plus ou moins d'aptitude à produire des céréales d'hiver que nous classerons les terres arables; mais comme il y a des terres de cette espèce qui, soit par leurs qualités physiques, soit par leur exposition, ne sont pas aptes à produire avec profit les céréales d'hiver, nous en formons une division qui est consacrée à la culture des céréales de printemps. Enfin, les terres où prospèrent les céréales d'hiver ne pouvant toutes être ensemencées fructueusement en froment, nous établissons parmi elles une sous-division pour celles qui ne sont propres qu'à la culture du seigle.

Ainsi, dans notre classification il existe 2 grandes divisions. La 1re consacrée aux céréales d'hiver qui est partagée en 2 sous-divisions, l'une pour le froment, l'autre pour le seigle, et la 2e qui n'est propre qu'aux céréales de printemps; chacune de ces divisions ou sous-divisions est ensuite partagée en 4 classes, suivant les degrés décroissans de la fécondité des sols et de la certitude des bonnes récoltes.

Le tableau ci-dessous donnera une idée de cette disposition symétrique.

1re DIVISION. *Terres à céréales d'hiver.*

1re Sous-Division. Terres à froment.

1re, 2e, 3e et 4e classes.

2e Sous-Division. Terres à seigle.

1re, 2e, 3e et 4e classes.

2e DIVISION. *Terres à céréales de printemps.*

1re, 2e, 3e et 4e classes.

Exposons maintenant les caractères des divisions et sous-divisions des terres arables, ainsi que ceux des classes qui partagent celles-ci, en prévenant toutefois le lecteur que nous donnerons dans un tableau d'ensemble, placé à la suite de cette exposition, le produit brut moyen que doivent fournir toutes les classes de terre quand elles sont exploitées suivant un système d'assolement qui leur convient, et qu'on trouvera aussi dans ce tableau des détails sur les travaux de culture et la quantité des engrais qui leur sont nécessaires.

1° Terres a froment. On désigne sous ce nom tous les sols dans lesquels l'argile prédomine avec toutes ses propriétés, et qui par conséquent se crevassent par la sécheresse, se divisent par les labours en grosses mottes (t. Ier, *fig.* 37) difficiles à rompre, et qui, par les hersages ne se pulvérisent pas comme les sables (t. Ier, *fig.* 38), mais se divisent simplement en mottes de plus petites dimensions et de même aspect que les précédentes. A l'état humide ces terres adhèrent aux pieds et aux instrumens aratoires; elles ont à la main une consistance plastique, et, coupées avec un instrument tranchant ou pressées entre les doigts, elles offrent un aspect plus cireux que terreux. Dans ces terres réussissent principalement le froment, les légumineuses, l'orge, l'avoine, le trèfle, les vesces, les choux et choux-navets.

1re *Classe.* Dans cette classe nous rangeons les terres argileuses et les loams noirâtres des vallées basses, marines ou fluviales, aujourd'hui insubmersibles et non exposées à l'accumulation des eaux hivernales. Ces terres ont tous les caractères généraux que nous avons assignés à cette division; à l'état humide elles ont une couleur noire ou brun foncé, et grisâtre quand elles sont sèches; la couche meuble y est au moins de 10 po., et fréquemment le sous-sol y est noirci par les débris organiques jusqu'à la profondeur de plusieurs pieds. Par suite de sa richesse en humus et d'une certaine quantité de carbonate de chaux, ce sol est ordinairement chaud; il est difficile à travailler, mais, à la suite des labours, il se pulvérise plus ou moins par l'effet de l'air et des alternatives de sécheresse et d'humidité sur les débris organiques et les parties calcaires; son sous-sol est ordinairement perméable, et sa surface unie, mais offrant toutefois un écoulement facile aux eaux; on ne parvient à lui donner l'état de division nécessaire qu'en le travaillant énergiquement et à demi humide, état dans lequel il se trouve le plus communément. Quoique naturellement riche en humus, il réclame une forte fumure, parce que les récoltes riches et abondantes qu'il fournit consomment beaucoup de matières organiques. On rencontre dans des cas rares et particuliers des sols de cette espèce, qui donnent de magnifiques récoltes sans fumier. Les terres de cette classe donnent non-seulement les récoltes de froment les plus assurées, mais aussi les plus abondantes. En outre, les féveroles, le colza, la grosse orge, l'avoine, le chanvre, le tabac, les choux, le trèfle blanc et rouge sont les cultures les moins casuelles et les plus productives qu'on puisse leur demander.

2° *Classe.* Les sols argileux et les loams noirs et gris des situations élevées où les caractères de l'argile dominent encore, qui sont chauds, sans humidité surabondante et entretenus dans un état de fécondité convenable, appartiennent à cette classe. Ces conditions ne se rencontrent guère que dans des terrains de niveau ou peu inclinés et sur les pentes exposées au soleil. La couche arable est rarement imprégnée au-delà de 8 po. de profondeur de matières organiques; elle a une couleur noire, brun foncé ou grise. Le sous-sol est perméable, souvent mélangé de parties calcaires ou marneuses. Ces terres veulent être fortement travaillées et exigent une abondante fumure. Les cultures indiquées pour la 1re classe prospèrent également dans celle-ci, seulement le produit moyen y est un peu moindre.

3° *Classe.* Nous rangeons ici les sols ou loams des pays élevés, qui sont argileux, noirs ou gris, plus froids que chauds et qui souffrent plus ou moins par la surabondance de l'humidité; la couche meuble, mélangée d'humus, n'y a guère plus de 6 po.; le sous-sol y est peu perméable, et ces terres présentent tous les caractères de la froideur et de l'humidité; des façons énergiques et une forte fumure leur sont nécessaires. Le froment, les pois, les féveroles, l'orge, l'avoine, le colza, le trèfle, les vesces et les choux-navets y réussissent aussi bien, quand la saison est favorable, que dans les terres de la 2e classe; mais ces cultures y souffrent si souvent dans les années humides et rudes que le produit moyen y est moindre que dans celles de cette classe.

4° *Classe.* Les sols ou loams argileux, pauvres, froids et humides des pays élevés, qui ne donnent que de chétives récoltes de froment et ne sont pas propres à la culture du seigle, doivent encore être classés ici; leurs propriétés les plus saillantes et les plus caractéristiques sont un défaut presque absolu d'humus qui se manifeste toujours par la couleur pâle de la couche arable et par le peu de profondeur de celle-ci, qui n'atteint pas souvent 3 po. et les signes qui indiquent une terre froide et humide, entre autres un sous-sol imperméable. On ne parvient à en obtenir des produits que par des façons pénibles et multipliées et avec d'abondans engrais. Dans les années favorables, le froment rouge, l'avoine, les pois, les vesces et le trèfle rouge et blanc donnent des récoltes médiocres qui échouent presque complètement dans les années humides, ce qui diminue beaucoup le produit moyen de ces terres.

2° Terres a seigle. Nous donnons ce nom à toutes les terres dans lesquelles les caractères de l'argile sont peu apparens ou manquent entièrement, et qui par conséquent ne se crevassent pas sensiblement par la sécheresse, ne se divisent pas en grosses mottes au labourage ou dont les mottes au contraire se brisent avec facilité, et qui, après les hersages, présentent à un degré assez variable l'apparence de sables plus ou moins adhérens. Ces terres, à l'état humide, ne s'attachent pas aux instrumens; elles n'ont aucune propriété plastique, et, pétries entre les doigts, elles ont plutôt un aspect terreux que cireux. Outre le seigle, elles conviennent particulièrement à la culture de la petite orge et du sarrazin, en partie à celle de l'avoine, puis des pommes de terre et des navets.

1re *Classe.* Les terres douces des vallées basses, quand elles ne souffrent pas par le séjour des eaux stagnantes, appartiennent à cette classe. Ces terres ne présentent pas les caractères de l'argile, elles ne sont pas non plus spongieuses par la trop grande abondance de l'humus, mais elles ont peu de consistance, une apparence terreuse, et sont faciles à travailler et à pulvériser. La couche meuble y est noire ou grise et profonde; le sous-sol perméable; le sol chaud, ni trop sec ni trop frais; les façons et les fumures n'ont pas besoin d'y être aussi énergiques que dans les terres à froment, et les 1res y sont plus faciles; le froment blanc y prospère, mais y éprouve souvent de graves avaries par les froids de l'hiver; le seigle d'automne y donne au contraire ses récoltes les plus productives, et, après lui, ce sont l'orge, l'avoine, le colza, les choux, les choux-navets, les pommes de terre, le tabac, le chanvre et les navets qui donnent les récoltes les moins casuelles et les plus abondantes; les pois y poussent tout en paille et donnent par conséquent peu de grains.

2° *Classe.* Les bonnes terres de consistance moyenne et chaudes des situations élevées, dans lesquelles les caractères de l'argile ne sont plus apparens, mais qui n'ont pas encore l'aspect des sables, et qui, sèches ou humides, peuvent être aisément travaillées et se moulent encore en mottes au labourage, font partie de cette classe. Elles sont de couleur grise et présentent une couche meuble de 8 po. au moins de profondeur, d'une teinte égale ainsi qu'un sous-sol perméable; l'humidité ne les rend pas adhérentes aux outils et la sécheresse ne les crevasse pas; le seigle y donne des récoltes aussi assurées, mais un peu moins riches que dans la classe précédente. Les récoltes les moins précaires et les plus abondantes après le seigle sont celles de l'orge, de l'avoine, des pois, des vesces, des pommes de terre, des navets de toute espèce, du lin, du trèfle blanc et même du trèfle rouge, mais seulement avec de fortes fumures; les travaux y sont peu pénibles, mais exigent du soin pour la destruction des mauvaises herbes; les engrais s'y consomment plus rapidement que dans les terres à froment, et le fumier des bêtes à cornes est celui qui leur convient le mieux.

3° *Classe.* Nous rangeons dans cette classe les sols des pays élevés, plus légers et plus secs que les précédens, encore chauds, de couleur grise, qui, secs ou humides, ne se pulvérisent pas encore au labourage, mais où le sable commence visiblement à dominer. Placés sur des pentes escarpées et exposées au sud, ces terrains descendent dans la classe suivante; mais une déclivité douce et qui n'est pas trop fortement exposée au soleil ou à l'écoulement torrentiel des eaux ne leur est pas défavorable pour la culture du seigle. Une surface horizontale donne les récoltes les plus sûres. On les travaille avec facilité par tous les temps; les engrais y sont épuisés par 3 récoltes, et les fumiers de cheval ou de mouton par 2; les fumiers courts, non pailleux des bêtes à cornes et les composts terreux leur conviennent le mieux. Outre le seigle, ils produisent, quand ils sont maintenus dans un bon état de fécondité, des récoltes passables de petite orge ou d'avoine; mais celles de sarrazin, de pommes de terre, de spergule, de raves y sont les plus certaines; le trèfle blanc avec les graminées fourragères y donnent en prairies un produit assez sûr.

4e *Classe*. A cette classe appartiennent : les sables secs et d'une couleur claire, qui présentent encore à la culture assez de consistance pour ne pas être enlevés par les vents ; les sols de moyenne consistance, de couleur claire, en pentes rapides ou couverts d'une si grande quantité de pierres que la surface productive en est considérablement diminuée ; et enfin les sables humides et froids qui tous ne donnent que des récoltes incertaines de seigle et ne sont pas propres à la culture du froment. Quand ces derniers terrains froids et humides présentent, par leur situation profonde ou leur exposition au nord, des chances trop défavorables à la culture du seigle, ils passent dans la division suivante. Ceux qui sont secs consomment les engrais en 2 récoltes et ne doivent recevoir que des fumiers courts de bêtes à cornes, des composts terreux ou des engrais artificiels liquides. Les sables froids et humides sont au contraire améliorés par des fumiers de cheval et de mouton. Le travail de ces terrains est très facile, et, à part le seigle, on ne peut en espérer que des récoltes médiocres de pommes de terre, de sarrazin et de raves ; on peut les utiliser pendant plusieurs années en pâturages après les avoir ensemencés en plantes fourragères.

3° Terres a céréales de printemps. Cette division comprend les terres qui sont trop humides, trop froides et trop spongieuses pour les céréales d'hiver. Leurs produits peuvent consister en céréales de printemps, pommes de terre, navets, vesces et autres plantes fourragères annuelles.

1re *Classe*. A cette classe appartiennent les terres où séjournent les eaux hivernales et qui, l'été, ne conservent pas l'humidité nécessaire pour faire de bonnes prairies, telles que certaines terres des vallées basses et hautes. Elles sont noires ou de couleur foncée, spongieuses par suite de la grande quantité d'humus qu'elles contiennent; elles sèchent facilement l'été et l'hiver ; les céréales y souffrent par l'abondance des eaux et y sont déchaussées par la gelée. Ces sols, au reste, sont riches et chauds, et portent des récoltes certaines et abondantes en plantes printanières, à l'exception des pois et des fèves ; les graminées fourragères y végètent spontanément très bien et y forment des prairies saines, mais qui ne sont pas assez productives pour donner avec certitude de bonnes récoltes de fourrage ; les travaux y sont faciles et les engrais d'une grande efficacité. Une disposition à passer à l'état marécageux, qui se manifeste par une couleur brunâtre, par la végétation des carex et la petitesse et la maigreur des grains des céréales, fait descendre ce terrain dans la 3e classe.

2e *Classe*. Tous les terrains des pays élevés, que leur exposition au nord, leur situation et leur humidité ne rendent pas favorables à la culture du seigle d'hiver et qui ne renferment pas assez de parties argileuses pour la culture du froment, mais du reste contiennent encore une quantité notable d'humus qui les colore en noir ou en brun, font partie de cette classe. Ils produisent, lorsqu'ils sont cultivés et fumés convenablement, des récoltes aussi certaines, mais non aussi abondantes, de plantes de printemps que le précédent ; les labours y sont peu pénibles et les ensemencemens ou plantations ne peuvent, à cause de la froideur du sol, s'y faire avant les journées chaudes des mois de mai ou juin.

3e *Classe*. Cette classe renferme des terres basses de prairies ou de pâturages, semblables à celles de la 1re classe et composées de même, mais qui sont acides ou marécageuses, caractère qui se reconnaît facilement à leur couleur brune, à la croissance des carex et à la maigreur du grain des céréales. Ces terres donnent des récoltes médiocres en plantes de printemps ; les céréales y poussent en paille, mais les grains en sont chétifs et pauvres en matière amylacée ; dans les années sèches, les récoltes y souffrent fréquemment par la dessiccation du sol, dont la nature poreuse laisse aisément évaporer l'humidité. Elles reposent souvent, dans les situations basses, sur un sous-sol de tourbe, et, dans celles qui sont élevées, sur un gravier aride dont les grains blancs, visibles dans la couche superficielle, y sont souvent abondans ; les travaux y sont faciles et les engrais animaux moins efficaces que les cendres, la chaux et les mélanges argileux.

4e *Classe*. On doit ranger dans cette classe toutes les terres hautes, froides et humides qui ne contiennent pas assez d'argile pour la culture du froment et sont dépourvues d'humus, et qui sont par conséquent de couleur claire et pâle ; quand une certaine quantité de terreau les rembrunit, elles passent dans la 2e classe ; quand elles ne consistent qu'en sable, elles font partie des terres à seigle de la 4e classe, parce que le seigle d'hiver y végète encore ; une légère addition d'argile forme au contraire des sols sableux et maigres, impropres à la culture de cette céréale. Ce sol, non cultivé, se recouvre de mousse et de genévriers ; à l'état de culture et avec des quantités suffisantes d'engrais, et des semailles tardives, il donne des récoltes médiocres d'orge, de vesces, de pommes de terre, de trèfle blanc et de pauvres pâtures ; les façons n'y exigent que peu de travail, mais les temps humides s'opposent souvent à ce qu'on les donne à propos.

2° *Du mode de culture des terres arables comme base de l'évaluation de leur produit.*

Pour être à même d'évaluer le produit des terres arables, il ne suffit pas de connaître les caractères agronomiques qu'elles présentent et la classe à laquelle on peut les rapporter, il faut de plus avoir égard au *mode de culture et d'aménagement* au moyen duquel on en tire des fruits. Ce mode exerce en effet une influence puissante sur le produit, et une terre naturellement féconde peut, par la manière dont on l'exploite, donner en somme un produit moins considérable qu'une autre qui est moins fertile. Toutes les terres sont ainsi susceptibles de donner des récoltes plus ou moins abondantes, suivant leur mode d'aménagement, et l'agriculteur doit nécessairement s'appliquer à choisir celui qui donne le produit net le plus considérable.

Ce fait une fois admis, on voit qu'il était nécessaire, avant d'offrir le tableau du produit de chaque classe de terre, de faire choix comme exemple, pour chacune d'elles, d'un mode de culture et d'aménagement parfaitement adapté à leur nature, facile à réaliser dans la pratique, susceptible de faire obtenir, en moyenne de ces terres, le produit le plus élevé et dont les résultats soient propres à servir de terme de comparaison pour toutes les évaluations du produit des sols de même qualité.

Pour déterminer le mode de culture et d'aménagement qui convient aux différentes classes de terre et établir le produit qu'on doit recueillir par l'adoption de ce mode ou de tout autre fondé sur les principes raisonnés de l'agriculture, on a dû s'appuyer sur des principes et des bases empruntés à l'expérience et à la pratique. Ces principes et ces bases, d'après lesquels nous partirons pour dresser le tableau qui doit servir à l'évaluation du produit des terres, sont le résumé des essais nombreux et des travaux des agronomes et des praticiens les plus distingués de l'Allemagne, et nous pensons qu'à part l'influence du climat et des circonstances locales, les résultats qui en ont été déduits méritent toute confiance, quoique dans un ouvrage de la nature de celui-ci nous ne puissions entrer dans le développement des preuves qui leur servent de justification.

Cela posé, passons à l'exposition de ces principes.

La condition la plus importante à remplir dans tout système ou plan de culture pour aménager une terre de la manière la plus avantageuse et avec des résultats aussi constans que le permettent les circonstances indépendantes de la volonté de l'homme, c'est de *restituer continuellement au sol autant de richesse au moins que la production des plantes utiles lui en a enlevée dans des récoltes successives.* C'est sur ce principe que repose la certitude d'obtenir constamment les produits bruts les plus élevés, puisque l'appauvrissement graduel du sol diminue non-seulement la quantité de ces produits, mais les rend en outre plus précaires. Une abondante moisson due à la fécondité naturelle du sol, qu'on sait mettre à profit, ne coûte guère plus de travail et d'avances qu'une récolte pauvre et chétive, et donne un produit net bien plus considérable et plus certain.

Pour restituer à la terre la richesse qui a été absorbée par la production des récoltes, on se sert le plus généralement des engrais mixtes ou *fumiers* des animaux domestiques.

Afin d'embrasser la question qui nous occupe dans toute sa généralité, nous supposons qu'on est éloigné des villes et hors d'état de se procurer des engrais au dehors de la ferme. Dans cet état de choses on voit que pour obtenir un produit élevé et certain, il est indispensable de faire choix d'un *système de culture et d'aménagement des terres où tout soit combiné de façon qu'on puisse constamment, au moyen des engrais qu'on parvient à produire sur place, entretenir celles-ci au plus haut degré de fécondité qu'elles puissent atteindre*, ou les y porter successivement si elles n'y sont pas encore parvenues; en un mot, qu'il faut mettre, par un système raisonné de culture alterne, la production des engrais au niveau de la consommation et créer des ressources propres à faire face à tous les besoins.

Quand on peut se procurer des *engrais au dehors*, le produit de la terre reste le même; le plan seul de culture doit alors éprouver des modifications.

Parmi les végétaux utiles qui entrent dans un système de culture alterne, les *céréales* et les *plantes fourragères* jouent le principal rôle. Les céréales, en raison des motifs allégués au paragraphe de la classification des terres, étant les végétaux les plus précieux et les plus importans de l'agriculture, doivent, sur une ferme, couvrir la surface la plus étendue possible des terres arables; mais, sans engrais, leur production avec profit est incertaine et devient même parfois impossible, parce qu'elles épuisent la terre et que la paille qu'elles fournissent ne suffit pas pour restituer au sol la richesse qu'elles lui enlèvent. Pour rétablir celle-ci, on est obligé de cultiver en même temps que ces céréales des plantes fourragères en quantité telle que, consommées par les bestiaux, et transformées en fumier, elles puissent, avec la paille employée partie en aliment, partie en litière, réparer l'épuisement que les récoltes de grains font éprouver à la terre.

Ainsi, sur une ferme en terres arables, l'étendue qu'on peut consacrer à la culture des céréales et à celle des plantes ou racines fourragères se circonscrivent mutuellement. La 1re doit occuper l'espace nécessaire pour faire l'emploi le plus avantageux des engrais qu'on produit, et la 2e la surface justement requise pour fournir la masse de plantes fourragères qui doit, avec la paille, rendre à la 1re la richesse que lui a enlevée la production du grain.

Pour obtenir une commune mesure qui permette de fixer le rapport entre ces 2 surfaces, il faut partir des données fournies par l'expérience; or, celle-ci démontre qu'*une récolte de grains enlève autant de richesse à la terre que la paille qu'elle produit ajoutée à un poids égal de bon foin de prairie et consommé par les bestiaux, peut lui en restituer.* La paille rend au sol à peu près autant qu'elle lui a coûté, et le foin, transformé en fumier, rétablit la portion de richesse consommée par la production du grain.

Ainsi en supposant, comme une moyenne justifiée d'ailleurs par l'expérience, qu'une étendue déterminée de terrain consacrée à la culture des plantes fourragères, dans un sol de moyenne qualité et cultivé convenablement, donne une masse de fourrages d'une qualité propre à remplacer un poids égal de bon foin de prairie, et que cette masse soit sous le rapport du poids la même que celle qu'on obtient en paille sur la même étendue dans une bonne récolte de céréales, on est conduit à cette règle, que, dans un plan de culture bien étendu et où il faut s'entretenir avec ses propres ressources, les *terres cultivées en plantes fourragères doivent occuper une surface égale à celles emblavées en grains*, si on veut entretenir à un degré convenable, par la transformation en fumier des pailles et des fourrages produits, la fécondité de toutes les terres arables du domaine.

La question du rapport de l'étendue que doivent réciproquement occuper les soles à grains et à fourrages n'est pas toujours aussi simple que nous venons de la présenter; ainsi dans les terres riches et fertiles, l'étendue des soles fourragères n'a pas besoin d'être aussi considérable que celles des soles à grains; et on tiendra compte de cette observation dans le tableau des évaluations; en outre, l'existence des prairies naturelles dans une exploitation rurale, celle des pâturages, la rupture d'un trèfle après la 1re année, l'enfouissement des récoltes en vert, etc., sont autant de circonstances qui doivent nécessairement apporter des modifications à ce rapport.

L'expérience journalière dans la culture des champs paraît avoir démontré que, dans la culture alterne, *trois récoltes de céréales, moissonnées à l'état de maturité et produites avec l'abondance que comportent les circonstances ordinaires et la classe à laquelle la terre appartient, épuisent la richesse communiquée au sol par une fumure*, en bon fumier d'étable donné en quantité convenable, et qu'après ces trois récoltes, une nouvelle fumure devient nécessaire si on veut rendre à ces terres assez de richesse pour produire avec profit de nouvelles récoltes de grains. Ce rapport entre la fumure et les récoltes de grains qu'elle peut produire, paraît être la combinaison la plus avantageuse pour obtenir le produit net le plus considérable.

Moins de trois récoltes de grains sur une fumure ne nuit pas, il est vrai, au produit net, parce que la richesse qui reste encore dans le sol, après deux récoltes, augmente l'effet de la nouvelle fumure et peut accroître la production du grain jusqu'aux limites qu'elle peut atteindre, et que l'économie de la semence et des frais de culture est toujours favorable à l'élévation de ce produit.

Au contraire, *plus de trois récoltes de grains* sur une seule fumure ne font que répartir la force du fumier sur un plus grand nombre de récoltes, sans élever au total le produit moyen, puisque c'est en définitive la richesse seule du sol qui donne des récoltes de grains. En outre, en prolongeant ainsi la durée d'une fumure on donne lieu à une déperdition de la puissance du sol par les effets simultanés de la chaleur et de l'air pendant les façons plus nombreuses qu'on donne à la terre, ce qui en somme affaiblit toujours le produit qu'on peut attendre d'une fumure. Des travaux de culture plus considérables, et une récolte moindre de grains doivent donc nécessairement abaisser le *produit net qui est toujours d'autant plus fort qu'on sait faire un usage plus prompt de l'activité des engrais.*

Dans les applications pratiques du principe de l'épuisement de la richesse des terres par trois récoltes de grains pour une fumure en fumier d'étable, d'une qualité déterminée et donné en quantité proportionnée à la qualité de la terre, il ne faut pas oublier de tenir compte de la richesse qu'acquiert le sol par les années de pâturage ou par la décomposition des racines et chaumes de certaines récoltes et avoir également égard aux portions de richesse qui peuvent lui être enlevées par des récoltes intercalaires de plantes fourragères. A ce sujet, nous ferons connaître plus bas les résultats qui ont été fournis par l'agriculture expérimentale.

Dans les terres fortes, on peut donner la *fumure en une seule fois* dans le cours de la rotation; mais dans les sols très meubles et légers il est préférable de répartir cette *fumure* en 2 *et même* 3 *fois;* le résultat dans les 2 cas est le même si la terre reçoit au total une fumure proportionnée à la quantité de grain qu'on veut obtenir.

Un *fumier non consommé et enfoui en terre avant d'avoir subi la fermentation*, *n'est pas propre à la production des graines farineuses.* Pour donner ce dernier résultat, le fumier doit avoir été abandonné en tas à la fermentation, ou bien à la décomposition lente dans la terre. Or, comme cette fermentation ou décomposition est toujours accompagnée d'une très grande déperdition de principes qui pourraient servir utilement à l'alimentation des végétaux, l'économie prescrit pour obtenir le produit le plus considérable d'*appliquer le fumier avant qu'il ait fermenté* aux plantes qui peuvent en cet état y trouver un aliment, telles que les plantes fourragères feuillées de nos champs, et sans lui enlever ses qualités nutritives pour une récolte subséquente de grains.

Une récolte de plantes fourragères feuillées, ainsi obtenue et moissonnée en vert, est donc le produit des portions de fumier que la fermentation en tas ou la décomposition lente dans une jachère complète fumée aurait évaporées en pure perte, et ne prive la terre d'aucun de ses principes nourriciers.

Si les *fourrages verts végétant sur fumier frais et non consommé n'enlèvent rien à la terre de sa faculté de produire du grain*, soit parce qu'ils n'occupent le sol que peu de temps et seulement pendant la 1re période de la décomposition du fumier, soit parce qu'ils lui restituent en partie par leur chaume, feuilles ou racines à peu près autant de richesse qu'ils en ont absorbés, soit enfin parce qu'ils profitent des parties volatiles du fumier, il n'en est plus de même s'ils sont semés et végètent sur fumier déjà anciennement enfoui dans le sol ou consommé; *alors il y a toujours épuisement de la richesse du sol* indépendamment de ce que les plantes peuvent lui restituer par leurs chaumes et racines.

En fixant à 3 le nombre des récoltes qu'on peut tirer d'une certaine quantité de fumier, il est clair que le produit de ces récoltes dépend de la masse et de l'énergie fertilisante de ce fumier, aussi bien que de la persistance de son effet pendant tout le cours de la rotation; et réciproquement que la masse et l'énergie de cet engrais dépend des récoltes de paille et de fourrages que la terre fournit comme matériaux de ce fumier. Un sol riche donne de riches récoltes de grains, de paille et de fourrages et peut au moyen des deux derniers recevoir une abondante et riche fumure, tandis que dans les sols pauvres, la récolte et la fumure sont également pauvres et peu abondantes.

Dans tout plan raisonné de culture il y a *deux modes principaux d'aménagement.* Dans l'un on n'a pour but que la *conservation de la richesse du sol* et non pas son accroissement. Dans l'autre, au contraire, on se propose d'*accroître progressivement cette richesse.* Relativement à ce dernier, on ne peut y parvenir que par des sacrifices pour se procurer des engrais au dehors, ou en diminuant l'étendue des soles à grains et en augmentant celles des soles fourragères. C'est par l'un ou l'autre de ces deux derniers moyens qu'on parvient à faire remonter la terre dans une classe supérieure à celle où elle était déjà; les pailles et fourrages, devenant alors plus riches et plus abondans, fournissent une plus grande quantité de bon fumier; celui-ci donne à son tour des récoltes plus fortes de grains qui paient avec usure les sacrifices qu'on a faits pour l'amélioration de la terre.

Le mode d'aménagement qui se borne à *la conservation et au maintien de la fécondité du sol* est celui que nous adoptons pour l'évaluation du produit des terres, en prévenant toutefois qu'on doit prendre pour guide dans le choix des plantes qui entrent dans l'assolement, et l'ordre de leur rotation, la nature intime du sol, que les produits que nous indiquerons supposent que la terre est dans un bon état de richesse, de propreté et d'ameublissement, que les labours sont faits avec le soin et les instrumens convenables et qu'il en est de même des autres façons ou travaux; nous ajouterons aussi que dans l'énonciation de la quantité ou du poids des produits, on se bornera au chiffre que l'expérience a démontré qu'on pouvait atteindre dans la pratique journalière des champs et auquel on doit parvenir dans les circonstances ordinaires et avec un bon plan de culture et d'aménagement exécuté avec intelligence.

Voici maintenant l'énoncé des faits d'expérience sur lesquels reposent les principes exposés jusqu'ici et les plans de culture qui servent d'exemple pour l'évaluation du produit de chaque espèce de terre.

1° Un quintal métrique (100 kilog.) de *fourrages secs* moitié foin et moitié paille fournit, quand la moitié de cette dernière est employée en litière, 342 décimètres cubes ou 10 pieds cubes de fumier court, aplati, non pailleux ni consommé, et dans un état propre à être enfoui en terre pour la culture et la végétation active des plantes fourragères feuillées.

2° Un quintal métrique de *pommes de terre*, consommé par les bestiaux, ne fournit que 34 décimètres cubes (1 pi. cube) de fumier, mais ce fumier, sous ce volume, restitue à la terre autant de richesse que 50 kilog. de bon foin sec converti en fumier par les animaux. Une récolte de pommes de terre consommée par les bestiaux peut donc être évaluée pour la quantité d'engrais qu'elle fournit à la moitié de son poids en bon foin sec.

3° Un *trèfle rouge* de 1re année, suffisamment épais, végétant avec vigueur et fauché lorsqu'il est en fleur, puis rompu, rend à la terre, par ses chaumes et ses racines, autant de richesses que le *tiers* du poids de ses tiges et feuilles consommées comme fourrages par le bétail et transformées en fumier pourraient lui en restituer.

4° Un quintal métrique de *plantes fourragères* récoltées en vert sur fumier anciennement enfoui ou consommé, épuise autant le sol que 2 kilog. de grains, ou bien 4 quintaux de fourrages verts réduits à 1 quintal par la dessiccation consomment autant de la richesse du sol que 8 kilog. de grains.

5° 34 décimètres cubes (ou 1 pi. cube) de bon *fumier* d'étable, consommé, obtenu des plantes fourragères et de la paille des céréales dans les proportions ci-dessus (n° 1), en supposant que les façons données à la terre ont été faites convenablement et que le plan de culture et d'aménagement est convenable, restituent à la terre autant de richesse que lui en ont enlevé 1,870 grammes de grain avec leur paille ou, en d'autres termes, 34 décimètres cubes de bon fumier doivent, dans le cours d'un assolement et en 3 récoltes de céréales, donner 1 kilog. 870 grammes de grains; par conséquent un quintal métrique de fourrages et de paille (*voy.* le n° 1) peuvent en donner 18 kilog. 70, et un mètre cube de fumier environ 54 à 55. C'est ce que certains auteurs nomment la *force* ou *activité du fumier* (1).

6° Un quintal métrique de *pommes de terre* récoltées sur fumier ancien et consommé, épuisent autant la richesse du sol que 10 kilog. de grain; mais sur fumier frais et non fermenté la récolte de ces 100 kilog. ne coûte pas plus à la terre que 7 kilog. de grain, parce qu'alors ces plantes mettent à profit les principes volatils du fumier qui se perdent dans la fermentation en tas.

7° Le *pâturage* des plantes fourragères par les bestiaux dans un système de culture alterne, enrichit à fort peu près la terre autant que pourraient le faire ces plantes si on les récoltait et si on les convertissait en foin, puis si elles étaient consommées en cet état par ces animaux et transformées en fumier. Que les animaux en effet restent constamment sur le pâturage ou qu'ils passent la nuit dans les étables, leurs déjections n'en profitent pas moins aux terres de la ferme, et la petite quantité qui peut se perdre dans le dernier cas sur les routes ou autrement est balancée par les urines abondantes qui tournent entièrement au profit de la terre.

8° Dans une terre exempte de défauts, suffisamment riche, convenablement aménagée et où les céréales ont pu prendre tout leur développement, l'expérience prouve que le poids de la paille est dans un rapport constant avec celui du grain, le 1er s'élevant ou s'abaissant constamment avec le second. Les blés versés, ceux qui montent en paille, ceux des années peu favorables à la végétation ou des années très chaudes où le grain est abondant et pesant, tandis que la paille reste courte, font naturellement exception et changent ce rapport.

Les expériences de MM. THAER, SCHEER, BLOCK, SCHMALZ, KREYSSIG ont prouvé qu'en Allemagne, dans les circonstances ordinaires, les céréales d'hiver offraient les rapports suivans comme une moyenne de plusieurs années et sur plusieurs sols.

Un hectolitre de froment du poids de 76 à 80 kilog. donne 167 kilog. de paille.

Un hectolitre de seigle du poids de 70 à 72 kilog. donne 175 kilog. de paille.

Un hectolitre d'orge du poids de 60 à 65 kilog. donne 83 kilog. de paille.

Un hectolitre d'avoine du poids de 44 à 50 kilog. donne 47 kilog. de paille.

On a aussi trouvé que 1 hectolitre de seigle de printemps du poids de 70 kilog. donne 167 kilog. de paille.

Un hectolitre de pois du poids de 85 à 87 kilog. donne 228 kilog. de paille.

Lorsque nous nous occuperons par la suite du choix d'un système d'exploitation pour un établissement rural, nous reviendrons nécessairement sur les plans de culture proposés ici pour chaque classe de terre; c'est alors

(1) Ce résultat, obtenu par la comparaison d'un grand nombre d'expériences et d'observations dues à MM. Thaer, Block et Kreyssig, dans différens systèmes de culture, parait une moyenne propre à la partie centrale et septentrionale de l'Allemagne. Il serait à désirer qu'on entreprît en France des essais du même genre, ou qu'on rapprochât les observations faites dans diverses localités, afin de connaître l'influence que le climat exerce sur le rapport de la quantité en poids du fumier à celle du grain produit.

aussi que nous discuterons les avantages qui doivent résulter pour chacune d'elles de l'adoption de tel ou tel mode, et que nous ferons connaître les modifications qu'apportent dans un plan de culture les engrais qu'on peut se procurer au dehors et les pâturages.

4° *Tableau estimatif du produit des différentes classes de terre dans un système de culture raisonné, économique et adapté à leur nature.*

Dans un système de culture alterne, il y a 2 modes différens d'employer les plantes servant à la nourriture du bétail et qui entrent dans l'assolement. Dans le premier, le bétail consomme ces fourrages à l'étable où il reste constamment et où on les lui apporte, soit en vert, soit à l'état sec; dans le second, les animaux sont conduits à certaines époques de l'année sur les soles fourragères où ils consomment sur place une partie des récoltes. Le premier mode, ou la *stabulation permanente*, est celui auquel on donne aujourd'hui la préférence comme s'alliant le mieux à un bon système d'économie rurale; mais le *pâturage* étant non-seulement très usité, mais offrant souvent sur le premier des avantages qu'on doit aux circonstances locales, il était utile de faire connaître le produit des terres classées précédemment, suivant qu'on adopte l'un ou l'autre mode de consommation des fourrages, parce que la rotation éprouve des changemens et que les rapports des soles à fourrages à celles à grains, de la fumure, etc., ne sont plus les mêmes comme on le verra dans le tableau qui va suivre.

Relativement à ce tableau il est nécessaire d'entrer dans quelques détails qui en faciliteront l'intelligence.

Toutes les terres arables y sont rangées suivant la classification adoptée, et pour chacune d'elles on a indiqué un assolement conforme à sa nature et propre à donner le produit le plus élevé. Dans la première colonne on a désigné les différentes classes de terres; dans la deuxième, où l'on a donné l'assolement adopté pour chacune d'elles dans les 2 systèmes économiques mentionnés plus haut, on trouve : 1° à la suite de la désignation des plantes qui doivent successivement occuper le sol chaque année, le produit des récoltes par hectare en grain, paille ou fourrage (semence déduite); 2° le nombre des labours qui ont été donnés pour obtenir ces récoltes; 3° la quantité de fumier qu'on a employée.

Le produit des années de pâturage a été évalué comme une récolte fauchée et convertie en foin, ainsi que nous l'avons annoncé ci-dessus. Les pommes de terre (semence, frais de sarclage et de récolte déduits) ont, également d'après ce qui a été dit ci-dessus, été évaluées pour moitié de leur poids de fourrages secs, savoir : 5 p. 0/0 en paille et 45 p. 0/0 en foin.

Dans les colonnes suivantes, sous le titre de produit brut, on a donné en hectolitres et quintaux métriques le produit dont la semence a été déduite pour la totalité de la rotation, soit en grain, soit en fourrage, puis le produit moyen pour un an, c'est-à-dire le produit précédent divisé par le nombre des années dont se compose la rotation.

A la suite des produits on a fait connaître par hectare les travaux de culture qui sont nécessaires pour obtenir les récoltes indiquées dans la 2° colonne; ces travaux sont :

1° Le transport des fumiers par chars de 25 pi. cubes, ou 850 décimètres cubes;

2° Les labours et les hersages qui ont été divisés en forts, moyens et légers, ainsi que nous l'expliquerons dans le chapitre III du titre IV qui traitera des travaux;

3° Les travaux de récolte des grains et des fourrages qui se composent de l'ensemencement, de la moisson et de l'emmagasinage de ces récoltes.

Ainsi une terre à froment de 1re classe cultivée d'après l'assolement indiqué au tableau, et avec la stabulation permanente, a donné lieu par hectare pendant le cours de la rotation, et pour obtenir la récolte indiquée au transport de 124 chars de fumiers, à 3 labours forts d'un hectare (ou 1 labour fort de 3 hectares ce qui revient au même), à 8 labours moyens, à 3 hersages forts et 8 moyens, toujours pour 1 hectare, et enfin aux frais nécessaires pour l'ensemencement, la récolte et l'emmagasinage pour 3 hectares ensemencés en grains et 3 autres en plantes fourragères. Dans ce dernier cas les travaux de 2 coupes sur 1 seul hectare sont comptés comme une coupe sur 2 hectares.

Les 6 dernières colonnes contiennent une comparaison entre le produit en grain de chaque classe de terre, avec la rotation qu'on lui applique et la quantité d'engrais fournis par la consommation des pailles et fourrages produits, en tenant compte de l'enfouissement des racines de trèfle et des années de pâturage. Cette partie du tableau ne nous occupera pas pour le moment, mais elle nous fournira dans un autre chapitre les élémens de divers calculs intéressans dans la question importante du choix d'un système d'exploitation.

Nous ajouterons enfin que les nombres que renferment ces 6 dernières colonnes ont été calculés, en supposant que le froment récolté pèse 76, le seigle 70, l'orge 60, la petite orge 50, l'avoine ordinaire 44, l'avoine nue 30, et les pois 87 kilog. l'hectolitre.

ASSOLEMENS,

LABOURS, FUMURE ET PRODUITS ANNUELS PAR HECTARE.

CLASSES.	ASSOLEMENS, LABOURS, FUMURE ET PRODUITS ANNUELS PAR HECTARE.	PRODUIT.
	A. — TERRES A FROMENT.	
1re	STABULATION PERMANENTE. *Rotation* de 5 années.— 1re année. *Vesces* fauchées en vert; 60 quint. mét.; 3 labours; 80 chars de fumier. — 2e. *Froment*; 30,80 hect. grain, 64 quint. paille; 2 lab. — 3e. *Trèfle rouge*; 2 coupes, 96 quint.; 44 chars de fumier.— 4e. *Froment*; 26,40 hect. grain, 54 quint. paille; 2 labours. — 5e. *Orge d'hiver*; 30,80 hect. grain, 39 quint. paille; 4 labours.	Total de 5 ans. Moyen pour 1 an.
1re	PATURAGE. *Rotation* de 7 années. — 1re. *Vesces* fauchées en vert; 60 quint.; 3 lab.; 80 ch. de fumier.— 2e. *Froment*; 30,80 hect grain, 64 quint. paille; 2 lab. — 3e. *Trèfle*; 2 coupes, 96 quint.; 44 ch. de fumier. — 4e. *Froment*; 26,40 hect. grain, 54 quint. paille; 2 lab —5e. *Orge et plantes de pâturage*; 30,80 hect. grain, 38 quint paille; 4 lab.; 20 ch. de fumier. — 6e. *Pâturage*; 48 quint — 7e. *Avoine*; 44 hect. grain; 54 quint. paille: 3 labours.	Total de 7 ans. Moyen pour 1 an.
2e	STABULATION PERMAN. *Rotation* de 5 années. —1re. *Vesces* fauchées en vert; 48 quint ; 3 lab.; 80 ch. de fumier.—2e. *Froment*; 24 20 hect. grain, 50 quint. paille; 2 lab.— 3e. *Trèfle*; 2 coupes; 72 quint.; 20 ch. de fumier.— 4e. *Froment*; 24,20 hect. grain, 50 quint. paille; 2 lab.— 5e. *Orge*; 22 hect. grain, 28 quint paille; 4 labours.	Total de 5 ans. Moyen pour 1 an.
2e	PATURAGE. *Rotation* de 7 années.—1re. *Vesces* fauchées en vert; 48 quint.; 3 lab.; 80 ch. de fumier.—2e. *Froment*; 24,20 hect. grain, 50 quint. paille; 2 lab.—3e *Trèfle*; 2 coup., 72 quint.; 16 ch de fumier.—4e. *Froment*; 24,20 hect. grain, 50 quint. paille; 2 lab.— 5e. *Orge et plantes de pâturages*; 24,20 hect. grain, 50 quint. paille; 4 lab.; 20 ch. de fumier. — 6e. *Pâturage*; 32 quint. —7e. *Avoine*; 30,30 hect. grain, 50 quint. paille ; 3 labours.	Total de 7 ans. Moyen pour 1 an.
3e	STABULATION PERM. *Rotation* de 6 ans. —1re. *Vesces* fauchées en vert; 36 quint.; 3 lab.; 36 ch. de fumier.—2e. *Froment*; 17,60 hect. grain, 36 quint. paille; 2 lab.—3e. *Trèfle*; 2 coup., 48 quint.—4e. *Trèfle*; 1 coup., 16 quint. puis *jachère*.—5e. *Froment*; 18,40 hect. grain, 32 quint. paille; 3 lab.; 32 ch. de fumier.—6e. *Orge*; 17,60 hect. grain, 22 quint. paille ; 4 labours.	Total de 6 ans. Moyen pour 1 an.
3e	PATURAGE. *Rotation* de 9 années. — 1re. *Vesces* fauchées en vert; 32 quint.; 3 lab.. 60 ch. de fumier — 2e. *Froment*; 17,60 hect. grain, 36 quint. paille; 2 lab.—3e. *Trèfle*; 2 coup., 48 quint.—4e. *Trèfle*; 1 coup., 28 quint., aprés pâturage.—5e. *Pâturage*; 20 quint.— 6e. *Pâturage* jusqu'au 25 juin; 8 quint., après *jachère*. — 7e. *Froment*; 17,60 hect. grain, 36 quint. paille; 3 lab.; 28 ch. de fumier.— 8e. *Orge*; 17,60 hect. grain, 22 quint. paille; 4 lab. — 9e. *Pois*; 13,20 hect. grain, 34 quint. paille; 1 labour.	Total de 9 ans. Moyen pour 1 an.
4e	STABULATION PERM. *Rotation* de 5 années.— 1re. *Vesces* fauchées en vert: 24 quint.; 3 lab.; 52 ch. de fumier.—2e. *Froment rouge*; 11 hect. grain, 22 quint. paille; 2 lab.—3e. *Trèfle*; 36 quint.—4e. *Avoine*; 13,20 hect. grain, 12 quint. paille; 3 lab.— 5e. *Pois*; 13,20 hect. grain, 34 quint. paille; 1 labour.	Total de 5 ans. Moyen pour 1 an.
4e	PATURAGE *Rotation* de 8 années.—1re. *Vesces* fauchées en vert; 24 quint.; 3 lab.; 40 ch. de fumier.—2e. *Froment*; 11 hect. grain, 22 quint. paille; 2 lab.—3e. *Trèfle*, 2 coup., 36 quint.—4e. *Pâturage*; 16 quint.—5e. *Pâturage* jusqu'au 25 juin; 6 quint., après *jachère*.—6e. *Froment*; 11 hect. grain, 22 quint. paille; 3 lab.; 20 ch. de fumier.—7e. *Pois*; 13,20 hect. grain, 34 quint. paille; 2 lab.—8e. *Avoine*; 13,20 hect. grain, 12 quint. paille; 3 labours.	Total de 8 ans. Moyen pour 1 an.
	B. — TERRES A SEIGLE.	
1re	STABULATION PERM. *Rotation* de 5 années.—1re. *Vesces* en vert ; 40 quint.; 2 lab.; 60 ch. de fumier. — 2e. *Seigle*; 26.40 hect. grain, 66 quint. paille; 1 lab. — 3e. *Orge* et *Trèfle*; 30,80 hect. grain, 38 quint. paille; 3 lab. — 4e. *Trèfle*; 2 coup., 60 quint.; 48 ch. de fumier. — 5e. *Seigle* ou *Froment* ; 26,40 hect. grain; 66 quint. paille; 1 labour.	Total de 5 ans. Moyen pour 1 an.
1re	PATURAGE. *Rotation* de 8 années.—1re. *Vesces* en vert; 40 quint.; 2 lab.; 72 ch. de fumier.—2e. *Seigle*; 26,40 hect. grain, 66 quint. paille; 1 lab.— 3e. *Orge*; 30,80 hect. grain, 38 quint. paille; 3 lab. — 4e. *Trèfle*; 2 coup., 60 quint.; 52 ch. de fumier. — 5e *Pâturage*; 30 quint. — 6e *Pâturage* jusqu'au 25 juin; 14 quint., *jachère*. — 7e. *Seigle*; 26.40 hect. grain; 66 quint. paille; 2 lab.— 8e. *Avoine*; 30,80 hect. grain, 38 quint. paille; 2 labours.	Total de 8 ans. Moyen pour 1 an.
2e	STABULATION PERM. *Rotation* de 4 années. — 1re. *Pommes de terre*; 160 quint., équivalant, semence et frais de récolte déduits, à 6 quint. paille, 72 quint. foin; 3 lab : 40 ch. de fumier. — 2e. Moitié *Seigle* et moitié *Orge*; 11 hect. seigle, 13,20 hect. orge, 44 quint. paille; 2 lab. — 3e. *Trèfle*; 2 coup., 48 quint.; 20 ch. de fumier.—4e. *Seigle*; 22 hect grain, 54 quint. paille; 2 labours.	Total de 4 ans. Moyen pour 1 an.
2e	PATURAGE *Rotation* de 9 années.—1re. *Pommes de terre*; 6 quint. paille, 72 quint. foin; 3 lab.; 60 ch. de fumier.—2e. *Orge*; 30,80 hect. grain, 38 quint. paille; 2 lab.—3e. *Trèfle*; 2 coup., 48 quint.; 32 ch. de fumier.— 4e. *Pâturage*; 24 quint.—5e. *Pâturage*; 24 quint.— 6e. *Pâturage* jusqu'au 25 juin; 12 quint., *jachère*.—7e. *Seigle*; 22 hect. grain, 54 quint. paille; 2 lab.—8e. *Seigle* fumé; 17,60 hect. grain, 42 quint. paille; 32 ch. de fumier; 2 lab. — 9e. *Avoine*; 19,80 hect. grain, 20 quint. paille; 2 labours.	Total de 9 ans. Moyen pour 1 an.
3e	STABULATION PERM. *Rotation* de 4 années.—1re. *Pommes de terre*; 120 quint. équiv. à 6 quint. paille, 54 quint. foin; 3 lab.; 24 ch. de fumier. —2e. *Orge*; 17,60 hect. grain, 22 quint. paille; 1 lab. —3e. *Spergule*; 2 coup., 52 quint.; 2 lab.; 16 ch. de fumier.— 4e. *Seigle*; 13,20 hect. grain, 34 quint. paille; 1 labour.	Total de 4 ans. Moyen pour 1 an.
3e	PATURAGE. *Rotation* de 9 années.—1re. *Pommes de terre*; 6 quint. paille, 54 quint. foin; 3 lab.; 24 ch. de fumier. — 2e. *Orge* et *Plantes de pâturage*; 17,60 hect. grain, 22 quint. paille; 1 lab.—3e. *Pâturage*; 22 quint.—4e. *Pâturage*; 22 quint.—5e. *Pâturage*; 22 quint.— 6e. *Pâturage* jusqu'au 25 juin; 12 quint., *jachère*; 16 ch. de fumier.—7e *Seigle*; 17,60 hect. grain, 44 quint. paille: 2 lab. — 8e. *Seigle* fumé; 13,20 hect. grain, 34 quint. paille; 16 ch. de fumier; 1 lab.—9e. *Avoine*; 13,20 hect. grain, 12 quint. paille; 2 labours.	Total de 9 ans. Moyen pour 1 an.
4e	STABULATION PERM *Rotation* de 4 années.—1re. *Pommes de terre*; 100 quint. équiv. à 6 quint. paille: 44 quint. foin; 2 lab.; 20 ch. de fumier. —2e. *Seigle* de printemps; 13,20 hect. grain, 28 quint. paille; 1 lab.—3e. *Spergule*; 2 coup., 24 quint., 1 lab.; 20 ch. de fumier.—4e. *Seigle* d'automne après la récolte de la spergule; 11 hect. grain, 28 quint. paille; 6 quint. fourrages; 1 labour.	Total de 4 ans. Moyen pour 1 an.
4e	PATURAGE *Rotation* de 10 années.—1re. *Pommes de terre*; 6 quint. paille, 44 quint. foin; 2 lab.; 20 ch. de fumier.—2e. *Seigle* de printemps; 13,20 hect. grain, 28 quint. paille, 1 lab.—3e. *Seigle* fumé et *graminées fourragères*; 11 hect. grain: 28 quint. paille; 1 lab.; 20 ch. de fumier; —4e. *Pâturage*; 18 quint.—5e. *Pâturage*; 18 quint. — 6e. *Pâturage*; 18 quint. — 7e. *Pâturage*; 18 quint.—8e. *Seigle* d'automne; 13,20 hect. grain: 34 quint. paille; 2 lab.—9e. *Seigle* d'automne; 11 hect. grain, 28 quint. paille, et après la récolte *spergule*; 6 quint. fourrages; 2 lab.; 20 ch. de fumier. — 10e. *Seigle* de printemps; 8,80 hect. grain, 18 quint. paille; 2 labours.	Total de 10 ans. Moyen pour 1 an.
	C. — TERRES A CERÉALES DE PRINTEMPS.	
1re	STABULATION PERM. *Rotation* de 3 années.—1re. *Pommes de terre*; 220 quint. équiv à 10 quint. paille, 100 quint. foin; 3 lab.; 44 ch. de fumier. — 2e. *Orge*; 30,80 hect grain, 40 quint. paille; 2 lab.—3e. *Avoine*; 30,80 hect grain, 40 quint. paille; 2 labours.	Total de 3 ans. Moyen pour 1 an.
1re	PATURAGE. *Rotation* de 8 années. — 1re. *Pommes de terre*; 10 quint. paille, 100 quint. foin; 3 lab.; 84 ch. de fumier. — 2e. *Orge* et *Graminées fourragères*; 30,80 hect. grain, 40 quint. paille; 2 lab.— 3e. *Pâturage*; 28 quint.— 4e. *Pâturage*; 28 quint. — 5e. *Pâturage*; 28 quint. — 6e. *Pâturage*; 28 quint.—7e *Avoine* nue; 30,80 hect. grain, 40 quint. paille; 1 lab.—8e. *Orge*; 22 hect. grain, 28 quint. paille; 3 labours.	Total de 8 ans. Moyen pour 1 an.
2e	STABULATION PERM. *Rotation* de 4 années.—1re. *Pommes de terre*, 160 quint. équiv. à 6 quint. paille, 72 quint. foin; 3 lab.; 36 ch. de fumier.— 2e. *Petite orge* 22 hect. grain, 28 quint. paille; 2 lab.—3e. *Pois*; 13,20 hect. grain, 34 quint. paille; 1 lab. — 4e. *Avoine*; 13,20 hect. grain, 12 quint. paille; 2 labours.	Total de 4 ans. Moyen pour 1 an.
2e	PATURAGE. *Rotation* de 9 années.—1re. *Pommes de terre*; 6 quint. paille, 72 quint. foin; 3 lab.; 48 ch de fumier.—2e. *Petite orge*; 22 hect. grain, 28 quint. paille; 2 lab.—3e. *Pois*, 13,20 hect. grain, 34 quint. paille; 1 lab.—4e. *Avoine* avec *Trèfle blanc*, et *Graminées fourr.*; 13,20 hect. grain, 12 quint. paille, 2 lab.—5e. *Pâturage*; 24 quint.—6e. *Pâturage*; 24 quint.—7e. *Pâturage*; 24 quint.—8e. *Pâturage*; 24 quint. 9e. *Avoine nue*; 19,80 hect. grain, 20 quint. paille; 1 labour.	Total de 9 ans. Moyen pour 1 an.
3e	STABULATION PERM. *Rotation* de 3 années.—1re. *Pommes de terre*; 180 quint. équiv. à 9 quint. paille, 81 quint. foin: 2 lab., 36 ch. de fumier. —2e. *Avoine nue*; 26,40 hect. grain, 34 quint. paille; 1 lab.—3e. *Avoine nue*; 22 hect. grain, 28 quint. paille; 2 labours.	Total de 3 ans. Moyen pour 1 an.
3e	PATURAGE. *Rotation* de 7 années.—1re *Pommes de terre*; 9 quint. paille, 81 quint. foin; 2 lab.; 56 ch. de fumier.—2e. *Avoine et Graminées fourragères*; 26,40 hect. grain, 34 quint. paille; 1 lab — 3e. *Pâturage*; 14 quint — 4e. *Pâturage*; 14 quint. — 5e. *Pâturage*; 14 quint. — 6e. *Avoine nue*; 30,80 hect. grain, 40 quint. paille; 1 lab. —7e *Avoine nue*; 26,40 hect. grain, 34 quint. paille; 2 labours.	Total de 7 ans. Moyen pour 1 an.
4e	STABULATION PERM. *Rotation* de 3 années. — 1re. *Pommes de terre*; 110 quint. équiv. à 5 quint paille, 50 quint. foin; 3 lab.; 16 ch. de fumier.—2e. *Avoine*; 13,20 hect. grain, 12 quint. paille; 1 lab. — 3e. *Avoine*; 8,80 hect. grain, 8 quint. paille; 2 labours.	Total de 3 ans. Moyen pour 1 an.
4e	PATURAGE. *Rotation* de 7 années.—1re. *Pommes de terre*; 5 quint. paille, 50 quint. foin; 3 lab.: 20 ch. de fumier.—2e. *Avoine* et *plantes de pâturage*; 13,20 hect. grain, 12 quint. paille; 1 lab.—3e. *Pâturage*; 12 quint.—4e. *Pâturage*; 14 quint.—5e. *Pâturage*; 14 quint.—6e. *Avoine*; 13,20 hect. grain, 14 quint. paille; 1 lab.—7e. *Avoine*; 8,80 hect. grain, 8 quint. paille; 2 labours.	Total de 7 ans. Moyen pour 1 an.

PRODUITS BRUTS.							TRAVAUX DE CULTURE.									Comparaison entre le produit en grain et la quantité d'engrais fourni par les consommations de pailles et fourrages.					
GRAINS.					FOURRAGES.		Charrois du fumier en chars de 25 pieds cubes.	LABOURS.			HERSAGES.			RÉCOLTE.		Fourrages produits et équivalent en pâturage.	Enfouissement des racines de trèfle évalué en fourrages.	Total des engrais produits à raison de 10 pi. cub. (850 déc. cub.) par quint. de fourrages.	Force productive de l'engrais à raison de 1 kilog. 87 de grain par pied cub.	Produit effectif en grains.	Différence en plus ou en moins entre la force du fumier et le produit effectif.
Froment.	Seigle.	Orge.	Avoine.	Pois.	Paille.	Foin.		Fort.	Moyen.	Léger.	Fort.	Moyen.	Léger.	Des grains.	Des fourrages.						
Hectolitres.					Quint. mét.			Hectares.			Hectares.			quint. mét.		Quint. mét.		Pi. cub.	Kilogrammes.		
57,20	»	30,80	»	»	156	156	124	3	8	»	3	8	»	3	3	312	52	3,440	6,432	6,195	237 +
11,45	»	6,16	»	»	31,20	31,20	24,80	0,60	1,60	»	0,60	1,60	»	0,60	0,60						
57,20	»	30,80	44	»	210	204	144	4	10	»	4	10	»	4	3	414	52	4,460	8,340	8,131	+ 210
8,17	»	4,40	6,28	»	30	29,15	20,56	0,57	1,43	»	0,57	1,43	»	0,57	0,43						
48,40	»	22,00	»	»	128	120	100	3	8	»	3	8	»	3	3	248	24	2,720	5,086	4,998	+ 88
9,68	»	4,40	»	»	25,60	24	20	0,60	1,60	»	0,60	1,60	»	0,60	0,60						
48,40	»	24,20	30,80	»	160	152	116	4	10	»	4	10	»	4	3	312	24	3,360	6,283	6,485	— 202
6,91	»	3,45	4,40	»	22,85	21,70	16,6	0,57	1,43	»	0,53	1,43	»	0,57	0,42						
33	»	17,60	»	»	90	96	68	3	9	»	3	9	»	3	4	186	16	2,020	3,777	3,558	+ 213
5,50	»	2,93	»	»	15	16	11,33	0,50	1,50	»	0,50	1,50	»	0,50	0,66						
33,20	»	17,60	»	13,20	128	136	88	4	9	»	4	9	»	4	4	264	16	2,800	5,236	4,880	+ 353
3,91	»	1,95	»	1,46	14,2	15,11	9,77	0,44	1	»	0,44	1	»	0,44	0,44						
22	»	»	13,20	13,20	68	60	52	3	6	»	3	6	»	3	3	128	12	1,400	2,618	2,564	+ 54
2,20	»	»	2,64	2,64	13,60	12	10,40	0,60	1,20	»	0,60	1,20	»	0,60	0,60						
22	»	»	13 20	13,20	90	82	60	4	8	»	4	8	»	4	3	172	12	1,840	3,441	3,400	+ 41
2,75	»	»	1,65	1,65	11,25	10,25	7,50	0,50	1	»	0,50	1	»	0,50	0375						
»	52,80	30,80	»	»	170	100	108	»	4	5	»	4	3	3	3	270	20	2,900	5,423	5,544	— 121
»	10,56	6,16	»	»	34	20	21,60	»	0,80	0,60	»	0,80	0,60	0,60	0,60						
»	52,80	30,80	30,80	»	228	144	124	»	5	5	»	5	5	4	3	352	20	3,720	6,956	6,899	+ 57
»	6,60	3,85	3,85	»	28,50	18	15,60	»	0,62	0,62	»	0,62	0,62	0,50	0,38						
»	33	13,20	»	»	104	120	60	»	3	4	»	3	4	2	2,50	224	16	2,400	4,488	4,122	+ 366
»	8,25	3,30	»	»	26	30	15	»	0,75	1	»	0,75	1	0,50	0,62						
»	39,60	30,80	19,80	»	160	160	124	»	3	6	»	3	6	4	2	340	16	3,560	6,657	6,611	+ 46
»	4,40	3,42	2,20	»	17,77	20	13,77	»	0,33	0,66	»	0,33	0,66	0,44	0,22						
»	13,20	17,60	»	»	62	86	40	»	1	6	»	1	6	2	2	148	»	1,480	2,767	2,820	— 53
»	3,30	4,40	»	»	15,50	21,50	10	»	0,25	1,50	»	0,25	1,50	0,50	0,50						
»	30,80	17,60	13,20	»	118	132	56	»	2		»	2	7	4	»	250	»	2,500	4,675	4,633	+ 42
»	3,42	1,95	1,46	»	15,11	14, 6	6,22	»	0,22	0,77	»	0,22	0,77	0,44	»						
»	24,20	»	»	»	62	74	40	»	»	5	»	»	7	2	2	136	»	1,360	2,543	2,394	+ 149
»	6,05	»	»	»	15,50	15,50	10	»	»	1,25	»	»	1,75	0,50	0,50						
»	57.20	»	»	»	142	122	60	»	»	9	»	»	10	5	»	264	»	2,640	4,937	4,704	+ 233
»	5,72	»	»	»	14,20	12,20	6	»	»	0,90	»	»	1	0,50	»						
»	»	30,80	30,80	»	90	100	44	»	1	6	»	1	6	2	»	190	»	1,900	3,553	4,743	— 1,190
»	»	10.26	10.26	»	30	3,33	14,75	»	0,33	2	»	0,33	2	0,66	»						
»	»	52,80	30,80	»	118	212	84	»	3	6	»	3	6	3	»	330	»	3,300	6,171	6,063	+ 108
»	»	6,60	3,85	»	14,78	26,50	10,50	»	0,37	0,75	»	0,37	0.75	0,37	»						
»	»	22	13,20	13,20	82	70	36	»	3	5	»	3	5	3	»	154	»	1,540	2,880	3,950	— 1,070
»	»	2,50	3,30	3,30	20,50	17,50	9	»	0,75	1,25	»	0,75	1,25	0,75	»						
»	»	22	33	13,20	102	168	48	»	4	5	»	4	5	3	»	270	»	2,700	5,050	4,820	+ 230
»	»	2,44	3,66	1,46	11,33	18,66	5,33	»	0,44	0,55	»	0,44	0,55	0,33	»						
»	»	»	48.40	»	71	81	36	»	»	5	»	»	5	2	»	152	»	1,520	2.842	2,712	+ 130
»	»	»	16,13	»	23,66	27	12	»	»	1,66	»	»	1,66	0,66	»						
»	»	»	83.60	»	117	123	56	»	»	6	»	»	6	3	»	24	»	2,400	4,488	3,768	+ 722
»	»	»	11,94	»	16,71	17,55	8	»	»	0,85	»	»	0,85	0,42	»						
»	»	»	22	»	26	50	16	»	2	4	»	2	4	2	»	76	»	760	1,421	1,738	— 317
»	»	»	7,33	»	8,35	16,66	5,33	»	0,66	1,33	»	0,66	1,33	0,64	»						
»	»	»	35,20	»	39	92	20	»	3	4	»	3	4	3	»	132	»	1,300	2,468	2,318	+ 150
»	»	»	5,03	»	5,60	13,14	2,85	»	0,43	0,57	»	0,43	0,57	0.43	»						

§ II. — De l'évaluation du produit des prairies.

Nous comprendrons dans cette méthode d'évaluation les prairies qui peuvent donner un produit net, supérieur ou au moins égal aux terres arables cultivées en grains ou en plantes industrielles. Les prairies qui ne remplissent pas cette condition et qui par leur position et leur qualité peuvent être soumises à la charrue, doivent être évaluées et estimées comme terres arables. Quant à celles qui donnent un produit net inférieur aux terres arables, mais qui par leur situation et qualité ne peuvent être rompues avantageusement, elles doivent rester prairies et être estimées comme telles.

A. *De l'appréciation de la fécondité des prairies.* La fécondité des prairies dépend aussi bien que celle des terres arables, des caractères du sol que nous avons appelés agronomiques; ceux-ci doivent donc faire, comme dans le cas de ces terres, l'objet d'un examen attentif; et comme ils se présentent ici sous un aspect particulier aux prairies, nous allons en reprendre l'examen.

1° La *ténacité.* On reconnaît cette propriété du sol des prairies quand les voitures chargées n'y tracent pas d'ornière et quand le pied des bestiaux qui pâturent n'y produit pas d'enfoncemens, même quand elles sont très humides et couvertes d'eau. La terre s'y crevasse par une sécheresse et une chaleur prolongées dans les situations peu profondes et lorsque les plantes y sont courtes et ne couvrent pas encore le sol. Si le terrain n'est pas trop humide on y voit prospérer le trèfle rouge et surtout le carvi. L'espèce et la nature des autres plantes dépend du degré d'humidité, de la froideur ou de la chaleur du sol. Dans un sol tenace la sécheresse rend les plantes des prairies moins fortes et plus fines, et une propriété caractéristique des terres argileuses c'est de fournir, quand les prairies sont saines du reste, des fourrages très nutritifs.

2° L'*ameublissement* résulte de la présence du sable ou de l'humus avec une moindre quantité d'argile. Dans le 1er cas, le sol des prairies, même avec surabondance d'eau, reste entier et ne se crevasse pas par la sécheresse; dans le second, le sol est spongieux et devient mou et marécageux par une surabondance d'humidité: les roues des voitures et les pieds des bestiaux s'y enfoncent profondément.

3° L'*humidité.* Dans une prairie trop profonde pour que les eaux aient un écoulement suffisant, les bonnes graminées fourragères disparaissent peu à peu et font place aux plantes des marécages, aux carex et aux mousses. Une surabondance d'humidité rend les fourrages moins savoureux et moins nourrissans; elle acidifie parfois l'humus, circonstance qu'on distingue par l'apparence charbonneuse et la couleur noire intense ou brune du sol. Au reste, cet excès d'humidité n'est nuisible que lorsque l'eau continue à couvrir la prairie à l'époque la plus active de la croissance des végétaux.

4° La *sécheresse.* On la reconnaît dans une prairie à l'aspect de la surface qui est dure et sèche. Elle est due la plupart du temps à une situation trop haute et à la rapidité des pentes. La sécheresse diminue le produit des graminées, et cet effet est d'autant plus marqué que le sol contient plus d'humus, et d'autant moins sensible qu'il est plus argileux. Les fourrages, au reste, sont de bonne qualité dans les prairies sèches quand les élémens qui entrent dans la composition de leur sol ne sont pas ceux des sols marécageux.

5° La *froideur* des prairies est surtout un des effets d'une surabondance d'humidité. Les sols argileux, compactes et tenaces, peu riches en humus, donnent presque toujours des prairies froides. La couleur pâle et claire du sol indique toujours cette absence d'humus. Une prairie où la couche meuble, mélangée d'humus, est peu épaisse, où le sous-sol est imperméable et où les eaux sourcillent, est toujours humide et froide. Dans les prairies froides la végétation est tardive et lente; les fourrages y sont moins abondans, d'une qualité inférieure et moins nutritifs que dans les prairies chaudes.

6° La *chaleur.* La faculté de conserver la chaleur est due en grande partie à l'abondance d'un humus de bonne qualité et d'une quantité notable d'argile. Toutes les prairies hautes, toutes celles qui sont plutôt sèches qu'humides, dont le sol est profond et riche en humus, sont chaudes et fournissent d'excellens fourrages. Cette qualité et l'abondance de leurs produits dépendent de leur état presque constant de sécheresse et d'humidité moyennes. La couche imprégnée d'humus y est toujours épaisse et le sous-sol perméable.

7° La *richesse en humus.* La quantité d'humus est, comme nous venons de le dire, la cause de la chaleur du sol des prairies, et celle-ci est d'autant plus considérable que la couche qui en est imprégnée est plus épaisse. Une prairie a besoin d'être plus riche en humus qu'une terre arable; celles qui se rapprochent, sous ce rapport, des terres pauvres, tenaces et froides, sont très peu productives et ne fournissent que des carex en petite quantité. Le sol alors n'est pas noir, mais d'une couleur plus claire qui ne s'étend que quelques pouces de profondeur.

B. *Classification des prairies.* Les prairies peuvent être rangées dans 2 grandes divisions: les prairies basses et les prairies moyennes et hautes (*voy.* t. Ier, p. 484), qu'on partage ensuite en 4 classes suivant la quantité du produit moyen qu'elles donnent. Ce produit est évalué, quant à la quantité, en quintaux métriques et pour une surface d'un hectare; quant à la qualité on la réduit à celle d'un bon foin de prairie qu'on peut regarder comme contenant sous le même poids une quantité de principes nutritifs égale à celle du foin de trèfle.

Pour opérer cette réduction on peut avoir recours aux expériences de M. Block qui lui ont démontré que tous les foins des prairies, récoltés dans une saison favorable et avec les soins qu'ils exigent, pouvaient être, sous le rapport de la qualité, rangés sous 6 classes suivant la quantité de principes nutritifs qu'ils contiennent; et qu'en les comparant au bon foin de prairie pris pour unité, il fallait, pour représenter ce dernier, les quantités suivantes.

1re classe	100.	4e classe	160.
2e —	120.	5e —	180.
3e —	140.	6e —	200.

Quand la saison n'a pas été très favorable ou qu'on a mis quelque négligence dans la récolte, tous ces foins diminuent de valeur de la manière suivante:

1re classe	120.	4e classe	180.
2e —	140.	5e —	200.
3e —	160.	6e —	220.

Passons actuellement à la classification des prairies.

Ire DIVISION. *Prairies basses.*

A. *Prairies à deux herbes.*

1re *Classe.* Ces prairies se rencontrent dans les vallées basses ; leur sol est sain, profond, riche en humus et mélangé d'une quantité notable d'argile ; elles sont chaudes, constamment dans un état convenable d'humidité, et non sujettes à des inondations intempestives et pernicieuses. On y trouve les graminées les meilleures et les plus productives ; la fléole, le vulpin et le paturin des prés y dominent avec d'autres graminées moins productives ; le trèfle rouge y est très abondant. Le fourrage de ces prairies est très propre à l'engrais des bestiaux ; mais il possède une faculté réparative moindre que celle des bons foins des prairies hautes, quoiqu'on lui attribue, sous ce rapport, la même valeur. Le produit annuel moyen de ces prairies, en foin ou comme pâturage, peut être évalué à environ 64 *quint par hect.*

2e *Classe.* Les prairies rangées dans cette classe sont aussi fécondes que les précédentes, mais exposées à des inondations hors de saison ; la récolte y est souvent détruite, ce qui ne permet d'évaluer leur produit annuel moyen en foin et pâturage qu'à 48 *quint.*

3e *Classe.* Les prairies basses, en sol froid et humide, et qui par cette raison se couvrent de laiches ou carex et donnent un foin dur, grossier et peu nourrissant, appartiennent à cette classe Leur produit est aussi considérable en poids que celui des précédentes ; mais, sous le rapport de la qualité, ce foin ne vaut au plus que les 2/3 de celui des 2 autres classes et ne peut être évalué, terme moyen, à plus de 32 *quint.* de bon foin. Ces prairies ne sont pas exposées aux inondations intempestives.

B. *Prairies à une herbe.*

4e *Classe.* Toutes les prairies dont le sol est spongieux ou marécageux, et qui, par suite de la présence de l'eau en surabondance et hors de saison, sont humides, froides, mollasses et ne donnent qu'une faible quantité de fourrages où dominent les laiches, font partie de cette classe. Il en est de même des prairies de la classe précédente quand les inondations en détériorent ou détruisent en partie la récolte. La quantité de fourrage produite par les unes ou les autres, soit comme foin, soit comme pâturage, ne peut être évaluée à plus de 20 *à* 24 *quint. de bon foin de prairie.*

Les prairies basses d'un moindre rapport sont des marais ou des tourbières et doivent être rangées parmi les pâturages, parce que les frais de récolte absorberaient la valeur du produit.

IIe DIVISION. *Prairies moyennes et hautes.*

A. *Prairies à deux herbes.*

1re *Classe.* On range dans cette classe toutes les prairies des vallées fertiles ou placées au milieu des terres cultivées, lorsqu'elles sont dans une situation suffisamment fraiche, que leur sol est chaud, sans être ni trop tenace ni trop argileux, d'une cohésion moyenne et mélangé d'humus jusqu'à une grande profondeur. Dans ces prairies qui reçoivent avec avantage les eaux d'égouttage des terres arables voisines, la végétation au printemps est rapide et précoce. On rapporte encore à cette classe les prairies hautes qui ne reçoivent pas les eaux des champs voisins ou supérieurs, mais qui peuvent, suivant les circonstances et les besoins, être couvertes d'eau, puis mises en assec, et dont le sol est de bonne qualité. Ces prairies, dont on obtient 2 coupes et qui peuvent être encore pâturées à l'automne, donnent un foin excellent et de 1re qualité. Leur produit en moyenne est évalué à 40 *quint. par hect.*

B. *Prairies à une herbe.*

2e *Classe.* Toutes les prairies situées au milieu des terres cultivées, bien saines, sont classées ici, quand, par la surabondance de l'argile dans le sol ou par la trop grande disposition de celui-ci à devenir meuble, elles sont sujettes à se dessécher et à durcir périodiquement, et ne peuvent ainsi donner une seconde coupe. Les plantes au printemps, par suite de la richesse et de la chaleur de ce sol, y végètent de bonne heure et croissent avec rapidité. Leur produit en foin ou comme pâturage doit être évalué à 30 *quintaux de foin* très nutritif et de 1re qualité. Quand ces prairies ne fournissent qu'un produit inférieur à celui-là, il est avantageux de les défricher ; elles appartiennent alors aux 1res classes des terres arables. Il n'y a que des moyens faciles et économiques d'irrigation qui puissent les faire laisser sous forme de prairies ; mais alors elles passent la 1re classe des prairies de cette division.

3e *Classe.* Toutes les prairies froides et humides placées près des terres cultivées sont comprises dans cette classe. La végétation y est tardive et lente, les fourrages acides et peu nutritifs ; et en supposant qu'elles en fournissent en même quantité que les précédentes, ce foin, à raison de sa qualité inférieure, ne représente pas au-delà de 20 *quint. de bon foin par hect.*

4e *Classe.* Dans cette classe on range les prairies marécageuses qui sur leurs bords et dans le voisinage des terres cultivées donnent de bon foin, mais au centre présentent un marécage où végètent seulement les plantes aquatiques. Quand elles sont trop marécageuses et humides, elles doivent rester en prairies ; mais si, placées à quelque élévation, elles sont sèches et ne présentent un aspect marécageux et un sol aride que par suite d'une végétation languissante, alors elles appartiennent aux terres arables et à la 3e classe de celles à céréales de printemps, et doivent être mises comme telles en valeur. Les prairies de cette classe ne donnent pas, dans le 1er cas, une quantité de fourrage équivalente à 12 *quint. de bon foin*, qu'il est souvent plus avantageux de faire pâturer.

Les prairies qui n'appartiennent pas aux classes précédentes doivent être évaluées comme pâturages, parce que, ainsi que nous l'avons dit, les frais de récolte y absorbent le produit net.

§ III. — De l'évaluation des pâturages.

1° *Des diverses natures de pâturages.*

Nous rangeons dans cette section les terrains qui sont uniquement propres à fournir de la pâture au bétail, qui ne peuvent être mis en valeur ni comme terres arables, ni comme prairies, et doivent nécessairement rester sous forme de pâturages permanens.

A ces pâturages appartiennent : 1° les *landes et bruyères* ou terres couvertes de plantes vivaces et d'arbrisseaux, tant qu'elles ne sont pas défrichées ; elles ne fournissent souvent qu'un pâturage peu abondant et une nourriture chétive ; 2° les *prés*, dont le produit en foin est trop peu considérable pour payer les frais de récolte et qui ne peuvent être mis autrement en valeur ; il faut supposer, en outre, qu'ils sont accessibles aux bestiaux ; 3° les *pâturages dans les forêts*, autant que ce mode de jouissance ou ce droit est compatible avec une bonne économie forestière ; 4° les *pâturages dans les oseraies* et les *marais* plantés en aunes, en saules, etc., où des inondations périodiques et un état trop marécageux du sol ne s'opposent pas à l'introduction des bestiaux. Le produit de ce pâturage est toujours en proportion inverse du nombre des arbres et de leur grandeur.

Nous ne comprenons pas ainsi dans nos évaluations: 1° les *pâturages* sur *jachère* de terres arables, parce qu'on doit les évaluer dans l'estimation du produit de celles-ci; 2° le *pacage* sur les prairies, avant et après la récolte du foin, parce que le 1er leur est nuisible et doit être rejeté, et parce que le 2e, évalué en foin, figure dans leur produit; 3° le *pâturage des trèfles* sur les éteules des céréales qui ont protégé leur 1re végétation, parce que cette méthode est très désavantageuse pour la récolte subséquente de cette plante fourragère; 4° le *pâturage des bonnes prairies*, par la raison que leur produit a été ci-dessus évalué en foin, et qu'il importe peu que ce produit ait été récolté par la faux ou par le pâturage des bestiaux.

Dans l'évaluation du produit des pâturages, l'étude des caractères agronomiques du terrain exigerait des considérations particulières et ne pourrait guère conduire qu'à des résultats incertains ou même erronés. Il est bien préférable et plus simple, pour ces espèces de biens, d'avoir recours à l'expérience des localités et de s'informer avec exactitude du nombre de bestiaux que ces pâturages peuvent nourrir convenablement sur un espace déterminé, pendant combien de temps ils les alimentent et le poids de ces animaux; en calculant ensuite que, pour être rassasiés, des bestiaux d'un faible poids, les seuls que peuvent porter ces pâturages, exigent 7 à 8 kilog. de bon foin par jour par tête adulte, il est facile de déduire l'équivalent en foin de bonne qualité que ces pâturages peuvent donner sur un hectare de superficie.

2° *Classification des pâturages.*

1re *Classe.* Les prés marécageux qui ne peuvent pas non plus être utilisés comme terres labourables, ou dont le produit ne couvrirait pas les frais de récolte, font partie de cette classe, le pâturage étant le seul moyen de les mettre en valeur. Les laiches, végétaux qui y dominent, n'y atteignent pas plus de 7 à 8 po. de hauteur. Leur produit, pendant les 6 mois de pâturage, n'excède pas 20 quintaux de foin aigre par hectare, qui représentent à peine, sous le rapport nutritif, 12 *à* 14 *quint.* de bon foin de prairie. Quand ces prés, à cause de leur peu de consistance, ne peuvent porter les bestiaux, ils appartiennent alors aux prairies de la 4e classe. Les prairies marécageuses qui présentent des portions de leur surface plus élevées, en assec et accessibles aux bestiaux, sont rangées aussi parmi ces pâturages.

2e *Classe.* Cette classe comprend: 1° les prés ou pâtures plantés d'arbres des terrains humides ou couverts de végétaux ligneux d'une faible hauteur, qui ne sont pas assez touffus ou fourrés pour intercepter la lumière solaire; ils fournissent, dans ce cas, des fourrages assez nourrissans; 2° les prés élevés couverts de broussailles qui donnent un gazon court et substanciel et de jeunes pousses d'arbrisseaux fort recherchées des bestiaux; 3° les forêts plantées d'arbres à feuilles caduques, clair-semés ou qui renferment des clairières où pousse un gazon peu épais et moins substanciel que le foin de prairie. Le produit moyen de cette classe peut être évalué pendant tout le temps du pâturage à 10 *quint.* de *bon foin* de prairie.

3e *Classe.* Elle comprend les pacages dans les forêts d'arbres résineux déjà vieux et où le terrain est sain et fertile; l'herbe y est moins abondante que dans les forêts feuillées, et en moyenne le produit ne peut être évalué à plus de 6 *quint. de bon foin.*

4e *Classe.* On range dans cette classe les pacages dans les forêts où les arbres sont très rapprochés et où l'herbe ne pousse que çà et là dans quelques portions moins fourrées. Si ces portions ont un peu d'étendue, le pacage passe dans la 2e ou la 3e classe, et si elles y sont très rares, on ne peut plus considérer cela comme pâturage. Ces pacages ne peuvent être évalués en moyenne au-delà de 2 *quint. de bon foin* pendant tout le temps du pâturage.

Le fumier qui provient des animaux qui paissent dans tous les pâturages ne doit être évalué qu'à la moitié de celui que rendrait une quantité de foin égale à celle qu'ils produisent, parce qu'il n'y a que celui que les bêtes donnent la nuit qui puisse être recueilli, et que celui qui tombe sur ces pâturages est perdu pour les terres cultivées de la ferme.

§ IV. — Vergers et jardins potagers.

Ces sortes de biens sont souvent difficiles à estimer, parce qu'ils présentent des différences sans nombre et que les produits qu'ils fournissent varient avec les pays. Nous allons donner néanmoins quelques principes propres à servir de guide dans leur estimation en général, et quand ils forment une partie peu considérable d'un domaine.

1° *Vergers.* Il est quelquefois assez important d'évaluer le produit d'un verger, parce que, dans certaines situations, il peut augmenter d'une manière sensible les revenus d'une ferme. Ce produit dépend de la bonté du sol, de l'âge et du développement des arbres à fruit, de leur vigueur et de leur état.

Le 1er soin, pour l'évaluation du produit, est donc de constater le nombre de pieds d'arbres par hectare et par suite sur toute la superficie du verger, l'âge de ces arbres, dont on forme plusieurs catégories s'il y en a d'âges très différens, la vigueur de leur végétation et parfois l'espèce ainsi que la qualité et l'usage du fruit qu'ils fournissent.

Pour faire cette évaluation du produit des arbres à fruit, les uns prennent pour base le produit moyen que peut rendre en argent un arbre en plein rapport, en admettant que le produit annuel de ceux qui portent des *fruits à pepin est de* 85 *c. à* 1 *fr. par pied d'arbre, et de* 40 *à* 45 *c. pour ceux qui donnent des fruits à noyau.* On sent aisément que le voisinage d'une ville, d'une fabrique ou d'un centre de consommation quelconque, ou l'industrie du cultivateur, peuvent élever ou abaisser d'une manière notable cette évaluation.

D'autres calculent que, dans un sol propice, un arbre qui a acquis toute sa croissance et qui est en plein rapport rend, dans une bonne année, 2 hect. de fruit, dans les années moyennes 1 hect., et rien dans les mauvaises années, ou, terme moyen, 1 *hect. par pied d'arbre.*

Un arbre à fruit est dit en rapport lorsqu'il peut se soutenir seul contre la violence des vents et que sa tige a au moins un diamètre de 1 1/2 po. à 1 mètre de terre pour les fruits à noyau, de 3 po. pour les fruits à pepin, et une couronne ou feuillage proportionné à ces grosseurs. Les vieux arbres ne sont considérés comme étant en rapport qu'autant que la moitié au moins de leurs branches sont encore saines et productives, et que le tronc est à peu près intact.

Un arbre à fruit n'est qu'au *milieu de sa croissance* quand sa tige n'a que 6 po. et sa couronne 10 pi. de diamètre. Dans ce cas, il ne rend que la moitié du produit assigné ci-dessus à un arbre qui a acquis son entier développement; un arbre de 3 po. n'en rend que le quart.

Il en est de même pour les arbres entièrement développés, mais qui végètent dans un *sol peu favorable* et n'atteignent pas les dimensions des précédens; leur produit n'est que de moitié.

D'autres, enfin, confondant ensemble les vergers et les jardins potagers, leur assignent, suivant la qualité de leur sol, un produit annuel de 30 à 60 fr. par hect. quand les arbres sont en plein rapport et ont acquis toute leur croissance.

Dans les pays où l'on est dans l'usage d'affermer annuellement la récolte des vergers ou de la vendre sur pied, il sera très facile d'évaluer directement le produit de cette sorte de bien, quand les conditions seront les mêmes entre les vergers affermés et celui dont on veut estimer le produit. Dans le cas contraire, les principes ci-dessus serviront à établir la valeur proportionnelle.

Outre les arbres fruitiers, les vergers produisent encore des *plantes fourragères* qui la plupart du temps ne peuvent, surtout lorsque les arbres sont déjà forts, être utilisés que comme pâturages. Ces pâturages doivent être assimilés à ceux des bois plantés d'arbres à feuilles caduques et clair-semés, et rentrent, relativement à leur produit, dans ceux de la 2e classe.

Un *verger planté de très jeunes arbres* est classé dans la catégorie des jardins potagers, parce qu'il peut recevoir cette destination, ou peut être considéré comme prairie ou pâturage, etc., suivant l'emploi qu'on en fait, et son produit évalué d'après les principes posés ci-dessus.

Les frais auxquels donne lieu un verger sont peu considérables; on compte ordinairement une journée d'homme pour les soins à donner par chaque lot de 60 à 70 arbres, et 2 bottes d'échalas ou tuteurs du prix de 2 fr. 25 c. à 2 fr. 50 c. chaque par 100 de jeunes arbres.

2o *Jardins potagers.* Un jardin potager, surtout lorsqu'il ne fournit qu'à la consommation du ménage, n'est évalué, dans l'estimation d'un domaine, que comme une pièce de terre arable de même étendue et de même qualité. Quand il fournit au-delà des besoins de l'établissement, et surtout près des villes, les uns lui assignent une valeur de 1/3 supérieure à celle d'une terre de même classe, déduction faite des frais, et d'autres une valeur simplement égale, en considérant que la valeur plus élevée en argent qu'on en obtient alors est uniquement le prix d'une plus grande quantité de fumier, et de l'activité et de l'industrie de celui qui le cultive.

§ V. — Des frais à la charge de la production végétale.

1o *Des frais de culture.*

Nous sommes en état, au moyen des classifications précédentes et pour chaque nature et chaque classe de biens ruraux, de faire une évaluation de la production végétale sur un domaine quelconque, ainsi que des travaux de culture qu'elle nécessite. En effet, comme nos évaluations de produits et de travaux ont été établies pour une surface d'un hectare et pour un an, rien n'est plus facile que d'estimer les uns et les autres sur toute la superficie du domaine, en multipliant les chiffres donnés par le nombre d'hectares de chaque nature ou classe de biens qu'il renferme. Ainsi, pour calculer le produit et les frais des terres arables, on emprunterait dans le tableau de la page 340, à la classe à laquelle ces terres appartiennent et dans le système de culture adopté, les chiffres qui représentent le produit moyen pour un an et on le multiplierait par l'étendue superficielle en hectares de ces terres. On trouverait de cette manière que 10 hect. de terre à froment de 1re classe devraient donner annuellement un produit brut, semence déduite, de 114,50 hectol. de froment, 61,60 hectol. d'orge, 312 quint. mét. de paille et autant de foin, et que les travaux de culture, pour obtenir ce produit, consisteraient dans le chargement, le transport, le déchargement et l'épandage de 248 chars de fumier de 850 décim. cubes, ou 25 pi. cubes chacun, dans 6 labours et hersages forts de 1 hectare chacun, 16 labours et hersages moyens d'une même surface et dans les travaux d'ensemencement de récolte et d'engrangement de 6 hectares, semés en grains et autant en plantes fourragères.

Le même procédé donnerait le produit brut des prairies, des pâturages et des vergers.

Pour évaluer maintenant le *produit net* des terres, il faut faire subir au produit brut certaines *réductions* en nature qui sont nécessaires, puis établir la somme de tous les *frais* qui sont à la charge de la production végétale. Les réductions à faire sur le produit brut ont pour objet :

1o Les *grains de semence*, dont nous ne tiendrons pas compte dans nos calculs postérieurs, attendu qu'ils ont déjà été déduits dans le tableau du produit de chaque classe de terre de la page 340.

2o Les *grains de battage* quand ce travail se paie en nature. Dans tous les cas nous estimerons les frais de ce genre de travail à 12 p. 0/0 du produit brut du grain en y comprenant les pertes qu'on éprouve au vannage, criblage, nettoyage des grains et celles qui ont lieu dans les greniers par suite de l'attaque des animaux, des avaries, du coulage, etc.

3o Les *pertes* sur les fourrages pour diminution de poids par suite d'une dessiccation plus complète, pour les avaries, le coulage, etc., qu'on peut estimer à 8 p. 0/0.

Les *frais* qu'on doit mettre à la charge de la production végétale sont :

1o Les *avances* qui ont été faites pour tous les travaux de culture.

Disons d'abord un mot de la manière dont on se sert pour évaluer les frais. Tantôt on évalue en mesures de grains, en prenant l'hectolitre de seigle ou de froment pour unité de mesure, le travail des hommes et des animaux; tantôt on évalue en argent, d'après les prix courans du pays, les services des uns et autres; c'est cette dernière méthode que nous adoptons.

Lorsqu'on connait, d'après le tableau précédent, les travaux de culture, tels que transport et épandage du fumier, labours, hersages, récoltes pour un hectare de superficie, il faut d'abord *convertir ceux-ci en journées de travail d'hommes et d'animaux.* Cette conversion exige qu'on ait recours à certains résultats fournis par l'expérience et dont nous présenterons le tableau dans un chapitre particulier qui fait partie du titre IV de ce livre; c'est là qu'on pourra puiser les élémens des calculs qu'il faut exécuter à cet égard et dont nous ferons usage plus loin.

La somme des journées de travail des hommes et des animaux, pour une opération quelconque ou pour tous les travaux de culture d'une ferme, fait connaître le *nombre* des uns et des autres dont les services sont nécessaires pour exécuter ces travaux, quand on connaît le *nombre de jours de travail d'une année*.

Les travaux de culture étant transformés en journées de travail d'hommes et d'animaux, il ne s'agit plus que *d'évaluer celles-ci en argent*, c'est-à-dire à déterminer le prix de leur travail journalier.

Ce prix varie nécessairement suivant les pays et dépend de celui des objets de consommation, de l'activité, de l'énergie des travailleurs et de la longueur de la journée de travail pour les hommes et du prix d'achat, de la vigueur et de la durée du service pour les animaux. La plupart du temps ce prix, pour les uns comme pour les autres, est connu et bien établi dans une localité, mais il vaut mieux savoir le calculer sur les élémens que l'enquête faite sur les lieux a dû fournir, et comme nous l'enseignerons dans le titre suivant.

2° Les *frais pour le logement* des récoltes, celui des travailleurs et des bêtes de trait, sujet qui va nous occuper dans le paragraphe suivant.

3° Enfin certains menus frais pour travaux dans les prairies, étaupinage, *entretien des fossés d'écoulement des eaux*, etc., sur lesquels il est difficile de donner des principes généraux, et qu'il faut évaluer sur le lieu même ou suivant les besoins.

Tous ces calculs étant opérés, on est alors en état d'établir en argent le produit net de la production végétale sur un domaine, ainsi que nous en donnerons un exemple à la fin de ce chapitre.

2° *Des frais pour la jouissance des bâtimens ruraux.*

Les bâtimens ruraux qui servent à l'agriculteur à mettre ses récoltes à l'abri de l'intempérie des saisons et des déprédations, à loger et tenir chaudement ses bêtes de travail et de rente, et enfin à l'habitation de sa famille et des individus qui le secondent dans ses travaux, ont pour lui une *utilité réelle* et lui rendent un *service* dont il ne peut se passer.

L'établissement et la construction de ces bâtimens ayant nécessité des avances capitales, *leur jouissance ne saurait être gratuite*, et puisque c'est la production agricole qui oblige d'avoir recours à leurs services, c'est à elle aussi à rembourser les frais annuels qu'occasionne cette jouissance.

Ces frais, aussi bien que tous les autres, doivent donc, dans l'estimation de la valeur vénale ou locative d'un domaine, être évalués et soustraits du produit brut pour établir le produit net de l'établissement.

Il y a deux méthodes pour faire ce calcul. Tantôt les frais de la jouissance ou le prix du service des bâtimens sont réunis en une seule somme qu'on retranche du produit brut total de toutes les branches de revenu de la ferme; tantôt, au contraire, on les évalue pour chaque nature ou portion distincte de bâtimens et on porte ces fractions au compte du service auquel ces portions de bâtimens sont affectées. Ainsi, le produit brut des cultures est chargé de rembourser les frais de location des granges et greniers pour loger les récoltes, des écuries ou étables pour les animaux de travail, des hangars pour les instrumens, des lieux d'habitation pour les aides employés aux travaux de culture, etc., et celui des bêtes de rente d'acquitter ceux des étables, porcheries, basse-cour, etc. C'est ce dernier mode que nous adopterons, comme plus commode dans les calculs d'évaluation.

Indépendamment de plusieurs circonstances qu'il est nécessaire de prendre en considération dans l'examen des bâtimens ruraux d'un domaine et dont nous nous occuperons dans un chapitre particulier, ceux-ci ont une valeur d'utilité qui se mesure en grande partie par *l'étendue superficielle qu'ils recouvrent et par leur capacité intérieure*. Cette superficie ou cette capacité doivent avoir exactement l'étendue nécessaire pour que le service du fonds puisse se faire avec aisance et commodité. Une étendue supérieure à celle qu'exige le fonds est sans valeur aux yeux de l'agriculteur éclairé, et ce serait en pure perte qu'il mettrait pour cet objet, à la charge de la production, un excédant de frais qu'elle ne doit pas supporter et qui résulte uniquement d'un mode vicieux d'administration ou de l'ignorance des principes économiques.

La même règle s'applique aussi au mode de construction des bâtimens; si ceux-ci ont été établis avec une solidité superflue, s'ils ont été construits ou décorés avec luxe, l'acquéreur ou le locataire d'un fonds rural ne peut pas raisonnablement rembourser au vendeur ou au propriétaire les frais ou les intérêts d'une spéculation aussi contraire aux principes d'une bonne administration, et, en thèse générale, on ne doit porter dans une évaluation immobilière à la charge de la production pour jouissance des bâtimens, qu'une somme égale à celle qu'on paierait communément dans le pays pour la jouissance de constructions de ce genre, remplissant le but auquel elles sont destinées de la manière à la fois la plus parfaite et la plus économique.

En cherchant à analyser les divers élémens qui composent le prix du service annuel des bâtimens ruraux, on trouve qu'on peut les réduire aux 4 suivans.

1° Les *intérêts* des sommes avancées pour la construction et qui varient suivant le pays et les circonstances, depuis 2 et 2 1/2 jusqu'à 5 p. 0/0.

2° Le *fonds d'amortissement* qu'on doit prélever annuellement pour le rétablissement du capital périssable engagé dans les bâtimens, et pour rétablir et reconstruire ceux-ci à l'époque où l'on prévoit que le temps les aura mis hors de service. Ce fonds d'amortissement se calcule ordinairement d'après la durée probable des constructions, et est évalué à la 100ᵉ, 150ᵉ ou 200ᵉ partie du capital avancé, suivant que celles-ci sont présumées devoir durer 100, 150 ou 200 ans.

3° Les *frais d'entretien et de réparation* des bâtimens, qu'on évalue en moyenne à 1/3 p. 0/0 du capital de construction.

4° Les *frais d'assurance* qui suivant le genre de construction, les circonstances, le mode des assurances, etc., peuvent s'élever de 1/4 à 1 p. 0/0 de ce même capital.

D'après ce que nous venons d'exposer, on voit que pour être à même d'évaluer le prix du service des bâtimens ruraux il faut, dans l'examen préalable d'un fonds, avoir recueilli des renseignemens exacts sur les objets suivans :

1° Le *mode le plus économique* de construction et celui qui remplit le plus complètement le but désiré pour chacune des espèces de bâtimens affectés à un service particulier. On acquiert cette connaissance, en visitant les établissemens ruraux qui sont voisins, en se procurant des devis de construction qui peuvent servir de modèle, et en consultant des architectes ou des experts.

2° Le *prix de construction* pour chacune de ces espèces de bâtimens, ce qui exige qu'on connaisse le prix de tous les matériaux dans la localité, la quantité de ceux-ci qui peuvent entrer dans un bâtiment, le prix de la journée de travail des ouvriers et le volume des matériaux qu'il peut mettre en œuvre dans une journée, etc. On peut, de même que précédemment, s'informer du prix d'une construction neuve du genre de celle qu'on regarde comme la plus économique ou en faire établir un devis par un architecte. Nous reviendrons nécessairement sur ce sujet lorsque nous traiterons des constructions rurales; mais pour ne pas laisser nos lecteurs dans le vague et leur offrir une méthode approximative et simple d'évaluation, nous dirons ici que dans les pays où l'agriculture est bien entendue, l'expérience paraît avoir démontré que les bâtimens ruraux, qui doivent toujours être quant à leur étendue dans un rapport constant avec le volume des récoltes ou le nombre des animaux qu'ils sont destinés à loger, peuvent être établis convenablement pour une somme équivalente, suivant la solidité, à 120 ou 136 p. 0/0 du produit brut du domaine en grains, fourrages, racines et tubercules, à l'exception des plantes industrielles, et que cette somme se répartissait ainsi, savoir :

Pour les granges	35 à 40 p. 0/0
Pour les greniers, magasins à grains et hangars.	12 à 16
Pour les étables, bergeries et écuries	73 à 80
Total.	120 à 136

3° La *durée des bâtimens.* Les informations qu'on prend sur le mode et sur le prix de construction des bâtimens ruraux du pays doivent faire aisément connaître la durée de ceux qui sont entretenus avec soin; nous donnerons au reste, dans le tit. IV, quelques détails à cet égard, qu'on peut consulter.

4° L'*étendue* que doit avoir chaque portion de bâtiment pour le service auquel on le destine. C'est un sujet qui nous occupera dans le chapitre III du titre III; c'est là qu'on trouvera ce que nous nous proposons d'en dire dans cet ouvrage.

5° Enfin le *taux de l'intérêt* des capitaux engagés dans des bâtimens ruraux et les *frais d'assurance* dans la localité.

Afin de mieux faire comprendre ce que nous avons dit, nous allons donner quelques exemples.

Supposons qu'il s'agit d'évaluer dans un pays les frais du logement de 30 bêtes de travail, de taille ordinaire; l'expérience a démontré qu'il faut à chacune d'elles, y compris la sellerie, la chambre au coffre à avoine et au hache-paille et le magasin à fourrages, 10 mèt. carrés de surface ou pour les 30 bêtes 300 mèt. de superficie de bâtimens.

Pour satisfaire à ce besoin, on pourra construire un bâtiment de 11 mètres de largeur, 31 de longueur, et dont les murs auront 2 mèt. 80 de hauteur.

Dans le pays, un bâtiment de cette dimension, construit en maçonnerie de moellons et à mortier de sable et chaux, lorsque les murs ont 50 centimètres d'épaisseur en élévation et 86 dans les fondations, que celles-ci ont 1 mèt. de profondeur et que le tout est en matériaux neufs, donne lieu aux frais suivans :

		f.	c.
84	mèt. cubes de terrasse et déblais pour fondation, à 75 c. le mèt. c.	63	
235	mèt. carrés de murs en maçonnerie de 50 centimèt. d'épaisseur, à 6 fr. le mèt.	1,410	
84	mèt. carrés de murs en fondation de 86 centimèt. d'épaisseur, à 6 fr. 50 c. le mèt.	546	
2	mèt. cubes de pierres de taille, compris la taille et la pose, à 60 fr. le mètre cube.	120	
28	mèt. carrés hourdés et enduits pour une cloison, à 2 fr. le mètre carré. .	56	
35	mèt. cubes de bois pour charpente, compris la mise en œuvre et la pose, à 70 fr. le stère.	2,450	
434	mèt. carrés de couverture en tuile, à 3 fr. 25 c. le mèt.	1,410	50
12	mèt. carrés de menuiserie pour portes et fenêtres, à 6 fr. le mèt. . . .	72	
90	kil. de fer, au prix moyen de 1 fr. 50 le kil..	135	
300	mèt. carrés de pavage, à 3 fr. le m. .	900	
	Total.	7,162	50

En admettant qu'un pareil bâtiment peut durer 100 ans, que les intérêts du capital sont à 5 p. 0/0, les frais de réparations de 1/3 et ceux d'assurance de 1 p. 0/0 de ce même capital, on aura pour le détail des frais qui doivent être à la charge de la production végétale, savoir :

	f.	c.
Fonds d'amortissement, 1/100e du capital (1)	71	62
Intérêts à 5 p. 0/0 *id.*	358	12
Réparations annuelles à 1/3 p. 0/0 *id.*	23	87
Assurances à 1 p. 0/0 *id.*	71	62
	525	23

Ainsi c'est une somme de 525 fr. 23 c. qui

(1) Cette manière de calculer le fonds d'amortissement destiné à la reconstruction des bâtimens, lorsque ceux-ci deviendront hors d'usage et tomberont en ruines, est simple et facile à déduire, mais elle manque d'exactitude, parce que l'on doit supposer qu'un propriétaire prévoyant place ce fonds d'amortissement, et en cumule les intérêts. On ne doit donc raisonnablement porter au compte de la production, 1°, pour la 1re année, que la somme qui au bout de 100 ans doit, avec les intérêts composés, rétablir le capital primitif;

doit être annuellement déduite du produit brut du compte des cultures, pour frais du logement de 30 bêtes de trait, c'est-à-dire 1 fr. 75 c. par mètre superficiel de bâtiment, ou 17 fr. 50 c. environ par chaque tête d'animal et par an.

Si, au lieu d'établir les murs en maçonnerie, on construisait dans le pays des bâtimens en pisé, recouverts en chaume, et dont la durée ne fût que de 80 ans, on trouverait alors, en supposant que des murs de pisé ne coûtent, avec une épaisseur de 85 centimètres, que 3 fr. 50 c. le mètre carré, et qu'on peut faire dans ce cas sur la charpente du toit et sur la couverture une économie de 1,300 fr., une différence totale sur les frais de construction de 2,129 fr., c'est-à-dire qu'ils ne s'élèveraient qu'à 5,033 fr.

Dans ce cas, les frais à la charge de la production seraient donc, en portant les réparations annuelles d'un bâtiment en pisé et en chaume à 10 p. 0/0 du capital, de 415 fr. 22 c. ou de 1 fr. 38 c. par mètre superficiel et 13 fr. 84 c. par tête d'animal et par an.

On établit de la même manière le prix du logement annuel de chaque tête de *bétail de rente*, dans le système de construction le plus économique du pays. Quand on aura calculé la superficie que réclame chacune suivant son espèce, sa race et sa taille.

La même méthode s'applique aussi aux *granges* et autres parties de bâtimens destinées à loger des récoltes, des instrumens de travail, etc.; seulement il faut faire attention que ces constructions peuvent encore être établies à meilleur compte que les précédentes, puisqu'il ne s'agit ici que de garantir les objets contre l'humidité et les déprédations, et non pas de les maintenir, comme les animaux, dans une température douce et chaude dans la saison rigoureuse de l'année.

Les expériences des agriculteurs économistes ont prouvé qu'une masse de céréales, telle qu'on la récolte sur les champs et qui donne un quint. mét. de paille, exigeait, grain et paille, une capacité d'environ 1 mètre cube pour être engrangée. Supposons donc ici qu'il s'agit d'engranger annuellement une récolte de céréales fournissant 4,000 quintaux métriques de paille. C'est une capacité de 4,000 mètres cubes qui sera nécessaire. Une grange de 80 mètres de longueur, 10 de largeur et 5 de hauteur moyenne, pourra donc remplir ce but. Dans le pays où l'on veut former un établissement, un bâtiment de cette grandeur, construit en pisé, recouvert en chaume, coûte, je suppose, 4,700 fr.; sa durée est de 60 ans et les frais annuels d'entretien s'élèvent à 1 1/4 p. 0/0. Avec ces données on fera le calcul suivant :

	F.	C.
Fonds d'amortissement pour 60 ans.	78	33
Intérêt du capital à 5 p. 0/0. . . .	235	»
Frais d'entretien et de réparations à 1 1/4 p. 0/0.	58	75
Frais d'assurance à 1 p. 0/0. . . .	47	»
Total.	419	08

Ainsi c'est une somme de 419 fr. 08 c. qui doit être portée annuellement en débit au compte de la production végétale, ou une somme de 10 fr. 48 c. par 100 quintaux métriques de céréales récoltées.

Un quintal métrique de foin de prairie naturelle et de diverses plantes fourragères occupe aussi, à fort peu près, une capacité d'un mètre cube.

L'évaluation des frais que les bâtimens *d'habitation de l'entrepreneur et de sa famille* font peser annuellement sur la production s'établissent de la même manière que précédemment. On s'informe de ce qu'il en coûte dans le pays pour loger convenablement une famille de même condition et composée du même nombre d'individus que celle de l'entrepreneur, et c'est cette somme qui sert de base aux calculs quand les bâtimens ont l'étendue suffisante. Les frais à la charge de la production sont ensuite répartis par tête d'individus prenant part aux travaux de l'établissement et portés aux dépenses du service dont ils sont chargés.

Si les bâtimens d'exploitation ou d'habitation n'avaient pas l'étendue suffisante, on établit de la même manière que ci-dessus le décompte des frais annuels auxquels donneraient lieu des bâtimens suffisamment grands s'ils existaient sur la ferme, et on répartit ces frais par tête de travailleur ou d'animal et par quintal de récoltes; puis on ne porte au compte de la production que les frais pour le logement du nombre d'individus, de bestiaux ou de quintaux de récolte que ces bâtimens peuvent recevoir.

Les frais auxquels donne lieu la jouissance des bâtimens sont souvent confondus avec le prix du fermage dans la location à bail des biens ruraux; mais ils n'en sont pas moins à la charge de la production agricole, et on doit savoir les calculer pour ne pas payer cette jouissance au-delà de ce qu'elle vaut.

Section II. — *De la production animale.*

Puisque dans l'économie raisonnée de l'agriculture il ne peut y avoir en général pro-

2° pour les années suivantes, que les intérêts croissans de cette somme. Or, dans l'exemple que nous avons choisi, une somme de 54 fr. 46 c., placée la 1re année de la construction, aura au bout de 100 ans, avec les intérêts composés, rétabli le capital primitif ou 7,162 fr. 50 c. La formule que nous donnons pour les personnes qui connaissent les calculs algébriques, et qui fait connaître la somme x qu'il faut ainsi placer à intérêts composés, est $x = \frac{A}{(1+m)^n}$ dans laquelle A est le capital primitif ou le prix de construction des bâtimens, m le taux de l'intérêt exprimé en 100es, n le nombre d'années de la durée des constructions. La même formule sert à faire connaître l'intérêt annuel que doit payer la production en lui donnant la forme $A = x(1+m)^n$, où A est alors l'inconnu et x la somme primitive d'amortissement ou 54 fr. 46 c. En effet, supposons qu'on veuille savoir quel est cet intérêt au bout de 60 ans de construction de bâtimens, on aura par la formule $A = 54\ 46\ (1 + \frac{5}{100})^{60}$, ou $A = 1,022$ fr. 20 c., dont l'intérêt à 5 p. 0/0, ou 51 fr. 11 c., est la véritable somme qui doit être portée à la charge de la production. On peut réduire cette formule en table pour connaître la somme à porter ainsi annuellement au fonds d'amortissement.

duction de denrées utiles à l'homme, sans être obligé de rendre continuellement à la terre, par des engrais, la richesse que lui enlèvent les récoltes, il s'agit en définitive de savoir comment on pourra *se procurer au meilleur compte possible et en quantité convenable les engrais qui doivent entretenir l'activité de la production*. Ce problème est assez facile à résoudre dans certaines localités où l'abondance des engrais permet de les obtenir à bon marché; mais dans la plupart des cas, c'est l'agriculteur lui-même qui est obligé de produire sur le lieu même de son exploitation les engrais dont il a besoin.

Cette production d'engrais ayant lieu, comme tout le monde le sait, par la conversion en fumier de certaines plantes, racines ou tubercules que le cultivateur produit à dessein pour alimenter un certain nombre d'animaux domestiques qu'il entretient à cet effet sur sa ferme, ceux-ci peuvent être considérés comme de *véritables consommateurs étrangers* qui reçoivent du fermier, sous certaines conditions, les plantes et racines fourragères qu'il a produit et qui lui rendent des engrais et des produits en échange.

Envisagée sous ce point de vue, la production des engrais se réduit donc à connaître *quelles sont les espèces ou les races de bestiaux qui offrent les conditions les plus avantageuses* pour opérer la conversion des végétaux de la ferme en fumier. Mais comme dans les calculs d'évaluation du produit net d'un fonds rural les engrais ne fournissent pas une recette qu'on puisse porter en ligne de compte, on fait abstraction de leur valeur et du prix auquel ils reviennent, et on établit d'une autre manière le compte de la production animale.

Ce compte se compose nécessairement *d'avances* faites pour se procurer les animaux, instrumens de la conversion des fourrages en fumier, et des frais que réclame leur entretien et de *recettes* résultant de la vente de leurs produits ou de leur dépouille; on se sert de 2 méthodes pour balancer les premières par les secondes et connaître le résultat définitif de cette balance. Tantôt on charge, au prix du marché, le compte de la production animale de la valeur des pailles et fourrages consommés, en portant une somme égale au profit de la production végétale; tantôt au contraire on se contente de porter sur ce compte les frais qui résultent des intérêts des sommes avancées pour l'acquisition des animaux ou pour leur éducation, ceux qu'occasionnent les soins journaliers qu'on leur donne, tant pour leur santé et leur entretien que pour recueillir leurs produits, enfin ceux de leur logement, etc., et on balance ces frais avec les recettes qu'a procurées la vente de ces produits, en regardant la différence comme représentant la valeur des fourrages consommés. Cette différence sert donc à connaître le prix auquel on a vendu les fourrages à ces consommateurs, sauf quelques conditions secondaires qu'il ne faut pas perdre de vue sur cette matière, et que nous ferons connaître dans un autre endroit de ce livre, et ce sont les *bestiaux qui*, comme on dit généralement, *paient leur nourriture au prix le plus élevé* auxquels on doit donner la préférence.

La première manière d'établir le compte de la production animale paraît être préférable dans le cas où l'éducation du bétail est une spéculation pour ainsi dire en dehors de l'agriculture, tandis que la seconde est plus directement applicable quand l'éducation du bétail est une nécessité économique sur un domaine et une condition impérieuse pour le succès de la production végétale. C'est cette dernière méthode que nous mettons en pratique dans nos calculs d'évaluations.

Ainsi, pour faire entrer en ligne de compte la production du fourrage dans l'évaluation du produit net qu'un domaine est susceptible de rendre, il est indispensable d'établir, au moyen des élémens fournis par l'enquête, le calcul du prix auquel les différentes espèces, ou même les races diverses de bestiaux, paieront la nourriture qu'on leur fera consommer, en supposant d'ailleurs que ces animaux sont choisis avec discernement et qu'ils sont gouvernés de la manière la plus favorable à leur bonne économie.

Ces calculs, qui n'offrent pas de difficulté, sont, ainsi qu'on le voit, destinés à résoudre un des problèmes les plus intéressans de l'économie rurale, et qui devra nécessairement se représenter lorsque nous traiterons de l'organisation d'un domaine et du choix des bestiaux qui lui conviennent. C'est aussi là que nous entrerons dans tous les détails et que nous donnerons les formules qui sont propres à en faciliter la solution.

SECTION III. — *De l'évaluation du produit des fabriques agricoles.*

Les fabriques agricoles établies quelquefois sur un fonds rural doivent avec plus de raison encore être considérées comme des *consommateurs étrangers* auxquels on vend des produits agricoles bruts et qui rendent en échange des produits manufacturés. Mais leur économie ne saurait être envisagée pour toutes sous un même point de vue, et il convient peut-être d'en former deux classes distinctes.

Celles qui fournissent des résidus abondans, propres à la nourriture du bétail ou à servir immédiatement d'engrais, peuvent être assimilées, sous le rapport de leur économie, aux bêtes de rente; elles sont comme elles une nécessité pour la production des engrais, et doivent par conséquent comme elles *payer leur consommation au plus haut prix possible*, qui est bien souvent fort inférieur à celui du marché. Nous formerons une première classe des fabriques agricoles qui sont dans ce cas.

Dans la 2e nous placerons au contraire les fabriques agricoles qui ne fournissent pas d'engrais ou de résidus propres à l'alimentation des bestiaux et qui ne sont établies que pour varier les sources du revenu de la ferme, et mettre ses produits sous une forme nouvelle, plus marchande, plus avantageuse ou plus transportable. Celles-ci, pour être exploitées avec profit, doivent *payer les denrées agricoles qu'elles consomment à un prix au moins égal et ordinairement supérieur à celui qu'on obtiendrait communément de ces mêmes denrées, à l'état naturel et chargées de tous leurs frais de production, sur les marchés du pays.*

Il faut donc avoir égard à cette considération dans l'évaluation du produit d'un domaine. Dans le 1er cas, on porte en ligne de compte le produit net de la fabrique agricole, ou, ce qui est la même chose, le prix auquel elle paie les denrées consommées ; dans le second, au contraire, on ne peut rien porter qu'autant que les produits industriels créés peuvent être vendus avec plus d'avantage que les produits bruts.

Les frais à la charge de ce genre de production se calculent avec facilité, et nous en donnerons des exemples dans le titre qui traitera de l'organisation d'un domaine rural.

DIVISION IIe. *Des principes de l'estimation de la valeur vénale des bâtimens ruraux et objets mobiliers.*

Nous ne nous sommes occupés dans la division précédente que de l'évaluation du produit des diverses branches d'un établissement rural, afin de parvenir à la détermination de sa valeur foncière; mais un établissement de ce genre contient souvent des *objets sujets à un dépérissement qui est graduel* jusqu'au moment où ils cessent de pouvoir rendre des produits ou un service quelconque, et où ils sont par conséquent sans valeur pour le producteur agricole.

La somme qu'on peut offrir pour l'acquisition des objets de ce genre qui garnissent un fonds *passe donc successivement par toutes les valeurs*, depuis le moment de leur établissement à neuf ou de leur création où elle est à son maximum, jusqu'à celui où ils périssent et où elle devient nulle.

Il importe à celui qui veut acquérir ou prendre à bail un fonds garni de ces objets de savoir comment on parvient à déterminer leur valeur au moment où il veut entrer en jouissance, afin de ne pas les payer ou les louer au-delà de ce qu'ils valent en réalité.

Les objets périssables dont un fonds peut être pourvu sont : 1° des bâtimens ruraux. 2° des objets mobiliers, tels que bestiaux et instrumens de travail.

SECTION Ire. — *De l'estimation des bâtimens ruraux.*

Dans la division précédente, nous avons fait connaître les principes qui doivent guider l'administrateur dans l'appréciation de la valeur locative des bâtimens ruraux ; ces mêmes principes doivent servir de base pour l'estimation de ces mêmes bâtimens. En effet, dès qu'on a déterminé soi-même directement ou par analogie, ou bien par expert, ce qu'il en coûterait pour établir dans le pays un bâtiment propre à tel ou tel service, avec l'économie qui doit présider à sa construction, et qu'on sait quelle doit être, avec un bon mode d'entretien, la durée présumable d'un pareil bâtiment, on a à peu près tous les élémens du calcul de l'estimation de celui-ci, en supposant qu'il perd exactement avec le temps une partie de sa valeur proportionnelle au nombre d'années qu'il a déjà subsisté.

Ainsi, pour déterminer sa valeur actuelle, on retranche de sa valeur primitive et réelle, lorsque le bâtiment a été établi avec l'économie convenable, ou sa valeur fictive et ramenée à celle qu'il devait rigoureusement avoir s'il a été établi sur une trop grande échelle et avec trop de solidité et de luxe, tout ce qu'il a perdu de cette valeur par suite des détériorations du temps. Par exemple, je suppose un bâtiment qui a coûté 6,000 fr. à l'origine, mais qui est de 1/4 trop vaste pour les besoins du domaine et qui aurait dû être établi pour 4,700 fr. Sa construction, au reste, a été aussi économique qu'on puisse l'obtenir avec les matériaux du pays ; il a été entretenu avec soin, et sa durée, à partir de l'année où il a été construit, sera, d'après l'expérience, d'environ 60 années, dont 40 sont déjà écoulées. Ce bâtiment ne vaut donc plus que le tiers de ce qu'il valait à l'origine, ou 1,566 fr. 66 cent., et c'est le prix qu'il convient d'en offrir avec la perspective d'être obligé de le reconstruire à neuf dans 20 ans.

Il ne faut pas croire qu'en ne payant le bâtiment que 1,566 fr. 66 cent. on diminue les sommes qui sont à la charge de la production, ce serait une erreur ; seulement l'acquéreur doit calculer autrement que le vendeur, et établir sa prime d'amortissement comme si le bâtiment était neuf et ne devait durer que 20 ans ; ainsi il dira :

	f.	c.
Fonds d'amortissement pour un bâtiment qui ne doit durer que 20 ans, sur un capital de 4,700 fr.	235	»
Intérêt du capital avancé ou de 1566, 66 à 5 p. 0/0.	78	33
Frais d'entretien à 1 1/4 p. 0/0	58	75
Frais d'assurance à 1 p. 0/0. .	47	»
Total.	419	08

Somme égale à celle trouvée à la page 348.

En effet, l'acquéreur doit, pendant les 20 années de sa jouissance, prélever pour l'amortissement une somme non pas proportionnelle à celle qu'il a déboursée pour un bâtiment déjà vieux, mais bien à celle qui sera nécessaire pour le construire à neuf, ou 4,700 fr. Quant à l'intérêt il ne porte que sur la somme réellement déboursée; mais les frais d'entretien et ceux d'assurance sont absolument les mêmes que dans le cas d'un bâtiment neuf.

Il est bien entendu que si le bâtiment était dans un mauvais état d'entretien, sa valeur actuelle en serait encore diminuée, et qu'on établirait alors celle-ci soit dans l'hypothèse d'une durée moindre, soit en déduisant de la valeur trouvée par la méthode précédente celle qui serait nécessaire pour mettre les lieux en bon état de réparation.

SECTION II. — *De l'estimation des objets mobiliers.*

Les objets mobiliers qui garnissent quelquefois un domaine ne peuvent avoir pour le fermier ou l'acquéreur d'autre prix que celui auquel on consentirait à les payer sur un marché où on les exposerait en vente et où existerait une libre concurrence.

Il faut en excepter toutefois des *bestiaux d'une race précieuse et améliorée, et des instrumens perfectionnés* qui, dans un pays où l'agriculture serait arriérée, pourraient bien ne pas être appréciés sur les marchés à leur juste valeur, et qu'il ne serait pas équitable d'estimer d'après ce principe.

Pour estimer ces objets, la méthode la plus simple est de s'informer de leur *valeur vénale sur les marchés* du pays, lorsqu'ils sont neufs et lorsqu'ils ont atteint leur plus haut prix; mais dans un établissement rural un peu étendu et en activité, les objets mobiliers dont il est garni sont la plupart du temps arrivés à des points de dépérissement fort divers, et il est assez difficile d'établir pour chacun d'eux le prix que la concurrence en offrirait, ou quelle est leur véritable valeur, qui peut varier depuis la plus élevée qu'ils puissent atteindre jusqu'à la plus mince où ils peuvent tomber.

Afin d'éluder cette difficulté, on *forme* 3 *classes* parmi ces objets, suivant leur qualité ou leur état de conservation. Les caractères qui servent à établir ces classes doivent être faciles à saisir, à constater ou à contrôler, et être basés sur l'utilité que peuvent avoir les objets sous le rapport agricole ou industriel. Dans la 1re de ces classes se trouvent rangés tous les objets qui ont pour l'agriculture la plus haute valeur d'utilité ou de profit, dans la 2e ceux qui ont une valeur moyenne, et dans la 3e ceux qui n'ont qu'une valeur inférieure et minime.

§ Ier. — Des animaux de trait ou de rente.

Les *chevaux* ont atteint leur *plus haute valeur* dans l'âge de 4 à 8 ans, quand ils sont d'une grosseur et d'une vigueur convenables et sont exempts de défauts. Leur *valeur moyenne* est entre 2 et 3 ans, et 9 et 12 ans, quand des travaux excessifs n'ont pas dans le dernier cas ruiné leurs forces et leur santé. Leur *valeur moindre* est au-dessus de 12 ans, ou à tous les âges quand ils sont ruinés par la fatigue. Les poulains qui n'ont pas atteint leur 2e année, et qui ont de graves défauts ou qui sont estropiés, appartiennent à cette dernière catégorie; autrement ils peuvent former une classe à part.

La 1re *classe* s'estime au prix le plus élevé que des chevaux de même race ont communément dans le pays, valeur qu'on établit sur une série de prix de plusieurs années; la 2e *classe* n'a que la moitié ou au plus les deux tiers; la 3e, ainsi que les poulains, le 6e ou même le 8e de la valeur de la 1re.

Les *bêtes à cornes* exemptes de défauts ont leur plus *haute valeur* entre 5 et 10 ans; leur *valeur moyenne* de 2 à 4 ans, et de 11 ans jusqu'à ce qu'elles cessent d'être propres au service auquel elles sont destinées; et leur *moindre valeur* quand elles sont dans l'enfance jusqu'à 1 an, et qu'elles ont passé l'âge où elles rendent des services ou des produits.

La 1re *classe* est estimée au prix le plus élevé que des bestiaux de cette race et de cette taille ont dans le pays, la 2. *classe* aux deux tiers, et la 3e au tiers seulement de la première. Les veaux jusqu'à un an n'ont que le 8e de cette valeur.

Les *bêtes à laine* exigent d'abord qu'on établisse avec un soin particulier la race à laquelle elles appartiennent et la qualité de leur produit; ensuite on range dans la 1re *classe* toutes les bêtes qui sont âgées de 2 à 5 ans et sont complètement exemptes de défaut; la 2e *classe* comprend les antenois et les bêtes au-dessus de 5 ans qui peuvent encore servir à la propagation; la 3e *classe* est consacrée aux agneaux et aux bêtes de réforme, autant qu'elles ne sont plus propres à aucun service. La 1re classe est évaluée au plus haut prix courant, la 2e à la moitié, et la 3e au quart.

Les porcs sont classés d'après leur âge, de façon qu'un animal de 3 ans a 3 fois, et un animal de 2 ans 2 fois la valeur d'un porc d'un an. Pour des fractions d'années on peut partager la différence d'une année à l'autre en 12 parties, une pour chaque mois. Les bêtes qui n'ont pas reçu une nourriture suffisante descendent dans la classe immédiatement inférieure.

§ II. — Des instrumens et ustensiles.

Les instrumens d'agriculture sont aussi rangés dans une série de classes pour faciliter leur estimation, en 3 classes, par exemple. Dans la 1re *classe* on place les instrumens neufs, dans la 2e ceux qui sont en bon état, mais qui ont déjà servi au moins pendant une saison, et dans la 3e ceux qui ont été déjà réparés. La 1re classe est évaluée au prix qu'il faudrait payer pour se les procurer, la 2e à un tiers et la 3e à 2 tiers de moins.

SECTION III. — *De l'estimation des fabriques agricoles.*

L'estimation des fabriques agricoles *se fait toujours à part;* on évalue d'abord les bâtimens d'après les principes que nous avons établis jusqu'ici, puis on estime le matériel et les objets mobiliers destinés à l'exploitation qu'elles peuvent contenir, en les divisant si on veut en 3 catégories comme les instrumens d'agriculture. Seulement on doit observer que quand cette estimation porte sur des fabriques que nous avons rangées dans la 1re classe ou sur celles de la 2e qui donnent des profits, les bâtimens et le matériel sont estimés suivant leur véritable valeur d'utilité; mais que, relativement aux fabriques de cette 2e classe qui consomment les produits de la ferme à un taux inférieur ou même égal à celui du marché, les bâtimens sont sans valeur aux yeux de l'acquéreur, à moins qu'on ne parvienne à les employer utilement dans l'exploitation et à leur donner une autre destination. Quant au matériel de ces derniers établissemens, il ne vaut souvent que le prix qu'on peut offrir du *poids brut* des objets qui le composent.

DIVISION IIIe. — *Exemple de l'estimation d'un domaine.*

Afin de faire mieux comprendre les principes que nous avons établis ci-dessus, nous allons les appliquer à l'estimation d'un domaine. Pour cela nous ferons d'abord connaître les résultats que l'enquête préparatoire a dû fournir, puis nous passerons aux calculs des recettes nettes du domaine, puis à ceux nécessaires pour établir le fermage ou le prix d'acquisition de ce domaine.

SECTION Ire — *Résultats de l'enquête préalable.*

Le domaine de M....., situé dans le département de

C....., arrondissement de A....., canton de D....., commune de P....., se compose de 200 hect. de terre, plus 2 hect. 25 ares de bâtimens et jardin potager. D'après le plan topographique et l'examen agronomique des *terres*, celles-ci sont réparties et classées de la manière suivante :

		hect.	ar.
Terres arables	à froment de 1re classe.	10	»
	id. 2e cl.	87	50
	à seigle de 2e cl.	45	»
	à céréales de printemps de 1re cl. .	7	50
Prairies	basses de 2e cl.	12	50
	id. 3e cl.	7	50
	id. 4e cl.	5	»
Pâturages	de 1re cl.	15	»
	de 2e cl.	10	»
	Total. . .	200	»

Les terres arables et les prairies ne forment qu'un seul morceau de forme rectangulaire, à surface unie, légèrement inclinée vers le midi; elles sont entourées de haies vives et abritées du côté du nord-ouest par un rideau d'arbres.

Les *pâturages* de 1re classe touchent au corps du domaine; mais ceux de 2e en sont séparés, et placés à 1,200 mèt. environ de distance des bâtimens, sur une élévation de 130 mèt., en pente douce, couverte de broussailles et exposée au sud.

Les *terres à froment et à seigle* sont sans défaut; mais celles à céréales de printemps souffrent un peu en hiver de la surabondance de l'humidité. Toutes ces terres sont dans l'état d'ameublissement, de richesse et de fécondité que leur classe comporte.

Les *chemins ruraux* sont dans un bon état d'entretien et d'un facile accès pour les animaux et les voitures.

Le prix moyen des principales denrées agricoles a été, d'après une moyenne des 30 dernières années, savoir :

	fr.	c.	
Froment.	18 fr.		l'hectol.
Seigle.	11		
Orge.	10	50 c.	
Avoine.	7	50	
Paille	8		le quint. mét.
Foin	17		

On se procure aisément en tout temps les bras nécessaires pour toute espèce de travaux ruraux.

Le nombre des jours de travail dans l'année est, dans le pays, de 300, savoir :

Pour les longs jours d'été. . . . . 180.
Pour les jours courts d'hiver . . . 120.

Celui du travail avec les attelages de chevaux est en moyenne de 250, savoir :

Pour les travaux d'été. 170
Pour les travaux d'hiver 80

Et avec les bœufs de labourage, de 120 jours seulement.

Le prix moyen du travail d'un aide agricole, c'est-à-dire son salaire, sa nourriture, son logement, éclairage et blanchissage, est :

Pour un domestique mâle, de 445 fr. ou 1 fr. 22 c. par jour.

Pour un domestique femelle, de 350 fr. ou 96 c. par jour.

Le travail des manouvriers est payé, savoir :

Pendant les longs jours d'été, pour les hommes, 1 fr. 25 c.

Pour les femmes, 95 c.

Pendant les jours d'hiver, pour les hommes, 1 fr.

Pour les femmes, 80 c.

Les frais d'achat d'un bon cheval de taille moyenne est, dans le pays, de 450 fr.; son travail, quand il consomme les produits créés sur la ferme et que ceux-ci ne sont pas portés en compte, est, en moyenne, de 94 c. par jour.

Un bon bœuf de trait coûte 250 fr., et son travail, dans les mêmes circonstances, revient à 36 c. par jour. Tous les labours sont faits dans le pays par cet animal.

Il est impossible de se procurer des *fumiers* au dehors; mais les amendemens, tels que la marne et la chaux, sont d'un prix peu élevé.

La ferme est pourvue d'eau salubre et abondante au moyen d'une source dont la jouissance ne coûte aucun entretien.

Les *bâtimens* d'exploitation sont situés à peu près au milieu du domaine et à l'abri des ouragans, des vents violens ou de l'humidité, qui pourraient diminuer leur durée ou accroître le chiffre des réparations. Ils ont la forme et l'étendue nécessaire.

Le bâtiment pour les bêtes de trait et le magasin à fourrage est construit en maçonnerie et recouvert en tuiles; sa durée, s'il était neuf, serait de 100 ans, dont 60 sont déjà écoulées, et son prix de construction, suivant l'expertise, de 7,162 fr. La grange est en pisé, et recouverte en chaume; son prix originaire serait de 4,700 fr., sa durée de 60 ans, dont il ne reste plus que 20 à écouler. Les étables et magasins à fourrages pour les bestiaux sont de même en pisé, avec fondations, soubassement en moellons et ciment, fosses à urines en briques cimentées, etc.; leur valeur primitive a été expertisée à 23,000 fr., leur durée à 90 ans, dont 78 sont déjà écoulées. La *maison d'habitation*, dont la description se trouve à l'état des lieux, est bâtie en briques et ciment, recouverte en tuiles cimentées; valeur originaire, 6,000 fr., durée, 120 ans, dont 70 déjà écoulés. Tous ces bâtimens sont évalués à 10,119 fr.

Le corps de ferme est éloigné de toute autre habitation et non exposé à la communication des incendies; il est pourvu aux 4 angles de 4 paratonnères en bon état.

Suivant l'inventaire et après vérification, l'établissement possède pour une somme de 7,710 fr. net en instrumens, machines, outils et harnais d'animaux, savoir : 22 qu'on peut ranger dans la 1re classe, et estimés, au prix du pays, à la somme de 1,100 fr.; 186 de la 2e classe, estimés à 4,650 fr., et 204 de la 3e, estimés à 2,060 fr.

Le *cheptel vivant* se compose de 8 chevaux, 22 bœufs de trait et 78 bêtes à cornes, de race normande, qui doivent être classés et évalués de la manière suivante :

				fr.	c.	fr.	c.	
Chevaux	1re classe	3	à	450	»	1350	»	17,253
	2e cl.	5	à	225	»	1125	»	
Bœufs de trait	1re cl.	10	à	220	»	2200	»	
	2e cl.	12	à	146	50	1758	»	
Vaches, Taureaux et Veaux	1re cl.	38	à	180	»	6840	»	
	2e cl.	26	à	120	»	3120	»	
	3e cl.	14	à	60	»	840	»	

D'après les calculs ou les formules du pays, les *bêtes de rente* paieront les fourrages, savoir : le foin 1 fr 80 c., et la paille 52 c. le quint. mét.

Les *lieux de consommation* et de marché les plus voisins sont la ville de A..., à 4 kilom. (2 li.); celle de B..., à 6 kil. (1 1/2 li.); le marché de C..., à 16 kil. (2 1/2 li.), et la ville de D..., à 16 kil. (4 li.). Les chemins qui y conduisent sont en bon état et bien roulans.

L'établissement possède une *féculerie* dont le matériel a été évalué à 1,605 fr., et le bâtiment à 2,316 fr.

Cette féculerie consomme annuellement 2,000 quint. mét. de pommes de terre, qui donnent 300 quint. de résidus. Le calcul de ses frais et de ses recettes démontre qu'elle paie 40 c. de quintal de pommes de terre.

La contribution foncière, d'après l'évaluation cadastrale, est de 1,846 fr.; l'impôt personnel, les centimes additionnels et charges communales de 280 fr.

Le domaine n'est soumis à aucune servitude de nature quelconque, ni au parcours ou vaine pâture, et n'a droit à la jouissance d'aucune propriété communale.

SECTION II. — *Évaluation du produit net du domaine.*

Nous allons dabord évaluer le produit brut du domaine, d'après le tableau de la page 340 pour les terres arables, dans chacun des systèmes économiques qu'il présente et suivant les bases posées dans la 2e division de cet article pour les autres natures de biens.

§ Ier. — Production végétale.

Les calculs qu'il est nécessaire de faire pour connaître le produit brut en nature du domaine de M. .... sont renfermés dans le tableau suivant.

Evaluation sommaire du produit brut en nature et des travaux de culture du domaine de M...

Hectares.	QUALITÉ DES TERRES et SYSTÈME DE CULTURE.	PRODUIT BRUT EN NATURE, semence déduite. — GRAINS. Froment.	Seigle.	Orge.	Avoine.	FOURRAGES. Paille.	Foin.	TRAVAUX DE CULTURE. Transport du fumier en chars de 25 pi. c.	LABOURS. fort.	moyen.	léger.	HERSAGES. fort.	moyen.	léger.	TRAVAUX de récolte des grains.	des fourrag.
		hectares.				quint.	mét.		hectares.			hectares.			hectares.	
	A. STABULATION PERMANENTE.															
10	Terre à froment de 1re cl.	114,50	»	61,60	»	312 »	312 »	248	6 »	16 »	»	6 »	16 »	»	6 »	6
87,50	id. id. 2e cl.	847	»	385, »	»	2240 »	2100 »	1750	52,50	140 »	»	52,50	140, »	»	52,50	52
45	id. à seigle de 2e cl.	»	371,25	148,50	»	1147,50	1350 »	675	»	33,75	45 »	»	33,75	45 »	22,50	28
7,50	id. à cér. de print., 1re cl.	»	»	77 »	77 »	225 »	250 »	111	»	2,50	15 »	»	2,50	15 »	15 »	50
12,50	Prairie basse de 2e cl.	»	»	»	»	»	600 »	»	»	»	»	»	»	»	»	»
7,50	id. id. 3e cl.	»	»	»	»	»	240 »	»	»	»	»	»	»	»	»	»
5	id. id. 4e cl.	»	»	»	»	»	100 »	»	»	»	»	»	»	»	»	»
15	Pâturage de 1re cl.	»	»	»	»	»	210 »	»	»	»	»	»	»	»	»	»
10	id. 2e cl.	»	»	»	»	»	100 »	»	»	»	»	»	»	»	»	»
2,25	Terre à seig. de 3e cl. (Potag.)	»	7,45	10, »	»	35 »	48 »	»	»	0,55	3,40	»	» 55	3 40	1,10	1
202,25	Total du produit brut.	961,50	378,70	682,10	77, »	3959,50	5310, »	2784	58,50	192,50	63,40	58,50	192,50	63,40	97,10	137
	B. PATURAGE.															
10	Terre à froment de 1re cl.	81,70	»	44 »	63 »	300 »	291,50	206	5,60	14,50	»	5,60	14,25	»	5,60	4
87,50	id. id. 2e cl.	605 »	»	302 »	385 »	2000 »	1900 »	1450	50	125 »	»	50 »	125 »	»	50 »	37
45	id. à seigle de 2e cl.	»	198	154 »	99 »	800 »	900 »	620	»	25 »	30 »	»	25 »	30	20 »	10
7,50	id. à cér. de print. de 1re cl.	»	»	50 »	29 »	111 »	193 »	79	»	2,70	5,50	» »	2,75	5,50	2,75	»
52,25		686,70	198	550 »	576 »	3211 »	3284,50	2355	55,60	167 »	35,50	55,60	167 »	35,50	78,35	51
	A ajouter pour les prairies, pâturages et potager.	»	7,45	10 »	»	35 »	1298 »	»	»	»	»	»	»	»	»	»
202,25	Total du produit brut.	686,70	205,45	560 »	576 »	3246 »	4582,50	2355	55,60	167 »	35,50	55,60	167 »	35,50	78,35	51

1° *Réductions à faire sur le produit brut.*

Suivant ce que nous avons dit à la page 345, nous devons d'abord faire subir au produit brut, pour battage, diminution de poids, perte, etc., savoir: pour les grains une déduction de 12 p. 0/0, et, pour les pailles et fourrages, de 8 p. 0/0.

La féculerie, les prairies et les pâturages donnent lieu en outre à un autre genre de réduction sur les fourrages et d'augmentation sur les grains. En effet, si le domaine n'avait pas cet établissement industriel, ni de prairies et de pâturages, nous voyons que, dans le système de la stabulation, 4,012 quint. mét. de foin, transformés avec la paille en fumier, seraient suffisans pour entretenir la fécondité des terres arables, ci 4,012

De cette quantité de foin il faut déduire 2,000 quint. mét. de pommes de terre employées par la féculerie et qui représentent en bon foin 1,000 quint., ci. 1,000

Différence 3,012

quantité à laquelle il convient d'ajouter:

1° Les résidus de la féculerie, qui s'élèvent à 15 p. 0/0 en poids des pommes de terre employées et qui équivalent de même à la moitié de leur poids en bon foin, ci. 150 q. m.

2° Le foin fourni par les prairies et l'évaluation de celui des pâturages, ci. 1,298

} 1,448

Total du fourrage. 4,460

Et comme on n'a besoin que de. 4.012

il y a en surplus 448

Ainsi, il y aurait un excès de 448 quint. mét., qu'on pourrait vendre si on en trouvait un bon prix, mais qui, dans la plupart des cas, permettra de diminuer sur les terres arables l'étendue des soles fourragères et de les employer à la production des grains, ou mieux à la culture de plantes industrielles.

Or, ces 448 quint. mét. de foin auraient exigé, au taux moyen de 28 quint. par hect., une superficie de 16 hect., qui peuvent fournir en froment, à raison de 20 hectolit., terme moyen, par hectare, 320 hectol., ou en plantes industrielles une valeur à peu près égale.

Le système du pâturage présenterait les mêmes résultats, excepté que dans ce cas on n'a besoin que de 3,284 quint. de fourrage.

En faisant ces additions et soustractions on trouve en dernier résultat pour le produit du domaine :

	Froment.	Seigle.	Orge.	Avoine.	Paille.	Foin.
Stab.perm.	1166,12	333,25	600,25	67,75	3642,75	3691
Pâturage.	923,40	180,80	498 »	506,90	1956 »	3020

2° *Évaluation des travaux de culture en journées de travail.*

Les travaux de culture sur le domaine, donnés par le tableau précédent et convertis en journées de travail conduisent aux résultats suivans.

	JOURNÉES DE TRAVAIL			
A. SYSTÈME DE LA STABULATION PERMANENTE.	d'homme.	de femme.	de cheval.	de bœuf.
Chargement, transport, déchargement, épandage de 69 600 pi. cubes de fumier. . .	245	278	696	»
33,50 hectares de labour fort, avec 2 bœufs nourris en vert à l'étable ou au pâturage, et travaillant toute l'année	351	»	»	702
192.80 hect de labour moyen, *id.*	771	»	»	1542
63.40 hect. de labour léger. *id.*	169	»	»	338
33,50 hect. hersage fort, avec deux chevaux moyens, nourris en vert à l'étable ou au pâturage	78	»	156	»
192 80 hect. de hersage moyen. . *id.* . .	64	»	256	»
63,40 hect. de hersage leger	8	»	34	»
97.10 hect. ensemencement, récolte et engrangement de grains en terre de 1re et 2e cl.	311	660	311	»
137 60 hect. ensem., recolt., engr. de fourrage en terre de 1re et 2e cl.	440	1212	440	»
18 hect de récolte de prairies à 2 herbes. .	93	180	»	»
3 hect *id.* à une *id.* . .	12	20	»	»
2250 quint de fourrages, transport et engrangement.	15	47	63	»
Travaux de curage des fossés, d'étaupinage, etc., dans les prairies, évalués à . . .	60	»	»	»
	2606	2396	1956	2582
B. SYSTÈME DU PATURAGE.				
La même évaluation opérée dans le système du pâturage donnera.	2020	1466	1454	2192

Le nombre des journées de travail d'un cheval nourri en vert ou au pâturage étant dans le pays de 250 jours, et pour les bœufs de labourage nourris au pâturage et travaillant alternativement de 120 seulement, c'est, dans le système de la stabulation permanente, 8 chevaux et 22 bœufs de trait qui seront nécessaires, et dans celui du pâturage 6 chevaux et 18 bœufs.

3° *Évaluation en argent du produit et des frais de culture.*

A. Stabulation permanente.

Produits.		fr. c.
1166,12 hect. de froment à. . . 18 fr.		20,990 01
333,25 — de seigle à. . . . 11		3,665 75
600.25 — d'orge à. 10 50		6,302 60
67,75 — d'avoine à. . . . 7 50		508 10
Total.		31,466 46

Frais.	fr. c.	fr. c.
2606 journées d'homme à 1 22	3,179 30	
2396 — de femme à » 96	2 302 15	
1956 — de cheval à » 92	1,799 50	
2582 — de bœuf à » 36	929 50	
Logement de 30 bêtes de trait, à 17,50.	525	
Logement de 4000 quintaux de fourrages à 10 fr. 48 c. les 400 quintaux.	419 20	
Total. . .	9,154 65	9,154 65

	fr. c.
Recette nette en argent de la production végétale (fourrages exceptés) dans le système de la stabulation permanente. .	23,311 80

B. Pâturage.

Produits bruts, évalués en argent	27,651 75
Frais	6,732 »
Recette nette en argent de la production végétale (fourrages exceptés) dans le système du pâturage	20,919 75

§ II. — *Production animale.*

A. Stabulation permanente.

	Paille. quint. mét. fr. c.	Foin. fr. c.
On a récolté net dans ce système, savoir.	3,642 75	3,691 »
Dont il faut déduire: 1° pour 8 chevaux employés aux travaux de culture à raison pour les 8 de 75 kilog. de foin et de 50 kilog. de paille par jour, pour l'année . . . Paille. quint. 182 50, Foin. mét. 273 75 2° Pour 22 bœufs de labour, à raison de 48 quint. de foin et 40 quin. de paille par tête et par an 882 » 1056	1,064 50	1,329 75
Reste pour les bêtes de rente . .	2,578 25	2,361 25

Qui produiront, au prix payé par le bétail, savoir :

	fr. c.
2361,25 quint. mét. de foin à 1 fr. 80 c. le quint	4250 25
2578,25 quint. mét. de paille à 52 c. le quint.	1340 70
Recette nette en argent de la production animale.	5590 95

B. Pâturage.

Les mêmes calculs, appliqués au système du pâturage, donnent, recette nette en argent de la production animale. . . . . 4,596 fr. c.

§ III. — *Arts agricoles.*

La féculerie, qui consomme 2,000 quint. mét. de pommes de terre, paie ces tubercules, d'après les élémens de l'enquête, à raison de 40 cent. le quintal, ci. . . . . 800 fr. c.

§ IV. — *Récapitulation.*

A. Stabulation permanente.

1° Production végétale. . . ,	23,311 fr.	80 c.
2° Production animale.	5,590	95
3° Féculerie	800	
Total des recettes nettes. .	29,702 fr.	75 c.

B. Pâturage.

1° Production végétale. . . .	20,919 fr. 75 c.
2° Production animale. . . .	4,596
3° Féculerie	800
Total des recettes nettes. .	26,315 fr. 75 c.

SECTION III. — *Évaluation du prix de location du domaine.*

Nous supposons que le fermier, dans le bail qu'il passera du domaine en question et qui sera de 18 ou 21 ans, est chargé des réparations et des assurances foncières qui ont déjà été en partie mises à la charge de la production dans les calculs précédens ainsi que de l'impôt foncier, et qu'il se propose de faire sur le fonds des améliorations propres à augmenter les recettes ou à diminuer les frais. Ceci posé, il ne s'agit maintenant, pour évaluer le fermage ou prix de location du domaine, que de faire le total de certains frais généraux qui pèsent sur la production en général dans l'un ou l'autre système économique de culture.

§ Ier. — *Évaluation des frais généraux.*

A. Stabulation permanente.

1° *Entretien de divers objets immobiliers* qui ne sont à la charge d'aucun service particulier, comme chemins ruraux, clôtures, fossés, puits, citernes, bassins, réservoirs, puisards, bassins à purin, etc., 1 p. 0/0 de leur valeur capitale. . . . . . 60 fr. c.

2° *Réparations locatives* estimées par an à. 50

3° *Entretien d'objets mobiliers*, tels que pompe à incendie, instrumens de pesage ou mesurage, etc., qui n'appartiennent à aucun compte particulier, évalués à. 25

Nota. L'entretien des autres objets mobiliers est compris dans le prix du travail des serviteurs ou des animaux.

4° *Améliorations foncières*, somme annuelle qu'on se propose d'y consacrer. 800

5° *Assurances contre la grêle et le feu du ciel* pour les récoltes, 3/4 p. 0/0 de leur valeur brute.. . . 226

6° *Assurances sur la vie des bestiaux* (sur un cheptel de 8 chevaux, 22 bœufs de trait, 75 vaches ou veaux, 3 taureaux, évalués à 24,000 fr.), à 2 p. 0/0 du capital. 480

7° *Frais d'administration*, 1 1/2 de la recette nette. 430

8° *Frais de conservation, de chargement et de transport* des récoltes de grains sur les marchés pour une distance moyenne de 8 kilom. (2 lieues), à 4 p. 0/0 de leur valeur brute. 1,120

9° *Intérêts du capital circulant*, évalué à 40,000 fr., à 5 p. 0/0 . . 2,000

Nota. Les intérêts du capital fixe d'exploitation sont compris dans le prix du travail et le compte de la production animale.

A reporter 5,191

Report 5,191 fr.

10° *Contribution foncière*, cadastrée à. 1,846

11° *Contribution personnelle et mobilière*, centimes additionnels, charges communales, etc., suivant le rôle des contributions. 280

12° *Bénéfices de l'entrepreneur*, portés à 6 p. 0/0 de son capital d'exploitation ou de 70,000 fr. . 4,200

13° *Dépenses imprévues* et frais pour couvrir les chances de mauvaises récoltes, invasions, catastrophes, accidens divers, 2 p. 0/0 du capital d'exploitation. 1,400

Total des frais généraux. . 12,917

B. Pâturage.

En faisant les mêmes calculs pour le système du pâturage et en observant que le capital d'exploitation n'est ici que de 60,000 fr., que le poids des récoltes à transporter est moindre, les bâtimens, les frais d'administration moins considérables, etc., on n'aura pour frais généraux que. . . . . 12,123 fr. 35 c.

§ II. — *Évaluation du prix du fermage.*

A. Stabulation permanente.

Dans ce système la recette est de	28,702 fr. 75 c.
Les frais généraux de. . . .	12,917
Reste pour le prix du fermage.	15,785 fr. 75 c.

B. Pâturage.

Dans ce système la recette nette est de	26,315 fr. 75 c.
Les frais généraux de. . . .	12,123 35
Reste pour le prix du fermage	14,192 fr. 40 c.

SECTION IV. — *Évaluation du prix d'acquisition du domaine.*

Dans le système de la stabulation permanente le revenu net foncier du domaine est de 15,785 fr. 25 c.

Cette somme, capitalisée à 5 p. 0/0, donne. . . . . . 315,715 fr. c.

Les bâtimens d'exploitation, ceux d'habitation et de la féculerie, estimés d'après les principes de la page 350, sont d'une valeur de . . 12,435

Total du prix du fonds. . . 328,150 fr. c.

Si on acquérait en outre le mobilier et le cheptel, on aurait de plus :

1° Pour le mobilier de la ferme et le matériel de la féculerie, évalués ainsi qu'il a été dit. . . . 9,375

2° Pour le cheptel. 17,233

Total du prix du fonds et de l'inventaire . . . . . 354,758 fr. c.

Dans le système du pâturage, les mêmes calculs conduiraient, pour le prix du fonds, à 296,283 fr. c.

Et pour le prix du fonds et de l'inventaire à. 322,791

Ainsi, dans l'exemple que nous avons choisi et dans les conditions où nous supposons que se trouve le domaine, le système du pâturage, malgré qu'il donne lieu à moins de frais, est moins avantageux que celui de la stabulation permanente, qui doit lui être préférée.

SECTION V. — *Observations générales sur l'estimation des biens ruraux.*

Nous avons supposé dans le cours de ce chapitre que les terres arables étaient en bon état d'ameublissement, de propreté et d'assèchement, et qu'elles étaient entretenues au degré de richesse que comporte la classe à laquelle elles appartiennent; mais il ne saurait toujours en être ainsi, et très souvent les terres ont été négligées ou mal entretenues, ou bien elles ont été cultivées d'après un système qui n'est pas le plus avantageux qu'on puisse adopter, et elles ne peuvent plus, sans quelques sacrifices pécuniaires, monter au rang que, d'après leur qualité et leur nature, elles doivent occuper.

Dans cet état de choses, celui qui estime la valeur d'un domaine peut modifier ses opérations de 2 manières.

1° Il cherche à tenir compte des circonstances qui s'opposent à ce que les terres évaluées rendent le produit brut que leur classe comporte dans un bon aménagement, et il les fait descendre dans une classe d'autant plus inférieure que ces circonstances diminuent davantage le produit ou le rendent plus chanceux.

2° Il évalue les terres comme si elles étaient en bon état, puis déduit sur le chiffre de l'estimation foncière toutes les sommes qu'il sera nécessaire d'avancer pour porter ces terres au degré de fécondité où elles doivent arriver.

La 1re manière convient mieux dans *l'évaluation d'un fermage* et lorsqu'on ne veut se livrer à aucune amélioration foncière.

La seconde est applicable quand on veut déterminer le prix d'acquisition d'un domaine, se rendre compte en même temps des *produits qu'il sera susceptible de donner* et des nouvelles avances qu'il faudra faire en améliorations foncières pour en tirer le produit le plus élevé. Mais si cette méthode a l'avantage de déterminer d'une manière plus nette toutes les avances qu'on sera obligé de faire tant pour l'acquisition que pour les améliorations à opérer sur le domaine, d'un autre côté l'évaluation des sommes qu'il sera nécessaire de consacrer à ces améliorations offre la plupart du temps des difficultés sérieuses, exige une très grande expérience et une sagacité que tout le monde ne possède pas, ce qui oblige alors à avoir recours à la 1re méthode.

La *comparaison* d'une évaluation faite d'après le mode traditionnel, avec une estimation déduite du mode raisonné, sera toujours très fructueuse pour un fermier ou un acquéreur, parce qu'elle leur fera connaître à la fois la valeur courante du domaine, basée sur sa production actuelle, quand celle-ci n'est pas encore portée à son maximum, et celle que le fonds peut acquérir dans leurs mains par un mode raisonné de culture et d'aménagement.

A. BIERNACKI.

CHAPITRE III. DE L'ACQUISITION OU DE LA LOCATION D'UN DOMAINE.

Dès que l'on a une connaisance parfaite du domaine, et qu'on a estimé les diverses parties qui le composent, il ne s'agit plus que de s'entendre sur le prix et sur les autres conditions qui doivent vous en assurer la jouissance, et de rédiger le contrat qui sert à constater sa transmission définitive dans vos mains ou la cession temporaire que le propriétaire vous fait de son droit d'en tirer des fruits. Avant d'entrer dans les détails que comportent ces 2 modes de jouissance des biens ruraux, disons un mot sur les différentes manières de faire valoir un fonds ou un domaine rural.

Les divers modes de faire valoir en usage dans le monde sont très nombreux; cependant ils peuvent tous être ramenés à quelques divisions principales. Ou le propriétaire cultive lui-même sa propriété, ou bien il en confie la culture à autrui. Ce dernier mode de culture, quoique se diversifiant à l'infini suivant les pays, se réduit presque partout à 3 principaux qui sont: le métayage, le bail à ferme, et la régie. Enfin, il y a un dernier mode d'exploitation par société, que nous ferons aussi connaître.

ART. 1er. — *Exploitation par le propriétaire ou l'usufruitier.*

SECTION 1re. — *De l'exploitation par le propriétaire.*

SINCLAIR, dont on ne peut contester la grande expérience en cette matière, pense qu'il est plus avantageux qu'une grande partie du *sol soit possédée par une classe d'hommes et que la culture en soit confiée à une autre classe d'individus.* En Amérique, dit-il, où les terres ne sont jamais louées, les propriétaires en abusent presque toujours et les épuisent rapidement. Au contraire, dans les pays où les terres sont affermées, le propriétaire a intérêt à surveiller attentivement la culture, après avoir pris les précautions nécessaires, au moment de la passation du bail, pour empêcher le fermier d'en abuser, et en veillant ainsi à ses intérêts il empêche que cette grande source de la prospérité nationale ne se tarisse.

Lorsqu'un fermier, ajoute-t-il, doit payer une rente à son propriétaire, la nécessité le rend industrieux et le force à mettre dans ses travaux une énergie qui se serait peut-être éteinte sans cet aiguillon. Il en résulte encore un autre avantage pour le public; c'est que l'obligation de payer ses fermages le force de tenir le marché mieux approvisionné en y portant régulièrement ses produits qu'il aurait peut-être, sans ce stimulant, accumulés dans ses greniers.

Outre ces avantages, ajoute-t-il encore, il est constant qu'un homme qui fait de la culture du sol son unique profession, doit y mieux réussir que le propriétaire dont l'attention est sans cesse distraite par d'autres occupations.

L'opinion de SINCLAIR peut être vraie par

rapport à l'Angleterre, où le sol, en général peu divisé, appartient à une classe d'hommes qui ne sont pas nés pour les travaux pénibles de l'agriculture et à qui des habitudes ou d'autres occupations feraient nécessairement négliger la culture; mais dans les pays où le sol est plus divisé, où les *propriétaires cultivent eux-mêmes les champs* qu'ils possèdent et font de cette culture leur principale occupation, l'agriculture peut très bien prospérer. On trouve de nombreux exemples d'établissemens agricoles parfaitement bien dirigés par leurs propriétaires dans tous les pays du continent et particulièrement en France. Mais pour cela il faut que les propriétaires possèdent eux-mêmes toutes les qualités qu'ils exigeraient dans un fermier; qu'ils soient prudens, économes et laborieux, et qu'enfin à leurs qualités personnelles ils joignent encore une bonne éducation agricole. A ces conditions l'agriculture prospèrera nécessairement dans tous les pays où le sol sera cultivé par ceux qui le possèdent.

L'exploitation par le propriétaire offre encore ceci de remarquable: c'est que celui-ci peut se livrer avec toute sécurité à l'*amélioration du sol;* et dans une contrée où, comme en France, les capitaux sont peu répandus et où l'habitude des baux à courte échéance est enracinée dans les mœurs au grand préjudice de l'agriculture, l'exploitation du sol par le propriétaire doit nécessairement présenter de grands avantages et pour les exploitans et pour le public. On peut même ajouter que si le bon sens des propriétaires ne parvient pas à secouer le joug des préjugés qui s'opposent encore aux longs baux, ce sera le seul moyen de faire faire à notre agriculture de notables progrès.

SECTION II. — *Exploitation par l'usufruitier.*

L'usufruit est le droit de jouir des choses dont un autre a la propriété, comme le propriétaire lui-même, à la charge seulement d'en conserver la substance. L'usufruitier a donc la propriété utile du domaine pendant toute la durée de son usufruit. Tout ce que nous avons dit du propriétaire qui exploite lui-même semblerait donc devoir s'appliquer à cette classe de possesseurs. Cependant on remarque généralement que les propriétés exploitées par des usufruitiers sont partout fort négligées. Plus la durée probable de l'usufruit est courte et plus l'usufruitier a intérêt à abuser de la propriété; ses obligations sont moins étroites que celles du fermier, car la loi lui impose seulement le devoir de conserver la substance de la chose soumise à son usufruit. Ce mode de faire valoir est donc en général peu avantageux, soit pour le nu-propriétaire, soit pour l'amélioration du sol; mais c'est une charge imposée qu'il faut subir avec résignation, quoiqu'elle puisse devenir une source de détérioration du sol. L'habitude des longs baux diminuerait sans contredit les inconvéniens qui dérivent de ce mode de jouissance.

SECTION III. — *De l'acquisition des domaines ruraux.*

Nous allons nous occuper maintenant des moyens qui doivent être mis en usage pour assurer la propriété et la libre et paisible jouissance d'un domaine. Ces moyens consistent dans un examen préalable de l'origine et de la nature de la propriété et dans les formalités qu'exige le contrat.

§ Iᵉʳ. — Examen de l'origine et de la nature de la propriété.

La 1ʳᵉ chose à faire est d'examiner attentivement l'*origine de la propriété*, comment elle est passée aux mains du vendeur et en quelle qualité il l'a recueillie. Pendant long-temps, depuis la révolution de 1789, il a existé, dans toutes les parties de la France, une différence notable entre la valeur vénale des *propriétés patrimoniales*, c'est-à-dire de celles qui étaient passées régulièrement de père en fils par succession ou d'acquéreurs en acquéreurs par ventes volontaires, et les *propriétés vendues forcément* par le gouvernement, par suite de confiscations, soit sur les émigrés, soit sur le clergé. Mais ces distinctions ont été définitivement effacées par la *loi du 1ᵉʳ mars* 1825, qui a indemnisé les anciens propriétaires dépouillés révolutionnairement, en leur accordant la valeur estimative de leurs propriétés confisquées. Il n'y aurait donc plus que des préjugés sans fondement qui pourraient engager un acquéreur à se laisser influencer aujourd'hui, dans le choix d'une propriété, par ces différences d'origine.

Pour connaître l'origine d'une propriété immobilière, *il faut en examiner les titres avec soin.*

Cet examen exige des connaissances étendues et ne peut être fait avec régularité que par un jurisconsulte ou un notaire. Cependant, comme ces investigations sont de la plus haute importance, puisque la moindre négligence à cet égard peut exposer l'acquéreur à être évincé et à perdre ainsi la chose achetée et le prix de son acquisition, nous allons rappeler quelques règles qui mettront l'acquéreur en état de suivre avec intelligence, dans cet examen, le jurisconsulte qu'il aura chargé de ce soin.

Ce qu'on doit d'abord rechercher, c'est la *nature de la propriété;* il faut voir si elle repose pleine, entière et incommutable sur la tête du vendeur, si elle n'est pas à terme limité, si l'usufruit est demeuré joint à la propriété nue; enfin si elle n'est pas grevée de quelques servitudes ou charges immobilières.

La propriété n'est pas *incommutable* lorsqu'elle n'a été cédée que temporairement, par exemple, si elle n'a été vendue que pour un temps ou sous faculté de réméré ou de rachat, ou sous toute autre condition résolutoire; elle n'est pas non plus incommutable, si c'est à titre d'emphytéose qu'elle a été concédée, c'est-à-dire si le propriétaire originaire a seulement cédé sa propriété pour un temps limité, habituellement 99 ans, à la charge d'une redevance annuelle.

Il faut aussi examiner si la propriété n'a pas pour origine *des domaines engagés* par l'état, parce que, d'après les principes sur l'inaliénabilité du domaine public, l'aliénation qui en était faite ne valait que comme simple engagement temporaire essentiellement révocable;

et malgré la loi du 12 mars 1820, qui avait eu pour but de faire cesser toutes les incertitudes à l'égard des biens immobiliers qui avaient une semblable origine, les nombreux actes conservatoires qui ont été faits par l'administration des domaines, ont prolongé d'une nouvelle période de 30 années ces incertitudes et frappé ces propriétés d'une sorte de discrédit.

Elle n'est pas non plus incommutable si elle a été cédée à titre de *domaine congéable*, si commun encore dans plusieurs départemens de l'ancienne Bretagne, et dont nous ferons connaître la nature lorsque nous nous occuperons des diverses espèces de contrats translatifs de la jouissance.

L'acquéreur devra examiner avec une attention égale si le *bien n'est pas dotal*, car cette nature de biens est en général frappée d'inaliénabilité pendant le mariage (C. c., 1554); ils ne peuvent être vendus que dans certains cas prévus par la loi, et avec les formalités qu'elle prescrit (*idem*, art. 1555); ils ne peuvent être échangés que sous les conditions et formes indiquées par l'article 1559 du même Code.

Dans ces cas et autres semblables, l'acquéreur qui aurait acheté imprudemment ces propriétés sans examiner leur origine, se verrait exposé à être évincé et à perdre le prix qu'il aurait payé.

L'objet prochain des recherches de l'acquéreur doit être de s'assurer si le vendeur est *propriétaire légal* de l'objet qu'il vend. Si donc il agit comme héritier direct, comme fils unique, par exemple, il faut voir si l'immeuble ne provenait pas de la communauté de ses père et mère, car, en ce cas, si l'un d'eux survivait, il faudrait exiger la représentation de la liquidation ou du partage de la communauté qui a attribué cet immeuble à l'héritier du prémourant; s'il y a plusieurs enfans, il est encore plus nécessaire de se faire représenter un acte de liquidation régulier qui constate que l'immeuble est échu au vendeur.

Si le vendeur possède par *donation entre-vifs*, il faut examiner si le donateur avait la capacité de disposer de cet objet; si la donation n'a pas été résolue par la survenance d'un enfant au donateur ou par l'une des autres causes résolutoires déterminées par l'article 953 du Code civil; ou bien si cette même donation n'excède pas la quotité disponible. Il faut aussi rechercher si le donataire avait la capacité de recevoir; enfin s'il a valablement accepté la donation. On voit, par ce que nous venons de dire, qu'il y a toujours du danger à acquérir une propriété donnée avant le décès du donateur, car il y a une multitude de circonstances où la donation est révocable ou sujette à rapport.

Si c'est par *testament* que la propriété a été transmise, il faut voir si le testateur pouvait disposer de cet immeuble, s'il n'avait pas d'héritiers à réserve, conformément aux articles 913 et suivans du Code civil, si ce legs n'excède pas la quotité disponible, si le testament est régulier; enfin si la délivrance ou envoi en possession du legs, dans les cas où elle est exigée par la loi, a été régulièrement consentie par les héritiers à réserve ou légataires universels, ou prononcée par les tribunaux, en vertu d'un jugement ayant acquis l'autorité de la chose jugée en dernier ressort.

Si la propriété puise son origine dans une ou plusieurs *ventes successives*, il faut examiner si tous les vendeurs étaient bien propriétaires et s'ils avaient la capacité légale de consentir ces aliénations. Il faut rechercher avec une égale attention si les prix antérieurs ont été payés et les paiemens constatés par des quittances authentiques, car la loi accorde aux vendeurs précédens, pendant 30 années qui peuvent être prolongées au-delà de cette période de temps par des actes conservatoires, l'action en résolution du contrat de vente faute de paiement du prix.

Il faut aussi considérer si les *ventes précédentes ont été faites purement et simplement ou sous conditions suspensives ou résolutoires; si la propriété est entière*, c'est-à-dire si l'usufruit est resté joint à la propriété nue, car s'il en avait été séparé, il faudrait le concours de l'usufruitier pour pouvoir transmettre une propriété complète à l'acquéreur, le vendeur ne pouvant jamais lui céder plus de droits qu'il n'en a lui-même. Il faut examiner si la propriété n'est pas grevée de *servitudes*, car, malgré le silence du vendeur à cet égard, elle passerait avec ses charges aux mains du nouvel acquéreur; enfin, si elle n'est pas chargée de *rentes foncières* ou *redevances*, car dans ces cas l'acquéreur devrait conserver le capital nécessaire pour ces services fonciers, à moins qu'il ne s'en fût chargé directement en sus du prix de son acquisition.

Quelle que soit d'ailleurs l'origine de la propriété, il est toujours utile d'exiger que la *femme du vendeur participe à la vente et la garantisse* conjointement avec lui.

Lorsqu'on veut acheter une propriété il arrive souvent que, dès qu'on est d'accord sur le prix, on arrête par un *acte sous signatures privées*, les conventions préalables de la vente. Ces actes, qu'on peut alors considérer comme des promesses de ventes, étant généralement faits avec une extrême incurie, cette habitude peut avoir des conséquences fâcheuses pour l'acquéreur qui s'est ainsi engagé; car s'il aperçoit par la suite, en examinant les titres de propriété quelque incertitude ou vices de formes, il ne lui est souvent plus possible de se dégager, et il s'expose ainsi à des procès qu'il lègue même quelquefois à sa postérité. En effet, aux termes de l'article 1589 du Code civil, la promesse de vente vaut vente dès qu'on est d'accord sur la chose et sur le prix. Lorsque ces conditions constitutives de cette espèce de contrat ont été arrêtées, il y a engagement complet de part et d'autre, et le vendeur pourrait refuser de réaliser le contrat dans une forme plus régulière et obliger néanmoins l'acquéreur à exécuter les conventions provisoires faites entre eux. L'acquéreur en général agira donc avec prudence en refusant de prendre aucun engagement écrit jusqu'à ce que les titres de propriété aient été examinés et discutés et que l'acte régulier ait été rédigé par le notaire.

Il devra exiger la *remise préalable du plan de la propriété*, et examiner si le *bornage* et le *finage* des terres ont été faits avec exactitude dans toutes les parties du domaine. L'acquéreur devra en outre s'assurer si la propriété a été *cadastrée*, car ce n'est que lorsque les terres de l'arrondissemennt où elle est située ont été soumises à cette formalité qu'il peut connaître avec exactitude l'impôt foncier qu'il aura à payer. L'*arpentage* ou *vérification de la mesure* de l'héritage vendu doit également précéder la signature du contrat; car, pour éviter les contestations sur des différences assez légères de mesures, la loi a établi une certaine latitude pour la différence en plus ou en moins entre la mesure réelle et celle exprimée au contrat; en sorte que l'acquéreur pourrait être victime de son incurie à cet égard. Ainsi, lorsqu'il s'agit d'un corps certain et limité, comme un domaine, par exemple, soit que les fonds soient réunis, soit qu'ils soient distincts et séparés, soit qu'on commence par désigner la mesure ou par la désignation de l'objet suivi de la mesure, l'expression de cette mesure ne donnerait lieu à aucun supplément de prix en faveur du vendeur pour l'excédant de la mesure, ni en faveur de l'acquéreur à aucune diminution du prix pour moindre mesure, qu'autant que la différence de la mesure réelle à celle exprimée au contrat serait d'un 20e en plus ou en moins, eu égard à la valeur de la totalité des objets vendus, s'il n'y avait stipulation contraire (C. c., 1619), sauf le droit accordé par la loi à l'acquéreur de résilier le contrat dans le cas où il y aurait lieu à un supplément de prix, comme aussi dans le cas où on ne lui livrerait pas la quantité exprimée, sauf la latitude du 20e accordée par la loi (*idem*, art. 1622).

§ II. — Du contrat et des formalités qu'il exige.

Lorsque les *vérifications* ont été faites et que le *contrat*, rédigé avec soin par le notaire et présentant l'état de tous les titres de propriété qui devront être remis lors du paiement du prix, a été signé par les parties, il faut le faire *enregistrer*, puis le faire *transcrire* sur les registres du conservateur des hypothèques de l'arrondissement où les immeubles se trouvent situés. La transcription a plusieurs avantages; d'abord elle sert à publier la transmission de la propriété et oblige les créanciers du vendeur, qui auraient contre lui des titres hypothécaires, à faire inscrire leurs titres et à manifester ainsi leurs droits. Faute par eux d'avoir fait inscrire leurs hypothèques dans le délai de quinzaine, à partir du jour où la transcription est rendue publique, ils perdent tout droit sur l'immeuble vendu. Mais si cette formalité n'était pas accomplie, ces mêmes créanciers porteurs de titres conférant hypothèque, pourvu qu'ils fussent antérieurs à la vente authentique, pourraient en tout temps, et sans avoir égard aux transmissions successives de la propriété, prendre inscription et poursuivre la saisie de l'immeuble soumis à leur hypothèque. La transcription est aussi la 1re formalité nécessaire pour arriver à la purgation des hypothèques inscrites sur l'immeuble. Cette *purgation des hypothèques* doit être faite par le ministère d'un avoué, suivant les formalités indiquées par la loi. Elle est indispensable lorsque la masse des inscriptions qui grèvent la propriété est supérieure au montant du prix de la vente. Lorsqu'il n'existe que peu ou point d'inscriptions hypothécaires sur l'immeuble, la purge des hypothèques inscrites devient inutile.

Mais il est une autre espèce de *purge*, qu'on néglige trop souvent dans les campagnes, et qui est cependant presque toujours nécessaire; c'est celle des *hypothèques légales*, c'est-à-dire des hypothèques qui existent sans inscription et sont accordées par la loi aux mineurs ou interdits, et aux femmes mariées sur les biens de leurs tuteurs ou époux. Ces hypothèques existans indépendamment de l'inscription et ne devant être manifestées que lorsque les formalités de purge légale ont été accomplies, l'acquéreur, en les négligeant, s'exposerait à voir l'immeuble par lui acheté saisi et vendu immobilièrement à la requête de l'un de ces créanciers occultes. Ces formalités doivent également être accomplies par le ministère d'un avoué; les chapitres VIII et IX, titre XVIII du livre III du Code civil tracent les formes à suivre à cet égard.

Lorsque l'acquéreur aura pris toutes ces précautions, il pourra *payer son prix* avec sécurité, soit aux créanciers porteurs de bordereaux de collocation, s'il y a eu ordre, soit à ces mêmes créanciers, d'après les indications de paiement faites par le vendeur, soit au vendeur lui-même; puis jouir paisiblement et transmettre avec sécurité à ses héritiers une propriété achetée avec prudence et réflexion.

On peut aussi acheter un domaine moyennant une *rente perpétuelle ou foncière* ou moyennant une *rente viagère*. Dans ces 2 cas, il faut encore prendre toutes les précautions que nous avons indiquées.

Enfin on devient quelquefois propriétaire d'un domaine par *donation entre-vifs* ou par *testament;* alors il faut nécessairement accepter le don dans l'état où il se trouve ou le répudier. Cependant même en ces 2 derniers cas, il y a encore à remplir quelques formalités, que le notaire dépositaire de l'acte qui le constate indiquera au donataire ou au légataire.

ARTICLE II. — *De l'exploitation confiée à autrui.*

Nous avons dit que le mode de culture où l'on confie l'exploitation à autrui pouvait se réduire à 3 principaux: le métayage, le bail et la régie. Nous allons examiner successivement les avantages et les inconvéniens de ces divers modes de faire valoir.

SECTION Ire. — *Du métayer ou colon partiaire.*

La loi appelle *colon partiaire* celui qui cultive sous la condition d'un partage de fruits avec le propriétaire. Ce mode de faire valoir est connu dans la plupart des contrées de l'Europe sous le nom de *métayage*. Dans les pays soumis à ce régime, le métayer paie au propriétaire une portion fixe, généralement la moitié des produits de la terre dont la culture lui est confiée; le propriétaire lui fournit tout ce qui est nécessaire pour la cultiver. Le capital fixe et même le capital de circulation appartiennent presque toujours au propriétaire.

Ce mode de faire valoir indique déjà une *amélioration* dans le mode de culture, si on le compare aux moyens qui étaient en usage avant son adoption, et surtout à la corvée qui a long-temps régné sur tout le nord de l'Europe, et qui subsiste encore dans les contrées à l'est du Rhin et en Russie. En effet, le métayer est libre; il n'est pas forcé de se courber sous le despotisme capricieux d'un maître; et son industrie est encouragée par la perspective d'augmenter sa part dans les produits en augmentant la fertilité du sol. C'est en Italie, en Savoie, en France et en Espagne, que ce système est le plus commun, et c'est aussi dans ces contrées où l'on peut mieux l'étudier.

En France, avant la révolution, les quatre septièmes au moins du territoire étaient cultivés en métairies; et même aujourd'hui malgré la grande division des propriétés, on calcule que le métayage enveloppe encore la moitié du sol arable de la France. L'Italie, depuis les Alpes jusqu'en Calabre, est couverte de cette classe de cultivateurs.

Cependant ce mode de culture offre de grands *inconvéniens*. L'avarice aveugle des propriétaires les engage trop souvent à faire peser toutes les charges sur le métayer, et à imaginer mille voies pour diminuer ses profits; à peine lui laissent-ils les moyens de subsister! Ils lui ravissent jusqu'à l'espérance de pouvoir améliorer sa condition par l'exercice intelligent de son industrie. Une espèce d'antagonisme fatal aux intérêts des deux parties, s'établit ainsi entre le métayer et le propriétaire. Le premier résiste aux conseils d'un maître dont il se défie, et de son côté, le propriétaire n'ose pas confier aux mains d'un métayer opiniâtre et ignorant de nouveaux moyens de production. D'ailleurs, le métayer redoute toujours les innovations parce qu'il vit d'après un système éprouvé qui lui est familier, et qu'il sent qu'une expérience malheureuse pourrait le réduire à la misère. De son côté, le propriétaire n'éprouve pas moins de répugnance à faire de nouvelles avances, lorsqu'il aperçoit que les capitaux qu'il doit avancer seul profiteront en définitive par moitié à son métayer. Il est donc difficile, comme le pense ARTHUR-YOUNG, d'introduire des améliorations notables partout où subsiste ce mode imparfait de faire valoir.

La triste peinture de l'état de misère dans lequel ce système a plongé plusieurs de nos départemens que l'on peut considérer comme possédant les sols les plus fertiles du royaume, où les domaines ruraux les plus étendus ne produisent presque rien pour les propriétaires, et sont, sous le rapport vénal, infiniment au-dessous des domaines situés dans des sols plus ingrats, mais dans des cantons où un autre système de culture a prévalu, est la preuve la plus convaincante de *l'imperfection de ce système*. Les difficultés qu'on éprouve pour passer de ce système vicieux à un meilleur mode de faire valoir, sont signalés avec force par M. de DOMBASLE, dans un excellent article qu'il a inséré dans les Annales de Roville 4e livraison, p. 301 et suiv. Les moyens d'y parvenir et qui résultent d'un concours d'efforts tant de la part des propriétaires ruraux que de celle du gouvernement, seraient difficiles à résumer ici; ils résulteront de l'application de tous les principes économiques et d'administration privée que nous indiquons dans le cours de cet ouvrage.

C'est surtout aux progrès de l'intelligence dans nos campagnes, que nous devrons ces améliorations. Le propriétaire ne doit jamais perdre de vue que sa fortune dépend du succès de ses fermiers, et qu'il est en conséquence intéressé à leur accorder toutes les facilités nécessaires. Il ne devra pas hésiter à se conformer aux usages du pays et à les favoriser même lorsqu'ils seront fondés sur une utilité positive.

Quelques-uns de ces usages sont assez curieux: dans la Flandre orientale, par exemple, les baux sont ordinairement de 6 ou 9 ans, et c'est le fermier qui fournit tout le matériel. Mais il est rare que le propriétaire exige impérieusement ses fermages aux époques stipulées dans le bail; souvent même il attend 2 ans sans réclamer son paiement. Ce délai est nécessaire, parce que les petits fermiers dont le pays est couvert ne trouvent dans une récolte moyenne que les moyens de faire vivre leur famille, tandis qu'une bonne récolte leur fournit les moyens d'acquitter plusieurs années de fermage. Rien n'est plus admirable que l'harmonie qui règne dans ce pays entre les propriétaires et les fermiers. Là personne ne songe aux changemens, on cite même beaucoup de fermes qui, depuis des siècles sont ammodiées par les mêmes familles qui se considèrent comme copropriétaires du sol qu'elles cultivent (SCHWERZ, *agricul. de la Belgique*).

Au surplus, le métayage doit être considéré comme une espèce de bail à ferme, sous condition d'un partage de fruits. Tout ce que nous dirons par la suite des baux à fermes s'applique au bail fait au colon partiaire, sauf la différence de la tenue et sauf aussi les différences légales que nous avons signalées dans la partie législative.

SECTION II. — *Des diverses espèces de baux.*

On distingue *diverses espèces de baux* : les principaux et les plus usités sont le bail à ferme et le bail à cheptel. Les autres sont le bail emphitéotique, le bail à culture perpétuelle ou à locaterie perpétuelle, le bail à domaine congéable, et enfin le bail à vie. Nous ne parlerons que très succinctement de ces dernières espèces de baux qui appartiennent à notre ancienne législation, mais dont il est néanmoins important de connaître le caractère, puisque la plupart d'entre eux sont encore en usage en France.

§ Ier. — Du bail à ferme.

On appelle bail à ferme, le *louage des héritages ruraux;* ce contrat conserve la même dénomination, soit que le preneur cultive sous la condition de payer une certaine rente en argent, soit qu'il cultive sous la condition d'un partage de fruits avec le bailleur.

La quantité de terres arables ayant, au moins dans les pays habités par une population nombreuse, riche, active et industrieuse, des limites déterminées, tandis que le nombre des cultivateurs et la masse des capitaux n'en ont point qu'on puisse assigner, il en résulte que les propriétaires terriens exercent une espèce de monopole envers les fermiers, car la demande de ce qu'ils possèdent, c'est-à-dire le terrain, peut s'étendre sans cesse et établir ainsi entre les fermiers une concurrence qui en rehausse le prix, tandis que le droit que les cultivateurs ont besoin d'acheter, à savoir l'exploitation du sol, ne s'étend que jusqu'à un certain point. Dès lors le marché qui se conclut entre le propriétaire et le fermier est toujours aussi avantageux qu'il peut l'être pour le premier; et s'il y avait un terrain dont le fermier, après l'acquittement de son fermage, tirât plus que l'intérêt de son capital et le salaire de ses peines, ce terrain trouverait nécessairement un enchérisseur au moment où cesseraient les droits de jouissance du fermier exploitant; il suit de là que le *propriétaire profite seul de toutes les circonstances favorables à l'exploitation des terres.* L'ouverture d'un canal, d'un chemin, les progrès de la population et de l'aisance d'un canton, les perfectionnemens dans les méthodes de culture, peuvent donc être utiles, pendant un espace de temps limité, aux fermiers; mais ils tournent toujours en définitive, d'une manière permanente, au profit du propriétaire du sol. Par la même raison, c'est toujours sur le propriétaire que retombent en dernier résultat les *circonstances désastreuses.* Quand le profit que rend la terre ne suffit pas pour payer le fermage, le fermier y sacrifie nécessairement une partie de ses capitaux et de son industrie; mais bientôt il se ruine et est forcé d'abandonner la culture si le propriétaire ne consent pas à lui faire des remises.

Le propriétaire est donc plus que le fermier *intéressé aux améliorations*, quelles qu'elles soient, qui surviennent dans le pays en général et dans le canton en particulier, car elles tendent toutes à l'augmentation du prix des baux. Ainsi les propriétaires qui passent mollement leur vie dans une ville ou dans une maison de plaisance, touchant avec nonchalance l'argent que leur apportent leurs fermiers, sans s'occuper des sources de la prospérité publique et sans vouloir y contribuer, ceux qui ne s'inquiètent en rien des progrès de l'art agricole, qui ne provoquent, qui ne secondent aucune de ces grandes entreprises d'irrigation et de canaux, de ponts, de routes et de fabriques, qui doivent accroître la production et la population des cantons où ils ont des terres, suivent une routine plus honteuse encore et plus contraire à leurs vrais intérêts, que celle à laquelle ils reprochent aux habitans des campagnes d'être si fortement attachés. *Lorsque l'agriculteur s'enrichit, la rente du propriétaire s'augmente* bientôt et la prospérité agricole amène celle de toutes les autres branches de l'industrie nationale. Leur intérêt, comme citoyens et comme propriétaires, fait donc un devoir aux possesseurs du sol de n'imposer à la classe qui le cultive que des conditions raisonnables qui leur permettent de tirer un profit légitime de leurs pénibles travaux.

1° *Du contrat de bail à ferme en général.*

Le bail à ferme est un contrat agricole par lequel l'une des parties *livre à l'autre la jouissance paisible d'un fonds de terre*, sous la condition que celui-ci lui en paiera une rente annuelle et qu'il emploiera ses capitaux, son habileté et son industrie à cultiver les terres en bon père de famille. Il est de l'intérêt du propriétaire que le fermier trouve toute *sécurité* dans la jouissance des droits qui lui sont ainsi conférés, afin qu'il puisse se livrer avec ardeur et confiance à l'exploitation du domaine et se mettre ainsi en état de remplir ses engagemens. De son côté le propriétaire a le droit d'exiger toutes les sécurités possibles et compatibles avec la nature du contrat et la position du fermier. Nous nous proposons en conséquence d'examiner successivement 1° le mode de formation du bail et les précautions à prendre avant de le passer; 2° l'époque d'entrée en jouissance; 3° l'inventaire et état de lieux: 4° la durée des baux; 5° les précautions à prendre lorsqu'on fait un bail; 6° la forme du bail; 7° les conditions du bail, prix et charges; 8° les cautions et hypothèques à exiger; 9° les assurances de toutes espèces; 10° les sous-baux; 11° les remises à faire pour pertes de fruits; 12° les précautions qu'on doit observer à la fin de la jouissance; 13° enfin les réparations et remises de lieux.

2° *Formation du bail et précautions à prendre avant de le passer.*

Lorsqu'on a l'intention de passer un bail la première règle qu'on doit suivre, c'est de tâcher, si cela est possible, que les *conditions du nouveau bail soient arrêtées deux ans ou 18 mois avant l'expiration du bail courant;* cette précaution est toujours utile, soit qu'un nouveau fermier succède à l'ancien, soit que celui-ci continue à cultiver la ferme. Une autre règle à observer, c'est que *le fermier en possession doit, à conditions égales, avoir la préférence*, à moins que sa conduite n'ait été très répréhensible; son exploitation marchera ainsi plus régulièrement et lui procurera des profits supérieurs à ceux que pourrait obtenir le nouveau fermier. De son côté le propriétaire profitera aussi de cet arrangement, car le fermier ne peut plus dès lors être tenté de détériorer les terres par des récoltes épuisantes pendant les dernières années qui précèdent l'expiration de son bail. Si le propriétaire ne peut s'arranger avec l'ancien fermier aux conditions qu'il offre, la meilleure marche à suivre est de faire faire une estimation de la ferme par un des cultivateurs les plus intelligens et les plus expérimentés du canton, puis d'offrir bail pour 20 années ou tout autre période de temps, moyennant la somme fixée par l'estimation, d'abord au fermier actuel, et s'il ne peut tomber d'accord avec lui, à celui qui acceptera ces conditions, qui offrira de faire le plus d'améliorations sur l'héritage et qui consentira aux stipulations propres à le laisser en meilleur état à la fin du bail.

Lorsqu'on est *forcé de prendre un nouveau fermier* il faut, dit M. de GASPARIN, commencer par *rédiger un cahier de charges* ou projet de bail, qui contient toutes les nouvelles conditions que l'on veut obtenir, en laissant en blanc les prix divers dont on se réserve de convenir lors de la négociation; on envoie une copie de ce projet au notaire en qui l'on a confiance, et on pose des affiches qui annoncent le domicile du notaire, du propriétaire, la situation de la propriété, sa contenance, sa composition et l'époque où doit commencer le nouveau bail. Ces affiches doivent être placardées dans toutes les communes du canton et dans les villes principales du département et dans toutes les études des notaires des environs; on en fait insérer l'annonce à plusieurs reprises dans les feuilles locales les plus répandues. On entre alors en pourparler avec les divers amateurs, on cède sur les circonstances accessoires et on maintient soigneusement toutes celles qui sont la base du système que l'on adopte, à moins que les observations qu'ils ne manquent pas de faire ne soient assez importantes pour conduire à modifier le système lui-même. On prend note de ces différentes offres, de ces observations, des prix débattus, et l'on se prononce enfin pour celui qui offre les avantages combinés les plus grands.

C'est de cette manière que les intérêts du fermier, ceux du propriétaire et de sa famille, ainsi que ceux du public, seront tous également ménagés.

3° *De l'époque d'entrée en jouissance.*

L'époque naturelle où doit finir le bail est celle où toutes les semailles, dont le fermier doit percevoir les fruits après sa sortie, sont complètement achevées et où les travaux du nouveau fermier ne sont pas encore commencés.

Dans les pays ou règne l'assolement triennal, cette époque se rencontre immédiatement *après la semaille du blé de printemps*, s'il est d'usage que le fermier sortant jouisse de cette récolte, c'est-à-dire vers la *fin de mars* dans le nord de la France et au *commencement de mars* au centre. Mais si le fermier sortant ne sème pas le blé de mars à son profit, l'époque naturelle est celle où il a fini les semailles d'automne, comme dans le pays où l'assolement est biennal, c'est-à-dire du 1er *au 30 novembre* selon le pays. Dans le courant de l'hiver le fermier a le temps de se livrer au curement des fossés, aux cultures profondes qui doivent préparer ses semis de fourrages, et à tous les travaux qui annoncent un nouvel ordre de choses; au lieu que s'il n'entre qu'au printemps, il ne peut plus, pour cette année, que suivre la routine tracée, ou c'est une année perdue pour l'amélioration. Ce sujet est de la plus haute importance; car si l'époque d'entrée en jouissance est maladroitement calculée le fermier peut se trouver, pendant la première année de son bail et même pendant les 18 premiers mois, dans une position très défavorable. Il est alors à craindre que le découragement ne s'empare de lui et ne vienne éteindre toute son énergie. Nous allons donc chercher, par l'application de quelques principes, à remédier à cet inconvénient.

Dans les fermes composées principalement de *pâturages de montagnes*, le fermier doit désirer d'entrer en jouissance à une époque où il peut acheter des bestiaux aux conditions les plus avantageuses, c'est-à-dire immédiatement avant l'ouverture des pâturages.

Dans les *herbages humides*, l'époque la plus favorable est avant le commencement de la saison des pluies; parce que c'est le seul moyen d'empêcher le fermier sortant de causer un dommage considérable aux terres par le piétinement des bestiaux. C'est aussi le moment le plus favorable au nouveau fermier, non-seulement pour acheter des bestiaux, mais aussi pour exécuter divers travaux nécessaires à la préparation des pâturages pour l'été suivant. Un fermier ne peut même tirer un parti avantageux des pâturages pendant l'été, s'il n'en a pas joui l'hiver précédent.

Pour les *terres arables*, l'époque la plus conforme aux intérêts des deux parties, est celle où le fermier sortant a recueilli toutes ses récoltes et les a mises à l'abri de tous les risques. C'est aussi l'instant où la présence et les attelages du fermier entrant sont le plus nécessaires pour faire ses ensemencemens d'automne et pour préparer les terres pour les semailles du printemps, et où il peut, en général, acheter à des prix raisonnables tous les approvisionnemens dont il a besoin.

En Ecosse on comprend en général fort bien tout ce qui a rapport aux conventions de cette espèce; l'époque ordinaire, fixée pour l'entrée en jouissance des terres en jachères et des pâturages permanens, est la Pentecôte. Le fermier sortant reste en possession des terres labourées jusqu'à l'enlèvement de la récolte. Dans le nord de l'Angleterre on adopte la même époque ou bien le 1er mai; dans le midi, où l'on s'occupe beaucoup de l'élève des bestiaux, l'époque généralement choisie est la Saint-Michel (29 septembre) ou la Chandeleur (1er février). Dans les pays où prévaut le système des jachères, l'époque de la Pentecôte est la plus convenable, car le succès de la récolte à venir dépend en grande partie de la manière dont la préparation des terres aura été faite. Le fermier sortant, n'ayant d'autre intérêt que de rentrer dans ses déboursés, peut ne pas y mettre tous les soins convenables; il est donc essentiel que le fermier entrant soit en possession des terres en jachères assez à temps pour les préparer lui-même. Il ne peut alors faire tort à son devancier; mais il n'en serait pas de même s'il entrait en jouissance des pâturages; il pourrait alors mettre le fermier sortant dans la nécessité de se défaire de son bétail dans un moment défavorable.

Dans les districts où le sol est léger et où, par conséquent, la facilité de semer en prairies dispense de mettre régulièrement une partie des terres en jachères, l'époque de la Saint-Michel offre l'avantage d'établir une démarcation bien tranchée entre les intérêts du fermier entrant et ceux du fermier sortant, qui, en général, sont assez mal intentionnés l'un à l'égard de l'autre. Cette délimitation s'opère encore mieux depuis qu'on a adopté l'usage d'acheter *la récolte par évaluation*. Dans ce cas, le fermier acheteur a des facilités pour le paiement en donnant des garanties; si les fermiers ne peuvent s'entendre à cet égard, le fermier sortant conserve la disposition des granges jusqu'au mois de mai suivant.

Dans les pays de pâturages, l'époque de la Chandeleur est évidemment préférable, mais on ne pourrait l'adopter sans des inconvéniens graves pour les terres de labours; ainsi chacune de ces époques a ses avantages et ses inconvéniens. Le fermier doit prendre son parti là-dessus, car il est rare qu'il soit maître de choisir le moment de la prise de possession, puisque cela dépend en général de l'époque où le bail de son prédécesseur vient à expirer. Les exemples que nous avons offerts sont tirés des usages de l'Ecosse et de l'Angleterre; ils pourraient s'appliquer au nord de la France. Quant aux autres parties de notre territoire, il faudrait nécessairement avoir égard au climat, à la culture et aux autres circonstances locales, pour déterminer les époques d'entrée en jouissance les plus avantageuses au fermier entrant et au fermier sortant.

Il serait fort à désirer que cet objet fût examiné avec tout le soin qu'il mérite et que des règles générales fussent posées par les propriétaires les plus influens de chaque arrondissement, pour déterminer le commencement et la fin des baux, suivant le climat, le mode de culture et les autres circonstances locales. Ces règles deviendraient bientôt la coutume du pays, et au besoin la loi pourrait les rendre obligatoires au grand avantage des propriétaires et des fermiers.

Quant aux *arrangemens généraux qui se rapportent à l'entrée en jouissance*, ils peuvent se résumer comme il suit : l'entrée en jouissance du nouveau fermier doit être entière et non partielle, le système contraire entraînant toujours de graves inconvéniens. Il fait naître des querelles sans cesse renaissantes entre le fermier qui sort et celui qui lui succède, au grand détriment des 2 parties.

La loi française (art. 1777 du Code civil) oblige le fermier sortant à laisser à celui qui lui succède les logemens convenables et autres facilités nécessaires pour les travaux de l'année suivante.

L'intention est bonne, mais son exécution est incomplète et peut donner lieu à de grands abus ; car il est rare d'avoir dans une ferme des bâtimens suffisans pour loger une double population de bestiaux et d'ouvriers; il est donc nécessaire de compléter les dispositions de la loi par des conventions additionnelles. Ainsi, si le bail finit en novembre, on stipulera que le fermier sera tenu de loger en hiver un nombre d'ouvriers et de bêtes de trait pour travailler aux raies d'écoulement; au printemps, tel autre nombre pour les travaux de mars et les sarclages; et enfin en été, l'attirail nécessaire pour enlever les récoltes. Si le bail finit en mars, il faut stipuler que le fermier sortant laissera jouir celui qui le remplacera, des terres et chaumes immédiatement après la récolte, pour pouvoir y faire des cultures convenables à l'établissement de ses fourrages et pour le semis de ses mars, sans préjudice du parcours des troupeaux jusqu'au moment où la terre sera couverte.

Il est bon aussi d'établir par une clause expresse que le fermier entrant aura le droit de semer sur les mars du fermier sortant, ou sur les blés d'hiver, si l'on ne fait pas de mars dans le pays, une quantité déterminée de graines de trèfle, de sainfoin et d'autres fourrages, et que pour tous ces travaux le premier sera tenu de fournir logement à un nombre déterminé d'hommes et de bêtes de travail. On peut aussi fixer d'avance les parties de logement qui composeront cette jouissance momentanée. Il serait à désirer que la loi ou les stipulations du contrat de bail autorisassent également le nouveau fermier à retenir sur le pied de l'estimation, faite de gré à gré ou par des experts choisis par les parties, la portion de récolte dont il peut avoir besoin. De même, au lieu d'obliger, suivant les dispositions du même Code, le fermier entrant à laisser à celui qui sort les logemens convenables pour les récoltes restant à faire et autres facilités pour la consommation des fourrages, il vaudrait mieux que le fermier sortant fût indemnisé de ses frais de labours et remboursé pour les produits confiés à la terre, sur le pied de leur estimation, d'après leur état à la fin du bail. Au surplus, le même article déclarant qu'on doit se conformer à l'usage des lieux, les propriétaires sont toujours libres d'établir les usages qu'ils jugent utiles en en faisant une des clauses des baux qu'ils consentent et à modifier ainsi les dispositions de la loi.

L'expérience ne peut également qu'approuver l'obligation que l'article 1778 du Code civil impose au fermier sortant de laisser les *pailles et engrais* de l'année, s'il les a reçus lors de son entrée en jouissance, en accordant même au propriétaire le droit de les retenir sur le pied de l'estimation, lors même que le fermier qui sort ne les aurait pas reçus à l'époque de son entrée en jouissance.

En Ecosse, la paille et le fumier sont également considérés comme tenant au sol, par conséquent ils appartiennent sans indemnité au fermier entrant. Cet usage qui existe aussi dans plusieurs comtés de l'Angleterre paraît, au 1er abord, également avantageux aux 2 parties; cela est vrai quant à la paille; le fermier entrant y trouve un bénéfice et le sortant n'y perd rien, puisqu'à son entrée il a joui de la même faveur. Il n'en est pas de même pour le fumier; le fermier sortant n'a pas d'intérêt à diminuer la quantité de paille, puisque le grain y est adhérent, mais il n'est pas intéressé à conserver le fumier. Or, comme l'engrais est d'une grande importance, il vaut mieux en trouver une quantité considérable en bon état, à un prix raisonnable, que d'avoir pour rien les balayures des cours et étables. La meilleure méthode serait donc de stipuler dans les baux que le fumier serait laissé au fermier entrant à prix débattu.

Enfin, comme le fermier sortant ne profite pas de la paille qui reste à son successeur, il arrive le plus souvent qu'il fait couper les blés de la dernière récolte très haut, ce qui lui procure quelque réduction sur le prix du faucillage, mais ce qui aussi diminue beaucoup la quantité de paille, au grand détriment de la ferme; c'est un abus dont il est lui-même victime dans la nouvelle ferme qu'il va occuper. L'intérêt commun du fermier et celui de la propriété exigerait donc que les propriétaires s'accordassent pour le faire cesser; ce qui dépend de chacun d'eux, en stipulant dans le bail à ferme la hauteur à laquelle seront faucillés les blés de la dernière récolte et en fixant une indemnité pour chaque pouce de hauteur dont le chaume dépasserait ce qui est convenu. Si les gerbes ont 1 mètre de hauteur et que l'hectolitre de grain produise 300 livres de paille, il en résultera pour chaque centimètre un poids de 3 livres. C'est donc sur cette évaluation et sur le prix moyen de la paille que l'on fixera la valeur de l'indemnité par chaque centimètre dont le chaume sera plus élevé que ce qui est convenu.

4° De l'inventaire et état de lieux.

Les 1res mesures qui doivent être prises par le propriétaire et par le fermier, aussitôt après la passation du bail, c'est de faire dresser un *inventaire exact* de tous les objets qui garnissent la ferme et qui en dépendent, comme aussi de faire dresser ou vérifier s'il existe déjà, par un ou plusieurs architectes vérificateurs, l'état des lieux et bâtimens de la ferme.

Le fermier, plus encore que le propriétaire, est intéressé à faire soigneusement vérifier et constater l'état des lieux; car, aux termes de l'article 1731 du Code civil, s'il n'a pas été fait d'état de lieux, le preneur est présumé les avoir reçus en bon état de réparations locatives et doit les rendre tels; et comme l'article 605 du Code civil, ainsi que l'équité, mettent à la charge de celui qui jouit même les grosses réparations, lorsqu'elles ont été occasionnées par le défaut des réparations d'entretien à sa charge depuis son entrée en jouissance, on aperçoit de suite combien le fermier pourrait éprouver de préjudice s'il ne faisait pas dresser ou vérifier régulièrement l'état des lieux. L'article 1731 réserve, il est vrai, au fermier la preuve contraire, mais on sent combien cette preuve doit être difficile à faire admettre lorsqu'il n'existe pas d'état de lieux, que le propriétaire prétend qu'ils ont été livrés en bon état, et invoque la presomption légale qui résulte de l'article 1731.

Lorsqu'il a été dressé un état de lieux entre le bailleur et le preneur, celui-ci doit rendre la ferme telle qu'il l'a reçue suivant cet état, excepté ce qui a péri ou a été dégradé par vétusté ou force majeure (voy. *Législation rurale, bail à ferme,* page 258 et suiv.).

5° De la durée des baux.

Ce sujet est de la plus haute importance, car tant qu'un fermier n'aura pas la certitude de profiter des améliorations qu'il pourra introduire, il n'en fera aucune. Le plus mauvais mode de fermage est sans contredit celui où le fermier reste soumis à la volonté arbitraire du propriétaire, et on calcule qu'on n'obtient d'une terre louée de cette manière précaire que la moitié environ du prix qui en serait offert avec un bail de 20 années.

Les baux peuvent être classés en baux de courte durée; ce sont ceux de 3, 6 ou 9 années; en baux de durée moyenne, ce sont ceux de 15, 18 ou 21 années; et en baux de longue durée, ce sont ceux de 25, 30, 50 ou même 99 années.

Les baux de courte durée valent mieux que le louage soumis au seul caprice du propriétaire, pourvu toutefois qu'ils soient assez longs pour que le preneur puisse recueillir tous les fruits de l'héritage affermé. Un *bail à court terme* offre moins d'inconvéniens dans les pays où les terres sont généralement bonnes et bien cultivées; mais avec des baux de cette espèce l'agriculture ne saurait se perfectionner, car le fermier n'a aucun intérêt à faire des améliorations ni même à tenter un assolement avantageux. Un homme qui possède un capital considérable et qui veut l'employer sur une ferme étendue a le droit d'y chercher le bien-être, la sûreté et l'indépendance de lui et de sa famille. S'il ne trouvait pas ces avantages dans la carrière agricole, il renoncerait certainement à cette profession et chercherait à utiliser ses capitaux et sa capacité dans quelques autres branches d'industrie. *Les baux de longue durée sont donc une des conditions les plus essentielles aux intérêts agricoles de tous les pays.*

Les *baux de 20 années* environ sont ceux dont la durée est généralement préférable. Avec la sécurité qu'offre un pareil bail, le fermier peut payer un prix plus élevé, faire des dépenses en améliorations avec la certitude d'en recueillir les bénéfices. Du reste, c'est une bonne habitude dans ces sortes de baux de constater à la fin de chaque période les améliorations qui ont été exécutées et de signaler celles qui pourraient encore avoir lieu. On a reconnu aussi que le nombre exact d'années doit dépendre de la rotation qu'on a adoptée, attendu que le fermier doit jouir au moins des rotations complètes. Si la ferme est presque dans l'état de nature et qu'elle exige des clôtures, des amendemens, des desséchemens, un bail de 25 ans peut être suffisant; mais il faut le porter à 30 ans au moins si le fermier est obligé de dépenser des sommes considérables pour la construction ou la réparation des bâtimens de la ferme et de ses dépendances. Enfin, en certains cas, l'on a vu en Angleterre des propriétaires accorder des baux de 50 et 60 ans pour des terres incultes qui devaient être défrichées, et ce moyen a provoqué des améliorations importantes.

Ces baux peuvent devenir très avantageux, même pour les familles qui les consentent, lorsqu'on a soin de *stipuler une augmentation progressive du fermage* à chaque période de 10 ou 12 ans. La sécurité d'un long bail encourage les améliorations du fermier en même temps que l'élévation modérée et successive du fermage est un stimulant pour son industrie.

On pense en général qu'un bail à long terme n'est pas *aussi nécessaire pour les fermes de pâturages*, parce qu'elles exigent moins de dépenses et de travail que celles formées de terres arables. Mais même dans ce cas, il vaut mieux accorder un bail d'une durée modérée, de 15 ou 18 années, par exemple, avec stipulation que le prix augmentera à certaines périodes, cette stipulation dispensant le fermier de changer souvent de place et quelquefois même de changer ses bestiaux, circonstances qui nuisent essentiellement à ses intérêts.

Dans les *fermes arables* qui sont déjà très améliorées, on a prétendu que les longs baux n'étaient pas nécessaires, parce qu'elles exigent moins de dépenses et de travail pour leur exploitation, et l'on suppose que dans le cours de 10 ou 12 années le fermier peut trouver un dédommagement suffisant de ses travaux et un ample profit pour les capitaux qu'il a avancés. Cependant, comme on doit s'attendre à ce que les terres ne recevront, dans les 3 dernières années du bail, ni marnages ni autres amendemens permanens, et qu'aucune autre dépense ne sera faite par le fermier dans cette dernière époque de sa jouissance, il est clair qu'une pareille ferme, qui changera de main tous les 10 ou 12 ans, se détériorera au lieu de s'améliorer. Cependant en France, pour les terres les plus médiocres et même pour les plus mauvaises, l'usage presque général est de ne pas faire de baux qui excèdent 9 années. Un propriétaire ne veut pas se *dessaisir;* c'est l'étrange expression dont il se sert; il considère un bail plus long comme une aliénation de la propriété utile de son domaine. Ce funeste préjugé, malheureusement encouragé par notre loi civile, qui ne permet pas au mari administrateur des biens de sa femme, aux tuteurs des mineurs et interdits et autres administrateurs de faire des baux qui excèdent 9 années pour les biens dont la gestion leur est confiée, tend à rendre stationnaire notre agriculture Un bail qui n'a qu'une durée aussi limitée a le double inconvénient de former obstacle à l'amélioration des fermes et de ne pouvoir rendre qu'un fermage peu considérable. En somme, l'expérience a démontré pleinement que les baux à court terme, ainsi que ceux dont la durée est incertaine, sont contraires aux intérêts des propriétaires et des fermiers, et qu'ainsi une période de 19 à 21 ans est le terme le plus avantageux pour toutes les parties, puisqu'il assure au propriétaire l'amélioration progressive de ses terres et une augmentation périodique de ses revenus, tandis qu'il stimule l'industrie du fermier par la certitude qu'il lui offre de recueillir les fruits de ses travaux, de son habileté et de ses capitaux. Si le bon sens des propriétaires ne parvient pas à secouer le joug des préjugés qui s'opposent encore aux longs baux, on ne peut calculer le préjudice qui en résultera, non-seulement pour leur intérêt spécial, mais encore pour l'agriculture du royaume; car, non-seulement ce funeste système formera un obstacle puissant à toute amélioration dans notre agriculture, mais il est même à craindre que notre sol n'éprouve une détérioration graduelle qui à la longue finirait par plonger la population dans la misère et l'abrutissement.

Enfin si l'on ne peut vaincre en France l'antipathie trop forte que l'on éprouve pour les longs baux, les propriétaires devraient au moins être assez amis de leurs intérêts et de leur pays pour introduire dans tous leurs baux la *clause dite de lord* KAMES, du nom du propriétaire anglais qui le premier l'a mise en usage (1). Par cette clause excellente pour toute espèce de baux, mais surtout pour ceux de courte durée, le propriétaire s'engage à payer au fermier, à la fin de sa jouissance, dix fois l'augmentation de fermage que celui-ci propose, dans le cas où le propriétaire ne voudrait pas renouveler le bail avec l'augmentation proposée. Ainsi supposons que le fermier, à la fin de son bail, propose à son propriétaire de lui payer une rente de 6,000 fr. au lieu de 5,000 qu'il lui payait auparavant; si le propriétaire accepte, le bail est renouvelé à ces conditions; mais si le propriétaire n'accepte pas et qu'il veuille reprendre sa ferme ou la louer à un autre, il sera obligé de payer au fermier sortant une somme de 10,000 fr. Pour les baux de neuf années on pourrait peut-être fixer un multiplicateur moins élevé.

Au moyen de cette convention un fermier, même avec un bail de 9 ans, ne peut craindre d'entreprendre des opérations coûteuses, d'effectuer des améliorations importantes, car il sait qu'à la fin de son bail, si le propriétaire ne le laisse pas jouir du fruit de son travail et de ses dépenses, il sera obligé de lui donner une compensation. On n'a pas à craindre que le fermier, dans l'espoir d'obtenir une forte somme à sa sortie, ne propose une augmentation trop considérable, car le propriétaire, à moins de circonstances particulières, ne manquerait pas de le prendre au mot, et le fermier serait forcé de payer, pendant toute la durée de son nouveau bail, un fermage trop élevé et hors de proportion avec les améliorations qu'il aurait faites, de sorte que cette clause a le rare mérite de concilier les intérêts si souvent opposés du propriétaire et du fermier. Les fermiers, au lieu de se considérer pour ainsi dire comme en pays ennemi, cultiveraient leurs fermes en véritables propriétaires; le sol s'améliorerait d'année en année et les revenus des propriétaires croîtraient en proportion.

Il ne faudrait pas cependant conclure de tout ce que nous avons dit qu'il faut toujours et *indistinctement donner ses terres à ferme.* On ne doit faire bail que là où la terre est d'une étendue suffisante et en état d'être cultivée avec fruit; et là surtout où l'on peut trouver des fermiers assez habiles, assez industrieux et assez riches pour pouvoir diriger les cultures avec avantage. Les améliorations d'une propriété, loin d'être activées, sont au contraire retardées lorsque des baux sont accordés maladroitement et à contre-temps à des fermiers ignorans et nécessiteux qui ne méritent pas la confiance du propriétaire; mais surtout on ne doit jamais passer bail sans prendre les précautions nécessaires pour prévenir l'épuisement des terres et la dévastation de la propriété.

6° *De la tacite reconduction.*

On appelle ainsi la continuation de la jouissance d'une ferme, lorsque le terme du bail étant arrivé le fermier est laissé en possession et continue à jouir avec le consentement présumé du propriétaire aux conditions que portait le bail expiré.

La durée de ce bail tacite est alors censée faite, ainsi que nous l'avons dit dans la partie législative (*voy.* page 262), pour le temps nécessaire, afin que le fermier récolte tous les fruits de l'héritage affermé (C. c., 1774, combiné avec l'art. 1738) M. GASPARIN, dans son *Guide du propriétaire de biens ruraux affermés*, p. 343, pense que les fermiers qui se trouvent dans ce cas n'éprouvent pas cet état d'inquiétude qui est le propre de ceux qui ne tiennent leur ferme que d'une manière précaire, suivant le caprice du propriétaire. Il s'établit souvent, dit-il, des habitudes de confiance entre eux et les propriétaires qui finissent par dissiper tous les doutes, et bien souvent les familles qui ont occupé un domaine

(1) Voyez ci après, pag. 375.

de père en fils depuis de longues années, se fiant au caractère moral de ceux à qui il appartient, ne s'y regardent pas comme moins en sûreté que s'ils avaient un bail authentique; j'en ai vu même, ajoute-t-il, recevoir avec déplaisir l'offre d'un pareil acte; c'était pour eux limiter une possession qu'ils s'étaient accoutumés à regarder comme indéfinie.

On ne peut nier, continue-t-il, que dans tous ces cas la tacite reconduction ne soit un puissant stimulant pour engager le fermier à l'activité et à une bonne conduite. Ainsi, quand un ordre d'assolement ou de travaux est bien établi et qu'on n'a exigé que sa continuation, la crainte d'un congé est sans doute très forte sur un fermier et l'engage à s'observer lui-même. Cependant, dit-il en terminant, on ne peut s'attendre à ce que le fermier mette de grands capitaux en frais de culture pour l'avantage d'une propriété qui peut lui échapper à chaque instant. Je préfère donc généralement les baux qui ont un terme limité.

Quant à nous, nous croyons que cet état d'incertitude nuit au propriétaire aussi bien qu'au fermier, et que partout où l'agriculteur sentira la dignité de sa condition, il voudra pouvoir traiter d'égal à égal avec le propriétaire; il ne souffrira pas qu'on puisse le chasser comme un serviteur, et quelle que soit sa confiance dans son propriétaire actuel, il n'ira pas risquer ses capitaux et le sort futur de sa famille sur une ferme dont il pourra être dépouillé par les héritiers avides de l'homme le plus respectable. La tacite reconduction ayant d'ailleurs tous les inconvéniens des baux à courte échéance, il faut lui appliquer tout ce que nous avons dit dans le paragraphe précédent.

7° *Précautions à prendre lorsqu'on fait un bail.*

La nécessité de ces précautions est démontrée par d'innombrables exemples, et l'on s'expose, en les négligeant, à voir les fermiers abuser impunément des terres qui leur sont confiées. La *ferme peut se trouver ainsi réduite à la moitié de sa valeur primitive*, et la fertilité du sol ne peut alors être rappelée que par des moyens dispendieux, soit que le propriétaire prenne lui-même la direction de sa ferme pendant quelques années ou qu'il soit obligé d'en abaisser la rente et de la confier à des mains plus habiles, les résultats sont pour lui les mêmes.

Lorsqu'on veut passer un bail, il serait utile de faire *examiner l'état de la ferme* par un agriculteur expérimenté ou par un expert qui déterminerait quelles sont les améliorations, tels que desséchemens, clôtures, bâtimens, chemins, réparations, etc., qui sont nécessaires, et quelle est la portion qui doit être faite par le propriétaire et celle qu'on peut laisser à la charge du fermier. L'expert pourrait aussi dresser le plan d'un système de culture et déterminer quelles sont les terres médiocres ou mauvaises qu'il faut améliorer, l'époque où ces opérations devront être commencées et la manière d'y procéder. Ces points étant une fois bien fixés, il faudrait exprimer distinctement dans le bail les obligations de chacune des parties, afin qu'elles ne puissent les méconnaître.

Dans l'exploitation d'un vaste domaine, on ne pourrait dresser un plan uniforme applicable à toutes les terres quelles que soient leur situation, élévation ou état de culture. Le plan d'exploitation, lorsqu'on juge convenable de le dresser, devrait donc être fait dans ce cas en observant ces circonstances; il est même plus prudent, lorsque le fermier est un homme habile, d'un caractère respectable et pourvu de capitaux suffisans, de confier à son jugement le choix du mode d'exploitation des terres et de ne lui imposer d'autres obligations que celles qui sont nécessaires pour le forcer à rendre la ferme à la fin du bail dans un bon état de fertilité.

8° *Forme du bail.*

Les baux sont trop fréquemment faits par des hommes qui ignorent et les principes du droit et la science agricole; ils les remplissent en conséquence de clauses inutiles et surannées qui enchaînent, sans nécessité, le fermier, portent préjudice au propriétaire et occasionnent ainsi des pertes aux 2 parties. Les baux peuvent être faits devant notaire ou sous les signatures privées des parties. Nous avons offert dans la partie législative les règles spéciales à cette espèce de contrat.

9° *Clauses et conditions du bail.*

A. Restrictions et entraves aux opérations du fermier.

Les *clauses du bail ne doivent pas être trop nombreuses* ou trop compliquées; les restrictions inutiles sont toujours dangereuses, parce qu'elles enchaînent l'esprit d'amélioration et le génie des expériences qui est la source principale des améliorations.

En Écosse, où les idées les plus saines en agriculture sont depuis long-temps mises en pratique, les clauses restrictives sont peu multipliées; elles ne s'appliquent en général qu'à la dernière période du bail. Les restrictions imposées au fermier n'ont rapport qu'au mode d'assolement, à la quantité de terres à laisser en prairies, au fumier de la ferme et à l'étendue de terrain que le fermier sortant doit laisser en jachères dans la dernière année de son bail. Mais rien n'est plus préjudiciable que de vouloir régler pendant toute la durée du bail, comme on le fait en Angleterre, toutes les opérations du fermier. L'agriculture est une science qui fait chaque jour des progrès; ce qui est considéré à une époque comme un bon assolement peut être démontré défectueux et préjudiciable par l'expérience et l'observation.

Mais s'il est nécessaire de repousser toutes les clauses qui pourraient enchaîner la liberté et l'esprit d'amélioration du fermier sans avantage pour le propriétaire, il n'en résulte pas que ce dernier doive négliger les *mesures de prévoyance*. Nous admettons sans balancer qu'il lui est avantageux de preciser dans le bail les règles générales de culture à suivre, telles que de mettre le sol en bon état, de consommer toutes les pailles de la ferme et de ne pas vendre de fumier. Non-seulement nous approuvons ces restrictions, mais nous pensons aussi que lorsque les baux ont une durée convenable, il est très raisonnable que la propriété du bailleur soit protégée par des clauses restrictives pour les 5 dernières années du bail. A ces restrictions utiles on peut encore ajouter l'obligation de la part du fermier de laisser à sa sortie une étendue déterminée de terre en prairie, spécifier le mode d'assolement qui devra être suivi dans les dernières années du bail et l'état dans lequel les bâtimens et clôtures devront être laissés. Toutes ces conventions méritent la plus scrupuleuse attention, et le propriétaire qui les négligerait s'apercevrait certainement à la fin du bail que, loin d'avoir retiré un revenu de son domaine, il a éprouvé un véritable préjudice.

L'ancienne législation permettait au nouvel acquéreur, en cas de vente, d'expulser le fermier pour exploiter lui-même le domaine. Cette faculté, qui avait l'inconvénient très grave de rendre la jouissance du fermier tout-à-fait précaire, a été proscrite par l'article 1743 du Code civil, et toutes les fois que le fermier a un bail qui ne peut être légalement contesté son expulsion ne peut avoir lieu, à moins que cette faculté n'ait été réservée par le bail. Mais nous aimons à croire qu'il y a aujourd'hui peu de propriétaires assez ignorans ou assez ennemis de leurs intérêts pour insérer une pareille clause dans leurs baux, à moins qu'ils ne soient placés dans des circonstances particulières qu'ils peuvent alors seuls apprécier.

B. Prix du bail ou canon de ferme.

Le prix du bail peut être stipulé, soit en *argent*, et c'est le cas le plus fréquent, soit en *produits du sol*, soit enfin en *argent ou en produits du sol*, au choix du propriétaire. Cette faculté réservée au propriétaire de pouvoir exiger son paiement en nature s'il le juge convenable est même devenue de style dans presque tous les baux à ferme depuis la révolution de 1789. Le souvenir des désastres produits par l'abus scandaleux que le gouvernement révolutionnaire avait fait du papier-monnaie, a entretenu la crainte *chimérique* que ces désastres ne se représentent, et pour éviter ces maux qui ne reparaîtront probablement jamais, on insère encore dans les baux une clause dont l'inutilité est le moindre inconvénient.

Nous disons d'abord qu'elle est inutile, car dans l'état actuel de la science économique, il est impossible qu'aucun gouvernement émette jamais un papier-monnaie à cours forcé; et si le pouvoir tombait jamais dans des mains assez ignorantes et ennemies du bien public pour ordonner despotiquement l'émission forcée dans les paiemens d'un pareil signe monétaire, on ne manquerait pas d'annuler arbitrairement toutes les clauses qui pourraient s'opposer à l'application de la loi, sans égard aux conventions et à la rétroactivité de la disposition. Mais le plus grand inconvénient de cette clause, c'est de perpétuer dans les campagnes une défiance mal fondée à l'égard de tous les agens de la circulation qui ne sont pas l'or ou l'argent; elle entretient des préjugés contre les billets de banque, les billets de confiance et banques locales qui pourraient les émettre. Ce serait cependant une des sources les plus abondantes où pourrait puiser l'agriculture. Ce qui manque surtout aux agriculteurs, c'est l'argent ou plutôt le crédit qui en procure, et on peut voir dans ma brochure, citée, page 312 de ce recueil, les merveilleux résultats que les banques de l'Écosse ont produit sur l'agriculture de cette contrée industrieuse. La clause surannée dont nous parlons doit donc désormais *disparaître de nos baux*.

A l'égard du paiement en *produits du sol*, il est en général préjudiciable aux intérêts du fermier. Une rente ou canon de ferme qui est payée en grains, soit en partie, soit en totalité, nuit nécessairement à celui qui paie, parce que la valeur de la rente est d'autant plus élevée que les moyens qu'il a de s'acquitter sont plus diminués et plus restreints par la modicité des récoltes qu'il a faites. Le prix du grain ne s'élève que lorsque les mauvaises saisons occasionnent une disette ou une diminution dans les approvisionnemens. Lorsque le fermier paie en argent, l'augmentation du prix des denrées le dédommage de la modicité des récoltes; mais lorsqu'il paie en nature, tous les produits de la ferme sont souvent insuffisans pour qu'il s'acquitte du paiement de son canon de ferme, et conséquemment il se trouve alors placé dans une position fort critique.

En tous cas, il faut *fixer positivement le lieu où le paiement* doit être fait, quelle que soit la nature des objets qui doivent servir à l'effectuer. Si aucune stipulation n'a été faite à cet égard, la règle générale est que le paiement doit être effectué au domicile du débiteur (C. c., 1247); mais presque toujours on a soin de stipuler dans les baux que le paiement sera fait au domicile du bailleur. Cette stipulation, lorsqu'elle est conçue en termes généraux, pourrait devenir une charge très pesante pour le fermier, surtout si le paiement devait être fait en produits du sol; car, lors même que le bailleur fixerait son domicile dans un département très éloigné, le preneur serait forcé d'y transporter les produits qui devraient servir à sa libération. Pour éviter cet inconvénient, on peut stipuler que le paiement sera fait au domicile actuel du bailleur, quelle que soit par la suite sa résidence, ou en tel autre lieu qui serait fixé par la convention des parties.

C. Charges publiques qui augmentent le prix.

Indépendamment de ce qu'on appelle le canon de ferme ou fermage, il arrive souvent que le fermier doit supporter plusieurs *charges publiques*, en vertu des stipulations de son bail ou des lois du pays. En Angleterre, par exemple, toutes les charges publiques qui pèsent sur la propriété foncière sont acquittées par le fermier; telles sont: les émolumens des maîtres d'école, la taxe des pauvres, les prestations personnelles ou corvées pour l'entretien des routes, les dîmes, etc.; souvent ces charges s'élèvent à une somme plus considérable que la rente nominale. En outre, la plupart de ces charges ou impôts n'étant pas fixes et n'étant souvent déterminés que par le mode de culture (comme la dîme, par exemple), elles rendent la position du fermier incertaine, peu agréable et peu lucrative. Là où le sol est affranchi de la dîme, où les impôts publics sont à la charge du propriétaire, où le fermage est une somme fixe et déterminée pour toutes les années du bail et où le fermier n'a pas à craindre des réclamations arbitraires, l'agriculture est un art exercé avec satisfaction et bénéfice. En Écosse, les charges sont peu considérables; les cultivateurs écossais jouissent d'une plus grande liberté et les rapports entre les propriétaires et les fermiers sont établis sur des bases plus équitables; aussi les progrès de l'art agricole sont-ils plus rapides en Écosse qu'en Angleterre, quoique les circonstances physiques soient plus favorables dans le dernier de ces deux pays. Les principes qui ont été démontrés avantageux à l'agriculture écossaise, et qui sont à peu près ceux de la France, auraient dû y produire les mêmes avantages, surtout sous un climat bien plus propice à la production agricole.

D. Cautions et hypothèques.

L'intérêt du propriétaire lui fait un devoir d'exiger toutes *les sécurités possibles* pour assurer l'exécution des conditions qu'il impose à son fermier, lors même que pour obtenir ces garanties il serait forcé de se contenter d'un revenu moindre; car la diminution momentanée de sa rente sera compensée et bien au-delà par les améliorations que ces précautions amèneront nécessairement. Ces garanties peuvent être de diverses espèces; les plus ordinaires sont: la *caution simple*, la *caution hypothécaire*, ou enfin *l'hypothèque* consentie par le preneur lui-même sur ses propres biens. Celui qui se rend caution d'une obligation se soumet envers le créancier à satisfaire à cette obligation si le débiteur n'y satisfait pas lui-même. La caution simple est celle qui engage sa personne et ses biens à l'acquittement de l'obligation, mais sans affectation spéciale de tel ou tel bien; en général, la caution n'est obligée envers le créancier qu'à défaut du débiteur, qui doit être préalablement discuté dans ses biens; mais la renonciation à ce bénéfice est de style dans presque tous les contrats, et on stipule presque toujours que le créancier pourra s'adresser à la caution, qui s'engage alors solidairement à payer après un simple commandement fait inutilement au débiteur principal.

Si la caution affecte spécialement un immeuble à la garantie de son cautionnement, elle devient alors hypothécaire; pour obtenir toutes les sécurités qu'il exige, le propriétaire doit alors se faire représenter un certificat du conservateur des hypothèques qui constate le montant des créances privilégiées qui grèvent l'immeuble ou qui prouve qu'il n'en existe pas. Il doit aussi faire examiner les titres de propriété et prendre les précautions que nous avons conseillées ci-dessus au propriétaire qui veut acquérir un domaine. Si l'hypothèque est consentie par le fermier sur ses biens personnels, le bailleur doit aussi faire les mêmes vérifications pour assurer son droit et son rang hypothécaire.

Lorsque le bail contient stipulation d'hypothèque, soit de la part du preneur lui-même, soit de la part de la caution, il doit être nécessairement *fait devant notaires*; car l'hypothèque ne peut jamais résulter que d'un acte ayant un caractère authentique.

Enfin, dans quelques parties de la France et spécialement dans la Haute-Normandie, quelques propriétaires exigent à titre de garantie que le fermier paie l'année courante, et même quelquefois deux années, six mois après l'entrée en ferme. Cette clause, qui tend à priver le fermier d'une grande portion de ses capitaux disponibles, nous paraît offrir de grands inconvéniens.

10° *Des assurances de toute espèce.*

Tout propriétaire *doué* de prudence doit faire *assurer les bâtimens d'habitation et ceux destinés à l'exploitation de la ferme, contre les incendies* si fréquens dans certaines parties de la France; il doit également exiger que ses fermiers fassent assurer les *ustensiles* et *bestiaux* qui leur appartiennent et qui garnissent la ferme, ainsi que leurs *récoltes*, car autrement un incendie en ruinant leur fermier porterait aussi un préjudice notable aux intérêts du propriétaire. Malheureusement les primes qu'exigent les compagnies d'assurance dans les départemens sont encore tellement élevées que le plus grand nombre des propriétaires répugnent à assurer leur sécurité par un sacrifice pécuniaire qui leur semble trop pesant. Enfin le propriétaire a un grand intérêt à exiger que le fermier fasse assurer les produits du sol encore attachés à la terre contre la grêle et autres accidens météorologiques; car, ainsi que nous l'avons vu dans la partie législative, en cas de perte de la totalité ou de la moitié d'une récolte, il doit faire à son fermier une remise proportionnelle sur le prix de son bail. Le preneur peut, il est vrai, être chargé par une clause du bail de tous les cas fortuits prévus ou imprévus, mais cette stipulation n'assure pas encore entièrement les droits du propriétaire, puisque si le fermier est ruiné par suite d'un cas fortuit, contre lequel il pouvait se faire assurer, le propriétaire souffre nécessairement un dommage souvent très considérable, qu'il aurait pu éviter en obligeant le fermier à faire assurer chaque année les fruits de la terre recueillis ou non recueillis.

11° *Du sous-bail.*

En général le preneur a *le droit de sous-louer ou même de céder son bail* à un autre, si cette faculté ne lui a pas été interdite, mais alors il n'en reste pas moins obligé envers le propriétaire à l'exécution de toutes les clauses du bail et devient ainsi responsable des faits de son cessionnaire. Cette faculté peut être interdite pour tout ou partie, et dans presque tous les baux à ferme on impose au preneur l'obligation de ne pouvoir céder son bail en tout ou en partie sans le consentement par écrit du bailleur. Ce dernier a le plus grand intérêt à imposer cette obligation au fermier, car autrement celui-ci pourrait se substituer dans la culture un homme qui n'aurait ni la même solvabilité, ni la même intelligence, ni la même habileté; puis dégarnir la ferme des ustensiles et bestiaux qu'il employait à son exploitation et laisser ainsi le propriétaire vis-à-vis un fermier incapable et nécessiteux.

Au contraire, celui qui cultive sous la condition d'un partage de fruits *ne peut ni sous-louer ni céder son bail*, parce qu'alors la convention qui intervient avec lui est basée principalement sur la considération de sa personne. Cette faculté peut, il est vrai, lui être réservée par le bail, mais il y a peu de propriétaires assez négligens de leurs intérêts pour permettre l'insertion au bail d'une pareille réserve, qui pourrait devenir pour eux une source de pertes et de regrets.

12e *Fin de jouissance, remise de lieux et réparations.*

Lorsque l'époque fixée pour la durée du bail est arrivée, l'inventaire et l'état des lieux, qui ont dû être dressés au moment de l'entrée en jouissance du preneur, doivent être vérifiés avec soin. Le preneur doit justifier qu'il a fait toutes les réparations et améliorations que lui imposaient les clauses de son bail, et si aucune stipulation n'a été faite à cet égard, il doit rendre les lieux, les ustensiles et machines dans l'état où il les a reçus. Nous avons vu ci-dessus que, lorsqu'il n'avait pas été dressé d'état de lieux, le preneur était censé les avoir reçus en bon état de réparation; il doit alors faire toutes les réparations dites locatives que la loi met spécialement à sa charge.

Ces réparations sont en général celles qui sont *désignées comme telles par l'usage des lieux*, et entre autres celles à faire aux âtres, contre-cœurs et tablettes des cheminées, au recrépiment du bas des murailles des appartemens et autres lieux d'habitation, à la hauteur d'un mètre, aux pavés et carreaux des chambres, s'il y en a seulement quelques-uns de cassés; s'ils étaient pour la plupart brisés, la réparation ne serait plus locative, parce qu'on présumerait alors qu'il y a vétusté, sauf la preuve contraire qui serait facile par l'inspection même des lieux; aux vitres, à moins qu'elles ne soient cassées par la grêle et autres accidens extraordinaires; aux portes, croisées, planches de cloison, fermetures, gonds, targettes et serrures. A quoi il faut ajouter les réparations à faire aux mardelles des puits, aux poulies, aux auges en pierre, mangeoirs, râteliers, fours et autres menues réparations analogues.

Les *grosses réparations* sont à la charge du propriétaire, à moins qu'elles n'aient été occasionnées par le défaut de réparation d'entretien, auquel cas elles seraient aussi à la charge du fermier.

Le *curement des puits* et celui des *fosses d'aisance* sont toujours à la charge du propriétaire, s'il n'y a convention contraire.

Le propriétaire ne doit pas laisser *dégarnir la ferme des ustensiles d'exploitation et des bestiaux* qui appartiennent au preneur, jusqu'à ce qu'il ait obtenu pleine satisfaction, car autrement il perdrait le privilége que la loi lui accorde sur les objets mobiliers qui garnissent la ferme. Toutefois, si ces objets avaient été déplacés sans son consentement, il pourrait encore les faire saisir et conserver ainsi sur eux son privilége, pourvu qu'il ait fait la revendication dans le délai de 40 jours (C. c., 2102).

S'il avait obtenu une caution ou une garantie hypothécaire, il ne devrait donner décharge ou main-levée que lorsque tout aurait été réglé à sa satisfaction.

13° *Modèle de bail à ferme.*

Pour compléter ce sujet important, nous allons offrir à nos lecteurs un modèle très simple de bail à ferme que l'on peut considérer comme un des moins imparfaits parmi les baux que rédigent ordinairement les notaires. Comme ce modèle laisse encore beaucoup à désirer et qu'il serait insuffisant pour des exploitations étendues, où la liberté d'action du fermier et l'amélioration du sol formeraient la base des conventions des parties, nous ajouterons, comme appendice à ce modèle, les clauses principales du bail de l'établissement agricole de Roville, qui est le plus parfait que nous connaissions parmi ceux qui ont été rédigés en France.

PAR-DEVANT, etc.

Furent présents (*nom, prénoms, qualité et demeure du propriétaire, ainsi que de sa femme, si le bien provient du chef de cette dernière. Si les propriétaires ne résident pas dans l'arrondissement, il sera bon qu'ils élisent domicile chez une personne qui l'habite pour l'exécution des clauses du bail.*)

Lesquels donnent à ferme les bâtimens et terres ci-après désignés, pour... récoltes consécutives, à commencer par celle de...

A (*nom, prénoms et demeure du fermier et de sa femme.*), ce acceptant.

La jouissance pour la préparation et l'exploitation de ces... récoltes commencera à partir du 11 novembre 18... et finira le 24 juin 18... (*Pour la fixation de l'époque d'entrée en jouissance, voyez ce que nous avons dit ci-dessus.*)

OBJET AFFERMÉ.

Une ferme sise à... canton de... arrondissement de... avec toutes ses dépendances, et comprenant, savoir:

1° Habitation du fermier, bâtimens d'exploitation et dépendances, de la contenance de...

2° Terres, clos, vergers, pâtis, contenant:

	hect.	ares.	cent.
En terres labourables......	»	»	»
En prés................	»	»	»
En vignes..............	»	»	»
En plantations de mûriers ou d'oliviers..............	»	»	»
En bois...............	»	»	»
En étangs..............	»	»	»

tel que le tout est détaillé au mesurage et plan figuré, avec tenans et aboutissans et bornage fait par... duquel mesurage copie a été remise au preneur qui déclare l'approuver.

(*S'il n'y a pas de mesurage, on dira: Il sera fait dans la première année du bail un mesurage et plan figuré avec bornes, en présence du fermier; une expédition lui en sera remise.*)

(*Souvent on désigne dans le bail chaque pièce de terre; mais un plan particulier est préférable, puis-*

qu'il évite des longueurs et des frais d'expédition.)

Les preneurs devront rendre le tout comme ils l'auront reçu, en même nature et quantité, avec un nouveau mesurage à leurs frais, contenant déclaration des nouveaux tenans et aboutissans, en présence du bailleur, à qui une copie en sera remise avec l'ancien mesurage que le fermier aura reçu, afin d'en faciliter la vérification.

Les frais du premier mesurage et bornage seront à la charge du bailleur.

CLAUSES.

ART. 1er. OCCUPATION DES LIEUX DÉPENDANT DE LA FERME.

Les preneurs occuperont avec leur famille la maison d'habitation et les lieux qui en dépendent; ils les tiendront garnis de meubles meublans, d'ustensiles et équipages d'exploitation.

Ils feront occuper par leurs chevaux, bestiaux et troupeaux, les lieux à ce destinés.

Ils feront rentrer dans les bâtiments de la ferme les produits des récoltes, le tout pour garantie des fermages et l'exécution des clauses du bail.

Il sera fait en entrant et contradictoirement un état des lieux, et à l'expiration du bail le fermier les rendra conformément à cet état.

ART. 2. ENTRETIEN DES BATIMENS.

Les preneurs entretiendront les bâtimens d'habitation et d'exploitation en bon état des réparations que le Code civil met à leur charge (*voy.* ce que nous avons dit ci-dessus, p. 369).

Ils souffriront que le bailleur y fasse toutes celles que le Code civil laisse à la charge de ce dernier (*voy.* idem).

De son côté, le bailleur s'oblige à tenir tous les bâtimens clos et couverts.

ART. 3. Les preneurs feront à leurs frais les charrois de tous les matériaux nécessaires pour toutes espèces de réparations qui seraient à la charge des propriétaires et pour lesquelles ils n'auraient pas droit à indemnité par suite d'assurances ou autrement.

Mais ces charrois ne pourront être exigés par le bailleur pendant le temps des semailles ou de la moisson.

ART. 4. CULTURE DES JARDINS, CLOS ET VERGERS, ARBRES FRUITIERS.

Les preneurs entretiendront dans l'état où ils les auront reçus les jardins, clos et vergers, sans pouvoir y rien changer; ils conserveront les arbres fruitiers qui y existent, ainsi que ceux plantés sur lesdits héritages, et jouiront de tous les fruits.

En cas de mort de quelques arbres, le bois mort appartiendra aux preneurs, à la charge de les remplacer à leurs frais par d'autres de même nature.

ART. 5. — CULTURE DES TERRES LABOURABLES ET PRÉS.

Les preneurs cultiveront les terres comme bon leur semblera, en apportant à la culture les soins d'un bon père de famille; ils seront tenus de labourer convenablement, d'engraisser de même et d'employer tous les moyens convenables pour laisser les terres plus fertiles en les améliorant.

A l'égard des prés naturels, les preneurs pourront en déchirer et mettre en culture jusqu'à concurrence d'un dixième à la fois, et ne pourront en cultiver un autre dixième que celui mis précédemment en culture ne soit rétabli, en nature de pré naturel, bien nivelé, bien semé, venant bien.

ART. 6. — EMPLOI ET CONSOMMATION DES PAILLES.

Les preneurs emploieront leurs pailles comme bon leur semblera, mais ils devront consommer dans la ferme, et y laisser à l'expiration du bail, celles provenant des deux dernières années; lesquelles pailles devront être rentrées à l'époque de la moisson dans les bâtimens de la ferme, et, en cas d'insuffisance, placées en meules sur les terrains en dépendant (*cette clause ne peut convenir que dans le rayon d'approvisionnement des grandes villes, où la paille se vend à des prix élevés et où il est facile de se procurer des engrais; voyez ci-après, p. 372, les principales clauses du bail de Roville*).

ART. 7. — PAILLES NE PROVENANT PAS DE LA FERME.

Si les preneurs rentraient dans l'un des bâtimens de la ferme ou mettaient en meule, sur terrain en dépendant, des pailles ne provenant pas de la ferme, elles suivront le sort de celles qui en proviennent; et il est bien entendu que, dans l'un comme dans l'autre cas, les fumiers produits par toutes ces pailles devront rester à la ferme.

ART. 8. — ELAGAGE DES ARBRES.

Le droit de disposer des arbres forestiers alignés ou épars, plantés sur lesdits héritages, même de leurs produits, continuera d'appartenir au bailleur, qui pourra les faire élaguer quand bon lui semblera, à ses frais et bénéfices.

Autre rédaction. — Le bailleur pourra faire l'élagage des arbres plantés sur les héritages loués, aux époques et de la manière qui lui paraîtront les plus convenables; mais il laissera les élagages au fermier, qui dans ce cas paiera les façons.

ART. 9. — DESTRUCTION DES ANIMAUX ET PLANTES NUISIBLES A L'AGRICULTURE.

Les preneurs se conformeront, à la décharge du bailleur, aux lois actuelles ou qui pourront être promulguées par la suite, et au réglement des autorités administratives concernant l'échenillage et la destruction des autres animaux et plantes nuisibles à l'agriculture; les preneurs demeurent personnellement responsables du défaut d'exécution de toutes les mesures nécessaires qui seront prises à leurs frais.

ART. 10. — FOSSÉS.

Les preneurs entretiendront les fossés pratiqués sur les terres, et devront veiller à ce qu'en les creusant et curant, on n'endommage pas les racines des arbres plantés auprès d'eux.

ART. 11. — HAIES.

Les preneurs entretiendront les haies vives et autres existantes sur les héritages pour les garantir et clôturer.

ART. 12. — FERMAGE ANNUEL.

Lesdits preneurs s'obligent conjointement et solidairement à payer annuellement au bailleur et à son domicile (*s'il est situé dans l'arrondissement ou au domicile élu par lui dans ce même arrondissement, s'il n'y réside pas*), la somme de . . . . aux époques ci-après fixées.

ART. 13. — ÉPOQUES DU PAIEMENT DES FERMAGES.

Le fermage sera divisé en deux termes égaux payables les 1er janvier et juillet de chaque année, pour être le 1er paiement fait le 1er janvier 18...

ART. 14. — RÉSOLUTION DU BAIL A DÉFAUT DE PAIEMENT.

Si les preneurs, après l'échéance du dernier terme, restaient une année sans payer leur fermage, ce retard constaté par un commandement demeuré sans effet donnera lieu à la résiliation du présent bail, si le bailleur le juge convenable, pour tout le temps qui en resterait à courir, sans qu'il soit besoin de l'intervention de la justice pour faire prononcer cette résiliation.

Auquel cas les objets loués seront repris par le bailleur dans l'état où ils se trouveraient et sans autre indemnité que le remboursement de la valeur des façons, labours et ensemencemens qui pourraient exister et qui seraient constatés et appréciés par les experts, dont sera ci-après parlé, et sauf aussi les indemnités qui pourraient être dues au propriétaire pour réparations.

ART. 15. — ACQUIT DE L'IMPÔT.

Les impôts, quels qu'ils soient, assis sur la propriété ou qui pourraient l'être pendant la durée du bail, en principal et accessoires, pour quelque cause que ce soit, restent à la charge du bailleur; mais le preneur en devra faire l'avance aux époques fixées par la loi, sauf compensation jusqu'à due concurrence avec ses fermages annuels, laquelle ne s'opèrera néanmoins qu'en justifiant des sommes payées, par quittances de percepteurs. Les preneurs demeureront en conséquence garans de tout retard ou défaut de paiement.

ART. 16. — ASSURANCES.

Le bailleur, pendant la durée du présent bail, s'oblige à faire assurer à ses frais tous les bâtimens de la ferme.

De son côté, les preneurs s'engagent à faire assurer aussi à leurs frais, avant la première récolte, et jusqu'à concurrence au moins de la valeur de trois années de fermage accumulées, tous les meubles meublans, tout le mobilier d'exploitation, les chevaux, bestiaux et troupeaux, les récoltes engrangées et celles en meules, ainsi que leurs risques locatifs.

Ils s'obligent aussi à faire assurer contre la grêle leurs moissons principales.

ART. 17. — CAS FORTUITS.

Le fermier supportera tous les cas fortuits ordinaires ou extraordinaires, prévus ou imprévus, pendant la durée du bail. (*Quoique cette clause soit moins dangereuse pour le fermier s'il se conforme aux obligations imposées par l'art. précédent, elle est encore bien rigoureuse. Il serait plus juste d'excepter les pertes qui pourraient être la suite de risques contre lesquels il n'est pas actuellement possible de se faire assurer. Tels sont ceux qui résulteraient d'incendie ou pillage, par suite de guerre ou d'émeute populaire. Alors il faudrait ajouter à la clause ci-dessus.* Néanmoins, en cas de pertes d'une ou plusieurs récoltes par l'effet de pillage ou incendie résultant des faits de guerre ou d'émeute populaire, le fermier aura droit à des indemnités qui seront réglées conformément aux dispositions du Code civil).

ART. 18. — CHASSE.

Le bailleur renonce expressément au droit de chasser ou permettre de chasser sur les terres qui dépendent de la ferme. Ce droit n'appartiendra qu'au fermier (*voir ce que nous avons dit* p. 300; *si le bailleur veut conserver la chasse qui lui appartient de plein droit, il n'a aucune réserve à faire*).

ART. 19. — CONSERVATION DE LA PROPRIÉTÉ.

Les preneurs veilleront à la conservation de la propriété et devront s'opposer à toutes anticipations, déplacement de bornes et établissemens de servitudes; ils devront en prévenir immédiatement le propriétaire, à peine de tous dommages et intérêts.

ART. 20. — CESSION DE BAIL, ÉCHANGE DE JOUISSANCE.

Les preneurs ne pourront céder leur droit au présent bail sans la permission expresse et par écrit du bailleur, si ce n'est à l'un de leurs fils ou gendres, dont ils resteront cautions solidaires.

Ils ne pourront non plus céder à leurs voisins ni échanger avec eux la jouissance d'aucune pièce des héritages loués, sans autorisation du bailleur ou de son mandataire, à peine de nullité des cessions et échanges qui auraient été ainsi faits et de tous dommages-intérêts.

ART. 21. — FIN DU BAIL.

A la fin du bail, le preneur, s'il n'y a pas de renouvellement devra laisser, avant le 11 novembre à celui qui lui succédera, les bâtimens nécessaires à l'exploitation des jachères qui lui auront été abandonnées, savoir : une écurie, une chambre à feu, le droit au four, une cuisine, un grenier à fourrage un hangar, et un grenier à avoine (*voy. ci-après*, p. 372, *les clauses principales du bail de Roville*).

ART. 22. — USAGES LOCAUX.

Les parties renoncent respectivement à se prévaloir des usages locaux.

ART. 23. — CONTESTATIONS ET ARBITRAGES.

S'il survenait pendant la durée du bail quelques contestations entre les parties, elles conviennent qu'elles seront jugées en dernier ressort par deux arbitres amiables compositeurs, dispensés en conséquence de toutes les formes judiciaires, qu'elles choisiraient respectivement. Dans le cas où les arbitres ne seraient pas d'accord, ils nommeront un tiers-arbitre pour les départager, et s'ils ne pouvaient s'entendre sur le choix, il sera fait par le juge de paix du canton de la situation du corps de ferme, à la requête de la partie la plus diligente.

ART. 24. — CAUTIONNEMENT ET HYPOTHÈQUES.

Les clauses de cautionnement et d'hypothèque seront ajoutées par le notaire rédacteur lorsqu'ils seront offerts ou exigés.

ÉLECTION DE DOMICILE.

Pour l'exécution des clauses ci-dessus, les parties élisent domicile, savoir : le preneur en sa demeure.

Le bailleur (*s'il ne réside pas dans l'arrondissement*) en la demeure de M. . . . . . , sise à . . . .

Auxquels lieux les parties consentent que tous les

actes, correspondances et significations soient adressées pour l'exécution du présent acte.

Dont acte fait et passé, etc.

OBSERVATION.

Nous avons offert ce modèle parce qu'il nous a paru simple et satisfaisant dans sa rédaction; mais il devra nécessairement éprouver de grandes modifications, suivant la nature et la situation des biens affermés. Ainsi, s'il dépend du domaine des vignes, des bois taillis, des carrières, des étangs, des marais, des pépinières, un moulin dont le propriétaire ne se réserverait pas la jouissance, il y aurait lieu d'ajouter des clauses spéciales, d'après les principes posés par les lois, et qu'un notaire instruit pourra facilement suppléer. Il en sera de même si le propriétaire se réserve de faire des plantations. Dans ce cas on dira par qui et comment elles seront entretenues; enfin s'il y a lieu de faire marner les terres, on dira où, comment et aux frais de qui ces marnages devront être faits. Pour compléter autant que possible ce modèle, nous allons rapporter quelques-unes des principales clauses du bail de Roville qui, trop compliqué pour pouvoir servir de modèle habituel, mérite cependant à tous égards d'être consulté comme ayant été rédigé sous la direction de l'agronome le plus distingué de la France.

CLAUSES PRINCIPALES

DU BAIL DE L'ÉTABLISSEMENT AGRICOLE DE ROVILLE.

1° *Irrigations*. Le preneur aura le droit d'user, pour l'irrigation des terrains de la ferme, de l'eau du canal à prendre au-dessus du moulin de Roville, sans qu'il puisse néanmoins nuire au roulement du même moulin......

2° *Usines*. Il jouira aussi du droit d'établir, pendant la durée du bail et toujours sans qu'il puisse gêner en aucune manière le moulin actuel, toutes les usines qui pourraient convenir à la prospérité de l'établissement, tels, par exemple, que moulin à plâtre, machines à battre le grain, le chanvre et la semence de trèfle, et même une huilerie et autres, se rapportant aux opérations de l'agriculture, toutes les autres restant interdites; et à la charge encore d'indemniser convenablement le meunier pour le chômage que nécessiteraient les nouveaux établissemens et de concourir pour l'avenir avec le même meunier, dans une quotité proportionnelle, au curement et à l'entretien du canal supérieur, aux nouvelles usines qui seraient établies par suite de la faculté accordée par le présent article. Ce droit, auquel le bailleur subroge le preneur pour partie, lui étant réservé dans le bail du moulin.....

A l'expiration du bail, le preneur sera tenu de céder au bailleur, qui sera tenu de les accepter, les usines que ledit preneur aura fait construire sur le canal, et ce, pour un prix décuple de la valeur annuelle du loyer net desdites usines; ce prix payable au preneur par moitié de 6 mois en 6 mois, à partir du jour de l'expiration du bail. Pour l'exécution de cette disposition, des experts estimeront combien ces nouvelles usines doivent être louées par année; mais, on le répète, leur établissement n'est pas obligatoire, c'est-à-dire que le preneur sera maître d'en construire ou non; cependant celles qu'il aurait fait construire et qu'il aurait entretenues jusqu'au commencement de la 15e année du bail, il sera obligé de continuer à les entretenir jusqu'à la fin du même bail, ainsi que les fours à chaux et à plâtre, s'il en avait fait construire et si toutefois il les avait encore conservés au commencement de la 15e année du bail.

Et en raison de la jouissance des usines que le preneur aura fait construire, il n'y aura pas d'augmentation de loyer; mais ledit preneur sera tenu de supporter et payer les contributions et autres charges auxquelles ces usines pourraient être imposées......

3° *Droit de sonder*. Le bailleur se réserve le droit de sonder, et, le cas échéant, d'exploiter toutes espèces de minéraux, de métaux, d'extraire de la pierre à chaux, de la pierre à bâtir, de la taille et du plâtre, d'extraire aussi de la marne dans quelque endroit que ce soit des terrains laissés et d'en disposer; ledit bailleur restant obligé d'indemniser le preneur de la totalité du dommage réel que les recherches et l'extraction d'aucun de ces objets causerait à sa jouissance, et en raison du profit qui, sans cela, aurait résulté du fonds pour ledit preneur; néanmoins le bailleur ne pourra extraire de la marne ou de la pierre à chaux ou à plâtre que pour son usage ou celui de ses enfans.

Le même droit de sonder, d'extraire et exploiter est aussi accordé au preneur; mais, relativement à la marne, il n'en pourra disposer que pour être employée sur les terrains de la ferme et autres terrains qu'il exploitera.

4° *Droit de surveillance*. Le bailleur aura aussi le droit de parcourir personnellement, ou par quelqu'un envoyé spécialement de sa part, tous les terrains laissés.......

5° *Pêche et chasse*. Le droit au même bailleur ou à ceux envoyés par lui et qui y seraient autorisés par sa signature, de pêcher, tendre aux oiseaux et de chasser sur tous les terrains laissés, mais seulement en saisons convenables, dans les temps autorisés et de manière à ne faire jamais de tort aux clôtures ni à aucune récolte; cependant il est permis au preneur de jeter l'épervier et de prendre les écrevisses dans toute l'étendue du canal du moulin de Roville, pendant la durée du bail, et ce, concurremment avec le propriétaire, son pêcheur ou toute autre personne à qui le bailleur en a accordé ou en accorderait l'autorisation, et, par exception, il est formellement convenu que le preneur ne pourra jouir d'aucun droit de pêche sur une longueur de 30 mètres en aval du moulin de Roville ni dans l'écluse dudit moulin jusqu'au premier clos du bailleur, situé au sud près le déversoir, ni enfin dans les eaux de ce déversoir jusqu'à leur retour dans ledit canal.

6° *Cession de bail*. Le bailleur conserve aussi le droit d'agréer la personne que le preneur sera tenu de désigner pour lui succéder, seule manière où ledit preneur est autorisé à céder ses droits.

7° *Aménagement*. Le preneur devra avoir annuellement au moins 20 hect. de terrain emplantés en racines ou autres plantes sarclées, destinées à la nourriture des bestiaux; il sera tenu de faire consommer ces produits ou leurs résidus par son bétail, et fera consommer de même la totalité des pailles, foins et fourrages qui proviendront des terrains laissés, sans pouvoir en vendre ni en disposer différemment que dans les cas prévus ci-après.

Le preneur pourra disposer de fourrages et de racines dans la proportion de la quantité de fumier ou autres engrais qu'il aura achetés ou fait faire, et qu'il aura employés à l'engrais et à l'amendement de la ferme; il pourra aussi échanger des fourrages et racines, des espèces dont il aurait surabondamment, contre un autre article devant être employé à la nourriture ou à l'engraissement du bétail de la ferme; il pourra également en échanger, dans le cas de surabondance, contre et en proportion d'un marnage fait en sus de celui dont il sera ci-après parlé, et pour le tout en quantité équivalente seulement.

Si le preneur entretenait autant de bétail que les écuries, réduits à porcs ou bergerie de la ferme pourront en contenir, et qu'après la provision de fourrages secs nécessaire pour l'entretien de tout ce bétail pendant l'année, et une réserve en sus pour moitié d'une autre année, il s'y trouvait encore un excédant, le preneur pourra disposer de cet excédant; bien entendu que, dans tous les cas, et indépendamment des mérinos qui seront laissés au preneur, celui-ci sera obligé de se pourvoir d'une quantité assortie de bétail proportionnée à l'étendue et au produit de la ferme bien exploitée.

8° *Marnage*. Le même preneur sera tenu, dès son entrée en jouissance, de profiter de la marne qui se trouve sur les terres du haut pour en amender celles du bas, et sans qu'il puisse se dispenser de marner convenablement chaque année moins d'un hectare de terrain; de continuer ainsi durant le bail, et ne pourra discontinuer qu'autant qu'il acquérerait la certitude que la marne à extraire dans les terres du haut n'est point d'une nature propre à rendre son emploi avantageux, ce qu'il fera constater contradictoirement avec le bailleur, qui, le cas échéant, lui donnera décharge de cette obligation de marner.

9° *Fumiers*. D'appliquer aux terrains laissés tous les fumiers et toutes les urines provenant du bétail nourri par les produits de la ferme, ainsi que les fumiers qu'il aurait achetés ou échangés, conformément aux stipulations de l'acte précédent.

Tenu de labourer convenablement, d'engraisser de même et d'employer tous les moyens convenables pour rendre les terrains laissés plus fertiles en les améliorant.

10° *Entretien des chemins*. D'entretenir et améliorer particulièrement les chemins indispensables pour l'exploitation, et, en cas de nécessité, d'en réparer tous les ans 150 mètres de longueur au moins.

11° *Irrigations*. De continuer les irrigations qui existent dans les terrains qui doivent rester en nature de prés, en se conformant, pour celles qui ne sont pas exclusives, à la distribution proportionnelle des eaux, de laquelle distribution une note ou état signé du bailleur a été remise au preneur, ce que celui-ci reconnaît; de soumettre à l'irrigation (si cela est économiquement possible), au moyen du droit de prise d'eau qui lui a été cédé à cet effet, comme il est dit précédemment, ainsi que par tout autre moyen qu'un bon père de famille se déterminerait à employer, ceux des terrains laissés qui en sont susceptibles.

12° *Prés naturels*. A l'égard des prés naturels situés au canton de Roville, le preneur pourra en déchirer et mettre en culture jusqu'à concurrence d'un dixième à la fois, et ne pourra en cultiver un autre dixième que celui précédemment mis en culture ne soit rétabli en nature de pré naturel, bien nivelé, bien semé, venant bien.

Cependant si le preneur établissait dans les terres du bas des prairies pérennes de graminées, bien irrigées et en bon produit, il pourra mettre en culture dans les prés de Roville et, en sus de la quantité dont l'autorisation lui est accordée ci-dessus, une autre quantité de prairies naturelles, jusqu'à concurrence de moitié de la contenance des nouvelles prairies pérennes de graminées qu'il aura formées et érigées sur les terrains du bas.

Le preneur aura encore le droit de rompre un autre dixième de la quantité des prés situés au canton dit la prairie de Roville, mais sous la condition expresse de convertir ce nouveau dixième en houblonnière qu'il entretiendra et laissera, à la fin du bail, garnie de perches.

Quant aux autres prés naturels, c'est-à-dire ceux qui sont situés ailleurs que dans le canton dit la prairie de Roville, le preneur aura la faculté de les mettre en culture.

Mais tous les prés naturels qui auraient été mis en culture pendant la durée du bail devront être remis en état de prés naturels par le preneur, au moins 3 années avant l'expiration du bail, et de telle sorte qu'ils soient en plein produit pendant la dernière année; est seule exceptée de cette disposition la quantité qui doit être remise en état de houblonnière, dans le cas où le preneur userait de la faculté qui lui est accordée ci-dessus à cet égard.

13° *Prairies artificielles*. Le preneur aura le droit, pendant la durée du bail, de mettre en culture une partie des prés naturels de sainfoin, et, à cet effet, il se conformera aux dispositions suivantes : 1° Dans les prés de cette nature, maintenant existans, il en conservera une quantité de 61 ares 32 centiares ou 3 jours, dans les pentes les plus rapides; et s'il mettait cette portion en culture, il ne le pourra qu'une fois dans le cours du bail et pendant 3 années au plus; 2° Il pourra cultiver le surplus, cependant, de manière à avoir toujours une quantité de 6 hectares 22 ares ou 30 jours, en sainfoin ou autres prairies artificielles pérennes, d'un produit équivalent, et pour alterner ainsi, il choisira les endroits les plus convenables; 3° Mais à l'expiration du bail il sera tenu de représenter, en nature de sainfoin bien venu, une quantité égale à celle qui existe maintenant.

14° *Entretien des fossés*. D'entretenir non-seulement les fossés qui existent pour entourages, soit pour écoulemens et que désignera la déclaration, mais aussi d'en établir partout où cela sera nécessaire pour l'écoulement des eaux et de les maintenir tels jusqu'à la fin du bail, en veillant à ce qu'on répande et qu'on nivelle toujours les terres qu'on sortira des divers fossés, soit en les créant, soit en les curant.

15° *Entretien des plantations*. De conserver et entretenir toutes les plantations qui existent, à moins d'un consentement par écrit du bailleur, s'il l'accordait pour la destruction de partie; de remplacer, sous 4 années au plus tard, les arbres manquans dans les entourages déjà établis et de les entretenir jusqu'à la fin du bail; mais dans le cas où les arbres d'entourage maintenant existans seraient trop rapprochés les uns des autres, le preneur pourra en exploiter une partie, de telle sorte que ceux qu'il laissera ne soient pas à plus de 10 mètres l'un de l'autre. Expliqué encore que les arbres plantés à l'extérieur des massifs sont considérés comme faisant partie de ces massifs, et conséquemment ne pourront être réduits aux distances ci-dessus autorisées pour les arbres d'entourage proprement dits; de replanter ou resserrer les plans vides des plantations en massifs. Néanmoins, si les nouveaux semis ou plantations qu'il fera d'ici à 4 ans dans les places vides des massifs ne réussissaient pas, pour cause de la trop grande aridité du sol, il ne serait pas forcé de les renouveler; et, à l'égard de ce que le preneur plantera en massifs, il en jouira jusqu'à la fin du bail, à la charge néanmoins de laisser dans ces parties des baliveaux en quantité convenable.

16° *Plantations d'arbres d'entourage*. Le preneur sera tenu de planter d'une ligne d'arbres d'entourage, et qui ne pourront être éloignés les uns des autres de plus de 10 mètres, les pièces d'héritages ci-après désignées : 1°.........

Ces nouvelles plantations seront effectuées au plus tard dans 4 ans, et le preneur tenu de les entretenir et rendre à la fin du bail......... Ces plantations pour entourages seront en peupliers, saules, frênes et autres essences, suivant qu'il conviendra à la nature et à l'exposition du sol.

17° *Élagage et émondage.* Le preneur jouira de la tonte des arbres existans ou à planter et qui, par leur essence, sont propres à être exploités en têtards, à charge de les laisser à la fin du bail avec 2 années de recrues; mais il sera tenu de conserver soigneusement les arbres d'une autre essence; il jouira des haies, à la charge de les laisser, à la fin du bail, avec 3 années de recrue. Quant aux plantations massives déjà existantes, sa jouissance se bornera à un jardinage, qui se fait en laissant des baliveaux et d'autres brins plus jeunes bien venans, de manière que ces massifs ne paraissent pas trop dégarnis et puissent encore former abri.

La situation de ces diverses plantations existantes sera désignée dans la visite.

Le preneur aura la faculté de faire comme bon lui semblera toutes autres plantations et jouira pendant son bail de ce surcroît de plantations, n'étant tenu de soigner et conserver que les parties de plantations mentionnées précédemment.

18° *Fumiers.* Les fumiers de la ferme qui n'auront pas été employés avant les semailles de l'automne prochain, ceux qui proviendront du bétail de la ferme et ceux à provenir de la bergerie jusque après la tonte de........, seront à la disposition du preneur........

A la fin du bail, le preneur sera tenu de laisser à la disposition du bailleur: 1° les fumiers que ledit preneur n'aura pas employés avant les semailles de la dernière année; 2° les fumiers qu'il fera subséquemment jusqu'après la tonte de......, et sur cette quantité de fumier qu'il laissera après les semailles d'automne de la dernière année, ledit preneur pourra aussi disposer d'une quantité de..... voitures, mais à la charge de les employer sur les terrains de la ferme.

Il est convenu que si, dans le courant du bail, le preneur exploitait des terres appartenant à d'autres personnes, et en raison de cette augmentation d'exploitation, il se procurait d'autres écuries que celles de la ferme, afin d'augmenter aussi son bétail dans la même proportion, ledit preneur, dans ces cas et conditions pourra, soit pendant le bail, soit à la fin du bail, disposer, pour les autres terrains qu'il exploiterait, d'une quantité de fumier proportionnelle et relative à l'augmentation de son exploitation. Il est convenu aussi, quant aux eaux d'irrigation, que le preneur pourra les employer également et pour partie aux autres terrains qu'il pourra exploiter, à la charge de remettre au bailleur une reconnaissance des propriétaires de ces autres terrains, portant que cette irrigation momentanée ne leur confère aucun droit à l'usage de ces eaux.

19° *Pailles.* Quant aux pailles, le bailleur en laissera au preneur autant qu'il le pourra, et s'il en est ainsi cédé lors de l'entrée en bail, la quantité sera constatée par un récépissé fait double et, lors de l'expiration du bail, le preneur sera tenu d'en laisser aussi gratuitement une pareille quantité; et s'il en possédait plus, il serait également obligé de le céder au bailleur, mais ce surplus sera payé au preneur au prix où la paille sera estimée alors......

20° *Réparations.* Le preneur sera tenu d'entretenir en bon état, de réparer de toute manière, sans en rien excepter, dès le moment même où il y aura lieu à entretien ou à réparation tout ce qui lui est laissé, terrains et bâtimens, pour les mettre, à sa sortie, exempts de toutes réparations, grosses et petites, ainsi que cela devra être reconnu contradictoirement alors par une visite, dont deux minutes du procès-verbal seront remises au bailleur; le preneur lui remettra en outre un nouveau pied-terrier-déclaration en forme légale, contenant la désignation de tous les objets qui ont été laissés et ce avec indication des natures, contenances et nouveaux voisins. Ces visites, procès-verbaux et déclarations seront faits et fournis aux frais du preneur, attendu qu'il ne supporte pas les frais de ces mêmes opérations lors de son entrée en jouissance, lesquelles seront aussi faites contradictoirement avec lui, mais aux frais du bailleur.

21° *Empiétemens et usurpations.* Pendant toute la durée du bail, à peine d'en être responsable et de tous dommages-intérêts, le preneur sera obligé de s'opposer à toute anticipation, à tous déplacemens de bornes, à l'établissement d'aucune servitude (tout ce qui est laissé en est exempt), d'intenter, soutenir ou défendre toutes actions possessoires à ses frais, risques et périls et d'en donner avis au bailleur; quant aux actions pétitoires, il sera seulement tenu d'en prévenir le bailleur qui, à cet égard, prendra le parti qu'il jugera convenable.

22° *Fin de la jouissance.* A la fin du bail, le preneur laissera à celui qui lui succèdera dans l'exploitation de la ferme, la jouissance des terrains et des bâtimens, aux mêmes époques que celles où il les aura reçus. Le bailleur ou le fermier qui succèdera au preneur aura le droit de semer les semences de prairies sur les terrains de la ferme qui seront susceptibles d'en recevoir, soit sur les grains de printemps de... soit sur les grains d'hiver à récolter en... sans que le preneur puisse s'y opposer ni prétendre à aucune indemnité ni diminution de canon; cependant cette opération de semer les grains de prairies sur les grains de printemps de... ne pourra avoir lieu qu'après que ces grains seront bien levés.

Le preneur jouira d'une semblable faculté, lors de son entrée en bail, sur les céréales d'hiver à récolter en...

23° Indépendamment de ce qui a été précédemment stipulé relativement aux prés naturels et aux sainfoins, le preneur sera tenu de rendre à la fin du bail, en prairies artificielles annuelles, une quantité égale à celle qu'il recevra lors de son entrée, ce qui sera constaté par le procès-verbal de visite.

24° *Assurance.* Le preneur sera obligé d'assurer annuellement contre l'incendie, et à ses frais, tous les bâtimens dont il jouira, et, faute par lui de le faire, le bailleur aura la faculté, ou de l'y contraindre, ou de faire opérer lui-même l'assurance, soit près l'assurance mutuelle, soit près d'une compagnie à prime, et d'obliger de suite le preneur à lui en rembourser les frais et la quote-part du sinistre. Quant à l'assurance contre la grêle, le preneur est purement et simplement subrogé dans les droits et obligations qui pourraient résulter au bailleur de l'adhésion qu'il a donnée à l'association d'assurance mutuelle contre la grêle... le preneur agira à cet égard comme bon lui semblera, sans que le bailleur soit inquiété à ce sujet.

25° *Cheptel.* Le preneur ne pourra prétendre aucune diminution de canon, indemnité, dommages et intérêts, ni se dispenser de rendre en bon état, en mêmes nombre et espèces, à la fin du bail, le troupeau de mérinos qui lui est confié, pour cause ou sous prétexte de grêle, sécheresse, gelées, inondations, épizooties, ou pour toute autre cause ou motif que ce puisse être, même pour tous cas fortuits prévus ou imprévus.

Néanmoins il est fait exception aux dispositions contenues au présent article pour le cas où le preneur éprouverait des pertes par l'effet du pillage ou incendie résultant des faits de guerre ou d'émeute populaire; ces derniers cas arrivant, les parties contractantes stipulent ici d'avance relativement aux pertes qui concerneraient le troupeau de mérinos seulement, et quant au surplus il sera statué entre eux d'après les circonstances.

Dans le cas donc d'un pillage, par suite de force majeure, de la totalité du troupeau de mérinos, chacune des parties supportera moitié de la perte de la valeur du troupeau qui aura été livré au preneur; et si le troupeau est plus nombreux lors de la perte, le surplus sera supporté en totalité par le preneur. Si la perte n'est que d'une partie, elle sera supportée d'après les bases ci-dessus; c'est-à-dire que le propriétaire ne perdrait que moitié de la valeur des têtes de mérinos qui manqueraient pour compléter, avec ce qui resterait, une quantité égale en valeur à celle qui aurait été livrée; le surplus de la perte serait supporté par le preneur.

26° Le preneur sera obligé de soigner particulièrement le troupeau de mérinos qui lui est laissé; d'en maintenir non-seulement la finesse, mais de chercher à l'augmenter encore en mettant la sévérité la plus grande dans le choix des béliers de monte, et de continuer à le préserver du claveau en faisant claveliser tous les ans, à l'automne, les agneaux de l'année. A l'expiration du bail pour cette partie des objets laissés, c'est-à-dire après la tonte de..., le preneur sera tenu d'avoir alors un troupeau de mérinos composé de... bêtes au moins assorties, dans lequel troupeau le bailleur choisira alors les... mérinos qu'il doit reprendre, en nombre, sexe et âge, pareils à ceux qu'il s'est obligé de fournir au preneur après la tonte de...; et à ces deux époques les parties se donneront des reconnaissances respectives à cet égard; il est entendu aussi que le commencement et la jouissance des pâturages destinés à la bergerie suivront les époques fixées pour elle.

27° *Dispositions relatives au mode de jouissance des terres pendant les 4 dernières années du bail.* Le preneur sera obligé, pendant cette dernière période du bail, d'avoir un quart de ses terres arables en jachère, ou chargé (après avoir été convenablement engraissé ou amendé), d'une récolte semée en lignes; à bien sarcler et biner; de ne jamais faire suivre une récolte de céréales d'une autre récolte de même espèce, sans les séparer par une récolte verte ou par une légumineuse, à moins que des circonstances imprévues ne le justifient, et dans ce dernier cas encore, pour une seule année, et sous la condition expresse que la proportion requise en herbage, récolte verte ou jachère sera remplacée à quelque autre part sur le terrain de la ferme, et comme le canon ne sera stipulé ci-après qu'en considération que cette méthode sera strictement suivie pendant les 4 dernières années, le cas arrivant que le preneur cultivât tout ou partie des terrains laissés de manière différente que celle qui vient d'être prescrite, ledit preneur s'engage et s'oblige à payer au bailleur, au terme de février qui suivra le mode de culture interdit, et ce, chaque fois que cela aura lieu, une somme de 25 fr., à titre de dommages-intérêts, pour chaque hectare de terrain ainsi dessolé. Cette indemnité ne sera jamais sujette à aucune diminution, et l'offre de la payer ne conférera pas le droit de cultiver contrairement aux règles établies ci-dessus.

28° *Récoltes sur pied à fin de bail.* A l'expiration du bail, le preneur sera obligé de céder au bailleur, qui à son tour sera tenu d'accepter, toutes les récoltes alors sur pied en céréales et autres denrées d'hiver, à récolter en....., et ce, au prix de l'estimation qui en sera faite par experts amiablement choisis ou nommés par qui de droit; lesquels experts feront leur évaluation en argent en leur ame et conscience, sans égard à la valeur de la paille, que les parties reconnaissent appartenir au fonds de la terre; et pour cette estimation ils auront aussi égard aux frais de récolte. Le prix de cette estimation sera d'abord imputé sur le prix du dernier canon, et le surplus, s'il y en a, sera payé par le bailleur au preneur le 1er février......... Cette estimation de récolte, ainsi que la mention d'une partie du prix seront constatées par un procès-verbal qui sera soumis alors à l'enregistrement.

29°. *Fixation du canon.* Le preneur paiera au bailleur en son domicile à Roville pour canon annuel de ladite ferme : 1° 240 hectolitres de blé et 360 hectolitres d'avoine, représentant 200 paires, ancienne mesure, payables néanmoins en argent au taux du hallage d'Épinal, et ce par tiers, le 1er février, le 1er juillet et le 1er décembre de chaque année et de manière qu'il y ait autant de canons complétement payés qu'il y aura d'années de jouissance. Le premier canon sera exigible en l'année........, d'après le taux moyen des hallages de la ville d'Épinal, formés par l'addition des 3 hallages les plus rapprochés du 11 novembre et des 3 hallages les plus rapprochés du 24 juin de chaque année, ceux desdits jours compris, s'il s'en trouve. Le 6e du total formé par ces additions déterminera la fixation du canon de chaque année. A l'effet de quoi le preneur sera tenu de se procurer et de produire l'extrait des mercuriales. Le 1er canon sera fixé par les hallages de novembre......., et de juin......, pour ainsi continuer pendant les années subséquentes; et attendu que, lors du paiement des 2 premiers tiers de chaque canon, il ne sera pas possible de connaître exactement le taux moyen des 6 mercuriales qui doivent servir de base, les 2 premiers tiers seront toujours exigibles à titre d'à-compte, d'après le taux moyen des 3 hallages du mois de novembre précédent, et le réglement du taux de chaque canon ne sera fait que lors du paiement du dernier tiers, qui pourra être plus ou moins fort que les précédens, suivant la variation des 6 mercuriales qui seront alors connues. Et dans le cas où le prix élevé des grains porterait, d'après les mercuriales, la totalité de cette partie du canon à une somme de plus de 6,000 fr., cette même partie de canon sera réduite à cette somme fixée comme *maximum*.

2° En raison du cheptel laissé, dont la valeur capitale est estimée par les parties pour la perception du droit d'enregistrement, à une somme de 15,000 fr., le preneur paiera un canon annuel au bailleur, fixé à la somme de 1,950 fr. en numéraire; au moyen de quoi le bailleur n'aura aucun droit au partage de la laine ni du croît, mais seulement à la reprise de son fonds de cheptel à la fin du bail. Expliqué encore que l'estimation faite ci dessus de la valeur capitale dudit cheptel, n'étant que pour la perception des droits d'enregistrement, cette estimation ne forme pas une base déterminée pour le cas où le preneur ne pourrait représenter la totalité du fonds du cheptel; et, ce dernier cas arrivant, il sera fait une nouvelle estimation par experts, à ce commissionnés, pour déterminer la valeur d'alors.

Le paiement de cette portion de canon en une valeur fixe et déterminée, pour tenir lieu et représenter la part qui devrait arriver au bailleur dans le produit du cheptel, sera aussi effectué par tiers aux mêmes époques que celles fixées au n° 1er du présent article.

30° *Avances des contributions.* En à-compte de ces portions de canon, le preneur avancera, toutes les années à commencer de l'année......., les contributions auxquelles le bailleur est ou sera imposé dans la commune de Roville et communes voisines. Lesquelles contributions seront, sur le vu des quittances des percepteurs, imputées au premier sur les 1ers paiemens mis à sa charge, et ce respectivement pour chaque année.

31. *Dispositions relatives à la prorogation du bail; clause dite de lord Kames.* Les parties considérant qu'une des causes principales qui empêchent ordinairement les cultivateurs d'améliorer leurs fermes, est la crainte qu'ils éprouvent d'en voir augmenter le prix à

la fin de leur jouissance sans aucune chance d'indemnité pour eux. Afin de parer à cet inconvénient et fournir un exemple qu'ils croient utile à l'agriculture, ils sont convenus de ce qui suit :

Si le preneur laisse écouler entièrement l'avant-dernière année du présent bail sans notifier au bailleur que le preneur entend proroger la durée du bail pour une autre période de 20 années, le présent bail sera terminé de plein droit.

Le preneur ne pourra valablement faire cette notification qu'en offrant au bailleur, pour tout le temps de la prorogation, une augmentation de canon de 1,000 fr. chaque année, et si cette notification reste 1 mois sans réponse, le bail sera prorogé aux mêmes clauses et conditions, à la charge de ladite augmentation de canon.

Si, dans le mois de la notification ci-dessus mentionnée, le bailleur répond par une autre notification qu'il ne consent pas à la prorogation, elle n'aura pas lieu ; mais ledit bailleur sera tenu de payer une somme de 10,000 fr. au preneur à titre d'indemnité.

A cette notification de la part du bailleur, le preneur pourra en faire une ou plusieurs subséquentes, mais toujours dans le mois qui suivra celle qu'il aura reçue, et ce pour demander la prorogation du bail, moyennant une ou 2 nouvelles augmentations de canon qu'il portera alors chaque fois à 500 fr.

Le bailleur pourra aussi de son côté répliquer à chacune de ces notifications, qu'il n'entend pas consentir à la prorogation du bail, mais à charge par lui d'offrir au preneur une augmentation d'indemnité de 5,000 fr. pour chaque fois que le preneur aurait fait des offres de 500 fr. d'augmentation par canon.

Cette sorte d'enchère ouverte entre le bailleur et le preneur ne sera terminée qu'après qu'une notification sera restée un mois sans réplique.

Si la dernière notification a été faite à la requête du preneur, le bail sera prorogé pour 20 années, moyennant l'augmentation de canon qui résultera de cette dernière notification, et alors un acte authentique de renouvellement sera passé aux frais du preneur, qui ne serait pas pour cela dispensé des frais d'une visite et de fournir une déclaration.

Si la dernière notification a été faite à la requête du bailleur, le présent bail sera terminé le........ ; mais le bailleur sera obligé de payer au preneur l'indemnité qui résultera de la dernière notification. Cette indemnité sera exigible par moitié de 6 mois en 6 mois, à partir de l'époque fixée pour l'expiration du présent bail.

Dans le cas de prorogation du bail, en conformité des conditions prescrites par le présent article, il est entendu que la cession de la dernière récolte, ainsi que le paiement de la construction des usines que le preneur aurait pu faire construire, seront reportés à l'expiration du second bail, ainsi que le mode de jouissance établi pour les dernières années.

Si, à l'expiration du bail, le bailleur était alors représenté par plusieurs ayant-droit occupant diverses résidences, les notifications qui pourront être faites à la requête du preneur, relativement à la prorogation du bail le seront en la demeure de ceux desdits ayant-droit qui résideraient à Roville ; et, dans le cas où il n'y en aurait pas, elles seraient faites alors en la demeure de celui qui demeurerait dans le lieu le plus rapproché. Ces domiciles sont ainsi élus par le bailleur, relativement à ces notifications seulement.

32o *Résiliation du bail pour inexécution des conditions.* Faute par le bailleur ou par le preneur de remplir, chacun en ce qui le concerne, aucune des clauses, charges et conditions auxquelles ils se sont respectivement soumis par les présentes, celle des parties qui aurait à s'en plaindre, après avoir constitué l'autre en demeure, pourra et aura le droit d'exiger l'exécution desdites clauses, charges et conditions ou de faire prononcer la résiliation du bail.

§ II. — Du bail à cheptel.

Le cheptel est quelquefois une des conditions du bail à ferme, et quelquefois un contrat particulier qui a ses règles spéciales. Nous avons fait connaître dans la 2e partie du livre VI, intitulée : *Législation rurale*, page 263, tout ce qui est relatif à ce contrat.

§ III. — Du bail emphytéotique.

On appelle ainsi une convention par laquelle le propriétaire d'un héritage en cède à quelqu'un la jouissance pour un temps fixé, ordinairement 99 ans ou même à perpétuité, à la charge d'une redevance annuelle que le bailleur se réserve sur cet héritage pour marquer son domaine direct. Le terme *d'emphytéose* tire son origine d'un mot grec qui signifie planter, améliorer une terre ; et, en effet, l'emphytéose n'était en général accordé que sous la condition de défricher et d'améliorer. Ce contrat est fort rare aujourd'hui et n'est plus guère en usage que pour les biens cédés à des particuliers par la couronne, le gouvernement ou les hospices ; mais il en existe encore un très grand nombre qui ont été faits anciennement.

Si donc le détenteur actuel de l'héritage le possédait seulement à titre d'emphytéose, le fermier devrait examiner pendant combien de temps l'emphytéote a encore droit à la jouissance et ne pas accepter bail pour un espace de temps plus considérable ; car il est de principe que nul ne peut transporter à autre plus de droits qu'il n'en a lui-même ; en sorte que, quelle qu'en soit la durée stipulée par le bail, la jouissance du fermier finirait nécessairement avec celle de l'emphytéote. Si la concession a été perpétuelle, le possesseur est réellement propriétaire ; il ne pourrait être dépossédé qu'autant qu'il ne paierait pas la redevance stipulée, et même en ce cas le bail, s'il avait été fait et accepté de bonne foi, ne pourrait être résilié.

§ IV. — Bail à culture perpétuelle ou locatairie perpétuelle.

On appelait ainsi un contrat par lequel un fonds de terre était affermé à perpétuité à la charge de le tenir constamment en état de culture et d'en payer annuellement une redevance au bailleur ou à ses héritiers. Ce bail était donc une véritable aliénation de la propriété, moyennant une rente foncière ; il conférait au preneur tous les droits du propriétaire, à charge seulement de payer la redevance annuelle que la loi du 18 décembre 1790 a déclarée essentiellement rachetable.

§ V. — Bail à domaine congéable.

Ce bail, si commun encore dans plusieurs départemens compris dans les limites de l'ancienne Bretagne, est un contrat par lequel celui à qui appartient la propriété parfaite d'un fonds en sépare la superficie pour la concéder au tenancier ou colon, *sous la faculté perpétuelle* de rachat. Cette définition suffit pour faire voir combien cette espèce de propriété est précaire, et combien elle est contraire à la sécurité des possesseurs et par conséquent à l'amélioration du sol.

§ VI. — Bail à vie.

Le bail à vie est l'abandon de la jouissance d'un héritage pendant la vie du preneur ou pendant celle du bailleur, moyennant une certaine somme payable chaque année ou sous les conditions stipulées dans le contrat. L'incertitude de pouvoir faire profiter ses héritiers des améliorations effectuées par lui, si la durée du bail à vie dépend de celle de son existence, doit éloigner le preneur de toute pensée d'amélioration; mais si le bail est basé sur le temps de la vie du bailleur, l'incertitude que doit éprouver le preneur de pouvoir profiter lui-même de ses travaux et de ses avances doit encore former un obstacle plus insurmontable à tous progrès agricoles.

LÉOPOLD MALEPEYRE.

SECTION III. — *De la régie.*

Parmi les moyens de faire valoir une propriété rurale, nous ne devons pas omettre la régie, qui peut devenir pour notre agriculture une grande source d'améliorations. Mais le choix du sujet et la manière d'apprécier les connaissances théoriques et pratiques d'un régisseur avec lequel on désire traiter pour la culture d'une ferme, les conditions du contrat qui doit lier les deux parties, afin de maintenir l'unité des vues, l'accord et la confiance qui sont nécessaires au succès d'une entreprise agricole, sont des objets si importans qu'il nous a paru utile d'établir avec quelques détails les règles que l'on doit suivre en pareille circonstance.

Dans les pays où la régie des exploitations agricoles est un usage ancien et répandu, il ne manque pas de sujets capables qui ont déjà de l'expérience et des antécédens à faire valoir; là le choix d'un régisseur est moins embarrassant. Mais en France, où la culture raisonnée est une carrière nouvelle dans laquelle peu de jeunes gens sont entrés encore, parce que les moyens d'instruction leur ont manqué, on ne rencontre que très peu d'hommes capables de bien diriger l'exploitation d'un domaine; et un petit nombre d'élèves, sortis trop récemment des écoles pour avoir acquis quelque expérience.

Il importe que le régisseur et le propriétaire puissent s'entendre, s'apprécier et faire un arrangement réciproquement équitable et avantageux. Le propriétaire doit éviter de traiter avec un homme dont il ne connaît pas la *capacité*, et il est du plus grand intérêt pour l'avenir du régisseur qu'il ne se charge pas d'une exploitation avant d'avoir fait une étude approfondie de la nature de la terre, de celle du sous-sol, de l'exposition, de la température, des ressources du pays et de la localité sous le rapport des ouvriers et des prix, des facilités de vente des denrées, de la viabilité des chemins vicinaux et d'exploitation, de l'industrie, des spéculations de la contrée relativement aux animaux, aux céréales, aux denrées de commerce, aux pailles, fourrages, engrais, amendemens. Les moyens de production de la ferme, ses approvisionnemens doivent être également les objets d'un scrupuleux examen.

Avec ces données et la connaissance des vues du propriétaire ainsi que du capital qu'il veut consacrer au roulement de l'exploitation et à l'amélioration des terres, le régisseur instruit doit savoir faire un plan de culture, le raisonner sous toutes ses faces, en développer les motifs, les conséquences et la progression; établir le projet d'assolement qui concourre le plus efficacement à son exécution; il doit surtout savoir appuyer, éclairer ses combinaisons et le système qu'il croira devoir adopter de budgets de prévision pour chacune des années de l'assolement, afin d'établir, par nature de comptes, le chiffre de toutes les dépenses ainsi que la progression des revenus et l'augmentation du capital des terres qui résultera des améliorations successives qu'il projette.

Le régisseur entendu devra établir la distinction des capitaux, indiquer celui qui s'ajoute ordinairement au capital foncier, celui qui perd naturellement chaque année, celui qui devra s'amortir successivement et celui qui devra bénéficier.

Ce travail, consciencieusement fait, présenté avec lucidité, discuté, modifié s'il y a lieu, et enfin arrêté et signé entre les parties, mettra le propriétaire en position de juger la capacité du régisseur, lui fera comprendre la portée de ses vues, lui fera connaître sa propre situation et les avances qui sont à faire pour arriver à son but; lui donnera le moyen de suivre, d'éclairer la marche, la progression de l'entreprise, et lui assurera, par la comptabilité, les seules garanties qu'ils puisse raisonnablement prétendre de son argent.

Que l'on ne dise pas que tel régisseur qui saura faire un pareil travail ne sera peut-être pas en état de l'exécuter, de produire les revenus dont il aura donné les prévisions. Celui qui sait apprécier les mauvaises comme les bonnes qualités des terres, y appliquer les moyens d'amélioration, combiner le système de culture le plus convenable à la localité, aux ressources de la ferme; établir le montant des dépenses et la valeur des produits, sera certainement assez fort en pratique, en théorie et en comptabilité pour pouvoir exécuter son plan d'après ses calculs prévisionnels.

Le régisseur capable trouvera de son côté, dans cette mesure de précaution, dans cette juste exigence du propriétaire, le grand avantage de suivre avec sécurité une route étudiée, discutée, convenue; d'avoir les moyens certains d'accomplir sa tâche; il s'assurera ainsi une position honorable ainsi que l'indépendance nécessaire tant qu'il restera dans les limites qu'il s'est tracées et que ses écritures justifieront l'exactitude de ses prévisions et la bonne gestion des intérêts qui lui sont confiés.

De là union, accord, relations agréables et prospérité très présumable de l'entreprise. De cet arrangement naît aussi la confiance, qui attire et fixe les capitaux; moyen qui manque trop fréquemment à l'agriculture, parce qu'elle n'a pas su offrir la garantie des écritures.

Sans une bonne étude préalable et sans un contrat établi sur les bases qui viennent d'être indiquées, il n'y a et ne peut y avoir aucune chance de succès. En effet, le propriétaire souvent absent, dans l'impossibilité de suivre les opérations, les comprenant mal, peut, par suite d'inquiétude ou de défiance mal fondée, rompre l'harmonie indispensable à la réussite; tandis que, lorsque tout a été combiné, expliqué, convenu d'avance, chacun connaît ses obligations et les accomplit avec sécurité. Le contrat fixe la durée de l'engagement, qui doit être naturellement celle de la rotation de l'assolement. Les résultats probables et successifs que présentent les budgets servent aussi à déterminer les honoraires du régisseur, soit qu'on les établisse invariables ou qu'ils suivent la progression des revenus, soit qu'ils participent aux bénéfices ou qu'ils tiennent de tous deux. Sans ces garanties réciproques, il est difficile de faire un accord durable. Les deux parties ont donc intérêt à suivre une méthode si utile.

J'ajouterai pour les fermes-modèles qu'on est occupé à organiser dans plusieurs départemens et pour la direction desquelles il se présente plusieurs candidats, que le seul moyen de faire un bon choix est de donner ces places au concours, à ceux qui sauront présenter les plans les mieux étudiés, les plus complets, les mieux raisonnés et dont les combinaisons seront les plus heureuses, les mieux applicables à la situation et les plus en rapport avec les moyens existans.

A. Bella.

Article III. — *Des associations agricoles en commandite.*

Un autre mode de faire valoir, que les agronomes les plus instruits recommandent aujourd'hui, c'est l'exploitation du sol par association. La division souvent excessive des terres, la pauvreté relative de la plupart de nos agriculteurs, la difficulté qu'on éprouve de se procurer en France les capitaux nécessaires à la culture rendent fort difficile l'introduction des instrumens perfectionnés et des procédés rationnels. Si l'*esprit d'association*, si favorable à toutes les entreprises de l'industrie, s'introduisait dans nos campagnes, nous verrions bientôt ces obstacles s'aplanir avec facilité. Déjà nous pourrions citer plusieurs exemples d'associations de cette nature, dont la date est encore trop récente pour qu'on puisse en apprécier les résultats, mais qui présenteront probablement, si elles sont dirigées avec intelligence, des conséquences avantageuses pour tous les associés.

Pour diriger les agriculteurs vers ce nouveau mode d'exploitation, il est nécessaire de leur faire connaître les principes généraux qui régissent les associations.

La loi distingue deux natures de sociétés: les *sociétés commerciales*, c'est-à-dire celles qui ont pour but de faire habituellement le commerce, et les *sociétés purement civiles*, dans lesquelles, sans vouloir se livrer habituellement à des actes de commerce, les associés mettent quelque chose en commun, dans la vue de partager le bénéfice qui pourra en résulter.

La différence la plus essentielle à connaître, qui existe entre les sociétés commerciales et les sociétés purement civiles, c'est que le principe général pour les premières est la *solidarité de tous les associés* pour les engagemens de la société, c'est-à-dire que chaque associé est tenu pour la *totalité* des dettes de la société contractées par l'un des associés ayant pouvoir d'engager la société, et sauf les modifications que les conventions peuvent introduire à cet égard; tandis que, dans les sociétés purement civiles, chaque associé n'est jamais *obligé, même vis-à-vis les tiers, que pour la part et portion qui lui a été attribuée par l'acte dans les bénéfices et pertes*, et lorsque l'acte de société ne détermine pas la part et portion de chaque associé dans les bénéfices ou pertes, la part de chacun est en proportion de sa mise dans le fonds de la société; à l'égard de celui qui n'a apporté que son industrie, sa part dans les bénéfices ou dans les pertes doit être réglée comme si sa mise eût été égale à celle de l'associé qui a le moins apporté (C. c., 1853).

La rigueur du principe général en matière commerciale et le désir de favoriser les associations a fait admettre une exception fort importante. A cet effet, le Code de commerce, art. 18, a autorisé les *sociétés en commandite* qui se contractent entre un ou plusieurs associés responsables et solidaires et un ou plusieurs associés *simples bailleurs de fonds*, que l'on nomme *commanditaires ou associés en commandite* (*idem*, art. 23). Cette espèce de société est régie sous un nom social qui doit être nécessairement celui d'un ou plusieurs des associés responsables et solidaires, le nom d'un associé commanditaire ne pouvant jamais faire partie de la raison sociale (*idem*, art. 23 et 25). Les commanditaires, quoique véritables associés participant à tous les bénéfices, n'ont cependant été considérés par la loi que comme de simples bailleurs de fonds, passibles des pertes jusqu'à concurrence seulement des fonds qu'ils ont mis ou dû mettre dans la société (*idem*, art. 26); mais ce privilége la loi ne le leur a accordé que sous deux conditions dont l'oubli les ferait considérer comme associés solidaires: la première, c'est que le commanditaire ne fera *aucun acte de gestion* et qu'il ne sera pas *employé pour les affaires de la société*, même en vertu de procuration (*idem*, art. 27); la seconde, c'est qu'un *extrait* de ces actes de société, contenant toutes les indications prescrites par l'article 43 du C. de Com., *sera remis, dans la quinzaine de leur date, au greffe du tribunal de commerce de l'arrondissement* pour être transcrit sur un registre et affiché pendant 3 mois dans la salle des audiences (*idem*, art. 42), puis inséré dans les journaux désignés au commencement de chaque année par le tribunal de commerce (loi du 31 mars 1833). D'ailleurs la commandite peut être divisée en actions, même au porteur, sans aucune dérogation aux règles établies pour ce genre de société (C. de com., art. 38, et arrêt de la cour roy. de Paris, du 7 fév. 1832).

Les associations agricoles n'ayant d'autre

but que de se livrer dans l'intérêt commun aux travaux agrestes et à la culture du sol, ne sauraient avoir de leur nature le caractère commercial; sauf le cas où l'on joindra quelque usine importante, telle que manufacture de sucre indigène, grande féculerie et autres établissemens semblables qui pourraient donner à l'association un caractère commercial, mais en supposant que l'association fût de sa nature *purement civile*, ici se présente la question de savoir si, en la revêtant de l'une des formes consacrées par le Code de commerce, on ne lui attribuerait pas immédiatement et par l'effet de la convention le caractère ou plutôt toutes les conséquences des sociétés commerciales. Cette question, toute juridique, ne peut être traitée dans un ouvrage de la nature de celui-ci, malgré son importance pour le genre d'exploitation qui fait en ce moment la matière de notre examen. Il nous suffira de faire observer que sa solution, quelle qu'elle soit, ne saurait influer sur le sort des commanditaires qui auraient rempli toutes les formalités prescrites par la loi et qui auraient évité avec soin de s'immiscer à l'administration (1).

Quoi qu'il en soit, la forme de la commandite donnée au contrat d'association peut offrir l'avantage inappréciable d'attirer vers l'agriculture des capitaux oisifs ou moins utilement employés, puisque les bailleurs de fonds savent qu'ils ne peuvent perdre que les capitaux par eux risqués dans ces entreprises, tandis que s'ils avaient contracté une association, même purement civile, ils seraient exposés à supporter dans les pertes, lors même qu'elles excéderaient de beaucoup le fonds social, une part égale à celle qui leur aurait été attribuée dans les bénéfices.

Ces associations, bien dirigées, peuvent donc devenir une *source abondante de prospérité pour notre agriculture*; ainsi plusieurs propriétaires dont les héritages sont trop bornés pour être avantageusement donnés à ferme pourraient les réunir; puis, soit par eux-mêmes, soit en faisant appel à des capitalistes, créer le fonds social nécessaire à l'exploitation perfectionnée des terres mises ainsi en commun. Ils mettraient alors à la tête de cette entreprise agricole un régisseur intelligent et laborieux et régleraient de la manière qui leur paraîtrait la plus avantageuse les conditions de l'administration, en exerçant toute la surveillance nécessaire, que la loi ne leur interdit nullement, pour s'assurer que leurs intérêts ne sont pas négligés.

Une autre amélioration qu'on pourrait introduire dans les exploitations agricoles, en l'empruntant à quelques branches de l'industrie manufacturière où déjà elle a obtenu des résultats fort avantageux, ce serait d'intéresser tous les aides ruraux à la prospérité de l'exploitation en les associant aussi à sa fortune. L'intérêt est un des plus puissans mobiles de l'intelligence et de l'énergie de l'homme; en faisant briller à ses yeux l'espoir d'améliorer sa condition et celle de sa famille en proportion de son travail et des soins qu'il y apporte, on est certain de tirer du labeur du travailleur bien dirigé tout le fruit qu'il peut produire. Ce mode d'association a été introduit avec les avantages les plus incontestables dans l'exploitation des mines de Cornouailles et récemment en France dans quelques usines de Saint-Etienne. Voici comment M. BABBAGE, savant économiste anglais, en résume les avantages.

1° Par l'association, chaque employé de l'établissement devient intéressé à sa prospérité; 2° Toute perte étant ressentie par tous les copartageans, ils se surveillent réciproquement et préviennent ainsi tout gaspillage; 3° Les capacités de chacun s'exercent énergiquement pour le profit commun; 4° Les travailleurs d'un caractère respectable et d'une habileté reconnue sont nécessairement seuls admis dans une pareille exploitation; d'abord parce qu'il y aura concurrence pour y entrer et que ce sera l'intérêt commun de n'admettre que les plus honnêtes et les plus habiles; qu'il sera plus difficile d'en imposer à des ouvriers éclairés par leur intérêt que de tromper le propriétaire ou directeur de l'exploitation; 5° Qu'il s'établit ainsi une union d'intérêt, une espèce de fraternité de travail entre le directeur et les ouvriers qui tourne au profit de leur moralisation et de la prospérité de l'établissement.

La seule objection sérieuse que l'on puisse faire contre ce système, c'est la *difficulté de l'introduire dans les exploitations rurales* où, comme dans les manufactures, les ouvriers ne peuvent satisfaire à la plupart de leurs besoins que par le salaire des travaux de la semaine. Mais d'abord l'objection s'applique plutôt aux ouvriers des manufactures qu'aux aides ruraux qui sont presque toujours nourris dans la ferme qu'ils exploitent; mais il y a d'ailleurs un moyen fort simple, déjà mis en usage dans quelques usines industrielles, de résoudre cette difficulté, c'est de diviser les salaires en deux parts: une portion fixe qui leur serait payée aux époques ordinaires pour satisfaire leurs besoins journaliers et ceux de leur famille, et une portion variable qui augmenterait ou diminuerait suivant le degré de prospérité de l'exploitation agricole. Nous ne doutons pas que de pareilles améliorations, dans les conditions ordinaires de l'exploitation du sol, n'amenassent bientôt des résultats très avantageux et pour le public et pour les associés.

LÉOPOLD MALEPEYRE.

(1) Pour connaître cette matière importante on peut consulter avec fruit le *Traité des sociétés commerciales*, par M. MALEPEYRE, avocat à la cour royale de Paris, et M. JOURDAIN, juge au tribunal civil de la même ville, un gros volume in-8°, prix 7 fr. 50 c., chez Mansut fils, libraire, rue des Mathurins-Saint-Jacques, 17.

TITRE TROISIÈME.

DE L'ORGANISATION DU DOMAINE.

Lorsqu'on s'est procuré à un titre quelconque la jouissance d'un fonds productif, les principes de l'économie de l'agriculture enseignent que pour l'exploiter il est nécessaire d'y établir un certain nombre de *services* qui, d'une manière plus ou moins directe, concourent avec le fonds lui-même à la production agricole. L'établissement de ces divers services constitue ce que nous appelons ici l'*organisation du domaine*.

L'organisation d'un domaine rural exige beaucoup *d'expérience, de tact et de connaissances*, et influe puissamment, suivant qu'elle a été faite avec habileté ou avec ignorance, sur les succès et les revers de l'établissement. On doit autant que possible s'attacher *dès l'origine à suivre une bonne direction;* des erreurs légères en apparence causent parfois votre ruine ou bien il s'écoule beaucoup de temps et on perd beaucoup d'argent avant qu'on puisse rentrer dans la bonne voie.

Les règles d'une sage économie prescrivent de faire dans l'organisation d'un domaine rural *tout ce qui est nécessaire pour l'exploitation raisonnée du fonds, mais aussi rien que ce qui est nécessaire.* Si tous les services n'ont pas été établis convenablement, si on a mis une économie mal entendue dans leur organisation, on ne parviendra jamais à tirer du fonds tous les fruits qu'il est capable de donner, et, si on a été au-delà du but, on a la plupart du temps engagé des capitaux qui deviennent improductifs ou dont les intérêts grèvent inutilement la production et dont personne ne consentirait à rembourser la valeur dans le cas où on voudrait vendre ou céder sa propriété.

Les fonds productifs dont se compose le territoire d'un pays peuvent être, les uns en friche et à l'état de nature, tandis que les autres ont déjà reçu des améliorations foncières plus ou moins importantes; dans les 1ers tout est à organiser, et, comme ce cas est le plus général, c'est celui que nous prendrons pour exemple dans l'ensemble de ce titre, en supposant que l'entrepreneur possède les capitaux nécessaires pour donner à chacun des services le développement qu'il exige dans un établissement dirigé suivant les principes d'une bonne administration.

Avant de songer à organiser un domaine, il est indispensable d'avoir une opinion arrêtée sur le *système d'exploitation* au moyen duquel on se propose d'en tirer des fruits, parce que les systèmes divers adoptés en agriculture réclament la plupart du temps une organisation qui leur est propre et que tous n'ont pas un égal besoin des services qui composent une organisation complète.

Le choix d'un système d'exploitation comprend à son tour celui d'un système d'économie rurale, de culture et d'aménagement, expressions sur lesquelles nous pensons qu'il importe de s'entendre avant d'aller plus loin.

Pour exploiter un fonds, on peut d'abord choisir entre les 3 principaux *systèmes d'économie rurale* qui suivent, lesquels passent les uns aux autres par des nuances souvent peu tranchées et difficiles à saisir.

1er Système. *Culture des végétaux.* Dans ce système on s'adonne principalement à la culture et au travail des végétaux, ou au moins ceux-ci forment à beaucoup près la branche la plus importante des revenus de l'établissement. Nous en avons des exemples dans la culture des plantes potagères, des fourrages et des céréales, près des grandes villes ou autres localités, où les engrais sont abondans et à bon compte, ainsi que dans celle des forêts, des prairies, des oliviers, des mûriers, des vignes, du houblon, des pépinières, etc.

2e Système. *Éducation des animaux.* Ce système comprend l'éducation, l'entretien et l'engraissement des bestiaux sans culture de la terre, avec les résidus des établissemens industriels ou des grandes villes, ou en achetant des fourrages, louant des pâturages, etc.; on y rattache aussi l'éducation des oiseaux de basse-cour, des vers à soie, des abeilles et celle des poissons dans les étangs toujours en eau, etc.

3e Système, ou *Système mixte.* Dans ce système, qui est une combinaison des 2 précédens et embrasse la majorité des établissemens agricoles, la culture des végétaux est réunie à l'éducation des animaux suivant un rapport infiniment variable. C'est ce système que nous aurons principalement en vue dans les détails où nous allons entrer sur l'organisation du domaine rural.

Quand on est fixé sur le système économique d'après lequel on exploitera un fonds rural, il faut déterminer le *système de culture* qu'on adoptera pour le mettre en valeur. Ce système varie nécessairement avec le pays et les circonstances.

Tantôt le domaine en entier est consacré au pâturage, tantôt on l'exploite par la culture triennale avec jachère; ici on peut introduire la culture des céréales avec prairies naturelles, là un assolement avec prairies artificielles et la culture sarclée des plantes commerciales.

C'est encore en s'occupant du système de culture qu'on doit déterminer la manière dont les bestiaux seront alimentés, soit à l'étable où ils resteront constamment, soit en partie à l'étable et en partie au pâturage, soit enfin, uniquement au pâturage ou dans les champs où on les tiendra toute l'année.

Le système de culture étant déterminé, on passera au *plan de culture* ou à *l'assolement.* Celui-ci comme on sait, comprend deux choses principales. 1° La *période de l'assolement* qui peut être, suivant les circonstances, d'un plus ou moins grand nombre d'années. 2° La *rotation* qui détermine le choix des plantes qui entreront dans l'assolement et la manière dont elles se succéderont.

Enfin, après avoir raisonné le plan de culture, il conviendra d'étudier le *mode d'aménagement* qu'on suivra pour tirer le plus grand produit des terres dans l'assolement dont on aura fait choix. Ce mode d'aménagement doit avoir pour but : 1° de déterminer les moyens qui permettront d'entretenir ou d'accroître la fécondité de la terre et de la maintenir dans un bon état de propreté, d'ameublissement, de profondeur et de richesse. Ainsi on s'occupe de la quantité d'engrais que doit recevoir chaque sole, du nombre de façons qu'on lui donnera, etc. 2° De faire choix des moyens d'exécution, c'est-à-dire des agens du personnel qui doivent la cultiver et des instrumens qu'on y emploiera, etc. 3° De l'exécution, c'est-à-dire de la manière particulière dont tous les travaux seront exécutés et des époques où on les entreprendra.

Nous ne nous occuperons pas davantage de ce sujet qui, ainsi qu'on le voit, embrasse presque toute l'administration rurale et sur lequel les chapitres suivans sont destinés à répandre beaucoup de jour; d'ailleurs nous le reprendrons en particulier lorsque nous traiterons du choix qu'il convient de faire d'un système d'exploitation pour un domaine.

Voici maintenant les divers services dont un domaine exploité suivant le système mixte réclame l'organisation : 1° Le service des *capitaux*. 2° Celui du *personnel*. 3° Le service du *fonds* lui-même. 4° Le service de l'*inventaire* qui se partage en inventaire vivant qui comprend les *bêtes de trait et de rente* et en inventaire mort ou *mobilier* proprement dit. 5° Le service des *engrais*. 6° Enfin *divers services* qui ont une certaine importance dans un établissement un peu considérable.

CHAPITRE Ier. — Des capitaux.

Les capitaux ont pour destination de faire les avances nécessaires pour l'organisation de tous les services d'une exploitation rurale et pour les mettre et les entretenir en activité. Nous les étudierons particulièrement sous le rapport de leur distribution entre les divers services, de leur économie, des causes qui influent sur leur quotité, et enfin de leur évaluation; mais avant de nous occuper de ces divers sujets nous devons dire un mot sur le capital foncier.

Section Ire. — *Du capital foncier.*

Nous savons déjà que le capital foncier est destiné principalement à *payer le prix d'acquisition* du domaine et on a donné dans le titre précédent des instructions détaillées pour mettre un entrepreneur à même d'en faire un emploi avantageux et de ne pas courir, par une spéculation imprudente, le risque de le perdre.

Les avances qu'on est ainsi obligé de faire pour acquérir la propriété d'un fonds sont, toutes choses égales, d'ailleurs *proportionnelles à l'état d'amélioration dans lequel se trouve ce fonds*. Si le domaine a déjà reçu toutes les améliorations dont il est susceptible et qu'il n'y ait plus aucune avance à faire à cet égard, le prix stipulé dans le contrat de vente représenté à la fois la valeur intrinsèque du fonds ainsi que celles de toutes les améliorations qui peuvent y avoir été opérées. Au contraire, si le fonds est en friche, qu'il n'y ait ni chemins, ni clôtures, ni bâtimens ruraux, la somme payée au propriétaire ne représente alors que la valeur du fonds à l'état brut, et si l'acquéreur veut en tirer des fruits et l'exploiter convenablement, il est dans la nécessité de faire de nouvelles avances pour opérer les améliorations que réclame ce fonds.

Lorsque les améliorations nécessitent de grands travaux immédiats qu'on entreprend avant d'exploiter le fonds, comme la construction de bâtimens d'exploitation, des travaux de terrassement, de desséchement, etc., on y consacre généralement des sommes qu'on a dû mettre en réserve pour cet objet et qui font en réalité partie du capital foncier. Mais lorsque le domaine est déjà sur un pied exploitable et qu'il ne s'agit que d'y opérer des améliorations légères et successives, les sommes auxquelles on donne à diverses époques cette destination foncière sont assez souvent prélevées sur le capital d'exploitation.

Nous parlerons dans la section suivante de la portion du capital d'exploitation destinée à opérer des améliorations foncières, et nous traiterons dans le chapitre III ci-après des principes économiques qui doivent diriger celui qui les entreprend.

Le *rapport entre les deux portions du capital foncier* que nous venons d'indiquer peut varier à l'infini. Il dépend principalement 1° de *l'état du fonds;* 2° du *système d'économie rurale* qu'on se propose d'adopter et qui exige des travaux plus ou moins considérables d'art, de défrichement, etc., ou des bâtimens plus ou moins vastes; 3° du *système de culture* qu'on suivra et qui nécessitera des améliorations variables avec le système; 4° et enfin de *circonstances locales* qu'il sera facile d'apprécier, quand on aura étudié le fonds et le pays qui l'entoure.

Dans quelque état que se trouve un fonds, les principes d'une bonne administration prescrivent à celui qui veut l'exploiter de le *porter le plus promptement possible au plus haut degré d'amélioration foncière* dont il soit susceptible. C'est le mode le plus rationnel qu'on puisse adopter pour en tirer tous les fruits qu'on est en droit d'en attendre par une exploitation bien dirigée. L'application de ce principe exige donc impérieusement qu'on mesure ses forces, qu'on partage avec discernement en 2 parties bien distinctes le capital qui devra recevoir une destination foncière, l'une pour le prix d'acquisition et les frais divers qui sont la suite du contrat, et l'autre pour les améliorations foncières immédiates qui doivent être faites avec l'étendue convenable d'après un plan arrêté à l'avance et des devis aussi exacts que possible.

Une conséquence naturelle de ce principe c'est de ne pas *acquérir un domaine trop vaste* pour les capitaux dont on dispose, ou bien où les améliorations à faire exigeraient des sommes bien supérieures à celles qu'on possède. C'est une erreur bien funeste que d'*employer tout son capital foncier à l'acquisition d'un domaine négligé;* on se consume alors en efforts impuissans et le fonds, qui n'a pu recevoir l'organisation suffisante pour être exploité convenablement, ne donne que des fruits chétifs qui paient à peine les intérêts du capital foncier.

Section II. — *Du capital d'exploitation.*

§ Ier. — De la distribution du capital d'exploitation.

De même que dans tout autre genre d'industrie, il est indispensable en agriculture que l'entrepreneur puisse disposer, pour l'exploitation du fonds dont il a la jouissance, d'un capital auquel on a donné pour cette raison le nom de *capital d'exploitation*.

Le capital d'exploitation se divise naturellement en 2 et quelquefois en 3 portions qui ont une destination toute spéciale.

La 1re portion, dite *capital fixe ou engagé*, *capital d'exploitation mobilier*, *capital de cheptel ou inventaire*, est destinée à l'achat des *animaux de travail*, des *bêtes de rente* et du *mobilier*. Cette portion du capital d'exploitation est ordinairement, au moins dans le nord de la France, avancée par le fermier; dans une grande partie du midi c'est le propriétaire qui fait les avances pour le cheptel et le mobilier dont il garnit le domaine, avant d'y appeler un colon partiaire. Dans ce dernier cas la loi considère les valeurs capitales placées ainsi sur le fonds comme faisant partie du capital foncier.

La 2e portion du capital d'exploitation est employée à se procurer des *semences*, des engrais, des alimens pour les animaux de la ferme, dans la 1re année d'établissement, et le bétail d'engrais; à solder des frais de *main-d'œuvre*, à acquitter les *dépenses personnelles* du fermier, de sa famille, le fermage, les assurances, les charges publiques, à réparer les détériorations du mobilier et à des *dépenses* diverses et imprévues, etc. Cette portion du capital que Thaer appelle à juste titre la *force motrice* d'une entreprise agricole change continuellement de forme et est consommée à chaque instant dans le cours des opérations agricoles, mais elle renaît sans cesse dans le cours d'une année pour être avancée de nouveau et se renouveler encore; c'est cette circulation et ce roulement continuels qui lui ont fait donner le nom de *capital circulant* ou *de circulation*, ou de *capital de roulement*. Ce capital appartient la plupart du temps au fermier; dans le contrat de métayage seulement le propriétaire fournit les semences et les fumiers au colon et celui-ci apporte son travail et celui de sa famille.

Les sommes employées à acquitter le fermage, les charges publiques et les frais d'assurances, à réparer le dépérissement du cheptel vivant et des instrumens agricoles, à pourvoir à quelques dépenses locatives et d'entretien, à payer les intérêts du capital de circulation, celles que l'entrepreneur juge à propos d'économiser, soit pour accroître son capital fixe, soit même pour des améliorations, sont toutes prélevées sur le capital de circulation.

Parfois on établit dans le capital d'exploitation une 3e division pour des sommes qu'on destine à des améliorations foncières sur le domaine. En France, les travaux de ce genre sont rarement à la charge du fermier et c'est le propriétaire qui les fait ordinairement exécuter pour son compte. Mais en Angleterre et dans quelques parties de la Belgique où les fermiers sont plus éclairés, plus riches et où les baux ont une plus longue durée, ils sont souvent entrepris par les fermiers eux-mêmes; dans tous les cas, il y a bien peu de domaines en France où un fermier intelligent ne puisse trouver qu'il est avantageux pour lui d'entreprendre des travaux de ce genre, soit pour assainir et améliorer le fonds ou disposer les lieux à sa convenance, soit pour faciliter l'exploitation des terres ou pour accroître la puissance productive du sol.

Nous traiterons ailleurs des profits du capital d'exploitation, de son dépérissement et de son renouvellement; nous nous bornerons à dire ici que la portion de ce capital employée en améliorations foncières et qui n'est souvent productive que d'utilité est *la plus périssable* de toutes pour un fermier, et que si, par suite de stipulations précises, le propriétaire ne l'indemnise pas des avances qu'il a faites ainsi, il faut nécessairement qu'il retire des bénéfices assez considérables du fonds pour amortir annuellement le capital mis ainsi dehors et pour en opérer le remboursement complet à la fin de sa jouissance.

§ II. — De l'économie du capital d'exploitation.

Un administrateur éclairé doit savoir qu'il serait fort imprudent, quand on organise les services d'un fonds quelconque et qu'on les met en activité, de dépenser ainsi la totalité du capital d'exploitation dont il peut disposer; quelques mots sur les principes qui doivent diriger dans l'économie du capital d'exploitation ne seront donc pas ici hors de propos.

Dans tout établissement agricole la *production est soumise à l'empire des circonstances*. Celles-ci sont extrêmement variables et peuvent être dues les unes à des causes naturelles ou accidentelles, les autres à des combinaisons sociales ou politiques qu'il est souvent impossible de prévoir ou de conjurer. Les règles de la prudence prescrivent de se mettre, autant qu'on le peut, en garde contre celles qui ont une influence fâcheuse ou de réparer avec célérité et activité les désordres qu'elles auraient pu causer dans votre établissement. Or, comment pourra-t-on réparer les dommages causés par des sinistres ou des cas fortuits, comment arrêtera-t-on un mal qui menace d'étendre au loin ses ravages, comment parviendra-t-on à rétablir un service qui aura souffert, etc., si on a épuisé toutes ses ressources, si on n'a pas *tenu en réserve une certaine portion de son capital* pour l'appliquer à rétablir l'harmonie dans les services, à réparer les pertes, et atténuer les effets d'événemens qui menacent de paralyser votre industrie et vos efforts! Ainsi, d'une part, s'il est d'une bonne administration de chercher à profiter de toutes les ressources que présente un capital d'exploitation, de l'autre, la prudence exige qu'une portion de ce capital reste toujours disponible pour faire face aux cas imprévus si on ne veut pas être contraint d'avoir recours à un crédit onéreux et qui, dans ce cas, peut consommer votre ruine.

Les sommes qu'il convient d'avoir constamment à sa disposition pour cet objet ne peuvent guère être fixées avec quelque exactitude; elles dépendront de la prudence de l'entrepreneur, de ses connaissances, souvent de la localité, et seront d'autant moindres qu'il aura la précaution de faire assurer les bâtimens, les bestiaux et les récoltes, etc.

Avec quelque soin qu'un domaine ait été organisé, avec quelque sagacité qu'il soit exploité, le temps et les progrès de l'art finissent toujours par rendre indispensables de salutaires *modifications* ou des *améliorations* importantes. Les sommes qu'il faut avancer pour opérer ces modifications ou améliorations se prélèvent ordinairement sur le capital d'exploitation, et celui-ci ne devant dans aucun cas être réduit au-dessous des besoins de l'exploitation, ne peut suffire à ces avances que s'il a déjà été grossi par des bénéfices antérieurs ou si, dès l'origine, il a été fixé à un chiffre assez élevé pour faire face à ces dépenses; un administrateur sage aura donc dans l'évaluation de ce capital égard à cette circonstance et comptera plutôt sous ce rapport sur les sommes dont il dispose en commençant, que sur des bénéfices éventuels.

Il est à peu près impossible au début d'une entreprise agricole de déterminer d'une manière invariable le système de culture qu'on devra suivre définitivement pour tirer du fonds les plus gros bénéfices qu'il soit susceptible de procurer. On emploie souvent beaucoup de temps et de capitaux à des essais infructueux ou à des tentatives peu satisfaisantes jusqu'au moment où, mieux éclairé par une étude approfondie du climat, du sol et des circonstances locales, on peut donner à l'exploitation une marche déterminée, régulière et lucrative. On se trouverait donc arrêté au moment où on va recueillir le fruit de ses sacrifices et de ses efforts, si, dès le début, on n'avait prévu les *pertes de capitaux* auxquelles il a fallu se résoudre, et si on n'avait pas à la somme indispensable pour faire rouler l'établissement, ajouté un fonds destiné à couvrir les frais de ces essais ainsi que les pertes et les non-valeurs auxquelles ils donnent lieu.

« C'est une chose d'une haute importance, dit un économiste distingué (M. SAY), que l'évaluation des capitaux dont on a besoin pour conduire une opération industrielle. On est en général peu disposé à les économiser. Au moment où l'on commence une entreprise on est moins parcimonieux qu'à une autre époque; on a de l'argent devant soi et on se flatte que dans un avenir plus ou moins éloigné il se présentera des chances heureuses qui rembourseront toutes les avances auxquelles on s'est laissé entraîner; le moment du départ est celui des espérances, car on ne commencerait pas une entreprise si on ne la jugeait pas bonne. C'est alors, au contraire, qu'il convient de marcher avec prudence, le succès n'est encore fondé que sur des présomptions; attendez qu'il soit fondé sur l'expérience pour disposer à votre aise de ce succès qui peut encore vous échapper. Alors du moins, si vous hasardez des avances, vous savez avec quelles valeurs nouvelles vous en serez dédommagé. »

§ III. — Des causes qui influent sur la quotité du capital d'exploitation.

Les causes qui peuvent influer sur la quotité du capital dont on a besoin dans une exploitation rurale administrée d'après une méthode raisonnée sont très nombreuses, et nous nous contenterons de rappeler les principales :

Le *climat*.—Dans une localité où celui-ci est très variable ou peu favorable à la végétation, et où par conséquent les récoltes sont d'une réussite incertaine, il faut, pour un domaine de même étendue, plus de capitaux disponibles pour réparer les chances désavantageuses que dans les pays où les cultures prospèrent et où les récoltes, arrivant généralement à bien, remboursent avec certitude chaque année des avances qu'elles ont exigées.

La *situation du fonds*. — Partout où on se procure des engrais à bon compte sans être obligé pour cela d'acheter et d'entretenir de nombreux troupeaux, on n'a pas besoin d'un capital aussi fort que là où l'on ne rencontre pas cet avantage. Il en est de même dans les localités où les *bestiaux*, les *bêtes de trait*, les *objets mobiliers* et de *consommation* sont d'un prix peu élevé, où les *salaires* qui forment une des plus grosses charges du capital de roulement sont modiques, où les *transports* sont faciles et peu coûteux, où les *mœurs*, les *habitudes*, les *préjugés* du pays ne présentent aucun obstacle. Quoiqu'on doive en effet céder le moins possible à des préjugés absurdes ou se soumettre à des pratiques agricoles qu'on regarde comme vicieuses, il n'est pas toujours possible et on ne doit pas même espérer, surtout au début d'une entreprise, de vaincre toutes les résistances, de faire fléchir toutes les volontés, et de changer des habitudes enracinées chez une population; il faut donc sous ce rapport se déterminer souvent à faire quelques sacrifices pécuniaires qui grossissent le chiffre auquel on aurait pu, sans ces circonstances, fixer le capital d'exploitation.

La *nature et l'état du fonds*.— Un terrain tenace, compacte, naturellement humide ou situé à une grande élévation sur des pentes abruptes et d'un difficile accès, exige des attelages plus forts et plus nombreux, des instrumens plus puissans, des façons plus multipliées, des travaux plus pénibles et plus coûteux que celui qui ne présente pas ces obstacles naturels; quant à *l'état du fonds*, il est clair qu'un domaine mal organisé ou qui aura été négligé et où le sol sera peu productif, par suite d'un système défectueux de culture, exigera, pour être amélioré dans toutes les parties, des capitaux plus considérables que celui qui est déjà pourvu de bâtimens convenables et où la terre a été entretenue dans un bon état d'ameublissement, de sécheresse, de fertilité et de propreté. Un fermier, un usufruitier qui ne veulent faire aucune amélioration foncière n'ont pas besoin d'un capital aussi fort que le propriétaire qui se propose d'accroître successivement la valeur de son domaine.

L'étendue du domaine.—Toutes circonstances étant égales, un domaine qui s'étend sur une grande surface exige un capital d'exploitation plus considérable que celui qui est renfermé dans de plus étroites limites; mais ce capital ne s'accroît pas proportionnellement à la surface cultivée du fonds, et l'expérience a démontré que plus un établissement rural était petit, plus aussi il fallait pour une même surface, grossir le chiffre du capital d'exploitation. Tout le monde sait que la petite culture, telle qu'on la pratique en Belgique, dans la Flandre française, en Alsace, en Toscane et aux environs des villes, emploie un capital d'exploitation beaucoup plus fort que celui qu'on y consacre à surface égale et dans les mêmes conditions agricoles dans les pays de grande culture (1). Il ne faudrait pas croire néanmoins que cet avantage que présentent les grandes exploitations, d'exiger un capital moins considérable, soit un motif suffisant pour leur donner la préférence; un entrepreneur prudent ne se laissera pas séduire par une semblable considération, même quand il serait habitué à manier de grandes affaires; il prendra un établissement dont l'étendue et l'état seront en rapport avec ses connaissances, sa capacité et surtout avec ses moyens pécuniaires. Le but d'une entreprise agricole bien conduite n'est pas d'exploiter une grande surface, mais de tirer, sans épuiser la terre et avec les capitaux qu'on peut consacrer à la production, les plus gros bénéfices possibles d'une certaine surface.

Le *système d'économie rurale*, au moyen duquel le fonds est mis en valeur. — Il est des biens ruraux, tels que les bois et forêts, les prairies, les pâturages, les étangs, etc., qu'on peut prendre à bail et dont on peut recueillir les fruits avec une avance de capitaux généralement bien moindre que celle qui serait nécessaire pour affermer et mettre en valeur un fonds du même prix ou de même étendue qui consisterait en terres arables ou en vignes.

Le *système de culture* joue un rôle important dans l'évaluation du capital, et personne n'ignore que le système triennal avec jachère complète, tel qu'il est pratiqué encore dans une grande partie de la France, exige un capital moins considérable que la culture alterne ou avec prairies artificielles, et que celle-ci à son tour nécessite bien plus d'avances quand on fait entrer dans la rotation les plantes sarclées et très épuisantes, telles que la garance, le tabac, etc.

En général, plus un établissement rural sera organisé avec soin dans ses divers services, plus il sera administré et dirigé d'après de bons principes économiques et agricoles, plus aussi, pour une même surface, il exigera de capitaux pour l'exploiter. Mais d'un autre côté, plus ce capital sera employé avec intelligence et discernement, plus aussi seront gros les bénéfices qu'il procurera à l'entrepreneur.

La *nature et les clauses du bail*. — Un fermier qui prend à bail un fonds de bestiaux ou une ferme garnie d'un *cheptel* n'a pas besoin de faire d'avances pour l'organisation de ce service. Il en est de même de celui qui entre dans une ferme où son contrat lui assure, sans indemnité, la jouissance des *pailles* et *fumiers* laissés par son prédécesseur. Au contraire, celui que les clauses de son bail obligent à acquitter une partie des *charges publiques* qui grèvent la propriété, à faire *assurer les bâtimens ruraux* ou à des *réparations foncières*, qu'elles contraignent à *payer les 1ers termes du fermage* avant de pouvoir compter sur le produit des récoltes, ou enfin de payer, comme garantie de son exactitude à s'acquitter du fermage, *une ou deux années de loyer à l'avance*, etc., celui-là, disons-nous, a besoin d'un plus fort capital que si ce contrat ne lui imposait pas ces charges. L'*époque* à laquelle on entre en jouissance, et qui peut être plus ou moins éloignée de la saison où l'on fait les récoltes et où l'on doit compter sur des rentrées, augmente ou diminue aussi proportionnellement le capital d'exploitation. La *longue durée d'un bail* peut aussi déterminer un fermier à faire quelques améliorations foncières et à consacrer par conséquent à son exploitation des sommes plus considérables qu'il n'eût fait dans le cas contraire. Enfin, un bail fait sous signatures privées ou pour le renouvellement duquel on n'exige pas ces supplémens de fermage connus sous le nom de *pot-de-vin*, d'*épingles*, etc. ne nécessite pas qu'on fasse l'avance d'un capital aussi fort que celui où il faut payer des frais d'expertise, des émolumens au notaire et qui impose les charges dont nous venons de parler, lesquelles doivent être ordinairement acquittées avant l'entrée en jouissance.

Les *qualités personnelles de l'entrepreneur* influent enfin d'une manière bien remarquable sur la quotité du capital d'exploitation. Un propriétaire ou un fermier doué d'un bon fonds de connaissances agricoles emploiera des méthodes perfectionnées, il aura moins de non-valeurs et fera moins de fautes que celui qui est ignorant; il ménagera ainsi son capital et n'aura pas besoin d'un fonds de réserve aussi fort. Celui qui a acquis de l'habileté dans le commerce des bestiaux, l'achat des animaux de travail ou des objets de consommation organisera ces services mieux qu'un autre et à meilleur compte. Celui qui est doué d'intelligence ou de perspicacité saura profiter des circonstances favorables pour monter ou entretenir les services de son établissement à bon marché, et découvrira une foule de moyens simples qui, tout en économisant le capital, ne nuiront en aucune façon à l'organisation et à la bonne administration de la ferme.

§ IV. — De l'évaluation du capital d'exploitation.

Maintenant que nous connaissons les causes principales qui influent sur la quotité du capital d'exploitation, cherchons à évaluer d'une manière générale celui qui est nécessaire dans un établissement rural.

La condition la plus essentielle à laquelle on doive satisfaire relativement à l'évaluation du capital d'exploitation, c'est que, pour un domaine déterminé, ce *capital soit suffisant* pour organiser d'une manière complète et pour faire marcher le plus régulièrement possible l'établissement. Écoutons, sur ce sujet

(1) Quoique les petits propriétaires, locataires ou ménagers ne possèdent quelquefois pas en objets mobiliers pour une valeur de cent francs, ce sont eux cependant qui de tous les agriculteurs emploient peut-être le plus gros capital à leur exploitation. Ce capital est représenté par leur travail et celui de leur famille, et on conçoit que le travail de 4 à 5 personnes appliqué toute l'année avec une infatigable activité à un hectare de terre et quelquefois à moins, dépasse de beaucoup en valeur le capital qu'on consacre à cette même surface dans les pays où l'agriculture est la plus florissante et la plus perfectionnée, mais où elle s'exerce sur une échelle plus grande.

intéressant, les paroles d'un agronome habile et expérimenté (1).

« On trouve dans le capital consacré à une entreprise agricole une des conditions les plus importantes du succès qu'on peut raisonnablement en attendre. Si ce capital est insuffisant, en vain le cultivateur se trouvera placé dans des conditions d'ailleurs les plus favorables; en vain il possèdera les connaissances, l'activité, l'esprit d'ordre qui pourraient assurer le succès de son entreprise; il se trouvera entravé dans toutes ses opérations, de telle manière que s'il n'échoue pas dans une entreprise d'ailleurs bien conçue, il verra du moins reculer à un temps très éloigné les bénéfices qu'il pouvait en attendre. Compter sur les bénéfices pour compléter un capital insuffisant est le calcul le plus erroné; car le capital est la condition la plus indispensable à la création de ce bénéfice. Il n'est personne qui ne sache que lorsqu'on veut apporter des modifications importantes au système de culture auquel était soumis un domaine, on doit se résigner à la nécessité d'éprouver beaucoup de non-valeurs dans les 1res années d'exploitation; d'ailleurs, dans les débuts d'une entreprise, on doit s'attendre à des non-valeurs d'un autre genre, parce que l'homme le plus expérimenté commettra certainement, dans un domaine qu'il ne connaît pas encore, des fautes qui diminuent les bénéfices qu'il eût pu faire. Dans ces circonstances, commencer avec un capital qui serait insuffisant pour la marche d'une entreprise dans son cours régulier d'activité est une faute que l'on paiera presque toujours par une chute éclatante ou par une lente agonie de quelques années de stériles efforts. En procédant avec une extrême lenteur dans les améliorations, un cultivateur distingué par son intelligence et son industrie pourra quelquefois accroître progressivement son capital à mesure que sa culture s'améliore; mais ce n'est guère que dans la classe des habitans des campagnes et à l'aide de la rigide économie qui les caractérise que l'on verra se réaliser cette création du capital par l'industrie elle-même; dans toute autre circonstance, rien de plus imprudent que de se mettre à l'œuvre sans posséder préalablement le capital. »

On prend assez communément pour base de l'évaluation du capital d'exploitation la *rente* ou le *loyer* du domaine, ou bien l'étendue superficielle du fonds qu'il s'agit d'exploiter.

La 1re base de calcul, ou celle qui fixe le capital *proportionnellement à la rente* est, comme on l'a fait observer depuis long-temps, entièrement vicieuse, et l'appréciation des causes qui influent sur la quotité du capital, nous l'a déjà démontré. Si l'on suppose en effet, un domaine de 100 hect. dans un canton où le loyer est de 100 fr. l'hect., un capital de 40,000 fr. ou 4 fois le montant de la rente qui est de 10,000 fr. sera suffisant dans beaucoup de cas. Mais si l'on applique le même capital à un domaine de 10,000 fr. de loyer dans un canton où la terre ne vaut que 20 fr. par hectare, le capital se trouvera fort au-dessous du strict nécessaire pour une exploitation dont l'étendue sera de 500 hect.

La seconde base ou celle qui fixe le capital *proportionnellement à l'étendue du terrain* dont se compose un domaine, paraît plus raisonnable, mais elle n'a d'exactitude qu'autant qu'on tient compte des causes qui peuvent élever ou abaisser le chiffre de ce capital et que nous avons fait connaître en partie dans le paragraphe précédent.

Néanmoins, comme les agronomes et les praticiens ont employé presque généralement ces 2 modes d'évaluation du capital, nous choisirons dans leurs ouvrages, quelques exemples de la quotité du capital nécessaire pour des systèmes divers d'économie rurale et dans des pays dont les systèmes de culture sont bien connus.

En *Angleterre*, pays de grande culture, le capital, suivant SINCLAIR, varie de la manière suivante: 1° *Fermes à pâturages*. Dans les districts à pâturages on évalue ordinairement le montant du capital que le fermier doit avoir à sa disposition à 3 ou 4 fois le fermage; mais dans les pâturages très fertiles qui peuvent supporter par hectare des bestiaux d'une valeur de 12 à 1800 fr., comme c'est le cas dans plusieurs parties de l'Angleterre, un capital de 5 fois le fermage est insuffisant et doit être souvent porté à 10 fois par celui qui veut spéculer sur des races supérieures de bestiaux et lorsque les prix courans sont élevés. 2° *Fermes en terres arables*. Le capital nécessaire pour une ferme de ce genre varie, selon les circonstances, de 3 à 6 ou 900 fr., et entre 8 à 10 fois la rente payée au propriétaire. 3° *Fermes mixtes*. Dans ce genre d'exploitation qui paraît être au total le plus profitable de tous, on peut dire en général qu'une ferme en terre à turneps (sol léger), exige de 300 à 360 fr. par hect. et en terre argileuse, de 450 à 500 fr. et même plus, selon les circonstances.

Dans les 2 derniers cas, il n'est question que de fermes en terre de moyenne qualité déjà améliorées par un bon système de culture alterne, en bon état et où le fermier n'a qu'à suivre l'assolement pratiqué par son devancier, sans être obligé à des améliorations foncières.

En *Belgique, où tous les objets sont d'un prix bien moins élevé qu'en Angleterre*, aux environs de Ménin, Ypres, Courtray, au centre de la plus riche agriculture flamande, une ferme de 22 hectares 56 ares, en terre sablo-argileuse, légère, assez fertile, peu profonde, reposant sur un sable et dont 19 hectares seulement sont en terres arables, le reste en pâturages, bâtimens, jardin et verger; *culture alterne* très variée, avec un assolement de 4 ans, dans lequel entrent à la fois le froment, le seigle, l'avoine, le lin, le colza, la navette, le trèfle, les pommes de terre et les carottes, les navets, les choux, les féveroles et le tabac; où le bétail de trait et de rente consiste en 2 chevaux, 1 poulain, 14 vaches, 3 jeunes bêtes à cornes, 2 porcs et des oiseaux de basse-cour; le personnel en 1er garçon de charrue, 2 valets, 2 servantes indépendamment de la famille du fermier, on compte qu'il faut un capital de 12,000 fr. ou 530 fr. par hectare, c'est-à-dire 8 fois le fermage qui est de 1,500 fr.; dans ces 12,000 fr., 5,320 fr. appartiennent à l'inventaire, et 6,680 au capital de roulement (SCHWERZ, agriculture Belge, 1811, t. III, p. 116).

Dans le petit pays de Contigh, situé entre les villes

(1) Du succès et des revers dans les améliorations agricoles, par M. de DOMBASLE, Ann. de Roville, T. VIII, pag. 66.

d'Anvers, Lierre, Malines et l'Escaut, et si remarquable par son excellente culture, une petite ferme de 15 hectares, dont 13 seulement sont en terres arables, exige un capital de 8,000 ou 533 fr. par hectare. Là le sol est un loam sableux et sec, amélioré par une longue culture, et qu'on fume abondamment; *l'assolement est quinquennal*, savoir : 1° Pommes de terre, 2° seigle, 3° avoine, 4° trèfle, 5° froment; après celui-ci, ainsi qu'après le seigle, on fait suivre dans la même année les carottes ou les navets. Le personnel se compose du fermier et de sa femme, 2 valets, 1 jeune garçon, 2 servantes, en tout : 7 personnes, et le cheptel de 2 bons chevaux et de 10 vaches. Le capital de cheptel est de 3,300 fr. environ, et celui de roulement de 5,700. (*Id.* II, p. 394).

M. Aelbroeck dans son ouvrage sur la culture de la Flandre, dit qu'une ferme belge pour être exploitée convenablement, exige un capital à 7 fois le prix du fermage.

En *France*, suivant M. Cordier dans son livre sur l'agriculture flamande, les fermiers des environs de Lille, qui consacrent leurs terres généralement fortes et humides à la culture du lin, du tabac, du colza, ont besoin d'un capital de 566 fr. qui se répartit de la manière suivante :

Travaux annuels	112 »	326.
Achats d'engrais	124 »	
Entretien du cheptel (12 p. 0/0).	20 »	
Fermage	70 »	
Cheptel		240.
Total. . . .		566.

dans lequel ne sont peut-être pas compris encore plusieurs frais généraux.

La partie du département de Vaucluse, spécialement consacrée à la *culture de la garance*, celle du département des Bouches-du-Rhône, qui reçoit les arrosages de la Durance, les environs de Marseille et de Nîmes offrent des positions agricoles très riches. Dans l'*assolement de garance, luzerne et blé* qui est le plus perfectionné de tous ceux où l'on intercale cette racine tinctoriale et quand la culture a toute son activité, les capitaux de roulement du fermier, suivant M. de Gasparin, sont distribués ainsi qu'il suit :

Travaux et récoltes	158	310.
Fumier.	135	
Cheptel (12 p.% de 200 fr.). . .	17	

D'où l'on voit qu'en y ajoutant le cheptel et le fermage, les cultivateurs de garance ont besoin d'un capital de près de 600 fr. par hect.

Dans un système d'assolement avec prairies artificielles, le capital n'est pas ordinairement aussi considérable que dans les cas précédens.

M. de Dombasle, en prenant une moyenne en France, entre les diverses circonstances qui peuvent élever ou abaisser le chiffre du capital d'exploitation nécessaire sur un domaine, pense que pour une exploitation de 200 hect. on peut admettre qu'un capital de 60,000 fr. ou 300 fr. par hect. sera suffisant dans la plupart des cas pour l'introduction immédiate d'un *système de culture alterne*, mais qu'il y a très peu de circonstances où il soit prudent de former une entreprise avec un capital moindre que celui-ci. Pour une exploitation de moitié cette étendue, c'est-à-dire pour 100 hect. il porte ce capital à 400 fr. par hect. ou 40,000 fr., et un accroissement de même progressif à mesure que l'étendue de l'exploitation diminuerait.

Dans les parties du département de la Loire, qui produisent le plus de blé, c'est-à-dire dans la Beauce et le val de la Loire, une ferme de 40 hect. en terre à froment de qualité moyenne, payant un fermage de 22 fr. l'hect. cultivé suivant *l'assolement quadriennal*, et où 10 hect. sont en blé, autant en menus grains et le reste en fourrage ou racines et en guéret pour aménager les terres et les nettoyer; sur laquelle on entretient un troupeau de 80 brebis, 72 agneaux, 2 béliers, 2 vaches, 1 taureau, 8 chevaux, quelques porcs et volailles, et enfin où le personnel est composé de 8 individus, 5 de la famille du fermier et 3 domestiques, il faut, selon M. de Morogues, un capital de 20,000 fr. ou 500 fr. par hect., savoir : 10,300 fr. pour objets mobiliers, et 9,700 fr. pour capital de roulement.

Le *système triennal amélioré* qui s'est répandu dans un assez grand nombre de nos départemens paraît exiger un capital à peu près égal à celui fixé par M. de Dombasle. Dans le voyage agronomique entrepris en 1835, par M. Moll, dans les départemens de l'Oise, de Seine-et-Oise, de l'Eure et de la Seine-Inférieure, où le sol est généralement sablo-argileux, ce savant professeur a remarqué que le capital d'exploitation s'élevait la plupart du temps dans les fermes les mieux tenues de 2 à 3 charrues d'étendue (60 à 100 hect. terme moyen) de 300 à 360 fr. par hect. et jusqu'à 430 fr., dans l'ancien Vexin où l'on élève beaucoup de bestiaux.

Dans le pays pris plus haut pour exemple par M. de Morogues, les fermes de 40 hect. où l'on suit encore l'assolement triennal ancien, où le fermage est de 15 fr. l'hect., le personnel de 6 individus, le cheptel de 60 brebis, 40 agneaux, 2 béliers, 6 vaches, 1 taureau, 3 chevaux, quelques porcs et oiseaux de basse-cour nécessitent environ, selon lui, un capital de 10,500 fr. ou 260 fr. par hect., savoir : 4,800 pour le capital circulant, et 5,700 pour l'inventaire.

M. de Gasparin cite dans son *Guide des propriétaires de biens ruraux affermés* une estimation faite en 1820 par la Société d'Agriculture de Provins (Seine-et-Marne), des frais et dépenses pour une ferme du pays, de 216 hectares de terres arables de 1re qualité, plus 10 hectares de prairies, cultivées suivant le *système triennal* ancien, système encore très répandu dans une vaste contrée qui avoisine Paris, et où le capital d'exploitation est évalué à 27,600 fr. environ ou 122 fr. par hectare, savoir : 13,500 fr. pour le mobilier et le cheptel, composé de 450 moutons, 10 chevaux, 25 vaches et 1 taureau, et de 14,100 fr. pour le capital circulant. Le fermage est estimé environ 25 fr. par hect.

Enfin dans les *fermes à pâturages* le capital dépendant du prix des bestiaux dont on charge les pâturages suivant leur qualité, du nombre de têtes confiées à un pâtre, des frais de fabrication du beurre et du fromage, peut être difficilement évalué, même par approximation, d'une manière générale, quoiqu'on sache très aisément l'évaluer au contraire dans chaque localité. En Auvergne, suivant M. Grognier, une bonne vache de montagne de Salers vaut 130 fr. et donne lieu annuellement à 100 fr. de déboursés pour son entretien.

Les exemples ou les méthodes d'évaluation du capital d'exploitation dont nous venons de parler peuvent servir à estimer approximativement ce capital, ou à donner des notions générales sur l'étendue et la nature du domaine qu'on pourra, d'après ses ressources et ses moyens, espérer d'exploiter avec succès dans les pays qu'elles embrassent; mais elles pourront paraître vagues à un administrateur expérimenté, qui, au moment d'entrer en jouissance et de mettre la main à l'œuvre, a besoin d'un moyen plus sûr et plus exact d'évaluer le capital qu'il devra mettre en avant pour organiser et mettre en activité son nouvel établissement. Voici une méthode qui paraît pour cela plus conforme aux règles d'une bonne administration.

Lors de l'enquête à laquelle on s'est livré pour reconnaître et étudier le domaine et dont nous avons donné le plan dans le chapitre 1er du tit. II, on a dû prendre en note, ainsi que nous l'avons prescrit, une foule de documens, d'observations et de cotes de prix, qui vont nous servir actuellement à établir un calcul d'évaluation du capital d'exploitation. D'un autre côté, l'administrateur a déjà dû se fixer sur le système économique et sur celui de culture qu'il adoptera sur le domaine suivant les circonstances et la qualité des terres, et cette détermination lui a servi à établir le plan sur lequel devront être organisés les divers services et le devis de tous les travaux de culture, d'après les bases posées dans notre chapitre sur l'estimation des domaines. A ce devis, il ajoutera tout ce qui est relatif au service de l'administration et tout ce qui concerne les matières d'intérêt général, puis, il dressera de la manière suivante le tableau de toutes les avances auxquelles l'exploitation régulière du domaine pourra l'obliger. Nous avons omis en partie les détails pour ne pas donner trop d'étendue à ce tableau, et laissé les prix en blanc, afin que chacun puisse les remplir suivant ceux de la localité qu'il aura choisie.

TABLEAU D'ÉVALUATION DU CAPITAL D'EXPLOITATION.

A. CAPITAL ENGAGÉ OU INVENTAIRE.

1° Bêtes de trait ou de travail.

Chevaux, ânes, mulets ou bœufs.

2° Bêtes de rente.

Chevaux, bêtes à cornes ou à laine, porcs, chèvres, lapins, oiseaux de basse-cour ou de colombier.

3° Bêtes de garde.

Chiens.

4° Mobilier.

a. Instrumens de culture.

Charrues, herses, houes à cheval, extirpateurs, semoirs, socs et versoirs de rechange, etc., échalas, perches à houblon, rames à légumineuses, etc.

b. Instrumens de transport.

Charriots, charrettes, tombereaux, bâches en toile, échelles à fumier et à fourrages, limonières, brancards, volées, roues de rechange, sabots d'enrayage, chèvres, clef, cric à démonter et graisser les roues, etc.

c. Instrumens à main.

Brouettes, civières, pelles, fourches, crocs, houes, binettes, pioches, râteaux, bêches, faux, faucilles, etc.

d. Harnachement.

Colliers de chevaux, guides, bridons, selles, dossières, avaloirs; colliers de bœufs, jougs, chaînes de tirage, etc.

e. Instrumens et objets d'écurie, d'étable, porcherie, garenne, basse-cour et colombier.

Licols, chaînes d'attache, sangles, couvertes, hache-paille, coupe-racines, coffre à avoine, étrilles, brosses, époussettes, éponges, ciseaux, seaux, lanternes, forces à tondre, outils à marquer les moutons, loge de berger, auges, vases ou auges à abreuver, mangeoires portatives, râteliers, chaudière avec son fourneau à faire cuire les alimens des animaux, écoppe et pompe à purin, etc.

f. Machines et ustensiles de grange et grenier.

Machine à battre avec son manége, tarare, vans, fléaux, passoires, tables, corbeilles, pelles, sacs divers, cordes, toiles, mesures de diverses capacités, romaine, balance, échelles, etc.

g. Machines et ustensiles de laiterie à lait, à beurre et à fromage, etc.

Terrines, baratte, presse à fromage, etc.

h. Mobilier proprement dit.

1. Mobilier des domestiques.
Objets divers, de literie et de lingerie, etc.
2. Ustensiles de ménage,
Objets divers pour la préparation, la conservation ou la consommation des alimens, ustensiles et outils pour le blanchissage du linge, pour l'entretien et la réparation des objets mobiliers, objets divers pour la cave, le cellier, le bûcher, etc.

j. Pompe à incendie, échelles, seaux, tuyaux.

B. CAPITAL DE ROULEMENT OU CIRCULANT.

1° Pour la nourriture et l'entretien des bêtes de trait et des bestiaux jusqu'à la récolte.

Grains, racines, fourrages, tourteaux, résidus divers, etc.

Soins du vétérinaire, ferrure, frais d'assurance des animaux.

2° Salaire des employés de la ferme

1er serviteur, garçons de charrue, charretiers, bouviers, bergers, filles de basse-cour et de ménage, etc.

3° Salaires des manouvriers.

Semeurs, faucheurs, moissonneurs, botteleurs, terrassiers, irrigateurs, taupiers.

4° Dépenses diverses.

Frais d'expertise, d'arpentage, de contrat, pot-de-vin, indemnité au fermier sortant, pour pailles, fumiers, travaux de labourage et d'ensemencement et achat d'engrais divers.

5° Achat de graines de semences et de tubercules.

6° Fermage pour une ou deux années, impositions, charges publiques diverses.

7° Dépenses de ménage.

Nourriture, chauffage et éclairage du fermier, de sa famille et des employés ou serviteurs.

Approvisionnemens divers et frais de culture du jardin potager.

Dépenses personnelles du fermier et de sa famille, etc.

8° Frais d'administration, appointemens des commis, frais de bureau, ports de lettres, etc.

9° Entretien des objets immobiliers.

Assurance des bâtimens, frais divers de réparation et d'entretien des bâtimens, haies, clôtures, fossés, chemins, travaux de desséchement, etc.

10° Entretien des objets mobiliers.

Entretien du service des bêtes de trait (12 p. 0/0 par an).

Des bêtes de rente (5 p. 0/0 de la valeur primitive).

Des objets du mobilier proprement dit (20 p. % par an).

Frais d'assurance des récoltes sur pied et rentrées.

11° Améliorations foncières.

Marnages, terrassement, clôtures, assèchement, épierrement, constructions et dépenses diverses, pour adapter les lieux à votre convenance et à votre système de culture.

12° Dépenses imprévues et fonds de réserve.

Epizooties, grêle, gelée blanche, inondations (dans le cas seulement où on n'a pas fait assurer les animaux et les récoltes), non-valeurs, fausses spéculations, cas fortuits, accidens divers (de 10 à 20 p. 0/0 du capital d'exploitation suivant les cas).

13° Intérêts des capitaux engagés et de roulement à 5 p. 0/0.

Ce tableau une fois dressé, et toutes les sommes ayant été portées dans une colonne, les unes d'après les notes qu'on a prises, et les autres d'après une évaluation aussi précise que possible, on les additionnera et leur somme formera au total le montant du capital avec lequel on pourra s'engager avec confiance, si on a bien opéré, dans l'exploitation du domaine pour lequel ce devis aura été établi.

Nous terminerons, en faisant observer qu'en parlant ici des capitaux, nous n'avons eu en vue que ceux qui servent à l'acquisition et à l'exploitation d'un bien rural proprement dit, et que si, à l'exploitation, étaient réunies une brasserie, une distillerie, une fabrication de sucre de betteraves, etc., ces établissemens exigeraient un devis particulier pour le matériel qui leur est nécessaire, ainsi que pour le capital de roulement destiné à les alimenter.

F. M.

CHAPITRE II. — De l'organisation du service du personnel.

Pour résoudre le problème de la production agricole, l'homme doit faire, à la fois, usage de l'intelligence et des forces physiques. C'est l'*intelligence* qui conçoit la création d'un certain produit et qui, par l'application de connaissances acquises antérieurement, fait choix des procédés propres à parvenir à ce but, et ce sont ensuite les *forces physiques*, dirigées toujours par l'intelligence, qui exécutent tous les travaux pour mettre les procédés en pratique.

Les individus qui prennent une part directe ou indirecte aux travaux qui s'exécutent sur un fonds organisé forment ce qu'on appelle le *personnel* de l'établissement. Ce personnel se compose, suivant les cas, de l'*entrepreneur* lui-même; 2° d'agens de culture, qui se distinguent en *aides*, *serviteurs*, *domestiques* ou *employés*, qui louent exclusivement leur travail de l'année à l'établissement et auxquels, pour cet effet, on accorde des gages, la nourriture et le logement, etc ; en *manouvriers* ou *journaliers* dont on loue les services pour un travail quelconque et qu'on paie à la journée ou à la tâche.

Sur un fonds resserré dans d'étroites limites, l'*entrepreneur* suffit pour exécuter la plupart du temps, avec le secours de sa famille, tous les travaux de direction et de culture et est à la fois entrepreneur, agent de culture et manouvrier. C'est dans ces petites exploitations que la quantité de travail dont un homme est susceptible atteint parfois son maximum, et les exemples d'énergie extraordinaire déployée dans ces circonstances ne sont pas rares. Dans le département du Nord, au rapport de M. Schwerz, de petits propriétaires, qui ne possèdent pas d'attelage et qui ne sont pas en position de faire exécuter sur leur fonds les travaux par des attelages étrangers, travaillent la terre à la main en se servant du hoyau ou de la bêche; quelques-uns même s'attellent à une petite charrue légère ou à une petite herse. C'est surtout pour la culture du lin, du tabac et du houblon que ces pénibles travaux sont exécutés, et on estime que la culture à la main, les jardins exceptés, est à celle à la charrue comme 1 est à 10 dans les arrondissemens d'Avesnes et de Cambrai, et même comme 1 est à 6 dans celui de Lille. Les cantons où elle est le plus répandue sont aussi ceux où la propriété est le plus divisée, la population plus industrieuse et l'agriculture plus productive.

Dans une ferme de moyenne étendue, le fermier prend encore quelquefois une part active aux travaux des champs, mais souvent aussi ses occupations pour la surveillance et l'administration de son établissement sont trop multipliées pour qu'il puisse y participer. Dans ce cas, il fait choix, selon les circonstances, d'un ou plusieurs aides, qu'on nomme quelquefois *premiers garçons*, *maîtres-valets*, etc., qui non-seulement mettent la main à l'œuvre, mais sont en même temps chargés de diriger les autres travailleurs sous la haute inspection du fermier.

Enfin, un fonds peut être assez étendu, la variété et la multiplicité des travaux assez considérables pour que l'entrepreneur ne puisse plus embrasser ceux-ci dans leurs détails et soit obligé de se borner à une surveillance générale. Dans ce cas, s'il veut conduire ses opérations avec régularité, économie et célérité, il doit *confier la direction spéciale des diverses branches de son exploitation* à un ou plusieurs hommes chargés d'en suivre tous les détails et de les diriger sous ses ordres.

Section Ire. — *De l'entrepreneur.*

Nous connaissons déjà (*voy.* p. 307) les conditions que doit remplir un entrepreneur d'industrie agricole pour se livrer avec succès à la production, et nous savons qu'il est le principal agent de cette production, tantôt comme propriétaire ou locataire du fonds, tantôt comme régisseur; et que, sous ce dernier titre, la responsabilité de ses actes vis-à-vis un tiers le place dans une situation particulière dont nous avons déterminé les conditions dans le chapitre III du titre II; nous n'avons donc plus à revenir sur ce sujet.

C'est l'entrepreneur qui acquiert ou loue, organise et dirige l'établissement rural, et comme ce livre est uniquement consacré à lui enseigner la marche qu'il doit suivre pour remplir ces divers devoirs, nous croyons devoir nous borner ici à quelques *considérations générales* qui s'appliquent plus spécialement au principal agent de cet établissement.

Tout homme qui entreprend de diriger pour son compte une exploitation rurale doit, dès l'origine, se tracer un *plan général de conduite* qui lui servira de guide dans la carrière qu'il se propose de parcourir. Ce plan embrassera en quelque sorte toutes ses actions et toute son existence active; il règlera ses goûts, ses penchans et ses besoins divers et sera tracé de manière à fortifier en lui les bonnes habitudes de travail, de sobriété et d'économie, à développer les qualités morales et les dispositions personnelles qui sont indispensables à celui qui administre un établissement rural et qui veut prospérer.

Le plan de conduite doit contenir un aperçu de la *distribution des forces de l'entrepreneur*, c'est-à-dire la répartition annuelle et journalière de ses forces morales et physiques, tant à des objets d'administration ou d'instruction qu'à des travaux manuels ou de surveillance. On y trouvera en outre des *règles* toutes tracées pour la direction du ménage domestique et les dépenses qu'il nécessite, des *instructions* sur l'accumulation et le placement des bénéfices, sur la *conduite* à tenir en cas d'accidens ou d'événemens graves, sur les *mesures générales d'ordre* propres à assurer la prospérité de l'établissement, le bien-être du cultivateur et de sa famille et de ceux qui le secondent avec zèle dans ses travaux.

Pour un jeune agriculteur qui débute, un plan de conduite bien conçu doit toujours contenir des règles bien précises sur la nécessité et les moyens de *contracter une union conjugale* aussitôt qu'il sera en état de subvenir aux besoins d'une femme et d'une famille. Un agriculteur célibataire éprouve toujours des embarras sérieux pour organiser et diriger son ménage, et est souvent trompé par les personnes qu'il charge de ce soin. Personne ne peut conduire un ménage avec autant d'économie, d'attention et de vigilance que la femme du maître, et la vie de garçon, pour un individu placé à la tête d'un établissement rural, entraîne à des inconvéniens trop graves pour ne pas compromettre souvent le succès de l'entreprise.

Dans une ferme, la *ménagère* joue un rôle fort important et quelquefois difficile à remplir; c'est sur elle que pèse entièrement toute la charge des affaires du ménage domestique, de la nourriture et de l'entretien de la famille ou des serviteurs; c'est elle qui dirige presque toujours les travaux de la laiterie, ceux de la basse-cour, et qui commande aux servantes employées au service personnel du fermier. Ces fonctions variées et qui se composent en grande partie de détails minutieux exigent, pour qu'elle s'en acquitte convenablement, des connaissances pratiques nombreuses, un esprit d'ordre et d'économie, une surveillance de tous les instans, de l'expérience et une infatigable activité. Une bonne ménagère, surtout sur les petites fermes, concourt pour une part fort importante au succès général de l'établissement, par l'habileté avec laquelle elle tire des profits d'une foule de produits qui ont peu de valeur et par la rigoureuse économie qu'elle apporte dans toutes les dépenses du ménage. Dans les grands établissemens son concours n'est pas moins utile par le bon ordre qu'elle établit au sein des services infiniment variés dont elle est chargée, et par sa surveillance active, qui maintient dans la ligne du devoir tous les agens placés sous son obéissance, prévient de leur part les infidélités ou met un frein aux désordres de tous genres auxquels ils pourraient se livrer, au grand détriment de l'établissement.

Dès qu'on a adopté, après de mûres réflexions, un plan de conduite qu'on croit conforme à ses intérêts, il faut *s'y attacher avec fermeté et persévérance* et n'y faire de modifications que celles que le temps et l'expérience rendent indispensables, et que la raison approuve et justifie. Rien, en effet, ne porte un plus grand préjudice à un établissement que la marche sans cesse incertaine et vacillante du maître, et rien ne s'oppose davantage à ce qu'il puisse tirer un parti avantageux de ses facultés et de ses capitaux.

SECTION II. — *Des aides ou domestiques agricoles.*

Les aides ou domestiques sont, ainsi que nous l'avons dit, des serviteurs engagés à l'année pour exécuter les travaux que nécessite l'exploitation d'un fonds et qui reçoivent en échange des gages, la nourriture et le logement.

Nous allons nous occuper ici, d'une manière générale, du choix de ces agens, de leur nombre sur un établissement rural et du mode d'organisation qu'il convient de donner à cette partie du service.

§ Ier. — Du choix des aides agricoles.

Pour peu qu'on réfléchisse à l'importance des valeurs capitales, telles que des troupeaux, des attelages, des récoltes, etc., qu'on est journellement obligé de confier à la fidélité et à la discrétion des aides agricoles, valeurs qui peuvent courir les plus grands risques, éprouver de graves avaries ou même périr entièrement par suite de leur négligence, de leur mauvaise foi ou de leur impéritie; quand on pense combien les travaux des champs, pour être exécutés avec cette perfection qui est un des élémens du succès en agriculture, réclament de vigilance, d'activité et d'application, on ne tarde pas à se convaincre de la nécessité d'apporter tous ses soins, toute sa sagacité et toute la pénétration dont on est capable dans le *choix* des agens qui doivent vous seconder.

Le *défaut de bons agens secondaires* est un des plus grands obstacles qu'on puisse rencontrer dans l'organisation d'un domaine, et un des plus rebutans dans la pratique de l'agriculture.

Les *qualités* qu'on doit rechercher dans un aide agricole sont nombreuses; et ce serait un projet chimérique que d'espérer qu'on rencontrera des sujets qui les réuniront toutes à un degré éminent; ce qu'il importe principalement, c'est de faire choix de ceux qui sont doués des plus importantes, ou qui approchent le plus du modèle d'un bon serviteur.

La qualité à laquelle on doit peut-être attacher le plus grand prix, c'est la *probité*. Par homme probe nous n'entendons pas seulement celui qui ne se livre à aucune infidélité par lui-même, mais le serviteur plein de zèle pour les intérêts de son patron, qui veille à ce qu'il ne soit commis aucun délit qui puisse porter atteinte à sa propriété ou à ses droits, qui s'acquitte avec conscience de la tâche qui lui est imposée et remplit tous ses devoirs avec exactitude et loyauté. Des aides sur la fidélité desquels on ne peut compter exigent que le fermier prenne une foule de précautions, ou établisse des moyens de surveillance qui fatiguent son attention, l'empêchent, au sein d'une vie de soupçons et de défiance et au milieu d'une lutte continuelle entre lui et ses agens, de se livrer avec abandon à des améliorations utiles, entravent la marche accélérée des travaux et occasionnent des frais qui chargent inutilement la production. D'ailleurs, la vigilance la plus attentive ne prévient pas toutes les soustractions et ne parvient jamais à faire naître le zèle chez des hommes sans conscience et sans probité.

La *moralité* est aussi une qualité fort désirable dans un aide agricole, et l'expérience journalière démontre combien des habitudes d'ivrognerie et de débauche nuisent aux travaux ruraux et exposent souvent la propriété de l'entrepreneur aux plus redoutables sinistres. Il suffit souvent qu'un seul agent ait une conduite irrégulière pour porter le désordre et le trouble dans tout le personnel d'un établissement. Cette qualité et la précédente paraissent tellement précieuses aux yeux de certains agriculteurs qu'ils n'hésitent pas à donner la préférence à l'homme probe, loyal et sobre, fût-il moins habile et moins actif, sur le serviteur intelligent, adroit, mais dégradé par des vices.

Quand aux qualités précédentes, un aide joint encore *l'intelligence* et une *instruction* conforme à sa condition ou au service auquel on veut l'employer, il réunit à peu près toutes les dispositions morales qui constituent un bon serviteur. Un homme intelligent, qui a déjà des connaissances de pratique assez étendues, comprend mieux les services qu'on exige de lui et peut être avec plus de sécurité abandonné à ses propres moyens; d'ailleurs, il est plus facile de lui faire sentir les avantages d'une conduite régulière, de l'ordre, du travail et de l'économie. Trop souvent les hommes ignorans sont opiniâtres, indociles, difficiles à diriger et imbus de préjugés qu'il est impossible d'extirper.

Les *qualités physiques* qu'on doit rechercher dans un aide agricole sont l'habileté et la force. L'*habileté*, dans les travaux mécaniques, est le résultat de l'adresse et de la force mises en action par l'intelligence. L'adresse est le fruit de l'exercice ou de la pratique chez un individu conformé régulièrement et doué de bons organes.

Les travaux agricoles sont, la plupart du temps, si pénibles que la *force* est une qualité physique désirable dans un serviteur. On suppose qu'un homme fort résiste mieux à la fatigue et qu'il fait plus d'ouvrage dans le même temps; mais, à cet égard, c'est moins le développement musculaire des individus qu'il faut considérer que leur *énergie* et leur *activité*. Les travailleurs chez qui on rencontrera ces dernières qualités feront certainement plus d'ouvrage que des hommes plus forts et plus puissans qu'eux, mais indolens et sans énergie. Sous ce rapport, les populations et les individus présentent des différences très considérables dues au climat, au tempérament ou aux habitudes; les habitans des pays marécageux, par exemple, ne sont pas capables de soutenir pendant long-temps des travaux agricoles un peu pénibles et sont bien inférieurs en force à ceux des pays secs et découverts ou aux habitans vigoureux des montagnes. Dans quelques districts de l'Angleterre les laboureurs, selon SINCLAIR, habituent, par *indolence*, les chevaux à aller d'un pas si lent qu'ils ne parcourent pas 3,000 mèt. à l'heure dans les sols légers, tandis qu'ils devraient tracer dans le même espace de temps un sillon de plus de 4,500 mèt. de développement. La *nourriture* influe aussi beaucoup sur la force et l'énergie des travailleurs; plus elle est abondante et animalisée, plus en général ils sont capables d'efforts musculaires soutenus, et plus elle est chétive et réduite aux substances végétales, plus l'énergie des hommes diminue et s'éteint.

La difficulté de se procurer de bons serviteurs engage souvent un agriculteur à les *aller chercher au loin* ou à les faire venir des pays où ils se distinguent par leur fidélité ou leur activité, ou par des connaissances pratiques. C'est une méthode qui a parfois réussi, mais qui aussi n'a pas toujours eu les avantages qu'on s'en promettait. Dans les pays où l'agriculture prospère il n'y a généralement que les hommes les moins habiles et quelquefois les moins honnêtes qui consentent à émigrer. Ceux qu'on parvient à déterminer à se déplacer ainsi, tout intelligens qu'on les suppose, transportés ainsi au sein d'une population de mœurs différentes, et appelés à exécuter des travaux nouveaux pour eux ou à se livrer à des pratiques qu'ils ignorent, perdent une partie de leurs avantages; quelquefois d'ailleurs, on n'obtient leurs services qu'au moyen d'un salaire élevé et fort supérieur au prix du travail dans le pays, et nous croyons qu'il sera toujours prudent de réfléchir avec maturité avant de se déterminer à peupler un domaine d'agens appelés d'un canton ou d'un pays lointain.

Une autre méthode qui paraît avoir donné presque constamment de bons résultats, c'est de *faire choix de jeunes gens intelligens*, et dans l'âge où l'on est encore exempt de préjugés et de dispositions vicieuses, appartenant à des familles honnêtes et laborieuses, et de les dresser suivant les besoins de l'établissement en leur faisant contracter de bonne heure des habitudes de travail, d'ordre et d'économie. Dans la Flandre on n'agit pas autrement, suivant M. AELBROECK. Là, les fermiers ont des serviteurs à demeure qui sont tous les fils non mariés de la classe des petits exploitans. Ces jeunes gens remplis de zèle et d'activité n'ont d'autre espoir que de faire quelques économies, de trouver un jour une petite ferme, de se marier et de devenir indépendans. C'est là tout le stimulant de cette population chez qui l'amour du travail semble être inné et que ne peuvent rebuter ni les fatigues ni les privations.

Mais, pour retirer de cette méthode les avantages qu'elle peut procurer, il faut être soi-même un agriculteur expérimenté et capable de former les autres à la pratique de l'art, il faut s'armer de persévérance et se résoudre à quelques sacrifices dont on ne peut attendre la récompense qu'après plusieurs années. Un entrepreneur ignorant ou négligent ne formera jamais des serviteurs habiles, mais en outre, sera toujours à la discrétion de ceux qui ont plus d'expérience et de sagacité que lui.

Ce sujet est trop important pour que nous ne cherchions pas à l'éclaircir par le témoignage d'un habile praticien.

« L'homme qui voudra se livrer à une entreprise agricole, dit M. de DOMBASLE (1), *trouvera toujours sous sa main les sujets qui lui sont nécessaires*, s'il veut se donner la peine de les chercher. Les plaintes qu'on entend répéter si souvent sur la difficulté de se procurer de bons valets de ferme ou d'autres agens de culture, viennent généralement d'un vice d'organisation dans le personnel des agens et souvent aussi d'un mauvais choix. Le chef d'une exploitation rurale doit apporter une attention particulière à acquérir la connaissance du caractère et des dispositions non-seulement des hommes qui sont à son service, mais aussi de ceux qu'il peut s'attacher, et le nombre en est toujours assez grand dans un rayon peu étendu. Je ne parle ici que des dispositions et du caractère, parce que, quant à l'instruction, si les subordonnés n'en ont pas, il faut leur donner celle qui est nécessaire à l'objet auquel on veut les employer; ce qui n'est pas difficile, si on a bien choisi ses sujets, et que le maître soit déterminé à y consacrer beaucoup de soins.

« On trouve partout, parmi les *simples habitans des campagnes*, des hommes d'un sens droit et souvent très intelligens, qu'il est facile de plier aux habitudes qu'on veut leur faire prendre; et je ne crains pas d'affirmer que, toutes les fois qu'on n'a pas réussi dans des tentatives de ce genre, c'est qu'on s'y est mal pris; on a fait de grands efforts, trop grands peut-être, mais on les a mal dirigés.

« Dans la classe des *simples paysans* on ne manquera pas de trouver des hommes capables de former de bons chefs dans une exploitation rurale, si l'on sait placer chacun au poste qui lui convient et tirer parti des moyens naturels de chaque individu; mais il ne faut pas aussi se rendre trop exigeant; il ne faut pas ici, comme dans beaucoup de choses, prétendre à la perfection; il faut savoir tolérer des défauts; mais il faut faire en sorte que ces défauts soient le moins nuisibles qu'il est possible à l'ordre du service; une bonne organisation de surveillance sert infiniment pour cela. »

Il sera plus facile sans doute, en France, de rencontrer et de former des aides agricoles lorsque l'instruction primaire sera plus répandue et lorsque les enfans, surtout ceux des petits exploitans, abandonnés souvent à une espèce de vagabondage, seront, dès leurs plus jeunes ans, comme on le voit en Belgique et dans quelques localités industrieuses, appliqués à des travaux proportionnés à leurs forces et contracteront ainsi de bonne heure de bonnes habitudes.

Tout dépend donc, en définitive, pour *avoir de bons serviteurs, du soin et de la sagacité qu'on met à les choisir et à les diriger*.

(1) *Annales de Roville*, T. II, pag. 181.

Relativement à leur direction, nous nous en occuperons dans un autre chapitre; quant à leur choix, nous croyons avoir dit ici tout ce qui peut guider en pareille matière. Il ne nous reste plus qu'à rappeler que nous nous sommes déjà prononcés avec force (p. 266), sur la légèreté avec laquelle on engage souvent les aides ruraux et l'imprévoyance qu'on met en introduisant au sein de la famille un homme quelquefois inconnu ou qui n'est pas muni de certificats qui attestent sa moralité et sa bonne conduite. Ce n'est pas en allant chercher ses agens dans les lieux publics de réunions, comme on le fait quelquefois, et parmi des hommes qui passent successivement en peu de temps d'une ferme à l'autre, qu'on peut espérer de faire un bon choix. L'expérience a démontré que les gens de cette condition perdent constamment, par ces changemens fréquens, leur moralité et leur assiduité au travail.

On a souvent agité la question de savoir si on devait donner la *préférence aux serviteurs mariés sur ceux qui sont célibataires*.

Les uns, et c'est le plus grand nombre, ont pensé que, tout balancé, les garçons étaient préférables, et se sont appuyés sur les raisons suivantes: Dans les fermes où il y a plusieurs ménages de valets, il ne tarde pas à s'établir des rivalités fâcheuses qui portent préjudice à l'établissement. Souvent on est ainsi déterminé à prendre à son service la famille entière du serviteur et d'employer des agens qui ne remplissent pas tous également bien leur devoir. Les valets mariés exigent des logemens plus étendus; parfois leurs enfans en bas âge commettent des désordres ou des dégâts; très souvent ils refusent de prendre leurs repas en commun avec les autres gens de service et préfèrent manger dans leur ménage, ce qui est pour eux une occasion de perdre beaucoup de temps et nuit à leur moralité en les exposant à des tentations fâcheuses, pour améliorer le sort de leur famille; en outre, ces hommes ne pouvant trouver chez eux la même abondance qu'au sein de la ferme, sont moins forts et moins actifs que ceux nourris en commun, et enfin, ils peuvent se soustraire au contrôle immédiat et à la surveillance continuelle si nécessaire, du maître ou de ses agens principaux, etc. D'autres ont pensé qu'on pouvait tirer un aussi bon service des serviteurs mariés que des célibataires, et que ceux surtout qui ont la direction d'un service étaient plus dévoués aux intérêts du maître, surtout lorsque leurs femmes et leurs enfans trouvaient constamment du travail sur l'établissement et un salaire convenable; qu'on pouvait, en général, faire plus de fonds sur eux et qu'ils étaient moins disposés à abandonner le service d'un maître et à changer de condition; enfin, qu'une famille entière qui trouvait de l'occupation sur un établissement consentait facilement à une réduction dans le prix du travail de chaque individu. Nous ne discuterons pas plus au long ce sujet; chaque pays, chaque établissement, doit présenter à cet égard des particularités qui lui sont propres et, pour un administrateur habile, il s'agit moins d'avoir égard aux raisons ci-dessus que de savoir mettre en action, de la manière la plus avantageuse pour lui, les individus mariés ou non qui se trouvent à sa disposition.

§ II. — Du nombre des aides agricoles.

Le nombre des serviteurs qu'il convient de prendre à gages, pour exploiter un domaine, peut varier par tant de causes souvent fort importantes, que nous ne pourrons que jeter un coup d'œil sur celles auxquelles on peut attribuer une influence prépondérante et qui sont dues soit à des circonstances générales, soit aux travaux qu'exige l'exploitation des fonds.

A. *Circonstances générales.*

La première chose qu'il convient d'examiner, relativement au personnel, lorsqu'on organise un établissement, c'est de discuter les avantages qui peuvent résulter de confier une part plus ou moins grande dans l'exécution des travaux à des serviteurs à gages ou à des manouvriers. A ce sujet, THAËR pense que les circonstances locales peuvent seules servir à décider la question : « quelquefois, dit-il, ces circonstances ne permettent pas de choix ; d'autres fois elles n'en laissent qu'un limité, et rarement ce choix est entièrement libre.

« Il semble, ajoute-t-il, qu'en général on doive attendre des employés admis au sein de la famille plus d'attachement, plus de dévouement aux intérêts du maître et plus de fidélité. La certitude de les avoir constamment sous la main pour les travaux qui ne souffrent aucun délai et qui se poursuivent chaque jour, l'inspection, le contrôle, l'autorité qu'on peut exercer sur eux, la dépendance, l'obéissance plus immédiate qu'on doit en attendre, la responsabilité qu'on peut faire peser sur eux, enfin la plus grande quantité de travail qu'on en obtient généralement quand ils sont honnêtes et actifs, tout cela parle en faveur des employés à l'année. Mais, d'un autre côté, les ouvriers à la tâche ou à la journée n'exigent pas autant de soins de la part de l'entrepreneur; on les engage au moment du besoin et on les congédie à volonté lorsque le besoin a cessé ou lorsqu'on est mécontent de leur travail; enfin le prix de ce travail est généralement moins cher que celui des aides à l'année.

Voyons, maintenant, quelles sont les circonstances auxquelles on doit avoir égard quand on organise cette branche du service.

Il faut d'abord prendre en considération la *population* qui environne le domaine et sa condition. Si cette population se compose d'agriculteurs grands ou petits cultivant pour leur propre compte; si le nombre des manouvriers est peu considérable et la main-d'œuvre à un prix élevé; si ces derniers sont inhabiles, dépourvus d'intelligence, paresseux, voleurs; si enfin, au moment des grands travaux agricoles, on éprouve des difficultés pour se procurer les bras dont on a besoin, alors il faut se résoudre à ne compter pour l'exécution de ces travaux, et pendant la majeure partie de l'année, que sur les forces des serviteurs attachés à demeure à l'établissement, et s'assurer par conséquent le concours d'un personnel plus nombreux. Au contraire, si la population ouvrière est abondante, si les salaires sont peu élevés, si les travailleurs sont actifs, habiles, intelligens et consciencieux, alors on trouve toujours de l'avantage à louer leurs services aux moments seulement où on en a besoin, et à diminuer le nombre des serviteurs à gages.

Certaines *circonstances locales* ne permettent pas d'hésiter sur le choix qu'on doit faire : ainsi l'expérience a prouvé que, près des grandes villes, comme Paris et Londres, ou divers centres d'activité industrielle qui enlèvent aux champs les hommes les plus valides et les plus actifs, et où ceux qui restent exigent un salaire élevé, imposent des conditions onéreuses, et en outre sont négligens, vicieux et indociles, les fermiers diminuent autant qu'ils le peuvent le nombre de leurs serviteurs à gages, bien certains qu'ils sont de ne pas manquer de bras au moment du besoin, une légère augmentation dans le prix du travail suffisant pour attirer chaque année dans ces localités des ouvriers robustes et laborieux, qui accourent quelquefois d'une distance considérable et des pays pauvres ou chargés de population au moment de la moisson, de la fenaison ou des vendanges, etc.

Les *habitudes agricoles* d'un pays servent aussi à déterminer le choix d'un agriculteur; par exemple, dans plusieurs comtés de l'Angleterre où domine la grande culture, les fermiers n'ont généralement qu'un très petit nombre de serviteurs à gages; un seul agent suffit souvent pour une exploitation très considérable, les travaux sont exécutés pour la plupart par des journaliers ou à l'entreprise. En Flandre, au contraire, où la petite culture est répandue et où chaque instant de l'année est consacré à donner des façons à la terre et à une foule de travaux manuels, les fermiers, même sur de très petits fonds, ont des domestiques à l'année, et on y rencontre fort peu d'individus qui cherchent leurs moyens d'existence dans des travaux à la journée.

Sous un *climat* très variable et où le nombre des jours où l'on peut se livrer avec sécurité aux travaux des champs est généralement borné, et où il faut par conséquent savoir profiter avec habileté de ceux qui sont favorables, il est toujours prudent et souvent même moins dispendieux d'entretenir à l'année un personnel plus nombreux que de compter sur le secours des travailleurs à la journée, dont les bras peuvent manquer au moment du besoin, ou qui deviennent alors d'autant plus exigeans que la concurrence des fermiers du canton qui craignent de compromettre leurs récoltes, fait souvent monter les salaires à un taux exagéré.

Il est certains travaux, tels que ceux pour la *surveillance* des travailleurs, dont généralement les aides peuvent mieux s'acquitter que des journaliers; il en est d'autres de *confiance*, comme le transport des denrées sur les marchés, l'inspection des greniers, granges, etc., la distribution économique des récoltes consommées à la ferme, qui ne peuvent également être exercés que par des serviteurs à gages; d'autres qui durent toute l'année, comme les soins à donner au bétail de rente ou de trait, et qui demandent de l'habitude et un service continu; enfin il faut se rappeler que dans les momens perdus on peut employer les aides à une foule d'ouvrages ou d'objets utiles qu'on ne peut pas toujours faire figurer au compte du prix de leur travail, que l'économie sur la main-d'œuvre ne saurait être profitable qu'autant que les travaux qu'on obtient ainsi ont autant de perfection et sont exécutés avec la même célérité que ceux qu'on paie à un prix plus élevé.

B. *Des travaux qu'exige l'exploitation du fonds.*

La base la plus certaine d'après laquelle on puisse partir pour déterminer le nombre des travailleurs dont on aura besoin sur une ferme, et pour distribuer ensuite ces travaux entre les serviteurs à gages et les journaliers, c'est la *quantité du travail annuel* qu'il faut exécuter pour l'exploitation du fonds. Cette quantité de travail annuel se partage en deux masses distinctes dans tout système mixte d'exploitation, savoir : 1° la masse des *travaux de culture*, 2° la masse des *travaux manuels et accessoires*. Entrons à l'égard des uns et des autres dans quelques développemens.

1° *Des travaux de culture.*

On donne le nom de *travaux de culture* à ceux qui ont pour objet le transport et l'épandage du fumier dans les champs, les labours, les hersages, la récolte et l'emmagasinage des produits. Ces travaux, comme on le voit, sont les plus intéressans, ceux qui doivent être faits avec le plus de soin et d'attention, et qu'on ne peut négliger ou différer sans nuire à la prospérité de l'établissement.

La masse de ces travaux varie beaucoup d'un domaine à un autre, et voici les causes principales de ces variations.

La *nature du terrain.* Il y a une bien grande différence entre la quantité nécessaire de force pour labourer par exemple un terrain argileux, compacte et tenace, et un terrain léger et sablonneux. Dans le premier, 4 chevaux puissans conduits par 2 hommes peuvent souvent à peine saigner 25 à 30 ares dans une journée de travail, tandis que, dans le second, 2 chevaux légers conduits par un jeune homme retournent aisément en un jour 70 à 80 ares de surface.

La *configuration du terrain.* Dans une position montueuse et à surface inégale, les difficultés pour les travaux sont considérablement plus grandes que sur un terrain uni et de niveau.

L'*éloignement des pièces de terre* du corps de la ferme. L'expérience a démontré que dans les terres de moyenne consistance, il fallait pour transporter une charrue ou une herse par les chemins ruraux à une distance de 100 mèt. autant de temps que pour tracer un sillon de 75 mèt. de longueur. Ainsi, dans une pièce de terre située à 1000 mèt. des bâtimens ruraux et où les bêtes de trait nourries à l'étable ou à l'écurie reviennent 2 fois par jour au logis, c'est-à-dire parcourent une distance de 4000 mèt. à vide ou sans travail fructueux, on laboure dans une même journée de travail, les sillons étant supposés avoir 16 centim. de largeur, une surface d'environ 480 mèt. carrés ou 4 ares 80 de moins que dans une pièce qui serait située à proximité des bâtimens.

Les autres travaux de culture présentent dans cette circonstance une diminution toute aussi considérable; par exemple, on transporte plus de 22 charges de fumier dans une journée de travail, sur une pièce de terre placée à 400 mèt. de distance du corps des bâtimens; on n'en peut plus transporter que 15 à une distance double, que 9 à une distance quadruple, et à peine en voiture-t-on 5 charges à une distance de 4000 mètres.

On suppose, dans les faits de pratique que nous venons de citer, que les *chemins ruraux sont en bon état*, autrement la quantité de travail utile pourrait être considérablement diminuée.

Le *système de culture et d'aménagement.* C'est une des choses qui influent le plus sur la masse des travaux de culture. Ainsi, pour n'en citer que des exemples vulgaires, il y a une grande différence entre la masse des travaux qui s'exécutent, à surface égale, sur une ferme à grains et sur une ferme à pâturages; sur un domaine exploité suivant l'assolement triennal avec jachère où un travailleur suffit pour 15 ou 18 hectares, et un autre où on a établi un bon système de culture alterne avec plantes sarclées, nourriture des bestiaux à l'étable, et où il faut souvent un travailleur pour 2 hect. et même moins; dans celui où on ne fume qu'avec parcimonie, et où la terre est mal travaillée, et celui où on lui donne de riches fumures et des façons énergiques et multipliées, etc.

Le *choix des instrumens.* Plus ils sont perfectionnés et mieux adaptés au terrain, moins ils nécessitent d'efforts et de travail.

Le *mode d'administration.* Dans un mode régulier et bien entendu d'administration, les travaux sont répartis et distribués d'une manière telle qu'ils sont tous exécutés sans encombre, à l'époque précise, avec la moindre dépense de force possible, avec l'étendue, le soin convenables, et sans être obligé à les recommencer sans nécessité. En outre, dans un domaine bien dirigé, les chemins ruraux sont en bon état, et les véhicules bien appropriés; la force des animaux de trait, leur mode d'attelage, le jeu des machines, y sont réglés avec une exacte économie; et enfin, tous les travaux, tous les mouvemens, s'exécutent d'une façon telle que chaque travailleur fait l'emploi le plus utile, pour l'établissement, de ses forces et de son temps.

Sur un domaine quelconque, quand on connaît le plan de culture, la rotation et l'aménagement, il est facile de *déterminer et de distribuer pendant tout le cours de l'année la masse des travaux de culture;* nous en avons donné des exemples en nous occupant de l'estimation des biens ruraux; nous reviendrons sur ce sujet, dans le chapitre qui sera consacré aux travaux.

Quand on connaît la *masse* des travaux annuels de culture, par exemple le poids des fumiers ou des récoltes à transporter avec la distance, la surface à labourer, herser ou moissonner, etc., il est facile de convertir ces travaux en *journées d'hommes, de femmes ou d'animaux;* pour cela, il suffit de diviser les nombres qui représentent ces travaux par la quantité de travail que peut exécuter un de ces agens pendant un certain temps : je suppose, par exemple, que 2 bœufs conduits par un charretier labourent dans un terrain de consistance moyenne 25 ares par jour, il est clair que si je veux labourer 100 hect. de terre de cette qualité en 80 jours, il faudra 5 attelages de 2 bœufs conduits chacun par autant de charretiers.

Il s'agit donc de constater, relativement aux divers agens, la quantité de travail dont ils sont susceptibles, et pour cela il faut avoir égard, en nous bornant aux serviteurs, à quelques circonstances que voici :

Le *nombre des journées de travail de l'année.* Il est variable suivant les pays : dans les uns il est de 300 à 310 jours dans l'année, et dans d'autres de 290 seulement pour les hommes; quant aux travaux avec les attelages, ils ne dépassent guère 260 jours avec les chevaux dans les fermes les mieux dirigées et 130 à 140 jours pour les bœufs travaillant alternativement.

La *durée de la journée de travail* n'est pas fixée partout de la même manière et change avec les saisons. Dans quelques pays elle est de 10 heures et dans d'autres de 12 pendant l'été; de 9 et 10 1/2 heures en automne et de 7 à 8 en hiver, non-compris les heures de repas. Le commencement et la fin de cette journée, l'époque, le nombre et la durée des repas sont également variables dans chaque contrée, et il est difficile à ce sujet de s'écarter des usages du canton qu'on habite.

La *force et l'énergie des travailleurs.* Nous avons déjà dit que les populations présentaient de grandes différences sous ce rapport, et il serait impossible et quelquefois injuste d'exiger de certaines d'entre elles une quantité de travail égale à celle que d'autres peuvent fournir; mais il faut que cette infériorité soit bien constatée et due à des circonstances locales, au climat ou à la constitution des individus et non pas à des habitudes d'indolence et d'inertie, à un mauvais emploi que les travailleurs font de leur temps ou une économie mal entendue de leurs forces.

Quoi qu'il en soit, l'expérience a fait connaître d'une manière assez précise la *quantité de travail* qu'on doit attendre, dans des circonstances ordinaires, des efforts musculaires d'un homme de stature et de taille moyennes quand il est appliqué à des travaux proportionnés à ses forces et à sa capacité et dirigé de manière à en retirer le plus grand effet utile. Ce sujet, l'un des plus intéressans dans l'économie administrative d'un domaine, devant être traité plus au long dans le tit. IV, et d'ailleurs, diverses notions qui s'y rattachent se trouvant répandues dans les chapitres où l'on s'occupe de l'organisation des attelages, nous terminerons ici les détails où nous sommes entrés sur les causes qui, dans les travaux de culture, peuvent accroître ou diminuer le nombre des serviteurs à gages dont on a besoin sur un établissement.

2° *Travaux manuels et accessoires.*

Les travaux manuels et accessoires autres que ceux de culture que nécessite l'exploitation d'un domaine sont assez multipliés et consistent parfois en détails qu'il est difficile d'évaluer, et pour lesquels il faut consulter l'expérience et les usages locaux, quand on veut connaître le nombre des travailleurs qu'il faut y appliquer. Voici quelques faits propres à éclaircir ce sujet :

Le nombre de têtes de *gros bétail* que peut soigner un serviteur dépend de la disposition des étables, qui rendent le service plus ou moins facile; de la manière de préparer et distribuer les alimens et de l'éloignement des lieux où il faut aller les chercher; de l'espèce de bétail qui peut être composé de vaches laitières, de bœufs d'engrais, de bétail d'élève; de la race des animaux qui consomment plus ou moins et donnent plus ou moins de lait; des habitudes du pays, de l'habileté, de l'activité et du sexe des serviteurs, etc. — Un habile marcaire suisse soigne, nourrit et trait 18 à 20 vaches et fauche de plus une partie de leur nourriture en vert et aide à son transport. — Une vachère, dans la plupart des pays, ne peut donner ses soins à plus de 12 à 14 vaches. Dans la belle ferme-modèle de Hohenheim, dans le Wurtemberg, où l'on compte 60 vaches, il y a 2 hommes pour traire, faire le beurre et le fromage, travailler le fumier, soigner les veaux, et 2 autres serviteurs dont un jeune garçon pour distribuer les alimens, les hacher au besoin, panser les vaches, nettoyer les étables et qui participent en outre aux travaux des champs pour récolter les fourrages: au total, 4 hommes, ou un individu pour 15 vaches. — Une vachère qui ne soigne que 10 vaches doit en outre s'occuper à d'autres travaux, soit à la basse-cour, soit au jardin, soit à la culture ou à la préparation des plantes industrielles. — Une servante suffit pour 30 têtes de bétail dans les 2 premières années de leur existence. — Un vacher fauche la nourriture verte en été et hache celle en hiver pour 48 à 50 vaches ou 100 à 120 jeunes bêtes. — Un bouvier conduit au pâturage 25 à 30 têtes de gros bétail, et le double s'il est assisté par un jeune homme, ou avec l'aide d'un bon chien. — Les bêtes d'engrais exigent plus de travail pour transporter, hacher, cuire et distribuer leurs alimens; un homme ne peut guère en soigner au-delà de 10.

Un *berger* conduit, soigne et nourrit aisément tant à l'étable qu'au pâturage 160 à 170 têtes. Dans les grands troupeaux, et suivant la nature des pâturages, on peut lui confier 200 à 300 têtes et parfois davantage.

Un *porcher*, dans les établissemens bien dirigés, conduit et soigne aisément de 30 à 60 porcs.

Les autres travaux dans un établissement sont : 1° Les *travaux manuels*, tels que binages, buttages, sarclages, etc., et dont l'importance est toujours d'autant plus grande que la ferme est plus petite et la culture plus riche et mieux entendue. On connaît assez bien dans chaque pays la quantité de travail de ce genre que peut faire un homme, une femme ou un enfant. 2° Les *charrois* pour le transport des denrées aux marchés, pour celui du combustible pour chauffage, des matériaux pour construction et réparations, etc. Il est facile, d'après le poids de ces objets et la distance où il faut les transporter, d'évaluer ces travaux en journées d'hommes et d'animaux, comme nous le verrons plus tard. 3° Les *travaux d'amélioration*, qui se font ordinairement sur un devis préalable qui règle à l'avance le nombre des travailleurs qui devront y prendre part.

Enfin, dans les grands établissemens il y a aussi des serviteurs spécialement chargés des *travaux du ménage*. Leur nombre ne peut être déterminé, et change suivant les besoins ou la fortune de l'entrepreneur.

On a quelquefois cherché à évaluer le nombre des individus, soit serviteurs, soit manouvriers qu'il convient de réunir sur une ferme pour les travaux de toute espèce, en prenant pour base l'étendue superficielle de cette ferme et son mode d'exploitation; mais cette manière est trop sujette à erreur pour qu'on puisse y avoir quelque confiance, et nous ne nous y arrêterons pas, malgré les nombreux exemples d'évaluation de ce genre que nous avons recueillis dans tous les pays et dans des systèmes très variés d'économie rurale.

§ III. — Organisation du personnel.

1° *Du mode d'organisation.*

Jusqu'ici nous n'avons envisagé la question du nombre des serviteurs ou aides agricoles que sous le point de vue des circonstances locales et de la masse du travail annuel que nécessite l'exploitation d'un établissement; mais il en est un autre plus important peut-être et dont nous allons nous occuper: c'est celui de la *surveillance des travaux* ou de l'*organisation de subordination.*

Dans les petites exploitations, l'entrepreneur, étant lui-même agent actif dans les travaux matériels et travaillant sans cesse avec sa famille ou le petit nombre d'ouvriers qu'il emploie, peut exercer sans peine une surveillance active sur ces derniers; mais il n'en est plus de même dès que l'exploitation devient plus étendue, que l'entrepreneur ne prend plus une part directe aux travaux, que des soins administratifs réclament une partie de son temps et l'empêchent d'avoir continuellement l'œil sur les travailleurs dispersés souvent sur une grande surface.

Il y a bien peu d'hommes dans la condition des aides et encore plus dans celle des manouvriers qui n'aient besoin d'être surveillés dans leurs travaux, tant sous le rapport de l'emploi le plus fructueux qu'ils doivent faire de leur force et de leur temps, que sous celui de la bonne direction à donner à ces travaux. Cette surveillance, si importante pour les intérêts du maître, ne peut être convenablement établie, quand celui-ci ne peut pas l'exercer complètement par lui-même, qu'au moyen d'un *bon mode d'organisation* du personnel. « Cette organisation, dans l'opinion d'un de nos plus habiles administrateurs (1), est en définitif la chose du monde la plus simple et, s'il en coûte quelques soins pour l'établir, ce n'est que dans les 1ers instans, et l'on en sera amplement dédommagé par les facilités qu'elle présente dans l'exécution de toutes les opérations auxquelles on veut se livrer. Une fois la chose montée, tout va seul et l'on est surpris de la simplicité de la marche d'une machine qui, au 1er coup d'œil, paraît compliquée. Je puis assurer que tout homme qui voudra se donner la peine d'organiser une exploitation sur des principes raisonnés, parviendra sans peine à obtenir, dans l'exécution de tous les travaux, non-seulement plus de *perfection, mais infiniment plus d'économie* que les 95 centièmes des cultivateurs de profession; et il est également certain que dans toute exploitation, la circonstance qui exercera la plus puissante influence sur le succès, c'est la tournure de caractère qui dispose plus ou moins l'homme qui la dirige à établir et à maintenir avec fermeté l'ordre dans l'administration qu'on peut diviser en 2 principales branches, la comptabilité et l'organisation destinée à établir la subordination parmi tous les employés. Un cultivateur qui ne peut exécuter de ses mains tous les travaux de sa ferme, est obligé d'employer des bras étrangers, et ce sera toujours du plus ou moins d'habileté qu'il mettra à manier cet instrument essentiel que dépendront en grande partie ses succès et sa fortune. »

Dans les établissemens de moyenne étendue, on tient assez souvent un *maître-valet* ou *premier aide* qui est chargé de l'inspection des travaux aux champs et de maintenir l'ordre parmi les travailleurs avec lesquels il prend part à tous les labeurs. Dans ceux qui sont plus étendus, on confie parfois la surveillance générale des travaux, sous les ordres du maître, à un agent qui ne travaille pas par lui-même et qui est pris ordinairement dans une classe plus élevée que celle des manouvriers des campagnes, et qui prend le titre de *contre-maître;* ainsi, dans les plus grandes fermes anglaises, il n'y a qu'un seul *contre-maître* (*bailiff* ou *steward*) qui dirige les laboureurs, les bouviers, les bergers, tous les manouvriers, et qui souvent est chargé des ventes et des achats. Ce contre-maître est tantôt un jeune homme instruit qui apprend ainsi à administrer un grand domaine, tantôt un praticien habile qui en fait sa profession et est assez largement rétribué par les fermiers, qui sont généralement riches dans ce pays de grande culture.

« Cette méthode, dit M. de Dombasle, me paraît plus coûteuse que celle que je recommande et bien moins efficace pour obtenir une exécution parfaite dans toutes les branches des travaux. En effet, il est impossible à un seul homme d'être continuellement partout, et cependant, de tous les genres d'ouvrages qui s'exécutent à la fois dans une exploitation, il n'y en a pas un qui n'exige une surveillance très assidue, tant sous le rapport du bon emploi du temps de la part des ouvriers qui l'exécutent, que sous celui des soins dans l'exécution. D'ailleurs il est bien plus facile de trouver des hommes capables de diriger chacun une branche de travaux déterminée, qu'un seul sujet capable de les embrasser toutes. Il n'y a pas un homme qui ne soit propre à une chose en particulier, il ne s'agit que de le mettre à sa place. Dans la méthode que j'ai adoptée, chaque *chef de service* est un homme qui travaille lui-même avec les ouvriers dont la direction lui est confiée. Avec un peu de discernement on trouve assez facilement, parmi les habitans des campagnes, des hommes capables de remplir cette tâche, qui est toujours ambitionnée par eux, d'abord à cause de l'espèce de supériorité qu'elle leur donne sur leurs égaux, et ensuite parce qu'il en résulte pour eux une augmentation de salaire. »

Voici maintenant les divers chefs de service que le directeur de Roville avait jugés indispensables à son établissement qui se compose de 180 hectares de terres labourables ou prés, mais qui, par sa nature même et sa destination, par les distractions continuelles qui ne permettent pas au maître de veiller lui-même à l'exécution des détails ainsi que pourrait le faire un homme qui ne serait que cultivateur sur une ferme de même étendue, se trouve dans un cas particulier.

1° Un *chef d'attelages* chargé de transmettre les ordres à tous les valets, de surveiller le travail exécuté par tous les animaux de trait, ainsi que les soins que ces derniers exigent à l'écurie; il conduit lui-même un attelage. Deux valets, l'un parmi ceux qui soignent les bœufs et l'autre parmi ceux attachés aux chevaux, exercent, sous le nom de *brigadiers*, leur surveillance sous l'autorité du chef d'attelage, tant à l'écurie que dans le travail. 2° Un *chef de main-d'œuvre* chargé spécialement de la surveillance des manouvriers ainsi que de leur choix, et responsable de la bonne exécution de l'ouvrage. 3° Un *irrigateur* chargé de la conduite des eaux pour 18 hectares de prés arrosés, des autres travaux qu'exigent ces prés, de surveiller les faucheurs, faneurs, etc., de faucher et de conduire en été aux écuries les fourrages verts pour le bétail, de veiller l'hiver à toutes les

(1) *Annales de Roville*, tom. II, pag. 203.

saignées qui tiennent égouttées toutes les terre arables. 4° Un *berger* et son aide. 5° Un *marcaire* chargé du soin des bœufs à l'engrais, des vaches et des porcs, et qui a 2 ou 3 aides suivant le besoin. 6° Un *commis* pour la comptabilité et son aide, qui mettent la main à l'œuvre pour tous les travaux qu'exige le soin des greniers et des magasins de bois et de matériaux qui leur sont confiés.

Dans quelques pays étrangers, et notamment dans plusieurs parties de l'Allemagne où l'on rencontre des domaine fort étendus, chacune des branches de l'économie agricole est confiée souvent à un agent supérieur qui a sous lui des premiers employés ou garçons qui commandent encore aux simples serviteurs ou journaliers; ainsi l'économie des bêtes à laine est entièrement dirigée par un *berger chef* qui a sous ses ordres des *maîtres-bergers;* ceux-ci dirigent à leur tour des *garçons* ou *bergers* chargés de conduire et de soigner les uns les béliers, les autres les brebis portières, les antenois, les agneaux ou les moutons. Tous ces chefs sont sous la direction d'un ou plusieurs *économes* qui, à leur tour, reçoivent les ordres d'un administrateur ou *régisseur*, etc.

Quel que soit au reste le mode d'organisation du personnel, le *but qu'il s'agit d'atteindre dans ce service* c'est que les travaux soient faits en temps opportun, avec le soin et la perfection qu'ils réclament, avec toute l'économie que permettent les circonstances dans lesquelles on se trouve placé; c'est de tirer le plus grand effet utile possible des travailleurs, et enfin de prévenir les pertes, les gaspillages, la rivalité entre les employés qui porte le trouble dans l'établissement, la connivence des valets contre les intérêts du maître et les vols domestiques qui le ruinent.

2° *De l'engagement des serviteurs.*

La plupart du temps les *engagemens* des serviteurs ruraux n'ont lieu que pour un an; mais il serait bien préférable qu'ils fussent pris pour plusieurs années consécutives quand on est certain de l'habileté et des qualités morales des sujets. Les *conditions* de cet engagement, variables suivant les pays, portent généralement sur la quotité des gages et leur mode de paiement et sur la nourriture et le nombre des jours et des heures de travail; souvent aussi on stipule quelques conditions relatives à des *obligations spéciales* que doivent remplir les aides.

Toutes ces conditions sont la plupart du temps arrêtées *verbalement*, ce qui donne souvent lieu à de fâcheuses contestations entre les maîtres et leurs employés; il serait bien à désirer que l'enseignement primaire fût assez répandu pour que les conventions réciproques, stipulées au moment de l'engagement, pussent être *rédigées par écrit en double expédition*, et que ce petit acte, pour louage de service, pût prévenir ces contestations ou faire foi devant un juge en cas où elles viendraient à s'élever. L'expérience ferait bien vite connaître les clauses principales de ce contrat et les formes simples qu'on peut lui donner.

Dans beaucoup de localités on est dans l'habitude d'engager les serviteurs à une *époque fixe de l'année*; cette méthode a été regardée avec raison comme très préjudiciable aux intérêts des cultivateurs. D'abord elle tend à élever généralement le prix des services par suite de la concurrence et de la coalition des travailleurs; ensuite elle place souvent le cultivateur dans un grand embarras lorsque, au moment du renouvellement, tous ses valets réclament une augmentation de salaire ou menacent de le quitter tous en même temps. La meilleure précaution pour déjouer toutes ces coalitions c'est de n'engager les serviteurs qu'à des époques diverses de l'année, quand cela est possible, ou de se procurer, dans la commune qu'on habite, quelques journaliers qu'on met au courant des travaux de l'exploitation et qui peuvent momentanément remplacer les aides quand ceux-ci deviennent trop exigeans ou indociles.

3° *Des conditions de l'engagement.*

Les aides employés à l'année sur un établissement rural reçoivent ordinairement en échange de leurs services, des *gages* dont la quotité varie suivant les localités et d'après certaines lois économiques; en outre ils sont entretenus suivant un mode qui dépend des conventions stipulées entre eux et le fermier.

Les gages doivent être proportionnés à l'habileté, à l'activité, à l'intelligence ou à la probité du travailleur, et sous ce rapport il y a toujours avantage et économie pour l'établissement à payer à un prix plus élevé les services de ceux qui possèdent une ou plusieurs de ces qualités.

Quant aux *conditions d'entretien*, elles se réduisent généralement aux suivantes. Tantôt les aides sont logés, couchés, éclairés, chauffés aux frais du fermier et admis à sa table avec sa famille pour y prendre leur repas. Tantôt, au lieu d'être admis à la table du maître, ils dînent à la cuisine et sous l'inspection de la ménagère, ou bien ils sont nourris par un contre-maître qui se charge moyennant un prix déterminé avec le fermier du soin de leur nourriture, comme on le voit dans quelques grandes exploitations. Tantôt enfin ils reçoivent une certaine quantité de denrées en nature ou l'équivalent en argent et pourvoient eux mêmes à leur nourriture et à leur entretien.

Le 1er *mode* est très commun sur les petits établissemens où il est très avantageux. Là le fermier a sans cesse ses serviteurs sous les yeux et surveille plus aisément leur conduite; ceux-ci, nourris comme leur maître, n'élèvent aucune plainte et sont en général plus forts et mieux portans. La nourriture plus abondante dont ils jouissent les empêche de fréquenter les cabarets qui nuisent à leur moral et à leur santé. Ainsi traités, la décence et les bonnes mœurs règnent toujours dans les repas et dans les rapports des domestiques entre eux. Habitués à vivre dans l'intimité de leur maître, ceux-ci finissent par se regarder comme des membres de la famille, et par prendre avec zèle les intérêts d'une espèce de communauté où ils trouvent leur bien-être. Enfin, n'éprouvant aucun besoin urgent et n'étant jamais affectés par le renchérissement des denrées, ils ne sont jamais placés dans la situation parfois pénible de ceux qui doivent pourvoir à leurs besoins et à ceux d'une famille.

Le 2me *mode* offre en partie les avantages du précédent. On le rencontre plus fréquemment sur les grandes exploitations, où il est plus difficile d'établir cette espèce de liens de famille qui se forment fréquemment dans le premier cas entre le maître et les serviteurs. Comme, lui il est d'autant plus avantageux que le nombre de ceux-ci est plus grand, les frais pour chacun d'eux tant pour la nourriture que pour le logement, le feu et la lumière, diminuant toujours avec le nombre des personnes qu'on entretient ainsi; mais il ne faut pas profiter de la distinction qui s'établit ainsi entre la table du maître et celle des valets, pour refuser à ceux-ci la nourriture saine, abondante et substantielle dont ils ont besoin, car c'est un fait d'observation que là où les serviteurs sont mieux nourris et surtout où on leur donne plus de viande, ils travaillent plus fortement et se livrent plus volontiers à toutes sortes d'ouvrages, et que diminuer la qualité et la quantité de leur nourriture, c'était diminuer aussi leur travail et le rendre plus cher. Enfin il faut éviter de confier à des personnes avides ou peu délicates l'entreprise de la nourriture de ses serviteurs.

Les aides auxquels on donne *l'équivalent de leur nourriture* en argent sont ceux qui sont mariés et dont les familles ne sont pas employées sur la ferme, mais résident aux environs. Dans ce mode les serviteurs sont plus mal nourris et moins forts; ils perdent souvent un temps considérable pour aller prendre leurs repas chez eux ou dans des endroits publics. Abandonnés à leur inexpérience et imprévoyans comme la plupart des hommes de leur condition, ils dissipent en peu de jours toutes leurs ressources ou éprouvent, quand il survient une augmentation dans le prix des denrées de 1re nécessité, une pénurie cruelle. On prévient, il est vrai, cette fâcheuse situation en leur donnant une partie de leur salaire en denrées, mais, dans tous les cas, il est très difficile, malgré la surveillance la plus rigoureuse, d'empêcher ces serviteurs de vivre aux dépens de l'établissement et d'emporter tout ce ce qu'ils peuvent.

Les agriculteurs les plus éclairés de l'Angleterre attribuent en grande partie la dépravation des travailleurs dont on se plaint tant aujourd'hui dans ce pays, à l'habitude qui a prévalu depuis quelque temps de ne plus loger et nourrir les serviteurs dans les fermes par une économie mal entendue.

C'est pour éviter de mettre à une épreuve pénible la fidélité des serviteurs qu'on a blâmé l'usage de donner aux bergers une partie de leur salaire en argent et partie en animaux ou en produits, et ce qui est encore pis d'entretenir comme équivalent ou supplément de gages, un certain nombre de bêtes dans les troupeaux de l'établissement. Dans tous les pays où les établissemens agricoles sont bien administrés ces abus ont disparu, et, dans quelques endroits de l'Allemagne on a adopté pour le salaire de ceux qui conduisent les troupeaux une méthode qui a donné de bons résultats. Ceux qui dirigent ces troupeaux reçoivent un salaire proportionné aux profits que donnent les animaux, et sont ainsi intéressés à veiller sur eux avec attention ainsi qu'à leur amélioration. Un maître berger a par exemple 2/9es des profits et chaque berger 1/9e. Mais ils contribuent aux dépenses dans certaines occasions telles que celles pour achat de tourteaux de graines oléagineuses, ou quand il est nécessaire d'acheter des fourrages l'hiver, ou lorsqu'on juge qu'il est utile de régénérer le troupeau.

Le Bureau d'Agriculture de Londres a fait connaître le moyen en usage dans les cantons les mieux cultivés de l'Écosse, pays au reste où la population est laborieuse et honnête, pour entretenir les aides agricoles. Les cultivateurs riches construisent près des bâtimens d'exploitation des chaumières qui sont données aux domestiques mariés qui reçoivent la plus grande partie de leurs gages en produits du sol. En outre, ces serviteurs sont autorisés à avoir une vache que le fermier nourrit pendant toute l'année. Ces faveurs produisent un excellent effet sur la conduite des jeunes gens, qui, animés du désir de se les assurer, économisent autant qu'ils peuvent sur leurs gages pour acheter la vache et se procurer le mobilier de leur habitation quand ils se marieront. Quelquefois les fermiers, selon les circonstances, y ajoutent plusieurs autres avantages, tels que quelques ares de terrain pour un jardin potager ou toute autre culture, la faculté d'entretenir un cochon ou des poules dans la basse-cour du maître, un peu de combustible, leur nourriture aux frais du fermier pendant les grands travaux agricoles, etc. Nulle part, dit-on, on ne rencontre des domestiques plus actifs, plus probes et d'une meilleure conduite. Ils élèvent dans des habitudes de travail et dans la pratique des opérations agricoles une famille dont le fermier tire souvent un grand profit, ils s'attachent à la ferme, prennent à cœur sa prospérité et pensent rarement à la quitter.

Dans ses principes raisonnés d'agriculture, THAER conseille, pour l'entretien et la nourriture des serviteurs et surtout au commencement d'un établissement, d'avoir égard *aux usages du pays*, et de prendre à ce sujet des renseignemens détaillés. Il n'est jamais ou au moins rarement profitable d'y apporter des changemens, et alors même qu'on voudrait améliorer le sort des employés on pourrait facilement exciter le mécontentement de gens qui tiennent avec opiniâtreté à leurs habitudes.

SECTION III. — *Des manouvriers.*

Dans un établissement exploité suivant un bon système de culture alterne et où l'on cultive en grand les plantes sarclées et celles qui exigent beaucoup de travail manuel, dans ceux où on se livre à d'importantes améliorations agricoles, il est impossible d'exécuter tous les travaux avec le secours seul des employés à gages, et il faut avoir recours à des ouvriers qui louent leurs services à la journée et qu'on nomme *journaliers* ou *manouvriers*.

L'*emploi économique des manouvriers* exige, de la part d'un entrepreneur, la plus sérieuse attention. Ces hommes, pris en général parmi ceux qui sont le plus dénués d'instruction et qui, d'ailleurs n'ont aucun intérêt à la propriété de l'établissement ni aucun lien qui les rattache à l'entrepreneur, cherchent par tous les moyens à diminuer la somme du travail journalier qu'ils doivent à celui qui loue leurs services, ce qui rend leur travail dispendieux, en même temps qu'il est exécuté avec lenteur et imperfection.

Il n'y a qu'*un bon mode de surveillance* qui puisse mettre à l'abri des embarras que cause l'emploi des journaliers. Cette surveillance indispensable et continue doit être exercée par le maître en personne quand il peut se livrer à cette occupation, et par un chef de main-d'œuvre, pris parmi les aides de la ferme, quand il ne peut y donner tous ses instans sans négliger d'autres branches importantes de son exploitation. On charge aussi de ce soin, dans quelques occasions, un journalier sur l'activité et la probité duquel on peut compter et qui reçoit un salaire plus élevé pour conduire les gens de journée. L'agent, quel qu'il soit, qui est chargé de ce soin, doit être responsable de la bonne et rapide exécution des travaux.

En général, en France, les journaliers sont des hommes tantôt *vivant uniquement de leur travail*, tantôt de *petits propriétaires* que l'exiguité de leur héritage contraint pour vivre de louer en partie leur travail à autrui. On remarque que ces derniers rendent la plupart du temps un meilleur service; plus attachés que les autres à la localité, ils n'ont pas l'inconstance de celui qui n'a d'autre bien que sa force physique; leur qualité de propriétaire, en les relevant à leurs propres yeux, leur donne en même temps des dispositions plus honnêtes, plus laborieuses et une conduite plus réglée; ils comprennent mieux le droit sacré de la propriété et sont moins disposés à le violer; enfin, exercés dès leur enfance à des travaux sur l'héritage paternel, ils ont quelques connaissances agricoles et s'acquittent de leur tâche avec plus de perfection.

Il y a 2 modes différens d'employer les manouvriers : 1° à la journée; 2° à la tâche. Chacun d'eux présente des avantages et des inconvéniens.

Lorsque plusieurs ouvriers travaillent ensemble *à la journée*, il y a toujours beaucoup de temps perdu en conversations futiles, en repos fréquens et inutiles, en mouvemens sans but et improductifs. Plus ces ouvriers sont nombreux et plus il est difficile dans ce cas de les surveiller et de les forcer à travailler comme ils le devraient. Enfin, c'est le mode où les hommes gagnent le moins et où le travail revient le plus cher à l'agriculteur.

Le travail *à la tâche* est au contraire le seul où un ouvrier habile et diligent trouve un salaire proportionné à la supériorité de ses travaux. Dans ce mode, le journalier travaille avec plus d'activité et d'assiduité, puisqu'il sait que le fruit de ses efforts tournera à son profit et à celui de sa famille, et avec plus de satisfaction et d'indépendance, puisqu'il a moins besoin de cette surveillance gênante qui assiége l'ouvrier à la journée. Il emploie en général de meilleurs outils et cherche davantage à devenir habile dans les travaux dont on le charge. Celui qui emploie les ouvriers à la tâche y trouve à son tour l'avantage que ces travaux sont exécutés avec plus de célérité et de ne payer ceux-ci que ce qu'ils valent en réalité.

On a *reproché au travail à la tâche* : 1° d'altérer la santé des ouvriers. Ce reproche ne paraît nullement fondé; 2° de n'être pas applicable dans tous les cas, puisqu'il y a des travaux dont l'étendue où la valeur ne peuvent être déterminées à l'avance, ce qui ne diminue pas les avantages de ce mode quand on peut le mettre en usage; 3° d'être souvent exécuté avec imperfection, ce qui élève des contestations entre le maître et l'ouvrier; mais il est facile de prévenir celles-ci en commençant par faire exécuter le travail sur un petit espace qui sert de modèle, en fixant ensuite le prix du travail, en congédiant les travailleurs qui ne l'exécutent pas conformément au modèle, et en exerçant sur eux une surveillance active.

Au reste, il est des travaux dans lesquels on doit quelquefois avoir égard plutôt à la *quantité*, et d'autres où l'on s'attache plus particulièrement à la *qualité*. Par exemple, dans un climat variable, par une saison défavorable et dans un canton où les bras sont rares il importe que les travaux de fenaison soient faits à la tâche et avec toute la célérité désirable, dût-on perdre un peu sur la récolte. Au contraire, les travaux pour la moisson des grains, par un temps propice et soutenu, le transport des gerbes, la construction des meules, la vendange, l'égrappage, le foulage des raisins, etc., sont souvent plus profitables quand ils sont faits à la journée avec le soin convenable et sous la surveillance continuelle du maître ou d'un aide intelligent.

Le *salaire* des manouvriers ne s'acquitte pas toujours en argent, et parfois il se paie partie de cette manière et partie en nature, et quelquefois uniquement en denrées. Ce dernier mode de rétribution s'applique plus particulièrement, en France, au battage des grains ; on l'emploie aussi pour la moisson, et plusieurs agronomes ont proposé de l'établir pour d'autres travaux. Il offre l'avantage que le prix du travail paraît y être plus en rapport avec la valeur du produit, que le fermier n'est pas obligé à faire une avance d'argent comptant pour payer ses travailleurs, ou d'effectuer le transport sur le marché des denrées ainsi consommées.

Dans quelques pays les manouvriers reçoivent une petite portion de leur salaire en argent, et le fermier se charge pour le reste de pourvoir à leur *nourriture*. Ce mode n'est guère en usage que chez les petits cultivateurs, qui ont à peine les ressources nécessaires pour payer en argent; mais il est mis avantageusement en pratique, quoique plus dispendieux, dans les grands établissemens; par exemple, lorsque les travaux qu'on fait exécuter sont à une grande distance des habitations ou qu'ils sont très urgens, comme la fenaison ou la moisson, etc., et qu'il ne faut perdre que le temps strictement nécessaire pour prendre sur place les repas.

Le *nombre* des manouvriers dont on a besoin annuellement sur une exploitation rurale dépend de celui des aides qu'on emploie, des circonstances particulières dans lesquelles on se trouve et de la masse annuelle des travaux. Rien n'est plus aisé au reste de calculer ce nombre, en réduisant les labeurs à exécuter en *journées de travail*, d'après les données expérimentales que nous ferons connaître dans le chapitre qui traitera des travaux.

Dans l'excursion agricole entreprise en 1834 dans quelques départemens du nord de la France, M. Moll rapporte que, dans le département de l'Eure, il existe, pour la moisson, un usage qui pourrait être utilement introduit dans divers lieux. A l'approche de la moisson, tous les artisans des campagnes, et même une partie de ceux des villes quittent leurs travaux et se rendent dans les marchés. Là ils trouvent des *entrepreneurs* ou chefs avec lesquels les cultivateurs font marché pour tant de travailleurs à tant par jour. Dès qu'ils ont conclu, le chef fait un signe, les ouvriers se rassemblent autour de lui et il s'arrange en particulier avec chacun d'eux. De cette manière on a à sa disposition 50 et 60 travailleurs s'il le faut, sans être obligé de traiter avec chacun d'eux et à une surveillance aussi active.

Dans les localités où l'on se procure difficilement des journaliers, on a cherché, par divers moyens, à s'assurer des bras pour les travaux urgens ou bien pour ceux qui ne peuvent être exécutés par les aides. Celui qui paraît avoir donné les résultats les plus satisfaisans consiste à construire sur le domaine des chaumières dans lesquelles on loge gratuitement des familles de manouvriers. Dans ce système de colonisation agricole, on accorde aussi quelquefois à chaque famille un morceau de terre qui est converti par elle en jardin potager. Les conditions de l'établissement sont de donner toujours la préférence pour le travail à ces familles et de leur assurer par-là leur existence. Les colons, de leur côté, paient une petite rente fixe, soit en argent, soit en travail et s'engagent à ne jamais aller travailler ailleurs sans permission. Dans tous les cas, le nombre de ces familles doit être calculé suivant les besoins de l'établissement et de façon qu'elles trouvent leur subsistance et puissent faire en outre quelques économies. Ce système est très employé en Angleterre ; on le retrouve aussi en Allemagne ; M. SISMONDI nous apprend qu'il est usité dans les parties les plus riches et les mieux cultivées de la Toscane, et M. J. RIEFFEL, directeur de l'établissement agricole de Grand-Jouan (Loire-Inférieure), annonce qu'il l'a mis avec succès en pratique. Il fournit en général des travailleurs actifs, honnêtes et réglés, mais il n'est pas à la portée de la majorité des cultivateurs, en France.

SECTION IV. — *Des apprentis, des femmes et des enfans.*

Dans certains pays on est dans l'usage de prendre dans les grandes fermes, sous les noms d'*élèves* ou d'*apprentis*, des jeunes gens qui désirent s'instruire dans la pratique de l'agriculture. Ces élèves paient ordinairement une rétribution au cultivateur ; mais il ne faut pas se laisser séduire par le désir de toucher une pension élevée, et il vaut infiniment mieux recevoir à des prix modérés des jeunes gens disposés à mettre la main à l'œuvre et qui n'ont pas encore contracté dans les villes et dans des maisons d'instruction des habitudes de paresse ou des défauts qui portent le trouble dans l'établissement. On prend aussi quelquefois sous ce titre des fils de petits exploitans ou même de manouvriers, qui paient leur nourriture en travaux proportionnés à leur âge et à leur force, et qui, lorsqu'ils sont dirigés avec soin, finissent par faire d'excellens serviteurs.

Les *femmes*, dans les exploitations rurales, sont ordinairement employées aux travaux de la laiterie qui exigent du soin et de la propreté, à ceux de la basse-cour et du ménage, et elles sont très propres aussi aux sarclages, binages, faucillages, travaux de moisson et de fenaison, etc. Dans quelques pays elles battent en grange et font aussi quelques autres travaux assez rudes dont elles s'acquittent bien quand elles y sont habituées dès l'enfance. Généralement elles font moins de travail que les hommes ; aussi leur salaire est-il moins élevé et leur entretien moins dispendieux.

Les *enfans* de 8 à 12 ans peuvent être aussi employés avantageusement à des travaux proportionnés à leur force et à leur intelligence ; mais il est absolument nécessaire, pour obtenir un bon travail d'ouvriers de ce genre, de les mettre sous la direction d'un homme qui sache allier une certaine fermeté à beaucoup de douceur et de complaisance pour leur montrer la manière dont ils doivent s'y prendre pour exécuter leur travail (voy. *Ann. de Roville*, t. II, p. 106).

SECTION V. — *Sur le prix du service des travailleurs agricoles.*

Il est difficile d'établir des règles précises sur le prix du service des travailleurs agricoles, à cause des variations sans nombre qu'on rencontre à cet égard dans chaque pays. Ce prix, comme celui de tous les objets qui ont une valeur courante, est d'autant plus élevé que le travail est plus demandé et moins offert, et se réduit au contraire, à mesure que ce travail est plus offert et moins demandé. Ainsi, c'est la concurrence qui règle le prix de ce service ; mais d'autres causes influent aussi sur le prix auquel le travail revient à l'agriculteur ; tels sont : les usages, les mœurs, la richesse du pays et la population qui l'occupe ; la qualité et la quantité journalière du travail des individus ; la difficulté du travail et la nature du sol (dans les pays où ce sol est léger et meuble, le travail est quelquefois de 20 p. 0/0 moins cher que dans ceux où il est compacte et argileux) ; de la confiance qu'on a dans les travailleurs, enfin du prix des denrées.

Les économistes et les agronomes qui ont le plus discuté sur le taux des salaires de la classe ouvrière se sont accordés à considérer principalement le prix des céréales qui forment le principal élément de la nourriture des travailleurs, soit le froment, soit le seigle, comme une base assez constante pour régler ce taux, parce que partout on observe que le prix de ces grains sert de régulateur à celui des autres denrées agricoles et des objets de 1re nécessité. C'est en partant de cette base que les uns ont évalué le prix du travail d'un journalier à 5 à 6 lit. de froment par jour et celui d'une femme à 4 ou 4 1/2 lit. ; ce qui fait quand le froment est à 18 fr. l'hectol., 90 cent. à 1 fr. 08 cent. pour la journée de travail d'un homme et 72 à 81 cent. pour celle d'une femme. THAER évalue à 9 hect. de seigle le salaire en argent d'un valet en Allemagne, et à 7 hect. celui d'une servante, y compris la toile et les autres choses qu'elle reçoit ; il estime les frais d'entretien d'un valet, d'un marcaire ou d'un vacher, à 17, 50 hect. de seigle, et ceux d'une servante ou d'un jeune homme à 15,50 hect. y compris le feu, la lumière et le coucher, ce qui ferait 26 hect. pour le prix du travail annuel d'un homme, et 22 hect. 50 pour celui d'une femme. M. BLOCK nous apprend que, dans la Silésie qu'il habite, la nourriture d'un travailleur équivaut par an à 1581 lit. de seigle pour un homme et à 1270 lit. pour une femme ; le salaire à 770 lit. pour un homme, et à 605 pour une femme, et que tous les frais de leur service s'élèvent pour le 1er à 30 et pour la seconde à 23 hectol. de seigle par an.

Cette manière de calculer donne quelque généralité aux formules, mais elle n'est ni commode, ni facile quand, dans l'organisation d'un domaine, il s'agit d'évaluer le prix du travail des employés, et lorsqu'il faut convertir dans la monnaie fictive qu'elle suppose tous les objets de consommation qu'il est plus simple de porter en argent suivant leur prix courant et réel dans les calculs qu'on veut établir.

Pour donner un exemple d'un calcul de ce genre, nous supposerons qu'il s'agit de connaître, dans un de nos départemens du nord, le prix du travail d'un laboureur ou d'une femme robuste, nourri convenablement, mangeant de la viande 5 fois par semaine et recevant à certains jours fixes des rations de bière pour boisson.

Voici tous les élémens qui composent ce prix et la manière d'en établir le compte; bien entendu que, pour chaque pays, on doit modifier ces élémens suivant les prix et les usages de la localité ou les conditions qui interviendront entre le maître et les serviteurs.

Nourriture.	fr.	c.	fr.	c.
320 kil. de far. de seigle à 20 fr. les 100 kil..	64	»		
30 kil. de far. de froment pour bouillie, soupe, etc., à 30 fr. *id.*	9	»		
50 kil. de far. d'orge p. *id.* à 18 fr. *id.*	9	»		
40 lit. de pois à 16 fr. l'hect.	6	50		
5 hect. de pom. de terre à 2 fr.	10	»	175	90
20 kil. de viande de bœuf à 1 fr. 20,	25	»		
10 kil. de lard à 1 fr.	10	»		
160 lit. de lait à 4 c. le lit.	6	40		
20 kil. de beurre à 1 fr. 24 c. le k.	24	80		
12 kil. de sel à 35 c. le k.	4	20		
1/4 tonne de bière à 8 fr	8	»		
Salaire annuel d'un laboureur dans le pays.			160	»
Chauffage, cuisson des alimens par individu.			15	»
Éclairage.			2	50
Blanchissage.			4	»
Autres frais pour dépenses de ménage.			3	»
Au médecin pour soins aux serviteurs malades, par tête.			1	»
Entretien des objets pour le coucher, vases et ustensiles de cuisine, à l'usage des serviteurs à 25 p. 0/0 sur un capital de 48 francs			12	»
Entretien des outils, tels que bêche, hoyau, faux, faucilles, etc., à l'usage des serviteurs à 20 p. 0/0 du capital évalué 30 fr. par tête.			6	»
Frais d'assurance contre l'incendie, des 2 derniers articles, à 1 1/4 p. 0/0 du capital.			»	98
A reporter.			380	38
Report.			380	38
Intérêt de cette somme à 5 p. 0/0.			19	02
Frais de logement d'un serviteur, calculé d'après la méthode de la page 345, y compris l'assurance.			20	60
Total du prix annuel du service d'un travailleur agricole.			420	»

Les frais de nourriture d'une servante sont environ de 20 p. 0/0, et son salaire de 25 p. 0/0 moins élevés que pour un homme, ce qui ne porte le prix annuel de ses services qu'à 345 fr. environ.

Ainsi, un serviteur mâle revient dans les circonstances ci-dessus, à 1 fr. 15 c. et une servante à 94 c. 1/2 par jour, pendant toute l'année. Si on veut connaître le prix du travail, en supposant que le nombre des jours de travail soit de 300 par an, on aura pour la *journée de travail* d'un homme 1 fr. 40 c. et 1 fr. 15 c. pour celle d'une femme. Si l'on compte dans l'année 180 longs jours de 10 heures de travail effectif et 120 courts de 8 heures, on voit que *l'heure de travail* revient dans les 1ers à 14 c. pour un homme et à 11 c. 1/2 pour une femme, et dans les seconds à 17 c. 1/2 pour un homme et à 14 c. 1/3 pour une femme, et qu'en supposant 9 heures de travail effectif moyen pendant les 300 jours ou 2700 heures par an, l'heure d'un homme revient à 15 c. 1/2 et celle d'une femme à 12 c. 3/4 et, en moyenne, pour un homme et une femme, à 14 c. 1/8.

M. de Dombasle a fait connaître dans le 6e vol. des Annales de Roville p. 66, le compte des employés de cet établissement.

Il résulte en général de ce compte que chacun des employés qui y sont portés a coûté, terme moyen, pour l'année 1829, savoir :

Employés sans nourriture, pour salaire.	346	20
Employés nourris, pour salaire seulement	213	12
Que les uns et les autres réunis, et toute dépense comprise (celle de nourriture étant évaluée à 60 c. par tête et par jour), coûtent en moyenne par tête et par an	426	84

Et comme chaque employé donne en moyenne dans l'année 3060 heures de travail effectif, que l'heure de ce travail revient à 14 c. environ.

F. M.

CHAPITRE III. — Organisation du service du fonds.

Nous désignons ici sous le nom d'*organisation du service du fonds*, toutes les *opérations*, tous les travaux qui sont nécessaires pour rendre productif un fonds inculte jusque là ou au moins pour accroître sa faculté productive et faciliter son exploitation. Ces opérations ont été désignées sous le nom d'*améliorations foncières*, pour les distinguer des *améliorations agricoles*, dont nous parlerons dans un autre chapitre.

La majeure partie des propriétés rurales en France sont déjà dans un état plus ou moins parfait d'exploitation, ou ont reçu des améliorations plus ou moins importantes, et il n'est pas toujours nécessaire de procéder à une *organisation fondamentale*, mais il en est un bien petit nombre parmi ces dernières qui ne soit susceptible d'améliorations pour compléter cette organisation et augmenter leur produit net.

Dans nos départemens où les baux n'ont qu'une durée très limitée, c'est la plupart du temps le *propriétaire* qui se charge de mettre le fonds en état et de l'organiser; mais dans les pays où ces contrats ont une plus longue existence, en Angleterre par exemple, on voit très souvent des *fermiers* prendre à bail des fonds en friche ou en mauvais état, et y faire à leurs frais toutes les améliorations pour les rendre exploitables ou plus productifs. Le fermage, est alors diminué proportionnellement aux améliorations stipulées dans le bail ou bien le propriétaire fait remise au fermier de 2 ou 3 années de loyer, ou bien enfin le fermier abandonne au propriétaire, à l'expiration du bail, les améliorations qu'il a faites dans l'état où elles se trouvent, à des conditions arrêtées à l'avance dans les clauses mêmes de ce contrat.

Quelquefois aussi des *compagnies* ou *sociétés* se chargent à leurs risques et périls de certaines améliorations qui, comme des dessèchemens de vastes marais, le défrichement de landes considérables, exigent de très fortes avances de capitaux; ces avances sont faites moyennant le sacrifice de la part des propriétaires d'une partie des terres améliorées au profit des compagnies, ou à des conditions variables suivant les localités ou la nature des travaux.

Enfin, on a vu dans ces derniers temps, des *associations de propriétaires* se livrer en commun à de vastes améliorations qui ont tout à coup transformé des cantons presque incultes en de riches contrées.

Avant de nous occuper d'une manière générale des améliorations qu'on peut opérer sur les fonds, nous croyons utile de parler de l'étendue qu'il convient de donner à une exploitation rurale.

SECTION Ire. — *De l'étendue à donner à un fonds rural.*

Disons d'abord un mot de ce qu'on entend par *petite*, *moyenne et grande ferme*. Ces termes désignent dans chaque pays des établissemens bien différens les uns des autres sous le rapport de l'étendue superficielle; une grande ferme en Belgique, de 30 à 36 hect., est à peine une ferme moyenne dans la Bauce, et les grandes fermes de ce dernier pays ne seraient guère regardées en Angleterre et en Allemagne que comme des fermes moyennes.

Il semble, dit un auteur, qu'en tout pays on peut donner le nom de *petites fermes* à celles où le fermier est obligé, pour vivre, de faire lui-même et avec sa famille, ou un très petit nombre de serviteurs, tous les travaux manuels de son exploitation; celui de *grandes fermes* à celles où le fermier est uniquement occupé à diriger et surveiller les travaux de nombreux serviteurs et a même besoin de surveillans, et de réserver le nom de *fermes moyennes* à celles où le fermier, tout en employant et surveillant lui-même un certain nombre de serviteurs, prend une part directe aux travaux manuels de son exploitation.

En France, les établissemens auxquels on peut donner le nom de grandes fermes ont, terme moyen, de 120 à 200 hect. et au-delà; les fermes moyennes sont celles qui exploitent de 50 à 120 hect.; au-dessous, les établissemens peuvent être rangés parmi les petites fermes.

Parmi les causes qui tendent à faire varier l'étendue que doit recevoir un établissement rural, les unes sont purement locales, les autres tiennent à l'individu qui se propose de l'exploiter ou au mode d'exploitation qu'il mettra en usage.

1 *Causes locales*. Partout où le terrain est à bon marché et où le travail est cher, il y a plus d'avantage à donner de l'étendue au fonds et à chercher un accroissement de produit plutôt dans l'extension donnée à la surface exploitée que dans un accroissement de main-d'œuvre sur une surface circonscrite; c'est le contraire dans les pays où le sol est cher et le travail à bon marché. — Dans un pays où le sol est naturellement fécond et le climat très favorable à la végétation, et où la production végétale exige peu de travaux, on peut exploiter un domaine plus considérable que dans les contrées où ces conditions ne se rencontrent pas. —Quand le climat d'un pays est très variable et ne laisse que quelques jours pour certaines opérations importantes de l'agriculture, on franchit plus aisément ces périodes critiques en appliquant aux travaux toutes les forces disponibles d'une grande ferme. — Dans les pays montueux et coupés, quand un domaine est placé sur le flanc des collines ou des montagnes, il n'y a guère qu'un petit exploitant qui puisse se livrer avec succès aux travaux longs et pénibles que ces fonds nécessitent. Il en est de même pour ceux dont la surface est composée d'une roche dénudée qu'il faut briser à bras et pulvériser pour en faire un sol meuble; au contraire, dans les pays de plaine où la surface est unie, les transports faciles, et les travaux par machines aisément praticables, les fermes peuvent avoir une plus grande étendue. — Dans certains pays très peuplés, dans ceux où la propriété est très divisée, tels que la Flandre, la Belgique, l'Alsace, la Toscane, et une grande partie de la France, il serait souvent très difficile de trouver, de former ou d'exploiter avec profit un grand domaine, tandis que dans d'autres, comme l'Espagne, l'Angleterre et la plus grande partie de l'Allemagne, où les biens fonds sont concentrés dans les mains d'un petit nombre de propriétaires, on trouverait difficilement une petite ferme, et il y aurait souvent peu de profit à l'exploiter. Enfin, dans d'autres, comme dans l'ancien Berry ou le Gatinais, où on ne rencontre le plus communément que des fermes moyennes, les fermes grandes ou petites exploitées par le mode usité dans le pays seraient sans doute peu avantageuses. — Près des grandes villes, où l'agriculture ressemble à une culture jardinière et se compose d'une multitude de petits travaux de détail et où les capitaux sont abondans les petites ou moyennes exploitations sont ordinairement celles qui sont les plus productives. — Les pays où la majeure partie de la population habite les villes et s'adonne aux arts et aux travaux des manufactures permettent l'exploitation de domaines d'une plus grande étendue que ceux où elle est répandue dans les campagnes et s'occupe exclusivement de travaux agricoles, etc.

2o *Causes relatives à l'entrepreneur*. Tout le succès des entreprises agricoles dépend, comme nous l'avons dit déjà, du fonds industriel de l'entrepreneur et des capitaux qu'il possède; tel homme qui dispose de gros capitaux, et a un bon fonds de connaissances agricoles ainsi que toutes les qualités requises, exploitera avantageusement une ferme d'une très grande étendue, tandis qu'un autre qui ne réunira pas ces conditions, ou seulement à qui l'une d'entre elles manquera, échouera dans l'administration d'un fonds rural même d'une étendue bornée.

En général, tous les cultivateurs sont disposés, quand ils ont fait quelques économies, à acheter des parcelles de terres pour les ajouter à leur héritage plutôt que de chercher à accroître la faculté productive de celui-ci par des améliorations bien entendues. Les entrepreneurs qui prennent à loyer les fonds des propriétaires sont tourmentés aussi par une maladie analogue que J. Sinclair et beaucoup d'autres agronomes ont signalée depuis longtemps.

« Les fermiers, dit le premier de ces auteurs, sont toujours disposés à entreprendre l'exploitation de fermes trop considérables pour le capital dont ils disposent. C'est une grave erreur; il en résulte que bien des gens restent pauvres sur une grande ferme, tandis qu'ils auraient pu vivre avec aisance et faire de bonnes affaires sur une ferme de moindre étendue. Un fermier ne peut se livrer à son entreprise avec sécurité s'il n'est pas en état de payer non-seulement les dépenses ordinaires de son établissement, mais aussi de faire face aux circonstances imprévues. Lorsqu'un fermier, au contraire, prend une exploitation inférieure à son capital, il se met en état de profiter de toutes les circonstances favorables pour acheter lorsque les prix sont bas, et attendre, pour vendre, l'augmentation des prix. »

En Angleterre les fermiers en général ne prennent guère d'établissemens agricoles au-dessus de leurs moyens; c'est le contraire dans la plus grande partie de la France, et une des causes auxquelles on a attribué avec raison l'infériorité de notre agriculture.

3° *Causes relatives à la nature et au mode d'exploitation du domaine.* Il est bien plus facile d'exploiter un grand domaine qui consiste en bois, prairies, pâturages, étangs, etc., et il faut la plupart du temps pour cela bien moins de capitaux que pour un établissement en terres arables de même étendue. Une ferme à pâturage en pays de montagne peut avoir 1000 à 1200 hect. sans exiger autant de capitaux de roulement qu'une ferme à grains en pays de plaine de 100 à 120 hect.; au contraire, la culture des vignes, des plantes potagères ou industrielles qui exigent une main-d'œuvre considérable, sont plus avantageuses sur une petite échelle. Une dimension modérée est celle qui convient le mieux aux fermes à laiterie et où l'on entretient du gros bétail, tandis que l'éducation des moutons n'est au contraire bien dirigée que dans les exploitations de grande culture, etc.

L'étendue qu'il convient de donner à une exploitation doit donc être celle dans laquelle l'entrepreneur, au milieu des circonstances locales qui l'entourent, avec les capitaux dont il dispose, la somme de ses connaissances et son fonds industriel, parviendra, par l'emploi le plus judicieux des uns et des autres, à réaliser les plus gros profits qu'on puisse faire dans des conditions pareilles.

Section II. — *Des améliorations foncières en général.*

Les améliorations foncières qu'on peut entreprendre pour rendre un domaine exploitable et productif peuvent être rangées sous les 4 titres suivans.

1° *Pour prendre possession du terrain, le former ou le conserver.* Tels sont les travaux d'endiguage, d'encaissement ou d'embanquement, la construction des chaussées, jetées, épis de défenses pour contenir les eaux, celle des canaux, fossés, coulisses, puits, puisards, boitouts, ouvrages d'arts divers pour dessèchement, l'établissement de claies vivaces, de clayonnages, de gazonnemens, de plantations, de remblais, etc.

2° *Pour éloigner les obstacles qui s'opposent à la culture.* Tantôt ce sont des eaux stagnantes à la surface ou sur le sous-sol, auxquelles il faut procurer un écoulement par des puits, coulisses, saignées couvertes, etc.; tantôt des masses de sable ou de matières minérales qu'on doit enlever; d'autres fois de grosses pierres, des éclats ou pointes de rochers, de grands végétaux ligneux, des souches, des cepées, qu'il faut faire disparaître; tantôt enfin des ondulations incommodes du terrain qui nécessitent des remblais et des travaux de nivellement, etc.

3° *Pour améliorer l'état du sol.* Les travaux d'amélioration du sol sont : les défrichemens, les défoncemens, la pulvérisation et l'ameublissement du sol par labours, hersages, roulages, par l'écobuage, la compression mécanique du sol, le limonage, l'épierrement ou enlèvement des pierres roulantes, le chargement du sol avec divers mélanges terreux, le marnage, le chaulage, le plâtrage, etc.; la construction des abris, des rideaux d'arbres, des haies, des murs; l'accroissement de la richesse du sol par les façons, l'enfouissement des récoltes en vert, les engrais de toute nature; la destruction des plantes parasites, etc.

4° *Pour faciliter l'exploitation du sol.* Tels sont : les travaux pour établir des chemins ruraux, des bâtimens d'habitation et d'exploitation, des clôtures, des moyens d'irrigation ou l'accumulation des eaux nécessaires aux usages de la ferme dans des mares ou bassins, des puits ordinaires et artésiens, des citernes, etc.; ceux qui ont pour objet l'ouverture des mines ou carrières pour se procurer des amendemens, du combustible fossile, des matériaux de construction; enfin ceux qu'on entreprend pour l'arpentage, la réunion des parcelles, la division du terrain en soles et la classification des terres, et qui ont pour but de dresser le plan, la carte topographique, l'inventaire et l'état de lieux du domaine et de tout ce qu'il contient, etc.

La plupart des travaux d'amélioration dont nous venons de parler, ont, sous le rapport technique, été décrits dans les livres précédens de cet ouvrage, il ne nous reste donc qu'à les considérer sous un point de vue économique et administratif, les seuls qui puissent ici nous occuper. Cependant, comme il en est quelques-uns, tels que la division d'un domaine en pièces de terre, les opérations topographiques et la construction des bâtimens ruraux, qui n'ont pas encore été traités dans les tomes précédens, et qui se rattachent à l'administration générale d'un établissement, nous entrerons à leur égard dans des considérations plus détaillées.

§ Ier. — Des principes économiques applicables aux améliorations foncières.

Des travaux opérés sur un domaine ne peuvent, en économie agricole, être considérés comme des améliorations foncières qu'autant qu'ils doivent produire une *utilité réelle*, immédiate ou prochaine, et qu'ils donnent au fonds une plus haute valeur. Tous les capitaux avancés en travaux, et qui ne donnent pas à un fonds une nouvelle valeur proportionnelle aux avances, ont été dépensés improductivement et sont perdus pour celui qui les a mis ainsi dehors imprudemment.

Il y a donc deux choses fort importantes à considérer avant d'entreprendre des améliorations foncières : 1° les sommes dont il sera nécessaire de faire l'avance pour opérer les améliorations désirées; 2° la valeur nouvelle que le fonds acquerra par suite de ces améliorations.

Les avances qu'on est obligé de faire pour l'exécution des travaux qui doivent améliorer un fonds ne se composent pas seulement des *capitaux* qu'on met dehors; il faut de plus y ajouter les *intérêts* de ceux-ci pendant tout le temps que les améliorations commencées ne rendent pas encore de service utile, comme des bâtimens jusqu'à ce qu'ils soient achevés, un puits artésien jusqu'à ce que l'eau jaillisse, etc.; plus, le *profit industriel* de l'entrepreneur, soit propriétaire ou fermier, c'est-à-dire les profits légitimes auxquels il a droit pour l'application de son industrie à ces travaux d'amélioration. Nous reviendrons plus bas sur ce sujet à l'occasion du projet qui doit précéder toute entreprise de ce genre.

L'estimation de la *valeur nouvelle* qu'un fonds est susceptible d'acquérir par des améliorations est souvent difficile à déterminer, à cause des nombreux élémens qui entrent dans le calcul, surtout lorsque le terrain est à l'état inculte et qu'il s'agit de le transformer en un fonds productif.

Ce qu'il importe d'abord de reconnaître, c'est la *valeur courante* des diverses espèces de fonds productifs dans le pays environnant, et principalement celle des fonds qui se trouvent dans des conditions aussi semblables que possible à celle du domaine lorsqu'il aura été amélioré. Cette valeur, qui n'est pas la même dans tous les pays, varie aussi dans une même localité par suite de la concurrence, de l'abondance de la population, de sa richesse, de son industrie, de la facilité des débouchés, et enfin des conditions particulières dans lesquelles un fonds se trouve placé.

Quand on connaît la valeur moyenne et courante des fonds productifs dans une localité, ce sont par conséquent ces *conditions particulières* qu'il s'agit d'étudier avec le plus grand soin avant d'entreprendre les travaux qui doivent améliorer un fonds. Cette étude exige presque toujours des connaissances étendues, une expérience consommée et une sagacité peu commune. Par exemple, comment un entrepreneur parviendra-t-il à reconnaître à l'avance, si ce n'est au moyen de connaissances solides et variées, que le défrichement de tel bois frappera pour long-temps le sol de stérilité, que les eaux affluentes dans un bas fonds ne pourront être domptées sans des dépenses hors de proportion avec la valeur nouvelle qu'acquerra le fonds, qu'un sous-sol ramené à la surface rendra celle-ci infertile pendant plusieurs années, qu'un terrain bien ameubli et engraissé fera partie de telle ou telle classe de terres, qu'on retirera des avantages réels d'une clôture, de moyens d'irrigation, d'un nivellement, etc.?

C'est surtout lorsqu'on veut entreprendre des améliorations importantes dans un *pays encore inculte* ou très arriéré sous le rapport agricole, c'est lorsque les moyens de comparaison avec des fonds voisins viennent à manquer et que l'on ne peut plus être guidé par l'analogie, ou enfin lorsque, étranger au pays, on n'a pas une connaissance approfondie de toutes les circonstances locales, qu'il convient de redoubler de soin et de prudence. C'est en effet dans des tentatives agricoles de ce genre qu'ont eu lieu les chutes les plus éclatantes et les revers les plus désastreux. Dans ce cas, le bon sens prescrit d'établir une enquête sévère et raisonnée sur le plan de celle dont nous avons esquissé le modèle dans le chapitre Ier du titre II de ce livre. Cette enquête, faite avec sagacité, fournira en effet tous les élémens qui seront nécessaires pour calculer avec précision, soit l'accroissement dans la faculté productive qu'on pourra donner à la terre par des améliorations, soit l'augmentation de sa valeur foncière et courante.

Quand on est maître de tous les élémens qui servent à calculer l'augmentation de valeur que le domaine pourra acquérir par des améliorations, il est utile d'établir au moyen de quels *sacrifices pécuniaires* on obtiendra cet accroissement et de comparer les 2 résultats entre eux. Mais avant de faire aucune avance pécuniaire pour des travaux quelconques d'amélioration, il faut soumettre ceux-ci à un examen préalable et rigoureux.

Ainsi, il faut d'abord s'assurer que les travaux qu'on projette sont utiles, qu'ils sont opportuns, possibles sous le rapport de l'art et qu'ils pourront, sans obstacles graves, être conduits à bonne fin. Il faut être certain qu'on ne rencontrera pas, soit dans les préjugés, la mauvaise foi ou l'inhabileté de la population ou l'ignorance des autorités locales des difficultés qui en feront perdre les fruits ou balanceront l'utilité qu'on en attendait; que leur service utile ne se fera pas trop long-temps attendre et que ces améliorations ne seront pas sujettes à des détériorations annuelles assez rapides pour anéantir tous les avantages qu'on s'en promet, etc.

Enfin, la prudence conseille de ne jamais se livrer à l'exécution de projets d'amélioration que lorsqu'on peut immédiatement *disposer d'un capital suffisant pour faire face à toutes les avances* ou au moins après qu'on aura constaté d'une manière positive qu'on pourra, dans un avenir prochain et en tenant compte des circonstances que l'homme peut prévoir, avoir à sa disposition des moyens suffisans. Il y a toujours un grand danger à s'aventurer dans une opération qu'on sera peut-être obligé, faute de capitaux, d'abandonner avant son entière exécution; on perd presque toujours ainsi les sommes qui ont été avancées en travaux la plupart du temps infructueux.

On ne devrait en général commencer des travaux d'amélioration qu'après en avoir *long-temps à l'avance établi et mûri le projet*, avoir consulté les gens de l'art ou des hommes d'expérience et de pratique; il y a même souvent de l'avantage à publier ce projet et à le soumettre ainsi à la critique des voisins, des hommes instruits ou des gens du pays. Cette sorte d'enquête publique révèle toujours une foule de choses utiles dont un administrateur de bon sens sait faire son profit.

Parmi les diverses améliorations dont un domaine est susceptible il faut *toujours commencer par les plus simples, les plus urgentes, celles qui offrent le plus de chances de succès* ou qui récompenseront plus amplement les frais et les travaux. Le succès amène la confiance, augmente les ressources et accroît l'expérience, tandis que des améliorations entreprises sur une trop grande échelle et qui échouent, épuisent les capitaux, paralysent l'industrie de l'agriculteur et portent le découragement dans son esprit.

Si une amélioration ne doit être entreprise qu'après y avoir mûrement réfléchi, après l'avoir long-temps discutée avec calme et prudence et lorsqu'on a acquis la certitude morale de réussir, il n'en est plus de même lorsqu'elle est commencée sur un projet bien arrêté; il faut alors la *conduire avec toute la vigueur et l'activité* que comporte sa bonne exécution. Une opération conduite vivement fait éprouver une perte moindre sur l'intérêt des sommes avancées et n'expose pas les travaux déjà faits à perdre, soit par négligence ou incurie, soit par accident, une partie de leur utilité.

Il faut autant que possible ne se *livrer à une nouvelle amélioration* que quand celle qui l'a précédée est entièrement terminée et lorsque le succès en est bien établi; à plus forte raison si c'était pour réparer une faute faite antérieurement, cas dans lequel on ne saurait étudier avec trop de soin et de lenteur les causes qui ont amené un revers.

§ II. — Du projet et des travaux d'amélioration.

Avant de se livrer à une amélioration foncière quelconque et d'en commencer les travaux, il est indispensable d'en dresser le *projet*. Ce projet sera rédigé par l'administrateur lui-même, si ce sont des travaux purement agricoles, ou par l'ingénieur, l'architecte ou l'entrepreneur si ce sont des travaux qui exigent des connaissances ou des applications spéciales.

Un projet se compose des dessins et du devis; il doit être bien complet et avoir été étudié sur le terrain même avec la plus scrupuleuse exactitude, de manière à ce qu'il contienne toutes les conditions qu'il faut remplir suivant les localités et les circonstances, ainsi que le système suivant lequel les opérations doivent être conduites; c'est la base de toute entreprise de travaux et celle sans laquelle on ne peut espérer de succès.

Les *dessins* sont la représentation graphique des travaux ou objets qu'il s'agit d'exécuter; ils sont cotés, annotés et établis sur une échelle suffisamment grande pour qu'on puisse prendre la mesure exacte des diverses parties des travaux; ils représentent les constructions ou les travaux dans leurs faces extérieures et dans leurs faces intérieures par des coupes convenablement établies; différens objets de détail y sont même souvent représentés sur un plus grand nombre de faces et sur une échelle plus étendue.

Le *devis* est un mémoire écrit qui a pour but de compléter les notions que ne peuvent fournir les dessins et de suppléer à leur insuffisance. Ce devis doit remplir 4 objets principaux et contenir : 1° l'exposé des motifs du projet et les dispositions qu'on a cru devoir adopter pour son exécution; 2° la description détaillée des moyens et du mode d'exécution; 3° l'estimation détaillée, aussi approximative que possible, de la valeur des divers travaux; 4° les conditions d'ordre, d'administration et de comptabilité qui devront être observées par le propriétaire, l'entrepreneur ou celui qui sera chargé de la direction des travaux.

L'*exposé des motifs* a pour but d'établir d'une manière précise le but des travaux, ainsi que les conditions économiques de service, d'étendue, de durée que le propriétaire exige dans ces travaux et que l'entrepreneur s'engage à garantir après l'exécution. Ces conditions doivent être rédigées avec clarté, précision et toute la concision nécessaires, toute ambiguïté pouvant donner lieu à des contestations et toute omission à des variations considérables dans la qualité et la valeur des travaux.

La *description* contiendra l'indication de la nature et de la qualité des matériaux de toute espèce qui seront employés dans les travaux et qui peuvent varier suivant les localités; on y spécifiera aussi leur volume, les façons qu'ils devront recevoir, les soins particuliers qu'il faudra apporter dans leur transport, leur préparation et leur mise en œuvre.

L'*estimation* se composera de 2 parties : La 1re comprendra le *mesurage* (toisé ou métré), qui présentera, pour chaque partie de construction et au besoin pour chaque partie de main-d'œuvre qu'il peut y avoir lieu de compter séparément, l'énonciation des diverses dimensions nécessaires, soit linéaires, soit superficielles ou cubiques, soit le poids pour en établir les quantités totales. La 2e est le *bordereau* ou *mise à prix*, qui consiste dans l'application aux quantités résultant du mesurage des *prix* qui leur conviennent successivement, afin d'établir la valeur partielle de chaque nature d'ouvrage et enfin la valeur totale de l'ensemble des constructions ou des travaux.

A la valeur totale résultant de la mise à prix on ajoute ordinairement une *somme à valoir* pour faire face aux cas imprévus, aux erreurs, aux omissions, aux variations dans les prix, aux insuffisances d'estimation, surtout dans les travaux de terrassement, d'épuisement, de réparations, etc. Cette somme, qui peut varier suivant la nature des travaux, est, dans les cas ordinaires, portée à 1/20e du montant de la mise à prix, et suivant les cas il peut être nécessaire de l'élever à 1/10e et même davantage.

Quant aux *conditions*, elles indiqueront : 1° Le *mode d'exécution* des travaux. Ici on indiquera quelle sera la nature du marché qu'on devra faire pour l'exécution des travaux, la manière dont on passera ce marché, l'ordre dans lequel les travaux devront être exécutés, les époques où ils commenceront et seront terminés en tout ou partie, les modifications, additions, suppressions qu'on se réserve de faire au projet ou que pourraient nécessiter des circonstances imprévues; la spécification d'indemnités en cas de suspension des travaux, etc.; 2° Les *bénéfices de l'entrepreneur*, ainsi que les conditions spéciales pour les *époques de paiement*, soit en à-comptes pendant le cours des travaux et en raison de leur avancement, soit pour solde après la vérification ou l'estimation définitive et la réception des travaux; 3° Des stipulations particulières sur la *garantie* des travaux. Quoique cette garantie soit de droit, elle exige cependant, dans des cas spéciaux, des conditions plus précises; 4° Des *mesures d'ordre*, de sûreté et d'administration qui devront être observées pendant l'exécution des travaux; 5° Enfin, des clauses particulières dans le cas où il s'élèverait des *contestations* entre le propriétaire et les entrepreneurs.

Lorsque les travaux d'amélioration sont uniquement du ressort de l'agriculture, un propriétaire ou un fermier peuvent fort bien, avec le secours de leurs aides et des travailleurs, les diriger et les faire exécuter. Il en est de même lorsqu'il est question de travaux de construction de peu d'importance ; il ne s'agit pour les effectuer que de s'assurer le concours des ouvriers de diverse nature et d'acquérir directement les diverses espèces de matériaux ; c'est ce qu'on appelle des travaux faits *en dépense, par régie, par économie*, etc. ; mais lorsque les travaux prennent quelque importance ou offrent des difficultés, il devient nécessaire ou du moins il ne peut qu'être avantageux d'en confier l'exécution à un *entrepreneur*.

Le *choix d'un entrepreneur* n'est pas indifférent et on doit rechercher celui qui est pourvu des notions théoriques et des connaissances pratiques propres à bien faire exécuter des travaux, qui possède en outre les moyens pécuniaires suffisans ou du crédit, et qui est doué d'intelligence et d'activité ; c'est lui qui se charge alors de faire effectuer les travaux d'après le projet qui a été rédigé par le propriétaire, un architecte ou un ingénieur et sous leur direction ou surveillance.

Les *conditions* auxquelles un entrepreneur se charge à ses frais, risques et périls de faire effectuer des travaux font ordinairement entre lui et le propriétaire l'objet d'un contrat qu'on nomme *marché*. Les bases et les clauses de ce contrat sont puisées dans le projet et sont débattues ou modifiées suivant les circonstances, le prix du travail manuel, celui des matériaux, etc. Ces conditions peuvent varier à l'infini, mais il est 3 formes principales sous lesquelles se reproduisent en général tous les marchés faits entre des particuliers et les entrepreneurs.

L'entrepreneur se charge en *bloc ou à forfait*, c'est-à-dire moyennant un prix fixé à l'avance, d'exécuter les travaux tels qu'ils sont définis et arrêtés dans le projet et aux autres conditions stipulées dans ce travail et reproduites dans le marché.

Ou bien il entreprend les travaux et les constructions à la condition d'en être payé d'après une *série de prix* fixés et consentis à l'avance, ou d'après des *prix également consentis* pour chaque nature d'ouvrage et suivant les quantités qui en auront été faites.

Ou bien, enfin, il les exécute pour des prix *établis et débattus après le toisé et l'estimation ou l'expertise* de la valeur de l'ouvrage qu'il aura confectionné. Cette dernière manière d'opérer peut donner lieu à des débats fâcheux, mais elle paraît être la plus sûre, et celle qui n'oblige à payer en définitive que la quantité et la qualité réelles et visibles de l'ouvrage qui aura été fait.

Quelle que soit la nature du marché qu'on passe avec un entrepreneur, rien ne doit dispenser celui qui fait exécuter des travaux de *surveiller activement* ou faire surveiller les ouvriers de l'entrepreneur. De mauvais matériaux peuvent être employés ou mis en œuvre avec négligence dans l'intérieur des massifs ; un défoncement peut ne pas atteindre la profondeur convenue, etc., sans que rien puisse souvent avertir le propriétaire ou les experts de l'exécution vicieuse de ces travaux.

Envisagés sous un point de vue général, les travaux d'amélioration donnent lieu à des considérations qu'il ne faut pas perdre de vue. Nous mentionnerons les principales.

Quelle que soit la nature des travaux à exécuter, on ne doit leur donner que les *dimensions, l'étendue, les formes, ou la masse suffisantes pour le service auxquels on les destine*. Leurs diverses parties doivent être en harmonie parfaite avec ce service et avoir chacune leur utilité bien constatée. Toute superfluité à cet égard entraîne à une augmentation de travail et à une avance plus considérable de capitaux qui n'accroissent pas la valeur du fonds, et sont ainsi consommés improductivement, ou dont les intérêts grèvent sans nécessité la production agricole.

La *simplicité dans le plan et dans l'exécution* lorsqu'elle n'exclut pas les autres conditions que doivent remplir des travaux, doit toujours être recherchée dans les améliorations foncières. Ainsi un bâtiment rural est décoré comme il doit l'être quand il satisfait à toutes les convenances du service, et est parfaitement approprié à sa destination.

Une *trop grande solidité* est également un luxe inutile, et, en bonne économie, des travaux d'amélioration doivent être établis pour avoir une durée limitée et non pas pour être éternels.

L'*économie dans les moyens d'exécution* est une chose importante dans toute entreprise d'amélioration. Cette économie ne réside pas seulement dans la simplicité et la légèreté dans les dimensions, la masse ou la force suffisantes, mais dans le choix des bons matériaux, ce qui exige qu'on connaisse tous ceux que fournit le pays ; dans leur mise en œuvre par des constructeurs et des ouvriers habiles ; dans l'ordre et la marche rapide et régulière de tous les travaux.

§ III. — Exemple d'un calcul d'amélioration.

Nous avons dit qu'un devis exact et détaillé permet la comparaison entre les avances à faire en améliorations foncières et l'accroissement de valeur qu'acquerra la propriété par ces améliorations ; essayons, pour éclaircir ce sujet, de donner un exemple.

Un entrepreneur a, je suppose, réuni en un seul morceau 50 hectares de terre de diverses qualités ; 20 de ces hectares sont des terres vagues, argilo-sableuses et de cohésion moyenne, couvertes de plantes parasites et de pierres roulantes ; 15 autres sont inondées et marécageuses, mais dans un bon fonds ; enfin les 15 dernières sont de terres arables en assez mauvais état de culture. Ces terres lui ont coûté, savoir :

20 hectares à 600 fr. . . .	12,000 f.	36,950 fr.
15 hect. à 500 fr. . . .	7,500	
15 hect. à 1000 fr. . . .	15,000	
Enregistrement et frais de contrat.	2,450	

Les améliorations ont donné lieu aux frais suivans.

20 hect. Extirpation de végétaux ligneux, enlèvement des pierres, écobuage, labours et façons diverses, à 140 fr. l'hect. . .	2,800
15 hect. Endiguage, en fascines, desséchement, défrichement, amendemens calcaires, à 300 fr. l'hect.	4,500
15 hect. Nivellement, défonçage, façons diverses, marnage, à 105 fr. l'hect. . .	1,575
Etablissement de chemins d'exploitation. .	800
Construction de clôtures, mare pour les eaux.	1,225
Construction des bâtimens d'exploitation et d'habitation.	22,550
Total des avances. . .	70,400
Intérêts de cette somme à 5 p. 0/0 pendant 18 mois, durée moyenne des travaux. .	5,280
Bénéfices industriels de l'entrepreneur pendant ces 18 mois, à raison de 5 p. 0/0 de son capital avancé et de ses intérêts . .	5,676
Total des frais. . .	81,356

Au taux où se vendent les terres dans le pays en corps de ferme et de même qualité, le domaine amélioré peut être évalué ainsi qu'il suit :

20 hect. de terre à froment de 2e classe, à 1,800 fr. l'hect. . . . . 36,000 f.
15 hect. à céréales de printemps de 2e cl. à 1,650 fr. l'hect. 24,750
15 hect. de terre à froment de 4e classe, à 1400 fr. 21,000
Total. . . 81,750

Ainsi cet entrepreneur a fait une spéculation avantageuse puisqu'il est parvenu à donner par des améliorations une valeur de 81,750 fr. à des terres qui n'en avaient dans l'origine que 36,950 fr., qu'il n'a avancé en réalité pour cela que 70,400 fr., et qu'il a trouvé pendant ce temps l'intérêt de ses capitaux et une indemnité pour son industrie.

Si la valeur vénale du fonds amélioré ne s'était élevée qu'à 75,680 fr., l'entrepreneur ne serait parvenu à donner à celui-ci qu'une valeur égale à ses avances et à l'intérêt de ses capitaux; son industrie n'aurait pas, dans ce cas, trouvé sa récompense, et si cette valeur n'était montée qu'à 70,400 fr., non-seulement il n'aurait eu aucun profit industriel, mais il aurait perdu encore l'intérêt de ses capitaux pendant 18 mois.

§ IV. — *Des opérations topographiques et de la division à opérer sur un fonds.*

Lorsqu'on organise le service d'un fonds de terre, il est nécessaire avant d'entreprendre les travaux qui doivent en rendre la surface cultivable, ou après l'exécution de plusieurs de ces travaux, de procéder à certaines opérations topographiques dont nous allons nous occuper.

Ces opérations pour être enseignées aux agriculteurs et être bien comprises par eux, exigeraient qu'on entrât dans un trop grand nombre de détails que ne comporte pas la nature de cet ouvrage, et nous sommes forcés de renvoyer aux ouvrages qui traitent spécialement de ces matières. Nous dirons seulement qu'elles sont faites la plupart du temps dans nos campagnes, par les *géomètres-arpenteurs* et dans les cas les plus importans, par des ingénieurs; mais que la connaissance de leurs méthodes et de leurs procédés, dans les cas ordinaires, n'exigeant que les simples notions de l'arithmétique, de la géométrie et du dessin, elles pourraient aisément devenir familières aux cultivateurs, et être avantageusement exécutées par eux avec une précision suffisante. Ces opérations sont :

1° *L'arpentage*, qui a pour but de mesurer l'étendue de la surface de la propriété ou des champs, et qui s'exécute au moyen de *jalons* et de *fiches*, ainsi que d'une *chaîne* et d'une *équerre* dites d'arpenteur. Les mesures une fois prises avec ces instrumens, on dresse le *tracé du plan*, c'est-à-dire une figure qui représente sur le papier celle de la propriété arpentée et de ses principales divisions d'après un certain rapport qu'on nomme une *échelle*.

2° Le *nivellement*, qui sert à déterminer les différences de niveau entre les divers points de la surface du domaine. On l'exécute sur le terrain arpenté au moyen du *niveau d'eau* et d'une règle de bois divisée, portant une planchette qu'on nomme *mire*.

3° Le *tracé des chemins ruraux* ou d'exploitation, celui des canaux, étangs, mares, fossés, rigoles, celui de l'emplacement des constructions, ouvrages d'art et bâtimens, etc. Ce tracé étudié et figuré d'abord sur le plan est ensuite reporté sur le terrain au moyen des instrumens d'arpentage.

4° Le *lever de la carte topographique* qui est la représentation sur le papier et d'après une échelle déterminée des dimensions et de la figure exacte de la propriété, ainsi que celle de tous les objets qu'on remarque sur le terrain ou au moins l'indication de leur situation respective suivant des signes convenus. Le lever de la carte topographique suppose, comme on voit, l'arpentage, et tantôt on arpente en levant, et tantôt on lève en arpentant. Les instrumens dont on se sert pour mesurer l'étendue de la surface du fonds et en relever les principaux détails sont ceux de l'arpenteur; le *graphomètre* pour obtenir des valeurs angulaires; la *boussole* pour le même objet et pour orienter la carte, et enfin la *planchette*. pour lever directement sans connaître les distances ni les angles. Tous les relèvemens étant faits, on procède au *dessin de la carte*, c'est-à-dire qu'on trace d'abord au crayon sur le papier, suivant l'échelle, toutes les lignes que comporte le plan ainsi que tous les détails qu'il renferme suivant les signes convenus. Ce dessin est ensuite *mis au trait* à l'encre, puis *lavé*, c'est-à-dire colorié avec des couleurs et des teintes conventionnelles pour les terres labourables, vignes, vergers, landes, bois, bruyères, sables, marais, etangs, cours d'eau, arbres, constructions, bâtimens, etc.

Examinons maintenant en particulier les avantages que présentent ces opérations topographiques, et ajoutons plusieurs considérations auxquelles il faut avoir égard quand on les entreprend.

L'arpentage a non-seulement pour but de connaître la superficie réelle de la propriété, mais il sert de plus à en déterminer les limites, à en rectifier et fixer le bornage, à prévenir des contestations fâcheuses avec des voisins avides ou de mauvaise foi, et à s'opposer à leurs envahissemens. Sous ces divers points de vue il importe qu'il soit fait avec soin et par un homme exercé et consciencieux.

Le nivellement est une opération qui demande à être également bien faite, parce que c'est sur elle qu'on s'appuie toutes les fois qu'on entreprend de faire écouler ou d'amener des eaux, d'adoucir des pentes, de faire disparaître les inégalités du terrain, de déterminer la direction des pièces de terre, des clôtures, celle des chemins ruraux, ou de se livrer à certains travaux de terrassement.

Dans le *tracé des chemins ruraux*, dans celui des canaux, étangs, marais, fossés, rigoles, dans celui de l'emplacement des constructions, ouvrages d'art ou bâtimens, il ne faut jamais perdre de vue que ces objets doivent être établis de manière à nécessiter le moins de frais d'entretien, à ménager le terrain, à faciliter ou à diminuer les travaux des hommes ou des attelages, à économiser le temps et les frais de transport.

L'établissement des chemins ruraux, étant en particulier une opération purement agricole, mérite d'attirer l'attention de l'administrateur. D'abord ils doivent procurer un accès facile aux bâtimens ruraux, à chaque pièce de terre, aux étangs, mares, carrières, ainsi qu'aux chemins communaux, ce qui ne paraît pas présenter de difficulté quand la ferme est de figure régulière, divisée en vastes enclos et placée favorablement relativement aux chemins vicinaux, mais qui parfois offre des obstacles qu'il faut étudier et savoir vaincre quand le domaine ne se trouve pas dans ces conditions. Ces chemins doivent être autant que possible dirigés en lignes droites pour ménager le terrain, pour diminuer les frais d'établissement et d'entretien, tant des chemins eux-mêmes que des clôtures qui les bordent; ils doivent présenter plus de largeur près des angles brusques, aux alentours des portes des enclos pour donner aux voitures plus de facilité pour tourner et éviter les accidens fâcheux. Quant à leur construction, nous renvoyons au tom. Ier, pag. 353, où ce sujet a été traité par l'un de nos collaborateurs.

Le *lever de la carte* et la *division du terrain en piè-*

ces de terre sont d'une très grande importance dans une exploitation rurale. Ces opérations ont pour avantages communs de permettre l'établissement d'un assolement régulier sur la propriété, de déterminer le tracé des clôtures; de faciliter la direction de tous les travaux agricoles qu'on peut conduire en suivant les indications de la carte et de ses divisions; de rendre plus aisée la surveillance des travailleurs et la mesure de leur travail, enfin de fournir un certain nombre d'élémens indispensables dans les calculs relatifs à des plans généraux et particuliers de culture ou de produit des terres.

Arrêtons-nous en particulier sur chacune de ces opérations.

D'abord nous répéterons ici, relativement à la carte topographique, ce que nous avons dit pour le tracé du plan d'arpentage; elle ne saurait être faite avec trop d'attention, et la plupart du temps elle dispense du 2e dont elle contient toutes les indications. Mais pour compléter les notions qu'on peut puiser dans son inspection, nous pensons qu'il est indispensable dans une exploitation bien dirigée, d'y joindre un mémoire descriptif ou *état de lieux* où sont décrits tous les objets immobiliers qui se trouvent sur le domaine suivant leurs situations respectives, leurs dimensions, les parties qui les composent, leur usage, leur qualité et leur état au moment où on rédige ce mémoire. Celui-ci contient en outre la désignation de chaque pièce de terre suivant son étendue, ses limites, ses caractères physiques et agronomiques, et les améliorations dont ces pièces peuvent être susceptibles. De cette manière la carte et le mémoire qui l'accompagne, deviennent la base sur laquelle l'administrateur s'appuie par la suite pour établir et diriger tout son système d'exploitation et d'amélioration.

Le mémoire peut être rédigé par l'administrateur lui-même, s'il a les connaissances pratiques suffisantes, ou, dans le cas contraire, par un ingénieur du cadastre, un géomètre arpenteur, un architecte ou un expert.

Avant de nous occuper de la division d'un domaine en soles ou pièces, rappelons que nous avons signalé ailleurs (p. 223) les inconvéniens des propriétés morcelées et de l'enchevêtrement et les moyens d'y remédier.

La *division du terrain d'un domaine en soles ou pièces de terre* exige une attention spéciale, parce qu'elle exerce sur le succès et la bonne direction des opérations ultérieures une influence beaucoup plus grande qu'on ne le croit communément.

Les divisions qu'on opère sur la surface d'un domaine doivent être envisagées sous le rapport de leur direction, de leur situation respective, de leur égalité, de leur étendue et de leur forme.

La *direction des pièces* de terre n'est pas indifférente; d'abord l'exposition, puis l'état de sécheresse ou d'humidité du sol et les phénomènes climatériques sont autant d'élémens qu'il faut prendre en considération avant de se déterminer sur la direction qu'il convient de donner, vers tel ou tel point de l'horizon, aux pièces de terre, surtout quand on les trace de forme oblongue. Cette direction dépend encore de la situation des bâtimens d'exploitation dont il faut rapprocher autant que possible l'entrée des pièces, de la nécessité de ménager un accès facile aux hommes, aux voitures et aux animaux, de celle où on est de faciliter les moyens d'abreuver journellement le bétail, des conditions physiques dans lesquelles se trouve le domaine qui peut être traversé, soit par une route ou un chemin public servant de limites naturelles aux pièces et qui permettent d'y pénétrer sans l'établissement d'un chemin rural, ce qui économise le terrain, soit par un cours d'eau qui, en limitant les soles, n'oblige pas à la construction de ponts ou autres ouvrages pour passer d'une partie d'une pièce dans une autre. On est encore souvent contraint d'adopter une certaine direction dans la division des pièces, quand la propriété est frappée de servitudes gênantes; ainsi, tantôt on est obligé de livrer passage aux hommes et aux animaux qui se rendent sur les fonds voisins ou sur un pacage communal, et dans ce cas il faut établir les chemins les plus directs et les plus courts, et les border de haies ou de fossés qui servent de limites aux pièces contiguës et préviennent les déprédations des passans ou les ravages des bestiaux étrangers; tantôt on est assujéti à recevoir les eaux d'un fonds supérieur auxquelles il faut creuser un lit entre les pièces de terre pour les empêcher d'inonder celles-ci et d'interrompre ou contrarier, si elles coupaient une pièce, les travaux de labourage ou autres, etc. Enfin la figure même de la propriété peut être telle qu'il soit beaucoup plus avantageux d'établir les pièces dans une direction que dans une autre.

La *situation* respective des pièces varie en raison des mêmes causes que la direction; mais ici la figure de la propriété joue un rôle plus important, et c'est à l'administrateur à chercher, parmi toutes les combinaisons dont la division est susceptible, celle qui présente le plus d'avantages sous tous les rapports.

L'*égalité des pièces*, sous le rapport de l'étendue et de la nature, est une chose fort importante pour avoir chaque année la même quantité de travaux à exécuter et obtenir la même masse de grains et de fourrages; mais elle est souvent difficile à établir, surtout quand les bâtimens sont dans une position peu favorable et placés à une des extrémités de la ferme ou quand la propriété présente des différences considérables dans la nature et la qualité des terres, ce qui contraint souvent à doubler le nombre des soles, à multiplier les pièces ou à adopter 2 assolemens divers.

Relativement à la *figure* et à l'*étendue* des pièces nous allons emprunter les paroles de l'auteur du *Code d'agriculture* qui a traité ce sujet avec beaucoup de netteté.

« C'est, dit J. Sinclair, un grand avantage pour celui qui exploite une ferme que ses pièces soient d'*étendue* et de *figure* convenables. Il est exposé à des pertes inévitables lorsqu'elles sont divisées au hasard, sans attention au système particulier de culture qu'on doit y suivre. Lorsqu'une ferme est divisée en pièces de diverses étendues il est difficile d'y établir une rotation régulière de récoltes et d'y tenir ses comptes de culture très exacts; il est certainement convenable dans une ferme d'avoir quelques pièces de peu d'étendue encloses pour en former des pâturages, et, dans les situations élevées, les abris que présentent les petits enclos ont aussi leur avantage, l'hiver surtout; mais dans les fermes à grains il n'est généralement pas avantageux d'avoir un grand nombre de petits enclos de forme irrégulière, entourés d'arbres ou de haies élevées, principalement dans les contrées plates où les abris ne sont pas nécessaires. Les clôtures multipliées sont dispendieuses à établir, elles s'opposent à la libre circulation de l'air, donnent asile à un grand nombre d'oiseaux, font perdre un très grand espace de terrain, épuisent le sol, nourrissent une foule de plantes parasites dont les graines se répandent sur les champs et nuisent à la dessiccation des moissons lors des récoltes. D'un autre côté, lorsque les pieces de terre sont d'une grande étendue, il y a moins de terrain perdu, moins de clôtures à exécuter, les récoltes peuvent être rentrées plus promptement et souffrent moins dans les saisons humides; dans les pâturages, il est plus facile de fournir de l'eau pour abreuver le bétail; enfin dans les grandes pièces de terres arables, on n'est pas obligé, lors du labourage, à des tournées fréquentes et on fait, lorsque les pièces sont régulières et les sillons de longueur convenable, autant d'ouvrage avec 5 charrues qu'avec 6 travaillant dans de petites pièces de forme irrégulière. Presque tous les autres travaux présentent un rapport à peu près aussi avantageux.

« Les circonstances dont doit dépendre l'étendue des pièces de terre sont : *L'étendue de la ferme;* dans les petites fermes situées près des villes, c'est peut-être assez de 2 hect. 50 ares à 5 hect.; mais lorsque les fermes sont d'une grande étendue, on peut donner avec avantage aux pièces depuis 8 jusqu'à 20 hect., et même, dans quelques cas particuliers, jusqu'à 24 hect. Cependant, en général, les juges compétens préfèrent les pièces moyennes de 6 à 10 hect., même dans les grandes fermes quand les circonstances locales le permettent; — Le *sol et le sous-sol;* on doit faire attention, lorsque le sol est varié, de séparer les terrains légers des terrains argileux; non-seulement il est plus facile de les consacrer à différentes récoltes et de les soumettre à des assolemens différens, mais il est plus commode d'exécuter les cultures qui doivent être faites dans les saisons différentes; — La *rotation adoptée;* en thèse générale, une ferme doit être divisée conformément à l'assolement qu'on doit y suivre; c'est-à-dire qu'une ferme où l'on adopte un assolement de 6 ans doit être divisée en 6 pièces ou en 12, selon les circonstances. Il est bon qu'une pièce entière, si le sol est uniforme, soit chargée de la même récolte, et tout cultivateur expérimenté sait combien il est avantageux que les produits de chaque année soient égaux sur la ferme autant que le sol et les saisons peuvent le permettre; — Le *nombre des charrues;* il est également convenable que l'étendue des pièces de terre soit proportionnée au nombre de chevaux et de charrues qu'on emploie sur la ferme, de manière que les labours soient achevés en peu de temps et que les hersages, les roulages et la moisson soient terminés plus promptement et économiquement. Par exemple, lorsqu'on emploie 6 charrues à 2 chevaux, on considère des pièces de 7 à 10 hect. comme l'étendue la plus convenable; avec 12 chevaux ces pièces peuvent toujours être terminées en 4 jours ou en 5 au plus; — L'*inclinaison du terrain;* même dans les terrains bien desséchés on ne peut faire, si le sol est en pente, les sillons très longs, parce que les attelages seraient trop fatigués; — *Pâturages;* lorsqu'on adopte la méthode d'employer le sol en pâturages et en terres arables, surtout lorsque le pâturage doit durer 2 à 3 années de suite, les pièces de terre de 8 à 12 hect. sont avantageuses; le cultivateur peut ainsi diviser son bétail; les bêtes à cornes et les moutons sont plus tranquilles que lorsqu'on les réunit en plus grand nombre et il y a moins d'herbe détruite par le piétinement; — Le *climat;* dans les climats secs et froids on doit désirer les petits enclos, à cause de l'avantage des abris, tandis que dans les pays humides, les pièces de terre en culture ne peuvent être trop ouvertes et trop aérées, afin que le sol se dessèche promptement, que les grains croissent et mûrissent avec plus de facilité et que le cultivateur, favorisé par le libre accès de l'air, soit moins gêné pour rentrer ses récoltes dans une saison défavorable.

« Quoique, dans les grandes exploitations, les pièces de terre doivent être d'une grande étendue, cependant il est très utile d'avoir près de la maison de ferme quelques *enclos plus petits* pour les vaches qui alimentent la famille, pour y renfermer les poulains et les jumens, pour y cultiver une grande variété de végétaux et pour y faire en petit des expériences.

« Quant à la *figure* des pièces de terre, elle peut être carrée ou rectangulaire. Dans les pièces de *figure carrée*, on a l'avantage que les clôtures forment des lignes droites et que le labourage s'y exécute d'une manière plus expéditive. La forme carrée permet de labourer dans toutes les directions, lorsque cela est nécessaire, et c'est celle qui entraîne le moins de perte de temps dans toutes les opérations de l'agriculture. Lorsque les pièces sont petites, on doit préférer la figure rectangulaire ou en carré oblong, afin que les labours s'exécutent avec moins de tournées. Cette forme a encore l'avantage de pouvoir subdiviser facilement ces pièces par des claies pour faire consommer des récoltes sur place par les bestiaux. Enfin, les champs carrés ou rectangulaires permettent de connaître avec facilité et par un calcul simple, d'après la longueur et la largeur des sillons, si les laboureurs ont bien employé leur temps. »

§ IV.—Des constructions rurales.

L'industrie agricole a besoin, pour loger ses travailleurs, mettre ses récoltes à l'abri de l'influence des saisons ou des déprédations, abriter et tenir chaudement ses animaux de trait et de rente, d'édifices ou bâtimens qu'on désigne ordinairement sous le nom collectif de *bâtimens ruraux* ou de *maison de ferme.*

L'*art des constructions rurales* ou l'*architecture rurale* est une branche de l'architecture qui s'occupe en particulier de la rédaction des projets et de la construction de tous les bâtimens, édifices ou des travaux d'art qui peuvent être utiles à l'agriculture. Cet art fort important a été beaucoup négligé en France, et nous regrettons que les limites qui nous sont imposées ne nous permettent pas d'entrer dans tous les détails qu'il comporte, et nous force de renvoyer aux ouvrages qui traitent spécialement cette matière.

Les bâtimens ruraux doivent en général attirer *l'attention toute particulière* d'un administrateur, parce qu'ils contribuent pour une part beaucoup plus grande qu'on ne se l'imagine dans nos campagnes, au succès des opérations dans un établissement. Un emplacement mal choisi, une forme ou une distribution incommodes, des constructions insalubres ou mal adaptées à leur service, etc., occasionnent des pertes de temps, de denrées, de capitaux qui accroissent sans nécessité les frais de production. Partout où les maisons de ferme et les bâtimens destinés à loger le bétail sont étroits, et construits d'après des principes vicieux, comme dans la majeure partie de la France, on peut dire sans craindre de se tromper, que l'agriculture n'est pas florissante; tandis que partout, au contraire, où les bâtimens de ferme sont bien placés, distribués avantageusement, entretenus avec soin, ainsi que cela se rencontre communément en Angleterre et dans d'autres pays, on est en droit d'en conclure que l'agriculture prospère et y est bien entendue.

Des bâtimens qui réunissent les conditions qu'on exige dans ces édifices *accroissent d'une manière bien notable la valeur d'un domaine* et Sinclair ne craint pas d'avancer qu'un fermier industrieux pourra offrir un fermage d'un quart et même d'un tiers en plus pour une ferme dont les terres et les bâtimens sont distribués d'une manière commode et régulière plutôt que pour une autre ferme de même étendue, disposée suivant un plan irrégulier et incommode. Dans une ferme comme ces dernières, ajoute-t-il, une partie des terres est souvent négligée et on y met moins d'engrais; les dépenses de culture y sont essentiellement augmentées, les attelages sont assujétis à une fatigue inutile, le travail ne peut y être réglé d'un manière profitable, le bétail ne prospère pas et on ne peut attendre d'aucune opération agricole autant de succès que si tout était disposé autrement.

1° *Des conditions générales que doivent remplir les bâtimens ruraux.*

Les conditions que doivent remplir des bâtimens ruraux, pour être parfaitement adaptés au service auquel on les destine, sont aussi diversifiées que les habitudes, les mœurs, l'état de l'agriculture, la position topographique des pays et la nature des exploitations. Il en est néanmoins quelques-unes qui ont un caractère de généralité et sur lesquelles nous devons insister plus particulièrement :

1° L'*emplacement;* c'est un axiome en économie agricole que la *maison de ferme et ses dépendances doivent autant que possible être placées au centre de l'exploitation.* Ce principe, comme il est facile de le comprendre, a moins d'importance pour les petites fermes; mais dans les grands établissemens où on néglige d'en faire l'application, non-seulement on éprouve des pertes de temps inévitables, un surcroît de travail et de très grandes difficultés pour la surveillance des travaux, mais les pièces de terre qui se trouvent très éloignées, par suite de l'emplacement mal choisi pour les bâtimens, sont cultivées avec moins de soin ou abandonnées souvent à un misérable état de pâturage qui fait décroître leur fécondité.

On conçoit d'après cela combien il est peu judicieux, ainsi qu'on le voit dans une foule de lieux, de placer les maisons de ferme dans les villages et à une distance quelquefois très grande des terres qu'on y exploite. Dans tous les cantons les mieux cultivés de la Belgique, il n'y a que les marchands, les artisans, les ouvriers ou journaliers qui habitent les villages; toutes les maisons de ferme sont placées au milieu des champs qu'on y cultive; c'est même en grande partie à cet état de choses que SCHWERZ attribue les progrès si remarquables de l'agriculture dans ce pays. Il en est à peu près de même dans quelques départemens du nord et de l'est de la France, en Angleterre, en Hollande, dans le Holstein, en Suisse, en Toscane et dans toutes les localités qui se distinguent par des progrès dans l'industrie agricole.

Il est quelques circonstances où on peut s'écarter du principe qui exige qu'on place les bâtimens au centre de l'exploitation ou à peu près; telles sont celles où l'on est obligé de se rapprocher d'un cours d'eau soit pour abreuver les animaux ou pour les usages domestiques, soit pour mettre en mouvement une machine à battre, des moulins à blé, des roues hydrauliques qui servent de 1ers moteurs aux machines d'une fabrique, ou bien celles où le centre de l'établissement ne présente pas les conditions désirables, celles enfin, où la nécessité force de se rapprocher d'un chemin public, d'un canal, des lieux habités, etc.; c'est à l'administrateur à peser les avantages et les inconvéniens des divers emplacemens, et à se décider pour celui qui lui procurera dans son exploitation la plus grande économie de temps, de main-d'œuvre et de capitaux.

2° La *situation* et l'*orientation*. Une maison de ferme ne doit pas être située sur le sommet d'une colline ou sur un sol plat; on doit la placer, quand on le peut, sur un terrain très légèrement en pente et à l'exposition du midi. Cette exposition peut au reste varier suivant les localités. Le lieu où on l'établira sera parfaitement sec, afin que les bâtimens soient plus sains et qu'on puisse plus aisément les maintenir chauds et propres; il sera d'un accès facile pour les animaux et les véhicules; il s'élèvera suffisamment au-dessus du niveau du domaine pour qu'on puisse apercevoir d'un coup d'œil la plus grande partie de celui-ci et tous les travailleurs qui opèrent dans un point quelconque. Le bord d'un petit ruisseau sur un sol sablonneux ou graveleux est une situation à la fois agréable, salubre et commode, mais désavantageuse au contraire sur les terres glaiseuses et fortes. On évitera toujours les localités basses et marécageuses qui nuisent à la santé des hommes et des animaux et affaiblissent leur vigueur et leur énergie et celles où l'on est trop exposé aux influences d'un soleil d'été brûlant ou à la fureur des vents, des orages ou des ouragans. Dans les fonds en terres tenaces et où l'atmosphère est constamment saturé de vapeurs, les charrois et les travaux sont toujours pénibles et les bâtimens malsains et humides; en outre, ceux-ci s'y détériorent très promptement, et les récoltes, quoique rentrées en bon état, y contractent une moiteur ou même de la moisissure qui diminue leur valeur ou leur cause de notables avaries.

3° La *réunion des bâtimens*. Le mode qui paraît devoir être le plus avantageux dans les parties septentrionales de la France, c'est de *réunir tous les bâtimens en un seul corps et sous un même toit;* les frais de construction ainsi que ceux d'entretien sont ainsi beaucoup moindres, et la température au sein de ces bâtimens agglomérés se conserve plus aisément douce et modérée pendant la saison rigoureuse que dans ceux qui sont isolés. Dans le Midi, où on a besoin d'une plus grande circulation d'air, on peut s'éloigner de ce principe.

Dans les pays où, comme en Angleterre, on fait passer aux bestiaux l'hiver en plein air, on a trouvé avantageux de construire sur les pâturages ou les soles trop éloignées des abris légers où les animaux peuvent se réfugier ou recevoir leurs alimens; on épargne de cette manière tout le travail qui aurait été nécessaire pour transporter les récoltes vertes au centre de l'exploitation et les fumiers sur les champs.

Quelques grands fermiers de ce pays font même construire ainsi dans diverses parties placées trop loin de ce centre, de petites granges légères où on emmagasine les récoltes des champs environnans.

Dans les fermes où s'exercent un ou plusieurs arts agricoles qui nécessitent l'emploi de la force motrice de l'eau, on est souvent obligé de séparer les bâtimens de la fabrique de ceux de la ferme; c'est même une mesure commandée par la prudence, quand cette fabrique est de nature à causer des incendies.

Il en est de même dans les pays où les constructions sont en totalité ou en partie établies en bois ou recouvertes en chaume, en roseaux ou bruyères; on sépare ainsi quelquefois tous les bâtimens les uns des autres, comme on le voit dans une grande partie de la Normandie, pour éviter la communication des incendies. Les constructions rurales du petit pays de Waes, si renommé par l'excellence de son agriculture, sont, au rapport de Schwerz, les plus élégantes, les plus commodes et les moins dispendieuses. Les granges, les étables, les hangars sont construits en planches, et la maison d'habitation seule est en briques. Cette maison, qui est propre, commode et munie de plusieurs grandes fenêtres, est ordinairement placée au fond d'une cour spacieuse et gazonnée; les bâtimens d'exploitation sont placés çà et là, à peu de distance, et tous séparés les uns des autres, par des espaces, entourés de haies d'aubépine ou de houx. Les étables où les vaches reçoivent l'hiver des alimens cuits sont près de la maison d'habitation, les granges et autres bâtimens placés à quelque distance. La vue d'une petite ferme de cette espèce est aussi riante et pittoresque que cette habitation est agréable et salubre pour ceux qui la peuplent.

Au reste, dans tous les lieux où les bâtimens sont séparés les uns des autres, il est indispensable de les *entourer et de les unir par des clôtures quelconques*, afin qu'on ne puisse y pénétrer du dehors que par les portes ou les ouvertures qu'on ménage à cet effet.

4° La *forme générale*. Les formes qu'on peut donner à un bâtiment de ferme sont infiniment variables suivant les pays, les besoins et les circonstances; nous nous contenterons de parler de celles qu'il convient de donner à des bâtimens réunis en un seul corps.

On a essayé de faire des *corps de ferme circulaires*, c'est-à-dire où les bâtimens étaient disposés circulairement autour d'une cour intérieure. Cette forme, qui, pour un même périmètre, renferme une plus grande surface que toute autre figure, a ensuite été modifiée par Marshall, qui a proposé un octogone ou un polygone d'un plus grand nombre de côtés. Ces figures ont présenté de l'économie dans la construction, mais elles ont rendu les distributions et subdivisions plus difficiles et offert des inconvéniens qui les ont fait rejeter.

La forme à laquelle on accorde généralement la préférence est une aire ayant la figure du *carré* ou du *rectangle*. Ces figures sont d'autant plus avantageuses que l'enceinte des bâtimens est plus considérable; ainsi, une maison de ferme qui couvre un are a besoin d'un mur d'enceinte de 40 mèt. de développement, tandis qu'un mur de 80 mèt. ou du double suffit pour clore une surface de 4 ares ou quadruple de la précédente.

Tantôt le rectangle ainsi formé est *fermé de tous côtés*, tantôt il est *ouvert sur l'un de ses côtés*. Dans ce cas, on prescrit en règle générale de choisir pour ce dernier l'aspect du midi, pour que l'air et la chaleur solaire pénètrent mieux dans l'intérieur de la ferme, et d'opposer les 3 côtés fermés aux 3 autres points cardinaux de l'horizon.

Toutes les autres formes qui donnent lieu à des projections extérieures ou à des angles saillans ou rentrans sont désavantageuses; elles augmentent l'étendue des murs d'enceinte et des toits et par conséquent les dépenses, sans accroître la surface utile ou la capacité disponible.

5° La *configuration extérieure*. Il est utile, surtout dans les climats exposés aux vents rigoureux de l'hiver, que les bâtimens présentent leurs murs d'enceinte à l'extérieur, afin d'y mieux conserver la chaleur. Cette disposition a en outre l'avantage de former de tous côtés une clôture qui prévient les attaques extérieures, et de faciliter toutes les opérations par l'accès que la cour intérieure donne à toutes les parties du bâtiment.

Quelques auteurs ont proposé d'appuyer sur les murs d'un bâtiment central toutes les dépendances d'une maison de ferme, et on voit très fréquemment une disposition de ce genre dans les petits établissemens, mais cette forme qui n'a pas d'inconvénient sensible dans ce dernier cas, et qui du reste entretient une température plus élevée dans le bâtiment central, et procure une économie dans les frais de construction doit être proscrite pour les exploitations plus étendues, 1° parce qu'elle n'y est pas aussi aisément praticable; 2° parce qu'il n'y a pas de clôture et que les faces d'entrée et de sortie des bâtimens sont exposées aux vents; 3° Parce que les incendies peuvent y faire plus de ravages; 4° parce que le service exige qu'on tourne à chaque instant autour du bâtiment, ce qui occasionne une grande perte de temps; 5° enfin, parce que la surveillance y est plus difficile et que les serviteurs peuvent s'y soustraire plus aisément à l'œil du maître.

6° La *surface générale* ou aire circonscrite par les bâtimens. Elle doit être proportionnelle à l'importance de la ferme, mais soumise néanmoins à quelques conditions.

L'*étendue des cours* est une chose fort essentielle dans un établissement rural; outre qu'elle est nécessaire pour la santé des hommes et des animaux, elle donne encore une grande facilité quand on peut introduire les véhicules et les faire manœuvrer dans l'intérieur du corps des bâtimens. Cette étendue est encore plus nécessaire dans les fermes où l'on est dans l'habitude d'amasser le fumier et de l'y laisser se parfaire en tas et surtout quand on en fait des tas distincts suivant le degré d'ancienneté, ainsi que dans celles où on nourrit et engraisse le gros bétail dans des cours où on rassemble et répand journellement le fumier des écuries et des étables à vaches.

Des *cours spacieuses* sont encore une nécessité dans le système de la stabulation permanente des bestiaux, afin qu'on puisse de temps à autre faire prendre l'air à ces animaux et les faire sortir soit pour boire, soit pour nettoyer les étables.

Dans des cours d'une étendue convenable, tous les services se font avec aisance sans perte de temps et sans encombrement; mais, par contre, dans une cour qui a trop d'étendue, il y a surcroît de travail, perte de terrain cultivable et accroissement inutile de dépenses pour s'enclore.

7° Le *groupement des constructions* ou la distribution méthodique des bâtimens affectés à divers services.

Ce groupement, qui mérite la plus sérieuse attention quand on dresse le projet d'une maison de ferme, puisqu'il doit procurer des avantages nombreux et permanens, ne saurait être le même pour tous les établissemens et doit être modifié suivant que les bâtimens sont destinés à une ferme à grains ou à pâturage ou à un établissement où l'on fait des élèves, à celui où l'on engraisse le bétail, à celui ou l'on récolte du vin ou bien où on exerce plusieurs arts agricoles, etc.

« Lorsqu'on construit une maison de ferme il est de la plus haute importance, suivant l'opinion d'un agronome anglais, de *grouper convenablement les bâtimens* d'exploitation ; il est rare qu'on puisse ensuite corriger les fautes qu'on a commises en ce genre sans de grands sacrifices. Des dispositions locales peuvent, il est vrai, sur un établissement, modifier ce groupement, mais une maison de ferme n'est construite sur un bon modèle que lorsque tous les travaux peuvent s'y exécuter de la manière la plus rapide et la plus économique. Parmi les conditions principales, nous rangeons un accès facile de l'emplacement des meules à la machine à battre ou à la grange, et de la grange aux greniers; le rapprochement des magasins à fourrages ou des silos, celliers ou caves à racines, des étables et écuries, le choix judicieux de l'emplacement pour la fosse à fumier et pour les eaux qui servent à abreuver le bétail, la bonne disposition des magasins où sont renfermées les récoltes, tant pour en faciliter la rentrée que pour en accélérer le chargement, une disposition favorable à la surveillance de tous les travaux, etc. Avec des bâtimens bien groupés, on obtient, avec moins de soins vigilans, plus de travail des domestiques, et on éprouve moins de pertes dans les transports par les infidélités, les coulages, etc.

Dans ce groupement il est aussi *quelques autres conditions* auxquelles il est utile d'avoir égard; telles sont, par exemple, le soin, dans les cas ordinaires, de placer la maison d'habitation et les cours pour le gros bétail au midi, l'étable à vaches, la laiterie au nord, et ainsi des autres portions de bâtimens, suivant les circonstances physiques et locales; telle est encore l'attention de les disposer entre eux de telle façon que les accidens causés par les incendies y soient plus rares ou qu'on puisse plus aisément en arrêter les ravages, etc.

Cette bonne distribution des différentes parties des bâtimens de la ferme entre eux n'exclut pas la *régularité*, et c'est même le problème qu'il s'agit de résoudre, savoir: d'établir et grouper les bâtimens de manière qu'ils offrent la plus grande somme possible d'avantages, tout en conservant la symétrie dans leur ensemble.

8° L'*étendue et la capacité des bâtimens*. Elles varient avec l'importance de l'établissement, la nature de l'exploitation, la qualité des terres, etc.

Une ferme à pâturage n'a pas besoin de bâtimens d'exploitation bien vastes; une ferme à laiterie à surface égale en exige davantage, mais moins qu'une ferme à grains à culture triennale, et celle-ci moins encore qu'une ferme cultivée suivant l'assolement alterne et où on exerce un ou plusieurs arts agricoles.

De même, un établissement rural où l'on fait beaucoup de charrois a besoin d'écuries, de selleries et de hangars plus vastes que celui qui n'en fait annuellement qu'un petit nombre. Certaines fermes à grains ou à laiterie placées près des grandes villes et qui se procurent à l'extérieur des engrais ou des alimens, ont des bâtimens qui ne paraissent pas répondre à l'importance de l'établissement, comparativement à ce qu'on voit dans les fermes plus éloignées. L'habitude de conserver les céréales en meules, comme on le fait généralement en Angleterre, en Hollande et dans les environs de Paris, n'exige pas des bâtimens aussi vastes que dans les pays, la Normandie, par exemple, où on engrange presque toutes les récoltes. Enfin, on conçoit que sur 2 fermes de même étendue, mais où les terres appartiennent à des classes différentes, où l'on peut récolter sur l'une 2 fois autant de produits que sur l'autre, et avoir besoin de 2 fois autant d'engrais, les bâtimens ne peuvent dans les 2 cas avoir la même étendue.

L'étendue des bâtimens se mesure suivant leurs 3 dimensions géométriques, savoir : la *longueur*, la *largeur* et la *hauteur*. Les deux premières multipliées l'une par l'autre donnent *l'étendue superficielle* d'un bâtiment, et leur produit ou cette étendue multipliée par la 3ᵉ ou la hauteur donne sa *capacité*.

Quand on connaît l'étendue superficielle que doit recevoir un bâtiment pour loger par exemple, des chevaux, des bestiaux ou des instrumens, on peut *faire varier à volonté ses 2 dimensions*, suivant les besoins du service et pour combiner l'économie avec la commodité. Il en est de même d'un bâtiment destiné à recevoir des récoltes en couches plus ou moins épaisses et dont on peut modifier les 3 dimensions ou 2 d'entre elles seulement suivant les circonstances.

Des *bâtimens trop restreints ou trop vastes sont également désavantageux*. Dans le 1ᵉʳ cas, le service par suite de l'encombrement, se fait avec peine; les animaux sont mal garantis contre les rigueurs de l'hiver et on risque, surtout dans les années abondantes, de perdre une partie des récoltes, faute de pouvoir les abriter. Les bâtimens trop étendus n'ont pas moins d'inconvéniens : d'abord les capitaux qui ont été avancés pour leur construction ne produisent qu'un faible intérêt, mais de plus une maison de ferme trop vaste ou qui contient des bâtimens superflus multiplie sans utilité les soins de surveillance, favorise les infidélités des serviteurs ainsi que la propagation des animaux nuisibles, enfin elle occasionne toujours une augmentation de travail et un surcroît de dépenses pour la clore et la conserver en bon état.

Pour connaître l'*étendue qu'on doit donner à des bâtimens*, il faut déterminer la superficie que couvriront les uns d'après le nombre des animaux de trait ou de bêtes de rente qu'ils doivent recevoir, et la capacité des autres, d'après le volume ou le poids des récoltes qu'on doit y rentrer. Dans le 1ᵉʳ cas, il faut avoir égard à la taille et à la race des animaux et à leur mode d'alimentation. Par exemple, une bergerie pour des moutons petits et communs n'a pas besoin, pour un nombre égal de têtes, de présenter autant de surface que celle destinée à des moutons de haute taille ou perfectionnés ; des animaux nourris constamment à l'étable ont besoin de plus d'air et d'espace que ceux qui sortent et pâturent, et les bêtes d'engrais doivent jouir d'un espace libre plus considérable que les autres bêtes de rente.

L'expérience paraît avoir démontré, suivant M. Block, que l'étendue superficielle des bâtimens pour chaque espèce d'*animaux* qui composent le bétail de trait ou de rente devait être réglée de la manière suivante :

Pour un *cheval* de taille plutôt grosse que petite, et y compris le magasin à fourrages, la chambre au coffre à avoine, au hache-paille et la sellerie, 75 pi. car. (environ 7 1/2 mèt. car.).

Pour une *vache* plus grosse que petite, y compris le magasin à fourrage, 62 pi. car. (6 mèt. car.); — un *bœuf de trait* de forte taille, 56 pi. car. (environ 5 1/2 mèt. car.); — un *bœuf d'engrais*, 62 pi. car. (6 mèt. car.); — de *jeunes têtes de gros bétail* de 1 à 3 ans en moyenne, 40 pi. car. (4 mèt. car.).

Pour des *bêtes à laine*, y compris la crèche et les mangeoires, quand ces animaux ne sont tondus qu'une fois par an, 10 pi. car. (1 mèt. car.) et pour ceux tondus 2 fois 8 1/2 à 9 pieds carrés (85 à 90 décimètres carrés).

Pour une *truie* de forte race, 30 à 35 pi. car. (3 à 3 1/2 mèt. car.); — un *verrat* 24 à 28 pi. car. (2 à 3 mèt. car); — un *cochonneau* jusqu'à 6 mois, 10 à 12 pi. car. (environ 1 mèt. car.) et au-dessus de cet âge, 15 à 16 pi. car. (1 1/3 à 1 1/2 mèt. car.).

On suppose dans cette évaluation que tous ces animaux sont réunis plusieurs ensemble, et que dans une construction neuve on tiendra compte de l'emplacement des portes et des fenêtres.

La hauteur de ces bâtimens doit être au moins de 10 à 12 pi. pour les écuries, les étables et bergeries, et de 6 à 7 pi. pour les toits à porcs.

La capacité des *granges* ou autres bâtimens qui servent à emmagasiner les récoltes ne saurait être déterminée avec exactitude, suivant le même auteur, quand on évalue les récoltes en poids, parce qu'un certain poids de céréales dont la paille est très forte et le grain bien nourri tient bien plus de place que si cette paille était fine et mince et le grain amaigri ; à ce sujet nous croyons devoir consigner ici les résultats moyens qui ont été obtenus sur le rapport en poids du grain à celui de la paille dans diverses espèces de graines. On a trouvé que dans un sol fertile et lorsque la paille est bien développée, on obtenait pour

100 kil. de gerbes de from.	30 kil. grain et	70 kil. paille.
100	seigle.	25	75
100	orge.	35	65
100	avoine.	30	70
100	pois et vesces.	20	80

et que dans les sols moins fertiles et qui donnent des récoltes de grains moins abondantes et où le grain donne proportionnellement moins de paille pour

100 kil. de gerbes de from.	40 kil. grain et	60 kil. paille.
100	seigle.	36	64
100	orge.	45	55
100	avoine.	42	58
100	pois et vesces.	24	76

Des céréales coupées à la faucille occupent aussi moins de place que celles moissonnées à la faux, parce qu'elles sont moins brouillées et disposées plus régulièrement.

Cela posé, le savant agronome que nous avons cité plus haut a trouvé qu'au moment de la récolte, les produits suivans occupaient terme moyen pour les bonnes et les mauvaises années, savoir :

1 kil. de gerbe de froment d'hiver,	460 po. cubes ou	9200 centim. cub.
1 — seigle d'hiver,	480 ou	9600
1 — grosse orge,	440 —	8800.
1 — avoine,	450 —	9000.
1 — pois et vesces,	640 —	12800.
1 kil. de trèfle rouge porte graine,	540 —	10800.
1 — blanc. —	440 —	8800.
1 kil de foin de trèfle et son regain.	480 —	9600.
1 kil. de foin de prairie et son regain,	460 —	9200.

En moyenne pour le froment, le seigle, l'orge, l'avoine et les pois, et pour un rapport moyen entre la paille et le grain qu'elle fournit, on peut admettre que 8 liv. ou 4 kilog. de gerbes occupent un espace d'un pi. cube ou 34 décimètres cubes, et que 7 liv., ou 3 1/2 kilog., occupent cette même capacité (environ 1 mètre cube par quintal métrique) quand il s'agit d'emmagasiner diverses espèces de récoltes et qu'il faut, dans les granges, laisser des espaces vides entre elles.

Quant aux foins de trèfle ou de prairie et à leurs regains, on voit que 1 quintal métrique (200 liv.) occupe aussi à fort peu près 27 pi. cubes ou un peu moins d'un mètre cube et que c'est sur cette capacité qu'il faut compter pour chaque quintal de fourrage.

Toutes ces récoltes, après quelque temps de séjour dans les granges et magasins, diminuent de poids par suite d'une dessiccation plus complète et de volume par le tassement.

9° *La distribution et la disposition intérieure des bâtimens affectés à chaque service.* C'est un sujet dont nous ne pouvons nous occuper en détail pour le moment, mais sur lequel nous ajouterons quelques notions dans le paragraphe suivant. Il nous suffira de dire que cette distribution doit satisfaire à plusieurs conditions essentielles, savoir : surface utile et disponible la plus étendue possible, commodité pour le service, économie de temps et de main-d'œuvre, salubrité pour les hommes et les animaux, sécurité contre les accidens qui pourraient mettre la vie des uns ou des autres en danger ou compromettre la fortune du maître. Nous renvoyons, au reste, au tome Ier, p. 304, où nous avons parlé des dispositions intérieures que doivent présenter les bâtimens destinés à contenir les récoltes, et au livre des animaux domestiques où on trouve énoncés les principes qui doivent présider à la construction des bâtimens nécessaires pour abriter ceux-ci.

10° L'*économie dans les frais de construction.* Nous avons déjà fait connaître à nos lecteurs, en parlant des améliorations foncières, plusieurs des principes généraux qui doivent guider dans l'établissement des bâtimens ruraux. Nous ajouterons ici quelques observations à ce sujet.

Les bâtimens ruraux, les travaux d'art, les constructions destinées aux arts agricoles qui sont chargés à l'intérieur de poids considérables, ou qui supportent des efforts énormes de pression, doivent assurément avoir une force qui leur permette de résister à ces pressions; mais dans un système bien entendu ils ne doivent pas présenter une résistance supérieure à celle que l'expérience a démontrée suffisante et rien ne peut justifier les dépenses qu'on fait ainsi pour leur donner une force qui surpasse les besoins. Il en est de même relativement à leur masse ou à leur solidité. Sous ce dernier point de vue, il serait utile en agriculture d'imiter l'industrie manufacturière qui construit en général des bâtimens légers, d'une durée peu considérable et dont la construction économique permet de disposer d'un capital d'exploitation plus considérable que dans le cas où les fonds sont employés en bâtimens d'une trop grande solidité et dispendieux. L'expérience a bientôt appris aux industriels que les intérêts des capitaux employés en constructions étaient une charge pour la production qu'il fallait alléger autant que possible, et que des capitaux ainsi placés ne rapportaient qu'un faible intérêt et presque toujours fort au-dessous de celui qu'on retire d'un capital de roulement.

« Supposez, dit M. Bergery dans son *Traité d'économie industrielle*, que pour 30,000 fr. vous puissiez édifier un bâtiment capable de durer plusieurs siècles et qu'en limitant la dépense à 10,000 fr., vous obtiendrez une solidité qui comporte une durée de 15 ans seulement. Au bout de ces 15 années vous serez obligés de dépenser 10 autres mille fr. pour renouveler le bâtiment; mais pendant qu'elles s'écouleront les 20,000 fr. économisés fructifieront et donneront des bénéfices annuels; ces bénéfices capitalisés en donneront d'autres, et au taux modique de 5 p. 0/0 par an, intérêts déduits, ces 20,000 fr. deviendront, en moins de 15 ans, 40,000 fr.; vous pourrez donc disposer de 30,000 fr. et vous posséderez un bâtiment neuf, mieux approprié aux besoins que le temps aura fait naître. A la fin des 15 autres années vous aurez 60,000 fr., et si vous quittez les affaires ce capital libre vous donnera un revenu de 3,000 fr., tandis que le bâtiment de 30,000 fr. ne vous procurerait qu'un revenu de 1,500 fr., supposé qu'il fût vendu au bout de 30 ans tout autant qu'il a coûté. Les avantages des constructions légères seraient bien supérieurs s'il s'agissait de transmettre de père en fils une exploitation agricole; toute somme qui se grossit annuellement de 5 p. 0/0 devient double en 15 ans, triple en 23, quadruple en 29, quintuple en 33 et sextuple en 37; au bout de 40 ans elle forme un capital égal à 7 fois sa valeur primitive et il suffit de moins de 43 ans pour produire 8 fois cette même valeur. »

Quelques auteurs ont essayé de donner d'après l'expérience des *évaluations en bloc* des sommes qu'on doit consacrer dans un établissement à la construction des bâtimens ruraux; voici à ce sujet les résultats fournis par quelques-uns d'entre eux.

Les agronomes anglais pensent que les frais de construction des bâtimens ruraux sur un domaine varient suivant le loyer et peuvent être calculés au moins à 2 ou 3 fois une année de *fermage*, et même davantage pour les établissemens de moyenne et petite étendue. Dans le cas, disent-ils, où ce fermage s'élève de 8 à 12,000 fr., on estime qu'une année doit suffire en moyenne pour la construction de la maison d'habitation et que dans les fermes plus importantes, il ne faut pas plus de 12 à 15,000 fr. pour cet objet; que dans le 1er, ainsi que dans le 2e cas, de 20 à 30,000 fr. sont nécessaires pour la construction des bâtimens d'exploitation. Dans ces évaluations, il faut se rappeler que les constructions rurales sont établies en Angleterre avec soin, qu'elles sont propres, d'une capacité convenable, appropriées à leur service et que le fermier et sa famille y sont logés commodément, mais que les matériaux de construction et la main d'œuvre y sont à un prix plus élevé qu'en France.

D'autres, et particulièrement les agronomes allemands, ont préféré prendre pour base de ces évaluations la *production en nature* sur les domaines.

Nous venons de dire que l'étendue des bâtimens d'exploitation dont on a besoin sur un établissement rural, au moins ceux qui servent à loger les denrées, se mesurait par la quantité des produits bruts qu'on récoltait sur les terres arables, les prairies et les pâturages, et que, plus ce produit net en grains, en fourrages et en paille sur un domaine était considérable, plus aussi il fallait que les bâtimens fussent vastes pour loger ces récoltés; mais quand il s'agit d'établir à neuf ces bâtimens, il faut de plus avoir égard à la valeur des objets récoltés; et, si des bâtimens pour une ferme en terre à froment de 1re classe doivent à peu de chose près être aussi étendus que ceux d'une ferme en terre à seigle de même superficie et aussi de 1re classe, il est évident qu'un propriétaire ferait une faute grave en consacrant une même somme à la construction des bâtimens ruraux sur les 2 fermes, la valeur du produit étant bien moindre sur la seconde que sur la 1re, et ne pouvant payer une rente aussi forte pour la jouissance des bâtimens qui doivent, dans ce cas, être nécessairement moins commodes, moins solides et bâtis en matériaux plus légers, et n'offrant pas autant de sécurité pour la conservation des récoltes, la santé des bestiaux, ou autant de jouissances pour le fermier et sa famille. Or, en partant de cette règle et de cette observation, et en comparant les frais de construction des bâtimens ruraux avec la valeur des *denrées qu'ils sont destinés à contenir*, les agronomes allemands ont cru remarquer que dans les endroits où l'on entendait le mieux cette matière, on trouvait les rapports suivans:

1° Les frais de construction des granges s'élèvent ordinairement de 45 à 50 p. 0/0 de la valeur en argent des grains et de la paille qu'elles peuvent contenir.

2° Les frais de construction des magasins ou des greniers à grains, les hangars et autres bâtimens à loger des denrées s'élèvent de 20 à 25 p. 0/0 du prix des récoltes des grains et de la paille.

3° Les frais de construction des écuries, des étables ou bergeries, s'élèvent de 120 à

125 p. 0/0 de la valeur des fourrages et matériaux de litière, tels que paille, foin, nourriture verte, pâturage, pommes de terre, betteraves, etc.

Cette évaluation s'applique particulièrement à des bâtimens d'une solidité moyenne, construits à neuf et avec les soins convenables.

Si on voulait évaluer des bâtimens ruraux et les frais de leur bonne construction à neuf, en prenant pour base le *produit brut total* d'un établissement, les mêmes auteurs ont trouvé les rapports suivans :

1° Les frais de construction des granges s'élèvent sur un domaine de 35 à 40 p. 0/0 de la valeur du produit brut des terres labourables, tels que grains de toute sorte, matériaux de litière, fourrages, pâturages, à l'exception des plantes industrielles.

2° Les frais de construction des magasins ou greniers à grains ou des hangars et autres bâtimens destinés à loger des denrées s'élèvent de 12 à 16 p. 0/0 de la valeur de ce même produit brut.

3° Les frais de construction des écuries, étables, bergeries, etc. s'élèvent de 73 à 80 p. 0/0 de la valeur de ce même produit brut.

Au total les frais de tous les bâtimens s'élèvent de 120 à 136 p. 0/0 de la valeur du produit brut.

A. *De la maison d'habitation.*

Un propriétaire qui consacre ses capitaux, son industrie et tous les momens de son existence à la production agricole, un fermier qui paie un fort loyer ont des droits à la jouissance d'une habitation commode, salubre et qui contribue à leur bien-être et à celui de leur famille. Pour atteindre ce but, la maison d'habitation doit remplir certaines conditions que nous allons rappeler en peu de mots :

La maison d'habitation de l'administrateur doit être placée d'une façon telle qu'il puisse apercevoir d'un coup d'œil tout ce qui se passe dans l'enceinte des cours et bâtimens, et même, quand cela est possible, embrasser toute l'étendue, ou au moins la majorité du territoire de la ferme, ainsi que les travaux qu'on peut y exécuter.

Cette *habitation se place* quelquefois au centre d'une des faces de la maison de ferme, parfois au milieu de l'enceinte des cours ou un peu en arrière de la cour principale; mais il paraît préférable de l'établir en avant ou en arrière, à quelque distance de la masse des bâtimens d'exploitation. Par cette disposition, on diminue le danger des incendies; on a l'avantage de pouvoir entourer la maison d'un jardin, d'en rendre les abords plus faciles et de l'environner d'un air constamment renouvelé qui contribue à sa salubrité. Dans ce dernier cas elle ne doit pas être trop rapprochée des bâtimens d'exploitation pour ne pas projeter son ombre sur la façade de ceux-ci qui est tournée vers le midi, ni trop éloignée, parce qu'une distance trop grande entraînerait d'autres inconvéniens.

La *salubrité*, qui contribue si puissamment à la santé, à la force et à l'énergie des habitans de la ferme, est une condition trop négligée en France, où les maisons de ferme sont presque généralement dans un état révoltant de malpropreté et placées dans les situations les plus malsaines, ou choisies avec le moins de discernement. « Les agriculteurs, fait observer avec justesse le docteur Wallich, ont quelquefois une santé languissante et une constitution affaiblie sans en pouvoir démêler la cause qui est uniquement due aux effluves qu'ils respirent continuellement autour d'eux et dont ils devraient chercher à se préserver. Ces effluves sont dues à des laines qui s'échauffent, à des objets de sellerie humides, à des eaux de savon croupies, à des graisses, des chairs musculaires qu'on laisse putréfier, à des vêtemens imprégnés de sueur qu'on néglige d'assainir, à des mares à purin ou d'eaux ménagères qu'on abandonne à la fermentation, à des émanations de buanderies ou de fumiers qui se décomposent, à des vapeurs de charbons en combustion, à des gaz ou odeurs qui s'exhalent des denrées récoltées et rassemblées en grandes masses, qui vicient l'air et le rendent impropre à la respiration, et enfin à un mauvais système de ventilation. »

La *commodité* est non-seulement une jouissance de tous les instans, mais elle facilite la surveillance et économise le temps. Pour être commode, une maison d'habitation doit être suffisamment étendue, relativement au nombre des individus qui l'habitent, distribuée d'après un bon plan et parfaitement adaptée aux divers travaux ou services qui s'y exécutent. De plus, il est juste qu'elle soit décorée avec convenance, c'est-à-dire avec goût, économie et simplicité.

Aucun capital ne serait, dans un bâtiment de ferme, dépensé d'une manière plus improductive que celui qu'on emploierait à donner une étendue superflue à la maison d'habitation ou à la décorer avec un luxe que ne comporte pas sa destination.

L'*étendue superficielle* de la maison d'habitation varie nécessairement suivant la condition du fermier et le nombre des individus qui composent sa famille. Un petit exploitant, dont la famille et le personnel se composeront de 4 ou 5 individus, dont les goûts et les mœurs sont simples et rustiques, pourra se contenter de 80 à 100 mèt. de plancher, tandis qu'un gros fermier qui a un nombreux personnel, qui est souvent plus éclairé et a plus de besoins n'aura pas trop de 2 ou 300 mèt. carrés et plus.

Une maison d'habitation peut s'étendre de 2 manières : 1° sur la superficie du terrain; 2° en élévation, en y construisant plusieurs étages.

Les maisons qui ne consistent qu'en un *rez-de-chaussée* sont sujettes à être insalubres, surtout dans les pays bas, humides et mal ventilés, et on ne doit construire de cette manière que dans les lieux sains, découverts, bien aérés et sur des terrains secs jusqu'à une grande profondeur. On obvie en partie aux inconvéniens précités en élevant ces habitations sur caves et à 4 ou 5 pi. et même plus au-dessus du sol. Une maison ainsi bâtie couvre, surtout quand il s'agit de loger un nombreux personnel, un trop grand espace de terrain; sa construction est dispendieuse, principalement dans les pays où les matériaux sont chers, et où on établit des bâtimens massifs; et enfin la distribution des logemens pour plusieurs familles n'y est pas commode, et le fermier, quoique l'accès en soit facile, ne peut surveiller et dominer aussi aisément l'ensemble de la ferme et les travailleurs.

D'un autre côté, ces sortes de maisons ont aussi leurs avantages, suivant un agronome expérimenté. « Les maisons d'habitation des fermiers de la Belgique, dit Schwerz, n'ont qu'un seul étage, c'est-à-dire que toutes les chambres sont situées au rez-de-chaussée avec les greniers au-dessus. L'entassement des appartemens les uns sur les autres, dans les constructions rurales, là où la place ne manque pas, me paraît peu judicieux. Il est vrai que des bâtimens à un seul étage exigent des toits plus étendus, mais aussi on a plus de greniers, qui manquent souvent dans les fermes. Les maisons de cette espèce n'ont pas besoin de murs aussi épais; elles sont plus commodes, puisqu'il n'y a pas d'escalier à monter, plus chaudes et mieux garanties contre les vents et les ouragans que celles à plusieurs étages, et fort économiques quand on les établit convenablement, comme dans les environs d'Anvers, où j'ai vu des maisons de ce genre fort propres, salubres et très agréables, dont la légèreté m'a paru surprenante. »

Les maisons à *un ou plusieurs étages au-dessus* du rez-de-chaussée sont en général plus saines, plus commodes pour séparer les divers ménages ou membres d'une famille, plus riantes et plus économiques en construction massive. La surveillance, tant sur les membres de la famille que sur les travaux de la ferme, y est incontestablement plus facile; mais, d'un autre côté, elles occasionnent une perte de temps dans tous les travaux du ménage et ne présentent pas ces vastes greniers qui sont une ressource précieuse en tout temps. Ce sont celles qu'on rencontre le plus communément en Angleterre.

La *distribution intérieure* de l'habitation mérite de fixer l'attention, parce qu'une bonne distribution rend les travaux du ménage plus faciles et qu'elle contribue au bien-être et à l'agrément. A ce sujet, les diverses pièces ou dépendances qui peuvent composer une maison d'habitation exigent une attention particulière.

La *cuisine*, le *fournil*, la *buanderie*, le *saloir* sont souvent placés dans un étage souterrain. Cette situation n'est bonne qu'autant que cet étage s'élève de moitié de sa hauteur environ au-dessus du niveau du sol et qu'on peut y entretenir une bonne ventilation, autrement, pour ne pas nuire à la santé de la ménagère et des servantes, il serait préférable de les établir au rez de-chaussée ou dans des ailes ou dépendances de la maison. Les *caves, celliers* aux boissons, aux pommes de terre, aux racines, aux légumes sont très bien placés sous le bâtiment; seulement, quand cet étage n'est pas entièrement souterrain, il faut y construire les murs plus épais ou élever contre eux la terre en talus pour y maintenir en toute saison l'égalité de la température. La *salle à manger*, celle de *réception* ou de *réunion* ou *parloir*, le *cabinet du fermier*, avec sa *caisse* journalière, le *garde-manger* doivent, pour la commodité, occuper le rez-de-chaussée. Les dépendances de ce rez-de-chaussée sont la *laiterie à lait*, à *beurre* ou à *fromage* avec son *échaudoir*, qui, quand elle n'est pas souterraine, doit être placée dans un petit bâtiment rejeté derrière la maison et exposé au nord (*voy.* t. III, p. 2 et 3); le *fruitier*, le *conservatoire à légumes*, la *chambre aux provisions*, etc., doivent être à la même exposition que la laiterie; le *bûcher*, les *hangars* pour certaines opérations de ménage peuvent être groupés autour de la maison; il en est de même quelquefois des *cabanes* pour des animaux domestiques, tels que chiens, lapins, etc., et des *latrines* communes ou privées qu'on peut rejeter à quelque distance. Au 1er étage, on place avantageusement la *chambre à coucher* du fermier, sur le devant du bâtiment ou du côté de la ferme, afin qu'il puisse voir ce qui s'y passe, les salles pour la *lingerie*, pour le *travail* des femmes, la *garde-robe*, un *cabinet* pour serrer de l'argent, des papiers et objets importans, et quelquefois le *logement des enfans*. Au 2e étage peuvent être placées les *chambres* pour les plus jeunes membres de la famille, avec 2 ou 3 chambres de réserve pour les étrangers et pour des usages quelconques, et enfin dans le comble quelques *chambres* pour les servantes attachées au service de la famille ou pour tout autre usage.

On conçoit que les mœurs, les usages, la situation des lieux, la condition et le degré d'éducation des agriculteurs doivent apporter des modifications infinies à l'étendue, au mode de construction et de distribution de la maison d'habitation; aussi croyons-nous devoir nous borner à ce que nous venons de dire sur un sujet intéressant, mais encore peu étudié parmi nous, nous croyons seulement utile d'ajouter qu'il est d'une très grande importance pour une maison d'habitation qu'on puisse facilement et en tout temps s'y procurer des *eaux* pures et abondantes, soit pour les usages domestiques, soit en cas où un incendie viendrait à éclater.

B. *Du logement des serviteurs.*

Les *serviteurs sont logés* tantôt dans la maison d'habitation, tantôt dans les bâtimens d'exploitation, soit dans des chambres disposées à cet effet et placées dans les combles ou au rez-de-chaussée, soit dans les parties des édifices où sont placés les services qui leur sont confiés. Cette dernière méthode est la meilleure, et il paraît convenable que les charretiers et valets d'écurie soient le plus près possible des chevaux pour les surveiller de jour et de nuit, et que les bouviers ou bergers puissent sans cesse avoir l'œil sur les bestiaux; c'est le moyen de rendre la surveillance plus facile, d'accélérer le service et d'assurer la sécurité de la ferme contre toute attaque extérieure ou des événemens imprévus. Ces logemens doivent remplir 3 conditions importantes : 1° Ils doivent être suffisamment *spacieux* pour que les serviteurs et leur famille, quand ils sont mariés, puissent être logés commodément. 2° Il est rigoureusement nécessaire qu'ils soient *salubres*, si on veut conserver la santé et l'énergie des employés, et exiger d'eux un bon service. La plupart du temps, on tient trop peu de compte de cette condition essentielle, et on loge les serviteurs dans des lieux mal aérés ou infectés d'émanations insalubres qui peuvent altérer leur constitution. 3° Enfin, ils devraient être placés de telle façon que la négligence, l'apathie ou l'ignorance des serviteurs, défauts trop communs parmi les individus de cette classe, ne puissent causer des *dommages* considérables aux bâtimens ou aux valeurs capitales qu'ils renferment.

En Angleterre et en Ecosse, on est dans l'usage de loger les domestiques, ou même les manouvriers employés aux travaux agricoles, dans de *petites maisons* dépendantes des bâtimens d'exploitation ou de *petites chaumières* élevées à quelque distance de ces bâtimens. Ces habitations qui ont un ou deux étages, sont la plupart du temps construites en briques et recouvertes en chaume, ardoises ou autres matériaux. Toutes ont un petit jardin de quelques ares par-derrière, et dans les districts les mieux cultivés de l'Ecosse, où on permet aux domestiques mariés d'avoir une ou plusieurs vaches et des cochons, on construit, lorsque ces animaux ne sont pas nourris avec ceux du maître, de petits abris pour eux soit derrière la maison, soit à l'extrémité de la ligne de maisons qu'occupent tous les domestiques ou les manouvriers d'une même exploitation. Cette coutume d'élever ainsi pour les employés des maisons qu'on construit souvent avec une certaine élégance et beaucoup de propreté, et qu'on réunit en des espèces de petits hameaux ou groupés artistement dans les diverses parties d'un domaine, a donné naissance à *l'architecture des chaumières*, genre de construction qui joue un rôle important en Angleterre dans les constructions rurales, la décoration des parcs et des jardins et l'aspect pittoresque du pays.

C. *Des bâtimens d'exploitation.*

S'il fallait présenter dans ce paragraphe toutes les considérations auxquelles donnent lieu soit la construction, soit la distribution, la forme, etc., de chaque portion des bâtimens ruraux en particulier, nous serions obligés d'entrer dans des détails étendus que ne comporte pas l'étendue de cet ouvrage ; nous croyons donc devoir nous restreindre ici à quelques observations d'un intérêt pratique et d'une application usuelle.

Waistell à qui l'on doit un fort bon traité sur les constructions rurales publié à Londres en 1827, a partagé tous les bâtimens d'exploitation et dépendances en 11 classes suivant le service auquel ils sont destinés ou leur analogie ; nous en ajouterons 2 autres qui formeront ainsi 13 classes distinctes que nous allons passer en revue.

1re classe. *Granges, gerbiers, aire à battre, logement de la machine à battre.* Les granges sont inutiles ou moins grandes dans les pays où l'on met les céréales en meules; Waistell pense que les granges en forme de rectangle sont proportionnellement plus dispendieuses que celles de forme carrée; cependant, en Belgique, on donne partout la préférence aux granges longues et peu élevées. Il est avantageux que ces bâtimens présentent 2 portes charretières à 2 ventaux pour que les voitures chargées de récoltes entrent par l'une et en ressortent vides par l'autre. Dans quelques lieux on ne conserve qu'une fenêtre à l'extérieur sous laquelle s'approchent les voitures et qui servent à rentrer ces récoltes.

Nous avons vu précédemment que 3,5 kil. de gerbes occupaient environ 1 pi. cube (1 quint. mèt. environ 1 mèt. cube); cette donnée va nous servir à déterminer la capacité qu'il faudrait donner à une grange dans le cas où il s'agirait de la construire à neuf.

Supposons, par exemple, qu'il s'agit d'engranger par année 30,000 gerbes de 6 kil. chacune ou 180,000 kil. de diverses espèces de grains, dans une grange à laquelle on veut donner 36 pi. (12 mèt.) de largeur et 12 pi. (4 mèt.) de hauteur; quelle longueur ce bâtiment doit-il avoir?

Voici le calcul qu'il faut faire :

		pi. carrés.
180,000 kilog. à 3,5 kilog. par pi. cube exigeront une capacité de. . . .		51,428
Deux travées pour l'aire à battre, chacune de 14 pi. de largeur sur 36 pi. de longueur et 12 pi. de hauteur; capacité.		12,096
Total de la capacité de la grange . .		63,524.
Le corps de la grange à 36 pi. de largeur et 12 pi. de hauteur, c'est une surface en coupe transversale de		432 pi.
Le toit à 36 pi. de largeur et 18 pi. de hauteur au milieu ; sa surface en coupe transversale est de	324 pi.	
Dont il faut déduire 1/3 pour les solives des travées ci. .	108	
Reste pour la coupe transversale du toit.		216
Total de la coupe transversale disponible.		648.

Ainsi chaque pi. de longueur de bâtiment donne une capacité de 648 pi. cubes; il faut donc, pour connaître la longueur de la grange, diviser par ce nombre la capacité totale qu'elle doit avoir, ou 63,524 pi. Le quotient donne pour cette longueur, en nombre rond 99 pi., non compris l'épaisseur des murs des extrémités ou de refend s'il y en a, c'est-à-dire 7 travées distantes environ chacune de 14 pi.

Dans une *grange bien construite*, les récoltes doivent, au moyen d'un bon système de ventilation, être maintenues sèchement et à l'abri de l'humidité qui peut y causer un dommage considérable, ainsi que de l'attaque des animaux nuisibles (*voy.* t. I, p. 318).

2e Classe. *Greniers ou chambres à grain.* La ventilation, la sécheresse et la sécurité contre l'attaque de la vermine sont les conditions principales que doivent remplir ces sortes de bâtimens; à cet égard nous renvoyons à ce que nous en avons déjà dit, t. I, p. 320.

3e Classe. *Ecurie, cour à panser les chevaux, fenil, chambre au hache-paille, au coffre à avoine, sellerie ou salle aux harnais.* Notre livre consacré aux animaux domestiques contient tout ce qu'il est nécessaire de savoir sur la construction, l'aérage et la salubrité de ces bâtimens. Nous reviendrons seulement sur le détail de leurs dimensions que nous n'avons précédemment donné qu'en gros.

Un bon cheval de taille moyenne exige pour

1° La longueur du râtelier ou mangeoire, non compris les poteaux, barres ou planches de séparation entre les stalles	5 pi. carrés.
2° La longueur de la stalle, y compris la largeur de la mangeoire ou du râtelier et un passage derrière l'animal.	12
Ce qui fait pour chaque cheval à l'écurie.	60
3° Le magasin à fourrage, sellerie, chambre au coffre à avoine, au hache-paille, etc., en supposant une écurie de 8 à 16 chevaux pour chacun	15
Au total, pour chaque cheval . . . . de surface de bâtiment.	75 pi. carrés.

Il est avantageux d'établir des séparations entre les chevaux. Ces bâtimens ne doivent pas avoir moins de 8 à 9 pi. de hauteur et le plus souvent 10 à 12. Il faut éviter de placer au-dessus les greniers à fourrages avec plancher à claire voie. La ventilation doit s'opérer par des fenêtres suffisamment spacieuses et par de petites ouvertures, qu'on peut fermer au besoin et qu'on établit à diverses hauteurs. Le plancher doit être légèrement en pente, et en matériaux imperméables pour que l'urine ne s'infiltre pas et ne s'y corrompe pas. Il serait avantageux que le bas des murs fût recrépi en ciment hydraulique.

4e Classe. *Vacherie, étables pour les bœufs de trait ou à l'engrais, les animaux malades, cellier, silos, caves ou magasins à racines fourragères, fenil, chambre aux machines à nettoyer et couper les racines, hacher les fourrages et cuire les alimens, fosse à urine.* Ces constructions doivent, ainsi que nous le disons dans le livre de l'éducation des animaux, satisfaire à peu près aux mêmes conditions que les précédentes. Voici le détail de l'étendue qu'il convient de leur donner pour chaque tête de gros bétail.

A. Une *vache*, de taille plutôt grosse que petite, nourrie constamment à l'étable ou en partie au pâturage exige pour

1° La longueur de la mangeoire ou râtelier	4 pi. 1/2 carrés.
2° La longueur de la stalle, y compris le passage derrière les animaux et la largeur de la mangeoire	11
Ce qui fait par vache à l'étable . .	49
3° Magasin à fourrage, au hache-paille, etc., en supposant réunies de 15 à 30 vaches ; par tête.	11
Au total pour chaque tête d'animal. de surface de bâtiment.	61 pi. carrés.

B. Pour un *bœuf de trait* plutôt fort que de petite taille.

1° Longueur de mangeoire.	4 pi. carrés.
2° Longueur de la stalle.	11
Ce qui fait par bœuf à l'étable	44
3° Le magasin à foin, la salle au hache-paille, etc., pour une étable de 15 à 30 bœufs pour chacun.	12
Au total pour un bœuf de trait. . . de surface de bâtiment.	56 pi. carrés.

C. Pour un *bœuf d'engrais* de forte taille, comme une vache ou 60 à 62 pi. carrés de surface de bâtiment.

D. Pour de *jeunes bêtes* à cornes.

Un jeune animal au-dessous d'un an	25 à 30 pi. carrés.
de 1 à 2 ans	30 à 40
de 2 à 3 ans	40 à 50

En moyenne, 40 pi. carrés de surface de bâtiment par tête d'animal.

En Angleterre, dans beaucoup de fermes à laiterie des districts à pâturages, on donne aux bêtes à cornes une largeur de mangeoire supérieure à celle que nous indiquons et que nous regardons comme suffisante, et qui est quelquefois du double plus grande.

Dans les *étables belges*, où on pratique un passage en avant des bêtes à cornes pour distribuer les alimens, et derrière elles un espace large et enfoncé dans lequel se rendent les urines et où on accumule le fumier, il faut, par tête d'animal, une longueur double de celle que nous venons d'indiquer.

Dans les grands établissemens, il est avantageux d'avoir des *étables séparées*, soit pour les animaux de différentes races, soit pour ceux d'âges divers ou pour les bêtes qui n'ont pas la même destination.

Les endroits où l'on dépose le *foin* et les *racines* doivent être secs et très propres, afin que ces alimens ne contractent pas de mauvaise odeur ou des qualités qui dégoûtent les bestiaux et leur font constamment rejeter une nourriture qui leur répugne.

La salle à *cuire les alimens* doit être à portée des magasins à foin ou celliers à racines et pommes de terre.

Dans les étables où l'on établit des réservoirs à urine, il faut calculer que chaque bête à cornes de taille ordinaire, nourrie constamment à l'étable, soit en vert, soit en sec, donne, terme moyen, un pi. cube (34 déc. cube) d'urine en 24 heures.

5e Classe. *Bergerie.* Les moutons de forte taille, dont 1/4 à 1/5 consistent en brebis portières et qui ne sont soumis à la tonte qu'une fois par an, exigent 15 po. de crèche chacun et occupent, en moyenne, 10 pi. carrés de surface; ceux qui sont tondus 2 fois par an, 13 po. de crèche et 9 pi. carrés de surface, les agneaux de 4, 6, ou 9 mois, 9, 10 et 11 po. de crèche. On comprend dans cette estimation l'emplacement nécessaire aux crèches, aux claies de séparation, au passage et aux agneaux.

Les portes et les fenêtres d'une bergerie doivent être vastes, d'une élévation de 14 à 15 pi., le sol et le bas des murs cimentés et imperméables; il serait convenable qu'il y eût auprès une petite cour où les moutons pussent prendre l'air à volonté. Un magasin de 12 à 13 pi. de largeur, 38 à 40 de longueur et 13 à 14 de hauteur, suffit au service journalier des fourrages et racines, pour 500 à 800 bêtes, et au temps de la tonte, pour tous les travaux de cette opération.

6e Classe. *Toits ou réduits à porcs, poulaillers, cabanes pour les oiseaux et autres petits animaux domestiques*, etc. Ces bâtimens doivent être placés de façon qu'on y puisse communiquer facilement de la cuisine ou de la maison d'habitation, mais toutefois sans nuire à la salubrité de l'air de celles-ci. Il ne faut pas les entasser dans un seul endroit, ni les faire trop surbaissés ou en contre-bas du sol, etc.

7e Classe. *Cours, appentis, abris pour les bestiaux, cours à fumiers, bassins à purin*, etc. Les cours à bestiaux doivent être exposées au midi et abritées des vents froids par les bâtimens les plus élevés de la maison de ferme ou par des arbres. Les appentis sont établis plus économiquement contre les murs de ces bâtimens que quand il faut les construire exprès. Ils ne doivent pas avoir moins de 7 pi. de hauteur à l'entrée. Les cours où sont les dépôts à fumiers se placent commodément à peu de distance des étables; elles doivent être pavées, glaisées ou cimentées pour en rendre le sol imperméable aux urines, et creusées en fond de chaudière, c'est-à-dire un peu enfoncées au milieu où se trouve un puisard ou réservoir qui sert à rassembler le purin. Quelques fermiers les chargent de terre meuble ou de débris qui, en absorbant les urines, forment des composts qu'on enlève de temps à autre pour répandre sur les champs. On éloigne de ces cours les eaux pluviales et courantes qui en lavant le fumier lui enlèvent son activité, et, quand cela est possible, on recouvre le dépôt de celui-ci par un toit, ou au moins on l'abrite contre le soleil et le préserve d'une trop forte évaporation ou du dessèchement par des plantations d'arbres. Les voitures doivent pouvoir en approcher facilement.

8e Classe. *Hangars, appentis pour les véhicules et les instrumens, salle à outils, magasin à serrer les laines.* Toutes ces constructions doivent être très légères et avoir au moins 7 à 8 pi. à l'entrée; quelques-unes doivent être fermées par des portes, et entre autres le magasin aux laines qui, de plus, doit être sec, éloigné de toute cause qui pourrait causer un incendie et à l'abri des larcins ou des animaux destructeurs. Souvent on construit au-dessus de ces bâtimens des greniers à fourrages ou à grains qui s'y trouvent bien placés. Dans un grand établissement il est utile d'avoir une salle fermée pour déposer tous les *vieux objets* qui, sans cette précaution, disparaissent quelquefois ou sont perdus par suite de négligence ou d'infidélités.

9e Classe. *Salles à chauler les blés, à abattre les animaux, à saler les viandes*, etc. Une seule salle peut suffire à ces divers services, mais il faut qu'elle soit dallée, mastiquée dans le bas des murs et qu'un robinet y fournisse de l'eau en abondance.

10e Classe. *Forge, ateliers, magasins aux matériaux de construction.* La forge, dans les établissemens qui en ont besoin, doit être séparée des autres constructions de crainte du feu; les autres bâtimens, sous le rapport des dimensions, seront proportionnés à l'activité qui règne dans les ateliers ou à la consommation des matériaux et placés suivant les besoins du service, en veillant toutefois à ce qu'en les desservant on ne puisse nuire à l'activité ou à la facilité des travaux agricoles.

11e Classe. *Chambres aux grosses provisions de ménage.* Il faut, pour cet objet, un bâtiment ou portion de bâtiment placé à la portée de la maison d'habitation et qui soit sec, frais, suffisamment spacieux et pourvu d'eau.

12e Classe. *Puits, citernes, lieux d'aisance*, etc. Dans les petites exploitations, les puits, citernes ou pompes seront placés près de la maison d'habitation; dans les fermes plus étendues, où il y en aura plusieurs, on les placera près de cette maison et près des écuries, des étables, des bergeries et des bâtimens où s'exercent quelques arts agricoles. Dans toute ferme il devrait y avoir 2 cabinets d'aisance au moins pour les gens de service, l'un à l'usage des femmes près de la maison d'habitation, et l'autre pour les hommes, non loin des écuries ou des étables; ceux de la maison d'habitation devraient de même être doubles, l'un pour la ménagère et les jeunes enfans et l'autre pour le fermier, les amis et les visiteurs.

13e Classe. *Bâtimens où s'exercent un ou plusieurs arts agricoles.* Il en est un très grand nombre qu'il est indispensable de séparer de la masse des autres bâtimens, tant pour les rapprocher des moteurs naturels ou les placer et les exposer convenablement que pour éviter les incendies que quelques-uns d'entre eux pourraient allumer et qui pourrait se communiquer à la totalité des bâtimens d'exploitation. Au reste, ils doivent être à portée des magasins, silos, celliers ou caves qui leur fournissent leurs matières 1res ou qui servent à emmagasiner leurs produits, et le plus souvent être pourvus d'eau en abondance.

2° *Exemples et modèles de bâtimens ruraux.*

Nous allons présenter dans ce paragraphe

quelques modèles de plans de bâtimens ruraux, d'après les principes qui ont été posés précédemment; nous commencerons par les plus simples et nous passerons successivement à ceux qui sont plus composés et où il importe de remplir un plus grand nombre de conditions. Nous rappellerons, relativement à ces exemples, ce que nous avons dit au paragraphe précédent, savoir; que ces bâtimens doivent nécessairement recevoir des modifications très variées, suivant les mœurs, les usages et la nature des matériaux du pays, la manière de mettre ceux-ci en œuvre, les progrès de l'agriculture, etc. Nous prévenons également que nous n'avons pas jugé à propos d'indiquer les matériaux à employer ou donner des devis de prix qui n'ont en général d'intérêt que pour les lieux où ils ont été dressés.

Maison de journalier à un seul étage.

Fig. 215.

Fig. 216

Fig. 215. *a*, cuisine dans laquelle on entre du dehors (4 mètres × 4 mèt.); — *b*, chambre à coucher à 2 lits (4m × 3m); — *c*, chambre à coucher d'enfant (4m × 2m); — *d*, petite buanderie avec une porte sur le derrière (3m × 1m); — *e*, petit garde-manger (1 × 1); — *f*, latrines; — *o*, petit bûcher ou lieu fermé pour conserver les outils.

Fig. 216. Vue en élévation de la maison qui a 8 mètres de face, 5 de profondeur et qui occupe par conséquent 40 mètres de superficie dans œuvre (1), avec une hauteur de 3 mètres à la naissance du toit.

Maison de journalier avec un étage au-dessus.

Fig. 218. Fig. 217.

Fig. 219.

Fig. 217. Plan du rez-de-chaussée : — *a*, cuisine (5m × 5m); — *b*, buanderie (3m × 3m); — *c*, petit garde-manger; devant est un espace pour placer quelques outils; — *d*, escalier à l'étage supérieur et sous lequel on peut placer une petite provision de bois; — *o*, latrines.

Fig. 218. Plan du 1er étage : — *e*, chambre à coucher à 2 lits et 1 lit d'enfant, et avec une cheminée; — *f*, autre chambre à coucher; — *h*, armoire ou tambour fermé.

Fig. 219. Vue en élévation de la maison qui a 8 mètres de face sur 5 mètres de profondeur et occupe une surface de 40 mètres carrés; hauteur à la naissance du toit, 6 mètres.

Maison double de journalier avec étage au-dessus et dépendances; ce plan procure des habitations plus chaudes et plus économiques de frais de construction.

Fig. 220. Fig. 221.

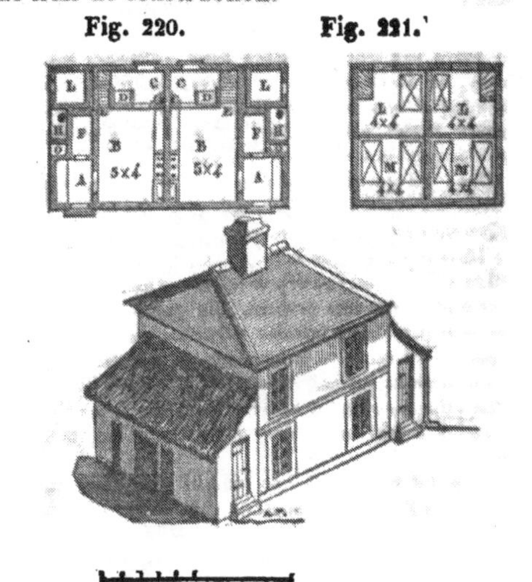

Fig. 222.

Fig. 220. Plan du rez-de-chaussée : — *a*, porche avec armoire ou rayons pour les outils; — *b*, cuisine (5m × 4m); — *c*, arrière-cuisine avec four ou buanderie (3m × 3m); — *d*, garde-manger un peu enfoncé en terre et en partie sous l'escalier *e*; — *f*, bûcher; — *o*, petit cellier; — *h*, latrines; — *i*, toit à porc à double mur pour éviter les infiltrations; au-dessus un poulailler.

Fig. 221. Plan du 1er étage : — *l* et *m*, chambres (4m × 4m).

Fig. 222. Vue en élévation de la maison qui a 8 mètres de face, autant de profondeur ou 64 mètres carrés de superficie; la hauteur est de 6 mètres; les dépendances n'en ont que 3 et autant de largeur; superficie totale des bâtimens 112 mètres carrés.

Maison d'un manouvrier avec un étage au-dessus et dépendances pour loger 2 vaches et laiterie.

Fig. 223. et Fig. 224.

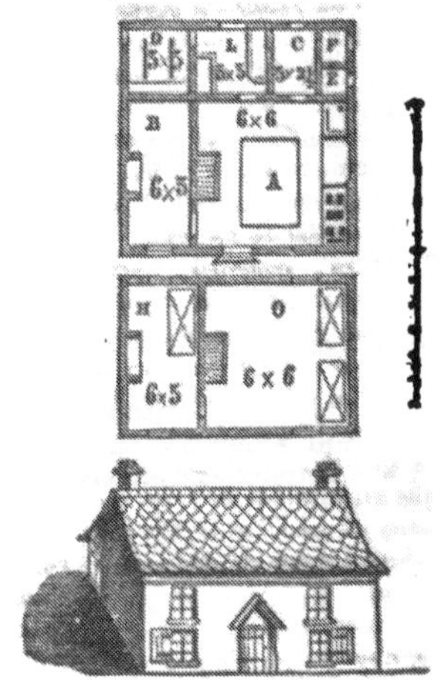

Fig. 225.

(1) Toutes les indications que nous donnerons de la superficie des bâtimens seront toujours dans œuvre, l'épaisseur des murs changeant avec les pays, les matériaux et la charge qu'ils doivent porter.

Fig. 223. Plan du rez-de-chaussée : — *a*, cuisine avec escalier à l'étage supérieur (6m × 6m) ; — *b*, chambre de réception ou de travail, parloir (6m × 3m) ; — *c*, buanderie (3m × 2 1/2m) ; — *d*, étable pour 2 vaches (3m × 3m) ; — *l*, laiterie (3m × 3m) ; — *e*, bûcher ; — *f*, latrines.

Fig. 224. Plan du 1er étage : — *g* et *h*, chambres à coucher.

Fig. 225. Vue en élévation de la maison qui a 9 mètres de façade, 6 de profondeur et qui occupe 54 mètres de superficie ; sa hauteur est de 6 mètres ; les dépendances n'en ont que 3 et autant de profondeur ; superficie totale des bâtimens, 81 mètres carrés.

Autre maison de journalier avec étage demi-souterrain, étable pour 2 vaches et laiterie.

M. MOREL DE VINDÉ a proposé le plan suivant :

Fig. 226.

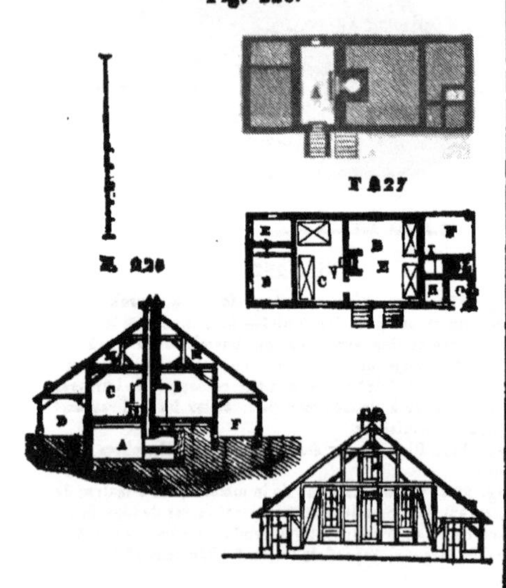

Fig. 227

Fig. 228

Fig. 229.

Fig. 226. Plan des fondations : — *a*, fournil et cellier avec son four (3m × 5m).

Fig. 227. Plan du rez-de-chaussée : — *b*, cuisine avec 2 lits d'enfans (5m × 4m) ; — *c*, chambre à coucher à 2 lits, avec un poêle *r* (5m × 3m) ; — *d*, étable pour 2 vaches (2 1/2m × 3m) ; — *e*, laiterie (2m × 2 1/2m) — *f*, hangar servant de bûcher ; — *o*, toit à porc ; — *h*, poulailler ; — *i*, cases à lapins ; — *l*, latrines.

Fig. 228. Coupe du bâtiment où les mêmes lettres désignent les mêmes objets que dans les fig. précédentes — *mm*, greniers auxquels on monte par une échelle mobile.

Fig. 229. Élévation de face du bâtiment qui a 13 mètres de façade, 5 de profondeur et couvre une surface de 65 mètres carrés.

Habitation pour un manouvrier plus aisé, avec étage au-dessus, une étable pour 3 ou 4 vaches, un toit à porc et une petite grange.

PERTHUIS, dans son Mémoire sur l'art de perfectionner les constructions rurales, a présenté le plan qui suit :

Fig. 230 et Fig. 231.

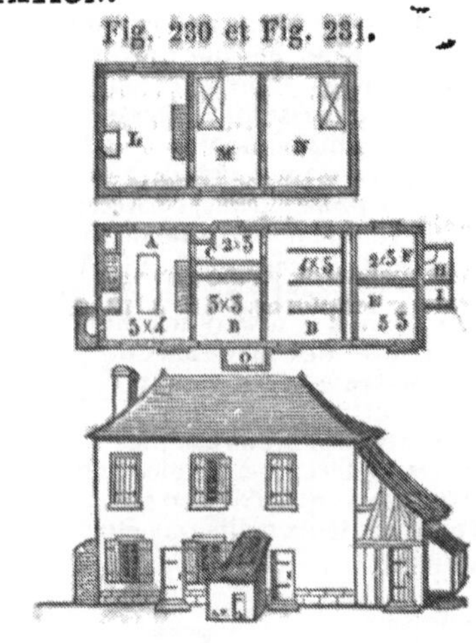

Fig. 232.

Fig. 230. Plan du rez-de-chaussée : — *a*, cuisine avec four et escalier (5m × 4m) ; — *b*, cabinet pour le lin ou le chanvre de vente (3m × 3m) ; — *c*, laiterie (2m × 3m) ; — *d*, étable (4m × 5m) ; — *e*, petite grange (3m × 3m) ; — *f*, case à porcs (2m × 3m) ; — *o*, poulailler ; — *h*, latrines ; — *i*, petit bûcher.

Fig. 231. Plan du 1er étage : — *l*, *m*, *n*, chambres diverses.

Fig. 232. Vue en élévation de la maison qui a 11 mètres de façade, 5 de profondeur et qui couvre 55 mètres carrés de superficie ; sa hauteur est de 6 mètres ; les dépendances sont moins élevées et ont 3 mètres de profondeur ; superficie totale 70 mètres carrés.

Habitation et dépendances pour un petit cultivateur exploitant 2 à 3 hectares de terre, exerçant un art agricole et mettant ses récoltes en meules.

Fig. 233.

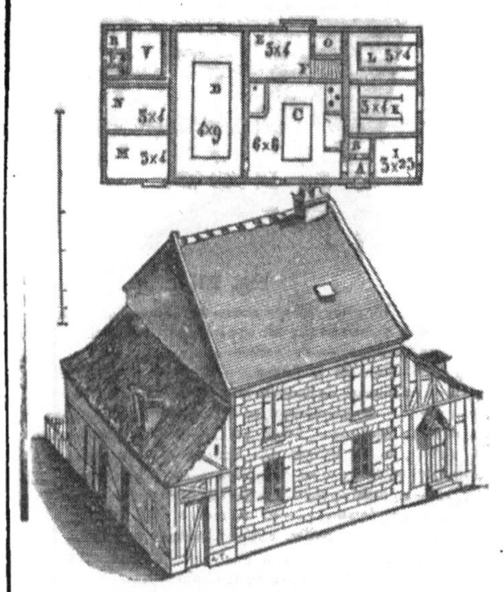

Fig. 234.

Fig. 233. Plan du rez-de-chaussée : — *a*, porche avec toit ; — *b*, bûcher ; — *c*, cuisine (6m × 6m) ; — *d*, atelier pour placer un métier ou autre machine (4m × 9m) ; — *e*, arrière-cuisine ou buanderie ($3^m \times 4^m$) avec escalier *f* conduisant au 1er étage; — *o*, garde-manger; — *i*, magasin à fourrages ($3^m \times 2\ 1/2^m$); — *k*, étable pour 2 ou 3 vaches ($3^m \times 4^m$); — *l*, laiterie ($3^m \times 4^m$) au-dessus, ainsi que de l'étable, magasin à paille; — *m*, magasin aux outils et instrumens et servant aussi de cellier ($3^m \times 4^m$); — *n*, magasin aux racines servant aussi d'aire à battre ($3^m \times 4^m$); au-dessus, des greniers; — *v*, réduit pour 2 ou 3 porcs ($2^m \times 2^m$); — *p*, latrines; — *r*, poulailler.

Le 1er étage est distribué comme le rez-de-chaussée.

Fig. 234. Elévation des bâtimens. Le corps principal a 10 mètres de façade sur 9 de profondeur et couvre 90 mètres superficiels; la cuisine, l'atelier sont élevés de 50 centimètres au-dessus du niveau du sol; le magasin à fourrages, la buanderie, l'étable, le toit à porc sont au niveau; la laiterie, le cellier, le magasin aux racines un peu au-dessous; hauteur du bâtiment, 6 mètres; dépendances de chaque côté, 4 mètres de profondeur; superficie totale, 162 mètres carrés.

Petite maison de ferme pour un propriétaire cultivateur exploitant 10 à 12 hectares de terres à froment de 1re classe avec récoltes en meules.

Fig. 236.

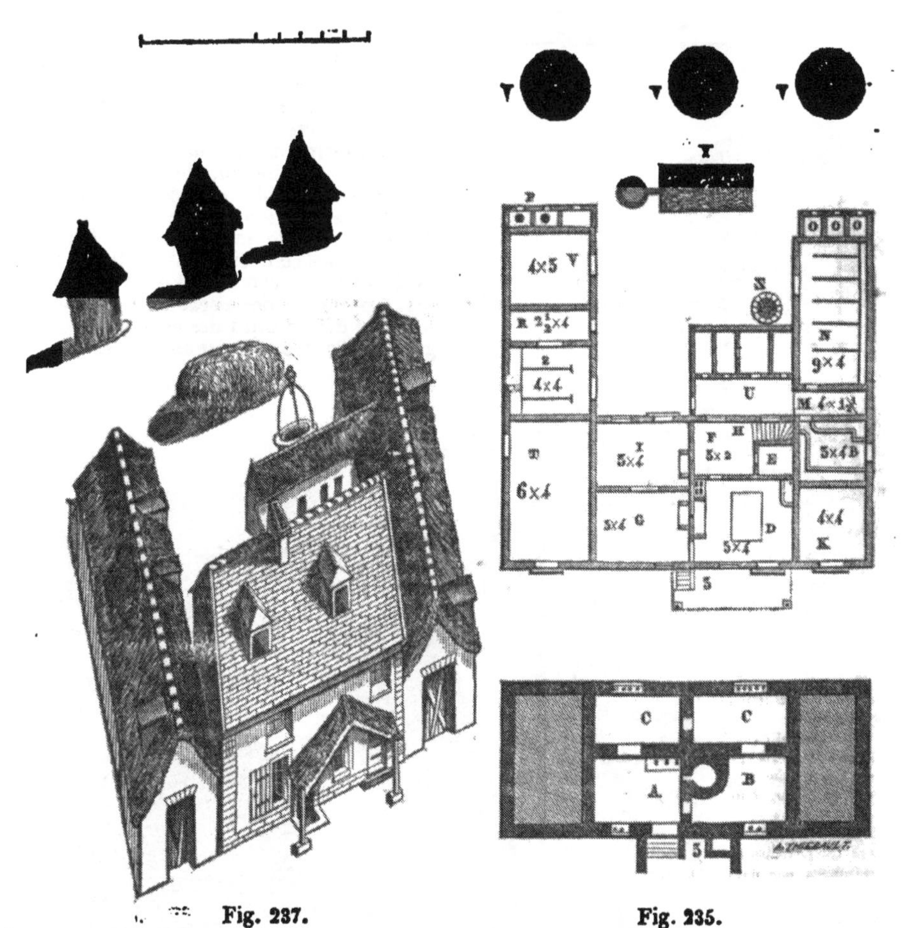

Fig. 237.

Fig. 235.

Fig. 235. Plan de l'étage souterrain auquel on descend par l'escalier 3 couvert par un appentis: — *a*, fournil; — *b*, cellier aux boissons; — *cc*, celliers aux racines.

Fig. 236. Plan de la ferme: — *d*, cuisine ($4^m \times 5^m$); — *f*, arrière-cuisine, ou buanderie avec escalier *h* au 1er étage ($2^m \times 3^m$); — *e*, garde-manger ($1^m \times 1^m$); — *g*, salle à manger ou de réception ($3^m \times 4^m$); — *i*, cabinet du fermier ($3^m \times 4^m$); — *k*, hangar aux voitures ($4^m \times 4^m$); — *l*, laiterie ($3^m \times 4^m$); — *m*, échaudoir pour la laiterie ($4^m \times 1\ 1/2$); — *n*, étable pour 5 à 6 vaches ($9^m \times 4$); — *o*, toits à porcs; — *p*, latrines; — *r*, magasin à foin ($5^m \times 4$); — *r*, sellerie, hache-paille, coffre à avoine ($2\ 1/2^m \times 4$); — *s*, écurie pour 2 chevaux ($4^m \times 4^m$); — *t*, aire à battre avec grenier au-dessus ($6^m \times 4^m$); les magasins à paille sont au-dessus de la laiterie, de la sellerie et de l'écurie; — *u*, basse-cour; — *v*, meules; — *y*, tas à fumier; — *z*, puits ou pompe.

Fig. 237. Vue en élévation de la ferme. Le bâtiment central d'habitation a 8 mètres de face, 7 de profondeur et occupe 56 mètres carrés de surface, sa hauteur est de 6 mètres; les dependances couvrent de chaque côté une surface de 70 mètres carrés; superficie totale, 198 mètres carrés non compris la basse-cour.

Autre modèle pour un cultivateur qui exploite la même étendue de terrain et engrange toutes ses récoltes.

Fig. 238.

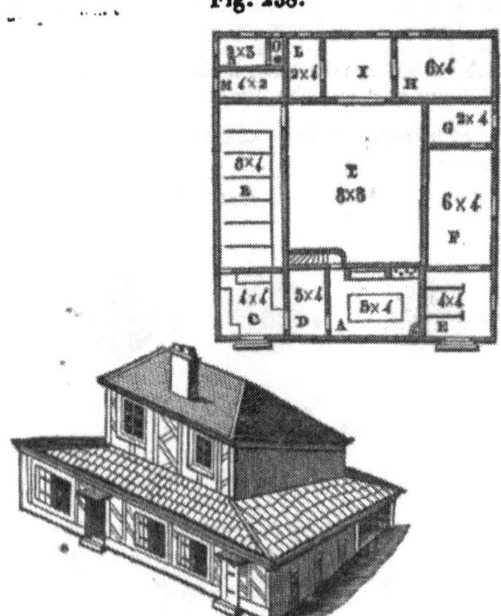

Fig. 239.

Fig. 238. Plan de la ferme : — *a*, cuisine ($5^m \times 4^m$) ; on a pratiqué dans le mur une ouverture où est placée une cage d'escalier maçonné qui conduit au 1er étage ; — *d*, buanderie ou échaudoir ($3^m \times 4^m$) ; — *c*, laiterie ($4^m \times 4^m$) ; — *b*, vacherie ($8^m \times 4^m$) ; — *e*, écurie ($4^m \times 4^m$) ; — *f*, magasin à fourrages ($6^m \times 4^m$) ; — *g*, cellier à racines ($2^m \times 4^m$) ; — *h*, hangars ($6^m \times 4$) ; — *i*, aire et grange ($8^m \times 8^m$) ; — *l*, autre petit hangar ($2^m \times 4^m$) ; — *m*, toits à porcs ($4^m \times 2^m$) ; — *n*, poulailler ($3^m \times 2^m$) ; — *o*, latrines.

Fig. 239. Vue perspective du bâtiment. Celui du centre à 8^m sur 8^m, ou 64 mèt. de superficie, et les appentis et dépendances 4 mètres de profondeur, au total 256 mètres ; la hauteur du rez-de-chaussée dans la grange est de 5 mètres, celle de l'étage supérieur 3 mètres ; le tout couvert en tuiles ou en ardoises.

Bâtimens d'habitation et d'exploitation pour une ferme en pays de plaine où on exploite 34 hectares (100 arp. de Paris de 900 toises carrées), en terre à froment de 1re classe et où on récolte terme moyen, dans un assolement de 5 années, 390 hectol. de froment et 210 d'orge, semence déduite, 1060 quint. mèt. de paille et autant de foin. Les bêtes de trait sont 3 chevaux de taille moyenne ; les bêtes de rente, nourries constamment à l'étable, 20 vaches du poids de 350 à 400 kil. ; 1 taureau, 4 veaux, 6 porcs et des oiseaux de basse-cour. Une partie des récoltes des céréales seule est engrangée, l'autre est mise en meules.

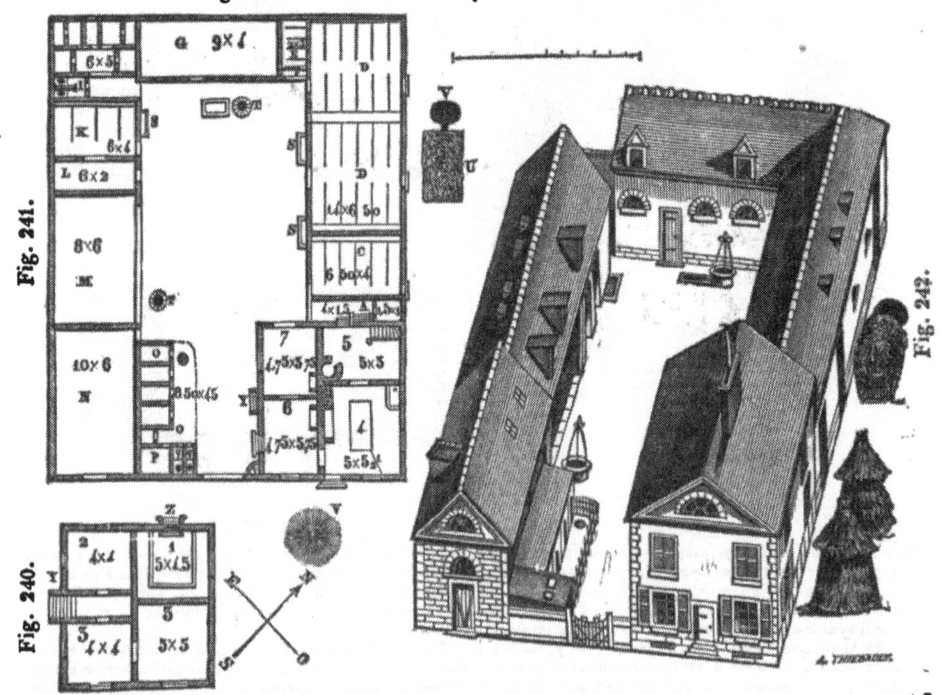

Fig. 241. Fig. 240. Fig. 242.

Fig. 240. Plan de l'étage à demi souterrain de la maison d'habitation ; 1, laiterie voûtée garnie de tables de pierre et dallée, avec un dégorgeoir donnant sur un puisard pour l'écoulement des eaux. On descend à la laiterie par un escalier *s*, placé sous les bâtimens d'exploitation ($5^m \times 4\ 1/2$) ; — 2, cellier aux boissons et au charbon ($4^m \times 4^m$) ; — 3, celliers aux racines et pommes de terre. On descend à ces celliers par l'escalier *y* ($4^m \times 4^m$ et $5^m \times 5^m$).

Fig. 241. Plan du rez-de-chaussée de tous les bâtimens ; — 4, cuisine ($5^m \times 5\ 1/2^m$) ; — 5, arrière-cuisine servant de fournil et d'échaudoir pour la laiterie ; un escalier conduit à l'étage supérieur ($3^m \times 5^m$) ; — 6, salle de réception ou à manger ($4,75^m \times 3,75^m$) ; — 7, cabinet du fermier, ($4,75^m \times 3,75^m$) ; — *a*, petit hangar par où l'on entre dans l'arrière-cuisine et l'on descend à la laiterie et qui sert à faire sécher les ustensiles de celle-ci ($4^m \times 1,5^m$) ; — *b*, garde-manger ($1,5^m \times 1,5^m$) ; — *c*, étable pour les vaches qui vèlent, malades ou à l'engrais et un taureau ($4^m \times 6^m$) ; — *d*, étable pour 24 vaches ($14^m \times 6,50^m$) ; — *e*, étable pour 4 veaux ($2^m \times 3^m$) ; — *f*, réduit pour les ustensiles de pansement des vaches ; — *g*, magasin ou hangar à foin ($9^m \times 4^m$) ; — *h*, toits pour les porcs, et *i*, latrines pour les hommes ($6^m \times 5^m$); — *k*, écurie pour 3 chevaux ($6^m \times 4^m$); — *l*, sellerie, hache-paille, coffre à avoine ($6^m \times 2^m$); — *m*, hangar pour les voitures et instrumens ($8^m \times 6^m$); — *n*, grange ($10^m \times 6^m$); — *o*, basse-cour ; — *p*, bûcher ; — *q*, latrines pour le fermier et les servantes) ; — *r*, niche à chien ; — *s*, réservoirs à urines ; — *t*, puits ou citernes avec auge pour abreuver les animaux ; — *u*, tas à fumier sous un hangar ; — *v*, fosse à purin ; — *x*, emplacement des meules.

Fig. 242. Vue perspective de l'établissement. Toute la superficie du terrain qu'il occupe est de 7 ares ou 700 mèt. car. ; il a 24 mèt. de façade sur 29,50 de profondeur.

Le bâtiment d'habitation couvre 100 mèt. car. ou 1 are, et les bâtimens d'exploitation 400 mèt., en tout 500 mèt. car. ou 5 ares. Le magasin à foin et les greniers au-dessus des étables, des écuries et des hangars, présentent un développement de plus de 400 mèt. cubes pour le logement des fourrages, et suffisans pour 4 mois d'hivernage.

Les hauteurs sont, pour l'étage souterrain, 2^m 50, le bâtiment d'habitation 6 mèt., les étables et écuries 4 mèt., la grange et le magasin à fourrages 5 mèt.

Autre exemple pour une ferme de même étendue que la précédente, et exploitée de même.

Le major Beatson, dans son nouveau système de culture publié en 1820, a proposé comme très commode le plan suivant :

Fig. 245.

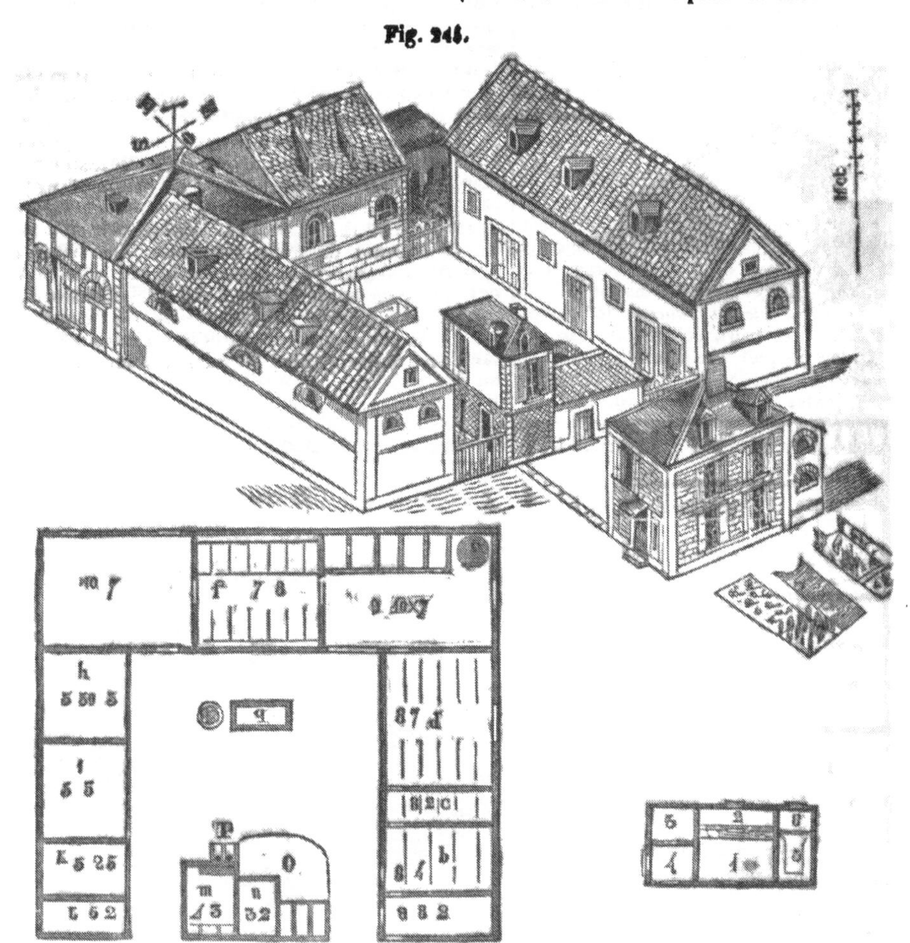

Fig. 244.

Fig. 243.

La maison d'habitation est placée à 10 mèt. en avant des bâtimens d'exploitation; dans ses étages souterrains elle ressemble à la précédente, et on y place le fournil, le cellier aux boissons et le bûcher. La laiterie peut y être également souterraine ou bien être placée avec son échaudoir au rez-de-chaussée comme dépendance, et du côté du nord.

Fig. 243. Plan de la maison d'habitation : — 1, cuisine ; — 2, buanderie ; — 3, cabinet du fermier ; — 4, salle à manger ; — 5, laiterie ; — 6, échaudoir et chambre à fromages.

Fig. 244. *a*, sellerie, hache-paille, coffre à avoine ($2^m \times 8^m$); — *b*, écurie pour 4 à 5 chevaux ($4^m \times 8^m$); — *c*, étable pour 4 veaux ($2^m \times 8^m$); — *d*, étable pour 12 vaches ($7^m \times 8^m$); — *e*, cour à fumier avec toits à porcs; ($10^m \times 7^m$); — *f*, étable pour 14 vaches ou bêtes à l'engrais ($7^m \times 8^m$), et magasin à foin au-dessus; — *g*, grange ($10^m \times 7$); — *h*, cellier aux racines ($5{,}50^m \times 5^m$); — *i*, hangar aux voitures ($5^m \times 5^m$); — *k*, salle fermée aux instrumens ($2{,}5^m \times 5^m$); — *l*, salle fermée aux outils ($5^m \times 2^m$); — *m*, logement d'un serviteur ou surveillant, avec un 1er étage au besoin ($4^m \times 3^m$); — *n*, bûcher (3^m — 2^m); — *o*, basse-cour ; — *p*, latrines ; — *q*, puits, mare ou citerne, avec auge pour les bestiaux ; — *r*, mare pour les porcs.

La maison d'habitation couvre avec la laiterie 130 mèt. de superficie ; les bâtimens d'exploitation 364 ou 370 mèt. en total 500 mèt. car. ou 5 ares comme précédemment. La superficie totale enceinte par les bâtimens est également environ de 7 ares ; savoir : 1 are 30 pour la maison d'habitation, et 5 ares 90 pour les bâtimens d'exploitation (22 mèt. de long. sur 27 de largeur). La grange a 70 mèt. de plancher sa hauteur est de 3 1/2 à 4 mèt., sa capacité est de 250 à 300 mètres cubes. Les greniers à fourrages au-dessus des écuries, des étables, des hangars et des salles, ont une capacité de 413 mèt. cubes, et le cellier aux racines de 100 mèt. cub.

Dans les 2 exemples qui précèdent, nous avons établi le plan et l'étendue des bâtimens pour une ferme de 34 hect. en *terre à froment* de 1re classe, avec culture alterne et *nourriture des bestiaux à l'étable*. On sent assez que si la ferme, quoique de même étendue, était en terre à froment de 2e, 3e ou 4e classe, ce plan pourrait être non-seulement modifié suivant les besoins, mais que l'étendue décroîtrait proportionnellement avec le volume ou la valeur des récoltes, au point qu'une ferme de 34 hect. en terre à froment de 4e classe n'exigerait pas des bâtimens plus vastes qu'une ferme de 10 à 12 hect. en terre à froment de 1re classe, le poids des récoltes, dans les 2 cas, étant à peu près le même, et le nombre des bestiaux qu'on peut entretenir dans l'une et dans l'autre étant peu différent.

A surface égale et à classe correspondante, les récoltes, sous le rapport du volume, ne diffèrent pas beaucoup dans les *terres à seigle* et dans celles à froment et exigent, par conséquent, une capacité à peu près égale pour les loger; mais elles ont une bien moindre valeur, et, ainsi que nous avons déjà eu l'occasion de le faire remarquer, elles ne peuvent payer, pour les bâtimens, une rente aussi élevée. Ces bâtimens doivent donc être plus légers et présenter moins de commodités dans leur construction, surtout relativement à la maison d'habitation qui peut être plus modeste.

Dans les terres *à céréales de printemps*, les récoltes étant à surface et classe égales, moindres et moins assurées, le fermage ne peut être aussi élevé que dans les 2 divisions précédentes, ce qui nécessite une diminution dans l'étendue et les frais de construction des bâtimens ruraux.

Nous ferons aussi observer que, dans le *système du pâturage* à classe et à nature de terre égales, une partie des récoltes étant consommée sur place, le matériel mort et le personnel ne sont pas, pour une même étendue, aussi considérables que dans le système de la *stabulation permanente*, et que les bâtimens qui servent à loger les bêtes de rente n'ont pas besoin d'être établis avec autant de frais et de soin dans ces 2 cas.

Il est encore utile de remarquer que les observations précédentes ne sont applicables qu'aux fermes d'une même localité et qu'elles ne seraient pas toujours exactes si on les étendait à des pays différens. Il est, par exemple, des terres à seigle en Belgique qui donnent des produits et paient un fermage 3 fois plus forts pour une surface égale que quelques terres à froment de même classe ou même de classe supérieure dans quelques départemens de la France, et où le fermier belge a droit par conséquent à des bâtimens plus spacieux, plus commodes et plus agréables.

A ces exemples trop peu nombreux de la disposition et du plan des établissemens ruraux, nous ajouterons un modèle proposé par WAISTELL dans son *Architecture rurale*, pour une ferme de grande dimension et où on nourrit et engraisse beaucoup de bêtes à cornes qui passent l'hiver dans de vastes cours garnies d'appentis pour les garantir des injures du temps. Nous ne donnons pas ici les mesures, parce qu'on peut aisément agrandir ou diminuer les dimensions des diverses parties, suivant l'étendue de la ferme et les besoins de l'établissement qu'on se propose de former sur ce modèle.

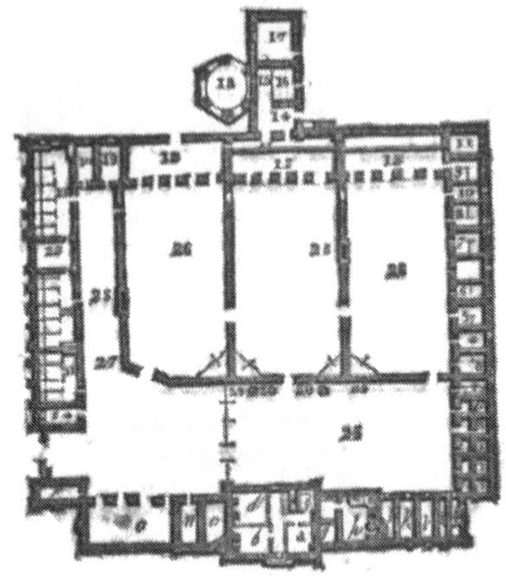

Fig. 246.

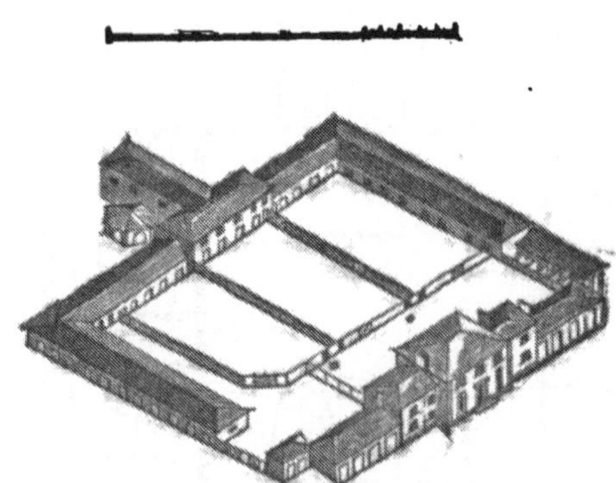

Fig. 247.

Fig. 246. Plan de la ferme : *maison d'habitation*; — *a*, cuisine; — *b*, parloir; — *c*, cabinet du fermier; — *d*, salle de réception; — *e*, fournil; — *f*, laiterie; — *g*, garde-manger; — *h*, brasserie pour les usages domestiques; — *i*, bûcher; — *k*, salle au charbon de terre; — *l*, salles pour les cendres et divers objets de ménage; — *m*, salle aux débris de la cuisine ou autres pour les porcs; — *n*, remise pour un cabriolet; — *bâtimens d'exploitation*; — *o*, hangars pour les chars et charrettes; — *p*, chambre aux outils; — 1, cinq réduits à porcs; — 2, étable pour 6 veaux; — 3, étable pour 4 bêtes à cornes; — 4, magasins à fourrages servant aussi de passages pour distribuer les alimens aux animaux; — 5, 6, 7, 8, 9, étables pour 4 bêtes à cornes; — 10 citerne et lieu pour laver les tubercules ou les racines; — 11, étable pour les taureaux; — 12, trois appentis pour les bêtes à cornes; — 13, passage pour la distribution de la paille; — 14, magasin à paille; — 15, machine à battre; — 16, chambre pour le grain battu; — 17, gerbes non battues; — 18, manége de la machine; — 19, — salle ouverte pour usages divers; — 20, magasin à foin et machine à hacher les fourrages; — 21, 23, écuries pour 6 chevaux chacune; — 22, 24. sellerie, salle aux équipages; — 25, cour de la maison; — 26, trois cours pour les bestiaux; — 27, cour des écuries; — 28, deux réservoirs pour les cours à bestiaux; — 29, quatre petits toits à porcs, avec auges extérieures; — 30, mares à laver les porcs; — 31, écurie pour les chevaux de maître.

Fig. 247. Vue perspective de la ferme et de ses dépendances.

3° *De la construction des bâtimens ruraux.*

La construction des bâtimens ruraux est un sujet important qui a donné lieu, dans les pays où l'agriculture prospère, à la publication d'ouvrages intéressans : tels sont ceux de PERTHUIS, COINTERAUX, MOREL DE VINDÉ, LASTEYRIE, LÉONHARDI, en France; WAISTELL, GOODWIN, LOUDON, etc., en Angleterre; MEINERS, GILLY, VOIT, TRIEST, STURM, etc., en Allemagne. Nous engageons ceux qui désireraient étudier plus amplement cette matière à les consulter, et nous nous bornerons ici à quelques notions sommaires sur les matériaux qui entrent dans les constructions rurales, à donner quelques conseils sur la manière de les établir.

A. *Des matériaux employés aux constructions rurales.*

La *connaissance parfaite des diverses espèces de matériaux de construction* qu'on rencontre dans un pays et les ressources dont on peut disposer à cet égard est indispensable pour celui qui veut entreprendre des constructions quelconques ; il ne lui importe pas moins de connaître la *qualité de ces matériaux* ainsi que leur *prix* rendu à pied-d'œuvre.

Les materiaux dont on se sert pour les constructions rurales sont très variés ; on doit s'appliquer à faire choix, parmi les diverses espèces dont on peut quelquefois disposer, de ceux qui, à prix égal, résistent le mieux aux influences atmosphériques et aux chances de destruction et remplissent le mieux le but auquel les constructions sont destinées.

Les *murs* des bâtimens se construisent le plus communément *en pierres à bâtir*, de dimensions plus ou moins considérables, réunies par un mortier quelconque, en *briques*, en *terre* ou en *bois*, ou en ces divers matériaux réunis en proportions diverses.

La *charpente* est construite en *bois* d'essences diverses et pourrait l'être économiquement en fer dans plusieurs cas.

La *toiture* est en bois de charpente ou bois de petits échantillons et recouverte en tuiles, ardoises, chaume, plomb, zinc, etc.

Les *pierres* qui entrent dans les constructions sont : les calcaires grossiers, les marbres ou la craie, les schistes, les granits, les grès, les silex, les porphyres, les laves et autres pierres volcaniques. Ces pierres présentent des variétés infinies sous le rapport des propriétés physiques, suivant les localités, la carrière dont on les tire et le lit dont on les extrait.

Les *qualités* qu'on doit rechercher dans une pierre à bâtir, c'est la solidité pour résister au poids des constructions, la propriété de ne pas s'égrener à l'air ou d'éclater et de s'effleurir par la gelée, de se laisser tailler sans beaucoup de main-d'œuvre à la pointe ou au ciseau et de soutenir le choc des outils sans se rompre ; la propriété de résister au feu dans les incendies et celle de pouvoir être employée indifféremment dans tous les sens, sont aussi des qualités désirables.

Une *bonne pierre a bâtir* rend un son clair quand on la frappe, elle ne se délite pas dans l'air et dans une atmosphère ou une situation humide, n'absorbe qu'une petite quantité de ce liquide. Son grain est fin, serré, homogène est d'une couleur généralement égale et uniforme ; elle ne présente pas de cavités, excepté dans quelques pierres siliceuses, telles que les meulières et les pierres volcaniques, les laves poreuses ou scorifiées.

La France est très riche en pierres pouvant être employées aux contructions et on en compte au moins 800 espèces distinctes ; presque chaque localité possède une pierre à bâtir qui lui est propre et qu'on y trouve généralement à meilleur compte que les autres.

Les dimensions sous lesquelles s'exploitent les pierres sont aussi utiles à connaître ; généralement parlant, les pierres réduites en moellons de 1/3 à 1/2 pi. cube sont d'un prix moins élevé que les pierres d'appareil de grande dimension. Elles sont aussi plus faciles à transporter, exigent moins de main-d'œuvre, se prêtent plus facilement aux divers genres de constructions et sont par conséquent plus propres aux constructions rurales.

Nous comprenons dans les pierres de construction celles qui servent au pavage des salles, écuries, étables, cours, etc. ; les meilleures sont les grès, les roches granitiques, les laves et les basaltes.

Les *briques* sont des pierres artificielles, formées avec des terres argileuses, et durcies au moyen du feu dans des fours appropriés à cet usage. Les briques peuvent se fabriquer partout où on rencontre des terres argileuses qui ne contiennent pas de chaux, mais elles n'ont pas partout les mêmes qualités, et celles-ci varient suivant la nature des argiles mises en œuvre, le travail plus ou moins parfait auquel on les a soumises et le degré de cuisson.

Les *bonnes briques* sont celles qui sont bien cuites, légères relativement, dures et rendant un son clair quand on les frappe; leur surface n'est ni déformée, ni vitrifiée par un feu trop violent. Quoique les argiles, après la cuisson, affectent des couleurs souvent très différentes, cependant, les briques de bonne qualité sont le plus communément d'un rouge foncé; celles qui sont moins rouges ou d'un rouge pâle sont moins sonores et moins durables. Les plus mauvaises briques sont celles qui, soumises à l'humidité, puis à la gelée, s'égrènent, se gercent et se décomposent, ou celles qui n'offrent au choc aucune résistance.

Les briques n'ont pas partout les mêmes dimensions; celles qu'on fabrique le plus ordinairement ont 24 cent., 36 (9 po.) de longueur, 12 cent., 18 (4 po. 6 lig) de largeur et 6 cent., 10 (27 lig.) d'épaisseur ou un volume de 1,80 décim. cube (90 po. cubes).

Dans quelques pays, on est dans l'usage, surtout pour la clôture des propriétés rurales, d'établir les murs en maçonnerie dite à *pierres sèches*; mais comme la plupart du temps on préfère lier les matériaux de construction, de façon qu'ils ne puissent se détacher d'eux-mêmes ou être arrachés sans un certain effort violent, on enduit les pierres et souvent on les recouvre avec un corps pâteux ou un mélange de corps imprégnés d'eau qui a la faculté de durcir en se séchant avec le temps.

Les corps qu'on emploie à cet usage sont : la terre grasse, le plâtre et la chaux mélangée avec différentes substances.

La *terre* la plus propre pour assujettir et lier les matériaux de construction est celle qui est un peu grasse, de nature argileuse et qui, en se desséchant, acquiert une certaine dureté. Des constructions établies de cette manière n'offrent pas une grande solidité ou beaucoup de durée, mais elles sont économiques et faciles à réparer.

Le *plâtre* ou sulfate de chaux qui a éprouvé la cuisson est excellent pour lier les matériaux de construction et former des enduits, dans les endroits ou les lieux secs seulement; dans les localités humides ou dans les parties de bâtimens sujets à l'humidité il se détériore assez promptement. Le bon plâtre est celui qui est cuit à point et récemment préparé, qui absorbe avec avidité l'eau qu'on lui donne en quantité convenable et qu'on a garanti du contact de l'air qui lui enlève la faculté de faire corps quand on le gâche avec l'eau.

La *chaux* est, comme chacun sait, le produit de la calcination, dans des fours, de certaines pierres calcaires qu'on rencontre abondamment dans un grand nombre de terrains. Cette chaux, imprégnée d'eau ou éteinte, et mélangée à d'autres substances, forme alors des composés connus sous le nom de mortiers, cimens, bétons, etc., qui servent à réunir les matériaux de construction ou à les enduire, ou avec lesquels on moule ou forme des murs et des portions d'édifices.

Les *substances qu'on mélange ainsi à la chaux* sont des débris de briques, de carreaux, de tuiles ou poteries de grès et d'argile réduits en grains plus ou moins grossiers, les sables granitiques schisteux ou volcaniques, les arènes, les grès, les psammites, les pouzzolanes ou sables terreux volcaniques, les cailloux, etc.

Les *pierres calcaires* offrant des couleurs, une contexture, une dureté et une composition susceptibles de varier à l'infini ne produisent pas des chaux également bonnes; mais aujourd'hui on parvient par des mélanges factices à améliorer beaucoup leur qualité.

Les chaux françaises, suivant M. VICAT, dont les travaux ont répandu tant de lumière sur ce sujet important, peuvent être classées sous 5 catégories :

1° *La chaux grasse* double de volume et au-delà par l'extinction ordinaire, et supporte la plus grande quantité de sable; on peut l'employer dans la maçonnerie ordinaire, quoiqu'elle durcisse lentement; mais il faut la rejeter dans les fondations, les travaux souterrains ou hydrauliques, parce qu'elle est dissoluble dans une eau fréquemment renouvelée.

2° *La chaux maigre* augmente peu ou point de volume à l'extinction; elle supporte peu de sable, produit un mortier qui durcit promptement à l'air, mais elle est aussi dissoluble dans l'eau.

3° La *chaux moyennement hydraulique* se prend en masse après 15 à 20 jours d'immersion dans l'eau, durcit avec une grande lenteur et n'acquiert jamais qu'une faible dureté.

4° La *chaux hydraulique* prend en 6 ou 8 jours et acquiert en un an une dureté égale à celle de la pierre tendre.

5° La *chaux éminemment hydraulique* prend dans l'eau du 2e au 4e jour; au bout d'un mois elle est fort dure et au 6e mois se comporte comme des pierres calcaires d'une dureté moyenne.

On donne aujourd'hui le nom de *ciment* à des mortiers naturels ou à des mélanges artificiels qu'on soumet à une calcination ménagée, qu'on réduit en poudre et qui se gâchent comme le plâtre. Ces cimens jouissent en général de la propriété de prendre en fort peu de temps, même sous l'eau, et d'acquérir la dureté des pierres sans qu'il s'y produise de fissures ou de retrait; tels sont les cimens préparés à Pouilly, à Vassy, à Molème, etc.

Dans les constructions rurales, il faut autant que possible n'employer que des chaux de bonne qualité. Dans les fondations, les étages souterrains, la partie inférieure des habitations ou des bâtimens, souvent même dans les enduits extérieurs et intérieurs, on fera usage de préférence des chaux hydrauliques ou des cimens qui contribuent éminemment à la conservation et à la salubrité des habitations.

Le *béton* est un mélange de chaux et de cailloux ou d'éclats de pierres avec lequel on moule ou forme d'une seule pièce des murs, des caves, des fondations ou des massifs qui acquièrent avec le temps une grande solidité.

La *terre* employée aux constructions rurales peut être mise en œuvre de différentes manières.

Tantôt on la gâche avec de l'eau et on s'en sert pour combler les intervalles entre les pièces de bois qui forment la carcasse des bâtimens, comme nous le dirons plus loin, et tantôt pour enduire des constructions en menus bois, en paille, en roseaux, etc. Toutes les terres grasses peuvent servir à cet usage, et elles y sont d'autant plus propres qu'elles sont plus homogènes et qu'elles ont plus de ductilité et de liant.

La 2e manière de se servir de la terre dans les constructions rurales est celle qu'on désigne sous le nom de *pisé* et qui consiste à tasser la terre légèrement humectée entre des planches de bois solidement assujetties et, à élever ainsi par parties des murs très solides, dont on relie les portions par une légère couche de mortier. Cette bâtisse économique, qu'on peut considérer comme composée de grandes briques crues formées sur place, est très usitée dans nos départemens de l'Ain, du Rhône, de l'Isère, dans l'ancienne Normandie, etc., et convient aux bâtimens ruraux, surtout aux clôtures. Quand on la recouvre d'un enduit, elle est susceptible d'une très grande durée, et il existe des constructions en pisé qui remontent à plusieurs siècles.

« Toutes les terres, suivant RONDELET, qui ne sont ni trop grasses ni trop maigres, toutes celles qui soutiennent un talus rapide, sont bonnes pour piser; la *meilleure est la terre franche qui est un peu graveleuse* ou argile sablonneuse, que l'on passe à la claie fine pour enlever les graviers, et qu'on purge soigneusement de tout débris de racines, de fumier, etc. Quand ces terres sont trop maigres, on se trouvera bien, suivant l'expérience que j'en ai faite, de les humecter avec un lait de chaux, au lieu d'eau pure. »

Les *bois* servent de plusieurs manières dans les constructions rurales. On les emploie le plus communément sous forme de *solives* ou de *charpentes*, pour construire les planchers, les toitures, les appentis, les escaliers. Le meilleur bois pour ce service est sans contredit le chêne, dont on fait principalement usage dans le nord de la France, surtout lorsque les pièces doivent recevoir des assemblages compliqués et résistans; mais il est toujours d'un prix élevé, et, au-delà d'une certaine dimension, on trouve de l'avantage à lui substituer, pour les pièces de longue portée, le sapin, partout où il est commun et où on craint de charger les murs, ainsi qu'on le voit dans le Midi; il faut, toutefois, éviter de se servir de celui-ci lorsqu'on redoute la pourriture par le contact des maçonneries ou terrains humides. On emploie encore le bois à la construction de toutes les parties des édifices, soit à l'état presque brut, soit en planches, après un travail plus ou moins régulier. Ce genre de construction est commun dans la plupart des pays de montagnes, surtout dans le nord de l'Europe et en Suisse, et les bois résineux sont ceux qui méritent dans ce cas la préférence et ont la plus grande durée. Enfin, on fait usage du bois d'une manière mixte, c'est-à-dire qu'on en construit des espèces de cadres ou compartimens, dont on remplit les vides avec différens matériaux de construction; c'est ce qu'on nomme *pans de bois*, quand les bois sont recoupés et assemblés avec soin et lorsque leurs vides sont comblés avec des pierres, des silex ou briques liées avec du plâtre ou du mortier, et *construction rustique* ou *colombage*, quand les bois, revêtus encore de leur écorce, sont à l'état presque brut et qu'on remplit les intervalles avec de la terre grasse mélangée parfois avec de la paille hachée, du foin, de la bourre, etc., pour en mieux lier toutes les parties.

On donne le nom de *torchis* à une sorte de construction qui consiste en des claies de menu bois, de végétaux ligneux ou autres dont on forme des clôtures et qu'on enduit des 2 côtés de terre grasse et argileuse.

Nous ne parlons pas ici des bois employés à la *menuiserie* et aux menues constructions rurales, telles que clôtures, pilotis, endiguages, etc., parce qu'on trouvera à cet égard des détails à la page 135.

Dans les bois qu'on destine aux constructions rurales, il faut s'attacher à faire *choix* de ceux qui sont parfaitement sains et qui ne présentent aucun des défauts signalés à la page 114.

Ces *bois doivent avoir atteint un degré parfait de dessiccation*, parce que les bois qui contiennent encore de leur eau de végétation ou de l'humidité occasionnent tôt ou tard de graves inconvéniens dans les habitations; ils sont sujets à la pourriture et attirent plusieurs insectes qui s'y logent, les minent et ne tardent pas à les détruire; ils donnent naissance à des végétations cryptogames ou champignons qui les font promptement pourrir et les entretiennent dans une humidité constante qui rend les habitations insalubres; enfin ils éprouvent, en se desséchant, un retrait quelquefois si considérable qu'ils occasionnent la déformation des parties où ils entrent, rompent les assemblages et causent la chute des pierres et la ruine des édifices.

La *toiture* des bâtimens ruraux se compose ordinairement d'une carcasse à jour qu'on recouvre de divers matériaux sur lesquels coulent les eaux pluviales. Cette carcasse se fait presque partout en bois de charpente pour les grands bâtimens et en menus bois pour ceux qui sont de petite dimension. Dans les villes, on fait aussi usage pour cet objet du fer forgé qui procure beaucoup de solidité, de la légèreté et plus d'espace disponible à l'intérieur. Espérons que cette matière sera bientôt d'un prix assez modique pour qu'on puisse s'en servir au même usage dans les constructions rurales.

Les matériaux employés pour couvrir cette carcasse sont très nombreux; nous allons passer en revue les principaux :

En Bourgogne et dans le département du Lot et de l'Aveyron, ainsi qu'ailleurs, on se sert de *pierres calcaires* ayant la propriété de se diviser naturellement en plaques peu épaisses. Ces pierres malheureusement exigent de très fortes charpentes et chargent beaucoup les murs; mais elles ont une longue durée et sont d'une solidité à toute épreuve. Dans quelques autres localités, on emploie de même quelques *calcaires schisteux* qui se soulèvent en feuillets minces et forment des couvertures très propres.

Les matières dont on se sert le plus communément pour la toiture sont les ardoises et les tuiles.

Les *ardoises*, dont on fait principalement usage en France, sont des schistes argileux, des phyllades ou micaschistes qu'on extrait aux environs d'Angers (Maine-et-Loire), Charleville ou Fumay (Ardennes), Saint-Lô ou Cherbourg (Manche), Grenoble (Isère), Traversac et Villac (Dordogne), Brives (Corrèze), Blamont près Lunéville (Meurthe), Redon (Ille-et-Vilaine), etc.

Les *bonnes ardoises* ont le grain fin et se coupent avec netteté; elles sont légères, peu épaisses, dures, rendent un son clair et pur quand on les frappe, sont compactes, et n'absorbent qu'une très petite quantité d'eau quand on les plonge dans ce liquide; il en existe de blanchâtres, de verdâtres, de noires, de violettes, etc.; mais celles de la meilleure qualité sont ordinairement d'une couleur qui porte le nom spécifique de gris d'ardoise, comme celles d'Angers, ou noires ou vertes.

On distingue les ardoises par leurs *qualités* et par leur *échantillon*; chaque localité a ses diverses qualités et ses échantillons. Les ardoises dont on fait le plus fréquent usage à Paris, et qui viennent d'Angers, sont grandes, carrées, fortes et larges; elles ont 30 cent. de long sur 22 de large. Il faut 54 ardoises de Fumay, pour couvrir 1 mèt. carré, et seulement 40 de celles d'Angers. Le poids des 54 est de 13 kil., et celui des 40 d'Angers de 15 kil. 50 centigr. Les charpentes sont moins chargées avec les ardoises de Fumay qu'avec celles d'Angers, mais les 1res exigent plus de clous. Les ardoises d'Angers durent 25 à 30 ans, celles de Fumay 100 ans et plus.

Les *tuiles* sont des pierres plates artificielles qui se fabriquent comme les briques et avec les mêmes terres, et qui doivent, pour être d'un bon usage, présenter les mêmes qualités que celles-ci. On en fabrique, dans un très grand nombre de lieux de la France, et, dans beaucoup d'endroits, on leur donne des formes et des dimensions particulières. En général, il faut compter 36 tuiles en grand moule par mèt. carré de toiture, ou bien un mille de tuiles couvre 27 à 28 mèt. de toiture, et 35 en petit moule et 18 mèt. car. par mille, en supposant qu'on ne laisse à découvert que le tiers de la longueur de la tuile; il faut 7 lattes et 52 clous pour fixer celles-ci aux chevrons par mèt. carré; en *tuiles courbes* ou *pannes*, il n'en faut que 20 par mèt. carré.

Les *toitures en tuiles* sont pesantes et exigent une forte charpente; mais elles sont plus durables, moins chères que l'ardoise, et plus propres à la couverture des maisons dans les localités humides ou exposées aux vents violens. Dans ces localités, on les place souvent sur un lit de mortier qui, par la pression, monte dans tous les joints; ce qui rend les combles plus salubres, dispense d'un plafonnage et conserve mieux les récoltes.

Le *bois* sert aussi à couvrir les maisons; tantôt la toiture est formée de planches à joints recouverts, tantôt le bois est réduit en *bardeaux* ou lames de 18 millim. d'épaisseur sur 20 centim. de largeur et 32 de long; le chêne est surtout le bois qu'on emploie à ce dernier usage. Les toitures en bois sont légères, économiques, mais périssables; pour augmenter leur durée, on les recouvre de peinture ou de couches de goudron.

On fait aussi des toitures légères avec divers *métaux*, réduits en feuilles minces, principalement le *fer*, le *plomb* ou le *zinc* Ce dernier métal, fort employé aujourd'hui, donne des toitures très légères, peu dispendieuses et très propres.

Les *toits en chaume* sont ceux qui recouvrent presque partout la demeure du pauvre, et dont on se sert souvent aussi pour abriter plusieurs dépendances des maisons de ferme. Le chaume est léger, exige une charpente peu coûteuse et est formé de matériaux qu'on a partout sous la main; il est chaud en hiver et frais en été, mais ces avantages sont rachetés par des inconvéniens fort graves. D'abord il n'est pas de toiture plus exposée que celle-là aux *incendies* si redoutables dans les fermes. Ensuite le chaume retenant avec persistance l'eau de pluie, devient alors très pesant et charge beaucoup les murs d'appui et la carcasse du toit; il donne en outre naissance à des végétaux qui, en entretenant une humidité constante, le détruisent promptement ou rendent les eaux qui s'en écoulent impropres aux usages domestiques; enfin, par son peu de durée, il cause, surtout dans les bâtimens étendus, une assez grande dépense en paille, au détriment des terres et des récoltes.

On a proposé divers *enduits* pour rendre les toitures en chaume de paille, roseaux ou bruyères, plus durables et moins sujettes à être dévorées par les flammes. Celui de M. Gavrian, qui consiste en cendres de houille, briques pulvérisées ou sable fin, mêlés à de l'argile, de la chaux en pâte, du sang de bœuf et de la bourre paraît être réellement utile. Cet enduit ne se pose pas sur le chaume fait à l'ordinaire, mais sur des paillassons d'un pouce d'épaisseur qu'on cloue sur la charpente. Un toit ignifuge, dans ce système, revient dans nos départemens du Nord, à 1 fr. 85 c. le mèt. carré ou 7 fr. 30 c. la toise carrée et ne pèse que 22 kil. Un chaume ordinaire, de 24 cent. d'épaisseur, coûte, dans les mêmes circonstances, 7 à 8 fr. et pèse, à l'état sec, 24 à 26 kil. et plus.

Au lieu de chaume on se sert, en quelques endroits, de *roseaux* ou *de bruyères* qui sont à meilleur marché, préférables sous plusieurs points de vue, mais exposés aux mêmes accidens.

Les autres substances dont on recouvre encore la toiture des bâtimens ruraux sont : l'*écorce de bouleau*, qu'on emploie dans le Nord et qui forme des toits presque impérissables; le *bitume asphalte*, mêlé d'une certaine dose de sable, qui sert à enduire les planches qui forment le recouvement; les *toiles* imprégnées de goudron ou de bitume et clouées sur des voliges, etc.

Les *planchers* sont composés de diverses matériaux, suivant leur destination. Dans un grand nombre de localités les étages inférieurs servant à l'habitation, ceux surtout qui sont au niveau du sol, sont pavés en pierres de grès, de granits ou autre, ou dallés, ou établis en carreaux ou bien en briques de champ. Il vaut mieux élever ces planchers au-dessus du sol, et les construire en planches de bois, ce qui rend les pieces plus chaudes et plus saines; parfois on les fait aussi en béton, en mortier, en résidus des salpêtriers ou en plâtre. Ceux des étages supérieurs sont en bois, en plâtre ou en carreaux. Les planchers des écuries, des étables, des laiteries, etc., devraient toujours être pavés au mortier de chaux hydraulique; ceux des granges et magasins peuvent être en mortier, bétons, plâtre ou résidus des salpêtriers, etc.

Il nous resterait encore beaucoup de choses à dire sur les autres matériaux ou objets divers qui entrent dans la construction des bâtimens ruraux tels que le *fer* qu'on y emploie sous tant de formes diverses, le *plomb* qui sert pour les toitures et les conduits, les *enduits*, les objets de *vitrerie*, les *badigeons*, les *peintures*, etc., mais nous croyons devoir nous borner à ces notions générales et terminer cette section par l'énoncé de quelque règles simples et utiles à observer dans les constructions rurales.

B. *Règles pratiques sur la construction des bâtimens ruraux.*

Nous avons vu dans le paragraphe II de la section II, la manière dont on établit un projet de construction; ce serait ici que nous devrions présenter des règles sur l'exécution de tous les travaux; mais ces règles, embrassant une grande partie de la science des constructions, ne peuvent être développées ici avec tous les détails qu'elles comportent et nous nous renfermerons dans celles qui sont de l'intérêt le plus général et le plus immédiat dans l'architecture rurale.

La saison la plus favorable pour élever les bâtimens ruraux est le printemps, où la température est douce et où les journées commencent à devenir longues, parce que les constructions ont le temps de sécher et les mortiers celui de durcir pendant l'été, et qu'on peut les occuper à l'automne. Les réparations doivent être faites en toute saison et aussitôt qu'elles sont devenues nécessaires.

En règle générale il ne faut *jamais construire sur un terrain compressible*, et les fouilles de terres pour les fondations doivent être poussées jusqu'à ce qu'on trouve un terrain incompressible ou au moins assez ferme pour soutenir sans céder le poids des constructions. Plus un bâtiment aura d'élévation ou plus la charge qui pèsera sur ses murs sera considérable, et plus aussi il faudra observer cette règle à la rigueur; c'est faute d'y avoir égard qu'on voit si souvent des ouvrages encore neufs tomber en ruine ou éprouver des accidens fâcheux, au grand détriment des propriétaires, des locataires ou des entrepreneurs.

Quand un terrain, à une certaine profondeur, n'offre pas la *résistance nécessaire*, on cherche à y suppléer, soit en y battant des pilots, soit en y plaçant des grillages en bois, ou des assises de pierres plates de grande dimension qui supportent le poids des constructions.

Il est indispensable de *prendre pour les fondations une largeur plus grande que celle du mur* afin d'obtenir plus de stabilité. Cette largeur peut dépasser de 5 à 6 cent. celle du mur, mais en général elle doit être proportionnelle à la hauteur ou le poids de ce mur, c'est-à-dire que plus un mur à de hauteur et plus il pèse sur les fondations, plus celles-ci auront d'empâtement. Il est aussi nécessaire de donner à un mur en fondation une épaisseur en rapport avec la résistance du terrain et celle des matériaux qui le composent, et de se rappeler que des murs souterrains qui supportent des berceaux de caves, ou soutiennent des terres, exigent une force plus considérable pour résister à la poussée des terres et à celle des voûtes qui tendent à les renverser.

Les *murs d'un bâtiment doivent être élevés d'aplomb* et toutes leurs parties liées et cimentées avec soin. L'*épaisseur* qu'il convient de leur donner varie avec leur élévation, leur largeur, la nature des matériaux ou la charge, soit en planchers ou en toiture, soit en denrées qu'ils devront supporter. Un mur à charge égale devra être d'autant plus épais que les moellons ou les pierres qui servent à le construire seront plus tendres. La *forme de ces moellons* influe également sur l'épaisseur; plus ceux-ci approcheront de la forme d'un parallélipipède, et moins il sera nécessaire de donner d'épaisseur; c'est ainsi qu'on voit les murs en briques plus minces que les autres. Les *qualités du mortier*, contribuant aussi beaucoup à la solidité des murs, font aussi varier l'épaisseur; dans les pays où la chaux est d'excellente qualité, les murs peuvent avoir 1/5e et même 1/4 d'épaisseur de moins que dans ceux où elle est de qualité médiocre.

Rondelet a établi ainsi qu'il suit les limites entre lesquelles sont comprises les épaisseurs qu'il convient de donner aux bâtimens en maçonnerie à plusieurs étages des particuliers, savoir : pour les murs de face, 15 à 24 po.; pour les murs mitoyens, 16 à 20 po., et pour les murs de refend, 12 à 18 po.

Dans les pays humides, pour les murs en fondation, ceux des celliers et des caves, et la partie inférieure des murailles, on doit faire usage de mortiers ou cimens hydrauliques au moins pour les enduits, tant pour la conservation des constructions que pour rendre celles-ci plus saines et plus propres.

Dans la construction des murs en maçonnerie de moellons bruts, les pierres qui forment les *paremens* exigent des soins particuliers tant pour le choix que pour la pose; celles qui se placent à l'intérieur demandent un peu moins d'attention.

Les murs en moellons sont plus destructibles que ceux en pierre de taille la moins dure. Un mur en moellons de 2 pi. d'épaisseur peut n'équivaloir sous le rapport de la solidité qu'à un mur en pierre de 1 pi.; mais aussi il peut coûter 4 fois moins.

Plus des bâtimens sont *spacieux*, plus ils doivent aussi avoir d'élévation, et dans un édifice à plusieurs étages ceux-ci doivent être d'autant plus *élevés* qu'ils sont placés plus inférieurement; les étages supérieurs n'ont pas besoin proportionnellement d'une aussi grande élévation que les inférieurs.

Dans un édifice à plusieurs étages il est prudent de ne pas *élever ceux-ci avec trop de rapidité*; le poids des parties supérieures pourrait nuire aux fondations ou aux parties inférieures, si dans celles-ci les mortiers n'avaient pas eu le temps de se durcir et de se consolider. Le temps qu'il faut laisser reposer ainsi des constructions dépend de la saison ou de la qualité des chaux; 20 à 30 jours pour chaque étage paraissent plus que suffisans.

C'est une bonne méthode, quand les toits des bâtimens d'exploitation sont couverts en chaume, d'élever de distance en distance les murs de refend au-dessus de ces toits, pour empêcher, en cas d'incendie, la communication du feu à toutes les parties de la ferme.

La *charpente* des planchers se pose ordinairement au fur et à mesure qu'on élève les murs; celle des combles, après que ceux-ci ont atteint leur hauteur totale.

Les bois employés aux constructions rurales peuvent résister de 2 manières principales aux poids qui les chargent: savoir: verticalement et horizontalement.

Les pièces de bois de chêne *placées debout ou verticalement*, et qui ont pour longueur moins de 12 fois leur diamètre, résistent à la pression à raison de 40 livres par ligne carrée de section horizontale; mais l'expérience a démontré que dans les constructions il était dangereux d'employer de cette façon des bois qui aient *plus de 10 fois leur diamètre pour longueur*, et de les charger de plus du *dixième de la résistance* qu'ils peuvent supporter. Le châtaignier, le frêne, le hêtre et l'orme résistent à peu près autant que le chêne. Les autres bois de 1/5e à 1/3 de moins.

La résistance des pièces de bois *placées horizontalement* est en raison directe de la largeur, et du carré de la hauteur des pièces et en raison inverse de leur longueur; ce qui démontre qu'il est plus avantageux de chercher la résistance des solives dans leur hauteur verticale que dans leur largeur.

On doit chercher à employer les *diverses espèces de bois aux services auxquelles elles sont le plus propres*. Le sapin, par exemple, est préférable pour les pièces de longue portée toutes les fois qu'on craint de charger les murs, et le chêne quand les pièces reçoivent des assemblages compliqués et résistans. Les gîtes des planchers qui reposent sur terre doivent être toujours en chêne.

Il faut éviter les bâtimens trop larges qui exigent des charpentes trop longues, compliquées, difficiles à exécuter et dispendieuses; 10 à 12 mèt. sont des limites au-delà desquelles on éprouve des difficultés pour se procurer des bois, et, dans les constructions rurales, il faut autant que possible adopter des plans qui n'exigent que *l'emploi de bois de petit échantillon*, qui sont les plus communs, à meilleur marché, et qui permettent l'emploi de bois moins résistans.

Il importe pour la solidité des bâtimens que les solives principales des planchers et les fermes des toitures, *portent sur les pleins des murs* et non pas sur les vides, où elles ne trouvent pas de points d'appui suffisans.

Les *toitures* élevées et en pente raide sont nécessaires dans les climats pluvieux et dans ceux où la neige tombe en grande quantité et séjourne long-temps sur les bâtimens; elles nécessitent des bois de plus fort échantillon, tant par leur plus grande étendue que pour résister aux vents qui ont sur elles plus de prise. Un *tiers de la distance qui sépare les murs d'appui* ou les faces opposées d'un bâtiment paraît être la moindre hauteur qu'on puisse donner, dans les départemens du nord de la France, aux toits en tuiles et en ardoises; la moitié de cette distance est nécessaire pour l'écoulement des eaux, quand ces toits sont en chaume ou en roseaux.

La disposition et la construction des *foyers et des tuyaux ou conduits de cheminées*, exigent des soins particuliers, autant pour la solidité des bâtimens que pour prévenir les accidens du feu. En général, tous les bois doivent être assez éloignés du feu pour qu'ils ne reçoivent qu'une faible chaleur, même par un feu continuel et soutenu. On doit éviter aussi de faire passer les tuyaux qui conduisent au dehors les produits de la combustion à travers des pièces ou greniers qui contiennent des récoltes ou des matières sèches et inflammables; si ces tuyaux traversent des toits en chaume, il est bon de les isoler de la paille, par des enduits épais en terre, ou mieux de couvrir autour d'eux, un certain espace en pierres, tuiles ou ardoises.

Dans tous les travaux de construction, il faut donner beaucoup d'attention à la *mise en œuvre des matériaux*, qui est fort importante. Des matériaux excellens et d'un prix élevé peuvent, sous la main d'un ouvrier inhabile, négligent ou peu délicat, ne donner que des constructions médiocres, d'une chétive apparence et d'un mauvais service, tandis qu'on peut souvent tirer un fort bon parti de matériaux inférieurs, mis en œuvre avec soin et intelligence.

En résumé, les *causes combinées de la durée des bâtimens* sont: 1° la résistance du terrain; 2° celle des matériaux; 3° les soins apportés à la mise en œuvre de ceux-ci; 4° enfin l'observation de toutes les conditions d'équilibre de ces matériaux, telles que les prescrivent les lois de la mécanique.

Pour la bonne et rapide exécution des travaux de construction, il est indispensable de prendre des *mesures d'ordre* bien entendues; ainsi, on veillera à ce que les matériaux arrivent en temps opportun à pied d'œuvre, à ce qu'ils soient déposés sur les chantiers où ils doivent recevoir des façons ultérieures, que ceux-ci soient assez spacieux pour que les travaux puissent s'exécuter sans encombre; à ce que le nombre des travailleurs soit suffisant, les travaux distribués avec assez de régularité et d'ensemble pour qu'ils ne soient pas entravés les uns par les autres, mais marchent tous avec la célérité désirable, et enfin à ce qu'il y ait un bon système de surveillance qui oblige les ouvriers à mettre tous les matériaux en œuvre avec le soin et l'attention convenables, etc.

Nous terminerons ici ce que nous avons cru qu'il était utile de rappeler sur un sujet qui intéresse à un si haut point l'administrateur et en engageant les lecteurs qui désireraient avoir des notions plus étendues, à consulter les ouvrages où il a été traité avec l'étendue qu'il comporte.

4° *Des citernes.*

C'est une chose d'un très grand intérêt dans une ferme, que de se procurer de l'eau en assez grande abondance pour tous les besoins du service, et ceux qui ont de bonnes eaux à leur disposition ne peuvent se former une idée des embarras qu'on éprouve lorsqu'on en manque; on a vu, après des sécheresses, les animaux périr de soif dans les pays où l'on ne sait pas se procurer ce précieux liquide, et quand la nature ne l'offre pas spontanément à l'agriculteur. Lorsqu'on est à proximité de courans d'eau quelconques, on doit en rapprocher autant que possible la maison de ferme; mais lorsqu'on est privé de cet avantage, il faut chercher par d'autres moyens à se procurer cette eau si nécessaire à la santé et à la vie des bestiaux et pour tous les usages domestiques. Ces moyens sont les suivans :

a. **Les *sources naturelles*** qu'on recherche et dont on recueille les eaux. Quand ces eaux sont suffisamment abondantes elles procurent la plupart du temps une boisson salubre et un liquide applicable à tous les usages domestiques et agricoles; quelques constructions bien simples suffisent ordinairement pour utiliser les eaux sourcillantes.

b. **Les *étangs, mares, réservoirs, abreuvoirs artificiels*** placés, soit près des bâtimens, soit dans les enclos et les pâturages; nous en avons fait connaître la construction aux p. 184 et 205.

c. **Les *puits, soit simples, soit artésiens.*** Les 1ers doivent être creusés assez profondément pour qu'ils ne soient pas à sec dans la saison de l'année où l'on en a le plus urgent besoin. Quant aux seconds, il ne faut en entreprendre le percement que lorsqu'on aura la certitude d'après des expériences faites antérieurement dans le pays ou d'après des connaissances géologiques précises du terrain à forer, qu'on pourra se procurer, sans des frais trop considérables, des eaux jaillissantes et que ces eaux seront propres aux divers usages agricoles. Le sondage, par le procédé chinois ou par *percussion*, introduit avec succès en France par M. Selligue, paraissant être plus économique, méritera dans ce cas la préférence.

d. **Les *citernes.*** Ce sont des lieux souterrains et voûtés, construits pour servir de réservoirs aux eaux de pluie qui tombent sur les toitures. Ces eaux sont recueillies à mesure qu'elles coulent des toits dans des *gouttières* qui règnent à l'entour des bâtimens et qui les conduisent dans la citerne. Ces gouttières ont l'avantage de préserver le pied des bâtimens des dégradations que leur causent toujours les eaux qui dégouttent des toitures.

Chaque pays où les citernes sont en usage a une *méthode différente pour les construire;* dans les uns on les bâtit en béton, dans d'autres en maçonnerie ordinaire, en briques, en cendrée de Tournai, etc. Le meilleur mode de construction est la maçonnerie en pierres de construction ordinaire, de bonne qualité, cimentée avec du mortier de chaux hydraulique ou enduite de mastic bitumineux ou de ciment durcissant et faisant corps dans l'eau.

Une *citerne doit être placée* dans un lieu à l'abri des rayons du soleil; si ce sont des arbres qui l'abritent il faut les éloigner suffisamment pour que les feuilles ne puissent tomber dans ses eaux; les bords en seront assez élevés au-dessus du sol pour que les animaux ne puissent y tomber; son entrée ou son ouverture sera tournée du côté du nord; elle sera souterraine pour que les rigueurs de l'hiver n'y gèlent pas l'eau et que les chaleurs de l'été ne causent pas la corruption de ce liquide ou une évaporation considérable.

Pour *construire une citerne* de forme ronde ou rectangulaire, on creuse d'abord le sol à la profondeur voulue, on l'affermit en le battant, on y établit une couche de sable, puis une bonne couche de glaise bien corroyée, on pave ensuite ou l'on dalle à mortier de chaux hydraulique ou au ciment; on élève ensuite les murs à la hauteur déterminée, puis on construit la voûte en ménageant les ouvertures nécessaires pour puiser l'eau et descendre dans la citerne quand on veut l'inspecter, la nettoyer ou donner l'air nécessaire pour que l'eau ne s'altère pas. Lorsque les murs sont élevés, on les glaise en dehors et enfin on bat la terre qui recouvre le tout.

Ordinairement l'eau qui découle des toitures est chargée de *matières terreuses ou organiques* qu'il importe de ne pas laisser pénétrer dans la citerne si on veut en conserver l'eau plus pure et plus salubre. Pour s'opposer à l'introduction de ces matières, on dépure l'eau en lui faisant traverser un *filtre* de haut en bas ou, ce qui vaut mieux, par *ascension.*

Voici des exemples de la manière de construire et disposer les citernes.

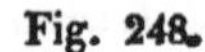

Fig. 248.

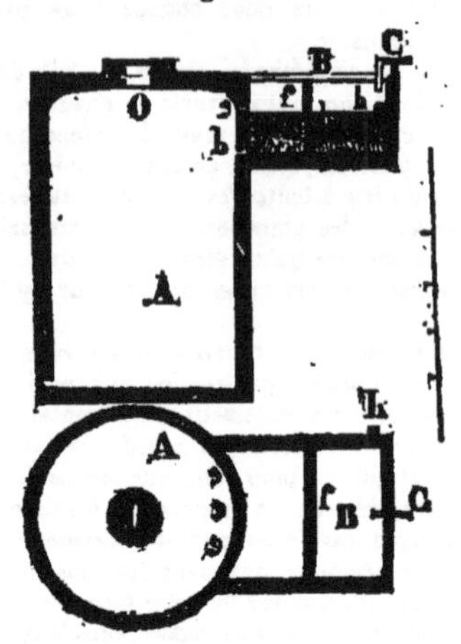

Fig. 249.

A (*fig.* 248 et 249) est une citerne de forme ronde de 2 mètres de diamètre, 3 de profondeur et construite en bonne maçonnerie recouverte à l'intérieur d'un enduit de ciment hydraulique; O, est l'ouverture pour puiser l'eau; B, le *citerneau* carré où s'opère la filtration et qui a environ 1 mètre 40 centimètres en tous sens, c'est-à-dire qu'il est de la contenance de 2 mètres cubes. Sur le fond de ce citerneau on place une couche de charbon pulvérisé *a* d'environ 30 centimètres d'épaisseur et sur celui-ci une couche de sable *b* de 40 centimètres; l'eau arrive des toits par le tuyau *c*, filtre à travers le sable et le charbon et coule dans la citerne par ces ouvertures *d*, devant lesquelles on a placé des morceaux de toile ou de flanelle pour empêcher l'eau d'entraîner le charbon. Une disposition préférable à celle-là, c'est de placer en travers du citerneau une cloison ou grande dalle en ardoise ou en pierre *f*, qui descend jusqu'à quelques centimètres du fond et est soigneusement mastiquée sur les murs latéraux. L'eau, après avoir filtré à l'ordinaire dans la chambre antérieure, remonte ensuite ou filtre par ascension dans la 2e chambre pour se déverser propre et pure dans la citerne par des trous *e*, ceux *d* n'existant plus dans ce cas. Un trou *h*, au niveau du sable, sert à évacuer l'eau lorsqu'on veut nettoyer le citerneau et renouveler son filtre; ce trou, bouché avec un tampon, communique avec un puisard où l'eau sale va se perdre; on pourrait, pour une citerne considérable, avoir plusieurs citerneaux disposés à l'entour ou rangés à la suite pour faire passer l'eau de l'un à l'autre et l'obtenir plus pure. Ces citerneaux sont recouverts avec des planches plates ou des dalles et peuvent être voûtés comme la citerne.

La *fig.* 250 représente la coupe d'une autre citerne rectangulaire voûtée avec filtration par ascension; la *fig.* 251 en est le plan. C, est la citerne construite en briques enduites intérieurement en ciment hydraulique; B, A, le citerneau composé de 2 parties voûtées et séparées par un mur vertical ou cloison d'une brique à plat ayant, dans la partie inférieure, plusieurs ouvertures. Dans la partie B, est une planche horizontale *a e* engagée dans l'enduit de ciment et soutenue au-dessus

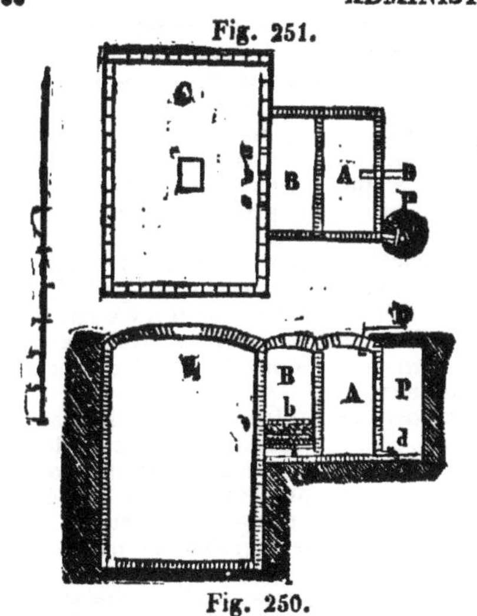

Fig. 251.

Fig. 250.

des ouvertures pratiquées dans le bas de la cloison. Sur cette planche percée d'un grand nombre de trous de 1 à 2 centimètres de diamètre, on place un lit de silex ou de gros gravier, de 20 centimètres d'épaisseur, et, sur ce lit, une couche de sable de rivière de 30 à 40 centimètres, sur celle-ci une couche de charbon pulvérisé de même épaisseur, et enfin on recouvre ce charbon avec une dalle de pierre à filtrer *b* d'une seule ou de plusieurs pièces cimentées et dont les extrémités sont engagées dans les parois des 4 murs latéraux. Dans la division A, et à sa partie la plus basse, est un robinet *d* pour faire évacuer l'eau du citerneau quand on veut le nettoyer; ce robinet est placé au fond d'un puits P qui déverse l'eau sale dans un puisard ou elle se perd.

Dans cette citerne, l'eau arrive par le tuyau D, tombe dans la partie A du citerneau, remonte dans la partie B à travers le filtre et la pierre filtrante, et se déverse par des trous *e* dans la citerne. Quand on veut nettoyer le citerneau, on évacue l'eau par le robinet *d*; on bouche les trous *e*; on jette de l'eau bien propre sur le filtre; cette eau, en le traversant en sens contraire, emporte une partie des impuretés dont il est sali.

Le puits P sert aussi de *dégorgeoir* pour détourner les eaux lorsque la citerne est pleine et prévenir les inondations et les dégâts.

Voici maintenant les calculs qu'il faut faire pour connaître la *capacité* qu'il convient de donner aux citernes, et la *surface de toiture* dont on doit recueillir les eaux.

Il faut 10 lit. d'eau par jour pour tous les besoins d'une *personne adulte*, ce qui fait 3,600 lit. ou 36 hectolit. par an, c'est-à-dire 3 mèt. 1/2 cubes environ. — Pour chaque *cheval* de taille moyenne, nourri avec des alimens secs et y compris l'eau des pansemens et pour laver les écuries et les harnais, 50 litres par jour au moins, ou environ 18 mèt cubes par an.—Les *bêtes à cornes*, nourries en vert une partie de l'année, n'exigent pas, terme moyen, au-delà de 30 lit. par jour où 11 mèt. cubes par an, y compris le pansement et le nettoyage des étables. — Les *moutons*, qui pâturent également une partie de l'année et qui reçoivent souvent en hiver des racines, n'ont pas besoin, tout compris, de plus de 2 lit. par tête et par jour, ou 730 lit. par an. — Les *porcs*, qui consomment en partie en boisson les eaux du ménage domestique, peuvent être abreuvés et nettoyés avec 3 lit. par tête ou 1 mèt. cube par an.

Cela posé, les observations des physiciens ont démontré qu'à Paris et dans une partie de la France, il tombait, terme moyen, 53 centimèt. d'eau pluviale par an, c'est-à-dire que, sur un mèt. carré de surface, les pluies déversaient annuellement 530 lit. d'eau de pluie. Mais, une partie notable de cette eau est absorbée par les matériaux des constructions et l'évaporation ; parfois on ne peut la recevoir dans les citerneaux à cause de son impureté ou parce que ceux-ci sont trop pleins. En outre, dans les citernes, même les mieux construites, il se fait une évaporation, surtout dans les temps chauds, et des infiltrations; enfin, il y a des années où la quantité d'eau qui tombe est moindre que la moyenne; toutes circonstances qui ne permettent pas de compter sur plus de 35 à 36 centimèt. d'eau, c'est-à-dire 350 à 360 lit. par an et par mèt. carré de toiture pour alimenter les citernes. En adoptant le chiffre 36 on voit qu'il faut, pour la consommation annuelle d'eau d'un homme, 10 mèt. carrés environ de toiture, 50 pour un cheval, 30 pour une bête à cornes, nourrie en partie en vert, et 2 à 3 pour une bête à laine ou un porc.

Quant à la capacité à donner à une citerne, il faut qu'elle soit suffisante pour contenir au moins la provision d'eau des hommes et des animaux pour 2 mois. Or, à ce compte, il faut que la citerne ait une capacité de 610 centim. cub. pour chaque personne adulte, 3 mèt. cubes par tête de cheval, 2 mèt. cubes par bête à cornes, et 1 mèt. cube 20 centimèt. pour 10 moutons, 2 mèt. cubes pour 10 porcs. Ainsi, une citerne rectangulaire qui aurait 6 mèt. de long., 4 de largeur et 5 de hauteur jusqu'au niveau de ses eaux, aurait une capacité de 120 mèt. cubes et pourrait suffire à :

15 personnes qui consomment en 2 mois	9m.
8 chevaux.	24
36 bêtes à cornes.	72
20 porcs	3, 60
Basse-cour, laiterie, etc.	9
Evaporation, infiltration, etc.	2, 40
	120

c'est-à-dire qu'elle pourrait suffire aux besoins d'une ferme bien organisée de 50 à 60 hectares. Pour alimenter cette citerne, il faudrait 2,000 mèt. carrés de toiture, c'est-à-dire, en supposant que le bâtiment de ferme soit de forme carrée, que sa largeur moyenne soit de 8 mèt., la hauteur du toit au faîte de 4 mèt. ; un développement de 182 mèt. de bâtimens ou de 45 à 46 mèt. de longueur sur ses 4 faces.

Les toitures qui *fournissent les eaux les plus salubres* sont celles en pierres, tuiles, ardoises et bitume ; puis, viennent celles en bois ou en chaume, mais il faut éviter d'employer à l'usage domestique ou des animaux des eaux qui découlent des toitures en plomb ou en zinc qui pourraient avoir sur leur santé une influence fâcheuse.

F. M.

CHAPITRE IV. — De l'organisation du service des attelages.

L'organisation du service des attelages a pour but d'économiser le temps et les frais de main-d'œuvre en *appliquant la force de certains animaux domestiques* à divers appareils, instrumens ou machines pour exécuter plusieurs travaux agricoles, qu'on ne pourrait entreprendre avantageusement sans leur secours.

Ces travaux consistent, pour la plupart, en *labours, hersages, roulages, façons diverses données à la terre, et en transports de denrées, engrais ou matériaux*, et c'est parce qu'on les exécute le plus communément au moyen de bêtes attelées à une machine qu'elles mettent en mouvement, qu'on a désigné cette branche de l'organisation d'un domaine par l'expression de *service des attelages*.

Tous les hommes versés dans la pratique de l'art agricole, sont d'un avis unanime sur la nécessité d'*apporter le plus grand soin dans l'organisation de ce service*. C'est en effet de la bonne composition des attelages et de la manière dont ils sont dirigés, que dépendent la perfection des façons qu'on donne à la terre et qui jouent un rôle si important dans la quantité et la qualité des produits; c'est à la sagacité qu'on apporte dans leur organisation que sont dues, en grande partie, la célérité des travaux, l'économie du temps et des frais de production.

Les animaux qu'on emploie le plus communément en France au service des attelages, sont le *cheval* et le *bœuf*, qui se disputent à cet égard la prééminence. On attelle aussi quelquefois les *vaches*, comme nous le verrons plus loin. Dans quelques pays, et notamment dans l'Isère, le Var, les Bouches-du-Rhône et quelques départemens de l'Ouest, on fait usage du *mulet*, animal très propre aux travaux rustiques; dans d'autres on se sert des *taureaux*. Enfin l'*âne*, qui est généralement trop faible pour la plupart des travaux agricoles, est cependant attelé quelquefois à la charrue dans des sols très légers, mais plus généralement employé à effectuer des transports à de petites distances. surtout dans les établissemens les plus modestes où il est souvent le seul animal dont on puisse payer les services.

Nous traiterons d'abord dans une première section de la composition des attelages, et ensuite dans une 2e section de leur force et de leur nombre.

SECTION Ire. — *De la composition des attelages.*

Nous venons de dire que les attelages étaient le plus ordinairement composés de chevaux et de bœufs, et que ces deux espèces d'animaux de trait se disputaient la prééminence; nous allons en 1er lieu faire connaître comment on parvient à comparer le travail de l'une ou de l'autre de ces espèces, et à en établir la mesure économique; puis après cela nous parlerons des attelages de vaches.

§ Ier. — Du travail des bêtes de trait et des frais de leur service.

Il n'y a peut-être pas de question qui ait été plus vivement débattue, soit parmi les agronomes, soit parmi les cultivateurs, que celle relative à la *préférence qu'on doit donner aux chevaux* sur les *bœufs*. Nous ne croyons pas devoir rapporter les nombreux argumens qu'on a fait valoir en faveur des uns et des autres, parce que cette question, traitée de cette manière, ne nous paraît pas avoir été envisagée avec la généralité qu'elle comporte; mais nous pensons qu'il est utile de rappeler qu'autrefois les bœufs étaient employés presque exclusivement aux travaux des champs, et que, dans presque tous les pays où ces travaux, au lieu d'être comme jadis irréguliers et intermittens, sont devenus constans et uniformes; et principalement dans les exploitations étendues qui paient un gros fermage et où les agriculteurs sont dans l'aisance, on paraît avoir donné la préférence aux chevaux. L'emploi de la force de ces derniers a même prévalu sur les petits établissemens où il n'y a pas toute l'année d'occupation pour les attelages et où l'entretien de ces animaux paraît devoir être dispendieux.

Il importe peut-être ici de faire observer que, d'après les principes des plus célèbres éleveurs de bestiaux, on doit regarder comme des qualités très précieuses pour les bêtes à cornes la faculté d'engraisser jeunes et de prendre facilement la graisse à tous les âges. Ces qualités se rencontrent à un éminent degré dans les races dites perfectionnées qu'on est surtout parvenu à créer en Angleterre; mais ces races, par des causes dont nous n'avons pas à nous occuper ici, sont devenues en même temps moins robustes et moins propres aux travaux de l'agriculture que les bêtes communes, et, en outre, comme elles donnent des animaux qui, dès l'âge de 3 à 4 ans, fournissent pour la boucherie une chair d'aussi bonne qualité que celle des bœufs qu'on garde jusqu'à 8 ou 9 ans en les faisant travailler, les agriculteurs ont trouvé qu'il était plus avantageux pour eux de les élever plutôt comme bêtes de rente que pour le travail, puisque leur prompte maturité et leur engraissement facile donnaient lieu à un renouvellement plus prompt des capitaux avancés pour leur éducation et leur entretien, et d'employer exclusivement les chevaux à tous les travaux d'économie rurale.

La question de l'emploi des chevaux et des bœufs dans les travaux ruraux se rattache aussi à plusieurs *sujets d'intérêt public*, que nous passons toutefois sous silence pour ne l'envisager que sous le point de vue purement agricole.

Dans l'organisation d'un fonds, un administrateur doit se proposer naturellement d'effectuer tous les *travaux du service des attelages de la manière la plus avantageuse à ses intérêts et la plus profitable à son établissement*; or, en réfléchissant aux principes économiques qui peuvent conduire à ce but, on remarque que le travail des animaux doit être étudié sous 4 rapports principaux : 1° la quantité qu'on en obtient d'un animal; 2° la qualité de ce travail; 3° la célérité avec laquelle il peut être exécuté; 4° enfin le prix auquel il revient. C'est en combinant, dans chaque situation et suivant les circonstances, les 3 premiers élémens avec le 4e qu'on parvient à établir la *mesure économique du travail des animaux*, et à fixer son choix sur le mode qui présente la plus forte somme d'avantages solides et permanens.

Quoiqu'il soit difficile, au moment de l'organisation d'un fonds, d'établir à l'avance avec rigueur le prix du travail des attelages, puisque ce prix dépend de la variation de celui des denrées dans les années suivantes, des cas fortuits qui peuvent occasionner la perte des animaux ou au moins leur inaction pendant long-temps, des modifications que l'expérience forcera d'adopter dans le système de culture, ou l'administration économique des divers services, etc., néanmoins, de pareils calculs ont toujours beaucoup d'utilité pour déterminer la combinaison la plus avantageuse dans le choix des moteurs, et d'ailleurs ils offrent d'autant plus d'exactitude que les chances et les accidens sont prévus et qu'on y porte en compte les sommes destinées à couvrir les pertes qu'on peut éprouver par l'effet du hasard.

Entrons maintenant dans l'examen des élémens qui servent à mesurer économiquement le travail.

1° La *quantité de travail*. Elle se mesure ordinairement en mécanique par le poids qu'un moteur élève, dans un temps donné, à une certaine hauteur, et dans les applications usuelles par la résistance vaincue ou le poids transporté à une certaine distance dans un même temps. Dans les travaux ruraux, le temps donné est le nombre d'heures de travail effectif qu'un animal fournit dans l'année, et la résistance est celle que les instrumens ou les véhicules opposent aux efforts que font les moteurs pour les mettre en mouvement. Cette résistance est variable suivant le travail; mais on se sert souvent en économie rurale de celle qu'on éprouve pour labourer la terre et qui offre en général le travail le plus pénible qu'il y ait à faire sur un établissement et celui qui s'y exécute avec le plus d'étendue aux principales époques de l'année.

La quantité de travail qu'on peut tirer d'un animal dans le cours d'une année, sans altérer sa vigueur et sa santé, dépend principalement de sa *masse*, *de son énergie musculaire et du régime* qu'on lui fait suivre. On peut *accroître cette quantité* pour un même animal par un bon mode de répartition des labeurs dans le courant d'une année, et une distribution économique des heures de travail et de repos pendant la journée, par une bonne combinaison dans la force des bêtes qui composent les attelages, par l'attention qu'on prend pour dresser et conduire ces animaux et les soins hygiéniques qu'on leur donne, par une nourriture abondante et substantielle, par l'emploi d'instrumens perfectionnés et des meilleures machines, par un bon mode d'attelage et l'emploi des appareils de tirage bien conçus et parfaitement adaptés à la conformation des moteurs; enfin, en ne confiant ces moteurs pour les faire fonctionner qu'à des agens actifs, honnêtes et expérimentés.

Nous nous occuperons dans un autre chapitre de la quantité absolue de travail qu'on peut obtenir d'un *cheval ou d'un bœuf*, *de taille et de force moyennes*, dans les circonstances les plus ordinaires; ce qu'il importe d'établir ici, c'est le rapport entre la quantité de travail du 1er de ces animaux et celle que fournit le second lorsque les circonstances sont les mêmes pour l'un comme pour l'autre, c'est-à dire lorsqu'ils sont de bonne race, de taille et de forces analogues, bien dressés, entretenus, nourris et conduits avec les soins convenables et appliqués à un même travail.

Les documens qu'on trouve sur ce sujet dans les écrits des agronomes de tous les pays présentent des discordances considérables qui sont dues en grande partie à un mode vicieux d'expérimentation dans la mesure du travail des 2 espèces et surtout à l'oubli presque général de ramener à des termes comparables tous les élémens qui pourraient servir à la solution de ce problème.

M. Frost, qui a pendant long-temps administré le domaine de Windsor, où les bœufs seuls étaient employés à tous les travaux d'exploitation, a reconnu que les 107 bœufs destinés à cet usage auraient pu facilement être remplacés par 65 chevaux (rapport de la quantité de *travail annuel* d'un bœuf à celui d'un cheval, 5/9e environ) (1).

Dans les districts du Yorkshire et de l'Hertfordshire, où l'on fait usage d'attelages de bœufs, on considère que 6 bons bœufs travaillant constamment, et qu'on ne veut pas accabler de fatigue, font autant d'ouvrage que 4 chevaux (rapport du *travail journalier* d'un bœuf à celui d'un cheval, 2/3); c'est aussi le chiffre que donne Sinclair, qui regarde ce rapport comme un terme moyen parmi tous ceux fournis par les partisans des bœufs en Angleterre. M. Burger, dans son *Manuel d'agriculture*, donne aussi ce même rapport; mais il ajoute que toutes circonstances égales, il lui paraît que les bœufs travaillant toute l'année donnent 1/4 de moins d'ouvrage qu'un même nombre de chevaux (rapport, 3/4). Dans le comté de Gloucester, 5 bœufs de la race d'Hereford, nourris avec du foin et de l'herbe verte, sont regardés dans les travaux de labourage comme égaux à 4 chevaux (rapport, 4/5). M. de Dombasle, qui pendant plusieurs années a fait exécuter une partie des travaux de son établissement par des bœufs du poids de 350 kil. environ, nous apprend que l'expérience lui a démontré qu'on pouvait constamment obtenir de ces bœufs ferrés des 4 pieds, nourris en abondance à l'étable, et dans des journées de travail de 9 heures en 2 attelées, les 4/5es du travail que peuvent exécuter des chevaux de taille analogue, rapport qui nous paraît en effet le plus exact et le mieux constaté, quoiqu'il ne manque pas d'exemples nombreux en Angleterre d'attelages de bœufs faisant autant d'ouvrage que des chevaux dans des circonstances à peu près semblables, etc.

Pour être à même de comparer avec certitude la quantité de travail annuel des chevaux et des bœufs, il est nécessaire de se rappeler que ces derniers, dans le cours d'une année et sur un même établissement, ne peuvent, à cause des circonstances atmosphériques et de l'état des chemins dans les diverses saisons, être *envoyés dehors et attelés* aussi souvent que les chevaux, et fournissent par conséquent dans une année un nombre moindre de journées et d'heures de travail que ceux-ci. Ce nombre est très variable suivant les localités et dépend en grande partie, en supposant une distribution également habile des labeurs et une bonne administration, du climat et de la nature du sol.

M. Block, qui habite la Silésie sous une latitude à peu près semblable à celle du nord de la France ou de la Belgique, nous informe que ses nombreuses investigations sur les terrains variés de sa province lui ont démontré qu'on pouvait, relativement au nombre de journées de travail des animaux, classer les sols de la manière suivante :

1re *Classe*. Terrains élevés, faciles à travailler et qu'on peut labourer sans désavantage, 24 heur. après la pluie la plus abondante.

2e *Classe*. Terrains bas, humides, qui ne peuvent être labourés ou parcourus par les animaux attelés après une pluie abondante qu'au bout de plusieurs jours.

(1) Ce rapport nous paraît remarquable en ce qu'en prenant le rapport de la quantité de travail journalier assigné par M. de Dombasle pour le bœuf et le cheval ou 4/5e, et le multipliant par le nombre des journées de travail fournies dans l'année par ces animaux, suivant M. Block comme on va le voir plus bas, on obtient les nombres 920 et 1425, 840 et 1350, 760 et 1250 qui sont, en effet, à fort peu près entre eux dans le rapport de 65 à 107.

3e *Classe.* Terrains bas, compactes, argileux, imperméables et pourvus en outre de mauvais chemins.

En tenant compte ensuite des jours fériés et de ceux où il est impossible de travailler la terre, de faire rouler les véhicules ou mettre les animaux dehors, il a trouvé que le nombre des journées de travail était en moyenne :

		Pour les chevaux, par saison.	Pour les chevaux, au total.	Pour les bœufs, par saison.	Pour les bœufs, au total.
Dans les terrains de 1re cl.	travaux d'été	185	285	185	230
	trav. d'hiver	100		45	
id. 2e *id.*	trav. d'été	174	270	174	210
	trav. d'hiver	96		36	
id. 3e *id.*	trav. d'été	158	250	158	190
	trav. d'hiver	92		32	

Quant au nombre d'heures dont se compose la journée des bêtes de trait, il l'évalue terme moyen, à 11 heures pour les jours d'été, et à 8 pour ceux d'hiver; ce qui donne pour le nombre d'heures de travail de l'année, les résultats suivans :

Dans les terrains.	Pour les chevaux.	Pour les bœufs.
de 1re classe. . .	2835. . . .	2165.
2e	2682. . . .	1992.
3e	2474. . . .	1804.

M. de Dombasle, malgré tout le soin qu'il a mis à régler chez lui le travail des attelages, de manière à employer ses chevaux toute l'année et à peu près sans interruption, nous apprend (Ann. de Roville, t. VI, p. 59), qu'il n'a pu parvenir à obtenir plus de 241 journées moyennes de 8 h. de trav. effectif ou 1928 h. par an.

Les quantités de travail indiquées ci-dessus pour les bœufs sont bien moindres quand, au lieu de les faire travailler constamment, on ne leur *fait faire qu'une seule attelée par jour.* Thaer établit que, dans les pays où l'on fait ainsi travailler ces animaux, un attelage de rechange de 4 bœufs fait seulement un peu plus d'ouvrage que 2 chevaux, et même avec cette condition que l'attelage de rechange est conduit au charretier dans les champs par un jeune garçon. Il est des contrées où le nombre des *bœufs de rechange est égal comme ci-dessus a celui des animaux qui travaillent*, d'autres où ce nombre n'est que la *moitié*, c'est-à-dire un bœuf de rechange pour 2 qui travaillent, et d'autres enfin où l'on n'entretient *qu'un bœuf de rechange* pour 4 ou 6 bœufs d'attelage.

Ces dernières manières d'employer les bœufs au travail sont bien loin, comme on le voit, de faire un emploi économique de leurs forces; elles conviennent mieux dans les établissemens où ces animaux sont plutôt considérés comme des bêtes de rente qu'on engraisse dans le cours de l'année et qu'il faut ménager, que comme des bêtes de trait dont il s'agit de comparer le travail à celui des chevaux. On conçoit au reste que dans les fermes mal administrées, où les attelages chôment une partie de l'année et où l'on se sert d'instrumens grossiers qui nécessitent l'application d'un grand nombre d'animaux dont on fait ainsi un emploi si peu judicieux, il peut être plus avantageux d'employer des bœufs, même de cette manière, que des chevaux qui resteraient la plupart du temps dans l'inaction et perdraient annuellement de leur valeur.

2° La *qualité du travail.* On la reconnaît à la perfection avec laquelle un travail est effectué, les conditions à remplir pour atteindre cette perfection étant variables avec la nature des travaux.

C'est un fait qui paraît démontré que les bœufs *attelés au joug* sont plus propres que les chevaux aux labours, et que leur travail, surtout dans les sols argileux, tenaces, pierreux ou montueux, ou quand il s'agit de défoncer à 9 ou 12 po. de profondeur, ou de rompre des gazons ou de vieux pâturages, est exécuté d'une manière plus régulière et plus parfaite. Ainsi, dans les fermes où les terres ont été négligées et sont en mauvais état, celles où l'on a besoin de labours soignés et multipliés, on peut employer les bœufs à ces travaux, quoique sur les terres fortes, qui ne produisent pour eux que de la paille et du foin, leur nourriture soit plus dispendieuse que sur les terres d'une moindre cohésion, plus propres à la culture des racines qui conviennent mieux à ces animaux. Les bœufs sont également employés avec avantage dans tous les autres travaux qui exigent des efforts soutenus et patiens, et on peut les appliquer au manége, aux transports sur les terrains escarpés, à l'extraction des bois des forêts, etc. Ces animaux paraissent perdre une partie de leurs avantages quand on les attelle au *collier*, mais ils sont alors plus lestes et font plus d'ouvrage.

Les chevaux de leur côté sont moins pesans que les bœufs; ils plombent moins les terres labourées et leur conservent mieux leur élasticité et leur légèreté, ce qui les rend plus aptes aux hersages et autres façons qu'on donne aux champs, et qui, n'offrant qu'une faible résistance, peuvent être exécutés avec célérité. Ce sont aussi ces animaux auxquels on doit donner la préférence quand il s'agit de transports, surtout de ceux qui se font au loin et avec rapidité ou qui ont lieu dans des routes difficiles et en mauvais état.

Le directeur de Roville nous apprend (Ann. t. Ier, p. 164) qu'il a appliqué sans inconvénient ses bœufs à tous les travaux de culture autres que les labours, qu'il les a attelés à la herse, à l'extirpateur, à la houe à cheval, et que partout ils se sont comportés avec autant de docilité et de régularité que les chevaux ; mais, pour obtenir ces résultats, il faut qu'un établissement agricole soit aussi habilement administré que celui que nous venons de citer et que les services divers y soient organisés avec le même soin.

3° La *célérité du travail.* La célérité est une chose très désirable dans tous les travaux agricoles surtout dans nos climats septentrionaux où le nombre des jours favorables aux travaux agricoles est toujours borné. C'est à l'extrême mobilité des saisons en Ecosse que tous les écrivains anglais attribuent l'abandon général des bœufs dans l'agriculture de ce pays, tandis que la douceur et l'uniformité du climat dans quelques districts de l'Angleterre, rendant les travaux des champs faciles à toutes les époques de l'année, les ont fait conserver. D'un autre côté, la célérité, quand elle n'exclut pas la bonne qualité du travail et qu'elle ne peut porter aucun préjudice à la santé ou à la vigueur des moteurs, est toujours une chose utile qui permet d'obtenir le concours de ceux-ci à un prix moindre et plus avantageux.

La célérité dans le travail des animaux suppose 2 conditions ; 1° que les animaux peuvent supporter pendant un certain temps un *travail extraordinaire;* 2° que leur *allure est vive et accélérée.*

Relativement au 1er point, le cheval en général l'emporte sur le bœuf, et on peut, en augmentant la quantité de ses alimens et en les lui donnant de qualité supérieure, obtenir de lui une quantité de travail très considérable ; néanmoins, il paraît démontré que le bœuf jouit de la même faculté ; Sinclair parle d'un habile agriculteur anglais qui, en nourrissant ses bœufs avec de l'avoine, leur faisait supporter des travaux extraordinaires, aussi bien qu'aux chevaux; on cite en France les bœufs de race auvergnate, auxquels on fait faire dans le Cantal, à certaines époques de l'année, des travaux étonnans pour le transport des bois et qui résistent fort bien à la fatigue. M. de DOMBASLE affirme même (Ann. de Rov., t. I, p. 165) qu'après plusieurs années d'emploi de ces animaux, il a constamment remarqué que, dans les temps où les travaux ont été un peu forcés dans son établissement, ses bœufs ont mieux soutenu que les chevaux cet excédant de fatigue et ont moins dépéri que ceux-ci.

Quant à la *rapidité de l'allure*, celle des bœufs est incontestablement plus lente que celle des chevaux, et nous avons vu que dans leurs travaux journaliers la différence pouvait, dans des attelages bien conduits, être environ pour les 1ers les 4/5es de celle des seconds; mais cette lenteur dans la marche paraît, au moins dans un assez grand nombre de cas, être due plutôt au choix d'une race qui n'est pas propre au trait, et à une éducation incomplète ou mal dirigée, qu'à la nature même et au tempérament de l'animal; dans une foule de concours de charrues qui ont eu lieu en Angleterre, en Ecosse et en Irlande, des bœufs, attelés par paires, ont fait autant d'ouvrage dans le même temps que les chevaux entrés en lice avec eux. En 1803, lord SOMERVILLE produisit dans un concours de ce genre plusieurs attelages de 2 bœufs chacun, pris parmi ceux du pays et conduits chacun par un seul charretier, et qui dépassèrent en vitesse tous les attelages de chevaux appelés à lutter contre eux. SCHWERZ dans son ouvrage sur l'agriculture de la Belgique, tom. Ier, pag. 97, dit que dans quelques cantons de ce pays on attelle souvent à la charrue un cheval et un bœuf, le 1er marchant dans le sillon, et que, quoique le cheval ait une allure accélérée, le bœuf le suit sans effort et avec une égale vitesse; il rapporte aussi qu'il a vu dans la Campine des bœufs conduisant des chars de fumier et qui marchaient avec une telle rapidité qu'il avait peine à les suivre. On dit que dans le Cornwall et le Devonshire, où on attelle généralement des bœufs, ces animaux, aux temps de la fenaison et de la moisson, transportent avec aisance et au trot les chariots vides dans les champs. On a cité les bœufs de lord SCHEFFIELD, dans ses domaines du Sussex, qui ont une allure plus relevée et plus accélérée que tous les chevaux de travail du pays; enfin, M. TURNER recommande comme bêtes de trait la race de bœufs du Lancashire, qui non-seulement est très robuste et très vive, mais qui ayant le corps allongé, fait des pas de 4 po. plus grands que les autres races, ce qui la rend éminemment propre aux travaux qui exigent de la célérité.

Malgré ces exemples, il est certain que dans les cas les plus ordinaires les bœufs sont moins aptes que les chevaux pour exécuter avec célérité les travaux de culture ou les transports lointains, et que partout où il sera nécessaire d'établir une succession rapide de travaux à certaines époques de l'année et avec le plus petit nombre possible de moteurs, partout où les établissemens sont éloignés des lieux de consommation, où les pièces de terre sont à une grande distance de la maison de ferme, etc., on devra donner la préférence aux chevaux.

4° Le *prix du travail*. Ainsi que nous l'avons dit, ce prix, combiné avec la quantité et la qualité, donne la mesure économique de ce travail; il convient donc d'en rechercher et d'en évaluer tous les élémens qu'on peut ranger sous les titres suivans :

(*a*) *Intérêts du prix d'achat* des animaux ou des sommes qu'il en a coûté pour leur éducation jusqu'au moment où on les applique au travail. Ces intérêts sont ordinairement calculés sur le pied de 5 à 6 p. 0/0 du capital. Les sommes qu'il est nécessaire d'avancer pour l'achat ou l'éducation des bêtes de trait sont, toutes circonstances égales d'ailleurs, beaucoup plus élevées, jusqu'à 2 et même 3 fois davantage, pour un cheval que pour un bœuf, et cette différence déjà fort importante pour nos agriculteurs dont le capital d'exploitation est trop souvent très borné et généralement insuffisant, le devient encore plus par les intérêts de ces sommes qui accroissent d'une manière permanente le prix du travail du 1er de ces animaux; cependant, nous croyons utile de faire observer que les bœufs de trait ne sont à bon marché que parce que leur usage est peu répandu, et qu'aussitôt que les agriculteurs les demanderont en grand nombre dans un canton, la concurrence portera bientôt leur valeur à un prix capable de balancer ou d'annuler peut-être les avantages qu'on trouve dans leur emploi.

(*b*) *Fonds d'amortissement* ou *prime* annuelle qui doit servir à rétablir le capital primitif d'achat quand les animaux auront péri ou seront hors de service. On peut supposer que le cheval commence à travailler à 4 ans, et qu'il est hors de service à 12, et établir par conséquent cette prime annuelle au 8e du capital ou environ 12 p. 0/0. Quant au bœuf qu'on fait travailler à 5 ans et qu'on réforme à 8 ou 10, il n'y a la plupart du temps rien à porter au prix de son travail pour cette prime, parce qu'on le revend au même taux où on l'achète; souvent même ce taux étant supérieur, l'excédant vient encore en déduction du prix de son travail; mais c'est un désavantage d'être obligé tous les 4 à 5 ans de renouveler les bœufs de trait et de dresser des attelages.

(*c*) *Prix d'assurance sur la vie des animaux*. Cette prime, destinée à faire face aux sinistres, tels qu'épizooties, mort subite, maladies, blessures et accidents graves, est en général basée sur la valeur capitale des animaux et moindre pour le bœuf que pour le cheval. Le 1er, étant d'un tempérament plus rustique, est moins exposé aux maladies et au danger de périr. La prime d'assurance peut s'élever de 1/2 à 1 p. 0/0 du capital, quand ce sont des compagnies d'assurances qui prennent à leur charge tous les risques à 4 et à 5 p. 0/0 pour le bœuf et 7 à 8 et plus pour le cheval quand il faut soi-même supporter les chances de cette assurance.

(*d*) *Frais de logement*. Ces frais se composent, ainsi que nous l'avons déjà vu p. 316 et 412, du loyer des écuries, étables, magasins à fourrages et autres bâtimens à l'usage des animaux, ainsi que de celui des hangars où sont déposés les instrumens et machines avec lesquels ils travaillent. Sous le rapport du logement, un bœuf de trait n'ayant besoin que de 56 pi. car., tandis qu'il en faut 75 pour un cheval, les frais de son logement sont moindres que pour ce dernier. Ses équipages et instrumens occupent aussi moins de place.

(*e*) *Intérêts* à 5 p. 0/0 des sommes employées à l'acquisition des objets mobiliers à l'usage des bêtes de trait, tels que *harnais* et *objets de sellerie*, *ustensiles d'écurie* ou *d'étable*, et *instrumens* et *machines* avec lesquels les animaux opèrent. Les sommes mises ainsi en avant par tête d'animal, dans l'organisation d'une ferme, sont infiniment variables suivant la nature de l'exploitation, les travaux qu'on y exécute, le nombre de bêtes qu'on attelle à chaque machine, le mode d'attelage ou de harnachement des animaux, etc. Afin de donner une idée des calculs qu'il est nécessaire d'effectuer pour fixer le chiffre des intérêts qui figurent pour les objets désignés ci-dessus dans le prix du travail des bêtes de trait, nous allons présenter des exemples en supposant qu'il s'agit d'établir ce chiffre pour un cheval de labour et pour un bœuf de trait, pourvus de tout ce qui est nécessaire au service auquel ils sont destinés et dans un établissement où les travaux sont distribués avec régularité et économie et où on n'attelle jamais plus de 2 bêtes.

4° Un cheval de labour exige les objets suivans, estimés à un prix moyen nécessairement variable pour chaque localité.

	fr.
1 collier avec dossière et traits en fer.	50
1 bride, chainette, mors, bridon et guides en cordeau.	16
1 sellette et avaloir à 18 fr. pour 2 chevaux; par cheval.	9
1 chariot à 2 bêtes, à essieu en fer et son attirail à 400 fr.; par cheval.	200
1 charrue de Roville avec bâtis et versoir en fonte, soc en acier et talon de rechange à 68 fr.; par cheval.	34
1 extirpateur à pieds fixes et socs en acier à 80 fr.; par cheval.	40
1 houe à cheval avec 4 pieds et régulateur à 48 fr.; par cheval.	24
1 herse à losange à dents de fer pour 2 bêtes, avec sa chaine et crochets à 46 fr.; par cheval.	23
1 Rouleau en pierre et sa limonière.	40
Objets divers de remise, tels que chèvre à graisser les roues, crics, sabot et chaine d'enrayage, etc; par cheval.	8
Objets divers d'écurie; coffre à avoine, hache-paille, ustensiles de pansement, vans, seaux, sacs, mesures à avoine, pelles, fourches, etc.; par cheval.	
Objets divers pour magasin à fourrage, silos à racines, etc.	3
Total du prix des objets mobiliers à l'usage d'un cheval.	470
Intérêts de cette somme à 5 p. 0/0 par an.	23,50

2° Un bœuf de trait travaillant toute l'année et employé à tous les travaux de la ferme a besoin des objets mobiliers suivans:

1 joug avec tous ses accessoires.	9
1 chariot avec essieu en fer à 400 fr.; par bœuf.	200
1 charrue à 68 fr.; par bœuf.	34
1 extirpateur à 80 fr.; par bœuf.	40
1 houe à 48 fr; par bœuf.	24
Objets de remise, de magasin à fourrage, de silos à racines, etc.; par bœuf.	8
Objets d'étable, etc.	15
Total du prix des objets mobiliers à l'usage d'un bœuf de trait.	330
Intérêts de cette somme à 5 p. 0/0.	16,50

(*f*) *Prime pour dépérissement et renouvellement des objets mobiliers* ci-dessus. Les frais d'entretien et de renouvellement, surtout des véhicules et des instrumens d'agriculture, sont variables suivant la qualité et la nature du sol, la viabilité des chemins et la bonne construction de ces objets. Dans les circonstances ordinaires, l'expérience a prouvé qu'on pouvait les évaluer à 25 p. 0/0 du capital, ce qui ferait, dans les exemples cités ci dessus, 117 fr. 50 c. pour les objets à l'usage d'un cheval, et 82 fr. 50 c. pour ceux à l'usage d'un bœuf. Dans les sols compactes, tenaces, remplis de pierres ou autres obstacles, et quand les objets sont mal construits, ces frais peuvent s'élever à 33 p. 0/0 et même davantage dans les établissemens où on n'établit pas un bon mode d'organisation de surveillance. Au reste, dans cette somme peut être comprise un prime de 1/4 à 1/2 pour 0/0 de la valeur desdits objets pour *frais d'assurance* contre l'incendie.

(*g*) *Ferrure, soins du vétérinaire, médicamens.* Les bœufs dont on veut tirer un travail constant et qu'on emploie à des charrois doivent être ferrés des 4 pieds. On peut évaluer, selon les circonstances, cette ferrure ainsi que les frais du vétérinaire et des médicamens, à 25 fr. environ pour un cheval et à 18 ou 20 fr. pour un bœuf.

(*h*) *Éclairage* des écuries ou étables, *assainissement* de ces bâtimens et des objets mobiliers à l'usage des animaux, graisse ou vieux-oing pour les instrumens roulans, etc. Ces sommes sont à peu près les mêmes pour un cheval et pour un bœuf, et peuvent s'élever en moyenne à 5 et 6 fr. par an pour l'un ou l'autre.

(*i*) *Salaire, nourriture et entretien des serviteurs* chargés du soin des animaux. Un aide uniquement chargé de soigner et panser les bêtes de trait, d'aller chercher, de hacher, cuire et distribuer leur nourriture, peut aisément gouverner ainsi 8 à 10 chevaux ou 12 à 15 bœufs de trait, nourris pendant toute l'année à l'écurie ou à l'étable. En supposant 8 des 1ers et 12 des seconds, et qu'un aide pour ce service revient à 420 fr. par an (*voy.* p. 400), on voit qu'il faudra porter au compte du prix de travail des animaux 52 fr. 50 c. pour un cheval, et 35 fr. pour un bœuf. On comprend que le mode d'alimentation, les soins plus ou moins attentifs qu'on donne aux bêtes et le prix auquel revient le travail des aides, etc., apportent des modifications nombreuses dans le chiffre que nous venons de donner pour exemple.

(*k*) *Nourriture et litière.* Le prix de la nourriture est l'objet qui, dans les frais qu'occasionne le travail d'un animal, apporte dans ceux ci les différences les plus remarquables. Ce prix peut varier de cent manières diverses, suivant le régime qu'on fait suivre aux animaux et le mode d'alimentation auquel on les soumet, ainsi que suivant les localités et les circonstances. Le mode d'alimentation lui-même est aussi modifié dans un même lieu par suite de la mobilité des prix du marché, et suivant les saisons, les travaux et surtout l'économie que peut procurer telle ou telle combinaison. En effet, d'après les règles d'une bonne administration, la nourriture des bêtes de trait doit être réglée de telle façon qu'elle revienne au prix le plus modéré possible, mais elle doit en même temps satisfaire à la condition d'être saine, abondante, substantielle et proportionnée à la quantité de travail qu'on exige des animaux. C'est une grave erreur de croire qu'en nourrissant les bêtes de trait avec parcimonie et avec des alimens peu riches en matière réparatrice on fasse une économie sur le prix de leur travail; loin de là, ce travail devient ainsi fort dispendieux. Ainsi, dans les fermes où l'on suit encore l'assolement triennal avec jachère complète, on regarde comme une économie de nourrir les bœufs de trait uniquement avec de la paille, et de les laisser dans l'inaction; mais ces animaux maigrissent peu à peu, s'affaiblissent et ne sont plus capables de grands efforts lors du retour de la saison des travaux, de sorte que cette nourriture peu substantielle et distribuée d'une main avare n'a donné cependant aucun profit à l'agriculteur puisqu'elle n'a produit ni travail, ni chair, ni graisse, et que le fumier qu'elle a procuré a été en petite quantité et de qualité très médiocre.

En général le bœuf est moins difficile que le cheval sur le choix des alimens, et sa nourritue peut très bien se composer de substances plus grossières et d'un prix moins élevé; mais si on veut entretenir sa santé et sa vigueur, et surtout si on se propose de le soumettre à des travaux extraordinaires ou d'en obtenir la même quantité de travail que d'un cheval, il est nécessaire que cette nourriture devienne substantielle; il ne serait pas raisonnable d'exiger de bœufs nourris de paille ou d'herbe verte seulement autant de travail que de chevaux nourris de bon foin et d'avoine. Sous ce point de vue, la différence dans les frais qu'occasionne l'alimentation n'est pas aussi considérable pour les 2 espèces qu'on est généralement porté à le croire; toutefois, à force égale dans les animaux, cette différence paraît être constamment en faveur du bœuf.

Nous n'essaierons pas de calculer le prix du travail

des bêtes de trait dans tous les modes possibles d'alimentation, parce qu'un pareil travail n'aurait qu'une médiocre utilité pratique; mais nous croyons qu'il est au moins essentiel de présenter un exemple de la manière d'opérer dans ce cas, parce que cet exemple nous servira plus loin à établir la mesure économique du travail des animaux. Nous supposons ici que les bêtes de trait pour lesquelles il s'agit de calculer les frais de nourriture et de litière sont nourries constamment à l'écurie ou à l'étable, qu'on exige d'elles un travail soutenu et énergique pendant tout le cours de l'année, et que leur nourriture est suffisamment abondante et réparatrice pour entretenir leur santé et leur vigueur.

Exemple du calcul des frais de la nourriture et de la litière d'un *cheval* de taille moyenne, de 225 à 250 kil.

	fr.	c.
Foin, 10 kil. par jour, ou 36,50 quint. mét. par an, à 6 f. le quint.	219	
Avoine, 6 lit. par jour ou 22 hect. par an, à 7 f. l'hect.	154	
Paille hachée ou brute pour aliment, 5 kil. par jour ou 18,25 quint. mét. par an à 1 f. 65 c. le quint.	30	15
Son pour eau blanche, recoupettes, etc.; 1/2 hect.	1	25
Total du prix de la nour. d'un cheval. . .	404,40	
Paille pour litière, 2 1/2 kil. par jour, ou 9,12 quint. mét. par an, à 1 fr. 65 c. . .	15,	10
Total du prix de la nourriture et de la litière d'un cheval.	419,	50

Exemple du calcul des frais de la nourriture et de la litière d'un *bœuf* de 350 à 400 kil., et nourri toute l'année à l'étable.

Nourriture d'été.

	fr.	c.
Trèfle vert, 56 kil. par jour équivalents à 14 kil. de trèfle sec; pendant 5 mois ou 150 jours, 21 quint. mét. à 4 f. le quint. . .	84	
Paille de froment, 2 1/2 kil. par jour, ou pour 150 jours, 3,75 quint. m. à 1 f. 65. . .	6	20
Sel, 25 gramm. par jour, ou 3,75 kil. pour 150 jours, à 35 c. le kil.	1	30

Nourriture d'hiver.

	fr.	c.
Pommes de terre, 2 kil par jour, ou 42 quint. mét. pour 215 jours, à 2 fr. 50 c le quint.	105	
Paille de froment, de seigle ou d'avoine, 5 kil. par jour, ou 10,75 quint. mét. pour 215 jours, à 1 fr. 65 c. le quint. . . .	22	90
Foin, 2 1/2 kil. par jour, ou 5,40 quint. mét pour 215 jours, à 6 fr. le quint. . . .	32	40
Total du prix de la nourr. d'un bœuf. . .	251	80
Paille pour litière, 3 kil. par jour, ou 11 quint. mét. par an, à 1 fr. 65 c. . . .	18	
Total du prix de la nourriture et de la litière d'un bœuf de trait.	269	80

(*l*) *Fumiers.* Les bêtes de trait ne paient pas uniquement par du travail leur nourriture et les soins qu'on leur donne; elles remboursent encore une partie des avances qu'on a fait pour cet objet par des fumiers qui ont une valeur importante pour l'agriculteur. La quantité de fumier que fournissent annuellement un cheval ou un bœuf de travail dépend de leur race, de leur taille, de la quantité ou poids et de la qualité des alimens qu'on leur fait consommer.

Dans un autre chapitre nous nous occuperons d'établir le rapport en poids du fumier produit aux alimens consommés; il nous suffira de dire ici, pour l'objet que nous avons en vue, que ce rapport est terme moyen de 2,3, c'est-à-dire que si on suppose qu'on ait fait consommer à un animal 1 kil. par exemple d'alimens, la quantité de fumier produite dans ce cas sera de 2 kil. 300 gram. (ou, pour une liv. d'alim., de 2 liv. 4 on. 6 gros 28 grains de fumier).

En reprenant l'exemple que nous avons donné ci-dessus, de la consommation annuelle d'un cheval, et réduisant le tout en poids et en kilogrammes, nous aurons :

	kil.
Foin.	3650
Avoine, 22 hect. à 45 kil. l'hect. . . .	990
Paille pour nourriture et litière. . . .	2737
Son, 1/2 hect. à 24 kil. l'hect. . . .	12
Total du poids annuel de la nourrit. et de la lit. d'un cheval. . . .	7389.

Multipliant ce poids par le rapport 2,3, nous aurons pour la quantité annuelle en poids de fumier produit par un cheval dans les conditions précédentes. . . . . 16,994 kil. ou environ 170 quint. mét.

En faisant la même opération pour la nourriture du bœuf, et en observant de ne porter les pommes de terre qu'on lui distribue que pour la moitié de leur poids, parce que ces alimens sont à l'état frais, on trouvera que le poids de la nourriture annuelle et de la litière d'un bœuf, est de . . . . 7,293 kil.

Qui, multipliés par le rapport 2,3, donneront pour la quantité annuelle de fumier fournie par un bœuf de trait, dans les conditions précitées. . . 16,774 kil. ou environ 168 quint. mét.

Les quantités annuelles de fumier fournies ainsi par les animaux de trait ne profitent pas *entièrement* à l'établissement rural pour lequel ils travaillent, parce qu'une partie des matières solides et liquides de leurs déjections est perdue sur les routes et les chemins où ils les répandent. La plupart des agronomes évaluent ordinairement la perte qu'on éprouve ainsi à la *moitié* de ces quantités; nous croyons qu'elle ne peut être aussi considérable, et que des chevaux ou des bœufs qui labourent ou sont occupés à d'autres travaux sur les terres d'une ferme, répandant sur ces terres un partie de leurs excrémens pendant les heures de travail, celles-ci en tirent toujours quelque profit, et qu'en évaluant, terme moyen, pour tous les terrains, cette perte au *tiers* seulement de la quantité que les animaux pourraient produire s'ils restaient constamment à l'écurie, on approcherait plus de la réalité. Dans les exemples choisis on aurait alors 113,3 quint. pour le cheval, et 112 quint. pour le bœuf.

Nous proposerons pour cet objet une autre méthode qui nous paraît plus rationnelle, et qui consiste à comparer le nombre d'heures contenues dans l'année avec celui où les animaux sont dehors pour leurs travaux, et à réduire proportionnellement à ce dernier nombre la quantité de fumier qu'on obtiendrait d'eux dans le cas d'une stabulation permanente.

Ainsi, il y a 8,760 heures dans l'année, et en se reportant au tableau de la p. 433, on voit que dans un terrain de la 1re classe, par exemple, un cheval peut donner 2835 heures de travail; retranchant donc de 170 quint. un nombre proportionnel à 2,835, on le réduit à 120 quint. qui est la quantité de fumier qu'on doit obtenir d'un cheval dans les circonstances proposées; en faisant la même opération pour le bœuf de trait qui ne fournit que 168 quint. et 2,165 heures de travail dans le même terrain, on trouve 126,5 quint. pour la quantité réelle de fumier qu'il donnera en un an dans les mêmes circonstances.

Au reste, on conçoit que ces évaluations n'ont d'autre but que de faciliter, lors de l'organisation d'un domaine, les calculs propres à *établir approximativement le prix du service des animaux de travail*; il est ensuite aisé, après quelques années d'une exploitation régulière, de mesurer directement la quantité de fumier fournie par ceux-ci, et de la porter pour sa valeur réelle dans la comptabilité, en se rappelant toutefois que le fumier de bœuf a une valeur plus élevée que celui du cheval, parce qu'il est plus propre à diverses cultures.

Cette valeur ne peut pas au reste *être fixée arbitrairement* dans les calculs d'évaluation ; en effet, puisque dans le compte du prix du travail des bêtes de trait, ainsi que nous venons de l'établir, on porte les denrées consommées par eux au prix du marché, quoique prises sur la ferme, et qu'on y fait figurer les soins qu'ils exigent au prix courant de ces services, il est clair qu'on doit de même porter au crédit de ce compte les fumiers suivant leur prix courant, c'est-à-dire le prix auquel on pourrait communément en vendre ou en acheter dans le pays, déduction faite des frais de transport.

Avant de terminer ce paragraphe, nous ferons observer qu'il est des *circonstances* qui influent nécessairement sur le choix que l'agriculteur doit faire entre l'une ou l'autre espèce de bêtes de trait ou qui peuvent au moins le déterminer à composer ses attelages en partie de chevaux et en partie de bœufs. Ainsi, dans les fermes où l'on recueille en abondance des herbages grossiers, il y a de l'avantage à les faire consommer par des bœufs ; dans celles où les fourrages sont acides, il vaut mieux au contraire entretenir des chevaux qui mangent volontiers cette espèce de foin, que des bœufs qui les refusent. Dans les lieux où on se procure aisément des résidus de sucreries, de distilleries, de féculeries, etc., il est présumable qu'on obtient à bon compte le travail des bœufs. Un agriculteur qui se livre à l'éducation des chevaux de trait et de travail et qui peut faire exécuter des labours légers ou quelques travaux faciles aux poulains de 3 ans, comme on le voit en grande partie dans la Seine-Inférieure, l'Eure, le Calvados, etc., obtient ainsi du travail à bon marché. Un établissement, placé au sein d'un canton où existent de nombreuses foires pour l'achat et la vente des bœufs, trouvera sans doute de l'avantage à composer en totalité ou en partie ses attelages avec ces animaux, surtout si les chevaux y sont rares, d'un haut prix ou de race chétive.

Enfin nous rappellerons que lorsqu'on évalue le prix du travail des bêtes de trait, il est indispensable de prendre encore en considération le *prix du travail des aides agricoles* qui fonctionnent avec ces animaux, pendant tout le temps que ces 2 sortes d'agens sont ensemble en activité. Ainsi, il est des pays où un serviteur qui conduit les bœufs est moins rétribué que celui qui dirige un attelage de chevaux ; mais en outre il faut faire attention, lorsqu'on veut connaître la combinaison la plus économique, qu'il peut arriver que 4 attelages de 2 chevaux, conduits chacun par un seul homme, soient moins dispendieux que 5 attelages de 2 bœufs qui ne font que le même travail et exigent 5 charretiers pour les diriger, et que bien souvent le travail d'un attelage de 4 chevaux obéissant à la voix d'un seul homme, reviendra moins cher que celui de 5 bœufs qui nécessiteront l'emploi de 2 aides et feront au plus autant d'ouvrage, et enfin, que dans les transports sur les routes, il faut calculer si des attelages de 4, 5 et 6 chevaux traînant un pesant fardeau et dirigés par un seul charretier, sont aussi économiques que le transport de ce même fardeau par 3 ou 6 attelages de 2 bêtes ou d'une seule, conduits par 2 ou plusieurs serviteurs, etc.

§ II. — De la mesure économique du travail des attelages.

Lorsqu'on organise le service des attelages il importe d'avoir sous les yeux l'enquête qu'on a dû faire avant d'acquérir la jouissance d'un fonds, et tous les élémens qui ont servi à son estimation. Au moyen de ces documens on est à même d'évaluer les ressources dont on pourra disposer pour l'alimentation des bêtes de trait, tant en produits de la ferme qu'en denrées achetées à l'extérieur, ainsi que le prix d'achat des animaux et celui de tous les objets mobiliers à leur usage ; c'est ainsi qu'on peut parvenir à établir le compte du prix du travail, soit pour les chevaux, soit pour les bœufs, suivant des régimes ou modes d'alimentation divers, mais également propres à leur conserver leur énergie et leur santé, et à découvrir la combinaison qui donne la même quantité de travail rapide et de bonne qualité au prix le plus modéré, ou celle qui au même prix donne un travail d'une plus haute valeur.

Afin de présenter un exemple de calculs pour mesurer sous le point de vue économique le travail des bêtes de trait, nous supposerons qu'il s'agit de comparer le prix du travail d'un cheval et d'un bœuf de force et de taille analogues et moyennes, dans un établissement qu'on organise, où la terre produira tout ce qui sera nécessaire à l'alimentation de l'une ou de l'autre espèce, où le sol peut être rangé sous le rapport de la difficulté du travail dans les terrains de la 1re classe, et en admettant que les attelages ne se composent que de 2 bêtes qui travaillent toute l'année et sont indistinctement appliquées à presque tous les travaux de culture.

Cela posé, nous allons établir notre calcul en empruntant les principaux élémens au paragraphe précédent.

Prix du travail d'un *cheval* de taille moyenne.

	fr.
Prix d'acquisition	500 fr.
Harnais, instrumens et autres objets mobil. à l'usage de cet anim. (p. 435).	470
	970

	fr.	c.
Intérêts de cette somme à 5 p. 0/0.	48	50
Prime d'amortissement pour dépérissement de l'animal, 1/8e du capital.	62	50
Prime d'assurance sur la vie, 8 p. 0/0 du capital.	40	»
Frais de logement (p. 256).	17	50
Dépérissement et renouvellement des objets mobiliers, 25 p. 0/0 du capital.	117	50
Ferrure, soins du vétérinaire, médicamens.	25	»
Eclairage des écuries, assainissement.	5	»
Salaire, nourriture et entretien d'un serviteur.	52	50
Nourriture et litière.	419	50
	788	»
A déduire pour 120 quint. mét. de fumier, à 1 fr. 10 c. le quintal.	132	»
Total du prix du travail annuel d'un cheval.	656	»

Ainsi, avec le mode d'alimentation proposé, et dans les circonstances mentionnées, les frais pour l'entretien d'un cheval reviendraient en moyenne, pendant tout le cours de l'année, à environ 1 fr. 80 c. par jour, et comme sur le terrain de 1re classe dont il est ici question il donnerait 285 jours de travail, on voit que ces journées reviendraient à 2 fr. 30 c.

Le nombre d'heures de travail effectif dans le cours de l'année étant sur ce terrain de 2,835, chacune d'elles coûterait en moyenne 23 c. à peu près. Dans les terrains de 2e et 3e classe, cette heure de travail reviendrait à 24 c. 1/2 et 26 c. 1/2 dans les mêmes circonstances.

Prix du travail d'un *bœuf* de poids moyen.

	fr.
Prix d'acquisition.	140
Harnais, instrumens et autres objets mobiliers.	330
	470

	fr.	c.
Intérêts de cette somme à 5 p. 0/0. . . .	23	50
Prime d'ass. sur la vie, 5 p. 0/0 du cap. . . .	7	»
Frais de logement.	15	»
Dépérissement des objets mobiliers 25 p 0/0 du capital	82	50
Ferrure, soins du vétérinaire, etc..	20	»
Eclairage des etables, assainissement. . . .	5	»
Salaire, nourriture et entretien d'un serviteur.	35	»
Nourriture et litière.	269	80
	457	80
A déduire pour 126,5 quint. mét. de fumier, à 1 fr. 20 c. le quint.	151	80
Total du prix du trav. ann. d'un bœuf. . .	306	»

Ainsi, dans les conditions indiquées, les frais de toute nature pour l'entretien d'un bœuf pendant tout le cours d'une année sont de 84 c. environ par jour, et ceux de sa journée de travail, dont on ne compte dans le terrain de 1re classe que 230 par an, de 1 fr. 33 c. Les heures de son travail dans ce terrain, qui sont au nombre de 2,165, reviendraient donc à 14 c. 1/8, dans les terrains de 2e classe à 15 c. 1/3 et à près de 17 c. dans ceux de 3e.

En se rappelant maintenant qu'un bœuf bien dressé, de bonne race, et conduit convenablement, ne fournit dans une journée de travail que les 4/5e de l'ouvrage que peut faire un cheval de taille et de force analogues, on voit que, s'il s'agissait, par exemple, d'un travail qu'un attelage de 2 chevaux peut exécuter en 1

	fr.	c.
jour, ce travail ainsi fait coûterait. . .	4	60
Que ce même travail ne serait accompli, par un attelage de 2 bœufs, qu'en 1 1/4 de journée de travail qui coûterait. . . 3 32		
Somme à laquelle il conviendra d'ajouter, en supposant que chaque attelage soit conduit par 1 seul charretier recevant un même salaire, 1/4 de journ. de charr. ou » 35	3	67
Différence en faveur de l'attel. de bœuf. . .	»	93

Il resterait maintenant à examiner si cette différence de 93 c. en faveur du prix du travail journalier des bœufs sera *réellement avantageuse* à l'établissement; s'il ne serait pas plus profitable de faire le sacrifice de cette somme afin d'obtenir un travail plus accéléré, de meilleure qualité, ou plus conforme aux conditions particulières dans lesquelles le domaine se trouve placé. C'est une question qui ne peut être qu'indiquée ici, et non pas résolue d'une manière générale, tout dépendant de circonstances que l'administrateur est seul capable d'apprécier quand il fait une application réelle et immédiate, des principes que nous avons posés dans le cours de ce titre.

Dans le calcul que nous venons de présenter on voit que le prix de la journée de travail du bœuf s'est élevé à 1 fr. 83 c., que celle du cheval est restée à 2 fr. 30, et que si on parvenait à faire une économie de 47 c. sur la journée de ce dernier, en employant à sa nourriture, soit des carottes, soit des pommes de terre cuites, des rutabagas ou tout autre, sans diminuer sa vigueur, son énergie et la quantité de son travail, non-seulement ce travail ne reviendrait pas plus cher que celui du bœuf, mais serait en outre exécuté avec plus de promptitude.

Ces résultats changeraient bien plus encore, si au lieu de faire constamment travailler l'attelage de 2 bœufs on en employait un de rechange par jour, ou si on avait 2 relais de bœufs par journée de travail; les prix seraient bientôt en faveur des animaux de l'espèce chevaline. Il en serait de même si les bœufs étaient d'un faible poids, mal dressés, indociles, d'une allure très lente et conduits par des valets mal disposés en faveur des attelages de cette espèce.

Nous croyons inutile de faire connaître le prix du travail des attelages dans divers pays ou dans des établissemens agricoles renommés par la perfection ou la régularité de leur administration, parce que la plupart des termes qui concourent à composer ce prix sont extrêmement mobiles et souvent peu comparables entre eux; mais nous insisterons sur la nécessité où l'on est d'*imprimer dès l'origine une bonne direction à ce service*, puisqu'il est évident d'après les détails dans lesquels nous venons d'entrer qu'on éprouve une perte journalière considérable en laissant les attelages dans l'oisiveté, ou plutôt que la petite quantité de travail qu'on leur fait exécuter dans le cours d'une année revient, dans ce cas, à un prix excessif. En vain cherche-t-on dans ce mode vicieux à compenser les pertes qu'on fait ainsi en diminuant la ration des animaux pendant les jours de repos, ceux-ci s'affaiblissent insensiblement, perdent par le repos l'habitude du travail et n'en fournissent plus qu'une quantité minime quand on vient à les atteler et à en exiger des services.

§ III. — Des attelages de vaches et de taureaux.

On a souvent demandé s'il convenait d'atteler les vaches et de leur faire exécuter des travaux sur un établissement rural. Beaucoup d'agriculteurs ont pensé que le travail exécuté par ces animaux était le *plus économique* de tous, quand cette opération était bien conduite. L'allure des vaches est plus vive, plus franche et presque aussi rapide que celle des chevaux, surtout si elles sont dressées de bonne heure; leur force moyenne est les 2/3 de celle d'un bœuf de même race; on peut les atteler pendant 3 à 4 mois de la gestation, les employer sans inconvénient à la charrue, à la herse, à l'extirpateur, aux charrois, et elles n'en donnent pas moins un veau fort et bien constitué. Le lait diminue en quantité (de 1/4 environ), mais ce produit a une valeur bien peu considérable dans beaucoup d'établissemens, et si on a l'attention d'augmenter la ration des vaches qui travaillent et de ne les fatiguer que modérément, la qualité s'améliore et sa quantité revient aisément quand la vache se repose pendant quelque temps.

D'un autre côté, on fait aux attelages de vaches les reproches suivans : Ils exigent pour le labourage des animaux de très forte race, si l'on ne veut pas perdre l'avantage de n'atteler à la charrue qu'une paire de bêtes et de la faire conduire par un seul homme, et obligent à entretenir un trop grand nombre de bêtes de trait, puisqu'elles sont moins fortes que les bœufs, font moins de travail et doivent d'ailleurs être plus ménagées que ces derniers et ne faire même qu'une attelée par jour, surtout quand elles sont pleines. Cette augmentation d'animaux de travail accroît les frais de harnais, de logement, d'aides pour les conduire et les soigner, et tous les genres de risques sur les bestiaux. Les vaches sont souvent indociles, et comme on ne peut les faire travailler continuellement, on ne peut éviter, en les attelant au joug, de les changer de main, ce qui apporte des difficultés et des lenteurs dans le travail. Au collier, il est bien difficile de les maîtriser, et elles exigent, si on ne veut pas que leur emploi devienne onéreux à l'établissement, des soins plus assidus que les autres bêtes de trait. Enfin, les bêtes de rente ayant une destination et une économie spéciales, il ne paraît pas qu'il puisse être avantageux d'exiger du travail et de tirer des produits journaliers d'un même animal.

En balançant ces argumens les uns par les autres, on reconnaît aisément qu'il n'y a guère que chez les *petits exploitans* chez qui l'achat et l'entretien des chevaux serait trop dispendieux et où cet animal resterait oisif la majeure partie de l'année; qu'il peut être convenable de faire travailler les vaches et de les employer à tous les travaux ruraux; que c'est là surtout qu'elles reçoivent les soins attentifs qu'elles réclament dans ce cas. C'est dans ces circonstances que les vaches sont employées dans le Cantal aux charrois et aux labours, qu'en Toscane, dans le val de Nievole, où l'agriculture est si florissante, on attelle constamment les vaches à la charrue, et que les petits cultivateurs des environs de Hambourg labourent tous leurs fonds avec deux vaches, etc. Néanmoins quelques personnes persistent à penser que, dans les *exploitations étendues*, on pourrait entretenir avantageusement quelques attelages de vaches toutes dressées qui serviraient au transport de l'herbe verte, aux légers charrois, et qu'on emploierait surtout dans les sols meubles et légers lors des semailles, de la moisson et des travaux urgens.

Certains agriculteurs anglais préfèrent aux vaches ordinaires et même aux bœufs le *free-martin*, sorte de vache stérile qui naît dans une même portée avec les veaux mâles, ou bien choisissent les *vaches châtrées*. Les 1ers animaux sont généralement robustes et actifs et font, dit-on, quand ils sont nourris convenablement, presque autant d'ouvrage que les chevaux de bonne race.

Dans d'autres pays on dompte les *taureaux* et on les applique aux travaux agricoles. Cet usage est commun en Italie et en Espagne. Dans le Cantal, les taureaux sont aussi dressés et attelés entre 2 ou 3 ans, époque à laquelle leur force n'est calculée que la moitié de celle des bœufs dans la force de l'âge, et dans la belle ferme-modèle du Ménil-Saint-Firmin (Oise), on fait un emploi avantageux de la force de ces animaux en les attelant au manége.

SECTION II. — *De la force et du nombre des attelages.*

Le choix des animaux qui doivent composer les attelages, les formes extérieures, les qualités qu'il est utile de rechercher dans ceux qu'on destine au travail, la manière de les élever, de les soigner, de les nourrir et de les diriger ont donné lieu à d'importants développemens dans le livre III, où l'on s'occupe spécialement des animaux domestiques; il ne nous reste donc à présenter et à discuter que quelques questions générales qui intéressent l'administrateur, principalement au moment où il organise le service de ses attelages. Ces questions sont relatives à la force à donner aux attelages et au nombre de bêtes de trait qu'il convient de réunir sur une exploitation rurale pour y exécuter tous les travaux.

§ Ier. — De la force des attelages.

Parmi les labeurs qu'exécutent annuellement des attelages sur un fonds rural, nous avons déjà reconnu que les travaux de labourage étaient les plus pénibles, les plus multipliés et ceux qui nécessitaient des efforts plus soutenus et une plus grande vigueur dans les animaux, et que c'étaient ceux par conséquent qu'on pouvait prendre pour exemple pour établir la commune mesure de la force motrice qu'il convient d'accumuler sur un fonds pour y effectuer tous les travaux qui sont le partage du service de ces attelages.

Avant de nous engager dans la discussion des principes qui règlent la mesure de cette force, disons un mot sur ce qu'on entend par force ou puissance d'une bête de trait.

La *puissance d'un animal* pour vaincre une résistance quelconque, et en faisant abstraction de la vitesse du mouvement, se compose de 2 élémens: 1° son *énergie* musculaire, qui varie avec chaque animal suivant sa race, sa conformité, son tempérament et son régime : 2° sa *masse*, qui est également variable d'un animal à l'autre. La masse se mesure par le poids des animaux. Ce poids, dans la plupart d'entre eux et pour une même espèce, est presque toujours proportionnel à leur volume ou espace géométrique qu'ils occupent, de façon qu'on peut dire d'une manière générale que les animaux qui ont la taille la plus haute avec la plus forte carrure sont aussi ceux qui ont le plus de masse ou qui offrent le plus grand poids. Généralement parlant, entre 2 animaux qui ont la même énergie musculaire, celui qui aura le plus de masse, c'est-à-dire qui sera plus grand et plus gros, sera aussi celui qui parviendra à vaincre avec un même effort une plus grande résistance ou à faire dans un temps donné une plus grande somme de travail, et qui l'emportera à cet égard sur un animal de taille et de corpulence moindres. L'énergie et la masse, en se combinant dans des proportions infiniment variables, donnent aussi des animaux de puissances très différentes, et chez lesquels cette force ou puissance est due pour les uns à la prédominance de l'une ou l'autre de ces qualités, et chez les autres à une heureuse combinaison de toutes deux.

Ceci bien compris, on demande quelle est *la force qu'on doit donner aux attelages* ou, en d'autres termes, comment ils doivent être composés pour vaincre de la manière la plus complète et la plus avantageuse la résistance constante qu'ils éprouvent dans des travaux de labourage, par exemple dans un sol de cohésion et de consistance moyennes?

Les lois de la mécanique enseignent que, dans toute nature de travaux, *la puissance doit être proportionnelle à la résistance;* or, dans les travaux de l'agriculture il y a 3 modes différens pour rendre la puissance proportionnelle aux résistances qu'il s'agit de vaincre. Voici ces 3 modes.

1° En *faisant usage d'animaux qui présentent une grande taille ou une grande masse.*

Ce mode de composition des attelages a donné lieu à des discussions dont il importe de résumer ici les principaux argumens, en prévenant qu'ils s'appliquent plus spécialement aux chevaux.

Deux *chevaux d'une haute stature et d'un grand poids*, ont dit les partisans de ce système, bien dressés et appariés, tirent d'une manière plus simultanée, surmontent les résistances avec plus d'aisance, et font un labour plus correct et plus uniforme; ils peuvent ainsi travailler long-temps dans un sol compacte et argileux sans épuiser leurs forces et sans être accablés par la fatigue; ils sont faciles à conduire et n'ont besoin pour cela que d'un seul charretier; ils exigent moins de harnais, de ferrure, de matériel qu'un plus grand nombre de chevaux moins puissans qui ne feraient que le même ouvrage; enfin, dans les charrois, ils se tirent mieux d'un mauvais pas au moyen d'un fort coup de collier.

Les gros chevaux, ont répondu les adversaires, sont des sujets de choix, difficiles à trouver et à remplacer, et qui ayant nécessité plus de frais pour leur éducation et pour leur faire acquérir tout leur développement et toute leur vigueur, sont par suite d'un prix proportionnellement plus élevé que les autres; à proportion de leur travail ils consomment plus que des chevaux de moindre taille, et leurs alimens doivent le plus souvent être de meilleure qualité, si on veut les maintenir en bon état. Chez des chevaux de forte corpulence, l'énergie manque fréquemment ainsi que la vivacité; leur allure est très souvent lente, parce qu'ils ont une grande masse à transporter et ils s'usent promptement par leur propre poids; dans les sols argileux ils plombent le terrain, ou nuisent à ceux qui sont légers, humides et ameublis, en y enfonçant profondément. Quand ils périssent par accident ou par suite d'épizootie, on perd une plus forte valeur capitale; leur oisiveté ou leur inaction par suite de maladies ou autrement est plus onéreuse; enfin il est une foule de petits labeurs auxquels on ne peut pas appliquer un gros cheval, qui ne ferait ainsi qu'un emploi de sa force peu avantageux aux intérêts du cultivateur.

Ces derniers argumens paraissent péremptoires, et il nous suffira de les appuyer par des exemples tirés de la pratique. TH. DAVIS, dans son ouvrage intitulé, *Coup d'œil sur l'agriculture du Wilshire*, rapporte que dans ce comté, où l'on élève des chevaux de taille colossale et auxquels on prodigue l'orge et les autres alimens substantiels, il y a des fermes où l'entretien d'un attelage de ces animaux est d'un prix aussi élevé que le loyer du fonds où ils travaillent; ces chevaux qu'on achète à 2 ans et revend à 6 aux entrepreneurs de roulage de Londres, et qu'on est obligé de ménager pour qu'ils atteignent toute leur taille et leur beauté, remboursent rarement ainsi et par leur travail le prix exorbitant de leur entretien. Dans quelques endroits de l'Allemagne et de la France, où l'on a voulu appliquer au trait les bœufs de la grosse race suisse qui pèsent ordinairement de 700 à 750 kil., on a trouvé que ces animaux payaient peu avantageusement par leur travail les frais de leur entretien, qu'ils étaient mous, indolens, et ne fournissaient guère plus de travail qu'un bœuf de la moitié ou même du tiers de leur poids, qui ne consommait par conséquent que la moitié ou le tiers des alimens qui sont nécessaires à ces gros animaux; enfin il paraît constant que, dans plusieurs localités de l'Angleterre, le bon sens des cultivateurs leur a fait abandonner ces animaux à forte corpulence, que pendant quelque temps on avait regardé comme plus propres que les autres aux travaux ruraux.

2° En *augmentant le nombre des animaux qui composent les attelages.*

Cette augmentation présente des inconvéniens graves qui ont été signalés depuis long-temps. Il est toujours plus difficile de conduire 3 ou 4 chevaux dans un même attelage que 2 seulement; il est impossible, fussent-ils même dressés avec le plus grand soin, qu'ils ne se gênent et ne se contrarient pas mutuellement; on ne peut ainsi parvenir à les faire tirer constamment avec la même uniformité et en obtenir la même quantité de travail que s'ils étaient attelés séparément ou au moins par paires; la perte de force et de temps qu'on éprouve de cette manière s'accroît avec le nombre de bêtes attelées, et au-delà d'une certaine limite, assez restreinte, l'addition d'un autre animal dans les attelages accroît les difficultés sans augmenter la puissance; le travail d'un attelage composé d'un grand nombre d'animaux est la plupart du temps moins correct et moins parfait que celui de 2 bêtes; dans les labours et autres façons données à la terre, ils piétinent et durcissent davantage celle ci; une augmentation dans le nombre des bêtes de trait accroît aussi les frais pour les harnais, la ferrure, le matériel, le logement, ainsi que pour le salaire et l'entretien des serviteurs plus nombreux qui sont nécessaires pour les soigner et les faire fonctionner, et fait naître une foule d'embarras dans la direction économique et raisonnée de ce service.

Ces inconvéniens dominent surtout quand on réunit sur un domaine des animaux de race chétive ou trop faibles qu'on est obligé d'atteler en grand nombre pour exécuter les travaux agricoles les moins pénibles.

3° En *faisant choix d'animaux doués, proportionnellement à leur taille ou à leur poids, d'une grande énergie.*

Ce choix paraît conforme aux principes d'une sage économie; en effet, l'énergie dans un animal destiné au travail peut suppléer en partie à la masse et au nombre, et dispense par conséquent d'avoir des chevaux d'une trop forte stature ou de composer les attelages d'un nombre superflu d'animaux. Cette énergie dans un cheval est souvent due aux belles proportions et à l'harmonie des formes extérieures unies à la vivacité et à un certain tempérament qui constituent, quand l'animal est en outre doué à un haut degré de l'aptitude nécessaire au service auquel on le destine, ce qu'on nomme un *bon cheval de travail.* Un bon cheval, ou un cheval actif, énergique, courageux et patient, fournit dans le même espace de temps un bien meilleur travail et en plus grande quantité qu'une autre bête du même poids dénuée d'activité et de courage, et comme tous deux consomment à peu près la même quantité de grains et de fourrages et exigent les mêmes soins et les mêmes frais, il est évident que le travail du 1er a une bien plus grande valeur pour le cultivateur que celui du second; ce travail convient en outre à un bien plus grand nombre de cultures. Souvent enfin le prix d'achat d'un bon cheval ou d'un bon bœuf n'est pas beaucoup plus élevé que celui d'un autre animal de même apparence, mais dépourvu des qualités précieuses qu'on doit rechercher dans les bêtes de trait.

Ces principes étant admis, il est aisé d'en faire l'application dans l'appréciation économique de la force des attelages.

1° Les *animaux de travail ne doivent pas être de taille ou de dimension trop fortes, ou trop chétives*, et on doit donner la préférence à ceux de *taille et de poids moyens*, qui sont en général les plus faciles à rencontrer, et chez lesquels on trouve le plus souvent la vigueur, l'énergie, l'activité, la sobriété, qualités dont il est si intéressant que soient doués les moteurs animés employés en agriculture; c'est aussi chez eux que ces qualités, quand on n'abuse pas de leurs forces, se conservent le plus long-temps et ceux par conséquent qui fournissent un travail à meilleur marché et d'une plus grande valeur, qui sont applicables à des travaux plus variés et peuvent faire dans ces travaux l'emploi le plus avantageux de leur force et de leur temps.

2° *Dans les travaux de labourage on ne doit pas, en général, atteler plus de 2 bêtes.* C'est une règle admise aujourd'hui à peu près dans tous les pays où l'agriculture a fait des progrès et par tous les praticiens éclairés. L'expérience a prouvé en effet qu'il est bien peu de sols, même les terrains compactes et argileux, qui ne puissent être labourés avec 2 chevaux, excepté peut-être les labours de défrichement et le 1er labour de jachère des terres très tenaces. Partout où on a adopté l'usage de n'atteler à la charrue que 2 chevaux ou 2 bœufs, la situation des cultivateurs s'est fortement améliorée par suite d'une diminution aussi essentielle dans les frais de culture, et ce doit être un motif puissant pour engager les propriétaires et les agriculteurs à introduire sur leurs établissemens l'usage des charrues à 2 bêtes, ainsi que celui de faire deux attelées par jour.

Lorsque, d'après l'expérience des plus habiles praticiens, nous disons que dans les labours on ne doit pas atteler plus de 2 bêtes, nous entendons également que cette opération est faite avec toute la perfection désirable, c'est-à-dire que la bande est de largeur convenable, la terre tranchée à la profondeur nécessaire et retournée convenablement, que les animaux fournissent dans leur journée le maximum de travail qu'ils peuvent donner et travaillent ainsi journellement sans être trop fatigués et sans que leur santé se détériore et que leur vigueur diminue.

Pour obtenir ces résultats avec 2 bêtes attelées, il faut remplir plusieurs conditions : 1° *faire usage d'une bonne charrue*. Un bon instrument de ce genre réduit souvent la force nécessaire pour opérer un même travail à la moitié et au tiers ou même au quart de celle qu'on est souvent obligé d'employer avec une charrue de construction vicieuse ou établie en dépit des principes de la mécanique. 2° *Avoir des animaux bien dressés et appariés, soignés et nourris convenablement.* Des animaux bien exercés apprennent à ménager leurs forces et à ne faire aucun mouvement qui n'ait un but utile, ce qui rend leur travail rapide et régulier, tandis que des bêtes mal dressées ou indociles s'emportent, s'écartent de la voie, dissipent ainsi en pure perte une partie de leurs forces, et ne font qu'un travail incorrect et qui marche avec lenteur. Dans un attelage composé d'animaux de force inégale, le plus fort fatigue le plus faible et s'épuise en efforts qui ont peu d'effet utile; dans celui où les bêtes ont une allure qui n'est pas la même, le travail ne marche qu'avec la vitesse de celui qui a la marche la plus lente, et il n'y a que dans des attelages bien appariés où le travail ait toute la célérité et la régularité qu'il comporte. Nous avons parlé plus haut de l'influence de la nourriture sur l'énergie motrice des animaux, et par conséquent sur la quantité et la qualité de leur travail. 3° *Employer des serviteurs habiles, honnêtes et intelligens.* C'est un fait bien connu que des chevaux conduits par un bon laboureur sont moins fatigués par le même travail que ceux conduits par un homme maladroit ou inexpérimenté. Un homme habile fait d'ailleurs plus de travail dans un même temps, et un meilleur ouvrage. 4° *Faire usage de harnais et d'un mode d'attelage bien entendus.* Des harnais mal adaptés à la conformation des animaux leur font perdre une partie de leurs avantages et les empêchent de produire le plus grand effet utile dont ils sont susceptibles. Un mode d'attelage vicieux produit le même effet; ainsi l'expérience paraît avoir démontré que, dans les mêmes circonstances, 2 chevaux de front font autant de travail que 3 attelés à la file, etc. 5° *Régler convenablement les heures de travail*, de manière que les animaux aient un temps suffisant pour le repos et fassent néanmoins un emploi avantageux de leur force; 9 à 10 heures de travail effectif par jour en 2 attelées paraît être le mode qui donne les résultats les plus satisfaisans. La répartition habile du travail dans le cours d'une année est aussi fort importante pour obtenir le maximum que peuvent fournir les moteurs, et pour parvenir à ce but on doit autant que possible les faire travailler constamment et non pas irrégulièrement et à de longs intervalles, comme cela se voit dans quelques établissemens.

« En général, dit M. de DOMBASLE (Ann. de Rov., t. 1er, p. 105), il m'est impossible de concevoir qu'on puisse se livrer à l'agriculture avec profit lorsqu'on est forcé d'atteler à la charrue 4 ou 8 chevaux et plus, comme on le fait dans certains pays. L'emploi d'une mauvaise charrue qui exige une force de tirage si considérable et entraîne à des dépenses si énormes pour l'entretien des attelages met le cultivateur le plus industrieux, placé dans cette circonstance, dans le plus cruel embarras. S'il économise les labours, ses récoltes diminuent et ses terres s'empoisonnent de plus en plus de mauvaises herbes; s'il les multiplie, il se jette dans des frais de culture qui ne pourront souvent pas être couverts par le produit des récoltes. »

Lorsque nous nous occuperons de la quantité de travail que doivent fournir les moteurs animés et les agens employés en agriculture, nous ferons connaître le travail journalier des bêtes de trait dans les travaux de labourage; mais on conçoit dès à présent que les terrains qui, depuis l'argile compacte jusqu'au sable mobile, présentent des *degrés de cohésion si divers*, doivent dans le travail faire éprouver des résistances très différentes, et qu'il convient d'avoir égard à ces différences. Avec un même attelage de force convenable, on laboure une bien plus grande surface dans un terrain léger que dans un terrain tenace et argileux, et comme nous avons vu que la puissance des animaux pour le travail se composait de leur énergie musculaire et de leur masse, on voit aisément que, pour travailler ces derniers terrains et pour ne pas contraindre les moteurs à déployer une énergie musculaire considérable, ce qui pourrait les épuiser, il convient d'augmenter leur masse, qui leur permet de vaincre alors une partie de la résistance par leur propre poids.

Ainsi, dans les terrains qui offrent une grande cohésion, on choisira des animaux de travail de taille moyenne, mais doués d'une certaine masse et d'une grande vigueur et qui soutiendront ainsi sans trop d'efforts musculaires un travail long et pénible, tandis que dans les sols légers on pourra donner la préférence à des animaux moins puissans, à formes plus sveltes, d'une allure plus légère, et qui expédieront plus d'ouvrage dans un même temps, ou à des animaux un peu plus pesans, mais dont un seul suffira pour retourner le terrain comme on le voit dans plusieurs localités de la Belgique, et entre autres dans la Campine et dans les environs de Lille. Enfin, dans les terrains de cohésion moyenne, on pourra se rapprocher, suivant les circonstances, de l'une ou de l'autre de ces limites.

Il serait du plus grand intérêt pour l'agriculture et pour la solution du problème de l'emploi le plus économique de la force des moteurs, qu'il existât un *dynamomètre* exact et sur les indications duquel on pût compter, et qu'avec cet instrument on entreprît une série d'expériences, d'abord avec une même charrue et un même mode d'attelage, dans des terrains de cohésions diverses, et qu'on mesurât les forces nécessaires pour opérer ce travail; puis, qu'on fît ensuite dans un même terrain une suite de nouveaux essais, en faisant varier la forme des charrues, les appareils d'attelage, la vitesse des animaux, etc. De pareilles expériences, combinées avec celles qu'on possède déjà sur la force moyenne des bêtes de travail, serviraient à l'instant même à déterminer, pour un terrain donné, la force qu'il serait le plus économique de donner aux attelages.

Il nous reste une observation à faire sur l'ensemble de la composition et de la force des attelages. Les uns ont conseillé de les composer tous de *bêtes de même poids, et de même force*, et d'autres d'avoir des attelages de *forces diverses*; l'une et l'autre de ces opinions peut être prise en considération suivant les circonstances. Dans les petits établissemens où les mêmes animaux de trait sont employés à une foule de travaux divers dans le cours d'une année, il paraît plus avantageux d'avoir des attelages de même puissance et de force constante; on parvient de cette manière à faire une répartition plus régulière des travaux annuels d'attelage et à appliquer avec économie et avantage aux instrumens ou véhicules une force qu'on connaît bien et dont on a étudié l'intensité. Dans les grandes fermes au contraire, où on réussit mieux à établir la division du travail et où il est plus aisé de distribuer également les travaux dans le cours de l'année, on conçoit qu'on doit trouver plus profitable d'avoir des attelages de forces variées et proportionnelles aux labeurs auxquels on les applique; ainsi, ceux qui laboureront tous les jours sur les terres fortes ou qui feront de pénibles charrois sur des coteaux abruptes ou à travers des routes présentant des obstacles, devront être d'une masse plus considérable que ceux chargés des travaux les plus légers de culture, ou du transport accéléré des récoltes ou des denrées sur des chemins ou des routes unies et en bon état. C'est même un des avantages des grands établissemens de pouvoir ainsi appliquer à un travail quelconque la force rigoureusement nécessaire qui lui convient, tandis que dans les petits on est obligé souvent de mettre en mouvement des animaux et de leur faire exécuter des travaux qui sont loin d'employer toute leur force et de fournir un travail économique.

§ II. — Du nombre des animaux d'attelage sur un établissement rural.

Le nombre de bêtes de trait qu'il convient de réunir sur un domaine rural pour exécuter tous les travaux annuels dévolus aux attelages dépend nécessairement des conditions particulières dans lesquelles se trouve l'établissement.

Disons d'abord, quelle que soit la nature du domaine, que, si on veut s'attacher aux règles d'une rigoureuse économie, celle-ci prescrit, lorsqu'on a déterminé la force des attelages, de n'entretenir que le *nombre de bêtes strictement nécessaire pour la bonne exécution de tous les travaux* dans le cours d'une année agricole. Les bêtes de trait, en effet, fournissent uniquement du travail et ne donnent aucun revenu; leur nombre doit être restreint dans les limites les plus étroites; mais il est une foule de circonstances où il est impossible de ne pas faire fléchir cette règle qu'il ne faut pas néanmoins perdre de vue, et des situations où on éprouverait des pertes bien plus importantes en restreignant ainsi le nombre des animaux de travail qu'en l'accroissant, quelque coûteux que leur entretien soit pour un établissement.

Cela posé, il est évident que le nombre des bêtes de trait dépend d'abord de *l'espèce* à laquelle on donne la préférence, puisque nous avons vu que la quantité de travail des bœufs est inférieure à celle des chevaux, et que pour exécuter un même travail, les 1ers ont besoin d'être plus nombreux sur un même domaine. Pour une même espèce et dans les mêmes conditions, ce nombre varie ensuite avec la *race, la taille, la vigueur, la docilité, le courage et l'énergie* des moteurs dont on fait choix. Le *mode d'alimentation*, ainsi que nous l'avons dit, influe beaucoup sur leur vigueur, en permettant aussi d'en tirer une plus grande quantité de travail, et par conséquent de diminuer leur nombre.

Le *climat* du pays au sein duquel le domaine est placé modifie aussi le nombre des attelages; ainsi, lorsque ce climat est très variable et peu favorable à la végétation, qu'il faut concentrer tous les travaux de l'année sur un petit nombre de mois, et mettre promptement à profit les courts intervalles propres aux travaux des champs qui peuvent se présenter dans ces mois, on doit chercher à racheter les désavantages de cette position par une plus grande célérité dans ces travaux, ce qui ne peut s'effectuer la plupart du temps sans une augmentation dans le nombre des bêtes de trait, surtout lorsqu'on ne veut pas alors accabler de fatigue des attelages insuffisans, moyen que réprouve une sage économie et qu'on préfère par un sacrifice pénible, il est vrai, atténuer les chances de pertes considérables qui vous menacent sous un semblable climat.

Parmi les causes influentes dans l'organisation du service qui nous occupe, c'est la *masse des travaux d'attelages* de toute espèce qu'il s'agit d'exécuter dans le cours d'une année qui règle le plus impérieusement le nombre des bêtes de trait. Ces travaux, qu'on peut exécuter de bien des manières diverses qui ne nécessitent pas toutes l'emploi d'une même force, peuvent en outre être plus ou moins multipliés sur des domaines qui présentent une égale surface. Lorsque nous nous sommes occupés de déterminer le nombre des travailleurs qu'il convient d'appeler pour l'exploitation d'un fonds (p. 393), nous avons fixé notre attention sur les causes qui peuvent accroître ou diminuer ces travaux et signalé en particulier parmi celles-ci la nature et la configuration du terrain, l'éloignement des pièces de terre et des bâtimens, l'état des chemins ruraux, le système d'exploitation, de culture et d'aménagement qu'on a adopté, le choix des instrumens, les mesures administratives plus ou moins bien entendues, le nombre des journées de travail de l'année, et dans chacune d'elles celui des heures de travail effectif, la force, l'intelligence, l'adresse et l'énergie des serviteurs à gages ou autres agens, etc.; nous pouvons donc nous dispenser de revenir sur les détails d'un sujet qui se représentera d'ailleurs encore dans le cours de ce livre.

C'est ici qu'il nous paraît utile de rappeler que *le nombre des bêtes de trait dans les établissemens ruraux ne croît pas dans la même proportion que l'étendue des surfaces*, même en supposant que le système d'exploitation et celui de culture y fussent les mêmes et également bien dirigés. Dans un grand établissement où s'établit naturellement la division du travail, on peut consacrer presque constamment les mêmes attelages et les mêmes serviteurs à un seul et même travail dans lequel les uns et les autres deviennent plus experts, tout en expédiant plus de besogne; on conçoit d'ailleurs qu'au moyen de cette division on peut employer des attelages mieux appariés au service auquel on les destine, leur distribuer plus régulièrement le travail pendant le cours d'une année et que dans les grandes fermes les animaux peuvent être plus vigoureux, plus beaux et mieux nourris. Dans les petits établissemens, au contraire, la multiplicité des travaux auxquels on est obligé d'appliquer un même attelage fait que les moteurs et les agens sont moins aptes et moins habiles pour chacun d'eux; le passage continuel de l'un à l'autre ne se fait pas sans perte de temps ou sans qu'il s'en écoule une portion assez notable avant que le nouveau travail auquel on applique l'attelage marche régulièrement et avec la célérité convenable, ce qui oblige d'entretenir proportionnellement un plus grand nombre d'animaux.

Cette différence dans le nombre des attelages nécessaires est bien plus sensible encore entre les grands et les petits établissemens, lorsque leurs modes de culture viennent à différer.

Dans les 1ers, on a recours a des machines perfectionnées, d'un prix d'achat élevé, mais qui expédient beaucoup de besogne; on ne donne à la terre que les façons rigoureusement nécessaires à la production, et on cherche à restreindre le nombre des attelages et à économiser sur la main-d'œuvre. Dans les seconds, au contraire, on ne laisse jamais la terre en repos et on lui prodigue les façons; on ne craint pas de cultiver les plantes qui exigent les travaux les plus multipliés de sarclage, de binage ou autres; ce qui nécessite un nombre de moteurs quelquefois double de celui que la grande culture emploie sur la même surface.

Malgré ces attelages quelquefois nombreux, c'est cependant la petite ou la moyenne culture qui éprouve souvent le plus d'embarras dans les climats variables et dans les circonstances atmosphériques peu favorables à l'agriculture. En effet, dans les fermes moyennes et petites, où tout doit être réglé avec économie, on fixe le nombre des bêtes de trait d'après les besoins rigoureux du service, et on cherche autant qu'on le peut par un accroissement temporaire dans le travail des hommes et des animaux, à franchir heureusement les périodes chanceuses de l'année. Il n'en est pas de même dans les grandes fermes bien dirigées, où l'on fait souvent un commerce de gros bétail qui permet d'appliquer au travail dans les momens urgens des bœufs ou vaches qu'on achète aux époques des grands labours, qu'on engraisse ensuite et revend avec profit; dans ces grands établissemens qui se trouvent parfois placés au milieu de pays où la grande et la petite culture sont également réparties, on n'hésite pas à entretenir un nombre d'attelages supérieur aux besoins, parce que aux époques où on n'en fait pas usage, on loue leurs services et on les fait travailler à façon pour les petits cultivateurs. Dans d'autres où l'on établit des fabriques agricoles ou des entreprises accessoires qui emploient des animaux à des charrois ou autres objets, on trouve naturellement sous sa main une ressource précieuse dans des besoins urgens, et un nombre d'attelages additionnels pour exécuter avec vigueur et célérité des travaux qui ne souffrent ni délai, ni négligence, etc.

On a proposé plusieurs règles empiriques pour *estimer approximativement le nombre de bêtes d'attelage* dont on a besoin sur un établissement rural, mais comme ces règles ne tiennent pas compte la plupart du temps des circonstances variées auxquelles il est nécessaire d'avoir égard dans cette estimation, nous ne pensons pas qu'il soit nécessaire d'en faire mention. Le plus sûr, dans l'opinion de Thaer, est toujours de dresser le tableau des travaux que dans chaque cas donné, d'après le système de culture et d'aménagement adopté, ainsi que suivant les circonstances locales, on doit exécuter à chacune des périodes de l'année agricole. On distinguera en même temps, en les plaçant dans 2 colonnes différentes, les travaux qui pourraient être exécutés d'une manière plus parfaite par des bœufs de ceux qui doivent l'être par des chevaux, et on portera dans chaque colonne, en regard de la spécification du travail, l'indication du nombre de journées que chaque bête de trait emploiera pour l'exécuter. On déterminera ainsi avec une exactitude rigoureuse le nombre d'animaux dont on aura besoin sur l'établissement, et le rapport le plus avantageux entre le nombre des bœufs et celui des chevaux quand on veut employer simultanément au travail l'une et l'autre espèce.

Ces calculs, comme on voit, sont simples, mais ils exigent la connaissance de la *quantité de travail* que fournissent les moteurs appliqués a divers labeurs; nous renvoyons donc au chapitre qui traitera des *travaux* l'exemple au moyen duquel nous nous proposons d'en faire voir l'application; mais afin de fixer les idées des agriculteurs qui débutent, nous terminerons ce chapitre par quelques exemples du nombre de bêtes de trait qui, d'après le témoignage d'agronomes instruits, sont employées dans quelques pays et dans des systèmes variés de culture.

A. Grande culture.

Dans les pays où règne encore l'assolement triennal avec jachère complète et où on épargne les façons et les engrais à la terre, on n'emploie pas plus d'un cheval pour 20 à 24 hectares de terres labourables ou prairies.

Thaer, qui a donné dans son *agriculture raisonnée* plusieures évaluations des travaux qu'on doit exécuter sur une exploitation rurale dans des systèmes variés de culture depuis l'assolement avec jachère complète jusqu'aux assolemens alternes les mieux entendus, et avec nourriture du bétail à cornes à l'étable, estime que pour un domaine de 360 hect. en bonne terre, dont 35 sont en prairies permanentes, et où dans l'assolement triennal 75 hect. sont en pâturages, ce qui ne laisse que 250 hect. à la charrue; tandis que dans la culture alterne 50 hect. sont joints aux soles en culture, ce qui porte les terres soumises à la charrue à 300 hect., il faut de 8 à 12 chevaux (terme moyen 10), plus 16 à 24 bœufs (terme moyen 20), ne faisant qu'une attelée par jour ou en comptant comme lui, que 20 bons bœufs de rechange font autant d'ouvrage que 11 chevaux, en tout 21 chevaux pour 360 hect., ou 1 cheval pour 17 hect. environ, les journées de charrues étant calculées pour 2 chevaux et les autres travaux par journées d'attelages de 4 bêtes; mais il est nécessaire de faire observer que ce célèbre praticien compte 300 jours de 9 heures chacun de travail effectif dans l'année, et qu'on a beaucoup de peine dans les exploitations bornées et surtout quand on commence à se livrer à l'exercice de l'agriculture à établir cette distribution parfaite des travaux et du temps des agens qu'on parvient à obtenir dans des exploitations rurales très vastes, bien dirigées et depuis long-temps en activité.

A Roville, où on se sert d'une excellente charrue et de chariots attelés d'un seul cheval, le nombre des bêtes de travail a varié suivant le plan de culture adopté à diverses époques. Dans ce domaine composé de 190 hect. de terres de cohésions diverses et dont 16 sont en prairies irriguées, le nombre des bêtes de trait en 1822 au moment de la formation de l'établissement et où les terres en assez mauvais état ont nécessité des labours profonds et multipliés, a été de 14, savoir: 5 chevaux et 9 bœufs, et en calculant suivant les Annales de cet établissement, que les 9 bœufs faisaient autant d'ouvrage que 7 chevaux environ, de 12 chevaux ou d'un cheval pour 16 hect. En 1828, le nettoiement progressif des terres ne rendant plus nécessaires des cultures aussi multipliées, et environ 50 hect. de terres de la culture la plus difficile ayant été consacrés à la luzerne, le nombre des chevaux a été de 8 ou 1 cheval pour 24 hect. Enfin, en 1830 les terres consacrées à la luzerne ayant été remises en culture, le nombre des bêtes de trait a été reporté à 12 chevaux comme précédemment, ou 1 cheval pour 16 hect.

Dans l'agriculture anglaise on compte en général dans les districts bien cultivés, sur les grandes fermes en terres arables et dans divers systèmes d'assolemens, environ 1 cheval pour 11 à 13 hect. au moins et souvent davantage, parce que le climat égal et tempéré du pays permet une répartition facile des travaux dans le cours de l'année.

En France, dans la majeure partie des départemens situés au nord de Paris, où l'assolement triennal amélioré s'est introduit, et où les établissemens ruraux sont administrés avec intelligence, ceux de moyenne ou grande étendue et en sol silico-argileux emploient à peu près 1 chev. sur 10 à 12 hect.

Un relevé fait en Angleterre, et que nous avons sous les yeux, nous apprend que dans un grand nombre d'établissemens agricoles choisis dans des districts divers et exploités suivant un système de culture alterne, on a trouvé en moyenne que sur une étendue de 40 hect. de terres arables, il faut un attelage de 2 chevaux et un attelage de 2 bœufs ou en moyenne de une bête de trait pour 10 hect.

B. Petite culture.

Les petits cultivateurs du comté de Norfolk, où la culture alterne est en vigueur et où le sol est léger et sableux, tiennent communément un cheval pour 8 hectares de terres soumises à la charrue.

Parmi les exemples nombreux cités par BALSAMO, l'abbé MANN et SCHWERZ, sur la culture de la Belgique et de la Flandre, on voit que dans les différens sols dont se compose ce pays, les cultivateurs calculent 1 cheval pour 7,6 et même 5 hect. Dans la Campine, beaucoup d'agriculteurs n'ont qu'un bœuf pour cultiver 6 hect. environ d'un sol meuble et léger.

Dans son ouvrage sur l'*agriculture de l'Alsace* (p. 47), SCHWERZ dit qu'on rencontre communément dans ce pays de petits établissemens où tout le travail d'un cheval est nécessaire pour cultiver 4 hectares de terrain.

Quant au *rapport des bœufs à celui des chevaux* sur les grands établissemens ruraux, SINCLAIR rapporte que dans les fermes anglaises qui exigent le travail de 20 chevaux, on en entretient souvent 16 avec 8 bœufs; que dans une ferme bien administrée un fermier entretient 22 charrues attelées de chevaux et 8 attelées de bœufs, et que beaucoup d'agriculteurs regardent le rapport de 60 chevaux à 28 bœufs de trait comme le plus avantageux qu'on puisse établir pour l'économie et la bonne exécution des travaux.

F. M.

CHAPITRE V. — DE L'ORGANISATION DU SERVICE DU MOBILIER.

On donne le nom de *mobilier* en particulier, de *matériel* ou *cheptel mort*, etc., à cette portion des objets mobiliers d'un établissement rural qui servent aux hommes ou aux animaux à exécuter les travaux que rend nécessaires l'exploitation du fonds ou qui sont à leur usage individuel.

Les objets divers qui peuvent entrer dans la composition du mobilier d'un établissement sont nombreux et variés, et plus la culture tend à se perfectionner, plus aussi on les voit se multiplier. Notre intention n'est pas ici de les examiner en détail, mais de les envisager d'une manière générale et comme il convient à l'administrateur qui organise ce service avec toute l'attention et le soin qu'il réclame.

Pour fixer les idées sur la diversité des objets ou appareils qui peuvent faire partie du mobilier d'une ferme, nous essaierons de les classer sous 4 catégories distinctes qui peuvent se partager elles-mêmes en plusieurs sous-divisions.

1re CATÉGORIE. *Outils* ou objets qui dans les travaux de culture se manient ordinairement à la main.

Bêches, pioches, houes, binettes, faux, faucilles, sapes, râteaux, coupe-gazons, louchets, bidents, fourches, brouettes, plantoirs, etc.

Ces outils sont à peu près les seuls dont on fasse usage dans la culture maraîchère ou les jardins potagers, ou dans celle des champs sur la plus petite échelle. On s'en sert aussi dans la moyenne et la grande culture, mais seulement pour certaines espèces de travaux.

2e CATÉGORIE. *Instrumens de culture* ou appareils mobiles et transportables mis généralement en action par les bêtes de trait.

1o *Instrumens de labourage.* Araires, charrues simples ou avec avant-train et divers binots, extirpateurs, scarificateurs, cultivateurs, etc. 2o *Instrumens de pulvérisation, d'ameublissement et de déplacement du sol.* Herses, rouleaux, instrumens divers à niveler la terre, former les billons, etc. 3o *Instrumens pour semaille.* Semoirs divers, plantoirs à cheval, rayonneurs, etc. 4o *Instrumens pour façons d'entretien.* Houes à cheval, sarcloirs, ratissoirs, butoirs, charrues à butter et d'irrigation, etc. 5o *Instrumens pour récoltes et engrais.* Chars, charrettes, tombereaux, camions, râteaux à cheval, instrumens à faner, chars à moissonner, charrues à arracher les racines, etc.

C'est dans cette catégorie que se trouvent les appareils les plus utiles à l'agriculture, et qui constituent en grande partie le mobilier d'une ferme. Plus un établissement de ce genre est bien monté et dirigé, plus aussi sont généralement nombreux et variés les instrumens qu'il emploie.

3e CATÉGORIE. *Machines* ou appareils fixes, et dont le mécanisme est mis en activité sur place par des hommes ou des animaux.

Machine à battre les grains, tarares et autres appareils pour vanner, nettoyer, concasser, décortiquer, réduire en farine les graines, nettoyer, couper ou hacher les tubercules ou les racines, concasser et pulvériser les os, la chaux, le plâtre, etc., et toutes les machines employées en agriculture qui recueillent, transmettent ou consomment à poste fixe une force motrice quelconque.

La plupart de ces machines ne sont encore employées que dans les grands établissemens, où elles procurent une économie de main-d'œuvre et de temps.

4e CATÉGORIE. *Ustensiles*, appareils ou objets ayant une destination variée; tels sont ceux pour :

1° Le *harnachement* des chevaux et des bœufs; 2° les *écuries, les étables, la bergerie, la porcherie, la basse-cour, la garenne, le colombier*, etc.; 3° les *granges et les greniers*; 4° les *fabriques et arts agricoles* divers tels que ceux pour les laiteries à lait, à beurre et à fromage, l'éducation des abeilles, la magnanerie, la fabrication des vins, de l'eau-de-vie, de la bière, du cidre, de l'huile, etc.; 5° le *bureau* et la *comptabilité*; 6° le *mesurage* des récoltes, produits, denrées, etc.; 7° le *ménage* dans lesquels sont compris les ustensiles et autres objets pour la maison d'habitation, le logement des serviteurs, la cave, le cellier, le bûcher, etc.; 8° la *conservation des bâtimens*, tels que outils divers pour les réparations, pompe à incendie, seaux, échelles, etc.

Les ustensiles entrent pour une part plus ou moins grande dans tous les établissemens ruraux, suivant l'importance de ceux-ci, le système d'exploitation adopté, le nombre des fabriques accessoires qui s'y trouvent établies, et l'aisance de l'entrepreneur.

Cette classification simple étant admise, nous allons nous occuper dans les sections qui vont suivre du choix et de la composition des objets qui doivent former le mobilier d'un établissement rural et du prix de leur service, en avertissant, toutefois, que les considérations dans lesquelles nous allons entrer s'appliquent plus spécialement à ceux que nous avons compris dans la 2e catégorie, c'est-à-dire aux instrumens qui sont, en effet, les objets les plus importans du mobilier et ceux dont la bonne composition influe le plus sur le succès en agriculture.

SECTION Ire. — *Du choix des instrumens d'agriculture.*

Le choix des instrumens agricoles est en général d'un très haut intérêt, et on a fait remarquer avec beaucoup de raison que, si les agriculteurs anglais et belges ont une supériorité bien marquée sur ceux de la plupart des autres nations, on doit l'attribuer en grande partie aux excellens instrumens qu'ils emploient dans leurs travaux de culture.

En France on ne comprend pas encore assez généralement que, de toutes les améliorations que l'agriculture peut recevoir, l'adoption des bons instrumens est une des plus urgentes et celle qui doit procurer les avantages immédiats les plus étendus. On conserve encore des instrumens grossiers et dont le travail est très imparfait et revient la plupart du temps à un très haut prix, tandis qu'il serait facile de les remplacer avec peu de frais par des instrumens perfectionnés qu'on peut déjà se procurer sur plusieurs points du territoire.

Pour mettre l'administrateur à même de comprendre l'importance des bons instrumens, nous lui présenterons le résumé des avantages qu'on doit se proposer d'obtenir par l'emploi judicieux des instrumens et des machines dans les travaux de l'agriculture.

§ Ier. — Du but de l'emploi des instrumens et des machines en agriculture.

Les instrumens et les machines ne créent pas de la force, mais permettent de *faire un emploi plus avantageux de celle des moteurs.* Cet emploi plus avantageux de la force se réalise par la combinaison de 4 conditions essentielles que voici.

1° L'*économie de la force.* Les forces dont on fait usage en agriculture dans les travaux des champs sont empruntées le plus communément aux moteurs animés, soit l'homme, soit les bêtes de trait. L'emploi de cette force, comme nous le savons déjà, n'étant pas gratuit, il importe d'en faire l'usage le plus profitable qu'il est possible. Les avances ou les sacrifices qu'on est obligé de faire pour en obtenir la jouissance se mesurent, pour les hommes, par les salaires qu'on leur accorde et les frais qu'on est souvent obligé de faire pour leur nourriture et leur entretien, comme nous l'avons vu au chapitre III du présent titre, et pour les animaux, par les frais variés dont nous avons essayé de faire l'évaluation économique dans le chapitre précédent.

Les frais qu'occasionne, à l'époque actuelle, l'emploi de la force de l'homme, sont environ les 2/3 ou la moitié de ceux que nécessite l'emploi du service d'un bon cheval de taille moyenne; mais ce dernier étant capable de vaincre dans un même temps une résistance au moins 7 fois aussi considérable que celle que surmonte le 1er, on voit déjà que la substitution du travail des animaux à celui de l'homme, non-seulement a permis d'exécuter des travaux que la faiblesse de celui-ci rendait impraticables, mais en outre a procuré à l'agriculture un avantage considérable par l'économie du nombre de bras qui autrement eussent été nécessaires.

L'agriculture ne s'est pas contentée de cette simple substitution de la force des animaux à celle de l'homme, elle a dû chercher de plus à *tirer des 1ers le plus grand effet utile possible*, ou à leur faire payer soit par une plus grande quantité de travail, soit par un travail d'une plus haute valeur, les soins et la nourriture qu'on leur accorde. Ces conditions n'ont pu être remplies qu'en donnant aux animaux, par l'exercice, une éducation conforme aux services qu'on voulait en tirer, en les faisant conduire par des hommes exercés à ces travaux, et enfin en fournissant à ces moteurs des *instrumens* propres à mettre utilement à profit la somme de leurs efforts journaliers.

Cette dernière condition, la seule qui doive nous occuper ici, est bien loin d'être réalisée dans la plupart des instrumens d'agriculture encore en usage, et pour n'en rappeler qu'un exemple vulgaire, il suffit de citer ces charrues avec avant-train construites avec tant d'imperfection qu'on est, dans quelques localités, obligé d'y atteler 4 ou 6 bêtes et plus pour faire un labour qu'une bonne charrue simple, établie sur un bon modele, telles que celles de Small, de Roville, etc., exécuterait aisément et d'une manière plus parfaite avec 2 chevaux seulement.

Ainsi nous voyons que la force nécessaire pour exécuter un même travail, en supposant qu'il ait la même perfection dans les 2 cas, peut être 2, 3 et même 4 fois plus considérable avec un instrument imparfait qu'avec un autre instrument construit sur un bon modele, d'après les principes de la mécanique et suivant les conditions que l'expérience a révélées, et combien il importe à l'administrateur d'économiser dans ces travaux par un choix d'appareils perfectionnés cette force motrice qu'il paie fort cher, et d'en faire l'emploi le plus utile et le plus judicieux.

2° La *célérité des travaux.* Puisqu'un animal attelé à un instrument ou à une machine convenable expédie dans un même temps beaucoup plus de travail qu'un homme, et que son travail devient ainsi proportionnellement moins dispendieux, il paraît tout simple, dès que les travaux deviennent plus importants et l'étendue de la surface qu'on veut exploiter plus considérable, de faire exécuter ceux-ci par les bêtes d'attelage; c'est ce qu'on a fait de temps immémorial pour les labours et les charrois, et c'est d'après le même principe que nous voyons, dans les pays où l'agriculture fait des progrès, les houes, les binettes, les fourches et les râteaux ordinaires, etc., outils qui, dans la main de l'homme ne font qu'un travail lent et pénible, être remplacés par la houe à cheval, les sarcloirs, les charrues à butter, les appareils pour faner, etc., instrumens qui, conduits par un animal, expédient bien plus vite la besogne.

Mais cette *célérité si précieuse dans les travaux d'agriculture* ne doit pas être achetée aux dépens de la perfection des façons ou par une dépense superflue dans l'emploi de la force motrice; or, ces conditions ne peuvent être remplies qu'en faisant usage d'instrumens perfectionnés, qui, à part l'habileté de ceux qui les dirigent et l'aptitude des animaux qui les mettent en mouvement, sont les seuls qui, pour un travail bien fait, consomment la moindre quantité de force et expédient en même temps le plus d'ouvrage.

Ce n'est pas seulement sous le rapport de l'exécution prompte des travaux journaliers d'un établissement que les instrumens perfectionnés présentent de l'avantage, c'est aussi très souvent sous celui de l'accomplissement plus entier de la masse des travaux annuels, dont ils permettent la *distribution plus égale et plus régulière.* Un exemple bien connu aujourd'hui en France met cette vérité dans tout son jour. L'excellente charrue sans avant-train de Roville, qui permet de labourer presque par tous les temps, en toute saison et dans tous les terrains, et d'obtenir constamment un travail satisfaisant, offre certainement une bien plus grande facilité pour la répartition méthodique des travaux annuels, et par conséquent pour apporter une plus grande diligence et une plus grande activité dans l'exploitation d'un fonds rural, qu'une charrue établie sur un modèle vicieux, et avec laquelle on ne peut obtenir un travail passable que pendant quelques jours seulement dans la saison favorable.

3° La *perfection des travaux.* L'emploi des instrumens et des machines en agriculture a aussi pour but d'obtenir un travail plus parfait; ainsi la machine à battre qui donne communément 1/15e de plus en grain que le battage au fléau, et fait bien plus d'ouvrage que ce dernier dans un temps égal et avec une même dépense, fournit par conséquent un travail plus perfectionné; les semoirs, qui répartissent les grains sur le sol d'une manière plus égale et de telle façon que chacun d'eux jouit plus complétement des alimens qu'il peut puiser dans le sol et de sa portion d'air et de lumière, sont des instrumens qui perfectionnent le travail, etc.

Cette perfection du travail a presque toujours pour conséquence, en agriculture, une *augmentation dans la production*, c'est-à-dire un accroissement dans la quantité des produits récoltés avec les mêmes frais; ainsi, dans les Annales de Roville (t. III, p. 302), on cite un fermier de la Moselle qui, d'une année à l'autre, a vu s'accroître de 22 p. 0/0 le produit brut en grain de ses champs, par la substitution de la charrue simple de cet établissement, attelée de 2 chevaux, à une charrue du pays avec avant-train, qui employait 6 à 8 chevaux.

On ne peut nier toutefois que parmi les instrumens qui économisent la force et accélèrent l'ouvrage, il n'y en ait beaucoup qui donnent souvent un travail inférieur en qualité à celui qui est exécuté à la main avec des outils; ainsi, avec les charrues, les herses et les rouleaux, on parvient difficilement à obtenir dans les labours l'ameublissement, l'égalité, la légèreté et l'élasticité que le travail de la bêche donne au sol, et sous ce rapport il reste encore beaucoup à faire dans la mécanique agricole; mais il n'en reste pas moins constant que les instrumens améliorés étant ceux qui dans le travail se rapprochent le plus de cette perfection, qui est une des conditions à laquelle on doit viser sans cesse, ce sont aussi ceux auxquels il convient de donner la préférence dans tout établissement bien organisé.

4° L'*économie dans les frais de production.* C'est là principalement l'objet qu'on a en vue dans l'emploi des instrumens et des machines, ainsi que le but et la conséquence de l'économie de la force et de la célérité dans les travaux agricoles qu'on cherche dans leur secours. Cette économie, dans tous les cas, ne consiste pas seulement à épargner sur les frais d'un travail qu'il est évidemment plus profitable de faire exécuter par des animaux et des instrumens que par un grand nombre d'hommes, il faut de plus qu'elle soit la plus considérable qu'il est possible de réaliser, tout en obtenant un travail de bonne qualité ou même de qualité supérieure; c'est-à-dire qu'on doit s'efforcer, parmi les instrumens employés en agriculture, de faire choix de ceux qui donnent en même temps un travail parfait et rapide, et avec moins de frais que par toute autre combinaison.

Nous pouvons encore citer à ce sujet la machine à battre le grain, trop peu répandue parmi nous, mais qui l'est beaucoup plus en Angleterre. Cette machine, d'un prix toujours assez élevé, n'est guère à la portée que des grandes exploitations; mais dans ce dernier pays où on est industrieux, les petits fermiers ne sont pas privés des avantages qu'elle procure, et dans quelques comtés on voit un homme, assisté d'un enfant, transporter avec 3 chevaux, de ferme en ferme, une machine portative de cette espèce dont ils louent le service à la journée (*voy.* t. Ier, p. 338). Dans cette journée de travail, la machine bat environ 30 à 32 hect. de froment très proprement et sans endommager la paille, pour le prix de 24 fr.; avec cette donnée, essayons de faire le compte du battage au fléau et à la machine en Angleterre, où le froment est actuellement coté au prix d'environ 24 fr. l'hect., et de comparer les frais qu'occasionnent ces deux modes usités pour faire un même travail.

Battage à la machine. La machine bat 900 gerbes dans une journée de travail, et donne en grain 1/15e de plus que le battage au fléau, ou. . 32 hect.

Qui, au prix moyen de 24 fr. l'hect., font une somme de.	768 fr.
A déduire pour le prix du service de la machine.	24
Reste net.	744

Battage au fléau. Un bon batteur en grange ne bat guère que 90 gerbes, qui fournissent 3 hect. de grain.

D'autre part. . . .	744 fr.
Il faudrait 10 journées d'homme pour battre les 900 gerbes qui ne donneront que. . . . . 30 h. 00 l.	
A déduire en nature 5 p. 0/0 pour frais de battage. 1 50	
Reste. 28 50	
Qui, au taux moyen de 24 fr. l'hect., font.	684
Différence en faveur de la machine.	60

Ainsi, non-seulement on a obtenu un travail plus rapide, puisqu'en un seul jour on a battu une quantité de gerbes qui eût exigé un grand nombre de travailleurs qu'il est toujours difficile de se procurer et de surveiller, mais en outre ce travail a été mieux fait car on a obtenu 1/15e de grain de plus; enfin, avec la machine le prix du battage n'est revenu qu'à 75 c. l'hect. de grain disponible, tandis qu'il a coûté plus de 1 fr. 26 c. par le battage au fléau.

§ II. — Des conditions auxquelles doivent satisfaire les instrumens d'agriculture.

Après avoir fait connaître le but de l'emploi des instrumens et des machines et combien il importe que ces objets soient établis et construits d'après les meilleurs principes, nous allons rappeler, d'après SINCLAIR, THAER et autres agronomes et praticiens distingués, quelques-unes des autres conditions auxquelles ils doivent satisfaire.

1° Les instrumens d'agriculture doivent être aussi *simples dans leur construction* que le permet le but auquel ils sont destinés, afin que leur usage soit plus facile et qu'ils puissent être réparés par les ouvriers ordinaires quand le cas l'exige. Ils ne doivent présenter aucune pièce inutile ou dont l'objet ne puisse être atteint d'une manière plus simple et plus commode ; on doit ainsi éviter d'introduire des pièces qui éprouvent des frottemens et qui occasionnent par conséquent une grande perte de force ; 2° Les matériaux qui entrent dans leur construction doivent être *durables*, afin d'éviter autant que possible les interruptions de travail et les pertes de temps qu'entraînent les réparations ou l'achat d'un matériel trop considérable. 3° Ils doivent être d'une *construction solide*, afin qu'ils soient peu endommagés par les secousses et les chocs auxquels ils sont exposés, et pour qu'ils puissent être manœuvrés sans crainte de les briser par les ouvriers ordinaires qui n'ont pas l'habitude de manier des instrumens perfectionnés. 4° Dans les instrumens ou machines d'un grand volume, on doit faire une attention particulière à la *légèreté de la construction ;* un pesant chariot, par exemple, s'use par son propre poids presque autant que par les denrées dont il est chargé; il fatigue les chemins et les terres, et diminue l'effet utile qu'on peut tirer du travail des animaux. 5° Le *bois* doit être coupé et placé de la manière la plus convenable pour résister à la fatigue, et on doit éviter de faire sans nécessité des assemblages et des mortaises pour réunir les pièces; celles-ci doivent, quand elles ne fatiguent pas, être assez réduites pour donner toute la légèreté compatible avec la solidité de l'instrument. 6° Le *prix* doit être tel que les cultivateurs d'une fortune médiocre puissent en faire la dépense ; cependant, le bas prix ne doit jamais déterminer un administrateur judicieux à faire l'acquisition d'un instrument peu solide ou de construction vicieuse; il n'y a même qu'une économie apparente dans ce marché, car le prix d'achat se combine avec les frais d'entretien, et lors même par exemple qu'une charrue en fer coûterait 2 fois plus qu'une autre en bois, comme elle peut servir 3 fois plus longtemps, elle est à meilleur marché. 7° Il faut qu'on puisse les *régler sans peine, promptement et sur place*, et qu'ils fassent un bon travail, indépendamment de la dextérité ou de l'habileté du travailleur et de la docilité et de l'aptitude du moteur. 8° Enfin les instrumens doivent *être adaptés à la nature soit montueuse, soit plane du pays*, à la qualité de son sol, ceux qui conviennent à des terres légères ne rendant pas d'aussi bons services dans les terres fortes, ou même pouvant n'être d'aucun usage, et appropriés à son climat, à l'état de ses routes, à la force des bêtes de trait dont on fait usage, et surtout au système de culture et d'aménagement au moyen duquel on tire des fruits d'un fonds.

Nous venons de dire que les instrumens d'agriculture doivent être solides et durables; ces qualités dépendent en partie des *matériaux* qu'on emploie à leur construction. Ceux dont on fait le plus communément usage sont le bois et le fer, soit à l'état de fer forgé, soit à celui de fonte.

Ces 2 matières peuvent entrer dans des proportions très variées dans la construction des instrumens d'agriculture ou dans celle de leurs pièces, et aujourd'hui il en est plusieurs qu'on construit en totalité en fer forgé ou en fonte, ou avec ces deux espèces de matériaux.

Le *bois* a l'avantage d'être facile à travailler et d'un prix peu élevé ; les pièces construites en bois se réparent ou se remplacent aisément, mais aussi elles se détériorent plus promptement par le travail ou quand on n'en prend pas soin, et souvent on ne parvient à leur donner le degré de solidité qui leur est nécessaire qu'en augmentant beaucoup leur volume ou leur poids.

Le *fer*, par suite de la résistance plus considérable qu'il offre, permet de diminuer beaucoup le volume des pièces sans nuire à leur solidité. Construits dans de vastes établissemens qui peuvent adopter la division du travail, et d'après des patrons ou des modèles choisis avec attention, les instrumens en fer ont en général des formes plus satisfaisantes, plus régulières et ne reviennent pas alors beaucoup plus cher que ceux en bois. Le fer en outre convient mieux, en ce qu'il n'est pas attaqué par les insectes, qu'il résiste mieux, sans éclater ou s'altérer, aux alternatives de la chaleur et du froid, de la sécheresse et de l'humidité ou à la déformation qui résultent des influences climatériques ainsi qu'aux chocs violens.

Les instrumens en fer ou en fonte jouissent en outre d'un avantage important; c'est que leurs différentes pièces étant faites la plupart du temps sur des *modèles invariables* qui les reproduisent avec des formes parfaitement identiques, on peut facilement remplacer en un instant une pièce détériorée sans autre travail que celui qui est nécessaire pour fixer des boulons, tourner des écrous ou chasser des clavettes, la nouvelle pièce s'adaptant parfaitement à la machine sans frais et sans perte de temps; avantage inestimable et que doivent apprécier ceux qui savent combien une pièce réparée d'après des principes arbitraires dans un instrument d'agriculture peut faire varier les conditions et la qualité de son travail, et avec quelle attention on doit chercher à faire fonctionner des agens soumis, la plupart du temps, à l'empire de la routine, à des préjugés, ou incapables d'un nouvel apprentissage avec des instrumens d'une forme parfaitement constante et donnant toujours les résultats identiques.

Enfin, les instrumens en fer bien établis, étant d'une *inflexibilité presque absolue*, il en résulte beaucoup de régularité dans leur marche; avec eux la perfection du travail devient moins dépendante de la volonté de celui qui les fait agir, et enfin il est plus aisé, par suite de la constante uniformité de la résistance qu'ils éprouvent, de mesurer la force nécessaire pour vaincre celle-ci et d'employer plus utilement la force motrice.

On a *reproché aux instrumens en fer* de ne pouvoir être réparés par tous les ouvriers, d'être plus pesans et d'un prix plus élevé; mais il est constant que les altérations et les ruptures y sont beaucoup moins fréquentes que dans les instrumens en bois, et qu'au moyen des pièces de rechange les réparations sont aussi rapides que faciles; que s'ils sont quelquefois plus pesants, la régularité et la perfection de leurs formes font qu'ils n'offrent pas plus de résistance au tirage; enfin, que lors de l'acquisition, s'ils sont d'un prix plus élevé, leur durée et la perfection de leur travail paient bien au-delà, et souvent dès la 1re année, l'excédant de dépense qu'ils occasionnent. Au reste, il est présumable que l'abaissement progressif du prix du fer, et l'établissement sur plusieurs points du royaume de fabriques d'instrumens d'agriculture auxquelles un bon système d'étalonnage permettra de réduire les prix, ne laisseront plus, même au petit ménager, de prétexte pour donner la préférence aux instrumens grossiers du charron de son village.

§ III. — Considérations sur le choix des instrumens et des machines.

Quelque éclairé qu'on soit dans la pratique de l'art, quelque versé qu'on puisse être dans la théorie et les sciences accessoires à l'agriculture, il n'en faut pas moins apporter *la plus grande prudence* dans le choix des instrumens dont on veut garnir un domaine. Par exemple, on a fait observer avec justesse qu'il ne serait pas toujours judicieux de repousser sans examen les instrumens employés dans un pays où l'on organise un fonds, sous le prétexte qu'ils sont construits dans leur ensemble sur des principes vicieux. Ces instrumens peuvent en effet présenter des formes ou des modifications qu'une longue pratique aura fait juger nécessaires, qui ont pour elles la sanction de l'expérience et qui sont utiles dans la circonstance locale où on en fait usage; ce qu'il importe alors, c'est de corriger les vices de construction tout en conservant le principe, et d'obtenir ainsi une amélioration sans s'écarter des habitudes du pays et de la routine des agens.

Quand les instrumens sont imparfaits et ne présentent aucune modification utile, le mieux est assurément de les remplacer complétement par des instrumens perfectionnés; mais il est souvent très difficile d'introduire de nouveaux instrumens dans un canton; l'ignorance, les préjugés, la routine, l'obstination des valets de ferme ou des gens du pays offrent parfois des obstacles presque insurmontables et dont M. de Dombasle, dans son excellent mémoire intitulé *Du succès ou des revers dans les entreprises d'améliorations agricoles*(1), nous a présenté un tableau exact.

« L'adoption des instrumens perfectionnés d'agriculture semble, dit-il, au 1er aperçu, du nombre de ces améliorations qui sont à la portée de tout le monde, dans lesquelles on peut réussir partout dès le début d'une entreprise agricole. Cependant il est bien certain que c'est par des tentatives prématurées de ce genre que beaucoup de personnes en ont compromis le succès dans leurs exploitations, et quelquefois aussi dans le voisinage. Le concours de la volonté des employés inférieurs ou des valets de ferme est indispensable pour qu'un nouvel instrument, quelque utile qu'on le suppose, puisse s'introduire avec succès dans une exploitation rurale, plus que tout autre genre d'amélioration. Pour obtenir ce résultat, il faut que le maître inspire de la confiance à ses valets, je veux dire de la confiance comme cultivateur et surtout comme possédant les connaissances du métier, car c'est là tout ce qui constitue toute l'agriculture aux yeux des hommes de cette classe. Communément le propriétaire qui entreprend d'exploiter son domaine en changeant les méthodes du pays ne place guère de confiance dans les idées des valets; mais ceux-ci dans ce cas en placent encore bien moins dans les connaissances de pratique du maître, et il résulte de cette défiance réciproque la situation la moins favorable pour l'introduction de nouveaux instrumens. La confiance ne peut se commander et il n'est qu'un moyen de l'obtenir, c'est de la mériter. Aussitôt que le propriétaire aura réellement acquis de l'expérience, qu'il possédera une connaissance approfondie de ses terres; lorsqu'il connaîtra bien la marche et l'emploi des instrumens que l'on y applique tous les jours; lorsqu'il sera en état d'apprécier par ses propres observations leurs qualités et leurs défauts, les avantages ou les vices des cultures qu'ils exécutent, alors ses valets commenceront à juger qu'il est cultivateur, et il trouvera dans les essais qu'il pourra tenter pour introduire de nouveaux instrumens, non-seulement des bases plus sûres pour asseoir lui-même un jugement sur les effets qu'il en obtiendra et pour s'affranchir à cet égard de la dépendance de ses gens, mais aussi bien moins de résistance de leur part. S'il a réussi dans ses 1res tentatives, ou du moins si ses valets l'ont vu juger avec discernement et en praticien les instrumens qu'il a essayés, on peut être assuré qu'il lui sera facile d'obtenir une coopération franche et bienveillante dans les tentatives du même genre qu'il fera ensuite. Je ne crains pas d'affirmer que dans le nombre des mécomptes que beaucoup de propriétaires ont éprouvés dans des essais d'introduction d'instrumens perfectionnés d'agriculture, la cause principale se trouve dans le défaut de confiance des valets occasionné par l'absence des con-

(1) *Annales de Roville*, tome VIII, p. 175.

naissances de pratique du maître. Il est donc sage de s'efforcer d'acquérir ces connaissances avant de se livrer à des tentatives de ce genre, à moins qu'on n'ait sous la main un homme dans lequel on est bien assuré de trouver, avec des connaissances de pratique, une coopération franche et le désir sincère d'obtenir la réussite des instrumens que l'on veut introduire. »

Lorsque nous conseillons de faire choix, au moment où on organise les divers services du domaine, d'instrumens nouveaux et perfectionnés, nous n'entendons pas qu'on garnisse la ferme d'instrumens nouvellement inventés ou de ceux auxquels des agriculteurs ou des mécaniciens auront proposé de faire quelques améliorations qui peuvent être parfois utiles dans une localité, mais qui n'ont pas ce caractère de généralité qui distingue les bons instrumens. En agissant de cette dernière manière, on ferait en effet une faute grave; l'année où l'on forme un établissement rural n'est pas le moment favorable pour faire l'essai de nouveaux instrumens, à cette époque on ne saurait marcher avec trop de circonspection et on a beaucoup d'autres études et de tentatives à faire pour en assurer le succès. Par instrumens nouveaux et perfectionnés nous entendons de *bons instrumens*, qui ont été améliorés d'après les principes de la mécanique ou les préceptes de l'expérience, et qui ont déjà reçu, dans les pays où l'agriculture a fait les progrès les plus remarquables, la sanction du temps et l'approbation des praticiens les plus éclairés; et enfin ceux qui, dans les circonstances où on se trouve placé, sont les plus propres à remplir les conditions qu'on doit chercher dans l'emploi des instrumens d'agriculture et que nous avons exposées plus haut.

Nous avons insisté il n'y a qu'un moment sur la simplicité, la solidité et la légèreté que doivent présenter des instrumens d'agriculture, et nous avons ajouté quelques considérations sur les matériaux qui doivent servir à les construire; nous n'avions alors en vue que d'énoncer les principes généraux qui doivent guider dans le choix de ces instrumens; mais quand il s'agit de les acquérir; il faut pousser encore plus loin l'examen de détail. Il ne suffit pas qu'un instrument soit construit d'après un bon modèle et avec des matériaux convenables, il est de plus nécessaire qu'*une bonne exécution* assure à ces appareils tous les avantages que leur modèle présente et doit garantir. Ainsi, après avoir étudié avec attention la pureté et la rigueur des formes d'un instrument, après avoir reconnu les matériaux qui entrent dans sa construction, on s'assurera de la bonne qualité de ceux-ci, surtout dans les pièces qui sont destinées à éprouver beaucoup de fatigue, des secousses violentes ou des chocs; on examinera avec attention leur mise en œuvre et surtout les moyens d'union des pièces et les assemblages, et enfin les ornemens toujours superflus dont les constructeurs décorent les instrumens souvent pour masquer certains vices de construction qui ne doivent pas échapper à un œil exercé.

S'il s'agissait d'une machine plus importante, telle que la machine qui sert à battre le grain ou celles qu'on emploie dans divers arts agricoles, il serait nécessaire de n'en faire l'acquisition qu'au moyen d'un *marché* dans lequel on énoncerait le prix convenu, la nature et la quantité de travail qu'on exige dans la machine et où on stipulerait que le paiement ne serait effectué qu'au moment où, la machine étant montée, le mécanisme fonctionnera bien. Une machine fonctionne bien lorsque sa marche est douce, silencieuse, uniforme, qu'elle remplit les conditions voulues relativement à l'emploi de la force, ou du combustible consommé si c'est une machine à feu, à la quantité et à la qualité du travail exigé. Une mauvaise machine est toujours très dispendieuse par les résultats imparfaits quelle donne, les réparations qu'elle nécessite ou les chômages continuels qu'elle occasionne.

SECTION II. — *De la composition du mobilier.*

§ Ier. — Des principes propres à guider dans l'évaluation numérique des objets du mobilier.

Le nombre des instrumens d'agriculture inventés jusqu'ici est si considérable qu'il faut nécessairement faire un choix, même parmi ceux qui jouissent d'une réputation méritée. Ce choix, comme on le pense bien, doit être nécessairement basé sur les *besoins du service* et sur l'importance ou la nature de l'établissement qu'on organise.

Il est d'abord 2 écueils qu'on doit chercher à éviter quand on s'occupe du mobilier d'une ferme, l'un est de garnir la ferme d'un nombre insuffisant d'instrumens et l'autre d'un nombre superflu.

Un *mobilier insuffisant* annonce toujours un établissement mal administré et où on veut souvent exploiter une étendue de terrain qui n'est pas en proportion avec les capitaux dont on dispose. Dans une pareille ferme, faute d'instrumens et de machines, on éprouve, dans les cas urgens, des dommages considérables; les appareils, y fatiguent beaucoup et ont besoin de réparations fréquentes qui occasionnent des chômages prolongés et très onéreux pour l'entrepreneur. C'est donc une économie bien mal entendue que de ne consacrer, sur le capital fixe d'exploitation, qu'une somme qui ne suffit pas pour se procurer tous les objets mobiliers nécessaires pour établir une bonne distribution économique des travaux dans le cours d'une année et pour être même en état de faire face aux cas graves et urgens, et un précepte dangereux par ses conséquences que celui donné par quelques auteurs de mettre la plus rigoureuse économie dans l'acquisition des instrumens, sous le prétexte que c'est un capital qui dépérit très rapidement et ne peut se renouveler qu'au moyen de nouveaux sacrifices.

Remarquons d'abord que les instrumens perfectionnés et bien établis, comparés en particulier à ceux de même espèce mais d'une construction moins parfaite, expédiant en général plus de besogne que ceux-ci, n'ont pas besoin d'être aussi nombreux, et, quoique souvent d'un prix plus élevé comparativement, ne sont pas, au résumé, plus onéreux pour le capital d'exploitation.

Rappelons ensuite que quand on substitue les instrumens mis en action par les animaux au travail de l'homme, on est, il est vrai, obligé de consacrer une somme plus considérable à l'acquisition des instrumens et des moteurs, mais on diminue en même temps dans une proportion bien plus grande les sommes qu'il faudrait consacrer annuellement aux travaux manuels, et il est certain qu'une comptabilité en règle démontre bientôt qu'il y a eu économie réelle sur les capitaux avancés pour l'exploitation du fonds au bout d'un certain espace de temps.

D'un autre côté, un *mobilier superflu* a ses inconvéniens; il occasionne des avances de fonds plus considérables et charge inutilement la production des intérêts de ces avances; il occasionne des encombremens qui, dans les fermes où l'espace renfermé par les bâtimens est limité, causent des pertes de temps, des lenteurs dans le travail ou des accidens. De plus, il n'est pas un cultivateur qui ne sache qu'on ne parvient en agriculture à faire économiquement un bon travail, qu'autant que les agens ou les moteurs eux-mêmes ont acquis par un usage constant et prolongé l'habitude des instrumens; que, dès qu'on change très fréquemment ceux-ci, on devient moins expert à conduire chacun d'eux et qu'on perd même un temps assez considérable à une sorte de nouvel apprentissage qu'il faut faire chaque fois qu'on change d'instrumens et avant que le travail marche avec une parfaite régularité. C'est en se basant sur ce fait d'expérience que Anderson, qui avait surtout en vue les fermiers anglais qui assez souvent garnissent leurs établissemens d'objets mobiliers nouveaux et trop multipliés, disait que des instrumens nombreux et qu'on emploie rarement étaient pour le cultivateur une source d'embarras et de mécomptes plutôt que de satisfaction.

Cette observation s'adresse surtout aux jeunes gens qui forment un établissement ou aux propriétaires zélés pour les progrès de l'agriculture, qui, animés du désir de monter leur ferme avec tous les perfectionnemens connus dans le moment, ou d'épargner la main-d'œuvre, ou enfin de répandre la connaissance d'un nouvel instrument qu'ils croient avoir un haut degré d'utilité, s'empressent d'acquérir une foule d'objets mobiliers superflus dont ils se servent rarement ou dont ils sont obligés souvent d'abandonner l'usage.

En règle générale, on ne doit meubler une ferme qu'avec les objets réellement nécessaires et ceux seulement dont on peut faire un emploi utile et avantageux.

§ II. — Des modes divers pour déterminer la quantité ou le nombre des objets mobiliers

Nous n'essaierons pas de donner ici un inventaire exact du mobilier d'un établissement rural; on comprend assez que les modifications infinies qu'apportent dans ce service les conditions essentiellement variables dans lesquelles chaque ferme se trouve placée, rendraient cette nomenclature longue, incomplète ou inutile; mais nous pouvons dire un mot sur la manière dont il convient, dans chaque cas particulier, de régler la quantité de ces objets mobiliers.

Lorsque nous nous sommes occupés de déterminer les causes qui accroissent ou diminuent la *quantité de travail annuel* sur les établissemens ruraux, tant pour les agens (p. 393) que pour les moteurs (p. 432), nous avons vu que les principales étaient l'étendue du fonds à exploiter, la nature et la configuration du terrain, le climat, l'éloignement des pièces de terre, l'état des routes et chemins, le système de culture et d'aménagement, le mode d'administration, le nombre et la durée des journées de travail, la force, l'énergie et l'adresse des travailleurs, la vigueur ou l'aptitude des bêtes de trait, les travaux d'amélioration, etc. Toutes ces causes agissent dans le même sens pour faire varier le nombre des outils, instrumens, machines ou ustensiles dont il convient de garnir un domaine, puisque c'est avec ces objets que le travail est généralement exécuté. De même que lorsqu'il s'agit des agens et des moteurs, plus les instrumens sont propres aux services auxquels on les applique, moins ils ont besoin d'être nombreux.

Dans le mode le plus ordinaire, on détermine d'abord le nombre des *charrues* dont on aura besoin pour les labours; puis on fixe ensuite, d'après cette donnée, le nombre proportionnel des autres instrumens de culture qui seront nécessaires. Dans d'autres occasions on prend pour base le nombre des *chevaux* qui sont jugés utiles pour exécuter tous les travaux, et on établit, d'après la composition des attelages, le nombre des charrues en comptant 1 charrue pour 2, 4 ou 6 chevaux; puis proportionnellement celui des autres objets. Ainsi, je suppose qu'il s'agisse de connaître quels sont les instrumens ordinaires de culture qu'il serait nécessaire d'acquérir pour exploiter dans le système de la culture alterne un domaine de 120 hect. de terres labourables placées en plaine, en sol de consistance plutôt compacte que moyenne, dont les labours doivent être exécutés dans l'espace de 40 jours, où les bâtimens sont situés au centre de l'exploitation, les chemins en bon état, les journées de 12 heures de travail effectif et les instrumens perfectionnés. Sur ce domaine 8 chevaux de taille moyenne, bien dressés, travaillant avec 4 charrues, seront nécessaires pour exécuter ces labours dans le temps déterminé. En outre, on aura besoin d'une charrue de rechange, au moins, en cas de rupture, de détérioration ou d'accident; en tout 5 charrues. Il faudra compter également sur 5 herses à 2 bêtes. Si on employait un extirpateur, il en faudrait également 5; mais, dans ce cas, on n'aurait plus besoin que de 2 charrues. Deux rouleaux suffiront pour les 4 attelages, et 1 ou 2 houes à cheval, suivant l'étendue des cultures sarclées. Quant aux véhicules, il faudra 4 charrettes ou chariots à 2 chevaux pour les 8 animaux de trait, etc.

Un mode plus naturel pour connaître, lors de l'organisation d'un domaine, la manière dont on doit composer le mobilier consiste, après qu'on a arrêté le système de culture et d'aménagement qu'on devra suivre, à former le *tableau des travaux annuels de culture*. Ce tableau étant dressé suivant les saisons, on y relève ensuite séparément tous les travaux de différente espèce, c'est-à-dire qu'on fait un relevé de tous les labours qu'on aura à exécuter dans l'année, aussi bien que celui des hersages, roulages et charrois, etc.

Prenant ensuite en considération la nature du terrain, la situation des bâtimens, la difficulté des travaux, la perfection des instrumens et la quantité de travail journalier que peuvent fournir les agens et les moteurs qu'on emploie, ainsi que l'espace de temps pendant lequel ces travaux doivent être exécutés, on détermine aisément par cette méthode le nombre des outils et des instrumens qui seront nécessaires pour faire ces travaux, en ayant égard aux casualités, c'est-à-dire aux circonstances où il faudrait achever ces travaux en un moindre temps et où les accidens et les détériorations peuvent mettre un objet hors de service pour quelque temps. On parvient ainsi à connaître la quantité des objets qui doivent composer les 2 premières catégories établies au commencement de ce chapitre, et comme ils forment la partie principale du mobilier d'une ferme, nous essaierons de donner un exemple de ce mode d'évaluation numérique à la suite du chapitre qui traitera des travaux.

Maintenant, comme dans le système de culture que nous supposons qu'on a adopté, on peut calculer assez exactement le poids ou la quantité des récoltes probables, il n'est pas difficile alors de déterminer le nombre des objets de la 3. catégorie ou des machines qui seront nécessaires pour faire subir à ces denrées récoltées un travail ou une transformation quelconque, et, de même, il n'y a pas de difficulté à mesurer la force recueillie, transmise ou consommée dont on aura besoin.

Enfin, relativement à la 4e catégorie ou aux ustensiles, le nombre et le mode de harnachement des attelages détermineront les pièces qui composeront cette partie du mobilier, les connaissances pratiques qu'on possède déjà, les usages du pays, l'aisance du fermier serviront ensuite pour établir la nomenclature de tous les autres objets de cette catégorie qui appartiennent à un service quelconque.

SECTION III. — *Du prix du service des objets mobiliers.*

Les objets mobiliers étant pour la plupart à l'usage des autres services, les frais auxquels leur jouissance donne lieu figurent le plus généralement dans le prix du travail de ces services; c'est ainsi que nous avons porté au prix du service des attelages les frais qu'occasionnent les instrumens avec lesquels les animaux travaillent, les ustensiles qui servent à leur harnachement, leur pansement, leur nourriture, etc.; il est donc fort essentiel de connaître ces frais pour déterminer le prix du travail ou de la coopération des services actifs et pour faciliter la recherche des combinaisons qui peuvent présenter l'économie la plus réelle et la plus avantageuse.

Les frais pour la jouissance des objets mobiliers se composent de divers élémens dont voici l'énumération :

1° *Intérêts* du prix d'achat qu'on calcule à raison de 5 ou 6 pour 0/0 par an, suivant le taux de l'argent.

2° *Frais de réparations et d'entretien.* Ces frais destinés à faire face au dépérissement annuel et au renouvellement des objets mobiliers dépendent de leur bonne ou de leur mauvaise construction, de leur nombre, des matériaux qu'on y emploie, des difficultés du travail, du soin qu'on en prend, de l'habileté des agens, etc.

Dans une ferme bien tenue et pourvue d'un mobilier convenable, ces frais, en supposant les objets achetés neufs et en bon état, peuvent s'élever de 28 à 36 p. 0/0 du prix d'achat pour les charrues; de 25 à 33 pour les herses à dents de bois, et 10 à 12 pour celles à dents de fer; de 7 à 15 pour les rouleaux, de 15 à 20 pour les charrettes et chariots; de 12 à 25 pour les autres outils ou instrumens; de 30 à 36 pour les objets de harnachement d'écurie et d'étable, etc. En moyenne, et pour tous les objets mobiliers, les divers auteurs varient dans leurs estimations, de 15 à 25 pour 0/0; on peut adopter 20 p. 0/0 comme terme général pour tous les pays et dans toutes les circonstances, et pour ne pas rester au-dessous des besoins dans cette évaluation.

3° *Frais pour le logement* des objets mobiliers. Ces frais se calculent comme ceux du même genre pour les autres services; nous avons donné à la page 316 la manière d'effectuer ce calcul. Nous y renvoyons, en rappelant que les frais d'assurance des bâtimens spécialement affectés à cet emploi sont compris dans cette évaluation.

4° *Frais d'assurance* contre l'incendie qu'on ne peut pas évaluer au-delà de 1/4 p. 0/0, attendu qu'en cas d'incendie, on parvient presque toujours à sauver une partie des objets mobiliers.

F. M.

CHAPITRE VI. — ORGANISATION DU SERVICE DES BÊTES DE RENTE.

On sait qu'on donne le nom de bêtes de rente à des animaux domestiques qu'on élève ou entretient dans les établissemens ruraux.

L'agriculture élève ou entretient de cette manière plusieurs espèces d'animaux; ceux qu'on destine le plus communément à ce service sont :

1° Les *chevaux*, auxquels il convient d'ajouter l'*âne* et le *mulet*, qui font l'objet des spéculations des cultivateurs dans plusieurs de nos départemens;

2° Les *bœufs*, qu'on désigne aussi sous le nom de *bêtes bovines*, *gros bétail*, *bétail à cornes*, etc.;

3° Les *moutons*, appelés encore *bêtes ovines*, *menu bétail*, *bêtes à laine*, etc.;

4° Les *chèvres*, qu'on élève en troupeaux comme bêtes de rente dans plusieurs départemens;

5° Le *porc*, dont l'éducation est généralement répandue;

6° Les *lapins*, *oiseaux de basse-cour* et de *colombier*, qui ne forment qu'une branche secondaire de l'économie du bétail dans les établissemens ruraux.

Quoiqu'un administrateur soit la plupart du temps disposé, non sans de justes motifs, à donner la préférence à l'espèce de bétail dont il connaît le mieux l'économie et dont il sait par conséquent tirer les plus forts profits, nous supposerons, néanmoins, dans ce chapitre, que celui qui organise ce service connait également bien l'économie de toutes les espèces et de leurs races et variétés, et qu'indifférent sur la préférence à donner aux uns ou aux autres, il ne se détermine que d'après les avantages qu'elles offrent dans la localité ou la situation où il se trouve placé. Dans cette manière d'envisager le sujet qui va nous occuper, l'administrateur n'a plus que 2 questions qui puissent l'intéresser et que voici : 1° De quelles bêtes de rente convient-il de peupler le domaine? 2° Quelle quantité de bétail, lorsqu'on a déterminé l'espèce et la race, peut-on y entretenir avantageusement? C'est à la solution de ces 2 questions que nous allons consacrer les 2 sections suivantes en bornant nos observations aux chevaux, aux bêtes à cornes et à laine et aux cochons.

Section Ire. — *Du bétail dont on doit faire choix.*

A l'exception du choix d'un système d'exploitation, il n'est pas de considérations plus importantes pour un administrateur que celles qui se rapportent au choix des animaux domestiques dont il convient de peupler le domaine; c'est, pour le succès de son établissement, une question vitale qu'il ne doit pas toujours espérer résoudre du 1er coup d'une manière entièrement satisfaisante, et un sujet important qui exige très souvent des connaissances profondes, une sagacité peu commune et une extrême prudence.

Dans une matière aussi délicate, il n'est pas très aisé de poser des règles entièrement fixes; tout dépend des localités et de l'expérience de l'entrepreneur. Ainsi qu'on l'a fait remarquer avec beaucoup de justesse, il n'est nulle autre branche de l'économie rurale qui soit aussi *difficile à organiser et à conduire* que celle dont nous allons nous occuper et même à modifier quand on a suivi une fausse route. La propagation, l'amélioration ou le simple entretien des animaux domestiques ne se gouvernent pas d'après les mêmes principes que les autres parties de l'agriculture, et souvent on ne s'aperçoit que l'éducation d'une espèce, d'une race ou d'une famille ne convient pas à une localité, qu'elle ne peut y être élevée avec profit, qu'elle y dégénère ou que ses produits s'y détériorent, qu'après un grand nombre d'années, et au moment où croyant recueillir le fruit de ses efforts et de ses sacrifices on a porté une atteinte profonde à son capital d'exploitation.

Afin de partir d'une base fixe dans le choix des bêtes de rente dont il convient de garnir un domaine, il est utile de rappeler le but qu'on se propose en entretenant du bétail sur les établissemens ruraux. Ce but est complexe, mais on peut le ramener à des points principaux que voici :

1° *Fournir les engrais pour la culture du sol.* Toute terre en culture, dont on tire plusieurs récoltes successives, ne tarde pas à s'épuiser au point que la production des plantes utiles diminuant d'années en années, celles-ci ne suffisent plus pour indemniser le cultivateur de ses avances et de ses travaux. Dans cet état de choses, si on veut continuer à cultiver la terre avec profit, il faut rétablir par des engrais la richesse qu'elle a perdue et qui lui est nécessaire pour répéter le phénomène de la production agricole. Les engrais les plus convenables pour cet objet sont les matières végétales imprégnées des déjections des animaux. Ainsi, le bétail qu'on entretient sur les établissemens ruraux a pour destination 1re de *rendre possible et profitable la culture des terres dans les années successives.* Cette destination n'est complètement remplie que lorsqu'il fournit à l'établissement les engrais qui conviennent le mieux à la nature des terres et des cultures, que ces engrais sont en quantité suffisante et au niveau des besoins réglés d'après les principes raisonnés de l'agriculture, et enfin que ces engrais, dans les circonstances où on se trouve placé, reviennent au plus bas prix possible.

2° *Assurer une production végétale plus abondante et consommer avantageusement une partie des produits du sol.* Nous savons que, malgré la fécondité d'une terre et des engrais qui sont destinés à la soutenir, il est généralement désavantageux d'exiger d'un sol, pendant plusieurs années de suite, qu'il produise les végétaux précieux qui servent à l'alimentation des hommes. Dans cet état de choses, on a trouvé que, pour ne pas interrompre le cercle de la production agricole, il fallait faire suivre une récolte épuisante de céréales par une ou plusieurs récoltes d'autres végétaux qui enlèvent moins de richesse à la terre, l'ombragent plus complétement ou permettent de l'ameublir et de la nettoyer. La plupart des plantes qui peuvent remplir ce but ne sont guère propres qu'à la nourriture des animaux; elles n'ont souvent qu'une faible valeur sur les marchés, et enfin elles sont nécessaires pour être converties en engrais qui doivent rétablir la fécondité de la terre. Les bestiaux sont, dans la plupart des cas, les instrumens de cette conversion, c'est-à-dire qu'ils consomment ces plantes fourragères qui deviendraient bientôt un fardeau pour l'agriculteur, qu'ils les convertissent en fumier propre à entretenir la richesse du sol, et enfin qu'ils procurent, sur une étendue donnée, une production végétale plus abondante, plus certaine, plus variée et sans cesse renaissante.

Ce n'est pas tout encore; il existe souvent sur les domaines des produits spontanés de la nature, tels que l'herbe des pâturages ou même des produits qu'on doit à l'industrie de l'homme, qui ne sont pas susceptibles de donner un profit immédiat, soit parce que les frais de main-d'œuvre pour les récolter ou les transporter surpasseraient leur valeur vénale sur les marchés, soit parce que, par suite de leur abondance ou du peu d'industrie des populations on y attache peu de prix dans la localité. Dans cette situation, il faudrait renoncer à la jouissance de ces produits, si les bestiaux ne fournissaient les moyens de les transformer en d'autres produits d'une valeur plus élevée, plus recherchée et qu'il est plus aisé de mettre à la disposition des consommateurs.

Pour résumer en peu de mots ces 2 points principaux, nous dirons qu'en définitive les bestiaux peuvent être considérés comme des *instrumens* ou mieux des *machines* qu'on fait fonctionner dans l'établissement, auxquelles on fournit des matières 1res qui consistent en fourrages, racines ou autres substances, et qui les convertissent en produits variés dont les uns servent à entretenir la fécondité des terres et à assurer une production plus abondante, et les autres à fournir des recettes destinées à couvrir les frais qu'occasionnent les machines ou à payer les matières 1res qu'elles consomment.

Une manière aussi simple que la précédente d'envisager la production animale, mais qui se prête mieux aux divers calculs d'évaluation et dont nous avons donné une idée à la page 348, consiste à considérer les bestiaux comme de *véritables consommateurs étrangers* qui achètent les fourrages de la ferme et donnent en échange des produits et avec lesquels il s'agit d'établir une balance pour diverses avances faites pour leur compte par l'entrepreneur. De cette manière il ne s'agit que de connaître le prix d'achat et de vente des diverses espèces de bestiaux, dans différentes conditions et à différens âges, dans la localité qu'on occupe, les frais annuels de leur entretien ainsi que leur consommation en fourrages ou autres alimens, et à établir un compte avec tous ces élémens. Les bestiaux dont le compte se balancera de la manière la plus avantageuse seront ceux auxquels l'administrateur accordera la préférence.

Dans cette méthode d'appréciation du produit des bêtes de rente, on ne s'occupe en quelque sorte ni de l'espèce, ni de la race, ni des familles de bestiaux; on n'a point à examiner la qualité des produits ou leur abondance; il ne s'agit, en dernière analyse, que de connaître ceux qui procurent la plus grosse rentrée avec les moindres avances possibles dans les conditions où on se trouve placé. Seulement nous supposons que l'administrateur est assez éclairé pour adapter en même temps les animaux aux exigences physiques de la localité et au système de culture qu'il adopte, et pour veiller à ce que les avantages que semblent promettre une certaine espèce de bestiaux soient permanens, c'est-à-dire que ceux-ci ne dégénèrent pas au bout d'un certain temps par suite du climat, de la nature du terrain ou de la qualité de ses récoltes, et à ce que les produits des bêtes de rente aient un écoulement prompt et avantageux, au moins pendant un certain temps.

Il y a 2 méthodes principales pour *balancer les comptes de la production animale*, c'est-à-dire pour comparer les frais qu'occasionnent l'entretien et l'éducation du bétail avec les recettes qu'il procure. Voici en quoi consiste chacune d'elles:

Dans la 1re *méthode*, on porte au débit du compte de la production animale la valeur des fourrages au prix des marchés, en ayant l'attention de porter une somme égale à la précédente au crédit du compte de la production végétale, c'est-à-dire au compte des terres arables, des prairies, des pâturages et des fabriques agricoles qui ont fourni les alimens du bétail.

Cette méthode, comme on voit, suppose une vente des fourrages qui est purement fictive et dont les conditions sont, en quelque sorte, arbitraires, parce que les prix des marchés sont de leur nature essentiellement mobiles et qu'ils se compliquent pour le producteur des frais de transport également variables avec le temps, les circonstances ou l'éloignement des lieux d'écoulement. Dans une comptabilité régulière, les fourrages sont un article auquel on ne peut assigner de prix, puisqu'un agriculteur n'est pas maître de les vendre, qu'il faut qu'il les fasse consommer, sur son établissement, s'il ne veut pas anéantir la fécondité de ses terres et tarir la source de tous ses profits. Ainsi, cette méthode, qui repose sur une vente fictive et qui peut avoir son utilité quand il s'agit d'établir des calculs propres à déterminer les avantages de quelques spéculations mercantiles ou quand l'éducation des animaux domestiques forme une spéculation en dehors de l'agriculture, ne nous paraît pas la plus propre à faire connaître le mérite économique de telle ou telle espèce de bêtes de rente lorsqu'on organise ce service dans un établissement.

La 2e *méthode* consiste à balancer les recettes brutes que procure l'économie du bétail uniquement avec les dépenses qu'occasionne l'entretien de celui-ci, tant pour intérêt des avances que pour dépérissement, logement, soins divers, etc., sans rien porter en compte pour la nourriture, et à considérer ensuite l'excès des recettes sur les dépenses comme destiné à payer les alimens consommés.

On n'a plus ainsi à s'inquiéter du prix des fourrages au marché; on ne porte en recette à la production végétale que les sommes réelles dont son compte s'est bonifié pour les fourrages qu'elle a fournis, recettes qui sont d'autant plus élevées que les consommateurs, c'est-à-dire les bestiaux ont payé les denrées à un prix plus avantageux. Ici, le bétail ne donne ni perte ni profit, tout est rapporté au compte de la production végétale comme base fondamentale de toutes les opérations agricoles et comme celle à laquelle les autres services doivent un tribut pour toutes les denrées qu'ils lui empruntent et qu'ils convertissent en produits divers. Le fumier est considéré comme appartenant au sol; seulement, pour balancer sa valeur, on ne tient aucun compte de la paille consommée en litière par les animaux, tant au débit de ceux-ci qu'au crédit de la production végétale.

C'est en prenant pour base ces principes simples et aussi faciles à comprendre qu'à développer, que nous allons montrer comment on doit établir les calculs économiques relatifs à chacune des espèces de bêtes de rente qui entrent le plus communément dans le mobilier des établissemens ruraux, tels que les chevaux, les bœufs, les moutons et les cochons, et apprécier les divers services auxquels on les destine en faisant précéder ces calculs de quelques considérations sur les conditions dans lesquelles chacune de ces espèces diverses paraît présenter le plus d'avantages.

§ Ier. — Des chevaux.

La multiplication des chevaux destinés à la vente est une spéculation qui exige généralement, pour être profitable, l'avance d'un assez gros capital, des connaissances pratiques spéciales sur l'éducation des animaux domestiques et leur économie, sur les besoins du pays et le commerce de ces animaux, et enfin sur les circonstances particulières dans lesquelles on est placé. On considère comme des circonstances favorables à cette branche de l'agriculture : 1° l'existence sur un domaine de pâturages abondans et d'enclos etendus où les jeunes poulains peuvent s'ébattre et développer leurs forces, sans qu'on soit assujetti à une surveillance trop attentive sur eux, mais en même temps sans courir le risque de les voir perdre toute leur valeur par des accidens graves. Les pâtures un peu sèches, mais sur lesquelles on trouve des eaux pures et quelques ombrages paraissent les plus convenables; 2° une étendue d'herbages où l'herbe ou le foin sont d'une qualité telle qu'ils ne conviennent ni au bétail à cornes ni aux bêtes à laine; 3° une situation dans laquelle il est difficile d'employer autrement le produit des terres; 4° enfin une localité où l'avoine est à bas prix. On élève souvent encore des chevaux avec profit dans les lieux où les races améliorées depuis long-temps jouissent d'une réputation qui fait rechercher les produits de ces pays et élève suffisamment leur valeur vénale pour balancer avantageusement le compte des jeunes animaux, quelque dispendieux que soient les alimens ou les soins qu'on leur donne, ou dans ceux où, comme cela se pratique dans plusieurs cantons de la Normandie, on achète de jeunes poulains de bonnes races dans les pays où on se livre à leur propagation, pour les nourrir, les dresser et les revendre à 5 ou 6 ans à un prix satisfaisant, après en avoir tiré un travail modéré qui paie en partie leur entretien.

Les besoins d'un pays civilisé réclament une si grande variété de chevaux de qualités et valeurs si différentes, qu'indépendamment des considérations économiques auxquelles il est indispensable d'avoir égard avant de se livrer à l'éducation de l'espèce chevaline, il faut encore discuter les avantages plus ou moins grands qu'on pourra recueillir en élevant des animaux propres, soit au gros trait, au roulage, à l'agriculture, à la poste, pour l'armée, le carrosse ou la selle, soit dans chacune de ces catégories des chevaux de telle ou telle qualité et d'un prix plus ou moins élevé.

Dans l'impossibilité d'embrasser ce sujet dans toute son étendue, nous donnerons simplement des formules pour l'éducation des chevaux de selle et de carrosse de 1er choix et ceux de gros trait et de labours (1).

1° *Chevaux de selle de premier choix.*

L'éducation des chevaux de cette qualité ne peut faire l'objet d'une spéculation agricole que pour ceux qui possèdent une très grande expérience dans cette matière et des capitaux assez considérables. Elle exige les soins les plus attentifs et une grande sagacité, quand on veut la rendre profitable. Dans les établissemens où l'on se livre ainsi à l'élève des chevaux de selle de premier choix, on ne peut pas compter sur le travail des animaux pour couvrir une partie des dépenses de leur entretien, et il est indispensable, quand cette industrie est liée à un autre établissement rural, d'avoir un directeur en chef ou un contre-maître qui dirige le haras, surveille la monte, dresse les poulains, et est en même temps médecin vétérinaire. Le moindre capital fixe d'exploitation qu'on puisse consacrer à l'achat des animaux est de 38 à 40,000 fr., savoir :

Pour un étalon de 1er choix, ou de sang.	6,000 fr.
40 jumens poulinières, à 800 fr. .	32,000
Total.	38,000 fr.

Frais annuels d'entretien du haras.

a. *Remonte* du haras tous les 10 ans par des achats ou par le remplacement des vieux animaux par de jeunes pris dans le haras; dépense annuelle.		3,800 fr.	c.
b. *Intérêts* du capital de 1re mise à 7 1/2 p. 0/0, à cause des risques attachés aux spéculations de cette nature, ci. . . .		2,850	
c. *Nourriture*. Etalon. Avoine, 25 hect. par an, à 5 fr. 1 hect.		125	
Foin, 5 kil. par jour pour l'année. . . . . 18 quint. mét. 25			
Jumens, foin, soit à l'écurie, soit au pâturage, 12,5 k. par tête ; pour l'année. . 1,825			
Total des fourrages pour l'année (2). 1843 25			
d. *Soins et pansemens*. Appointemens du directeur en chef, 1/3 seulement à la charge de cette partie du service, à raison de 2400 fr. . . .		800 fr.	» c.
Salaire et entretien d'un valet-d'écurie . .		300	»
e. *Logement* de 41 bêtes à 6 fr. par tête. .		246	»
Total des frais annuels d'entretien du haras.		8,121	»

Le *produit annuel* du haras consiste, terme moyen, en 30 poulains qui, par conséquent, reviennent chacun à 270 fr. environ.

Frais annuels d'éducation des poulains jusqu'à l'âge de 6 ans, y compris les soins pour les dresser.

a *Avoine*. 1re année, pendant 210 jours à 4 lit. par jour; pour les 30 têtes.	252 hectol.	
2e année, 180 jours à 6 lit.	324	
3e année, *id*.	324	
4e année, *id*.	324	
5e année, *id*. à 8 lit.	532	
Total. . . .	1756	
1756 hect. d'avoine à 5 fr. l'hect. . . .	8,780 fr.	» c.
b. *Soins, pansement et éducation*. Appointemens du chef; 2/3 à la charge de cette partie du service	1,600	»
Salaire et entretien de 8 valets d'écurie pour 150 poulains, à 300 fr. par tête.	2,400	»
Médicamens et objets divers.	250	»
c. *Logement*. La moitié des frais de celui des bêtes adultes, ou 3 fr. par tête; pour 150 bêtes.	450	»
Total des frais pour les élèves	21,611	»

Recettes annuelles.

30 poulains à raison de 1,200 fr. chaque. .	36,000 f.	»
A déduire pour accident, mort, dépréciation des animaux, 20 p. 0/0 de la valeur. .	7,200	»
Reste.	28,800	»
Frais à soustraire.	21,611	»
Recette nette annuelle pour payer les fourr.	7,189	»

(1) La majeure partie des formules que nous donnons ici sont empruntées à l'ouvrage de M. Kreyssig, dont nous avons parlé à la page 330.

(2) D'après le système adopté, le produit net représentant la valeur des fourrages consommés, celle-ci n'est pas portée en ligne de compte.

Fourrages consommés annuellement à l'écurie ou au pâturage.

	Quint.	met.
a. Par les 41 bêtes adultes du haras, comme ci-dessus.	1,843	25
b. 30 poulains de 1re année pendant 210 jours à 75 kil. par jour.	157	50
30 poulains de 2e année, 180 jours de nourriture sèche à l'écurie, à 100 kil. par jour.	180	»
185 jours de pâturage à 200 kil.	370	»
30 poulains de 3e année, 180 jours à l'écurie à 125 kil. par jour.	225	»
185 jours de pâturage à 250 kil.	462	50
30 chevaux de 4e année, 180 jours d'écurie à 150 kil. par jour.	270	»
185 jours de pâturage à 300 kil.	555	»
30 chevaux de 5e année, 180 jours d'écurie à 125 kil. par jour.	225	»
185 jours de pâturage à 300 kil.	555	»
Total des fourrages consommés annuellement.	4,843	25

Ainsi dans le système d'éducation adopté, le haras paye les 4,843. 25 quintaux métriques de fourrages consommés soit à l'état sec, soit au pâturage, par une somme de 7,180 fr., c'est-à-dire à raison de 1 fr. 48 c. environ le quintal, en supposant que les chevaux sont vendus, tout dressés, au bout de 5 années, au prix moyen de 1,200 fr. par tête.

2° *Chevaux de carrosse de premier choix.*

Les poulinières qui composent le haras doivent être encore ici choisies avec soin, mais on peut les faire travailler, aussi bien que l'étalon, et payer ainsi une partie de leur nourriture, le travail ne nuisant aucunement à leur destination. Les jeunes chevaux sont propres au marché dès l'âge de 4 ans, et leur éducation n'exige pas des connaissances et une expérience aussi étendues, ni des soins aussi attentifs que celle des chevaux de selle de 1er choix. On peut aussi organiser le haras sur une plus petite échelle, et le composer d'un étalon et de 20 poulinières seulement. Les frais d'établissement du matériel vivant sont alors :

Pour un étalon de 1er choix.	2,000 fr.
20 jumens à 500 fr.	10.000
Total du capital.	12,000 fr.

Frais annuels d'entretien du haras.

a *Remonte* du haras tous les 10 ans ; dépense annuelle.		1,200 fr. » c.
b. *Intérêt* du capital à 7 1/2 p. 0/0.		780 »
c. *Nourriture* ; étalon. Avoine 10 lit. par jour, pour l'année.	40 hect.	
Jumens. Avoine 10 lit. pendant 200 jours.	400	
Total de l'avoine	440	

On suppose ici que le travail des 21 bêtes couvre les frais de l'avoine consommée, de façon que la recette n'a besoin que de balancer la consommation du fourrage, qui consiste en foin, savoir :

	quint.	mèt.
Pour 200 jours de nourriture sèche à l'écurie à raison de 1 quintal par jour pour les 21 bêtes.	200	»
Pour 165 jours de pâturage à 2 1/2 quint. par jour, pour les 21 bêtes.	412	50
Total.	612	50

d. Soins et pansemens. Salaire d'un garçon d'écurie, indépendamment des aides qui dirigent les animaux pendant le travail.	300 »
e. Logement de 21 bêtes à 6 fr.	126 »
Total des frais annuels d'entretien du haras.	2,406 »

Le *produit annuel* consiste, terme moyen,

report. . . . 2,406 f. » c.

en 14 poulains, qui par conséquent reviennent chacun à 172 f. environ.

Frais annuels de l'éducation des poulains jusqu'à l'âge de 4 ans.

a. Avoine, 1re année, 210 jours à 3 1/2 lit. par tête et par jour.	103 hect.	
2e année, 180 jours à 4 lit.	101	
3e année, pas d'avoine.	»	
4e année, 210 jours à 8 lit.	135	
Total.	339	
339 hect. d'avoine à 5 fr. l'hect.		1,695 »
b. Soins et pansemens. Salaire de 2 garçons d'écurie pour les 56 poulains, à raison de 300 fr.		600 »
Dépenses pour dresser annuellement 14 poulains, à 12 fr. chaque.		168 »
Médicamens, objets divers pour 56 têtes à 2 fr.		112 »
c. Logement pour 56 jeunes bêtes, à 3 fr.		168 »
Total des frais annuels pour les élèves.		5,149 »

Recette annuelles.

14 poulains de 4 ans à raison de 600 f. chaque.	8,400 »
A déduire pour accidens, etc., 16 p. 0/0 de la valeur des animaux.	1,344 »
Reste.	7.056
Frais à soustraire.	5,149 »
Recette nette annuelle du haras.	1,907 »

Fourrages consommés annuellement à l'écurie ou au pâturage.

	Quint.	mèt.
a. Par les 21 bêtes adultes du haras.	612	50
b 14 poulains de 1re année, 35 kil. par jour ; pour 210 jours	73	50
14 poulains de 2e année, 180 jours à l'écurie à 35 kil. par jour.	63	»
185 jours de pâturage à 1 quint. par jour.	185	»
14 poulains de 3e année, 365 jours de pâturage à 125 kil.	456	25
14 poulains de 4e année, 210 jours d'écurie à 65 kil.	136	50
155 jours de pâturage à 150 kil.	232	50
Total des fourrages consommés annuellement.	1,759	25

Dans le système adopté, et en supposant qu'on vendît les jeunes chevaux dressés à 4 ans pour 600 fr., les fourrages sont payés à raison de 1 fr. 8 c. environ le quint. métrique, ou moins avantageusement que dans l'éducation des chevaux de selle, les circonstances locales étant supposées les mêmes.

3° *Chevaux de gros trait.*

Cette branche de l'économie rurale n'exige pas l'avance d'un capital fixe pour le matériel vivant, attendu que les jumens poulinières sont en même temps les bêtes d'attelage de l'établissement agricole. Le poulain à sa naissance ne coûte dans ce cas d'autres frais que ceux pour faire couvrir la jument, et de sa nourriture pendant l'interruption de son travail. Voici le calcul des dépenses de l'éducation d'un poulain de 4 ans, auquel on ne donne pas d'avoine.

	fr.	c.
a. Prime pour la monte.	6	
b *Interruption du travail* de la jument pendant 120 jours, soit avant, soit après la mise bas, à 1 fr. 80 c. par jour.	96	
Frais de production du poulain à sa naissance.	102	»
c. Alimens pendant 210 jours de la 1re année, 8 hect. d'avoine à 5 fr.	40	»
d. Soins pendant les 4 années.	30	»
e. Logement pendant 4 années, à 3 fr.	12	»
Total des frais pour un cheval de 4 ans.	184	»

Recette.

	fr.	c.
Prix de vente du poulain.	400	»
Réduction pour risques et pertes 16 p. 0/0. . .	64	»
Reste. . .	336	»
A déduire les frais. . .	184	»
Recette nette. . .	152	»

Fourrages consommés.

1re année, 210 jours à 2 kil.	4	20
2e — 365 — 9.	32	85
3e — 365 — 11.	40	15
4e — 365 — 12 50.	45	60
Total. . .	122	80

Ainsi, en se livrant à l'éducation du cheval de gros trait, les fourrages dans le mode indiqué seraient payés à raison de 1 fr. 23 c. environ le quintal métrique, moins que dans l'éducation des chevaux de selle et plus que pour ceux de carrosse.

4° *Chevaux de labours de taille moyenne.*

Le mode d'éducation et les élémens du calcul pour cette espèce de chevaux sont peu différens de ceux des chevaux de gros trait; on peut établir le dernier de la manière suivante.

	fr.	c.
a. Monte de la jument.	4	»
b. Interruption du travail de cet animal pendant 120 jours, à raison de 60 c.	72	»
c. Alimens, 8 hect. d'avoine la 1re année. . .	40	»
d. Soins pendant 4 années.	30	»
e. Logement pendant 4 années.	12	»
Total des frais d'un cheval de 4 ans. . .	158	»

Recette.

Prix de vente du cheval.	320	»
Déduction de 16 p. 0/0.	51	80
Reste. . .	268	20
A déduire les frais. . .	158	»
Reste net. . .	110	20

Fourrages consommés.

	Quint.	mét.
1re année, 210 jours à 2 1/2 kil.	5	25
2e — 365 — 7 1/2.	27	35
3e — 365 — 9	32	85
4e — 365 — 10	36	55
Total. . .	102	»

Les fourrages, dans ce mode d'éducation et pour les chevaux de cette qualité, et en supposant que l'animal est vendu au prix de 320 fr., sont payés sur le pied de 1 fr. 8 c. le quintal métrique, comme pour les chevaux de carrosse.

§ II. — Des bêtes à cornes.

Examinons d'abord les bêtes à cornes sous un point de vue général et principalement sous celui des avantages que peut procurer leur éducation; nous nous occuperons ensuite de les étudier sous le rapport des diverses spéculations auxquelles leur éducation peut donner lieu.

Les bêtes à cornes fournissent des élèves, du lait, des animaux pour le trait ou la boucherie. Leur éducation réussit principalement dans les pays plats, bas, littoraux, un peu humides, où la rigueur des saisons froides est tempérée par la quantité d'eau hygrométrique répandue dans l'atmosphère, où le sol est argileux, profond et couvert d'une végétation active et abondante, sur les loams fertiles ou bien dans les pays de montagnes où il existe des vallées fraîches, humides, et de riches pâturages. Ce bétail est en général d'une santé agreste et robuste, il est peu sujet aux accidens ou aux maladies; il s'accommode facilement au climat du pays où on le transporte ou au régime auquel on veut le soumettre; sa nourriture verte ou sèche peut être plus grossière, et celle qui sert pour l'hivernage moins délicate sans qu'il cesse de se maintenir en bon état; enfin les végétaux qu'il consomme sont plus variés que pour les autres animaux, circonstances qui rendent sa nourriture plus économique et plus facile.

Le *fumier* des bêtes à cornes se décompose avec lenteur, et son action, plus durable, convient mieux au développement successif des végétaux. Ce fumier est propre surtout aux terrains chauds et secs, mais réussit également bien, quand il est travaillé convenablement, dans tous les terrains et pour la culture de toutes les plantes agricoles. Pour une quantité donnée de nourriture, il est plus abondant que celui des autres bestiaux et jouit de l'avantage important qu'on peut en accroître la proportion en augmentant la litière des animaux, sans le rendre trop sec ou pailleux, par suite de la quantité plus considérable d'urine que rendent les bêtes bovines et de l'état de mollesse de leurs déjections stercorales qui, suivant M. Block, contiennent jusqu'à 84 p. 0/0 d'eau. Néanmoins, au pâturage, ce fumier est moins profitable que celui des moutons, parce qu'il n'est pas réparti aussi également ou exige pour cela du travail et qu'il est souvent détruit par les insectes.

Le gros bétail *exige peu de soins et de frais* pour le conduire, le panser et le soigner; il s'accommode très bien de la stabulation permanente et y prospère, ce qui le rend plus propre aux fermes à blé, aux exploitations à culture alterne sans pâturages, à celles qui exigent une grande abondance de fumier. A l'étable, il occupe comparativement peu de place; ainsi une vache exige 2 fois moins d'espace que 10 à 12 bêtes à laine qui, dit-on, en représentent le produit; il endommage moins les herbages qu'il broute à une certaine hauteur, sans ébranler ou arracher les plantes qui les composent; on peut l'entretenir très bien ou l'engraisser avec certains alimens économiques que fournissent les arts agricoles, tels que les tourteaux de graines oléagineuses, les résidus des brasseries, distilleries, féculeries ou fabriques de sucre de betteraves, ce qui rend son éducation avantageuse dans les établissemens ruraux, où l'on réunit à l'exploitation des terres celle de ces différens arts, ou ceux où on peut se procurer ces résidus à bon compte.

Relativement aux *produits*, la chair ou viande des bêtes à cornes forme la base principale de la nourriture animale de l'homme, surtout dans les villes, et à mesure que la condition des populations agricoles s'améliore, on voit aussi augmenter dans le même rapport la consommation de la chair de ces animaux, ce qui, pendant long-temps encore, maintiendra ce produit à un prix avantageux. Il y a dans le gros bétail, à poids vivant égal, plus de viande nette que dans les bêtes à laine. Ces produits sont aisés à récolter ou à transformer en denrées d'une conservation facile, aisément transportable et d'un emploi à peu près général. Les produits qu'il fournit peuvent être en partie consommés sur la ferme. Enfin, comme ils sont d'une utilité journalière, ils trouvent presque constamment un marché ouvert sur lequel leur prix n'éprouve que de faibles variations.

Les bêtes bovines se *transportent* elles-mêmes au loin facilement et avec rapidité, ce qui ouvre pour leur vente de plus vastes débouchés. Leur valeur vénale, qui se détermine d'après le poids, la condition, l'âge, la race et la qualité de la viande, est assez fixe pour servir de base à des calculs exacts et à des spéculations sûres.

Même quand elles sont en *petit nombre* sur un établissement rural, les bêtes à cornes rendent les mêmes services, les mêmes produits et au moins autant de profits que quand elles forment de grands troupeaux, ce qui les rend éminemment propres aux petits établissemens.

Le gros bétail peut *servir au trait* et on peut l'employer à cet usage sans qu'il perde de sa valeur et sans diminuer sensiblement ses produits.

Les bêtes à cornes sont précieuses dans les fermes à blé où l'on fait beaucoup de paille et où ce produit a peu de valeur, en ce qu'elles peuvent en consommer, soit comme aliment, soit comme litière une très grande quantité et la convertir en un fumier abondant et d'un grand prix pour l'agriculteur. Il en est de même dans les exploitations qui contiennent des pâturages dont les herbes sont grossières, et que le gros bétail seul peut consommer avec profit, ou dans les localités basses, humides, marécageuses où les autres espèces de bestiaux ne pourraient prospérer, etc.

1° *De l'éducation des élèves.*

L'éducation des élèves paraît présenter des avantages dans les localités où l'on a des herbages étendus et de qualité médiocre, et où on récolte des fourrages communs qui permettent de se livrer à cette branche d'industrie avec économie. Il est en outre nécessaire qu'on ait dans un certain rayon un écoulement sûr des produits, ou bien un ou plusieurs marchés actifs sur lesquels les élèves trouvent un placement facile et constant.

Dans ce mode d'éducation, les élèves qu'on ne nourrit souvent qu'avec parcimonie n'acquièrent leur développement qu'avec lenteur et ne sont propres à la vente que dans un âge plus avancé; mais il est des localités où on trouve plus profitable de faire choix de races hâtives, et d'accélérer encore leur développement par une nourriture plus abondante et plus substantielle. C'est à l'administrateur à calculer auquel de ces deux modes il convient de donner la préférence.

Les animaux qu'on élève ainsi sont destinés à servir comme vaches ou taureaux à la propagation, ou bien au trait ou à la boucherie; nous allons nous occuper d'eux sous ces divers rapports.

A. *Vaches et taureaux d'élève.*

Nous supposons dans notre formule que les animaux sont de taille moyenne et que les génisses ne sont considérées comme vaches de produit qu'à l'âge de 3 ans accomplis, et les taureaux comme propres à la reproduction qu'au même âge, quoiqu'on les y consacre presque partout bien avant cette époque.

Avances.

			fr.	c.
a. Valeur du veau au moment de sa naissance.			8 fr.	c.
b. *Nourriture.* 1° *Lait*; les 30 1ers jours après sa naissance, 7 lit. par jour à 4 c. le litre.			8	40
Les 30 jours suivans, 7 lit. de lait de beurre à 2 c.			4	20
2° *Grain.* Le 3ᵉ mois 60 lit. d'orge à 6 fr. l'hect.			3	60
3° *Fourrages.* 1re année, 275 jours à 2 1/2 kil. par jour.	6 quin. mét.	85		
2ᵉ année, 365 jours à 5 kil.	18	25		
3ᵉ année, 365 jours à 7 1/2 kil.	27	35		
Total des fourrages.	52	45		
c. *Soins, pansemens*, etc.			6	»
d. *Logement* pour 3 années à 3 fr.			9	»
Total des frais.			39	20

Recette.

Prix de vente de l'animal.	120	»
Déduction pour accidens, 12 p. 0/0.	14	40
Reste	105	60
A déduire les frais.	39	20
Recette nette.	66	40

La recette nette ayant été de 66 fr. 40 c. et la consommation des fourrages de 52,45 quint. mét. on voit que ce genre de spéculation a payé ceux-ci à raison de 1 f. 26 c. environ le quintal.

B. *Bœufs de trait.*

Nous admettons qu'un bœuf de trait n'est propre au service auquel on le destine que lorsqu'il a accompli sa 4ᵉ année, et qu'on le vend sans l'avoir dressé, ou sans en avoir exigé un travail quelconque.

Dépenses.

Même calcul des frais que précédemment, ou	39 fr.	20 c.
A ajouter, 4ᵉ année, 27, 35 quint. de foin, ou au total 79,80 quint.		
Soins pour une année.	3	»
Logement pour une année.	3	»
Total des dépenses.	45	20

Recette.

Prix de vente d'un bœuf de trait.	150	»
Deduction de 16 p. 0/0.	24	»
Reste.	126	»
A déduire les dépenses.	45	20
Recette nette.	80	80

La consommation de fourrages a été de 79, 80 quint. mét., la recette nette de 80 fr. 80 c.; par conséquent l'éducation des bêtes d'attelage a payé les 1ers au taux de 1 fr. 1 c. environ, ou à un prix moins élevé que celle des bêtes précédentes.

C. *Bêtes de boucherie.*

Les races de bêtes à cornes diffèrent considérablement sous le rapport de l'époque à laquelle elles atteignent leur maturité, et de l'âge où elles sont propres à être livrées au boucher; nous supposerons ici que cet âge est pour nos races indigènes de 5 ans; mais on sent assez combien il est intéressant pour l'éleveur de faire choix d'animaux qui non-seulement acquièrent promptement leur développement, mais en outre dont la chair possède de bonne heure toutes les qualités qui la font rechercher dans la consommation. En Angleterre, où on consomme une quantité énorme de gros bétail pour la boucherie, on possède des races, entre autres celle à courtes cornes d'Holderness et de Teeswater, qui sont mûres pour cet objet à l'âge de 2 à 3 ans, et qui en outre possèdent la faculté d'engraisser jeunes et avec célérité, et de présenter proportionnellement à leur stature une quantité considérable de viande nette. On conçoit ainsi que de pareilles qualités doivent rendre souvent très avantageuse l'éducation des bêtes de consommation dans des localités où l'entretien d'animaux pendant 4 à 8 années ou le double du temps qu'exigent les races perfectionnées, sans qu'ils acquièrent pour cela plus de valeur sur le marché, peut, au contraire, être préjudiciable ou d'un produit médiocre.

Dépenses.

	fr.	c.
Même calcul des dépenses que pour les bêtes de trait, ci	45	20
Nourriture de la 5e année, 27, 35 quint. au total 107,15 quint mét.		
Soins et *logement* pour un an.	6	
	51	20

Recette.

	fr.	c.
Prix de vente de l'animal.	200	
Déduction de 20 p. 0/0.	40	»
Reste.	160	»
A déduire les frais.	51	20
Recette nette. . .	108	80

Cette recette qui sert à payer 107,15 quint. mét. de fourrages, porte donc ceux-ci au prix de 1 fr. le quintal, ou à un taux un peu moins élevé que dans le cas précédent, en supposant les prix de vente tels que nous les avons fixés.

On voit qu'avec les prix adoptés et le système d'éducation que nous supposons, les fourrages sont payés en général à un prix très peu élevé par le bétail d'élève, et que, comme nous l'avons dit au commencement de ce paragraphe, il ne faut spéculer sur ce produit que lorsqu'on ne peut employer autrement ses fourrages, ou qu'on parvient à une économie de temps sur l'époque où les animaux sont propres au service auquel on les destine.

2e Vaches laitières.

Les fermes à laiterie réussissent principalement dans les vallées fertiles, closes et abritées; soit dans les pays un peu bas, soit dans ceux de montagnes, où un sol assez consistant donne une végétation riche ou des pâturages substantiels; on élève encore avec profit des vaches laitières sur les fermes où l'on a adopté un bon système de culture alterne, où il y a production abondante d'excellens fourrages, ainsi qu'à une petite distance des grandes villes, des fabriques qui fournissent des résidus propres à la consommation des vaches, etc.

On doit surtout s'attacher à faire choix des races de vaches ou des individus d'une même race qui, avec le même poids et la même qualité d'alimens donnent une plus grande quantité de lait, ou un lait chargé d'une plus grande proportion de principes butireux ou caséeux, celles qui se distinguent par la fécondité, qui, lorsqu'elles tarissent, engraissent facilement, et présentent alors la plus grande quantité relative de viande nette.

Les calculs qui suivent sont basés sur la supposition que les vaches dont il s'agit sont de race ordinaire, d'une taille au-dessus de la moyenne et choisies avec soin; qu'elles reçoivent en toutes saisons une nourriture saine en quantité proportionnée à leur taille et à leurs besoins, et qu'on les entretient dans un état constant de santé et d'abondance. Le troupeau est supposé se composer de 30 vaches et d'un taureau, et les avances pour achat des 31 bêtes, au prix moyen de 120 fr., avoir été de 3,720 fr.

Frais annuels pour l'entretien de ce troupeau.

			fr.	c.
a. Remonte du troupeau tous les 10 ans soit par des jeunes sujets pris dans le troupeau, soit par des achats: par année .	372 fr.	»		
A déduire les vieux animaux estimés à la moitié de la valeur des jeunes, ci.	186	»		
Frais annuels de remonte. . . .			186	»
b. Intérêts du capital à 10 p. 0/0, y compris les risques.			372	»
c. Salaire et entretien d'un vacher.			280	»
d. Salaire et entretien de deux vachères pour traire et soigner les vaches, à 250 fr. chaque.			500	»
e. Logement de 31 bêtes de gros bétail à 6 fr.			186	»
f. Mobilier de la laiterie à 6 fr. par tête.	186 fr.	»		
Intérêts de cette somme à 5 p. 0/0.	9	30	37	20
Entretien et renouvellement à 15 p. 0/0.	27	90		
Total des frais annuels d'entretien du troupeau de vaches et des ustensiles de laiterie. .			1,561	20

Après avoir établi les frais annuels d'entretien d'un troupeau de 30 vaches et d'un taureau, il est nécessaire de calculer d'un côté les fourrages qu'un pareil troupeau consomme dans une année, et la quantité de produits qu'il fournit, afin d'établir à quel prix le troupeau paie ces fourrages.

Non-seulement la quantité d'alimens varie avec la taille des vaches, mais encore avec le régime qu'on leur fait suivre et qui est différent souvent sur chaque établissement, de manière que s'il fallait tenir compte de toutes les modifications que les circonstances ou la localité apportent dans le mode d'alimentation, nous serions obligés d'entrer dans des calculs et des détails fort étendus et peu concluans. Heureusement que les expériences des agronomes ont ramené cette question à des termes plus simples que nous allons rappeler.

Lorsque nous nous sommes occupés dans le tome III, page 89, du profit que peut donner une laiterie, nous avons démontré par un grand nombre d'exemples puisés dans l'agriculture de divers pays que des vaches en bonne santé, de l'âge de 4 à 8 ans, soignées convenablement, nourries suivant leurs besoins, rendaient pour 100 kil. de foin de bonne qualité, ou l'équivalent en une autre nourriture, depuis 37 jusqu'à 58 litres de lait et en moyenne 40 litres, et qu'une vache de taille moyenne, bonne laitière et bien nourrie, devait fournir, terme moyen, 1800 lit. de lait par année.

Ainsi, en supposant que les animaux du troupeau ci-dessus reçoivent chaque jour une ration de 12 kil. de bon foin, ou l'équivalent en autre nourriture, on aura consommé pendant l'année

Pour les 30 vaches. . . .	1,314	» quint. mét.
Pour le taureau.	43	80
Au total. . .	1,357	80

Le produit moyen d'un autre côté aura été en lait, et à raison de 1,800 lit. par année et par tête, de 54,000 lit.

Si on suppose que ce lait vendu en nature, ou converti en beurre ou en fromage, peut se vendre, les frais de fabrication, pour les derniers produits étant déduits, à raison de 4 cent. le litre, on aura pour recette brute

des produits de la laiterie.	2,100 fr.	» c.
A quoi il convient d'ajouter 25 veaux à 6 fr.	150	»
Recette brute.	2,310	»
Déduction des frais pour le troupeau.	1,561	»
Recette nette. . .	749	»

Ainsi, un troupeau composé de 30 vaches et de 1 taureau, d'une taille au-dessus de la moyenne, nourri et entretenu comme nous l'avons dit, et lorsque le lait ne peut être placé qu'à 4 cent. le litre, paie les fourrages qu'il consomme à raison de 55 cent. environ le quintal métrique.

8° *Engraissement des bêtes à cornes.*

A. *Des bêtes adultes.*

Cette branche d'industrie agricole, dit M. de Dombasle, *ne peut être suivie avec profit* que par l'homme qui possède une grande habitude dans les achats et les ventes de bestiaux ; un autre sera souvent trompé par les marchands de bétail près desquels il achète, et par les bouchers qui acquièrent une connaissance parfaite du poids d'une bête par l'inspection et le tact. Il n'y a que bien peu de cas où un engraisseur ne travaille pas avec un grand désavantage s'il ne fréquente pas lui-même les foires et marchés pour acheter et vendre ; à moins que cette spéculation ne soit menée assez en grand pour pouvoir payer largement un homme zélé et fidèle qui possède parfaitement les connaissances requises.

L'engraissement du gros bétail *réussit principalement* dans les pays où il y a une grande abondance de pâturages riches et succulens, comme les plaines herbeuses de la Normandie et du Charollais; dans les autres localités cette branche d'industrie ne peut être exercée avec succès que sur les terres où l'on se procure en abondance et économiquement, par un bon système de culture, des alimens salubres et riches en principes nutritifs, et où il serait difficile de faire consommer plus avantageusement les produits récoltés, dans celles où on obtient à bon compte des résidus de distilleries, brasseries, féculeries, fabriques de sucre de betteraves, etc.

C'est dans les pays où l'on trouve à se défaire à un bon prix des bêtes grasses, et où on parvient ainsi à renouveler son capital 2 ou 3 fois dans le cours d'une année, dans les établissemens où l'on a un assez grand nombre de bêtes de réforme dont on se débarrasserait difficilement à l'état maigre, ou dans ceux où les marchands de bestiaux ou les bouchers font engraisser les animaux pour leur propre compte, etc., qu'on peut se livrer avec le plus de certitude de succès à l'engraissement du bétail.

Ce qu'il importe surtout dans cette industrie c'est de faire choix d'animaux sains, et dont les organes digestifs soient dans un état parfait d'intégrité, d'un âge moyen, de taille ordinaire et d'une race connue pour engraisser avec rapidité, avec la moindre quantité d'alimens possible ou la nourriture la moins chère, c'est de donner la préférence aux animaux qui après l'engrais présentent la plus grande quantité de viande nette (les meilleurs bœufs ne paraissent pas en donner au-delà de 60 à 65 p. 0/0 du poids vivant, tandis qu'il est des bœufs anglais qui en donnent jusqu'à 75); enfin, c'est de proportionner la corpulence des animaux à la richesse des pâturages ou à la qualité des alimens qui doivent servir à les engraisser.

L'engraissement des bêtes à cornes se fait au pâturage, au foin, aux tubercules, aux racines avec des résidus de distilleries, de féculeries, de fabriques de sucre de betteraves, etc. ; et enfin quelquefois avec du grain pour compléter et raffermir le gras. Ces genres divers d'alimentation peuvent, pour la commodité du calcul et la facilité des comparaisons, être rapportés au foin pris pour unité de mesure, ce qui permet d'établir, de même que précédemment, le prix auquel les animaux paient le foin qu'ils consomment pendant l'espace de temps que dure l'engrais.

Pour partir d'une base fixe dans l'évaluation du prix auquel les bœufs ou vaches de graisse paient les alimens qu'ils consomment, nous supposerons ici qu'un bœuf ou une vache valent moitié en sus quand ils sont gras que lorsqu'ils étaient maigres, avec la condition toutefois que l'animal qu'on met à l'engrais est sain, que ses facultés digestives sont intactes et n'ont été altérées ni par l'âge, ni par des maladies. On remplacera aisément dans les calculs réels les prix fictifs que nous adoptons par ceux fournis par les marchés et les prix courans dans la localité qu'on habite.

Ainsi, en supposant qu'un bœuf maigre, de taille moyenne, coûte 120 fr., que son engraissement dure 4 mois, et qu'un bouvier, dont le salaire et les frais d'entretien s'élèvent annuellement à 240 fr., soigne 20 bœufs, on aura pour les élémens du calcul :

			fr.	
Valeur du bœuf gras.			180	»
Prix d'achat du bœuf. . .	120 fr.	»		
Intérêts de cette somme à 6 p. 0/0 pendant 4 mois.	2	40		
Salaire du bouvier.	4	»		
Logement pour 4 mois . . .	2	»		
Total des avances et frais.	128	40	128	40
Différence.			51	60

différence qui doit servir à payer la nourriture des bœufs.

Voici maintenant comment cette nourriture est payée dans les systèmes d'alimentation au pâturage, au foin, aux pommes de terre et aux résidus de distilleries que nous prendrons ici comme exemples.

1° *Pâturage.* Sur une prairie basse de 1re classe (p. 313), une bête de taille moyenne consomme, pour devenir grasse, le produit de 32 ares, qui fournissent 20 quint. de foin. Ainsi, dans ce système, les fourrages sont payés par quint. mét. à raison de 2 fr. 58 c., outre l'économie sur les frais de récolte.

2° *Foin.* Il est moins actif qu'une quantité correspondante consommée en vert. A cette différence, qui est d'environ 25 p. 0/0, il faut ajouter les frais de récolte. Ainsi, il faut au moins 25 quint. de foin pour l'engraissement qui sont payés à raison de 2 fr. 6 c.

3° *Pommes de terre.* La nourriture se compose alors de 20 quint. mét. de tubercules représentant en foin . . . . 10 quint.
et de 8,50 quint. de paille hachée, représentant. . . . 5

Au total en quint. de foin 15

Ce qui fait pour le quint. de fourrage 3 fr. 64 c. ou 1 fr. 32 c. pour le quint. de tubercules ou de paille.

4° *Résidus de la distillation* des pommes de terre. Un quint. de résidus a la même activité pour l'engrais qu'un 1/2 quint. de tubercules; il en faut 40 quint., représentant en foin. . . . 10 quint.
et 8.50 quint. de paille, représentant 5

Total. 15

Ce qui met le quint. de fourrage au même prix que précédemment, ou . . . . 3 fr 64 c.
et le quint. d'alimens à 1 fr. 6 c., soit résidus ou paille, etc.

B. *Des veaux.*

L'engraissement des veaux exige plus impérieusement encore que les autres branches de la production animale le rapprochement d'un marché fréquenté où il y a une demande constante de ce produit. Plus loin, les frais de transport des veaux gras, qui ne peuvent se transporter eux-mêmes, enlèvent une trop grande quantité des profits et de plus causent beaucoup d'embarras et de perte de temps. On a remarqué que cette branche d'industrie s'exerce plus spécialement autour des grandes villes, comme Paris et Londres, dans un certain rayon au-delà duquel il n'est plus possible d'apporter journellement le lait dans ces villes et depuis une distance de 4 jusqu'à 10 lieues; plus loin, le lait est converti en beurre. C'est dans ces localités qu'on se procure à peu de frais des veaux de lait chez les nourrisseurs plus rapprochés de ces villes qui vendent leur lait en nature, et qu'on les élève jusqu'à 5, 6, 7 semaines et plus pour les envoyer ensuite sur les marchés.

Dans ce genre de spéculation, il faut faire attention à l'âge auquel il convient de conduire les veaux sur le marché. Quelques fermiers pensent que, comme le veau croît et s'engraisse plus rapidement après l'âge de 6 semaines qu'avant, et exige par conséquent moins de lait pour acquérir plus de chair et de graisse, il y a plus de profit avec un veau pesant qu'avec un veau de 6 semaines, quand ce produit s'achète au poids, et en outre parce qu'il n'y a qu'un prix d'achat et une commission de vente; c'est à l'administrateur à examiner à cet égard les circonstances locales dans lesquelles il se trouve.

Les qualités qu'on recherche dans le veau sont la blancheur, la fermeté et la finesse de la chair. Quant aux animaux qu'on doit nourrir de préférence, il faut s'attacher aux races qui ont en outre une croissance rapide et qui possèdent la faculté d'engraisser jeunes.

Un veau coûte pour engraisser tout autant que le lait qu'il consomme a de valeur; ainsi, plus l'engraissement dure de temps, plus l'animal consomme, mais aussi plus il acquiert de poids et de prix. Ainsi, en supposant qu'un veau de 6 semaines, qui pèsera 65 kilogr., soit vendu sur le marché 70 fr., dont il faudra déduire 10 fr. pour le *prix d'achat* et de commission, 6 fr. pour les *soins* qu'il a reçus, le *logement*, etc., ainsi que 8 fr. pour *frais de transport* sur le marché et la *commission* du marchand de bestiaux, il restera 46 fr. pour balancer le prix du lait consommé. Or, ce veau, pendant ces 7 semaines, aura consommé 400 litres de lait, ce qui porte le prix de ce produit, employé de cette manière, à 11 c. 1/2 le litre.

En Angleterre, on estime qu'un veau de forte race consomme en 7 semaines 725 lit. de lait, qui ajoutent à son poids 50 kilogr. A cet âge, il pèse en totalité 80 kilogr. et pourrait être vendu 112 fr.; en déduisant les frais, qui pour un veau de cette race s'élèvent à 25 fr., resterait 87 fr. qui suffisent pour payer le lait à raison de 12 c. environ.

§ III. — Des bêtes à laine.

L'éducation des bêtes à laine est une branche de l'économie rurale qui exige pour être dirigée convenablement et avec profit, surtout quand on veut entretenir des troupeaux à laine fine, des avances assez considérables de capitaux, des connaissances fort étendues et une longue pratique dans tout ce qui concerne l'économie de cette espèce de bétail. Depuis environ 40 années l'éducation des bêtes à laine a fait, dans la majeure partie de l'Europe, d'immenses progrès et pris un très grand développement, sans qu'il soit toutefois encore permis de déterminer d'une manière aussi précise que pour les races de gros bétail les avantages qu'on peut recueillir en élevant des troupeaux de moutons de tel ou tel degré de finesse; c'est un sujet dans la discussion duquel nous ne devons pas entrer et pour lequel nous renvoyons aux nombreux ouvrages où les plus habiles agriculteurs de tous les pays ont consignés les fruits de leur expérience dans ce genre de spéculation. Ici nous nous contenterons d'un coup d'œil rapide sur les produits que donnent les troupeaux de moutons et sur les conditions générales qui paraissent les plus nécessaires pour les faire prospérer et en tirer le produit le plus élevé.

Un troupeau de moutons fournit de la laine, des élèves et des bêtes de boucherie; il procure en outre des engrais, et dans plusieurs contrées on en tire du lait.

La *laine* est le produit qu'on a le plus généralement en vue quand on se livre à l'éducation des moutons; c'est une denrée qu'on ne recueille qu'une fois chaque année; qui a ses marchés, ses voies d'écoulement et ses courtiers spéciaux et dont la valeur, sans cesse flottante, varie souvent en peu de temps dans des limites fort étendues. Ces variations paraissent dues en général à la multiplication des troupeaux d'une certaine race, au-delà des besoins du pays, aux spéculations des marchands ou des courtiers de cette denrée, aux importations de l'étranger, à l'activité des industries manufacturières ou autres qui consomment la laine, enfin à des changemens dans le goût ou les habitudes des consommateurs, toutes circonstances qui peuvent déjouer toutes les prévisions, rendre erronés tous les calculs de l'administrateur, lui causer des pertes et apporter de graves perturbations dans l'économie d'un établissement rural. La laine est d'une conservation assez difficile, et elle ne trouve pas un marché constamment ouvert où on puisse l'écouler à volonté; elle peut être transportée au loin et offre même ceci de désavantageux qu'elle peut être importée de toutes les parties du globe, et qu'il est des pays où on peut la produire à si bon compte que l'agriculture française, malgré des droits protecteurs, a peine à soutenir la concurrence avec certains producteurs étrangers.

Il existe et on peut créer des troupeaux dont les laines diffèrent les unes des autres par la finesse, l'égalité du brin, l'élasticité, le moelleux, la souplesse, la longueur, le nerf, l'éclat, la couleur et le genre de fabrication auquel elles sont propres. C'est parmi ce nombre infini de variétés qu'un administrateur doit faire un choix; mais il ne doit pas s'en laisser imposer par le prix élevé des laines de 1re qualité, parce qu'il est possible que des troupeaux couverts des toisons les plus fines et dont les bêtes ne fournissent la plupart du temps qu'une quantité de laine peu considérable et qui réclament en général des soins bien plus attentifs soient en définitive d'un produit moins avantageux que des moutons à laine plus grossière, à toisons mieux fournies, d'une santé plus robuste et d'un prix plus élevé comme bêtes de boucherie.

La vente des *élèves* dans l'éducation des bêtes à laine fine ou dans la formation de races nouvelles a présenté, depuis un certain nombre d'années, des profits fort élevés, mais c'est le genre de spéculation qui, aussi, a exigé les plus fortes avances capitales, les connaissances théoriques les plus étendues et la pratique la plus éclairée. Aujourd'hui qu'il s'est formé dans presque tous les pays de nombreux troupeaux, dont la laine offre tous les degrés de finesse et toutes les qualités que réclame l'industrie manufacturière, la vente des élèves est devenue de moins en moins lucrative et semble devoir rentrer dans les rangs des spéculations ordinaires de l'agriculture.

Les *bêtes grasses* ou de *boucherie;* c'est une spéculation à laquelle on peut se livrer avec profit dans toutes les localités; la viande du mouton étant d'un usage général et son suif et sa peau fort employés dans les arts. D'ailleurs, les animaux gras peuvent être transportés à de grandes distances et on les fait voyager à plus de 100 lieues pour l'approvisionnement de Paris.

Le *lait* des brebis est un produit sans importance et qui n'a quelque valeur que dans les races communes, qu'on soumet quelquefois à la mulsion, soit pour la consommation du ménage, soit pour en fabriquer des fromages où il entre seul, comme ceux qu'on fabrique aux environs de Montpellier, soit mélangé à celui de vache ou de chèvre, ainsi que cela se pratique pour les fromages de Sassenage et de Roquefort.

Les bêtes à laine donnent un *fumier* plus sec, plus solide que celui des bêtes à cornes et qui ne contient, indépendamment des urines qui sont moindres, suivant M. Block, que 66 p. 0/0 de parties aqueuses; ce qui fait qu'il se mêle moins bien avec la litière et supporte moins de celle-ci; mais aussi il est plus concentré, possède sous un même volume plus de matière fertilisante, est plus actif, moins durable et rembourse par conséquent plus promptement les avances qu'il a fallu faire pour le produire. Il convient surtout aux sols froids et compactes, quoiqu'on puisse, quand il est convenablement travaillé, l'employer sur tous les terrains. On a cru remarquer aussi qu'il n'est pas propre à toutes les cultures et qu'il donne, par exemple, un orge qui convient peu pour les brasseries, un froment qu'on ne peut employer dans la boulangerie fine ou la pâtisserie, et des betteraves qui contiennent une moins grande proportion de sucre.

L'éducation des bêtes à laine *réussit le mieux* dans les pays élevés ou montagneux, sur des sols légers, secs, maigres et même arides et dans un climat exempt d'humidité. On les voit prospérer là où l'herbe est courte, peu chargée de parties aqueuses et se contenter même des pâturages maigres des forêts de bouleaux, de chênes et d'arbres résineux. En général, les prairies basses et humides leur sont nuisibles et leur occasionnent des maladies mortelles. Moins robustes que les bêtes à cornes, elles s'accomodent aussi moins bien que celles-ci de la stabulation permanente, et ont besoin de plus d'air et d'exercice et d'une nourriture verte prise sur place. Leurs provisions d'hiver doivent être aussi d'une meilleure qualité. Enfin, étant d'une santé plus délicate, elles sont plus sujettes aux accidens ou aux maladies qui dépeuplent les troupeaux, et se plient plus difficilement à des changemens de climat, de nourriture ou de régime qui altèrent ou modifient d'une manière bien remarquable la nature et les qualités de leurs toisons.

Les moutons fatiguent davantage les herbages, surtout ceux nouvellement formés dont ils tondent l'herbe jusqu'au collet ou qu'ils déracinent fréquemment; mais d'un autre côté ils sont plus propres à consommer sur place les fourrages verts et les racines; au parc, leurs déjections sont mieux réparties sur l'étendue du sol, et ils offrent de plus l'avantage de consolider par le piétinement les sols meubles et trop légers.

Dans les *petites exploitations*, dans les *pays où la propriété est très divisée* et la culture très perfectionnée, l'éducation des bêtes à laine paraît en général être une spéculation peu profitable. Dans ces situations, à moins qu'on ne possède des pâturages indépendans des terres en culture et qu'on ne puisse pas utiliser autrement, un troupeau, qui ne peut consister alors qu'en un petit nombre de bêtes, n'est plus assez nombreux pour payer les frais d'un berger et rembourser les avances qu'il occasionne. En Belgique, où il n'y a pas de montagnes, de pâturages communaux ou de terres vagues, où la culture des champs ne laisse aucune main inutile, et enfin où on ne souffre guère de jachère improductive, on n'élève qu'un petit nombre de troupeaux, et, à l'exception de quelques grands fermiers qui ont des pâturages sur leurs exploitations, on ne voit que les habitans des villages où il y a des chemins larges et en partie enherbés qui aient ainsi quelques moutons dont l'entretien ne leur coûte rien. Dans les départemens les mieux cultivés de la France, les agriculteurs les plus instruits pensent qu'un troupeau de moutons à laine fine ne peut être profitable qu'autant qu'on exploite au moins 100 hect. d'étendue de terrain.

L'éducation des bêtes à laine paraît au contraire convenir aux *grandes exploitations* en sols maigres, légers, dans celles où on récolte peu de pailles de céréales, mais où les pailles de pois ou de fèves, qui sont fort du goût des moutons, sont abondantes; dans celles qui offrent des pâturages permanens, maigres, secs ou des terres placées, au moins en partie, dans des situations élevées, escarpées et d'un accès assez difficile pour rendre très pénible et coûteux le transport des engrais et celui des récoltes, etc.

Pour nous résumer, nous dirons que si l'éducation des bêtes à laine a présenté jusqu'ici des bénéfices plus considérables que celle des autres bestiaux, ces bénéfices ont aussi été plus chanceux et dus à des circonstances qui se sont montrées favorables pour les 1ers propagateurs des troupeaux à laine fine, mais que la multiplication de ceux-ci tend chaque jour à égaliser les avantages entre les propriétaires et à ramener aujourd'hui les profits sur la production de la laine au niveau des autres spéculations agricoles; que, pour un administrateur éclairé, il importe fort peu que son troupeau ait une laine plus ou moins fine, que ses moutons soient plus ou moins gros et couverts d'une toison abondante, que les élèves aient une haute valeur, mais que, pour lui, il s'agit uniquement de rechercher quelle est la race de moutons qui, comme bête à laine, de propagation ou d'engrais, pourra, dans les circonstances climatériques, agricoles, financières, commerciales ou manufacturières où il se trouve placé, payer au prix le plus élevé la nourriture qu'elle consommera, en prenant en considération les chances de permanence de profit que ce genre de spéculation pourra présenter.

Nous allons donner maintenant un exemple de la balance du compte d'un troupeau de moutons à laine fine et d'un troupeau commun, toutes les autres spéculations intermédiaires ou l'éducation des métis se rapprochant plus ou moins de l'un de ces termes extrêmes et présentant d'ailleurs trop de variations pour établir des formules avec quelque exactitude. Pour partir d'une base fixe, nous supposons que le but principal de l'éducation est la production de la laine, que le troupeau se compose de 500 bêtes vieilles et jeunes, et qu'il est tenu au complet et sans accroissement dans le nombre des bêtes qui le composent. Après avoir traité ce sujet, nous dirons un mot sur l'engraissement des moutons.

1° *Troupeau de mérinos de 500 bêtes.*

Le troupeau est supposé appartenir à la race des mérinos purs, et nous admettons, avec M. Schwarz les faits suivans. que l'expérience paraît avoir démontré en Allemagne dans les pays où l'on s'occupe avec le plus de succès de l'éducation des bêtes à laine, savoir : qu'une brebis adulte de race pure a pour valeur courante 8 fois le prix auquel se vend un kilogr. de sa laine lavée à dos; qu'un bélier adulte vaut 3 fois autant qu'une brebis de même race; qu'un antenois n'a pour valeur que la moitié et un agneau le 10e de celle d'une bête adulte de même sexe. Nous supposons que la laine lavée à dos peut être vendue au prix moyen de 8 fr. le kilogr.. Cela posé, voici comment on établit la balance entre les recettes et les alimens consommés.

Avances capitales.

		fr.	c.
a.	6 Béliers de 2 à 6 ans à 120 fr. chaque.	720	»
b.	130 Moutons de 2 à 6 ans, à 20 fr. . . .	2,600	»
c.	3 Jeunes béliers d'un an, à 60 fr. . . .	180	»
d	46 Moutons antenois, à 10 fr.	460	»
e.	148 Brebis portières de 2 à 6 ans, à 40 fr.	5,920	»
f.	53 Antenoises à 20 fr.	1,060	»
g.	114 Agneaux mâles et femelles à 4 fr. .	456	»
	500 Têtes qui représentent une valeur capitale de.	11,396	»

Frais d'entretien du troupeau.

	fr.	c.
1. *Sinistres* et bêtes mortes d'accident : l'expérience a démontré qu'ils s'élèvent annuellement à 6 p. 0/0 du capital, ci.	623	75
2. *Intérêts* du capital à 10 p. 0/0 y compris les risques et chances diverses	1,139	60
3. *Salaire* d'un berger	500	»
Salaire et entretien d'un aide-berger . .	200	»
4. *Logement* à raison de 60 c. par tête . .	360	»
5. *Sel, médicaments*, etc., à 30 c. par tête. .	150	»
Total des frais annuels d'entretien. .	3,013	35

Fourrages consommés annuellement.

On compte généralement que pour alimenter convenablement un troupeau de 500 mérinos, jeunes et vieux, il faut journellement 5 quintaux mét. de fourrages, soit en paille et foin en hiver, soit au pâturage en été. Au total pour l'année et les 500 têtes . . . . 1825 quint. mét.

Recettes annuelles.

	fr.	c.
a. *Laine.* L'expérience a démontré que 100 têtes de mérinos, béliers, brebis, moutons et agneaux de l'espèce supposée ci-dessus, donnaient en moyenne 112,50 kilog. de laine lavée à dos, par conséquent pour les 500 bêtes 562,50 kilog. qui, au prix moyen de 8 fr. le kilog., donnent une recette de.	4,500	»
b. *Croît.* L'expérience a encore prouvé que 100 brebis portières mérinos fournissaient annuellement 80 agneaux, et comme on a tenu compte parmi les frais des sinistres, c'est un nombre égal de bêtes dont on peut disposer; 148 brebis fourniraient ainsi 118 têtes chaque année, qui, au prix moyen de 5 fr. 50, quand on les livre au boucher, donneront. . . .	649	»
c. Peaux de bêtes mortes d'accident, portés ci-dessus à 6 p. 0/0 ou 30 peaux à 1 fr. . .	30	»
Total des recettes brutes annuelles. . .	5,179	»
A déduire les frais. . . .	3,013	35
Recette nette. .	2,165	65

Cette recette destinée à payer 1,825 quint. mét. de fourrages consommés, rembourse donc le quintal à raison de 1 fr. 18 c. environ dans ce système de production animale.

La paille qu'on fait consommer en hiver à ces animaux, en remplaçant 1/4 de leur foin par le double en poids de cette substance, est, dans ce cas, payée à la production végétale à raison de 59 c. environ le quint. mét.

Il est évident que si on trouvait à placer les jeunes animaux, soit pour entretenir d'autres troupeaux, soit pour en former de nouveaux, les résultats de cette spéculation deviendraient beaucoup plus avantageux; mais c'est une recette sur laquelle, pour plus d'exactitude, on ne doit pas communément compter dans l'évaluation du produit d'un troupeau.

2° *Troupeau de race indigène commune de 500 têtes.*

En prenant toujours pour base le prix de la laine, nous allons évaluer de la même manière les avances, dépenses et recettes pour un troupeau de 500 moutons de race indigène commune et dont la laine lavée ne se vend que 2 fr. 50 le kilogr.

Avances capitales.

		fr.	c.
a.	6. Béliers de 2 à 6 ans, à 37 fr. 50 c.	225	»
b.	130. Moutons de 2 à 6 ans, à 12 fr. .	1,560	»
c.	3. Béliers antenois, à 18 fr. 75 c. . .	56	25
d	46 Moutons antenois, à 6 fr. . . .	276	»
e.	148 Brebis portières, à 20 fr. . . .	2,960	»
f	53. Antenoises à 10 fr.	530	»
g.	114. Agneaux mâles et femelles, à 2 fr.	228	»
	500 Têtes représentant une valeur capitale de.	5,835	25

Frais d'entretien du troupeau.

	fr.	c.
a *Sinistres* et bêtes mortes d'accident, 6 p. 0/0 du capital.	350	10
b *Intérêts* à 10 p. 0/0 du capital. . . .	583	50
c. *Salaire* d'un berger	400	»
d. *Logement* pour 500 bêtes, à 50 c. par tête.	250	»
e. *Sel* et *médicaments*, etc.	130	»
Total des frais annuels d'entretien. . .	1,713	60

Fourrages consommés annuellement.

	quint. mét.	
180 Jours de pâturage évalué à 750 grammes de foin par tête et par jour.	675	»
185 Jours de nourriture à l'étable, à raison de 30 quint. de foin par 100 têtes, pour les 500 bêtes.	150	»
Paille, 7 1/2 quint. par jour, pour 185 jours 1,387 50 quint. mét. représentant la moitié de son poids de foin ou.	698	75
Total des fourrages consommés. . . .	1,523	75

Recettes annuelles.

	fr.	c.
a. Laine (100 bêtes de sexe et d'âge divers donnent en moyenne 150 kilog). Pour les 500 bêtes 750 kilog. à 2 fr. 50 c.	1,875	»
b. Croît. 118 Agneaux ou bêtes de reforme pour la boucherie, au prix moyen de 5 fr. . .	590	»
c. Peaux de bêtes mortes, 30 à 75 c. . . .	22	50
Total des recettes brutes annuelles. .	2,487	50
A déduire les frais d'entretien. . .	1,713	60
Recette nette. . .	773	90

Ainsi, dans le système adopté et avec les prix supposés, un troupeau de moutons communs ne paie les 1,523.75 quint. mét. de fourrages qu'il consomme que par une somme de 773 fr. 90 c., ou au taux de 51 c. environ le quint. mét. et la paille au prix de 25 c. 1/2 environ.

3e *Engraissement des moutons.*

Pour l'engraissement des moutons, quand on en fait l'objet d'une spéculation à part, il faut choisir, comme pour les bêtes bovines, des animaux sains, de taille ordinaire et d'une race connue pour engraisser jeune et donner après l'engrais, proportionnellement à leur poids, la plus grande quantité de viande nette. Nous ne discuterons pas les avantages ou les inconvéniens des moyens très variés qu'on emploie pour engraisser les moutons, nous dirons seulement que celui qui parvient au but de la manière la plus sûre, la plus prompte et la plus économique est le meilleur, puisque c'est aussi celui qui donne des bêtes d'une plus haute valeur ou qui paient au prix le plus élevé leur nourriture et qui permet le renouvellement le plus fréquent et avec profit des capitaux mis en avant.

Pour en donner un exemple, nous supposerons qu'il s'agit d'engraisser à la bergerie un troupeau de 100 moutons communs et de taille moyenne. M. Block a reconnu que pendant un engraissement de cette espèce, qui a duré 135 jours, le troupeau avait consommé :

			Quint	mét.
255	Quint. mét.	de pommes de terre équivalant en foin à.	137	»
39,5	—	Grains concassés, *id.*	138	»
21	—	Son.	25	»
54	—	Paille de froment ou seigle. .	25	»
34	—	Paille de pois.	20	»
1,35	—	Tourteaux de graine de lin. .	1	25
		Total. . .	346	25

Si on suppose maintenant que les bêtes ont été achetées au prix de 10 fr., on aura pour les frais :

1o *Achat* des animaux d'engrais. . . .	1,000 f.	»
2o *Intérêts* de cette somme pendant 135 jours, à 6 p. 0/0.	22	20
3o *Salaire* d'un berger pour 135 jours . .	100	»
4o *Logement* à 60 c. par tête.	60	»
Total des frais. .	1,182	2

Prix de vente des moutons gras à 16 fr. par tête.	1,600	»
Déduction des frais. . . .	1,182	20
Recette nette.	417	80

Ce qui donne 1 fr. 20 c. pour le prix du quint. mét. de fourrages lorsque la viande maigre et grasse est aux prix supposés.

§ IV. — Des cochons.

Dans tous les établissemens ruraux, soit grands, soit petits, l'entretien des cochons est une chose presque indispensable, parce que les débris et résidus de la laiterie, de la cuisine et du jardin ne peuvent être employés d'une autre manière; mais il faut bien distinguer cela de la multiplication des cochons, cas dans lequel on leur fait consommer des alimens qui pourraient servir à la nourriture des bêtes à cornes ou à laine.

Si l'on calcule toutes choses, dit Thaer, on trouvera qu'il est rarement avantageux d'élever des cochons dans les lieux où l'on doit les nourrir pendant l'hiver, avec de bons grains, et où en été on n'a pas de pâturages convenables ou d'autres fourrages verts qui peuvent y suppléer. En revanche on y trouvera du profit dans les lieux où l'on cultive beaucoup de pommes de terre et de raves pour la nourriture du bétail; ou bien ceux où parmi les céréales il y a beaucoup de mauvaises graines ou grains légers, et où l'on a pour l'été des pâturages marécageux et humides qui ne sont pas propres aux moutons. On en trouvera aussi dans les établissemens où il y a des laiteries considérables dont on ne peut employer les résidus d'une manière plus profitable, et là où il y a des brasseries, des distilleries, surtout lorsqu'on n'y amène pas des contrées voisines des cochons à très bon marché, et qu'ainsi ceux qu'on élève peuvent être vendus facilement, maigres ou gras; ou bien enfin quand on peut faire le commerce de viande salée et expédier du lard et des jambons dans l'étranger.

La nourriture et l'engraissement des cochons convient encore beaucoup dans les exploitations qui possèdent de grandes étendues de bois de chêne ou de hêtre dans lesquels ces animaux trouvent en automne une nourriture abondante très profitable sans exiger aucun soin.

1e *Multiplication des cochons.*

Nous supposons que le troupeau reproducteur se compose de 10 truies portières et d'un verrat, qu'il occupe un quart seulement de l'année un porcher et que les animaux produits sont propres à l'engrais à l'âge d'un an.

Avances capitales.

	fr.
11 bêtes à 40 fr.	440

Dépenses annuelles d'entretien du troupeau reproducteur.

	fr.	c.
a. Intérêts du capital à 6 p. 0/0. . .	26	40
b Diminution de valeur par l'âge, 2 p. 0/0. .	8	80
c. Salaire et entretien du porcher; 1/4 seulement à la charge du troupeau reproducteur.	70	»
d. Logement à raison de 2 fr. 20 c. par tête.	24	20
Total à reporter.	129	40

Report.	129	40

Dépenses pour les élèves.

Le produit moyen annuel est de 120 cochonneaux, en 2 portées, qui tètent pendant 6 semaines. Le prix de chacun est donc de 1 fr. 8 c. environ.

a. Salaire du porcher; 3/4 du salaire total. .	210	»
b. Logement à 1 f. 50 c. par tête. . .	180	»
Total des dépenses annuelles. .	519	40

Fourrages consommés.

Les bêtes adultes consomment par jour au pâturage 2 kil. de foin, qu'on peut remplacer l'hiver par 4 kil. de pommes de terre; par jour 22 kil. de foin pour les 11 têtes et pour l'année.	80 quin. mét.	30
Chaque élève reçoit d'abord 1 kil., puis 3 kil, en moyenne, 2 kil. de pommes de terre par jour. Pour les 120 têtes, 240 kil., et pour 323 jours, 775, 20 quintaux mét. équivalent en foin à. . .	387	60
Total des fourrages consommés. .	467	90

Recettes annuelles.

	fr.	c.
120 cochons d'un an à 20 fr.	2,400	»
A déduire les dépenses annuelles. . . .	519	40
Recette nette.	1,880	60

Il reste donc une recette de 1,880 fr. 60 c. pour payer le foin consommé, qui a été de 467,90 quint. mét. ou l'équivalent en pommes de terre, ce qui met le quint. à 4 fr. ou les pommes de terre à 2 fr. le quint.

2° *Engraissement des cochons.*

L'engraissement des cochons, comme spéculation, se fait avec les résidus de fabriques, les pommes de terre et souvent les grains pour compléter le gras.

Les *frais*, dans cette hypothèse, sont les suivans :

a. Un cochon maigre de 3 ans en bon état, de taille moyenne, pesant 52 kil.	30 fr.	»
b. 3 hectol. d'orge pour compléter l'engrais à 5 fr.	15	»
c. Soins, logement, intérêts du capital pendant 100 jours, cuisson des alimens. . .	5	»
Total des frais.	50	»

Un pareil cochon pèse alors 125 kil. à 60 c. le kil.	75	»
Déduction des frais. .	50	»
Reste pour payer la nourriture. . .	25	»

Cette nourriture se compose de 700 kilogr. de pommes de terre représentant 360 kilogr. de bon foin et 200 kilogr. de son, représentant 200 kilogr. environ de foin; en tout 5,60 quint. de foin, c'est-à-dire 4 fr. 47 c. par quint. mét. de foin consommé ou 2 fr. 77 c. le quint. d'alimens.

Un cochon engraissé avec le lait de beurre ou le petit-lait exige 36 à 40 lit. chaque jour et est gras en 80 jours. Aux prix ci-dessus, il paie le litre de lait aigre 8/10 de centime environ.

Suivant Thaer, 36 kilogr. de grain employés à l'engraissement des cochons, donnent 7 à 7 1/2 kilogr. de chair et de graisse qui, à 60 c. le kilogr. de viande, paient le grain à raison de 12 c. environ le kilogr.

M. Block admet, d'après ses expériences propres, qu'un cochon de forte taille et adulte a besoin, pendant les 90 jours que dure l'engraissement, de :

1° 45 kil. de son de seigle, évalué en grain pour moitié, à	22 kil.	50
2° 630 kil. de pommes de terre évalués en grains, à raison de 4 kil. pour 1 de grain. .	157	50
3° orge, 180 kil.	180	»
Total en grain. . . .	360	»

D'après les expériences de Thaer, ce cochon doit avoir acquis 70 à 75 kilogr. de chair et de graisse, et être du poids de 150 kilogr. s'il pesait maigre 70 kilogr., à peu près le même poids qu'il a acquis.

Section II. — *De la quantité du bétail.*

La seconde question qui reste à examiner par l'administrateur qui organise le service des bêtes de rente; c'est, après qu'il a déterminé l'espèce, la race ou la famille de bestiaux qui paiera au prix le plus élevé les fourrages qu'on lui fera consommer, de rechercher le nombre de têtes de bétail de l'espèce choisie dont il convient de garnir son établissement.

Cette question se rattache très étroitement à la prospérité d'une exploitation rurale, et pour en sentir l'importance il suffit de se reporter au commencement de ce chapitre, où nous avons fait connaître le but qu'on doit se proposer dans l'entretien des bêtes de rente.

En effet, si les bestiaux sont destinés à fournir les engrais pour la culture du sol, ces animaux doivent être en quantité telle qu'on puisse, au moyen des fumiers qu'ils fournissent, rétablir la fécondité que les terres de la ferme perdent annuellement par la production agricole. Dans ce cas, il est alors indispensable de connaître la masse annuelle des engrais dont on a besoin pour entretenir cette fécondité, et la quantité de fumier qu'on peut attendre d'une tête de bétail d'une certaine espèce et d'un certain poids dans le cours de l'année, deux sujets qui nous occuperont d'une manière toute spéciale dans le chapitre suivant, où il sera traité des engrais dont nous avons jugé à propos de faire une branche particulière du service.

D'un autre côté, les bestiaux ayant encore pour destination de consommer avantageusement certains produits du sol, on conçoit qu'il serait peu conforme aux bons principes de l'économie rurale d'entretenir des troupeaux trop nombreux auxquels on ne pourrait donner une nourriture suffisante en toute saison, et qui, par conséquent, végéteraient sans avantage pour le maître, et qu'il ne le serait pas moins de prodiguer celle-ci à un nombre d'animaux trop faible pour la consommer utilement et chez qui la satiété engendrerait le dégoût, et par suite l'habitude de rejeter et de gaspiller une partie des alimens les moins délicats. Le but que doit se proposer en cette matière tout cultivateur intelligent, c'est donc de régler la quantité de son bétail de telle façon que la masse des matières alimentaires dont il disposera dans le cours de l'année, soit consommée de la manière la plus profitable pour lui, ou, en d'autres termes, qu'avec cette masse d'alimens il produise annuellement la plus grande quantité possible de lait, de viande, de graisse ou bien de laine d'une qualité déterminée.

Ainsi la question qui nous occupe se rattache au système de culture et d'aménagement qu'on adopte, à la quantité d'engrais dont on a besoin, à l'étendue des terres consacrées aux plantes fourragères et à la masse de matière alimentaire dont on pourra disposer. tous sujets liés entre eux, sur lesquels nous avons déjà appelé l'attention de nos lecteurs à la page 335 et suiv., et sur lesquels nous reviendrons nécessairement dans le chapitre qui traitera du choix d'un mode d'exploitation.

Plusieurs agronomes ont cherché des règles d'une application facile pour déterminer à l'avance le *nombre de têtes de bétail* dont on doit garnir une ferme. Nous avons déjà donné (p. 267, t. Ier), à l'article *assolement*, une règle de cette espèce proposée par M. MOREL DE VINDÉ, et nous pourrions en citer plusieurs autres, mais nous croyons devoir nous borner à rapporter celles que nous trouvons dans le *Manuel d'agriculture* de M. PABST, professeur à l'Institut agronomique d'Hohenheim.

« On comprend assez, dit-il, que le rapport du nombre des bestiaux à l'étendue d'une ferme doit être extrêmement variable, et qu'il est facile, par exemple, sur un établissement en sol de bonne qualité, au moyen de la stabulation permanente et d'un bon système de culture alterne, d'entretenir plus du double de bêtes de rente qu'on ne saurait le faire sur une ferme à culture triennale avec jachère morte et dans un sol médiocre. Dans toutes les exploitations où la culture des terres arables est la principale branche d'industrie et par conséquent où la majeure partie du domaine ne consiste pas en pâturages, il faut avoir égard aux règles suivantes.

« 1° On peut regarder comme un moyen terme, quand, sur 1 *hect.* 75 *ares, on entretient en bon état de santé et de produit une tête de gros bétail* d'un poids moyen ou l'équivalent en autres bestiaux.

2° *Placer une tête de gros bétail sur* 125 *à* 150 *ares* est déjà un poids un peu considérable et qui fait dominer l'éducation du bétail sur l'agriculture proprement dite. Si la surface chargée d'une tête est moindre encore et ne dépasse pas 1 hect., alors le fermier est plutôt un nourrisseur de bestiaux qu'un cultivateur. Cette dernière proportion, du reste, ne peut être réalisée que sur des fonds excellens et de 1re qualité.

3° *Une tête de gros bétail, pour* 2 *hect. ou* 2 *hect.* 50 *ares*, est l'indice d'un sol pauvre ou d'un système agricole mal entendu et annonce un établissement dirigé sans habileté.

On trouve au reste, dans les pays riches et industrieux, de nombreuses exceptions aux règles établies par les agronomes, même dans des cas où la culture des terres forme la principale branche des établissemens, et, pour n'en citer qu'un exemple, nous rappellerons que dans la *relation de son voyage agronomique, entrepris en* 1834 *dans le nord de la France*, M. MOLL, professeur à Roville, fait mention d'un cultivateur de l'arrondissement d'Yvetot (Seine-Inférieure) qui, sur 52 hect. de terre dans lesquelles il n'y a pas de prés, tient 300 moutons, 8 à 10 vaches à l'engrais, 3 vaches laitières, 4 chevaux pour la ferme, autant pour son service particulier et celui de sa famille, et 2 poulains. « C'est, ajoute-t-il, une des plus fortes proportions que je connaisse et qui dépasse ce qu'on nomme l'*état normal*, c'est-à-dire une tête de bétail ou l'équivalent en autres bestiaux par hect. de terre. En effet, en comptant que 8 moutons au plus, à cause de leur taille et de l'abondance de leur nourriture, équivalent à une vache, et que 4 chevaux équivalent à 8 vaches pour les fumiers, on aurait 56 à 58 têtes de gros bétail sur 52 hect. de superficie, dans lesquels est comprise la place des bâtimens, des plantations, des chemins et des fossés, espace que l'on ne peut évaluer à moins de 2 hect. Cette proportion de bétail aux terres n'est pas généralement aussi forte dans le pays de Caux, mais elle s'en rapproche. »

Les règles proposées par les agronomes peuvent bien donner une idée approximative de la proportion du bétail aux terres; mais on sent qu'elles manquent de précision par leur généralité même, et que, d'ailleurs, elles ne paraissent pas suffisamment tenir compte de la qualité des terres, de leur mode de culture et d'aménagement, de la taille ou mieux du poids des bestiaux ou des matières alimentaires qu'un cultivateur pourrait se procurer au dehors. Nous croyons donc, pour résoudre la question qui nous occupe, devoir *proposer une méthode* qui semble comporter une précision plus grande et tenir compte de toutes les circonstances qui peuvent se présenter dans l'exploitation d'un domaine; seulement, avant de la faire connaître, nous nous occuperons en peu de mots de la taille que doivent avoir les bestiaux; puis nous établirons une comparaison entre la faculté nutritive des différentes substances alimentaires qui servent le plus communément à la nourriture des bestiaux; et, enfin, nous chercherons à acquérir des notions sur la quantité ou le volume de ces substances qui sont nécessaires, suivant le but, pour l'entretien des diverses espèces de bestiaux.

§ Ier. — De la taille des bestiaux.

Nous n'entendons pas par l'expression taille des bestiaux les dimensions en hauteur seulement des animaux, mais bien leur corpulence ou le volume de leur corps, qui est, la plupart du temps, proportionnel à leur taille, ou mieux *leur poids*, qui est dans un rapport à peu près constant avec leur volume.

La taille des bestiaux, disent les agronomes *ne doit jamais être supérieure à celle que les pâturages dont on dispose peuvent entretenir dans un état de force, d'embonpoint ou de produit;* mais les bestiaux ne sont pas toujours nourris sur les pâturages, et il serait peut-être plus exact de dire que la taille des bestiaux doit être proportionnée à la quantité et surtout à la qualité des alimens qu'on leur destine.

Sir John SINCLAIR, qui a résumé avec sa sagacité ordinaire, les débats qui se sont élevés à l'occasion de la taille des bestiaux, s'exprime ainsi sur ce sujet dans lequel il a surtout en vue la nourriture au pâturage:

« Avant les améliorations introduites par BAKEWELL, on ne jugeait de la *valeur d'un animal que par son volume;* si on parvenait a obtenir une taille considérable, on faisait plus d'attention à la somme qu'on obtenait de la bête qu'au prix qu'avait coûté sa nourriture. Depuis que les éleveurs ont commencé à calculer avec plus de précision, les animaux de petite taille ou de taille moyenne ont été généralement préférés par les raisons suivantes :

« 1° Les animaux de petite taille sont d'un *entretien plus facile*; ils prospèrent sur des pâturages à herbe courte, où ils s'entretiennent bien, tandis que des bêtes de plus forte taille pourraient difficilement y exister; 2° leur *viande* a un grain plus fin, plus de suc, ordinairement une meilleure saveur et la graisse est mieux mélangée dans la chair; 3° un animal d'un grand poids convient moins pour la *consommation générale* que celui d'une taille moyenne, surtout dans les temps chauds; 4° les gros animaux *plombent le sol* des pâturages plus que les petits; 5° ils ne sont pas *aussi actifs*, exigent plus de repos, recueillent leur nourriture avec plus de peine et ne consomment que les espèces de plantes de la meilleure qualité; 6° les petites vaches des véritables races de laiterie *donnent proportionnellement plus de lait* que les grandes (1); 7° les bœufs de petite taille peuvent être uniquement *engraissés à la pâture*, même sur des pâturages de médiocre qualité, tandis que les grands exigent les pâtures les plus riches ou l'engraissement d'étable dont la dépense diminue les profits du cultivateur; 8° il est plus *facile de se procurer* des bestiaux des formes les plus convenables à l'engraissement dans les petites races que dans les grandes; 9° les bestiaux de petite taille peuvent être *nourris par les cultivateurs* qui ne pourraient faire la dépense d'achat ou d'entretien de bestiaux de grande taille, et, s'il arrive un accident, la perte est bien plus facile à supporter; 10° les bêtes de petite taille *se vendent mieux*, car les bouchers savent très bien qu'il y a proportionnellement plus de parties qui se vendent à un prix élevé dans un petit bœuf que dans un grand.

« D'un autre côté on a dit, en faveur des bêtes de grande taille, 1° que sans chercher si un bœuf de grande taille a consommé proportionnellement à sa taille, depuis sa naissance jusqu'à ce qu'il soit livré au boucher, plus qu'un petit, il est certain qu'il *paie tout aussi bien sa nourriture* à celui qui l'a acheté pour l'engraisser; 2° que, quoiqu'on rencontre des bœufs de grande taille dont la viande a le grain grossier, il y a cependant des races de grands bœufs dont la *viande est aussi délicate* que celle des bœufs de petite taille; 3° que si les bœufs de petite race conviennent mieux pour la consommation des familles, des villages ou des petites villes, les bœufs de grande taille ont toujours la *préférence sur les marchés des grandes villes* et particulièrement de la capitale; 4° que, s'il est vrai que la viande des bœufs de petite taille est de meilleure qualité pour être consommée fraîche, il est incontestable que la *chair des grands bœufs convient mieux pour les salaisons* et les voyages de long cours; 5° que les *cuirs* des grands bœufs sont nécessaires dans beaucoup de manufactures; 6° que les bestiaux de grandes races sont généralement d'une *disposition plus tranquille*; 7° que, lorsque les *pâtures sont de bonne qualité*, le bétail à cornes et les bêtes à laine y augmentent de taille, sans aucun soin de la part de l'éleveur. Les grandes races conviennent donc naturellement mieux aux pâturages de cette espèce; 8° enfin, que l'art d'engraisser le bétail avec des *résidus de certaines fabriques* ayant reçu beaucoup d'extension et de perfectionnement, les avantages de cette méthode s'appliquent plus particulièrement à des bêtes de grande taille, attendu que les petits bœufs s'engraissent aussi bien avec de l'herbe et des racines fourragères.

« Tels sont, ajoute SINCLAIR, les argumens qu'on emploie pour soutenir les 2 opinions opposées, et il est évident par là que les avantages de l'un ou de l'autre système dépendent beaucoup de la qualité des pâturages, du mode de consommation, de la demande sur les marchés, etc. Cependant, nous le répétons, les éleveurs intelligens, à moins que leurs pâturages ne soient d'une richesse particulière et qu'ils ne se trouvent dans une situation toute spéciale, donnent aujourd'hui la préférence aux bestiaux de taille moyenne ou même de petite taille sur ceux de haute stature et de forte corpulence.

§ II. — De la valeur nutritive des substances alimentaires.

L'expérience journalière a prouvé depuis long-temps que toutes les substances alimentaires qu'on fait consommer aux bestiaux ne *possédaient pas, à poids égaux, la même faculté nutritive*, et que les unes, telles que le grain des céréales, le foin de 1re qualité des prairies naturelles, les graines des légumineuses et les plantes feuillées dont on compose les prairies artificielles, surtout quand ces produits ont végété sur des sols riches et chauds, possédaient à cet égard une grande intensité d'action; tandis que les autres, comme les pommes de terre, les betteraves, les choux, les pailles, etc., en jouissaient à un moindre degré.

On conçoit combien il est intéressant, dans un établissement rural de pouvoir *déterminer quelle quantité de substance peut remplacer, dans la nutrition, une quantité déterminée d'autres substances*, ou dans quelle proportion chacune de ces substances peut contribuer à la nutrition des animaux, relativement au poids dans lequel on l'emploie. Malheureusement il règne encore sur ce sujet une obscurité assez profonde, qui ne pourrait être complétement éclaircie que par des expériences comparatives faites avec soin et poursuivies pendant long-temps. Néanmoins, nous allons essayer de faire connaître les travaux les plus remarquables qui ont été entrepris depuis quelque temps sur cette intéressante matière.

Pour comparer les diverses substances qui servent à la nourriture du bétail sous le rapport de leurs propriétés nutritives, on est convenu généralement de les rapporter à l'une d'elles, *qui sert de dénominateur commun et dont la valeur est prise pour unité*. La substance

(1) Ce fait ne paraît pas bien exact, ainsi qu'on peut le constater par ce qui a été dit au tom. III, p. 59.

dont on a fait choix est le *foin de prairie naturelle de 1re qualité*. Ainsi, quand on dit que les pommes de terre ont 200 pour valeur nutritive, cela signifie qu'il en faut 200 parties en poids pour remplacer 100 de foin sec de prairie et qu'elles ne possèdent que la moitié de la valeur du foin sous ce rapport, ou, en d'autres termes, que, pour soutenir au même degré l'énergie vitale d'un animal ou pour que ses organes digestifs trouvent une même quantité de matière assimilable, il faut un poids de pommes de terre double de celui du foin.

Plusieurs chimistes, et entre autres EINHOFF, H. DAVY, SPRENGEL se sont occupés de rechercher, par l'analyse chimique, la quantité de parties nutritives que contiennent diverses substances alimentaires. Ces recherches ont jeté peu de lumière sur cette question et fourni peu de documens pour les applications pratiques; cependant, comme ces travaux, rapprochés des expériences et des observations des praticiens peuvent leur servir de contrôle, il serait important, pour ceux qui s'occuperaient d'expériences sur cette branche intéressante des sciences agricoles, de les consulter et d'en faire la comparaison.

Les agronomes praticiens ont à leur tour dressé des tableaux de la valeur nutritive des diverses substances alimentaires destinées au bétail, les uns en s'appuyant en partie sur l'*analyse chimique et en partie sur l'expérience*, les autres, en partant de cette dernière base seulement. Les résultats auxquels les uns et les autres sont parvenus sont loin d'être d'accord entre eux, et, dans l'impossibilité où nous sommes de pouvoir déterminer le degré de confiance que ces résultats méritent, nous avons préféré présenter en un seul tableau les nombres auxquels chaque agronome s'est arrêté en faisant suivre le tableau de quelques remarques sur la manière dont ces nombres ont été obtenus. Seulement, nous rappellerons que dans la plupart des cas les expérimentateurs ne paraissent pas avoir tenu compte d'une circonstance observée depuis long-temps et dans tous les lieux, c'est que les alimens frais et verts pris en certaine quantité fournissent plus de lait que cette même quantité d'alimens pris à l'état sec, et qu'au contraire, sous ce dernier état ils paraissent plus propres à donner de la graisse ou à soutenir l'énergie musculaire dans le travail; en un mot, qu'ils n'ont pas eu égard à l'état de dessiccation des alimens sur l'abondance ou la nature des produits ou la quantité du travail.

On serait peut être tenté de prendre une moyenne entre tous ces résultats, comme exprimant avec plus d'exactitude la valeur nutritive comparative des diverses substances alimentaires, mais nous pensons que par cette méthode on ne parviendrait qu'imparfaitement au but désiré, parce que, comme nous venons de le dire, les expérimentateurs ne sont pas tous partis de la même base et n'ont pas été guidés par les mêmes principes; nous croyons qu'il serait préférable de faire choix des résultats des divers agronomes qui se rapprochent entre eux et quand ces résultats n'ont pas été empruntés les uns aux autres.

Tableau des rapports de la valeur nutritive de diverses substances alimentaires comparées à 100 kil. de foin de prairie naturelle de 1re qualité.

NOMS ET ÉTAT des substances alimentaires.	RAPPORTS SUIVANT DIVERS AGRONOMES.					
	THAER.	BLOCK.	PETRI.	SCHWERZ.	DE CRUD.	PABST.
a. Fourrages secs.						
1. Foin de prairie, 1re qualité.	100	100	100	100	100	100
2. — de trèfle .	90	100	90	100	90	100
3. — de luzerne	90	»	90	100	90	100
4. — de sainfoin	90	»	85	»	90	90
5. — de vesces .	90	»	125	»	90	100
6. — de spergule	»	»	90	»	»	»
7. — de tiges de millet	»	»	»	»	»	»
8. Paille de trèfle porte-graines . .	»	208	»	»	200	»
b. Fourrages verts.						
1. Trèfle, luzerne, sainfoin, vesces, sarrasin et seigle verts. .	450	450	»	»	»	425
2. Luzerne et vesces de qualité moyenne, colza, graminées . .	500	»	»	»	»	475
3. Maïs	»	»	»	»	»	275
4. Spergule. . .	»	»	»	»	»	325
5. Topinambour tiges et feuilles.	»	»	»	»	»	325
6. Choux, feuilles.	»	566	»	»	500	»
7. Betteraves, feuilles	»	600	»	»	600	600
c. Pailles.						
1. Froment et épeautre	500	200	360*	»	»	300
2. Seigle. . . .	666	200	500*	»	»	350
3. Orge	180	190	355*	400	»	200
4. Avoine . . .	190	200	182*	400	»	200
5. Pois, lentilles, vesces. . . .	180	286	242	»	»	250
6. Millet. . . .	»	»	180*	»	»	»
7. Maïs	»	»	400	»		»
8. Tiges de topinambours. . .	»	»	»	»	»	150
9. Gousses de colza	»	»	»	»	»	200
d. Feuilles.						
Serbes de peuplier, tilleul, etc.	»	78	»	»	»	225
e. Racines.						
1. Pommes de terre	200	218	200	200	320	200
2. Betteraves . .	460	366	300(?)	350	255	250
3. Choux. . . .	333	300	200*	500	255	250
4. Raves. . . .	590	533	600	450	325	450
5. Carottes . . .	266	366	250	270	260	250
6. Topinambours	»	»	»	200		250
7. Choux pommés.	600	500	600	600	600	500
f. graines.						
1. Maïs	»	»	50*	»	»	»
2. Froment. . .	64(?)	27	»	»	»	40
3. Seigle. . . .	70	33	»	»	»	50
4. Orge. . . .	76	37	62*	»	»	50
5. Avoine . . .	86	39	71*	50	»	60
6. Sarrasin. . .	»	»	64*	»	»	»
7. Pois, féveroles, vesces. . .	66	29	»	»	»	40
8. Son de seigle						
9. Tourteaux de graines oléag. .	»	42	308			
g. Châtaignes et	»	42	»	50	»	50
glands.	»	»	»	»	»	75

Les résultats donnés par THAER reposent en grande partie sur les analyses déjà anciennes d'EINHOFF; quelques-uns, cependant, sont empruntés à des observations directes, entre autres ceux qui concernent les betteraves, les choux et les raves.

Ceux de M. BLOCK ont tous pour base des observations pratiques; mais l'auteur les a combinés, du moins en partie, avec d'autres données relatives à la culture du sol. C'est ainsi qu'on explique la valeur relative très faible qu'il assigne au froment, et la valeur élevée qu'il donne à la paille; le 1er parce qu'il est d'une conservation facile, d'une vente nécessaire et aisément transformable en argent, et la seconde parce qu'elle est dans les circonstances qu'il a en vue d'une grande valeur comme élément du fumier. Les racines, dans plusieurs de ses résultats, offrent aussi un rapport moins élevé que dans ceux des autres expérimentateurs, parce qu'elles sont d'une conservation plus difficile et donnent lieu à plus de travail quand on les utilise comme fourrage. La plupart des nombres donnés par M. Block ne sauraient donc ainsi être d'une grande utilité dans les cas les plus usuels, et il est a regretter qu'un observateur aussi judicieux et aussi exact n'ait pas fait connaître la valeur comparative, absolue des diverses substances telle que sa pratique la lui a fait connaître, et en dégageant ses résultats de toutes les combinaisons dont il a jugé à propos de les compliquer.

Quant aux résultats de M. Petri, ils sont en partie (ceux marqués d'une astérique), empruntés à des expériences faites sur des moutons; relativement aux autres, n'ayant pas ses ouvrages sous les yeux, nous ignorons où l'auteur les a puisés.

Dans ses évaluations, Schwerz a pris pour base et sa propre expérience et une moyenne entre les évaluations des agronomes qui l'avaient précédé.

M. de Crud, dans son *Economie de l'agriculture*, page 350, a donné les nombres que nous rapportons ici sans indiquer par quelle voie ils ont été obtenus; il est présumable que quelques-uns sont empruntés à Thaer, mais que les autres sont dus à l'observation.

Les résultats consignés dans le tableau sous le nom de M. Pabst, sont en partie le résumé d'épreuves tentées en grand, et poursuivies pendant plusieurs années, et en partie dus à des expériences relatives à l'influence de l'alimentation sur la lactation dans les bêtes à cornes, faites ou recueillies à l'institut agronomique d'Hohenheim. Dans ces résultats, qui paraissent mériter de la confiance, on suppose que chacune des substances mentionnées a été donnée seule ou associée à d'autres en quantité proportionnelle à sa qualité et suivant les principes qui doivent servir de guide dans l'alimentation des animaux.

Nous pouvons encore citer comme dignes de confiance les nombres proportionnels rapportés par M. de Dombasle dans son intéressant mémoire intitulé : *Recherches expérimentales sur les propriétés nutritives de quelques substances alimentaires pour les animaux* (1), où on trouve consignés, dans un tableau que nous reproduisons, les résultats qu'il a obtenus sur des moutons mérinos soumis à diverses expériences ingénieuses; seulement nous rappellerons, avec l'auteur, que la comparaison de plusieurs séries d'essais l'ont amené à conclure que la luzerne sèche qu'il a employée pour l'alimentation des animaux et qu'il considère simplement comme de 2e qualité, pouvait être assimilée, sous le rapport de la valeur nutritive, au foin de prairie naturelle de 1re qualité, qui lui a aussi servi au même objet, et qu'il s'est réservé, dans des expériences ultérieures qui malheureusement n'ont pas encore été entreprises, de fixer avec exactitude la valeur relative du foin et de la luzerne dans les mêmes conditions.

Luzerne sèche, 2e qualité, ou foin de 1re qualité.	100
Tourteaux de lin.	57
Orge (pesant 132 livres par hectol.). . . .	47
Pommes de terres crues.	187
id. cuites.	173
Pommes de terre cuites, mais pesées avant la cuisson	162
Betteraves de la variété blanche.	220
Carottes.	307

M. Sprengel, d'après ses *recherches analytiques sur la valeur relative des pailles diverses* qu'on recueille en agriculture et qui sont employées, soit à la nourriture des bestiaux, soit à former la litière qui, mélangée à leurs excrémens, forme les fumiers, a classé ces substances, suivant leur valeur décroissante, de la manière suivante.

Valeur relative des pailles comme fourrage.

1e Paille de millet.	5e Paille de pois.	9e Paille de seigle.
2e — de maïs.	6e — de fèves.	10e — de froment.
3e — de lentilles.	7e — de colza.	11e — d'avoine.
4e — de vesces.	8e — d'orge.	12e — de sarrasin.

Valeur relative des pailles comme litière.

1e Paille de colza.	5e Paille de lentilles.	9e Paille de froment.
2e — de vesces,	6e — de millet.	10e — de seigle.
3e — de sarrasin,	7e — de pois.	11e — de seigle.
4e — de fèves	8e — de seigle.	12e — d'avoine.

Il est malheureux que l'auteur n'ait point complété son travail par l'analyse comparative des pailles de millet et de colza qui sont en tête de chacune des séries avec celle du foin de prairie naturelle de 1re qualité dont la faculté nutritive a servi de terme de comparaison dans toutes les expériences des agronomes.

A ces détails nous ajouterons qu'on regarde ordinairement les *résidus de brasserie et de distillerie de grain* comme contenant, les 1ers 45 à 50, et les autres 35 à 40 p. 0/0 en matière nutritive de la masse des substances dont ils proviennent; mais il est assez difficile d'apprécier exactement leur valeur, parce qu'elle dépend du plus ou moins d'épuisement en matière alibile et assimilable qu'on leur a fait subir.

Non-seulement l'expérience a démontré que les substances alimentaires qu'on fait consommer aux animaux ne possédaient pas, sous le même poids, la même faculté nutritive, mais elle a de plus enseigné que chacune de ces substances avait *une influence différente sur l'organisation des animaux* auxquels on les donnait; que certaines d'entre elles favorisaient la sécrétion du lait ou lui donnaient des propriétés particulières; que d'autres étaient plus propres à augmenter la masse et l'énergie musculaire; d'autres, l'accumulation de la matière graisseuse dans les aréoles du tissu cellulaire, etc. Mais, sous ce point de vue, on manque encore d'expériences précises et à peine peut-on citer quelques indications; il est même présumable que la nature du terrain où les plantes ont végété doit apporter des modifications sensibles dans leurs effets

(1) *Annales de Roville*, tom. VII, pag. 98.

sur les organes des animaux. Dans tous les cas, on a remarqué que les légumineuses, données en vert, étaient les plantes par excellence pour l'abondance et la qualité du lait; que les choux pommés et les carottes étaient aussi très propres à cet usage; que les betteraves, les pommes de terre cuites, les pois, les féveroles, les résidus de distillerie, etc., poussaient davantage à la chair et au gras, et que le grain des céréales favorisait singulièrement le développement des masses et des forces musculaires chez les jeunes sujets, etc.

Au reste, quand on aurait des résultats précis sur les propriétés et l'influence des alimens, il resterait encore à s'assurer, par l'observation, si, comme on l'a avancé, les modifications que l'on peut opérer au moyen de *certaine préparation* dans ces substances alimentaires font varier aussi leurs propriétés nutritives, et s'il est vrai que la conversion des grains en malt ou leur panification augmente ces propriétés, s'il est avantageux de hacher les fourrages secs, de les faire macérer dans des liquides chauds et de les faire consommer sous forme de soupe, etc. Enfin, il faudrait examiner l'*influence des différens alimens sur les espèces;* car il paraît bien démontré que les diverses substances et même les substances sous différens états n'agissent pas de même, c'est-à-dire ne produisent pas des effets identiques sur les diverses espèces ou même les races d'animaux.

§ III. — De la quantité de substances alimentaires nécessaire aux bestiaux.

La quantité de substances alimentaires qu'il convient de donner à un animal dépend, d'une part, de son espèce, de sa race, de son âge, de son tempérament et de sa taille, et de l'autre, de la nature et de la qualité des alimens, et enfin du but qu'on se propose.

Relativement à la nature des matières alimentaires, nous venons de donner, dans le paragraphe précédent, le tableau des quantités qui présentent, sous un même poids, la même faculté nutritive. Dans ce tableau, les nombres portés en regard de chacune des substances employées à servir à l'alimentation des animaux, supposent qu'elles sont *de 1re qualité;* s'il en était autrement, ces nombres devraient être nécessairement modifiés, parce que tout le monde sait que des substances de qualités inférieures ou avariées sont moins propres que les 1res au soutien de la vie des animaux et doivent être données en plus grande quantité pour que ceux-ci y trouvent une même quantité de principes nutritifs.

Les rapports par lesquels il serait nécessaire de multiplier les nombres qui représentent la valeur nutritive des *matières alimentaires de bonne qualité* dans le tableau, dans le cas où celles dont on veut faire usage n'offrent pas cet avantage, sont extrêmement variables, tant pour les différentes substances entre elles que pour une même substance, puisque celle-ci peut présenter tous les degrés possibles depuis la plus grande richesse qu'elle puisse atteindre jusqu'à la plus extrême stérilité en principes nutritifs. D'ailleurs, cette partie de la science a encore reçu si peu de développemens et les observations sur lesquelles on devrait la fonder ont été si peu multipliées que nous n'avons rien à présenter sur ce sujet, si ce n'est les expériences de M. Block sur les rapports en poids des diverses qualités de foin de prairie, récolté dans diverses conditions climatériques et dont nous avons rapporté les résultats à la page 342 et auxquels nous renvoyons le lecteur.

Quant au poids des alimens qu'il convient de donner aux animaux, ceux-ci *présentent entre eux des différences remarquables* et quelquefois considérables. Ainsi, sans parler des espèces qui exigent des quantités d'alimens qui sont loin d'être les mêmes, on rencontre, dans une même espèce, des races qui se distinguent par leur sobriété ou par la faculté qu'elles ont de consommer avec profit des alimens assez grossiers ou de fournir plus de produits utiles ou des produits plus précieux avec un même poids et une même qualité d'alimens, tandis qu'il en est d'autres qui, sous le même poids et sans donner plus de produits, veulent, pour profiter, des alimens beaucoup plus délicats et en plus grande abondance.

Il en est de même du *tempérament* des animaux; on en trouve dans une même race qui, pour un même poids vivant, à âge égal et à l'état sain, pour une même quantité de produits et de la même qualité, ont besoin d'une masse moindre de substances alimentaires que d'autres bêtes qui, sous tous les autres rapports, paraissent être dans des conditions parfaitement identiques.

L'*âge* apporte aussi d'importantes modifications à la quantité de matières alimentaires que consomme un même animal, et tout le monde sait que c'est dans le moment de leur croissance que les animaux, proportionnellement à leur poids, consomment la plus grande masse d'alimens, et que cette consommation, qui se soutient à peu près au même taux pendant la plus grande vigueur de l'animal, diminue ensuite à mesure que les forces digestives s'affaiblissent et que la vie s'éteint.

Enfin, la quantité d'alimens qu'on fait consommer à un animal dépend du *but qu'on se propose.* Ainsi, cette quantité est moindre quand il s'agit uniquement de soutenir son existence que quand on se propose d'en tirer des produits. Tout le monde sait que les vaches laitières donnent, dans certaines limites, d'autant plus de lait que leur nourriture est plus abondante et succulente; qu'un animal chez qui on veut favoriser la sécrétion de la graisse a besoin d'une plus grande masse d'alimens, et, de même qu'en augmentant la ration des chevaux, on peut, sans nuire à leur économie, en exiger une bien plus grande somme d'efforts musculaires.

Reste enfin à examiner le *rapport entre la quantité de matières alimentaires qu'un animal doit recevoir et sa taille ou plutôt son volume ou son poids.* L'idée la plus simple, celle qui se présente la 1re à l'esprit, c'est qu'en général les animaux doivent consommer d'autant plus d'alimens qu'ils sont d'une plus forte corpulence. Le principe est exact, et, quoiqu'il subisse des modifications nombreuses, dues, comme nous venons de le voir, à l'espèce, à la race, au tempérament ou à l'âge des animaux, l'expérience l'a néanmoins confirmé comme loi générale et démontré qu'il existe *un rapport constant entre le poids des animaux vivans et la quantité d'alimens qu'ils consomment pour produire un résultat donné.*

Si on prend pour terme de comparaison, ou *nourriture normale*, le foin de prairie naturelle de 1re qualité, qu'on suppose que les animaux sont dirigés et nourris d'après les principes que la science enseigne, que les individus sont sains, que leurs organes digestifs sont dans un état parfait d'intégrité et qu'ils sont dans l'âge adulte, mais plutôt dans les 1res années de cette période de leur existence, et enfin qu'ils ne sont pas d'une corpulence extraordinaire, M. Pabst nous apprend que dans ces circonstances il a constamment trouvé que, *pour 100 kilogrammes du poids vivant des animaux, les bêtes à cornes avaient besoin journellement de 1 1/2 à 1 3/4 kilogr. de bon foin pour être maintenues en bonne condition, mais sans en exiger de produits.* Il ajoute: qu'il a aussi vérifié et trouvé suffisamment exacts les résultats donnés par M. Burger dans son *Manuel d'agriculture*, savoir: qu'*un bœuf de trait, pour être en état de soutenir le travail, et une vache laitière, pour donner constamment un produit moyen en lait, exigent par jour 2 1/2 à 3 kilogr. de bon foin par chaque* 100 *kilogr. de l'animal sur pied;* mais que le 1er nombre, ou 2 1/2 kilogr., lui a paru mieux convenir aux bœufs de trait, et le 2e, ou 3 kilogr., aux vaches laitières, et que celles-ci ont besoin d'un poids qui se rapproche d'autant plus de ces 3 kilogr. qu'elles sont elles-mêmes d'un poids moins considérable. Quant aux animaux qu'on engraisse, il établit comme règle générale et en supposant toujours que les alimens sont de bonne qualité ou préparés avec soin et distribués avec intelligence, qu'*un bœuf à l'engrais, pour prendre le gras avec promptitude et perfection, a besoin, pendant tout le temps que dure cette opération, d'un poids d'alimens, réduits en foin, double de celui qui lui serait nécessaire à l'état maigre pour être en état de soutenir un travail journalier;* c'est-à-dire qu'en supposant qu'il reçût par jour, dans ce dernier cas, 2 1/2 kilogr. de bon foin ou l'équivalent en toute autre nourriture, il aurait besoin, pendant toute la période de l'engraissement, de 5 kilogr. de bon foin par jour, et par 100 kilogr de son poids vivant à l'état maigre. Chez un animal qui serait déjà fort avancé dans la période de l'engraissement, ce rapport ne serait plus que de 4 kilogr. de foin pour 100 kilogr. du poids de l'animal sur pied, et de 4 1/2 kilogr. en prenant une moyenne entre son poids à l'état maigre et celui qu'il atteindra quand il sera gras.

Dans les recherches expérimentales qui ont été faites à Roville sur la valeur nutritive de quelques substances alimentaires et dont nous avons parlé dans le paragraphe précédent, M. de Dombasle a soigneusement distingué et évalué la *ration d'entretien* des moutons qui ont servi aux expériences, c'est-à-dire celle qui est nécessaire au soutien de la vie chez les animaux adultes, sans qu'ils augmentent ou diminuent de poids, de la *ration de production* ou celle qui est employée à l'accroissement du poids du corps des animaux et qui, dans d'autres circonstances, peut être utilisée à la production du lait, du travail, de la graisse, etc. Ceci posé, il trouve à son tour qu'on pouvait regarder comme démontré par ses expériences, que *la quantité d'alimens nécessaires au soutien de la vie dans une race donnée d'animaux est exactement proportionnelle au poids de leur corps*, et que, pour des *moutons mérinos adultes, la ration d'entretien est très approximativement de 15 liv. (7 1/2 kilogr.) de bon foin pour 440 liv. (220 kilogr.) en poids des animaux, ou de 3 4/10 liv. pour 100 liv. de poids des animaux pesés à jeun (3 kilogr. 330 gram. pour 100 kilogr.)*. Enfin que, relativement à l'engrais de la même race d'animaux, il résulte clairement de toutes ses expériences: 1° *que la portion des alimens que reçoivent les animaux à l'engrais qui est employée au simple soutien de la vie, s'accroît à mesure que l'engraissement avance, c'est-à-dire que le poids des animaux augmente;* 2° *que la quantité d'alimens excédant cette portion et qui est employée à la production d'un quint. mét. de graisse, peut s'évaluer, pour les moutons mérinos, de 320 à 410 kilogr. de foin.*

Nous donnerons encore ici quelques résultats, tant du rapport du *poids* des animaux à celui des alimens qui leur sont nécessaires qu'au *volume* de ceux-ci. Nous empruntons ces résultats au 2e volume de l'excellent ouvrage publié par M. Block, sous le titre de: *Documens relatifs à des expériences agricoles*, etc.

Cheval. On suppose qu'un cheval de labour de taille moyenne, employé journellement au travail, a besoin, pour être entretenu dans un état constant de santé et de vigueur, de 8 kilogr. de grain par jour. L'avoine est le grain le plus propre pour cet objet; mais l'auteur admet que 1/3 de cette céréale peut être remplacé par du seigle ou de l'orge, ce qui ne peut nuire à la santé et à la force de l'animal. Il évalue d'abord les grains au poids, qui paraît assez propre à servir de régulateur à leur qualité nutritive, et non à la mesure, parce que l'avoine offre des différences trop considérables dans le rapport qu'elle présente entre son poids et son volume. Il suppose aussi que la paille qui sert à la nourriture est hachée et enfin au total du poids journalier ou annuel des alimens il ajoute celui de la paille qu'on donne en litière à l'animal.

Ces suppositions étant admises, il trouve qu'un cheval exige en poids une nourriture ainsi composée:

	Journalière.		Annuelle.	
1° *Grains*; seigle. . . .	1 kil.	500 gr.	547 kil.	50
avoine	3	500	1,277	50
2° *Fourrages*; foin. . . .	2	500	912	50
paille hachée. .	4	250	1,551	25
Total de la nourriture.	11	750	4,288	75
3° *Litière*; paille. . . .	2	500	912	50
Total de la consommation d'un cheval	14	250	5201	25

C'est à-dire environ par an 43 quint. mét. d'alimens, et 52 quint. en ajoutant à ceux-ci la paille de litière.

Maintenant, pour connaître le *volume* qu'occupe le poids journalier des matières alimentaires du cheval, il faut consulter les résultats d'expérience que nous avons donnés à la page 412, d'après le savant agronome à qui nous empruntons ces détails. En opérant les calculs nécessaires, on trouve:

				Décim. cub.
a. Seigle	1 kil.	500 à 1500 centim. cub. le kil. en total		2·75
b. Avoine	3	500	2250 — — — —	7 98
c. Foin	2	500	9200 — — — —	23 »
d. Paille	4	250	9200 — — — —	39 10
Total.	11	750 occupant en volume	. . . . .	72 83

Ainsi, un cheval a besoin journellement d'une nourriture qui occupe un volume de 72 décimet. 83 centimèt. cubes, ou environ 2 pi. cubes, en y ajoutant 23 décimèt. pour la litière qu'il reçoit, on aura en tout 95 décimèt. 83 centimèt. cubes.

Vaches. La nourriture des vaches est tellement variable avec les saisons ou bien suivant les ressources dont on dispose, le régime auquel on les soumet, les produits ou les services qu'on veut en tirer, qu'il est assez difficile de fournir pour ces animaux un terme moyen bien exact du poids de leurs alimens. Si on admet toutefois qu'une vache laitière, du poids de 400 kilogr. sur pied, a besoin journellement, pour son alimentation complete et productive pendant l'époque de la nourriture verte, de 40 à 50 kilogr. de trèfle vert ou l'équivalent en autres alimens verts, et de plus, de 2 à 2,50 kilogr. d'alimens secs, foin ou paille hachée, et que cette même vache, pour sa nourriture d'hiver, reçoive 12 à 15 kilogr. de racines, 2,50 à 3 kilogr. de paille hachée et 6 à 7 kilogr. de foin, on trouve, pour le volume et le poids de ses alimens, savoir :

1° *Nourriture d'été.*

a. En *volume*, 110 à 120 décim. cub. ou 27,50 à 30 décim. cub. par 100 kil. du poids de l'animal vivant.

b. En *poids*, 42 à 52,50 kil. ou 10,5 à 13 kil. d'alimens par 100 kil. poids vivant.

2° *Nourriture d'hiver.*

a. En *volume*, 90 à 100 décim. cub. ou 22,50 à 25 décim. cub. par 100 kil. du poids de l'animal sur pied.

b. En *poids*, 20 à 25 kil. ou 5 à 6,25 kil. d'alimens par 100 kil. poids vivant.

En moyenne, on peut calculer qu'une vache du poids fixé ci-dessus doit recevoir pendant toute l'année une nourriture qui représente, sous le rapport de la faculté nutritive, 12 à 14 kilogr. de bon foin, ou 3 à 3,50 kilogr. par 100 kilogr. du poids vivant, qui occupent un volume de 110 à 120 décimèt. cubes (22,50 à 25 décimèt. cub. par 100 kilogr.), et 2 kilogr. 50 de paille de litière qui occupent 23 décimèt.

Bœuf de trait. Un bœuf de trait du poids vivant de 450 à 500 kilogr., exige, pour être maintenu dans toute sa vigueur et en bon état, de 45 à 50 kilogr. de trefle ou autres alimens verts ayant la même valeur nutritive, et 2 à 2,50 kilogr. de paille pendant la saison d'été. En hiver, il doit recevoir 12 à 14 kilogr. de bon foin ou l'équivalent en divers alimens, c'est-à-dire 9 à 10 kilogr. d'alimens verts et 2,7 à 3 kilogr. d'alimens secs par 100 kilogr. du poids de l'animal.

Bœuf d'engrais. L'auteur admet qu'un bœuf du poids ci dessus peut être engraissé en 125 jours avec 2,604 kilogr. de pommes de terre, 618 de grain égrugé, 966 de foin, 574 de paille hachée, 129 de son, 38 de tourteaux et 13 de sel ; au total, 5,000 kilogr. d'alimens, ou 40 kilogr. environ d'alimens par jour, c'est-à-dire 8 à 9 kilogr. d'alimens verts et secs par 100 kilogr. de poids vivant.

Bêtes à laine. Une bête à laine de race mérinos, pesant de 45 à 50 kilogr. poids vivant, a besoin chaque jour pour son alimentation complete à la crèche, quand sa nourriture consiste en trèfle vert, de 3 à 4 kilogr. de cette matière, et, de plus, de 500 à 700 gram. de paille.

En moyenne, un troupeau qui contient un assez grand nombre de jeunes bêtes exige de 3 à 3 1/2 kilogr. au plus de trèfle vert par jour et par tête et la quantité de paille fixée ci-dessus. En hiver, si les moutons sont nourris seulement au foin, il en faut par tête 1,400 à 1,500 gram. par jour et par tête, et, dans un troupeau où le poids moyen des bêtes jeunes et adultes n'est que de 35 à 38 kilogr., il faut regarder comme suffisant 1 kilogr. de bon foin par jour et par tête, à l'exception des brebis qui allaitent et qui doivent recevoir 500 gram. de plus par tête.

En résumé, M. Block a trouvé, par des expériences multipliées, que la quantité de nourriture la plus convenable pour l'alimentation et l'entretien d'un troupeau de mérinos était :

En volume ; *nourriture d'été*, 13 à 15 décim. cub. par tête et par jour, ou environ 26 à 30 décim. cub. pour 100 kil. du poids des animaux vivans,

Nourriture d'hiver 11 à 13 décim. cub. ou 22 à 26 décim. cub. par 100 kil.

En poids, 7 à 10 kil. pour la nourriture d'été et 4 à 5,5 kil. pour la nourriture d'hiver, pour chaque quintal metrique du poids des animaux vivans, ou 2, 50 à 3 kil. quand la nourriture est réduite en foin sec, pour 100 kil. de toutes bêtes du troupeau.

En moyenne il faut compter 150 à 160 gram. de paille pour litière par tête d'animal pendant tout le cours de l'année, ou 55 à 60 kilogr. par année pour chacune d'elles.

§ IV. — Méthode pour calculer la quantité du bétail.

Essayons maintenant, avec les documens que nous possédons, de donner une idée de la méthode que nous proposons et des calculs auxquels on doit se livrer pour déterminer la quantité de bétail dont il convient de peupler un domaine, ou mieux, ainsi qu'on l'exprime quelquefois, le poids du bétail dont on doit charger les terres de la ferme.

Supposons, pour prendre un exemple, qu'il s'agit du domaine de 202 hect. 25 ares, en terre de diverses nature et classe, dont nous avons cherché à estimer la valeur foncière et locative dans le chap. II du tit. II qui traite de l'estimation des domaines ruraux.

Dans ce chapitre, nous avons évalué et porté dans le tableau de la page 353 le *produit des terres arables, des prairies et des pâturages*, d'après les méthodes qui s'y trouvent indiquées et en prenant pour base des assolemens conformes à la nature des terres et aux diverses classes auxquelles elles appartiennent.

Si les assolemens n'étaient pas les mêmes que ceux que nous avons pris pour exemples et qu'on récoltât une plus grande variété de produits en fourrages, racines et grains divers ou qu'on pût se procurer au dehors des résidus ou autres matières alimentaires, toutes ces substances devraient être pour la commodité des calculs *évaluées sous le rapport de la faculté nutritive en foin sec de prairie naturelle de 1re qualité*, d'après le tableau que nous venons de donner à la page 467 et les documens qui le suivent.

Cela posé, nous voyons (p. 354), dans le cas de la stabulation permanente, le seul dont nous allons nous occuper ici, que, toute déduction faite sur le produit brut, tant pour perte et diminution de poids que pour modifications apportées par la féculerie, il reste, soit en paille, soit en bon foin ou autres substances fourragères réduites en bon foin, une masse de

	Paille.	Foin.
eourrages qui, en quint. mét., fst de.	3,642 75	3,891 »
Sur cette masse de fourrages nous avons déduit ceux consommés par les bêtes de trait du domaine et qui ont été évalués à.	1,064 50	1,529 75
Il est donc resté en fourrages disponibles pour les bêtes de rente.	2,578 25	2,361 25
Maintenant nous pouvons supposer que la moitié de la paille sera consommée comme aliment et l'autre moitié comme litière, et, en évaluant la 1re sous le rapport de sa valeur nutritive au 1/3 d'un même poids de foin, suivant le tableau (p. 467), nous aurons à ajouter au foin en nombres ronds.		430
Total.		2,791 25

Ainsi, au total, c'est une masse de 2,791,25 quint. mét, ou 279,125 kilogr. de foin sec ou l'équivalent en autres substances dont nous pouvons disposer annuellement pour les bêtes de rente du domaine.

Maintenant, si nous consultons les documens qui ont été donnés dans le paragraphe précédent, nous voyons que, pour les diverses espèces de bestiaux, il faut, à fort peu près pour leur ration d'entretien, une masse de matières alimentaires, représentée par 3 kilogr. de foin sec, pour 100 kilogr. du poids des bestiaux vivans, ou pour l'année environ 1,100 kilogr. En divisant donc par ce nombre de 1,100 kilogr. les 279,125 kilogr. dont nous pouvons disposer annuellement, le quotient ou 25,366 représentera en quint. mét. le poids des bestiaux qu'on peut maintenir à la ration d'entretien sur le domaine et dont on pourra le charger.

Ce poids de 25,366 kilogr. de bestiaux peut être réparti de bien des manières différentes, soit entre des espèces diverses de bestiaux, soit entre les races multipliées que présentent celles-ci. Par exemple, en choisissant des vaches, on peut charger le domaine de :

100 vaches de la race auvergnate de Salers, du poids moyen de 250 kil.

92	—	du département de l'Ain.	—	—	275
78	—	de Roville	—	—	325
72	—	de race charolaise.	—	—	350
68	—	de race normande.	—	—	375
64	—	de race hollandaise.	—	—	400
50	—	de la grosse race suisse.	—	—	500

Si ce sont des bêtes à laine qu'on choisit, on peut entretenir un troupeau de 640 à 650 têtes de mérinos jeunes et adultes, du poids moyen de 40 kilogr. par tête, ou 840 à 850 têtes de moutons picards, du poids moyen, c'est-à-dire jeunes et adultes de 30 kilogr., ou bien 1,000 têtes environ de moutons du Cotentin, du poids moyen de 24 kilogr., etc.

S'il s'agissait d'engraisser des bestiaux, alors on compterait dans ce calcul chaque bête comme 2 têtes pendant tout l'espace de temps que doit durer l'engraissement, puisque, dans ce cas, les animaux consomment environ le double de leur ration d'entretien.

Cette méthode, pour calculer le poids vivant des bestiaux dont il convient de charger les terres d'un domaine, quoique beaucoup plus exacte que celles qu'on a coutume de proposer, ne fournit pas néanmoins un chiffre absolu et invariable et dont on ne puisse s'éloigner. Dans nos évaluations de la production végétale, nous avons cherché à tenir compte des chances diverses qui la menacent, mais nous n'avons pu avoir égard à toutes les circonstances que peuvent présenter les localités. D'ailleurs, quand on organise un établissement, seul point de vue sous lequel nous avons examiné la question qui nous occupe, on n'est pas toujous en mesure de se procurer immédiatement tous les bestiaux dont on aura besoin quand on aura adopté un système définitif d'exploitation, ou bien on ne possède pas tous les élémens qui peuvent servir aux calculs propres à faire connaître avec rigueur l'espèce, la race ou le nombre des bestiaux qui fournissent les engrais nécessaires ou consomment, au prix le plus avantageux, les fourrages produits. Souvent on veut faire des essais, car, dans une pareille matière où il faut marcher avec une extrême prudence, on ne saurait apporter trop de soins à peser avec maturité toutes les circonstances qui influent sur la production animale, et à porter, par une comptabilité exacte et rigoureuse, la lumière dans cette branche importante de l'économie rurale. Ce n'est que lorsqu'on est suffisamment éclairé et qu'on possède tous les élémens des calculs économiques qu'on peut se résoudre à compléter l'organisation de ce service et à donner à son établissement tout le développement dont il est susceptible.

F. M.

CHAPITRE VII. — De l'organisation du service des engrais.

Parmi les services variés que l'administrateur doit organiser lorsqu'il forme un établissement, il n'en est aucun qui exerce une influence plus directe et plus majeure sur la production végétale et même animale que celui des engrais. C'est assez dire qu'on ne saurait apporter trop de soin et d'attention à établir sur des bases fixes une branche de service de laquelle dépend, dans la plupart des cas, la quantité et même la qualité des produits de l'établissement.

Nous avons vu dans le tom. Ier, p. 59 et 84, ce qu'on entend par *amendement* et par *stimulant*. Ces substances, que l'administrateur doit chercher avec empressement à se procurer quand il les juge nécessaires au maintien de la fécondité de ses terres, ne nous occuperont pas ici, parce que la plupart du temps on peut les acquérir à prix d'argent ou au moyen de quelques travaux mécaniques, et qu'il ne s'agit que de faire choix de celles qui sont le mieux adaptées à la nature du sol et au prix le plus modéré.

Ce qui nous intéresse pour le moment, ce sont les *engrais* ou débris divers des animaux et des végétaux, dont la décomposition fournit les élémens de la nutrition des plantes; encore, ne nous appliquerons-nous pas à diriger la récolte ou l'emploi des différens engrais qu'on tire des 2 règnes, parce que nous sommes entrés à cet égard, dans le tom. Ier, p. 87, dans tous les détails que comporte cette matière, et que nous avons même fait connaître aux pag. 111 et 112 leur valeur comparative. Dans ce chapitre, nous nous proposons seulement de traiter, sous un point de vue général, de l'emploi et de la production des *engrais mixtes*, désignés plus particulièrement sous le nom de *fumiers*, qu'on est généralement obligé de produire sur la ferme même, au moyen des machines ou instrumens que nous avons nommés *bêtes de rente*, et qui sont les résidus des substances végétales que ces animaux ont consommées comme alimens, et de leurs boissons unies à quelques autres matières qui leur ont servi de litière.

Les fumiers que produisent les animaux domestiques qu'on entretient sur les établissemens ruraux *diffèrent* par leur nature et par leur action sur la végétation suivant l'espèce des animaux. En outre, on remarque dans leur effet, même dans une seule et même espèce, bien d'autres différences, dues tantôt à la qualité plus ou moins nutritive des alimens, à leur abondance, à l'âge des sujets, à leur condition hygiénique, à l'état de solidité ou de fluidité des déjections, aux matières sur lesquelles on reçoit celles-ci, à l'état de macération ou de décomposition dans lesquelles on applique ces fumiers, etc. Ces variations infinies pouvant difficilement être prises en considération quand il s'agit de principes généraux d'administration, nous nous proposons, dans les questions diverses qui vont faire l'objet de ce chapitre, d'appliquer la plupart de nos raisonnemens à un *fumier normal* qui servira de type ou mesure pour les autres fumiers *sous différens états*.

Ce fumier normal est un fumier de bêtes à cornes saines et en bon état, nourries à l'étable avec abondance, avec des alimens de bonne qualité en partie secs et en partie verts, et recevant une quantité suffisante de litière pour absorber toutes les déjections. Ce fumier, au moment où on le répand sur les terres auxquelles il doit rendre la fécondité, a éprouvé non pas une fermentation prolongée, qui a volatilisé une grande partie des principes qu'il contenait, mais plutôt une macération qui lui a donné un aspect gras, qui en a amolli et aplati toutes les pailles et rendu toutes les parties homogènes. Dans cet état moyen d'humidité, le fumier, quand c'est la paille qui a servi de litière, doit peser de 730 à 760 kilogr. le mèt. cube (50 à 60 liv. le pi. cube), sous la pression qu'il éprouverait dans une charrette où on le chargerait pour le transporter aux champs.

Ordinairement la *quantité de fumier qu'on transporte* est calculée par charges ou chars à 4 ou à 2 chevaux; quelquefois aussi par chariots à 1 cheval. La charge d'un char attelé de 4 chevaux est de 40 pi. cubes de fumier normal ou de 1000 kilogr., et celle d'un char à 2 chevaux de 25 pi. cubes ou de 625 kilogr. Au reste, rien n'est plus incertain que la quantité de fumier qu'on charge sur des chariots ou charrettes; celle-ci dépend de la force des bêtes de trait, de l'habitude et du soin qu'on met à charger, de la saison, de l'état des chemins et de l'éloignement; mais nous nous en référerons toujours aux chiffres ci-dessus toutes les fois que nous aurons l'occasion de mesurer les engrais par char de fumier.

Il existe peu d'expériences sur le poids comparatif des fumiers à différens états. M. BLOCK estime que le fumier de bêtes à cornes, nourries avec des alimens secs, contient 75 p. 0/0 de son poids d'humidité et 80 quand les alimens sont donnés en vert. Dans des expériences faites en 1830 par M. le baron de VOGHT, pour s'assurer de l'action des engrais sur la production, ce savant agronome a trouvé que divers fumiers, ainsi qu'un compost, présentaient, par pi. cube, les poids suivans :

Bœufs.	Fumier gras. . . .	26 kilogr.
	Id. frais. . . .	21,5
Chevaux.	Fumier gras. . . .	17,25
	Id. après 8 jours de fermentation. .	13,62
	Id. frais.	13,50
Compost	de 2/3 fumier frais de bœuf et 1/3 terre grasse, gazon et herbes parasites	30

Une fois fixé sur la nature et la qualité du fumier qu'il se propose d'employer ou qui lui servira de terme de comparaison, l'administrateur, pour organiser d'une manière régulière le service des engrais, doit discuter les 2 points suivans :

1° Quelle sera la quantité de fumier, dans les systèmes de culture et d'aménagement, qu'il adoptera nécessaire pour entretenir la fécondité naturelle de ses terres épuisées par des récoltes successives ;

2° Comment parviendra-t-il à produire la quantité d'engrais ci-dessus déterminée ou à mettre la production du fumier au niveau de sa consommation.

Afin de l'aider dans cette discussion, nous allons lui présenter des considérations de pratique et plusieurs faits importans qu'on doit à l'expérience et qui pourront lui servir de guides dans cette importante matière.

SECTION Ire. — *De la consommation des engrais.*

Lorsque nous avons cherché à donner une idée de cette partie des sciences agricoles qu'on nomme l'*agronométrie* ou *phorométrie* (*voy.* tom. Ier, p. 51), nous avons vu que la *fécondité* était le produit de 2 forces distinctes: l'une qui a été désignée sous les noms de *force, puissance* ou *activité* du sol, et qui paraît due à sa composition intime, à l'heureuse combinaison des matériaux qui le constituent et à toutes ses propriétés naturelles ou acquises dans leurs rapports avec les circonstances du climat, de la situation, etc.; et l'autre, qu'on a appelée *richesse*, et qu'il doit en grande partie aux matières organiques en état de décomposition qu'il renferme naturellement ou qu'on y dépose comme engrais.

Ces *matières organiques*, végétales ou animales, en se décomposant peu à peu sous l'influence de causes diverses, fournissent les produits liquides ou gazeux qui servent en grande partie à la nutrition des plantes, et plus un sol, généralement parlant, contient de ces matières et de puissance pour les mettre en œuvre, et plus aussi il a de fécondité et est propre à produire des végétaux utiles.

Puisque les matières organiques qui constituent la richesse d'un sol se décomposent peu à peu pour subvenir à la nutrition et au développement des végétaux, il en résulte naturellement qu'une terre de laquelle on exige une récolte de plantes épuisantes *perd plus ou moins de sa richesse*, et que cette perte est d'autant plus considérable qu'on lui demande successivement un plus grand nombre de récoltes. Le sol devient donc peu à peu moins fécond à mesure que le nombre des récoltes successives augmente et qu'il abandonne aux plantes les sucs nourriciers qu'il contenait, et cet appauvrissement peut aller au point qu'il ne donne plus que des récoltes dont la valeur ne surpasse pas les frais de culture ou reste même au-dessous.

Il est rare qu'on laisse descendre les terres en culture à ce degré d'épuisement, et, en général, on *maintient leur richesse* en leur restituant de temps à autre, par des *engrais*, la quantité de matières organiques qui ont été consommées par la production des plantes épuisantes.

Une terre en culture, en quelque état qu'elle se trouve au moment où l'on vient d'en tirer plusieurs récoltes de végétaux précieux, à l'instant où se termine le cours de la rotation qui lui a été appliquée et où l'on va lui distribuer de nouveau des amendemens ou des engrais, possède ordinairement encore assez de puissance ou de richesse pour donner quelques produits. Cette faculté de produire que le sol conserve encore est ce que Thaer appelle sa *fécondité naturelle*. L'instant où il faut cesser de demander à la terre des récoltes de végétaux précieux et où il est nécessaire de lui restituer, par des amendemens ou des engrais, la puissance et la richesse qu'elle a perdue par la production, a été désigné par M. de Wulffen par l'expression de *point d'arrêt*, parce que c'est celui où il faut s'arrêter si l'on ne veut pas diminuer sa fécondité naturelle ou acquise, et celui au-dessous duquel on cesserait d'obtenir le produit net le plus considérable ou du moins un produit suffisant pour rembourser les frais de production.

La fécondité naturelle d'une terre est susceptible de *s'élever ou de s'abaisser* suivant les circonstances. Par exemple, on l'accroît lorsque, par des amendemens bien choisis, donnés à certains intervalles et en quantité suffisante, ou par des façons multipliées, on augmente sa puissance. De même on l'élève successivement quand on accroît sa richesse en lui distribuant une quantité d'engrais supérieure à celle que les récoltes successives ont pu consommer. On entretient cette fécondité si les amendemens et les engrais sont distribués à des époques et en quantités telles que, chaque fois qu'on les renouvelle, la terre soit arrivée au même degré d'épuisement ou au même point d'arrêt. Enfin, la fécondité diminue successivement quand on la laisse descendre au-dessous de ce point et du degré de puissance et de richesse qu'elle possédait encore à la fin du cours des rotations antérieures.

Tous les sols ne possédant pas la même puissance ou activité pour décomposer les engrais et les amener successivement à un état tel que leurs élémens puissent servir à la nutrition des végétaux; il s'ensuit que le degré de fécondité qu'on communique à des terres par une fumure donnée en même quantité avec un fumier de même espèce et qualité et dans un même système de culture et d'aménagement est loin d'être le même. Il y a plus; il est impossible, sans porter préjudice à la végétation des plantes précieuses, de donner aux terres une quantité d'engrais supérieure à leur puissance ou à celle qu'elle peuvent élaborer pour la nutrition de ces végétaux ou que ceux-ci doivent s'assimiler dans un temps donné pour remplir le but de leur culture. Ainsi, tout le monde sait que, dans les terres actives où on dépose une trop grande quantité d'engrais, les céréales prennent en hauteur un développement trop considérable et qu'elles versent, et il n'est pas d'agriculteur qui ne sache que, dans les sols légers et sablonneux, il est bien plus profitable d'employer le fumier en doses plus petites et plus fréquemment répétées. Cette différence est encore accrue par le climat, l'exposition, divers phénomènes physiques, le mode de culture et d'aménagement, circonstances dont il est très difficile de tenir compte quand on traite d'une manière générale le sujet qui nous occupe.

On comprend néanmoins, d'après ce qui précède, les principes qui doivent servir de guide toutes les fois qu'il s'agit de déterminer les époques auxquelles il convient de renouveler les fumures sur une terre quelconque et la quantité de fumier qu'il est nécessaire de lui donner.

En règle générale, on doit *renouveler la fumure* assez souvent pour que la fécondité naturelle du sol ne descende jamais au-dessous du degré qu'elle a déjà atteint, et souvent même fixer le point d'arrêt de façon que la richesse s'accroisse graduellement jusqu'à la limite que comporte la puissance ou l'activité du sol.

De même, *on doit fumer* en quantité suffisante, non-seulement pour conserver au moins à la terre son degré de fécondité naturelle, mais en outre pour faire l'emploi le plus utile et le plus économique de la force du fumier, c'est-à-dire que le fumier doit être en quantité proportionnée à celle que la puissance du sol, aidée par un mode raisonné de culture, peut utilement décomposer et élaborer successivement pour la nutrition parfaite et le développement complet des végétaux utiles qu'on cultive.

Les céréales étant les produits cultivés les plus précieux pour l'homme, et leur produit étant, avec un bon mode de culture, dans un rapport direct avec la fécondité du sol, c'est leur production qui sert à mesurer la richesse ou l'épuisement des terres.

Ce serait ici le lieu de montrer comment on peut parvenir, par les principes de l'agronométrie, à déterminer la quantité de richesse qu'il convient de donner aux terres de diverses puissances pour obtenir divers résultats ou comment on mesure son épuisement par des récoltes successives ou des cultures variées; mais cette partie de la science est encore trop compliquée et trop incertaine pour qu'on puisse la développer dans un ouvrage de la nature de celui-ci; aussi nous bornerons-nous aux aperçus généraux précédens pour passer à des théories plus simples et d'une application plus facile.

Les terres arables, sous le rapport de la fécondité, offrent des différences si considérables que, pour ne pas entrer dans des détails trop étendus, on a été contraint, toutes les fois qu'on veut s'occuper de leur culture d'une manière un peu générale, de les classer en un certain nombre de groupes naturels, en laissant à l'intelligence du cultivateur le soin d'apprécier les nuances qui séparent chaque groupe et de modifier en conséquence les applications. M. de WULFFEN, en s'appuyant sur l'expérience des agriculteurs et sur les principes de l'agronométrie, à laquelle il a fait faire d'importans progrès, a, dans un ouvrage publié depuis peu d'années (1), cherché à classer les terres et à évaluer la quantité d'engrais qu'elles réclament, en tenant compte des différences principales qu'elles présentent sous le rapport de la puissance et de la richesse, et à présenter une théorie simple pour conserver celle-ci ou l'accroître. Voici les bases de sa classification des terres, qu'il partage en sols riches, moyens et pauvres :

1° On doit considérer selon lui comme un *sol riche* celui qui, dans une récolte de céréales, fournit une quantité de paille telle qu'ajoutée à une quantité de foin égale en poids au grain qu'elle a donné, le tout transformé en fumier soit plus que suffisant pour réparer la richesse enlevée à la terre par cette récolte de grain.

Ainsi, supposons une terre à froment qui dans une année moyenne produit par hectare, après la fumure, 24 hectolitres de froment et 48,64 quint. mét de paille; que le grain ait atteint sa maturité complète, qu'il ne soit attaqué ni par la rouille, ni la carie, ni infecté de mauvaises herbes, et que ce grain et la paille aient acquis tout leur développement; dans ce cas, en admettant que le froment pese 76 kil. l'hectolitre, on aura pour les 24 hect. . . . . 1.824 kil.

Pour la paille. 4,864

Au total. . . . 6,688

Ainsi, en remplaçant le grain par un égal poids de foin, on aurait 6,688 kil. de fourrages pour réparer la richesse du sol. Or, cette quantité transformée en fumier en fournira 16,720 kil. (en le multipliant par 2,5 suivant M. de WULFFEN), ou environ 167 quint. métriq., tandis que suivant notre auteur 400 quintaux suffisent dans ce terrain pour obtenir 3 récoltes de grain, c'est-à-dire que chaque récolte n'y consomme que 133 quint. Ce terrain est donc un sol riche dans l'accept on que M. de WULFFEN attache à ce mot.

2° Un *sol moyen* est celui dans lequel la paille produite, ajoutée à une quantité de foin égale au poids du grain, fournit un poids de fumier suffisant pour réparer la portion de richesse que la récolte a enlevée à la terre.

Ainsi, en supposant qu'une terre a besoin de 360 quint. mét. de fumier par hectare pour produire 3 récoltes de céréales, c'est-à-dire que chaque récolte consomme 120 quintaux, et que cette terre donne 20 hect. de froment pesant. . . . . 1,520 kil.

Et 38,20 quint. de paille. 3,820

On aura au total. . . . 5,340

En remplaçant le grain par un poids égal de foin on a donc 5,340 kil. qui, transformés en fumier, doivent (en multipliant par 2,5), en donner 12,350 kil., ou à peu près 123 quint. mét. Le terrain en question appartient donc à un sol moyen.

3° Le *sol pauvre* est celui dans lequel la paille récoltée et l'équivalent pondéral en foin du grain produit ne suffisent plus pour entretenir la fécondité de la terre quand on les transforme en fumier. Ce sol est partagé en *sol chaud* et en *sol froid*, ou mieux en *sol actif* et en *sol paresseux*.

Par exemple, il est facile de calculer qu'un terrain qui exigerait 300 quint. mét. de fumier pour donner 3 récoltes de grain, et qui ne produirait que 12 hect., serait un sol pauvre dans l'acception attachée ici à ce mot.

En admettant cette division des terres par M. de WULFFEN, on peut évaluer les fumures d'après les règles générales suivantes, en s'occupant en 1er lieu du sol moyen qu'on peut considérer comme un terrain propre à servir aux autres de terme de comparaison.

A. *Sol moyen*. — *a*. Dans ce sol la fumure est réglée suivant le plus ou moins d'activité et de puissance; celui qui est actif a besoin d'une fumure plus fréquente et moins abondante, et celui qui ne l'est pas autant d'une fumure plus abondante et moins répétée. Il convient rarement au sol moyen de fumer plus souvent que tous les 3 ans, et encore moins est-il convenable de prolonger au delà de 6 ans le retour de la fumure, à moins qu'on intercale dans la rotation des plantes fourragères vivaces. — *b*. Lorsqu'on veut obtenir de suite deux récoltes de *plantes épuisantes* (céréales, pommes de terre, betterave, lin, colsa, navette, cameline, tabac, cardere, etc.) sur une fumure, assurer leur succes et conserver la fécondité naturelle du sol, il faut fumer à raison de 280 quint. mét. de fumier normal par hectare. — *c*. Si entre ces 2 récoltes on intercale une récolte *peu épuisante* adaptée à la fécondité du sol (les légumineuses, le sarrasin, etc.), la fumure n'a besoin que d'être 1/4 plus forte que la fumure normale, ou 350 quint. mét.; si la *culture intercalaire est reposante* (spergule, légumineuses, sarrasin, fauchés en vert, etc.), cette addition est inutile. — *d* Si on faisait succéder 3 cultures épuisantes à la fumure, celle-ci aurait besoin d'être portée à 400 quint. et même à 460 ou 480 quint. si l'une de ces cultures était *tres épuisante* (maïs, chanvre, garance, pavot, etc.) — *e*. Si on intercale une *culture annuelle fertilisante* et appropriée au sol (trefle, sainfoin, etc.), la richesse qu'elle communique au sol peut être évaluée à la moitié de la fumure normale ou 140 quint., si toutefois le sol était en bon état avant l'intercalation. — *f*. Quand on intercale *une culture fertilisante de plantes vivaces* (luzerne, graminées, fourragères, etc.), la richesse qu'elle procure au sol peut être évaluée à une fumure normale de 280 quint., ou comme propre à produire 2 ou 3 récoltes épuisantes, suivant le temps que les plantes auront végété sur le sol. — *g*. Enfin, si on intercale une *jachère complète*, celle-ci enrichira le sol de 30 p. 0/0 d'une fumure normale, ou comme 80 à 90 quint. de fumier suivant la cohésion ou la propreté du sol.

Ces quantités de fumier peuvent être modifiées d'après diverses circonstances et suivant qu'on veut donner une fumure faible, ordinaire ou moyenne, ou une fumure forte à la terre. Avec du fumier normal, la fumure normale et moyenne varie de 240 à 320 quint., terme moyen 280. On appelle fumure faible ou demie fumure celle où on ne donne que 120 à 180 quintaux, et fumure forte celle où l'on répand de 340 à 500 quintaux.

(1) Premiers élémens de statique agricole. Magdebourg, 1830, in-8°.

Quand le *fumier est pailleux*, sec, non aplati ni macéré, on doit en employer davantage, et en raison inverse de son poids comparé à celui du fumier normal.

Un bon fumier de bêtes à laine doit être répandu dans la proportion de 1/3 de moins environ (Thaer dit un quart). Le *purin* employé à raison de 40 à 60 charges de cheval de 20 pi. cubes chacune, équivaut à 100 quint. de fumier normal. Le *pacage* pendant une nuit de 180 à 200 moutons bien portans et de taille moyenne, sur 2 ares 50 centiares (72 à 80 moutons par are), équivaut à une demie fumure normale. Un *engrais vert* ou une récolte de plantes enfouies en vert a une action fertilisante qui varie suivant les circonstances, mais qu'on peut évaluer en moyenne à 80 ou 100 quint. de fumier normal par hect., et dans les cas les plus favorables à 120 et même 140 quint.

B. *Sol riche*. Dans ce sol, il parait convenable de donner, dans les mêmes circonstances, au moins la même quantité de fumier qu'au sol moyen, et il est souvent même nécessaire d'en augmenter les doses. Il n'y a guère que les sols qui possèdent une richesse extraordinaire et qui font partie de cette catégorie, auxquels on puisse, si on ne leur demande que des récoltes ordinaires, diminuer la proportion des engrais. Dans ces terrains il parait conforme aux principes de fumer fortement, puis d'en tirer une récolte très épuisante ou d'y cultiver des plantes qui consomment une forte proportion de la richesse du sol et paient largement les frais de fumure, et après celle-là de leur faire produire encore plusieurs récoltes épuisantes.

C. *Sol pauvre*. Les sols pauvres se partagent, comme nous l'avons dit, en 2 classes qu'on ne doit pas traiter de la même manière.

1° Les *sols pauvres et chauds* doivent être dirigés d'après les principes qui suivent. — *a*. Après une fumure on ne doit jamais en exiger de suite plus de 2 récoltes épuisantes. — *b*. Cette fumure pour ces 2 récoltes doit être, en moyenne, la même que celle qu'on donne aux sols moyens (280 quint. de fumier normal par hectare), lorsqu'on veut porter la terre au plus haut degré de fécondité qu'elle puisse atteindre. Rarement ce terrain supporte cette quantité d'engrais et la plupart du temps il faut se contenter de lui donner 240 quint. pour 2 récoltes épuisantes, mais sans espérer, dans ce cas, en accroître la fécondité. — *c*. Dans les sols inférieurs de cette division, il est constamment préférable de ne donner qu'une demie fumure et de n'exiger ensuite qu'une récolte épuisante, ou bien une fumure normale qu'on fait suivre d'une culture épuisante, à laquelle succède une culture fertilisante (ordinairement dans ce terrain un pâturage); puis une 2e culture de plantes épuisantes. — *d*. L'accroissement de richesse dans ce sol dû à l'intercalation d'une culture fertilisante dépend du degré de richesse qu'il possède déjà et de sa qualité; on peut l'évaluer de 120 à 240 quint. de fumier par hectare. — *e*. Une jachère complète convient rarement à ce sol; une jachère d'automne, après le pâturage, réussit mieux; celui-ci et la jachère peuvent enrichir le sol dans la plupart des cas comme une demie fumure normale, ou 120 à 140 quint.

2° Les *sols pauvres et froids* qui sont dépourvus d'activité donnent lieu enfin aux observations suivantes. — *a*. Dans ce sol qui comporte une forte fumure en une seule fois, mais qu'on n'est pas toujours en mesure de lui donner, la fumure normale est de 360 à 400 quint. de fumier normal par hectare pour 3 récoltes épuisantes, ou de 440 à 480 pour 4 récoltes de ce genre. — *b*. Il est de règle d'intercaler entre ces 3 ou 4 cultures épuisantes une récolte qui repose ou enrichisse le sol, ou une jachère complète. — *c*. Cette dernière peut être évaluée à 100 ou 120 quint. de fumier normal par hectare, suivant que le sol est plus ou moins froid ou cohérent. — *d*. La richesse que le sol acquiert par une culture fertilisante est, comme dans la division précédente, très diverse et peut être estimée entre 120 et 140 quint., et quelquefois plus encore. — *e*. Selon les circonstances, l'écobuage peut être mis en usage dans ce sol avec beaucoup d'avantage et procurer une importante économie de fumier.

Il est bien entendu que, lorsqu'on a déterminé la fumure normale qui convient à un sol pour un certain nombre de récoltes épuisantes, l'accroissement de richesse que les cultures intercalaires de plantes fertilisantes ou la jachère complète procurent à la terre doivent venir en déduction de cette fumure proportionnellement à la richesse qu'elles lui rendent.

Lorsque nous nous sommes occupés de l'estimation des domaines ruraux, nous avons, dans le paragraphe relatif au mode de culture applicable aux terres arables comme base de l'évaluation de leur produit (p. 335), adopté, d'après M. Kreissig, quelques principes généraux qu'il est peut-être utile de rappeler ici, au moins en ce qui concerne la consommation des engrais.

Nous sommes d'abord partis du principe que 3 récoltes de céréales bien développées, moissonnées à l'état de maturité et produites avec l'abondance que comportent les circonstances ordinaires, dans une terre en bon état, épuisaient la richesse communiquée au sol par une fumure en bon fumier d'étable donnée en une ou plusieurs fois en quantité convenable; que ce rapport entre la fumure, la production des grains et l'épuisement du sol paraissait être la combinaison la plus propre à faire obtenir le produit net le plus élevé. Nous avons ajouté qu'il fallait tenir compte dans l'établissement de ce rapport de la richesse que le sol acquiert par les années de pâturage ou par la décomposition des chaumes et racines de certaines récoltes intercalaires, ou à la portion de richesse qui peut lui être enlevée par des récoltes de plantes ou racines fourragères; que le fumier frais et non macéré, qui n'est pas propre à la production des grains farineux, pouvait donner une 1re récolte de plantes fourragères qu'on fauchait en vert sans que la terre y perdît rien de sa faculté de produire du grain; et enfin, que 1 pi. cube de bon fumier d'étable, obtenu de la consommation des pailles et fourrages, restituait à la terre autant de richesse que lui en avait enlevé 1,870 gram. de grains avec leur paille, en sus de la semence.

Malheureusement l'estimable auteur auquel nous avons emprunté ces détails n'a pas fait connaître l'état dans lequel se trouvait le fumier dans les expériences qui ont servi de base à ces règles de pratique ou le poids du pi. cube du fumier sur lequel reposent en partie les évaluations. Néanmoins comme, selon lui, il faut, pour obtenir le produit net le plus considérable, appliquer le fumier avant qu'il ait subi une macération aux plantes qui peuvent en cet état y trouver un aliment, telles que des récoltes fauchées en vert ou des pommes de terre, nous devons supposer que celui dont il conseille l'usage est un fumier de bêtes à cornes de bonne qualité, non consommé, mais à l'état frais, et par conséquent ne pesant pas au-delà de 20 à 22 kilogr. le pi. cube. En évaluant d'après les règles posées dans ledit paragraphe la richesse communiquée au sol par l'enfouissement des racines de trèfle, nous voyons, dans le tableau de la page 340, que les quantités d'engrais qu'il propose de donner par hect. pour 3 récoltes de grains, dans le système de la stabulation permanente et celui du pâturage, aux terres de différentes espèces et classes, sont en quint. mét. les suivantes :

	STABULATION permanente.	PATURAGE.
	quint. mét.	quint. mét.
Terres à froment.		
1re classe	684	784
2e —	548	628
3e —	392	472
4e —	284	324
Terres à seigle.		
1re classe.	580	660
2e —	332	660
3e —	200	280
4e —	200	800
Terres à céréales de printemps.		
1re classe.	220	420
2e —	180	240
3e —	180	280
4e —	80	100

SECTION II. — *De la production des engrais.*

Après avoir examiné dans le paragraphe précédent quelle est, dans les cas ordinaires, la quantité de fumier qu'il convient de donner aux terres de diverses qualités ou appartenant à des classes diverses, afin de faciliter le calcul de la consommation des engrais dans les établissemens ruraux, il s'agit maintenant de déterminer comment on peut parvenir à produire cette quantité de fumier ou à mettre la production des engrais au niveau de cette consommation.

Dans les considérations où nous allons entrer, nous supposerons qu'on est placé dans la situation la plus défavorable, c'est-à-dire qu'on ne peut se procurer des fumiers au dehors et qu'on est obligé de les produire soi-même sur la ferme. Dans ce cas, il ne faut compter que sur ses animaux de trait et sur ses bêtes de rente, qui sont les vrais producteurs des engrais et qui les produisent à un prix d'autant plus modique qu'ils paient à un taux plus élevé les fourrages qu'on leur fait consommer.

Dans un assez grand nombre d'ouvrages sur l'agriculture, on nous apprend qu'une *tête de bétail* ou un certain nombre d'entre elles fournissent annuellement tant de chars de fumier, et, dans la plupart des établissemens, on ne calcule pas autrement pour connaître approximativement la quantité d'engrais qu'on produit. Cette méthode manque cependant d'exactitude, car, indépendamment de l'incertitude de la mesure, tous les auteurs ne donnant souvent ni la capacité des chars sur lesquels ils chargent le fumier, ni le poids de celui-ci sous un volume donné, on conçoit que la quantité de fumier que produit un animal dépend de son espèce, de sa race ou de son poids, de l'abondance ou de la parcimonie avec laquelle on lui distribue ses alimens et sa litière, de son régime hygiénique et du système adopté dans l'économie du bétail; sans compter les différences que l'espèce et la nature des substances alimentaires apportent dans cette quantité. Aussi les chiffres qui ont été donnés d'après ces bases diverses sont-ils loin d'être d'accord entre eux, et croyons-nous pouvoir nous dispenser d'en rapporter ici la série assez nombreuse, quelque respectables que soient les autorités dont on puisse les appuyer.

Il y a moins de difficultés et on paraît arriver à des résultats plus exacts quand on prend pour base de la production du fumier la *quantité en poids des substances alimentaires consommées par les animaux et de leur litière.* Mais, pour que ces résultats deviennent comparables, il faut tenir compte de l'état et de la nature des alimens et prendre, ainsi que nous l'avons fait, pour unité de mesure, un fumier d'un certain poids sous un volume déterminé, et arrivé à un état fixe de décomposition après avoir été soigné et travaillé convenablement. Quand ces conditions sont remplies, les expériences en grand ne tardent pas à démontrer que la quantité de fumier ainsi produite par des animaux adultes et sains, nourris constamment à l'écurie ou à l'étable et dont on recueille toutes les déjections, était constamment dans un rapport fixe pour chaque substance alimentaire, avec la quantité de ces substances qui passent comme alimens à travers le corps des animaux et avec les matériaux qui leur servent de litière.

Les diverses espèces d'animaux qui garnissent un établissement rural ne fournissent pas le même rapport entre le poids de leurs alimens et de leur litière et celui de leur fumier; mais on est convenu de prendre pour type les bêtes à cornes, qui sont les animaux par excellence de l'agriculture, ceux qui fournissent le fumier le plus propre à toutes les cultures et en plus grande abondance, et comme il faut être bien fixé sur l'état plus ou moins avancé de décomposition ou d'humidité dans lequel peut se trouver le fumier, les auteurs paraissent avoir généralement pris pour terme de comparaison le fumier que nous avons appelé normal, et qui contient, terme moyen, 75 p. 0/0 d'humidité.

On possède déjà un assez grand nombre de résultats d'expériences sur cette matière, mais tous les expérimentateurs n'ont pas opéré d'après les mêmes principes. Les uns ont pris pour base la faculté nutritive des alimens, les autres leur poids à l'état de siccité; quelques-uns ont calculé la quantité de fumier produite d'après la consommation des matières alimentaires et de la litière prises ensemble; tandis que d'autres ont tenté une évaluation séparée. Ainsi, MEYER, THAER, de THUNEN, KOPPE et de WULFFEN ont pris pour base la faculté nutritive des alimens, M. BLOCK et SCHWERZ leur poids à l'état sec, sans nier toutefois que la faculté nutritive des alimens n'ait une très grande influence sur la qualité du fumier. MEYER, M. BLOCK et SCHWERZ calculent séparément le rapport du fumier produit aux alimens consommés et à la litière; THAER, KOPPE et de WULFFEN établissent ce rapport sur les 2 matières ensemble.

Voici maintenant les résultats obtenus par ces savans agronomes :

MEYER, auquel appartient la priorité dans ces sortes d'expériences, suppose que le bétail pâture en été et est nourri en hiver uniquement avec du foin et de la paille, et que celle-ci entre au moins pour moitié dans ce régime. Il établit ensuite que, 1 partie de foin donne 1,8 partie de fumier, et 1 de paille 2,7 de fumier, et qu'en conséquence 1 de foin et 3 de paille, y compris celle de litière, doivent donner au poids, en moyenne, 2,5 de fumier pour 1 de matière sèche.

THAER réduit en foin toutes les substances alimentaires données au bétail, comme nous l'avons enseigné dans le chap. précédent, puis calcule que la ration de foin, unie à la paille de litière et le tout pris pour unité, doit donner 2,3 pour la quantité de fumier.

Koppe établit ses calculs de la même manière, mais il fixe son multiplicateur à 2 seulement, dans la supposition que le fumier est abandonné souvent à une longue décomposition et qu'une partie des substances alimentaires disponibles a été consommée par des moutons dont le fumier est bien moins abondant.

De Thuner opère de même et trouve 2,25 pour multiplicateur.

De Wulffen établit ses calculs d'après un système qui repose sur des hypothèses particulières, savoir: que 1 partie de grain donne 4,4 parties, 1 partie de foin 3, 1 partie de paille 2,2, et 1 partie de pommes de terre 1 de déjections animales. Dans son système, chaque nature d'aliment sert à calculer la valeur intrinsèque du fumier et il devient indifférent qu'on fasse consommer plus ou moins de paille au râtelier ou en litière. Selon lui, le rapport le plus favorable est celui où on consomme 3 de foin et 5 de paille. Dans ce cas, son multiplicateur, pour ces 2 substances est, en moyenne, de 2,5.

Schwerz réduit toutes les substances alimentaires à l'état sec, et, en cet état, il les multiplie par 1,75. Quant à la paille de litière, son multiplicateur est le nombre 2.

M. Block calcule d'abord le fumier à l'état sec qu'on obtient d'un poids donné de matières alimentaires. Ainsi, selon lui, 100 kilog. de foin ou de paille, consommés comme alimens, donnent 44 kilogr.; 100 kilogr. de pommes de terre 14 kilogr. de fumier à l'état sec; et 100 de paille de litière 95 de fumier sec. Il multiplie ensuite les nombres ainsi obtenus par 4 pour les évaluer en fumier ordinaire de bêtes à cornes modérément fermenté et contenant 75 p. 0/0 d'humidité. Son multiplicateur est donc, pour les alimens secs, 1,75, et 3,8 pour la litière; mais comme il admet que sur 100 kilogr. de fourrages secs, les bêtes à cornes reçoivent au plus 10 kilogr. de litière, il s'ensuit, en définitive, d'après la méthode estimative de cet agronome, que 1 de fourrages secs et de litière produisent 2,3 de fumier.

M. Mathieu de Dombasle, dans le 7e vol. des *Annales de Roville*, nous fournit quelques renseignemens sur la quantité de fumier produite dans cet établissement par les bêtes de rente et de trait. Dans ces résultats, qui n'ont pas, au reste, été établis sur des recherches spéciales et suivies, on n'a pas déterminé la quantité de litière que les animaux ont reçue, quoique, dit l'auteur, elle ait été toujours employée en quantité suffisante pour absorber les urines. Et, en outre, les fumiers des bêtes à cornes et des chevaux ont été mesurés approximativement par voitures à la sortie des étables ou des écuries et avant d'avoir subi la macération nécessaire pour en faire un fumier normal. Quoi qu'il en soit, les chevaux de la ferme de Roville, qui consomment des rations équivalentes à 20 kilogr. de foin sec par jour, soit en fourrages verts ou secs, soit en grains ou autre nourriture, ou 7,300 kilogr. par an, fournissent 25 voitures de fumier, du poids moyen de 650 kilogr. chacune, ou 16,000 kilogr. environ, c'est-à-dire 2,22 de fumier pour 1 de fourrage.

Les bœufs à l'engrais, du poids de 3 à 400 kilogr., qui restent constamment à l'écurie et dont la ration en foin, racines et tourteaux est approximativement égale à celle des chevaux, ont fourni 3,47 de fumier pour 1 de foin. La bergerie ou la ration journalière est de 1 kilogr. de foin pour chaque bête adulte, ou l'équivalent en racines ou en nourriture prise au pâturage, etc., ne fournit que 1,64 de fumier pour 1 de foin; mais les moutons passent une portion de leur temps hors de la bergerie, et celle-ci, n'étant nettoyée que 5 ou 6 fois l'an, le fumier est beaucoup plus imprégné et consommé que celui d'écurie et d'étable. Les vaches, qui sont tenues constamment à l'étable et ne reçoivent que la moitié de la ration des bœufs à l'engrais, ont produit du fumier à peu près dans la même proportion que ces derniers, relativement à la nourriture.

Enfin, nous avons vu (p. 338, n° 1) que M. Kreissig, d'après des expériences faites par lui en 1818, regardait comme démontré que 100 kilogr. de matières sèches, consistant en 50 kilogr. de foin et 50 kilogr. de paille, la moitié de cette dernière étant employée en litière, donnait 10 pi. cubes de fumier frais qui, au poids de 22 kilogr., donnent 2,2 pour multiplicateur.

Parmi les divers modes d'évaluation du rapport des substances alimentaires et de la litière consommées avec le fumier produit, celui de M. Block nous paraît un des plus exacts, parce qu'il évalue séparément la quantité fournie par chaque espèce de matière alimentaire et par la litière, quantités qui varient nécessairement dans chaque établissement et en ce que ses résultats ont tous été empruntés à l'expérience; son multiplicateur 2,3, peut être adopté comme celui qu'on doit réaliser dans la pratique, en supposant que la nourriture des animaux est de bonne qualité, suffisamment abondante, que la paille est donnée en litière dans les proportions indiquées, que le fumier est traité convenablement, épandu sur les terres dans le moment où il est arrivé à l'état de fumier normal et qu'il provient pour la plus grande partie des bêtes à cornes.

Si les unes ou les autres de ces conditions n'étaient pas remplies, il faudrait abaisser proportionnellement le chiffre du multiplicateur qui pourrait, selon les circonstances, tomber à 2 ou à 1,8 et même plus bas encore.

Voyons, avec les élémens que nous possédons, de quelle manière on parvient à établir les calculs propres à faire connaître, dans un établissement rural, comment on mettra la production du fumier au niveau des besoins et on suffira à sa consommation. Pour cela, il faut nous reporter au tableau de la page 440 ainsi qu'aux principes qui lui servent de base, et qui ont été développés dans les pages qui le précèdent. Supposons qu'il s'agit d'un domaine en terre à froment de 3e classe, nous pouvons appliquer aux terres de cette classe l'assolement de 6 années, indiqué au tableau, et qui est le suivant: 1° Vesces fumées et fauchées en vert; 2° froment; 3° trèfle, 2 coupes; 4° trèfle, 1 coupe, puis jachère; 5° froment fumé; 6° orge ou bien tout autre assolement adapté à la nature et à la qualité de la terre.

L'expérience a démontré que, dans les terres de la classe ci-dessus, qui soient en bon état, bien aménagées et portées au degré de fécondité que leur qualité comporte, on pouvait compter annuellement, terme moyen, par hectare, pendant le cours de l'assolement indiqué, sur la récolte en grain que voici:

Froment	de la 2e sole. . . .	17,60 hectolit.
Id.	de la 5e.	15,40
Orge	de la 6e.	17,50
Total du grain	. . . . .	50,50

Ces 50,50 hectolit. de grain, réduits en kilogr., à raison de 76 kilogr. l'hectolit. de froment et 60 celui d'orge, donneront:

33 hectolit. de froment à 76 kilogr.	2,508 kilogr.
17,50 hectolit. d'orge à 60 kil.	1,050
Total.	3,558

Or, si chaque pi. cube de fumier, pesant 22 kilogr., donne, dans le cours de la rotation, 1,870 gram. de grain, on voit que pour produire ces 3,558 kilogr., il sera nécessaire d'avoir à sa disposition 1,902,23 pi. cubes ou 418 60 quint. mét. de fumier.

Calculons maintenant si les fourrages et les pailles produits et consommés comme alimens par les animaux ou donnés en litière suffiront pour fournir cette quantité de fumier.

Pendant le cours de la rotation ou sur les 6 soles, nous récolterons:

	quint. mét.	quint. mét.
Paille; froment de la 2e sole.	36	
— Id. — 5e. . . .	32	90
Orge de la 6e. . . .	22	
Vesces fauchées en vert de	[illegible]	
la 1re année. . . .	52	
Trèfle de la 3e sole, 2 cou-	[illegible]	96
pes.	48	
Id. 4e, 1 coupe.	18	
Total des pailles et fourrages. . .		186

Maintenant si chaque quintal métrique de substances alimentaires sèches moitié foin et moitié paille, cette dernière étant employée par moitié comme litière, donne 10 pi. cubes de fumier; les 186 quintaux que nous avons en donneront donc. . . 1,860 » pi. cub.

Auxquels il convient d'ajouter pour l'enfouissement des chaumes et racines de trèfle, suivant ce que nous avons dit à la page 338, n° 3, un tiers de récolte ou 16 quint. transformés en fumier, ou. . . 160 »

Total des fumiers produits. 2,020 »

Or, nous venons de voir que nous ne consommions pour la récolte de grains ci-dessus mentionnée que . 1,902 33

Reste donc en surplus. . . 117 67

Ainsi dans l'assolement choisi pour notre terre à froment de 3e classe, en supposant les bestiaux nourris à l'étable, non-seulement la production du fumier sera parfaitement au niveau de la consommation, mais il restera en outre dans la terre après la rotation une richesse équivalente à 117 pi. cub. par hectare et capable de produire 216 à 218 kil. de grain.

C'est sur des calculs semblables que sont établis tous les chiffres portés dans les 6 dernières colonnes du tableau de la page 440, afin qu'on puisse embrasser d'un seul coup d'œil tous les résultats des assolemens proposés pour chaque espèce de terre. Ainsi, pour les terres à froment de la 3e classe, on y voit, 1re colonne, que les fourrages produits s'élèvent à 186 quint.; 2e colonne, que l'enfouissement des racines du trèfle équivaut à 16 quintaux; 3e colonne, que ces 202 quint., transformés en fumier, doivent en fournir 2,020 pi. cub.; 4e col., que ces 2,020 pi. cub. doivent faire récolter 3,777 kil de grain; et 5e col., qu'on n'en a récolté que 3,558 kil.; 6e col., enfin que la terre est assez riche encore pour en produire 216 kil. par hectare après le cours de l'assolement.

Dans cette colonne le signe + qui signifie *plus*, indique que dans les assolemens indiqués la terre a reçu une quantité de fumier capable de fournir un poids de grain supérieur à celui qu'elle a donné effectivement et qu'il lui reste encore assez de richesse pour en fournir autant que l'indique le chiffre de la colonne, et le signe — qui signifie *moins*, indique au contraire que la richesse de la terre a diminué et que le produit effectif en grain a été supérieur à la force du fumier.

Dans l'exemple précédent nous voyons que les 6 soles prises ensemble ont donné 186 quint. mét. de paille et fourrages; et à raison de 3 kil. d'alimens par 100 kil. de bestiaux par jour, il faudrait 17 quint. de bestiaux pour transformer ces alimens en fumier, c'est-à-dire 6 vaches de 285 kil. poids vivant; 5 vaches de 340, ou 4 vaches de 425; le fumier produit serait alors, en multipliant les 186 quint. par 2,2, de 409,20 quint., et en y ajoutant 3,52 quint., qui représentent les 16 quint. de fourrages auxquels on a évalué l'enfouissement des racines de trèfle, on trouve un total de 444,40 quint., et comme la récolte ne consomme que 418,60 quint., il reste donc 25,80 quint. qui, à raison de 22 kil. de fumier pour 1,970 grammes de grain, doivent produire encore 219 kil. de grains, ou à très peu près le même chiffre que celui obtenu précédemment.

Nous ne pensons pas qu'il soit nécessaire de multiplier les exemples du calcul de la consommation et de la production des fumiers dans les établissemens ruraux, parce que, dans le tableau du chap. II du tit. II indiqué ci-dessus, on a donné pour les différentes divisions et classes de terres arables et dans 2 systèmes différens de culture des calculs tout faits sur cette matière, seulement nous croyons qu'on doit mieux concevoir maintenant combien est compliqué et intéressant sur une ferme le service des engrais qui, comme on le voit, se rattache, se lie et s'harmonise d'un côté avec le service des attelages et celui des bêtes de rente, et de l'autre avec le système de culture et d'aménagement qu'on peut adopter et qui contribue pour une si grande part à la prospérité industrielle des établissemens.

On a supposé dans ce paragraphe que toutes les terres d'un établissement étaient toutes soumises à la charrue et qu'on avait été obligé de faire choix d'un assolement tel ou de distribuer l'étendue des soles de telle façon que ces terres puissent se suffire à elles-mêmes et produisent les pailles et fourrages nécessaires pour leur restituer à peu près, quand le tout aura été transformé en fumier, la richesse que le sol perd par la production de récoltes successives. Mais il n'en est pas toujours ainsi; souvent on peut se procurer à des prix avantageux des engrais au dehors ou bien des substances alimentaires dont l'acquisition ou la jouissance modifient les rapports qui doivent exister entre les soles à grains et fourragères, entre la production de ces soles et la consommation des engrais.

Quand on peut se *procurer des engrais au dehors*, rien n'est plus facile, lorsqu'on connaît leur rapport en poids, à la mesure ou en activité ou force avec du fumier normal de bêtes à cornes, de les faire entrer pour leur valeur dans les calculs de la consommation et de la production des fumiers. On pourra s'aider d'ailleurs sur ce sujet des renseignemens qu'on trouve dans notre chap. des engrais, au tom. Ier, et notamment à la p. 112 où l'on trouve un tableau de la comparaison des prix, des doses et des effets de divers engrais.

Quant aux *substances alimentaires*, elles peuvent provenir de prairies naturelles ou de pâturages attachés au domaine, ou bien on peut quelquefois s'en procurer au dehors à des prix modérés et avantageux. Dans tous les cas, il ne suffit pas de connaître la quantité en poids ou en volume des substances qu'on peut se procurer ainsi, il faut encore être en état d'évaluer la quantité de fumier qu'elles fourniront et sa qualité ou mieux sa valeur comparative avec du fumier normal de bêtes à cornes. Cette valeur paraît dépendre en grande partie de leur faculté nutritive et de leur qualité, et le tableau de la page 467 pourrait servir à établir cette comparaison.

M. Kreissig propose pour cet objet une méthode bien simple: « Puisque, dit-il, dans un bon système de culture alterne les terres arables doivent fournir tous les fourrages nécessaires pour rétablir, après qu'ils ont été transformés en fumier par les animaux, la fécondité que la terre a perdue par les récoltes, il ne s'agit que d'évaluer la quantité de fourrages secs que les substances qu'on peut se procurer au dehors peuvent remplacer et qu'il n'est plus nécessaire de demander aux terres arables pour rétablir l'équilibre entre l'épuissement de la richesse du sol et sa réparation. » Si on réduit en foin sec les diverses matières alimentaires qu'on produit sur la ferme, et qu'on suppose que l'assolement soit établi de telle façon que les substances alimentaires que doivent consommer les bestiaux pour les transformer en fumier soient composées en poids de moitié paille et moitié foin, dans ce cas, l'expérience a démontré qu'on pouvait établir les rapports suivans :

1° Un quint. mét. de bon foin de prairie qu'on se procure au dehors équivaut, pour la production du fumier, à 75 kilogr. paille et 75 kilogr. foin ; au total, à 150 kilogr. de fourrages secs produits sur les terres arables du domaine.

Un quint. mét. de foin de marécage et acide à 50 kilogr. paille et 50 kilogr. de bon foin ; au total, 100 kilogr. de fourrages secs. ;

2° Un quint. mét. de seigle, orge ou graines de légumineuses équivaut à 2 quint. de bon foin ou 150 kilogr. paille et 150 kilogr. foin ; au total, 300 kilogr. de fourrages secs ;

3° Un quint. mét. de tourteaux de graine de lin équivaut de même à 150 kilogr. paille et 150 kilogr. foin ou à 300 kilogr. de fourrages secs ;

4° Les résidus de 1 quint. mét. de seigle employé à la distillation équivalent à 1 quint. de bon foin ou à 75 kilogr. paille et 75 kilogr. foin ; au total, 150 kilogr. de fourrages secs ;

5° Les résidus de la distillation de 1 quint. mét. de pommes de terre équivalent à 25 kilogr. de bon foin de prairie ou 19 kilogr. de paille et 19 kilogr. de foin ; au total, 38 kilogr. de fourrages ;

6° Les résidus de 1 quint. mét. d'orge employée à la fabrication de la bière équivalent à 12.50 kilogr. paille et 12,50 kilogr. foin ; en tout, 25 kilogr. de fourrages secs.

La valeur des composts, des balayures des villes, des fosses et égoûts est difficile à établir et dépend de la quantité de matières animales ou végétales qu'ils contiennent et des stimulans de la végétation qui peuvent s'y rencontrer.

Au moyen de ce tableau et de la connaissance qu'on possède du produit des terres, on voit d'un coup d'œil l'étendue de terrain qui, au lieu d'être employé à la culture des plantes fourragères, peut l'être en céréales, en grains divers ou être consacré à la culture de plantes industrielles. Seulement, il ne faut pas perdre de vue que cette étendue peut varier pour chacune de ces cultures, attendu que les céréales et quelques autres grains ou plantes donnent de la paille ou de la litière dont la consommation peut encore fournir du fumier, tandis que plusieurs cultures industrielles ne fournissent pas de matières propres à cet usage.

F. M.

CHAPITRE VIII. — Services divers.

Dans un établissement bien dirigé il y a presque toujours divers services, distincts de ceux que nous venons de passer en revue, et qui, malgré leur moindre importance apparente, n'en méritent pas moins de fixer l'attention de l'administrateur.

1° Le 1er service de ce genre dont nous parlerons est celui des *semences*. C'est en effet une chose intéressante pour un établissement rural que de faire choix et de se procurer à l'avance les grains qui doivent servir à ensemencer les terres cultivables. Ces semences sont achetées au dehors quand on peut s'en procurer de qualité supérieure dans une autre localité ou bien quelquefois prélevées sur des récoltes antérieures, lorsqu'on a roulé pendant quelques années. Nous pensons qu'il est superflu d'entrer ici dans une discussion sur l'acclimatation des plantes cultivées et sur les causes physiologiques ou extérieures qui peuvent influer sur leur développement plus ou moins complet et celui de leurs principes utiles. Le seul conseil que nous ayons à donner au cultivateur, c'est de faire choix des semences qui, dans le sol dont il dispose, le climat qu'il habite et les circonstances naturelles et commerciales qui l'entourent, lui donneront les récoltes les plus abondantes et les moins chanceuses ou des récoltes d'un prix plus élevé (*voy.* tom. Ier, p. 209).

2° Un autre service, qui n'est pas sans importance et qui exige, surtout dans les grands établissemens, qu'on l'organise avec quelque soin, est celui du *ménage domestique*. M. de Dombasle qui, dans un article spécial (*Ann. de Roville*, tom. III, p. 85) sur cette matière intéressante, a fait connaître les moyens de direction et les résultats qu'il a obtenus, s'exprime ainsi : « Dans toutes les positions de la vie sociale, l'ordre que sait établir chaque chef de maison dans la consommation de son ménage, est une des circonstances qui exercent le plus d'influence sur l'augmentation ou la diminution des fortunes ; mais dans une exploitation rurale, le désordre introduit dans cette branche de l'administration des fortunes privées, présente des inconvéniens bien plus graves et les résultats en sont bien plus funestes que dans les autres états de la vie. La cause en est bien facile à apercevoir ; ici la consommation s'exerce sur presque tous les produits qui sont créés chaque jour, et, dans cette consommation si rapprochée de la production, les abus s'introduisent avec une merveilleuse facilité. Si on ne prend les moyens les plus efficaces pour élever une barrière insurmontable entre la production et la consommation, celle-ci absorbera infailliblement, dans les produits créés, une portion qui échappera à tous les calculs qu'on avait pu établir à l'avance. »

Les moyens employés par le savant agronome pour prévenir les abus de ce genre sont le choix judicieux d'une *personne* investie d'une autorité entière dans la direction de cette branche de l'administration, agissant comme un chef de service et responsable ; une *comptabilité régulière* qui isole le compte des dépenses de ménage de manière que rien ne puisse entrer dans la consommation sans passer par ce canal ; enfin, une *réduction* dans les branches de dépenses qui s'exerce sur les objets produits dans l'établissement ou sur le travail des hommes et des animaux et des efforts pour produire des objets de vente et acheter les articles de consommation ; « parce qu'en tenant, dit-il, la bourse, on peut toujours régler à son gré les dépenses en écus, tandis que, dans un autre système, la quantité et la valeur des objets produits et consommés à la maison présentent toujours une grande obscurité et donnent lieu à beaucoup d'abus malgré tous les soins.»

Une chose sur laquelle il est peut-être utile de dire un mot, c'est qu'on est généralement trop disposé, dans les campagnes, à *établir à grands frais certaines branches du ménage domestique*. Ainsi, l'on multiplie souvent sans mesure le nombre des ustensiles qui servent à la préparation des alimens, ou bien l'on accumule en trop grande quantité le linge de corps, de table, ou d'appartement. Sans doute, dans les situations isolées, où on ne peut, comme dans les villes, compter sur le secours d'autrui et où l'on est obligé de tout faire par soi-même, on a besoin d'une plus grande quantité d'objets de ménage; mais il ne faut pas perdre de vue que ces objets, multipliés au-delà des besoins, occupent beaucoup de place et deviennent encombrans, qu'ils exigent des soins journaliers et un temps fort long pour être entretenus en bon état, qu'ils se détériorent même sans en faire usage; enfin, qu'ils forment une valeur capitale morte et oisive qui pourrait recevoir un emploi plus fructueux, surtout au moment de l'organisation d'une ferme où l'on doit chercher à économiser les capitaux. La même observation s'applique aux gros approvisionnemens en objets de consommation journalière dans le ménage, et il est d'une bonne économie à ce sujet, aussi bien que pour les objets mobiliers, de ne faire que ce qui est strictement nécessaire pour satisfaire aux besoins du service dans la position où l'on se trouve placé.

3° Dans les établissemens ruraux un peu considérables et éloignés des populations agglomérées ou des centres d'industrie, on est la plupart du temps obligé d'organiser, dès l'origine, un service d'*ateliers de construction et de réparations* des bâtimens, instrumens, outils, machines, etc. Ces ateliers, suivant l'importance du domaine, peuvent même se subdiviser en plusieurs branches secondaires où s'exécutent des travaux distincts; généralement ils exigent des *approvisionnemens de matériaux* de diverses espèces, des *chantiers* ou *hangars* pour le dépôt de ceux-ci ainsi que pour celui du combustible nécessaire, etc. L'organisation de cette branche de l'économie d'un domaine suppose dans l'administrateur, ou au moins dans ses chefs de service des connaissances spéciales, mais qui, à proprement parler, ne sont pas indispensables à la majorité des agriculteurs, ce qui nous dispense d'entrer sur ce service dans de plus longs détails.

4° Le même motif ne nous permet pas de nous étendre sur l'organisation des *établissemens industriels* ou *fabriques* qu'on forme souvent sur les propriétés rurales dans certaines vues économiques. Cette organisation, pour être bien conduite, suppose toujours beaucoup de sagacité, des connaissances fort étendues dans la théorie et la pratique des opérations, ainsi que dans le mouvement commercial auquel les matières fabriquées donnent communément lieu dans le pays.

5° Il est aussi un *service* qui, dans les domaines de quelque étendue et surtout dans les pays septentrionaux, acquiert une certaine importance, c'est celui du *combustible*, qui sert non-seulement à garantir le fermier, sa famille et ses serviteurs contre les rigueurs du froid et les atteintes de l'humidité, mais qui, en outre, est employé à la préparation de leurs alimens et souvent à celle des animaux, ainsi qu'au service des ateliers et des établissemens industriels qui en font souvent une grande consommation. C'est ordinairement à l'entrée de l'hiver ou lorsque les agens et les moteurs ne peuvent être utilisés autrement, qu'on fait transporter à la ferme les matériaux de chauffage qu'on doit consommer dans la saison rigoureuse ou dans les fabriques de l'établissement.

6° Enfin, le dernier *service* dont nous croyons devoir faire mention est celui de la *comptabilité*, qui embrasse à lui seul tous les autres, qui leur sert de lien commun, et dont la bonne organisation est aussi indispensable sur un établissement rural pour obtenir des résultats avantageux que dans les manufactures et les maisons de commerce. Nous n'en dirons pas davantage sur l'utilité et sur l'organisation de ce service auquel nous consacrerons, dans le titre suivant, un chapitre spécial.

F. M.

TITRE QUATRIÈME.

DE LA DIRECTION ADMINISTRATIVE DU DOMAINE.

La bonne administration d'un domaine a pour base une organisation forte et habile; mais une fois cette organisation établie, c'est à la direction à s'emparer des divers services qui ont été créés, à les mettre en activité et à leur imprimer un mouvement régulier, constant et propre à assurer la bonne exécution et le succès de toutes les opérations.

Pour diriger un domaine rural, il est indispensable d'abord d'exercer une autorité, un contrôle et une surveillance sur l'ensemble des opérations et sur toutes les circonstances qui peuvent intervenir dans l'administration d'un établissement rural; c'est ce que nous désignerons sous le nom de direction générale. Ensuite il faut savoir faire choix d'un système d'exploitation, de culture ou d'aménagement dans chacune des diverses branches économiques dont se compose l'établissement; puis évaluer, mesurer, surveiller l'exécution de tous les travaux qui doivent s'y faire, savoir établir les frais de production des denrées, connaître les lois économiques qui règlent la vente et l'achat de ces denrées, et enfin coordonner et contrôler tous les détails de cette administration par une bonne comptabilité. C'est à l'examen de ces divers sujets que les chapitres qui suivent vont être consacrés.

CHAPITRE Ier. — De la direction générale.

Nous venons de dire que nous donnions le nom de direction générale à l'exercice d'une autorité, d'un contrôle et d'une surveillance sur l'ensemble des opérations qui s'exécutent ou des circonstances qui interviennent sur un établissement rural, exercice qui forme une des attributions spéciales de l'administrateur et constitue un de ses devoirs. Ces attributions du chef suprême embrassent, soit les objets immobiliers ou mobiliers qui composent l'établissement, soit la direction des opérations agricoles ou celle des agens qui les exécutent. Chacun de ces sujets pouvant donner lieu à des considérations d'un haut intérêt sous le point de vue de leur direction, nous entrerons à leur égard dans quelques développemens.

Nous supposons, pour donner plus de généralité à nos observations, que l'administrateur est en même temps propriétaire du fonds qu'il exploite, parce que les obligations d'un locataire, fermier ou régisseur honnête, intelligent et actif sont à peu de chose près les mêmes, dans la direction d'un domaine, que celles qui sont imposées au propriétaire exploitant de ce fonds.

Section Ire. — *Direction économique et administrative d'un établissement, sous le rapport immobilier.*

Un établissement rural, sous le rapport immobilier, se compose ordinairement d'un fonds de terre, de divers objets immobiliers qui s'y trouvent naturellement placés ou qu'on y a établis pour en rendre la surface propre à la culture et en faciliter l'exploitation, et de récoltes pendantes par racines et qui, dans cet état, sont considérées par la loi comme immeubles. Le fonds et les objets immobiliers qu'il contient constituent le *capital foncier* de l'entrepreneur. Ce fonds et ces objets sont périssables ou au moins sont susceptibles de perdre une grande partie de leur valeur, et, comme tous les efforts de l'administrateur habile doivent tendre constamment *à la conservation et même à l'accroissement de son capital foncier*, il est utile de connaître quelles sont les causes ou les agens de détérioration qui peuvent le faire dépérir et par quels moyens on parvient au moins à le mettre à l'abri de toute diminution de valeur ou de détérioration. Pour cela nous ferons une distinction entre le fonds de terre et les objets qui le couvrent ou qui s'y trouvent établis.

§ Ier. — Du fonds de terre.

Avant d'exposer les causes qui peuvent diminuer la valeur capitale d'un fonds, nous croyons devoir rappeler d'abord que l'administrateur, lorsqu'il est en même temps propriétaire légal et entier du domaine, a seul le droit de *vendre*, *aliéner* ou *acquérir* la totalité ou une portion quelconque de la propriété immobilière, et que c'est lui qui, à cet effet, passe tous les contrats et fait personnellement ou par procuration tous les actes nécessaires. Dans ces divers cas, l'administrateur doit procéder avec prudence et recourir au besoin aux lumières d'un officier public instruit et honnête, s'il ne veut pas s'exposer à des pertes, parfois considérables, sur son capital foncier, et prendre toutes les précautions que nous avons indiquées à la page 357 quand nous avons traité de l'acquisition des domaines.

La diminution de la valeur capitale d'un fonds de terre est due, soit à des causes générales, soit à des causes particulières. Ces dernières peuvent être la conséquence des envahissemens, de la diminution de la surface cultivable ou de la fécondité de la terre.

1° Les *causes générales* échappent la plupart du temps au contrôle de l'administrateur comme homme privé, et il nous est impossible de discuter ici toutes les circonstances économiques qui au sein d'une nation, contribuent à élever ou abaisser le prix des fonds de terre; nous rappellerons seulement qu'en général l'expérience a démontré que presque partout et en tout temps les fonds de terre augmentaient successivement de valeur par suite du progrès des sciences agricoles et de la marche de la civilisation. Ainsi, l'accroissement des populations, l'extension du commerce et les progrès des manufactures, la formation ou l'agrandissement des villes, l'ouverture de canaux de navigation, de nouvelles routes, de chemins de fer, de moyens plus rapides de circulation et de communication, etc., sont autant de causes permanentes et actives qui impriment un mouvement graduel d'ascension à la valeur de la propriété foncière.

2° Les *envahissemens* peuvent avoir lieu par les hommes ou les animaux.

Les envahissemens par les *hommes* sont le résultat de la violence ou de la force majeure, ou de prétentions injustes.

Il est très difficile pour un administrateur de conjurer la destruction des valeurs capitales qui a lieu parfois sur son fonds par suite d'événemens de *force majeure*, tels que guerre, pillage, émeute populaire, etc. Tous ses soins, dans ce cas, doivent se borner aux mesures de prudence que lui suggèrent les circonstances, afin d'atténuer le mal ou d'en arrêter le plus promptement possible les effets désastreux. Souvent il sera nécessaire qu'il fasse constater le dommage éprouvé, afin de pouvoir réclamer devant qui de droit les indemnités que la loi accorde quelquefois dans des cas semblables et poursuivre ceux qui ont ainsi porté atteinte à son droit de propriété.

Les envahissemens du fonds par suite de *prétentions injustes* sont les plus fréquens et ceux sur lesquels un administrateur doit tenir sans cesse l'œil ouvert. Sa surveillance doit s'exercer principalement sur la *conservation des limites* et de l'*intégrité du domaine*. Ainsi, il s'opposera à ce qu'il ne soit fait aucun empiétement sur le fonds par les voisins ou autres et à ce qu'on n'y établisse aucune servitude. A cet égard, il fera procéder, en présence de ces voisins, à des recolemens de bornage; il réclamera contre toute prétention de ce genre, clorra son héritage ou prendra toutes les mesures propres à repousser une attaque extérieure; enfin il intentera et soutiendra toute action judiciaire qu'il croira utile pour s'assurer la jouissance paisible et l'intégrité de son fonds.

Les *animaux* nuisibles peuvent se multiplier au point d'envahir un domaine et de lui enlever une grande partie de sa valeur capitale. Les soins de l'administrateur doivent tendre à s'opposer à cette multiplication ou même à prendre des mesures pour purger entièrement le fonds de ces hôtes destructeurs.

3° La *diminution de la surface cultivable du fonds* est toujours un fait grave qu'il faut prévenir et qui peut avoir lieu de la part des hommes ou être causée par les phénomènes naturels.

Les *phénomènes naturels* qui font décroître la valeur capitale antérieure d'un fonds sont l'envahissement des eaux par suite du déplacement du lit des rivières ou la submersion, soit permanente par la mer, les fleuves et les rivières, soit temporaire par des eaux torrentielles ou des eaux chargées d'un sable ou limon infertile qu'elles déposent à la surface, ou qui viennent, par leur débordement ou leur infiltration, former des marais qu'on ne peut assécher qu'à grands frais; les éboulemens, qui couvrent de fragmens de rocher, de cailloux ou de sables stériles une portion de sa surface; les bouleversemens du sol, qui interviennent quelquefois, etc. L'administrateur, lors de l'acquisition du fonds, a dû prévoir en partie, à l'inspection des lieux, la possibilité des désastres causés par ces phénomènes et ne payer celui-là qu'en conséquence de la possibilité de voir se réaliser leurs effets désastreux. Dans tous les cas, il est de son intérêt de prévenir autant que possible ces effets par des travaux d'art, des mesures de précaution, ou, quand ces moyens sont insuffisans, de chercher à circonscrire les ravages dans les plus étroites limites par des mesures prises énergiquement et à propos.

Les *hommes* diminuent la surface cultivable d'un fonds en y établissant des passages ou chemins plus ou moins larges, en déversant sur ce fonds des eaux supérieures, en y déposant des pierres ou des matériaux divers, en y causant des éboulemens de rochers, de sables, de matières boueuses ou glaiseuses ou des enfoncemens par suite d'excavations souterraines, etc. Tous ces actes, qui portent une atteinte directe au droit de propriété, doivent être surveillés et réprimés, soit par l'autorité dont l'administrateur jouit sur sa propriété, soit par celle des magistrats auxquels il les défère.

4° La *diminution de la fécondité naturelle du fonds* est une chose qui doit fixer surtout l'attention de l'administrateur. La fécondité d'un fonds sert en effet presque partout de base à la détermination de sa valeur vénale, et c'est en réalité dissiper son capital foncier que de souffrir que cette fécondité diminue graduellement par une cause quelconque. En bonne administration, au contraire, on doit s'efforcer d'accroître peu à peu cette fécondité et de faire monter sa terre dans une classe supérieure à celle où les circonstances locales l'ont placée.

Cette diminution de la fécondité des terres peut être la conséquence d'un grand nombre de causes très diverses, mais dont les effets funestes doivent presque constamment être imputés à l'ignorance ou à l'incurie de l'administrateur.

Tantôt cet administrateur *ignore les lois de la production* végétale et ne sait pas combiner un plan de culture et d'aménagement propre à la nature de ses terres et à entretenir leur fécondité naturelle; il les fatigue en exigeant d'elles plusieurs récoltes de plantes très épuisantes sans leur restituer, par une proportion convenable d'engrais la richesse qu'il leur a enlevée, ou bien il n'entretient pas leur puissance ou activité par des amendemens distribués à propos; tantôt il voit décroître d'année en année la quantité et la qualité de ses récoltes, parce qu'il n'entend rien à l'économie du bétail ou bien parce qu'il est étranger aux connaissances théoriques et pratiques qui doivent guider dans la bonne manipulation des fumiers, ou qu'il ignore les effets si variés des différentes substances de ce genre et à différens états de décomposition sur la végétation, etc.

Les dommages que *l'incurie de l'administrateur* cause à la fécondité des terres ne sont pas moins graves que ceux dus à son ignorance. Ainsi, l'un laisse envahir ses champs par des plantes parasites ou des animaux nuisibles, ou bien ne prend aucune mesure pour s'opposer à ce qu'un voisin qui néglige son héritage n'empoisonne ses récoltes de graines de mauvaises herbes ou d'insectes dévastateurs; l'autre n'a pas le soin d'assainir ses terres, de tracer et d'entretenir des rigoles d'écoulement, des fossés et canaux de décharge, ou de faire exécuter des travaux ou d'entretenir les constructions destinées à mettre ses champs à l'abri d'une surabondance d'humidité; un 3e néglige de prendre des précautions ou des mesures contre les abus auxquels se livre un voisin incommode qui déverse sur lui ses eaux ou rend le climat insalubre pour les végétaux par la surabondance des vapeurs aqueuses que les eaux accumulées sur son héritage répandent dans l'atmosphère, ou par des vapeurs ou émanations qui détruisent au loin la végétation, etc.

On conçoit qu'à des maux qui ont des conséquences si funestes il n'y a qu'un seul remède à opposer; ce sont les connaissances théoriques et pratiques dans l'art agricole et dans l'administration rurale et une activité qui ne connaît pas de repos et s'exerce constamment avec le même zèle sur toutes les branches diverses de l'économie du domaine.

§ II. — Des objets immobiliers répandus sur le fonds.

Les objets immobiliers qui se trouvent répandus sur un fonds de terre sont : 1° les travaux d'art, consistant en bâtimens d'habitation et d'exploitation, abris divers, endiguages, embanquement, canaux, fossés, puits, citernes, clôtures, constructions pour l'assèchement ou l'irrigation, etc. ; 2° les plantations ou les récoltes sur pied.

Ces objets, tous sujets à un dépérissement plus ou moins rapide, peuvent périclitèr, soit par l'effet de causes accidentelles, soit par celui des temps et de la vétusté, soit enfin par la main des hommes et des attaques faites par imprudence ou à dessein.

A. Commençons par nous occuper des 1ers objets désignés ci-dessus, c'est-à-dire des travaux d'art, des bâtimens, etc.

1° Aux *causes accidentelles*, telles que l'inondation, l'incendie, le feu du ciel, la violence des vents, etc., l'administrateur oppose les précautions que lui suggèrent la prudence et les circonstances, et surtout l'assurance contre les fléaux les plus redoutables qui puissent attaquer les principaux objets immobiliers. L'assurance s'opère, soit par les compagnies qui commencent à s'établir dans nos départemens, soit par des associations entre propriétaires, ayant pour but de se garantir mutuellement contre les chances les plus désastreuses pour l'agriculture et qu'il serait fort désirable de voir se former partout dans nos campagnes.

Les frais d'*assurance* des bâtimens ruraux contre l'incendie, le fléau le plus redoutable qui puisse visiter un agriculteur, ne peuvent être fixés avec exactitude, parce qu'ils dépendent des conditions auxquelles les compagnies consentent à se charger à leurs risques et périls des chances désastreuses. Ces conditions varient d'ailleurs avec la concurrence des compagnies, et en outre, les élémens qui servent de base à l'assurance peuvent, dans les mêmes localités, être très différens. Ces élémens sont : 1° la *destination des bâtimens*. Ceux qui sont destinés à l'habitation du cultivateur, quoique plus sujets souvent à l'incendie que ceux d'exploitation, paient cependant, dans les cas ordinaires, des frais d'assurance moins élevés que les granges et magasins à fourrages, parce que les ravages du feu y sont toujours moindres que dans ces derniers. Les bâtimens où on exploite un art agricole qui exige un feu constant et considérable, comme une brasserie, une distillerie, etc., doivent nécessairement payer une prime plus forte que tous les autres; 2° le *mode de construction des bâtimens*. Un bâtiment construit en pierre dure, sur laquelle un feu même violent aura peu d'action, ne paiera souvent pas annuellement au-delà de 1/8 p. 0/0 de sa valeur capitale pour frais d'assurance, tandis que des constructions en bois, ayant même étendue et destination, ne pourront être assurées à moins de 1/2 p. 0/0 de cette même valeur capitale; 3° Le *mode de couverture*. On connaît la fréquence des incendies dans tous les pays où les bâtimens ruraux sont couverts en chaume, et les frais d'assurance qui, pour un bâtiment léger et très périssable, couvert en tuiles, seraient, je suppose, de 1/3 p. 0/0, devraient être portés au moins jusqu'à 1/2 p. 0/0 si ce même bâtiment était couvert en chaume; 4° Les *habitudes*, les *mœurs*, l'activité ou l'incurie des cultivateurs, leurs moyens ou les mesures qu'ils prennent pour prévenir ou arrêter les ravages du fléau sont autant de circonstances qui élèvent ou abaissent la prime d'assurance. Enfin, un *voisinage* plus ou moins dangereux pour le feu, la *privation de l'eau* ou de moyens d'arrêter l'incendie font aussi varier, dans des limites assez étendues, le chiffre de la prime d'assurance.

2° Le *temps*, qui détruit tout, n'épargne pas les objets immobiliers qui garnissent les fonds ruraux, et son action doit être étudiée avec soin par l'administrateur. Cette action, en prenant pour exemple les bâtimens d'habitation et d'exploitation, tend sans cesse à les détruire et à les mettre hors de service; ce qui arrive constamment au bout d'une période de temps plus ou moins longue, suivant les circonstances. C'est pour allonger cette période et pour reculer l'instant où les bâtimens tomberont en ruines et où il faudra les reconstruire à neuf que l'administrateur doit faire exécuter les réparations qui prolongent leur durée et portent celle-ci bien au-delà de ce qu'elle eût été si les constructions eussent été abandonnées à l'empire des circonstances.

Afin de faire comprendre quels doivent être les soins de l'administrateur pour la conservation de la valeur capitale des bâtimens et autres objets immobiliers répandus sur un fonds, nous croyons devoir rappeler que la jouissance de ces objets entraine à des frais qui sont : 1° l'intérêt des sommes avancées pour leur construction ou leur établissement; 2° une prime annuelle d'amortissement pour leur construction à neuf, lorsque le temps et la vétusté les auront mis complétement hors de service; 3° les frais d'entretien et de réparation; 4° la prime d'assurance contre l'incendie dont nous venons de parler.

Les *intérêts du capital* mis en avant pour l'établissement des constructions, bâtimens ou objets d'art varient depuis 2 1/2 jusqu'à 5 p. 0/0 du capital, suivant le taux du pays ou les circonstances locales. Ces intérêts sont ordinairement portés dans les frais généraux pour les objets qui ne sont à la charge d'aucun service en particulier, et au compte de la production végétale ou animale pour les autres objets, suivant le service à l'usage duquel ils sont destinés.

La *prime ou fonds d'amortissement* est nécessairement basée sur la durée présumable des objets. Plus cette durée est longue et moins la prime annuelle est élevée. La situation, le climat, le mode de construction, le soin qu'on prend des réparations, l'usage et l'emploi des bâtimens apportent des variations sans nombre dans le chiffre de cette prime. Nous avons déjà donné aux pages 346 et 347, une formule pour le calcul de cette prime; nous y renvoyons le lecteur en lui faisant observer que tout calcul de ce genre est basé sur la durée moyenne des constructions du même genre, ayant même destination et entretenues en bon état dans le pays qu'on habite, durée que l'expérience apprend à connaître dans chaque localité.

Les *réparations* à faire aux objets immobiliers dépendent de leur *mode de construction*. Les bâtimens massifs et très solides exigent au moins, pendant la majeure partie de leur durée et une fois qu'ils sont bien assis, des réparations peu considérables et qu'on peut évaluer annuellement entre 1/4 et 2/3 p. 0/0 de leur valeur capitale; tandis que pour les constructions moins massives et plus légères les frais peuvent s'élever à 1 et même 2 p. 0/0 de ce capital. Dans des bâtimens construits avec la même solidité, la *destination* et l'*usage* font encore varier ces frais. Ainsi, pour des magasins à foin, les granges et tous les bâtimens où l'on n'introduit pas d'animaux, et qu'on entretient secs et propres, les réparations peuvent être évaluées de 1/6 à 1/3 p. 0/0, tandis qu'elles seraient, dans les mêmes conditions, de 1/2 à 2/3 pour des écuries, des étables, une distillerie, etc.

Il n'est question ici que des réparations dites foncières et qui, suivant les stipulations de la plupart de nos baux, sont à la charge du propriétaire, et non pas des *réparations dites locatives*, qui doivent être faites par celui qui a la jouissance du fonds et portent en général sur des objets immobiliers que l'usage fréquent met promptement hors de service. Ces réparations sont difficiles à évaluer à l'avance; dans un établissement bien organisé, elles ne doivent pas s'élever à plus de 1/2 à 1 p. 0/0 de la valeur locative des objets.

La prime d'amortissement et les frais pour réparations sont, comme les intérêts, en partie portés aux frais généraux et en partie dans le prix du service des agens qui concourent à la production végétale ou animale.

En résumé, si nous pouvons avoir confiance dans les faits nombreux rassemblés par M. Block, le fonds d'amortissement, les frais de réparation et ceux d'assurance contre les incendies ne devraient pas, pris ensemble et terme moyen, pour les bâtimens de toute sorte et annuellement, s'élever au-delà des chiffres suivans, savoir:

1° En constructions massives et solides, de 2/3 à 3/4 p. 0/0.

2° En constructions légères, de 1 2/3 à 2 1/3 p. 0/0.

3° En moyenne, pour les unes ou les autres, de 1 1/6 à 1 1/2 p. 0/0.

En supposant, toutefois, que les sommes annuelles mises de côté pour cet objet sont capitalisées et leurs intérêts accumulés jusqu'à ce qu'on en trouve l'emploi.

3° Les *hommes*, tant les serviteurs ou manouvriers qui sont employés sur l'établissement que ceux qui lui sont étrangers, peuvent de bien des manières causer des dommages aux objets immobiliers qui garnissent un fonds. Tantôt c'est par négligence ou incurie qu'ils renversent, détériorent, bouleversent ou détruisent ces objets, tantôt c'est par malice et à dessein qu'ils les altèrent, les brisent ou en changent la destination. Dans tous les cas, il n'y a que des moyens actifs de surveillance et une répression prompte et énergique qui puisse prévenir ou mettre un terme aux abus de ce genre.

B. Les *récoltes sur pied* sont un bien qu'il faut défendre sans cesse, et avec la plus infatigable activité, contre des fléaux de tous genres ou contre une multitude d'ennemis qui les attaquent et cherchent à les détruire ou à se les approprier. Nous n'entrerons pas ici dans le détail des dommages sans nombre que cette partie des objets immobiliers d'un fonds peut éprouver tant qu'elle reste en cet état, et nous dirons seulement qu'aux fléaux atmosphériques ou autres, il faut opposer l'assurance; que les attaques des animaux doivent être repoussées par les moyens de destruction que l'art agricole a découverts jusqu'ici, et que, contre les déprédations et les dommages causés par les hommes ou les animaux qu'ils élèvent, matière intéressante que nous avons envisagée dans notre partie législative, il faut avoir recours à une surveillance active et aux moyens de répression indiqués dans cette partie de notre ouvrage (p. 285).

§ III. — Des moyens de surveillance pour les objets immobiliers.

La conservation du capital foncier ou des objets qui le représentent étant, avons-nous dit, un des soins qui doit le plus préoccuper l'administrateur, celui-ci doit, dans ce but, organiser un mode de surveillance, de réparation des dommages et de répression des délits propre à en prévenir la perte ou la détérioration. Cette partie de la direction des domaines, nous la nommerons police des champs et bâtimens ruraux.

L'exercice de la *police des champs et bâtimens ruraux* appartient de droit et en propre à l'administrateur qui, au besoin et suivant la nécessité, peut déléguer une partie de son autorité à des personnes de confiance. Néanmoins, nous lui conseillons de ne jamais se dessaisir entièrement de ce droit, qu'il ne pourrait déléguer en entier sans courir les risques de voir les opérations perdre de leur ensemble et de leur activité, et souvent l'établissement et les capitaux qu'il représente compromis par l'indifférence d'agens secondaires qui, rarement, portent le même zèle, le même scrupule et autant d'attention que le maître dans tous les détails dont se compose l'administration d'un grand établissement.

Afin d'exercer d'une manière complète et régulière cette police, l'administrateur fait d'un côté tous les *réglemens* qu'il juge nécessaires pour prévenir ou punir toute faute ou délit et pour arrêter dans leurs conséquences tous les accidens graves ou les événemens fâcheux. Il fait *choix de personnes de confiance*, et sur le zèle desquelles il peut compter, qui doivent le remplacer dans certaines occasions ou l'assister en cas de besoin. Il *constate par lui-même ou par ses mandataires* toute atteinte portée à son droit de propriété, défère les délinquans aux magistrats compétens, poursuit et soutient toutes les actions judiciaires, etc. De l'autre côté, il fait personnellement ou fait exécuter par ses agens de *fréquentes inspections*. Ces inspections peuvent être entreprises à des époques fixes et à des intervalles réguliers dans le cours de l'année, mais elles n'excluent pas d'autres visites que l'entrepreneur doit faire tout à coup, de temps à autre et sans être attendu, et qui lui permettent d'observer une foule de choses importantes, qu'on dissimule souvent ou qu'on cherche à cacher à l'œil du maître quand on sait qu'il va paraître.

Pendant ces sortes d'inspections, l'administrateur examine en détail et avec soin toutes les causes générales ou particulières qui tendent à détériorer son fonds et à diminuer sa fécondité; il inspecte avec la plus scrupuleuse attention tous les objets immobiliers qui le garnissent, étudie leur état de conservation, constate leurs détériorations ou les dommages qu'ils ont éprouvés, apprécie leur durée probable; puis, passe aux récoltes sur pied, s'assure de leur état, médite sur les mesures qu'il sera nécessaire de prendre pour conjurer ou atténuer l'effet des fléaux ou arrêter les attaques extérieures dont elles peuvent être l'objet.

Partout il *consigne par écrit, et dans un carnet spécial*, toutes ses observations et tous les renseignemens dont il juge qu'il aura besoin. Rentré chez lui, il prend, d'après ses notes, toutes les dispositions nécessaires pour remettre les choses en état et rétablir l'ordre; il dresse le projet de tous les travaux pour réparations ou améliorations (*voy.* p. 404) qui doivent être entreprises sur le fonds; et enfin il arrête les mesures qu'il croit utiles pour faire punir les délits et les contraventions.

Pour diriger avec plus de facilité et d'ensemble les agens qui doivent prévenir, constater ou réprimer les délits ou les attaques contre sa propriété, ou bien les travailleurs qui réparent ou rétablissent les lieux ou les objets immobiliers, l'administrateur a constamment sous les yeux le *plan cadastral ou la carte topographique*, qu'il a fait dresser, et où sont indiqués l'emplacement des bornes et poteaux qui fixent les limites de son héritage, le relief et les accidens du terrain, la division des pièces de terre, les chemins ruraux, les clôtures, les cours ou amas d'eau et les sources, et tous les objets d'art et de construction établis sur le fonds. Chacun de ces objets porte un numéro d'ordre qui renvoie à l'état de lieux dans lequel ils ont été décrits avec détail et précision au moment de l'entrée en jouissance.

Dans l'exercice de la police des champs et bâtimens ruraux l'administrateur doit être guidé par les principes généraux suivans :

Tout *abus*, tout *acte de négligence* qui peut avoir causé un dommage quelconque au fonds ou aux objets qui s'y trouvent établis, que ces actes ou abus proviennent des serviteurs de l'établissement ou des étrangers, doivent être réprimés avec sévérité. La fermeté, dans des cas semblables, est indispensable si on ne veut pas voir quelques actes d'indulgence consacrer ces abus et les rendre, avec le temps, intolérables et très difficiles à déraciner.

De même, les *délits* doivent être punis ou poursuivis avec vigueur; c'est un bon moyen pour les arrêter dans leur cours et les rendre moins fréquens et moins audacieux.

Un *désastre*, de quelque nature qu'il soit et quelle que soit la cause qui lui donne naissance, doit, aussitôt qu'il a été constaté et qu'on a pris les mesures de précaution pour en prévenir le retour, être réparé sans délai. Dans un établissement rural, tout devant être dans une activité constante, les grands instrumens de la production, comme le fonds de terre ou les choses qui doivent en faciliter l'exploitation, tels que les chemins, canaux, fossés, rigoles, etc., doivent être constamment dans le meilleur état d'entretien si on veut tirer de ce fonds un bon service ou le plus grand produit qu'il soit capable de donner.

De la même manière, les *détériorations* ou *dégradations* aux objets qui garnissent le fonds, tels que bâtimens ruraux, constructions diverses, etc., ne doivent pas éprouver de délai ; la négligence, dans ce cas, ne tarde pas à accroître le mal dans un rapport qui augmente en progression toujours croissante et qui finit par jeter dans des dépenses considérables pour le rétablissement des lieux. Par des réparations légères et faites à propos, non-seulement on prévient des détériorations fort étendues, mais on prolonge souvent pour un temps assez long la durée d'un mur, d'un plancher et même d'un bâtiment tout entier qui, sans cet entretien, eussent été en peu de temps hors de service et eussent nécessité une nouvelle construction, toujours très dispendieuse. Rien d'ailleurs ne témoigne mieux de l'habileté de l'administrateur et de la prospérité de son établissement que le bon état d'entretien des objets immobiliers. Partout où l'agriculture est mal dirigée, non-seulement les terres y sont en mauvais état, mais les bâtimens y tombent en ruines ; les objets d'art n'y reçoivent nul entretien, et les uns et les autres, devenus peu à peu impropres à remplir leur destination, font descendre au plus bas degré le produit net du domaine.

Section II. — *De la direction économique et administrative des objets mobiliers.*

Nous comprendrons, dans les considérations où nous allons entrer dans cet article, tous les objets qui font partie du capital d'exploitation de l'entrepreneur, et, comme nous savons déjà que ce capital se divise en 2 portions, l'une, qui est engagée, et l'autre, circulante; nous profiterons de cette distinction pour étudier chacune d'elles dans 2 paragraphes différents.

§ Ier. — Des objets qui forment le capital fixe d'exploitation.

Le capital fixe ou engagé d'exploitation, ainsi qu'il est expliqué à la page 387, sert à se procurer des bêtes de trait et de rente, ainsi que le mobilier qui doit garnir l'établissement. Tous ces objets sont de leur nature périssables, et c'est de leur bon entretien que dépend la conservation de cette partie du capital d'exploitation.

Dans un établissement bien organisé et où tout marche d'après les principes d'une bonne direction, le *capital engagé d'exploitation n'est susceptible d'aucun accroissement utile;* ainsi, il ne peut être question d'augmenter le nombre des instrumens ou des machines, ainsi que celui des animaux de trait ou de rente, puisque ces services ont reçu, dans leur organisation et dès l'origine ou successivement, tous les développemens qu'ils comportent. Tous les soins de l'administrateur doivent tendre à conserver à cette partie de son capital la plus grande partie de sa valeur, et à s'opposer à ce qu'il y ait dépérissement ou perte complète par une cause quelconque.

Les causes qui tendent à amener le dépérissement et la détérioration du capital fixe d'exploitation sont, dans les cas ordinaires, les accidens graves, les épizooties ou l'incendie, le temps et l'usage; enfin, les hommes par cas fortuit ou à dessein.

Aux 1res causes, l'administrateur oppose l'*assurance* sur la vie des animaux et contre l'incendie; il remédie aux 2es par l'*entretien* et les *réparations*, et aux 3es par les mêmes moyens, mais en y joignant une surveillance active pour les prévenir ou pour réprimer, ainsi que nous le dirons plus loin, les désordres auxquels elles donnent lieu.

La base sur laquelle on s'appuie pour la conservation de cette portion du capital d'exploitation est l'*inventaire* ou *état détaillé* de tous les objets mobiliers, appartenant au capital fixe, qui se trouvent sur l'établissement. Cet inventaire fait connaître non-seulement le nombre de ces objets, mais leur état, âge ou condition au moment où ils ont été inventoriés. Chaque année ensuite, et plus souvent si on le juge utile, on vérifie, l'inventaire à la main, le nombre de ces objets, les détériorations qu'ils ont éprouvées par des causes quelconques, et on détermine la remonte ou les réparations qui sont nécessaires pour maintenir les services en bon état et s'opposer à la perte, la dissipation ou la diminution de la valeur de cette portion des capitaux.

Examinons maintenant en particulier les principes applicables à la direction économique de chacun des services dont se compose le capital fixe d'exploitation.

1° *Des animaux de trait.*

L'objet le plus important qui puisse occuper l'administrateur dans la direction économique de ce service, ce sont les moyens d'obtenir des animaux la plus grande somme de travail au moindre prix possible. Pour atteindre ce but, quand le service des attelages a été organisé avec habileté, il est nécessaire de porter son attention sur le *régime* qu'on doit adopter pour les animaux de travail.

Le régime des animaux, quand il est bien dirigé, contribue essentiellement à entretenir leur vigueur et leur santé. Tout animal auquel on fait suivre un mauvais régime ne rend pas la totalité des services dont il est susceptible et souvent dépérit avec promptitude. Une bête de trait, qu'on est obligé de laisser à l'écurie par une cause ou une autre, est toujours très onéreuse pour un établissement. Il faut donc avant tout s'appliquer à régler le régime des bêtes de trait, de façon qu'on les maintienne autant que possible dans un état constant de santé et de vigueur, et chercher, dans la direction de ce service, à n'entretenir que des animaux sains et robustes, dont on puisse, avec des soins convenables, tirer un bon travail. Un animal faible, maladif ou dont on n'obtient qu'un mauvais service doit être réformé. Un bon cheval ne coûte pas plus à nourrir qu'un mauvais et rend bien plus de services.

Le régime des animaux de travail embrasse les soins de propreté et hygiéniques, leur alimentation et leur application au travail.

Nous n'entrerons pas ici dans des détails sur les *soins de propreté* que réclament les bêtes de travail et les mesures hygiéniques qu'on doit prendre relativement à la salubrité de leur habitation et des objets qui sont à leur usage, parce qu'on trouve dans le livre qui traite de l'éducation des animaux domestiques toutes les instructions qu'on peut désirer sur ce sujet.

Relativement à leur *alimentation*, nous avons également peu de considérations à présenter, parce qu'on a, dans le même livre, traité la question avec étendue. Nous croyons devoir rappeler que le mode d'alimentation a une influence bien décisive sur la vigueur et la santé des animaux, et que nous avons déjà eu occasion, dans le cours de ce livre (p. 438), d'établir que la quantité de travail qu'on tire d'un animal est presque constamment proportionnelle, dans certaines limites, à la quantité et à la qualité de ses alimens; ce qui démontre la nécessité de choisir et régler ceux-ci de manière à atteindre le plus économiquement possible le but qu'on se propose.

Enfin, dans l'*application des animaux au travail*, il ne faut jamais perdre de vue qu'ils ne sont capables que d'une certaine quantité d'action, qu'en exiger des travaux au-delà de ce qu'ils peuvent fournir suivant leur force, leur condition ou leur alimentation, c'est les user et les mettre promptement hors de service, ou mieux consommer en peu d'instans, et presque sans fruit, une valeur capitale dont, avec plus de soin, on aurait tiré des services utiles pendant un temps beaucoup plus long.

Afin d'être à même de diriger dans tous ses détails le service qui nous occupe, l'administrateur fait de *fréquentes visites* à ses animaux de travail; il les examine les uns après les autres en particulier, sous le rapport de leur bon entretien, et observe, par lui-même ou par le secours d'un homme de l'art, leur état sanitaire. Puis, il s'assure que les animaux ont reçu exactement leurs rations d'alimens, que ceux-ci ont été distribués aux époques, aux heures et de la manière déterminée par lui, qu'il n'a été commis sous ce rapport aucune faute ou infidélité, que les soins de propreté ou les pansemens qu'il a prescrits ont été donnés avec régularité, qu'on a observé avec exactitude les mesures qui ont été arrêtées pour soigner les animaux indisposés ou malades ou pour exécuter celles relatives à la salubrité des écuries, des étables et des vases ou ustensiles à l'usage des animaux, et enfin il donne tous les ordres nécessaires pour compléter ou modifier en tout ou en partie ce service.

Dans ces inspections, il examine également l'*influence du régime alimentaire* qu'il a prescrit sur la force et la santé de ses bêtes de trait; il apporte à ce régime les modifications jugées nécessaires, soit par suite des circonstances dans lesquelles se trouvent les animaux, soit à raison des saisons, des époques de l'année agricole, etc.

C'est surtout quand les *animaux sont appliqués au travail* que ces inspections sont utiles et qu'elles deviennent instructives pour l'administrateur. D'abord, avant le départ pour les champs ou pour un travail quelconque, il examine la manière dont on attelle ses animaux et s'il ne s'est pas glissé dans cette partie du service des négligences ou des abus qu'il doit s'empresser de réformer. Pendant les heures de travail, il se rend fréquemment sur les lieux, quand cela est possible, et vérifie si les attelages sont dirigés et conduits ainsi qu'il l'avait prescrit et arrêté. Il examine ensuite comment on gouverne ses animaux dans ce travail; si on les maltraite, les blesse ou les surmène, si on abuse de leur force ou si le travail marche avec l'activité qui donne en même temps un bon résultat et procure l'emploi le plus fructueux de la force des attelages sans leur faire éprouver une plus grande fatigue. Enfin, il assiste souvent au retour des champs de ses bêtes de trait, il les examine sous tous les rapports, donne tous les ordres nécessaires pour que chaque animal, soit sain, soit malade, reçoive dans cette occasion tous les soins que réclame son état et à ce que chacun d'eux trouve le bien-être qui doit rétablir ses forces épuisées. Des soins mal entendus ou de la négligence dans cette occasion tuent plus d'animaux que l'excès du travail et de la fatigue.

Afin de procéder avec régularité dans la direction du service des attelages, il est nécessaire d'avoir un *registre* dans lequel on porte d'abord des détails empruntés à l'inventaire des objets mobiliers et relatifs à chaque bête de travail, tels que son numéro d'ordre particulier et le nom qui sert à le désigner, son âge, sa taille ou son poids; on y ajoute d'autres documens utiles sur l'époque de son acquisition, ses qualités et son aptitude plus ou moins grande pour certains travaux. Dans ce même registre, on peut, à la suite de ces renseignemens ouvrir une *sorte de compte* à chaque animal, noter, chaque fois qu'il sort, l'agent auquel il a été confié et qui doit en être responsable, les heures de sortie et de retour, la quantité et la qualité du travail qu'il a fourni, les circonstances ou accidens qui ont pu se présenter pendant le cours du travail, etc. Ce registre ou livre de notes offre par la suite une foule d'élémens précieux pour faire des calculs ou des évaluations économiques.

Toutes ces mesures d'ordre ne seraient d'aucune utilité si on ne savait pas en même temps diriger avec intelligence la *partie mécanique* du service des attelages. L'administrateur devra donc, après avoir arrêté l'étendue et la nature des travaux qui devront être exécutés, ainsi que nous le dirons plus loin, déterminer le nombre des attelages qui en seront chargés, les animaux qui seront attelés, le jour et l'heure où les travaux commenceront et où ils devront être terminés, la durée des attelées et du repos, les précautions à prendre en se rendant au lieu du travail et au retour, etc. Dans l'exécution de toutes ces mesures, on cherchera autant que possible à n'atteler que le nombre d'animaux strictement nécessaire, en ayant égard à la nature des travaux, aux difficultés ou accidens qu'ils présentent, et en même temps à ce que ces travaux soient exécutés avec la perfection et la célérité désirables. On s'assurera, par des comparaisons ou en consultant l'expérience, que le mode adopté est celui qui donne à la fois les résultats les plus satisfaisans et les plus économiques.

Quand les attelages seront *envoyés au loin* et quitteront l'établissement pendant plusieurs jours, il faudra redoubler d'attention relativement aux mesures d'ordre à observer pour les diriger. C'est ainsi qu'on arrêtera, et au besoin par écrit, une instruction qu'on délivrera à l'agent chargé de la conduite des animaux, sur la longueur des étapes, le régime alimentaire en route, les soins hygiéniques, et, enfin, les mesures à prendre en cas d'accident. En général, on ne doit donner ces sortes de missions qu'à des personnes ou aides de confiance, et même s'assurer, quand cela est possible, de quelques moyens de contrôle et de vérification. Il est presque toujours désavantageux que les agens, les bêtes de trait, les instrumens ou les véhicules soient, pendant un certain temps, soustraits à la surveillance immédiate de l'administrateur.

Les vrais principes de l'économie prescrivent d'*entretenir les attelages dans une activité constante*, sans toutefois porter la fatigue au point de mettre temporairement les animaux hors d'état de travailler et de les rendre pour toujours impropres au service. Nous avons vu, en effet, dans le chap. IV du tit. III, combien le prix du travail des animaux s'accroît à mesure qu'on diminue le nombre des heures et des journées de travail dans l'année, et combien il importe à la prospérité d'un établissement que ce travail annuel soit porté au *maximum* qu'il peut atteindre dans le climat où on se trouve, suivant la nature du terrain et les difficultés naturelles qu'on doit vaincre, et suivant l'espèce de bêtes de trait qu'on fait fonctionner.

Les *travaux qu'on fait exécuter aux attelages doivent avoir la plus haute valeur possible*. On ne doit s'écarter de ce principe que lorsqu'il n'y a aucun autre travail important à faire sur l'établissement et que les menues occupations ne peuvent être faites à meilleur marché. C'est en se basant sur ce principe qu'un agronome instruit blâme avec juste raison les fermiers de certains districts de l'Écosse, qui appliquent plusieurs de leurs attelages, dans la saison de l'année où leur service est le plus utile et le plus urgent pour les travaux des champs, à voiturer d'une grande distance et pour leur usage personnel de la tourbe qu'on pourrait leur délivrer chez eux à un prix très modique, tandis que, par cet emploi peu judicieux de leurs attelages, elle leur revient à un prix élevé.

Nous avons peu de chose à ajouter ici à ce que nous avons dit à la page 434 sur les *frais d'entretien du service* des bêtes d'attelage, nous désirons seulement rappeler aux administrateurs qu'il paraît démontré que tout en tirant des animaux la plus grande somme de travail, on peut, par des soins intelligens et une bonne alimentation, prolonger la durée de leur vigueur et de leur existence, ce qui diminue la prime annuelle pour renouvellement qui est la conséquence de leur prompt dépérissement, et par suite le prix de leur travail; tandis qu'avec de la négligence ou par ignorance on éprouve des pertes qui exigent, pour être réparées, des frais énormes d'entretien qui rendent alors le travail des attelages, où ces frais entrent comme élémens, fort dispendieux.

Il faut bien se garder de laisser dégénérer la direction du service des attelages en une sorte de routine indifférente; au contraire, on ne saurait y apporter trop de soin et d'intelligence. L'expérience, au bout d'un certain temps, a déjà dû démontrer, ou au moins faire clairement sentir, si, lors de l'organisation, on a fait choix de l'espèce ou de la race la mieux appropriée au pays, à la nature du domaine ou au mode d'exploitation adopté, et s'il est nécessaire d'apporter successivement des modifications à cette partie du service. Dans tous les cas, l'achat des animaux qui doivent servir à l'entretien exige des connaissances dans cette matière et une grande pratique; quand l'administrateur ne possède pas par lui-même ces connaissances et cette pratique, il doit redoubler de prudence et s'entourer des conseils d'hommes éclairés et probes. Les fautes dans ce genre donnent presque toujours lieu à des pertes importantes de capitaux.

2° *Des bêtes de rente.*

La majeure partie des obligations qui ont été imposées à celui qui conduit un établissement rural dans le paragraphe précédent, relativement à la direction économique et administrative du service des animaux de trait, doivent lui être également prescrites pour les bêtes de rente, et c'est un devoir impérieux pour lui de régler avec un soin tout particulier leur régime hygiénique et alimentaire, de s'assurer, par des visites très multipliées, de leur état sanitaire et physiologique, et de donner enfin tous les ordres ou prendre à leur égard toutes les mesures que les circonstances peuvent exiger. L'œil du maître, dit un proverbe vulgaire, engraisse les bestiaux. Rien ne témoigne mieux de l'état florissant d'un établissement que des bestiaux bien choisis et bien entretenus, tandis que des bêtes chétives, maigres et débiles sont toujours l'indice d'une administration ignorante ou incapable et qui néglige tous ses devoirs.

C'est une chose qui mérite les plus mûres réflexions de la part d'un administrateur que de déterminer à qui il doit *confier le soin de ses bestiaux*, surtout lorsque ceux-ci ne restent pas constamment à l'étable et sous son contrôle immédiat. Dans ce cas, c'est en effet du choix de l'agent qu'on chargera de cet objet que dépendra en grande partie la prospérité du troupeau, et il ne suffit pas que cet agent soit probe, actif, vigilant et qu'il ait le courage nécessaire pour défendre les animaux qu'on met sous sa garde, il faut en outre qu'il ait des connaissances pratiques dans l'économie du bétail qu'on lui confie ou au moins qu'il ait assez d'intelligence pour observer et mettre en pratique les préceptes et les instructions que le maître lui donne. On néglige trop souvent cette importante branche du service, soit par économie, soit par indolence, et on livre à des enfans ou à des individus dépourvus d'intelligence ou des qualités qu'on doit rechercher dans ces sortes d'agens une portion notable et importante de son capital, au risque de lui faire éprouver, par suite de leur incapacité ou de leur incurie, des avaries considérables et peut-être de le perdre en totalité.

Dans tous les cas, les troupeaux qui vont prendre aux champs une partie de leur nourriture seront soumis à des mesures particulières relativement aux époques du pâturage, aux heures de sortie des étables ou bergeries et à celles du retour, à la manière de les conduire dans les pâturages aux époques du jour où ils devront pâturer, aux pâturages ou enclos qui leur seront abandonnés suivant les saisons, les temps, la qualité, la nature des pâtis, la taille des animaux, leur race, leur destination, l'époque du part, etc.

Pendant ses inspections l'administrateur vérifiera en particulier ses bestiaux et s'assurera que les mesures qu'il a prescrites ont été observées rigoureusement, que ses animaux reçoivent les soins convenables, qu'ils ne courent aucun danger et qu'on exerce sur eux une surveillance active et éclairée.

Quant à la *nourriture* à l'étable, à la bergerie ou dans des cours, la surveillance doit être également très active, afin qu'il ne se glisse aucun abus; un peu de négligence sur ce point entraîne parfois à des mécomptes dont on a peine à deviner l'origine. Par exemple, quelque petit, je suppose, que soit le dommage causé par des valets ou la perte qu'ils font éprouver par une cause quelconque à l'établissement sur la ration de chaque animal en particulier, cette perte, multipliée par le nombre des rations distribuées dans la journée à chaque tête, puis par le nombre de têtes de bétail, et enfin par celui des jours de l'année, peut, au bout d'un certain temps, présenter une effroyable dilapidation des ressources accumulées pour l'alimentation des bêtes de rente.

Dans cette distribution des alimens, tout doit être réglé de telle façon que tout en conservant la santé et la vigueur des animaux on obtienne d'eux la plus grande quantité de produits qu'ils puissent donner avec le moins de sacrifices possible. Ainsi, l'expérience apprendra bien vite à connaître quelle est la *ration d'entretien* de la vie des animaux dans une race donnée, la *ration de production* ou celle qui, indépendamment du soutien de leur vie leur permet de donner encore du lait, de la laine, de la graisse, etc.; et enfin comment doit se composer cette ration pour obtenir ces produits aux conditions les plus favorables, c'est-à-dire quelles substances alimentaires sont les plus propres et les plus économiques pour favoriser, suivant les espèces et les races, la secrétion du lait, l'engraissement, la production d'une laine plus ou moins fine ou le développement des masses musculaires.

Une chose qu'il ne faudrait jamais perdre de vue, c'est de *s'assurer des alimens en quantité suffisante* pour le bétail pendant tout le cours de l'année agricole. Toutes les années ne se ressemblent pas, toutes ne sont pas également productives, et il faut chercher, si on ne veut pas être obligé à des ventes ruineuses de bestiaux dans les saisons défavorables, à faire venir les années d'abondance au secours des années de disette, couvrir les années faibles par les fortes, en établissant, dans le premier cas, une réserve pour les années qui suivent.

Nous conseillons, quand on pourra le faire sans trop de perte de temps ou de main-d'œuvre, de distribuer les rations d'alimens aux animaux *au poids, à la mesure ou au volume*. Par cette méthode, on fait certainement une économie notable sur la quantité de substances alimentaires ainsi employées, et on a en outre l'avantage, quand on tient un compte exact des quantités délivrées, de posséder des élémens précieux pour établir un contrôle et un grand nombre de calculs économiques qui sont d'un haut intérêt sur un établissement bien dirigé.

Dans la direction du service du bétail, il est un objet dont l'administrateur doit exclusivement se charger lui-même ou dont il ne doit confier le soin qu'aux agens les plus intelligens et les plus instruits parmi ceux qui le secondent. Cet objet, c'est la *propagation de ses bêtes de rente* et l'*amélioration progressive de la race* de ses troupeaux. Ce sera donc lui qui classera les animaux du troupeau suivant leur sexe, âge ou qualités, qui déterminera ceux qui seront destinés à la propagation et les sujets qui seront accouplés, qui fixera l'époque de la monte, pour que les élèves arrivent au temps opportun, la manière dont elle s'opérera et le régime des animaux propagateurs, qui suivra toutes les phases de la gestation, assistera, autant que possible, à l'instant du part, veillera à ce que les bêtes portières et leurs petits reçoivent les soins convenables, qui étudiera avec toute l'attention dont il sera capable les résultats obtenus, les modifications dont le système de propagation peut être susceptible, et qui, par la comparaison des animaux nouvellement créés sous le rapport de la taille, du poids, de la quantité ou de la qualité des produits, s'appliquera à introduire tous les perfectionnemens qui doivent porter son troupeau au plus haut degré de réputation et de prospérité.

Pour diriger plus facilement le service des bêtes de rente et pour déterminer avec maturité et réflexion les animaux qui seront chargés de la propagation, on commence par assigner à toutes les bêtes du troupeau un *numéro d'ordre*, qu'on leur imprime sur quelque partie apparente du corps par des moyens dont nous n'avons pas à nous occuper ici, et en se servant directement de chiffres ou de signes arbitraires et conventionnels. Ce numéro d'ordre est ensuite porté dans un *registre* sur lequel on inscrit à la suite l'époque de la naissance de l'animal, les pères, mères ou autres ascendans dont il provient, son sexe, les particularités qu'il a présentées aux diverses phases de sa vie, ses caractères sous le rapport de sa taille, de son poids, de sa forme, de la quantité et de la qualité de sa viande et de ses produits, de sa prompte ou lente croissance, de sa faculté d'engraisser, de sa fécondité, de sa constitution et de ses facultés prolifiques. On y ajoute en outre quelques détails sous ces divers rapports sur les animaux dont il descend, quand ils ne sont pas nés sur l'établissement. Chaque fois ensuite qu'on veut accoupler des animaux, on consulte le registre et on combine par son secours ses moyens de propagation. De cette manière, on voit d'un seul coup d'œil les succès et les revers qu'on a obtenus dans les essais qu'on a tentés; on évite de faire de nouvelles fautes et on marche avec plus de certitude dans la carrière des améliorations.

C'est encore au moyen du registre où est inscrite l'histoire de chaque animal du troupeau qu'on détermine les bêtes qui doivent être mises à la réforme ou engraissées, qu'on voit en un instant les élèves dont on peut disposer, soit pour l'entretien du troupeau, soit pour la vente, ou ceux dont on aurait besoin pour donner une marche plus accélérée aux améliorations qu'on projette dans ce service.

La *récolte des produits* fournis journellement ou à certaines époques par les bêtes de rente exige une surveillance toute particulière, d'abord pour qu'elle soit faite avec le soin et l'attention convenables, ou pour que ces produits n'éprouvent aucune avarie sous le rapport de leur quantité ou de leur qualité, mais ensuite pour qu'il ne soit commis aucune infidélité de la part de ceux qui sont chargés de les recueillir ou de tous autres.

L'*entretien du service* des bêtes de rente doit se faire d'après des principes bien simples et sous 2 points de vue différens.

D'abord on doit chercher, comme nous venons de le dire, à ce que les *produits du troupeau ne perdent ni sous le rapport de la quantité, ni sous celui de la qualité*. Ainsi, toute bête dont les produits sont inférieurs sous ces 2 rapports à ceux de la majorité du troupeau, ou celle dont les produits ne paient pas aussi avantageusement les frais de sa nourriture, de sa litière, des soins qu'on lui donne et les intérêts de ceux de son éducation, doit être réformée pour faire place à une autre qui réunit à un degré plus éminent les qualités générales du troupeau ou même des qualités supérieures.

Il faut ensuite *maintenir le troupeau au complet* et entretenir le même nombre de têtes, si ce n'est dans des cas particuliers.

Dans un troupeau de *bêtes à cornes* bien dirigé et qui consiste en bêtes saines et d'un âge moyen, et dans lequel on met à la réforme les animaux maladifs, faibles ou vieux pour les remplacer à des époques régulières par des jeunes, on compte que les pertes causées par les accidens et par la mort s'élèvent à 3 p. 0/0 par an au moins et qu'il est même prudent de les porter à 5. En y ajoutant 10 à 12 p. 0/0 pour le remplacement des animaux de réforme, on verra qu'il faut en somme, dans les années ordinaires, remplacer de 15 à 17 centièmes des bêtes d'un troupeau, si on ne veut pas en voir décroître le nombre. Dans cette évaluation ne sont pas comprises les chances résultant des épizooties et maladies contagieuses qui élèvent encore le chiffre annuel d'entretien, mais qu'il est difficile d'évaluer avec exactitude.

Dans les mêmes circonstances que celles précitées et quand le climat et les pâturages sont bien adaptés à la race des animaux, il paraît que la perte pour accidens ou morts subites ne s'élève pas non plus, dans un troupeau bien soigné de *moutons* à laine fine, au-delà de 5 p. 0/0, mais peut, dans des circonstances moins favorables, atteindre 10 et même 12 p. 0/0; en y ajoutant 15, 18 ou 20 p. 0/0 suivant l'âge auquel on engraisse ou réforme en moyenne les bêtes adultes, on connaîtra l'entretien qu'un troupeau de cette espèce exige annuellement.

Il est quelquefois nécessaire, afin de pourvoir à cet entretien, de connaître la *quantité d'élèves* qu'on est en droit d'espérer d'un certain nombre de bêtes adultes propres à la propagation. A cet égard, les races diffèrent dans des limites fort étendues; mais il paraît, d'après les recherches de plusieurs savans, en Allemagne, qu'on peut compter qu'un troupeau de 100 vaches fournit annuellement 80 veaux bien portans, dont 40 du sexe masculin et autant du sexe féminin ; mais que, dans dans les troupeaux mal dirigés, ce croît peut descendre à 60 veaux seulement ; que, de même, dans les troupeaux de mérinos fins, 100 brebis portières ne donnent annuellement que 80 agneaux bien venans, sur lesquels on compte 5 à 6 p. 0/0 de plus pour les agneaux femelles que pour ceux du sexe masculin.

Il ne nous resterait plus ici qu'à ajouter des observations sur le *commerce des bestiaux;* mais c'est un sujet qui exige non pas quelques explications théoriques, mais une longue pratique qui, seule, peut donner ce tact et ce coup d'œil nécessaires pour juger des qualités et des défauts des animaux comme bêtes de propagation, de produit ou de boucherie. Pour acquérir cette pratique, il faut fréquenter les marchés, voir beaucoup de bestiaux, interroger les praticiens sur leurs qualités et leurs défauts et apprendre à les juger soi-même. Si l'on ne possède pas ces connaissances, si l'on n'a pas le loisir ni l'espoir de les acquérir, il vaudrait mieux charger du soin de l'achat et de la vente des bêtes de rente de l'établissement des praticiens honnêtes et des hommes expérimentés, et leur accorder un droit de commission, même un peu élevé, plutôt que de s'exposer à faire des pertes considérables dans un genre de spéculation déjà trop fertile en revers, même pour ceux qui l'exercent par état et souvent depuis de longues années.

3° *Du mobilier.*

Déjà nous avons eu plusieurs fois l'occasion de parler des objets qui composent le mobilier proprement dit des établissemens ruraux, et, en nous occupant de ce sujet, on a pu voir que ces objets étaient généralement très multipliés et partagés entre les divers services à l'usage desquels ils sont destinés. Cette *dispersion des pièces qui composent le mobilier*, et souvent la multiplicité et la petitesse des objets obligent l'administrateur ou ses agens de confiance à une *surveillance continuelle et fort active*, soit pour empêcher qu'on ne les détériore, soit pour y faire opérer les réparations qui doivent en prolonger la durée, soit enfin pour s'assurer que les serviteurs ou autres ne les font pas disparaître.

Dans un très grand nombre de fermes, on est dans l'habitude de jeter çà et là les instrumens et les machines qui composent le mobilier, sans s'inquiéter de ce qu'ils deviendront jusqu'au moment où l'on recommence à en avoir besoin. Abandonnés ainsi aux chances de destruction de toute espèce et à l'infidélité des valets, ces instrumens ne tardent pas à éprouver de très grandes avaries, qui ont non-seulement l'inconvénient d'exiger des frais considérables pour les réparations, mais en outre mettent le cultivateur dans un cruel embarras au moment où il compte exécuter des travaux que ses instrumens hors de service le contraignent de négliger et de remettre à un autre temps.

On ne saurait, dans un établissement bien administré se laisser diriger par des principes aussi erronés et qui causent des pertes réelles et pesantes. Là, on ne laisse à la discrétion des individus qui peuplent la ferme que les objets qui sont d'un usage général et journalier; tous les autres sont *renfermés ou serrés dans des portions de bâtimens* qui ont pour destination spéciale de les recevoir, et extraits des lieux où ils sont déposés, quand on doit s'en servir, pour être confiés aux aides ou manouvriers qui en font usage, à qui on les remet individuellement et qui en deviennent responsables pendant tout le temps qu'ils les font fonctionner et tant qu'ils ne les ont pas rétablis dans les magasins et qu'on n'a pas constaté leur état au moment de cette remise.

Afin de rendre plus efficaces ces mesures d'ordre et pour ne pas éprouver de retard, d'encombrement ou d'avarie dans l'emmagasinage et la livraison des objets mobiliers, ceux-ci sont *classés en plusieurs catégories*, suivant les besoins du service, ou bien suivant la rusticité ou la délicatesse des objets, et serrés suivant l'ordre ou la division adoptée. Par exemple, on se contente souvent de mettre dans des hangars ou des places abritées les charrettes, les gros instrumens de culture ; tandis qu'on dépose dans des salles fermées les instrumens à main, les objets de harnachement, etc., et tous ceux qui sont plus petits ou délicats. Tous ces objets sont en outre portés dans l'*inventaire général* qui fait connaître leur espèce et leur usage, les matériaux qui entrent dans leur construction et leur condition au moment où l'inventaire a été arrêté ou à la fin de chaque année. Dans ce registre, chaque outil, instrument, machine ou ustensile porte un *numéro d'ordre* qui est répété sur une des pièces de l'instrument les plus apparentes et où il risque le moins de disparaître par l'usage et le temps, soit avec de la peinture, soit avec un fer chaud ou par tout autre moyen.

A l'inventaire général on ajoute un *livre* ou *journal* où tous ces objets sont mentionnés suivant leur numéro d'ordre, et qui reste déposé dans les mains de l'administrateur ou de celui qui a la direction du service du mobilier. Chaque fois qu'un de ces objets sort des hangars, chambres ou magasins, cette sortie est mentionnée sur le livre à son numéro d'ordre, en énonçant en même temps l'agent, le serviteur ou l'ouvrier auquel on le confie pour le travail ou pour y faire des réparations. En outre l'état de l'objet est constaté authentiquement, par le maître ou son délégué, en présence du serviteur qui devient alors responsable des avaries que les instrumens pourraient éprouver par sa négligence ou son incapacité. Au retour, on indique de même la rentrée de l'instrument et on inscrit à la suite les avaries qu'il a éprouvées dans le travail, on note les réparations qu'il doit subir pour être remis en état ou sa mise hors de service définitive.

Un instrument qui rentre des champs dans les magasins doit, après avoir été visité et qu'on a constaté les avaries qu'il a éprouvées, être *réparé promptement*, afin que, lorsqu'on en aura besoin, on le trouve en bon état et prêt à fonctionner. Ceux qui reviennent, et qui n'ont éprouvé aucun dommage, sont nettoyés soigneusement; ainsi, dans les charrues, on démonte le soc et le dessous du sep est débarrassé de la terre qui s'y est attachée, de façon qu'on puisse immédiatement les appliquer au travail le lendemain sans perte de temps.

Lorsque des objets quelconques du mobilier doivent pendant toute une saison travailler dans les champs et être exposés presque constamment à l'effet destructeur des agens atmosphériques, il est indispensable pour leur bonne conservation de les *enduire de temps à autre d'une peinture à l'huile*. Cet enduit les préserve des effets de la sécheresse et de l'humidité, et prévient la rouille, la pourriture, le travail des pièces les unes relativement aux autres, et, tout en leur conservant des formes plus régulières, augmente en outre leur durée. On sait qu'en Angleterre il y a beaucoup de comtés où l'on peint avec beaucoup de soin les instrumens d'agriculture; que dans une portion de la Belgique, et surtout dans la Campine, où les instrumens sont établis avec une grande exactitude dans les formes, on les enduit avec une peinture à l'huile, les industrieux habitans de ces pays ayant observé depuis long-temps que cette dépense était compensée bien au-delà par la durée des objets. Enfin cet usage commence à s'introduire en France, surtout pour les instrumens perfectionnés qui, étant d'un prix plus élevé, ne sauraient être conservés avec trop de soin.

Dès qu'un instrument ne doit plus servir dans la saison, il faut le replacer dans les magasins et dans un endroit où il ne gène pas pour le service. Cette rentrée en magasin ne peut avoir lieu sans que cet instrument n'ait été complétement *nettoyé*, *puis séché*, *et enduit* avec des huiles grasses s'il est en bois, et avec une couche de peinture à l'huile s'il est en fer. Ainsi emmagasiné dans un lieu sec, cet objet ne court aucun risque de détérioration, et peut être ainsi conservé pendant long-temps en bon état. Un cultivateur éclairé, actif et intelligent tiendra toujours beaucoup à avoir des instrumens propres et en bon ordre.

Certains instrumens ou machines qui sont d'un usage journalier demandent à être *constamment en bon état*. Il en est de même de la pompe à incendie, qui ne sert que très rarement et qui doit toujours être prête à fonctionner.

La surveillance de l'administrateur ne se borne pas au bon entretien de ses instrumens, il les suit encore dans les champs, les examine et les étudie pendant le temps du travail.

Les instrumens perfectionnés, légers et délicats ne peuvent être confiés qu'à des *serviteurs intelligens et soigneux*, qui apprennent promptement à en faire usage, qui savent alors les ménager, les entretenir avec soin et qui en augmentent ainsi beaucoup la durée. Les aides ou manouvriers grossiers, ignorans ou malhabiles les détruiraient promptement par les chocs ou les efforts auxquels ils les exposeraient. L'instrument d'agriculture le plus parfait dans les mains d'un mauvais ouvrier ne donne d'ailleurs qu'un travail médiocre et est en outre exposé à beaucoup plus de chances d'avaries qu'un instrument grossier mieux adapté à la rusticité de celui qui le fait fonctionner.

Tout instrument ne doit être extrait des magasins et transporté sur le lieu du travail que lorsque cela est nécessaire et que les *circonstances sont favorables*. Il est en effet inutile de l'exposer sans raison à des chances d'avarie et de destruction ou à être dérobé par des malfaiteurs. D'ailleurs, des instrumens mis en activité dans des momens opportuns, non-seulement donnent un travail plus régulier et plus expéditif, mais en outre éprouvent moins de causes de détérioration.

Pendant le temps que les instrumens fonctionnent, l'administrateur doit, dans ses visites aux champs, les *observer avec la plus grande attention*. Si le mode d'application de la puissance n'est pas conforme aux règles de la mécanique, si on n'attelle à ces instrumens que des bêtes indociles ou un nombre d'animaux insuffisant pour faire marcher le travail avec aisance et régularité, si les attelages sont confiés à des mains inhabiles, les instrumens éprouvent alors une fatigue considérable ou des secousses violentes dues aux efforts saccadés des moteurs qui en brisent les pièces et les mettent en peu de temps hors de service. Pour ménager les instrumens, il faut donc un bon mode d'attelage, une force suffisante pour les mettre en action, des animaux bien dressés et des serviteurs intelligens.

Nous ne reviendrons pas ici sur les *conditions que doivent remplir les instrumens* d'agriculture pour donner un travail expéditif et de bonne qualité, on peut consulter à ce sujet ce que nous avons dit au chapitre V du titre III, page 445; mais un administrateur, jaloux de conduire habilement son établissement, ne peut, en aucune occasion et sous aucun prétexte, négliger d'étudier avec la plus scrupuleuse attention la nature du travail qu'exécutent ses attelages et les causes de son imperfection ou de sa lenteur, afin d'apporter dans cette partie du service toutes les modifications qui doivent en perfectionner les résultats.

Toute machine ou instrument qui n'a plus d'utilité directe, soit par suite d'un changement dans la méthode ou les procédés de culture ou autres, soit par les dommages que le temps et l'usage lui ont fait éprouver, doit être *mise à la réforme et vendue*. En conservant ces objets, ils perdent de plus en plus et avec rapidité de leur valeur; on charge en outre le service sur le compte duquel ils figurent de sommes inutiles; enfin on perd l'intérêt d'un capital qui, quelque petit qu'on le suppose, pourrait fructifier avec avantage pour l'établissement.

Les *frais d'entretien* du service du mobilier ont déjà donné lieu de notre part à quelques considérations, auxquelles nous renvoyons (*voy.* p. 481); ce qu'il est important seulement de rappeler, c'est qu'une administration établie sur de bons principes diminue considérablement ces frais, tandis qu'une administration négligente peut les faire monter à un chiffre véritablement ruineux pour un établissement.

Quant à la *durée des objets du mobilier*, elle est aussi variable que ces objets eux-mêmes, et, quoiqu'on ait cherché à dresser des tables de la durée présumable de tous les outils, instrumens, machines ou ustensiles qui entrent dans le mobilier d'une ferme, les nombres donnés ne sont guère que des observations locales qui ne peuvent être appliquées généralement, même à des établissemens également bien gérés et administrés.

§ II. — *Du capital de roulement et des objets qui le composent.*

1° *Du capital de roulement en général.*

Le capital de roulement dans une ferme, éprouvant par suite de sa destination même un mouvement continuel et des transformations multipliées, doit plus que tout autre être exposé à des *chances de pertes et d'avaries*. Ces pertes, si l'œil de l'administrateur ne les suit pas constamment avec la plus vigilante sollicitude à travers ses changemens de forme divers, peuvent devenir quelquefois considérables, et mettre souvent un entrepreneur hors d'état de continuer ses travaux ou l'obliger, pour faire honneur à ses engagemens, d'entamer son capital foncier ou son capital fixe d'exploitation.

Il ne suffit pas de veiller à la conservation de son capital de roulement; un administrateur habile doit chercher en outre tous les moyens de *l'accroître annuellement*, parce que tout accroissement dans ce capital fournit à l'agriculteur des moyens plus étendus d'action ou tourne à l'augmentation du capital foncier, au bien-être et à la prospérité de la famille et de l'établissement.

Il est d'autant plus important de veiller à la conservation du capital de roulement que c'est *sur lui que pèsent toutes les charges de l'établissement*; que c'est lui qui est chargé de desservir les intérêts de tous les autres capitaux, qui pourvoit à leur entretien et qui récompense tous les services industriels. Aussi lorsque le capital éprouve des pertes, les autres capitaux ne peuvent plus recevoir le prix de leur coopération dans les opérations agricoles, les divers services se détériorent faute d'entretien, l'industrie des agens ou du maître ne reçoit plus la récompense à laquelle elle a droit, et l'activité qui doit régner sur un établissement se ralentit peu à peu et finit par s'éteindre.

La conservation du capital de roulement est, comme nous venons de le dire, une chose qui doit sans cesse préoccuper l'administrateur. Il ne peut jamais la perdre de vue dans ses opérations ou spéculations quelconques, et il doit la chercher jusque dans les moindres détails de son entreprise. Cette conservation repose en grande partie sur ses connaissances théoriques et pratiques, son habileté à conduire ses opérations, sa prudence à se couvrir des risques que courent ses capitaux, son intelligence et son infatigable activité. A cette importante matière viennent se rattacher toutes les questions d'administration et de pratique qui constituent l'exploitation d'un domaine; en un mot, *la conservation et l'accroissement annuel du capital de roulement doit être l'unique tendance et le but constant de toute entreprise agricole*.

On peut *dissiper son capital de roulement* de tant de manières diverses que nous n'oserions pas tenter d'en faire une énumération même imparfaite. Ainsi, un entrepreneur qui fait exécuter des travaux qui ne sont pas productifs d'utilité ou à contre-saison, celui qui paie des travaux à un prix plus élevé que leur valeur courante ou réelle, ou qui emploie un mode dispendieux de travail, dissipe son capital de roulement. Il en est de même de ceux qui laissent chômer leurs agens ou leurs attelages, ou qui par négligence perdent une portion ou la totalité de leurs récoltes, ou laissent gaspiller des matières premières; de ceux qui achètent sans discernement, et à des prix ruineux, ou qui permettent l'introduction d'abus graves qui dévorent en pure perte une portion du capital de roulement, tel qu'un nombre superflu de serviteurs ou d'animaux de travail, des habitudes de paresse parmi les agens, ou enfin qui ne répriment pas le luxe inutile qui s'introduit dans leur ménage, etc.

Le capital de roulement étant destiné à alimenter tous les services organisés, il importe beaucoup qu'il soit *distribué entre eux proportionnellement à leurs besoins*. Cette répartition, si on ne veut pas s'exposer à faire languir un service aux dépens des autres, doit être faite à l'avance et au commencement de chaque année agricole.

Pour opérer cette répartition, on dresse avant la fin de l'année *un budget*, ou *bilan provisoire et général* de toutes les dépenses qui seront nécessaires pour mettre en activité chaque service en particulier ou pour dépenses générales et de toutes les recettes sur lesquelles on est en droit de compter terme moyen dans le cours de l'année. Dans ce budget on fait d'abord figurer toutes ses dettes passives; on y ajoute pour chaque service un état des frais pour intérêts de capitaux, entretien, renouvellement, améliorations ou assurance ou pour salaires, et on y joint tous les frais généraux qui ne pèsent sur aucun service en particulier. On fait de même, ensuite pour toutes les dettes actives, pour les récoltes en magasin ou en espérance, en évaluant approximativement les récoltes qu'on recueillera dans l'année ou les bénéfices qu'on pourra espérer des spéculations qu'on entreprendra. Cela fait, on rapproche les deux résultats et s'ils ne coïncident pas, on modifie celui des dépenses en faisant porter également sur tous les services ou sur les services les moins importans, ou qui ont le moins besoin d'améliorations et de secours, l'excès de celles-ci sur les recettes, afin d'arriver à une balance exacte entre les deux sommes.

Dans le cours de l'année et suivant les besoins du service, on est souvent obligé d'apporter des modifications aux chiffres arrêtés; mais on doit s'efforcer autant que possible à ce que ces changemens soient renfermés dans des limites peu étendues, afin de porter moins de confusion dans ce bilan que l'administrateur doit avoir constamment sous les yeux, et qui doit lui servir de régulateur toutes les fois qu'il s'agit de matières financières.

Dans l'établissement de ce budget, il faut s'en tenir rigoureusement aux *recettes les plus probables*, et ne pas grossir cette partie du compte de créances douteuses ou de recettes trop éventuelles; car il est de l'intérêt de l'administrateur, et il y va même de son honneur, que toutes les sommes qui figurent aux dépenses et qui la plupart du temps sont exigibles avant que les recettes annuelles aient été opérées entièrement soient acquittées avec la plus scrupuleuse exactitude. Apporter de la négligence ou des retards à s'acquitter de ses engagemens, nuit nécessairement au crédit de l'administrateur et donne à penser à ceux dont il a loué les services personnels ou dont il a réclamé la confiance que c'est un homme sans habileté administrative ou sans probité, qu'il y a des chances hasardeuses à courir avec lui, chances qui doivent être couvertes par une prime déguisée sous la forme d'accroissement de salaire ou d'augmentation de prix, et qui retombe toujours à la charge de l'administrateur négligent ou imprévoyant.

Il est en outre nécessaire de se rappeler que, malgré qu'on cherche par l'assurance à se mettre à l'abri des grands fléaux, il est, dans une machine aussi compliquée qu'un établissement rural, une foule de causes secondaires de pertes et d'avaries qu'avec la plus grande surveillance et une extrême prudence il n'est pas toujours possible de prévenir et d'éviter, et qu'on doit chercher à couvrir par des *sommes facultatives* mises ainsi en réserve pour faire face aux *cas imprévus*.

Un bon principe économique qui règle surtout l'emploi du capital de roulement dans l'industrie manufacturière et commerciale, c'est que *ce capital ne doit chômer jamais*, et que les avances qu'il fait doivent parcourir avec la plus grande rapidité toutes les phases de la production. Ce capital en effet, occupé moins longtemps dans chaque opération, sert à en faire dans un même temps un plus grand nombre; chaque opération productive se trouve alors chargée de moins de frais, et quelle que soit l'exiguité des bénéfices, leur répétition et leur accumulation finissent par donner des profits raisonnables.

Malheureusement il n'est pas au pouvoir de l'agriculteur de répéter plusieurs fois dans le cours de l'année ses opérations productives; mais il peut distribuer ses travaux, ses dépenses et ses recettes de telle façon que son capital reste le moins possible dehors, et entreprendre certaines spéculations ou même adopter des systèmes d'exploitation et de culture propres à lui procurer cette répétition si désirable de bénéfices.

On a conseillé, avec beaucoup de raison, d'établir la série des opérations agricoles de telle façon qu'on puisse *compter sur des recettes au moment des dépenses* et qu'on puisse payer celles-ci *au comptant*. C'est en effet un inconvénient fâcheux d'être obligé d'ajourner des travaux urgens faute d'argent pour les payer, ou d'avoir recours au crédit.

« Acheter à crédit du travail ou des objets matériels, dit M. Say, c'est consommer son capital de circulation à l'avance, et sans être certain qu'on ne dépassera pas les bornes qu'on doit se prescrire. Il convient même d'avoir toujours de l'argent en réserve pour les besoins imprévus; car l'expérience nous apprend que les dépenses vont souvent au-delà de ce qu'on avait présumé, et quand on n'est pas en mesure d'acquitter sur-le-champ une dépense devenue nécessaire, la considération personnelle en souffre toujours un peu. Les rentrées courantes non-seulement doivent pourvoir aux consommations courantes, mais réparer les pertes futures. »

Un administrateur vigilant doit s'attacher à supprimer certaines *petites dépenses* qui fatiguent inutilement le capital de roulement, ou au moins les circonscrire dans les plus étroites limites; telles sont, entre autres, les habitudes de hanter les cabarets ou les cafés les jours de marché ou de réunion, etc. Ces dépenses, si elles étaient additionnées au bout de l'année, étonneraient certainement par leur chiffre l'administrateur même le plus insouciant.

De même on doit se tenir en garde contre toute dépense qu'on ne fait que par *occasion* ou par *caprice* et suivre le conseil de Franklin qui pense que parmi le grand nombre de gens qui se rendent dans une vente publique beaucoup se laissent tenter par des objets dont le besoin ne s'est jamais fait sentir à eux. « Vous venez, leur dit-il, dans l'espoir d'avoir des marchandises à bon compte, mais ce qui n'est pas nécessaire est toujours cher. J'ai vu quantité de personnes ruinées à force d'avoir fait des bons marchés Ceux qui achètent le superflu finissent par vendre le nécessaire. »

Cette *économie*, dans le maniement du capital de roulement, qui doit être regardée comme une des conditions les plus indispensables de la bonne administration de toute entreprise industrielle, n'est pas également bien comprise par tout le monde et il est utile ici de déterminer avec M. de Dombasle ce qu'on entend par économie. « Dans la vie privée, dit-il, (1) l'économie consiste à ne pas dépenser plus que son revenu ou même à dépenser moins; il n'en est pas ainsi dans les spéculations industrielles où les dépenses ont pour but la création d'autres valeurs. L'administrateur est aussi homme privé, et sous ce rapport, c'est-à-dire, à l'égard des dépenses relatives à ses besoins ou à ses jouissances, l'économie est entièrement la même chose que pour un individu qui ne fait pas d'affaires. Mais le défaut d'économie dans ce genre de dépenses est bien plus funeste pour lui parce que, dans les produits de son industrie, son revenu se trouve confondu avec les valeurs qui représentent les frais de production; en sorte que s'il ne tient pas une comptabilité très sévère qui classe avec précision le revenu, les profits et les frais de production, il court le risque de diminuer son capital par des dépenses qu'il croit prendre sur son revenu ou ses profits, peut-être au moment même où son entreprise ne lui offre que de la perte. Quant aux dépenses relatives à la spéculation, c'est-à-dire celles qui ont pour but la production, l'économie ne consiste pas à dépenser le moins possible, mais à atteindre un but donné avec le moins de dépenses. Il faut atteindre ce but; par exemple exécuter telle opération que je suppose profitable en elle-même; celui-là ne sera pas le meilleur econome qui manquera le but en restreignant trop la dépense, mais celui-là qui parviendra à l'atteindre aux moindres frais. En réduisant les dépenses agricoles à ces limites, une exploitation présente encore presque toujours un vaste champ à des dépenses profitables et par conséquent économiques; mais celui-là manquerait encore à l'économie qui se livrerait à la dépense même la plus profitable si elle excède les ressources que lui offre son capital, ou s'il est forcé d'y employer des sommes qui seraient réclamées par d'autres opérations plus indispensables. »

En terminant ce que nous avons à dire sur le capital de roulement envisagé en général, nous rappellerons que l'administrateur exerçant dans l'établissement un pouvoir sans contrôle en matière de finances, il peut plus facilement exercer une surveillance active sur cette partie de sa fortune mobilière; mais cette surveillance, qu'il l'exerce par lui-même ou qu'il la délègue, exige pour rendre palpable aux yeux toute la série des opérations agricoles et les différentes chances qu'elles ont eues à éprouver, qu'une *comptabilité régulière* vienne y porter la lumière. Cette matière étant de la plus haute importance, nous nous réservons de la traiter avec détail à la fin de ce titre.

2° *Des objets qui composent le capital de roulement.*

Jetons maintenant un coup d'œil sur les principaux objets qui représentent le capital de roulement de l'entrepreneur: ces objets sont les récoltes, les semences, les fumiers, divers objets d'approvisionnement et l'argent comptant.

1° *Les récoltes*, une fois détachées de la terre qui les portait deviennent d'après la loi, des objets mobiliers: sous ce nouvel état, la sollicitude de l'entrepreneur doit les suivre dans tous les mouvemens qu'elles vont éprouver pour les préserver des différentes chances d'avaries auxquelles elles seront exposées.

Nous n'avons rien à ajouter à ce qui a été dit dans les chap. XI et XII du t. Ier sur les précautions à prendre pour effectuer les récoltes, sur leur transport et les moyens les plus usités pour leur conservation; mais il ne suffit pas que ces récoltes aient été moissonnées à l'état le plus convenable de maturité et en temps opportun, avec les soins nécessaires et en présence de l'entrepreneur et de ses agens les plus fidèles et les plus intelligens, qu'on leur ait préparé des magasins où elles soient à l'abri des injures des saisons, il faut, de plus, les préserver d'une foule de détériorations qui tendent sans cesse à en diminuer la valeur ou la quantité.

Pour procéder avec ordre dans cette matière, il convient d'abord *de jauger les récoltes*, c'est-à-dire de déterminer leur volume, ou si on le peut leur poids, au moment de l'emmagasinage; puis sur les registres de la comptabilité de leur ouvrir un compte où on mentionne les prélèvemens successifs qui sont faits sur la masse, en tenant compte de la diminution de volume ou de poids que plusieurs d'entre elles éprouvent avec le temps. Par exemple, on calcule que, terme moyen 400 liv. d'herbe de prairie se réduisent à 100 liv. lorsqu'elles sont converties en foin au moment où on les met en meules; au bout d'environ un mois, la chaleur produite par la fermentation abaisse ce poids à 95, qui, suivant Middleton, se réduit pendant le cours de l'hiver à peu près à 90. Depuis le milieu de mars jusqu'à septembre, les opérations du bottelage, du chargement sur les voitures et du transport sur les marchés, exposent encore le foin à l'action de l'air et du soleil, de manière qu'il ne pèse plus que 80, au moment où à cette époque il est livré à l'acheteur (2). Au moyen de ce compte, on vérifie successivement les récoltes consommées, vendues ou en magasin; on constate les pertes provenant de causes quelconques; on contrôle la fidélité des agens, et on fait peser sur qui de droit la responsabilité.

Les mesures administratives à prendre pour la conservation des récoltes sont: 1° l'*assurance contre l'incendie*, qui met à l'abri d'une des chances les plus ruineuses qui puissent affecter l'agriculture; 2° la *surveillance* active, qui prévient les déprédations ou les constate, qui reconnait les causes d'avarie et les arrête dans leur cours. L'assurance indemnise, il est vrai, en partie de la perte des bâtimens et des récoltes, mais l'incendie est un fléau qui porte toujours la perturbation dans le roulement des opérations d'un établissement, qui parfois dévore beaucoup d'autres choses qui ne sont pas assurées ou qui ne sont pas l'objet des contrats ordinaires d'assurance et donne lieu souvent à des procès longs et dispendieux. Ce contrat ne doit donc pas inspirer au cultivateur une sécurité aveugle ni assez de confiance pour lui faire négliger toutes les mesures

(1) *Annales de Roville*, t. IV, pag. 92.

(2) Nous avons donné à la page 412 diverses évaluations du volume qu'occupent différentes espèces de récoltes.

de prudence et d'ordre propres à prévenir les effets destructeurs du feu.

La surveillance s'exerce par des *inspections fréquentes* faites aux récoltes en magasin et par les moyens de contrôle dont nous venons de parler Elle peut être exercée uniquement par l'administrateur lui-même ou par des agens de confiance sous sa haute direction. Dans tous les cas, il ne faut jamais perdre de vue que lorsqu'une infidélité a été commise il faut la réprimer sur le-champ et en prévenir le retour; que dès qu'on a constaté une cause d'avarie, il est de l'intérêt du maître d'apporter la plus grande célérité pour en arrêter les progrès; qu'à cet égard, il ne faut mettre ni délai, ni négligence; qu'un mal qui, au premier coup d'œil, paraît peu considérable, a déjà causé souvent dans les masses d'affreux ravages, et qu'en général les agens de destruction agissent dans une proportion sans cesse croissante avec le temps jusqu'au moment où le mal devient sans remède.

C'est surtout lorsque la *saison n'a pas été favorable* au moment où se sont opérées les récoltes qu'on doit multiplier les moyens de surveillance et les inspections. Dans les années de cette espèce, il ne faut épargner ni peine, ni soin, ni travaux pour conserver ses récoltes et les mettre, jusqu'au moment de la vente, à l'abri des chances plus multipliées de destruction qui les menacent.

Dans les *années d'abondance*, on éprouve souvent des encombremens qui ne permettent pas toujours d'abriter toutes les récoltes aussi efficacement qu'on pourrait le désirer. Dans des cas semblables, il faut savoir suppléer par l'activité à l'incommodité des bâtimens ou à l'imperfection des moyens de conservation.

En général, dans un établissement bien tenu, *toutes les récoltes doivent être sous clef* et placées dans des lieux où on ne pourrait pénétrer du dehors sans commettre un délit prévu et puni par nos lois. C'est en effet une faute grave que de laisser, comme on le fait dans beaucoup d'endroits, à la discrétion du commun des valets tous les objets en magasin; c'est les séduire et les provoquer à commettre une faute blâmable sans doute, mais qui doit être bien plutôt attribuée à la négligence du maître qu'aux dispositions profondément vicieuses des serviteurs.

En fermant à clef les magasins et les greniers, on obtient cet autre avantage, que les récoltes ne se trouvent jamais ainsi *à la disposition des valets* qui, tout honnêtes qu'on les suppose, y causent cependant presque partout des gaspillages ou des dilapidations vraiment effrayantes. Pour prévenir de pareils abus, le maître seul doit être détenteur des clefs des greniers ou magasins, ou bien il les confie à un agent probe et actif qui devient responsable de la bonne direction de ce service, et qui préside, à des heures réglées, à la distribution des fourrages ou à la sortie des autres denrées. A cet effet, il tient un petit registre auxiliaire d'entrée et de sortie, que le maître vérifie, contrôle et arrête sur lieu de temps à autre, en lui tenant compte des pertes de poids ou de volume ou de quelques chances imprévues de perte et de détérioration. De cette manière, le service marche avec régularité sans obliger l'administrateur à une surveillance trop gênante.

La *distribution des récoltes* qui doivent être consommées sur la ferme par les hommes et les animaux, ou les fabriques agricoles doit donner lieu, de la part de l'administrateur, à une foule de dispositions qui en règlent l'emploi suivant les saisons, les ressources, l'espèce ou la race des animaux, la nature des établissemens industriels auxiliaires, etc. Ces denrées, extraites des magasins, caves, silos ou greniers, sont suivies de l'œil par le maître ou ses agens de confiance jusqu'au moment où on les distribue aux services qui doivent les consommer ou aux agens responsables chargés de les recevoir. Dans tous les cas, une sage économie doit toujours présider à ces distributions, et il importe beaucoup à la prospérité d'un établissement de réprimer avec une extrême sévérité les abus qui peuvent s'introduire, et qui ne tarderaient pas à se propager ou à devenir très difficiles à déraciner.

La *sortie des magasins* ou greniers et le transport sur les marchés des récoltes destinées à la vente mérite une attention particulière. La sortie s'opère avec les précautions que nous avons indiquées pour la distribution des denrées consommées sur l'établissement, mais les *transports* exigent qu'on prenne des mesures spéciales pour déterminer l'époque à laquelle ils seront effectués, les moyens qu'on emploiera pour cela, et les agens qui en seront chargés. La nature de ces mesures dépend en effet de l'état des routes, de l'espèce des véhicules, de la saison, de l'habileté des charretiers, de l'éloignement des marchés, de la nature des produits, etc. L'instruction qu'on doit donner aux agens chargés de ces transports contiendra en outre l'énonciation des mesures à prendre en cas d'avaries sur la route, d'obstacles imprévus ou d'accidens fâcheux dans le transport, au lieu de déchargement ou sur le marché.

L'administrateur doit sans cesse combiner ses moyens d'action pour *placer le plus avantageusement possible ses récoltes* et les jeter sur le marché dans le temps le plus opportun. Ce sujet intéressant, dont la bonne direction repose sur les principes économiques qui président aux ventes et achats fera l'objet de quelques considérations dans un chapitre spécial de ce titre.

Les principes que nous venons d'exposer sont également applicables à toutes les autres denrées qu'on achète ou conserve comme approvisionnement ou pour une spéculation quelconque.

2° Les *semences*, tant qu'elles n'ont pas été confiées à la terre, sont sujettes à bien des avaries. Dans cet état, l'intérêt du cultivateur lui prescrit de les surveiller avec la sollicitude la plus attentive, pour qu'elles n'éprouvent aucune détérioration et qu'elles conservent toute leur vigueur et leur énergie reproductive. C'est en effet de leur bonne qualité que dépend en grande partie l'abondance et la qualité des récoltes, et on ne peut les négliger ou les abandonner au hasard sans détruire les espérances qu'on fonde sur les récoltes, ou sans porter atteinte à son capital de roulement.

3° Les *engrais*, ces agens actifs de la production, ont été déjà étudiés sous le rapport de leur production, de leur consommation et de la manière de les adapter aux divers besoins des cultures. Il ne nous reste donc plus qu'à ajouter un mot sur la manière dont il convient de les gouverner, afin de leur conserver toutes leurs propriétés et de les distribuer sur les terres de l'établissement.

On a proposé beaucoup de méthodes pour la *conservation des engrais*, et nous serions entraînés dans des détails beaucoup trop longs si nous voulions les rapporter toutes; contentons-nous de dire que la meilleure pour l'agriculture est celle qui leur fait éprouver le moindre déchet possible et leur conserve en même temps la plus grande énergie fertilisante.

Pour parvenir à ce but, il est nécessaire de porter toute son attention sur la conservation de cette précieuse matière, de lui préparer un lieu de dépôt où elle soit à l'abri des détériorations et des déchets considérables que lui causent le soleil, la pluie ou les vents desséchans, où on puisse guider, ralentir ou accélérer sa macération et sa fermentation successives, la modifier, l'amener au point précis qu'exige les besoins du service ou la qualité qu'on veut produire, et même accroître s'il est possible ses qualités et ses effets.

Le *transport des engrais* dans les champs et son épandage n'est pas une opération aussi indifférente qu'on paraît le penser dans un grand nombre d'établissemens. Cette opération exige en effet, tant dans le nombre des véhicules et des serviteurs qui y sont employés que dans le chargement, le transport, le déchargement et l'épandage, des mesures d'ordre et même des soins minutieux, qu'on doit combiner de façon à obtenir en même temps célérité et économie. En outre, elle doit satisfaire à la condition que les engrais perdent le moins possible dans ces divers mouvemens de leur qualité et de leur énergie, soit en les répandant en temps opportun, soit en évitant de les exposer à toutes les causes qui peuvent en diminuer la valeur.

4° Il est encore quelques objets qui appartiennent au capital de roulement et que l'administrateur doit avoir à cœur de mettre à l'abri de toute perte ou détérioration. Tels sont les *provisions de combustible ou de ménage*, les *matériaux qu'on destine aux réparations*, *certaines matières* qui servent dans les arts agricoles, etc. Nous croyons inutile de nous étendre sur ces divers sujets, parce que leur conservation, leur distribution et la surveillance à laquelle on doit les soumettre reposent sur les mêmes principes que ceux qui viennent d'être énoncés, et n'exigent en général que l'application des règles les plus simples et les plus usuelles de l'économie rurale et domestique.

5° Le dernier objet qui constitue une partie du capital de roulement de l'entrepreneur, et sur lequel il importe de fixer l'attention de l'administrateur, c'est *l'argent comptant ou les valeurs* qui le représentent. Nous avons peu de chose à dire sur cette matière, si ce n'est que l'ordre le plus parfait doit présider à l'entrée et à la sortie de la caisse de l'administrateur de valeurs quelconques, ordre que nous apprendrons à établir dans cette partie du service au chapitre de la comptabilité. Nous engageons seulement ceux qui ne veulent pas s'exposer à des pertes fâcheuses et à des affaires désagréables à s'assurer d'un lieu bien clos et à l'abri de toute tentative extérieure où ils puissent déposer les sommes assez considérables qu'ils peuvent recevoir quelquefois ou les valeurs qu'ils acceptent en paiement jusqu'à leur échéance.

SECTION III. — *De la direction générale des opérations agricoles.*

L'industrie agricole se compose, dans la pratique, d'un assez grand nombre d'opérations diverses qui se succèdent dans le cours de l'année. Ces opérations s'accomplissent en général au moyen des agens salariés employés sur la ferme et avec le secours des attelages.

Dans cette section, nous ne pouvons descendre à l'examen de tous les détails dont se compose en particulier la direction administrative des opérations agricoles, d'autant plus que ces détails deviennent faciles à régler lorsqu'on part de bons principes économiques dans cette branche du service, nous nous contenterons donc de les envisager dans leur ensemble et sous un point de vue général, ce qui nous permettra de nous restreindre dans les limites que comporte la nature de cet ouvrage.

Quelle que soit l'étendue ou l'exiguité du domaine qu'on est appelé à exploiter, il ne faut jamais perdre de vue qu'il ne peut pas y avoir de succès possible si l'*ordre ne préside à la direction de toutes les opérations* et si tous ceux qui prennent une part quelconque à ces opérations ne sont pas pénétrés de ce principe salutaire ou au moins amenés par des moyens quelconques à s'y conformer.

La 1re mesure d'ordre qu'il est nécessaire de prendre dans la direction d'un établissement, c'est de faire *choix d'un système d'économie rurale et d'un plan de culture* applicables avec avantage au domaine. Cette importante matière exigeant quelques développemens, nous lui consacrerons le chapitre suivant.

Une fois fixé sur le système économique et le plan de culture qu'on croit le plus avantageux, il reste à dresser le *tableau de toutes les opérations annuelles* auxquelles devra donner lieu l'exécution de ce plan. Ce tableau contient d'abord 2 objets importans :

1° La *répartition dans le cours de l'année de tous les travaux* qui devront être exécutés suivant le plan qu'on aura adopté. Celui-ci sera d'autant plus parfait, indépendamment des autres conditions auxquelles il doit satisfaire, qu'il permettra de distribuer les travaux avec plus d'égalité et de régularité entre les diverses périodes de l'année.

Pour parvenir à une bonne répartition, on commence, quand on dresse un tableau, par distribuer aux époques fixes où ils doivent être effectués les travaux de saison et d'urgence, tels que labours, fenaison, moisson, vendange, etc. Puis, dans les intervalles que laissent entre elles ces périodes de travaux de 1er ordre, on groupe aussi également que possible les autres travaux secondaires, en commençant par ceux qui exigent qu'on les entreprenne à une certaine époque, et en répartissant ensuite dans les vides qui restent encore dans l'année ceux qu'il est à peu près indifférent de faire en toute saison, comme certains travaux d'amélioration. On tient compte d'ailleurs dans ce tableau des jours où on est obligé de suspendre tout travail par suite des mauvais temps, jours dont le nombre n'est pas le même pour toutes les saisons de l'année.

2° *La répartition entre les divers services* des travaux qui doivent échoir à chacun d'eux se fait naturellement avec la précédente, c'est-à-dire que dans le tableau qu'on dresse des travaux annuels, on mentionne à la suite le nombre d'attelages, ou mieux, de journées d'hommes ou d'animaux qui seront nécessaires pour les accomplir.

Quand ensuite on veut *mettre le plan à exécution*, on examine, suivant l'époque ou le jour de l'année, les travaux qui doivent être effectués, on les isole du plan général, et on y ajoute une instruction qui contient :

1° Le *nombre et la désignation des attelages et des serviteurs* qui doivent y être appliqués, ainsi que la tâche imposée à chacun d'eux en particulier, en ayant toujours en vue la bonne exécution et l'économie du temps et de la force.

2° La *manière dont les travaux doivent être exécutés* suivant les circonstances atmosphériques ou accidentelles, ou suivant qu'on veut obtenir tel ou tel résultat. Dans tout travail il y a toujours un mode de faire plus expéditif et plus satisfaisant que tout autre ; c'est celui qu'on s'efforcera d'introduire dans les diverses branches du service.

3° Les *mesures administratives* relatives aux heures auxquelles le travail commencera et sera terminé ou à celles du repos, à la surveillance à laquelle les travailleurs seront soumis, aux précautions à prendre en cas d'accident ou d'événement imprévu, au soin qu'on aura des animaux, des machines, des récoltes et à beaucoup d'autres détails propres à établir partout le bon ordre.

Faites chaque chose en temps opportun est une maxime qui, en agriculture, plus que dans toute autre industrie, doit être observée avec la plus rigoureuse exactitude. Là un peu de négligence entraîne souvent à des pertes considérables. La nature n'accorde la plupart du temps ni remises ni délais, et il faut savoir profiter des courts intervalles qu'elle offre pour opérer dans les conditions les plus avantageuses.

Pour apprendre à connaître ces conditions avantageuses et en faire son profit, on a besoin d'une longue pratique et de connaissances souvent profondes; mais cette pratique, ainsi que ces connaissances, ne seront la plupart du temps d'aucun secours si on n'y joint en outre une *fermeté et une résolution de caractère* qui vous portent, dès qu'une mesure a été mûrement pesée et réfléchie, à procéder sans délai, mais aussi sans témérité ni confusion, à son exécution.

Il est aussi d'autres mesures d'ordre fort importantes dans la direction d'un établissement rural et qui, toutes vulgaires qu'elles paraissent, n'en exigent pas moins une sérieuse attention de la part de l'administrateur; nous citerons plus particulièrement les suivantes.

Conduisez chaque opération de la manière la plus parfaite possible. Ce n'est que par la pratique, les connaissances, la réflexion et l'application qu'on peut espérer atteindre cette perfection dans la direction d'une opération quelconque.

Ne commencez une autre opération que lorsque celle qui vous occupe est entièrement terminée. Cette maxime est d'une application très utile dans les travaux ruraux, et, quoique les variations atmosphériques, la nature des travaux ou d'autres circonstances contraignent souvent à s'en écarter, on ne doit pas moins l'avoir constamment présente à l'esprit si on ne veut pas introduire le désordre dans l'économie du plan des travaux et dans les opérations qui doivent s'exécuter d'après ses dispositions.

Tenez en bon état et prêts à fonctionner les divers services ou objets qui doivent concourir à l'exécution d'une opération quelconque. Faute d'observer ce principe, on a bien souvent laissé échapper l'occasion la plus favorable pour une opération. Quand on est prêt, rien ne vous arrête; tout marche avec régularité; aucun service ne nuit aux travaux des autres et la besogne s'accomplit promptement et à moins de frais.

N'entreprenez rien que vous n'ayez la certitude morale de réussir. C'est une conséquence d'une bonne organisation et de l'habileté de l'entrepreneur.

Appliquez autant que possible les mêmes agens armés aux mêmes instrumens et aux mêmes travaux. C'est le grand principe de la division du travail; nous avons eu plusieurs fois l'occasion de parler, dans le cours de ce livre, de son application à l'industrie agricole.

Modifiez vos plans suivant les circonstances. Il ne faut pas chercher en effet à lutter contre des circonstances trop impérieuses; mais une fois qu'on a satisfait aux exigences du moment ou de la circonstance, on doit s'empresser de recourir à ses plans primitifs, surtout si on a déjà lieu d'être satisfait de leurs résultats.

Le plan dont nous avons conseillé la rédaction et dont nous donnerons un modèle dans le chapitre des travaux, a cela de *commode pour l'administrateur* que rien ne peut échapper à sa mémoire, que les travaux les plus pressans sont faits aux temps les plus favorables à leur bonne exécution, que tous ces travaux marchent sans confusion, qu'on peut engager à temps le nombre de manouvriers dont on aura besoin, ménager les forces de ses serviteurs et de ses attelages, et ne laisser chômer les uns ni les autres que le moins qu'il est possible.

Dans les établissemens resserrés dans d'étroites limites un très petit nombre de mesures administratives suffisent pour la direction bien entendue de toutes les opérations annuelles. Là, il est facile à une seule personne de distribuer dans sa mémoire ses travaux dans le cours de l'année, de les exécuter elle-même ou d'en faire surveiller l'exécution par d'autres, aux époques fixes et bien connues de l'année où chaque travail doit recevoir son exécution. Un simple cahier de notes et un peu d'ordre suffisent aussi pour tout conduire à bonne fin. Mais il ne peut en être de même dans une exploitation rurale de quelque étendue où on compte constamment un certain nombre d'agens, où les services sont plus multipliés, où il y a une foule de détails qui échapperaient à la mémoire de l'administrateur. C'est là véritablement que l'on sent la nécessité des mesures d'ordre que nous venons de prescrire, mais aussi où il est nécessaire d'assurer les avantages qu'on peut s'en promettre par des dispositions sur lesquelles nous nous expliquerons en peu de mots.

Ces dispositions sont principalement relatives à la direction du service du *personnel* de l'établissement ou des agens intelligens qui sont nécessaires à l'exécution des travaux et dont nous nous occuperons plus spécialement dans la section suivante.

Dans les exploitations moyennes, c'est le propriétaire ou le fermier qui *dirige très souvent les agens* qu'il emploie, en prenant lui-même une part plus ou moins active aux travaux ou qui remet ce soin à un 1er garçon de confiance dont il se réserve de contrôler tous les actes. Ici, le désordre dans les opérations agricoles s'introduit avec plus de peine, il est plus facile à apercevoir et plus aisé à réprimer.

Au contraire, dans un vaste établissement, quelque forte qu'en soit l'organisation, il est nécessaire de chercher dans la direction des agens chargés de l'exécution des opérations agricoles un remède aux abus de tout genre qui tendent sans cesse à s'introduire et à se perpétuer. Voici à cet égard ce qu'on observe dans des établissemens bien dirigés :

Chaque jour l'administrateur *rassemble tous ses serviteurs* ou si l'établissement est fort étendu et a un personnel très nombreux, ses chefs de service seulement. Cette réunion peut avoir lieu une seule fois par jour et le soir, ou deux fois par jour suivant les besoins du service, à midi et le soir. A cette dernière époque et au moment ou chacun est sur le point de se livrer au repos, l'administrateur fait connaître les opérations qui seront exécutées le lendemain, d'après le plan qui a été tracé et les circonstances. Il y ajoute les instructions dont nous avons parlé plus haut, relativement au nombre des attelages et serviteurs qui en seront chargées, à la manière dont elles doivent être exécutées, et aux mesures d'ordre qui devront y présider.

Si ce sont seulement les *chefs de service* qu'on réunit ainsi, ceux ci rassemblent à leur tour les serviteurs attachés au service qu'ils dirigent, et leur transmettent seulement la partie des ordres et des instructions du maître qui peuvent les intéresser.

Quand les serviteurs sont réunis deux fois par jour, les ordres et instructions n'embrassent qu'une demi-journée.

Au contraire, quand il s'agit d'une *opération d'une certaine durée*, uniforme dans sa marche, présentant peu de chances imprévues dans son cours, ou bien, quand elle doit avoir lieu à une assez grande distance du point central de l'établissement, pour que les agens ne puissent, sans trop de perte de temps, s'y rendre journellement ou par toute autre cause que doit peser l'administrateur, les ordres et instructions peuvent embrasser 2, 3, 4 jours, et même plus, suivant les circonstances.

Il est toujours avantageux quand les serviteurs savent lire, que la partie la plus importante des ordres, et souvent même les instructions tout entières qui les accompagnent, surtout s'ils s'appliquent à une période de plusieurs jours, *soient rédigées par écrit* et remises au chef de service, ou au serviteur le plus intelligent. La rédaction de ces ordres et instructions doit être claire, succincte, précise, et accompagnée au besoin d'un léger croquis qui indique l'étendue, la marche, les limites de l'opération, ou la représente graphiquement, afin de mieux faire sentir la manière dont elle doit être exécutée pour être amenée à bonne fin. Dans cette note, il faut savoir ne dire que ce qui est nécessaire, et abandonner beaucoup de détails à l'intelligence et à l'habileté pratique des agens qui ont mérité votre confiance.

Quand un serviteur ou un chef de service quelconque a reçu un ordre, une instruction ou un mandat, il doit s'empresser, surtout lorsque ceux-ci embrassent plusieurs jours, de venir aussitôt son retour *rendre un compte détaillé à l'administrateur* ou à son représentant, de la marche de l'opération dont il a été chargé. C'est ainsi qu'il doit faire connaître en peu de mots la nature du travail qui a été exécuté, ses progrès, la quantité qu'on a obtenue, les obstacles naturels ou accidentels qui les ont entravés ou retardés, enfin, plusieurs circonstances importantes qui peuvent s'être présentées et qui sont pour l'administrateur autant de moyens d'instruction pour l'avenir et d'avertissemens pour modifier ou changer telle ou telle partie du service, ou amener à bien une opération.

Beaucoup de ces détails doivent, au reste, être *consignés par écrit*, soit par l'agent lui-même, soit par le maître sur les déclarations du serviteur, parce qu'ils servent de base à la comptabilité.

Quand une opération a été jugée opportune, qu'elle a été parfaitement définie, qu'on en a arrêté les bases, et qu'enfin, on a donné les ordres nécessaires pour mettre en action les agens qui doivent l'exécuter, il s'agit pour l'administrateur de veiller à ce qu'elle s'effectue avec toutes les conditions qu'il a prescrites, et suivant les principes raisonnés de l'agriculture. Pour exercer cette surveillance, l'administrateur n'a d'autre moyen que *l'inspection*, soit par lui-même, soit par ceux sur qui repose toute sa confiance. Dans ces inspections, qu'il fait au moment où on s'y attend le moins, l'administrateur se rend sur les lieux où les travaux s'exécutent, examine d'abord si ces opérations dans leur ensemble sont conduites conformément aux ordres qu'il a donnés et avec le soin et l'intelligence nécessaires; il entre ensuite dans quelques détails d'exécution, observe de plus près, s'assure de la qualité de travail ou de sa quantité par des mesures, modifie les ordres qu'il a donnés quand cela est jugé nécessaire, donne de nouvelles instructions, distribue le blâme et l'éloge à qui de droit, en faisant sentir à tous sa supériorité comme chef de l'entreprise et comme praticien éclairé, et profite de la circonstance pour se livrer à des observations de pratique qu'il consigne dans sa mémoire, ou mieux, dans un carnet, où il est certain de les retrouver au besoin.

Au reste, dans la direction de toute opération agricole, il est indispensable que l'administrateur soit le premier à donner *l'exemple de l'activité*. Dans les établissemens peu considérables, c'est à la tête de ses ouvriers, dont il partage les travaux, que le cultivateur peut surtout espérer de leur faire partager cette activité qui est pour lui une loi impérieuse; mais dans les établissemens un peu plus étendus, c'est sur des visites multipliées aux travailleurs, c'est sur la célérité dans les moyens de se transporter tout à coup d'un lieu à un autre, et quelquefois à une grande distance, que l'administrateur doit alors le plus compter pour entretenir ses travailleurs dans un état constant d'activité et de mouvement. Aussi, le bon sens des cultivateurs des pays où l'agriculture a fait des progrès leur a-t-il promptement appris les pertes et dommages réels qu'on éprouve quand on ne peut se transporter rapidement sur les lieux où s'exécutent des travaux, et combien il était plus avantageux pour eux, même dans des établissemens assez circonscrits, d'entretenir un cheval de plus qu'ils destinent uniquement à ce service.

Les inspections doivent, avons-nous dit, être faites au moment où *les serviteurs s'y attendent le moins*, et où on peut le mieux juger de l'activité qui règne dans les ateliers de travailleurs, et le travail qu'ils fournissent communément. On s'appliquera surtout à en faire une ou plusieurs, au commencement des travaux importans pour ne pas leur laisser prendre une direction vicieuse et remettre les serviteurs dans la voie s'ils s'en étaient écartés. Les autres peuvent être faites arbitrairement, mais il faut s'attacher à en faire plusieurs vers la fin des travaux, où les serviteurs, par dégoût ou par l'exercice répété d'une même chose, peuvent ne plus mettre le même zèle et la même activité qu'à l'origine, et en outre, pour recevoir définitivement les travaux, les étudier dans leur ensemble, et prendre des mesures pour les opérations ultérieures. C'est aussi à ce dernier moment qu'il convient de distribuer le blâme ou l'éloge, d'avertir les négligens et de prendre des notes, afin de congédier les agens dont le travail n'est définitivement pas satisfaisant, porter sur le contrôle de réforme les animaux d'attelages ou les pièces du mobilier devenus défectueux.

Dans les *occasions les plus importantes*, telles que la fenaison, la moisson, la vendange, la cueillette des olives, etc., où les travailleurs doivent recevoir une très vive impulsion, il convient que l'administrateur soit presque constamment sur les lieux pour surveiller et diriger plus efficacement les nombreux agens qu'il met alors en mouvement, et pour se prononcer sans délai sur les mesures à prendre, en cas d'événemens imprévus.

Dans ces circonstances, il ne faut pas se borner seulement à des travaux de surveillance plus actifs; on n'obtiendrait pas toujours ainsi cette énergie ou cette augmentation de travail dont on a besoin pour prévenir, atténuer ou conjurer des chances de désastre très fâcheuses, il faut prendre des mesures extraordinaires. D'abord, on fait de plus longues journées, mais en même temps on stimule le zèle et les forces des travailleurs par une augmentation de salaire ou par des primes; on rend leur nourriture meilleure ou plus abondante; on leur donne des boissons fortifiantes, etc. De la même manière, on accroît proportionnellement au surcroît de travail qu'on demande, la ration des bêtes de trait; enfin, on cherche, sans que les services de la ferme en souffrent, à employer, dans l'opération toutes les forces animées disponibles sur l'établissement.

C'est surtout quand il s'agit de *travaux auxquels les agens ne sont pas accoutumés* ou qui ont pour but des améliorations agricoles que l'administrateur doit suivre avec la plus vive sollicitude les opérations qu'il fait exécuter. Non-seulement les serviteurs, dans des cas semblables, sont arrêtés à chaque pas par suite de leur ignorance ou par la mauvaise volonté, mais le maître lui-même a besoin de voir et d'étudier pas à pas la marche de l'opération pour s'en rendre un compte exact et la conduire plus sûrement à bonne fin.

Dans la surveillance des opérations agricoles, il faut s'astreindre *à mesurer ou peser* continuellement. Il est impossible, en effet, de se rendre compte de la marche d'une opération, de la suivre dans toutes ses phases si on ne possède pas un des élémens les plus importans qui servent à en évaluer ou apprécier les résultats. Comment d'ailleurs espérer établir une comptabilité régulière et des calculs économiques si on manque de ces documens importans qui en font la base.

Pour se rappeler de tous les nombres qu'on recueille ainsi et pour consigner toutes les observations importantes de pratique ou autres qu'on est à même de faire dans la direction des opérations agricoles, SINCLAIR veut que l'administrateur ait un *registre* sur lequel il inscrive toutes les choses qu'il recueille. Dans ce registre, les documens relatifs à la comptabilité sont cotés sur des feuilles à part; sur les autres on inscrit tout ce que la pratique des arts agricoles, la conversation, les voyages, la lecture, etc., peuvent présenter d'intéressant, et à ce registre on joint une table des matières qui permet de trouver à chaque instant ce dont on a besoin. Par ce moyen, la masse des connaissances de l'administrateur s'augmente journellement et il est en état de tirer avantage de toutes ses idées et de ses expériences.

« C'est ainsi, ajoute-t-il, qu'en adoptant des mesures d'ordre bien entendues, un cultivateur est maître de son temps et peut exécuter chaque opération au moment convenable sans la remettre et laisser perdre l'occasion et la saison. Les obstacles qui naissent du mauvais temps, de la maladie des domestiques ou des animaux, l'absence accidentelle et nécessaire du maître sont alors de peu d'importance, et rien n'empêche celui-ci de porter son attention sur les plus petits détails de son exploitation, dont l'ensemble influe si puissamment sur la prospérité de ses affaires. »

C'est en nous appuyant sur les paroles précédentes de l'agronome écossais que nous croyons utile, avant de terminer cette section, d'appeler l'attention des agriculteurs sur les avantages que possède dans l'exercice des opérations agricoles l'homme instruit et actif et le praticien habile sur celui qui ne l'est pas. Un administrateur ignorant ou paresseux ne peut pas dresser le plan de ses opérations annuelles ou évite de prendre cette peine; il ne sait pas par conséquent quels seront les travaux qu'il faudra exécuter suivant les saisons; il se laisse devancer par le temps et dérouter par les variations atmosphériques; il applique dans l'exécution de ses opérations des forces insuffisantes ou plus considérables qu'il ne faut; il est le jouet des circonstances et sous la dépendance d'agens plus façonnés que lui à la pratique de l'agriculture. Au contraire, un administrateur éclairé, avec son plan sous les yeux, n'est pas arrêté un seul instant par ces obstacles, quelle que soit l'étendue de son exploitation. Tout est prévu, arrêté, classé et mesuré à l'avance, tout marche en temps opportun, tout s'accomplit chez lui sans confusion, avec régularité et perfection et à bien meilleur compte que dans l'autre établissement, ou au moins avec des résultats bien plus avantageux pour sa fortune et son bien-être.

SECTION IV. — *De la direction des agens du personnel.*

En traitant de l'organisation du personnel, nous avons essayé de faire connaître quelles sont les qualités qu'on doit rechercher dans les aides agricoles, et il n'y a plus à revenir sur ce sujet. Il s'agit maintenant de savoir comment on parvient à diriger ce personnel et les individus chargés des différens emplois qui le composent.

Disons d'abord qu'à l'administrateur seul appartient le *droit de choisir tous les employés* de l'établissement, depuis le contre-maître ou le 1er chef de service jusqu'au plus simple manouvrier. Lui seul est compétent pour juger des besoins du service et de la capacité ou du nombre des agens qui doivent être mis en œuvre. Mais, dans les grandes entreprises et dans celles où on a des chefs de service responsables et de confiance, on peut très bien leur déléguer le soin de faire choix des manouvriers qui travaillent sous leurs ordres; les travaux de direction du maître en deviennent ainsi plus simples.

Il n'est pas difficile, dans les établissemens qui n'ont pas une grande étendue, de diriger les agens du personnel; l'entrepreneur a toujours autour de lui ses serviteurs qui sont en petit nombre; il partage leurs travaux et peut à chaque instant exercer sur eux une surveillance efficace. Mais dans les grandes entreprises, où il y a un personnel nombreux qui travaille presque constamment loin de la présence du maître, qui se compose d'individus qui ne méritent pas tous la même confiance, ce service, indépendamment des bons principes d'organisation sur lesquels il peut être basé, exige qu'on le surveille activement et qu'on s'attache à des règles parfaitement arrêtées pour le conduire et le diriger.

Nous ne pouvons mieux faire, dans cette importante matière, que d'extraire en partie les règles pratiques qu'on trouve consignées dans un excellent mémoire que M. de DOMBASLE a publié dans le tome II des *Annales de Roville* sur l'organisation et la subordination des employés d'une ferme. Après avoir fait connaître l'organisation qu'il a jugée convenable d'établir pour ce service dans sa ferme expérimentale, le savant agriculteur résume, sur la direction des employés, les sages préceptes suivans que sa pratique éclairée lui a suggérés.

« Il est absolument indispensable, dit-il, que tous les hommes qu'on emploie soient *satisfaits de leur sort*; sans cela il n'y a aucun bon service à attendre d'eux. Lorsque tous sont contents et disposés à regarder leur renvoi comme une véritable punition, non-seulement on peut être assuré qu'on obtiendra d'eux tout ce qu'on peut raisonnablement en attendre, mais qu'on aura à choisir si l'on est forcé de remplacer l'un ou l'autre.

« Les *salaires doivent être raisonnables*, sans cependant être trop élevés; mais ce n'est pas encore là le point essentiel pour que les subordonnés se trouvent dans une position satisfaisante; la *manière de les traiter* y a beaucoup plus d'influence qu'on ne serait tenté de le croire. *Beaucoup de fermeté* dans le commandement n'est pas du tout incompatible avec une grande douceur à leur égard; si on y joint une *sévère impartialité*, circonstance qui est ici de la plus haute importance, *des récompenses et des punitions* distribuées à propos, mais surtout l'*œil du maître*, pénétrant constamment jusque dans les plus petits détails, on obtiendra des résultats auxquels ne peuvent s'attendre nullement les personnes qui se plaignent si amèrement de l'obstination, de la mauvaise volonté, de la paresse et de l'infidélité des agens de culture.

« Il est nécessaire que dans les travaux qui s'exécutent, *chacun ait sa tâche bien distincte*, qu'il n'obéisse qu'à un seul homme et que chaque subordonné soit toujours le plus immédiatement possible en contact avec celui dont il doit recevoir les ordres. Là, où personne ne commande, tout le monde commande et personne n'obéit; à la fin de la journée il ne se trouve pas d'ouvrage fait et il en résulte un désordre qui dégoûte les employés et qui ne tardera pas à leur donner l'habitude de tous les défauts qu'on leur reproche si souvent.

« Il est très utile d'avoir à l'égard de tous les subordonnés un *moyen de correction* pour des fautes légères dans la conduite ou dans le service. Les reproches produisent souvent peu d'effet, et l'on ne peut pas congédier un valet, qui a souvent de très bonnes qualités, pour une seule faute qu'il a commise. C'est une excellente méthode que d'instituer à cet effet des *amendes pécuniaires*, qu'on peut faire monter, suivant la gravité des cas, depuis la valeur d'une demi-journée de travail jusqu'à celle de 5 ou 6. C'est un moyen en particulier de parvenir sans peine à établir, dans une foule de petits détails de service, l'ordre qu'on a souvent tant de peine à établir sans cela. Un homme qui s'est enivré, un berger qui a conduit son troupeau dans un terrain qu'on ne lui avait pas permis de faire pâturer, ou qui, par sa négligence, a causé quelques dommages; le valet qui ne s'est pas trouvé à l'heure fixée pour son service sont condamnés à une amende plus ou moins forte. Le montant des amendes forme une masse qu'il est bon d'employer en primes de récompenses à ceux des employés qui les ont le mieux méritées. Dans les fautes qui peuvent faire condamner un employé à l'amende, on ne comprend pas l'infidélité, parce que tout homme qui s'en est rendu coupable doit être congédié immédiatement, fût-il le sujet le plus utile de la ferme.

« Parmi les employés à gages d'une exploitation, on ne doit donc montrer aucune indulgence pour tout ce qui intéresse la *probité et la fidélité*; toute faute de ce genre doit être punie par un prompt renvoi; mais il n'est pas toujours possible d'être aussi sévère à l'égard des manouvriers, qu'on n'emploie pas constamment. Il faut cependant ne rien laisser sans châtiment; une bonne manière de punir les fautes légères de cette espèce ainsi que d'autres, comme insubordination, etc., dont les journaliers peuvent se rendre coupables dans le service, c'est l'*exil*. Lorsqu'un homme a commis une faute qui n'est pas assez grave pour motiver son renvoi absolu, on l'exile pour un espace de temps qui varie de 15 jours à 1 an, selon les circonstances. Cette peine est extrêmement redoutée parmi les ouvriers à Roville, parce que cet établissement est le seul dans les environs qui leur donne régulièrement du travail. Il en sera de même dans presque toutes les localités pour les cultivateurs qui introduiront dans leur exploitation une culture perfectionnée qui exige nécessairement beaucoup de main-d'œuvre.

« On conçoit facilement que le maître qui inflige des punitions et qui distribue des récompenses doit faire en sorte de se faire parmi ses subordonnés une réputation de *justice et d'impartialité* à l'abri de tout soupçon. S'il avait la faiblesse de se créer des favoris parmi ses agens ou de se laisser influencer par des préventions favorables ou haineuses que peuvent concevoir les personnes qui l'approchent, les punitions et les récompenses perdraient toute leur utilité, quand même elles seraient appliquées avec justice. Il se trouve dans toutes les classes d'hommes des flatteurs qui cherchent à se faire valoir aux dépens des autres; un tel homme n'est nullement propre à former un bon chef de service, parce que le seul soupçon de cette disposition suffira pour empêcher qu'il puisse jamais se concilier la confiance des autres valets. C'est pour cela qu'on a presque toujours échoué lorsqu'on a voulu conférer quelque autorité sur les agens inférieurs de l'agriculture à des hommes qui exercent près du maître d'autres genres de services qui les rapprochent davantage de sa personne. Dans ce cas, les valets sont disposés à voir en lui non un chef, mais un surveillant et presque un espion; il sera donc odieux à leurs yeux.

« *Le maître doit savoir tout ce qui se passe chez lui* et exiger que les chefs de service lui rendent compte de tout jusque dans les plus petits détails; mais il doit recevoir avec un froid mépris tout ce qui ressemble à la délation, et par conséquent, presque dans tous les cas, tout rapport qui lui serait fait par un autre que celui qui est chargé par devoir de faire connaître le mal comme le bien; il doit même savoir discerner, dans les rapports des chefs de service, ce qui serait dicté par le désir de nuire à un autre plutôt que par l'intérêt du service. Le plus mauvais de tous les moyens et celui qui décèle le plus de faiblesse est de chercher à connaître la vérité en organisant parmi les valets un système d'espionnage.

« Quelques personnes qui ne connaissaient pas les habitans des campagnes ont cru se les attacher et pouvoir les diriger à leur gré par un moyen qu'on pourrait appeler le système de tendresse, c'est-à-dire par une bonté excessive et presque paternelle, et par la prodigalité des bienfaits; elles n'ont ordinairement recueilli que l'ingratitude. On a conclu souvent qu'il fallait conduire cette classe d'hommes avec le bâton; ce sont deux erreurs également graves. Parmi les hommes de cette classe, il en est très peu qui soient susceptibles de s'attacher à l'homme qui les emploie par un véritable sentiment d'affection; c'est donc peine perdue que de chercher à remuer cette corde-là. Mais on ne manque jamais de se *concilier leur estime et même leur respect* lorsqu'on agit de manière à les mériter. La bonté doit être froide et accompagnée de peu de démonstrations. La sévérité, pour peu qu'elle ne soit pas excessive et qu'elle soit toujours équitable ne sera pas un obstacle à ce que vous soyez regardé comme un bon maître.

« L'homme qui a besoin des services d'un nombre un peu considérable de valets fera bien de se tenir toujours en garde contre les *coalitions* qui se forment souvent entre eux pour exiger une augmentation de salaire ou pour améliorer leur condition sous d'autres rapports. Un des meilleurs moyens pour se garantir de ce danger, qui peut mettre tout à coup un cultivateur dans un grand embarras, est de ne pas engager plusieurs de ses valets à la même époque de l'année; le moment du renouvellement de l'engagement de chacun se trouvant ainsi isolé, les valets perdent toute idée de faire la loi à leur maître en lui inspirant la crainte de se trouver à la fois privé du service de tous.

« Lorsqu'un maître confère une partie de son autorité à des chefs de service, c'est-à-dire à des hommes qu'il charge de transmettre ses ordres aux agens inférieurs, de diriger et de surveiller le travail, il est nécessaire qu'il conçoive bien que l'*autorité qu'il cède il ne doit plus l'exercer lui-même*; sans cela les ordres qu'il donnerait immédiatement et ceux qui émaneraient des chefs de service se contrarieraient à chaque instant. Lorsqu'un valet ou un journalier sera mécontent de l'ordre qu'il recevra de l'un, il ira ainsi en appeler à l'autre. D'un autre côté, le chef de service se reposerait souvent sur le maître pour faire exécuter telle opération, et réciproquement. Il résulterait de tout cela un désordre et un relâchement dans le service qui dégoûteraient les chefs et les subordonnés, et qui nuiraient essentiellement à l'exécution de toutes les opérations. Lorsqu'au contraire chaque homme n'a jamais qu'à obéir à un seul individu et que chaque chef est assuré que les ordres qu'il donne ne seront jamais contrariés par d'autres, il n'y aura de prétexte pour personne de ne pas exécuter ou de mal exécuter.

« Il faut donc que *le maître donne toujours ses ordres aux chefs de service* et évite avec le plus grand soin de rien commander à ceux qui doivent leur obéir. Si un valet ou un journalier vient lui demander ce qu'il doit faire, il est indispensable qu'il le renvoie au chef de service. Lorsqu'il remarque qu'une opération a été exécutée avec négligence ou qu'il y a été employé plus de temps qu'il n'était nécessaire, s'il juge que la faute vient des subordonnés, il doit en adresser des reproches au chef de service, *en leur présence*. Si le chef lui répond qu'il avait donné tel ordre qui n'a pas été exécuté, ou qu'il avait fait telle recommandation à laquelle on n'a pas eu égard, les reproches doivent redoubler et prendre un grand caractère de fermeté : On doit lui dire que les valets ou les ouvriers qu'il emploie sont sous ses ordres, que c'est à lui à se faire obéir et que lui seul est responsable des défauts d'exécution. Si au contraire le maître juge que le défaut vient du chef, c'est-à-dire qu'il a mal exécuté les ordres qui lui avaient été donnés, qu'il a mal disposé son atelier, etc., les reproches doivent lui être adressés en particulier, parce qu'il faut éviter avec soin de l'humilier en présence de ses subordonnés, si ce n'est lorsque cela est nécessaire pour lui faire prendre sur eux l'autorité dont il a besoin. Il faut que tous les subordonnés sachent que le maître place une grande confiance dans les chefs de service et qu'un homme ne manquera pas d'être renvoyé si son chef porte des plaintes graves sur son compte; mais il faut aussi faire bien sentir aux chefs, en particulier, qu'on n'est pas disposé à tolérer des injustices de leur part et à se laisser influencer par des passions haineuses qu'ils pourraient concevoir contre tel ou tel individu. En s'y prenant de cette manière avec les chefs de service, on peut être assuré qu'ils prendront une autorité suffisante, pourvu qu'on n'ait pas trop mal choisi et qu'il y ait en eux de l'étoffe pour commander aux autres. On peut être assuré qu'ils n'abuseront pas de l'autorité qui leur est confiée, si l'œil d'un maître ferme et clairvoyant veille constamment sur ce qui se passe et qu'il se glissera difficilement de la mésintelligence entre les chefs si on assigne à chacun une partie bien distincte de son service.

« C'est une très bonne méthode de *laisser aux chefs de service une grande liberté d'action*; il y a dans l'exécution des travaux une multitude de soins de détails qui ne peuvent être jugés convenablement que par celui qui dirige personnellement le travail sur le sillon même; si le maître voulait tout prévoir en donnant ses instructions, il donnerait souvent de fausses directions et il prendrait sur lui une grande partie de la responsabilité qui doit peser sur le chef de service. Ainsi, en donnant ses ordres le soir pour le travail du jour suivant, il doit laisser au chef une certaine latitude sur les moyens d'exécution. Le lendemain, lorsque le chef reviendra à l'ordre, le maître d'après le compte qu'il lui rendra, d'après ce qu'il aura vu lui-même, fera ses observations sur les fautes qu'il a pu commettre. Après lui avoir fait ces observations, on ne diminuera rien de la latitude qu'on lui accorde dans l'exécution des détails. Si, au bout de quelque temps, on s'aperçoit qu'il ne met pas plus de soin ou d'intelligence dans la manière de disposer les ateliers ou d'exécuter les travaux, c'est un homme qu'on avait mal jugé et qu'il faut changer. Mais si on a affaire à un homme doué de quelque intelligence et susceptible d'émulation, on en fera certainement par ce moyen un sujet utile sur lequel le maître pourra dans la suite se reposer avec confiance; tandis que par une autre méthode on n'aurait jamais formé qu'un valet comme il y en a tant, ne méritant aucune confiance, parce qu'il est avili à ses propres yeux, ne prenant aucun intérêt à ce qu'il fait et avec lequel il faudrait que le maître fût toujours présent partout pour pouvoir espérer une bonne exécution dans les travaux. »

A ces préceptes si sages nous ajouterons quelques autres observations sommaires sur la direction du personnel.

Dans un établissement organisé et dirigé avec soin, *tous les employés doivent être tenus dans un état constant d'activité*; c'est le moyen le plus raisonnable pour que le prix de leurs services revienne à meilleur compte, pour les empêcher d'acquérir des habitudes de paresse et de débauche et souvent les soustraire à toute idée de s'écarter des lois de la probité. Celui qui travaille, dit-on, ne pense pas à mal et n'a pas besoin de chercher comment il occupera son loisir.

Le plan des opérations agricoles, dressé comme nous l'avons dit dans la section précédente, servira, sous un point de vue général, à maintenir l'activité parmi les agens du personnel pendant les diverses saisons de l'année. Toutefois, ce plan laisse encore bien souvent des vides, et en outre il est des opérations qui ne peuvent être exécutées aux jours indiqués, parce que les circonstances atmosphériques ou autres ne sont pas favorables. Mais, pour peu qu'un établissement ait d'étendue, il est une multitude de petits travaux ou d'occupations dont on tient soigneusement note à mesure qu'ils se présentent et qu'on peut réserver pour ces instans où les agens ne peuvent être employés aux travaux de culture. C'est de l'adresse plus ou moins grande qu'on mettra à grouper ces travaux de détail que dépendra l'activité qui doit régner constamment parmi les employés.

On ne doit jamais souffrir qu'un serviteur, par entêtement, ou mauvaise volonté, ou autrement, *fasse échouer une expérience* ou un essai, discrédite un nouvel instrument ou un procédé nouveau dans la pratique du pays; c'est une des choses les plus préjudiciables aux progrès agricoles d'un établissement.

Il y aurait avantage pour les serviteurs aussi bien que pour le maître à ce que celui-ci les astreignît à déposer de temps en temps des sommes, tant légères fussent-elles, dans les *caisses d'épargnes*. Ce dépôt pourrait être fait librement par les employés eux-mêmes ou par le maître, au moyen d'une retenue sur les salaires fixée d'un commun accord.

Les *salaires des employés doivent être acquittés avec la plus rigoureuse exactitude* aux époques stipulées et suivant les conventions qui ont été faites. Rien ne dégoûte plus les valets et ne les dispose plus à la négligence ou aux murmures que des retards ou de petites difficultés toutes les fois qu'il s'agit de régler cette matière.

Aucun objet ne donne communément lieu à plus de plaintes et de mécontentement de la part des serviteurs que la *nourriture*; il est donc très essentiel, quand ceux-ci entrent au service de l'établissement, de leur faire connaître à l'avance la nature de celle sur laquelle ils doivent en tout temps compter. Cette précaution prise, il n'y a plus de motif fondé de plainte, dès qu'on observe en toute rigueur les conditions arrêtées à cet égard, et toute réclamation injuste doit être repoussée avec vigueur.

Enfin, dans tout établissement agricole, les *soins de l'administrateur*, dans la direction de ses employés doivent tendre sans cesse à développer en eux l'activité et l'amour du travail, le zèle pour les intérêts du maître, l'habitude de l'ordre dans toutes les parties du service dont ils sont chargés, l'humanité envers les bêtes de travail, une certaine dignité dans toute leur conduite, ainsi que l'émulation ou le désir d'exceller dans les travaux qui leur sont confiés.

F. M.

CHAP. II. — Du choix d'un système d'exploitation agricole.

Lorsqu'on entreprend d'organiser et de diriger un établissement rural, il n'est pas de sujet plus grave et qui doive plus longuement, et avec plus de maturité, occuper les méditations de l'administrateur, que le choix du système d'exploitation qu'il doit appliquer à son fonds dans les circonstances locales où il se trouve placé, avec les connaissances qu'il possède et les capitaux dont il dispose pour en tirer la plus grosse somme possible d'avantages et de bénéfices. Ce sujet en effet se rattache par tous les points à l'organisation du domaine, ainsi que nous avons eu plusieurs fois l'occasion de le rappeler dans le titre II; il domine toutes les opérations qui appartiennent à la direction générale d'un établissement, exige l'exercice de toutes les facultés de l'entrepreneur, et forme, ainsi qu'on l'a dit avec raison, le trait le plus caractéristique d'une bonne ou d'une mauvaise culture, et celui qui exercera par la suite le plus d'influence sur le succès de l'établissement.

Considéré sous un point de vue aussi général, le choix d'un système d'exploitation exigerait qu'on entrât dans des détails très étendus sur toutes les considérations qui se rattachent à un sujet aussi important, et qu'on lui consacrât de longs développemens; mais la nature et le plan de cet ouvrage ne nous le permettent pas. Seulement, nous rappellerons qu'un grand nombre de questions intéressantes, qui se lient plus ou moins directement à ce sujet, ont déjà été traitées en particulier dans diverses parties de cet ouvrage, et que cette circonstance, jointe au motif ci-dessus, nous autorise suffisamment à nous renfermer dans les termes les plus généraux du problème.

Nous nous occuperons en 1er lieu des causes influentes dans le choix d'un système d'exploitation; puis, nous terminerons par des considérations propres à diriger l'agriculteur dans ses applications dans une des parties les plus difficiles de l'administration des domaines.

SECTION Ire. — *Des causes générales qui influent sur le choix d'un système d'exploitation.*

Lorsque nous nous sommes occupés de l'organisation des domaines ruraux dans le titre II, nous avons essayé (page 380), de définir ce que, dans un système d'exploitation, nous entendions par systèmes d'économie rurale et de culture, ainsi que par plan de culture et d'aménagement. Nous partirons de cette base dans la classification des matières qui vont faire le sujet des paragraphes suivans.

§ Ier. — Du système d'économie rurale.

Si l'on suppose qu'un domaine rural quelconque, abandonné depuis long-temps aux seuls soins de la nature, soit remis tout à coup aux mains d'un administrateur instruit et intelligent, la première chose à laquelle celui-ci doit songer, après qu'il aura fait une enquête régulière et complète sur toutes les circonstances physiques, agricoles, politiques et commerciales au sein desquelles le domaine est placé, c'est de rechercher quel est le système d'économie rurale qui peut lui être applicable.

Trois systèmes économiques se présentent; celui où l'on s'occupe exclusivement de la production des végétaux, celui où la production animale est au contraire le but à peu près unique de l'exploitation, et enfin un système mixte ou qui participe plus ou moins des deux premiers. Examinons dans quel cas l'un ou l'autre de ces systèmes devient applicable en particulier.

1° *De la production végétale.* Dans le système économique où la production végétale est l'unique ou au moins le principal but de l'établissement, les cultures qui peuvent entrer dans ce mode d'exploitation sont celles des forêts, des prairies, des plantes potagères, des arbres, arbustes et arbrisseaux industriels et enfin celle de tous les végétaux utiles qu'on cultive dans l'économie agricole.

Tantôt la plantation et la culture des *forêts* est impérieusement commandée par les circonstances locales; là c'est un terrain en pays de montagne en pente rapide et d'un accès difficile, sur lequel il serait impossible de conduire la charrue et qui ne fournit que des pâturages peu abondants ou d'un faible produit, ou même un sol qui ne peut être mis utilement en valeur que par des plantations de végétaux ligneux; ici c'est un terrain dans une situation plus ou moins horizontale et en plaine, mais composé de telle sorte ou placé sous l'influence de circonstances locales de telle nature qu'il serait impossible, sans des efforts considérables et sans des avances de capitaux qui ne seraient pas en rapport avec les résultats qu'on obtiendrait, de lui donner d'autre destination que celle de servir à la culture des arbres des forêts ordinaires, des landes ou des terrains inondés, etc.

Tantôt au contraire, la plantation et la culture des grands végétaux ligneux de nos forêts est le résultat d'un choix motivé sur l'existence, dans le pays, de nombreuses usines qui consomment une grande quantité de bois et le paient à un prix élevé et satisfaisant, ou basé sur la présence aux alentours d'une multitude d'industries qui s'exercent sur le bois ou les produits des forêts; sur l'agglomération, à certaines distances, de populations riches et industrieuses qui consomment beaucoup de bois et le paient fort cher; sur l'existence, au sein même du domaine, d'une rivière flottable et navigable où le bois est transporté à peu de frais dans des villes importantes et de grands centres de consommation, où il est toujours d'un prix élevé; ou enfin, sur la proximité des arsenaux militaires et maritimes de construction, ou au moins des voies faciles de communication avec ces vastes établissements où l'on consomme des masses énormes de bois.

La culture exclusive des *prairies* permanentes n'est avantageuse que là où l'on possède des fonds excellents qui donnent de cette manière, et à surface égale, un produit net suppérieur à celui qu'on pourrait tirer de ces fonds s'ils étaient soumis à la charrue; ou bien où certaines circonstances locales, le défaut de capitaux ou toute autre cause ne permettent pas de tirer autrement des fruits d'un fonds. Près des villes riches et populeuses, des lieux de garnison de cavalerie, des grands établissements qui nourrissent beaucoup de bêtes de trait ou de bestiaux, et où l'on est certain de placer le foin à un prix élevé; la culture du sol en prairies permanentes, quand il se prête à ce mode d'exploitation, peut être exclusivement adoptée pour tirer des fruits d'un domaine.

La culture des *plantes potagères*, pour la nourriture des hommes et sans bestiaux, n'a également de succès que près des grandes villes et dans un rayon d'une certaine étendue autour de ces centres de consommation.

Nous en dirons à peu près autant de celle des *vergers*, à moins qu'on ne trouve aux fruits une autre destination, soit en les conservant, soit en les transformant en d'autres produits d'un débit plus étendu.

Le *mûrier* ne peut être raisonnablement cultivé que dans les lieux où l'on s'adonne déjà avec succès à l'éducation des vers à soie.

La culture de la *vigne*, celle de l'*olivier*, du *câprier*, etc. ne sont favorables que dans des climats, des expositions ou des terrains parfaitement adaptés à ces végétaux; où ils fournissent des produits de bonne qualité, ou qui trouvent un écoulement sûr et permanent; ceux où la culture des terres arables est peu avancée, ou bien où celles-ci ne pourraient, à surface égale, donner les mêmes profits, dans les localités où les engrais sont rares, etc.

Enfin, on voit près des grandes villes, des usines, des fabriques, qui fournissent en abondance et à bas prix les engrais nécessaires pour soutenir la fécondité des terres, des établissements ruraux, où l'on s'adonne avec succès et sans bestiaux à la culture de *tous les végétaux utiles* qui peuvent entrer dans l'économie agricole.

2° *De la production animale*. La production animale seule et sans culture de la terre, pourrait souvent être considérée plutôt comme une spéculation mercantile que comme une branche distincte d'économie rurale. On l'observe particulièrement dans les localités où l'on trouve des herbages riches et abondants, tels que les plaines basses de la Normandie, de la Hollande, du Holstein, etc.; ou bien dans certains pays de montagnes comme en Auvergne et en Suisse, qui sont couverts de pâturages abondants et substantiels, et où les terres ne pourraient avoir une destination plus avantageuse et donner des produits plus faciles à récolter. On rencontre encore ce système en pleine vigueur dans des contrées peu avancées en agriculture, où le système pastoral est encore en honneur, où les terres, même les plus fertiles et les plus avantageusement situées, sont abandonnées au paturage, et où l'on trouve facilement à louer celles-ci pour nourrir des troupeaux, qui forment tout le capital fixe d'exploitation d'un assez grand nombre d'éleveurs de ces contrées.

Depuis qu'il s'est formé dans les villes ou au sein des fermes elles-mêmes des *établissements industriels et des fabriques*, tels que des distilleries, des féculeries, des fabriques de sucre de betteraves, des huileries, etc. dont les résidus abondants et vendus à bon compte peuvent servir à l'alimentation ou à l'engraissement des animaux domestiques, on a vu aussi se former des établissemens où, sans culture de terres, on s'est livré à la production animale avec des profits assez constans.

La production du poisson dans les *étangs* toujours en eau, qui appartient encore à ce système économique, demande, pour être dirigée avec quelques chances de succès, un concours de circonstances qu'un de nos plus habiles collaborateurs a cherché à faire connaître et apprécier dans l'article de ce volume qui est consacré aux étangs (pag. 479). Il en est de même de l'éducation et de l'engraissement des *petits quadrupèdes* et *oiseaux domestiques*, qu'on trouve souvent profitable en achetant à autrui leurs alimens, mais qui ne forment qu'une branche infiniment restreinte de l'économie rurale.

3° *Du système mixte*. Dans un système mixte d'économie rurale, on se livre simultanément à la production végétale et animale dans un rapport infiniment variable, mais qui, dans les établissemens ruraux dirigés suivant les bons principes de la culture alterne, est soumis, comme nous le savons déjà, à des règles généralement fixes.

Les *circonstances* qui peuvent engager un entrepreneur à faire choix d'un système mixte d'économie rurale, le seul qui nous occupera dans la suite de cette section, sont celles qui se présentent le plus communément dans la direction des établissemens ruraux. Ainsi c'est tantôt la nécessité de produire soi-même les engrais destinés à réparer l'épuisement des terres, tantôt la nature et l'exposition diverses des terrains qui composent le domaine, leur état d'amélioration, la nécessité de multiplier, varier et perfectionner les produits de l'établissement et de leur trouver un débit plus sûr et plus étendu sous une forme que sous une autre, les profits qu'on peut recueillir en transformant en d'autres denrées et en donnant une valeur vénale à certains produits qui n'en ont aucune ou une très faible sous leur première forme ou qui ne peuvent en cet état être offerts aux consommateurs ou mis à leur portée, etc. Toutes causes intéressantes sans doute, mais dans la discussion desquelles nous ne pouvons entrer ou sur lesquelles nous reviendrons en nous occupant du plan de culture.

§ II. — Du système de culture.

On comprend que toutes les branches de l'économie agricole, pouvant entrer pour une part plus ou moins importante dans l'exploitation d'un domaine par le système mixte, il y a un grand nombre de combinaisons possibles qui constituent chacune ce que nous avons appelé un *système de culture*.

Les *principales branches de l'économie agricole*, qui peuvent entrer dans ces combinaisons ou concourir au système de culture qu'on adoptera sur un établissement rural, sont 1° la culture des terres arables; 2° celle des prairies naturelles et permanentes; 3° les pâturages; 4° celles de certains végétaux industriels, tels que vignes, oliviers, arbres à fruit, etc.; 5° les bois et forêts; 6° les étangs alternativement en culture et eau.

Les *causes les plus puissantes* qui puissent déterminer un administrateur à consacrer certaines portions de son domaine à telle ou telle branche de l'économie agricole, sont les mêmes que celles qui viennent d'être énumérées en nous occupant du système économique, surtout lorsque le domaine, soit par sa position, soit par les différentes circonstances qu'il présente, se prête à l'exploitation de plusieurs de ces branches et promet de les rendre fructueuses.

Plusieurs autres causes peuvent aussi influer sur cette détermination, et parmi quelques-unes de celles qui peuvent se présenter le plus généralement, nous citerons comme exemples la nécessité, dans certaines localités, d'établir des plantations de bois et forêts pour former des abris et se garantir des vents destructeurs ou nuisibles à la végétation ou pour procurer aux terres du domaine une fraîcheur salutaire et s'opposer à leur trop grand desséchement; le besoin de rassembler dans des étangs des eaux qui pourraient causer des ravages et de leur donner un emploi utile pour les irrigations ou pour faire marcher les machines de fabriques agricoles, ou se procurer les eaux nécessaires à tous les besoins du service; l'obligation d'établir une rigoureuse distribution des travaux annuels, enfin des rapports tout particuliers de commodité agricole et administrative ou de localité, etc.

Néanmoins, nous ferons observer que, considérées comme parties d'un système de culture, les diverses branches de l'économie agricole ne paraissent avoir entre elles qu'un très *petit nombre de rapports nécessaires*, et que ce n'est que lorsqu'on les étudie relativement au plan de culture ou d'aménagement qu'il convient d'appliquer à chacune, qu'on voit s'établir pour plusieurs d'entre elles des rapports intéressans, dont nous avons déjà eu occasion de parler lorsque nous nous sommes occupés de l'estimation des domaines ruraux (pag. 340) et de la production des engrais (pag. 479).

§ III. Du plan de culture.

Nous avons donné le nom de *plan de culture* au mode particulier au moyen duquel on dirige chacune des branches dont se compose l'économie agricole, et à la combinaison théorique et pratique qui doit servir le plus immédiatement à tirer des fruits de la terre.

Déjà, dans divers livres de cet ouvrage, on a traité avec beaucoup de détail du plan de culture et d'aménagement des bois et forêts, ainsi que des méthodes de culture applicables aux prairies, aux arbres, aux arbustes et arbrisseaux qui ont des applications industrielles, et enfin de la formation et de l'aménagement des étangs; c'est donc en particulier aux *terres arables* qui, sous ce rapport, peuvent donner lieu aux considérations les plus importantes et les plus étendues que nous consacrerons les considérations qui vont suivre.

On a déjà dit que pour les terres arables un plan de culture comprenait : 1° l'*assolement*, c'est-à-dire le nombre de soles entre lesquelles on partage les terres du domaine ou la période de temps pendant laquelle on fait alterner les récoltes sur une même sole; 2° la *rotation* ou le choix des plantes qui viendront successivement occuper le sol pendant la période de l'assolement. On pourrait sans doute entrer dans quelques développemens sur le rôle que joue chacun de ces deux élémens dans un plan de culture et sur les rapports qui les lient entre eux, mais nous préférons, pour éviter les répétitions, les envisager ensemble et d'un point de vue plus élevé.

Cela posé, au lieu de discuter tous les cas qui peuvent se présenter lorsqu'on veut faire choix d'un plan de culture, ce qui nous entraînerait dans des détails de métier fort étendus, nous allons chercher à établir quelles sont les *conditions* auxquelles ce plan doit satisfaire et que l'administrateur doit prendre en considération, toutes les fois qu'il est appelé à méditer sur ce sujet.

Nous rapporterons ces conditions à deux ordres divers : dans le premier, nous rangerons celles que nous considérons comme agricoles, et dans le second, celles auxquelles nous reconnaissons un caractère purement administratif.

1° *Conditions agricoles.*

1o Sous le point de vue agricole, un plan de culture doit d'abord être en harmonie avec le *climat général* du pays; c'est-à-dire que dans la rotation, on ne doit pas faire entrer, par exemple, des plantes qui, dans la localité ou à cette latitude, ne parviennent pas à maturité ou qui ne peuvent, pendant la durée du temps favorable à la végétation, atteindre tout leur développement; celles qui craignent une surabondance d'humidité, des chaleurs et des sécheresses prolongées, des vents violens, froids, humides, desséchans, des hivers rudes et prolongés, des gelées de printemps, des pluies d'orage dans les pays ou ces phénomènes sont fréquens, etc. C'est faute d'avoir égard à cette circonstance que des agriculteurs qui débutent, ou ceux qui n'ont pas étudié avec le soin convenable la localité qu'ils habitent, voyent souvent échouer des plans qui du reste paraissent bien conçus, tandis que le praticien habile, qui a observé avec soin les influences climatériques sur les végétaux utiles, tombe rarement dans cette erreur. Dans cette matière il ne faut pas se borner à l'étude du climat général, il faut encore observer avec soin les modifications que la hauteur du terrain au-dessus du niveau du pays, les pentes vers tel ou tel point de l'horizon, les abris, les eaux, la direction des montagnes et des vallées, etc., apportent dans ce climat et exercent par conséquent sur la végétation des plantes agricoles. (*Voy.* tome Ier, pag. 262.)

En second lieu, un plan de culture bien étudié ne peut admettre dans la rotation que des *plantes qui prospèrent dans le sol auquel on les confie*; et, ici, il ne s'agit pas d'obtenir des récoltes passables de plantes dans des terrains qui ne leur conviennent pas, mais les récoltes les plus abondantes possibles dans un terrain bien adapté à chaque culture. C'est ainsi qu'un agriculteur éclairé consultera, avant d'établir son plan de culture, les caractères chimiques et physiques de ses terres ; que parmi ces derniers il s'attachera surtout à déterminer la ténacité du sol, son état d'ameublissement, son humidité, sa faculté plus ou moins grande de conserver la chaleur, ses propriétés pour absorber l'humidité atmosphérique, la quantité d'humus qu'il contient, la nature, la richesse et la perméabilité du sous-sol, et déterminera enfin à quelle division et à quelle classe elles appartiennent; tous sujets sur lesquels on trouvera, dans le tome Ier, p. 45 et suiv., et à la p. 261, ainsi que dans le tome IV, à la p. 333, des détails qui laissent peu de chose à désirer.

Un plan de culture doit encore prendre en considération : 1° l'*épaisseur de la couche arable*, puisqu'on sait qu'une terre qui n'a pas une profondeur suffisante ne peut admettre dans la rotation des plantes qui, comme les navets, les choux, les betteraves, etc., vont chercher jusqu'à 12, 15 et 16 po. les élémens de leur nutrition; 2° l'*étendue du domaine*. Personne n'ignore que les petites fermes sont souvent exploitées avec bien plus de soin que les grandes, et que, par exemple, il serait en général très difficile en grande culture d'adopter plusieurs assolemens de la Flandre ou du petit pays de Waes, où toutes les terres sont défoncées à la bêche tous les 7 ou 8 ans, où l'on fume en abondance et où on fait entrer dans la rotation les cultures les plus riches et les plus épuisantes; 3° l'*espèce de bétail qu'on élève, entretient ou engraisse;* puisque les récoltes qui sont destinées à la nourriture des bêtes de rente doivent être adaptées à l'espèce qui doit les consommer et au régime qu'on lui fait suivre; 4° le *mode de gouvernement du bétail*. Dans les établissemens où l'on consacre une certaine partie des terres à des pâturages permanens et où les bestiaux qui pâturent une partie de l'année détruisent par ce mode d'alimentation une portion notable des produits du sol, où leurs déjections profitent peu aux terres de l'établissement, on conçoit facilement que, là, on doit adapter, pour les terres exploitées à la charrue, un assolement tout autre que dans ceux où les animaux, soumis à une stabulation permanente, sont nourris avec les produits récoltés sur des prairies artificielles ou permanentes, ou des récoltes de racines ou de tubercules. Cette distinction est très importante et apporte des modifications notables dans un plan de culture, ainsi qu'on a pu le remarquer dans le tableau de la page 340, ainsi que lorsqu'on fait consommer sur place ou à l'étable les produits des soles fourragères sur un domaine exploité par la culture alterne sans prairies naturelles ni pâturages; 5° l'*étendue des prairies et pâturages* qui fournissent des alimens pour le bétail, et modifient sur les terres arables de la ferme, soit le rapport des soles à grains aux soles fourragères, soit l'étendue relative de ces soles, soit enfin la rotation elle-même et les plantes qu'on y fait entrer; 6° Enfin, la facilité de *se procurer au dehors et à bon compte des alimens pour le bétail ou des engrais*, qui apporte aussi des changemens matériels fort importans dans l'étendue réciproque de soles consacrées à des cultures diverses ou dans les plantes mêmes qui se succèdent sur le même terrain.

Un plan de culture doit être calculé de manière à *entretenir la propreté du sol* par une combinaison judicieuse de la jachère, des récoltes sarclées qui la remplacent jusqu'à un certain point, et de la culture des plantes qui étouffent les mauvaises herbes, avec les cultures qui tendent à favoriser la multiplication de celles-ci. Si les terres n'étaient pas encore dans un état satisfaisant de propreté, le plan doit alors être combiné pour amener ce résultat le plus promptement possible.

Un bon plan de culture doit être tel qu'il permette d'*entretenir la fécondité de la terre* ou même qu'il l'accroisse quand la terre n'a pas encore acquis toute la richesse que comporte la classe à laquelle elle appartient. Cette importante condition, qu'un administrateur doit sans cesse avoir en vue s'il ne veut pas dissiper son capital foncier, a déjà été discutée à plusieurs reprises dans le cours de ce livre, et notamment lorsqu'il s'est agi d'estimer des domaines ruraux en prenant pour base la fécondité des terres et leur mode de culture (p. 335); et lorsque nous avons traité, dans des chapitres spéciaux, de la quantité du bétail (p. 464), de la consommation et de la production des engrais (p. 472); c'est là qu'on trouvera, ainsi qu'à l'article assolement du tome Ier, tous les développemens que comporte une question sur laquelle semble reposer tout l'avenir des établissemens ruraux.

Enfin, un plan de culture doit *satisfaire à la théorie chimique des assolemens*, telle qu'elle a été exposée à la page 257 du tome Ier, et aux conséquences qui découlent des règles qu'elle a posées quand on les combine avec les diverses conditions de l'ordre physique qui ont été mentionnées plus haut.

2° *Des conditions administratives.*

Les conditions que doit remplir un plan de culture, sous le point de vue administratif, peuvent, si on veut, être distinguées en conditions économiques et conditions commerciales. Commençons par les premières.

A. Sous le rapport économique, le plan doit être combiné de telle façon qu'il donne: 1° les *récoltes les plus abondantes* possibles sur une étendue de terrain donnée; 2° les *récoltes les plus certaines*. Ces 2 conditions sont ordinairement remplies quand on a observé avec sagacité celles que nous avons considérées comme purement agricoles, et qui ont été exposées dans le paragraphe précédent; 3° les *récoltes qui donnent le produit net le plus considérable*. Il ne suffit pas en effet d'augmenter le produit brut d'un domaine, mais bien d'accroître le produit net qui est la source réelle des bénéfices, et ainsi que le dit un habile praticien, la principale pierre de touche du mérite d'un plan de culture. On accroît le produit net lorsque le plan, remplissant toutes les conditions exposées précédemment, on obtient d'une même surface et pour les mêmes frais de production des produits plus abondans, plus parfaits et d'une plus haute valeur; lorsqu'on combine ce plan de manière à obtenir sans beaucoup de frais et sans diminuer la fécondité de la terre des récoltes multiples ou le retour plus fréquent des végétaux précieux ou de végétaux aisément transformables en d'autres produits recherchés et d'un débit facile, etc.

Le plan de culture ne doit pas seulement avoir en vue de donner une récolte abondante, certaine et qui fournit le produit net le plus élevé pendant une année seulement, ces *avantages doivent être permanens* et s'étendre à toute la période de l'assolement pour un fermier et indéfiniment pour un propriétaire.

Un plan de culture doit en outre *être applicable dans la pratique et d'une facile exécution*. Pour cela il est nécessaire qu'il remplisse les conditions ci-après :

1° Être en rapport avec les *capitaux de l'entrepreneur*, mesurés d'après l'étendue de terrain qu'il cultive. Tout le monde sait en effet que, pour une surface de terrain donnée, il faut bien plus de capitaux quand on adopte un plan de culture alterne que dans le système triennal, et que plus il entre dans le nombre déterminé d'années de l'assolement de plantes précieuses et épuisantes, plus il est nécessaire de faire d'avances à la production, etc. (*Voy.* tome Ier, p. 265.)

2° S'adapter à l'*état numérique, intellectuel et au degré d'instruction des populations agricoles*. Partout, en effet, où se fait sentir le manque de bras, il est difficile de mettre fructueusement à exécution un plan où les travaux de culture sont multipliés et nombreux; on éprouve encore fréquemment des difficultés presque insurmontables quand ce plan exige des travaux qui sont au-dessus de l'intelligence ou des connaissances pratiques des serviteurs ou des manouvriers du pays, et, sous ce rapport, on doit quelquefois tenir compte de leurs préjugés, de leur entêtement et souvent même de leur malveillance.

3° *Satisfaire à certaines exigences de localité.* Ainsi on ne peut adopter le même plan de culture pour une ferme en pays de plaine, où les travaux sont faciles, les transports aisés et rapides, et pour une autre ferme en pays élevé où les engrais sont difficiles à transporter et la récolte des plantes encombrantes très pénible; pour les établissemens où les arrosages peuvent se pratiquer à peu de frais et ceux où cette faculté est interdite; pour ceux où les salaires ou certains frais de production sont très élevés, ce qui force à renoncer à certaines cultures qui exigent de nombreuses façons, et ceux où ils sont à bas prix; pour les domaines où les instrumens d'agriculture sont grossiers et imparfaits et ceux où ils sont établis d'après de bons principes; pour ceux où les bâtimens d'exploitation sont insuffisants, mal distribués, incommodes, et où certaines récoltes peuvent éprouver des avaries considérables, et ceux où les constructions ne présentent pas ces défauts; pour ceux où les baux n'ont qu'une durée très limitée et ceux où ils ont un plus long terme, etc. Enfin un plan doit se plier à certaines circonstances de localité que la pratique et des observations attentives ont constaté d'une manière authentique.

4° Se prêter à une *bonne distribution des travaux* dans le cours de l'année; c'est-à-dire à ce que les travaux qu'exige chaque récolte ne nuisent pas à ceux qui sont nécessaires à une autre, et en outre à ce que ces travaux soient répartis d'une manière à peu près égale et régulière sur toutes les saisons de l'année.

On ne doit pas non plus négliger d'envisager un plan sous le rapport des facilités qu'il peut offrir pour établir sur le domaine la *division du travail* quand elle est possible.

5° Enfin il doit être *en rapport avec le degré d'intelligence et les connaissances de l'entrepreneur*. Un homme, en effet, qui manque de la plupart des connaissances agricoles et des dispositions personnelles (*voy.* p. 310) qui mettent en état de diriger avec quelque espoir de succès une exploitation rurale, ne peut faire choix d'un plan de culture savant où il se trouverait arrêté à chaque pas par des difficultés qu'il ne pourrait résoudre ou des obstacles que son ignorance ne lui permettrait pas de vaincre, et dans les mains duquel l'assolement le mieux conçu pourrait bien ne donner que des fruits médiocres ou même entraîner à des pertes.

L'*ignorance des principes de l'administration agricole* s'oppose aussi souvent à ce qu'on puisse formuler et mettre à exécution un bon plan de culture, ou à ce qu'on puisse se rendre un compte exact de la marche qu'on suit et des modifications qu'il faut y apporter ou dont elle est susceptible.

B. Passons maintenant aux conditions qui paraissent purement commerciales et auxquelles le plan de culture doit se conformer.

D'abord, un plan de culture doit être basé sur les *besoins du pays*. Ces besoins se révèlent à l'agriculteur par la demande et l'écoulement de ses produits. Plus un produit est d'un emploi général dans un pays, plus on y attache un prix élevé, et plus aussi l'agriculteur peut espérer de trouver un écoulement sûr, rapide et avantageux pour le produit de cette nature qu'il a créé. Une population consomme d'autant plus de produits qu'elle est plus nombreuse, plus riche et plus industrieuse; et un assolement peut être d'autant plus riche et plus varié qu'on est placé au sein d'une population qui présente ces caractères, et que des hommes, des animaux, des usines, des manufactures, des fabriques, des commerçans qui trafiquent avec les pays étrangers, y consomment plus de denrées et une plus grande variété de produits agricoles.

Sous le point de vue commercial, il importe encore que les plantes qui entrent dans la rotation donnent, soit brutes, soit après les transformations qu'elles ont subies entre les mains de l'agriculteur, le *plus gros profit net*; qu'elles soient d'une vente constante, certaine, d'un prix généralement ferme, ou qui oscille dans d'étroites limites, et qu'elles puissent être vendues, la plupart du temps, aux individus les plus solvables du pays.

Enfin, certaines considérations sur l'*état économique* et *administratif du pays* peuvent motiver des altérations dans un plan de culture, toujours néanmoins sous le point de vue commercial. Ainsi, des voies de communication peu nombreuses, mal entretenues, en mauvais état; des marchés mal placés, trop éloignés, mal fréquentés; des mesures fiscales onéreuses pour certains produits, etc., peuvent tantôt faire établir un plan de culture où domine la production animale, tantôt ramener au contraire à la production végétale, ou faire établir entre elles un certain équilibre ou un rapport qui peut varier de bien des manières différentes; enfin, sous ce rapport, le plan de culture doit être tel que la terre bien préparée en toute saison, soit propre à recevoir, soit des végétaux du commerce, soit des plantes destinées à la nourriture des hommes ou des animaux, et toujours disposée à se prêter dans un court délai à toutes les modifications dans le plan que nécessitent des besoins, des goûts ou des habitudes nouvelles dans la population, ou des débouchés nouveaux.

§ IV. — Du mode d'aménagement.

Il ne nous resterait plus, pour compléter ce que nous avons jugé indispensable de dire sur le choix d'un système d'exploitation, qu'à parler du *mode d'aménagement* qu'on doit suivre dans les divers systèmes ou plans de culture qu'on se propose d'adopter. Sous ce titre, nous comprenons les divers modes ou procédés pratiques dont on peut faire choix pour conduire et diriger certaines opérations agricoles qui se présentent naturellement quand on veut mettre à exécution un plan quelconque de culture; telles sont la détermination de l'époque et de la manière dont on distribuera les amendemens et les engrais; l'état dans lequel ces derniers devront se trouver au moment où on les distribuera sur les terres, leur répartition, leur enfouissage, etc.; l'espèce de labour qu'on donnera, leur profondeur et leur nombre; le mode et le nombre de hersages et roulages; les diverses façons qu'on donnera aux cultures binées ou sarclées et leur nombre; l'époque où l'on commencera les récoltes et les procédés employés pour les faire, etc. Mais tous ces objets appartenant plutôt à l'art agricole qu'à l'administration proprement dite; nous renverrons aux chapitres de cet ouvrage où ils ont été traités, en rappelant toutefois qu'ils doivent tous tendre constamment vers le but unique de multiplier et de perfectionner les produits, ou d'accroître le produit net du domaine.

SECTION II. — *Considérations sur le choix d'un plan de culture.*

Le choix d'un système ou d'un plan de culture peut donner lieu à des considérations si étendues, et d'un si haut intérêt, et des erreurs sur ce sujet pourraient entraîner à des conséquences si graves, que nous regarderions comme trop incomplets les détails qui précèdent, si nous n'y ajoutions des réflexions pleines de justesse et de prudence, que nous empruntons aux ouvrages de l'un de nos plus célèbres agronomes, et en particulier à l'excellent mémoire que le savant directeur de Roville, après 10 années de pratique, d'expérience et d'observations, a consigné dans le 8e vol. des Annales de cet établissement, et qui est intitulé : *Du succès ou des revers dans les entreprises agricoles;* mémoire que nous avons déjà eu plus d'une fois l'occasion de citer avec fruit.

« Il est impossible, dit d'abord M. de DOMBASLE, d'avoir la prétention chimérique de *tracer d'emblée*, pour des terres et une localité dont on n'a pas une connaissance approfondie, un plan dans lequel on ne se permettra plus de rien modifier. On doit sans doute *travailler d'après un plan arrêté*, et par conséquent s'en tracer un en débutant; mais la convenance de telle culture, de tel assolement, de tel procédé est liée à des considérations si variées, prises dans les propriétés du sol, dans les débouchés ou dans d'autres circonstances locales, que c'est seulement d'après des observations recueillies pendant un grand nombre d'années que l'on peut être assuré d'avoir attribué la part convenable à chacune de ces considérations. Jusque-là, le plan qu'on avait adopté ne peut être considéré que comme un canevas destiné à recevoir de nouvelles combinaisons, dont l'expérience et les observations de chaque jour font reconnaître l'utilité. On peut même dire que plus l'art fait de progrès, plus on voit s'accroître le nombre des combinaisons que peut admettre la pratique; et plus aussi il faut d'études et d'observations pour appliquer à chaque localité la combinaison qui lui convient le mieux.

« C'est presque toujours des *débuts que dépend le succès dans une entreprise d'agriculture*, parce que, s'ils ont entraîné des pertes considérables, il n'arrivera presque jamais que l'homme, qui les a éprouvées, persiste à vouloir utiliser du moins l'expérience qu'il a acquise si chèrement, en supposant même que ces pertes ne l'aient pas placé dans l'impossibilité de chercher une meilleure route. Il serait donc bien important que chacun pût trouver un système de culture, non pas le meilleur possible, mais néanmoins applicable aux circonstances dans lesquelles il se trouve placé, et d'ailleurs simple, d'une exécution facile, exigeant peu d'avances et par conséquent ne pouvant entraîner que des pertes peu importantes. On s'attacherait pendant quelque temps à ce mode de culture; l'homme auquel manquent les connaissances du métier pourrait les acquérir sans de grands risques pour lui, pourvu qu'il veuille s'appliquer sérieusement à observer et étudier les faits. En dirigeant ses opérations, il apprendra à connaître sa terre, les hommes à qui il a à faire, et les diverses circonstances qui doivent le déterminer dans le choix des modifications qu'il lui conviendra d'apporter à sa culture. Et même, pour un homme déjà expérimenté dans les pratiques agricoles, il est tant de considérations diverses qui doivent influer sur les déterminations qu'il prendra pour l'amélioration de son système agricole, qu'il risque de commettre des fautes fort graves, s'il veut adopter définitivement un plan avant d'avoir étudié pendant un temps assez long les circonstances spéciales sous l'influence desquelles il doit travailler. Ainsi, pour lui aussi, le mode de culture simple et économique dont on vient de parler serait fort utile comme point de départ et comme moyen propre à étudier ces circonstances, sans courir le danger de compromettre par des pertes prématurées le succès des améliorations qu'on médite.

« Mais où pourra-t-on trouver, pour chaque circonstance, ce système de culture économique et simple adapté à la localité? Il ne faut pour cela ni grands efforts, ni des recherches savantes. *Le système agricole communément usité dans chaque canton* est précisément ce que nous cherchons. Il n'est pas le meilleur possible, il est même souvent mauvais; mais enfin il est tel qu'on peut le suivre sans se ruiner, et même avec des bénéfices lorsqu'on s'y prend bien. D'ailleurs, tout ne sera pas mauvais sans doute dans le détail des pratiques diverses dont l'ensemble compose ce système; la routine est aveugle, mais quelquefois, en cherchant à tâtons, elle a trouvé le bon chemin de certaines opérations; et il serait aussi peu rationnel de proscrire un procédé, parce qu'il est celui des routiniers, que d'en condamner un autre d'avance, parce qu'il est inusité dans la localité. Mais ce n'est qu'après avoir appris par l'expérience à reconnaître les avantages ou les inconvéniens des diverses pratiques, qu'on pourra prendre une sage détermination pour abandonner, conserver ou modifier chacune d'elles.

« Je n'hésite donc pas à dire que, pour l'homme encore novice dans la pratique de l'agriculture, et souvent aussi pour celui qui n'est pas étranger à cet art, le système agricole ordinaire du canton où l'on projette d'introduire une culture perfectionnée doit former le *point de départ*, et la route à laquelle on doit s'assujettir pendant un temps plus ou moins long. Au total, si un propriétaire fait valoir pendant quelques années son domaine selon les méthodes ordinaires du pays, les pertes dont il court risque ne dépassent pas la limite des sacrifices qu'il peut consentir à faire pour acquérir dans les pratiques du métier les connaissances qui lui sont indispensables pour s'élever ensuite à des procédés moins imparfaits; tandis que les pertes réellement graves qui compromettent la fortune d'un agriculteur sont celles qui frappent sur les capitaux, et auxquelles on s'expose toutes les fois qu'on met dehors des sommes considérables avant d'avoir acquis les connaissances de pratique nécessaires pour en diriger utilement l'emploi.

« Si un propriétaire se détermine à faire valoir son domaine avec l'intention de procéder aux améliorations avec sagesse et lenteur, et en commençant par suivre les méthodes du canton qu'il habite, son attention devra se diriger dès le début, et pendant plusieurs années, sur *quelques points fort essentiels* parmi lesquels il est nécessaire d'indiquer les plus importans.

« La *production des engrais* est le 1er objet qui doit fixer l'attention de l'homme qui songe à une culture améliorée; car presque partout c'est le défaut d'engrais qui forme le principal obstacle à toute amélioration. En suivant la méthode du pays, on ne pourra augmenter la masse des engrais que dans des limites très restreintes; cependant on pourra mieux placer et soigner le tas de fumier, éviter la perte des urines ainsi que du purin qui s'écoule du tas, recueillir avec plus de soin les substances qui peuvent être ajoutées au fumier, et obtenir par le seul effet de ces soins une augmentation d'une certaine importance dans la masse des engrais; mais c'est de l'augmentation dans le nombre des bestiaux, et surtout de l'accroissement dans la quantité de fourrages, quel'on doit seulement attendre de grandes améliorations sous ce rapport. Presque partout il est impossible d'atteindre ce but sans s'écarter de la méthode ordinaire de culture, mais le propriétaire doit prévoir dès le début que c'est vers ce point qu'il devra diriger ses 1res améliorations, et faire ses dispositions de manière à l'atteindre avec certitude. En conséquence, il sera convenable qu'il cherche à s'assurer, par des *expériences* faites sur une très petite échelle, du degré de réussite qu'il peut espérer de la culture de diverses plantes à fourrage sur le sol qu'il cultive, et sur les différentes natures de terrains qui peuvent le composer. Ces expériences sont peu coûteuses lorsqu'on les borne à la semaille de quelques livres, ou même de quelques onces de graines, et, en variant le mode de culture, les époques de l'ensemencement, on arrivera dans un petit nombre d'années à connaître avec certitude si l'on peut cultiver avec succès, dans chaque espèce de terrain, le trèfle, le sainfoin, la luzerne, les vesces, les betteraves, les pommes de terre, les navets, etc. »

« Lorsqu'on se sera assuré par des moyens de ce genre de la production d'un supplément de fourrage, un des points qui doivent attirer la plus sérieuse attention de la part du cultivateur, est le choix du *genre de bétail* par lequel il fera consommer ses fourrages, et qui produira le fumier dont il a besoin. Chaque genre de bestiaux peut donner lieu à des spéculations fort diverses; mais en général ce n'est que dans un avenir éloigné qu'un cultivateur débutant doit s'occuper de faire un choix entre toutes les combinaisons qui peuvent présenter des chances de bénéfices. Il est bon qu'il y pense souvent, qu'il recherche avec soin toutes les données qui peuvent l'éclairer sur ce choix; mais pendant plusieurs années il fera bien de s'attacher à la spéculation qui est considérée comme la plus profitable dans le canton. Dès qu'il aura un supplément en fourrage artificiel, il pourra agrandir le cercle de cette spéculation, en augmentant le nombre de ses bestiaux, ou seulement en nourrissant mieux ceux qu'il entretient; et, dans un cas comme dans l'autre, augmenter également la masse de ses fumiers; il pourra aussi supprimer progressivement l'usage de la pâture à mesure qu'il obtiendra des fourrages pour nourrir son bétail à l'étable, et il accroîtra par là dans une proportion très considérable la production du fumier.

« Il est bien entendu qu'en s'occupant de créer des prairies artificielles, on ne négligera pas les améliorations souvent très simples et très peu coûteuses qu'on peut apporter aux *prairies naturelles*, souvent si négligées.

« En même temps qu'on s'occupe du soin d'accroître la masse des fumiers, on porte son attention vers un point bien important: la *destruction, dans les terres arables, des plantes nuisibles*, qui, partout où la culture est négligée les infestent au point de diminuer les récoltes dans une forte proportion. De tous les moyens de nettoiement du sol, la jachère étant le plus efficace, le plus énergique, et, dans beaucoup de cas, le plus économique, il sera utile d'y soumettre à leur tour toutes les terres qui, par leur état de malpropreté excessive, en indiquent le besoin. Dans tous les cas, les jachères devront être très soignées, tant pour le nombre des labours que pour leur bonne exécution; et c'est là un des points par lesquels il sera bon de commencer à s'éloigner des pratiques vicieuses et des habitudes de négligence du pays. »

« Lorsqu'un propriétaire se sera assuré par les moyens indiqués l'accroissement de la masse de ses fumiers par l'augmentation du fourrage et du bétail, s'il s'est aussi livré pendant quelques années à des expériences en petit sur le succès qu'il peut attendre dans les diverses natures de terres qui composent son domaine de quelques autres récoltes dont la culture peut lui assurer des avantages dans la localité, comme les plantes oléagineuses les plus communes, les racines destinées au bétail, etc., il sera en *mesure de créer un assolement*; c'est-à-dire, de combiner l'ordre dans lequel il doit placer alternativement les récoltes des céréales ou autres destinées à la vente, et celles dont il a besoin pour nourrir le nombre de têtes de bétail nécessaire pour lui fournir la quantité de fumier que réclame cet assolement. C'est une chose fort grave que le choix d'un assolement, car de toutes les combinaisons qui se présentent dans les opérations d'exploitation rurale, c'est certainement celle qui doit exercer par la suite le plus d'influence sur les succès que l'on y obtiendra. C'est par la combinaison des diverses conditions que doit remplir un assolement qu'on obtiendra dans un terrain donné, et à l'aide de l'assolement qui lui convient, le produit net le plus élevé possible; mais on conçoit qu'on ne doit espérer à trouver cette combinaison qu'au moyen de connaissances pratiques assez étendues, et d'observations faites sur le terrain même pendant un espace de temps plus ou moins long. Lorsqu'un homme, doué de quelque esprit d'observation, aura cultivé un domaine pendant quelques années; qu'il se sera attaché à observer et à étudier toutes les circonstances qui peuvent l'éclairer sur les divers points dont il vient d'être question, son assolement se créera presque de lui-même; car il en a tous les élémens sous la main, et il ne s'agit plus que de les réunir et de les coordonner. Mais toutes les fois que l'on crée un assolement *à priori* pour une exploitation dont on ne connaît pas parfaitement toutes les circonstances, ou qu'on adopte de confiance un de ces assolemens que les livres présentent, on doit s'attendre, ou à s'engager dans une fausse route, ou à être forcé de changer promptement de chemin. Ainsi donc, pour tout homme qui n'est pas très versé dans la pratique de l'art, l'adoption d'un nouvel assolement est une chose à laquelle il faut songer souvent, mais à laquelle on ne doit se décider que très tard, et lorsqu'on voit bien clairement, d'après les données tirées de l'expérience, tous les détails des circonstances si variées qui s'y rapportent. »

F. M.

CHAPITRE III. — Des travaux agricoles et de leur mesure.

Toute opération agricole se résout en définitive en travaux exécutés par les hommes ou les animaux, ou par le concours de ces 2 sortes d'agens, et les frais qu'elle occasionne dans le prix du travail des uns et des autres pendant toute la période du temps qu'on met à l'exécuter.

Un administrateur, qui veut mettre de l'ordre dans ses opérations et qui cherche à se rendre un compte exact, soit à l'avance, soit après le travail, de la manière dont elles ont été conduites et exécutées, doit nécessairement avoir une *commune mesure* au moyen de laquelle il puisse apprécier la quantité de travail fait dans un temps donné et déterminer si cette quantité correspond à celle qu'on doit attendre dans les circonstances où il est placé des hommes et des animaux, c'est-à-dire s'il a fait à la fois l'emploi le plus économique et le plus rationnel du travail de ses agens et de ses moteurs.

Nous avons déjà parlé des *causes locales et indépendantes* qui peuvent faire varier la quantité de travail des hommes et des animaux, et des *élémens* qui servent à sa mesure économique (p. 432). Il ne nous reste plus qu'à déterminer la quantité absolue que peuvent fournir en moyenne les agens animés pendant une certaine période de temps, période que nous fixerons également, en moyenne, dans ce qui va suivre, à une journée de travail de 10 heures, à moins que nous n'avertissions du contraire.

On ne connaît qu'imparfaitement la quantité moyenne et absolue de travail journalier des hommes et des animaux, en France, dans les travaux de l'agriculture, et nous n'avons à cet égard que des données isolées; d'ailleurs, l'agriculture, sur la majeure partie de notre territoire, a fait si peu de progrès, et on y est si peu soucieux d'y rechercher comment on parvient à économiser le temps, que les nombres qu'on a pu ainsi recueillir ne peuvent être que d'une faible utilité pour un établissement organisé d'après les meilleurs principes économiques. En Angleterre, on possède un assez grand nombre de documens précieux sur cette matière qui se rattache si essentiellement à la pratique de l'agriculture; mais beaucoup de ces documens ne doivent être adoptés qu'avec circonspection, attendu que ce sont plutôt des *maxima* obtenus dans des concours que des résultats moyens, se rapprochant de ceux qu'on obtient le plus communément dans la pratique. L'Allemagne est très riche en matériaux de ce genre, et un très grand nombre d'agronomes de ce pays se sont appliqués avec persévérance à rechercher par expérience la mesure exacte et commune du travail journalier des agens agricoles animés. Nous nous proposons de mettre à profit les travaux qui ont été publiés sur ce sujet dans ces deux derniers pays, dans les tableaux succincts que nous allons présenter pour les principaux travaux de culture. Les nombres qu'on trouvera dans les sections suivantes sont ceux auxquels on doit atteindre dans un établissement bien organisé, et où tout est dirigé suivant les meilleurs principes, et dans une série d'opérations qui se succèdent sans interruption dans le cours d'une année agricole; seulement nous devons faire remarquer que certains travaux, dans divers pays, ne sont pas toujours confiés aux individus du même sexe, et que tantôt on y applique des hommes et tantôt des femmes, ce qui peut faire varier les nombres suivant les usages des localités.

Section 1re. — *Travaux pour la fumure des champs.*

1° *Chargement du fumier.* Ce travail peut être exécuté par des hommes et des femmes. Suivant Meyer, un homme peut charger en une journée de travail 8 chars de fumier de 1 mèt. 40 cent. cube chacun (40 pi. cubes), ou en tout 11 mèt. cub. (320 pi. cubes), ou en supposant que le mètre cube de fumier normal pèse 720 kilog. (25 kilog. le pi. cube), environ 80 quintaux métriques de fumier chargé par jour. — M. Schmalz porte ce chargement jusqu'à 14,5 mèt. cubes (420 pi. cub.), ou à 105 ou 106 quint. mét. par jour. — M. Krzesis a observé que 4 personnes adultes chargeaient par heure 4 chars de fumier de 1 mèt. 40 cent. cube chacun, ce qui fait, en une journée de travail de 10 heures, 56 mèt. cub. (1,600 pi. cub.), ou pour chaque personne et par jour, 14 mèt. cub. (400 pi. cub.), c'est-à-dire 102 quint. mét. de fumier normal. — M. Block porte aussi ce même travail à 102 quint. mét.

2° *Transport du fumier aux champs.* M. SCHMALZ admet que 4 bons chevaux de forte taille transportent dans les champs, à une distance moyenne, 10 à 12 chars de fumier de 1m,50 cube (42 pi. cub.) chacun, et ceux de petite taille, de 1 mèt. seulement (29 pi. cub.). — M. KREISSIG pense que pour une distance moyenne on peut admettre qu'un attelage de 4 chevaux peut transporter 15 chars de fumier dans les champs en 10 heures de travail, en chargeant également 1m,50 cube (ou 11 quint. mét.) pour les forts chevaux, et 1 mèt. (7 quint.) pour les petits. Il ajoute qu'en hiver, lorsqu'on transporte le fumier sur des traineaux, 2 forts chevaux suffisent pour un chargement de 1m,50 cube et 2 petits pour un chargement de 1 mèt. cube. En moyenne, dit-il, on peut admettre qu'en un jour

Un fort cheval transporte 6 mèt. cub. (180 pi. cub.) ou 44 quint. mét.

Un petit cheval transporte 3m,70 (107 pi. cub.) ou 27 quint. mét.

En supposant que la moitié de la charge au moins est transportée par traineau.

Voici maintenant les résultats présentés à ce sujet par M. BLOCK.

Si on suppose qu'en moyenne un cheval de taille ordinaire, dans les jours longs et courts de l'année, attelé à un char, parcourt 30 kilom. (7 lieues de 2,200 toises), moitié chargé et moitié à vide, et qu'il y ait des chars de rechange, tant dans les cours de chargement du fumier qu'aux lieux de déchargement, auxquels on attelle les animaux aussitôt qu'ils arrivent pour ne pas les laisser à rien faire pendant ces opérations, et que la charge pour un char attelé de 2 chevaux soit de 1m,25 cub. ou 9 quint. mét., voici pour différentes distances le nombre de chars de fumier normal, de mètres ou pieds cubes ou de quintaux qui seront transportés aux champs :

DISTANCE A PARCOURIR.	FUMIER TRANSPORTÉ EN CHARS.	EN MÈTRES CUBES.	EN PIEDS CUBES.	EN QUINTAUX MÉTRIQUES.
a. Pour une dist. de 1 à 300 mèt. des bâtimens d'exploitation.	22,22	27,75	800	200 »
b. idem. 600 idem.	15,40	19,25	560	138,60
c. idem. 900 idem.	11,75	14,65	420	105,75
d. idem. 1,200 idem.	9,50	11,85	340	85,50
e. idem. 1,500 idem.	8 »	10 »	300	73 »
f. idem. 1,800 idem.	6,90	8,60	245	62 »
g. idem. 2,100 idem.	6,06	7,55	220	54,50
h. idem. 2,400 idem.	5,40	6,75	200	48,50
i. idem. 2.700 idem.	4,90	6,12	180	44 »
k. idem. 3,000 idem.	4,40	5,50	160	40 »

En prenant la moitié de ces nombres on aura le travail journalier d'un cheval de taille moyenne dans ces diverses circonstances.

Quand les chemins sont en mauvais état ou dans les pays de montagnes où l'on est obligé de moins charger et où les attelages vont plus lentement, il faut compter sur 1/3 de moins de travail.

3° *Déchargement du fumier.* Un homme aux champs décharge en une journée de 10 heures de travail 40 à 42 mèt. cub. de fumier (1,200 pi. cub.), ou 290 à 310 quint. mét.

4° *Epandage du fumier.* Une femme, en 10 heures de travail, répand dans les champs 14 mèt. cub. (environ 400 pi. cub.) de fumier ou 100 et quelques quintaux (KREISSIG). — Une femme répand dans le même temps, en fumure normale, du fumier sur 30 à 36 ares (BLOCK).

Voyons maintenant, comme exemple, d'après ces documens, combien il faudrait de journées de travail d'homme, de femme et d'animaux pour charger et conduire, à une distance moyenne de 1,500 mètres des bâtimens d'exploitation en pays de plaine sur des chars à 2 chevaux, décharger et épandre 50 mèt. cubes (environ 1,500 pi. cub.), ou à peu près 365 à 370 quint. de fumier normal dans les champs.

	JOURNÉES DE CHEVAUX. Gros.	Petits.	JOURNÉES d'homme.	JOURNÉES de femme.
1° Chargement.	»	»	2 »	1,75
2° Transport.	10 »	15 »	5 »	»
3° Déchargement	»	»	1,25	»
4° Epandage.	»	»	»	3,75
TOTAL, pour 50 mèt. cub.	10 »	15 »	8,25	5,50

SECTION II. — *Travaux de labourage.*

« L'étendue de terre labourée dans un jour, dit SINCLAIR, doit varier selon la qualité du sol, la largeur de la bande de terre qu'on prend à chaque raie, la profondeur du labour, la longueur du champ, la saison de l'année où le labour est exécuté. Dans un sol moyen, et qui n'est pas trop durci par la sécheresse, une paire de chevaux peut labourer 40 ares dans une journée de 9 heures de travail, divisée en 2 attelées; une longueur de 200 mèt. sur une largeur de 20 mèt. forme cette étendue. Cette largeur fait 86 sillons de 24 centim. (9 po.) de largeur chacun; de sorte que les chevaux, en prenant une bande de terre de cette largeur, parcourent une longueur de 17 kilomèt. 200 mèt, sans compter les tournées. Si on suppose que les tournées font 1/10 en sus, les chevaux parcourent un peu moins de 19 kilomèt. Cette quantité d'ouvrage est assez pour 2 chevaux; cependant, 19 kilomèt. en 9 heures supposent un pas fort lent. Dans un sol meuble, plat et bien ressuyé, une bonne paire de chevaux laboure 48 ares dans sa journée, 36 ares dans un sol argileux et souvent pas au-delà de 32 ares. Dans les 2e et 3e labours, pour les turneps (sols légers), en été ou au printemps, ils peuvent faire 64 ares, et dans quelques sols très faciles jusqu'à 80 ares. En Norfolk, la journée ordinaire de travail est de 40 à 60 ares. Dans ce comté, les chevaux marchent généralement à raison de 5 kilomèt. à l'heure environ, et le tirage est si léger que les animaux le sentent à peine. Pour labourer 60 ares, avec des sillons de 24 centimèt. (9 po.) de largeur, les chevaux parcourent une longueur de près de 27 kilomèt. (6 1/3 lieues de 2,200 toises), et avec un sillon de 21,66 centimèt. (8 po.) de largeur, environ 30 kilomèt. (7 lieues). La longueur des sillons influe beaucoup aussi sur la quantité de travail qu'on peut exécuter dans une journée. Il paraît d'après les expériences, que, lorsque les sillons n'ont que 70 mèt. de long, (36 toises), les tournées font perdre 4 heures 39 min. dans une journée de 8 heures; tandis que, lorsque les sillons ont une longueur de 242 mèt. (124 toises), les tournées ne prennent que 1 heure 19 min. Dans la partie du Norfolk où le sol est argileux, on ne laboure qu'environ 40 ares par jour. »

En formant 3 divisions dans les terrains, suivant leur cohésion, c'est-à-dire en les partageant en terres fortes, moyennes et légères, ou bien d'après le tableau de la page 340, en partageant les labours en labours forts, moyens et légers, M. KREISSIG donne le tableau suivant du travail des hommes et des animaux pour le labour d'un hectare.

	JOURNÉES DE TRAVAIL par hectare	
	d'homme.	de bête de trait.
(a) *Sol compacte, labour fort.*		
1° 2 *chevaux de forte taille* labourent en moyenne dans les jours longs et courts 50 ares de terrain.	2	4
2° 2 *chevaux de taille moyenne*, nourris l'été en vert ou au pâturage, labourent dans les mêmes circonstances 25 ares.	4	8
3° 2 *bœufs de taille moyenne*, nourris au pâturage et qui travaillent sans interruption, labourent dans ces circonstances 20 ares. . . .	5	10
(b) *Sol moyen ou labour moyen*, c'est-à-dire 2ᵉ et 3ᵉ labours des terres fortes, et 1ᵉʳ des terres de cohésion moyenne.		
1° 2 chevaux de forte taille, 60 ares	1,66	3,33
2° 2 chevaux de taille moyenne qui pâturent, 50 ares.	2	4
3° 2 bœufs de pâturage, 25 ares.	4	8
(c) *Sol léger ou labour léger*, c'est-à-dire 2ᵉ et 3ᵉ labours en sol moyen et labours des sols légers.		
1° 2 chevaux de forte taille, 75 ares.	1,33	2,66
2° 2 chevaux de taille moyenne, 60 ares. . . .	1,66	3,33
3° 2 bœufs de pâturage, 40 ares.	2,50	5

BEVAN estime qu'un cheval exerce dans le labour une force de tirage de 55 à 60 kilogr., en sol léger, de 60 à 62 dans un loam de consistance moyenne, de 65 à 67 dans les terres fortes et de 75 à 78 dans les terres fortes, caillouteuses ou pierreuses.

En Belgique, dans les labours ordinaires en sol de cohésion moyenne, les chevaux, qui font ordinairement 2 attelées, labourent en billons 33 ares dans chacune ou 65 à 66 ares dans leur journée de travail; de manière qu'on compte qu'un attelage de 2 chevaux laboure en 2 jours un *bunder* (131 ares) de terrain (SCHWERZ).

En adoptant la classification des terrains en sols compactes moyens et légers, M. BLOCK présente le tableau suivant de la quantité de travail que peut faire un attelage de 2 bons chevaux, dans les travaux de labourage, en une journée de longueur moyenne, quand le champ est à proximité des bâtimens ruraux.

	SURFACE EN ARES LABOURÉE DANS UN SOL		
	léger.	moyen.	compacte.
Labour de jachère.	62	56	43
Deuxième labour.	58	52	40
Troisième labour.	90	82	63
Labour de semaille. . . .	58	52	40

Il calcule ensuite que pour chaque distance de 300 mèt. (150 toises environ) des bâtimens d'exploitation, l'attelage laboure environ 2 ares à 2 ares 50 cent. de moins dans chaque espèce de terrain que les nombres portés dans le tableau précédent. Ainsi, dans le labour de jachère, et lorsque la distance où il faut que se rendent les attelages est de 1,800 mèt., la quantité de terrain labourée en un jour n'est plus que de 50 ares pour les sols légers, de 44 pour les moyens et de 30 à 31 pour les sols compactes.

SECTION III. — *Travaux de hersage ou émottage à la herse.*

L'étendue de terrain qu'on herse dans une journée varie suivant la qualité et l'état physique du sol, la vitesse des chevaux, la nature et la construction de la herse, la méthode de hersage et le mode d'attelage des animaux. En Écosse, un homme et une paire de chevaux font 4 hect. par jour, lorsqu'on ne donne qu'un seul trait, et seulement la moitié lorsqu'on donne 2 traits. En Norfolk, dans les terrains en pente, on est dans l'usage de faire aller les chevaux au pas en montant et de redescendre au trot; on herse ainsi 3 hect. environ par jour. En attachant ensemble plusieurs herses, on fait à proportion plus d'ouvrage (SINCLAIR).

Dans les sols légers on peut n'employer qu'une seule bête de trait au hersage. En supposant un seul hersage en sol moyen, on peut herser de 1 1/2 hect. à 2 1/2 hect. par jour avec 2 chevaux, et 1 1/4 à 1 3/4 d'hect. avec 2 bœufs. Si le terrain exige 2 et 3 traits, la surface hersée se réduit à moitié ou au tiers de celle indiquée (PABST).

Dans les terrains légers de la Campine un bon cheval, dans une attelée de 3 heures, herse 131 ares, ou 2 hect. 50 ares en 2 attelées, et 3 hect. 75 ares en une journée de 9 heures de travail effectif (SCHWERZ).

Un cheval herse (en sol moyen) 2 hect. en une journée de travail de 8 heures (DOMBASLE, III, 408).

En conservant la division adoptée plus haut, M. KREISSIG divise les hersages en forts, moyens et légers, et dresse le tableau suivant des journées d'hommes et d'animaux pour le hersage d'un hectare dans différens systèmes d'attelages et des sols divers.

	JOURNÉES DE TRAVAIL par hectare,	
	D'HOMME.	DE BÊTE DE TRAIT.
a. *Hersage fort* ou des sols argileux et compactes, particulièrement quand ils sont desséchés.		
1° Deux forts chevaux ne peuvent travailler, au moyen d'une herse pesante, au-delà de 125 ares par jour; 4 chevaux exigent un homme pour les conduire.	0,40	1,60
2° Deux chevaux moyens, qui pâturent l'été ou reçoivent une nourriture verte, travaillent avec des herses légères, ne hersent guère que 75 ares; 4 chevaux exigent un homme.	0,66	2,66
b. *Hersage moyen* ou des sols compactes après les 2ᵉ et 3ᵉ labours, et des sols moyens après le 1ᵉʳ; ici les herses sont moins pesantes.		
1° Deux forts chevaux hersent en un jour 2 hect.; 4 chevaux exigent un conducteur.	0,25	1 »
2° Deux chevaux moyens, au régime indiqué ci-dessus, hersent 150 ares; 4 chevaux ont besoin d'un conducteur.	0,33	1,33
c. *Hersage léger*, ou des sols moyens après le 2ᵉ labour et des sols légers après le 1ᵉʳ; herses légères attelées d'une seule bête de forte taille.		
1° Deux forts chevaux hersent 3 hect. et exigent un conducteur.	0,125	0,33
2° Deux chevaux moyens, attelés ensemble, hersent 3 hect. 75 ares; 4 exigent un conducteur.	0,133	0,53

Dans ces sortes de travaux M. BLOCK n'admet que 2 distinctions : les hersages légers et les hersages forts; c'est d'après cette base qu'il établit le tableau suivant du travail journalier d'un cheval dans divers systèmes de hersages, et lorsque le champ à herser est à proximité des bâtimens d'exploitation.

	SURFACE HERSÉE EN ARES.	
	Hersage léger.	Hersage fort.
1° Un seul trait de herse	312,50	250 »
2° Deux traits	156,25	150 »
3° Trois traits	104 »	83,25
4° Quatre traits	78,12	62,50
5° Cinq traits	62,50	50 »
6° Six traits	52,08	41,66

Pour chaque distance de 300 mèt. (150 toises environ) des bâtimens d'exploitation, cette quantité de travail diminue ensuite, savoir :

Un trait	10 ares.	Quatre traits	2,50 ares.
Deux traits	5	Cinq traits	2 »
Trois traits	3,33	Six traits	1,66

SECTION IV. — *Travaux de roulage ou émottage au rouleau.*

La quantité de travail fait au rouleau dépend de la cohésion du sol, du poids et de la longueur de l'instrument, du nombre et de la vitesse des animaux, de la construction du rouleau et de la direction dans laquelle on donne cette façon.

On calcule qu'un cheval de taille moyenne peut rouler de 200 à 300 ares par jour et un bœuf 150 à 175 (PABST).

Un rouleau pesant attelé d'un cheval, en supposant que chaque trait recouvre une petite partie du trait précédent et en ayant égard au temps perdu dans les tournées, peut rouler environ 240 ares de terrain par jour (SINCLAIR).

En Belgique, dans les sols légers, on roule dans une attelée de 3 heures 131 ares de terrain, ou 4 hect. en une journée de travail effectif de 9 heures, en 3 attelées (SCHWERZ).

Le roulage qui s'opère au moyen d'un seul cheval, lorsque le rouleau est de pesanteur moyenne et n'a que de 5 à 7 pi. de longueur, peut marcher, suivant M. BLOCK, dans toute espèce de terrain, au taux de 6 hect. par jour, quantité de travail qui diminue de 20 ares pour chaque distance de 300 mèt. des bâtimens de la ferme, et par conséquent se réduit, pour une distance de 3,000 mèt., à 4 hect. par jour.

Pour chaque rouleau il faut un conducteur.

SECTION V. — *Travaux d'ensemencement et de récolte des produits des terres arables.*

Voici, suivant M. BLOCK, les résultats qu'on obtient le plus communément dans ces sortes de labeurs du travail journalier des hommes, des femmes ou des enfans.

1° *Semaille, repiquage et plantation.*

a. Froment, seigle, orge, avoine, pois, féverolles et graine de lin : un semeur exercé sème par jour de 300 à 350 ares.

b. Semences plus légères de colza, millet, trèfle et autres, de 400 à 450 ares.

c. Choux, raves, navets, betteraves, etc.; un homme ou une femme peut repiquer 6 à 7 ares par jour.

d. Pommes de terre ; une femme peut planter dans les sillons 20 à 30 ares par jour, non compris l'arrachement du plan ; un enfant de 10 à 12 ans 1/3 de moins.

2° *Travaux de moisson et de récolte.*

a. Fauchaison. Froment ou seigle d'hiver non couché ; un homme fauche communément 60 à 75 ares par jour.

b. Orge, avoine et froment de printemps, dans les mêmes circonstances, 70 à 80 ares par jour.

c. Pois, féverolles, 25 à 30 ares par jour.

d. Faucillage des céréales ; un homme ou une femme, terme moyen, 20 à 25 ares par jour.

e. Javelage des céréales ; une femme met ainsi en javelles, par jour, 2 hect.

f. Engerbage des céréales ; un homme dépose dans la corde de paille, lie la gerbe, dispose en moyes ou meulons la récolte de 50 à 60 ares.

g. Chargement des gerbes sur les chars ; un homme charge de 1000 à 1200 gerbes, du poids de 7 à 9 kilog., par jour.

h. Déchargement et engrangement. En moyenne, une personne, homme ou femme, décharge en un jour et engrange 400 à 500 gerbes du poids moyen de 7 à 9 kilog.

i. Récolte des pommes de terre. Quand elles sont déterrées à la charrue et que l'hectare produit 200 à 250 hectol., une femme en récolte de 6 à 7 hectol. par jour ou le produit de 3 ares. Un enfant de 10 à 12 ans en récolte un tiers de moins. Quand la récolte est moindre, les travailleurs fournissent moins de travail. Pour charger, décharger, emmagasiner les pommes de terre, on compte une journée d'homme par 30 à 40 hectol. de tubercules.

k. La *récolte des choux, des raves, des navets, des betteraves* est difficile à évaluer ; le travail dépend de la nature du terrain. En moyenne, une personne, homme ou femme, peut récolter le produit de 3 ares.

Relativement au transport des récoltes, nous croyons devoir ajouter ce qui suit :

Le travail qu'on exécute en ce genre dépend du nombre de voitures dont on peut disposer. Pour des champs qui sont peu éloignés, il faut 5 chars pour 3 attelages ; pour ceux plus éloignés, ou bien quand le chargement dans les champs peu distans se fait avec beaucoup de célérité, 3 voitures pour 2 attelages. — Le nombre des chargeurs se détermine par celui des attelages et la distance à parcourir ; quand celle-ci n'est que de 1 kilom., on doit faire en sorte qu'il y ait, sur 2 voitures, une en chargement et une en route. Au-delà de 1 kilom., il faut 3 voitures, dont une toujours en charge. — Le nombre des déchargeurs se règle suivant la disposition des granges et le nombre des voitures de transport. Il faut, pour décharger une voiture, 1 ou 2 personnes, suivant l'habitude ; dans la grange, 1 calvanier pour ranger, et de 10 en 10 pi. 1 personne pour passer les gerbes.

La charge qu'une bête de trait en bon état et de taille moyenne peut transporter dépend surtout de la nature des chemins. Pour le transport du foin, dit M. PABST, on admet qu'un attelage peut transporter, par tête d'animal, quand il est composé :

D'une seule bête,	—	4 à 600 kilog.
De deux bêtes,	—	300 à 500
De quatre bêtes,	—	250 à 400

Pour les autres récoltes on peut charger 1/5e en sus.

Cela posé, le nombre des voyages qu'on peut faire en 1 jour dépend de la distance et de la composition de l'attelage.

Au-dessous de 1000 mèt. (1/4 de lieue environ), les chevaux peuvent faire 11 à 12 voyages et les bœufs 9 à 10.

A 1000 mètres, les chevaux 10 voyages, et les bœufs 8.

Au-delà de 1000 mèt. et jusqu'à 3000 mèt. (3/4 de lieue), les chevaux 8 à 9, les bœufs 4 à 7.

On suppose, dans cette estimation, qu'on a des véhicules de rechange, c'est-à-dire qu'on charge les uns pendant que les bêtes de trait font mouvoir les autres. En opérant ainsi, et quand les pièces de terre sont plus rapprochées de la ferme, on peut encore faire davantage de besogne, surtout à l'époque de la moisson, où les jours sont longs et où les travaux de transport peuvent être prolongés. Quand on ne commence à transporter les moissons qu'au milieu du jour, on ne fait au plus que 3/4 de l'ouvrage précédent.

Un auteur allemand a donné le tableau suivant du poids des récoltes qu'on peut transporter. Selon lui, pour un attelage de 4 chevaux ou 4 bons bœufs, on doit charger en récoltes de bonne qualité et sur des routes passables, savoir :

1° 900 kilogr. en gerbes de froment.
   900 — de seigle.
   1,200 — d'orge.
   15 à 1,800 — d'avoine.
   15 à 2,000 — de légumineuses.
   Pommes de terre, maïs, betteraves, 7 mèt. cubes.
2° 600 kilogr. de grain, froment ou maïs.
   600 — seigle.
   600 — graines de légumineuses.
   750 — orge.
   9 à 1,200 — avoine.

Un autre auteur établit que la charge de 2 chevaux agricoles sur des routes dans un état médiocre d'entretien est de 8 à 10 quint. mét, et de 12 à 15 pour 4 chevaux ; que ce chargement peut être de beaucoup augmenté sur les chaussées en bon état et peut aller aisément jusqu'à 10 quint. par tête de cheval, tandis qu'il peut s'abaisser jusqu'à 2 quint. par tête sur les routes en mauvais état ou qui offrent de graves obstacles. Suivant lui, la plus grande distance à laquelle on puisse envoyer un attelage en un jour pour aller et revenir est 20 kilom. (5 lieues environ). A une distance de 12 à 15 kilom., il faut également une journée, mais on peut charger davantage.

A Roville, les chariots construits sur le modèle de ceux qu'on emploie dans la Franche-Comté sont légers et peuvent recevoir à volonté des échelles à foin, des échelles à fumier ou des tombereaux longs en sapin. Ces tombereaux contiennent environ 9 hect. de pommes de terre, ce qui fait la charge d'un cheval. En général, ces chariots se chargent d'un mille (500 kilogr) de foin ou d'un poids égal de gerbes ; lorsque les chemins sont beaux on charge 1200 à 1500 livres (6 à 7 1/2 quint.) de racines. Sur les routes, on donne toujours cette charge à un cheval de taille moyenne.

Pour le transport des récoltes, M. Block donne le tableau suivant des voyages qu'on peut faire en un jour de 10 heures de travail, en supposant qu'un attelage de 2 chevaux transporte 9 quint. mét. de récoltes, et que le charretier ne prend aucune part au chargement qui se fait par d'autres travailleurs et sur des chars de rechange.

DISTANCE A PARCOURIR.	TRANSPORTS [illegible] ET [illegible]	
	en chars.	en quint. mét.
a. Pour une distance de 1 à 300 mèt. des bâtiments d'exploitation. . .	14,50	128
b. idem de 2 à 600 idem. .	11,10	100
c. idem. 900 idem. .	9,10	82
d. idem. 1200 idem. .	7,70	70
e. idem. 1500 idem. .	6,60	60
f. idem. 1800 idem. .	5,90	54
g. idem. 2100 idem. .	5,25	47
h. idem. 2400 idem. .	4,75	43
i. idem. 2700 idem. .	4,30	39
k. idem. 3000 idem. .	4	36

Dans les pays où les routes sont mauvaises, ou dans ceux qui sont montagneux, on est obligé de charger moins, et les attelages vont plus lentement ; on fait aussi environ 1/3 moins de besogne.

Voyons maintenant avec M. Kreyssig comment on peut établir le calcul des journées de travail d'homme, de femme et de bête de trait, nécessaires pour les travaux d'ensemencement et de récolte d'un hectare de terrain.

Dans un établissement quelconque, la quantité des travaux de ce genre dépend non-seulement de l'étendue de la surface, mais en outre de la masse des produits à récolter. En se reportant au tableau de la page 340, on verra que, sous ce rapport, on peut distinguer 2 cas, savoir : ceux où il s'agit de travaux sur les terrains des 2 1 classes dans chaque division et ceux où il s'agit de travaux sur les 2 dernières classes. Voici actuellement, pour les uns et les autres, le tableau des travaux à exécuter pour 1 hect. de terrain.

1. *Sur les soles à grains.*

	JOURNÉES DE TRAVAIL par hectare		
	de cheval.	d'homme.	de femme.
Récolte pesante de céréales ou travaux sur les 2 premières classes de terres.			
Un semeur, dans une journée moyenne, sème 350 ares de terrain ; pour un hectare.	»	0,28	»
Un faucheur habile fauche en moyenne 60 ares de céréales d'hiver, 56 de pois, 65 d'orge et d'avoine ; en moyenne 60 ares.	»	1,60	»
La mise en gerbe exige une femme pour 50 ares.	»	»	2
Pour atteler et retourner en cas d'accidents une femme pour 50 ares. . . .	»	»	2
En admettant qu'en moyenne dans les terrains de cette classe le poids du grain et de la paille s'élève à 80 quint mét et que sur chaque char à 4 chevaux on charge 10 quint., il y aura ainsi 8 voyages pour le transport des récoltes : et en supposant que l'attelage puisse faire par jour 10 de ces voyages, on aura pour un hectare . .	3,20	0,80	»
Pour la rentrée des récoltes : aux champs une personne pour charger la voiture et une pour atteler ; à la ferme, une pour décharger et cinq pour engranger : en tout 8 personnes, dont 1 homme et 7 femmes qui peuvent rentrer ainsi la récolte de 200 ares.	»	0,40	2,80
Total pour l'ensemencement et la récolte d'un hectare.	3,20	3,08	6,80
Récolte légère de céréales ou travaux sur les 2 dernières classes de terres.			
Ensemencement comme ci-dessus.	»	0,28	»
La récolte étant moins épaisse, un faucheur peut, en moyenne, couper 75 ares. . . .	»	1,32	»
Engerbage : par la même raison une femme peut mettre en gerbe 75 ares par jour. . .	»	»	1,33
Rattelage et retournage	»	»	1,33
Récolte moyenne : 40 quint. mét. en paille et grain.			
Un attelage de 4 chevaux chargeant 10 quint. et faisant 16 voyages, videra ainsi 2 et demi hect..	1,60	0,40	»
Chargement, rattelage et engrangement ; 8 personnes, dont un homme et 7 femmes comme ci-dessus, qui engrangeront la récolte de 5 hect.	»	0,20	1,40
Total pour l'ensemencement et la récolte. .	1,60	2,20	4,06

Les difficultés qu'on éprouve souvent par suite du clima de l'humidité atmosphérique, ou des circonstances locales, peuvent faire varier la quantité de travail des femmes, ci-dessus donnée, de 1/15e à 1/10e de la totalité. Les nombres précédens ne peuvent servir que quand on ne retourne qu'une seule fois les récoltes pour les faire sécher.

2° *Sur les soles fourragères.*

	JOURNÉES DE TRAVAIL par hectare.		
	DE CHEVAL.	D'HOMME.	DE FEMME.
***Récolte pesante* de fourrages sur les deux 1res classes de terres.**			
Un faucheur exercé fauche en moyenne 50 ares de fourrages verts en un jour.	»	2 »	»
Une femme fane par jour 1 hect.; cette opération étant répétée 2 fois.	»	»	2 »
Une femme met en meulons 25 ares	»	»	4 »
Récolte moyenne, 80 quint.; un char à 4 chevaux chargeant 10 quint. et faisant 10 voyages, vide par jour 125 ares.	3, 20	» 80	»
Chargement et engrangement, comme pour les céréales.	»	0, 40	2, 80
TOTAL pour la récolte d'un hectare.	3, 20	3, 20	8, 80
***Récolte légère* de fourrages sur les 2 dernières classes de terre.**			
Un faucheur exercé fauche 60 ares.	»	1, 66	»
Pour sécher et retourner comme ci-dessus.	»	»	2 »
Mise en meulons.	»	»	2, 66
En supposant que la récolte moyenne s'élève, en ayant égard à la masse des objets récoltés (pommes de terres, racines, etc.), à 120 quint. par hectare, un attelage de 4 chevaux, en 10 voyages de 10 quint. chaque, peut vider 85 ares par jour.	4, 80	1, 20	»
Chargement, déchargement, emmagasinage de la récolte, comme pour les céréales de ces classes.	»	0, 20	1, 40
TOTAL pour la récolte d'un hectare.	4, 80	3 06	6, 06

La récolte des fourrages, encore plus que pour la moisson, présente des obstacles dépendant de l'humidité de la saison, du climat et des circonstances locales, et qui forcent souvent à augmenter de 1/12e jusqu'à 1/9e le travail total des femmes sur chaque hectare.

SECTION VI. — *Travaux de récolte dans les prairies naturelles.*

1° *Fauchaison et fenaison.*

On conçoit que la difficulté de faire sécher le foin, la distance des bâtimens de la ferme, l'état des chemins, la fertilité de la prairie peuvent faire varier les nombres du tableau suivant, qui sont établis pour une prairie basse, de seconde classe, donnant en 2 coupes 48 quint. mét. de foin, dont la récolte est faite par le temps le plus favorable et avec activité; dans tous les cas, le mode de calcul reste toujours le même.

Quand les prairies sont éloignées de 2,000 mèt. (une demi-lieue environ), les nombres de ce tableau doivent être modifiés, et, suivant l'auteur, il faut augmenter de 1/20e le nombre des journées de travail des agens pour le temps perdu pour aller et revenir. Dans les prairies marécageuses, on fait aussi moins d'ouvrage, puisqu'on ne peut charger les chariots que moitié du poids indiqué. Quand le temps n'est pas favorable à la fenaison, il est souvent nécessaire d'augmenter de 1/10e les agens du sexe féminin, ou mieux, de régler leur nombre suivant les circonstances.

	JOURNÉES DE TRAVAIL par hectare.		
	DE CHEVAL.	D'HOMME.	DE FEMME.
1° *Fauchaison et fanage.*			
Un homme fauche en un jour 65 à 75 ares, en moyenne 70.	»	1, 40	»
Fanage; ce travail dépend de l'état de la récolte et de celui de l'atmosphère; on suppose qu'en temps opportun une femme peut faner 40 ares.	»	»	2, 50
Mise en meulons; une femme pour 66 ares.	»	»	1, 50
TOTAL, 1re récolte.	»	1, 40	4 »
2e récolte.	»	2 »	6 »
2° *Transport du foin.*			
Un char à 4 chevaux, dans ce travail, ne charge que 8 quint. mét. de foin pour ne pas détériorer la prairie; en supposant les bâtimens à une distance moyenne de 1,000 mèt. des prairies, il peut faire 10 voyages par jour et transporter 80 quint., ou le produit pour une coupe des surfaces suivantes en prairies de diverses classes (v. p. 345), savoir :			
PRAIRIES BASSES. 1re classe. 150 ares. 2e. . . . 180 3e. . . . 280 4e. . . . 330 — PRAIRIES HAUTES. 1re classe. 200 ares. 2e. . . . 260 3e. . . . 400 4e. . . . 460			
En supposant une prairie basse qui ait fourni par hectare, en 2 coupes, 48 quint., ce sera pour le transport du foin en journées d'hommes et d'animaux	2, 40	0, 60	»
3° *Emmagasinage.*			
En moyenne 7 personnes, dont un homme et six femmes, chargent, déchargent et emmagasinent par jour 160 quint. mét. de foin; pour 48 quint.	»	» 30	1, 80
TOTAL par hectare pour la récolte d'une prairie à 2 coupes.	2, 40	4, 30	11, 80

SECTION VII. — *Exemple de l'évaluation des travaux sur un domaine.*

Nous allons donner maintenant un exemple de la répartition et de l'évaluation des travaux sur un domaine, et, pour cela, nous supposerons qu'il s'agit d'une ferme composée de 15 hect. de prairies naturelles et de 120 hect. de terres arables en partie sablonneuses et appartenant à la 2e classe des céréales de printemps et en partie argileuses et faisant partie des terres à froment de la 3e classe. Ces terres sont divisées en 7 soles et la rotation est la suivante : 1. récoltes sarclées (pommes de terre ou fèves); 2° orge après pommes de terre ou froment après fèves; 3° trèfle; 4° trèfle; 5° grains d'automne; 6° pois et vesces; 7° grains d'automne. Le bétail est nourri constamment à l'étable, les labours sont exécutés par des bœufs de taille moyenne, attelés 2 à 2 et travaillant constamment, et les autres travaux par des chevaux plutôt forts que petits. Les prairies sont à 2 coupes et de 1re classe; les champs sont tous à proximité de la ferme qui se trouve placée au centre du domaine; les récoltes moyennes sont de 12 hect. de grains sur les terres à céréales de printemps et 8,50 hect. sur les terres fortes. Les nombres de jours de travail pour chaque saison sont, pour le printemps, de 64, pour l'été, de 80, pour l'automne, de 76, et pour l'hiver de 60 journées. En partant de ces données, ainsi que des documens contenus dans les sections précédentes, on pourra dresser le tableau suivant des travaux annuels.

Nombre d'hectares.	TRAVAUX.	JOURNÉES DE TRAVAIL.			
		DE CHEVAL.	DE BŒUF.	D'HOMME.	DE FEMME.
	PRINTEMPS 64 jours.				
9	POMMES DE TERRE; 2e labour moyen.	»	72	36	»
	Hersage moyen.	12	»	3	»
	3e labour léger.	»	45	22, 50	»
8	FÈVES; labour de semailles, moyen.	»	64	32 »	»
	Semaille en ligne.	»	»	2, 60	»
17	POIS ET VESCES; labour léger.	»	85	42, 50	»
	Hersage léger.	22, 60	»	5, 60	»
9	POMMES DE TERRE; culture à l'extirpateur avant qu'elles lèvent.	»	72	36	»
	Hersage moyen.	12	»	3	»
8	FROMENT; hersage pour couvrir la semence de trèfle, léger.	4, 25	»	1, 10	»
8	FÈVES en ligne; 1re culture.	4	»	4	6
9	ORGE; labour léger.	»	45	22, 50	»
	Hersage léger.	4, 70	»	1, 20	»
	Semaille.	»	»	3	»
	Roulage.	2	»	1	»
9	POMMES DE TERRE; plantation.	»	»	»	30
17	POIS. Transport et épandage de 160 quint. mét. (22 mèt. cub.) de fumier par hect.	75	»	60, 80	40
	PETITS TRAVAUX divers.	»	»	20	10
	CHARROIS divers et accessoires.	8	»	4	»
	TOTAL des travaux de printemps.	142, 55	383	300, 80	86
	ÉTÉ. 80 journées.				
17	CHAUME DE POIS; labour moyen.	»	136	68	»
	Hersage moyen.	22, 60	»	5, 60	»
9	POMMES DE TERRE; cultiver 3 fois.	4, 50	»	4, 50	4, 50
8	FÈVES; buter.	1, 50	»	1, 50	1, 50
17	TRÈFLE: rompre à la charrue, ou labour fort.	»	170	85	»
	Hersage fort.	45	»	11, 25	»
	RÉCOLTES.				
42, 50	GRAINS D'AUTOMNE. Récolte légère.	68	»	93, 50	171, 75
17	POIS ET VESCES; récolte pesante.	54	»	52	116
9	ORGE; récolte légère.	14, 40	»	20	36, 50
12	TRÈFLE; 1re coupe, récolte pesante.	38, 40	»	34, 50	87
15	PRAIRIES à 2 coupes.	36	»	64, 50	177
	TRAVAUX ACCESSOIRES.	16	»	34	12
	TOTAL des travaux d'été.	300, 40	306	474, 35	606, 25
	AUTOMNE; 76 journées.				
9	POMMES DE TERRE; 1er labour pour orge de printemps, léger.	»	45	22, 50	»
	Hersage léger.	4, 75	»	1, 20	»
9	POMMES DE TERRE; labour fort.	»	90	45	»
	Hersage fort.	24	»	6	»
8	CHAUME DE FÈVES; rompre pour froment, lab. fort.	»	80	40	»
8	CHAUME DE GRAINS D'AUTOMNE; labour moyen pour fèves.	»	64	32	»
	Hersage moyen.	10	»	2, 65	»
42, 50	GRAINS D'AUTOMNE; semailles.	»	»	15	»
	Hersage léger.	22, 50	»	5, 65	»
12	TRÈFLE: 2e coupe, récolte pesante	38, 40	»	38, 40	103
15	PRAIRIES: regain.	36	»	34, 50	87
9	POMMES DE TERRE; récolte pesante.	29	»	28	61
8	FÈVES; transport et épandage de 400 quint. mét. (54,8 mèt. cub.) de fumier par hect.	87	»	62, 35	48, 25
9	POMMES DE TERRE; id. pour l'orge.	98	»	81, 35	54, 20
	TRAVAUX divers à bras.	»	»	30	8
	CHARROIS ACCESSOIRES.	4	»	2	»
	TOTAL des travaux d'automne.	353, 65	279	446, 60	365 45
	HIVER; 60 journées.				
	CHARROIS pour vente des grains; 268 hect., semence et consommation déduite, pesant 607,60 quint. mét., à transporter à 6 kil. (1 1/2 lieue), à raison de 9 quint. mét par charette à 2 chevaux et de 2 voyages par jour.	67, 50	»	33, 75	40
	BATTAGE des grains, ensachage, chargement.	»	»	62	»
	CHARROIS des bois et autres effectués par des bœufs.	»	100	50	»
	TOTAL des travaux d'hiver.	67, 50	100	145, 75	40
	RÉCAPITULATION.				
	Travaux de printemps.	142, 55	383	300, 80	86
	d'été.	300, 40	306	474, 35	606, 25
	d'automne.	353, 65	279	446, 60	365, 45
	d'hiver.	67, 50	100	145, 75	»
	TOTAL GÉNÉRAL.	864, 10	1068	1367, 50	1095, 70

En examinant le total de la récapitulation des travaux annuels, et en se reportant à la page 433 où nous avons fait connaître le nombre de journées de travail qu'on doit obtenir des animaux de trait, on voit, en supposant que les terrains du domaine sont, terme moyen, de 2e classe, à 270 journées de travail par année pour les chevaux et 210 pour les bœufs, il faudra pour les besoins de l'établissement 3 chevaux, ou pour faire face aux cas imprévus 4 chevaux et 6 bœufs; en tout, 10 bêtes de trait, ou 1 bête pour 13,5 hect. pour la totalité de la ferme et pour 12 hect. pour les terres arables seulement.

Quant aux agens qui seront nécessaires pour les travaux de culture et les charrois, on voit qu'on pourrait, à raison de 270 journées par année, effectuer ceux-ci au moyen de 5 travailleurs mâles et 4 femelles. Parmi ces travailleurs mâles, l'un peut être maître-valet ou chef d'attelage, un autre, chef de main-d'œuvre, et les 3 autres ainsi que les femmes des manouvriers. Il faudra en outre pour l'établissement un serviteur attaché à l'année pour soigner les animaux de trait, couper et transporter leur nourriture et celle du bétail; une ou 2 servantes pour les bêtes de rente et une servante pour la maison; en tout 6 serviteurs attachés à l'année à l'établissement et 7 manouvriers.

On voit en outre dans le tableau que chaque hect. du domaine nécessitera à peu près pour les travaux de culture et pour les charrois 6,4 journées de chevaux, 8 journées de bœuf, 10 journées d'homme et 8 journées de femme, ou 14,4 journées de bêtes de trait et 18 journées de travailleurs homme ou femme.

F. M.

CHAPITRE IV. — Des profits et revenus, des ventes et achats.

Le but de toute entreprise agricole est la production des denrées qui servent à satisfaire les besoins les plus impérieux de l'humanité; mais il s'agit moins en réalité de produire ces denrées en quantité plus ou moins considérable et de telle ou telle qualité que de trouver dans cette production une récompense pour l'exercice de son industrie.

Nous ne nous occuperons pas ici des moyens d'obtenir une récompense plus ou moins élevée de l'exercice de l'industrie agricole, parce que ces moyens dépendent des connaissances théoriques et pratiques de l'entrepreneur, de son habileté comme administrateur, et que d'ailleurs ce sujet embrasse toute l'économie agricole et forme l'objet de notre encyclopédie; mais nous chercherons à déterminer quelle est la source des profits et revenus agricoles, et comment on parvient à les réaliser par des ventes et achats.

Section Ire. — *Des profits et revenus.*

En analysant avec les économistes les phénomènes de la production agricole, on s'aperçoit aisément qu'elle est le résultat du concours d'un certain nombre de *fonds productifs* d'utilité qui coopèrent à la création des produits par une action, par un travail qui leur est propre.

Ces fonds productifs sont le *fonds de terre*, celui des *capitaux* et celui de l'*industrie*. Mis en œuvre par l'entrepreneur, ces fonds sont capables de rendre des services auxquels on a donné le nom de *productifs* et qu'on a distingués en *services fonciers*, des *capitaux* et *industriels*, suivant qu'ils provenaient du service rendu par le fonds de terre, par les capitaux ou par le travail de l'homme.

Tous ces services productifs, mis en action et consommés dans la production, donnent une certaine *valeur* à la chose produite, et cette valeur, répartie entre les services qui ont concouru à sa production, forme le *prix de leur location ou de leur achat*. Ainsi l'entrepreneur, par le secours de ses facultés personnelles, le propriétaire du fonds de terre ou des capitaux par celui de leur instrument, qui ont tous coopéré à la création d'un produit, ont droit de recevoir en échange de leurs services une portion de la valeur que leur travail est parvenu à donner à ce produit.

Cette portion de la valeur des produits qui se répartit ainsi entre les divers services productifs forme ce qu'on désigne en général sous le nom de *profits* ou *revenus* (1). Ainsi, il y a un *profit foncier* tout aussi bien qu'un *profit du capital* et un *profit industriel*.

Nous allons nous occuper ici de la source et de la détermination des profits des divers services productifs.

§ Ier. Du profit foncier.

La terre, par la faculté qu'elle possède de servir de base aux végétaux et de leur fournir les sucs nourriciers qui servent à leur alimentation, ainsi que par une foule d'autres propriétés physiques, est susceptible de *rendre un service à l'homme qui sait en tirer parti*.

Ce service, de même que celui des autres fonds productifs qui sont devenus des propriétés par nos lois sociales, *n'est pas gratuit*, et c'est la portion de la valeur des produits créés qui revient au service foncier dans la création des produits à laquelle on a donné le nom de *profit foncier*.

C'est le *propriétaire du sol qui a droit au profit* qu'un fonds de terre peut rendre et à une portion de la richesse qu'on acrée par le service de son instrument. Comme tous les autres services productifs, celui du *fonds de terre a un prix courant* et est payé d'autant plus cher qu'il est plus demandé et moins offert, et réciproquement.

Nous verrons plus bas les causes qui peuvent influer sur le prix courant du service du fonds de terre.

Il est bien rare qu'on ne répande pas sur un fonds des valeurs capitales, soit pour accroître la faculté productive du sol, soit pour en faciliter l'exploitation. Ces valeurs capitales employées ainsi en *améliorations foncières*, et dont nous avons parlé à la pag. 402, donnent également droit au propriétaire d'en tirer un profit capital qui se confond le plus souvent avec le prix courant du fonds de terre ou le profit foncier.

Les économistes ont long-temps discuté sur le profit auquel a droit un fonds de terre; mais aujourd'hui on est convenu de considérer comme la *mesure du profit foncier*, ce qui reste de la valeur des produits créés par la coopération du fonds après que le travail des industriels de tous les grades a été payé au taux général du canton et que les intérêts des capitaux dont on a emprunté le service sont également acquittés.

Supposons, comme exemple, qu'un hectare de terre à froment de deuxième qualité ait donné en moyenne dans une rotation de 5 années et un système d'assolement convenable les produits nets suivans, qui, aux prix moyens du canton pendant 10 années consécutives, ont produit savoir : 9 hectol. 68 lit. de froment à 16 fr. et 4 hectol. 40 lit. d'orge à 8 fr.; 25,60 quintaux mét. de paille et 24 quint. mét. de fourrages secs. Ces 49,60 quint. paille et foin ont été payés par la production animale à raison de 1 fr. 80 c. le quint. mét., on a donc

968 lit. de froment à 16 fr. l'hect.		154 fr.	88 c.
440 lit. d'orge à 8 fr. l'hect.		35	20
25,60 quint. mét. de paille / 24 quint. mét. de foin	à 1 f. 80 le quint.	89	28
Total du produit d'un hect.		279	36

On a calculé ensuite que le prix du service des capitaux et de l'industrie, ainsi que les frais généraux, avaient donné lieu pour un hectare, et sur une moyenne de 10 années, aux dépenses suivantes :

	fr.	c.		
Frais de culture dans lesquels sont compris les salaires des travailleurs et les intérêts des capitaux avancés pour le travail	125	6		
Frais généraux autres que le loyer	24	»		
Bénéfices de l'entrepreneur, fixés à 10 p. 0/0 des capitaux avancés	15	»		
Total du prix du travail et des capitaux	164	36	164	36
Différence			11	»

(1) Dans l'usage ordinaire, suivant les économistes, on appelle *profits* les revenus qui sont sujets à quelque éventualité, ou qui se touchent par petites portions, et l'on réserve le nom de *revenus* aux profits fixes qu'un entrepreneur s'oblige à payer pour qu'on le laisse retirer à ses risques et périls les profits qui doivent provenir de la terre ou du capital dont il a acheté la jouissance.

Ainsi, au taux moyen des denrées sur les marchés du canton depuis 10 ans, et au prix moyen du travail et des capitaux pendant la même période, le profit foncier sur la terre en question, ne peut être évalué à plus de 115 fr. par hectare, y compris les intérêts des sommes avancées pour améliorations foncières et les charges.

Le profit foncier envisagé sous un point de vue général et pour une même étendue de terrain, *varie* avec la richesse du pays, l'industrie et l'activité de la population, et la situation plus ou moins favorable du domaine sous le rapport de l'écoulement des produits, le prix des denrées et des services, les charges publiques, etc. Ainsi, il y a bien loin du produit foncier d'un hectare de terre, qui ne s'élève pas quelquefois à 5 ou 6 fr. en Bretagne et dans quelques cantons de la France, et les territoires de Cavaillon, Château Regard et Barbantane, dans les départ. de Vaucluse et des Bouches-du-Rhône, qui produisent une rente nette de 242 fr. par hect. à leurs propriétaires.

Nous savons déjà qu'un propriétaire qui ne veut pas faire valoir lui-même sa terre en *loue le service à autrui*; et nous nous sommes étendus suffisamment sur la nature et les clauses les plus ordinaires du contrat qui intervient entre le propriétaire et le fermier dans le chap. III, du tit. II; nous n'ajouterons donc qu'un mot sur le taux du fermage qui représente alors, sauf quelques déductions dont nous parlerons plus loin, au paragraphe des frais de production, le profit foncier du propriétaire.

Le taux du fermage varie dans un pays par les mêmes causes que celles indiquées ci-dessus pour le profit foncier, mais il est influencé en outre par des causes particulières dont voici l'énoncé sommaire:

Les *terres pauvres* ne peuvent payer, en proportion de leurs produits, un fermage égal à celui des terres fécondes; les travaux de culture y sont à peu près les mêmes et donnent lieu à autant de frais dans les 1res que dans les secondes, tandis que les produits y sont beaucoup moindres et souvent de qualité inférieure.

Il est difficile d'obtenir de *terres négligées*, *infectées* d'insectes ou de mauvaises herbes, ou gâtées par une humidité surabondante, une rente aussi élevée que de terres bien propres et en bon état, ou de *terrains épuisés* autant que d'une terre dont on a soutenu constamment la fécondité.

Un domaine où il existe des *améliorations foncières* importantes et bien entendues a toujours une valeur locative supérieure à celle d'une propriété qui, à classe de terre égale, n'en présente qu'un petit nombre et en laisse encore beaucoup à désirer.

La *durée du bail*, ou contrat de location, influe aussi sur le taux du fermage. Un fermier ne peut offrir la même somme pour une terre dont il ne doit jouir que quelques années, et pour une ferme où il peut, au moyen d'un long bail, se livrer à des améliorations graduelles, avec la certitude d'en recueillir les profits.

Un fermier dont l'*industrie est entravée par les stipulations mal entendues d'un bail*, paie nécessairement un loyer moindre que celui qui, par son contrat, jouit de toute liberté d'action et du libre exercice de son industrie.

Dans les pays riches, la *concurrence des fermiers* élève nécessairement le taux des fermages, mais en outre un fermier riche peut toujours payer un loyer plus élevé pour une même terre qu'un fermier pauvre, sans diminuer ses profits. Artur Young a calculé qu'en Angleterre, un fermier dont le capital d'exploitation était trop restreint et d'environ 200 à 240 fr. par hectare, ne pouvait payer au-delà de 30 fr. de loyer, tandis que si son capital était de 400 à 420 fr., il pouvait payer 40 à 45 fr. et même 55 à 60 fr. avec un capital de 600 fr.

La *nature de la propriété*, ainsi que Sinclair le fait observer, détermine aussi le taux du fermage; plus les produits y sont faciles à récolter, et plus ce taux est élevé. Dans tous les pays, les riches pâturages qui n'exigent aucuns frais de culture, sont *loués* à un prix plus élevé que les terres arables.

La concurrence augmentant avec l'étendue moindre des terres, et le petit cultivateur sachant tirer, à surface égale, des produits plus abondans que le grand fermier, les *terres d'une petite étendue* sont presque partout affermées à un taux plus élevé que les grandes.

L'*industrie des fermiers*, et l'instruction répandue chez cette classe utile de citoyens, tend généralement à élever le taux du fermage, par suite des fruits plus considérables qu'ils savent tirer de la terre.

Le *prix des services productifs*, qui entrent pour une part considérable dans les frais de production, élève ou abaisse aussi le taux du fermage dans un rapport qui varie avec les localités.

Enfin, le *prix des denrées* sert presque partout de régulateur au taux des fermages tout aussi bien qu'à l'établissement du profit foncier.

Lorsque nous nous sommes occupés de l'estimation des domaines ruraux au titre II, chap. III, nous avons établi les principes qui servent à calculer le fermage d'un domaine quelconque, en prenant pour base la *fécondité et le mode de culture* des terres; nous nous croyons donc dispensés de revenir sur ce point.

Un propriétaire qui fait valoir lui-même sa terre n'en doit pas moins tenir compte, dans le calcul de ses frais de production, du profit foncier de cette terre. Le service productif qu'elle lui rend lui est aussi coûteux qu'au fermier, quoiqu'il ne paie aucun fermage. En effet, s'il avait loué d'une manière quelconque les sommes qu'il lui en a coûté pour acquérir cette terre et pour y faire des améliorations, il en aurait touché l'intérêt; s'il avait donné ce fonds à loyer à un fermier, il en recevrait un fermage; il a donc sacrifié le loyer qu'il aurait pu tirer de sa terre, et doit nécessairement faire figurer le montant de la somme qu'il aurait ainsi perçue dans ses frais de production, s'il veut se rendre un compte exact et régulier de ses opérations.

Dans l'exemple que nous avons donné aux pages 351 et 355 de l'évaluation du fermage d'un domaine, nous avons supposé que l'impôt foncier, l'entretien et l'assurance des divers objets immobiliers, et les améliorations foncières, étaient à la charge du fermier. Dans ce cas, le *fermage représente en totalité le profit foncier* du propriétaire; mais il n'en est pas généralement ainsi, et, dans la plupart des cas, ces charges pèsent sur le propriétaire, qui doit les déduire du fermage pour connaître le profit net qu'il retire de la location de sa terre, ainsi que nous le verrons au paragraphe qui traitera des frais de production.

Le revenu du propriétaire du fonds, quand on le débarrasse de l'impôt qui le grève, mais non pas des frais d'entretien et d'assurance des objets immobiliers et des améliorations foncières, est extrêmement variable en France. Généralement dans les terres en bon état, et dans les pays populeux et assez bien cultivés, il ne dépasse pas 5 p. 0/0 des capitaux avancés pour l'acquisition du fonds et les améliorations foncières, et très souvent il n'atteint pas 4 ou 3 1/2 p. 0/0 et même beaucoup moins, surtout si on prend une moyenne de plusieurs années et si on tient compte des pertes qu'on peut éprouver pour non-valeurs ou pour remises qu'on est souvent obligé de faire à des fermiers accablés par des fléaux naturels, des spéculations désastreuses ou des revers de fortune inattendus.

§ II. — Du profit du capital.

Les capitaux, ainsi que nous le savons déjà, sont un

des *instrumens principaux de l'industrie agricole* et des agens indispensables pour la production.

Cet instrument ne peut agir que dans des *mains capables de s'en servir*, telles que celles d'un industriel ou d'un producteur. L'usage qu'il en fait est d'acheter des services productifs d'utilité, et, par l'emploi de ces services, de créer des produits dont la valeur sert à le rembourser de ses avances et à rétablir le capital qui a été consommé dans l'acte de la production.

« Pour qu'une somme de valeurs porte le nom de capital, dit M. Say, il *n'est nullement nécessaire qu'elle soit en espèces*. On évalue un capital en monnaie, comme on évalue tout autre objet, lorsqu'on veut se rendre compte de son importance et savoir quelle portion de bien il constitue; mais pour être un capital, il suffit que ce soient des valeurs destinées à faire des avances à la production et disponibles.» Ainsi, lorsqu'on voudra se rendre compte du capital mis en action par un propriétaire, on évaluera les différentes choses en lesquelles ce capital aura été transformé pour l'exécution des opérations, et on dira que ce propriétaire a telle portion de ses capitaux en ustensiles, telle autre en bêtes de trait, en bestiaux, en semences, en main-d'œuvre dont il a fait l'avance, en récoltes, et enfin en numéraire. C'est la valeur de toutes ces choses qui composera son capital.

Un *capital étant une propriété*, son usage ne peut être gratuit, et c'est la portion de profit à laquelle celui qui le possède a droit pour le service de son instrument dans les opérations de l'industrie à laquelle on donne le nom de profit du capital.

Quand le possesseur d'un capital ou un capitaliste est en même temps entrepreneur d'industrie, il consomme lui-même le service de son capital; quand il n'est pas entrepreneur, il en loue le service à un autre; et on désigne alors sous le nom *d'intérêt du capital* le profit qu'il en tire lui-même ou le loyer qu'il reçoit d'un autre pour la jouissance de son instrument.

Nous avons vu précédemment que le profit, ou les intérêts des capitaux employés sur un fonds en améliorations par un propriétaire, se confondaient ordinairement avec le fermage; de même l'intérêt du capital servant à l'exploitation est *souvent confondu avec le profit industriel*. Cependant il importe beaucoup de séparer ces deux derniers profits et de les faire figurer à part dans les calculs et la comptabilité. Le 1er est un profit fixé à l'avance et qu'on doit porter dans les frais de production, et l'autre un profit très variable résultant des circonstances, de l'intelligence du fermier, du taux du fermage, etc. Ainsi, on dit souvent: les bénéfices de tel fermier s'élèvent à 12 p. 0/0 de son capital d'exploitation; mais c'est une manière vicieuse de s'exprimer, et il serait bien plus correct de dire qu'après un prélèvement sur ses rentrées de 5 ou 4 p. 0/0 pour le service des intérêts du capital dont il a fait l'avance, il reste au fermier 7 ou 8 p. 0/0 de ce même capital, qui représentent le profit auquel il a droit pour le concours de ses facultés personnelles dans les opérations agricoles qu'il a entreprises, ou son bénéfice industriel. Nous avons eu soin au reste, dans tous les calculs que nous avons présentés dans ce livre, de faire figurer dans les frais de production les intérêts de tous les capitaux avancés à quelque titre que ce fût pendant le temps de la durée de l'opération productive.

Il est d'autant plus important de faire *figurer à part les intérêts des capitaux* qu'ils entrent comme élémens essentiels dans les calculs des frais des divers services agricoles, et que sans la précaution de les introduire dans ces calculs, il est impossible de savoir ce que ces services coûtent pour les mettre en action.

Le *prix du loyer d'un capital* n'est pas une chose fixe dans tous les temps et dans tous les lieux. Ce prix est d'autant plus élevé que les capitaux sont plus rares et plus demandés, et d'autant plus bas que ceux-ci sont plus abondans et plus offerts.

D'autres circonstances influent aussi sur le prix auquel on trouve à louer le service d'un capital, tels sont: les profits que ce capital peut rendre à l'entrepreneur, la capacité et l'industrie de celui-ci, sa consistance et sa solvabilité, les risques de son entreprise, la sécurité du placement, etc.

De même que pour le profit foncier, un *entrepreneur qui possède en propre son capital d'exploitation* ne doit pas moins en porter les intérêts dans ses frais de production, et compenser ainsi le sacrifice qu'il fait du loyer qu'il aurait pu en tirer en le confiant à autrui.

Les sommes qu'il faut porter en ligne de compte pour les intérêts des capitaux avancés varient donc suivant les pays et les conditions auxquelles on a emprunté; mais quand l'entrepreneur est possesseur en propre de ces capitaux, la sécurité étant de beaucoup augmentée, il ne doit guère faire figurer ces intérêts pour plus de 4 à 5 p. 0/0 de ses avances dans ses frais de production.

Le profit du capital se *rembourse ordinairement en argent* quand il a été emprunté à autrui; mais quand il appartient à l'entrepreneur, les intérêts des capitaux n'ont plus besoin d'être comptés en espèces, ils vont grossir les frais de production. Ce n'est qu'au bout d'un certain temps, ou quand les opérations sont accomplies, qu'on peut, sur les rentrées effectuées, en faire le prélèvement pour les consacrer à faire de nouvelles avances à la production ou à tel usage qu'on juge convenable.

§ III. — Du profit ou revenu industriel.

On entend ordinairement par *profits ou revenus industriels, ou de l'industrie*, ceux auxquels ont droit tous les industriels qui ont concouru par leurs facultés personnelles à la création d'un produit. Dans l'agriculture, ces industriels sont des *manouvriers* dont on a employé les forces physiques; des *serviteurs* dont on a mis en œuvre la force et l'intelligence; et l'*entrepreneur* lui-même qui a coopéré à la production, souvent par le concours réuni de ses connaissances, de ses forces et de son intelligence.

Les profits de la classe ouvrière et des serviteurs se paient le plus souvent en argent, quelquefois en nature, en nourriture ou entretien; on les nomme *salaires*, et nous nous sommes occupés d'en fixer le taux à la page 399 de ce livre. Quant aux profits de l'entrepreneur, qui prennent le nom de *bénéfices*, nous allons chercher quelle est leur origine et quelles sont les causes qui peuvent en abaisser ou en élever le taux.

Le concours d'un entrepreneur étant indispensable dans toute opération industrielle, les bénéfices auxquels il a droit, pour sa coopération, sont des *frais nécessaires de production*.

Les bénéfices d'un entrepreneur, qu'il soit propriétaire ou fermier, sont, la plupart du temps, sous forme de récoltes, bestiaux, produits divers, et résident dans la valeur que peuvent avoir ces objets qu'il a créés; mais dans l'usage habituel, on ramène tous ces objets à un *dénominateur commun, qui est la monnaie*, pour en faciliter la comparaison et l'évaluation relative, et rendre plus aisés tous les calculs.

Ces bénéfices ne peuvent être comme beaucoup d'autres frais de production, *fixés à l'avance*, et restent incertains jusqu'au moment où l'échange des produits créés étant consommée, on peut comparer les sommes qu'on a perçues avec celles qui ont été avancées.

De même que tous les autres services industriels, les bénéfices d'un entrepreneur d'industrie agricole ont, en général, *un prix moyen courant*, qui s'établit naturellement par la concurrence des producteurs.

Ce prix courant peut aussi varier dans chaque localité par les mêmes causes qui influent sur le prix des autres services productifs ; ainsi, le prix élevé des fonds de terre ou le taux variable des fermages, de l'intérêt des capitaux et de la main-d'œuvre sont autant de causes qui élèvent, abaissent et tiennent dans une fluctuation continuelle les bénéfices des entrepreneurs dans une localité.

Parmi d'autres causes qui peuvent encore influer sur les bénéfices d'un entrepreneur, et qui sont inhérentes au fonds qu'il exploite, nous citerons *l'étendue même de ce fonds*, circonstance dont nous avons parlé à la page 401 ; sa fertilité, l'état dans lequel il se trouve, les améliorations qui y ont été pratiquées, la courte durée du bail qui donne droit à sa jouissance, les stipulations vicieuses de ce contrat, etc.

Des causes toutes personnelles à l'entrepreneur jouent un bien plus grand rôle encore que les précédentes dans la fixation du taux de ses bénéfices.

« Dans une entreprise agricole, dit M. DE DOMBASLE, de même que dans toute spéculation industrielle, les profits qu'on peut en espérer seront toujours, toutes choses d'ailleurs égales, proportionnés au capital qui y est appliqué ; le tout est d'employer le capital d'une manière judicieuse. »

Un fermier, qui n'a pas de capitaux et qui ne peut attendre les chances de hausse des denrées, bat ses grains dans l'hiver qui suit la récolte, les porte aussitôt sur le marché, où l'encombrement produit par le grand nombre de petits producteurs, et de pauvres ménages qui en agissent de même, amène un abaissement de prix qui retombe à la charge de celui qui est obligé de vendre ainsi ses denrées, et qui diminue considérablement ses bénéfices. Au contraire, un cultivateur qui peut disposer d'une plus forte somme de capitaux garde ses produits, attend que la demande sur les marchés ait relevé les prix, et vend alors avec un bénéfice qui couvre très souvent au-delà l'intérêt des valeurs capitales qu'il a ainsi gardées inactives pendant un certain temps.

La *capacité de l'entrepreneur* pose aussi des limites bien nettes aux bénéfices qu'il est en droit d'espérer de son industrie. Par ce mot nous entendons que le cultivateur possède toutes les connaissances théoriques et pratiques exigées pour savoir tirer de la terre le produit net le plus considérable, et qu'il réunit en outre en lui les qualités qui font un bon administrateur. Si ces connaissances, en effet, lui manquent en partie ou en totalité, s'il est dépourvu de ces qualités, il est bien certain que, guidé seulement par une routine aveugle, il ne parviendra à tirer qu'un mince produit de ses terres, et qu'une grande partie de ses bénéfices sera absorbée par les frais occasionnés par des mesures administratives vicieuses, par une mauvaise distribution des travaux, par l'emploi d'instrumens grossiers, par des stipulations désavantageuses, suite de l'ignorance des principes qui règlent la production, la vente et l'achat des choses, ou qui déterminent le taux des divers profits, etc.

Enfin, un dernier objet qui détermine dans chaque opération le taux des bénéfices d'un entrepreneur, c'est le *prix courant des denrées agricoles*. C'est par l'élévation ou l'abaissement des prix sur les marchés que ces bénéfices peuvent flotter dans des limites assez étendues. Il est vrai qu'un habile administrateur ne cherche qu'à produire des denrées dont le prix est le moins variable possible ; qu'il s'attache à transporter ses produits sur les marchés où le prix courant est le plus élevé ; qu'il ne les abandonne qu'au moment où le prix a monté à un taux qui lui assure un bénéfice honnête ; qu'il sait transformer en produits plus marchands, plus recherchés, des denrées dont la valeur vénale s'est abaissée par suite de la concurrence ou toute autre cause ; qu'il sait se mettre à l'abri des cas fortuits, en un mot qu'il parvient par son industrie à donner un peu de fixité à des bénéfices essentiellement variables de leur nature.

On est assez généralement dans l'habitude de *mesurer les bénéfices des entrepreneurs* d'industrie agricole par le rapport de leur revenu à leur capital d'exploitation. Ainsi, on dit : tel fermier réalise dans son entreprise des bénéfices qui s'élèvent à 10 ou 12 p. 100 de son capital ; les profits de tel autre n'ont été cette année que de 8 p. 100. Mais nous avons déjà fait observer que cette manière de s'exprimer est inexacte, et ne permet pas de distinguer nettement les revenus qui sont dus au capital de ceux qui appartiennent à l'industrie. Dans un entrepreneur qui possède en propre un capital d'exploitation, il y a 2 hommes distincts : un capitaliste, qui a droit à des intérêts pour la jouissance de son instrument qu'il concède à l'industrie, et un industriel, qui a droit à son tour à des bénéfices pour l'exercice de ses facultés individuelles. Confondre ces 2 sortes de revenus, c'est jeter de l'obscurité dans une matière sur laquelle il importe au contraire de répandre la plus vive clarté. Ainsi il serait beaucoup plus exact de dire, en supposant qu'on trouvât communément dans un pays à placer ses capitaux avec sécurité à 5 p. 100 : tel fermier a réalisé cette année un revenu de 11,000 fr., dont 5,000 sont les intérêts de son capital d'exploitation, qui est de 100,000 fr. ; et 6,000, la récompense de son industrie ; tel autre n'a trouvé en caisse, pour toute balance de ses comptes, que 4,000 fr., qui représentent, à 5 p. 100, les intérêts de son capital ; et n'a par conséquent rien touché cette année pour sa coopération industrielle dans l'entreprise qu'il dirige

On a beaucoup discuté sur la question de savoir quels sont les *bénéfices auxquels un entrepreneur d'industrie agricole ou un fermier a droit de prétendre*. D'une part, on a soutenu que les produits du sol sont d'une nécessité si générale et si urgente pour le genre humain, que celui qui les cultive n'a pas droit de prétendre à un bénéfice trop considérable. D'un autre côté, on dit qu'un fermier qui travaille avec économie, qui dirige ses opérations avec habileté et prudence, qui fait quelquefois des avances considérables de capitaux et court toutes les chances de la production mérite assurément d'être largement récompensé de ses avances et de son industrie ; mais toutes ces discussions n'ont pas éclairci et ne pouvaient pas décider la question, et les bénéfices des fermiers sont demeurés sous l'empire des besoins sociaux, de la capacité et des moyens pécuniaires des entrepreneurs et de la concurrence.

On a remarqué que toutes ces causes réunies ne permettent pas que les bénéfices des fermiers surpassent un certain rapport avec les capitaux qu'ils ont avancés, ou, comme nous l'avons dit au commencement de ce paragraphe, les bénéfices industriels des fermiers ont un taux courant basé sur leurs capitaux et leur industrie. Ecoutons à cet égard SINCLAIR, qui a dépouillé avec soin tous les rapports qui ont été faits au bureau d'agriculture sur les bénéfices des fermiers dans un grand nombre de comtés de l'Angleterre.

« Les bénéfices des fermiers, dit-il, sont en général tellement modérés qu'on a trouvé, par des recherches soigneuses, que, dans les terres arables, ils excèdent rarement 10 à 14 p. 0/0 du capital avancé (1). Quelques fermiers en terres arables, qui possèdent une habileté et une énergie supérieures et qui ont obtenu des baux à des conditions raisonnables peuvent réaliser de 15 à 20 p. 0/0 ; tandis que d'autres, qui manquent de ces

(1) De ces 10 à 14 pour cent, il faut déduire, suivant la remarque faite précédemment, 3, 4 ou 5 p. 0/0 suivant le taux de l'intérêt pour le profit du capital. La même observation s'applique aux évaluations suivantes.

qualités ou qui paient un fermage trop élevé, deviennent fréquemment insolvables. Le cas est différent dans les fermes à pâturages, parce qu'elles exigent moins de dépenses de main-d'œuvre et qu'elles produisent des denrées plus recherchées et d'un prix plus élevé. Dans ces fermes, il n'est pas rare que les bénéfices s'élèvent à 15 p 0/0 et plus. Le fermier d'une ferme de cette espèce est plutôt un marchand qu'un simple cultivateur ; comme il achète et vend fréquemment des bestiaux, il fait souvent de gros profits par des spéculations judicieuses ; mais aussi une baisse soudaine dans les prix entraîne souvent pour lui des pertes considérables. On a remarqué, au reste, qu'il est rare qu'un fermier fasse une grande fortune, à moins qu'il ne soit placé avantageusement dans le voisinage d'une grande ville ou qu'il ne réunisse à la culture quelque spéculation profitable. »

Les bénéfices réalisés dans le cours d'une année ne constituent pas, comme on le pense bien, *le taux moyen des profits* d'un entrepreneur d'industrie agricole ; les années qui se succèdent présentent, dans ce genre de spéculation, trop de différences pour qu'il soit possible de considérer l'une d'entre elles comme propre à faire connaître les bénéfices réels de l'entreprise. A cet égard, un fermier doit se considérer comme un entrepreneur qui fait une spéculation dont la durée sera de 9, 12 ou 15 années, suivant la durée de son bail, et dont il ne connaîtra les résultats définitifs que lorsqu'elle sera entièrement terminée. Je suppose, par exemple, qu'il agisse avec un capital de 50,000 fr., que le taux de l'intérêt des capitaux soit dans le pays à 5 p. 0/0, qu'il ait un bail de 9 ans et que les revenus annuels, suivant la comptabilité, aient été, savoir :

1re année.	3,226 fr.	6e année.	7,312 fr.
2e —	3,980	7e —	6,959
3e —	2,103	8e —	6,658
4e —	6,309	9e —	5,320
5e —	5,470		
		Total. . . .	41,838
A déduire les intérêts du capital de 5 pour cent pendant 9 ans.			18,827
Total des bénéfices industriels pour 9 ans. . .			23,011

ou, terme moyen, 2,557 fr. par année, c'est-à-dire 5 1/4 environ du capital d'exploitation de l'entrepreneur.

Un entrepreneur qui est propriétaire du fonds qu'il exploite peut opérer de même pour connaître le taux moyen de ses bénéfices ; seulement, comme la durée de son bail ne peut pas lui servir de base, il prend une ou plusieurs *rotations* ou assolemens qu'il considère comme des opérations distinctes et au bout desquelles il peut établir le taux courant de ses bénéfices industriels.

Dans plusieurs occasions, on a besoin de calculer approximativement le taux moyen des bénéfices qu'on pourrait espérer de réaliser dans l'exploitation de tel ou tel domaine. Dans ce cas, il faut faire sur la propriété foncière en question une enquête semblable à celle dont nous avons donné le modèle dans le titre Ier, et procéder à des calculs d'évaluation en faisant usage, pour les terres arables, du tableau de la page 340 du chapitre II, où nous avons donné les produits moyens ainsi que les travaux de culture sur chaque division et chaque classe, et pour les prairies et autres biens des moyens d'évaluation présentés dans les pages suivantes du même chap. En opérant ensuite les calculs comme nous l'avons indiqué, on parvient à établir le taux moyen des bénéfices qu'on peut espérer dans l'exploitation du domaine proposé, ou le taux du fermage qu'on peut en offrir après qu'on a fixé les bénéfices qu'on veut retirer de l'opération.

SECTION II. — *Des frais de production.*

La production agricole n'est qu'une espèce d'échange dans laquelle on donne des services productifs d'utilité pour recevoir en échange une partie de la valeur produite. Ces services, comme toutes les valeurs susceptibles d'être échangées, ont un prix courant qui s'établit d'après les mêmes bases que celui de ces valeurs ; c'est le prix courant de tous les services qui ont concouru à la création d'un produit qui forme ce qu'on appelle les *frais de production*.

Les services productifs qu'on met en œuvre dans l'industrie agricole, ainsi que nous l'avons déjà vu, sont ceux du fonds de terre, des capitaux et de l'industrie.

Examinons en particulier les frais auxquels donne lieu l'usage, la jouissance, le loyer ou l'achat de ces services.

§ Ier. — Service du fonds.

Le prix de la jouissance du fonds entre dans les frais de production sous le nom de *fermage*, *canon* ou *loyer*, etc. La plupart du temps on se contente de le faire figurer aux frais généraux, mais il est préférable de rechercher les différens élémens qui le composent, afin d'attribuer aux divers services la part de frais que chacun doit supporter. Ces élémens sont :

1° Les *frais pour la jouissance de la terre* comme fonds propre à nourrir des végétaux, à donner des récoltes ou à rendre quelque autre service utile ;

2° Les *intérêts des sommes avancées pour améliorations foncières* de toute espèce, tels que défrichemens, chemins, haies, fossés bâtimens ruraux, constructions diverses, etc.

Dans un fonds en friche et où on se propose de faire des améliorations, ces 2 élémens sont d'abord distincts, mais, sur les fonds depuis long-temps en culture, ils se confondent généralement. Seulement, nous allons voir que les bâtimens ou constructions rurales étant spécialement à l'usage de divers services, il est utile de fixer un prix à leur jouissance, afin que chaque service qui en profite porte sa part des frais qu'ils occasionnent.

3° Les *frais d'entretien annuel de tous les objets immobiliers* qui sont répandus sur le fonds ;

4° Une *prime annuelle d'amortissement* pour rétablir ces objets immobiliers lorsque le temps les aura mis hors de service ;

5° Les *frais d'assurance contre l'incendie* des bâtimens ruraux et autres constructions ;

6° Les *avances pour améliorations foncières* qu'on pratique souvent annuellement sur un fonds pour le rendre plus productif ;

7° Les *sommes payées à l'état pour acquitter l'impôt foncier* et autres charges publiques supportées par la propriété.

8° Une *prime* pour non-valeurs ou remises qu'un propriétaire qui loue sa terre doit porter en compte et qu'on peut évaluer de 2 à 3 p. 0/0 des intérêts du capital ou du fermage.

Essayons avec ces élémens d'établir, ainsi que nous l'avons promis, le *profit foncier net* du propriétaire du fonds de terre. Supposons pour cela un domaine de 102 hectares de terres labourables dont le fermage soit évalué ou fixé à . . . . 8,000 fr.

Sur cette somme, qui forme le revenu brut du propriétaire, il faudra déduire, je suppose, pour :

1° Frais d'entretien annuel des objets immobiliers.	150 fr.	
2° Prime d'amortissement pour le rétablissement des mêmes objets après qu'ils auront péri.	150	
3° Frais d'assurance contre l'incendie des bâtimens.	100	
4° Avances pour améliorations foncières.	200	
5° Impôt foncier et autres charges	580	
6° Prime pour non valeurs à 3 pour cent.	240	
Total des déductions. . . .	1,420	1,420
Différence représentant le profit foncier net du propriétaire. .		6,580

Nous venons de dire qu'il était utile de fixer un prix à la *jouissance des bâtiments ruraux* d'un domaine.

afin d'attribuer à chaque service la part qu'il doit supporter. En effet, si je suppose un fonds pour son exploitation ne requérait pas la coopération d'un ou plusieurs attelages, il est clair que les bâtimens pour écurie, sellerie, magasins à foin et avoine seraient inutiles, et qu'au contraire ils deviennent indispensables toutes les fois qu'on est obligé d'avoir des attelages pour l'exploitation du fonds. Les frais pour la jouissance de cette portion des bâtiments sont donc à la charge de ce service, ou plutôt, comme nous avons déjà eu plusieurs fois l'occasion de l'établir dans nos calculs, vont grossir le prix du travail des moteurs animés. Il en est de même pour les autres services.

Voici maintenant la manière dont on parvient à répartir entre les différens services les frais de jouissance des bâtimens à leur usage.

Supposons comme précédemment que le fermage du domaine ci-dessus de 102 hectares ait été fixé à 8,000 fr., et que la jouissance des bâtimens, cours et jardins qui couvrent un espace de 2 hectares, soit évaluée à 2,000 fr., qui se composent, savoir : de 1,600 fr. pour la jouissance de ces bâtimens; de 150 fr. pour les réparations annuelles; de 100 fr. pour frais d'assurance contre l'incendie; et de 150 fr. pour prime d'amortissement.

Faisons observer, d'abord : qu'il reste une charge de 6,000 fr. qui doit être supportée par 100 hectares de terres labourables, c'est-à-dire, en la répartissant également entre eux, que la production végétale se trouve annuellement grevée d'une somme de 60 fr. par hectare pour jouissance du fonds.

Ensuite, connaissant les frais de jouissance des bâtimens ruraux en masse, nous pouvons répartir cette somme entre les différentes espèces de bâtimens affectés à des services divers, en assignant à peu près à chacun d'eux le prix auquel on trouverait à les louer communément dans le pays, et en faisant peser sur eux une portion des charges qui grèvent la totalité; c'est ce que nous avons essayé de faire dans le tableau suivant :

NATURE ET DESTINATION DES BATIMENS.	FRAIS					SERVICES auxquels les sommes sont imputables.
	DE JOUISSANCE AU PRINCIPAL.	DE RÉPARATIONS ANNUELLES.	D'ASSURANCE CONTRE L'INCENDIE.	DE PRIME D'AMORTISSEMENT.	TOTAUX.	
Bâtiment d'habitation.	fr. c.	fr. c.	fr. c.	fr. c.	fr. c.	
Logement de maître.	200 »	18 62	13 15	18 62	250 39	Frais généraux ou personnel.
Logement de serviteurs.	98 »	9 13	5 45	9 13	121 71	Personnel.
Bâtimens d'exploitation.						
Écurie, sellerie, magasin à foin et avoine.	128 »	11 90	8 »	11 90	159 80	Attelages.
Étable ou bergerie.	312 »	30 15	19 50	30 15	391 80	Bêtes de rente ou production animale.
Magasin à paille et fourrages.	128 »	11 90	8 »	11 90	159 80	*Idem.*
Magasin à racines fourragères.	96 »	9 »	6 10	9 »	120 10	*Idem.*
Laiterie, chambre à beurre et fromage.	92 »	8 40	5 70	8 40	114 50	*Idem.*
Hangars, salles aux instrumens et outils.	146 »	13 60	9 10	13 60	182 30	Personnel et attelages.
Granges, gerbiers, aire et machine à battre.	280 »	26 15	17 50	26 15	349 80	Fonds ou production végétale.
Greniers, chambres à grain, etc.	120 »	11 15	7 50	11 15	149 80	*Idem.*
	1,600 »	150 »	100 »	150 »	2,000 »	

Ainsi, par exemple, je suppose que l'établissement en question entretienne 10 chevaux de travail; leur logement et celui des objets à leur usage coûtera par an 159 fr. 80 c. à l'entrepreneur; plus, 182 fr. 30 c. pour le logement des instrumens avec lesquels ils travaillent : en tout, 342 fr. 10 c.; c'est-à-dire que le prix du travail de chaque cheval est grevé annuellement de 34 fr. 10 c., savoir : 15 fr. 98 c. pour le logement de l'animal, et 18 fr. 23 c. pour celui des instrumens à son usage. De même, la production animale doit supporter une charge de 391 fr. 80 c. pour loyer des étables; de 159 fr. 80 c. pour magasin à paille et fourrages; de 120 fr. 10 c. pour caves à racines; de 114 fr. 50 c. pour laiterie, et de 50 fr. pour logement des agens du personnel préposés à ce service; en tout, 836 fr. 20 c. qui, répartis entre 72 têtes de gros bétail qu'on suppose réunies sur le domaine, mettent à la charge de chacune d'elles pour logement une somme de 11 fr. 50 c.

§ II. — Service des capitaux.

Le prix du service des capitaux varie suivant qu'ils appartiennent au capital de roulement, ou au capital fixe ou engagé.

A. Le *capital de roulement* entre dans les frais de production.

1° Pour ses *intérêts* qui vont grossir le prix de la jouissance des services auxquels il fait des avances. C'est ainsi que le prix du travail des serviteurs agricoles se trouve grevé comme nous l'avons vu à la page 400, des intérêts de toutes les sommes avancées pour nourriture, salaire, logement, entretien, etc. Ces intérêts sont à un taux plus ou moins élevé, suivant que les capitaux appartiennent en propre à l'entrepreneur, ou qu'il a été obligé de les emprunter à des conditions qui varient suivant les pays, et par les causes que nous avons indiquées plus haut en nous occupant du profit des capitaux.

2° Pour les *frais d'assurance contre la grêle et l'incendie*, pendant tout le temps que ce capital est sous forme de récoltes qui peuvent être détruites par ces fléaux.

3° Pour *prime* contre les faillites, banqueroutes, retards de paiement qu'on peut évaluer à 1/4 p. 0/0 du capital de roulement.

B. Le *capital fixe ou engagé* d'exploitation figure dans les frais de production :

1° Pour ses *intérêts* aux mêmes conditions que celui de roulement.

2° Pour les frais de son *entretien* et ses *réparations*, qui peuvent s'élever jusqu'à 25 et 30 p. 0/0 par an, suivant l'espèce et la nature des objets mobiliers périssables qui le représentent. Nous avons cherché à évaluer pour chacun de ceux-ci le chiffre de cet entretien lorsque nous avons, dans le titre II, traité de l'organisation des divers services.

3° Pour les *frais d'assurance* contre l'incendie, et contre les épizooties ou les maladies contagieuses qui attaquent les animaux; frais qui varient suivant les circonstances.

§ III. — Services des industriels.

Les services des industriels dans les entreprises agricoles accroissent la masse des frais de production de toute la somme qui représente les profits auxquels ils ont droit pour leur coopération ; or, en nous occupant de l'organisation du service du personnel dans le titre III, et des profits industriels dans le présent chapitre, nous sommes entrés dans des détails assez étendus pour évaluer et calculer cette portion des frais de production ; ce qui nous dispense de revenir sur ce sujet.

§ IV. — Principes économiques applicables aux frais de production.

Dans tout établissement agricole, de même que dans toutes les autres entreprises industrielles, il faut, pour prospérer, que *les produits créés aient une valeur égale à leurs frais de production*. En effet, si la valeur de ces produits ne couvre pas les frais qu'ils ont coûté, il y a un service productif qui n'a pas reçu sa récompense.

Par exemple, l'entrepreneur, par l'influence des circonstances ou par son inexpérience, peut ne pas être indemnisé de ses soins, ou bien les capitaux qu'il a avancés ne lui rapporter aucun intérêt. Dans tous les cas, comme c'est lui qui a conçu la pensée de l'entreprise et qui l'a dirigée à ses risques et périls, c'est aussi le plus communément lui qui court toutes les chances de la production; ses bénéfices s'accroissent ou diminuent suivant les circonstances ou le degré d'habileté avec lequel il a conduit ses opérations.

Quand un produit paie très largement ses frais de production, c'est-à-dire, dans le cas qui nous occupe, lorsque les bénéfices que recueille un agriculteur de la création de ce produit s'élèvent au-dessus de ceux que donnent communément les autres produits, les autres producteurs ne tardent pas à s'en emparer et à ramener par la concurrence les bénéfices qu'il procure au taux moyen des autres productions du pays.

Le *prix courant des bénéfices* qu'on peut faire sur chaque produit varie néanmoins dans des limites assez étendues, dans chaque canton et dans chaque établissement. Dans ce dernier cas, nous savons déjà que le taux du fermage, celui de l'intérêt des capitaux, la capacité industrielle de l'entrepreneur sont les causes qui déterminent les variations les plus sensibles dans ce prix.

Souvent la concurrence ou l'engouement des agriculteurs pour un produit peuvent être tels que son prix courant *descende au-dessous de ses frais de production*. C'est à l'administrateur habile à prévoir ce concours, à se mettre en garde contre ces dépréciations de prix, et à diriger sur des produits d'une vente plus ferme et plus soutenue ses efforts et ses capitaux.

On fait faire un progrès à l'industrie agricole toutes les fois que, par un moyen quelconque, on parvient à *diminuer les frais de production*.

Si, tout en obtenant *une même quantité de produits et des produits de même qualité*, on parvient à supprimer, je suppose, en tout ou en partie, l'usage d'un service, à obtenir des conditions plus favorables dans l'emploi des agens ou des moteurs, à tirer un meilleur parti du concours d'un service quelconque, etc., il est clair qu'on aura créé une valeur égale mais avec moins de frais de production. Il en sera de même si, par une administration sage et habile, on diminue les déchets, les rebuts, les avaries, les vols, etc.; si on fait choix de travailleurs plus laborieux et plus actifs et intelligens; si on réduit au strict nécessaire les capitaux fixés dans des objets qui ne sont productifs que d'agrément, tels que meubles somptueux, habillemens recherchés; si on établit une rigoureuse économie dans les dépenses du ménage, etc.

D'un autre côté, si, tout en dépensant une *même valeur en services industriels*, ou pour les mêmes frais de production, on parvient à créer une plus grande quantité de produits d'une même valeur que précédemment, ou des produits d'une plus haute valeur, on aura encore produit plus avantageusement, puisqu'on donnera moins pour obtenir plus, ce qui est une meilleure affaire et un marché plus profitable. C'est ainsi qu'on peut considérer comme un progrès qui équivaut à une diminution de frais de production la suppression des jachères, l'adoption d'un bon système d'assolement, l'éducation des races fécondes et productives de bestiaux, l'amélioration et l'accroissement successif de la fertilité du sol, qui donne alors des récoltes plus abondantes qui ne coûtent pas plus de travail, etc.

Tous les efforts d'un entrepreneur doivent donc tendre sans cesse, par tous les moyens que lui suggèrent ses connaissances, sa capacité et sa pratique, et les progrès des arts agricoles, à *diminuer ses frais de production*, soit en faisant une économie sur le prix des services productifs, soit, avec la même quantité de service et les mêmes frais, en obtenant des produits plus abondans et d'une plus haute valeur.

C'est l'entrepreneur qui profite d'abord de la diminution dans les frais de production qu'il parvient à obtenir, soit par des bénéfices plus considérables, soit par un écoulement plus prompt et plus assuré de ses produits.

Si cette diminution est due à une méthode perfectionnée, à un instrument plus parfait, à un mode administratif mieux entendu, toutes choses qui peuvent avoir des imitateurs, la concurrence, comme nous l'avons déjà dit, ne tarde pas à ramener les bénéfices au prix courant dans le pays. Mais si cette diminution est entièrement due aux qualités personnelles de l'entrepreneur; si elle réside dans sa sagacité, dans ses vastes connaissances et son expérience consommée; si elle est due à une habileté peu commune pour juger par le tact et la vue des qualités du bétail, à une aptitude toute particulière pour l'achat et la vente des animaux, à une activité extrême et toute personnelle à l'individu, il est clair alors que l'entrepreneur peut espérer jouir long-temps de l'accroissement de bénéfices qu'il se procure ainsi par la diminution de ses frais de production.

Le *calcul des frais de production* est indispensable à établir toutes les fois qu'on a créé un produit et qu'on veut le porter sur le marché, afin de comparer les prix qu'on en offre aux frais qu'il a coûtés, ou pour s'assurer de la réalité et de l'étendue des profits que donne une opération agricole quelconque. Ce calcul suppose d'abord une *connaissance parfaite de tous les élémens* qui doivent y figurer, et que nous venons de faire connaître, et ensuite une *comptabilité très régulière* où l'on puisse puiser ces élémens avec facilité et avec la certitude qu'ils ont toute l'exactitude nécessaire pour qu'on puisse compter sur les résultats rigoureux des calculs. Nous donnerons quelques exemples de ces calculs dans l'article qui traitera de la comptabilité et qui terminera ce titre.

SECTION III. — *Des ventes et achats.*

§ Ier. — Des principes des ventes et achats.

Un agriculteur qui produit pour son propre compte n'est pas seulement un entrepreneur d'industrie, c'est encore un *marchand de denrées agricoles*, qui souvent ne se contente pas de vendre ses propres denrées, mais spécule en outre sur les denrées créées par d'autres et cherche ainsi à réaliser des bénéfices en dehors de la production par des combinaisons plus ou moins heureuses suivant sa sagacité et son intelligence.

L'agriculteur doit donc, indépendamment de ses connaissances dans l'industrie qu'il exerce, avoir l'habileté du négociant et l'expérience du marchand ; et, à ces divers titres, il importe que celui qui administre un domaine connaisse les phénomènes sociaux qui se manifestent dans la vente et l'achat des produits de toute espèce.

La *vente des produits du domaine* est une des fonctions dévolues à l'administrateur. C'est la conclusion de toutes les opérations agricoles, celle qui complète le cercle de la production, démontre si on a conduit avec habileté ces opérations, révèle souvent les vices d'une méthode ou d'un mode d'administration, fait rentrer annuellement le capital de roulement augmenté des bénéfices industriels de l'entrepreneur, et constate enfin d'une manière péremptoire l'étendue de ces bénéfices. Mais il ne faut pas échouer au port, et, après avoir conduit toutes ses opérations avec prudence et sagacité, perdre par négligence ou par l'ignorance des premiers principes du commerce les fruits de son travail et de son industrie. La vente des produits d'un domaine est donc une opération dans laquelle on ne saurait apporter trop de sagacité, de prudence et d'activité.

Témoins des chutes multipliées et des revers qui ont été la conséquence de spéculations entreprises par des fermiers, beaucoup d'agronomes ont fait observer que *l'agriculteur prudent ne devrait jamais se faire spéculateur* en denrées agricoles ; que les chances dans ce genre d'industrie, qui en réalité est en dehors de l'agriculture proprement dite, étaient trop incertaines et trop variables pour ne pas porter la perturbation dans un établissement ; que les risques qu'on court, comme toutes les choses qui présentent quelque apparence aléatoire ou d'un jeu, finissent par dominer l'esprit de celui qui s'y abandonne ; que, dans cet état, un agriculteur tout entier adonné au soin de ses spéculations ne pouvait plus apporter la même activité ni la même attention à l'exploitation de son domaine ; enfin, qu'il devenait plutôt un marchand de denrées qu'un agriculteur. Ces observations nous paraissent exactes, et nous pensons aussi qu'un administrateur prudent se bornera simplement à spéculer sur les produits qu'il a créés lui-même ; cette sorte de spéculation offre déjà des chances assez multipliées sans les grossir par des achats et des ventes sur des produits autres que ceux du domaine, et sans s'exposer aux innombrables mécomptes que présentent les prix courans et les mercuriales, et la solvabilité ou la mauvaise foi des autres spéculateurs. C'est bien assez d'ailleurs que toutes les opérations de l'agriculture ne soient, pour ainsi dire, qu'une sorte de spéculation, où on achète des services productifs qu'on paie les uns en argent et les autres en nourriture, en entretien, en logement, et en soins divers ; car toute opération agricole n'est, en définitive, qu'une spéculation dont tout le secret est de donner le moins pour recevoir le plus.

Puisque dans la plupart des établissemens agricoles il y a toujours une quantité considérable de produits créés qui ne peuvent être consommés par le maître, les serviteurs, les bêtes de trait ou de rente, ou les fabriques industrielles, il devient indispensable de *proposer ce surplus à d'autres consommateurs*. Or, on ne peut abandonner à ceux-ci la jouissance ou l'usage de ces produits que s'ils consentent à donner en *échange* un autre produit qui convienne à l'entrepreneur. C'est cet échange de produits qu'on nomme *vente et achat*.

Un produit n'a de valeur échangeable qu'autant qu'il a de l'utilité aux yeux de celui qui veut l'acquérir ; l'échange sert donc à constater la *valeur d'utilité des choses*. Pour comparer et évaluer l'utilité des choses on se sert ordinairement d'un certain nombre de pièces de *monnaie*, parce que la monnaie est un produit dont la valeur, c'est-à-dire la quantité de chose qu'un nombre déterminé de pièces de monnaie peut acquérir, étant généralement connue, paraît sous ce rapport éminemment propre à ces sortes d'évaluations.

La valeur d'échange des choses est de sa nature perpétuellement variable ; elle change avec les lieux ou d'un moment à l'autre, et rien ne peut la fixer définitivement parce qu'elle est fondée sur des besoins et sur des moyens de production qui peuvent varier à chaque instant, et suivant des circonstances infiniment multipliées.

Une des causes principales qui tendent surtout à faire varier la valeur des produits dans une localité, c'est la *facilité des débouchés*, ou moyens d'effectuer l'échange réciproque des produits créés. Les débouchés sont d'autant plus vastes, plus faciles et plus variés que les producteurs dans un pays sont plus nombreux, plus actifs, plus riches, et les objets échangeables plus variés ; que la civilisation fait éprouver à la population des besoins qu'elle est par son industrie en état de satisfaire ; que les objets sont produits à moins de frais ; que les moyens de transports y sont plus étendus, plus variés, plus sûrs et moins dispendieux ; que des mesures administratives n'y entravent pas la production, la libre circulation, et la consommation des produits, etc.

§ II. — Du prix courant et des marchés.

La quantité de monnaie pour laquelle on trouve communément à acheter ou vendre un produit quelconque constitue son *prix courant*. Le prix courant d'une marchandise suppose toujours, dans les transactions du commerce, une quantité fixe de cette marchandise et une qualité déterminée. Ainsi, quand on dit que le froment était, en février 1835, à 26 fr. sur le marché de Paris, cela signifie qu'un hect. de froment de 1re qualité s'échangeait contre cette somme à cette époque à la halle aux blés de Paris.

Le prix originaire d'un produit est d'abord basé sur les *frais de production*, et, quand ces frais de production ont déterminé le taux le plus bas auquel la création de ce produit peut être entreprise et poursuivie avantageusement, ce taux, combiné avec l'utilité propre du produit ainsi qu'avec le nombre, la richesse, les besoins des consommateurs, détermine la *quantité de ce produit* que le public demande et par conséquent la quantité qu'on peut créer avec profit.

Quand un produit est cher, c'est-à-dire quand il ne peut être créé qu'avec de *gros frais de production*, la demande qu'on en fait est moindre, puisqu'il n'y a qu'un nombre limité de consommateurs qui peuvent le payer, et réciproquement lorsque, par des moyens perfectionnés de production, les *produits baissent de prix*, leur consommation s'accroît dans une proportion bien plus rapide que la diminution des prix.

Plus un produit est demandé, plus les services qu'on consomme pour sa production deviennent d'abord rares et chers; aussi une demande subite plus étendue a-t-elle presque constamment pour résultat de faire élever les prix courans. Par une raison semblable, le prix d'un produit baisse généralement d'autant plus qu'il *est plus offert par le producteur et moins demandé par le consommateur*, ou que les services dont il est le résultat sont plus offerts et moins demandés.

Très souvent le prix courant des denrées agricoles éprouve d'autres influences que celle des frais de production; des circonstances politiques, l'apparence des récoltes prochaines, la crainte d'une mauvaise année ou l'espérance d'une bonne, la direction des besoins des consommateurs, la formation d'industries nouvelles, la concurrence entre les acheteurs combinée avec celle qui s'établit entre les vendeurs, la mode et l'engouement qui exercent aussi leur empire sur les denrées agricoles, etc., influent sur les quantités offertes et demandées, et par conséquent sur le rapport de l'une à l'autre qui est l'expression du prix courant. Dans tous les cas, les frais de production d'un côté et les besoins de l'autre tendent sans cesse à ramener ce rapport à son taux naturel.

Les économistes ont donné le nom de *marché* à tous les endroits où l'on trouve l'écoulement ou la vente des produits dont on veut se défaire; c'est, à proprement parler, l'étendue physique de terrain sur lequel on trouve des consommateurs de ces produits : ainsi, nos départemens maritimes sont un marché actif pour la vente des chanvres, celui du Bas-Rhin pour celle de la garance, celui de la Seine pour les denrées agricoles de toute espèce, etc.

Un marché, dans le sens général de ce mot, est d'autant plus considérable ou plus étendu que l'*importance et les moyens de vente* y sont plus considérables, plus faciles et plus multipliés. Un pays populeux et riche offre, pour tous les produits qu'on peut y vendre, un marché plus étendu qu'un pays pauvre et dépeuplé, et les grandes villes présentent partout un marché considérable pour la vente des denrés agricoles.

Des moyens de transport faciles et peu coûteux, qui permettent de faire voyager plus au loin les denrées agricoles, un service d'attelages bien organisé, etc., augmentent l'étendue du marché sur lequel on peut vendre des denrées. De mauvaises routes, l'absence de canaux de navigation, de chemins de fer, des mesures fiscales onéreuses, des attelages mal montés, l'ignorance des besoins des populations et du prix courant dans les localités environnantes, l'indolence du plus grand nombre des cultivateurs, l'apathie des populations, sont autant de causes qui tendent au contraire à restreindre l'étendue du marché.

Le *poids des denrées, combiné avec leur valeur échangeable* ou leur prix courant concourt à accroître ou à restreindre l'étendue du marché. Par exemple, une marchandise précieuse ou qui a une haute valeur peut, quel que soit son poids, être transportée à une grande distance; les frais de transport ne seront toujours qu'une petite fraction de sa valeur qui se trouvera fort peu augmentée par ce déplacement. Il n'en est pas de même de la plupart des denrées agricoles, qui ont en général un grand poids et un volume souvent considérable avec une faible valeur. Il n'est pas possible, si ce n'est par les moyens les plus économiques que présentent la navigation de la mer, des rivières ou des canaux, et les chemins de fer, de les transporter à une grande distance sans augmenter d'une manière notable leurs frais de production que les prix du transport viennent encore grossir; leur marché est donc toujours borné à une étendue de pays assez limitée par suite de la difficulté ou du prix des transports.

Dans un sens plus restreint, on désigne par le mot *marché* un emplacement public où l'on se rend de tous les lieux d'alentour pour vendre des denrées qu'on produit ou acheter celles qu'on veut consommer.

Il ne suffit pas, en effet, de produire des denrées et que les consommateurs dans un pays soient multipliés, riches et en état de les acquérir par l'échange, il faut encore, pour qu'ils puissent proposer et effectuer cet échange, qu'on mette les produits à leur portée ou sous leur main par des transports, qu'on les divise par portions, afin qu'ils puissent en prendre la quantité dont ils ont besoin et dans un lieu où il leur est commode de les trouver. C'est ce lieu, cet emplacement où le producteur et le consommateur se rencontrent et où l'on trouve communément les denrées que l'un veut céder ou l'autre acheter divisées en portions d'un poids ou d'un volume déterminé, auquel on donne le nom de *marché public, de halle, bourse de commerce*, etc.

C'est dans ces halles et marchés publics, où les agriculteurs, les industriels ou les marchands se rendent à certaines époques fixes, que s'établit le prix courant ou cours des denrées agricoles. Ce prix, ainsi que nous l'avons dit, s'établit naturellement en hausse, suivant que les denrées sont plus demandées et moins offertes, et en baisse, suivant qu'elles sont plus offertes et moins demandées. Souvent ce prix éprouve des fluctuations assez notables dans un même marché par suite d'une nouvelle affluence de vendeurs ou d'acheteurs, par des spéculations inattendues ou considérables, par des causes fortuites, des nouvelles sur la politique ou la situation industrielle et agricole du pays, vraies ou fausses, ou par besoins imprévus, etc. Tantôt, au contraire, ce prix reste calme ou n'éprouve que des variations peu étendues.

Les halles et marchés ont donc l'avantage pour le cultivateur de constituer des points de réunion ou des rendez-vous dans lesquels il est certain, à diverses époques de l'année, de trouver rassemblés des acheteurs ou des vendeurs de denrées agricoles, et où la concurrence et les circonstances locales ou accidentelles fixent le prix courant des denrées qu'il veut vendre ou de celles dont il veut se pourvoir.

La connaissance du cours des denrées sert ensuite pour les *achats et les ventes qui peuvent se faire hors des marchés*; elle permet de ne pas payer une marchandise au-delà de sa véritable valeur, ni de la vendre au-dessous de son prix courant.

Ces principes étant posés, nous allons examiner quels sont les devoirs de l'administrateur comme marchand de denrées agricoles.

L'objet le plus important que l'administrateur d'un domaine doit d'abord avoir en vue pour la vente de ses denrées est de s'assurer de *l'étendue du marché* sur lequel il pourra écouler ses produits; pour cela, il passera successivement en revue les lieux où se tiennent les marchés, ceux où il y a des halles permanentes, les points où la population se trouve agglomérée, comme les villes, les bourgs, les camps, ou bien les centres d'activité industrielle ou commerciale, comme les fabriques, les usines, les ports, les villes d'entrepôt, etc. Cela fait, il s'assurera de *l'espèce des denrées* dont on trouve le plus facilement à se défaire sur ces marchés, de celles qui y ont un cours permanent, ou qu'on demande le plus particulièrement dans les lieux de consommation.

Ces notions étant acquises, il s'informera de *l'importance des marchés*, de la masse des affaires qui s'y font dans chaque espèce de denrées, les jours où le marché est ouvert; si ces affaires se font plus particulièrement par petites, moyennes ou grosses parties; quels sont les individus qui se présentent communément comme acheteurs; s'il sont solvables et d'une moralité reconnue; si la vente des denrées et la variation des prix courants ne sont pas à la discrétion de quelques gros marchands, de courtiers ou de spéculateurs, et s'il faut nécessairement avoir à faire à eux et passer par leurs mains; quels sont les modes de traiter les plus en usage; si on fait les affaires au comptant, à crédit ou à terme; à quelles conditions et sous quelles réserves, suivant les usages locaux, les ventes se font ordinairement; si, avec la quantité de denrées qu'on peut jeter sur le marché, on ne dépréciera pas le prix courant; si ce prix s'établit naturellement et n'est pas sujet à des fluctuations considérables, résultat des manœuvres de quelques spéculateurs; si on n'est pas soumis pour le déplacement des denrées à des mesures vexatoires ou aux exigences du fisc, etc.

Toutes ces matières étant éclaircies, il s'assurera de la *distance* de la ferme à tous ces marchés ou lieux de consommation dans un rayon assez étendu, en tenant compte des sinuosités et détours des chemins; puis, il étudiera avec le plus grand soin les *voies de communication* qui conduisent aux uns et aux autres sous le rapport de leur viabilité, de la célérité des moyens de transport, de la sécurité du roulage, et enfin du prix du transport pour une distance et pour un poids déterminé de denrées.

C'est d'après tous ces documens, et en les combinant entre eux, que l'administrateur se déterminera à porter ses denrées sur le marché qui lui présentera une somme d'avantages supérieure à celle de tous les autres.

Donnons un exemple du calcul auquel il est utile de recourir dans ce cas.

L'administrateur de la ferme de M** dans le canton de P**, je suppose, veut vendre 20 hectolitres de froment du poids de 70 kilog. l'hectol.; en tout 1,400 kil. (ou 1 2/5, tonneau de 1,000 kilog.). Les frais de ce froment sur la ferme ont été, d'après le relevé de la comptabilité, et y compris les frais de conservation jusqu'à cette époque et les bénéfices industriels de l'entrepreneur, qu'on a portés à 6 p. 0/0 de son capital d'exploitation, de 15 fr. l'hectolitre. Cinq marchés pour l'écoulement de ce froment sont ouverts constamment, et présentent chacun, pour une distance qui n'est pas la même, une voie de communication différente, et un prix souvent différent pour chacun d'eux.

1. Sur le marché de A, situé à 20 kilom., le prix du blé est coté 16 fr.; la route qui y conduit est pavée, en bon état de viabilité en tout temps et sûre. Les frais pour le transport et le retour qui peuvent s'effectuer en 2 journées par une charrette de la ferme attelée de 2 chevaux, sont :
4 journées de cheval à 1 fr. 30 c. . . . . . 5 fr. 20 c.
2 journées de charretier, y compris le chargement et déchargement de la voiture à 1 fr. [illegible] 2 50
Coulage, échantillons, défaut de poids, mesurage, un quart pour cent. . . . . . [illegible] 80
Droits municipaux. 1 80
Logement pendant une nuit des chevaux et de la voiture. . . . . . [illegible] [illegible]
Total. . . . . . [illegible] [illegible]

2. Sur le marché de B, situé à 8 kilom., le prix du froment est coté 15 fr. 60 c. La route qui y conduit est ferrée et en mauvais état. Les frais pour le transport et le retour, qui peuvent s'effectuer en une journée par une charrette attelée de 4 chevaux nécessaires sur cette route, sont, savoir :
4 journées de cheval à 2 fr. 30 c. . . . . . 9 fr. 20 c.
1 journée de charretier, y compris le chargement et déchargement de la voiture, à 1 fr. 40 c. 1 40
Coulage, échantillons, défaut de mesurage, un quart pour cent. . . . . . [illegible] 80
Droits municipaux. 1 60
Total. . . . . . 13 »

3. Le marché de C est situé à 45 kilom.; le froment y est coté 16 f. 80 c. On peut se rendre à ce marché par une rivière navigable, qui passe à proximité de la ferme, dont la navigation est assez sûre et où l'on trouve en tout temps des bateaux en charge, tant à la remonte qu'à la descente. Le prix du transport est de 10 cent. par tonneau et par kilomètre, y compris les droits de navigation. Le transport et la vente se font par l'entremise de courtiers résidant sur les lieux et qui prennent un pour cent de droit de commission. Les frais sont alors les suivans :
Demi-journée de cheval pour transport au bateau, à 2 fr. 30 c. . . . . . 1 fr. 20 c.
Quart de journée d'homme pour charger, conduire, décharger la voiture et déposer sur le bateau, à 1 fr. 40 c. . . . . . » 35
Frais et droit de navigation. . . . . . 10 [illegible]
Déchargement du bateau transport au marché. . . . 2 »
Coulage, avaries, échantillons, défaut de mesurage, un demi pour cent. 1 60
Assurance contre les accidens, 1/8 pour cent. . . . » 40
Droit de commission au courtier. 3 30
Droits municipaux. 1 80
Total. 24 60

4. Le marché de D est situé à 34 kilom. Le froment y est coté 16 fr. 55 c. On se rend à ce marché par un canal distant d'une demi-journée de route de la ferme et où l'on trouve en tout temps des bateaux en charge. Le transport et la vente se font de même par des courtiers qui prélèvent un huit de droit de commission. Le prix du transport et des divers droits est de 25 cent. par tonneau et par kilomètre et les frais de transport, savoir :
2 journées de cheval pour transport au canal, à 2 fr. 30. 4 fr. 60 c.
1 journée d'homme pour charger, conduire, décharger la voiture et déposer sur le bateau. 1 40
Frais et droit de navigation. 11 90
Déchargement du bateau et transport au marché . . 2
Coulage, avaries, échantillons, défaut de mesurage, un demi pour cent. 1 50
Droit de commission au courtier. 3 60
Assurance contre les accidens, 1/8 pour cent. . . . » 32
Droits municipaux. 1 8
Total. 25 40

5. Le marché de E est situé à 60 kilom. et le froment y est coté 16 fr. 50 c. On parvient à ce marché par un chemin de fer qui passe à peu de distance. Le chantier de chargement pour ce chemin est à une demi-journée de la ferme. Le trajet peut s'opérer directement par l'administrateur qui accompagne ses denrées. Le prix du transport est de 8 cent. par tonneau et par kilom.; celui du transport des voyageurs de 4 cent. par kilom. Les frais se composent des élémens suivans :
2 journées de cheval pour transport au chantier de chargement du chemin, à 2 fr. 30 c. . . . . . 4 fr. 60 c.
1 journée d'homme pour charger, conduire, décharger la voiture et charger sur les wagons. 1 40
Prix du transport. 6 72
Déchargement et transport sur le marché. . . . . . 2 »
Coulage, avaries, échantillons, défaut de mesurage, 1/2 p. cent. 1 50
Droits municipaux. 1 98
Frais de voyage de l'entrepreneur, aller et retour. . . 4 80
25 50

Avec ces élémens, on est en état de dresser le tableau suivant qui fait voir d'un seul coup d'œil les avantages que présente tel ou tel marché.

LIEUX DE MARCHÉ.	MOYEN de TRANSPORT.	DISTANCE à parcourir.	FRAIS de transport pour 20 hect.	PRIX de l'hect. sur chaque marché.	FRAIS de production et prix du transport pour 20 hect.	PRIX de vente sur les marchés.	DIFFÉRENCE.
A.	Route en bon état.	20 kil.	20 fr. 30 c.	16 fr. c.	390 fr. 30 c.	330 fr.	— 1 fr. 30 c.
B.	*Id.* mauvaise.	8	13	15 60	313 »	312	— 1 »
C.	Rivière.	45	24 60	16 80	324 60	336	+ 11 31
D.	Canal.	34	25 40	16 55	325 40	331	+ 5 60
E.	Chemin de fer.	60	25 50	16 50	325 50	330	+ 4 50

Dans ce tableau, on voit d'un coup d'œil que les marchés A et B, où l'on se rend par route de terre et avec les attelages de la ferme, ne sont nullement avantageux, surtout si on peut employer les bêtes de trait plus utilement; que même ces deux marchés, qui sont les plus rapprochés, donnent, à cause du bas prix du froment, une perte de 30 c. et de 1 fr. sur les frais de production et de transport. Les autres voies de communication présentent toutes de l'avantage ; mais c'est celle par la rivière qui réalise sur l'opération une différence en plus de 11 fr. 31 c. qui paraît mériter la préférence.

Resterait à balancer les avantages que le calcul assigne aux divers marchés par les chances commerciales que présente chacun d'eux sous le rapport de la certitude de la vente, de la moralité et de la solvabilité des acheteurs ; de la bonne foi et de la loyauté des courtiers ; des conditions, termes ou échéances auxquels se font les ventes et les paiemens, etc. ; toutes circonstance qu'il nous est impossible d'examiner ici, et dont la connaissance des localités, l'expérience et la pratique permettent seules de tenir compte dans les transactions de cette espèce.

Rien ne serait plus facile pour un administrateur que de dresser un *tableau du prix moyen du transport*, à diverses époques de l'année, d'un hectolitre ou d'un quintal métrique de toute autre denrée, pour tous les marchés qui l'entourent et toutes les voies de communication qui peuvent y conduire. Un pareil tableau étant placé sous ses yeux, lorsqu'il voudrait vendre des denrées, il n'aurait plus qu'à comparer entre eux les prix courans, les rapprocher du prix du transport et calculer en un instant et en tout temps sur quel marché il pourrait placer ses denrées avec le plus d'avantage.

§ III. De la pratique des ventes et achats.

Le *prix courant*, *combiné*, *ainsi qu'on vient de le voir*, *avec les frais de production*, y compris le transport sur le marché, sert donc de base à toutes les spéculations de l'administrateur, et lui indiquent les lieux où il doit livrer ses denrées à la consommation ; mais l'instant auquel il convient, dans les intérêts du producteur, de se délivrer ainsi de ses denrées et de les jeter sur le marché n'est pas aussi facile à déterminer qu'on se l'imagine, et mérite que nous entrions à cet égard dans quelques explications.

Les prix courans, comme nous l'avons dit, sont essentiellement mobiles, et il arrive souvent que d'un marché à l'autre, et parfois dans un même jour de marché, ils éprouvent des variations dont il est très difficile d'apercevoir les causes et qui déjouent tous les calculs de l'administrateur. Il faut infiniment de sagacité et une connaissance approfondie des besoins et des ressources d'un pays pour pouvoir déterminer à l'avance avec quelque chance de succès les *limites probables entre lesquelles pourront osciller les prix* pendant une certaine période de temps. Des études raisonnées, des voyages, un commerce étendu, une connaissance parfaite des marchés, une grande habitude des spéculations, peuvent seules donner ce coup d'œil sûr, cette prévision nette des mouvemens que devront éprouver les prix courans. C'est le fruit d'une longue expérience et des applications auxquelles nous conseillons l'administrateur de se livrer comme étude, soit réellement, soit même fictivement, quand l'importance de son entreprise ne lui fournit pas suffisamment d'occasions favorables, s'il veut porter dans ses spéculations cet esprit d'ordre, cette prévision, cette prudence qui en assure le succès.

Quelques *faits d'expérience*, relativement à la variation des prix courans, sont pour ainsi dire devenus banals, mais n'en méritent pas moins l'attention de l'administrateur. Dans un assez grand nombre de localités, par exemple, on remarque, après la moisson, quel qu'ait été le succès de la récolte, que les céréales éprouvent généralement une dépression qui provient de la grande quantité de ces denrées apportées sur les marchés par les petits cultivateurs pressés de convertir en argent leurs récoltes, et qui se contentent alors d'un très léger bénéfice. Dans d'autres lieux on a observé qu'aux époques les plus généralement adoptées dans le pays pour le paiement en argent du canon de la ferme, le marché se chargeait davantage de denrées qu'aux autres époques, parce que les fermiers sont alors obligés de convertir en écus une partie de leurs denrées, etc.

Quelques fermiers, pour se délivrer des inquiétudes que peuvent leur causer la mobilité des prix courans, adoptent la méthode de *partager leurs récoltes en un grand nombre de petites portions*, qu'ils livrent successivement à la consommation chaque jour de marché. Cette méthode a cet avantage que les denrées, au bout de l'année, ont été vendues au *prix courant moyen* de l'année et que les rentrées ont été faites régulièrement pour couvrir les dépenses, ce qui occasionne des avances moindres de capitaux ; mais elle a l'inconvénient de nécessiter des charrois et de causer des pertes de temps bien plus considérables, et dont il serait important de tenir compte si on voulait la comparer économiquement avec celles qu'on suit en d'autres lieux.

A moins qu'on ne prévoie avec quelque certitude un événement grave ou une circonstance importante qui sera très propre à élever prochainement le prix courant d'une manière sensible et un peu durable, la prudence conseille, dans toute spéculation, *aussitôt que le prix courant est arrivé à un taux satisfaisant*, *de se défaire de ses denrées et de réaliser ses bénéfices*. En agissant ainsi, on se délivre du soin de la conservation des récoltes et des chances défavorables qui peuvent naître par suite de la variation dans les prix ; on cesse de charger les récoltes de frais de logement et de conservation ; on délivre des capitaux qui étaient engagés et restaient oisifs, et qui peuvent être employés à faire de nouvelles avances à la production ou à d'autres spéculations avantageuses, etc.

A cet égard, on ne sait pas toujours, dans les établissemens ruraux, calculer avec cette rigueur qu'on doit apporter dans toutes les parties de l'administration, mais surtout quand il s'agit de vente et de spéculations.

Afin de donner une idée des opérations de calcul qu'il est utile de faire dans ce cas, nous donnerons un exemple bien simple.

Supposons que le froment de 1re qualité, dans mon établissement, revienne, en frais de production, à 16 fr. l'hectolit., y compris les frais de conservation et mes bénéfices de 96 c. à 6 pour 0/0 par an comme entrepreneur et que j'en aie 100 hectolitres à vendre que je puis trouver à placer sur un marché à raison de 16 francs 30 centimes l'hectolitre, les frais de toute espèce pour le transport et la vente étant de 6 c. l'hectolit. En vendant au moment indiqué sur ce marché, je réaliserai une somme de. . . 1,630 fr.
dont il faudra déduire pour frais de transport. 6
ou, en somme nette. 1,624

c'est-à-dire que j'aurai vendu mon froment 16 fr. 24 c. l'hectolitre et que mon bénéfice aura été de 96 c., plus 24 c. ou 1 fr. 20 c. par hectolitre.

Un cultivateur voisin, qui a observé que les prix courans du marché ont éprouvé peu de variations depuis quelque temps et qu'ils ont une tendance à la hausse, préfère attendre que ces prix soient plus élevés. En effet, il se manifeste dans le prix courant un mouvement de hausse, mais assez lent, et au bout de 4 mois les fromens de la qualité supposée sont cotés sur le même marché à 17 fr. 20 c. l'hectolit. Voyons lequel de nous deux a réalisé les bénéfices les plus considérables, en supposant que les frais de production fussent les mêmes.

	fr.	c.
100 hectolit. de froment lui coûtaient en frais de production à l'époque où j'ai vendu.	1,600	»
Auxquels il convient d'ajouter :		
Frais de conservation pendant 4 mois, 10 journées d'homme à 1 fr. 40 c.	14	»
Intérêts des avances à raison de 5 p. 0/0 par an, pendant 4 mois.	26	60
Bénéfices industriels, à 6 p. 0/0 par an des capitaux avancés; pour 4 mois. . . .	32	»
Avaries, pertes, vols, coulage, à raison de 10 p. 0/0 par an; pour 4 mois. . .	53	33
Frais de transport sur le marché. . .	6	»
Total des frais.	1,731	93

Ainsi son froment, au bout de 4 mois, lui coûte, rendu sur e marché, 17 fr. 32 c. l'hectolit., et comme en réalité il ne l'a vendu que 17 fr. 20 c., il s'ensuit que son bénéfice, pour 16 mois, a été composé de la manière suivante : 96 c. par hectol. à l'époque de ma vente, plus 32 c. pour les 4 mois qu'il a conservé son blé en magasin, moins 12 c., différence du prix de revient au bout de 4 mois, avec le prix du marché ou au total de la somme de 1 fr. 16 c. tandis que le mien, au bout de 16 mois se composera d'abord d'une somme de 1 fr. 20 c., réalisée 4 mois plus tôt, plus de 32 c. pour mes bénéfices industriels pendant ces 4 mois où j'ai dû recommencer une opération productive, au total 1 fr. 52 c. par hect., c'est-à-dire une différence de 36 fr. sur les 100 hectolit., sans compter les soins administratifs que la conservation lui a nécessités, les inquiétudes que la variation des prix lui a causés, les embarras pour défaut d'argent comptant et peut-être la stagnation de divers travaux qu'il n'a pas pu entreprendre faute de moyens, etc., et encore ne faisons-nous pas figurer dans les calculs les frais de logement des récoltes, qui pourraient y être portés si, dans les 4 mois où mon voisin a conservé ces récoltes j'avais trouvé le moyen d'employer utilement mes greniers, mes granges et mes magasins.

Ce n'est pas assurément une *chose simple et aussi facile qu'elle le paraît au premier abord que de vendre et acheter sur les marchés ;* indépendamment de la connaissance parfaite des circonstances qui peuvent influer sur le prix courant, c'est un art qui exige une parfaite connaissance des hommes en général et en particulier de ceux avec lesquels on traite. On a généralement à faire, dans les achats à des marchands ou à des négocians qui défendent leurs intérêts avec une extrême âpreté et à qui la pratique et l'expérience ont enseigné une foule de manœuvres quelquefois innocentes et par fois constituant de véritables fraudes pour tromper l'acheteur sur la qualité de la marchandise ou lui en imposer sur la quantité, ou enfin pour l'attirer, pour le séduire, pour capter sa confiance et conclure un marché à un prix qui leur soit avantageux. Il en est de même pour les ventes qu'un homme peu expérimenté tente de faire ; là une foule de voix s'élèvent pour le décourager, pour déprécier sa marchandise, pour le contraindre à la céder à vil prix ou lui imposer des conditions onéreuses. Ce n'est qu'à force de bon sens et de droiture qu'on parvient à déjouer toutes ces ruses mercantiles qui au reste exercent peu d'influence sur un administrateur qui fréquente habituellement les marchés et qui par suite a acquis une grande expérience et finit par apprécier la loyauté et la probité individuelles de la majeure partie des marchands ou des spéculateurs qu'on y rencontre, et se tient en garde contre leurs manœuvres de toute nature.

En général, il faudrait s'astreindre, dans un établissement bien dirigé, à ne porter sur les marchés que des *produits aussi améliorés* que cela est possible. Un exemple que nous avons eu sous les yeux nous a paru assez frappant pour que nous le citions ici.

Un cultivateur dont les terres étaient négligées récoltait un froment de bonne qualité d'ailleurs, mais renfermant une assez grande quantité de grains amaigris et de graines d'herbes parasites. Ce blé, transporté sur les marchés, s'y vendait, à cause de sa malpropreté, 1 fr. 50 c. de moins par hectolit. que le blé nettoyé ; ainsi, lorsque les prix courans du marché étaient, pour les blés propres, de 16 fr. l'hectolit., ce fermier ne pouvait vendre les siens que 14 fr. 50 c. Un nettoyage soigné, que nous lui conseillâmes et qui ne revenait qu'à 40 c. par hectolit., fit aussitôt remonter ce froment au taux ordinaire et procura de suite à ce cultivateur un profit de 1 fr. 10 c. par hectolit. par cette seule opération ; la diminution de la quantité de blé se trouvant presque compensée par la valeur des grains maigres donnés comme aliment aux volailles et aux cochons.

En définitive il résulte de tout ce que nous avons dit, que, dans les ventes et achats, il faut connaître les besoins et les ressources d'un pays et l'allure de ses marchés, avoir une connaissance parfaite des hommes, savoir apprécier avec sagacité la valeur et la qualité des objets qu'on veut vendre ou acheter, agir avec prudence et réaliser quand on trouve un prix convenable, et chercher plutôt les gros profits dans la répétition des bénéfices quand cela est possible que dans l'espoir d'une grande élévation dans les prix.

F. M.

CHAPITRE. V. — De la comptabilité agricole.

Section Ire. — *Avantages et nécessité d'une comptabilité.*

Il serait difficile de concevoir aujourd'hui comment un établissement industriel ou commercial pourrait avoir un succès décidé, si l'administrateur, quelqu'habile qu'il fût, n'appuyait avant tout ses spéculations sur *une bonne comptabilité*. Les livres bien tenus n'ont à la vérité aucune influence sur les faits consommés, ils ne font que constater les résultats obtenus; mais s'ils n'ont pas d'effet rétroactif, ce qui est indubitable, ils n'en sont pas moins pour l'homme qui sait les interroger et les consulter, une école permanente où l'expérience l'enseigne et l'instruit ; or l'expérience enseignée par les faits, exprimée par les chiffres se place, comme élément de succès, bien au-dessus des théories et des principes. On peut bien en compulsant les traités d'agriculture théorique et pratique s'approprier l'expérience de ceux qui nous ont précédés dans la carrière agricole, mais il ne résultera de cette étude qu'une expérience générale, banale si l'on veut, qui s'applique aux faits généraux, constans et universels. Ce n'est pas là le vrai caractère de l'expérience en agriculture. Ici, pour qu'elle soit profitable, elle doit être locale, et résulter des observations spéciales faites sur la terre qu'on exploite, et basée sur les circonstances si complexes qui dominent la position de chacun. Les ouvrages et les cours d'agriculture sont donc destinés à enseigner l'expérience générale ; mais l'expérience particulière, spéciale ne peut être que le résultat des études entreprises sur les faits soigneusement enregistrés dans chaque situation; et c'est là le but de la comptabilité.

Elle n'a ni la mission ni le pouvoir de corriger les faits consommés; son but consiste à *éclairer le présent, et à tracer la route qu'il convient de suivre pour l'avenir.* Son résultat définitif est de diminuer les pertes et d'augmenter les bénéfices du cultivateur. Aujourd'hui que l'estime, la considération et l'aisance sont acquises à l'homme qui a créé ou maintenu sa fortune au prix d'un travail utile; aujourd'hui que les chiffres sont une puissance, *mundum regunt numeri*, comme on l'a dit depuis long-temps, on ne peut douter que la comptabilité ne soit le premier fondement de toute entreprise agricole.

Si l'agriculture se modelait sur un type unique, si elle ne revêtait qu'une seule forme qui fût inflexible et invariable, on contesterait à bon droit la nécessité des comptes de culture; mais, comme sur le même terrain, dans les mêmes circonstances, elle peut *affecter les formes les plus diverses*, être la représentation des systèmes les plus opposés, il est impossible sans comptabilité de choisir parmi ces différens systèmes celui qui est le plus profitable dans les circonstances où l'on se trouve.

D'ailleurs, quand même l'expérience générale serait suffisante pour indiquer à quel système il convient de s'arrêter, il ne s'ensuivrait pas que l'on pût se passer de comptes réguliers. Une exploitation agricole est très complexe dans les parties qui la composent. On voit dans une ferme des chevaux, des bœufs, des vaches; dans les terres, du froment, du trèfle, de la luzerne, des pommes de terre, de l'avoine, des betteraves, etc. On peut choisir pour auxiliaires des valets à gages ou des journaliers. Enfin une même combinaison agricole se compose d'une multitude d'élémens auxquels on donne plus ou moins d'extension suivant la mesure du bénéfice qu'ils procurent. Or, sans comptabilité il n'est pas facile de distinguer les spéculations lucratives de celles qui sont onéreuses. Bien plus, je craindrais peu de me tromper en affirmant que l'homme qui ne s'est pas éclairé du flambeau des saines doctrines, choisira souvent le parti le moins profitable. Supposons qu'un cultivateur, qui ne se dirige pas d'après les enseignemens d'une bonne comptabilité, s'aperçoive vaguement que son capital diminue insensiblement; il en cherche la cause. La surface de sa ferme est divisée en deux parts : les fourrages et les grains. Ceux-ci seuls conduits au marché se convertissent en numéraire, ils sont la source du bénéfice. Les fourrages se consomment sur la ferme par des vaches qui donnent un peu de lait et quelques veaux; il est donc bien évident que la portion du domaine consacrée aux fourrages rapporte peu en comparaison de l'autre. Comme conséquence de ce raisonnement, le cultivateur augmentera la surface consacrée aux céréales aux dépens des fourrages; il aura cru rétablir l'équilibre, et il n'a fait que hâter le moment de sa ruine.

S'il eût été éclairé par sa comptabilité, il aurait bien vu la diminution de son capital; mais il en aurait découvert la véritable cause. Ses livres lui auraient montré que le fumier est souvent le principal produit du bétail, et non les veaux et le lait; il aurait vu encore que le fumier est le principal facteur du blé. En continuant ses déductions, il aurait été amené à conclure qu'en augmentant la surface consacrée aux prairies, il aurait diminué les frais de culture, augmenté la masse de ses fumiers, et partant, qu'il aurait récolté plus de blé.

L'hypothèse que je viens de présenter n'est que trop fréquemment la réalité de ce qui se passe dans certains cantons du territoire français; elle suffira pour montrer aux moins clairvoyans comment on peut se ruiner avec le raisonnement qui ne repose pas sur la comptabilité.

Section II. — *Méthodes de comptabilité.*

On a dû tenir des comptes aussitôt que les hommes ont eu entre eux des relations commerciales. Caton parle assez au long de la manière dont il faut tenir une comptabilité rurale. Ce n'est cependant que dans ces derniers temps qu'on en a senti toute l'importance. Thaer, Crud, Pellegrer, Sinclair, M. de Dombasle, M. Bella n'ont pas peu contribué à répandre le goût d'une comptabilité méthodique. Ils ont accompagné le précepte de l'exemple. La *comptabilité en parties doubles* appliquée au contrôle d'une exploitation rurale avait tenté l'ambition de Thaer, et il en avait posé les premiers fondemens. A Roville et à Grignon, cette méthode est suivie avec la régularité et l'exactitude qu'on admire dans les livres des commerçans; c'est au dépouillement de cette comptabilité que nous devons les plus saines instructions, et les enseignemens les plus précieux, les plus positifs de ces derniers temps sur les diverses branches de l'économie rurale. L'étude de la comptabilité en parties doubles n'offre certainement pas de difficultés très sérieuses à surmonter; j'ai vu des élèves en comprendre parfaitement l'économie et le mécanisme dans l'espace de 3 semaines. On pourrait affirmer néanmoins que, parmi les nombreux élèves sortis des écoles de Roville et de Grignon, il n'y en a pas six qui suivent cette méthode enseignée dans ces deux établissemens. Ce fait, que je ne crois pas contestable, m'a conduit à rechercher quelle pouvait être la cause d'un pareil abandon; et voici quel a été le résultat de mes investigations : La comptabilité en parties doubles ou commerciale, sans exiger de grands talens, demande de la part de celui qui la tient une tête posée, un esprit calme et l'attention la plus soutenue. L'homme des champs toujours en éveil, obligé de porter sa surveillance sur les points les plus opposés, d'écouter chacun, de donner ou de changer le mot d'ordre à chaque instant, assailli jusque dans son cabinet pour des affaires de première importance, n'a pas le temps de se recueillir assez pour aborder un travail aussi sévère. Cet obstacle avait déjà été pressenti par M. Gabiou fils, auteur d'un traité de comptabilité rurale. « Il « y a souvent, dit-il, des écritures très difficiles à passer en parties doubles; et j'ai vu de « fort bons teneurs de livres avouer qu'ils « avaient quelquefois à réfléchir long-temps

« avant de faire telles ou telles écritures. Où « en serait un cultivateur si, quand il a besoin « d'agir, et que ses soins sont réclamés de tou« tes parts, il fallait qu'il s'enfonçât dans des « réflexions abstraites avant de se déterminer « à rien écrire sur ses livres? Le travail de ses « écritures doit se faire par lui promptement « et facilement. Il doit être en quelque sorte « matériel, je veux dire dégagé de toutes com« binaisons d'esprit, et ne rappeler que des faits « positifs de recette et de paiement, d'entrée « et de sortie. » Quant à cette dernière assertion, si on la considère dans son sens le plus exclusif et le moins absolu, elle me paraît manquer de justesse ; elle n'est nullement l'expression de ce que doit être une bonne comptabilité. Les comptes agricoles qui se borneraient à présenter un état des recettes et des dépenses, l'entrée et la sortie des objets qui constituent le matériel d'une exploitation rurale, ne rempliraient qu'imparfaitement le but du comptable. Pour ne citer qu'un seul exemple, les frais de labour ne peuvent se classer dans la catégorie des entrées et des sorties, et cependant ils représentent une portion des produits aussi bien que l'argent déboursé pour le salaire des valets.

Outre ce premier inconvénient de la comptabilité commerciale appliquée aux opérations rurales, il en est un autre non moins grave et qui sera senti par tous les hommes qui connaissent cette méthode; c'est celui de *créer des comptes fictifs, imaginaires*, qui sont indispensables au mécanisme, mais qui ne représentent aucune réalité. Le compte des profits et pertes est souvent dans ce cas ; ceux de bilan, d'entrée et de sortie le sont toujours. Or, ces trois comptes, précisément parce qu'ils ne représentent que des êtres imaginaires, sont ceux qui font naître les difficultés les plus sérieuses, et qui souvent déguisent l'état réel des choses.

On a essayé bien des fois d'indiquer des *modèles de registres* à l'usage des cultivateurs. Le travail le plus consciencieux que je connaisse sur cette matière est celui qu'a publié en 1822 M. le comte DE PLANCY. La marche à suivre peut être fort simple pour celui qui a imaginé ces sortes de registres; mais pour celui qui veut les appliquer à sa situation particulière, ils exigent une étude fort longue, aride, sèche, et d'ailleurs peu féconde en résultats. Il y a dans ces tableaux divisés en colonnes, trop de symétrie, trop de chiffres sans commentaires. Les Anglais qui, en matière de comptabilité, ont hérité des idées en vogue à Venise et à Amsterdam, ont appliqué à l'agriculture une méthode mixte qui a les avantages de la comptabilité commerciale, sans participer à ses inconvéniens. Cette comptabilité n'exige dans son étude, ni dans son application aucune tension d'esprit ; elle est la représentation fidèle des faits quotidiens et de toutes les modifications que subissent les valeurs dans leurs transformations; mais elle est dégagée des intermédiaires inutiles qu'on n'introduit que comme figurans dans la comptabilité en parties doubles. Elle est plus longue que celle-ci; mais elle est plus causeuse, plus instructive. Je suis persuadé qu'une semblable comptabilité tenue soigneusement par un propriétaire qui la léguerait à ses enfans, ne serait pas la portion la moins importante de son héritage. Je pourrais affirmer, d'après l'expérience que j'ai de la matière, que la simplicité et la brièveté sont plutôt des défauts que des mérites dans une comptabilité agricole.

Ces considérations m'ont engagé à rechercher si nous ne pourrions pas introduire chez nous un mode de comptabilité analogue à celui des Anglais; si cette comptabilité, en quelque sorte historique, ne pourrait pas s'améliorer de quelques-uns des perfectionnemens que nous devons à la comptabilité en parties doubles; enfin, si, dégagée de tout mécanisme obligé, cette méthode ne pourrait pas offrir les avantages d'une grande régularité, d'une transcription facile de tous les détails qui méritent une mention. Je crois y être parvenu. J'ai supprimé, pour abréger le travail, la nécessité de la balance ou solde des comptes. Cette opération aboutit à de médiocres résultats, et souvent une erreur de quelques centimes exige, dans la comptabilité commerciale, des recherches fort longues, ennuyeuses, décourageantes pour le travailleur le plus obstiné.

Je ne dissimule pas que cette méthode sera plus longue que la comptabilité double ; mais comme elle peut être comprise facilement, qu'elle peut être appliquée à tous les instans de la journée sans nécessiter une grande attention ; comme d'ailleurs elle n'exige pas l'établissement d'un bilan régulier, ni du compte de profits et pertes, je la crois préférable pour les exploitations ordinaires à la comptabilité en parties doubles, qui devra être réservée pour les établissemens modèles.

SECTION III. — *De l'inventaire et de l'état de situation.*

On appelle *inventaire*, l'estimation en monnaie courante de tous les objets et de toutes les valeurs qui sont consacrées à l'exploitation. L'inventaire précède l'ouverture des comptes. Pour qu'il soit bien dressé, il est nécessaire qu'il soit fait avec méthode et beaucoup de régularité car il est la base et le fondement de toute bonne comptabilité. Les objets seront classés et réunis par ordre de matières, et toutes les valeurs qui les représentent seront groupées méthodiquement. La similitude, ou du moins l'analogie de destination est le principe qui préside au groupement en catégories de ces objets. La réunion de toutes les sommes portées à l'inventaire, constitue le *capital matériel* de l'exploitant. Pour indiquer comment s'établit l'inventaire, je vais tracer la manière de régler la page qu'on consacre à ce travail.

NOM DU GROUPE.	NOMBRE.	DÉSIGNATION DES OBJETS.	VALEUR en espèces.	TOTAL du groupe.	OBSERVATIONS.
			fr. c.	fr c.	
Mobilier de la ferme	6	charrues simples à 85 fr. l'une. .	510 »		
	2	charrues à avant-train à 115 fr. .	230 »		
	5	herses à 12 fr. 50 c.	62 50	802 50	
		etc.			
Chevaux.	2	jumens de 7 ans à 500 fr. l'une.	1000 »		
	9	chèvaux, robe et âge divers à 300 f.	2700 »		
	2	poulains de 2 ans à 250 fr. . .	500 »	4200 »	
Bergerie.	9	râteliers doubles à 20 fr. . . .	180 »		
	6	beliers à 50 fr.	300 »		
	300	portières à 16 fr.	4800 »	5280 »	
		etc.		10282 50	

Ce tableau suffira, je pense, pour mettre chacun sur la voie qu'il convient de suivre. Quoiqu'il ne convienne pas, ainsi que je l'ai dit, de réunir en un seul groupe des objets peu analogues dans leur destination, il ne faut pas cependant toujours suivre cette indication dans le classement des valeurs. De quelque manière que l'on distribue aux différens comptes ou groupes les valeurs à inventorier, le résultat général et définitif sera bien toujours le même; mais on n'aura pas une idée précise des résultats partiels et spéciaux. Je n'approuverais pas, par exemple, un inventaire dans lequel la cabane du berger, les claies et ustensiles du parc, etc., seraient réunis au *mobilier de la ferme;* je préfèrerais les mettre à la charge du compte de la bergerie : et voici sur quelles raisons je fonde mon opinion. Les frais d'entretien du mobilier de la ferme sont et doivent être répartis entre les différentes récoltes; si l'entretien des ustensiles de porcherie, de bergerie, de laiterie se trouvaient englobés dans le mobilier de la ferme, les récoltes en seraient indûment chargées, tandis que les porcs, les vaches, le troupeau auraient leurs comptes respectifs bonifiés d'une somme qu'ils devraient supporter. Quand même il n'y aurait pas homogénéité de nature, je crois donc qu'il est plus rationnel de distribuer à chaque groupe la portion du mobilier qui n'est pas destinée à être répartie entre les diverses récoltes. Ce mode de fractionnement présente quelquefois des difficultés qu'il n'est pas facile de résoudre. Par exemple, à une exploitation rurale se trouve annexé le service des postes royales : les chevaux sont alternativement occupés sur la ferme et à la course; qui dira quelle portion des frais d'entretien des harnais, des râteliers, etc., sera supportée par les récoltes, quelle autre portion devra être à la charge du compte de poste? Il en sera de même si l'établissement agricole est confondu avec une entreprise de messageries, avec une tuilerie, une sucrerie, etc. Je ne crois pas qu'il soit possible, dans ces différens cas, de faire une répartition mathématiquement équitable des frais occasionnés par l'entretien et le renouvellement du mobilier. Quand on se trouve en face de semblables conjonctures, il vaut mieux n'avoir qu'un compte de mobilier, et confier à sa prudence le soin de déterminer quelle quotité doit être à la charge de chaque groupe.

Quoiqu'il soit facile à chacun de grouper les valeurs qu'il a à inventorier, je pense néanmoins qu'il ne sera pas inutile de faire connaître ici les objets qui viennent se ranger dans les principaux groupes.

Caisse. Ce compte comprend exclusivement les valeurs représentées par les espèces monétaires.

Effets à recevoir. On range dans ce groupe les valeurs qui sont en portefeuille, tels que billets à ordre, traites, obligations de banques, promesses, enfin toutes les espèces de papier-monnaie souscrits en faveur de l'exploitant.

Mobilier de la ferme. On inscrit sous ce titre tous les objets mobiliers dont les frais d'entretien et de renouvellement, ainsi que la rente, sont à la charge des récoltes. Les charrues, les chariots, très souvent les ustensiles de ménage, de granges, d'écuries, de greniers, de magasins; les harnais, les ameublemens et literies des valets y entrent comme partie essentielle.

Ménage ou *Provisions de ménage*, ou enfin *Dépenses de ménage.* Ce groupe représente toutes les provisions emmagasinées et destinées à être consommées par les gens de la ferme : le pain, la farine, le sel, l'huile, le porc salé, etc.

Animaux. Je ne conseillerai jamais à un cultivateur qui opère sur une échelle un peu importante, d'introduire dans son inventaire un groupe général pour tous les animaux qu'il possède. Il est préférable d'établir plusieurs catégories. Ainsi, il y aura, suivant les circonstances, un groupe spécial pour les *chevaux*, les *vaches*, les *bœufs de travail*, les *bœufs à l'engrais*, les *porcs*, les *moutons.* On pourra, suivant les renseignemens qu'on désire obtenir, fractionner encore ce dernier compte; ainsi, l'on aurait les groupes de *moutons fins*, *communs*, *métis*, *anglais*, *moutons d'engrais*, *moutons à laine*, *etc.*

Denrées en magasin. Je ferai pour ces valeurs la même observation que pour les animaux. On aura donc à l'inventaire un groupe spécial pour les *racines en magasin*, pour les *pailles*, les *foins*, les *grains en magasin;* et si l'on a une grande tenue, il ne sera pas sans utilité de fractionner encore quelques-uns de ces comptes; ainsi on pourra avoir si on le désire, *avoine, blé, orge, seigle*, en magasin; *foin de trèfle*, de *luzerne*, d'*esparcette, etc.*, en magasin. Enfin, il est rare qu'on n'ait pas à établir un compte de *fumiers* ou d'*engrais*. Sous ces différens chefs viennent se ranger les différentes valeurs que le cultivateur possède à son entrée en ferme, ou dans le courant de sa carrière. S'il y en a quelques-unes qui ne trouvent pas naturellement leur place dans quelqu'une des précédentes catégories, il sera facile de lui assigner une dénomination, et d'en faire un groupe nouveau.

Les inventaires se bornent ordinairement à l'estimation des objets analogues à ceux que je viens de mentionner; cependant ils ne forment pas la totalité du capital dont le fermier débutant peut disposer. Il y a encore d'autres valeurs qui, pour être *latentes* et généralement négligées, méritent d'être prises en considération sérieuse. Ces valeurs sont représentées par les engrais, qui se trouvent non pas dans la cour ou les parcs de la ferme, mais qui sont déjà enfouies dans le sol. Ces valeurs sont réelles, et personne, que je sache, n'a conseillé de les inventorier. C'est certainement une erreur; car elles font partie intégrante du capital, et l'inventaire est incomplet toutes les fois qu'il ne résume pas tous les élémens dont se compose le capital. Ces engrais déposés dans le sol ne reçoivent pas le nom de fumiers, mais celui d'*engrais en terre*.

Au nombre des valeurs qui ne figurent pas ordinairement dans les inventaires, et à tort, selon moi, on peut encore mettre toutes *celles qui ne sont plus disponibles*, mais qui n'en sont pas moins existantes; telles sont les terres qui ont reçu des labours, les terres déjà ensemencées, les prairies artificielles en pleine prospérité, etc.

Je vais essayer de faire sentir toute l'importance de cette portion du capital ainsi engagé dans le sol, importance qui est aussi grande pour le fermier que pour le propriétaire exploitant. Les deux époques ordinaires d'entrée en ferme sont la Saint-Georges (fin d'avril), et la Saint-Michel (fin de septembre). Si on prend possession du sol au printemps, on ne jouira pas, à la vérité, des céréales ensemencées; mais on aura à sa disposition les fumiers qui ont été amassés pendant l'hiver, on jouira des engrais qu'a reçus la jachère précédente, et que le dernier blé du fermier sortant n'épuisera pas en totalité. On aura aussi la jouissance des prairies artificielles qui n'auront coûté aucun frais d'ensemencement. Si l'époque d'entrée est fixée à la Saint-Michel, le capital engagé dans le sol au profit du débutant est bien plus considérable encore et plus apparent; il jouit des emblavures, il jouit des engrais en terre, il jouit enfin de tous les fourrages, de toutes les pailles qui ont été récoltées pendant l'exercice précédent. J'ai parlé dans l'hypothèse qu'on succède à un fermier qui a cultivé suivant l'assolement triennal. Les avances au profit du fermier entrant ne seraient pas moins importantes si son prédécesseur avait cultivé suivant l'assolement ou le système alterne, pastoral, etc.

On m'objectera peut-être que ces valeurs sont fictives plutôt que réelles, car on doit en laisser d'équivalentes en sortant. C'est jouer sur les mots, ou prouver qu'on n'a pas une idée bien précise de ce qu'on appelle capital. Le capital de l'exploitant, ce sont les valeurs qu'il consacre à l'exercice de son industrie. Peu importe à l'essence du capital que ces valeurs appartiennent en propre à l'exploitant, ou qu'il les doive à son crédit, à des prêteurs, à des actionnaires, etc. Dans l'espèce, les valeurs engagées dans le sol doivent être rendues à la fin du bail, je le sais; mais elles ne font pas moins partie intégrante du capital, et doivent figurer dans l'inventaire avec d'autant plus de justice qu'on n'en paie pas ordinairement d'intérêts. Ceux qui n'ont pas résolu de nier l'évidence seront donc convaincus avec moi que l'inventaire réclame à bon droit l'estimation de ces valeurs.

Je vais essayer de poser quelques principes sur la manière dont on doit procéder à l'évaluation de cette portion du capital; je suppose qu'on entre à la Saint-Michel : les pailles, les racines, les fourrages de toute espèce laissés par le fermier sortant à son successeur trouveront naturellement leur place dans les groupes, pailles, racines, foins, etc., en magasin. Les fumiers qui pourront exister seront inventoriés comme à l'ordinaire.

Pour les champs emblavés, on supputera, 1° les frais de labours, hersages, etc.; 2° les frais de semences; 3° les engrais en terre. Les deux premiers objets sont faciles à évaluer d'après les usages locaux; les engrais en terre s'estiment de la manière suivante :

Dans l'assolement triennal, blé, avoine, jachère, on suppose que le froment s'empare des 3/5 des engrais déposés dans le sol; que l'avoine prend à sa charge les 2 autres cinquièmes.

Dans l'assolement alterne, racines, céréales de printemps, trèfle, blé, on suppose que les racines de la 1re récolte épuisent la moitié des fumiers qu'elles ont reçus; que la céréale qui les suit épuise la moitié de ce qui reste ou 1/4 de la totalité; enfin, que, sans rien mettre à la charge du trèfle, on fait supporter le dernier quart au blé de la dernière année.

Pour les prairies artificielles de longue durée, on divise les frais d'ensemencement par le nombre probable d'années que durera la prairie; et on mettra à la charge des prairies existantes la quote part qu'elles doivent supporter. Je vais éclaircir ces considérations par quelques exemples.

*Inventaire des engrais en terre et emblavemens de la ferme de N*** au 29 septembre (Saint-Michel).*

Noms des pièces et contenance.	Nature de l'emblavement.	Préparations culturales.	fr. c.	Prix des semences.	fr. c.	Engrais en terre.	fr. c.	Total à la charge. fr. c.
Devant le moulin. 5 hectares.	Luzerne de 2 ans; elle durera probablement 6 ans; elle supportera donc 4/6 des frais de culture et d'ensemencement.	5 hersages à 3 fr. l'hectare. 1 coup de rouleau après la semaille à fr. . . . . 1 journée et demie de semeur.	78 » 12 » 2 25	120 kilog. de luzerne à 1 fr. le kil.	120 »	. . .	» »	
			56 25		120 »		» »	161 [illegible]
Clos des Bœufs, 1re section. 3 hectares 25 ares.	Colza après vesces en vert.	3 labours à 15 fr. . . . 4 hersages à 3 fr. . . . entretien des raies d'écoulement . . . 2 binages à 25 fr. . . . 1 journée de semeur. . .	146 25 39 » 4 88 162 50 1 50	25 litres de semence à 36 fr. l'hectolitre. .	9 »	60 voitures de fumier à 7 fr. . . . Transport, chargement, épandage, à raison de 35 c. par voiture.	420 » 35 »	815 50
			353 56		9 »		455 »	
Haut-Gravier. 9 hectares 50 ares.	Blé venant après des carottes fumées.	1 labour à 18 fr. . . . . 1 coup d'extirpateur à 7 fr. 2 journées de semeur à 1 fr. 50 c.	171 » 66 50 3 »	21 hectolitres de blé à 20 fr. l'hectolitre.	420 »	Cette terre avait reçu 24 voitures de fumier qui ont coûté pour tous frais 1512 f. dont on a mis 606 à la charge des carottes; il ne reste plus que 906 f. à faire supporter au blé. .	906	1566 50
			240 50		420 »		906 »	

Le colza, étant généralement considéré comme une plante sarclée, ne prend que la moitié des engrais qu'il trouve dans le sol et laisse l'autre moitié à la charge des récoltes qui lui succéderont. Cependant, au tableau que je présente comme modèle, le colza supporte tous les frais de fumure, ou une moitié de trop; mais il sera facile, à la fin de l'année ou de l'exercice, de diminuer cette moitié, et de la reporter sur la récolte suivante.

Je me suis peut-être arrêté long-temps sur cette seconde partie de l'inventaire; mais elle m'a paru si importante, et je l'ai trouvée si généralement omise dans toutes les méthodes de comptabilité qu'on a proposées au cultivateur, qu'il était à désirer qu'on fît connaître une erreur qui abuse les débutans sur leur véritable situation financière.

L'inventaire n'a pas dans la langue du comptable, la même signification que l'état de situation. L'état de situation fait connaître les valeurs réellement possédées par l'exploitant; il se compose de deux élémens : *l'actif* représente les valeurs dont l'industriel peut disposer ; le *passif* représente celles de ces valeurs qu'il a empruntées, qu'il remboursera, ou dont il s'est constitué débiteur de toute autre manière. Inscrire méthodiquement dans un tableau synoptique les valeurs qui représentent son actif et son passif, c'est faire *son état de situation* ou son *bilan;* mot qui ne signifie pas toujours, comme on le pense faussement, que l'industriel est en faillite. Si l'actif excède le passif, la situation est bonne; si le contraire arrive, les valeurs des créanciers sont en péril.

SECTION IV. — *Rédaction et but du journal.*

La comptabilité est chargée d'indiquer toutes les modifications de valeurs que subit le capital accusé par l'inventaire. Suivant les circonstances, il résulte de l'exercice d'une industrie création, anéantissement, modification de valeur. Tous les faits qui font naître l'une ou l'autre de ces transformations, ou plutôt, les faits qui sont l'expression de ces métamorphoses sont du domaine de la comptabilité. La création de valeurs nouvelles se nomme *bénéfices*, l'anéantissement de valeurs antérieurement existantes prend le nom de *pertes*. Quant aux simples modifications, ou transport de valeurs d'un objet à un autre, on se contente de les consigner sans leur donner de dénominations particulières.

Le *journal* est un registre qui représente fidèlement, et jour par jour, toutes les modifications de valeurs qui ont lieu sur les objets qui constituent le capital. Par exemple, on donne 15 kil. de foin à un bœuf à l'engrais; la valeur représentée par ce fourrage se transporte de *Foin en magasin* à *Bœufs à l'engrais;* c'est là un fait qu'il faut constater.

Le premier article du journal doit représenter, en tête de chaque jour, l'état de la température et la physionomie climatérique de la journée. On y enregistrera aussi les faits qui, sans constater une modification de valeurs, méritent cependant une mention particulière.

En tête du journal on place le résumé de l'inventaire.

La rédaction du journal n'est soumise à aucune forme particulière, à aucun mécanisme obligatoire. Ce principe me paraît si important que je le considère comme l'émancipation du comptable. Cette rédaction sera assez étendue, sans être prolixe; concise, sans être aride.

Exemple :

1er janvier 18..

	fr.	c.
Aujourd'hui terminé l'inventaire, inscrit sur un cahier spécial destiné à recevoir annuellement tous mes inventaires ultérieurs. Cette disposition facilitera la comparaison des résultats que j'obtiendrai. J'ai trouvé que mon capital se répartit ainsi entre les objets suivants :		
Le mobilier de la ferme se monte à la somme de	802	50
Les chevaux à	4200	»
La bergerie à	5250	»
La luzerne devant le moulin vaut encore	101	50
Le colza (clos des Bœufs) a une valeur de	815	50
Le blé (Haut-Gravier) a une valeur de	1566	50
En sorte que la totalité de mon capital ou de mon actif se monte à	12766	»
Sur cette somme, je dois à M. Salomon, marchand de chevaux à Meizières . . . . 650 fr. » c.		
à M. Rafin-Rosé, constructeur à Paris . . . . 210 »		
à M. Sainfroid, banquier à Metz . . . . 2500 »		
Ainsi mon passif se porte à . . . . 3360 »	3360	»
Ce qui réduit réellement ma fortune à	9406	»

Aujourd'hui jour férié, point de travail. Mes garçons venus le matin, j'ai prescrit à chacun sa besogne; j'ai réglé avec eux la ration des animaux :

Les jumens recevront tous les jours	40 liv. de foin,	8 litres d'avoine,	
Les chevaux — — —	135 —	0 — —	100 liv. pommes de terre
Les poulains — — —	20 —	4 — —	0 cuites.
Les moutons — — —	320 —	0 — —	500
Ainsi tous les jours il y aura une dépense de	515 liv. de foin,	12 litres d'avoine.	600 liv. pomm. *id.*

Comme je ne vois rien qui s'oppose à ce que je rationne ainsi mes animaux pendant un certain temps, je compterai les mêmes quantités jusqu'à ce que j'introduise quelque modification dans la ration.

Le foin sera compté au prix de 22 fr. les 500 kil. — Les pommes de terre au prix de 1 fr. 80 c. l'hectolitre de 68 kil., et l'avoine à raison de 7 fr. les 100 litres. — Les pommes de terre coûtent de plus les frais de cuisson. Voici comment je les évaluerai. J'ai pris 40 fagots à la bûcherie pour les faire cuire. Le compte de ménage sera bonifié de la valeur de ce bois qui était en totalité porté du côté des dépenses de ménage, et j'en chargerai les moutons pour 5/6 et les chevaux pour 1/6. C'est dans cette proportion que ces racines sont distribuées à ces 2 espèces d'animaux.

J'ai mis au moulin 3 hectolitres de blé à 18 fr.	54 fr. » c.		
1 — seigle à 10 fr.	10 »		
La mouture coûtera	3 »		
Il y a donc à mettre au nombre des dépenses de ménage	67 »	67	»

J'ai visité le colza du clos des Bœufs; il faudra demain envoyer l'irrigateur assainir quelques flaques d'eau qui se trouvent sur cette pièce.

Observations météorologiques.

Thermomètre, matin + 5° R, midi + 7, soir + 3. Petite pluie le matin, découvert ensuite. Vent N. O.

etc.

Je ne pousserai pas plus loin pour le moment ces exemples de rédaction pour le journal; j'aurai encore plusieurs fois occasion d'y revenir dans la suite de cet article.

Section V. — *Du livre de caisse.*

J'ai dit que le journal enregistre jour par jour toutes les modifications de valeurs, toutes les opérations. Cependant il est préférable d'avoir pour les dépenses et les recettes qui s'effectuent immédiatement en numéraire, un livre spécial auquel on donne communément le nom de *livre de caisse*. Les motifs qui m'engagent à prescrire la tenue de ce livre spécial sont d'abord : que les articles ordinaires du journal ne se transcrivent que lorsque toutes les opérations de la journée sont terminées, tandis que les opérations de caisse doivent être enrôlées au fur et à mesure qu'elles se présentent; ensuite parce que les recettes et les déboursés en argent confondus pêle-mêle les uns avec les autres, et avec les articles qui concernent d'autres objets, ne peuvent être facilement groupés pour être vérifiés. Cette vérification de la caisse se nomme *balance*, et elle repose sur un principe qu'il est facile de comprendre : *La somme qui reste en caisse, plus celle qu'on a dépensée en versemens, égale la somme totale qu'on possédait avant d'effectuer aucun paiement; les sommes que l'on possédait, plus celles qu'on a reçues, sont égales aux sommes qu'on a déboursées, plus celles qui restent.* De ces deux principes découle la distribution des pages du livre de caisse, ainsi que la manière dont on doit faire la vérification. Cette vérification a pour but de découvrir si, dans la transcription des articles de caisse, on n'aurait pas commis quelque omission ou quelque erreur. Si la somme qu'on possédait le matin, augmentée des recouvremens effectués, est trouvée le soir plus grande que la somme qui reste en caisse, plus les paiemens faits dans le cours de la journée, il est évident qu'on n'aura pas inscrit toutes les dépenses qu'on a soldées en espèces : alors, il faut repasser dans son esprit tous ses actes de la journée jusqu'à ce qu'on se rappelle le paiement dont l'omission avait causé l'erreur. Si on ne peut découvrir d'omission, c'est que quelqu'un a reçu une somme moins forte que celle qui est indiquée au livre de caisse.

Dans le livre de caisse, chaque page est divisée en deux portions égales; sur la partie qui est à gauche on place les sommes qui sont en caisse ou qui y entrent; sur la partie qui est à droite on inscrit toutes les sommes que l'on paie ou que l'on débourse. En regard de chaque nombre, on indique sommairement à qui et pour quoi la somme a été donnée ou reçue.

Une règle qui rend les causes d'erreurs moins fréquentes, c'est de marquer sur son livre avant de payer, et de recevoir avant de marquer. J'engage beaucoup les caissiers à se familiariser avec cette pratique; ils s'épargneront beaucoup de désagrémens et de recherches pénibles.

RECETTES. LIVRE DE CAISSE. DÉPENSES.

DATES.		fr.	c.	DATES.		fr.	c.
Janvier 1.	Il y a en caisse suivant inventaire.	4317	35	Janvier 1.	Payé à Brasson pour 5 paires de jeunes porcs. .	60	45
» »	Reçu de M. Robert pour 2 hectol. blé à 19 fr. . .	38	»	» »	— au facteur divers ports de lettre.	3	»
	Reçu de Pierre Carion le montant de son billet. .	45	25	» »	— à Sylvestre, 6 hectolitres de vin nouveau. .	90	»
				» »	— à Colin, berger, pour gratification . 20 f. » Pour ses gages (avance). 150 »	170	»
	Total.	4400	60	» »	— à Meunier, charron, le montant de son memoire que j'ai vérifié et reconnu juste. . .	85	10
	Apport des déboursés. . . .	408	55		Total. . . .	408	55
Janvier 2.	Il reste en caisse.	3992	05				

Si je trouvais, en comptant l'argent qui reste, une somme plus grande ou plus petite que 3,992 fr. 05 c., c'est qu'il y aurait une erreur ou une omission qu'il faudrait s'occuper de rechercher sans délai. Le système monétaire aujourd'hui introduit en France donne le moyen de compter assez vite des sommes très importantes; mais pour abréger le travail, on pourrait se servir de la méthode dite par *bordereau*, laquelle consiste simplement à compter le nombre de pièces de chaque sorte de monnaie. Ainsi pour trouver la somme ci-dessus de 3,992 fr. 05 c., on rendra le travail plus rapide et moins fastidieux si on prend un morceau de papier sur lequel on transcrit le nombre des pièces de la manière suivante :

BORDEREAU DU 1er JANVIER. — SOIR.

pièces de 20 fr.	137	=	2740
pièces de 5 fr.	220	=	1100
Pièces de 2 fr.	65	=	130
Pièces de 1 fr.	12	=	12
Pièces de 0, 50 c.	15	=	7 50
Billon de 0,10.	25	=	2 50
Billon de 0,05	1	=	0 05
			3992 05

Cette manière de compter facilite beaucoup les vérifications. Supposons qu'on reçoive l'envoi d'un sac annoncé comme contenant la somme précédente, et qu'après avoir compté, on ait fait une erreur de 1 fr., il est certain qu'on n'aura pas à compter de rechef les pièces de 20, de 5, de 2 fr., et que l'erreur ne pourra être que dans les pièces de 1 fr. et de 50 c., etc.

SECTION VI. — *Des abréviations.*

Il y a, dans la langue de la comptabilité, quelques expressions qui se présentent fréquemment sous la plume, et qu'on n'écrit pas en toutes lettres pour rendre le travail plus rapide et moins fastidieux. La connaissance des signes abréviatifs est utile à celui qui veut tenir une comptabilité, et indispensable à celui qui veut lire et comprendre les extraits de comptes qu'il peut être dans le cas de recevoir des maisons de banque, de roulage, de commissions, etc.; c'est ce qui m'a engagé à exposer ici les principaux de ces signes conventionnels.

On supprime très fréquemment la particule *de*. Ainsi, au lieu de dire : 1 hectolitre de blé, 15 kilogrammes de foin, on écrit et on lit : 1 ***hectolitre blé*, 15 *kilogrammes foin*.**

Cie	signifie	compagnie.	Hectol.	signifie	hectolitre.
Dpt	—	département.	Pr	—	pour.
Ardt	—	arrondissement.	Fo	—	folio.
St	—	suivant.	O/	—	ordre.
V/	—	votre ou vos.	Bt	—	billet.
N/	—	notre ou nos.	Sr	—	sur.
S/	—	son ou ses.	Ngt	—	négociant.
P.0/0	—	pour cent.	Cpte	—	compte.
P. 0/00	—	pour mille.	Mdt	—	mandat
Lvon	—	livraison.	Pble	—	payable.
Kilo.	—	kilogramme.			

m, placée au-dessous d'un autre chiffre signifie *mille*: 15/m pour 15 mille, quand le nombre ne doit être soumis à aucun calcul d'addition ou de soustraction.

Fin courant veut dire : à la fin du présent mois.

SECTION VII. — *Suite de la rédaction du journal.*

Je ne saurais trop répéter que ***cette rédaction n'est astreinte à aucun mécanisme obligé***, à aucune forme particulière. Cependant comme l'ordre, la méthode, la régularité sont partout des élémens de succès, des moyens de rendre le travail plus simple, plus satisfaisant à l'œil, je crois que la marche à suivre dans la rédaction quotidienne devra être empreinte d'une sorte d'uniformité et de parallélisme dans la succession des divers articles. Je veux dire qu'on commencera tous les jours par la transcription des mêmes faits. Après avoir indiqué les observations météorologiques, on passera les articles des travaux extérieurs, des chevaux, des valets à gages ou employés, des journaliers; arrivent ensuite les travaux ou particularités extérieures, les objets consommés, les achats, les ventes, les pertes, qui n'ont pas été faites au comptant, etc. Les expressions qui, dans la rédaction sont destinées à frapper les yeux parce qu'elles forment l'idée dominante qui a présidé à la transcription de l'article, seront écrites en lettres particulières, mises en marge ou soulignées suivant que les circonstances le demanderont ou le permettront.

MODÈLE DU JOURNAL.

Du 1er mars 183...			fr. c.
OBSERVATIONS	météorologiques : Th. mat., + 2; midi + 7; soir, + 3. Découvert et soleil par intervalles, vent N. E., Barom. 27 po. 1/2.		
CHEVAUX.	4 pour 2 charrues; labour au pré battu pour l'avoine.	* Avoine.	
	4 pour 2 herses; même pièce.	* Avoine	
	2 conduit du fumier sur le blé du Haut-Gravier; 10 voitures prises au fumier des chevaux.	* Blé.	
	1 au bois pour Jean-Paul, manœuvre.	* Jean-Paul.	
BOEUFS.	4 pour 1 charrue, champ de la Fontaine, pour pommes de terre.	* Pommes de terre.	
	2 malades ou fatigués. Je crois décidément que les bœufs, pour bien travailler doivent être ferrés comme les chevaux.		
EMPLOYÉS.	Labour et hersage du Pré-Battu, pour l'avoine, par Bradier, Denis et Faraud; au champ de la Fontaine, pour les pommes de terre, Philippe. Pierre a conduit du fumier sur le blé du Haut-Gravier. Ce blé languit.		
JOURNALIERS.	[*Aug. Henriot*], hersé au Pré-Battu pour l'avoine; [*Blangy*] avec Philippe, à la Fontaine pour pommes de terre; [*Ricard*], au bois pour Jean-Paul. Célestine Bordin, Françoise Camon, chargé du fumier pour le blé. [*Marie Colin*], [*Claudine Croisé*], [*Joséphine Evrard*] répandu le fumier sur le blé; [*Duval*], suivi les bœufs pour compléter le travail de la charrue qui retourne mal.	* Pommes de terre.	
FERME.	La consommation des animaux n'a pas changé. Il faut cependant ajouter 6 kilogr. de farine de seigle pour les bœufs malades. Marie, cuisinière, m'a remis l'état des œufs pondus pendant le mois de février; il y en a eu 7 douzaines, dont 4 ont été consommées par le ménage; il y en a 3 de reste, qu'on ne peut vendre à cause de l'approche du carême.	Volailles.	
	Les vaches donnent par jour 2 lit. de lait de plus que dans le mois précédent; c'est donc 19 lit. par jour.	* Vaches.	
TROUPEAU.	Il est mort aujourd'hui une brebis; le berger a tué l'agneau pour le ménage.		
PORCS.	On a égorgé un porc pesant 110 kilogr. pour le ménage. Il faudrait ce jour diminuer la consommation des porcs de 3 lit. farine de féverolles et de 12 kilogr. pommes de terre cuites.		
OBSERVATIONS CULTURALES.	J'ai fait conduire du fumier sur le blé du Haut-Gravier; m'étant aperçu que les chevaux et le chariot laissaient dans la terre des traces profondes, j'ai pris le parti de faire décharger près du chemin et de faire transporter de là sur le champ avec des civières.		
	Le berger prétend que la brebis perdue est morte d'épuisement, il assure que les agneaux commencent à manger concurremment avec les mères: comme la dose de la ration n'a pas changé, la nourriture ne suffit plus; c'est ce que je verrai.		
	DU 2 MARS.		
OBSERVATIONS	météorologiques : Th. mat., + 5; midi, + 9; soir, + 4. Très beau, vent N.-E., Barom., 27 po. 1/2.		
CHEVAUX.	4 à 2 charrues au Pré-Battu.	* Avoine.	
	4 à 2 herses au même endroit. On a recouvert l'avoine semée.	* Avoine.	
	1 laissé reposer la jument grise qui poulinera bientôt.		
	2 hersé aux Basses-Haies pour semer des carottes.	* Carottes.	
BOEUFS.	4 labouré au champ de la Fontaine; mais sur le haut, cela retourne mieux.	* Pommes de terre.	
EMPLOYÉS.	Au pré-Battu, Bradier, Denis et Faraud pour pommes de terre; Philippe avec ses bœufs au champ de la Fontaine pour l'avoine; Pierre hersé aux Basses-Haies pour carottes.	Carottes.	
JOURNALIERS.	[*Auguste Henriot*], hersé au Pré-Battu pour avoine; [*Blangy*] avec Philippe aux pommes de terre; [*Duval*], [*Ricard*], [*Célestine Bordin*], [*Jph Lamon*], [*Jne Croisé*], [*Claudine Evrard*] amassé des pierres dans la luzerne devant le moulin. [*Jasques*] a travaillé		

Suite du Modèle de journal.

			fr. c.
	au jardin; il a palissadé, planté des pois et ratissé les allées au compte du ménage.		
FERME.	J'ai fait augmenter la ration du troupeau de 40 kilogr. de pommes de terre cuites; c'est 540 kilogr. tous les jours.	* Troupeau.	
VACHES.	Vendu à Aubry, boucher, le veau de la vache n° 7, la Luby, âgé de 2 mois 1/2; à payer dans 15 jours.	* Aubry, boucher,	86 50

On pourra accompagner cette rédaction de réflexions plus ou moins étendues, suivant qu'on en aura le loisir, ou qu'on en sentira le besoin et l'importance.

Quels que soient l'ordre, la méthode et la régularité qui auront présidé à la rédaction des articles du journal, il est facile de voir que les objets ne peuvent y être groupés de manière à en faire surgir un résultat satisfaisant. Pour que la comptabilité soit réellement et immédiatement instructive et positive, il est indispensable que les faits qui, dans le journal sont rangés par ordre de dates, soient classés dans un autre livre par ordre de matières.

SECTION VIII. — *Des livres spéciaux.*

Ces livres seront donc comme une seconde copie du journal et du livre de caisse; seulement les objets y seront placés suivant un ordre différent.

On aura préparé pour cela un cahier spécial, ou plutôt trois registres qui porteront les noms de *Comptes de culture*, *Comptes d'ordre*, *Comptes courans*. Dans l'une ou l'autre de ces catégories viennent se ranger tous les articles du journal. Mais avant d'indiquer les particularités qui concernent chacun de ces comptes, il est utile d'indiquer quelques principes qui faciliteront le transport des articles du journal aux comptes spéciaux.

Toute modification de valeur subie par un objet qui a une place marquée dans la comptabilité exige l'intervention de deux comptes, l'un qui reçoit, l'autre qui donne; l'un qui prête, l'autre qui emprunte. La consommation d'un fait étant le résultat de l'altération subie par deux objets ou groupe, il s'ensuit que chaque article du journal qui est l'expression d'un fait concerne toujours deux comptes; il s'ensuit encore que chaque article du journal copié sur les livres spéciaux doit être transcrit deux fois sur ceux-ci, une fois au compte de l'objet qui donne et une fois au compte du groupe qui reçoit.

Je vais éclaircir par quelques exemples ce que ces propositions paraissent avoir de trop abstrait. Nous trouvons au journal sous la date du 1 mars que 8 chevaux ont travaillé à préparer la terre du Pré-Battu pour recevoir un ensemencement en avoine. Cette terre reçoit la valeur de 8 journées de chevaux: il faut donc prendre le compte de l'avoine, inscrire la valeur de ces journées à l'article des dépenses. Si l'avoine a exigé une dépense de 8 journées, il faut que ces 8 journées soient produites par les chevaux; il faut donc marquer du côté du produit de ceux-ci la valeur de leur travail. Ainsi, l'article dont il est question doit figurer deux fois sur les livres spéciaux, au compte des chevaux comme produit, et au compte de l'avoine comme dépense.

Nous trouvons sous la date du 2 mars qu'un veau a été vendu à Aubry, boucher. Il faut porter 86 fr. 50 c., valeur du veau, du côté du produit des vaches, et il faut encore les porter sur le compte courant d'Aubry. Sans cette double transcription on ne pourra jamais arriver à l'exactitude; je dis plus: la comptabilité fourmillera d'erreurs.

Maintenant que l'on connaît approximativement le rôle que sont appelés à remplir dans la comptabilité les livres spéciaux, il me reste à indiquer comment ils peuvent être *tracés, paginés et distribués* dans leurs détails et dans leur ensemble pour en former un tout régulier.

On craindra peut-être une surcharge de travail si l'on est obligé de passer au journal tous les faits qui se présentent à enregistrer, puis de les transporter encore deux fois sur les livres spéciaux. Il faut avouer que ce travail est long; mon intention, je l'ai déjà dit, n'a pas été de faire une comptabilité abrégée, simple, parce que je suis convaincu que la comptabilité qui offrira ces deux avantages encourra le reproche d'inexactitude et n'amènera à aucun résultat utile. Si on veut qu'une comptabilité féconde l'avenir, il faut être prodigue de détails. Cependant il est possible encore d'abréger un peu le travail et de s'épargner la peine de passer aux livres spéciaux une foule de petits articles dont la transcription créerait une occupation assez fastidieuse. Le moyen que je propose consiste dans un dépouillement préparatoire du journal, dépouillement que l'on ferait tous les mois dans les petites fermes et toutes les semaines dans les grandes exploitations. Ce dépouillement n'offre dans son exécution aucune difficulté sérieuse. Je vais en donner un exemple:

Voici le dépouillement fictif de la fraction de journal que j'ai donnée pour le 1er et 2 mars. On agirait de même pour une période plus longue.

Dépouillement du travail des chevaux du 1er au 2 mars inclusivement.

LE JOUR EST PRIS POUR UNITÉ.

NOMS des groupes.	NOMBRE de jours.	OBSERVATIONS.
Avoine. . .	16	
Blé. . . .	2	
Jean Paul. .	1	
Carottes. .	2	
Repos . .	1	
Total. . .	22	

Comme, en effet, j'ai 11 chevaux de travail, 2 jours d'occupation doivent réaliser 22 journées, en comptant les jours de repos accidentel; c'est là le moyen de vérifier si l'on a compté exactement.

Chaque fois que l'on inscrit le travail d'un jour sur la feuille du dépouillement on place à côté du mot indiquant l'objet qui a reçu le travail un petit trait oblique ou astérique pour indiquer que cet article est mentionné au dépouillement. J'ai figuré ces petits traits aux mots Avoine, Blé, Jean-Paul, Pommes de terre et Carottes du modèle du journal.

Le *dépouillement du travail des bœufs* s'opère de la même manière que celui des chevaux. Il en est de même du travail des employés, c'est-à-dire des domestiques à gages.

Le *dépouillement du travail des journaliers* est plus compliqué, et je conseille de le faire toutes les semaines. Il sera double. Dans le premier dépouillement on prendra pour base du groupement des travaux le compte ou le nom de chaque journalier; dans le second dépouillement on catégorisera les travaux d'après la nature des récoltes ou des objets auxquels ils ont été affectés.

1er *Dépouillement des journaliers du* 1er *au* 2 *mars.*

NOMS des ouvriers.	NOMBRE de jours.	PRIX de la journée.	TOTAL en argent.
		fr. c.	fr. c.
Augte Henriot.	2	1 25	2 50
Blangy.	2	1 »	2 »
Ricard.	2	1 10	2 20
Duval.	2	1 »	2 »
Celine Bordin.	2	» 75	1 50
Fre Camon.	2	» 75	1 50
Me Colin.	2	» 70	1 40
Josne Croisé.	2	» 70	1 40
Cldne Evrard.	2	» 70	1 40
Jacques, jardinier.	1	1 50	1 50
	19		17 40

2e *Dépouillement des journaliers du* 1er *au* 2 *mars.*

TITRES des comptes.	NOMBRE de jours.	PRIX de la journée.	TOTAL en argent.
		fr. c.	fr. c.
AVOINE. Hersage.	2	1 25	2 50
P. DE TER. E. Labour.	5	1 »	5 »
J.-PAUL, charroi de bois.	1	1 10	1 10
BLÉ. Fumure.	3	divers.	3 00
LUZERNE. Épierrage.	7	divers.	5 70
MÉNAGE. Jardin.	1	1 50	1 50
Totaux. . .	19		17 30

Pour indiquer qu'un travail de journalier est porté au premier dépouillement on fait à gauche du trait qui souligne le nom de chaque journalier un second petit trait perpendiculaire au premier; pour indiquer que ce même travail est porté au second dépouillement on fait le même trait à droite. Ainsi lorsqu'on rencontrera dans le journal le nom [*Ricard* avec le trait à gauche, on saura que la journée de ce manœuvre est portée au premier dépouillement, mais pas au second; si on trouve ce même nom avec le trait à droite, *Ricard*], on saura que la journée est inscrite sur le second dépouillement, mais non au premier; enfin si les deux traits sont présens, [*Ricard*], la journée est portée sur les deux dépouillemens.

On pourrait suivant le degré d'importance des matières faire des dépouillemens pour la consommation du ménage, pour la consommation des animaux domestiques, etc. Mais ce n'est que dans les grandes tenues que ces dépouillemens sont indispensables. Nous avons indiqué trois catégories de comptes ou livres spéciaux. Nous allons donner quelques détails sur chacun d'eux.

SECTION IX. — *Comptes de culture.*

Ces comptes qu'on pourrait appeler *Comptes de spéculation ou financiers* concernent tous les objets qui, dans une exploitation rurale, sont exposés à des chances de pertes ou de bénéfices. Ils ne sont pas aussi nombreux qu'on pourrait se l'imaginer. Il y a bien un grand nombre de comptes qui subissent des pertes ou mieux des diminutions de valeur, par l'usure, par l'exercice, etc.; mais cette diminution de valeur ne doit pas légitimement leur être imputée. Les charrues, par exemple, les herses, les chariots dont la réunion forme le compte du mobilier s'usent et se détériorent continuellement; mais comme par eux-mêmes ils ne sont point la cause de cette détérioration qui doit être imputée au blé, à l'avoine, aux prés, etc., le compte mobilier ne supporte pas de pertes. La différence de valeur qui se trouve entre le premier et le second inventaire forme une somme qui est répartie entre les diverses récoltes, en proportion de leur étendue. Nous ne classerons donc point le compte de mobilier dans les comptes de culture. Les chevaux de travail, les bœufs de travail ont des comptes qui, comme celui du mobilier, ne font point partie de ceux dits de culture; car on peut considérer les animaux de travail comme un mobilier vivant: ainsi, la perte que pourraient éprouver ces comptes se répartirait aux récoltes; il en serait de même du bénéfice s'il s'en présentait.

Il ne faut pas confondre le bétail de vente avec le bétail travailleur. Le premier est le but de la spéculation; il rapporte du bénéfice ou de la perte; la seconde espèce de bétail n'est qu'un moyen, qu'un intermédiaire pour arriver à un autre but, et il ne prend aucune part dans les pertes ou les bénéfices.

Voici les principaux comptes de culture: *Avoine, Bergerie, Blé, Bœufs à l'engrais, Carottes, Fourrages en magasin, Féverolles, Grains en magasin, Luzerne, Orge, Pois, Pommes de terre, Prés, Sainfoin, Seigle, Lin, Chanvre, Vaches, Colza, Trèfle.*

Chacun de ces comptes occupe sur le cahier les deux pages en regard: le verso d'un feuillet et le recto du feuillet suivant; le côté gauche est destiné à recevoir les dépenses et le côté droit est destiné à recevoir les produits. Bien entendu qu'aucun article ne doit arriver au grand compte de culture qu'après avoir passé par le journal.

Parmi les différentes dépenses qu'occasionnent les comptes de culture, on fait figurer en premier lieu celles qui sont énoncées à l'inventaire; puis, au fur et à mesure que les articles viennent s'inscrire au journal, on les transporte aux comptes de culture, à moins que ces articles ne soient de nature à être enrôlés dans les dépouillemens.

Tout ce qui passe aux comptes spéciaux doit être évalué en argent. Ainsi, les semences, les travaux de journaliers sont convertis en numéraire; les *travaux des employés* le sont également; mais ici l'évaluation présente plus de difficultés: en effet, il faut faire entrer dans le prix de la journée le salaire annuel, la valeur de la nourriture, du logement, des jours fériés et les autres qui ne permettent point de travailler. De toutes ces données on fait sortir une moyenne probable qui représente assez bien le prix du travail des employés en général.

Voici comment on peut procéder à cette évaluation: je suppose qu'on tient 4 valets, l'un à 200 fr., l'autre à 250 et les 2 derniers à 270 fr. chacun, ou en tout.....

	fr.	c.
je suppose qu'on tient 4 valets, l'un à 200 fr., l'autre à 250 et les 2 derniers à 270 fr. chacun, ou en tout.....	990	»
La nourriture revient à 70 c. par jour et par tête, ou en tout pour un an à	1,022	»
Le logement, les soins, le linge de lit, etc. peut s'évaluer pour les 4 à	40	»
Total de la dépense pour 4 employés	2,052	»
Pour un seul..............	513	»
Les employés sont occupés à soigner, panser et alimenter les chevaux pendant 2 heures par jour ou pendant 1/6ᵉ de leur temps, objet pour lequel on compte 1/6ᵉ du salaire moyen ou par chaque tête..........	85	50
Il ne reste plus d'applicable directement aux travaux que.	427	50

Et comme on travaille à peu près 300 jours pendant l'année, chaque journée reviendra en moyenne à 1 fr. 42 c. 1/2 — On sent que les élémens du calcul varient dans des proportions infinies; mais la manière d'opérer est toujours la même. — Dans beaucoup de contrées, la valeur du travail des employés est confondue avec celui des attelages qu'ils con duisent; cette méthode d'évaluation est très vicieuse; elle est d'ailleurs presque toujours inexacte.

L'évaluation du *travail des chevaux* se fait de deux manières différentes: on peut prendre pour base de l'estimation la quantité de travail qui a été exécuté; on détermine suivant l'usage des lieux le prix du labour, du hersage sur une surface donnée; on sait combien on comptera pour le transport d'une voiture de fumier, combien pour la rentrée d'une voiture de gerbes, etc. — Cette méthode n'est pas exacte, en ce sens qu'elle donne le même prix à des opérations dont l'évaluation est soumise à des variations incessantes. Par exemple, à Roville on compte par hectare 3 fr. pour un hersage; il y a cependant des jours où la terre est rebelle à la herse, et d'autres jours où elle se prête merveilleusement au hersage. Dans cette dernière circonstance on fait quelquefois le double de besogne que dans la première. C'est donc une erreur de compter le même prix pour des opérations faites dans des circonstances si différentes. Je veux bien que ce prix représente une moyenne tirée d'un grand nombre d'années; mais il n'en est pas moins certain que l'évaluation du travail ne doit pas être constante dans sa valeur, mais avoir assez de flexibilité pour être toujours proportionnée aux frais qu'a nécessités l'opération. C'est là l'idéal d'une perfection qu'on n'a pas encore atteint jusqu'à ce jour; mais on s'en rapproche beaucoup si on évalue séparément l'espace de temps que les chevaux ont consacré à cette besogne. Aussi, au lieu de marquer pour un labour une somme constante de 25 fr., nous inscrirons au journal, et au dépouillement s'il y a lieu:

	fr.	c.
Labouré telle pièce pour du blé: 12 journées de chevaux à 2 fr. 25 c....	27	»
4 journées d'employés à 1 fr. 42 c. 1/2	5	70
Total du prix du labour.......	32	70

Si pour le labour suivant il est indispensable d'employer un plus grand nombre ou un moindre nombre de chevaux, ce mode d'évaluation l'indiquera; il serait impossible de faire passer ces variations dans la comptabilité si on avait un taux fixe pour chaque opération. On conçoit que pour arriver à ce degré d'exactitude il est nécessaire de déterminer préalablement le prix de la journée d'un cheval. Cette fixation exige que l'on fasse pour les animaux un calcul analogue à celui que nous avons établi pour les employés. Comme ici les données sont plus variables et que les élémens du calcul sont plus nombreux et plus complexes, je crois utile de les énumérer sommairement.

Les objets qui constituent la dépense annuelle d'un cheval sont: les frais de nourriture, de pansement, de logement, de vétérinaire, l'intérêt du prix d'achat, la prime d'assurance représentant la diminution annuelle de la valeur de l'animal. Les produits sont: le travail, le fumier, le poulain chez les jumens, ou le saut des étalons. La somme des jours pendant lesquels les chevaux peuvent travailler n'est pas partout la même. THAER l'évalue à 300 par an; PABST à 285; M. DE DOMBASLE à 240. Je crois que ce dernier chiffre est celui qui se rapproche le plus de la vérité pour la France centrale et septentrionale. Au reste j'ai déjà dit que les élémens qui forment la dépense et le produit des chevaux amènent une combinaison de résultats assez différens suivant les localités. Le tableau suivant indique pour la journée d'un cheval des prix assez différens, et qui tous cependant reposent sur des évaluations exactes; j'y ai joint le prix de la journée d'un employé et d'un bœuf, dans les mêmes circonstances.

	A VALCOURT.	A ROVILLE.	A GRIGNON.	A HOFWYL.	A VORAGES.	MOYENNE.
Prix de la journée de valet	1 fr. » c.	1 fr. » c.	1 fr. 60 c.	1 fr. 40 c.	1 fr. 50 c.	1 fr. 30 c.
— — — d'un cheval	» »	1 60	2 40	1 50	2 25	1 94
— — — d'un bœuf	0 75	1 20	1 60	1 40	» »	1 24

Ainsi tous les travaux qui s'exécutent à bras d'hommes, tous ceux qui réclament l'emploi des attelages seront estimés journée par journée, et non pas à la pièce, à moins que l'ouvrage n'ait été entrepris à la tâche; et, dans ce cas, l'estimation ne présente ni difficulté, ni chance d'erreur. Il serait sans doute ridicule de calculer les frais de moissons par journée si on est convenu de leur payer par hectare une somme déterminée.

Les comptes de culture sont chargés des frais de fumure et d'engrais en terre dans la proportion que nous avons indiquée en parlant de l'inventaire.

Enfin, on porte du côté des dépenses la portion de *loyer* qu'il convient de faire supporter à chaque récolte, eu égard à la surface qu'elle occupe et à la bonté du sol sur lequel elle se trouve. La rente réelle du sol se détermine, soit approximativement, en comparant la valeur de chaque pièce à celle de pièces voisines dont on connaît la valeur et la rente, soit proportionnellement à l'évaluation du cadastre et des tableaux dressés pour les impositions foncières : cette méthode me paraît la plus judicieuse; soit enfin en se servant du mode d'évaluation observé ordinairement dans les placemens d'argent, c'est-à-dire en comptant pour le loyer environ 2 1/2 à 3 p. 0/0 de la valeur foncière. Pour être moins éloigné de la vérité, on pourra même prendre la moyenne déduite de ces 3 modes d'évaluation.

Exemple : Il s'agit de déterminer la rente d'une pièce de 3 hectares de terres arables.

	fr.	c.
Les terres de même nature sont affermées dans le canton à raison de 50 fr. l'hectare; à ce taux, le loyer de la pièce en question serait de.	150	»
Sur les cotes foncières le revenu de cette pièce est évalué à	140	»
Enfin, cette pièce pourrait se vendre à raison de 2,100 fr. l'hectare, ou 6,300 fr. la totalité.		
Dans le pays, les propriétés foncières rapportent 2 1/2 p. 0/0; le loyer serait donc de.	157	50
La somme des trois modes d'évaluation étant de.	447	50
La moyenne, ou le loyer le plus raisonnable sera le tiers, ou. . .	149	17

ou bien par hectare, de 49 fr. 72 c.

Telle est la marche la plus rationnelle qu'il convient de suivre lorsque l'exploitant est propriétaire. Lorsqu'il est fermier, la fixation du loyer de chaque parcelle se détermine suivant une autre manière de procéder. On commence par faire l'estimation spéciale de la valeur foncière de chaque pièce; et de longs raisonnemens seraient superflus pour prouver que le loyer de chaque parcelle est en proportion directe avec la valeur foncière. Connaissant la valeur locative totale, la détermination de la portion qui doit être affectée à chaque parcelle se déterminera facilement. Je vais donner un exemple :

On a loué une ferme pour la somme totale de 7,500 fr.; on désire savoir quelle fraction de cette somme doit être à la charge de chaque pièce, comme loyer. On débute, ainsi que je l'ai prescrit, par faire l'estimation foncière.

PIÈCES.	CONTENANCE.	VALEUR de l'hectare.	VALEUR totale.
			fr.
Jardin.	3 hect.	3,000 fr.	9,000
Pré du Clos. . .	2	2,200	4,400
Prés-sur-Bois. . .	15	2,000	30,000
Vignes.	7	3,500	24,500
Verte-Côte. . .	20	2,000	40,000
Pré-Rompu. . .	12	1,800	21,600
Grandes-Haies. .	25	1,500	37,500
Vieux-Puits. . .	30	1,400	42,000
			209,000

Une simple règle de trois sera suffisante pour nous faire connaître la valeur locative d'une pièce ; celle du jardin, par exemple, se trouvera au moyen de la proportion suivante : 209,000 : 9,000 :: 7,500 : x = 323 fr. 06 c. Le même calcul fait sur les autres pièces amènerait pour résultat le montant de leur valeur locative.

Au nombre des dépenses qui viennent s'enrôler dans les comptes de culture, on place encore avec raison les *frais généraux* dont nous aurons occasion de parler plus amplement.

Pour donner une idée de la manière dont il convient de grouper les élémens qui constituent les comptes de culture, je donne ici le spécimen de deux de ces comptes.

AVOINE 1834. Nota. Il y a eu avoine 2 pièces; savoir :
3 hect. 25 ar. aux longues raies sur luzerne rompue.
6 50 aux terres rouges après pommes de terre.
9 75

DÉPENSES. PRODUIT.

Mois	Jour	Dépenses	fr. c.
Janvier.	1.	Il reste de l'engrais après les pommes de terre, suivant l'inventaire, pour la somme de 400 fr.	400 »
Février.	15.	32 journées de chevaux pour rompre la luzerne.	89 28
		16 journées de valets pour la même besogne.	20 80
		4 chevaux pour herser.	7 40
		2 valets, idem.	2 60
	28.	60 journées de chevaux. Labour aux Terres-Rouges.	99 90
		25 journées d'employés, même besogne.	32 50
		25 hectol. de semence à 8 fr.	200 »
		16.50 chevaux pour recouvrir la semence	30 80
		8,25 journées d'employés, même besog.	10 70
Juin.	15.	12 journées de manœuvres pour sarcler.	10 50
Août.	19.	Fauchage à 8 fr. l'hectare.	70 »
		45 journaliers. Engerbage et emmeulage.	60 »
		Transport des gerbes, 4 chevaux et 4 valets	12 60
Décembre.	31.	Loyer de la terre des Longues-Raies, à 45 fr. l'hectare	101 25
		Loyer des Terres-Rouges, à 30 fr. l'hect.	198 »
		Frais généraux, à 10 fr. l'hectare.	87 50
			1,300 50

Mois	Jour	Produit	fr. c.
Décembre	31.	4,?? gerbes qui, au battage provisoire, ont été présumées donner 200 hectol. grain à 7 fr. 25.	1,450 »
		Plus 8,500 kil. paille à 19 fr. p. 0/00 kil.	161 50
		La menue paille vaudra environ.	25 »
		Le pâturage aurait pu être loué 6 fr. par hectare, je porte donc en produit	52 50
		Il reste en engrais non absorbés environ la moitié de ce qu'il y avait avant l'ensemencement ou.	200 »
			1,889 »
		De cette somme il faut diminuer : 1° Les frais de battage au 1/14 du produit en grain, ce qui fait 14 h. à 7 fr. 25 c. ou . . . . . 101 fr 50 c. 2° Les dépenses ci-contre 1,300 50	1,402 »
		Il reste net ou pour bénéfice.	487 »

Je dois, pour l'intelligence du compte qui précède, donner quelques éclaircissemens sur certains articles dont l'évaluation pourrait paraître arbitraire ou erronée.

La plupart des articles qui constituent la dépense en travail de chevaux et d'employés ne sont pas immédiatement transportés du journal, mais ils sont copiés sur les dépouillemens dont j'ai parlé. Ainsi, quand je dis qu'au 28 février, on a employé 50 journées de chevaux pour labourer aux *terres rouges*, cela veut dire que, depuis le dépouillement, qui précède le 28 février, jusqu'au dépouillement qui a été fait à cette dernière époque, 50 journées de chevaux ont été exigées pour ce travail. Il est bon de remarquer qu'au lieu de journée d'un cheval, on dit simplement 1 cheval.

J'ai déjà dit que je parlerais ailleurs des frais généraux.

Chaque fois que l'on rentre les gerbes d'une récolte, on les compte soigneusement. Pour estimer approximativement leur rendement futur, on en pèse quelques-unes, on les bat, on en mesure le grain et on pèse la paille qui provient de ce battage préalable. On a ainsi la mesure du produit probable de chaque récolte et de chaque pièce. Cette opération se nomme *battage provisoire*.

La valeur du pâturage sur les chaumes, varie suivant une infinité de circonstances qu'on ne peut exactement apprécier que sur les lieux. En Allemagne, elle est ordinairement évaluée à 5 p. 0/0 du produit brut en grain.

Pour compléter ce que j'ai à dire sur les comptes de culture ou comptes financiers proprement dits, je donne le modèle d'un compte de

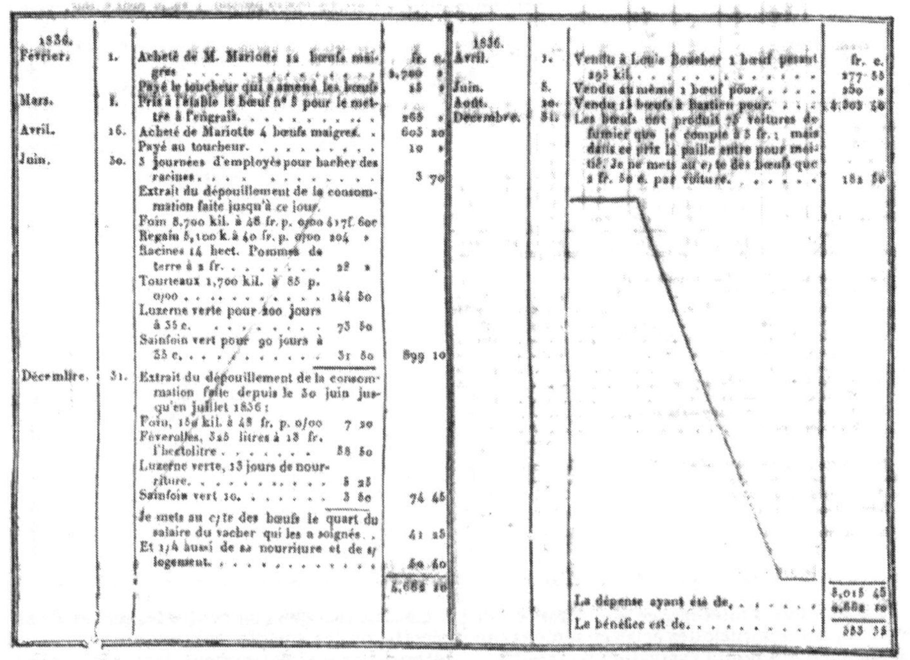

DÉPENSES. *Bœufs à l'engrais.* PRODUIT.

1836.				fr. c.
Février.	1.	Acheté de M. Mariotte 14 bœufs maigres		2,700 »
		Payé le toucheur qui a amené les bœufs		15 »
Mars.	8.	Pris à l'établé le bœuf n° 8 pour le mettre à l'engrais		268 »
Avril.	16.	Acheté de Mariotte 4 bœufs maigres		605 20
		Payé au toucheur		10 »
Juin.	30.	3 journées d'employés pour hacher des racines		3 70
		Extrait du dépouillement de la consommation faite jusqu'à ce jour.		
		Foin 8,700 kil. à 48 fr. p. 0/00	417f. 60c	
		Regain 5,100 k. à 40 fr. p. 0/00	204 »	
		Racines 14 hect. Pommes de terre à 2 fr.	28 »	
		Tourteaux 1,700 kil. à 85 p. 0/00	144 50	
		Luzerne verte pour 200 jours à 35 c.	73 50	
		Sainfoin vert pour 90 jours à 35 c.	31 50	899 10
Décembre.	31.	Extrait du dépouillement de la consommation faite depuis le 30 juin jusqu'en juillet 1836 :		
		Foin, 150 kil. à 48 fr. p. 0/00	7 20	
		Féverolles, 325 litres à 18 fr. l'hectolitre	58 50	
		Luzerne verte, 15 jours de nourriture	5 25	
		Sainfoin vert 10.	3 50	74 45
		Je mets au c/te des bœufs le quart du salaire du vacher qui les a soignés		41 25
		Et 1/4 aussi de sa nourriture et de s/ logement		50 40
				4,682 10

1836.			fr. c.
Avril.	1.	Vendu à Louis Boucher 1 bœuf pesant 295 kil.	277 55
Juin.	8.	Vendu au même 1 bœuf pour	250 »
Août.	20.	Vendu 14 bœufs à Bastien pour	4,305 50
Décembre.	31.	Les bœufs ont produit 73 voitures de fumier que je compte à 5 fr. ; mais dans ce prix la paille entre pour moitié. Je ne mets au c/te des bœufs que 2 fr. 50 c. par voiture	182 50
			5,015 45
		La dépense ayant été de	4,682 10
		Le bénéfice est de	333 35

Il y a dans ce compte quelques articles qui demanderaient quelques explications pour être parfaitement compris ; je renvoie, pour ne pas faire double emploi, à ce que je vais dire sur les comptes d'ordre; mais on ne doit pas oublier qu'il ne faut placer dans les comptes financiers ou de culture que ceux qui sont susceptibles de donner du bénéfice ou de la perte ; les autres se placeront dans une des 2 catégories suivantes :

SECTION X. — *Des comptes d'ordre.*

Les comptes d'ordre ont pour but de faciliter le travail qu'exige la tenue des comptes financiers, de mettre le cultivateur dans la possibilité de constater à chaque instant l'état des denrées en magasin, enfin, de prévenir le gaspillage ou de le constater et de le mettre sous la responsabilité de celui qui s'en est réellement rendu coupable.

Comme on le verra par la suite, la plupart des comptes d'ordre ne sont autre chose que les dépouillemens dont nous avons déjà parlé. Au lieu de faire ces dépouillemens sur des feuilles volantes, je préférerais les voir réunis dans un registre spécial.

§ Ier. — *Compte de dépenses de ménage.*

Ce compte est nécessaire pour connaître le prix de la consommation de chacun des individus nourris à la ferme ; et pour ensuite en répartir la valeur aux différens comptes pour lesquels la consommation est effectuée.

Ce compte se divisera donc aussi en deux parties : l'une fera connaître les objets dépensés et l'autre indiquera la répartition de ces objets.

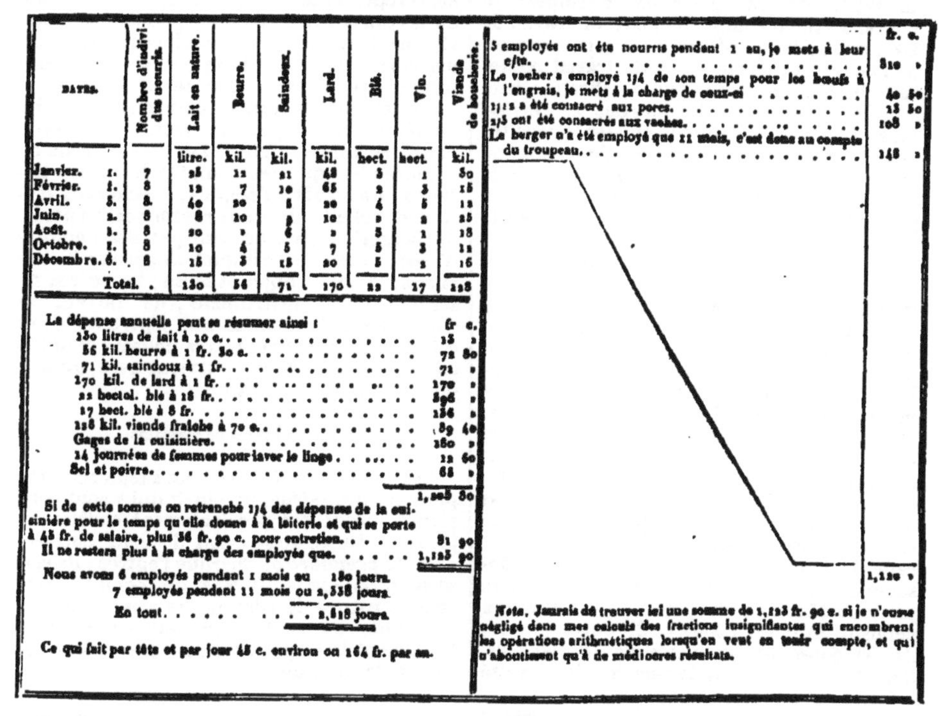

DATES.		Nombre d'individus nourris.	Lait en nature.	Beurre.	Saindoux.	Lard.	Blé.	Vin.	Viande de boucherie.
			litre.	kil.	kil.	kil.	hect.	hect.	kil.
Janvier.	1.	7	25	12	21	48	3	1	30
Février.	1.	8	12	7	10	65	2	3	15
Avril.	5.	8	40	20	5	20	4	5	12
Juin.	2.	8	8	10	9	10	»	2	25
Août.	3.	8	20	»	6	»	3	1	18
Octobre.	1.	8	10	4	5	7	5	3	12
Décembre.	6.	8	15	3	15	20	5	2	16
Total.			130	56	71	170	22	17	128

La dépense annuelle peut se résumer ainsi :

	fr.	c.
130 litres de lait à 10 c.	13	»
56 kil. beurre à 1 fr. 30 c.	72	80
71 kil. saindoux à 1 fr.	71	»
170 kil. de lard à 1 fr.	170	»
22 hectol. blé à 18 fr.	396	»
17 hect. blé à 8 fr.	136	»
128 kil. viande fraîche à 70 c.	89	40
Gages de la cuisinière.	180	»
14 journées de femmes pour laver le linge	12	60
Sel et poivre.	65	»
	1,205	80
Si de cette somme on retranche 1/4 des dépenses de la cuisinière pour le temps qu'elle donne à la laiterie et qui se porte à 45 fr. de salaire, plus 36 fr. 90 c. pour entretien.	81	90
Il ne restera plus à la charge des employés que.	1,123	90

Nous avons 6 employés pendant 1 mois ou 180 jours.
7 employés pendant 11 mois ou 2,338 jours.
En tout. 2,518 jours.

Ce qui fait par tête et par jour 45 c. environ ou 164 fr. par an.

	fr.	c.
5 employés ont été nourris pendant 1 an, je mets à leur c/te.	310	»
Le vacher a employé 1/4 de son temps pour les bœufs à l'engrais, je mets à la charge de ceux-ci	40	50
1/12 a été consacré aux porcs.	13	50
2/3 ont été consacrés aux vaches.	108	»
Le berger n'a été employé que 11 mois, c'est donc au compte du troupeau.	148	»
	1,120	»

Nota. J'aurais dû trouver ici une somme de 1,123 fr. 90 c. si je n'eusse négligé dans mes calculs des fractions insignifiantes qui encombrent les opérations arithmétiques lorsqu'on veut en tenir compte, et qui n'aboutissent qu'à de médiocres résultats.

Chacun pourra, suivant les circonstances de sa position, augmenter ou diminuer le nombre des colonnes destinées à enregistrer la nature de chaque objet *mis en consommation*. Je dis mis en consommation, car on inscrit ces objets non pas lorsqu'ils sont consommés, mais lorsqu'on les livre à la consommation.

§ II.— Chevaux de travail.

Ce compte se distribue également en deux parties : l'une qui regarde les dépenses, et l'autre qui indique la répartition de ces dépenses. Je me crois dispensé de rappeler désormais que la première partie est le résumé des objets consommés et autres dépenses, tandis que la seconde est l'indication des objets auxquels le travail a été affecté. Il se compose d'un double dépouillement auquel on ajoute les valeurs qui n'ont pu y figurer.

DÉPENSES. *Chevaux.* TRAVAIL ET PRODUIT.

DATES des dépouillemens.		Foin de pré.	Foin de luzerne.	Carottes.	Pommes de terre.	Luzerne verte.	Trèfle vert.	Avoine.	Féverolles.	DATES des dépouillemens.		Avoine.	Blé.	Carottes.	Féverolles.	Fumier.	Haricots.	Lentilles.	Luzerne.	Orge.
		kil.	kil.	hect.	hect.	jours	jours.	litres.	litres.			jours.	jo.	jo.	jo.	jo.	jo.	jo.	jo.	jo.
Janvier.	7.	250	180	6	3	»	»	130	28	Janvier.	7.	15	»	»	»	9	»	»	»	13
Avril.	9.	100	500	2	6	»	»	220	»	Mars.	5.	20	4	12	2	10	2	3	1	10
Juillet.	3.	»	»	»	»	48	10	300	40	Juin.	2.	»	»	18	10	3	1	»	20	»
Octobre.	2.	150	»	»	»	50	25	150	90	Septembre.	3.	14	30	3	3	5	»	»	3	13
Décembre.	7.	300	115	5	2	»	»	80	50	Décembre.	2.	»	12	»	»	8	»	3	»	4

En multipliant les totaux de chacun des objets de consommation par la valeur respective de ces objets, on obtient facilement le prix de la nourriture des chevaux ; si on ajoute les frais de vétérinaire, de médicamens, d'éclairage, de ferrage, etc. ; on obtiendra la totalité de la dépense des chevaux,

Si de cette somme on retranche :

1° La plus-value accusée par le nouvel inventaire sur l'ancien ;

2° La valeur du fumier.

Ce qui restera sera certainement la valeur du travail que les chevaux ont effectué dans l'année. S'il y avait moins-value dans le nouvel inventaire, il faudrait en porter le montant du côté des dépenses.

Si on divise la valeur du travail des chevaux par le nombre de jours qu'ils ont travaillé, on aura le prix de la journée de travail ; si ce prix coïncide avec la valeur fictive qu'on a supposée, il n'y a pas d'opération ultérieure à effectuer ; mais si la comparaison établit une différence, le montant de celle-ci constitue un article de frais généraux. Exemple : un cheval a effectué annuellement un travail de 200 jours ; j'avais présumé au commencement de l'année que chaque jour de travail coûterait 1 fr. 85 ; il se trouve que, vérification faite à la fin de l'année, cette journée ne revient qu'à 1 fr. 70. Il s'ensuit que plusieurs récoltes ont été chargées en dépense d'une somme trop forte de 15 cent. par chaque journée de cheval qu'elles ont exigée ; il est donc indispensable de rétablir cette erreur qui se monte à 30 fr. par cheval pour toute l'année et sur l'ensemble de toutes les opérations. C'est à quoi l'on parvient jusqu'à un certain point au moyen du compte de frais généraux.

Suivant la marche adoptée à Roville, je n'ai pas évalué la nourriture au vert d'après son poids. Il faut cependant lui donner une valeur. Pour la déterminer, on s'est servi d'un moyen qui paraît à l'abri de tout reproche. On connaît par la consommation de l'hiver ce que les chevaux mangent de foin pendant l'espace d'un jour ou d'un mois. Pendant l'été, on leur donne du vert dont on ne cherche pas d'abord à déterminer la valeur. La différence entre la consommation en foin de l'hiver et celle de l'été donne la valeur du trèfle consommé. En supposant qu'un cheval mange par jour 25 liv. de foin, c'est pour 6 chevaux pendant un mois, 4,500 liv. Si, outre le vert, ils n'en consomment au mois de mai que 3,000 liv., il est évident que le vert qui leur a été servi représente la valeur de 1,500 liv. de foin, ou la nourriture d'un cheval pendant 80 jours. Comme la nourriture d'un cheval coûte ordinairement 35 cent., la valeur du vert consommé dans le cas présent serait de 18 fr.

On fera des tableaux semblables pour les bœufs de travail, pour les vaches de travail, pour les mulets, etc. Mais il est facile de comprendre que les comptes de vaches laitières, de bœufs à l'engrais, de chevaux d'élève, de volaille, de veaux engraissés, de porcs, de bergerie, etc., ne sont pas des comptes d'ordre, mais des comptes financiers. Ceux-ci sont le but, l'objet et la fin ; les autres ne servent que d'instrumens, de moyens ou d'auxiliaires. La nuance qui sépare ces deux catégories est souvent très délicate et difficile à saisir, mais on y parvient avec un peu de sagacité et de réflexion.

§ III.— Livres de magasins.

Ces comptes sont très faciles à tenir : comme pour les précédens, les objets qui y sont consignés auront été préalablement enrôlés au journal. Ils se composent de deux parties : dans la première on marque l'entrée ; dans la seconde, la sortie. Il y a un compte pour chaque nature de récolte. Je vais seulement en donner un modèle qui fera comprendre facilement la disposition que présentent ces sortes de comptes.

ENTRÉE. *Blé en magasin.* SORTIE.

DATES.	PROVENANT du battage.	ACHATS	TOTAL.	DATES.	CONSOMMÉ	VENDU.	SEMÉ.	TOTAL.
	hectol.	hectol.	hectol.		hectol.	hectol.	hectol.	hectol.
Janvier 2. Existant suivant inventaire. . . .	»	»	127	Janvier. 9.	13	48	»	61
Janvier. 9. Acheté de Gérard.	»	13	13	Septembre. 25.	7	60	10	77
— — Battu 700 gerbes.	25	»	25	Décembre. 31.	2	20	8	30
Total.	25	13	165	Total. . .	22	128	18	158
				Existant à l'epoque du nouvel inventaire.				7
				Total égal . . .				165

On fera de même pour le seigle, l'avoine, le foin, la paille, etc. Je ne veux pas encombrer cet article de modèles analogues au précédent ; leur distribution ne présente aucune difficulté, et chacun sent leur importance. Le blé en magasin figure aussi dans les comptes de spéculation ou de culture.

§ IV.— Compte du fumier.

PROVENANCE. COMPTE DU FUMIER. EMPLOI ET DISTRIBUTION.

DATES.	Des chevaux.	Des vaches.	De la bergerie.	Acheté.	Des porcs.	Total.	Nombre de voitures.	Noms des pièces fumées.	Surface fumée.	Genre de récolte.	Nature de fumier.	Nombre de voitures par hect.
	Voitures.	Voitures.	Voitures.	Voitures.	Voitures.	Voitures.						
Janvier. 15.	12	6	»	»	2	20	»	»	»	»	»	»
Février. 24.	20	31	30	10	4	77	80	Basses Haies	4 hect.	Pommes de terre.	Diverse.	20
Juin. 15.	60	55	40	25	3	183	195	Grand Clos	7 h.	Betteraves.	Diverse.	28 environ.
Septembre. 15.	30	25	20	»	6	81	150	Joliot	7 h.	Colza.	Diverse.	21 1,2
Décembre. 15.	40	30	25	10	7	112	8	Santerre	0,25	Sucrion.	Cheval	32
Total. . .	152	109	115	45	22	443	433					

Il reste sans emploi 10 voitures de fumier, qui feront partie du nouvel inventaire. Chaque voiture de fumier s'évalue suivant son poids ou les usages de la localité. Nous supposerons, qu'une voiture de 700 kil. fumier vaut 5 fr. Les betteraves du Grand-Clos auront à supporter une somme de 975 fr., et ainsi des autres récoltes. Le fumier se compte aux animaux pour moitié de sa valeur. L'autre moitié est censée devoir couvrir la valeur de la paille qui a servi de litière. Si la paille n'a pas réellement une valeur égale à celle de la moitié du fumier, on a évalué la voiture de celui-ci à un taux trop élevé, et les récoltes fumées ont été chargées d'une dépense illégitime. Si, au contraire, la paille donnée en litière a plus de valeur que la moitié de celle du fumier, il est évident que celui-ci n'a pas été porté à un prix assez haut, et qu'on a favorisé injustement les récoltes qui l'ont reçu. Dans tous les cas, l'excédant se porte au compte des récoltes fumées. Exemple :

		fr. c.
Le tableau ci-dessus montre qu'on a récolté 443 voitures de fumier à 5 fr., ce qui fait		2,215 »
La moitié de cette somme se répartit entre les différens producteurs du fumier, ou	1,107 50	
On a employé pour litière 50/m kil. paille à 18 fr. p. 0/0 ou	940 »	
Ce qui porte le prix de revient à		2,047 50
Ce prix de revient est inférieur à celui supposé de		167 50

Cette somme doit donc être répartie entre les récoltes fumées, en proportion du nombre de voitures qu'elles ont reçues.

Il resterait à savoir par quel moyen on parviendra à déterminer le nombre de voitures de fumier produit par chaque espèce de bétail. Cela n'est réellement pas facile, si l'on veut prétendre à une rigoureuse exactitude. Cependant, avec un peu de tact et d'expérience, on n'a pas à craindre de s'éloigner beaucoup de la vérité. Si le fumier est enlevé des étables sur des civières, on pèse chacune de celles-ci pendant quelques jours. Connaissant le nombre de civières et leur poids, il sera facile de savoir combien de kilog. de fumier on a obtenu, et partant, le nombre de voitures à mettre au compte de chaque espèce de bétail. On vérifiera, à l'époque du transport sur les champs, si les chiffres se rapportent, et c'est seulement alors qu'on pourra avoir une donnée un peu précise sur la manière dont on doit calculer.

§ V. — Du compte de frais généraux.

Jusqu'à ces derniers temps on n'avait attaché que peu d'importance à ce compte, et je suis persuadé que c'est à cette faute qu'il faut attribuer les nombreux mécomptes des cultivateurs, qui croyaient faire de beaux bénéfices lorsque réellement ils étaient en perte. La plupart des comptes rendus des expérimentateurs n'en font aucune mention, et c'est pour cela qu'ils se sont fait illusion à eux-mêmes, et ont fait naître des espérances trompeuses dans l'esprit de leurs lecteurs. Les Allemands, mieux avisés, manquent rarement de tenir compte des frais généraux ; et quand ils ne peuvent en déterminer la quotité parce qu'ils n'ont pas tenu une comptabilité exacte, ils les évaluent en moyenne à 10 p. 0/0 du produit brut.

Ce compte est appelé *frais généraux* parce que les valeurs qui le composent sont réparties entre toutes les récoltes, en raison de la surface qu'elles occupent sur le terrain. Comme les précédens, il se compose de deux parties. L'une représente les valeurs qui sont à répartir du côté des dépenses des récoltes ; les autres qui sont à répartir du côté du produit de ces mêmes récoltes. Examinons les principales valeurs qui forment la part à distribuer aux récoltes du côté de leurs dépenses.

Ce sont : 1° les intérêts du capital à 5 p. 0/0 ; 2° les impositions si elles sont à la charge de l'exploitant ; 3° les frais de commis, de bureau, de correspondance ; 4° les gratifications, amendes, prestations et corvées ; 5° les frais d'assurance contre la grêle, l'incendie, etc. ; 6° l'achat des livres, l'abonnement aux recueils périodiques, les souscriptions aux comices, sociétés agricoles et scientifiques. Il est évident pour les moins clairvoyans que ces dépenses ne peuvent légitimement être mises à la charge d'une récolte spéciale, mais qu'elles doivent être réparties sur toutes les récoltes en général.

Si on a évalué le prix de la journée d'un cheval à 1 fr. 85 c., et que le compte de chevaux démontre à la fin de l'année que ce prix n'est en réalité que de 1 fr. 70 c., il faut décharger les récoltes, ou les *bonifier* de cette différence ; et ce sont les articles de cette nature qui forment, pour le compte de *frais généraux*, la portion à répartir du côté du produit des récoltes. Si, au contraire, la journée d'un cheval coûtait 1 fr. 95 c. au lieu de 1 fr. c. 85 prix d'évaluation provisoire, il faudrait porter la différence du côté des dépenses des récoltes.

Exemple :

RÉPARTITION ENTRE LES DÉPENSES. *COMPTES DE FRAIS GÉNÉRAUX.* RÉPARTITION ENTRE LES PRODUITS.

			fr.	c.				fr.	c.
Mars.	10.	Payé au facteur divers ports de lettres et paquets.	48	25	Juillet.	6.	Remporté au concours de *** un prix de [illegible]	250	»
Juillet.	15.	Payé au directeur de la *Caisse* pour m/assurance.	[illegible]	50	Décembre.	31.	l'année estimé que la journée d'un cheval coûterait 1 fr. 35 c.; elle ne revient qu'à 1 fr. 90 c.; sur 20 chevaux qui ont travaillé [illegible] jours, c'est une somme de.	324	»
Décembre.	14.	Abonnement à l'*Agronome* et à la *Maison Rustique*.	[illegible]	[illegible]					
		Payé au papetier pour réglure et registres, plumes, encre.	24	»					
		Intérêts de 45,000 fr. de capital . . .	2,250	»					
		Payé au percepteur les prestations à m/charge.	65	55					
		Payé m/cotisation au secrétariat de la société de **.	30	»					
		Payé un banc à l'église pour m/maison.	12	»					
			2,480	30				574	»

Nous avons donc 2,480 fr. 30 c. à mettre à la charge des diverses récoltes ; nous devons en même temps les décharger ou les bonifier de 574 fr. C'est en définitive les charger d'une somme de 1906 fr. 30 c. Si nous supposons maintenant qu'on a une ferme de 200 hectares de terres arables de toute nature, chaque hectare supportera comme dépense une somme de 9 fr. 55 c.

Au moyen de ces différens comptes, et des articles qui n'y figurent pas, mais qui sont consignés au journal, il est très facile d'établir les comptes financiers ou de culture.

Jusqu'à présent nous n'avons pas parlé des comptes courans qui n'ont pas mission d'indiquer le résultat des opérations culturales, ni de tracer la marche de l'expérience; mais comme ils sont essentiels pour maintenir en bonne relation le cultivateur et les intermédiaires intelligens avec lesquels il traite, je vais en parler succinctement.

SECTION XI. — *Des comptes courans.*

Les comptes courans expriment la situation du cultivateur relativement à toutes les personnes avec lesquelles il est en affaires : tous les ouvriers, les employés, les charrons, les journaliers, les épiciers, etc. Les matériaux de ces comptes se trouvent tous au journal, et quelques-uns sont aussi consignés dans les dépouillemens ou comptes d'ordre. Les comptes courans bien tenus, exacts, circonstanciés, constamment à jour, sont les plus sûrs gardiens de la bonne intelligence, préviennent les difficultés, les malentendus et quelquefois écartent des procès dispendieux. Je vais donner quelques exemples de ces comptes courans.

DOIT. *Compte courant de Louis, maréchal.* AVOIR.

			fr.	c.				fr	c.
Janvier.	6.	Reçu 2 hectol. blé au prix de 19 fr. . . .	38	»	Janvier.	1.	Fourni 800 clous pour la bergerie. . . .	3	»
Février.	7.	Deux chevaux et François p. un voyage.			Février.	9.	Ferré en cercles, essieux en fer, un chariot, v. s. mémoire.	185	»
Août.	9.	Conduit 2 voitures de blé.	7	50	Avril.	13.	Fourni 25 petites serfouettes à 2 f. . . .	50	»
Novembre.	19.	Labouré 3 hectares de terre à 25 f. (prix convenu).	4 75	» »	Juin.	25.	Ferré deux brouettes.	5	»
Novembre.	20.	Reçu en espèces.	100	»	Août.	18.	Fourni un balancier pour la nouvelle pompe.	15	»
Décembre.	6.	Vendu 5 hectol. blé à 18 f.	90	»	Septembre.	14.	Vendu 4 pelles en fer.	7	50
	31.	Reçu en espèces.	175	»		15.	Vendu une griffe à arracher le houblon.	6	»
					Novembre.	8.	Vendu 4 marteaux à casser les pierres. .	18	»
					Décembre.	31.	Vu son mémoire pour raccommodage de détail et reconnu conforme.	173	25
							Ferrage de 9 chevaux à 15 f. pièce (prix convenu).	135	»
			489	50			Fourni fil de fer pour un grillage à la bergerie, article oublié du 15 février. . .	3	»
		Je lui redois.	111	25					
			600	75				600	75

Les mots *doit et avoir* s'expliquent naturellement ici par l'inspection du compte. Au côté de la page où est inscrit le mot *doit*, on enregistre tout ce qu'a reçu le compte. A la page que distingue le mot *avoir*, on enregistre tout ce qu'on a reçu du compte ou de l'individu dont le nom forme le titre du compte. Ces mots s'emploient fréquemment dans la comptabilité en parties doubles. Le côté où est inscrit *doit* se nomme le *débit* du compte; l'autre côté se nomme le *crédit*. Quoique j'aie évité de me modeler sur cette méthode, j'ai cependant cru devoir mentionner ici une particularité qui est d'un usage habituel. On voit par le compte courant précédent qu'il est dû au maréchal une somme de 111 fr. 25 c. Cette somme se nomme *balance*. On nomme ainsi les valeurs ajoutées au débit pour le rendre égal au crédit, ou au crédit pour le rendre égal au débit. Toute balance qui ne représente pas un bénéfice ou une perte forme un article d'inventaire; je parle de la méthode de comptabilité que je propose ici.

COMPTE COURANT D'A. BLANGY, JOURNALIER. 1836. *V. comptes courans, 1835, p. 46.*

			fr. c.				fr. c.
Janvier.	2.	Convenu que ses journées de décembre à mars lui seront comptées à 90 c., les autres à 1 fr. 10 c.; celles de s/femme le seront à 80 c. pour toute l'année. .		Janvier.	1.	Il lui est redu sur s/ dernier compte. . .	6 80
				Janvier.	20.	Journées du 5 au 20 janvier, 8.	7 20
						Id. de s/ femme. . . 13.	10 40
Janvier.	2.	Payé le montant de la balance de s/ dernier compte	6 80	Juillet.	4.	*Id* depuis le dépouillement du. . 14.	15 40
Mai.	6.	Loué 25 ares de m/ pré au châlet, à 36 f. .	36 »	Août.	29.	Sa femme a faucillé 2 hectares blé à 9 fr.	18 »
Juillet.	23.	Reçu un hectolitre blé à.	19 »	Août.	31.	Fourni 12 bottes paille de seigle pour liens à 40 c.	4 80
Août.	11.	Fait couvrir s/ vache par m/ taureau. . .	» 75	Septembre.	8.	Journées depuis le dép. du 4 juillet, 25. .	27 50
						Celles de sa femme, 10.	8 »
			62 55				98 10
		Balance en sa faveur.	35 55			*V. comptes courans, 1837, p. 14.*	
			98 10				

Pour faciliter les recherches en cas d'erreur, d'oubli ou d'omission, on note en haut de la page le folio où le compte se trouve dans le livre précédent; on note également au bas de la page du compte, le folio où le compte se trouve reporté pour l'année suivante.

Comme on le voit, les comptes courans sont très faciles à tenir; ceux qui concernent les journaliers devront être très circonstanciés, parce que les ouvriers des campagnes n'ayant que peu de mémoire, en général, et n'écrivant pas eux-mêmes, confient leur compte à leur souvenir, calculent de tête, comme ils disent, et se trompent fort souvent. Si le compte du cultivateur ne s'accorde point avec le leur, ils s'imaginent qu'on veut les tromper, à moins que le compte ne mentionne une foule de détails fastidieux au premier abord, mais qui souvent évitent bien des querelles, et éloignent les causes de malentendu. Un ouvrier réclamait une journée de binage qui n'était point sur le registre. Fatigué de son obstination, j'étais sur le point d'être convaincu que c'était un oubli de ma part. Enfin, en compulsant le journal, je trouvai que le jour où l'ouvrier prétendait avoir travaillé, avait été remarquable par une pluie battante. Les assistans confirmèrent mon observation; le réclamant en fut quitte pour un peu de honte, et l'exactitude du comptable devint proverbiale.

SECTION XII. — *Reflexions générales.*

Telle est la marche de la comptabilité que je propose. Toutes les opérations, toutes les ventes, les achats, les entrées, les sorties, sont du domaine du journal et vont ensuite se ranger par ordre de matière, soit dans les comptes courans ou de personne, soit dans les comptes financiers ou de culture, soit enfin dans les comptes auxiliaires, ou d'ordre. Chaque article du journal doit figurer dans deux comptes spéciaux: Je vends 1 hectol. blé à Paul; cet article doit figurer dans le compte financier *Blé en magasin*, dans le compte d'ordre *Blé en magasin*, et enfin dans le compte de Paul. Il y a donc des cas où un article figure dans 3 comptes spéciaux.

Cette marche est simple, et n'est jamais entravée par la nécessité de suivre un mécanisme obligé, qui fait de l'homme une machine, et qui cependant exige de sa part beaucoup de calme, de sang-froid et de réflexion. Dans la comptabilité commerciale, les erreurs sont découvertes tôt ou tard; mais s'il y a une erreur, il faut un travail très long et rebutant pour la découvrir. Avec la méthode que je propose on peut commettre des erreurs, mais rien n'avertit qu'elles sont commises. C'est là un désavantage, je l'avoue; mais il est largement compensé. Je suis persuadé qu'un homme un peu habile à compter ne fera pas de grandes fautes, et que les erreurs qui se glisseront à son insu auront peu d'influence sur la physionomie de chaque compte.

L'exposition de cette méthode a pu paraître ardue; quelques comptes ont semblé peut-être arbitraires dans leurs dispositions et la combinaison des colonnes. C'est là la surface, et je ne prétends pas que pour réussir on doive calquer ses comptes d'ordre sur les modèles que j'ai donnés, pourvu qu'on ne s'écarte pas des principes fondamentaux, c'est-à-dire le journal et les 3 sortes de comptes.

On a discuté la question de savoir à quelle époque il convient d'ouvrir et de clore la comptabilité. M. PABST traite cette question avec lucidité dans l'ouvrage qu'il vient de publier à Darmstadt sur l'économie rurale; je ne saurais mieux faire que de reproduire ici ce qu'il en dit: « Les opérations du cultivateur sont tellement compactes et liées entre elles que jamais il n'y a d'interruption, et par conséquent on ne peut trouver aucune époque dont on puisse dire que l'année écoulée n'a pas laissé à celle qui arrive beaucoup de travaux dont celle-ci profitera. D'après cette observation, on pourrait regarder l'époque où l'on est entré en ferme comme la plus favorable à la clôture des comptes. Cependant, à voir les choses plus attentivement, il y a dans l'année agricole 3 époques qui sont à préférer pour l'opération dont il s'agit; ces 3 époques sont: la fin de l'automne ou le commencement de l'hiver; la fin de l'hiver ou le commencement du printemps; enfin, le commencement de l'été lorsqu'on a terminé les ensemencemens de printemps.

« Chacune de ces époques présente des avantages et des inconvéniens; et pour le choix, il faut consulter les circonstances locales, et peser les considérations personnelles.

« On trouve à l'avantage de la première époque, fin d'automne, que ce moment, c'est-à-dire vers le 1er novembre, les travaux de l'année qui commence et de celle qui finit sont assez nettement divisés; et qu'il n'y a que les ensemencemens d'hiver qui ont été anticipés par l'année finissant sur celle qui lui succède; on dit surtout que l'hiver est la saison la plus propice pour se livrer aux opérations de calcul. Mais on objecte qu'il n'est pas facile de clore alors la comptabilité avant que le battage n'ait été terminé, sans quoi il faudrait faire des évaluations provisoires, ce qui est sujet à beaucoup d'incertitudes.

« La seconde époque, la fin de l'hiver, au 1er mars ou au 1er avril, a les mêmes avantages que la précédente; de plus, le battage terminé ou sur le point de l'être, on peut avoir sur les récoltes des évaluations positives; le fourrage est en partie consommé et peut être évalué ; on peut prévoir le bénéfice que donneront les animaux. On peut opposer, qu'au printemps, le cultivateur n'a pas assez de relâche pour se livrer assidûment à la comptabilité, inconvénient qui disparaît lorsque, pendant l'hiver on a fait les évaluations les plus indispensables.

« La troisième époque, c'est-à-dire au commencement de l'été, vers le milieu ou la fin de juin, et toujours avant la récolte des foins, présente cet avantage que dans cette saison, les magasins sont presque vides, la laine est serrée et souvent déjà vendue. En revanche, dans cette saison on a peu de temps à donner à la comptabilité; cependant cette époque est à préférer dans les établissemens auxquels est attaché un comptable spécial. »

SECTION XIII. — *Clôture de l'exercice ancien; ouverture des comptes nouveaux.*

Les comptables nomment *exercice* l'espace de temps qui s'écoule entre deux inventaires. La durée de l'exercice est ordinairement d'un an; dans les fortes maisons de banque elle n'est que de 6 mois; chez les détaillans elle est fréquemment de plusieurs années. La plupart des produits de la culture étant annuels, les fermages étant généralement fixés à tant par an, la durée naturelle de l'exercice est annuelle dans la comptabilité agricole. Quelle que soit l'époque à laquelle on se soit arrêté pour fermer les comptes, on doit s'être ménagé le temps nécessaire pour ce travail important, et avoir préparé un local où l'on soit en sûreté contre les importuns, et à l'abri des distractions.

Pour arriver promptement à un résultat satisfaisant, l'ordre, la méthode sont de puissans auxiliaires. J'engage beaucoup les comptables à ne pas travailler successivement à chaque compte jusqu'à ce qu'il soit terminé, mais à travailler simultanément à tous ceux qui ont de l'analogie dans leurs dépenses et leurs produits, leurs entrées et leurs sorties.

Ainsi, au lieu de porter au compte d'avoine toutes les valeurs qui le concernent, puis de passer au compte de blé pour se livrer au même travail, il vaut mieux, pour économiser le temps et rendre les erreurs moins faciles, prendre, par exemple, le compte de *frais généraux*, et répartir, non pas sur l'avoine ce qui est à sa charge, pour passer à un autre objet qui la concerne, mais d'opérer de suite la répartition de ce compte entre toutes les récoltes; alors tous les comptes marchent de front. Lorsqu'on s'est assuré que tout est réparti, que chaque compte est chargé des dépenses qu'il a occasionnées, et que les produits qu'il a fournis sont exactement inscrits, on fait les additions et on détermine ainsi pour chacun le bénéfice ou la perte. Je n'entends parler ici que des comptes financiers, car les comptes d'ordre, étant généralement un objet de répartition, ont dû être distribués pendant le courant de l'année, ou du moins avant de faire les additions.

On ne doit regarder comme bénéfice ou comme perte réelle que la différence entre les dépenses et les produits des comptes qui n'ont plus désormais aucun rôle à jouer. Mais si l'objet pour lequel le compte est établi n'a pas encore parcouru toute la série des transformations qui peuvent l'affecter, on ne peut pas dire qu'il a rapporté du bénéfice ou supporté de la perte; car qui sait ce que nous réserve l'avenir? Je vais faire sentir cette différence: je suppose qu'on veuille clore la comptabilité au 31 décembre 1836. On a deux comptes de blé, l'un pour blé 1836 qui vient d'être récolté, l'autre pour blé 1837 qui vient d'être semé. Le premier de ces deux comptes est terminé puisque la récolte est faite; rien ne peut nous priver des bénéfices qu'il a réalisés, et il est désormais impuissant à réparer les pertes qu'il a pu essuyer. La balance de ce compte est un article de pertes ou de profits. Mais les choses se passent autrement pour le *blé* 1837 : ce compte présente une forte dépense occasionnée par les frais d'ensemencement et de préparations; frais et dépenses qui ne sont encore couverts par aucune espèce de produits. Néanmoins il serait injuste de les considérer comme une perte sèche, car la valeur de cette dépense n'est qu'un prêt, qu'une avance; c'est une valeur réelle qui fait partie essentielle de l'inventaire. En résumé, tout compte qui n'est pas réputé insolvable est balancé par inventaire et non par bénéfice ou par perte. Il n'y aurait qu'un cas où blé 1837 aurait réellement donné de la perte, c'est celui où il aurait été détruit par une gelée, une inondation, etc. Il n'y aurait également qu'un cas où il pourrait réellement donner un bénéfice, c'est celui où l'on aurait vendu la récolte future au hasard. Mais dans l'un et l'autre cas, le compte n'a plus pour le fermier de chances heureuses ou malheureuses à courir.

Avant de procéder aux additions des comptes de culture, il est nécessaire pour opérer méthodiquement de mettre du côté du produit de ces comptes le montant de l'inventaire nouveau qui les concerne; sans cela on n'arriverait qu'à des résultats faux. Je vais donner un exemple :

DÉPENSES. VACHES. 1836. RECETTES.

Dépenses		Recettes	
Janvier. 1. Montant de l'inventaire	3.400 fr.	Produit en beurre, en lait, en veaux, etc.	5,600 fr.
Dépenses de consommation et d'entretien	4.500	Decembre. 31. Montant de l'inventaire, 4,000 fr.	4,000
	7,900		9,600
		Les dépenses étant de	7.900
		Le bénéfice s'élève à	1,700

N'est-il pas évident que, si au 31 décembre on eût négligé de porter du côté des recettes le montant de l'inventaire nouveau, le compte eût accusé de la perte, tandis qu'en réalité il est en bénéfice?

L'inventaire nouveau se dresse absolument comme le premier; il se compose de deux parties: le passif qui représente les sommes que nous devons, et l'actif qui représente toutes les valeurs à notre disposition.

La transcription du passif et de l'actif sur les livres spéciaux, c'est-à-dire sur les comptes courans, sur les comptes d'ordre et sur ceux de culture, constitue l'ouverture des nouveaux comptes et commence le nouvel exercice qui se continue comme l'ancien.

SECTION XIV. — *Complément*

Jusqu'alors, j'ai indiqué la marche à suivre pour ouvrir, continuer et clore une comptabilité rurale. Pour ne pas entraver le développement successif de l'exposé des principes, j'ai dû consacrer un paragraphe spécial à l'exposition de quelques observations qui ne s'appliquent qu'à quelques circonstances tout-à-fait particulières. Je vais donc parler:

1° *Du compte d'améliorations foncières.*

En agriculture on donne ce nom à des opérations dont l'effet est permanent ou du moins durable: ainsi le *marnage*, l'établissement des abris vivaces, des clôtures mortes ou vives, des saignées, des boit-tout, des tranchées ouvertes ou couvertes, les dessèchemens sont presque toujours des améliorations foncières et demandent que le comptable leur consacre un livre spécial pour pouvoir déterminer la valeur de ces opérations.

Quand le cultivateur exploite son propre fonds, le compte d'améliorations foncières ne présente aucune particularité; c'est simplement une augmentation de valeur foncière et locative pour la pièce améliorée. L'épierrage d'un champ a coûté 500 fr.; si cette pièce valait 3,500 fr. avant l'opération, elle en vaudra 4,000 après, et si la valeur locative était de 70 fr., on la portera à 80 fr.

Mais lorsque le cultivateur est fermier ou tenancier momentané, le montant des sommes dépensées en améliorations foncières doit être réparti entre le nombre d'années de jouissance qui restent à courir. Dans l'hypothèse précédente, si nous supposons que le bail doive encore durer 10 ans, il faudra répartir la dépense de 500 fr. entre 10 années, et si le loyer était de 70 fr., on le portera après l'opération à 120 fr. — Ainsi, on voit combien la différence de position peut influer sur la convenance relative de se livrer à des améliorations foncières.

2° *Livret de vérification.* J'ai déjà dit combien les ouvriers des campagnes sont difficultueux en raison de la nullité de leur instruction et de leur négligence à tenir des comptes. Pour prévenir tout malentendu et ne se mettre pas dans le cas de soupçonner réciproquement sa bonne foi, il faut exiger que chacun vienne le samedi muni d'un livret sur lequel il fait inscrire par le comptable ses journées de la semaine ou ses fournitures. Ces livrets auront tous la même forme et seront fournis par le comptable au prix de 25 c. environ par cahier. On conçoit que les ouvriers faisant inscrire eux-mêmes par le comptable leurs journées de la semaine, dont le nombre est vérifié avec le journal, ces mêmes ouvriers ne pourront être fondés en réclamant un plus grand nombre de jours en prétextant les erreurs du comptable, et celui-ci ne pourra prétendre qu'on a marqué sur le livret un trop grand nombre de jours, puisque c'est lui-même qui les a inscrits. Avec cette précaution on tarit la source de bien des difficultés et on simplifie singulièrement la rédaction des comptes courans. Je recommande cette méthode dont l'excellence m'a été confirmée par l'expérience que j'en ai faite pendant près d'une année à l'établissement de M. Rozin. Exemple.

LIVRET DE Pre. BLANGY.

JOURNÉES.	
Du 4/11 janvier. . .	5
Du 12/19 id. . . .	6
Du 20/27 id. . . .	2 etc.

Cette vérification se fait le samedi depuis midi jusqu'à une heure pendant les quelques instans de repos qu'on laisse aux ouvriers. On punit d'une amende ceux qui ne se présentent pas. Cette besogne n'exige pas beaucoup de temps; une heure suffit à la vérification de 40 livrets.

Ces livrets s'emploient aussi pour les boulangers, pour les bouchers, les coquetiers, etc. Celui du berger a une disposition particulière que je vais faire connaître. — On inscrit sur la page à droite le nombre et le caractère des moutons confiés à sa garde; les ventes, les pertes sont inscrites sur la page à gauche correspondante. Le berger est toujours obligé de représenter la différence. Ex.

LIVRET DE DÉSIRÉ, BERGER.

	INVENTAIRE.
2 février. Perdu 1 bête commune du Piétain.	180 brebis métisses.
5 id. Tué un mouton pour le ménage.	80 moutons.
12 mars Vendu 30 moutons engraissés.	12 béliers.
etc.	90 agneaux.
	13 brebis mérinos.
	1 bélier id.

Sans cette précaution il ne serait pas impossible que le berger ne détournât ou ne vendît à son profit quelque tête, ou que pour cacher sa négligence il n'attribuât à toute autre cause qu'à une maladie causée par son incurie la disparition des animaux.

3° *Tableau d'assolement.* Les tableaux d'assolement, dont nous devons la première idée à M. de DOMBASLE, ne sont pas nécessaires pour la comptabilité que je propose; mais ils sont si ingénieux dans leurs combinaisons, si utiles pour guider le praticien, que j'engage les personnes qui veulent tenir une comptabilité qui féconde réellement l'avenir à ne pas les négliger. Le tableau d'assolement est l'historique des opérations et des récoltes de chaque pièce. C'est là surtout qu'on peut étudier avec fruit l'influence des diverses successions de cultures et des mille et une manières d'opérer. Le registre qui contient les tableaux d'assolement a une page consacrée à chaque pièce un peu importante, et, lorsqu'une pièce est un peu étendue ou qu'elle est ensemencée de récoltes très différentes, on lui consacre deux pages. — Le tableau d'assolement présente par ordre de dates les opérations culturales de chaque pièce, telles que fumures, labours, binages, récoltes, etc. Pour parler davantage aux yeux, chaque nature d'opérations est indiquée sur le registre par des signes spéciaux qui courent sur toute la surface où elles ont été exécutées. Ainsi :

- Représente les labours à la charrue.
- — les hersages.
- — les cultures à l'extirpateur.
- — engrais.
- — semaille ou plantation.
- — engrais en terre.
- — 2e année de rapport des engrais en terre.

Je vais indiquer un tableau d'assolement où ces signes sont appliqués et où l'on verra l'usage qu'on peut en faire. Je suppose une pièce composée de 6 planches ou billons.

1er BILLON à commencer au levant. 1 hect. 50 ar.	2e BILLON. 1 hec. 50 ares.	3e BILLON. 1 hec. 50 ares.	4e BILLON. 1 hect. 50 ares.	5e BILLON. 1 hect. 50 ares.	6e BILLON. 1 hect. 50 ares.		OBSERVATIONS.
16 janvier.			25 mars			1836	J'ai essayé, pour cette pièce 2 modes de culture : l'un avant l'hiver, l'autre après. Le champ est assez homogène dans sa composition. Comme j'ai récolté plus de gerbes sur la partie labourée avant l'hiver que sur l'autre, j'augure bien des labours d'automne.
18 janvier.							
27 mars.			27 mars.				
14 mai 19 hectol. d'orge.							
14 mai							
8 septembre	3.754 gerbes	dont 1.956 des 3	derniers billons.				
6 mars						1837	J'ai essayé 2 doses de fumure pour les pommes de terre : la partie fumée à 25 voitures par hectare a donné une récolte de 300 hectol. par hect. La partie fumée à raison de 50 voitures par hect. a donné 283 hect. par hectare.
3 avril 126 voi	tures de fumier.		4 avril, 150 voi	tures de fumier.	5 avril, 60 voitures de fumier.		
9 avril pour	planter.						
160 hectoli	tres pommes de	terre.			5 lit. carottes.		
1 mai.							
900 hectol. pom	mes de terre.		850 hect. pom	mes de terre.	18,m kil. racines		
55 voitures	d'engrais en terre		75 voitures d'en	grais en terre.	30 voitures d'engrais en terre.	1838	

On voit ainsi, d'un seul coup d'œil, la succession des opérations culturales, les modifications apportées dans la quotité des produits suivant les différentes manières dont le sol a été traité. On peut à peine se figurer l'immense importance qu'auraient pour l'art agricole en général, et pour la pratique locale en particulier, de semblables tableaux dressés sur les principales exploitations du territoire français. Leur rédaction est fort simple puisqu'un seul trait de plume indique une opération.

4° *Conversion des mesures locales en mesures décimales.* Le comptable, s'il veut être compris et comprendre les renseignemens qu'il est obligé de recevoir, doit parler un langage familier aux personnes avec lesquelles il est journellement en contact. La connaissance des mesures locales pour les surfaces et les contenances lui est indispensable ; mais aussi, comme les nouvelles mesures se prêtent plus facilement à la rapidité du calcul par leur composition et décomposition décimales, il faut qu'il puisse avec célérité opérer la conversion des anciennes en nouvelles, et réciproquement. Quoique ce ne soit pas ici le lieu de faire un traité d'arithmétique, je crois être utile aux comptables en leur indiquant une manière très facile d'opérer cette conversion. Sur une feuille collée à un carton, on aura, par des calculs préalables, une sorte de barème au moyen duquel on peut, sans beaucoup de calcul, trouver promptement les chiffres dont on a besoin. Je prends pour exemple le jour lorrain, qui est de 20 ares 44 centiares. J'inscris sur la feuille précitée les chiffres suivans :

1 jour	vaut	20 ares	44	
2	—	— 40	—	88
3	—	— 61	—	32
4	—	— 81	—	76
5	— 1 hect.	2	—	20
6	— 1 hect.	22	—	64

1 hect.	vaut	4 jours	8 hommées	
2	—	— 9	—	6
3	—	— 14	—	4
		etc.		

Il y a quelques opérations qui exigent une double conversion. Le resal lorrain équivaut à 125 litres; on récolte environ 3 resaux par jour. Pour avoir le rapport correspondant en mesures nouvelles, il serait nécessaire de multiplier 3 par 122, et on aurait le nombre de litres récoltés sur 20 ares 44 centiares; puis pour obtenir le nombre de litres récoltés sur un hectare, il faudrait trouver le quatrième terme de la proportion suivante, 3,75 : x :: 20,44 : 100, et alors on aurait 18 hectol. 34 litres, produit d'un hectare. Cette voie est tortueuse, embarrassante et fort longue. Je suis parvenu pour les conversions analogues à trouver un rapport très simple, et qui abrége singulièrement le calcul. Il consiste à diviser 18 hectol. 34 litres, produit d'un hectare, par 3, chiffre qui représente le produit en resaux d'un jour lorrain : le quotient est 6, 11; En multipliant par ce rapport le produit d'un jour lorrain exprimé en resaux, on aura instantanément le produit d'un hectare exprimé en litres. Exemple : On a récolté 4 resaux 1/2 d'avoine par jour; on désire savoir à combien d'hectolitres par hectare ce produit correspond. On n'a qu'à multiplier 4, 5 par 6, 11 et on obtient 27 hectolitres 50 litres. On trouverait facilement des rapports analogues pour les autres cantons.

5° *Casiers et répertoires.* Le comptable est chargé du dépôt, et souvent de la rédaction d'une foule de pièces importantes, telles que reçus d'impôts et contributions, marchés et conventions, correspondance commerciale. quittance des paiemens qu'il a faits. Ces pièces ne font pas, à proprement parler, partie de la comptabilité, mais elles doivent être classées et soignées avec la plus scrupuleuse minutie. Quand on est obligé de parcourir une foule de paperasses entassées sans ordre ou jetées dans un coin pêle-mêle les unes avec les autres, les recherches sont souvent rebutantes, quelquefois infructueuses; toujours elles exigent un temps infini. Dans le local affecté au comptable, on fera disposer quelques rayons horizontaux en forme de bibliothèque, coupés eux-mêmes à angles droits par plusieurs autres planches verticales. Dans chacun des casiers que forme cette disposition, on met en dépôt les pièces dont je viens de parler.

Tous les rayons supérieurs sont consacrés à la correspondance si elle est un peu étendue; dans chacun des autres casiers on place :

Conventions et marchés: tous les actes de cette nature que l'on passe avec les domestiques, avec les ouvriers de toute nature, les marchands, les fournisseurs, etc.

Mémoires et factures acquittés: tous ceux dont on a payé le montant.

Mémoires et factures à acquitter: tous ceux qui restent à payer.

Quittances des ouvriers.

Quittances et reçus de contributions.

id. id. d'assurance contre l'incendie.

Pour faciliter encore les recherches des objets déposés dans chaque casier, on les numérote à mesure qu'on les reçoit, et on les inscrit sur un double répertoire. Ce répertoire présente la liste des objets classés par n^{os}; puis la même liste, en prenant pour base de la classification l'ordre alphabétique. Exemple :

Répertoire des Mémoires et factures acquittés.

ORDRE DE NUMÉROS.

1. Mémoire d'Aubry boucher, p^r s/ fournitures du 1er j^r 1836 au 20 avril.
2. Mre de Cartier, M^d de vin.
3. Mre de Mortel, épicier.
4. Mre de Toussaint, commissionnaire de roulage.
5. M^{re} d'Aubry, du 20 avril au 1er juillet 1836.
6. M^{re} d'Arvé. M^d briquetier.
7. Mre de Cambon, chaudronnier

ORDRE ALPHABÉTIQUE.

A.

Aubry, boucher, n°s 1, 5.
Arvé, n° 6.

C.

Cambon, n° 7.
Cartier, n° 2.

M.

Mortel, n° 3.

T.

Toussaint. n° 4.

Au moyen de ce double répertoire il ne faut pas plus d'une minute pour rassembler les élémens épars des comptes les plus compliqués.

Je pense qu'il est inutile d'avertir que chacun des livres spéciaux doit avoir un répertoire particulier.

CONCLUSION.

On a dit que les nouvelles méthodes de comptabilité ne sont claires et intelligibles que pour ceux qui les ont imaginées. Cette assertion est souvent exacte. J'espère cependant avoir évité l'écueil d'une trop grande prolixité et d'une excessive concision. Toute méthode exige, pour être comprise dans son ensemble et bien saisie dans ses détails, qu'on ne se contente pas d'en faire une seule fois la lecture. Que ceux, qui au premier abord n'ont pas aperçu parfaitement l'enchaînement des différens comptes, relisent cet article, et s'il reste quelque chose de vague et d'obscur dans leur esprit, qu'ils se gardent bien de se laisser dominer par le découragement. Qu'ils commencent leur comptabilité, même sans comprendre entièrement la marche que je propose; les faits s'éclaireront les uns par les autres, et se caseront naturellement. Cette assertion peut paraître paradoxale, mais elle ne l'est aucunement, j'en ai l'expérience.

Je terminerai par donner un conseil aux comptables: Les erreurs commises sur les comptes de culture sont importantes sans doute, puisqu'elles déguisent le véritable produit, et peuvent entraîner le cultivateur dans les spéculations les plus hasardées; cependant celles que l'on commet sur les comptes courans, ou de personnes, sont encore plus importantes. Si l'erreur est au détriment du comptable, c'est souvent pour lui une perte irréparable; si elle est commise au détriment d'autrui, on soupçonnera la bonne foi de celui qui tient les livres, si, trop confiant dans son savoir, il s'obstine à soutenir qu'il n'a pu se tromper. Cette bonne opinion que les comptables ont de leur infaillibilité leur nuit singulièrement dans l'esprit de ceux avec lesquels ils sont en compte. Il vaut mieux, sans doute, être renommé pour son exactitude et son habileté; mais une erreur franchement reconnue et corrigée lui forme une réputation de probité et de délicatesse; et celle-là en vaut bien une autre.

ANTOINE.

A l'excellent article sur la comptabilité agricole que nous venons de donner et que nous devons à l'obligeance d'un des professeurs les plus distingués de l'institut de Roville, nous ajouterons une note sur le même sujet, qui nous a été communiquée par M. DAILLY, membre de la Société royale et centrale d'Agriculture, un des plus grands propriétaires ruraux de Seine-et-Oise et dont les établissemens sont renommés surtout par le bon ordre qui y règne, par leur bonne administration et la simplicité des moyens employés pour en assurer la prospérité.

F. M

Eclairer les opérations par les détails, et, par là, créer un contrôle qui ne trompe jamais, tel est le but de la comptabilité.

Depuis longtemps l'industrie manufacturière s'appuie sur la comptabilité; sans ce précieux flambeau, elle n'oserait engager ses capitaux; elle risquerait de les compromettre par une timidité trop grande ou par une confiance excessive non moins funeste. Les livres lui sont indispensables, et l'on ne conçoit pas comment l'agriculteur ne s'en est point encore emparé. Qu'est-ce en effet qu'une exploitation rurale, si ce n'est une manufacture où l'on fabrique du blé, du colza, des pommes de terre; manufacture la plus importante de toutes, puisqu'elle s'adresse à nos premiers besoins et dont les détails compliqués ne le cèdent à nulle autre branche d'industrie.

Pour bien comprendre la nécessité d'une comptabilité, le cultivateur, avant tout, doit se pénétrer de cette idée qu'il est *fabricant de denrées*. Pour lui point de succès à espérer, s'il ne s'efforce d'établir son prix de revient à un taux qui lui présente des bénéfices en réalisant au cours des marchés. Il doit donc se rendre compte de tous ses frais de culture et chercher dans les diverses ramifications de l'ensemble les parties sur lesquelles frapperont les économies.

Si nous avons obtenu quelque succès dans la carrière que nous parcourons depuis longues années, nul doute que nous n'en *soyons redevables à notre comptabilité*. Il nous est aussi difficile de concevoir une ferme sans tenue de livres qu'une maison de banque, une manufacture sans écritures régulières. Vouloir faire de l'agriculture sans tenue de livres, c'est naviguer sans boussole, c'est se livrer au hasard; et que d'agriculteurs, cependant, ont aventuré leur fortune pour avoir méconnu cette vérité! Des livres régulièrement tenus auraient ouvert leurs yeux sur l'abîme où courait se perdre leur patrimoine et qui ruinait l'avenir de leurs enfans; certes le temps consacré à cet examen n'eût point été un temps perdu.

Dès son entrée en ferme, le cultivateur prudent doit procéder à un *inventaire*. Pour y parvenir, nous pensons qu'il ne pourrait mieux faire que d'adopter les méthodes en usage et qu'on trouve exposées dans les ouvrages qui traitent de la tenue des livres du commerce, et nous renvoyons à cet égard aux auteurs qui ont écrit sur cette matière.

Un *livre auxiliaire* abrégera singulièrement les écritures du journal et du grand livre. Ce livre auxiliaire n'est point circonscrit dans des formes invariables, il se plie aux circonstances locales et chacun peut l'appliquer à ses différens besoins.

L'exposé suivant met en relief la méthode que nous avons adoptée dans notre faire-valoir, et chacun des douze mois correspond à un cahier de 18 feuilles. Ainsi:

Consommation des	cochons	1
	vacherie	2
	basse-cour	3
	troupeau de brebis	4
	id. de jeunes moutons	5
	écurie	6

Transport	fumier de la ville.	7
	id. de la ferme. .	8
	id. des dépôts. . .	9
Journaliers	1re quinzaine. . . .	10
	suite.	11
	2e quinzaine	12
	suite.	13
Ouvrages et tâches, corvées.		14
Chargement et déchargement des sacs.		15
Bottelage.		16
Dépiotement des bergeries.		17
Œufs sortis.		18

Notre cahier, réglé en travers, contient autant de lignes qu'il y a de jours dans le mois; la consommation journalière y est inscrite; des colonnes verticales indiquent les différentes consommations, leur nombre est subordonné à celui des diverses denrées: de plus, l'une de ses colonnes sert à fixer le nombre des animaux qui consomment les denrées. De cette manière, le travail de chaque jour est extrêmement simplifié. A la fin de chaque mois, on additionne toutes les colonnes, à l'effet de déterminer la quantité de denrées consommées, et selon sa convenance, on fixe immédiatement leur prix pour en passer écriture, ou bien on en fait le report à la fin du mois suivant. Ce dernier mode permet d'ajourner à la fin de l'année le réglement de tous les mouvemens intérieurs de l'établissement.

Ainsi qu'on le voit par cette esquisse, la comptabilité n'est point chose difficile, à la vérité elle exige une sévère investigation de tous les détails, mais lorsqu'on réfléchit que ces mêmes détails offrent le moyen infaillible de saisir les causes de succès et d'insuccès, et que, sans eux, toute amélioration est impossible, on ne saurait regretter le temps que l'on consacre à tenir ses livres. En adoptant la comptabilité en parties doubles, la seule véritablement lucide, ou celle qui vient d'être exposée précédemment d'une manière simple et claire, on place ses opérations à l'abri de la routine et du hasard.

DAILLY.

FIN DU QUATRIÈME ET DERNIER VOLUME.

LISTE ALPHABÉTIQUE

DES NOMS DES AUTEURS AVEC LES ARTICLES QU'ILS ONT RÉDIGÉS DANS *LA MAISON RUSTIQUE* DU XIXe SIÈCLE.

ANTOINE. Tome Ier. Des ensemencemens et plantations. — Des façons d'entretien des terres. — Des récoltes. — Des assurances contre la grêle. — Du transport des récoltes. — De la conservation des racines. — De la culture des pommes de terre. — De la culture de la carotte et du panais. — Tome II. — De la culture du pastel, du safran. — De la culture du coudrier ou noisetier. — Tome IV. De la comptabilité agricole.

AUDOUIN (Vict.). Tome III. Histoire naturelle du ver à soie.

BAILLY DE MERLIEUX. Tome Ier. Des moyens de prévoir le temps; climat de la France. — Des fosses et des silos pour la conservation des récoltes. — De la culture du topinambour.—Des maladies organiques des plantes.—Des oiseaux nuisibles en agriculture.— Tome II. De la culture de la betterave.— De la culture des plantes potagères. — De la culture de l'indigotier, etc. — De la culture des plantes utiles dans divers arts. — De la culture du houblon. — De la culture du pommier et du poirier. — Des plantations en bordures.

BERLÈSE. Tome II. De la culture de la pistache de terre.—De la culture du cotonnier, de l'apocin. — De la culture du tabac.

BEUGNOT. Tome II. Engraissement des animaux domestiques. — Pathologie et thérapeutique vétérinaire.

BIERNACKI. Tome Ier. Du battage et du nettoyage des grains. — Tome IV. — De l'estimation des domaines ruraux.

BIXIO (A.). Tome II. Police sanitaire, médecine légale. — Education des chiens, chats, oiseaux de basse-cour.

BONAFOUS (Math.). Tome Ier. De la culture du maïs. — De la culture du riz.—Tome III. De la purification de l'air des magnaneries.

BOULEY (jeune). Tome II. De la conformation extérieure des animaux domestiques.

CHAPELAIN (Oct. de). Tome III. De la nourriture du ver à soie. — Fabrication de la piquette.

COLLIGNON. Tome II. Des races et de l'éducation du cheval, de l'âne et du mulet.

DAILLY. Tome IV. De la comptabilité agricole.

DEBONNAIRE DE GIF (vicomte). Tome Ier. Des défrichemens.

DEBY (F.). Tome III. Préparations diverses que reçoit la soie.

DEGOUSÉE (J.). Tome Ier. Des outils et instrumens de sondage.

D'HOMBRES-FIRMAS (le baron L. A.). Tome Ier. Des terrasses et costières. — Pratiques spéciales d'irrigations. — Tome II. De la culture du châtaignier.

FEBURIER. Tome III. De l'éducation des abeilles.

GOURLIER. Tome Ier. De la conservation des récoltes.

GASPARIN (de). Tome II. De la culture de la garance.

GROGNIER. Tome II. Des races et de l'éducation du bœuf, du mouton, du porc et de la chèvre. — Hygiène des animaux domestiques.

HERICART DE THURY (vicomte). Tome Ier. Du sous-sol et de son influence. — Du desséchement des terrains inondés. — Tome II. Des cressonnières artificielles.

HERPIN (J.-Ch.). Tome III. De la fabrication des vins mousseux. — Des soins à donner aux vins.

HUERNE DE POMMEUSE. Tome Ier. Du desséchement des marais et de leur mise en valeur.

HUZARD fils. Tome Ier. De la culture des navets.

JAUME-SAINT-HILAIRE. Tome IV. Description de divers arbres et arbustes forestiers.

LABBÉ. Tome Ier. Des clôtures rurales.

LADOUCETTE (J.-C.-F.). Tome Ier. Des endiguages et embanquemens.

LASSAIGNE (J.). Tome Ier. De l'analyse chimique des sols.

LECLERC-THOUIN (Oscar). Tome Ier. Du climat et de son influence. — Des différentes sortes de terres et de leur classification. — Des plantes aquatiques comme engrais.— De l'écobuage. — Des façons générales à donner au sol. — Des charrues, extirpateurs, scarificateurs, herses, rouleaux. — Des assolemens. — Des céréales et de leur culture spéciale. — De la culture du sorgho et de quelques graminées.— De la culture des légumineuses à semences farineuses. — De la culture des plantes à fourrages. — Des plantes nuisibles aux herbages. — Des mollusques nuisibles en agriculture.—Tome II. Culture du colza, des choux, de la navette, de la cameline, de la moutarde, de la julienne, du radis oléifère, du cresson alénois, du pavot, du soleil, du sésame, du ricin, de l'euphorbe. — De la culture du lin. — Tome IV. Des pépinières d'arbres forestiers.

LOISELEUR-DESLONGCHAMPS. Tome II. De la culture des plantes médicinales et aromatiques. — De la culture du mûrier, de l'olivier, du noyer, des arbres à fruits des vergers. — Tome III. De la magnanerie en général. — Éducation des vers à soie à différens âges. — Tome IV. Description de divers arbres et arbustes forestiers.

MALEPEYRE (F.). Tome III. Du lait et de ses divers emplois. — Des fruitières suisses, produits et profits de la laiterie. — Apprêt des plumes à écrire. — Incubation artificielle. — Lavage des laines. — Conservation des viandes. — Maladies des vers à soie. — De la fabrication des eaux-de-vie. — De la fabrication des vinaigres. — De la préparation des plantes textiles et de leur conversion en fils et tissus. — De la fabrication des huiles grasses et essentielles. — Des arts et industries diverses qui peuvent être exercés dans les campagnes. — TOME IV. Produits divers des bois et forêts. — De la conservation et de la défense des forêts. — De l'administration rurale.

MALEPEYRE (L.). TOME IV. Législation rurale. — De l'acquisition et de la location des domaines ruraux.

MASSON-FOUR. TOME III. De la fabrication des fromages. — De la fabrication des vins. — De la fabrication des boissons économiques.

MICHAUX (ANDRÉ). TOME IV. Description du *planera crenata*.

MOLL (L.). TOME Ier. Des conditions qui permettent l'irrigation.

MORIN DE SAINTE-COLOMBE. TOME Ier. Des irrigations en général et de leurs diverses espèces.

NOIROT. TOME IV. De la culture et de l'aménagement des forêts. — De l'exploitation des bois.

NOIROT-BONNET. TOME IV. De l'estimation des forêts.

ODART (comte). TOME II. De la culture de la vigne.

ODOLANT-DENOS (J.). TOME III. De la fabrication du cidre, poiré, cormé.

PAYEN. TOME Ier. Composition et qualités des différens sols. — Propriétés physiques des sols. — Fonctions des sols dans la végétation. — De l'action des engrais. — Des engrais animaux et mixtes et de leur effet comparatif. — TOME III. Des moyens d'utiliser les animaux morts. — Des appareils distillatoires. — De la fabrication de la bière. — De la fabrication du sucre de betteraves. — De la fabrication et des emplois de la fécule. — De la fabrication du charbon de bois et de tourbe. — De la fabrication des salins, potasses, soudes naturelles et artificielles. — De la fabrication des produits résineux. — De l'extraction du sel marin. — De l'extraction des argiles, des sables, des cendres pyriteuses et de la chaux.

PEPIN. TOME II. Des végétaux dont on pourrait utiliser les produits.

POITEAU. Tome Ier. Moyen d'apprécier la qualité des sols par la végétation. — TOME II. De la culture de diverses plantes textiles. — De la culture de la chicorée, de la patate. — TOME IV. Description des arbres résineux des forêts.

POLONCEAU. TOME Ier. Des voies de communication vicinales et rurales.

POMMIER. TOME III. De l'art de la meunerie. — de la boulangerie.

PUVIS (A.). TOME Ier. Des amendemens calcaires et autres. — TOME IV. Des étangs, de leur construction et de leur produit. — De la législation des étangs.

RAMBUTEAU (comte de). TOME IV. — Économie publique de l'agriculture.

RENAULT. TOME II. Chirurgie vétérinaire. — Vices rédhibitoires. — Jurisprudence vétérinaire et commerciale.

SYLVESTRE (le baron). TOME II. Education des lapins.

RIGOT. TOME II. Anatomie et physiologie des animaux domestiques.

RIVIÈRE (le baron de). TOME Ier. Entretien des travaux et emploi du sol après le desséchement.

SOULANGE BODIN. TOME Ier. Influence de la situation en agriculture. — TOME II. De la culture du chanvre. — TOME IV. Des arbres forestiers exotiques. — Plantation des forêts.

VILMORIN. TOME Ier. Des engrais tirés du règne végétal. — Des céréales et de leur culture spéciale. — TOME II. Culture du colza, des choux, de la navette, de la cameline, de la moutarde, de la julienne, du radis oléifere, du cresson alénois, du pavot, du soleil, du sésame, du ricin, de l'euphorbe.

VIREY (J.-J.). TOME. Ier. Des insectes nuisibles en agriculture.

YUNG (J.). TOME Ier. De la phorométrie, agronométrie, statistique agricole, etc. — De la culture du sarrasin. — Des plantes nuisibles aux céréales. — Des mammifères nuisibles en agriculture.

YVART. TOME II. Des races et de l'éducation du cheval, de l'âne et du mulet.

e.
ce
on
les
ien
ise
nce
II.
Des
tion
du
cul-
plza
e, de
fere.
l, du
ntisi-
agro-
De la
uisi-
uisi-
éduca-